天津圖書館古籍善本圖録

定級圖録

天津圖書館 編

天津古籍出版社

TIANJINTUSHUGUANGUJISHANBENTULUDINGJI

DINGJI

本書被列爲國家古籍整理出版「十一五」重點規劃項目
本書出版得到國家古籍整理出版專項經費資助

定級圖錄編委會

定級圖錄編例

一、收錄範圍：天津圖書館藏一、二級古籍善本，三、四級古籍不收；

二、本書以文化部發佈的《古籍定級標準》為依據，對所收每一種古籍善本進行定級。收入古籍善本五二八種；

三、仿《中國版刻圖錄》編例，全書分前後兩個部分；前半部分為著錄釋文，後半部分為書影圖錄。兩個部分的編排形式相同，前後一致：按照經史子集四部分類順序編排，各類之中，再按一定順序進行組織；

四、著錄釋文包括書名卷數、著者、版本、冊數、版框尺寸、行款、刻工、鈐印及定級等。其中，將書名卷數、著者和版本列為首行，其下標明『圖版幾』，與後半部分的『圖版幾』相呼應。著錄釋文之後，標明該書的級別等次；

五、書影圖錄包括一書的圖版和簡要的釋文。圖版在一般情況下，一書只選一幅；在特殊情況下，一書選取兩幅或兩幅以上。所選圖版以卷端為主，兼取牌記、序跋等。簡要的釋文包括書名卷數、版本，其下標明『圖版幾』，與前部分的『圖版幾』相呼應。

天津圖書館古籍善本圖錄・定級圖錄

三經評註五卷　明閔齊伋輯　明萬曆閔齊伋刻三色套印本　圖版〇〇一

四冊　版框高二〇.四釐米　寬一五.三釐米　八行十八字小字雙行十七字白口左右雙邊　檀弓卷末鐫萬曆丙辰秋吳興後學閔齊伋遇五父識　（館藏號：S1759）（定級：一級丙等）

京氏易傳三卷　漢京房撰　吳陸績註　明范欽訂　**周易略例一卷**　魏王弼撰　唐邢昺註　明范欽訂明嘉靖四明范氏天一閣刻范氏奇書本　圖版〇〇二

三冊　版框高二〇.五釐米　寬一四.二釐米　九行十八字小字雙行字同白口左右雙邊　有刻工　（館藏號：S1573）（定級：二級乙等）

易學四同八卷別錄四卷　明季本撰　明嘉靖四十年刻本　圖版〇〇三

六冊　版框高一八.二釐米　寬一二.七釐米　十行二十一字小字雙行字同白口四周單邊　存易學四同六卷　一至二　五至八　別錄二卷　三至四　（館藏號：S1565）（定級：二級丙等）

書經六卷　題宋蔡沈集註　**精鐫尚書笥中利試題旨秘訣不分卷**　明陳台撰　明天啟七年鄭氏奎璧堂刻兩節版套印本　圖版〇〇四

六冊　版框高一九.六釐米　寬一一.六釐米　書經九行十七字小字雙行字同　秘訣十六行十四字白口四周雙邊　封面鐫奎壁堂鄭氏梓行（館藏號：S1915）（定級：二級丙等）

詩經集傳八卷　宋朱熹撰　明嘉靖吉澄刻本　圖版〇〇五

四冊　版框高二〇.五釐米　寬一四.四釐米　九行十七字小字雙行字同白口左右雙邊　卷末鐫巡按福建監察御史吉澄校刊雙行牌記　有刻工（館藏號：S1575）（定級：二級乙等）

詩經四卷小序一卷　明鍾惺批點　明淩氏刻套印本　圖版〇〇六

三冊　版框高二一釐米　寬一四.五釐米　八行十八字白口左右雙邊（館藏號：S1760）（定級：二級丙等）

儀禮十七卷　漢鄭玄註　明嘉靖徐氏刻三禮本　圖版〇〇七

四冊　版框高二〇.三釐米　寬一四.一釐米　八行十七字小字雙行字同白口四周雙邊　有刻工　存九卷九至十七（館藏號：S301）（定級：二級丙等）

禮記省度四卷　清彭頤撰　清乾隆元年武林文治堂刻兩節版套印本　圖版〇〇八　〇〇九

四冊　版框高二二.二釐米　寬一四.一釐米　上節小字十六行十六字下節大字八行十六字小字八行字數不等白口四周單邊　封面鐫乾隆元年重鐫武林文治堂梓行（館藏號：S1756）（定級：二級丙等）

二禮經傳測六十八卷纂議一卷　明湛若水撰　明嘉靖刻本　圖版〇一〇

十冊　版框高二〇.七釐米　寬一四.六釐米　十行二十字小字雙行字同白口四周雙邊　鈐凝雲深處清暇

奇觀朱文長方印　海頻逸民平泉鄭履淮凝雲樓書畫之印朱文方印（館藏號：S1581）（定級：二級乙等）

春秋左傳十五卷　明孫鑛批點　明萬曆四十四年閔齊伋刻套印本　圖版〇一一

十二冊　版框高二一.九釐米　寬一五.五釐米　九行十九字白口四周單邊　每卷末鐫萬曆丙辰夏吳興閔齊華　閔齊伋　閔象泰分次經傳（館藏號：S1757）（定級：一級丙等）

春秋左傳十七卷　清弘瞻點定　清雍正十三年果親王刻三色套印本　圖版〇一二

十二冊　版框高一八.五釐米　寬一二.六釐米　九行二十字註文十九字白口四周雙邊（館藏號：S1907）（定級：二級丙等）

春秋胡氏傳纂疏三十卷　元汪克寬撰　元至正八年建安劉叔簡日新堂刻本　圖版〇一三　〇一四

十冊　版框高一九.三釐米　寬一二.五釐米　十一行二十一字小字雙行字同黑口四周雙邊　凡例後鐫建安劉叔簡栞於日新堂牌記　存九卷　一至九（館藏號：Z58）（定級：一級丙等）

春秋四傳三十八卷　明嘉靖吉澄刻樊獻科重修本　佚名錄清何焯批校　圖版〇一五

十二冊　版框高一九.八釐米　寬一四.三釐米　九行十七字小字雙行字同白口左右雙邊　十六卷末鐫巡按福建監察御史開州吉澄校刊縉雲樊獻科重訂牌記　有刻工　鈐山東海豐吳氏珍藏世澤圖書朱文方印（館藏號：S424）（定級：二級乙等）

春秋私考三十六卷首一卷　明季本撰　明嘉靖刻本　圖版〇一六

二十冊　版框高一九釐米　寬一二.九釐米　十行二十一字小字雙行字同白口左右雙邊　有刻工　鈐際

唐之印白文方印（館藏號：S1592）（定級：二級乙等）

論語集註大全二十卷序説一卷　明胡廣等輯　明天順二年黃氏仁和堂刻四書集註大全本　圖版〇一七

二冊　版框高二一.四釐米　寬一三.五釐米　十二行二十字小字雙行二十二字黑口四周雙邊　存五卷六至十（館藏號：S13）（定級：二級乙等）

孟子十四卷　宋朱熹集註　元倪士毅輯釋　元刻四書集釋明修本　圖版〇一八

二冊　版框高二一.四釐米　寬一三.七釐米　十三行二十一字小字雙行二十三字黑口四周單邊間四周雙邊　存七卷　一至七（館藏號：Z74）（定級：一級丙等）

四書參十九卷　明李贄撰　明楊起元等評　明張明憲等參定　明刻套印本　圖版〇一九

十冊　版框高二〇.三釐米　寬一四.三釐米　八行十七字白口四周單邊（館藏號：S1758）（定級：二級丙等）

四經稗疏十四卷　清王夫之撰　清吳氏拜經樓鈔本　清顧廣圻校並題款　圖版〇二〇

十冊　無版框　八行二十一字　鈐拜經樓吳氏藏書朱文方印　廣圻白文方印　思適齋主藏朱文長方印　書皮鈐拜經樓雲形花紋圓印　曾藏錢夢廬家朱文長方印（館藏號：S3326）（定級：二級丙等）

爾雅三卷　晉郭璞註　**音釋三卷**　明景泰七年馬諒刻本　周叔弢校並跋　圖版〇二一

一冊　版框高二一.一釐米　寬一五.五釐米　十行二十三字小字雙行字同黑口四周雙邊　鈐曾在周叔

弢處朱文長方印（館藏號：S626）（定級：二級甲等）

爾雅補郭二卷　清翟灝撰　清刻本　清陳鱣批校　圖版〇二二

一冊　版框高一七.七釐米　寬一三.四釐米　十一行二十一字小字雙行字同白口左右雙邊　鈐仲魚過目朱文方印（館藏號：S4615）（定級：二級丙等）

重刊埤雅二十卷　宋陸佃撰　明畢效欽重校　明嘉靖隆慶間畢效欽刻五雅本　圖版〇二三

四冊　版框高一七.六釐米　寬一一.二釐米　十行十九字白口左右雙邊間四周單邊　鈐陸氏三間草堂藏書朱文方印　西堂藏書畫印朱文長方印（館藏號：S599）（定級：二級乙等）

別雅五卷　清吳玉搢撰　清乾隆七年新安程氏督經堂刻本　清許瀚校　圖版〇二四

五冊　版框高一七釐米　寬一二.八釐米　十行二十字黑口左右雙邊　各卷末鐫乾隆七年九月新安程氏督經堂刊牌記（館藏號：Z79）（定級：三級丙等）

類篇四十五卷　宋司馬光撰　清康熙四十五年揚州使院刻曹楝亭五種本　清陳鱣批校　圖版〇二五

十四冊　版框高一六.七釐米　寬一一.五釐米　八行十六字小字雙行二十字細黑口左右雙邊　各卷末鐫楝亭藏本丙戌九月重刻於揚州使院雙行牌記　有刻工　鈐海寧陳氏向山閣圖書朱文方印　鱣讀朱文長方印　仲魚白文長方印　簡莊執文朱文長方印（館藏號：S4624）（定級：二級丙等）

六書精蘊六卷　明魏校撰　**音釋舉要一卷**　明徐官撰　明嘉靖十九年魏希明刻本　圖版〇二六

十二冊　版框高一八.六釐米　寬一四釐米　五行大字不等小字雙行十七字細黑口左右雙邊　鈐陳奕禧

之印白文方印　海昌陳氏夢墨樓圖籍印朱文方印（館藏號：S611）（定級：二級乙等）

千文六書統要二卷篆法偏旁正譌歌一卷　清胡正言撰　清康熙十竹齋刻本　圖版〇二七

四册　版框高一八.二釐米　寬一三.二釐米　六行大字不等小字雙行字數不等白口四周單邊　封面鐫十竹齋藏板（館藏號：S612）（定級：二級丙等）

附釋文互註禮部韻略五卷　清康熙四十五年曹寅揚州使院刻本　佚名朱筆批校　圖版〇二八

五册　版框高一六.四釐米　寬一一.五釐米　九行大字不等小字雙行字數不等　卷末鐫楝亭藏本丙戌九月重刊于揚州使院牌記（館藏號：S5343）（定級：二級丙等）

大明成化庚寅重刊改併五音集韻十五卷成化丁亥重刊改併五音類聚四聲篇十五卷　金韓道昭撰　明成化七年金台大隆福寺刻嘉靖二十六年補刻本　圖版〇二九

八册　版框高二二.九釐米　寬一五.二釐米　十行大字不等小字雙行三十一或三十二字不等黑口左右雙邊間四周單雙邊（館藏號：S631）（定級：二級乙等）

大明成化庚寅重刊改併五音集韻十五卷成化丁亥重刊改併五音類聚四聲篇十五卷　金韓道昭撰　新編經史正音切韻指南一卷　元劉鑑撰　新編篇韻貫珠集一卷　明釋真空撰　新增篇韻拾遺並藏經字義一卷附等韻指掌圖　明成化三至七年刻本　圖版〇三〇　〇三一

十六册　版框高二三.一釐米　寬一五.五釐米　十行大字不等小字雙行三十二字黑口四周雙邊　切韻指南十三行十八字黑口四周雙邊　卷末鐫大明成化庚寅季夏日重刊五音集韻至辛卯上巳日完（館藏號：S1644）（定級：二級甲等）

大明正德乙亥重刊改併五音集韻十五卷　金韓道昭撰　明正德十至十一年刻本　圖版〇三二

二冊　版框高三〇.四釐米　寬一九.二釐米　十行大字不等小字雙行三十二字上黑口四周雙邊　卷末鐫大明正德乙亥春日重刊五音集韻至丙子孟秋吉日完　存六卷　七至九　十三至十五　（館藏號：S629）（定級：二級乙等）

大明正德乙亥重刊改併五音類聚四聲篇十五卷五音集韻十五卷　金韓道昭撰　新編經史正音切韻指南一卷　元劉摺撰　新編篇韻貫珠集一卷直指玉鑰題門法一卷　明釋真空編　新增篇韻拾遺並藏經字義一卷新集背篇列部之字補添印行一卷　明正德刻嘉靖三十八年修補本　圖版〇三三

三十四冊　版框高三〇.五釐米　寬一九.一釐米　十行大字不等小字雙行三十二字上黑口四周雙邊　五音類聚四聲篇佚三卷　十三至十五　余全　（館藏號：S1645）（定級：二級乙等）

新編經史正音切韻指南一卷等韻指掌圖一卷　元劉鑑撰　明正德十一年金臺衍法寺刻本　圖版〇三四

二冊　版框高三〇.一釐米　寬一八.七釐米　十三行十八字小字雙行字數不等上黑口四周雙邊　序後鐫大明正德十一年五月端陽日金臺衍法寺後裔覺恒壽梓重刊　（館藏號：S628）（定級：二級甲等）

韻經五卷　明張之象撰　明嘉靖十八年長水書院刻本　圖版〇三五

二冊　版框高一七.三釐米　寬一二.五釐米　十行十八字小字雙行字同白口左右雙邊　卷末鐫嘉靖己亥孟春刊于長水書院牌記　有刻工　鈐葉白文方印　裕白文方印　善化賀瑗所藏書畫印朱文方印　曾在李松雲處朱文長方印　（館藏號：S622）（定級：二級乙等）

音學五書十三卷 清顧炎武撰 清林春祺福田書海銅活字印本 圖版〇三六

十二册 版框高一七釐米 寬一一.一釐米 九行十九字白口四周雙邊 下書口鐫福田書海 封面鐫福田書海銅活字板福建侯官林氏珍藏牌記 存二種十三卷（館藏號：S2041）（定級：二級丙等）

二十一史二千五百六十七卷 明刻明清遞修本 圖版〇三七

二百五十七册 版框 行款不一 存十三種（館藏號：S509）（定級：二級丙等）

史記一百三十卷 漢司馬遷撰 劉宋裴駰集解 唐司馬貞索隱 唐張守節正義 明嘉靖四至六年震澤王延喆刻本 圖版〇三八

六十四册 版框高一九.五釐米 寬一三.五釐米 十行十八字小字雙行二十三字白口左右雙邊 目錄後鐫震澤王氏刻梓牌記 有刻工（館藏號：S337）（定級：二級乙等）

史記一百三十卷 漢司馬遷撰 劉宋裴駰集解 唐司馬貞索隱 唐張守節正義 明嘉靖八至九年南京國子監刻本 佚名批校 圖版〇三九

三十一册 版框高二一.七釐米 寬一五.四釐米 十行二十一字小字雙行字同黑口四周雙邊 上書口鐫嘉靖八年或九年刊 有刻工（館藏號：S342）（定級：二級乙等）

史記一百三十卷 漢司馬遷撰 劉宋裴駰集解 唐司馬貞索隱 唐張守節正義 明萬曆張守約刻本 清張惠言過錄明歸有光批校並跋 圖版〇四〇

二十八册 版框高二一.七釐米 寬一四.四釐米 九行二十一字小字雙行字同白口四周雙邊 有刻工（館藏號：S341）（定級：二級丙等）

史記一百三十卷　漢司馬遷撰　劉宋裴駰集解　唐司馬貞索隱　唐張守節正義　明萬曆二十四年南京國子監刻明清遞修本　圖版〇四一

十八冊　版框高二〇釐米　寬一三釐米　十行二十一字小字雙行二十七字白口左右雙邊　上書口間鎸萬曆二十四年刊　順治十五年刊　順治十六年刊　康熙二十年補刊　（館藏號：S798）（定級：二級丙等）

史記評林一百三十卷　明淩稚隆輯　明萬曆二至四年淩稚隆刻本　清徐時棟批校並跋　圖版〇四二

二十六冊　版框高二四.七釐米　寬一五.九釐米　十行十九字小字雙行字同白口左右雙邊　有刻工　鈐半江樓書畫珍藏白文方印　城西草堂朱文方印　徐時棟手校朱文長方印　徐時棟印白文方印　（館藏號：S343）（定級：二級丙等）

史記纂二十四卷　明淩稚隆輯　明萬曆七年淩氏刻套印本　圖版〇四三

二十四冊　版框高二〇.四釐米　寬一四.五釐米　九行十九字白口四周單邊　（館藏號：S1770）（定級：二級丙等）

古史六十卷　宋蘇轍撰　明萬曆四十年南京國子監刻本　圖版〇四四

十冊　版框高二〇.三釐米　寬一四.五釐米　十行二十字小字雙行字同白口左右雙邊　有刻工　鈐棟亭曹氏藏書朱文方印　（館藏號：S411）（定級：二級丙等）

五代史記七十四卷　宋歐陽修撰　宋徐無黨註　元崇文書院刻明嘉靖遞修本　圖版〇四五

十冊　版框高二一.六釐米　寬一六釐米　十行二十二字小字雙行字同白口左右雙邊　書口間鎸嘉靖九年　十年補刊　鈐王崇煥印白文方印　漢章經眼白文方印　（館藏號：S1622）（定級：一級乙等）

五代史記七十四卷　宋歐陽修撰　宋徐無黨註　明嘉靖汪文盛等刻本　圖版〇四六
十六册　版框高一七.六釐米　寬一三.二釐米　十二行二十二字小字雙行二十八字白口四周單邊
（館藏號：S499）（定級：二級乙等）

五代史記七十四卷　宋歐陽修撰　宋徐無黨註　明余有丁　周子義校　明萬曆四年南京國子監刻清順治康熙遞修本　佚名批校　圖版〇四七
十册　版框高二〇.七釐米　寬一四.八釐米　十行二十一字小字雙行字同上細黑口四周雙邊　上書口鐫萬曆四年刊　順治十五年刊　康熙三十九年刊　鈐退耕堂藏書記朱文方印　（館藏號：S501）（定級：二級丙等）

前漢書一百卷　漢班固撰　明德藩最樂軒刻本　圖版〇四八
十册　版框高二〇.一釐米　寬一四.六釐米　十行二十一字白口左右雙邊　上書口鐫德潘最樂軒　有刻工　鈐德王圖書之章朱方大方印　存四十八卷　一至五　十六　十九　四十六至八十六　（館藏號：S455）（定級：二級丙等）

漢書一百卷　漢班固撰　唐顏師古註　宋刻元明遞修本　清楊守敬題識　圖版〇四九
四十八册　版框高二〇.三釐米　寬一五.四釐米　十行十八至二十一字小字雙行字數不等黑口間白口左右雙邊間四周單邊　鈐楊守敬印白文方印　韓履卿藏經籍金石書畫之印白文方印　孫從振印白文方印文起白文方印　慈封主人白文方印　（館藏號：S450）（定級：一級乙等）

漢書一百卷　漢班固撰　唐顏師古註　明刻嘉靖十六年廣東崇正書院重修本　圖版〇五〇

三十六冊　版框高一九.一釐米　寬一四.一釐米　十行二十二字小字雙行字同白口四周單邊　鈐天放樓朱文方印（館藏號：S451）（定級：二級乙等）

漢書一百卷　漢班固撰　唐顏師古註　明嘉靖汪文盛刻二十八年周采等重修本　圖版〇五一

二十冊　版框高一八.四釐米　寬一三.四釐米　十二行二十二字小字雙行二十八字白口左右雙邊　每頁左書耳記篇名　卷末鐫嘉靖己酉年孟夏月吉旦　另行鐫侯官縣儒學署教諭事舉人廖言監修　鈐黃裳藏本朱文長方印　木雁齋朱文方印（館藏號：S444）（定級：二級乙等）

班馬異同三十五卷　宋倪思撰　元劉辰翁評　明嘉靖十六年李元陽校刻本　圖版〇五二

六冊　版框高一七.一釐米　寬一二.九釐米　九行十九字白口左右雙邊　卷末鐫嘉靖十六年歲次丁酉山人高瀫覆校牌記　有刻工（館藏號：S445）（定級：二級乙等）

後漢書九十卷　劉宋范曄撰　唐李賢註　**志三十卷**　晉司馬彪撰　梁劉昭註　明刻嘉靖十六年廣東崇正書院重修本　圖版〇五三

二十八冊　版框高一九.一釐米　寬一四釐米　十行二十二字小字雙行字同白口四周單邊　鈐天放樓朱文大方印　披雲閣印白文方印　栖谷朱文方印（館藏號：S452）（定級：二級乙等）

後漢書九十卷　劉宋范曄撰　唐李賢註　**志三十卷**　晉司馬彪撰　梁劉昭註　明嘉靖汪文盛刻二十八年周采等重修本　圖版〇五四

二十冊　版框高一八.八釐米　寬一三.二釐米　十二行二十二字小字雙行二十八字白口左右雙邊（館藏號：S456）（定級：二級乙等）

後漢書九十卷 劉宋范曄撰 唐李賢註 **志三十卷** 晉司馬彪撰 梁劉昭註 明嘉靖八至九年南京國子監刻明清遞修本　圖版〇五五

九冊 版框高二一.二釐米 寬一五.四釐米 十行二十一字小字雙行字同白口四周雙邊 上書口鐫嘉靖八年刊 天啟三年刊 崇禎三年刊等 鈐石田白文方印 綠雲山房朱文圓印 存后漢書三十四卷 七至三十四 八十五至九十 （館藏號：S449）（定級：二級丙等）

晉書一百三十卷 唐房玄齡等撰 明崇禎毛氏汲古閣刻本 清何紹基批校　圖版〇五六

十四冊 版框高二一.三釐米 寬一五.一釐米 十二行二十五字小字雙行字同白口左右雙邊 版心間鐫汲古閣 毛氏正本 目錄後鐫皇明崇禎改元歲在著雍執徐陬月元宵琴川毛氏開雕牌記 鈐何印紹基朱文方印 蝯臂翁朱文方印 子貞白文方印 道州何紹基印白文方印 （館藏號：S471）（定級：二級乙等）

宋書一百卷 梁沈約撰 明萬曆二十六年北京國子監刻本　圖版〇五七

二十八冊 版框高二三釐米 寬一五釐米 十行二十一字白口左右雙邊 上書口鐫萬曆二十六年刊 （館藏號：S732）（定級：二級丙等）

梁書五十六卷 唐姚思廉撰 明蕭雲舉 李騰芳校 明萬曆三十三年北京國子監刻本　圖版〇五八

六冊 版框高二二.八釐米 寬一四.九釐米 十行二十一字白口左右雙邊 上書口鐫萬曆三十三年刊 存三十三卷 一至十七 三十八至五十三 （館藏號：S487）（定級：二級丙等）

陳書三十六卷 唐姚思廉撰 宋刻宋元明遞修本　圖版〇五九

十二冊 版框高二二.四釐米 寬一八.四釐米 九行十八字白口左右雙邊 （館藏號：S482）（定

級：一級丙等）

魏書一百十四卷　北齊魏收撰　宋刻宋元明遞修本　圖版〇六〇

四冊　版框高二二.六釐米　寬一九釐米　九行十七　十八字不等細黑口左右雙邊　存十三卷　三十八至四十一　五十六至五十八　六十二至六十七（館藏號：S491）（定級：一級丙等）

周書五十卷　唐令狐德棻等撰　宋刻宋元明遞修本　圖版〇六一

四冊　版框高二二.九釐米　寬一八.六釐米　九行十八　十九字不等細黑口左右雙邊　存二十四卷九至三十二（館藏號：S492）（定級：一級丙等）

周書五十卷　唐令狐德棻等撰　明趙用賢　余孟麟校　明萬曆十六年南京國子監刻　清順治　康熙遞修本　圖版〇六二

八冊　版框高一九.八釐米　寬一四.九釐米　九行十八字細黑口四周雙邊　上書口間鐫萬曆十六年刊等（館藏號：S493）（定級：二級丙等）

唐書二百二十五卷　宋歐陽修　宋祁撰　**釋音二十五卷**　宋董衝撰　元刻明清遞修本　圖版〇六三

八冊　版框高二〇.九釐米　寬一四.八釐米　十行二十二字細黑口四周雙邊　上書口鐫嘉靖八年補刊萬曆十六年補刊等　存三十一卷　四十一至七十一（館藏號：S497）（定級：一級丙等）

南唐書三十卷　宋馬令撰　明嘉靖二十九年顧汝達刻本　圖版〇六四

八冊　版框高一八.八釐米　寬一二.六釐米　十行二十字白口左右雙邊　鈐穎川陳氏較定典籍之章朱

文長方印　臥子龍白文方印　（館藏號：S498）（定級：二級乙等）

宋史四百九十六卷目録三卷　元脱脱等撰　明成化七至十六年朱英刻明清南京國子監遞修本　圖版〇六五

四十八冊　版框高二〇.九釐米　寬一五釐米　十行二十字白口四周雙邊　上書口鐫嘉靖丙辰年　萬曆二十八年刊等　存三百九十一卷　一至三十七　四十七至五十五　六十二至八十　一百二十六至一百五十四　一百六十七至二百二十五　二百四十二至二百六十九　三百三十七至四百九十六　（館藏號：S510）（定級：二級乙等）

宋史新編二百卷　明柯維騏撰　明嘉靖刻本　圖版〇六六

二十三冊　版框高一八.九釐米　寬一三.二釐米　十行二十一字白口四周單邊　有刻工　鈐墨香閣圖書朱文長方印　存一百十四卷　十五至十九　二十四至三十一　三十六至三十九　四十四至四十六　五十九至七十一　七十七至八十一　八十七至九十二　九十八至一百零八　一百二十至一百三十七　一百四十三至一百七十一　一百八十四至一百九十四　一百九十九至二百　（館藏號：S1689）（定級：二級丙等）

遼史一百十六卷　元脱脱撰　明沈漼等重校　明萬曆三十四年國子監刻本　圖版〇六七

十二冊　版框高二三.四釐米　寬一五.三釐米　十行二十一字白口左右雙邊　上書口鐫萬曆三十四年刊　（館藏號：S477）（定級：二級丙等）

資治通鑑二百九十四卷　宋司馬光撰　元胡三省音註　元刻本　圖版〇六八

三冊　版框高二二.三釐米　寬一五.一釐米　十行二十字小字雙行字同黑口四周雙邊　存三卷一百九十三至一百九十五（館藏號：Z76）（定級：一級丙等）

資治通鑑二百九十四卷　宋司馬光撰　元胡三省音註　**通鑑釋文辯誤十二卷**　元胡三省撰　元刻明弘治　正德　嘉靖遞修本（卷一百十二至一百二十一、二百十五至二百三十一配清鄱陽胡氏刻本）　圖版〇六九

一百冊　版框高二二.二釐米　寬一四.七釐米　十行二十字小字雙行字同黑口四周雙邊　上書口間鐫弘治二年　正德九年　嘉靖二十年補刻　有刻工　鈐東山藏書朱白文長方印　（館藏號：S360）（定級：一級丙等）

資治通鑑考異三十卷　宋司馬光撰　明嘉靖二十三至二十四年孔天胤刻本　圖版〇七〇

六冊　版框高二〇.六釐米　寬一五.三釐米　十行二十字小字雙行字同白口左右雙邊　有刻工　鈐萬卷堂藏書記朱文方印　檇李項藥師藏朱文長方印　（館藏號：S372）（定級：二級乙等）

資治通鑑綱目五十九卷　宋朱熹撰　宋刻本　圖版〇七一

二冊　版框高二一.六釐米　寬一六.一釐米　八行十五字小字雙行二十二字白口左右雙邊　存一卷四十八（館藏號：Z148）（定級：一級丙等）

資治通鑑綱目五十九卷　宋朱熹撰　元刻本　佚名批校　圖版〇七二

一冊　版框高一九.七釐米　寬一三.一釐米　十行十六字小字雙行二十二字細黑口左右雙邊　有刻工鈐叔弢朱文方印　自莊嚴堪朱文方印　存一卷　四十二（館藏號：Z71）（定級：一級丙等）

資治通鑑綱目發明五十九卷　宋尹起莘撰　元劉友益書法　元汪克寬考異　元徐昭文考證　元王幼學集覽　明陳濟正誤　明馮智舒質實　明弘治十四年日新堂刻本　圖版〇七三　〇七四

十八冊　版框高二〇.四釐米　寬一三釐米　十二行二十六字小字雙行二十五字下黑口四周雙邊　卷末鐫皇明弘治辛酉歲書林日新堂刊行牌記　（館藏號：S373）（定級：二級甲等）

世史正綱三十二卷　明邱濬撰　明嘉靖四十二年孫應鰲刻本　圖版〇七五

十六冊　版框高一八.七釐米　寬一二.三釐米　十行十八字細黑口四周雙邊　鈐六合徐氏孫麒珍藏書畫印朱文長方印　孫麒氏使東所得白文長方印　（館藏號：S381）（定級：二級乙等）

甲子會紀五卷　明薛應旂撰　明嘉靖三十七年玄津草堂刻本　圖版〇七六

四冊　版框高一八.二釐米　寬一三.八釐米　九行十八字小字雙行字同白口四周單邊　卷末鐫嘉靖戊午秋刻于玄津草堂牌記　有刻工　鈐劉履芬印白文方印　仁叟白文方印　（館藏號：S390）（定級：二級乙等）

兩漢紀六十卷　明嘉靖二十七年黄姬水刻本　圖版〇七七

十六冊　版框高一九釐米　寬一四.六釐米　十一行二十字白口左右雙邊　（館藏號：S459）（定級：二級乙等）

皇宋十朝綱要二十五卷　宋李埴撰　清鈔本　圖版〇七八

十冊　無版框　九行二十字　（館藏號：S2848）（定級：二級丙等）

明宣宗章皇帝實録不分卷　明張輔　楊士奇等纂修　明鈔本　圖版〇七九

十三册　版框高二〇．一釐米　寬一五．七釐米　十行二十字紅格白口四周單邊　存宣德一年至宣德十年正月（館藏號：Z53）（定級：二級丙等）

大明英宗法天立道仁明誠敬昭文憲武至德廣孝睿皇帝實録三百六十一卷　明孫繼宗　陳文等纂修　明南雲閣鈔本　圖版〇八〇

二十四册　版框高二三．六釐米　寬一六．一釐米　十行十八字藍格白口四周雙邊　上書口鐫南雲閣　存五十九卷　一百十四至一百二十六　一百三十至一百四十六　一百四十九至一百六十九　一百七十九至一百八十六（館藏號：Z142）（定級：二級丙等）

大明憲宗純皇帝實録不分卷　明張懋　劉吉等纂修　明鈔本　圖版〇八一

四十一册　版框高二一釐米　寬一五．八釐米　十一行二十字白口四周單邊　存　明成化二年七月至八年十二月　九年七月至二十三年八月（館藏號：Z5）（定級：二級丙等）

大明恭穆獻皇帝實録五十卷　明費宏等纂修　明南雲閣鈔本　圖版〇八二

八册　版框高二三．五釐米　寬一六．二釐米　十行十八字藍格白口四周雙邊　存四十卷　十一至五十（館藏號：Z143）（定級：二級丙等）

萬曆起居注不分卷　明鈔本　圖版〇八三

五十册　版框高二〇．八釐米　寬一四．九釐米　十行二十字藍格　存　萬曆一至十二年　十四至三十二年　三十四至三十八年　四十一年　四十三年（館藏號：Z52）（定級：二級丙等）

通鑑紀事本末四十二卷 宋袁樞撰 宋寶祐五年趙與𥲅刻本 圖版〇八四

二冊 版框高二五.八釐米 寬一九.八釐米 十一行十九字白口左右雙邊 有刻工 鈐尚友山房朱文方印 存二卷 十五 三十三 （館藏號：Z149）（定級：一級丙等）

路史四十七卷 宋羅泌撰 明嘉靖洪楩刻本 圖版〇八五

十六冊 版框高一八.一釐米 寬一三.五釐米 十行二十字小字雙行字同白口四周單邊 鈐無卷居白文方印 （館藏號：S407）（定級：二級乙等）

戰國策十卷 宋鮑彪校註 元吳師道補正 明王廷相校 明嘉靖元年俞國昌刻本 圖版〇八六

八冊 版框高一九.一釐米 寬一四.一釐米 十行二十字小字雙行字同白口間細黑口左右雙邊 有刻工 鈐陳濼之印朱文方印 遂山朱文方印 （館藏號：S437）（定級：二級乙等）

戰國策十二卷 明閔齊伋裁註 **元本目録一卷** 明萬曆四十八年閔氏刻三色套印本 圖版〇八七

八冊 版框高二〇.九釐米 寬一五.二釐米 九行十九字小字雙行十八字白口四周單邊 （館藏號：S1767）（定級：一級丙等）

越絕書十五卷 漢袁康撰 明嘉靖二十四年孔天胤刻本 圖版〇八八

四冊 版框高一九.八釐米 寬一三.八釐米 九行十六字白口左右雙邊 有刻工 鈐勞權之印白文方印 燕喜堂朱文方印 虞琴秘笈朱文方印 姚景瀛白文方印 （館藏號：S440）（定級：二級乙等）

貞觀政要十卷 唐吳兢撰 元戈直集論 明成化十二年崇府重刻本 圖版〇八九

六冊　版框高二六.三釐米　寬一八.七釐米　十行二十字小字雙行字同大黑口四周雙邊　卷末鐫成化丙申崇府重刊牌記（館藏號：S526）（定級：二級甲等）

揮麈録二卷　題宋楊萬里撰　明弘治華氏刻百川學海本　張梅孫題識　圖版〇九〇

一冊　版框高一九.八釐米　寬一四.三釐米　十二行二十字白口左右雙邊　鈐禮邸珍玩朱文方印　康邸珍玩朱文方印　叁韓李氏家藏朱文方印（館藏號：S1626）（定級：二級甲等）

南燼紀聞一卷　題宋辛棄疾撰　**竊憤録一卷續録一卷阿計替傳一卷**　清吴氏拜經樓鈔本　圖版〇九一

一冊　無版框　十一行二十三字　鈐拜經樓吴氏藏書朱文方印（館藏號：S2844）（定級：二級丙等）

南燼紀聞録一卷　題宋辛棄疾撰　**南渡録大略一卷竊憤録一卷續録一卷阿計替傳一卷**　清鈔本　圖版〇九二

一冊　版框高二〇.五釐米　寬一四.五釐米　十一行十七字　鈐李盛鐸印白文方印　木齋朱文方印（館藏號：S2846）（定級：二級丙等）

襄陽守城録一卷　宋趙萬年撰　清鈔本　圖版〇九三

一冊　版框高一九.一釐米　寬一六.一釐米　十四行二十二字白口左右雙邊（館藏號：S2845）（定級：二級丙等）

今言四卷　明鄭曉撰　明嘉靖四十五年刻本　陳寶泉題識　圖版〇九四

四册　版框高二〇.八釐米　寬一三.四釐米　八行十六字白口左右雙邊　有刻工　鈐竹泉山房朱文方印筱莊朱文方印　陳印寶泉白文方印　退思齋書畫記朱文長方印　（館藏號：S519）（定級：二級乙等）

萬曆武功録十四卷　明瞿九思撰　明萬曆刻本　圖版〇九五

十四册　版框高二一.二釐米　寬一四.一釐米　十行二十字白口左右雙邊　（館藏號：Z48）（定級：二級丙等）

三朝聖諭録三卷　明楊士奇撰　明正統刻本　圖版〇九六

一册　版框高二〇.八釐米　寬一三.四釐米　十行二十一字白口四周雙邊　鈐明善堂所見書畫印白文長方印　鐵橋白文方印　嚴可均之印朱文方印　（館藏號：Z47）（定級：二級甲等）

會通館校正宋諸臣奏議一百五十卷　宋趙汝愚輯　明弘治華燧會通館銅活字印本　圖版〇九七

一册　版框高二四釐米　寬一五.六釐米　九行十七字黑口四周雙邊　存二卷　三十三　三十四　（館藏號：Z51）（定級：一級丙等）

註陸宣公奏議十五卷　唐陸贄撰　宋郎曄註　明弘治七年林符重刻本　圖版〇九八

八册　版框高二一.九釐米　寬一三.六釐米　九行十八字小字雙行字同黑口四周雙邊　鈐江都曹氏家驂秘笈朱文長方印　曹家錄印白文方印　博明珍藏朱文方印　曹印聲濤白文方印　（館藏號：S531）（定級：二級乙等）

孝肅包公奏議十卷傳一卷　宋包拯撰　明弘治五年刻本　圖版〇九九

二冊　版框高二二.三釐米　寬一三.四釐米　十行二十字大黑口四周雙邊　有刻工　鈐李白文方印溫白文方印　存四卷　一至四（館藏號：S534）（定級：二級乙等）

東坡奏議十五卷　宋蘇軾撰　明嘉靖十三年江西布政司重刻本　圖版一〇〇

四冊　版框高二〇釐米　寬一二.五釐米　十行二十字白口四周雙邊　卷末鐫嘉靖十三年江西布政司重刊牌記（館藏號：S535）（定級：二級乙等）

宋丞相李忠定公奏議六十九卷附錄九卷　宋李綱撰　明朱欽　洪鼐彙校　明正德十一年胡文靜　蕭泮刻本　圖版一〇一

九冊　版框高二〇釐米　寬一二釐米　十行二十二字細黑口四周雙邊　鈐謝在杭藏書印朱文方印（館藏號：S540）（定級：二級甲等）

少司空主一徐公奏議九卷　明徐恪選　邵寶等編校　明嘉靖刻本　圖版一〇二

四冊　版框高二二釐米　寬一三.六釐米　十行二十字白口四周雙邊（館藏號：Z28）（定級：二級乙等）

桂洲奏議十二卷續集二卷　明夏言撰　明嘉靖二十五年刻本　圖版一〇三

八冊　版框高二〇.釐米　寬一四.五釐米　十行二十字白口左右雙邊　存　奏議八卷　一至八（館藏號：S538）（定級：二級丙等）

按遼疏稿六卷　明熊廷弼撰　明刻本　圖版一〇四

六冊　版框高二二.三釐米　寬一四.二釐米　九行二十字白口四周雙邊（館藏號：S545）（定級：二級丙等）

列女傳十六卷　漢劉向撰　明汪道昆輯　明仇英繪圖　明萬曆刻清乾隆四十四年知不足齋印本　圖版一〇五　一〇六

十六冊　版框高二三釐米　寬一四.九釐米　十行二十一字白口四周單邊　封面鐫知不足齋藏版　鈐尚友山房朱文方印　木齋珍藏朱文方印　渝水劉氏木齋珍藏書籍之印朱文橢圓印（館藏號：S1105）（定級：二級丙等）

古今宗藩懿行考十卷　明朱常涝輯　明崇禎九年潞府刻本　圖版一〇七

十冊　版框高二八.九釐米　寬一八.五釐米　九行十八字白口四周雙邊（館藏號：S580）（定級：二級丙等）

貂璫史鑑四卷　明張世則撰　明萬曆刻本　圖版一〇八　一〇九　一一〇

一冊　版框高二〇.八釐米　寬一四.五釐米　九行二十一字小字雙行字同下黑口四周雙邊　鈐翰林院印朱文方印　封面鈐乾隆三十八年十一月浙江巡撫三寶送到汪啟淑家藏貂璫史鑑壹部計書肆本朱文長方印　存一卷　一（館藏號：S393）（定級：二級丙等）

建文遜國臣記八卷　明鄭曉撰　明嘉靖四十五年刻本　圖版一一一

二冊　版框高二一.二釐米　寬一四.五釐米　十行十九字白口左右雙邊（館藏號：S575）（定級：二

級乙等）

晏子春秋六卷　明淩澄初輯評　明淩氏刻套印本　圖版一一二
四冊　版框高二〇.四釐米　寬一四.三釐米　八行十八字白口四周單邊　鈐丁有斐讀白文方印　曾在丁松叡家朱文方印　丁尚有印朱文方印　吴興丁友恭堂珍藏朱文方印　（館藏號：S1768）（定級：二級丙等）

休邑黄氏思本圖一卷　明黄顯仁等纂修　明洪武二十二年刻本　圖版一一三
一冊　版框高二三.八釐米　寬一九.一釐米　十行二十四字大黑口四周單邊　（館藏號：S1555）（定級：二級甲等）

十七史詳節二百七十四卷　宋吕祖謙輯　明正德十一年劉弘毅慎獨齋刻本　圖版一一四　一一五
八十冊　版框高一九.二釐米　寬一一.七釐米　十三行二十六字細黑口四周雙邊　五代史卷末鐫皇明正德丙子慎獨齋新刊行雙行牌記　（館藏號：S383）（定級：二級甲等）

十七史詳節二百七十三卷　宋吕祖謙輯　明嘉靖四十五年至隆慶四年陝西布政司刻本　圖版一一六
三十冊　版框高二〇釐米　寬一四釐米　十行二十二字白口四周單邊　有刻工　存七十七卷　（館藏號：S392）（定級：二級丙等）

史記鈔九十一卷　明茅坤輯　明泰昌元年吴興閔振業刻套印本　佚名批校　圖版一一七
二十一冊　版框高二一釐米　寬一五釐米　九行十九字白口左右雙邊　（館藏號：S1749）（定級：

二級丙等）

史記鈔九十一卷　明茅坤輯　明泰昌元年吳興閔振業刻套印本　圖版一一八
二十冊　版框高二一釐米　寬一五釐米　九行十九字白口左右雙邊　（館藏號：S1769）（定級：二級丙等）

兩漢博聞十二卷　宋楊侃編　明嘉靖三十七年黄魯曾刻本　圖版一一九
十冊　版框高一七.四釐米　寬一二.三釐米　八行十六字白口左右雙邊　（館藏號：S441）（定級：二級乙等）

寰宇通志一百十九卷　明陳循　彭時等纂修　明景泰七年刻本　圖版一二〇
四十冊　版框高二七.五釐米　寬一七.四釐米　十行二十二字小字雙行字同黑口四周雙邊　（館藏號：Z140）（定級：二級甲等）

一統志案説十六卷　清顧炎武撰　清泰州宮氏鈔本　圖版一二一
六冊　版框高一九.五釐米　寬一三.九釐米　九行二十二字小字雙行字同白口四周單邊　下書口鐫泰州宮氏秘本　（館藏號：F2906）（定級：二級丙等）

[嘉靖]山西通志三十二卷　明楊宗氣　周斯盛纂修　明嘉靖四十三年刻本　圖版一二二
二十冊　版框高二二.五釐米　寬一六.五釐米　十行二十字白口四周雙邊　有刻工　鈐顧朝偘白文方印偘如朱文方印　任氏振采朱文方印　（館藏號：Z136）（定級：二級乙等）

[嘉靖]遼東志九卷　明任洛等纂修　明嘉靖十六年刻本　圖版一二三

六冊　版框高二〇.三釐米　寬一五.九釐米　九行十八字大黑口四周雙邊　（館藏號：Z135）（定級：二級乙等）

[嘉靖]陝西通志四十卷　明趙廷瑞　馬理等纂修　明嘉靖二十一年刻二十六年增修本　圖版一二四

十七冊　版框高二二.五釐米　寬一五.五釐米　十行二十字小字雙行字同白口四周單邊　鈐任氏振采朱文方印　鳳苞白文方印　（館藏號：Z116）（定級：二級乙等）

[嘉靖]高陵縣志七卷　明呂柟纂　明嘉靖二十年刻本　圖版一二五

四冊　版框高一九.六釐米　寬一五.二釐米　九行二十二字小字雙行字同白口左右雙邊　（館藏號：F3293）（定級：二級乙等）

[嘉靖]山東通志四十卷　明陸釴纂修　明呂元善續修　明嘉靖刻萬曆增修本　圖版一二六

十二冊　版框高二三.四釐米　寬一六.八釐米　十行二十字白口四周雙邊　有刻工　鈐任氏振采朱文方印　（館藏號：Z137）（定級：二級丙等）

[嘉靖]南畿志六十四卷　明聞人詮修　明陳沂纂　明嘉靖十三年刻本　圖版一二七

二十冊　版框高二一.五釐米　寬一六釐米　九行十九字小字雙行十八字白口左右雙邊　有刻工　鈐任氏振采朱文方印　（館藏號：F3359）（定級：二級乙等）

[正德]姑蘇志六十卷　明林世遠修　明王鏊等纂　明正德元年刻十四年增修本　圖版一二八

二十冊　版框高二二.三釐米　寬一六.七釐米　十行二十字小字雙行十九字白口左右雙邊　有刻工　鈐任振采所收方志之一朱文長方印　（館藏號：F3363）（定級：二級甲等）

[嘉靖]常熟縣志十三卷　明馮汝弼修　明鄧韍纂　明嘉靖十八年刻本　圖版一二九

十二冊　版框高一九.一釐米　寬一四.三釐米　九行十八字白口左右雙邊　鈐平原陸氏藏書印朱文長方印　棣華書屋朱文橢圓印　陸紹良印白文方印　（館藏號：Z125）（定級：二級乙等）

[嘉靖]吳江縣志二十八卷首一卷　明曹一麟修　徐師曾纂　明嘉靖四十年刻本　圖版一三〇

十四冊　版框高二〇釐米　寬一三.二釐米　八行十六字小字雙行字同白口左右雙邊　鈐任振采所收方志之一朱文長方印　（館藏號：Z121）（定級：二級乙等）

[嘉靖]浙江通志七十二卷　明胡宗憲　薛應旂纂修　明嘉靖四十年刻本　圖版一三一　一三二

三十二冊　版框高一九.八釐米　寬一四.二釐米　十行二十字小字雙行字同白口四周單邊　有刻工　鈐任氏振采朱文方印　（館藏號：Z101）（定級：二級乙等）

[萬曆]續修嚴州府志二十四卷　明呂昌期　俞炳然等纂　明萬曆六年刻四十一年增修本　圖版一三三　一三四　一三五

二十四冊　版框高一九.七釐米　寬一四.三釐米　十行二十字白口左右雙邊　鈐翰林院印朱文滿漢文大方印　王氏信芳閣藏書印朱文長方印　三殘書屋朱文方印　任氏振采朱文方印　封面鈐乾隆三十八年十月兩淮鹽政李質穎送到萬曆嚴州府志一部計書三十二本朱文大方印　（館藏號：Z110）（定級：二級丙等）

[至元]嘉禾志三十二卷　元徐碩纂修　清不暇懶齋鈔本　陳其榮三色批校並跋　圖版一三六

八冊　版框高一八.五釐米　寬一三.一釐米　十行二十字小字雙行十六字蘭格白口左右雙邊　（館藏號：F3468）（定級：二級丙等）

[嘉靖]嘉興府圖記二十卷　明趙瀛修　明趙文華纂　明嘉靖二十八年刻本　圖版一三七

十冊　版框高二〇.四釐米　寬一四釐米　九行十九字白口左右雙邊　鈐任氏振采朱文方印　天春園朱文橢圓印　王研堂朱文方印　（館藏號：Z118）（定級：二級乙等）

[嘉靖]定海縣志十三卷　明何愈修　明張時徹等纂　明嘉靖四十二年刻本　圖版一三八

六冊　版框高二〇.五釐米　寬一四.九釐米　九行十九字小字雙行十八字白口左右雙邊　鈐任振采所收方志之一朱文長方印　（館藏號：F3484）（定級：二級乙等）

[嘉靖]徽州府志二十二卷　明何東序　汪尚寧等纂修　明嘉靖四十五年刻萬曆三年增修本　圖版一三九

十六冊　版框高二一.七釐米　寬一四.一釐米　九行二十三字小字雙行字同白口左右雙邊　有刻工　鈐任氏振采朱文方印　鳳苞白文長方印　（館藏號：Z112）（定級：二級丙等）

[弘治]八閩通誌八十七卷　明陳道　黃仲昭纂修　明弘治四年刻本　圖版一四〇　一四一

四十冊　版框高二二釐米　寬一四.六釐米　九行二十一字小字雙行字同黑口四周雙邊　（館藏號：Z117）（定級：二級甲等）

［嘉靖］四川總志十六卷　明劉大謨　王元正等纂修　明周復俊　崔廷槐重編　全蜀藝文志六十四卷
明楊慎纂　明嘉靖二十四年刻本　圖版一四二
二十冊　版框高二四釐米　寬一五.三釐米　九行二十二字小字雙行二十一字白口四周雙邊　鈐任氏振采朱文方印　鳳苞白文長方印（館藏號：Z113）（定級：二級乙等）

會稽三賦四卷首一卷　宋王十朋撰　明南逢吉註　明尹壇補註　明天啟元年淩弘憲刻套印本　圖版一四三
二冊　版框高二〇.五釐米　寬一三.七釐米　八行十八字白口四周單邊（館藏號：S1887）（定級：二級丙等）

九邊圖論不分卷　明許論撰　明閔氏刻套印本　圖版一四四
二冊　版框高二〇.五釐米　寬一三.九釐米　八行十八字白口四周單邊（館藏號：S1776）（定級：二級丙等）

古今遊名山記十七卷總録三卷　明何鏜輯　明嘉靖四十四年刻萬曆重修本　圖版一四五
二十四冊　版框高二〇.二釐米　寬一三.八釐米　十四行二十七字白口左右雙邊　有刻工（館藏號：S569）（定級：二級丙等）

陽山誌三卷　明岳岱撰　明嘉靖九年顧元慶刻本　圖版一四六
一冊　版框高一七.八釐米　寬一二.四釐米　十行十八字白口左右雙邊（館藏號：S562）（定級：二級乙等）

水經注四十卷　北魏酈道元撰　清小山堂鈔本　清全祖望校　圖版一四七

八冊　版框高二〇.九釐米　寬一四.五釐米　十行二十字小字雙行十九字白口四周單邊　欄外左下鐫小山堂鈔本　鈐四明盧氏抱經樓珍藏朱文方印（館藏號：Z160）（定級：二級乙等）

水經注四十卷　北魏酈道元撰　明練湖書院鈔本　圖版一四八

四冊　版框高二一.七釐米　寬一四.九釐米　九行字數不等藍格白口四周單邊　下書口鐫練湖書院鈔存十六卷　二十一至二十四　二十九至四十　（館藏號：Z40）（定級：二級丙等）

水經注重校本四十卷附全校水經酈注水道表四十卷　北魏酈道元撰　清全祖望校　清王梓材輯清王梓材鈔本　清葉志詵題款　清陳勵跋　圖版一四九

十八冊　無版框　十一行字數不等　水道表缺一至六卷　（館藏號：Z45）（定級：二級乙等）

東泉誌四卷　明王寵撰　明正德五年陳澍刻本　圖版一五〇

二冊　版框高一八.三釐米　寬一二.三釐米　十一行二十二字小字雙行字同白口四周單邊　（館藏號：Z114）（定級：二級甲等）

治河全書二十四卷　清張鵬翮撰　清鈔本　圖版一五一

二十四冊　版框高二二.八釐米　寬一五.釐米　附彩繪圖　九行二十四字白口左右雙邊　（館藏號：Z159）（定級：二級丙等）

西湖遊覽志二十四卷圖一卷志餘二十六卷　明田汝成撰　明嘉靖二十六年嚴寬刻萬曆十二年　二十五

年補刻本　佚名批校　　圖版一五二　一五三

二十四冊　版框高一九.八釐米　寬一二.九釐米　十行二十字白口四周雙邊　有刻工　鈐錢塘丁氏正修堂藏書朱文方印　嘉惠堂藏閲書朱文方印　八千卷樓珍藏善本朱文方印　（館藏號：S558）（定級：二級乙等）

三吴水利圖考四卷蘇松常鎮水利圖一卷　明呂光洵撰　明嘉靖四十年刻本　　圖版一五四

二冊　版框高二三釐米　寬一七.五釐米　十一行二十字白口左右雙邊　（館藏號：S299）（定級：二級乙等）

遊城南記一卷　宋張禮撰　清鈔本　清李葆恂　李放題識　　圖版一五五　一五六

一冊　無版框　十行二十字　鈐翰林院印滿漢文朱文大方印　臣葆恂印白文方印　（館藏號：S2894）（定級：二級丙等）

客越志二卷　明王穉登撰　明隆慶元年延陵吴氏蕭疎齋刻本　　圖版一五七

一冊　版框高一七.六釐米　寬一二.五釐米　十行十八字白口左右雙邊　卷上末鐫延陵吴氏蕭疎齋雕牌記　（館藏號：S1558）（定級：二級乙等）

渡海輿記一卷附裒海編一卷　清乾隆間鈔本　清吴騫校并跋　　圖版一五八

一冊　無版框　十行二十二字　鈐兔牀手校朱文長方印　吴朱文圓印　臣騫白文方印　嘉興忻寶峰字虞卿號澹龕所得金石文字印朱文長方印　（館藏號：S2901）（定級：二級乙等）

大唐六典三十卷　唐玄宗李隆基撰　唐李林甫等註　明嘉靖二十三年浙江按察司刻本　圖版一五九

八冊　版框高二〇.一釐米　寬一四.七釐米　十一行二十字小字雙行字同白口四周單邊　卷末鐫嘉靖甲辰長至浙江按察司校錄重刻　（館藏號：S326）（定級：二級乙等）

作邑自箴十卷　宋李元弼撰　清鈔本　圖版一六〇

一冊　無版框　十一行十九字　鈐積學齋徐乃昌藏書朱文長方印　古香簃珍藏記白文方印　徐乃昌讀朱文方印　（館藏號：S2807）（定級：二級丙等）

文獻通考三百四十八卷首一卷　元馬端臨撰　明嘉靖馮天馭刻萬曆　崇禎遞修本　圖版一六一

六十四冊　版框高一九.四釐米　寬一四.四釐米　十三行二十四字白口左右雙邊　有刻工　（館藏號：S4004）（定級：二級丙等）

五代會要三十卷　宋王溥撰　清鈔本　圖版一六二

六冊　無版框　十行二十四字　無格　（館藏號：S3823）（定級：二級丙等）

五代會要三十卷　宋王溥撰　清信芳閣活字印本　圖版一六三

六冊　版框高二〇.二釐米　寬一四.二釐米　九行二十字小字雙行字同白口四周單邊　下書口鐫信芳閣藏　鈐周氏叔弢朱文方印　（館藏號：S2109）（定級：二級丙等）

皇明泳化類編一百三十六卷續編十七卷　明鄧球撰　明隆慶刻萬曆遞修本　圖版一六四

四十八冊　版框高一九.九釐米　寬一三.四釐米　十一行二十二字小字雙行字同白口四周單邊間四周

雙邊（館藏號：S513）（定級：二級丙等）

明六部纂修條例不分卷　明鈔本　圖版一六五

十二冊　版框高二〇.二釐米　寬一三.三釐米　九行字數不等白口四周雙邊　（館藏號：Z54）（定級：二級丙等）

鹽政志十卷　明朱廷立等撰　明嘉靖刻本　圖版一六六

四冊　版框高一八.一釐米　寬一四.七釐米　八行十六字小字雙行字同白口四周單邊　鈐朐海唐氏藏書印朱文方印（館藏號：S308）（定級：二級乙等）

軍政備例不分卷　明趙堂撰　清鈔本　圖版一六七

十冊　版框高一九.七釐米　寬一六釐米　九行字數不等白口四周雙邊　（館藏號：Z43）（定級：二級丙等）

火戲略五卷　清趙學敏撰　清稿本　圖版一六八

二冊　版框高一六.八釐米　寬一〇釐米　八行二十字白口左右雙邊　下書口鐫雙硯草堂存藁　鈐趙學敏印白文方印　依吉一字恕軒朱文方印（館藏號：S2786）（定級：二級丙等）

黃文憲分家書不分卷　明黃文憲撰　明成化鈔本　圖版一六九

一冊　無版框　十二行十四至十九字不等　（館藏號：S3188）（定級：二級甲等）

太平天國田憑糧串　寫本　圖版一七〇　一七一　一七二　一七三　一七四　一七五　一七六　一七七

一冊（館藏號：S8050）（定級：二級丙等）

欽定四庫全書簡明目錄二十卷　清紀昀等撰　清紀昀鈔巾箱本　圖版一七八　一七九

六冊　版框高八．六釐米　寬六．九釐米　九行十四字白口四周單邊　存子部六卷　九至十四（館藏號：Z31）（定級：二級丙等）

籀史二卷　宋翟耆年撰　清鈔本　佚名錄清王士禎跋　圖版一八〇

一冊　無版框　九行十七字　鈐馬玉堂印白文方印　鏢逸人白文方印　存一卷　卷上（館藏號：S2930）（定級：二級丙等）

至大重修宣和博古圖錄三十卷　宋王黻等撰　元刻本　圖版一八一　一八二

六十冊　版框高二九．五釐米　寬二三．二釐米　八行十七字白口左右雙邊（館藏號：Z141）（定級：一級乙等）

至大重修宣和博古圖錄三十卷　宋王黻等撰　明嘉靖七年蔣陽刻本　圖版一八三

十五冊　版框高三〇釐米　寬二三釐米　八行十七字白口左右雙邊（館藏號：S590）（定級：二級乙等）

泊如齋重修宣和博古圖錄三十卷　宋王黻等撰　明萬曆十六年泊如齋刻本　圖版一八四　一八五

六冊　版框高二四．四釐米　寬一五釐米　八行十七字白口四周單邊　封面鐫泊如齋藏板　有刻工

（館藏號：S592）（定級：二級丙等）

集古印藪六卷 明王常編 明萬曆三年顧氏芸閣刻紅印本 圖版一八六 一八七

四冊 版框高二一釐米 寬一三.五釐米 白口四周單邊 下書口鐫顧氏芸閣 存四卷 一至四 （館藏號：S1383）（定級：二級丙等）

秦漢印統八卷 明羅王常輯 明萬曆三十四年吴氏樹滋堂刻紅印本 圖版一八八 一八九

八冊 版框高二〇.五釐米 寬一三.五釐米 白口四周單邊 下書口鐫吴氏樹滋堂 卷一末鐫萬曆丙午春王正月望日新都吴氏樹滋堂繡梓 有刻工 （館藏號：S1384）（定級：二級丙等）

印選五卷 明孫如蘭輯 明萬曆刻藍印本 圖版一九〇

四冊 版框高一三.八釐米 寬八.三釐米 每頁四印下註釋文白口四周雙邊 （館藏號：S1042）（定級：二級丙等）

小學史斷四卷 宋南宮靖一撰 **前編一卷續編一卷** 明徐師曾撰 明嘉靖刻本 圖版一九一

二冊 版框高一八釐米 寬一二.三釐米 十行二十字小字雙行字同白口左右雙邊 （館藏號：S400）（定級：二級乙等）

六子書六十二卷 明許宗魯編 明嘉靖六年樊川別業刻本 圖版一九二

十冊 版框高一八.二釐米 寬一三.四釐米 十行二十字白口左右雙邊 下書口鐫樊川別業 （館藏號：S1609）（定級：二級乙等）

子彙二十四種三十四卷　明周子義等輯　明萬曆四至五年南京國子監刻本　圖版一九三
十六冊　版框高二一.七釐米　寬一五.一釐米　十行二十一字小字雙行字同白口四周雙邊　上書口鐫萬曆四年刊　萬曆五年刊　有刻工　（館藏號：S4）（定級：二級丙等）

纂圖互注荀子二十卷　周荀況撰　唐楊倞註　宋刻元修本　清繆荃孫跋　圖版一九四　一九五
四冊　版框高一八釐米　寬一二.一釐米　十一行十九字至二十一字不等小字雙行二十五字黑口左右雙邊　存八卷　七至十一　十八至二十　鈐徐乃昌讀朱文方印　積餘秘笈識者寶之朱文方印　劉世珩觀白文方印　荃孫白文方印　（館藏號：S26）（定級：一級乙等）

新書十卷　漢賈誼撰　明正德十年吉府刻本　圖版一九六
二冊　版框高二二.四釐米　寬一四.八釐米　八行十八字黑口四周雙邊　鈐譚觀成印朱文方印　莫堂之印白文方印　獨山莫氏銅井文房所藏書印朱文長方印　（館藏號：S90）（定級：二級甲等）

重刻說苑新序三十卷　漢劉向撰　明嘉靖二十六年何良俊刻本　圖版一九七
十二冊　版框高一九.三釐米　寬一四.六釐米　十行二十字白口左右雙邊　鈐王有珩印白文方印　（館藏號：S109）（定級：二級乙等）

新纂門目五臣音注揚子法言十卷　漢揚雄撰　晉李軌　唐柳宗元　宋宋咸　吳秘　司馬光註　明嘉靖十二年顧春世德堂刻六子書本　董坤厚校　圖版一九八
三冊　版框高二〇.二釐米　寬一四.三釐米　八行十七字小字雙行字同白口四周雙邊　（館藏號：S3924）（定級：二級乙等）

揚子法言十卷 漢揚雄撰 明趙大綱集註 明隆慶二年崔近思刻本 圖版一九九

三册 版框高二〇.九釐米 寬一四.八釐米 九行十七 十八字不等白口四周雙邊 鈐嘉惠堂藏閲書朱文長方印 湛盧藏書白文方印 （館藏號：S91） （定級：二級乙等）

分類經進近思録集解十四卷 宋葉采撰 明嘉靖十七年劉仕賢刻本 圖版二〇〇

四册 版框高二〇.五釐米 寬一四釐米 九行二十字黑口四周單邊 鈐四明范光華家藏印朱文方印 （館藏號：S117） （定級：二級乙等）

文公先生經世大訓十六卷 明余祐輯 明嘉靖元年河南按察司刻本 圖版二〇一

六册 版框高二二.七釐米 寬一五.二釐米 十行二十四字小字雙行字同白口四周雙邊 序後鐫嘉靖元年河南按察司刊牌記 鈐王士禎印白文方印 阮亭朱文方印 （館藏號：S323） （定級：二級乙等）

朱子語類一百四十卷 宋黎靖德輯 明成化九年陳煒刻本 圖版二〇二

四十八册 版框高一九.九釐米 寬一五.六釐米 十四行二十四字小字雙行字同白口左右雙邊 鈐弢齋藏書記朱文方印 （館藏號：S119） （定級：二級甲等）

大學衍義補一百六十卷首一卷 明丘濬撰 明嘉靖刻本 圖版二〇三

十六册 版框高二〇.四釐米 寬一四.二釐米 十行二十字小字雙行十八 十九字不等白口左右雙邊 存六十二卷 十九至一百六十 （館藏號：S128） （定級：二級丙等）

大學衍義補纂要六卷 明徐栻輯 明嘉靖三十七年刻本 圖版二〇四

八冊　版框高二六釐米　寬一四.一釐米　十行二十字小字雙行字同白口四周單邊　存四卷　一至四
（館藏號：S133）（定級：二級丙等）

大學衍義節畧十卷補畧二十一卷　明楊廉撰　明王諍考註　明嘉靖四十一年刻本　圖版二〇五

十二冊　版框高一九釐米　寬一四.二釐米　十二行二十五字黑口四周雙邊　有刻工　鈐韓菼之印朱文方印（館藏號：S127）（定級：二級乙等）

慈溪黃氏日鈔分類九十七卷　宋黃震撰　明正德刻本　圖版二〇六

三十六冊　版框高一九.五釐米　寬一三釐米　十四行二十六字細黑口四周雙邊　存九十五卷　一至八十八　九十至九十一　九十三至九十七　鈐玉芝堂朱文肖形印　子芬朱文葫蘆印　吳重熹字中彝印信朱文圓印　山東海豐吳氏珍藏世澤圖書朱文大方印　慎獨齋主經眼朱文方印（館藏號：Z57）（定級：二級乙等）

性理群書集覽大全七十卷　題王峰道人輯　明正德六年宗德書堂刻本　圖版二〇七　二〇八

二十冊　版框高一三.四釐米　寬二一.九釐米　十一行二十二字小字雙行字同下黑口四周雙邊　卷末鐫正德辛未宗德書堂鼎新刊行牌記（館藏號：S136）（定級：二級甲等）

慎言十三卷雅述二卷　明王廷相撰　明嘉靖刻王浚川所著書本　圖版二〇九

六冊　版框高一七.八釐米　寬一四.一釐米　十行十八字白口左右雙邊　雅述四周單邊　（館藏號：S141）（定級：二級乙等）

士翼四卷　明崔銑撰　明嘉靖十四年刻本　圖版二一〇
四冊　版框高一五.六釐米　寬一三.二釐米　十行二十字小字雙行字同白口四周單邊　鈐延古堂李氏珍藏白文橢圓肖形印（館藏號：S140）（定級：二級乙等）

程志十卷　明崔銑編　明嘉靖刻本　圖版二一一
六冊　版框高二〇.四釐米　寬一三.五釐米　十行二十字白口四周單邊（館藏號：S143）（定級：二級乙等）

聖學格物通一百卷纂要一卷　明湛若水撰　明嘉靖十二年陳陞刻本　圖版二一二
三十二冊　版框高二五.五釐米　寬一九.七釐米　十一行十九字白口左右雙邊（館藏號：S160）（定級：二級乙等）

皇明三儒言行要録十四卷　明郜永春等輯　明隆慶二年刻本　圖版二一三
六冊　版框高二〇.三釐米　寬一二.六釐米　十行二十二字白口四周雙邊　有刻工（館藏號：S121）（定級：二級乙等）

南海先生大同書稿不分卷　康有為撰　稿本　日本犬養毅　柏原文太郎題識　圖版二一四　二一五
三冊　行格字數不等（館藏號：Z156）（定級：一級丙等）

丁汝昌海軍函稿不分卷　清丁汝昌撰　稿本　圖版二一六
四冊　無版框　行格字數不等（館藏號：S3368）（定級：二級丙等）

大沽炮台圖不分卷　清彩繪本　圖版二一七
一冊　版框高一三四.六釐米　寬六五.八釐米（館藏號：S3935）（定級：二級丙等）

管子二十四卷　周管仲撰　明趙用賢　朱長春等評　明萬曆四十八年淩汝亨刻套印本　圖版二一八
八冊　版框高二〇.六釐米　寬一三.九釐米　九行十九字白口四周單邊　存二十二卷　一至二十二
（館藏號：S1793）（定級：二級丙等）

韓子二十卷　周韓非撰　明閔氏刻套印本　圖版二一九
十冊　版框高二〇.九釐米　寬一四釐米　九行二十字白口四周單邊（館藏號：S1796）（定級：二
級丙等）

疑獄集三卷　五代和凝　和㠓撰　清鈔本　清吳元長　陸心源題識　圖版二二〇
一冊　無版框　九行十八字　鈐太初白文方印　延陵季子朱文方印　陸心源印朱文方印　曾留吳興周
氏言言齋白文長方印（館藏號：S2810）（定級：二級丙等）

石山醫案八種三十二卷　明汪機撰　明嘉靖刻崇禎祁門樸墅增刻本　圖版二二一
十冊　版框高一九.四釐米　寬一三.二釐米　行格字數不等白口四周單邊　存六種十八卷　封面鐫板
藏祁門樸墅　鈐葉景鴻印朱文方印（館藏號：S1352）（定級：二級丙等）

補注釋文黃帝內經素問十二卷　唐王冰註　宋林億等校正　宋孫兆改誤　遺篇一卷黃帝素問靈樞
經十二卷　宋史崧音釋　明趙府居敬堂刻本　圖版二二二

二十冊　版框高二〇.九釐米　寬一三.九釐米　八行十七字小字雙行字同白口四周雙邊　上書口鐫趙府居敬堂　有刻工　（館藏號：S242）（定級：二級丙等）

重修政和經史證類備用本草三十卷　宋唐慎微撰　宋寇宗奭衍義　明嘉靖十六年楚府崇本書院刻本

圖版二一三

十二冊　版框高二六釐米　寬一七.一釐米　十二行二十三字小字雙行字同白口四周單邊　卷末鐫嘉靖丁酉孟春月吉楚府崇本書院重刊牌記　（館藏號：S272）（定級：二級乙等）

王氏脈經十卷　晉王叔和撰　宋林億等校定　明趙府居敬堂刻本

圖版二一四

四冊　版框高一九.九釐米　寬一三.九釐米　八行十七字小字單行字同白口四周雙邊　上書口鐫趙府居敬堂　有刻工　（館藏號：S257）（定級：二級丙等）

重刊孫真人備急千金要方三十卷　唐孫思邈撰　元刻本

圖版二一五

二十七冊　版框高一八.五釐米　寬一二.四釐米　十二行二十二字小字雙行字同細黑口四周單邊　鈐芝陽徐氏少山號周遺珍藏書畫金石之章朱文方印　大宗伯章朱文方印　海隅山館藏書朱文方印　甯遠堂印白文方印　存二十六卷　一　三至五　七至九　十一　十三至三十　（館藏號：Z154）（定級：一級丙等）

孫真人備急千金要方九十三卷目錄二卷　唐孫思邈撰　明嘉靖二十三年喬世定小丘山房刻本

圖版二一六

三十二冊　版框高二〇.一釐米　寬一四.七釐米　十一行二十四字白口間有細黑口左右雙邊　上書口鐫小丘山房　下書口鐫喬氏世定刻行　有刻工　鈐南滿洲鐵道株式會社圖書印朱文方印　（館藏號：

S276）（定級：二級乙等）

普濟本事方十卷　宋許叔微撰　清光緒三年楊圻孫鈔本　清楊圻孫臨東坡笠屐像及宋犖題詞並跋　圖版二二七

四冊　版框高一九釐米　寬一四.二釐米　十一行字數不等白口左右雙邊　鈐因固園朱文方印　常孰楊氏寶藏濠州公墨蹟朱文方印（館藏號：S2778）（定級：二級丙等）

醫說十卷　宋張杲撰　明嘉靖二十二年張子立刻本　圖版二二八

十一冊　版框高一九.二釐米　寬一四.二釐米　十行二十字小字雙行字同白口左右雙邊（館藏號：S279）（定級：二級乙等）

玉機微義五十卷　明徐彥純撰　明劉純續　明正統四年陳氏刻本　圖版二二九　二三〇

二十冊　版框高二二.二釐米　寬一三.八釐米　十行二十二至二十六字不等黑口四周雙邊間左右雙邊（館藏號：S255）（定級：二級甲等）

醫學綱目四十卷　明樓英編　明嘉靖四十四年曹灼刻本　圖版二三一

二十四冊　版框高一八.三釐米　寬一四.八釐米　十三行二十二字小字雙行字同白口左右雙邊（館藏號：S249）（定級：二級乙等）

攝生眾妙方十一卷急救良方二卷　明張時徹撰輯　**元敖氏傷寒金鏡錄一卷**　元杜本撰　明隆慶三年衡府刻本　圖版二三二

五冊　版框高二〇.三釐米　寬一五.九釐米　十行二十字小字雙行字同白口四周雙邊　（館藏號：S275）（定級：二級乙等）

劉涓子鬼遺方五卷　劉宋劉涓子撰　南齊龔慶宣編　清鈔本　圖版一二三三

一冊　無版框　十三行二十三字　鈐思適齋藏朱文方印　顧廣圻印白文方印　（館藏號：S2771）（定級：二級丙等）

錢氏小兒直訣四卷　宋錢乙撰　宋閻孝忠輯　明薛鎧註　明崇禎元年梁忠刻本　圖版一二三四

四冊　版框高二一釐米　寬一四.九釐米　九行十九字白口左右雙邊　上書口鐫家居醫錄　（館藏號：S265）（定級：二級丙等）

保嬰撮要十卷　明薛鎧撰　**續集十卷**　明薛己撰　明嘉靖三十四年林懋舉刻本　圖版一二三五

二十冊　版框高一九.四釐米　寬一四.二釐米　八行十七字白口左右雙邊　有刻工　（館藏號：S264）（定級：二級乙等）

陶隱居重定甘氏巫氏石氏星經一卷　梁陶弘景編　明鈔本　佚名題識　圖版一二三六

三冊　版框高二一.三釐米　寬一四.一釐米　十一行二十字白口四周雙邊　（館藏號：S2734）（定級：二級丙等）

六經天文編二卷　宋王應麟撰　元刻明遞修玉海附刻本　圖版一二三七

四冊　版框高二一.六釐米　寬一三.二釐米　十行二十字小字雙行字同白口左右雙邊　有刻工　（館藏

號：S681）（定級：一級丙等）

重刊革象新書二卷　元趙友欽撰　明正德十五年刻本　圖版二三八

二冊　版框高二〇釐米　寬一二.四釐米　九行二十一字黑口左右雙邊（館藏號：Z96）（定級：二級甲等）

太玄經十卷　漢揚雄撰　晉范望解贊　**說玄一卷**　唐王涯撰　**釋文一卷**　明嘉靖三年郝梁刻本　圖版二三九

六冊　版框高一七.二釐米　寬一二.三釐米　十行十八字白口左右雙邊（館藏號：S295）（定級：二級乙等）

乙巳占九卷　題唐李淳風撰　清鈔本　圖版二四〇

四冊　無版框　十行二十字　鈐小李山房朱文方印（館藏號：S2735）（定級：二級丙等）

內傳天皇鰲極鎮世神書三卷　題唐邱廷翰撰　清鈔本　圖版二四一

三冊　無版框　八行十九字（館藏號：S2744）（定級：二級丙等）

一貫齋輯刻三元選擇丹書三卷　明王尚果撰　明天啟二年金陵一貫齋刻套印本　圖版二四二

二冊　版框高二二.七釐米　寬一四.二釐米　十二行二十四字白口四周單邊　封面鐫天啟元年仲冬吉旦刊行　金陵一貫齋梓　存二卷　一　三（館藏號：S1928）（定級：二級丙等）

寶章待訪録一卷閲書帖記一卷海嶽明言一卷硯史一卷遺文一卷 宋米芾撰 清鈔本 圖版二四三

一册 無版框 十行十八字 鈐徐維則藏精本朱文長方印 （館藏號：S3254）（定級：二級丙等）

佩文齋書畫譜一百卷 清孫岳頒 宋駿業等輯 清康熙四十七年揚州詩局刻本 圖版二四四

六十四册 版框高一七釐米 寬一一.六釐米 十一行二十一字小字雙行三十一字白口左右雙邊 （館藏號：S4034）（定級：二級丙等）

玄玄碁經一卷 宋張擬撰 明書林王公行刻本 圖版二四五

二册 版框高二五釐米 寬二四釐米 有圖 十二行十八字小字雙行字同白口四周雙邊 封面鐫書林王公行梓行 鈐李氏珍藏白文方印 （館藏號：S1389）（定級：二級丙等）

方氏墨譜六卷 明方于魯撰 明萬曆方氏美蔭堂刻本 圖版二四六 二四七

七册 版框高二九.七釐米 寬一七.四釐米 白口四周單邊 下書口鐫美蔭堂集 （館藏號：S290）（定級：二級丙等）

墨子十五卷 題周墨翟撰 明嘉靖江潘刻本 圖版二四八

四册 版框高一九.二釐米 寬一三.六釐米 八行十七字白口四周單邊 （館藏號：S63）（定級：二級乙等）

呂氏春秋二十六卷 漢高誘註 元至正嘉興路儒學刻明修本 譚新嘉題記 圖版二四九

十二冊　版框高二二.六釐米　寬一五.三釐米　十行二十字小字雙行字同細黑口　有刻工　（館藏號：S85）（定級：一級丙等）

淮南鴻烈解二十一卷　漢劉安撰　明茅坤等評　明刻套印本　圖版二五〇

八冊　版框高二〇.七釐米　寬一四.六釐米　九行二十字白口四周單邊　（館藏號：S1800）（定級：二級丙等）

白虎通德論二卷　漢班固撰　明嘉靖元年傅鑰刻本　圖版二五一

二冊　版框高一七.四釐米　寬一三.三釐米　十行十六字白口左右雙邊　（館藏號：S302）（定級：二級乙等）

論衡三十卷　漢王充撰　明嘉靖十四年蘇獻可通津草堂刻本　圖版二五二

十六冊　版框高一九.四釐米　寬一四.五釐米　十行二十字白口左右雙邊　目録後鐫嘉靖乙未春後學吳郡蘇獻可校刊牌記　下書口鐫通津草堂　鈐江陰繆荃孫藏書印朱文長方印　曾經藝風勘讀朱文方印　（館藏號：S113）（定級：二級乙等）

丞相魏公譚訓十卷　宋蘇象先撰　清鈔本　圖版二五三

二冊　無版框　九行十八字　鈐曾在陳彥和處白文方印　柯奚白文方印　（館藏號：S2918）（定級：二級丙等）

呂氏雜記二卷　宋呂希哲撰　清鈔本　圖版二五四

一冊　無版框　八行二十一字　（館藏號：S3298）（定級：二級丙等）

肎綮錄一卷　宋趙叔問撰　清鈔本　圖版二五五

一冊　無版框　十行二十字　鈐柯溪藏書白文方印　（館藏號：S3289）（定級：二級丙等）

兩山墨談十八卷　明陳霆撰　明嘉靖十八年李檗刻本　圖版二五六

四冊　版框高一八.一釐米　寬一二.五釐米　九行十八字下黑口四周雙邊　（館藏號：S1496）（定級：二級乙等）

錢磬室雜錄不分卷　明錢穀撰　稿本　明文從簡跋　羅振玉題款　圖版二五七　二五八

十冊　版框高二三.三釐米　寬二一.二釐米　十六行字數不等　鈐劉世珩經眼白文方印　（館藏號：S3279）（定級：二級乙等）

茶餘客話十二卷　清阮葵生撰　清戴璐選　清乾隆五十八年七録齋活字印本　圖版二五九

四冊　版框高一四.五釐米　寬一〇.二釐米　九行二十字白口四周單邊　鈐周氏叔弢朱文方印　（館藏號：S2290）（定級：二級丙等）

程氏演繁露十六卷續六卷　宋程大昌撰　明嘉靖二十八年程煦刻本　圖版二六〇

四冊　版框高一八.一釐米　寬一二.八釐米　十一行二十一字小字雙行字同白口左右雙邊　有刻工　（館藏號：S1471）（定級：二級乙等）

丹鉛總録二十七卷　明楊慎撰　明嘉靖三十三年梁佐刻本　清饒宇朴批校並跋　圖版二六一

八冊　版框高二一.八釐米　寬一六.六釐米　十一行二十四字白口四周雙邊　（館藏號：S1480）（定級：二級乙等）

世說新語八卷　劉宋劉義慶撰　梁劉孝標註　宋劉辰翁　□劉應登　明王世懋評　明淩瀛初刻四色套印本　圖版二六二

八冊　板框高二〇.九釐米　寬一四.六釐米　八行十八字小字雙行字同白口四周單邊　鈐何人月藏書印朱文方印　淩瀛初印白文方印　雪滄所得善本朱文方印　（館藏號：S1904）（定級：一級丙等）

何氏語林三十卷　明何良俊撰並註　明嘉靖二十九年何氏清森閣刻本　圖版二六三　二六四　二六五

五冊　版框高二〇.八釐米　寬一三.八釐米　十行二十字小字雙行字同白口左右雙邊　有刻工　（館藏號：S1334）（定級：二級乙等）

道山清話一卷　宋王□撰　明弘治刻百川學海本　圖版二六六

一冊　版框高一九.七釐米　寬一四.二釐米　十二行二十字白口四周單邊　（館藏號：S1350）（定級：二級甲等）

初潭集三十卷　明李贄撰　明閔邃　閔杲輯評　明閔邃刻套印本　圖版二六七

八冊　版框高二〇.一釐米　寬一四.三釐米　九行十九字白口四周單邊　（館藏號：S1801）（定級：二級丙等）

醉古堂劍掃六卷 明陸紹珩撰 明陸紹琏閲 明天啟四年刻套印本 圖版二六八

二冊 版框高二一.六釐米 寬一四.五釐米 九行二十字白口左右雙邊（館藏號：S1451）（定級：二級丙等）

廣四十家小說 明顧元慶輯 明嘉靖刻本 圖版二六九

三冊 版框高一七.三釐米 寬一二.四釐米 十行十八字白口左右雙邊 存五種五卷（館藏號：S1557）（定級：二級丙等）

穆天子傳六卷 晉郭璞註 明程榮校 明萬曆程榮刻漢魏叢書本 清黄丕烈校並題識 圖版二七〇 二七一

一冊 版框高二〇釐米 寬一三.六釐米 九行二十字小字雙行字同白口左右雙邊 鈐堯翁更字複翁白文方印 楊氏海源閣藏白文方印 楊紹和印白文方印 宋存書室白文方印 楊東樵讀過朱文橢圓印 獻唐審定朱文方印 王獻唐讀書記朱文長方印 獻唐珍祕朱文方印 尗弢朱文方印（館藏號：Z146）（定級：二級乙等）

虞初志七卷 明袁宏道參評 明屠隆點閲 明淩性德刻套印本 圖版二七二

八冊 版框高二一.二釐米 寬一三.七釐米 八行十九字白口四周單邊（館藏號：S1802）（定級：二級丙等）

初學記三十卷 唐徐堅等輯 明嘉靖二十三年瀋藩翻刻安國桂坡館本 清許日複錄嚴可均批校並跋 圖版二七三

八冊　版框高二〇.七釐米　寬一五.九釐米　九行十八字小字雙行二十四字白口左右雙邊　上書口間鎸安桂坡館　有刻工　存十八卷　一至十六　二十至二十一（館藏號：S1396）（定級：二級乙等）

元和姓纂十卷　唐林寶撰　清鈔本　圖版二七四
四冊　版框高二〇釐米　寬一三.四釐米　十一行二十字白口左右雙邊　鈐錢唐丁氏藏書白文方印八千卷樓藏書記朱文方印（館藏號：S2906）（定級：二級丙等）

太平御覽一千卷　宋李昉等輯　明游氏活字印本　圖版二七五
一冊　版框高二一釐米　寬一四.七釐米　十一行二十二字白口四周單邊　存十卷　四百二十一至四百三十（館藏號：S2705）（定級：二級丙等）

文選類林十八卷　宋劉攽編　明隆慶六年傅嘉祥　高尚鈺刻本　圖版二七六
六冊　版框高一八.九釐米　寬一四.一釐米　九行十八字小字雙行字同白口四周單邊　有刻工（館藏號：S1455）（定級：二級乙等）

海錄碎事二十二卷　宋葉廷珪輯　明萬曆二十六年劉鳳刻本　圖版二七七
六冊　版框高二〇.八釐米　寬一三.七釐米　十二行二十一字白口左右雙邊（館藏號：S1443）（定級：二級丙等）

新編古今事文類聚前集六十卷後集五十卷續集二十八卷別集三十二卷　宋祝穆編　新集三十六卷外集十五卷　元富大用編　元泰定三年廬陵武溪書院刻本　圖版二七八　二七九

六十三冊 版框高一八.八釐米 寬一一.八釐米 十三行二十四字細黑口左右雙邊 存一百六卷 前集三十卷 十九 二十一至二十四 三十至三十四 三十七至四十二 四十七至六十 後集三十六卷 十三至四十六 四十九至五十 續集二十七卷 一至八 十至二十八 別集十三卷 一至十三 （館藏號：S1410）（定級：一級丙等）

新編古今事文類聚前集六十卷後集五十卷續集二十八卷別集三十二卷 宋祝穆編 **新集三十六卷外集十五卷** 元富大用編 明嘉靖四十年書林楊歸仁刻本 圖版二八〇 二八一

八十四冊 版框高一九.八釐米 寬一二.五釐米 十四行二十八字白口四周單邊 （館藏號：S1407）（定級：二級乙等）

山堂先生群書考索前集六十六卷後集六十五卷續集五十六卷別集二十五卷 宋章如愚輯 元延祐七年圓沙書院刻本 圖版二八二 二八三

六十四冊 版框高一五.八釐米 寬一〇.四釐米 十五行二十四字小字雙行字同黑口四周雙邊 目録後鐫延祐庚申圓沙書院新刊牌記 存前集六十六卷 後集六十五卷 （館藏號：Z65）（定級：一級丙等）

古今合璧事類備要前集六十九卷後集八十一卷續集五十六卷 宋謝維新輯 宋虞載輯 **別集九十四卷外集六十六卷** 明嘉靖三十一至三十五年夏相刻本 圖版二八四 二八五

六十冊 版框高一九.八釐米 寬一三.四釐米 八行大字不等小字雙行二十四字白口左右雙邊 前集目録後有嘉靖壬子春正月三衢近峰夏相宋板摹刻至丙辰冬十月事竣雙行牌記 （館藏號：S1404）（定級：二級乙等）

新箋决科古今源流至論前集十卷後集十卷續集十卷　宋林駉輯　明宣德二年建陽書林詹氏刻本

圖版二八六　二八七

四冊　版框高一九.五釐米　寬一二.八釐米　十三行二十八字小字雙行字同黑口四周雙邊　目録後鐫宣德彊圉協洽之歲仲夏建陽書林詹氏重新刊行牌記　存前集十卷　續集十卷　（館藏號：S1414）（定級：二級乙等）

玉海二百卷　宋王應麟輯　元至元六年慶元路儒學刻元明補刻本

圖版二八八　二八九

十四冊　版框高二二.一釐米　寬一三.三釐米　十行二十字小字雙行字同白口四周雙邊　上書口鐫嘉靖丙辰年刊　萬曆丁亥年刊　有刻工　存三十五卷　一至十三　一百至一百二十一　（館藏號：S1466）（定級：一級丙等）

小學紺珠十卷　宋王應麟撰　元刻元明遞修玉海附刻本

圖版二九〇

一冊　版框高二二.五釐米　寬一三釐米　十行二十字小字雙行字同白口左右雙邊　存一卷　六　（館藏號：S1463）（定級：一級丙等）

左粹類纂十二卷音釋一卷　明施仁編　明孫應鰲批點　明嘉靖刻本

圖版二九一

十冊　版框高一九.六釐米　寬一四.四釐米　十一行二十二字小字雙行字同白口左右雙邊　有刻工　存十卷　一至十　（館藏號：S1469）（定級：二級丙等）

記事珠十四卷　明劉國翰輯　明嘉靖十五年周藩刻本

圖版二九二

八冊　版框高二〇.六釐米　寬一二.二釐米　八行字數不等黑口四周雙邊　存十三卷　一至七　九至

十四　（館藏號：S1459）　（定級：二級丙等）

彙編古今大家應酬文翰十二卷　明嘉靖三十九年刻本　圖版二九三

四冊　版框高一八.六釐米　寬一二.二釐米　十二行二十三字白口四周單邊　（館藏號：S1332）

（定級：二級乙等）

淵鑑類函四百五十卷目錄四卷　清張英等輯　清康熙四十九年揚州詩局刻本　圖版二九四

二百四十冊　版框高一七.二釐米　寬一一.一釐米　十行二十一字黑口四周雙邊　（館藏號：S7639）

（定級：二級丙等）

大明三藏聖教一千五百九十二種六千七百七十五卷附音釋　明永樂十五年至正統五年刻萬曆續刻本　圖版二九五

五千三百八十六冊　版框高三七.五釐米　寬一二.九釐米　五行十七字上下雙邊　卷前鐫永樂十五年

四月十七日　大明正統五年十一月十一日牌记　存一千二百五十九種五千三百八十六卷　（館藏號：S2）

（定級：二級乙等）

通玄百問一卷青州百問一卷　元釋從倫頌　明嘉靖三十六年金臺宗鏡庵重刻本　佚名批校　圖版二九六

一冊　版框高二〇.一釐米　寬一三.三釐米　十一行二十一字黑口四周雙邊　卷末鐫嘉靖丁巳孟秋吉

日板重刻于金臺宗鏡庵　（館藏號：S206）　（定級：二級乙等）

萬松老人評唱天童覺和尚頌古從容庵錄三卷音義三卷　元釋離知輯　**拈古請益錄二卷音義二卷**

元釋從隆輯　明隆慶刻本　圖版二九七

十冊　版框高一八.四釐米　寬一二.三釐米　十一行二十字白口左右雙邊　請益錄黑口四周雙邊（館藏號：S203）（定級：二級乙等）

楞伽阿跋多羅寶經四卷　劉宋釋求那跋陀羅譯　明釋宗泐如玘註　明成化三年刻本　圖版二九八

二冊　版框高一九.二釐米　寬一三.六釐米　十行二十字小字雙行字同黑口四周雙邊　有刻工　鈐錢塘丁氏正修堂藏書朱文方印　（館藏號：S181）（定級：二級甲等）

摩訶般若波羅蜜多心經一卷　唐釋玄奘譯　明宣德九年刻本　圖版二九九

一冊　版框高一二.三釐米　寬六.一釐米　六行十四字上下雙邊　（館藏號：S675）（定級：二級甲等）

大方廣佛華嚴經合論一百二十卷　唐李通玄選論　唐釋志寧合論　明隆慶三年至萬曆元年釋明得刻本　圖版三〇〇

二十四冊　版框高一九.九釐米　寬一三.七釐米　十一行二十一字細黑口左右雙邊　卷一下書口間鐫五台山房　各卷末間鐫隆慶三　四　六年沙門明得校梓牌記　鈐錢唐丁氏藏書白文方印　（館藏號：S195）（定級：二級乙等）

大方廣佛華嚴經入不思議解脫境界普賢行願品一卷　唐釋般若譯　明永樂十二年刻本　圖版三〇一

一冊　版框高二四.二釐米　寬一一釐米　十二行十七字上下單邊　（館藏號：S1661）（定級：二級甲等）

妙法蓮華經七卷 姚秦釋鳩摩羅什譯 明景泰七年刻本 圖版三〇二

二冊 版框高二一.七釐米 寬一〇釐米 五行十三字上下雙邊 存二卷 六 七 （館藏號：S1614）（定級：二級乙等）

攝大乘論釋十五卷 陳釋真諦譯 宋元豐三年至政和二年福州東禪等覺院刻萬壽大藏本 圖版三〇三 三〇四

一冊 版框高二五.一釐米 寬一一.二釐米 六行十七字上下單邊 有刻工 鈐養菴秘笈朱文方印 三聖寺朱文圓印 存一卷 六 （館藏號：Z61）（定級：一級乙等）

大佛頂如來密因修證了義諸菩薩萬行首楞嚴經十卷附音釋 明釋界澄證疏 明釋弘沇 崇節等會譯 明天啟元年凌弘憲刻三色套印本 圖版三〇五

十冊 版框高二一.四釐米 寬一四.九釐米 八行十八字小字雙行十七字白口四周單邊 （館藏號：S1803）（定級：二級丙等）

永嘉真覺大師證道歌一卷 宋釋彥琪註 明弘治十七年釋如巹刻本 圖版三〇六

二冊 版框高一九.一釐米 寬一二.六釐米 十行十九字黑口四周雙邊 （館藏號：S201）（定級：二級甲等）

佛果圜悟禪師擊節雪竇顯和尚拈古語要二卷 明景泰三年釋大機刻遞修本 圖版三〇七

二冊 版框高一八.六釐米 寬一三.四釐米 十一行二十字小字雙行字同黑口四周雙邊 （館藏號：S204）（定級：二級乙等）

踪眼和尚機鋒語録一卷　明嘉靖四十一年刻本　圖版三〇八

一冊　版框高一七.九釐米　寬一二.八釐米　十行十六字黑口四周雙邊　鈐百鏡庵藏古雕刻記朱文長方印（館藏號：S199）（定級：二級乙等）

顯密圓通成佛心要集二卷　遼釋道興輯　明嘉靖四十五年刻本　圖版三〇九

二冊　版框高一九.五釐米　寬一三.六釐米　十行二十字小字雙行字同白口左右雙邊　卷末鐫嘉靖丙寅佛降生日謹識牌記（館藏號：S208）（定級：二級乙等）

辨證論八卷　唐釋法琳撰　宋政和二年至乾道八年福州開元禪寺刻毗盧大藏本　日本圓種訓點並跋

圖版三一〇　三一一　三一二

七冊　版框高二二.五釐米　寬一一釐米　六行十七字小字雙行字同上下單邊　有刻工　鈐無畏尊藏經處法物朱文長方印　百鏡龕朱文方印　存七卷　一至七（館藏號：Z66）（定級：一級乙等）

佛說寶智經一卷　姚秦釋鳩摩羅什譯　唐釋慧明書　北宋寫金粟山大藏經本

圖版三一三　三一四　三一五　三一六

一冊　版框高二四.五釐米　寬一〇.五釐米　五行十七字朱格　鈐文淵閣印朱文大方印　周暹白文小方印　楊守敬印白文方印　曾在方夢園家朱文方印　清方濬頤　楊守敬題識（館藏號：S8436）（定級：一級甲等）

大方廣佛華嚴經疏演義鈔七卷　唐釋澄觀撰　明嘉靖三十七年刻本　圖版三一七

四冊　版框高一九.九釐米　寬一三.五釐米　十一行二十二字上下細黑口四周単邊　各卷末鐫嘉靖戊

午謹題 （館藏號：S180） （定級：二級乙等）

佛説長壽滅罪護諸童子陀羅尼經一卷 唐釋佛陀波利譯 明嘉靖刻本 圖版三一八

一冊 版框高二六.八釐米 寬一二.一釐米 五行十三字白口上下雙邊 （館藏號：S1670） （定級：二級乙等）

大藏一覽集十卷 明陳實編 明洪武二十二年陳道堅等刻 永樂 正統遞修本 佚名批校 圖版三一九

八冊 版框高一九釐米 寬一三釐米 十一行二十一字黑口左右雙邊 存八卷 二至九 （館藏號：S190） （定級：二級乙等）

大藏一覽集十卷 明陳實編 明永樂十六年刊 宣德 隆慶遞修本 圖版三二〇

五冊 版框高一八.九釐米 寬一三釐米 十一行二十一字黑口左右雙邊 （館藏號：S191） （定級：二級乙等）

佛頂心陀羅尼經三卷 明正統元年刻本 圖版三二一

一冊 版框高一五.九釐米 寬八.二釐米 有圖 五行十五字白口四周單邊 卷末鐫正統元年正月□□日題牌記 （館藏號：S648） （定級：二級甲等）

白衣觀音五印心陀羅尼經一卷 明天順七年刻本 圖版三二二

一冊 版框高一七.二釐米 寬八釐米 六行十七字小字八行二十字 卷末鐫天順歲次癸未季夏朔日廣川中馬頭經房刊印摺造牌記 （館藏號：S649） （定級：二級甲等）

三子合刊十三卷　明閔齊伋輯　明閔氏刻套印本　圖版三二三

七冊　版框高二一.七釐米　寬一四.六釐米　九行十九字白口四周單邊　（館藏號：S1780）（定級：一級丙等）

道德經二卷　宋蘇轍註　明淩以棟批點　老子考異一卷　明淩氏刻套印本　圖版三二四

四冊　版框高二〇釐米　寬一三.九釐米　八行十八字白口四周單邊　（館藏號：S1784）（定級：二級丙等）

南華經十六卷　周莊周撰　晋郭象註　宋林希逸口義　宋劉辰翁點校　明王世貞評點　明陳仁錫批註　明閔氏刻四色套印本　圖版三二五

四冊　版框高二〇.三釐米　寬一四釐米　八行十八字小字雙行字同白口四周單邊　（館藏號：S1778）（定級：二級丙等）

莊子鬳齋口義十卷　宋林希逸撰　元刻本　圖版三二六　三二七

十冊　版框高一八.六釐米　寬一二.一釐米　九行十八字小字雙行字同細黑口左右雙邊　鈐胡氏所藏宋本朱文長方印　曾在周叔弢處朱文長方印　浚儀王明誠章朱文方印　（館藏號：Z59）（定級：一級乙等）

解莊十二卷　明陶望齡解　郭正域評　明閔氏刻套印本　圖版三二八

六冊　版框高二〇.八釐米　寬一四.八釐米　九行十九字　白口　四周單邊　（館藏號：S1782）（定級：二級丙等）

南華真經義海纂微一百六卷　宋褚伯秀撰　明鈔本　圖版三二九
五冊　版框高二〇.一釐米　寬一四.五釐米　十行十五字十六字不等紅格白口左右雙邊　鈐毛昇之印白文方印　存二十九卷　一至十五　五十九至七十二（館藏號：S2724）（定級：二級丙等）

列子通義八卷　明朱得之撰　明嘉靖四十四年浩然齋刻三子通義本　圖版三三〇
四冊　版框高二〇.六釐米　寬一五.三釐米　九行十七字小字雙行字同白口四周雙邊　上書口鐫浩然齋（館藏號：S43）（定級：二級乙等）

金丹正理大全十一種四十二卷　明朱睦㮮輯　明嘉靖十七年周藩刻本　圖版三三一　三三二
二十四冊　版框高一九.六釐米　寬一三.三釐米　十行二十一字小字雙行字同黑口四周雙邊　鈐八千卷樓珍藏善本朱文長方印（館藏號：S222）（定級：二級乙等）

上清靈寶濟度大成金書四十卷　明周思得輯　明宣德七年楊震宗刻本　圖版三三三
四十一冊　版框高二三.七釐米　寬一四.九釐米　十二行二十五字二十七字不等黑口四周雙邊（館藏號：S225）（定級：二級甲等）

悟真篇正集二卷續集一卷外集一卷　宋張伯端撰　明胡文焕校　清初鈔本　圖版三三四
二冊　無版框　七行二十字（館藏號：S2755）（定級：二級丙等）

楚辭十七卷　漢王逸章句　**疑字直音補一卷**　明隆慶五年豫章夫容館刻本　圖版三三五　三三六
八冊　版框高二〇.四釐米　寬一四.三釐米　八行十七字小字雙行字同白口四周雙邊　目錄後鐫隆慶

辛未歲豫章夫容館宋版重雕牌記 （館藏號：S793） （定級：二級乙等）

楚辭十七卷 宋洪興祖 明劉鳳等註 明陳深批點 **附錄一卷** 明淩毓枏刻套印本 圖版三三七

二冊 版框高二一.五釐米 寬一四釐米 八行十八字白口四周單邊 卷尾鐫吳興淩毓枏殿卿父校 鈐尺五山房白文方印 閩戴成芬芷農圖籍朱文方印 （館藏號：S1848） （定級：二級丙等）

楚辭集注八卷 宋朱熹撰 清乾隆五十三年吳晅聽雨齋刻套印本 圖版三三八

六冊 版框高一九.六釐米 寬一三釐米 八行二十二字白口左右雙邊 下書口鐫聽雨齋 封面鐫乾隆戊申新鐫 （館藏號：S1849） （定級：二級丙等）

離騷圖不分卷 明蕭雲從繪並註 清初刻本 圖版三三九 三四〇

四冊 版框高一八.一釐米 寬一一.六釐米 九行二十四字白口四周單邊 （館藏號：S4789） （定級：二級丙等）

山帶閣註楚辭六卷首一卷餘論二卷說韻一卷 清蔣驥註 清雍正五年蔣氏山帶閣刻本 圖版三四一

二冊 版框高一六.六釐米 寬一三.三釐米 十行二十一字小字雙行三十二字白口左右雙邊 有刻工 （館藏號：S5791） （定級：二級丙等）

漢蔡中郎集六卷 漢蔡邕撰 明嘉靖二十七年任城楊賢刻本 圖版三四二

四冊 版框高一九.六釐米 寬一四.二釐米 九行二十一字白口四周單邊 （館藏號：S880） （定級：二級乙等）

陶靖節集十卷 晉陶潛撰 宋湯漢等箋註 **總論一卷** 明嘉靖二十五年蔣孝移齋刻本 圖版三四三

六冊 版框高二〇釐米 寬一三.九釐米 九行十八字小字雙行字同白口左右雙邊 序後鐫晉陵蔣氏梓於家塾 卷三後鐫晉陵蔣氏丙午仲秋 卷八後鐫晉陵蔣氏梓於移齋牌記 （館藏號：S896） （定級：二級乙等）

陶靖節集八卷 晉陶潛撰 宋湯漢等箋註 **總論一卷附録一卷** 明淩濛初刻套印本 圖版三四四

四冊 版框高二一.一釐米 寬一四釐米 十行十八字白口四周單邊 鈐海文山房朱文方印 姚子真秘笈印朱文方印 歸安吴雲白文方印 （館藏號：S1852） （定級：一級丙等）

梁武帝集一卷 梁武帝蕭衍撰 **梁簡文帝集二卷** 梁簡文帝蕭綱撰 明嘉靖刻六朝詩集本 圖版三四五

一冊 版框高一七.七釐米 寬一二.六釐米 十行十八字白口左右雙邊 有刻工 （館藏號：S888）

（定級：二級乙等）

虞世南集一卷 唐虞世南撰 明嘉靖十九年刻唐百家詩本 圖版三四六

一冊 版框高一七.五釐米 寬一二.二釐米 十行十八字白口四周單邊 （館藏號：S762） （定級：二級乙等）

王摩詰詩集七卷 唐王維撰 宋劉辰翁 明顧璘評 明淩濛初刻套印本 圖版三四七

二冊 版框高二〇.六釐米 寬一三.八釐米 八行十九字白口左右雙邊 （館藏號：S1858） （定級：一級丙等）

孟浩然詩集二卷 唐孟浩然撰 宋劉長翁評 明李夢陽評 明淩濛初刻套印本 圖版三四八

二册 版框高二〇.六釐米 寬一四釐米 八行十九字白口左右雙邊 鈐陳穎孫印白文方印 （館藏號：S1862） （定級：一級丙等）

分類補註李太白詩二十五卷 唐李白撰 宋楊齊賢集註 元蕭士贇補註 元建安余氏勤有堂刻明修本

圖版三四九 三五〇

十六册 版框高一九.四釐米 寬一三釐米 十二行二十字小字雙行二十六字黑口左右雙邊間四周雙邊 目錄後鐫建安余氏勤有堂刊牌記 鈐沈慈私印白文方印 洪魯軒圖書記朱文長方印 師竹齋藏朱文長方印 勿菴談劍之收藏私印朱文方印 （館藏號：Z75） （定級：一級丙等）

分類補註李太白詩二十五卷 唐李白撰 宋楊齊賢集註 元蕭士贇補註 **唐翰林李太白年譜一卷** 宋薛仲邕編 明嘉靖二十五年玉幾山人刻重修本 圖版三五一

十二册 版框高二二釐米 寬一三.二釐米 八行十七字小字雙行字同白口四周雙邊 卷端題大明嘉靖丙午玉幾山人校 有刻工 鈐汪氏梅花簃藏朱文方印 （館藏號：S914） （定級：二級乙等）

分類補註李太白詩二十五卷 唐李白撰 宋楊齊賢集註 元蕭士贇補註 **分類編次李太白文五卷** 唐李白撰 明嘉靖二十二年郭雲鵬寶善堂刻本 圖版三五二

十册 版框高二〇.一釐米 寬一三.三釐米 八行十七字小字雙行字同白口左右雙邊 卷末鐫嘉靖癸卯春元日寶善堂梓行牌記 （館藏號：S915） （定級：二級乙等）

李翰林集十卷　唐李白撰　宋樂史編　明正德十四年陸元大刻清嘉慶八年王芑孫淵雅堂補刻本

圖版三五三　三五四

一冊　版框高一七.五釐米　寬一二.五釐米　十行十八字白口左右雙邊　封面鐫明初栞宋淳熙本嘉慶八年春正月蘇州王氏淵雅堂補版印行　（館藏號：S913）　（定級：二級乙等）

韋蘇州集十卷拾遺一卷　唐韋應物撰　明弘治九年李瀚　劉玘刻本

圖版三五五

四冊　版框高一八.九釐米　寬一三.一釐米　十行十八字黑口四周雙邊　鈐沈慈印白文方印　十峰白文方印　曾在雲間歡園沈氏朱文長方印　鷗舫珍藏朱文方印　（館藏號：S923）　（定級：二級甲等）

韋蘇州集十卷拾遺一卷　唐韋應物撰　明嘉靖二十年周桃村刻本

圖版三五六

三冊　版框高一七.五釐米　寬一二.四釐米　十行十八字白口四周單邊　鈐八千卷樓朱文方印　嘉惠堂藏閱書朱文長方印　（館藏號：S920）　（定級：二級乙等）

韋蘇州集十卷拾遺一卷　唐韋應物撰　宋劉辰翁等評　明淩濛初刻套印本

圖版三五七

四冊　版框高二一.二釐米　寬一四釐米　八行十八字白口四周單邊　（館藏號：S1881）　（定級：一級丙等）

岑嘉州集二卷　唐岑參撰　明嘉靖三十一年江都黃埻東壁圖書府刻唐十二家詩本

圖版三五八

二冊　版框高一九.二釐米　寬一三.六釐米　九行十九字白口四周雙邊　上書口鐫東壁圖書府　有刻工（館藏號：S905）　（定級：二級乙等）

集千家註杜工部詩集二十卷文集二卷附錄一卷　唐杜甫撰　宋黃鶴補註　明嘉靖十五年玉幾山人校刻本

圖版三五九

十二冊　版框高二二.三釐米　寬一四釐米　八行十七字小字雙行字同白口四周雙邊　卷端鐫大明嘉靖丙申玉幾山人校刻　有刻工　存詩集二十卷（館藏號：S944）（定級：二級丙等）

集千家註批點杜工部詩集二十卷年譜一卷　唐杜甫撰　宋黃鶴補註　宋劉辰翁評點　明嘉靖八年朱邦薴懋德堂刻本

圖版三六〇

十冊　版框高二五.五釐米　寬一九.二釐米　八行十八字小字雙行字同黑口四周雙邊　鈐靖江王章朱文大方印（館藏號：S942）（定級：二級乙等）

杜律七言註解二卷　唐杜甫撰　元虞集註　明嘉靖七年穆相刻杜律註解本

圖版三六一

一冊　版框高一八釐米　寬一二.八釐米　九行二十字白口四周單邊　存一卷　一（館藏號：S952）（定級：二級丙等）

杜律二註四卷　明章美中輯　明嘉靖二十六年郟縣熊鳳儀退省堂刻本

圖版三六二　三六三　三六四

二冊　版框高二〇.九釐米　寬一四.八釐米　九行二十字小字雙行字同白口四周單邊　卷末鐫嘉靖丁未秋九月刻於郟縣之退省堂牌記（館藏號：S947）（定級：二級乙等）

唐元次山文集十卷拾遺一卷　唐元結撰　明湛若水　郭勳校　明嘉靖刻萬曆十一年夏鏜補刻本

圖版三六五

四冊　版框高二〇.六釐米　寬一三.八釐米　十行二十字黑口四周雙邊（館藏號：S925）（定

級：二級丙等）

李長吉歌詩四卷外詩集一卷　唐李賀撰　宋劉辰翁評　孟東野詩集十卷　唐孟郊撰　宋國材　劉辰翁評　明淩濛初刻套印本　圖版三六六

十冊　版框高二〇.六釐米　寬一四.六釐米　八行十九字白口左右雙邊　（館藏號：S1704）　（定級：一級丙等）

朱文公校昌黎先生文集四十卷外集十卷遺文一卷　唐韓愈撰　宋朱熹考異　宋王伯大音釋　傳一卷　元刻本　圖版三六七　三六八

一冊　版框高一九.六釐米　寬一二.六釐米　十三行二十三字小字雙行字同黑口四周雙邊　存外集十卷傳一卷遺文一卷　鈐毛奇齡印白文方印　史官朱文方印　徐維則讀書記朱文長方印　（館藏號：Z68）　（定級：一級丙等）

朱文公校昌黎先生文集四十卷外集十卷遺文一卷　唐韓愈撰　宋朱熹考異　宋王伯大音釋　傳一卷　明嘉靖十三年安正書堂刻本　佚名批校　圖版三六九

二十四冊　版框高一八.九釐米　寬一二.七釐米　十行二十四字小字雙行字同白口四周雙邊　有刻工　鈐松雪齋朱文長方印　玲瓏館珍賞印朱文方印　退耕堂藏書記朱文方印　（館藏號：S962）　（定級：二級乙等）

韓文一卷　唐韓愈撰　明郭正域評選　明萬曆四十五年閔氏刻韓文杜律套印本　圖版三七〇

一冊　版框高二〇.一釐米　寬一七.二釐米　八行十八字白口左右雙邊　卷末鐫萬曆丁巳夏六月烏程

閔齊伋識　（館藏號：S1856）　（定級：一級丙等）

韓文公文鈔十六卷　唐韓愈撰　明茅坤評點　明刻套印本　圖版三七一

八冊　版框高二〇.九釐米　寬一三.九釐米　九行二十字白口四周單邊　（館藏號：S1865）　（定級：二級丙等）

柳文四十三卷別集二卷外集二卷　唐柳宗元撰　**附録一卷**　明嘉靖十六年游居敬刻韓柳文本　圖版三七二

八冊　版框高一九.一釐米　寬一二.九釐米　十一行二十二字白口左右雙邊　存三十二卷　十二至四十三（館藏號：S966）　（定級：二級丙等）

柳文四十三卷別集二卷外集二卷附録一卷後録一卷　唐柳宗元撰　明嘉靖二十八年王士翹刻三十一年朱有孚續刻本　圖版三七三

六冊　版框高一八.八釐米　寬一二.三釐米　十一行二十二字白口左右雙邊　（館藏號：S494）

（定級：二級乙等）

柳文四十三卷別集二卷外集二卷　唐柳宗元撰　**附録一卷**　明嘉靖三十五年莫如士刻韓柳文本　圖版三七四

六冊　版框高一八.一釐米　寬一二.九釐米　十一行二十二字白口左右雙邊　（館藏號：S655）

（定級：二級乙等）

柳文七卷　唐柳宗元撰　明茅坤輯　明刻套印本　圖版三七五

十二冊　版框高二〇.二釐米　寬一四釐米　八行十八字白口四周單邊（館藏號：S1864）（定級：二級丙等）

孟東野詩集十卷　唐孟郊撰　宋國材　劉辰翁評　明淩濛初刻套印本　圖版三七六

四冊　版框高二〇.六釐米　寬一四.一釐米　八行十九字白口左右雙邊（館藏號：S1857）（定級：一級丙等）

白氏文集七十一卷　唐白居易撰　明嘉靖十七年伍忠光龍池草堂刻本　圖版三七七

十六冊　版框高一九.一釐米　寬一五.四釐米　十二行二十字白口左右雙邊　序後鐫嘉靖戊戌春王正月既望吴郡晚學伍忠光校刻於龍池草堂　有刻工　鈐晉三經眼朱文方印　宜興任氏天春園所有圖書朱文長方印（館藏號：S690）（定級：二級乙等）

項斯詩集一卷　唐項斯撰　明嘉靖刻唐百家詩本　圖版三七八

一冊　版框高一七.五釐米　寬一二.四釐米　十行十八字白口左左雙邊（館藏號：S765）（定級：二級乙等）

司馬文正公集略三十一卷詩集七卷　宋司馬光撰　明嘉靖十八年江西虔州俞文峰刻本　圖版三七九

十二冊　版框高一九.七釐米　寬一四釐米　十一行二十二字白口四周單邊（館藏號：S979）（定級：二級乙等）

南豐先生元豐類藁五十卷續附一卷　宋曾鞏撰　明成化六年南豐縣刻遞修本　圖版三八〇

二十冊　版框高一九.五釐米　寬一三.五釐米　十一行二十一字黑口四周雙邊間單邊　有刻工　鈐休寧汪季青家藏書籍朱文方印　沈氏粹芬閣所得善本書白文方印　（館藏號：S1035）（定級：二級甲等）

新刊歐陽文忠公集五十卷　宋歐陽修撰　明曾魯考異　明李均度校　明正德元年日新書堂刻本　圖版三八一　三八二

十二冊　版框高一九.八釐米　寬一三釐米　十一行二十三字小字雙行字同黑口四周雙邊　卷末鐫正德元年孟夏日新書堂棐行　（館藏號：S1019）（定級：二級甲等）

歐陽文忠公集一百五十三卷附錄五卷　宋歐陽修撰　明天順六年程宗刻　弘治　正德　嘉靖遞修本　圖版三八三

四十八冊　版框高二〇.九釐米　寬一三.二釐米　十行二十字小字雙行字同黑口四周雙邊　鈐潘氏桐西書屋之印朱文長方印　莫氏秘笈朱文方印　曾藏汪閬源家朱文長方印　（館藏號：S1021）（定級：二級甲等）

歐陽文忠公集一百五十三卷附錄六卷　年譜一卷　宋胡柯撰　明正德七年劉喬刻嘉靖遞修本　圖版三八四

二十四冊　版框高一九.九釐米　寬一三.一釐米　十行二十字白口四周雙邊　（館藏號：S968）（定級：二級乙等）

歐陽文忠公全集一百三十五卷 宋歐陽修撰 明嘉靖三十四年陳珊刻萬曆元年雷以仁重修本 圖版三八五

三十二冊 版框高二〇.五釐米 寬一四.五釐米 十行二十字白口左右雙邊 有刻工 （館藏號：S1023）（定級：二級丙等）

歐陽先生文粹二十卷 宋歐陽修撰 宋陳亮輯 遺粹十卷 明郭雲鵬輯 明嘉靖二十六年郭雲鵬寶善堂刻本 圖版三八六

十六冊 版框高一〇.五釐米 寬一四.七釐米 十一行二十一字白口左右雙邊 後敘及書尾鐫吳會郭雲鵬校勘刻於寶善堂 吳會郭雲鵬選輯所梓 有刻工 （館藏號：S1022）（定級：二級乙等）

歐陽文忠公文鈔十卷 宋歐陽修撰 明茅坤評 明刻套印本 圖版三八七

八冊 版框高二〇.五釐米 寬一四.五釐米 八行十八字白口四周單邊 （館藏號：S1889）（定級：二級丙等）

臨川先生文集一百卷目録二卷 宋王安石撰 明嘉靖三十九年何遷刻本 圖版三八八

四十冊 版框高二〇.一釐米 寬一六釐米 十二行二十字白口左右雙邊 （館藏號：S977）（定級：二級乙等）

東坡集四十卷續集十二卷後集二十卷奏議十五卷應詔集十卷內制集十卷樂語一卷外制集三卷 宋蘇軾撰 年譜一卷 宋王宗稷撰 明成化四年程宗刻本 圖版三八九

八十二冊 版框高二〇釐米 寬一三.八釐米 十行二十字黑口四周單邊 （館藏號：S4016）（定

級：二級甲等）

王狀元集百家註分類東坡詩三十二卷　宋蘇軾撰　題宋王十朋纂集　宋劉辰翁批點　元刻本　李明常題識　　圖版三九〇

一冊　版框高二〇釐米　寬一三釐米　十二行二十一字小字雙行二十六字黑口四周雙邊　存三卷卷十一至十三　鈐東海李明常印白文方印　映菴金石書畫朱文方印　（館藏號：Z72）（定級：一級丙等）

增刊校正王狀元集註分類東坡先生詩二十五卷　宋蘇軾撰　題宋王十朋纂集　宋劉辰翁批點　宋建安虞平齋務本書堂刻本　　圖版三九一

一冊　版框高一九.九釐米　寬一三釐米　十一行十九字小字雙行二十五字細黑口左右雙邊　存一卷一（館藏號：S997）（定級：一級丙等）

蘇長公表三卷蘇長公啟二卷　宋蘇軾撰　明李卓吾等評　明錢櫝輯　明萬曆淩濛初刻套印本　　圖版三九二

二冊　版框高二〇.六釐米　寬一四.七釐米　八行十八字白口四周單邊　（館藏號：S1883）（定級：一級丙等）

蘇文忠公策論選十二卷　宋蘇軾撰　明茅坤　鍾惺評　明天啟元年刻三色套印本　　圖版三九三

十二冊　版框高二〇.二釐米　寬一四.七釐米　九行十九字白口四周單邊　（館藏號：S1884）（定級：二級丙等）

後山居士詩集六卷逸詩五卷詩餘一卷 宋陳師道撰 宋魏衍編 清雍正三年陳唐活字印本 圖版三九四

三冊 版框高一七.五釐米 寬一二.四釐米 九行二十一字小字雙行字同黑口左右雙邊 鈐周氏叔弢朱文方印 周叔弢録胡然批並跋 （館藏號：S2374）（定級：二級丙等）

淮海集四十卷後集六卷長短句三卷 宋秦觀撰 明嘉靖二十四年胡民表刻本 圖版三九五

八冊 版框高一七.三釐米 寬一三.一釐米 十二行二十一字小字雙行字同白口四周單邊 鈐徐熥真賞朱文方印 緑玉山房朱文方印 晉安徐興公家藏書朱文長方印 （館藏號：S1028）（定級：二級乙等）

傅忠肅公文集三卷附録一卷 宋傅察撰 清鳴野山房鈔本 圖版三九六

三冊 版框高一九.五釐米 寬一四.四釐米 九行二十二字黑口左右雙邊 下書口鎸鳴野山房鈔本 （館藏號：S3089）（定級：二級丙等）

岳集五卷 宋岳飛撰 明徐階輯 明張庭校 明嘉靖十五年焦煜刻本 圖版三九七

四冊 版框高一八.一釐米 寬一三.四釐米 九行十八字小字雙行字同白口左右雙邊 （館藏號：S1335）（定級：二級乙等）

竹洲文集二十卷 附録一卷 宋吳儆撰 明弘治六年吳雷亨刻本 清姚莊父録程敏政張金吾跋 圖版三九八

四冊 版框高一八.六釐米 寬一三釐米 十一行二十一字黑口四周雙邊 有刻工 （館藏號：S1040）（定級：二級甲等）

網山集八卷　宋林亦之撰　清鈔本　圖版三九九
四冊　無版框　十行二十字　（館藏號：S3087）　（定級：二級丙等）

悔稿八卷　宋項安世撰　清鈔本　圖版四〇〇
二冊　無版框　十行二十字　鈐徐維則讀書記朱文長方印　會稽徐氏學齋藏書印朱文大方印　（館藏號：S3029）　（定級：二級丙等）

昌谷集二十二卷　宋曹彦約撰　清鈔本　圖版四〇一
六冊　版框高一八.三釐米　寬一三.八釐米　九行二十一字小字雙行字同白口左右雙邊　鈐八千卷樓藏書之記朱文方印　（館藏號：S3005）　（定級：二級丙等）

止齋先生文集五十二卷附録一卷　宋陳傅良撰　明正德元年林長繁刻本　圖版四〇二
五冊　版框高二一.五釐米　寬一四.二釐米　十三行二十三字大黑口四周雙邊　有刻工　（館藏號：S1011）　（定級：二級甲等）

雙溪文集十七卷　宋王炎撰　明嘉靖十二年王懋元刻本　圖版四〇三
四冊　版框高一八.九釐米　寬一三釐米　十行二十一字白口四周單邊　有刻工　存十一卷　一至十一　（館藏號：S1036）　（定級：二級乙等）

象山先生全集三十六卷　宋陸九淵撰　附録少湖徐先生學則辯一卷　明徐階撰　明嘉靖四十年何遷刻本　圖版四〇四

十一冊　版框高二〇.二釐米　寬一二.九釐米　十行二十字白口四周雙邊　有刻工　存三十二卷　一至八　十三至三十六　鈐拾經樓朱文长方印　葉啟旻白文方印　葉啟藩白文方印　葉啟發白文方印　（館藏號：S1030）（定級：二級丙等）

龍川先生文集三十卷附録一卷　宋陳亮撰　明史朝富編　明嘉靖史朝富刻本　圖版四〇五

八冊　版框高一九.八釐米　寬一四.三釐米　十行二十二字白口左右雙邊　有刻工　存文集三十卷（館藏號：S1041）（定級：二級乙等）

陳同甫集三十卷　宋陳亮撰　清初嶺南壽經堂活字印本　圖版四〇六　四〇七

八冊　版框高二三.八釐米　寬一六釐米　十行二十一字白口四周雙邊　封面鐫嶺南壽經堂版　鈐周氏叔弢朱文方印　（館藏號：S2372）（定級：二級丙等）

杜清獻公集十九卷首一卷　宋杜範撰　清鈔本　清孫衣言題識　圖版四〇八

二冊　無版框　九行十九字二十字不等　鈐海陵錢氏小天目山館圖書朱文方印　錢犀盦珍藏印朱文長方印　教經堂朱文圓印　琴西白文方印　（館藏號：S3004）（定級：二級丙等）

宋宗伯徐清正公存稿六卷附録一卷　宋徐鹿卿撰　清小山堂鈔本　圖版四〇九　四一〇

三冊　無版框　九行二十字　鈐小山堂書畫印朱文方印　璜川吴氏收藏圖書朱文方印　翰林院印白文方印　（館藏號：S3007）（定級：二級丙等）

棠湖詩藁一卷　宋岳珂撰　宋臨安陳宅書籍鋪刻本　錢駿祥録清錢儀吉跋並自跋　鄧邦述　傅增湘跋

圖版四一一　四一二　四一三　四一四　四一五　四一六　四一七　四一八　四一九　四二〇　四二一

一冊　版框高一七.二釐米　寬一三釐米　十行十八字白口左右雙邊　書尾鐫臨安府棚北大街陳宅書籍鋪印行　鈐斧季朱文方印　毛扆之印朱文方印　汲古主人朱文方印　錢駿祥印白文方印　新甫氏朱文方印　傅增湘白文方印　群碧樓印白文方印　正闇朱文方印　周暹白文方印　叔弢朱文方印　（館藏號：Z60）　（定級：一級甲等）

剪綃集二卷　宋李龏撰　明毛氏汲古閣刻詩詞雜俎本　圖版四二二

一冊　版框高一九釐米　寬一三.六釐米　八行十九字白口左右雙邊　下書口鐫汲古閣　鈐石徑樓藏白文方印　酌雅齋書畫記朱文長方印　（館藏號：S808）　（定級：二級丙等）

文山先生全集十六卷　宋文天祥撰　明張元諭編校　明嘉靖三十九年張元諭刻本　圖版四二三

八冊　版框高二〇.七釐米　寬一三.九釐米　十行二十二字白口四周單邊　有刻工　（館藏號：S1013）　（定級：二級乙等）

新刊重訂疊山謝先生文集二卷　宋謝枋得撰　明黃溥編　明嘉靖三十四年林光祖刻本　圖版四二四

四冊　版框高一八釐米　寬一二.九釐米　九行二十字白口四周單邊　鈐鏡西珍賞朱文方印　（館藏號：S1016）　（定級：二級乙等）

柴四隱詩集一卷詩餘一卷文類一卷　宋柴望撰　明柴德貞編　清鈔本　圖版四二五

一冊　無版框　十行十九字　（館藏號：S2991）　（定級：二級丙等）

熊勿軒先生文集八卷首一卷易學啟蒙圖傳通義一卷春秋五論五卷　宋熊禾撰　明成化　弘治間熊氏刻本

圖版四二六　四二七

六冊　版框高一八.三釐米　寬一二.三釐米　九行十七字黑口四周雙邊　春秋五論卷末鐫明弘治甲子熊氏鰲峯書院刻牌記　（館藏號：Z88）（定級：二級甲等）

佩韋齋文集十六卷　宋俞德鄰撰　清鈔本

圖版四二八

四冊　無版框　十一行十九字　鈐竹垞收藏朱文方印　雲輪閣朱文長方印　歙西長塘鮑氏知不足齋藏書印朱文方印　（館藏號：S3093）（定級：二級丙等）

廬山集五卷英溪集一卷　宋董嗣杲撰　清宜秋館鈔本　佚名批校

圖版四二九

一冊　版框高一八.二釐米　寬一四.三釐米　十行二十一字黑口左右雙邊　鈐宜秋館藏書白文長方印（館藏號：S3100）（定級：二級丙等）

元張文忠公歸田類稿二十卷附録一卷　元張養浩撰　清乾隆五十五年周永年　毛堃刻本

圖版四三〇

十二冊　版框高一九釐米　寬一四.五釐米　九行二十一字白口左右雙邊　（館藏號：S5122）（定級：二級丙等）

松鄉先生文集十卷　元任士林撰　明泰昌元年刻清光緒十六年補刻本

圖版四三一

四冊　版框高二〇.五釐米　寬一四.九釐米　九行二十字白口四周單邊　封里鐫光緒庚寅季冬上澣補栞牌記　（館藏號：S1373）（定級：二級丙等）

草廬吳文正公集四十九卷道學基統三卷首一卷　元吳澄撰　清乾隆二十一年刻本　圖版四三二

二十冊　版框高二〇釐米　寬一四釐米　十行二十一字白口左右雙邊　封面鐫乾隆丙子年重鐫（館藏號：S5933）（定級：二級丙等）

仇山村遺集一卷附録一卷　元仇遠撰　清乾隆五年項夢昶古香書屋刻本　圖版四三三

二冊　版框高一七.一釐米　寬一二.七釐米　九行二十字白口左右雙邊　封面鐫古香書屋藏板　書後鐫武林金洞橋繡墨齋刊（館藏號：S5931）（定級：二級丙等）

陳定宇先生文集十六卷別集一卷　元陳櫟撰　清康熙三十五年陳嘉基刻本　圖版四三四

六冊　版框高二〇.八釐米　寬一四.二釐米　十行二十二字黑口左右雙邊　封面鐫珠谿德馨堂藏板（館藏號：S5937）（定級：二級丙等）

道園學古録五十卷　元虞集撰　明景泰七年鄭達　黄仕達刻本　清張金吾跋　清朱昂之題款　圖版四三五

十冊　版框高一九.六釐米　寬一三釐米　十三行二十三字黑口四周雙邊　鈐董康暨侍姬玉奴珍藏記白文方印　毗陵董康審定朱文方印　曾在舊樓朱文長方印　張金吾藏白文方印（館藏號：Z21）（定級：二級甲等）

翠寒集一卷　元宋無撰　明毛氏汲古閣刻元人十種詩本　圖版四三六

二冊　版框高一九.八釐米　寬一四釐米　九行十九字白口左右雙邊　下書口鐫汲古閣　鈐許氏星台藏書朱文方印　北平孫氏硯山齋圖書朱文方印　潛水洪軾澂章白文長方印（館藏號：S1651）（定級：二級丙等）

啽囈集一卷 元宋無撰 明毛氏汲古閣刻元人十種詩本 佚名朱筆批校 圖版四三七

二冊 版框高一九.一釐米 寬一三.六釐米 八行十九字白口左右雙邊 下書口鐫汲古閣 鈐許氏星台藏書朱文方印 北平孫氏硯山齋圖書朱文方印 佚名朱筆批校 （館藏號：S1652）（定級：二級丙等）

吳淵穎先生集十二卷 清吳萊撰 清王邦采 王繩曾箋 清康熙六十年刻本 丁福保題識 圖版四三八

十冊 版框高一六.六釐米 寬一二.二釐米 九行十八字小字雙行字同細黑口 封面鐫裕昆堂藏板 （館藏號：S6742）（定級：二級丙等）

玉山璞稿二卷 元顧瑛撰 清鈔本 圖版四三九

一冊 無版框 九行二十四字 鈐徐維則讀書記朱文長方印 述史樓朱文長方印 （館藏號：S3039）（定級：二級丙等）

呂敬夫集二卷 元呂誠撰 清鈔本 圖版四四〇

一冊 無版框 八行二十一字 （館藏號：S3040）（定級：二級丙等）

鐵崖文集五卷附傳一卷 元楊維楨撰 明弘治十四年馮允中刻本 圖版四四一

二冊 版框高二〇.四釐米 寬一四.九釐米 十行二十字粗黑口四周雙邊 （館藏號：S1052）（定級：二級甲等）

荻溪集二卷 元王偕撰 清鈔本 圖版四四二

一冊 無版框 九行十八字 鈐丁氏八千卷樓藏書記白文方印 （館藏號：S3036）（定級：二級丙等）

清江碧嶂集一卷　元杜本撰　元程嗣祖編　明末毛氏汲古閣刻本　圖版四四三

一册　版框高一九.一釐米　寬一四.三釐米　九行十九字白口左右雙邊　下書口鎸汲古閣　（館藏號：S1693）（定級：二級丙等）

新刊宋學士全集三十三卷　明宋濂撰　明嘉靖三十年韓叔陽刻崇禎十二年增刻本　圖版四四四

十二册　版框高一九.四釐米　寬一三.六釐米　十行二十四字白口左右雙邊　卷末鎸嘉靖辛亥孟冬十月刊行牌記　（館藏號：S1064）（定級：二級丙等）

潛溪集八卷附録一卷　明宋濂撰　明嘉靖十五年徐嵩　溫秀刻本　圖版四四五

八册　版框高一八.七釐米　寬一三.八釐米　十行二十字白口四周單邊　有刻工　（館藏號：S1059）（定級：二級乙等）

太師誠意伯劉文成公集十八卷　明劉基撰　明樊獻科編　明嘉靖刻本　圖版四四六

八册　版框高二一釐米　寬一四釐米　十行二十三字白口四周雙邊　卷末鎸嘉靖乙卯冬至縉雲樊獻科識　有刻工　（館藏號：S1057）（定級：二級乙等）

太師誠意伯劉文成公集二十卷　明劉基撰　明何鏜編校　明隆慶六年謝廷傑　陳烈刻本　圖版四四七

八册　版框高二〇.四釐米　寬一四.五釐米　十行二十三字白口四周雙邊　有刻工　鈐王鳴盛印白文方印　西莊居士白文方印　（館藏號：S1056）（定級：二級甲等）

陶學士先生文集二十卷事蹟一卷　明陶安撰　明弘治十三年項經刻明補刻本　圖版四四八

十二冊　版框高一九.八釐米　寬一二.七釐米　十行十八字黑口四周雙邊　（館藏號：S931）（定級：二級乙等）

春雨軒詩正集九卷附集一卷　明劉炳撰　明嘉靖十二年劉塾刻本　圖版四四九

一冊　版框高一八.四釐米　寬一三.四釐米　九行二十字白口左右雙邊　存五卷　一至五　（館藏號：S1377）（定級：二級丙等）

羅德安先生文集三卷　明羅子理撰　明隆慶四年羅紈刻本　圖版四五〇

一冊　版框高一九釐米　寬一三釐米　十行二十字細黑口左右雙邊　有刻工　（館藏號：S1206）（定級：二級乙等）

遜志齋集二十四卷附錄一卷　明方孝孺撰　明嘉靖四十年王可大刻本　圖版四五一

二十八冊　版框高一九.九釐米　寬一四.五釐米　十行二十字白口左右雙邊　鈐朱彝尊印朱文方印　朱氏錫鬯白文方印　（館藏號：S1067）（定級：二級乙等）

商文毅公集十一卷　明商輅撰　明隆慶六年鄭應齡刻本　圖版四五二

八冊　版框高一八.八釐米　寬一四.五釐米　十行二十字白口四周雙邊　（館藏號：S1085）（定級：二級乙等）

類博稿十卷附錄二卷　明岳正撰　明嘉靖八年任慶雲刻本　圖版四五三

四冊　版框高二一.五釐米　寬一五.七釐米　十行二十字黑口四周雙邊　（館藏號：Z86）（定級：

二級乙等）

王端毅公文集九卷　明王恕撰　明嘉靖三十一年喬世寧刻本　　圖版四五四

四冊　版框高一九.二釐米　寬一三.二釐米　十行二十字白口四周單邊　（館藏號：S1072）（定級：二級乙等）

白沙先生詩教解十五卷　明陳獻章撰　明湛若水輯解　明嘉靖刻本　　圖版四五五

二冊　版框高一九.二釐米　寬一三.八釐米　十行十九字白口左右雙邊　（館藏號：S1112）（定級：二級乙等）

徐文靖公謙齋文錄四卷　明徐溥撰　明嘉靖徐要垚重刻本　佚名簽校　　圖版四五六　四五七

四冊　版框高一九.三釐米　寬一三.七釐米　十行二十字白口左右雙邊　鈐一六淵海朱文方印　（館藏號：Z16）（定級：二級乙等）

桃溪淨稿文集三十九卷詩集四十五卷　明謝鐸撰　明嘉靖刻本　　圖版四五八

十冊　版框高一八釐米　寬一三.二釐米　十行二十字白口四周單邊　（館藏號：S1075）（定級：二級乙等）

康齋先生文集十二卷附錄一卷　明吳與弼撰　明正德十年彭杰刻本　　圖版四五九

十二冊　版框高二二.二釐米　寬一五.五釐米　十行二十字白口四周單邊　鈐蟫香館藏書朱文長方印　安樂堂藏書記朱文長方印　（館藏號：S1077）（定級：二級甲等）

篁墩程先生文集九十四卷　明程敏政撰　明嘉靖十二年書林宗文堂刻本　圖版四六〇

十冊　版框高一九.四釐米　寬一二.五釐米　十三行二十七字白口四周單邊　存八十六卷　一至十二　二十一至九十四　目録後鐫癸巳歲孟秋宗文堂新刊　卷末鐫書林精舍京本重刊牌記　（館藏號：S1082）（定級：二級丙等）

楓山章先生文集九卷　明章懋撰　明嘉靖九年張大綸刻章翰補刻本　清盛百二題識　圖版四六一

五冊　版框高一八.五釐米　寬一三.五釐米　十行二十字白口左右雙邊　鈐盛百二朱文方印　（館藏號：S1088）（定級：二級乙等）

未軒公文集十二卷附録一卷　明黄仲昭撰　明嘉靖三十四年黄希白刻本　圖版四六二

十二冊　版框高一八釐米　寬一三.一釐米　十行二十字白口四周單邊　有刻工　（館藏號：S1089）（定級：二級乙等）

白洲詩集三卷　明李士實撰　明正德刻本　圖版四六三

三冊　版框高二一.七釐米　寬一四.一釐米　十行二十字黑口四周雙邊　鈐授經樓藏書記朱文方印　錢唐丁氏正修堂藏書朱文方印　吴興藥盦朱文方印　（館藏號：Z39）（定級：二級甲等）

石淙詩稿二十卷　明楊一清撰　明嘉靖刻本　圖版四六四

十冊　版框高二二釐米　寬一三.五釐米　十一行二十二字間九行十八字小字雙行二十二字白口四周雙邊　鈐會稽鈕氏世學樓圖籍朱文方印　（館藏號：S1176）（定級：二級乙等）

馬東田漫稿六卷　明馬中錫撰　明孫緒評　明嘉靖十七年文三畏刻本　圖版四六五
八册　版框高一七.九釐米　寬一三.四釐米　十行十七字白口四周雙邊　有刻工　鈐崑山徐氏家藏朱文方印　健庵白文方印　乾學之印白文方印　（館藏號：S1090）（定級：二級乙等）

東所先生文集十三卷　明張詡撰　明嘉靖三十年張希舉刻本　圖版四六六
四册　版框高一九.二釐米　寬一四.七釐米　十一行二十二字白口四周單邊　（館藏號：S1081）（定級：二級乙等）

虛齋蔡先生文集五卷　明蔡清撰　明正德十六年葛志貞刻本　圖版四六七
三册　版框高二一.九釐米　寬一四.五釐米　十行二十四字黑口四周雙邊　有刻工　鈐八千卷樓印朱文方印　（館藏號：S1079）（定級：二級甲等）

明夏赤城先生文集二十三卷首一卷　明夏鍭撰　清乾隆三十七年夏氏映南軒活字印本　圖版四六八
六册　版框高二二.八釐米　寬一五.三釐米　十行二十字白口四周單邊　下書口鐫映南軒　（館藏號：S2391）（定級：二級丙等）

石田稿三卷　明沈周撰　明弘治十六年嘉定黄淮集義堂刻本　圖版四六九
六册　版框高二二.九釐米　寬一四.三釐米　九行十九字白口左右雙邊　上書口鐫弘治癸亥集義堂刊　前序鐫弘治癸亥歲夏六月嘉定庠生黄淮刊行牌記　（館藏號：S92）（定級：二級甲等）

空同先生集六十三卷　明李夢陽撰　明嘉靖刻本　圖版四七〇

十二册　版框高一九.二釐米　寬一五釐米　十一行二十字白口左右雙邊　有刻工　（館藏號：S1106）（定級：二級乙等）

王文成公全書三十八卷　明王守仁撰　明隆慶六年謝廷傑刻本　圖版四七一

三十二册　版框高一九釐米　寬一四釐米　九行十九字白口四周雙邊　（館藏號：S1099）（定級：二級乙等）

陽明先生文粹十一卷　明王守仁撰　明嘉靖三十六年大樑書院刻本　圖版四七二

四册　版框高二一.八釐米　寬一六.五釐米　十行二十字黑口四周雙邊　（館藏號：S1098）（定級：二級乙等）

淩谿先生集十八卷　明朱應登撰　明嘉靖刻遞修本　圖版四七三

三册　版框高一八.五釐米　寬一三.九釐米　十行十九字白口四周單邊　有刻工　（館藏號：S1095）（定級：二級丙等）

內臺集七卷　明王廷相撰　明嘉靖十五年刻本　圖版四七四

一册　版框高一七.八釐米　寬一四釐米　十行十八字白口四周單邊　存二卷　一至二　（館藏號：S1103）（定級：二級丙等）

洹詞十二卷　明崔銑撰　明趙府味經堂刻清乾隆三十六年黄邦寧補刻本　圖版四七五

六册　版框高一七釐米　寬一二.七釐米　十行二十字白口四周雙邊　封面鐫乾隆三十六年補鐫

（館藏號：S1337）（定級：二級丙等）

太白山人詩五卷附錄一卷　明孫一元撰　明嘉靖刻本　圖版四七六

三册　版框高一六.九釐米　寬一三.六釐米　十行十七字白口左右雙邊　（館藏號：S1123）（定級：二級乙等）

苑洛集二十二卷　明韓邦奇撰　明嘉靖三十一年刻本　圖版四七七

十册　版框高一七.八釐米　寬一二.五釐米　十行二十字白口四周單邊　（館藏號：S1119）（定級：二級乙等）

端溪先生集八卷　明王崇慶撰　明嘉靖三十一年張蘊刻本　圖版四七八

二十四册　版框高二〇釐米　寬一三.五釐米　十行二十二字白口四周單邊　鈐宛平王氏家藏白文方印（館藏號：S1110）（定級：二級乙等）

鳥鼠山人小集十六卷後集二卷近取編二卷顧學編二卷擬漢樂府八卷可泉擬涯翁擬古樂府二卷雍音四卷唐雅八卷　明胡纘宗撰　明嘉靖刻清順治十三年周盛時補刻本　圖版四七九

十册　版框高一七釐米　寬一三.五釐米　十一行二十字白口四周單邊　存鳥鼠山人小集四卷　一至四　擬漢樂府八卷　可泉擬涯翁擬古樂府二卷　鈐延古堂李氏珍藏白文方印　（館藏號：S1125）（定級：二級丙等）

歐陽恭簡公遺集二十二卷　明歐陽鐸撰　明嘉靖刻本　圖版四八〇

六冊 版框高一九.五釐米 寬一三.五釐米 十行二十字白口四周單邊 （館藏號：S1127）（定級：二級乙等）

鄒東廓先生文選四卷 明鄒守益撰 明鄒善編 明隆慶六年宋儀望刻本 圖版四八一

四冊 版框高一八.二釐米 寬一四.五釐米 十行二十字白口四周單邊 有刻工 （館藏號：S1122）（定級：二級乙等）

古菴毛先生文集十卷附毘陵正學編一卷 明毛憲撰 明嘉靖刻清康熙二十四年補刻本 圖版四八二

六冊 版框高一八.九釐米 寬一三.五釐米 十行二十字白口左右雙邊 封面鐫永思堂藏板 （館藏號：S2556）（定級：二級丙等）

桂洲詩集二十四卷 明夏言撰 明嘉靖二十五年曹忭 楊九澤刻本 圖版四八三

八冊 版框高一九.五釐米 寬一三.二釐米 八行十七字黑口四周雙邊 鈐御書堂白文方印 王阮亭藏書記朱文長方印 （館藏號：S1120）（定級：二級乙等）

張水南文集十一卷 明張袞撰 明隆慶元年范惟一刻本 圖版四八四

四冊 版框高一九.八釐米 寬一三釐米 十行二十字白口四周單邊 有刻工 （館藏號：S1114）（定級：二級乙等）

西村詩集二卷補遺一卷 明朱朴撰 明嘉靖刻萬曆朱綵續刻清乾隆三年補刻本 圖版四八五

一冊 版框高一九.五釐米 寬一三.八釐米 十行二十字白口四周單邊 （館藏號：S6199）（定

級：二級丙等）

東園遺稿二卷　明黄璽撰　明嘉靖刻本　圖版四八六

二冊　版框高一七.七釐米　寬一三.三釐米　九行十八字白口四周單邊　有刻工　（館藏號：S1166）（定級：二級乙等）

雅宜山人集十卷　明王寵撰　明嘉靖十六年董宜陽　朱浚明刻本　圖版四八七

二冊　版框高一七.五釐米　寬一三釐米　十行十八字白口左右雙邊　存四卷　五至六　九至十（館藏號：S1178）（定級：二級丙等）

少湖先生文集七卷　明徐階撰　明嘉靖三十六年宿應麟刻本　圖版四八八

四冊　版框高一九.六釐米　寬一四.五釐米　九行二十字黑口四周單邊　（館藏號：S1241）（定級：二級乙等）

潘笠江先生集十二卷　明潘恩撰　明嘉靖三十四年聶叔頤刻本　圖版四八九

二冊　版框高一九.八釐米　寬一四.五釐米　十行二十字白口左右雙邊　（館藏號：S1144）（定級：二級乙等）

天馬山房遺稿八卷　明朱淛撰　明隆慶三年張秉鐸刻遞修本　圖版四九〇

四冊　版框高一九.二釐米　寬一五.五釐米　十二行二十二字白口左右雙邊　有刻工　（館藏號：S1137）（定級：二級乙等）

芝園定集四十八卷　明張時徹撰　明嘉靖刻本　圖版四九一

二十冊　版框高一九.五釐米　寬一四釐米　十一行二十二字白口左右雙邊（館藏號：S1130）（定級：二級乙等）

衡藩重刻胥臺先生集二十卷　明袁袠撰　明萬曆十二年衡藩刻本　圖版四九二

十冊　版框高一七.六釐米　寬一三.九釐米　十行十八字白口四周雙邊（館藏號：S1145）（定級：二級丙等）

田叔禾小集十二卷　明田汝成撰　明嘉靖四十二年田藝蘅刻本　圖版四九三

六冊　版框高一八.五釐米　寬一二.九釐米　九行十八字細黑口四周雙邊　有刻工（館藏號：S1180）（定級：二級乙等）

玩芳堂摘稿四卷　明王慎中撰　明嘉靖二十九年蔡克廉刻本　圖版四九四

四冊　版框高一九.三釐米　寬一四.四釐米　十行二十字白口四周雙邊（館藏號：S1148）（定級：二級乙等）

念菴羅先生集十三卷　明羅洪先撰　明嘉靖四十三年甄津刻本　圖版四九五

十六冊　版框高二〇.七釐米　寬一四.二釐米　十一行二十字白口四周單邊　鈐海豐吴氏珍藏白文方印（館藏號：S1164）（定級：二級乙等）

陂門山人集八卷　明馮惟健撰　明嘉靖三十五年馮惟訥刻本　圖版四九六

二冊　版框高一九.九釐米　寬一四.三釐米　十行二十二字白口四周單邊　鈐王士禎印白文方印
（館藏號：S1142）（定級：二級乙等）

陭堂摘藁六卷　明許應元撰　明嘉靖刻本　圖版四九七
二冊　版框高一九.二釐米　寬一三.四釐米　九行十八字白口四周單邊　有刻工　（館藏號：S1109）
（定級：二級乙等）

方山薛先生全集六十八卷　明薛應旂撰　明嘉靖刻本　圖版四九八
十六冊　版框高一九.五釐米　寬一四.三釐米　十行二十字白口四周單邊　有刻工　（館藏號：
S1146）（定級：二級乙等）

王氏存笥稿二十卷　明王維楨撰　明嘉靖三十六年鄭本立刻本　圖版四九九
十二冊　版框高二二釐米　寬一三.七釐米　十行二十二字白口四周雙邊　（館藏號：S1111）（定
級：二級乙等）

二谷山人詩文集不分卷緱山侯氏譜二卷附錄一卷　明侯一元撰　明嘉靖三十七年刻本　圖版五〇〇
八冊　版框高一五.二釐米　寬一〇.六釐米　八行十六字白口左右雙邊　有刻工　（館藏號：S1138）
（定級：二級乙等）

二谷山人集十卷　明侯一元撰　明嘉靖四十三年刻本　圖版五〇一
四冊　版框高一七釐米　寬一四.五釐米　十行十八字白口四周單邊　有刻工　（館藏號：S1139）

（定級：二級乙等）

白華樓藏稿十一卷續稿十五卷吟稿十卷　明茅坤撰　明姚翼編　明嘉靖萬曆間遞刻本　圖版五〇二

十冊　版框高二〇.五釐米　寬一四.五釐米　九行十九字白口左右雙邊　（館藏號：S1195）　（定級：二級丙等）

白雪樓詩集十二卷　明李攀龍撰　明隆慶四年汪時元刻本　圖版五〇三

四冊　版框高二〇.五釐米　寬一四.五釐米　九行十八字白口四周單邊　有刻工　（館藏號：S1161）（定級：二級乙等）

滄溟先生集三十卷附録一卷　明李攀龍撰　明隆慶六年刻本　圖版五〇四

十六冊　版框高一九.五釐米　寬一四.六釐米　十行二十字白口左右雙邊　（館藏號：S1157）　（定級：二級乙等）

李氏山房集四卷　明李先芳撰　明隆慶刻本　圖版五〇五

四冊　版框高一八.七釐米　寬一三.三釐米　九行十八字白口左右雙邊　（館藏號：S1162）　（定級：二級乙等）

宗子相集八卷　明宗臣撰　明嘉靖三十九年林朝聘等刻本　圖版五〇六　五〇七

四冊　版框高一九.八釐米　寬一三.六釐米　十行二十字白口四周雙邊　存七卷　一至七　鈐八千卷樓朱文方印　嘉惠堂丁氏藏書之記白文方印　（館藏號：S1141）　（定級：二級丙等）

北游漫稿文三卷　明鄭若庸撰　明隆慶三年汪良迪刻本　圖版五〇八

三冊　版框高一七.三釐米　寬一二.七釐米　九行十八字白口左右雙邊　鈐嘉惠堂丁氏藏書之印朱文方印　（館藏號：Z80）（定級：二級乙等）

燕市集二卷　明王穉登撰　明隆慶四年靖江縣朱宅快閣刻本　圖版五〇九

二冊　版框高一九.九釐米　寬一二.九釐米　十行十八字白口左右雙邊　有刻工　卷上末鐫隆慶庚午三月靖江縣朱宅快閣雕本牌記　鈐積學齋徐乃昌藏書印朱文長方印　（館藏號：S1260）（定級：二級乙等）

史忠正公集四卷首一卷末一卷　明史可法撰　清史山清輯　清乾隆教忠堂活字印本　圖版五一〇

四冊　版框高一八.六釐米　寬一三釐米　十行二十一字白口左右雙邊　封面鐫教忠堂藏板　鈐周氏卡弢朱文方印　（館藏號：S2419）（定級：二級丙等）

堯峯文鈔四十卷詩十卷　清汪琬撰　清康熙三十二年林佶刻本　圖版五一一

十二冊　版框高二〇.二釐米　寬一四.二釐米　十三行二十五字黑口左右雙邊　有刻工　（館藏號：S6051）（定級：二級丙等）

漁洋山人精華錄十卷　清王士禛撰　清康熙三十九年林佶刻本　圖版五一二　五一三

六冊　版框高一八.七釐米　寬一四.七釐米　十一行二十一字細黑口左右雙邊　（館藏號：S7894）（定級：二級丙等）

漁洋山人精華錄訓纂十卷補十卷年譜二卷附錄一卷　清惠棟撰　清惠氏紅豆齋刻本　圖版五一四

十三冊　版框高一九.四釐米　寬一四.八釐米　十行二十一字小字雙行二十字白口左右雙邊　下書口鐫紅豆齋　（館藏號：S5142）（定級：二級丙等）

午亭文編五十卷　清陳廷敬撰　清康熙四十七年林佶刻本　圖版五一五

十六冊　版框高一九.七釐米　寬一四.七釐米　十一行二十一字黑口左右雙邊　（館藏號：S6071）（定級：二級丙等）

御製擬白居易新樂府不分卷　清高宗弘曆撰　清乾隆間刻本　圖版五一六

四冊　版框高一三.三釐米　寬九釐米　五行十字白口四周龍文緑色邊欄　（館藏號：S6254）（定級：二級丙等）

邗水雜詩一卷　清顧廣圻撰　清道光元年稿本　清顧麟士　胡玉縉　吴郁生　章鈺　傅增湘題識　圖版五一七　五一八

一冊　五行十字　卷末題道光辛巳歲元和顧千里作　鈐周暹白文小方印　顧白文方印　千里朱文小方印　傅增湘白文方印　（館藏號：S8437）（定級：二級丙等）

僊屏書屋初集詩録十六卷後録二卷　清黄爵滋撰　清道光二十六年翟金生泥活字印本　圖版五一九　五二〇

六冊　版框高一七.一釐米　寬一二.三釐米　九行二十一字白口左右雙邊　（館藏號：Z13）（定級：二級丙等）

盛唐四名家集二十四卷　明閔齊伋編　明淩濛初刻套印本　圖版五二一　五二二

十二册　版框高二〇.六釐米　寬一四.六釐米　八行十九字白口左右雙邊　鈐萬卷樓朱文方印　（館藏號：S1790）（定級：一級丙等）

六家詩選十二卷　明楊巍輯　明楊綵校　明隆慶三年楊綵刻本　圖版五二三

四册　版框高一七.八釐米　寬一二.八釐米　九行十八字白口四周雙邊　（館藏號：S879）（定級：二級乙等）

唐十二家詩二十四卷　明張遜業編　明嘉靖三十一年江都黄埻刻本　圖版五二四

六册　版框高一八.四釐米　寬一二.九釐米　九行十九字白口四周雙邊　上書口鐫東壁圖書府下書口鐫江郡新繩　存六卷　（館藏號：S906）（定級：二級丙等）

李杜詩選十一卷　明張含編　明楊慎等評　明刻套印本　圖版五二五　五二六

六册　版框高二〇.一釐米　寬一四.五釐米　八行十八字白口四周單邊　（館藏號：S1829）（定級：二級丙等）

文選六十卷　梁蕭統輯　唐李善註　明嘉靖四年晉藩養德書院刻本　圖版五二七

三十二册　版框高二二.三釐米　寬一四.九釐米　十行二十二字小字雙行字同黑口四周雙邊　各卷端題銜處鐫晉府勅賜養德書院校正重刊　（館藏號：S661）（定級：二級乙等）

文選六十卷　梁蕭統輯　唐李善註　清乾隆三十七年長洲葉樹藩海錄軒刻套印本　圖版五二八　五二九

十二冊　版框高一九.九釐米　寬一四.九釐米　十二行二十五字小字雙行三十七字白口左右雙邊　版心下鐫海錄軒　（館藏號：S1819）（定級：二級丙等）

六臣註文選六十卷　梁蕭統輯　唐李善等註　**諸儒議論一卷**　元陳仁子輯　明嘉靖二十八年洪楩刻萬卷堂重修本

圖版五三〇

三十二冊　版框高一九釐米　寬一三.五釐米　十行十八字小字雙行二十三字白口四周單邊　目錄首頁題衔處鐫明萬卷堂校刊　有刻工　（館藏號：S664）（定級：二級丙等）

文選尤十四卷　梁蕭統輯　明鄒思明刪定　明天啟二年閔氏刻三色套印本

圖版五三一

八冊　版框高二〇釐米　寬一四釐米　八行十八字白口四周單邊　鈐餘姚謝氏永耀樓藏書朱文方印　（館藏號：S1743）（定級：二級丙等）

選詩補註八卷補遺二卷續編四卷　元劉履撰　明嘉靖三十一年顧存仁養吾堂刻本

圖版五三二

四冊　版框高一九.一釐米　寬一三.七釐米　十行十九字小字雙行字同白口左右雙邊　下書口鐫養吾堂　（館藏號：S712）（定級：二級乙等）

文苑英華律賦選四卷　清錢陸燦輯　清康熙二十五年吹藜閣銅活字印本

圖版五三三　五三四　五三五　五三六

四冊　版框高二〇.四釐米　寬一四.四釐米　十行十八字黑口四周單邊　封面鐫吹藜閣銅板　鈐寶在堂白文方印　（館藏號：Z42）（定級：二級丙等）

文選補遺四十卷　元陳仁子輯　明嘉靖茶陵東山書院刻本　圖版五三七

二十冊　版框高二一釐米　寬一四釐米　十行十八字小字雙行二十三字白口左右雙邊　目錄後鐫茶陵東山書院刊行牌記　有刻工　鈐梁翠山房藏書朱文長方印　曾藏洞庭葛香士家白文長方印　（館藏號：S666）（定級：二級乙等）

廣文選六十卷　明劉節輯　明嘉靖十六年陳蕙刻本　圖版五三八

二十冊　版框高二〇.九釐米　寬一四.八釐米　十一行二十一字白口四周單邊　有刻工　（館藏號：S669）（定級：二級乙等）

衡門集十五卷　明鄭履淳輯　明鄭心材續輯　明隆慶三年至萬曆十三年刻本　圖版五三九　五四〇

十四冊　版框高一九.六釐米　寬一三.二釐米　十行二十字白口四周單邊　鈐內府藏書朱文大方印　巴陵方氏碧琳瑯館珍藏古刻善本之印白文長方印　方功惠印白文方印　柳橋朱文方印　（館藏號：S680）（定級：二級乙等）

樂府詩集一百卷目錄二卷　宋郭茂倩輯　元至正元年集慶路儒學刻明修本　圖版五四一

四十六冊　版框高二二.四釐米　寬一五.三釐米　十一行二十字白口左右雙邊　（館藏號：S771）（定級：一級丙等）

九代樂章二十三卷　明劉濂輯　明嘉靖二十九年刻本　圖版五四二　五四三

四冊　版框高一九.二釐米　寬一三.三釐米　十行二十一字白口四周單邊　（館藏號：S720）（定級：二級乙等）

苑詩類選三十卷　明包節輯　明嘉靖二十五年何城刻本　圖版五四四

十冊　版框高一九.六釐米　寬一三.四釐米　十行二十一字白口四周單邊　有刻工　（館藏號：S716）（定級：二級乙等）

古詩歸五十一卷　明鍾惺　譚元春輯　明吳德與等校　明閔振業　閔振聲刻三色套印本　圖版五四五

二十六冊　版框高二〇.一釐米　寬一四.四釐米　九行十八字白口四周單邊　（館藏號：S1812）（定級：二級丙等）

古賦辨體十卷　元祝堯編　明嘉靖十六年刻本　圖版五四六

四冊　版框高一七.四釐米　寬一三.五釐米　十行十八字小字雙行十四字白口四周單邊　（館藏號：S801）（定級：二級乙等）

迂齋先生標註崇古文訣三十五卷　宋樓昉輯　明嘉靖十二年王鴻漸刻本　圖版五四七

八冊　版框高一八.九釐米　寬一三.九釐米　十行二十一字白口左右雙邊　有刻工　（館藏號：S671）（定級：二級乙等）

西山先生真文忠公文章正宗二十四卷　宋真德秀輯　明正德十五年馬卿刻明修補本　圖版五四八

二十六冊　版框高一九.四釐米　寬一二.七釐米　十行二十一字小字雙行字同白口四周單邊　有刻工　（館藏號：S652）（定級：二級乙等）

西山先生真文忠公文章正宗二十四卷續集二十卷　宋真德秀輯　明嘉靖四十三年杜陵蔣氏家塾刻本　圖版五四九

二十四冊　版框高二〇釐米　寬一二.七釐米　十行二十一字小字雙行字同白口左右雙邊　有刻工
（館藏號：S653）（定級：二級乙等）

文章辨體五十卷外集五卷總論一卷　明吳訥編　明嘉靖三十四年徐洛刻本　圖版五五〇　五五一

二十冊　版框高二二.四釐米　寬一六.四釐米　十三行二十四字白口四周雙邊　卷末鐫浙江湖州府知府前陝西道監察御史徐洛重刻嘉靖三十四年六月望吉日　（館藏號：S674）（定級：二級乙等）

文翰類選大成一百六十三卷　明李伯璵　馮厚輯　明成化八年淮府刻　弘治十四年　嘉靖二十五年遞修本　圖版五五二

六十四冊　版框高二三.二釐米　寬一五.四釐米　十二行二十三字黑口四周雙邊　（館藏號：S676）（定級：二級乙等）

古文集四卷　明何景明輯　明嘉靖十五年鄭鋼刻本　圖版五五三

四冊　版框高二〇.二釐米　寬一三.六釐米　十行二十字小字雙行字同白口四周單邊　（館藏號：S847）（定級：二級乙等）

文苑春秋四卷　明崔銑輯　明嘉靖十七年刻本　圖版五五四

四冊　版框高一六.二釐米　寬一三.一釐米　十行二十字白口左右雙邊　（館藏號：S818）（定級：二級乙等）

文編六十四卷　明唐順之輯　明嘉靖胡帛刻本　圖版五五五

二十冊 版框高一九.四釐米 寬一四.五釐米 十行二十字白口四周單邊 有刻工 （館藏號：S811）（定級：二級乙等）

唐會元精選批點唐宋名賢策論文粹八卷 題明唐順之輯 明嘉靖二十八年書林桐源胡氏刻本 圖版五五六

八冊 版框高一九.五釐米 寬一三.二釐米 十行二十字白口左右雙邊 凡例後鐫嘉靖己酉孟秋吉旦卷末鐫三衢前坊胡氏梓于昆陵牌記 （館藏號：S817）（定級：二級乙等）

三史文類五卷 明趙文華輯 明嘉靖十六年刻本 圖版五五七 五五八

五冊 版框高二〇釐米 寬一二.八釐米 九行十八字白口四周雙邊 （館藏號：S820）（定級：二級乙等）

秦漢魏晉文選十卷 明余震啟 鄭玄撫輯 明嘉靖二十四年新安洪廷論刻本 佚名校 圖版五五九

二十冊 版框高一七.八釐米 寬一二.八釐米 十行十八字白口左右雙邊 有刻工 鈐許氏星臺藏書朱文方印 許氏三十六甎吟館印朱文方印 （館藏號：S838）（定級：二級乙等）

古文品外録十二卷 明陳繼儒輯並評 明天啟五年朱蔚然刻本 清陳洪綬批點 圖版五六〇

十二冊 版框高二一.五釐米 寬一四.八釐米 九行二十字小字雙行十九字白口四周單邊 鈐僧悔之印白文方印 蓮白衣白文方印 洪綬私印白文方印 （館藏號：S850）（定級：二級乙等）

秦漢文鈔六卷 明閔邁德等編 明楊融博批點 明萬曆刻套印本 圖版五六一

十二册　版框高二〇.八釐米　寬一四.七釐米、九行十九字白口四周單邊　（館藏號：S1837）　（定級：二級丙等）

文致不分卷　明劉士鏻輯　明閔無頗　閔昭明集評　明天啟元年閔元衢刻套印本　圖版五六二
六册　版框高二〇.六釐米　寬一四.六釐米　八行十八字白口四周單邊　（館藏號：S1847）　（定級：二級丙等）

古文約選不分卷　清允禮輯　清雍正十一年果親王府刻本　圖版五六三
二十四册　版框高一七釐米　寬一三.四釐米　九行十九字白口四周雙邊　（館藏號：S4693）　（定級：二級丙等）

尺牘雋言十二卷　明陳臣忠輯　明閔邁德刻套印本　圖版五六四
五册　版框高二一釐米　寬一三.六釐米　九行二十字白口四周單邊　（館藏號：S1833）　（定級：二級丙等）

唐文粹一百卷　宋姚鉉輯　明嘉靖八年晉府養德書院刻本　清姚瑩俊題識　圖版五六五
二十册　版框高二一.七釐米　寬一四.七釐米　十三行二十一字白口四周單邊　有刻工　鈐鏡西珍賞朱文方印　（館藏號：S688）　（定級：二級乙等）

高氏三宴詩集三卷附香山九老詩一卷　唐高正臣編　清丁氏當歸草堂鈔本　清丁丙跋　圖版五六六
一册　版框高一八.二釐米　寬一三.一釐米　九行二十一字紅格白口左右雙邊　下書口鐫當歸草堂

鈐錢塘丁氏藏書白文方印　風木庵白文方印　（館藏號：S2977）　（定級：二級丙等）

萬首唐人絕句一百一卷　宋洪邁輯　明嘉靖十九年陳敬學德星堂刻本　題清東山氏校　圖版五六七

二十冊　版框高一九．二釐米　寬一四．五釐米　十行二十字白口左右雙邊　下書口間鐫德星堂　有刻工　鈐薑桂竹石齋藏書朱文方印　東山閲過朱文長方印　（館藏號：S741）　（定級：二級乙等）

新刊三訂便蒙唐詩鼓吹大全十卷　金元好問輯　元郝天挺註　草堂辭調賦歌十卷　明嘉靖十七年廣勤書堂刻兩節本　圖版五六八　五六九

一冊　版框高一九．九釐米　寬一二．七釐米　上節十八行四字下節十二行二十三字小字雙行字同黑口間白口四周雙邊　卷五末鐫嘉靖戊戌孟冬廣勤書堂重刊牌記　（館藏號：S755）　（定級：二級乙等）

批點唐詩正聲二十二卷　明高棅輯　明桂天祥批點　明嘉靖萬世德刻本　圖版五七〇

四冊　版框高一八．九釐米　寬一四．七釐米　十行二十字小字雙行字同白口四周單邊　有刻工　（館藏號：S875）　（定級：二級乙等）

唐雅八卷　明胡纘宗輯　明嘉靖二十八年文門山堂刻清順治十三年周盛時補刻鳥鼠山人集本　圖版五七一

六冊　版框高一八．二釐米　寬一四．三釐米　十行二十字白口四周單邊　下書口鐫文門山堂　有刻工（館藏號：S746）　（定級：二級丙等）

全唐詩九百卷目録十二卷　清曹寅等輯　清康熙四十四至四十六年揚州詩局刻本　圖版五七二

一百二十冊　版框高一六．九釐米　寬一一．七釐米　十一行二十一字小字雙行字數不等細黑口左右雙

邊（館藏號：S7148）（定級：二級丙等）

大宋文鑑一百五十卷目録三卷　宋呂祖謙撰　明正德十三年慎獨齋刻本　圖版五七三

六十冊　版框高一八.一釐米　寬一二釐米　十二行二十五字細黑口四周雙邊（館藏號：S843）（定級：二級甲等）

國朝文類七十卷　元蘇天爵輯　元刻本　圖版五七四　五七五　五七六

十六冊　版框高二〇釐米　寬一二.九釐米　十三行二十四字黑口四周雙邊（館藏號：Z62）（定級：一級乙等）

皇明風雅四十卷詩人名氏一卷　明徐泰輯　明嘉靖十二年張沂刻本　圖版五七七

八冊　版框高一九.七釐米　寬一三.八釐米　十行二十字白口左右雙邊（館藏號：S751）（定級：二級乙等）

皇明文選二十卷　明汪宗元輯　明嘉靖三十三年刻本　圖版五七八

十冊　版框高二〇.二釐米　寬一四.六釐米　十行二十字白口左右雙邊（館藏號：S836）（定級：二級乙等）

吳都文粹十卷　宋鄭虎臣輯　清活字印本　圖版五七九

十冊　版框高二〇.二釐米　寬一二釐米　九行二十一字白口左右雙邊　鈐周氏卡弢朱文方印（館藏號：S2342）（定級：二級丙等）

雍音四卷 明胡纘宗輯 明嘉靖二十七年清渭草堂刻本 圖版五八〇

五冊 版框高一九.一釐米 寬一四釐米 十行二十字小字雙行字同白口四周單邊 下書口鐫清渭草堂（館藏號：S857） （定級：二級乙等）

劉子文心雕龍二卷 梁劉勰撰 明楊慎批點 **劉子文心雕龍註二卷** 明梅慶生撰 明閔繩初刻五色套印本 圖版五八一

六冊 版框高二一釐米 寬一四.五釐米 九行十九字小字雙行字同白口四周單邊 鈐曹學佺印白文方印 閔繩初印朱文方印 （館藏號：S1906） （定級：二級丙等）

增修詩話總龜四十八卷百家詩話總龜後集五十卷 宋阮閱編 明程珖校 明嘉靖二十四年宗室月窗道人刻本 圖版五八二

十四冊 版框高一七.二釐米 寬一二.九釐米 十一行二十二字白口四周單邊 有刻工 鈐譚觀成印白文方印 海朝朱文方印 藏暉書屋朱文方印 （館藏號：S646） （定級：二級乙等）

風月堂詩話三卷 宋朱弁撰 清鈔本 圖版五八三

一冊 版框高一八.五釐米 寬一二.五釐米 八行十六字白口左右雙邊 鈐小李山房朱文方印 維則讀過朱文方印 毛晉朱文長方印 汲古主人朱文方印 汲古閣朱文長方印 席氏玉照朱文方印 （館藏號：S3560） （定級：二級丙等）

四六談麈一卷 宋謝伋撰 清醉經樓鈔本 圖版五八四

一冊 版框高二〇.八釐米 寬一三.四釐米 九行二十字白口左右雙邊 下書口鐫醉經樓鈔本 鈐

八千卷樓朱文長方印　（館藏號：S3565）　（定級：二級丙等）

劉攽貢父詩話一卷　宋劉攽撰　明弘治刻百川學海本　圖版五八五

一冊　版框高一九.六釐米　寬一四.二釐米　十二行二十字白口左右雙邊　鈐查人朱文長方印　（館藏號：S647）　（定級：二級甲等）

東萊呂紫微詩話一卷　宋呂本中撰　明弘治刻百川學海本　圖版五八六

一冊　版框高一九.五釐米　寬一四.二釐米　十二行二十字白口左右雙邊　鈐叔弢朱文方印　寒在堂白文方印　（館藏號：S1351）　（定級：二級甲等）

詩法五卷　明楊成輯　**詩法源流三卷**　明王用章輯　明嘉靖二年刻本　圖版五八七

四冊　版框高一九.五釐米　寬一一.八釐米　九行十九字白口四周單邊　有刻工　（館藏號：S645）　（定級：二級乙等）

金石例四種十七卷　清李瑤編　清道光十二年李瑤泥活字印本　圖版五八八　五八九　五九〇

十冊　版框高二一釐米　寬一四.三釐米　九行二十字黑口左右雙邊　封面鐫仿宋膠泥版印法七寶轉輪藏定本　鈐叔弢朱文方印　金石刻畫臣所能為白文方印　（館藏號：Z89）　（定級：二級丙等）

聊齋志異十六卷　清蒲松齡撰　清王士禛評　清乾隆三十一年趙起杲青柯亭刻本　圖版五九一　五九二

三十二冊　版框高一三.四釐米　寬九.三釐米　九行二十一字黑口左右雙邊　封面鐫青柯亭開雕　（館藏號：Z8）　（定級：二級丙等）

三國志通俗演義二十四卷　明羅本撰　明嘉靖元年刻本　圖版五九三

四冊　版框高二四.一釐米　寬一六.三釐米　九行十七字黑口四周雙邊　存二卷　五　六　鈐七品官印白文方印　十年磨一劍朱文方印　（館藏號：S1364）（定級：二級丙等）

唐宋名賢百家詞一百三十二卷　明吴訥編　明鈔本　清梁啟超題識　圖版五九四　五九五　五九六

四十冊　版框高二一.一釐米　寬一六.一釐米　十二行二十字紅格白口四周單邊　（館藏號：Z95）（定級：二級丙等）

唐宋八家詞八種十卷　清華綱輯　清知足知不足館鈔本　圖版五九七

四冊　版框高一九.二釐米　寬一四.四釐米　十行二十字白口四周雙邊　下書口鐫知足知不足館鈔本（館藏號：S2962）（定級：二級丙等）

宋名家詞六十一種九十卷　明毛晉輯　明毛氏汲古閣刻本　圖版五九八　五九九　六〇〇

二十六冊　版框高一八.六釐米　寬一四.三釐米　八行十八字白口左右雙邊　下書口鐫汲古閣　（館藏號：S1659）（定級：二級丙等）

東山寓聲樂府二卷　宋賀鑄撰　清朱和羲校　清鈔本　清潘鐘瑞校　圖版六〇一

一冊　無版框　十二行二十三字　（館藏號：S3063）（定級：二級丙等）

石湖詞一卷補遺一卷　宋范成大撰　和石湖詞一卷　宋陳三聘撰　清味菜廬活字印本　圖版六〇二

一冊　版框高一九.二釐米　寬一三.三釐米　九行十七字黑口四周雙邊　封裏鐫味菜廬集印本牌記

鈐周氏叔弢朱文方印　（館藏號：S2366）（定級：二級丙等）

竹齋詩餘一卷　宋黃機撰　清鈔本　圖版六〇三

一冊　版框高一九.一釐米　寬一四.五釐米　十三行二十字白口蘭格四周雙邊　鈐八千卷樓珍藏善本朱文長方印　（館藏號：S3061）（定級：二級丙等）

山中白雲詞八卷樂府指迷一卷附錄一卷　宋張炎撰　清康熙六十一年曹炳曾城書室刻本　圖版六〇四　六〇五

四冊　版框高一六.六釐米　寬一二.七釐米　九行十九字白口左右雙邊　下書口鐫城書室　（館藏號：S4828）（定級：二級丙等）

遺山先生新樂府五卷　金元好問撰　清鈔本　圖版六〇六

四冊　版框高二一.二釐米　寬一四釐米　八行二十一字白口左右雙邊　（館藏號：S3062）（定級：二級丙等）

花間集四卷　後蜀趙崇祚輯　明湯顯祖評　明萬曆刻套印本　謝善詒題款　圖版六〇七

四冊　版框高一九.八釐米　寬一四.五釐米　八行十八字白口四周單邊　鈐艮盧收藏朱文長方印　武林錢氏白文方印　桐亭盧白文方印　（館藏號：Z32）（定級：二級丙等）

類編草堂詩餘四卷　明顧從敬編次　明嘉靖二十九年顧從敬刻本　圖版六〇八

四冊　版框高一七.五釐米　寬一二.六釐米　八行十六字小字雙行字同白口四周單邊　有刻工　（館

藏號：S806）（定級：二級乙等）

草堂詩餘五卷　明楊慎批點　明閔映璧刻套印本　圖版六〇九

五冊　版框高二〇.三釐米　寬一四.六釐米　八行十八字白口四周單邊　鈐津門王鳳岡鳳篁館收藏印朱文方印　（館藏號：S1897）（定級：二級丙等）

詞綜三十卷　清朱彝尊輯　汪森增輯　清康熙十七年休陽汪氏裘抒樓刻本　圖版六一〇　六一一

八冊　版框高一八.九釐米　寬一四.七釐米　十行二十一字小字雙行字同黑口左右雙邊　封面鐫裘抒樓藏板　（館藏號：S5805）（定級：二級丙等）

元曲選十集一百種一百卷　明臧懋循輯　**論曲一卷**　明陶宗儀等撰　明萬曆四十四年刻本　圖版六一二

九十六冊　版框高二〇.六釐米　寬一三釐米　有圖　九行二十字小字單行十九字白口左右雙邊　（館藏號：S1319）（定級：二級丙等）

雅趣藏書一卷　清錢書撰　清康熙刻套印本　圖版六一三

二冊　版框高二〇.八釐米　寬一二.四釐米　有圖　九行二十五字白口四周單邊　（館藏號：S1747）（定級：二級丙等）

六十種曲十二集一百二十卷　明毛晉輯　明毛氏汲古閣刻本　圖版六一四　六一五

六十四冊　版框高二〇釐米　寬一二.四釐米　九行十九字白口間下黑口左右雙邊　（館藏號：S1317）（定級：二級丙等）

芥子園繪像第七才子書六卷　元高明撰　清雍正十三年芥子園刻巾箱本　圖版六一六　六一七

十冊　版框高九.八釐米　寬六.五釐米　八行十六字白口四周雙邊　封面鐫芥子園較刊　卷一末鐫雍正乙卯春日七旬灌叟程自萃氏較刊於吳門之課花書屋蘇州閶門外上津橋下塘西廟前藏板　（館藏號：S7690）（定級：二級丙等）

百川學海一百種一百七十九卷　宋左圭編　明弘治十四年無錫華氏刻本　圖版六一八

一冊　版框高一九.八釐米　寬一四.七釐米　十二行二十字白口左右雙邊　存十八種二十八卷　（館藏號：S57）（定級：二級乙等）

說郛一百二十卷　明陶宗儀編　明陶珽重校　清順治三年李際期宛委山堂刻本　圖版六一九

一百二十冊　版框高一九.四釐米　寬一四.七釐米　九行二十字白口左右雙邊　鈐菊陰書屋朱文方印　（館藏號：S8022）（定級：二級丙等）

小十三經□□種十六卷　明顧玄緯　顧起經編　明嘉靖四十一年幽石清漣山院刻本　圖版六二〇

一冊　版框高一七釐米　寬一三釐米　十行十八字小字雙行字同白口左右雙邊　九經集敘末鐫嘉靖壬戌日南至重梨於幽石清漣山院　上書口鐫祇洹館　存四種五卷　（館藏號：S320）（定級：二級丙等）

陽山顧氏文房小說四十種五十八卷　明顧元慶編　明正德　嘉靖間顧氏夷白齋刻本　圖版六二一

二冊　版框高一七.九釐米　寬一二.九釐米　十行十八字白口左右雙邊　上書耳鐫陽山顧氏文房　各卷尾間鐫夷白齋舊本重雕　鈐天祿琳琅朱文方印　延陵後裔白文方印　乾隆御覽之寶朱文方印　天竟先生獨志堂物朱文方印　檣盧珍秘白文方印　存四種四卷　（館藏號：S1560）（定級：二級丙等）

金聲玉振集四十六種五十六卷　明袁褧編　明嘉靖吳郡袁氏嘉趣堂刻本　圖版六二二

七冊　版框高一七.五釐米　寬一二.九釐米　十行十八字白口左右雙邊　六詔紀聞後卷書尾鐫嘉靖庚戌菊月望日重刊於嘉趣堂　有刻工　存九種十卷　（館藏號：S1551）（定級：二級丙等）

楝亭藏書十二種六十九卷　清曹寅編　清康熙四十五年揚州詩局刻本　圖版六二三　六二四

六冊　版框高一六.二釐米　寬一一.七釐米　十一行二十一字黑口左右雙邊　封面鐫揚州詩局重刊各卷末鐫楝亭藏本丙戌九月重刻於揚州使院　存八種二十四卷　（館藏號：S5015）（定級：二級丙等）

王氏家藏集五種六十五卷　明王廷相撰　明嘉靖刻清順治十二年楊時薦補刻本　圖版六二五　六二六

十八冊　版框高一七.八釐米　寬一三.三釐米　十行十八字白口四周單邊　鈐丁氏八千卷樓藏書記白文方印　（館藏號：S1132）（定級：二級丙等）

儼山外集二十三種四十卷　明陸深撰　明嘉靖二十四年刻本　圖版六二七

十六冊　版框高一八.六釐米　寬一二.九釐米　十行二十字白口左右雙邊　（館藏號：S1546）（定級：二級乙等）

吾學編十四種六十九卷　明鄭曉撰　明嘉靖刻鄭端簡公全集本　圖版六二八

八冊　版框高一八釐米　寬一三.三釐米　十行十九字白口左右雙邊　有刻工　存七種三十一卷　（館藏號：S1562）（定級：二級丙等）

三經評註五卷　明萬曆閔齊伋刻三色套印本

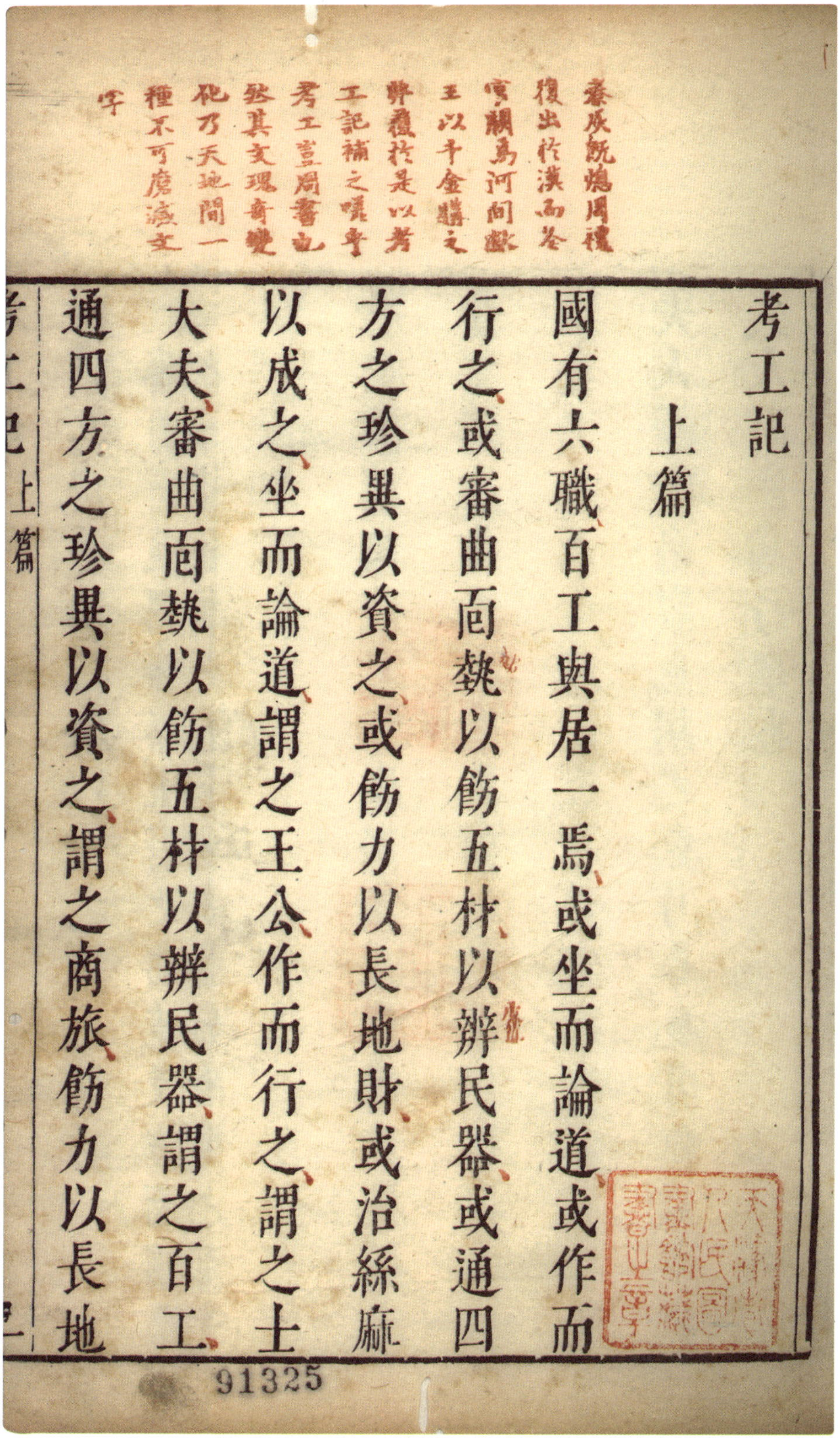
秦焚既燬周禮復出於漢而冬官闕焉河間獻王以千金購之弗獲於是以考工記補之嗟乎考工豈周書也然其文瑰奇變化乃天地間一種不可磨滅文字

考工記

上篇

國有六職百工與居一焉或坐而論道或作而行之或審曲面埶以飭五材以辨民器或通四方之珍異以資之或飭力以長地財或治絲麻以成之坐而論道謂之王公作而行之謂之士大夫審曲面埶以飭五材以辨民器謂之百工通四方之珍異以資之謂之商旅飭力以長地

考工記上篇　一

91325

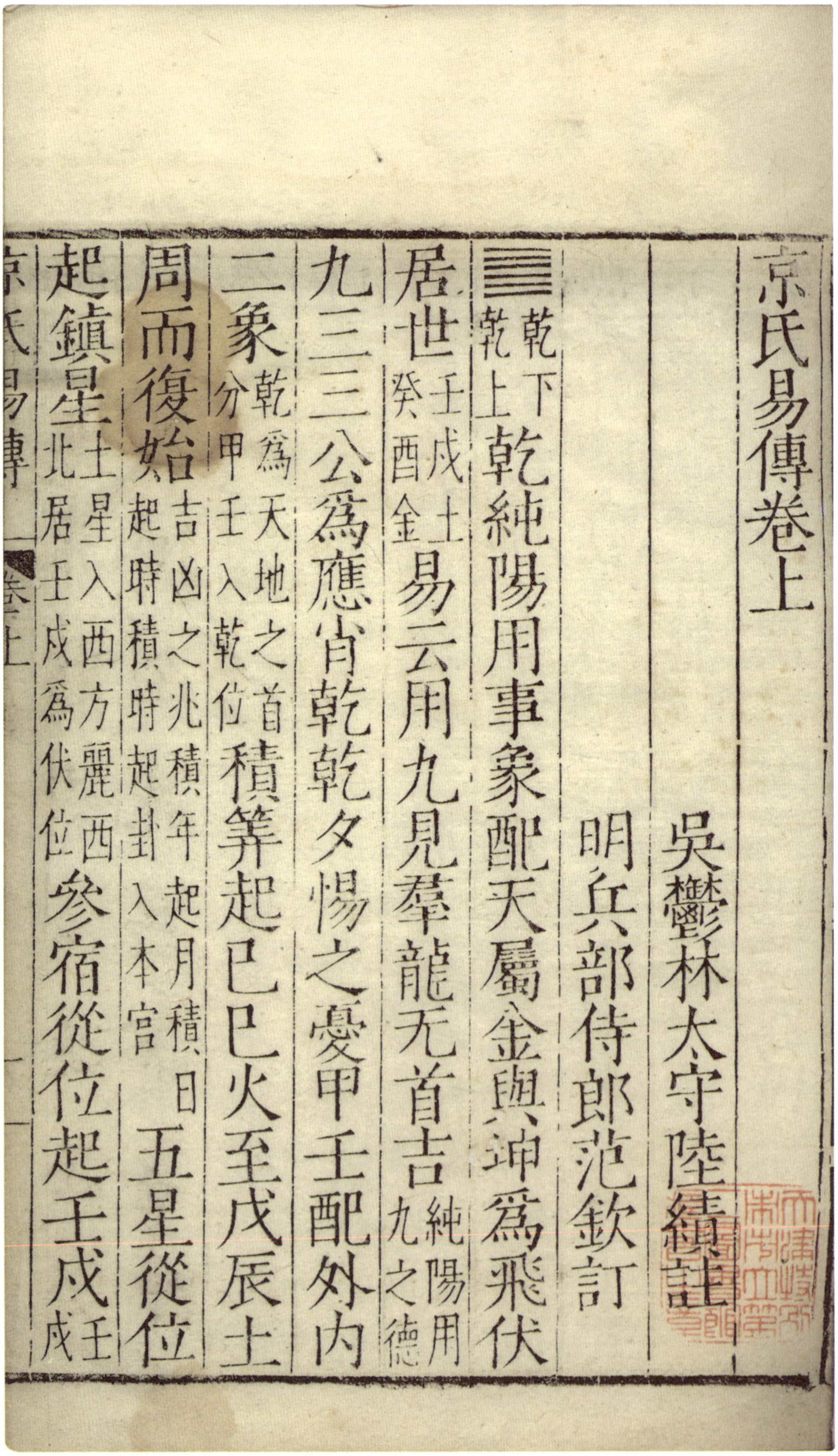
京氏易傳卷上

吳鬱林太守陸績註

明兵部侍郎范欽訂

☰乾下乾上乾純陽用事象配天屬金與坤爲飛伏居世壬戌土癸酉金易云用九見羣龍无首吉純陽用九之德九三三公爲應肖乾乾夕惕之憂甲壬配外内二象乾爲天地之首分甲壬入乾位積筭起巳巳火至戌辰土周而復始吉凶之兆積年起月積日起時積時起卦入本宫五星從位起鎮星土星入西方麗西北居壬戌爲伏位參宿從位起壬戌壬戌

京氏易傳 卷上 一

京氏易傳三卷 明嘉靖四明范氏天一閣刻范氏奇書本

定一級

易學四同八卷　明嘉靖四十年刻本

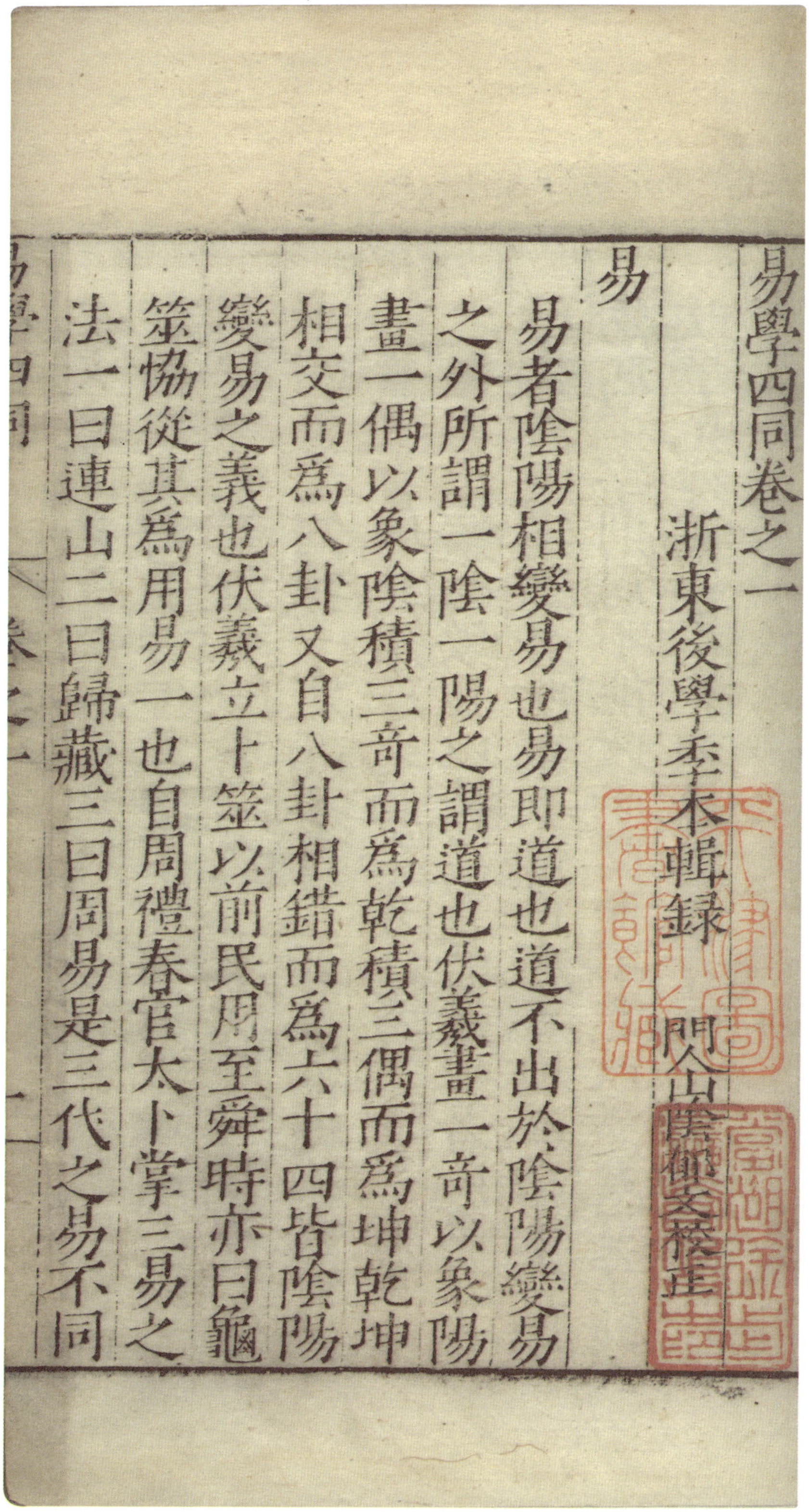
易學四同卷之一

浙東後學季本輯録　門人山陰徐文校正

易

易者陰陽相變易也易即道也道不出於陰陽變易之外所謂一陰一陽之謂道也伏羲畫一奇以象陽畫一偶以象陰積三奇而爲乾積三偶而爲坤乾坤相交而爲八卦又自八卦相錯而爲六十四皆陰陽變易之義也伏羲立卜筮以前民用至舜時亦曰龜筮協從其爲用易一也自周禮春官太卜掌三易之法一曰連山二曰歸藏三曰周易是三代之易不同

易學四同　卷之一　一

書經六卷　明天啟七年鄭氏奎壁堂刻兩節版套印本

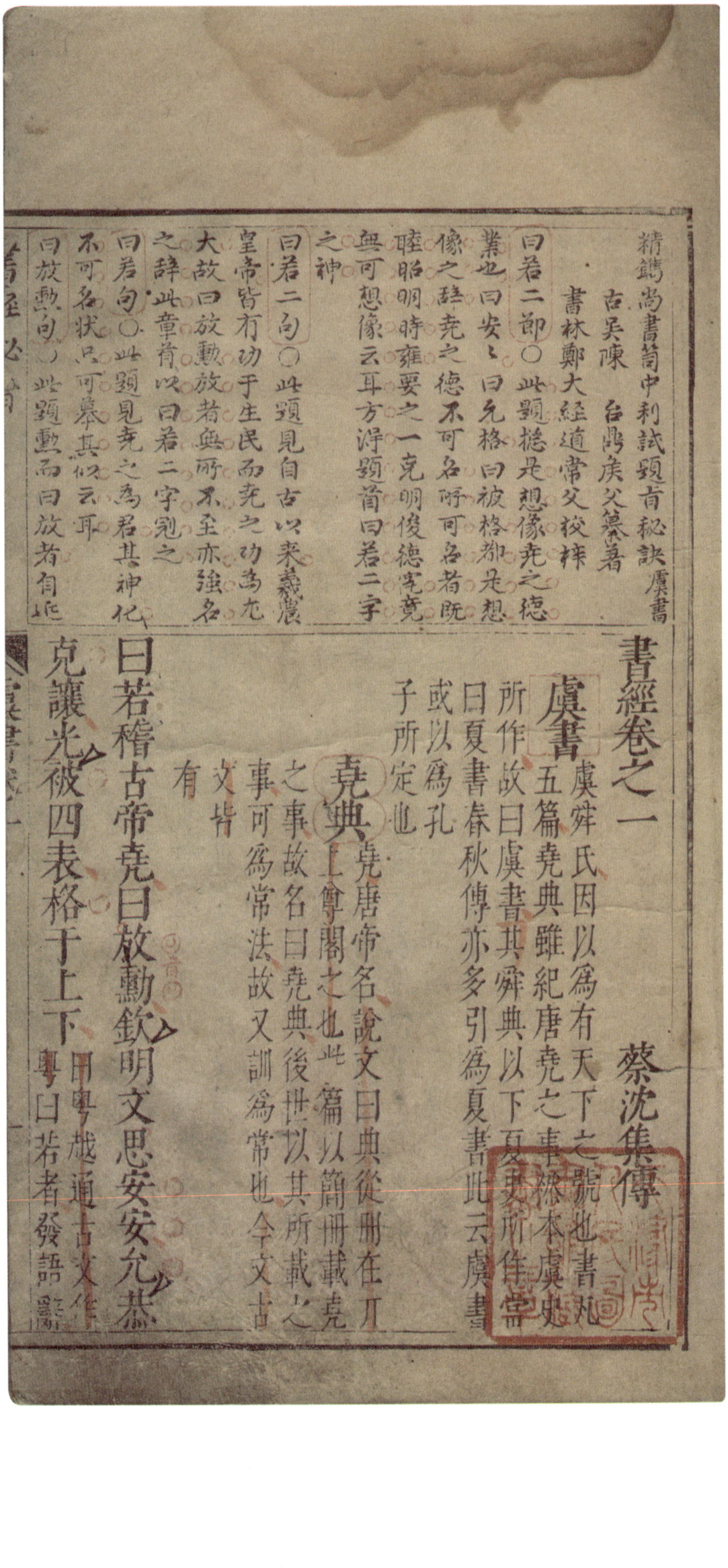
精鐫尚書簡中利試題旨秘訣虞書
古吳陳　台爵庚父纂著
書林鄭大經道常父校梓
曰若二節○此題總是想像堯之德業也曰安安曰允格曰被格都是想像之辭堯之德不可名所可名者既睦昭明時雍要之一克明俊德寔竟無可想像云耳方得題旨曰若二字之神
曰若二句○此題見自古以來羲農皇帝皆有功于生民而堯之功爲尤大故曰放勳放着無所不至亦強名之辭此章旨以曰若二字冠之
曰若句○此題見堯之爲君其神化不可名狀只可摹其似云耳
曰放勳句○此題勳而曰放者有炬

書經卷之一　蔡沈集傳
虞書　虞舜氏因以爲有天下之號也書凡五篇堯典雖紀唐堯之事然本虞史所作故曰虞書其舜典以下夏史所作當曰夏書春秋傳亦多引爲夏書此云虞書或以爲孔子所定也
堯典　堯唐帝名說文曰典從冊在丌上尊閣之也此篇以簡冊載堯之事故名曰堯典後世以其所載之事可爲常法故又訓爲常也今文古文皆有
曰若稽古帝堯曰放勳欽明文思安安允恭克讓光被四表格于上下
曰粵越通古文作粵曰若者發語辭

詩經集傳八卷　明嘉靖吉澄刻本

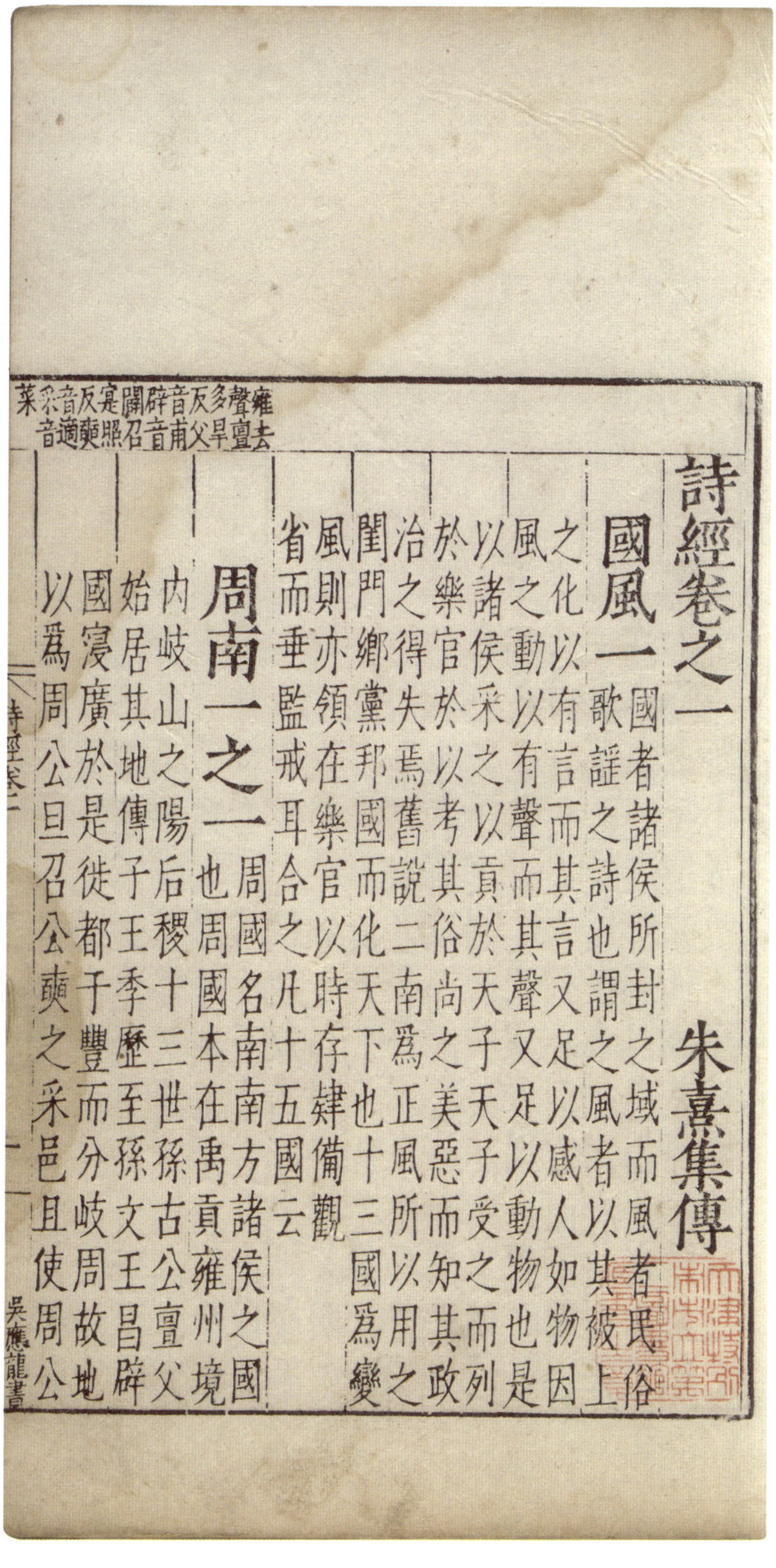
雍去聲亶多旱反父音甫辟音闢召寔照反奭音適采音菜

詩經卷之一　朱熹集傳

國風一 國者諸侯所封之域而風者民俗歌謡之詩也謂之風者以其被上之化以有言而其言又足以感人如物因風之動以有聲而其聲又足以動物也是以諸侯采之以貢於天子天子受之而列於樂官於以考其俗尚之美惡而知其政治之得失焉舊說二南爲正風所以用之閨門鄉黨邦國而化天下也十三國爲變風則亦領在樂官以時存肄備觀省而垂監戒耳合之凡十五國云

周南一之一 周國名南南方諸侯之國也周國本在禹貢雍州境内岐山之陽后稷十三世孫古公亶父始居其地傳子王季歷至孫文王昌辟國寖廣於是徙都于豐而分岐周故地以爲周公旦召公奭之采邑且使周公

詩經卷一　吳應龍書

詩經四卷　明淩氏刻套印本

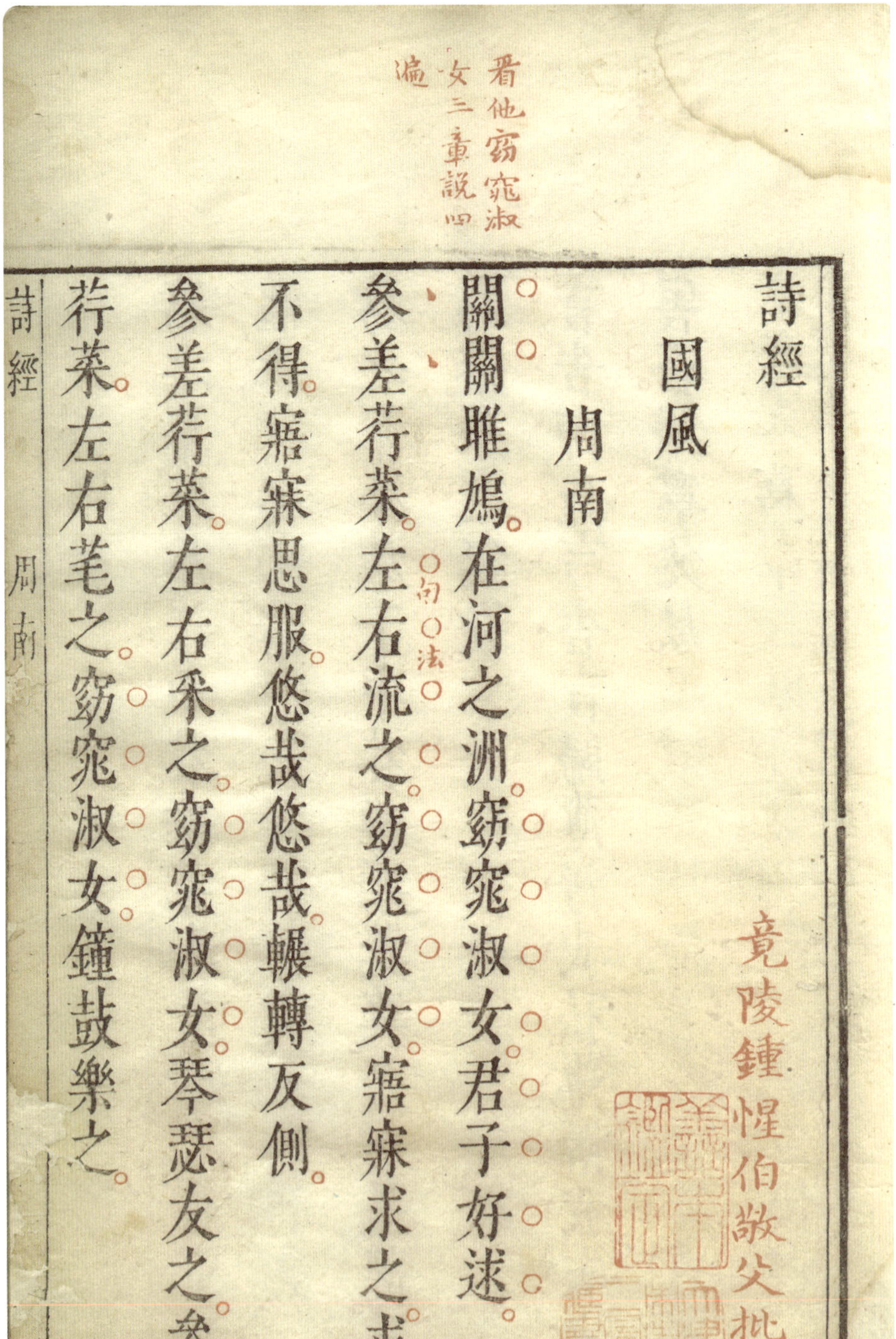

看他窈窕淑女三章說四遍

詩經

國風

周南

關關雎鳩在河之洲窈窕淑女君子好逑

參差荇菜左右流之窈窕淑女寤寐求之求之

句法

不得寤寐思服悠哉悠哉輾轉反側

參差荇菜左右采之窈窕淑女琴瑟友之參差

荇菜左右芼之窈窕淑女鐘鼓樂之

竟陵鍾惺伯敬父批點

詩經　周南　一

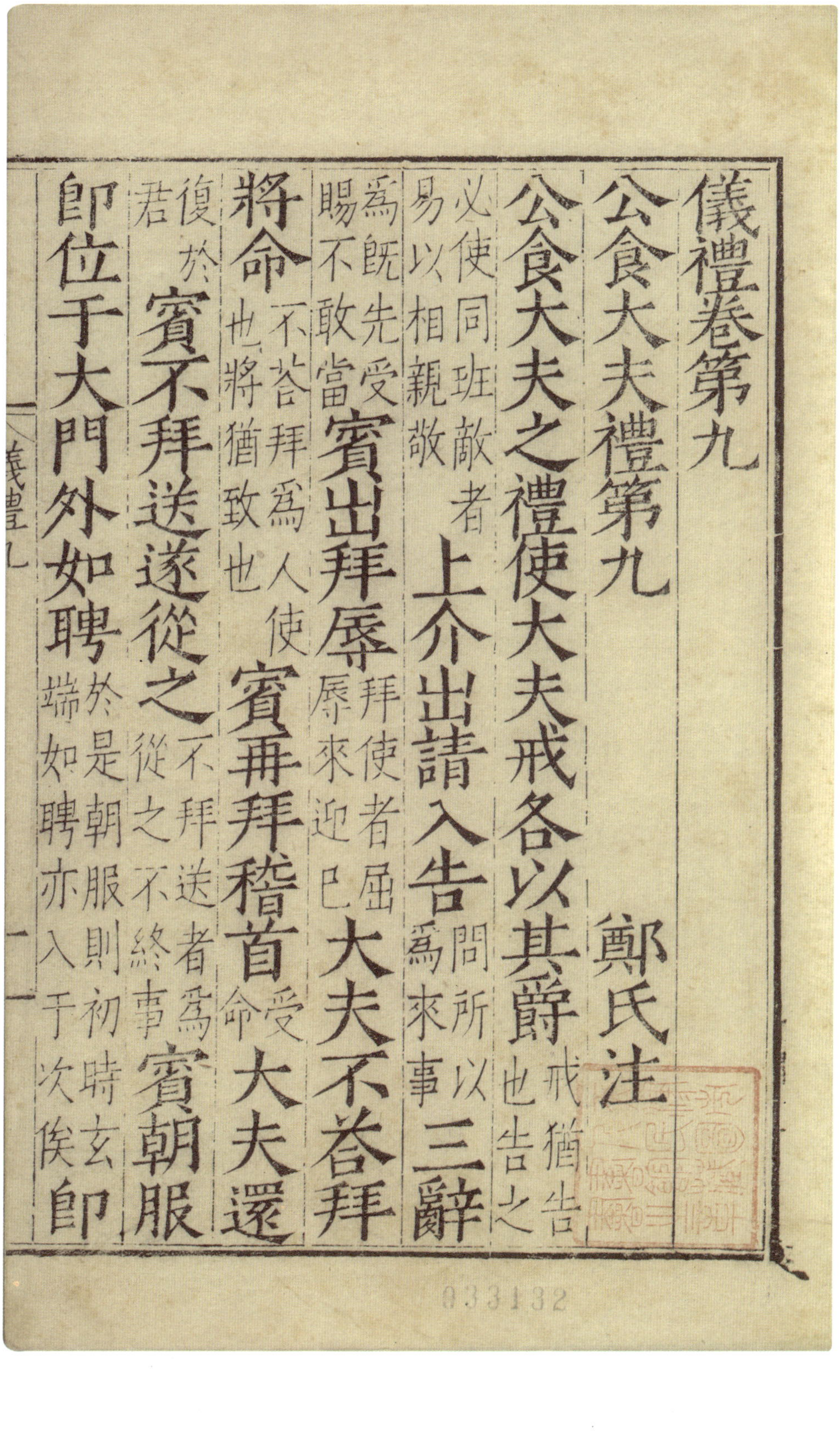
儀禮卷第九
公食大夫禮第九　鄭氏注
公食大夫之禮使大夫戒各以其爵戒猶告也告之
必使同班敵者易以相親敬上介出請入告問所以為來事三辭
為既先受賜不敢當賓出拜辱拜使者屈辱來迎己大夫不荅拜
將命不荅拜為人使也將猶致也賓再拜稽首受命大夫還
復於君賓不拜送遂從之不拜送者為從之不終事賓朝服
即位于大門外如聘於是朝服則初時玄端如聘亦入于次俟卽

儀禮九　一

儀禮十七卷
明嘉靖徐氏刻三禮本

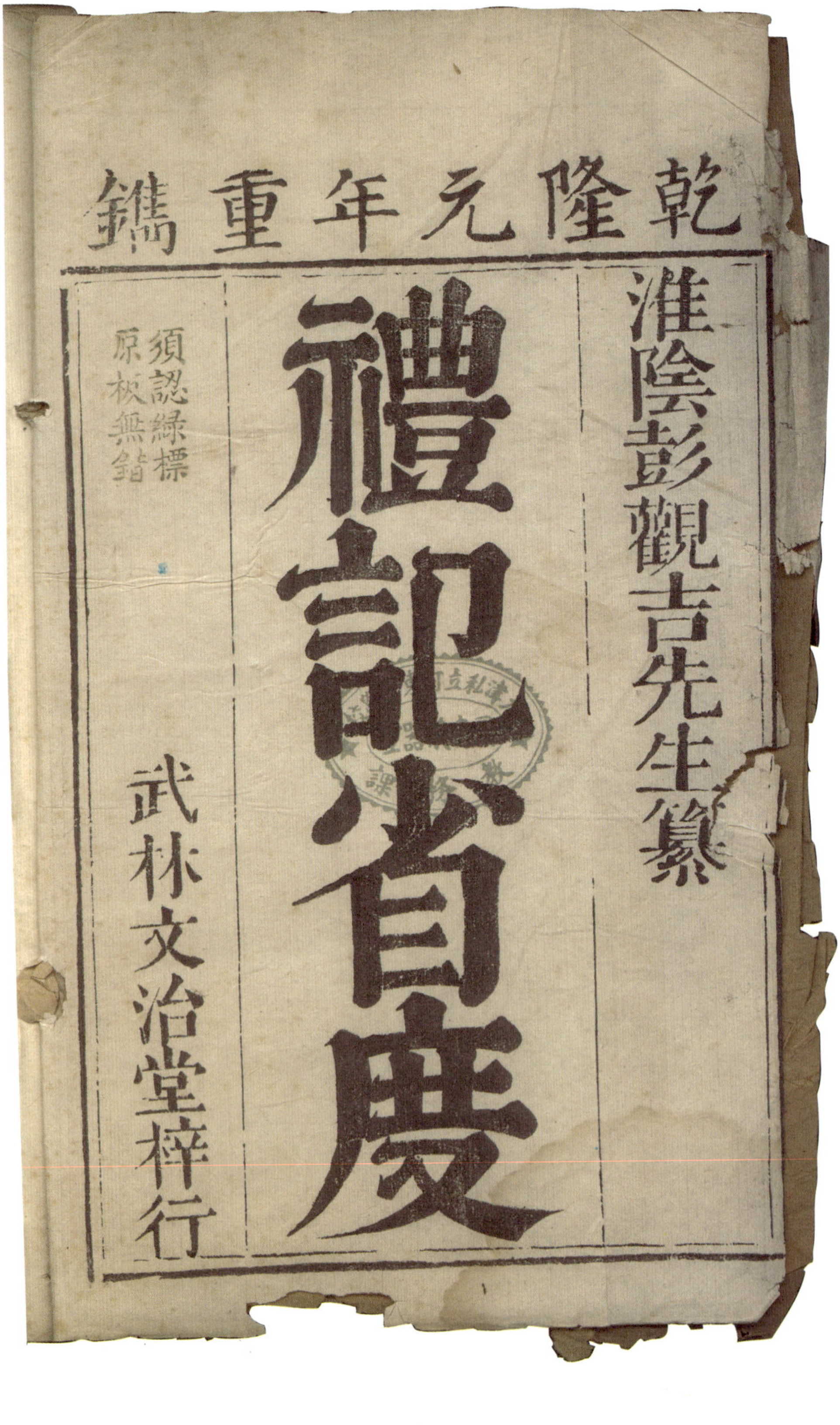

乾隆元年重鐫

淮陰彭覲吉先生纂

禮記省度

武林文治堂梓行

須認緑標原板無錯

禮記省度四卷　清乾隆元年武林文治堂刻兩節版套印本

禮記省度四卷 清乾隆元年武林文治堂刻兩節版套印本

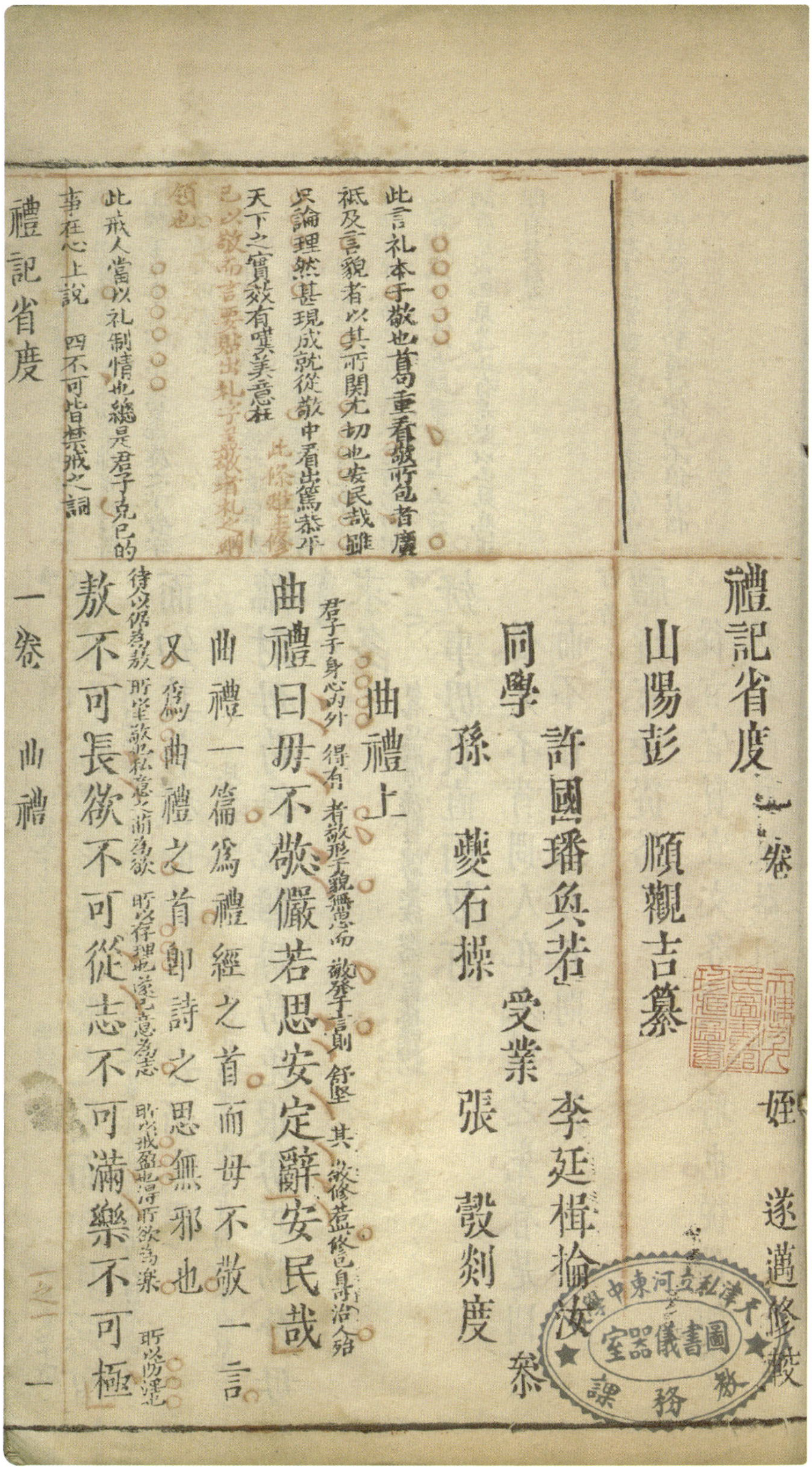
禮記省度一卷 姪 遂邁修 較

山陽彭 頎觀吉纂

同學 許國璠與若 李廷楫掄汝 參

孫 夔石操 受業 張 穀剡度

曲禮上

曲禮曰毋不敬儼若思安定辭安民哉

曲禮一篇爲禮經之首而毋不敬一言又爲曲禮之首卽詩之思無邪也

敖不可長欲不可從志不可滿樂不可極

此言礼本于敬也爲重看敬所包者廣祇及言貌者以其所関尤切也安民哉雖只論理然甚現成就從敬中看出篤恭平天下之實效有嘆美意在

此條雖泛論修己以敬而言要歸出礼字蓋敬者礼之綱領也

此戒人當以礼制情也總是君子克己的事在心上說 四不可皆禁戒之詞

禮記省度 一卷 曲禮 一

二禮經傳測六十八卷　明嘉靖刻本

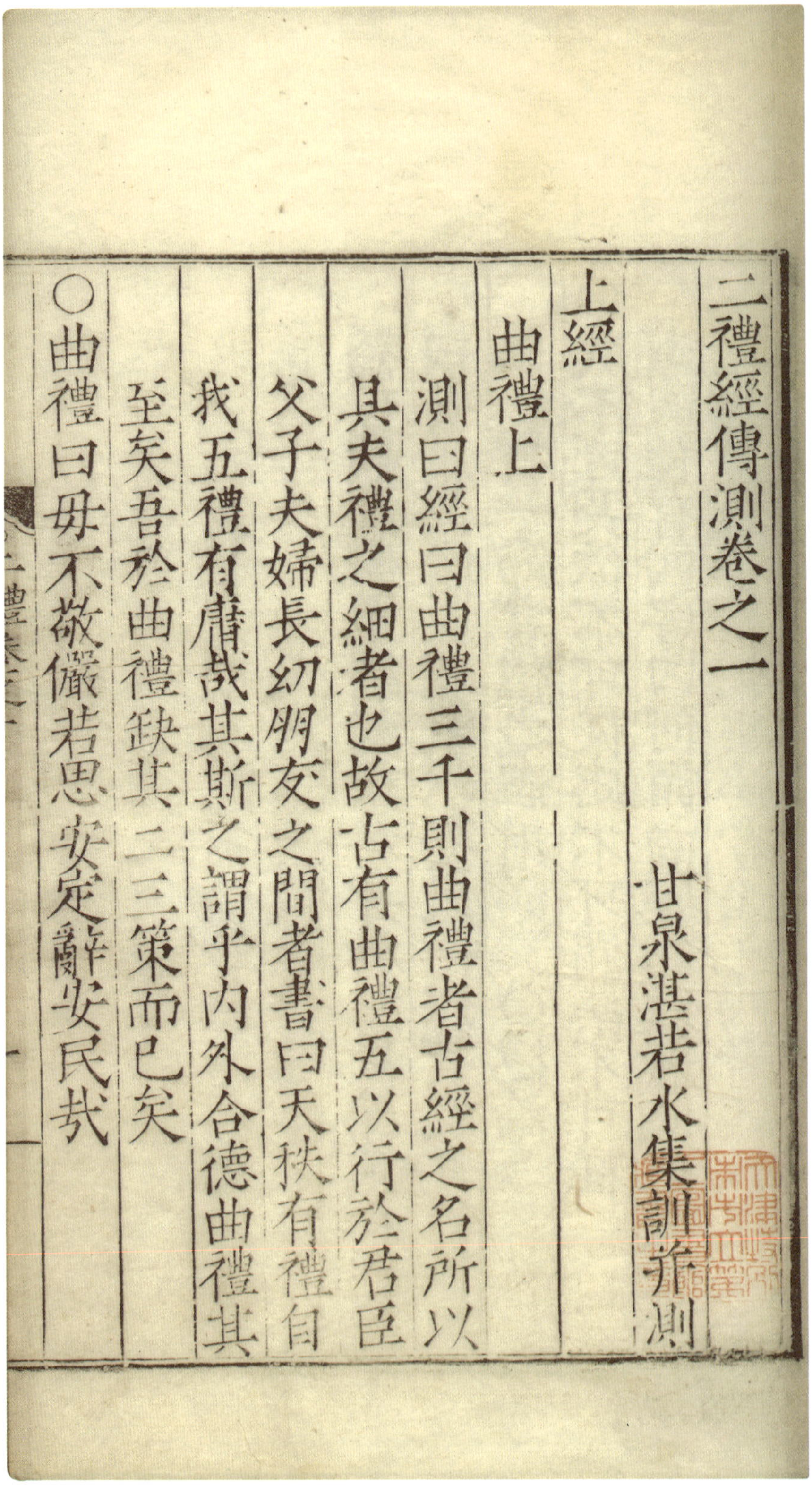
二禮經傳測卷之一
甘泉湛若水集訓并測
上經
曲禮上
測曰經曰曲禮三千則曲禮者古經之名所以
具夫禮之細者也故古有曲禮五以行於君臣
父子夫婦長幼朋友之間者書曰天秩有禮自
我五禮有庸哉其斯之謂乎內外合德曲禮其
至矣吾於曲禮鈌其二三策而已矣
○曲禮曰毋不敬儼若思安定辭安民哉

定一級

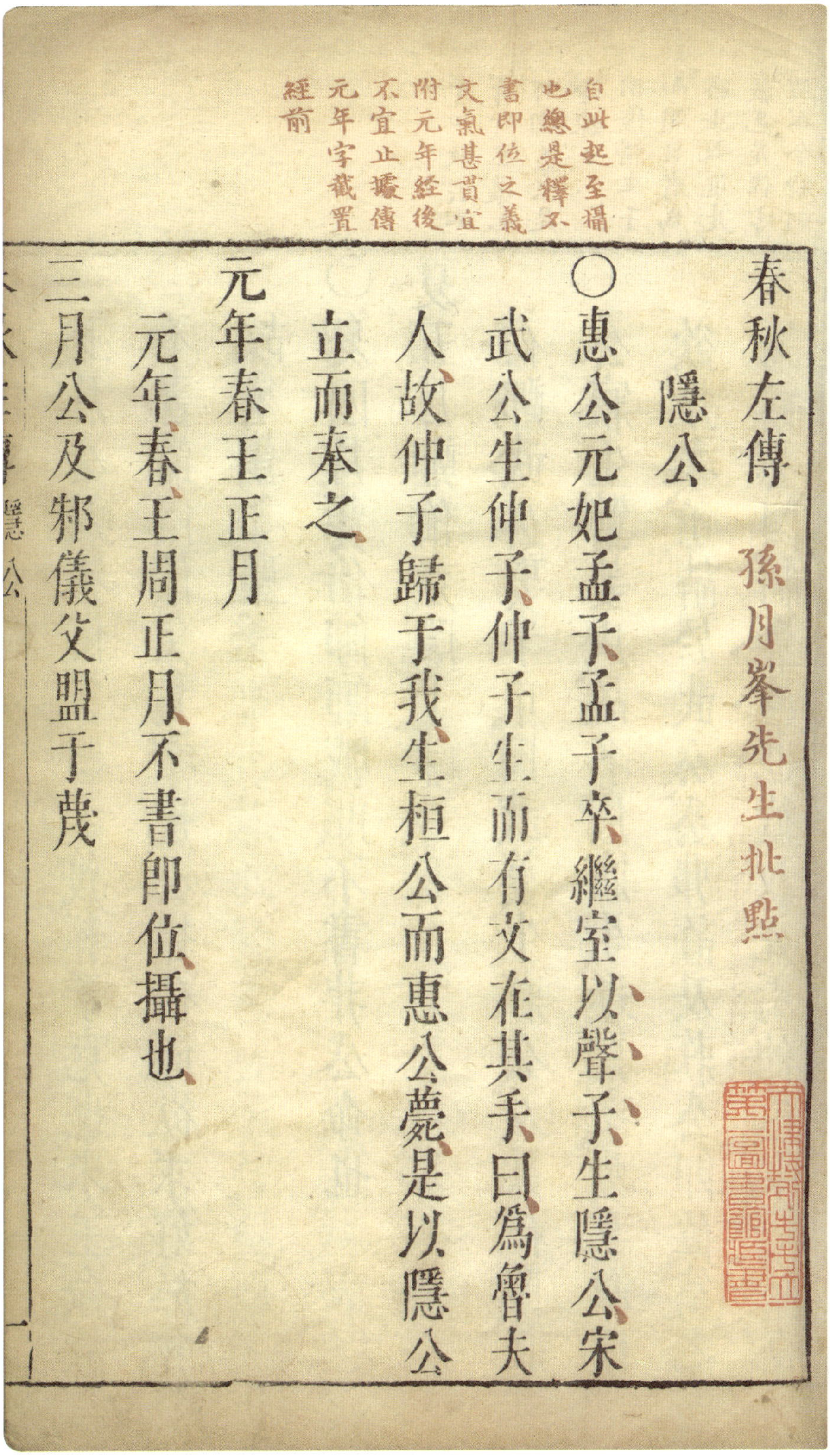
自此起至攝也總是釋不書即位之義文氣甚貫宜附元年經後不宜止據傳元年字截置經前

春秋左傳　孫月峯先生批點

隱公

○惠公元妃孟子孟子卒繼室以聲子生隱公宋武公生仲子仲子生而有文在其手曰爲魯夫人故仲子歸于我生桓公而惠公薨是以隱公立而奉之

元年春王正月

元年春王周正月不書即位攝也

三月公及邾儀父盟于蔑

春秋左傳　隱公　一

春秋左傳十五卷

明萬曆四十四年閔齊伋刻套印本

春秋左傳十七卷　清雍正十三年果親王刻三色套印本

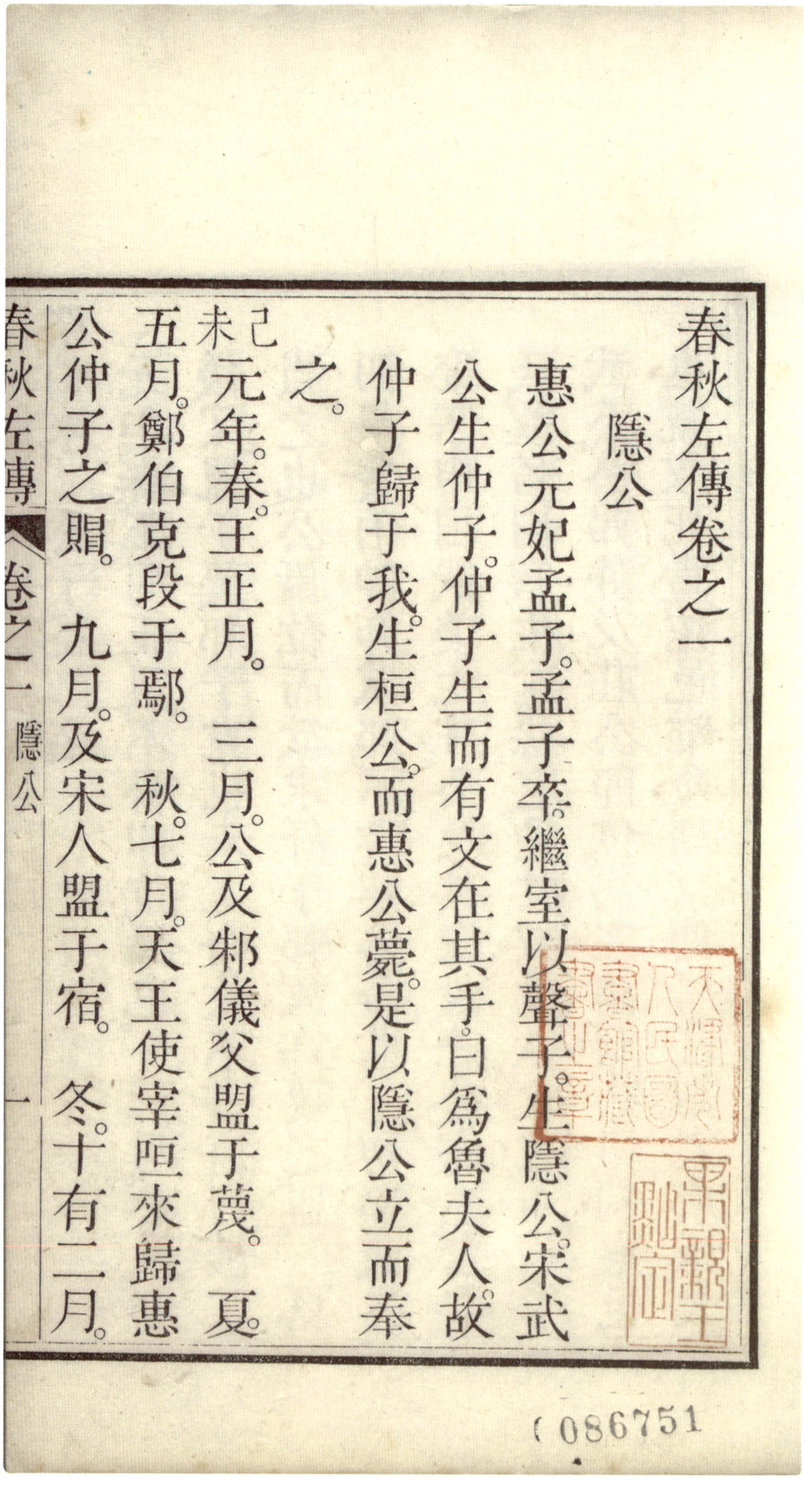
春秋左傳卷之一

隱公

惠公元妃孟子。孟子卒。繼室以聲子。生隱公。宋武公生仲子。仲子生而有文在其手。曰爲魯夫人。故仲子歸于我。生桓公而惠公薨。是以隱公立而奉之。

己未 元年。春。王正月。　三月。公及邾儀父盟于蔑。　夏五月。鄭伯克段于鄢。　秋。七月。天王使宰咺來歸惠公仲子之賵。　九月。及宋人盟于宿。　冬。十有二月。

春秋胡氏傳纂疏三十卷　元至正八年建安劉叔簡日新堂刻本

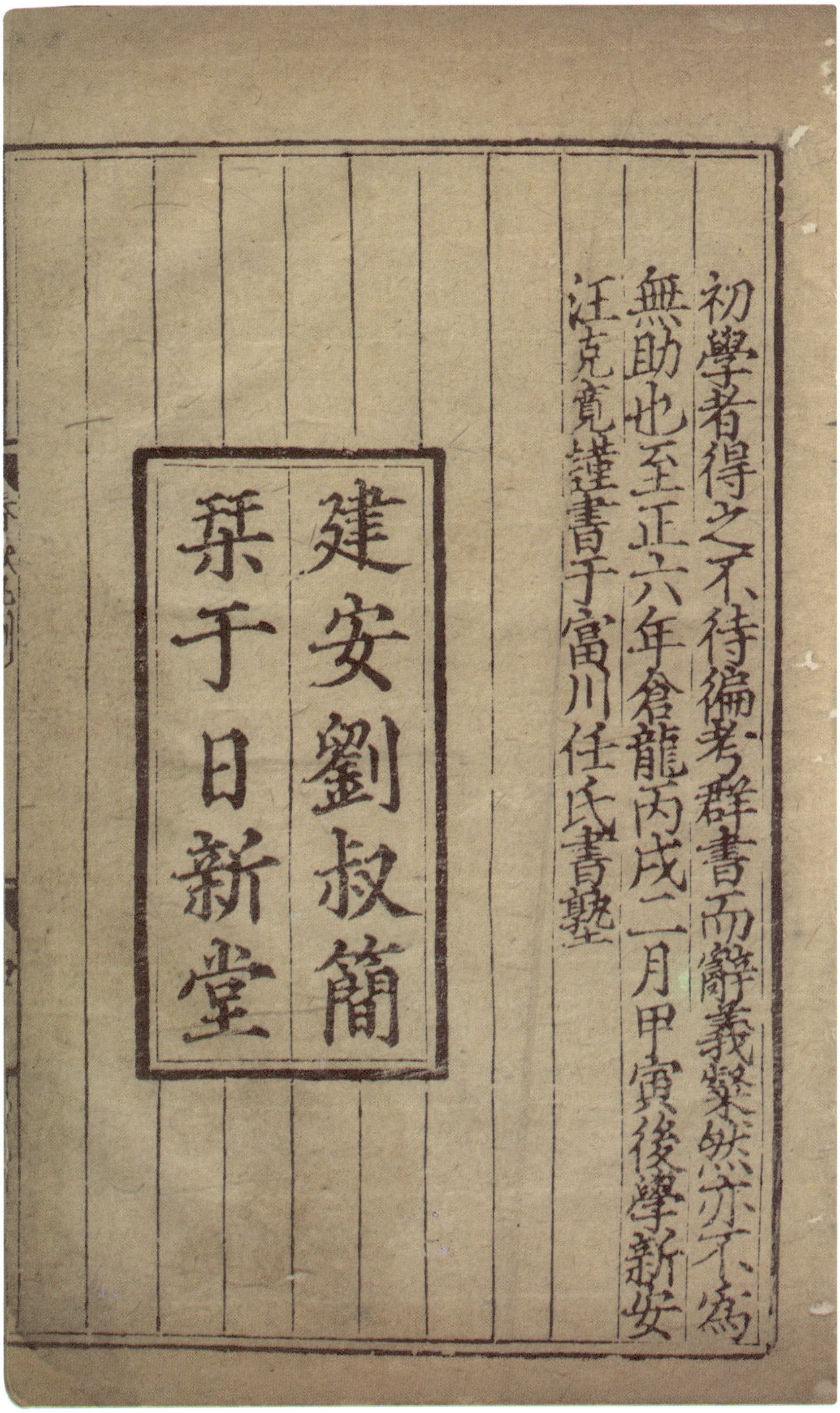
初學者得之不待徧考群書而辭義粲然亦不爲
無助也至正六年倉龍丙戌二月甲寅後學新安
汪克寛謹書于富川任氏書塾

建安劉叔簡
梓于日新堂

春秋胡氏傳纂疏三十卷 元至正八年建安劉叔簡日新堂刻本

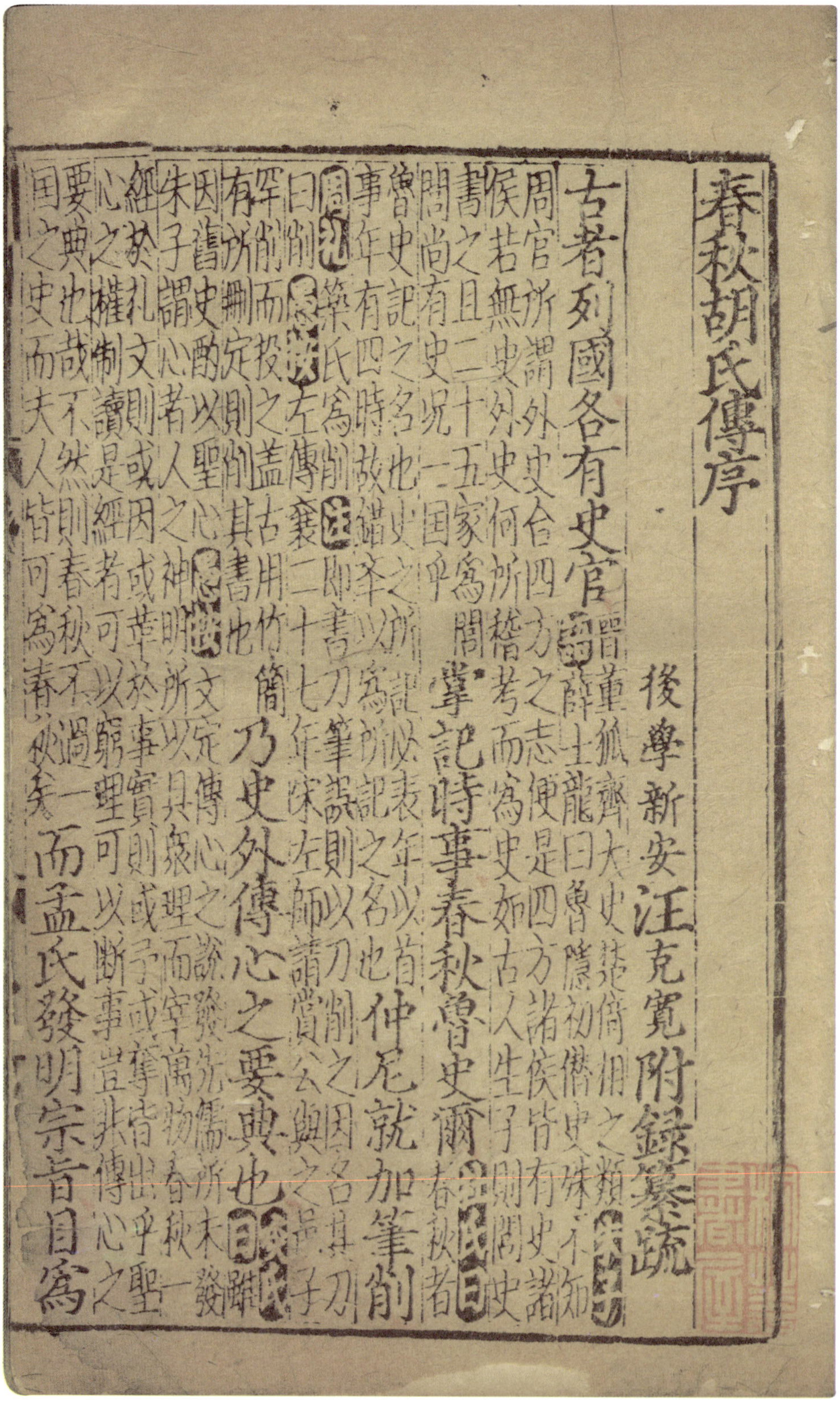

春秋胡氏傳序
後學新安汪克寬附録纂疏
古者列國各有史官晉董狐齊大史楚倚相之類[疏]薛士龍曰魯隱初僭史殊不知[朱子曰]
周官所謂外史合四方之志便是四方諸侯皆有史諸
侯若無史外史何所稽考而寫史如古人生子則閭史
書之且二十五家爲閭閭尚有史況一国乎掌記時事春秋魯史爾[汪氏曰]春秋者
魯史記之名也史之所記必表年以首事年有四時故錯舉以爲所記之名也仲尼就加筆削
[周禮]築氏爲削[注]即書刀筆誤則以刀削之因名其刀曰削[疏]左傳襄二十七年宋左師請賞公與之邑子
罕削而投之蓋古用竹簡有所删定則削其書也乃史外傳心之要典也[汪氏曰]
因舊史酌以聖心[汪氏曰]文定傳心之說發先儒所未發朱子謂心者人之神明所以具衆理而宰萬物春秋一發
經於禮文則或因或革於事實則或予或奪旨出乎聖心之權制讀是經者可以窮理可以斷事豈非傳心之
要典也哉不然則春秋不過一国之史而夫人皆可爲春秋矣而孟氏發明宗旨目爲

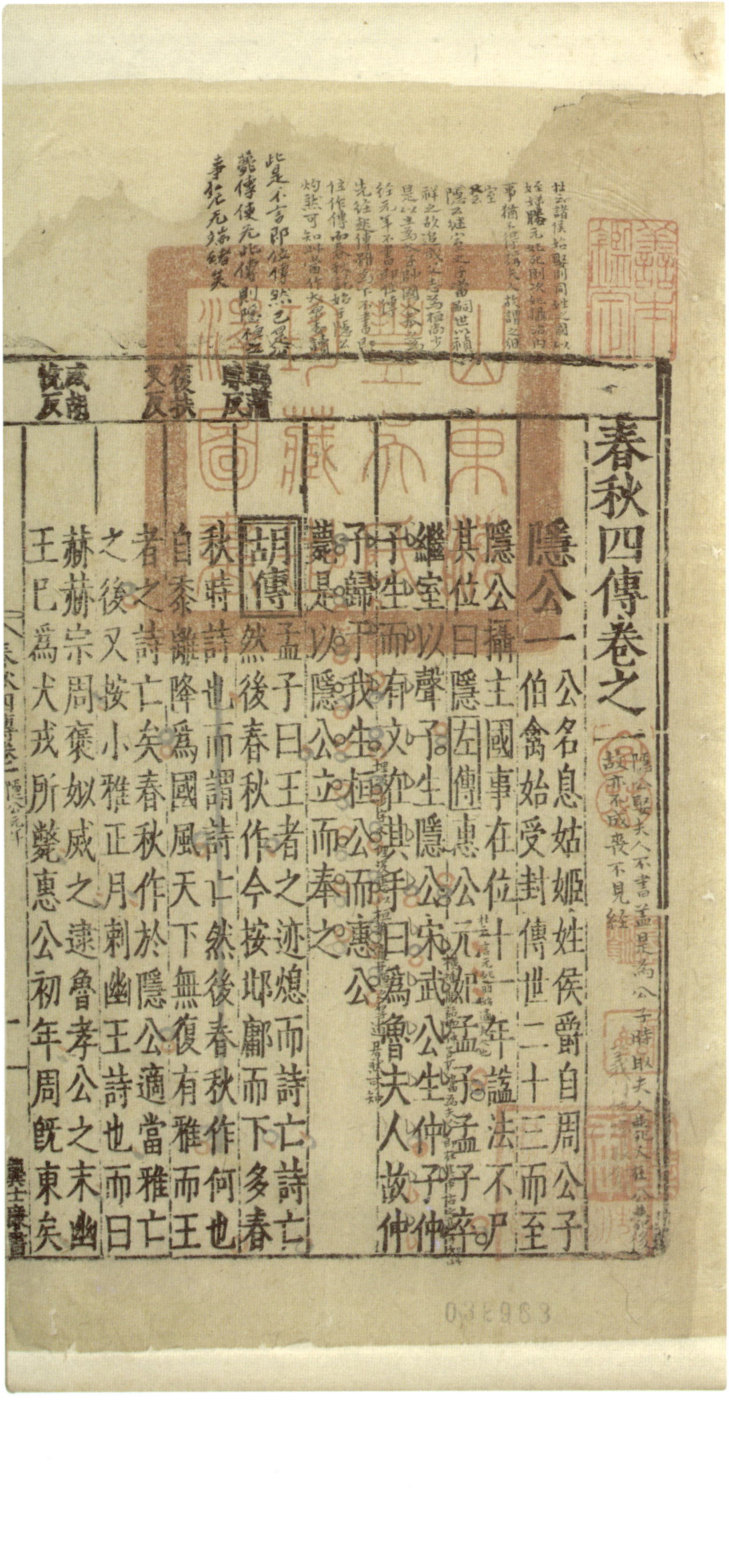
春秋四傳卷之一
隱公一 公名息姑姬姓侯爵自周公子伯禽始受封傳世二十三而至
隱公攝主國事在位十一年謚法不尸
其位曰隱 左傳 惠公元妃孟子孟子卒
繼室以聲子生隱公宋武公生仲子仲
子生而有文在其手曰為魯夫人故仲
子歸于我生桓公而惠公
薨是以隱公立而奉之
胡傳 孟子曰王者之迹熄而詩亡詩亡
然後春秋作今按邶鄘而下多春
秋時詩也而謂詩亡然後春秋作何也
自黍離降為國風天下無復有雅而王
者之詩亡矣春秋作於隱公適當雅亡
之後又按小雅正月刺幽王詩也而曰
赫赫宗周褒姒烕之逺魯孝公之末幽
王已為犬戎所斃惠公初年周既東矣

春秋四傳三十八卷

明嘉靖吉澄刻樊獻科重修本

春秋私考三十六卷　明嘉靖刻本

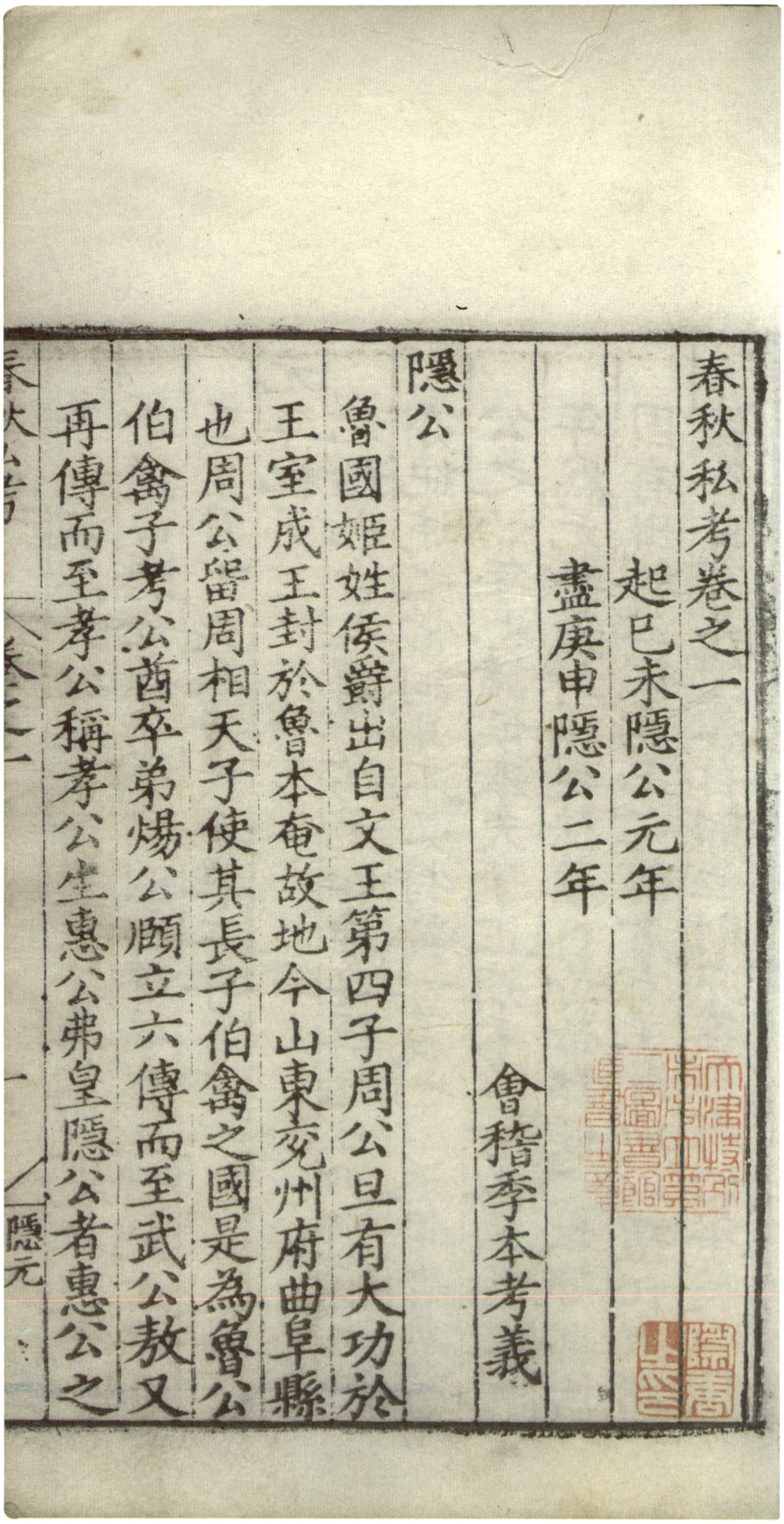

春秋私考卷之一

起己未隱公元年

盡庚申隱公二年

會稽季本考義

隱公

魯國姬姓侯爵出自文王第四子周公旦有大功於王室成王封於魯本奄故地今山東兗州府曲阜縣也周公留周相天子使其長子伯禽之國是為魯公伯禽子考公酋卒弟煬公熙立六傳而至武公敖又再傳而至孝公稱孝公生惠公弗皇隱公者惠公之

春秋私考　卷之一　一　隱元

論語集註大全二十卷　明天順二年黄氏仁和堂刻四書集注大全本

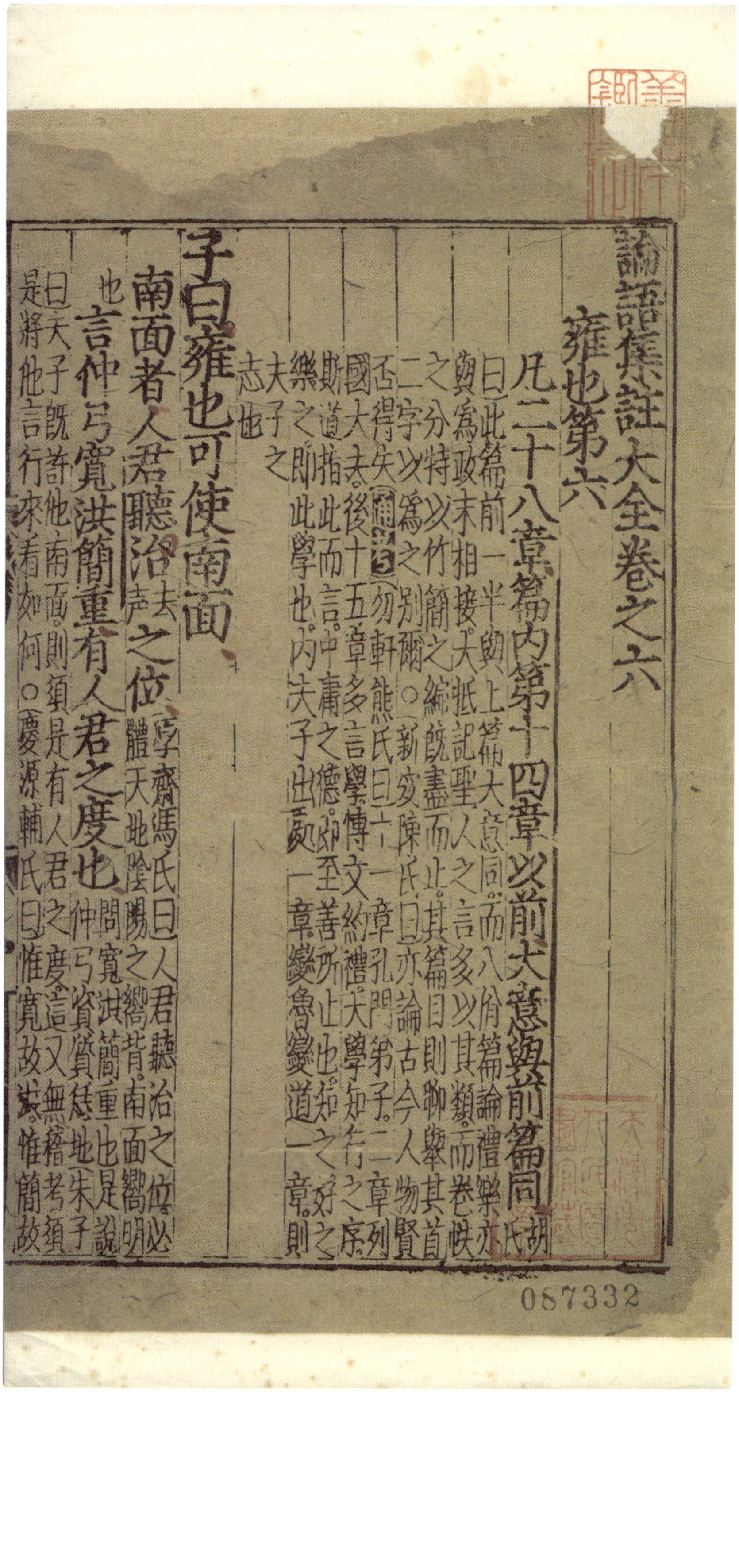

論語集註大全卷之六

雍也第六

凡二十八章。篇內第十四章以前，大意與前篇同。（胡氏曰此篇前一半與上篇大意同而八佾篇論禮樂亦與為政末相接大抵記聖人之言多以其類而卷帙之分特以竹簡之編既盡而止其篇目則舉其首二字以為之別爾○新安陳氏曰亦論古今人物賢否得失[illegible]（勿軒熊氏曰十一章孔門弟子二十一章列國大夫後十五章多言學博文約禮大學知行之序斯道指此而言中庸之德至善所止也知之好之樂之即此學也內夫子出處一章變魯變道一章則夫子之志也）

子曰：雍也可使南面。

南面者，人君聽治（去聲）之位。（厚齋馮氏曰人君聽治之位必體天地陰陽之嚮背南面嚮明也）言仲弓寬洪簡重，有人君之度也。（問寬洪簡重也是說仲弓資質恁地（朱子曰夫子既許他南面則須是有人君之度這又無稽考須是將他言行來看如何○（慶源輔氏曰惟寬故容惟簡故

087332

孟子十四卷　元刻四書集釋明修本

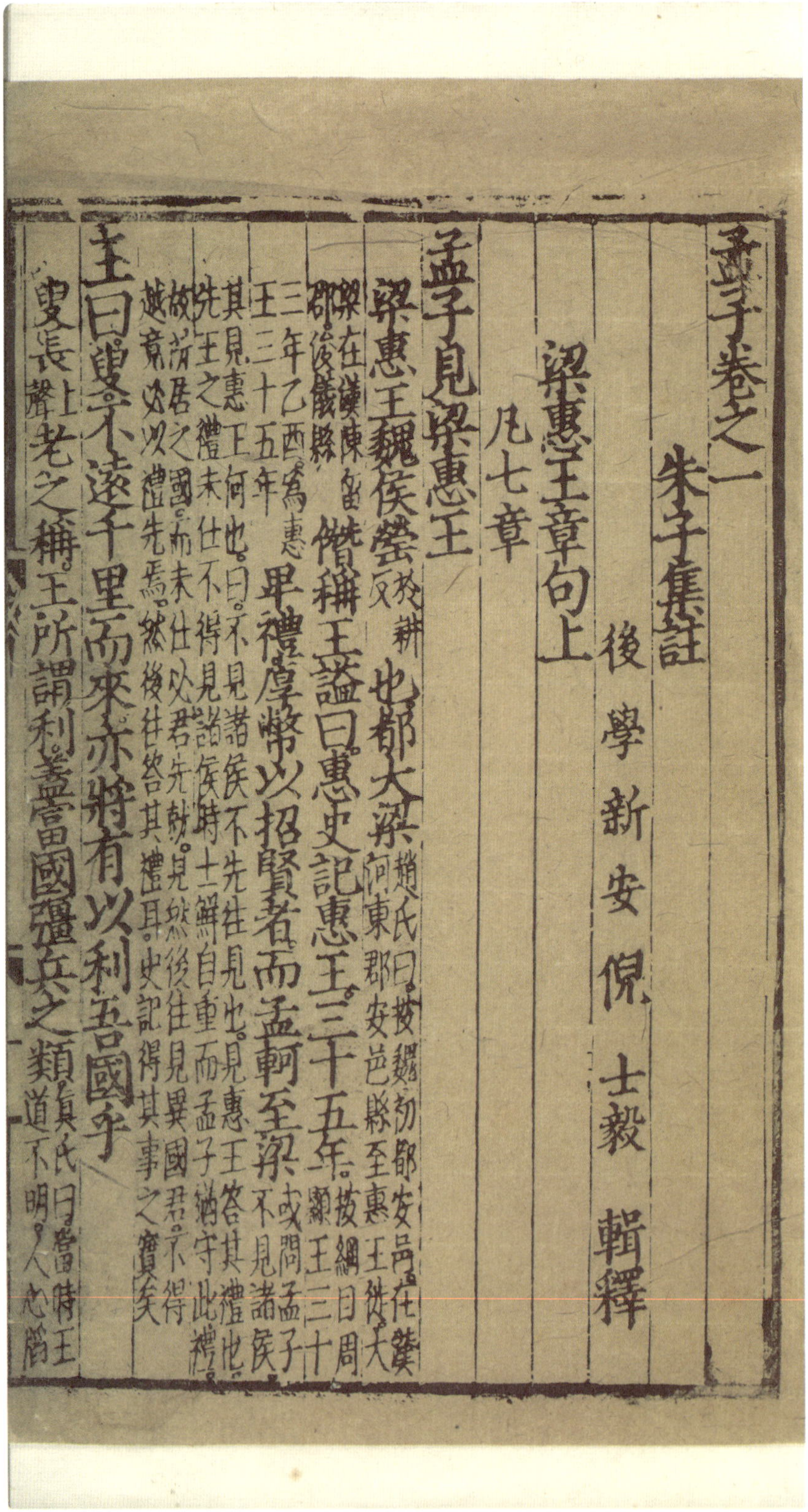
孟子卷之一　朱子集註

後學新安倪士毅輯釋

梁惠王章句上

凡七章

孟子見梁惠王

梁惠王魏侯罃也罃於耕反都大梁趙氏曰按魏初都安邑在漢河東郡安邑縣至惠王徙大梁在漢陳留郡浚儀縣僭稱王謚曰惠史記惠王三十五年按綱目周顯王三十三年乙酉為惠王三十五年卑禮厚幣以招賢者而孟軻至梁或問孟子不見諸侯其見惠王何也曰不見諸侯不先往見也見惠王答其禮也蓋先王之禮未仕不得見諸侯時士鮮自重而孟子猶守此禮故所居之國亦未仕必君先就見然後往見異國君亦不得越竟必以禮先焉然後往答其禮耳史記得其事之實矣

王曰叟不遠千里而來亦將有以利吾國乎

叟長上聲老之稱王所謂利蓋富國彊兵之類真氏曰當時王道不明人必爵

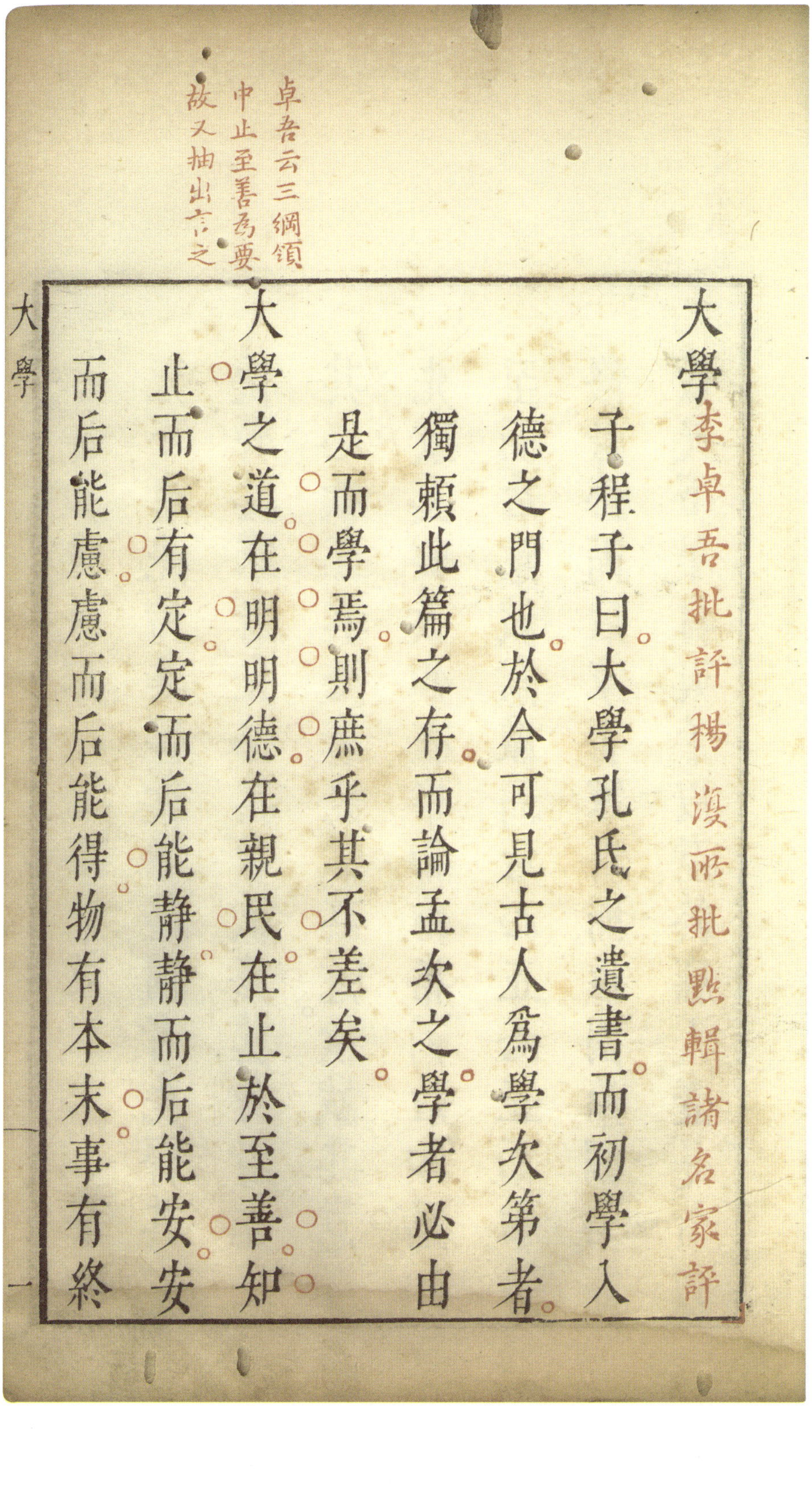
卓吾云三綱領中止至善爲要故又抽出言之

大學李卓吾批評楊復所批點輯諸名家評

子程子曰大學孔氏之遺書而初學入德之門也於今可見古人爲學次第者獨賴此篇之存而論孟次之學者必由是而學焉則庶乎其不差矣

大學之道在明明德在親民在止於至善知止而后有定定而后能靜靜而后能安安而后能慮慮而后能得物有本末事有終

大學　一

四書參十九卷　明刻套印本

四經稗疏十四卷 清吳氏拜經樓鈔本

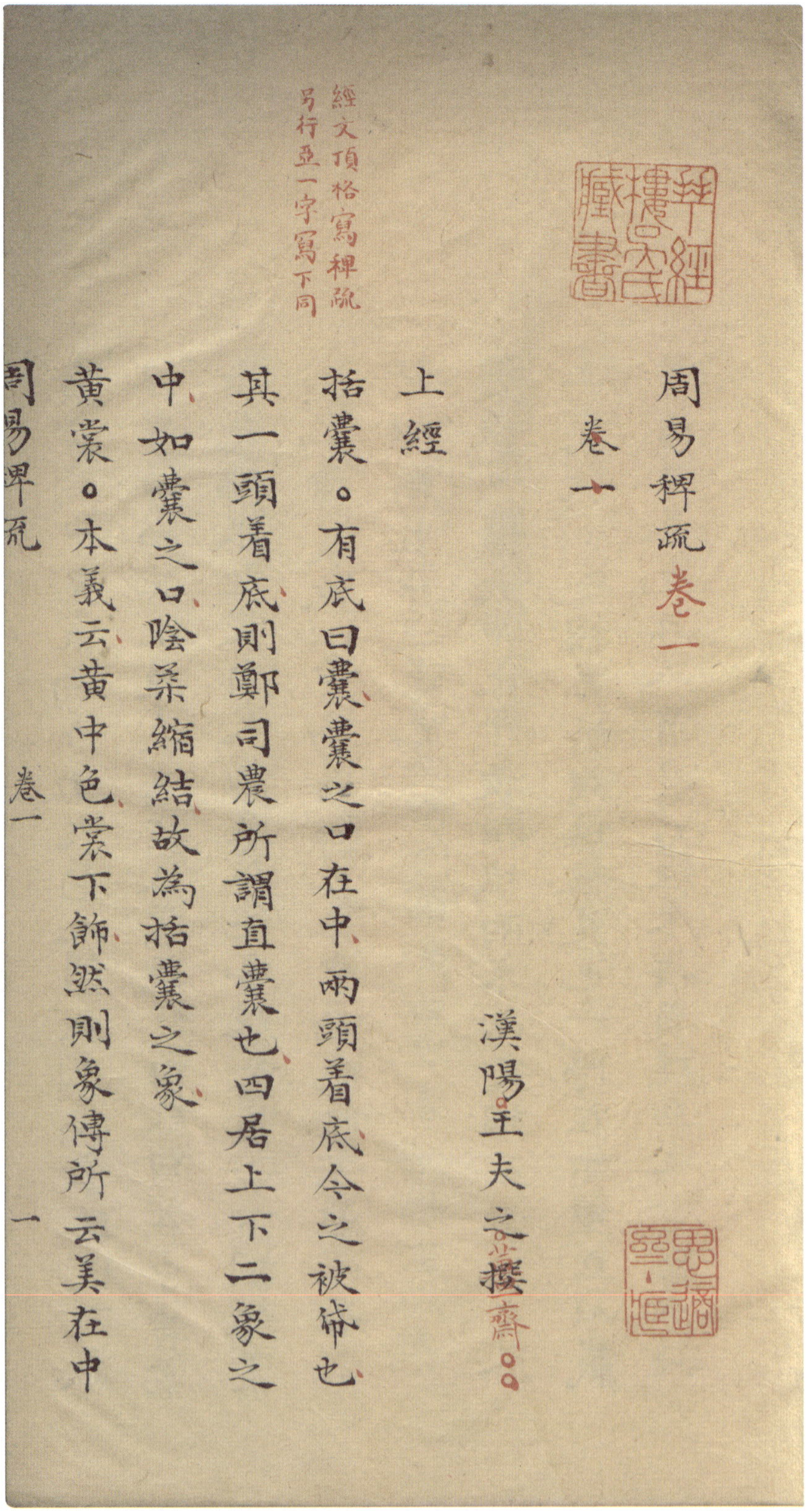

周易稗疏卷一

卷一

漢陽王夫之撰

經文頂格寫稗疏另行亞一字寫下同

上經

括囊。有底曰囊囊之口在中兩頭着底令之被佈也

其一頭着底則鄭司農所謂直囊也四居上下二象之

中如囊之口陰柔縮結故為括囊之象

黃裳。本義云黃中色裳下飾然則象傳所云美在中

周易稗疏 卷一 一

爾雅三卷　明景泰七年馬諒刻本

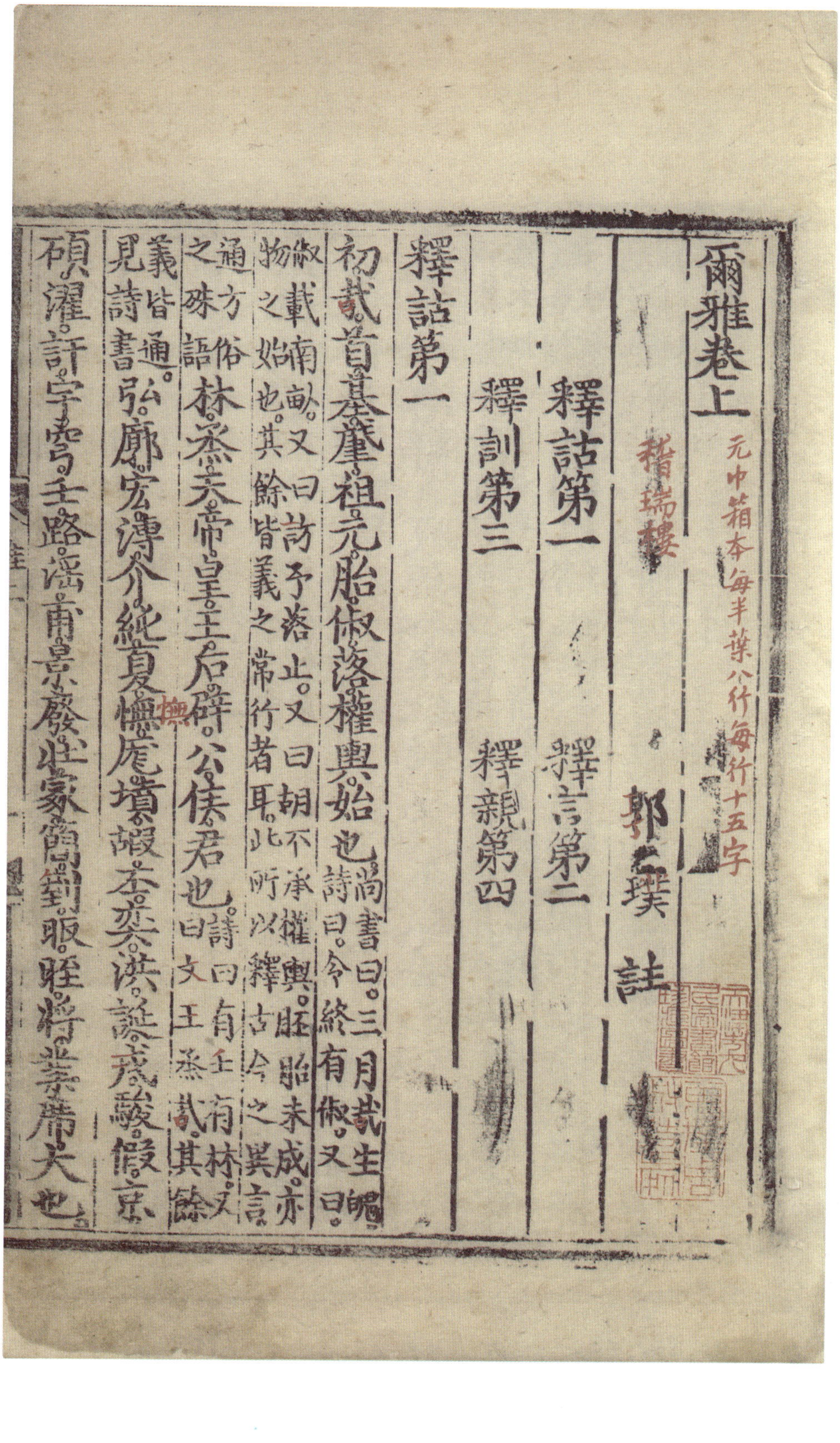

爾雅卷上

郭璞註

元中箱本每半葉八行每行十五字

稽瑞樓

釋詁第一　釋言第二

釋訓第三　釋親第四

釋詁第一

初哉首基肇祖元胎俶落權輿始也（尚書曰三月哉生魄。詩曰令終有俶。又曰俶載南畝。又曰訪予落止。又曰胡不承權輿。胚胎未成亦物之始也。其餘皆義之常行者耳。此所以釋古今之異言通方俗之殊語。）林烝天帝皇王后辟公侯君也（詩曰有壬有林。又曰文王烝哉。其餘義皆通見詩書。）弘廓宏溥介純夏幠厖墳嘏丕弈洪誕戎駿假京碩濯訏宇穹壬路淫甫景廢壯冢簡箌昄晊將業席大也

爾雅補郭二卷　清刻本

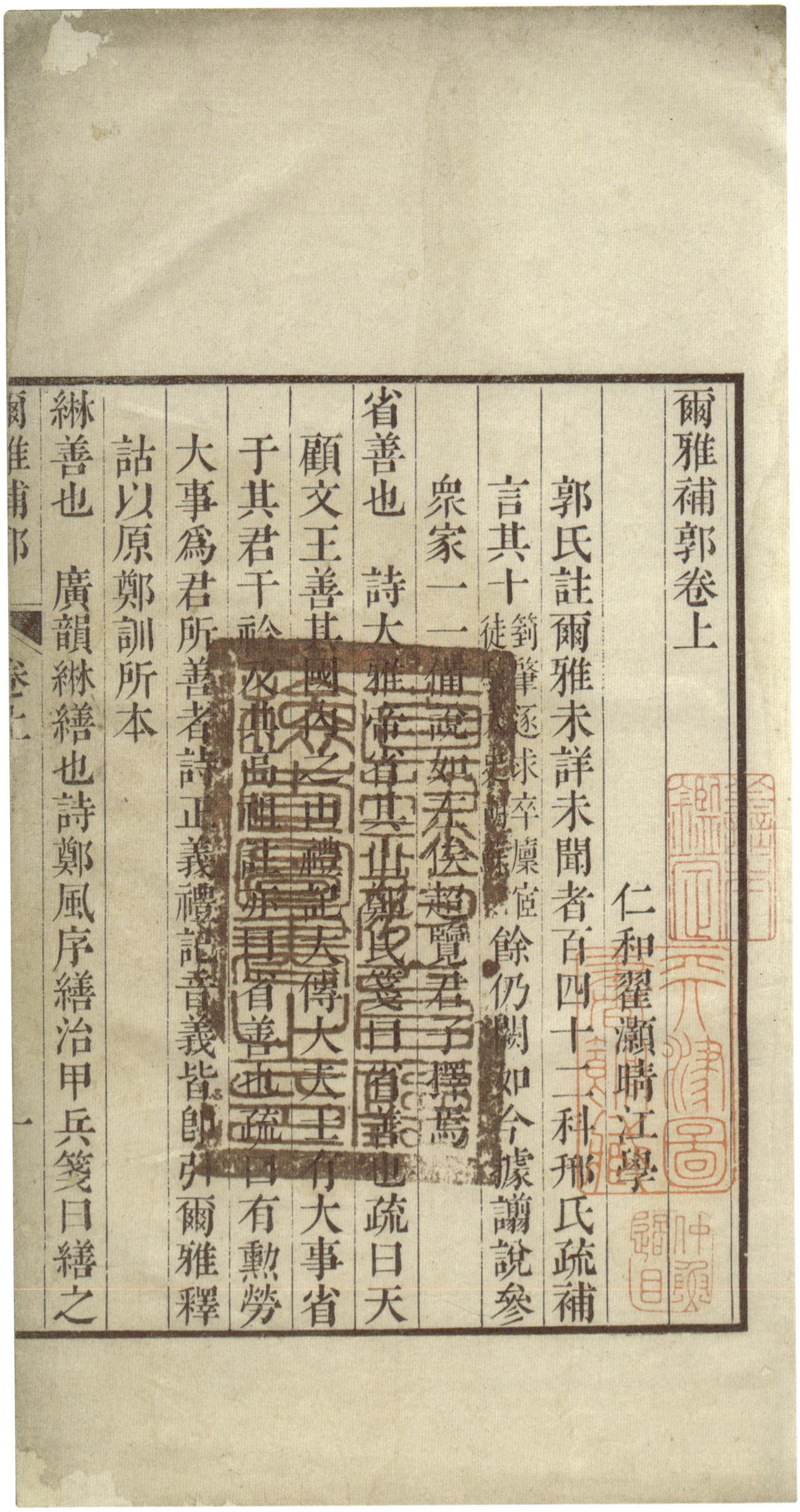
爾雅補郭卷上

仁和翟灝晴江學

郭氏註爾雅未詳未聞者百四十一科邢氏疏補言其十劉肇逐求卒盧宦徒[illegible]餘仍闕如今據譾說參衆家一一備說如左俟超覽君子擇焉

省善也　詩大雅序省其止也鄭氏箋曰省善也疏曰天顧文王善其國內之由禮記大傳大夫士有大事省于其君干祫及其高祖注省善也疏曰有勳勞大事爲君所善者詩正義禮記音義皆引爾雅釋詁以原鄭訓所本

𦅾善也　廣韻𦅾繕也詩鄭風序繕治甲兵箋曰繕之

爾雅補郭　卷上　一

重刊埤雅二十卷

明嘉靖隆慶間畢效欽刻五雅本

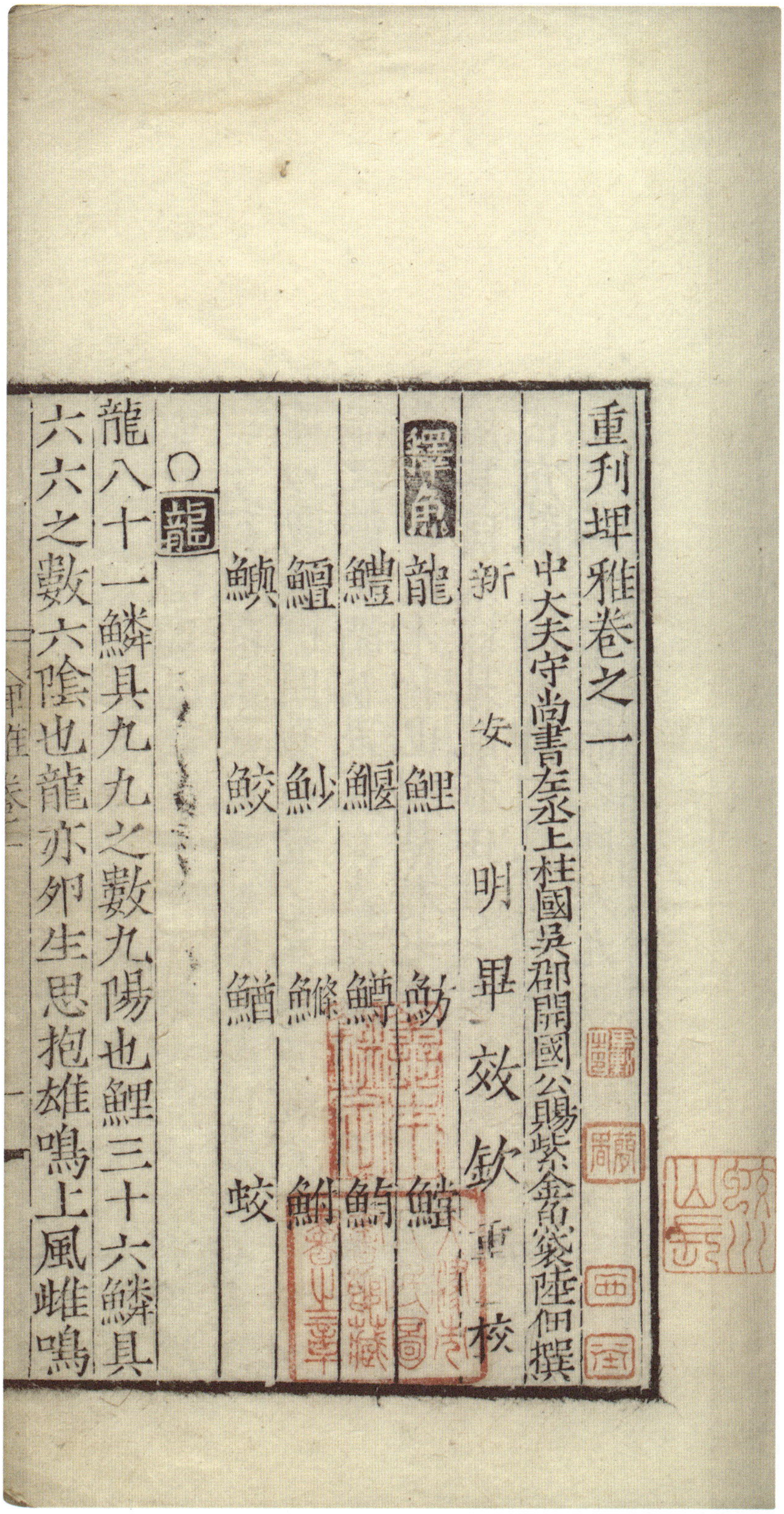

重刊埤雅卷之一

中大夫守尚書左丞上柱國吳郡開國公賜紫金魚袋陸佃撰

新安　明　畢效欽　重校

釋魚

龍　鯉　魵　鱓

鱧　鰋　鱒　魴

鱣　魦　鰷　鮒

鱮　鮫　鰌　蛟

〇龍

龍八十一鱗具九九之數九陽也鯉三十六鱗具

六六之數六陰也龍亦卵生思抱雄鳴上風雌鳴

埤雅卷一　一

別雅五卷　清乾隆七年新安程氏督經堂刻本

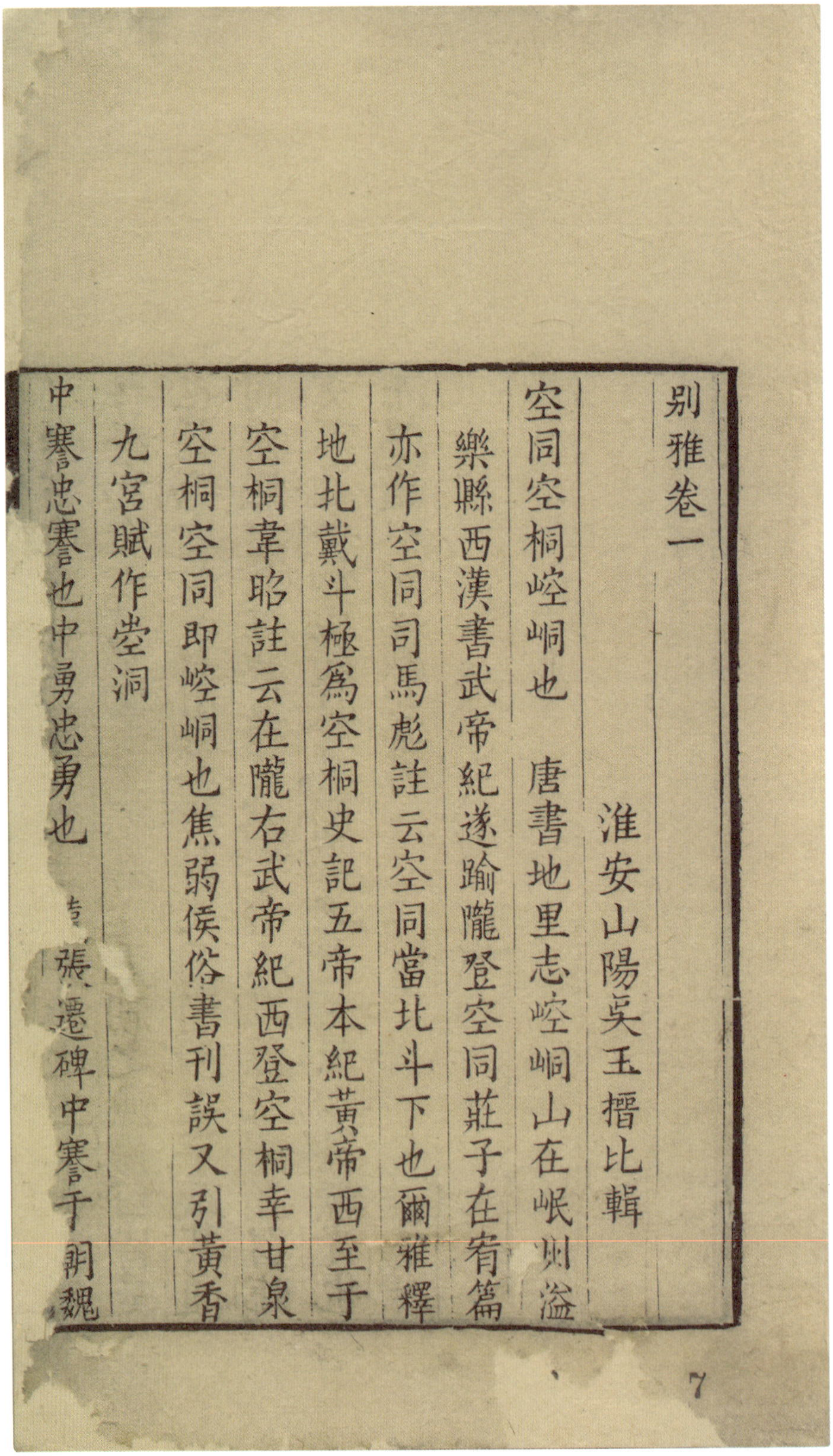
別雅卷一

淮安山陽吴玉搢比輯

空同空桐崆峒也　唐書地里志崆峒山在岷州溢樂縣西漢書武帝紀遂踰隴登空同莊子在宥篇亦作空同司馬彪註云空同當北斗下也爾雅釋地北戴斗極爲空桐史記五帝本紀黄帝西至于空桐韋昭註云在隴右武帝紀西登空桐幸甘泉空桐空同即崆峒也焦弱侯俗書刊誤又引黄香九宫賦作崆洞

中謇忠謇也中勇忠勇也　漢張遷碑中謇于朝魏

7

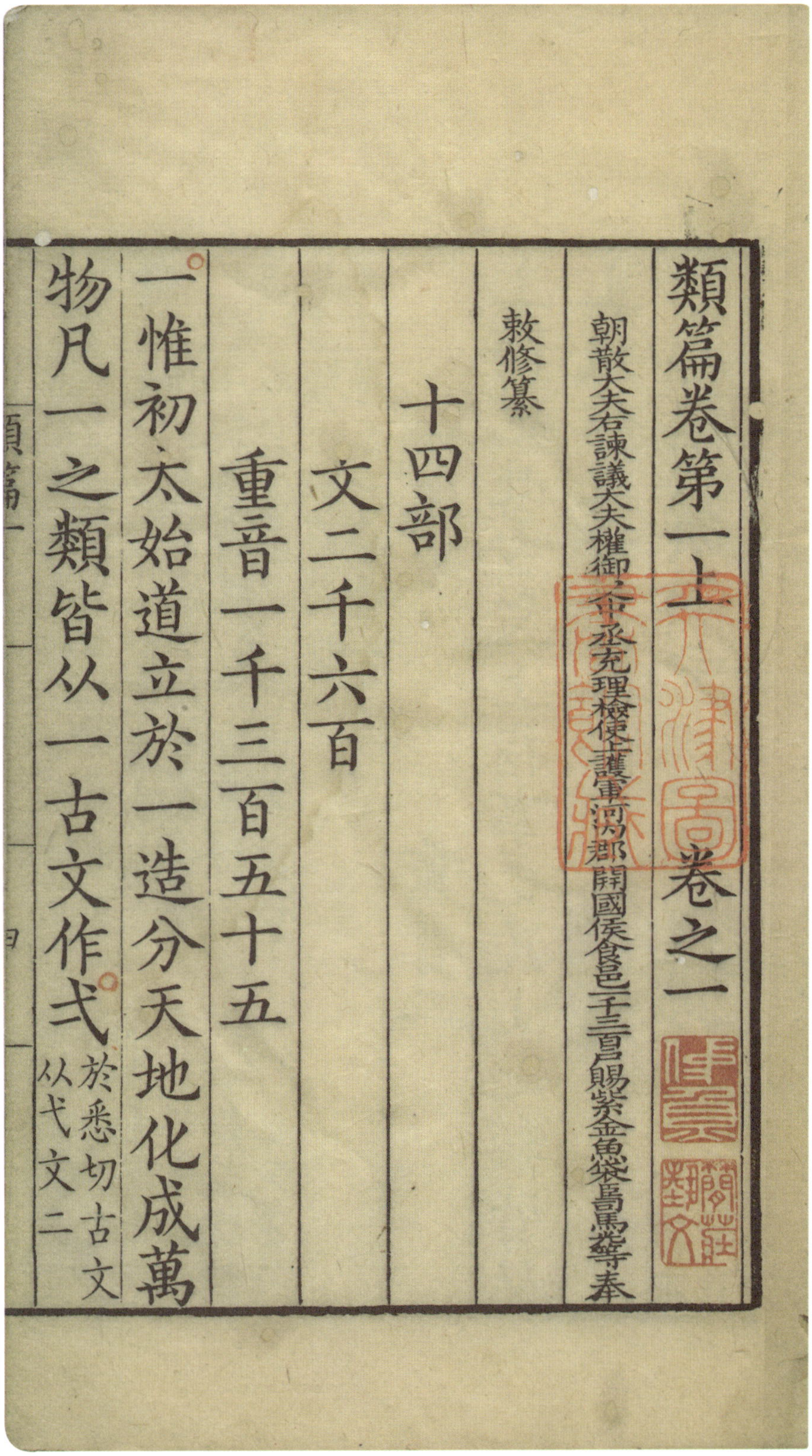

類篇卷第一上　卷之一

朝散大夫右諫議大夫權御史中丞充理檢使上護軍河內郡開國侯食邑一千三百戶賜紫金魚袋臣司馬光等奉

敕修纂

十四部

文二千六百

重音一千三百五十五

一惟初太始道立於一造分天地化成萬物凡一之類皆从一古文作弌 於悉切古文从弋文二

類篇四十五卷

清康熙四十五年揚州使院刻曹楝亭五種本

六書精藴六卷　明嘉靖十九年魏希明刻本

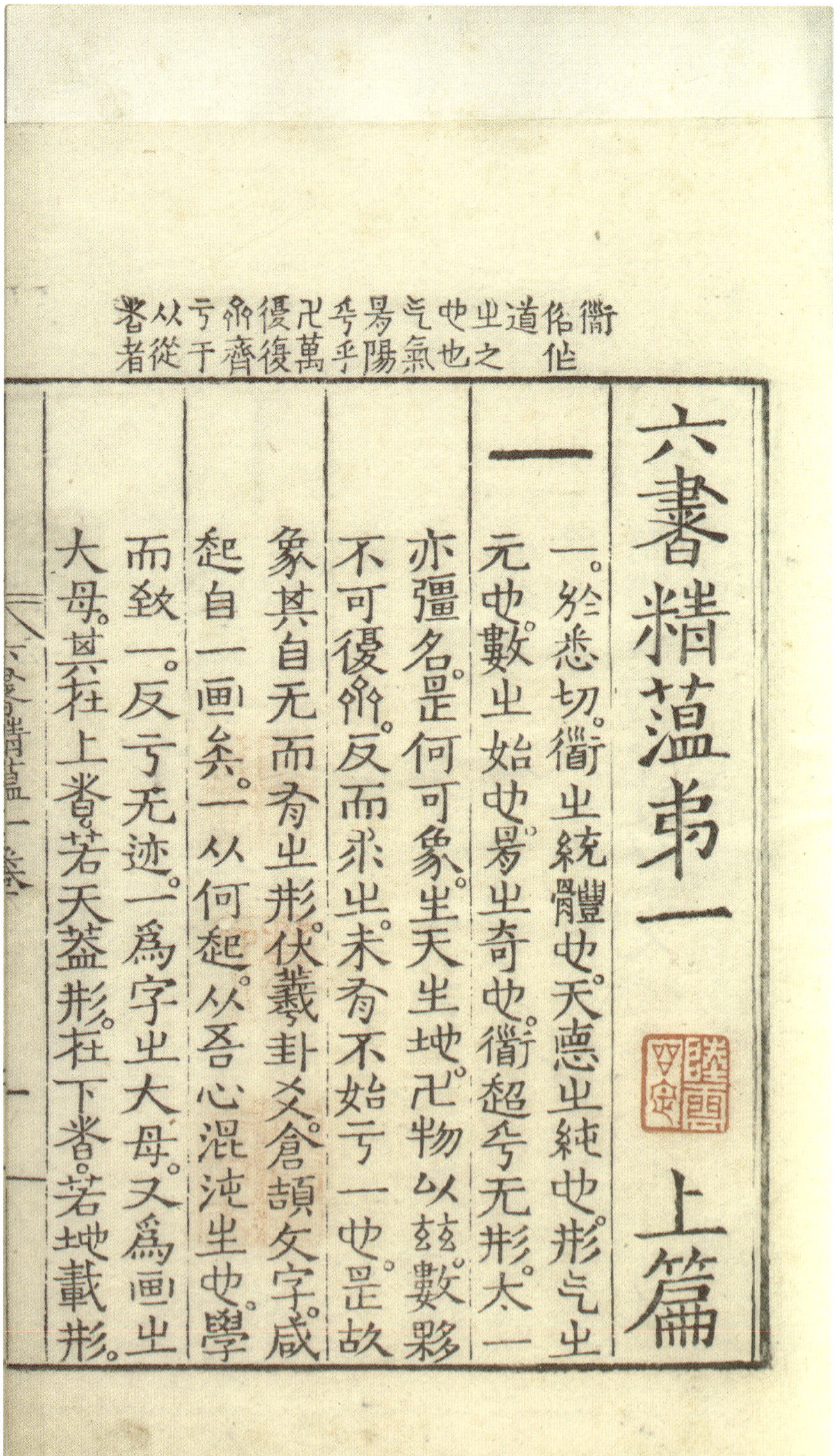
衜佫道㞢也气昜乎卍復亝亐从者
佁　之也氣陽乎萬復齊于從者

六書精藴第一　上篇

一

一。於悉切。衜㞢統體也。天悳㞢純也。形气㞢元也。數㞢始也。昜㞢奇也。衜超乎无形。太一亦彊名。是何可象。生天生地。卍物以茲數。夥不可復亝。反而求㞢。末有不始亐一也。是故象其自无而有㞢形。伏羲卦爻。倉頡文字。咸起自一畫矣。一从何起。从吾心混沌㞢也。學而致一。反亐无迹。一爲字㞢大母。又爲畫㞢大母。其在上者。若天葢形。在下者。若地載形。

六書精藴　一卷　一

定一級

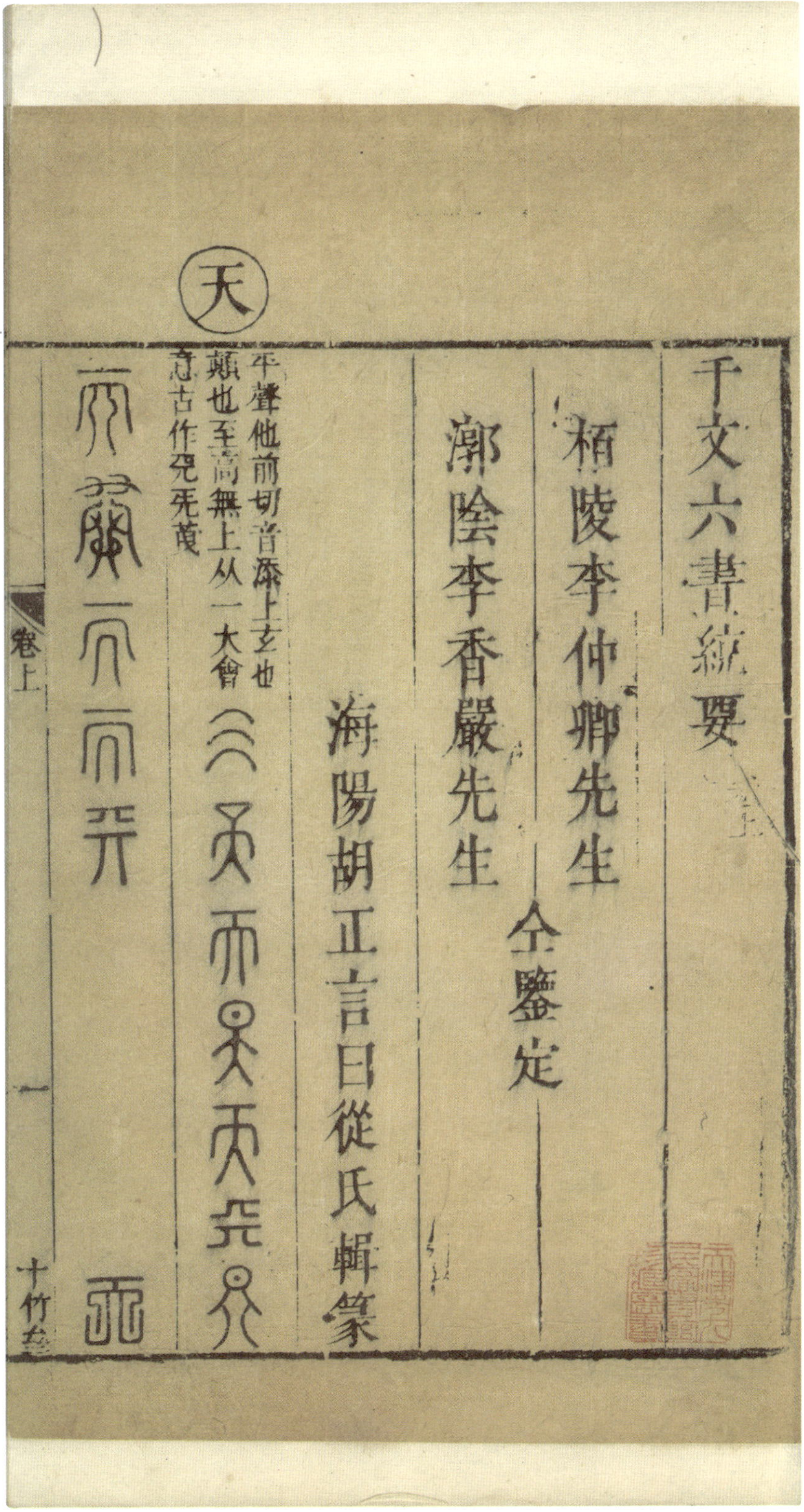
千文六書統要

栢陵李仲卿先生
瀔陰李香巖先生
仝鑒定

海陽胡正言曰從氏輯篆

天

平聲他前切音添上玄也顛也至高無上从一大會意古作兲

卷上　一　十竹齋

千文六書統要二卷　清康熙十竹齋刻本

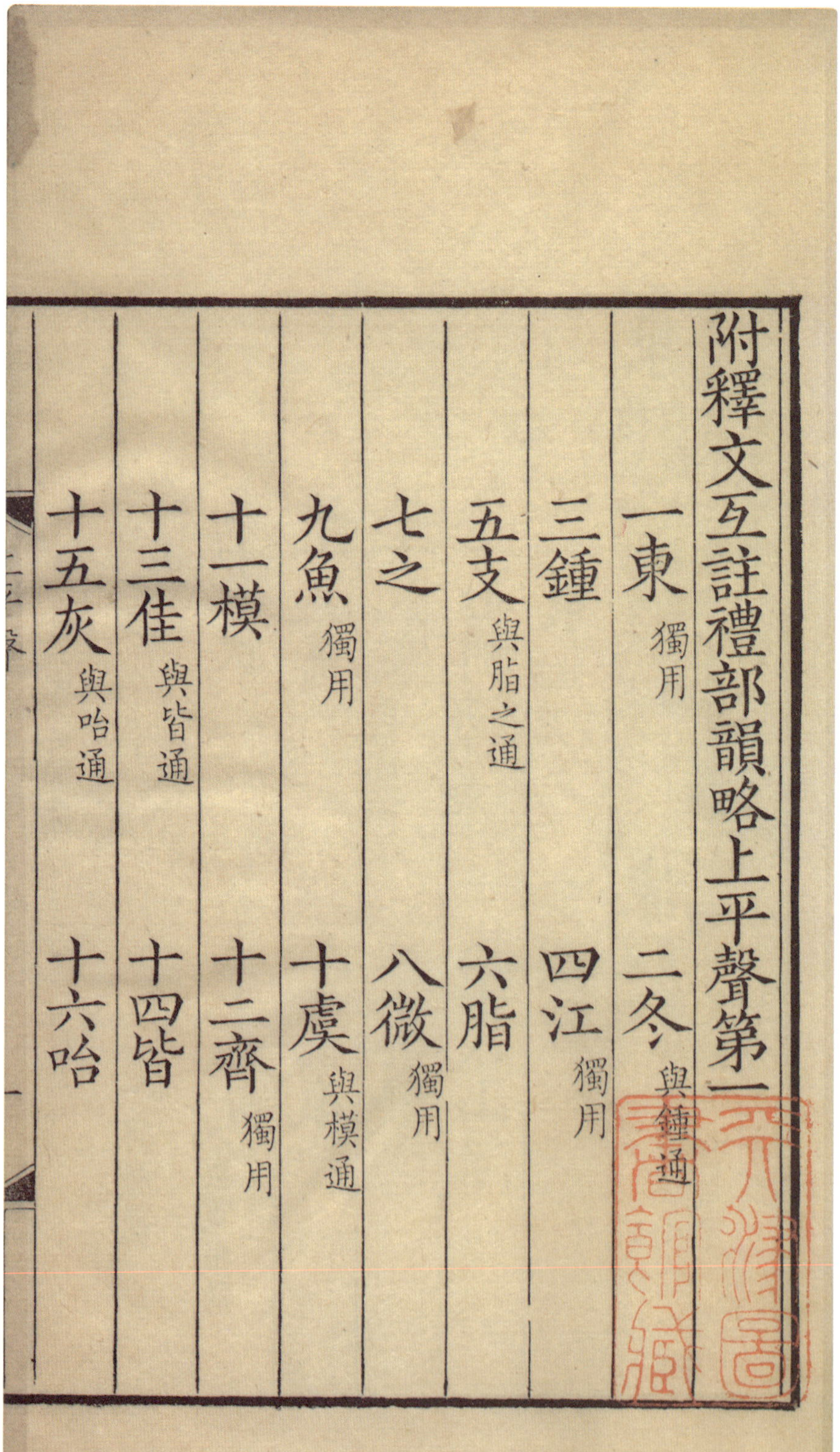

附釋文互註禮部韻略五卷

清康熙四十五年曹寅揚州使院刻本

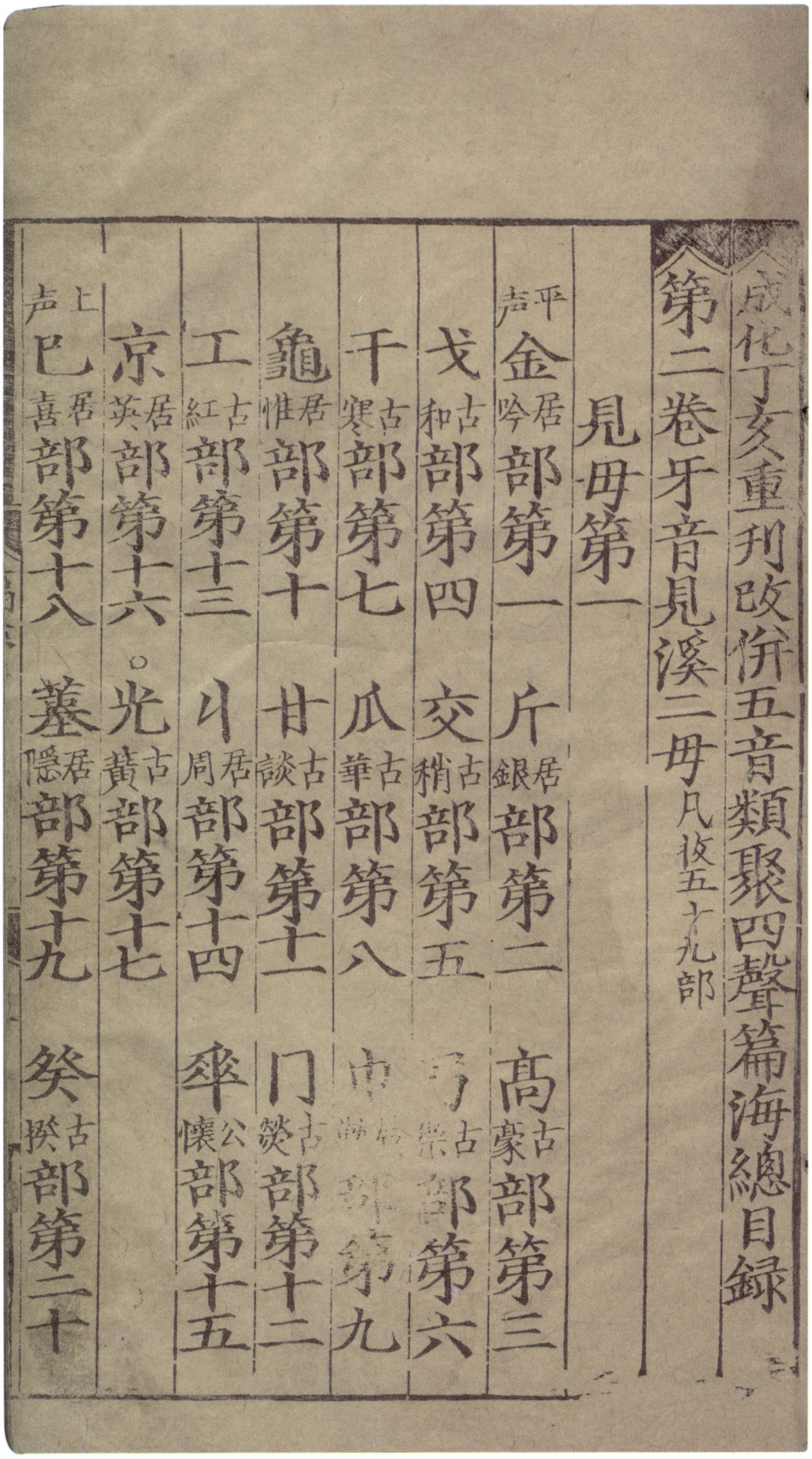
成化丁亥重刊改併五音類聚四聲篇海總目録
第二卷牙音見溪二母凡五十九部
見母第一
平声 金居吟部第一 斤居銀部第二 高古豪部第三
戈古和部第四 交古稍部第五 [illegible]部第六
干古寒部第七 瓜古華部第八 [illegible]部第九
龜居惟部第十 甘古談部第十一 门古熒部第十二
工古紅部第十三 丩居周部第十四 乖公懷部第十五
京居英部第十六 光古黃部第十七
上声 巳居喜部第十八 巹居隱部第十九 癸古揆部第二十

大明成化庚寅重刊改併五音集韻十五卷成化丁亥重刊改併五音類聚四聲篇十五卷 明成化七年金台大隆福寺刻嘉靖二十六年補刻本

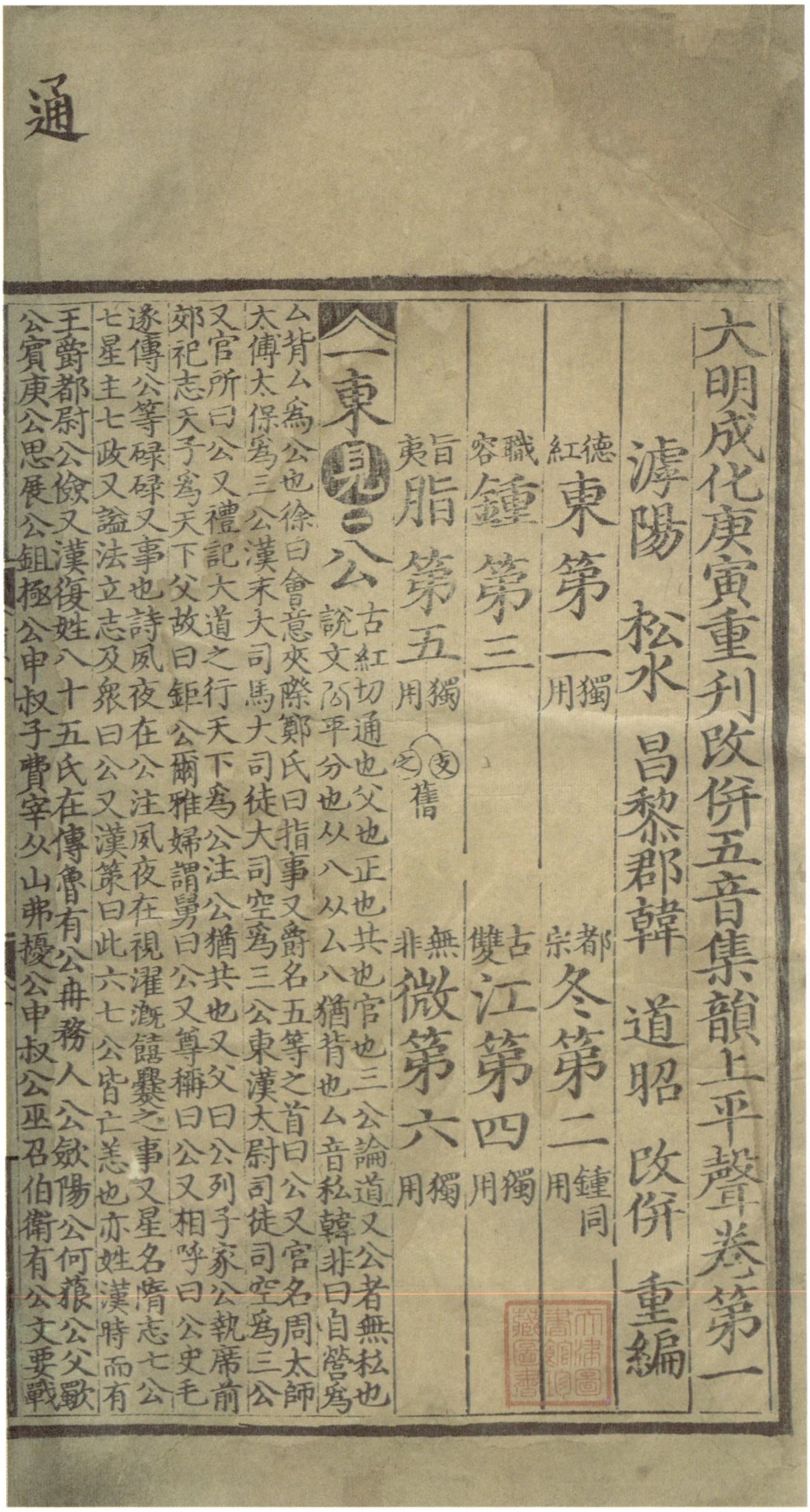
通

大明成化庚寅重刊改併五音集韻上平聲卷第一

滹陽　松水　昌黎郡韓　道昭　改併　重編

德紅東第一獨用　都宗冬第二鍾同用

職容鍾第三　古雙江第四獨用

旨夷脂第五獨用（支之舊）　無非微第六獨用

〈一東〉見二公　古紅切通也父也正也共也官也三公論道又公者無私也說文平分也从八从厶八猶背也厶音私韓非曰自營爲厶背厶爲公也徐曰會意夾際鄭氏曰指事又爵名五等之首曰公又官名周太師太傅太保爲三公漢末大司馬大司徒大司空爲三公東漢太尉司徒司空爲三公又官所曰公又禮記大道之行天下爲公注公猶共也又父曰公列子家公執席前郊祀志天子爲天下父故曰鉅公爾雅婦謂舅曰公又尊稱曰公又相呼曰公史毛遂傳公等碌碌又事也詩夙夜在公注夙夜在視濯溉饎爨之事又星名晉志七公七星主七政又謚法立志及衆曰公又漢第曰此六七公皆亡恙也亦姓漢時而有王爵都尉公儉又漢復姓八十五氏在傳魯有公冉務人公歛陽公何藐公父歜公賓庚公思展公鉏極公申叔子費宰以山弗擾公申叔公巫召伯衛有公文要戰

大明成化庚寅重刊改併五音集韻十五卷　明成化三至七年刻本

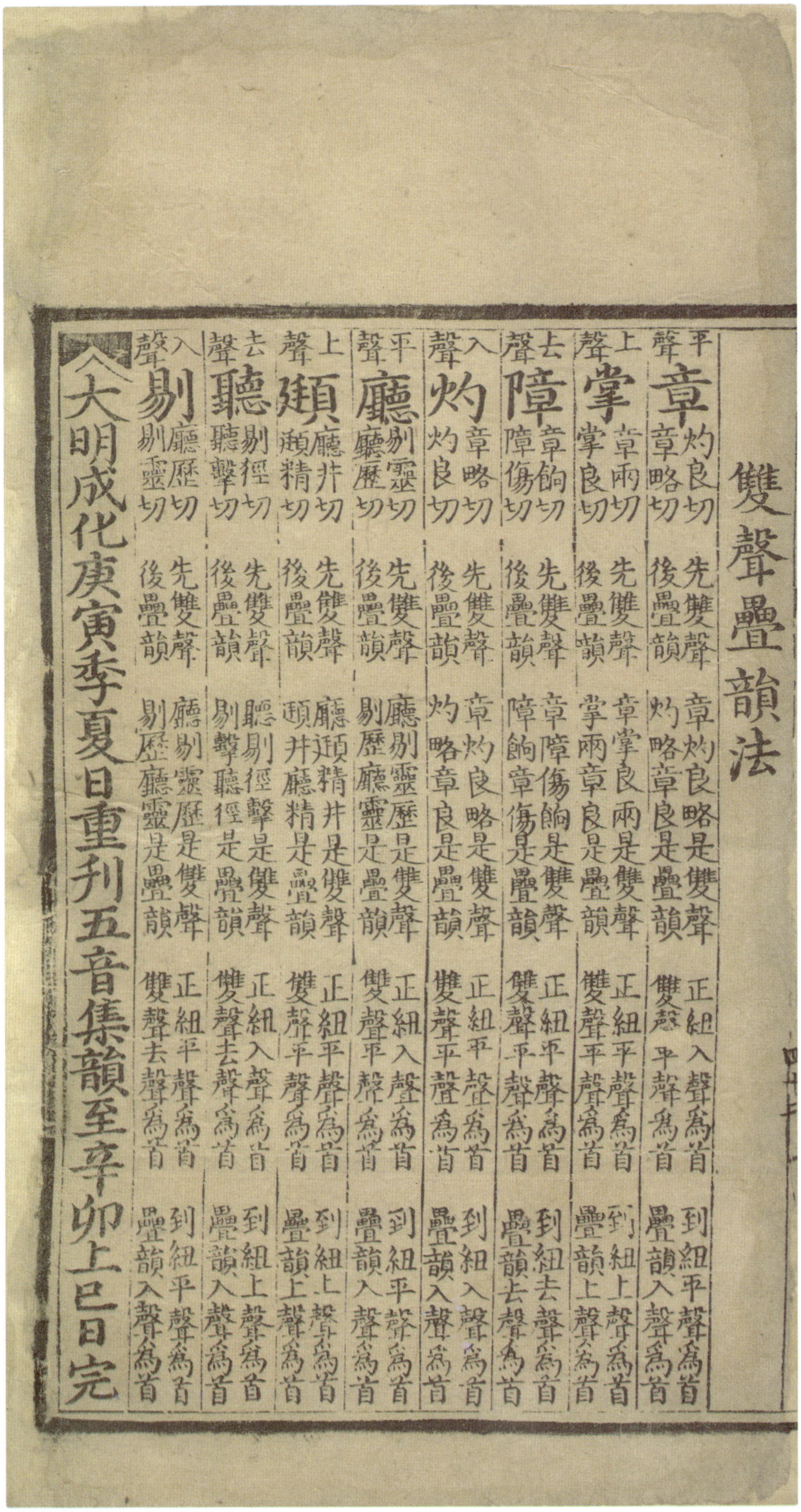
雙聲疊韻法

平聲 章 灼良切 章略切 先雙聲 後疊韻 章灼良略是雙聲 灼略章良是疊韻 正紐入聲爲首 雙聲平聲爲首 到紐平聲爲首 疊韻入聲爲首

上聲 掌 章兩切 掌良切 先雙聲 後疊韻 章掌良兩是雙聲 掌兩章良是疊韻 正紐平聲爲首 雙聲平聲爲首 到紐上聲爲首 疊韻上聲爲首

去聲 障 章餉切 障傷切 先雙聲 後疊韻 章障傷餉是雙聲 障餉章傷是疊韻 正紐平聲爲首 雙聲平聲爲首 到紐去聲爲首 疊韻去聲爲首

入聲 灼 章略切 灼良切 先雙聲 後疊韻 章灼良略是雙聲 灼略章良是疊韻 正紐平聲爲首 雙聲平聲爲首 到紐入聲爲首 疊韻入聲爲首

平聲 廳 剔靈切 廳歷切 先雙聲 後疊韻 廳剔靈歷是雙聲 剔歷廳靈是疊韻 正紐入聲爲首 雙聲平聲爲首 到紐平聲爲首 疊韻入聲爲首

上聲 頲 廳井切 頲精切 先雙聲 後疊韻 廳頲精井是雙聲 頲井廳精是疊韻 正紐平聲爲首 雙聲平聲爲首 到紐上聲爲首 疊韻上聲爲首

去聲 聽 剔徑切 聽聲切 先雙聲 後疊韻 聽剔徑聲是雙聲 剔聲聽徑是疊韻 正紐入聲爲首 雙聲去聲爲首 到紐上聲爲首 疊韻入聲爲首

入聲 剔 廳歷切 剔靈切 先雙聲 後疊韻 廳剔靈歷是雙聲 剔歷廳靈是疊韻 正紐平聲爲首 雙聲去聲爲首 到紐平聲爲首 疊韻入聲爲首

大明成化庚寅季夏日重刊五音集韻至辛卯上巳日完

大明成化庚寅重刊改併五音集韻十五卷　明成化三至七年刻本

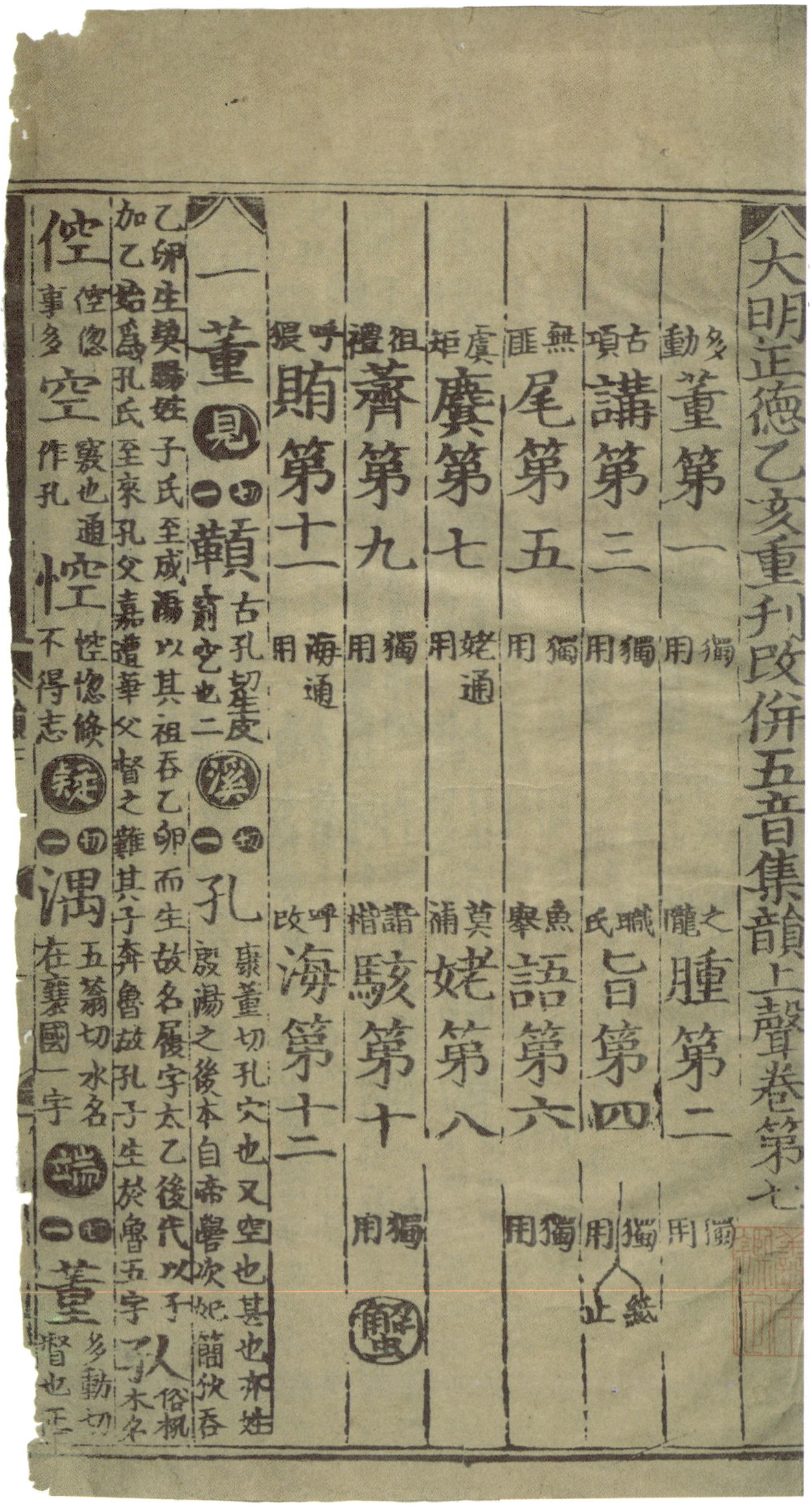

大明正德乙亥重刊改併五音集韻上聲卷第七
董第一 獨用
腫第二 獨用
講第三 獨用
旨第四 獨用
尾第五 獨用
語第六 獨用
麌第七 姥通用
姥第八
薺第九 獨用
駭第十 獨用
賄第十一 海通用
海第十二
一董 見
𩔗 古孔切
孔
倥 倥傯
空
悾 悾傯
𤁫 五翁切 水名
董 多動切

大明正德乙亥重刊改併五音集韻十五卷　明正德十至十一年刻本

定一級

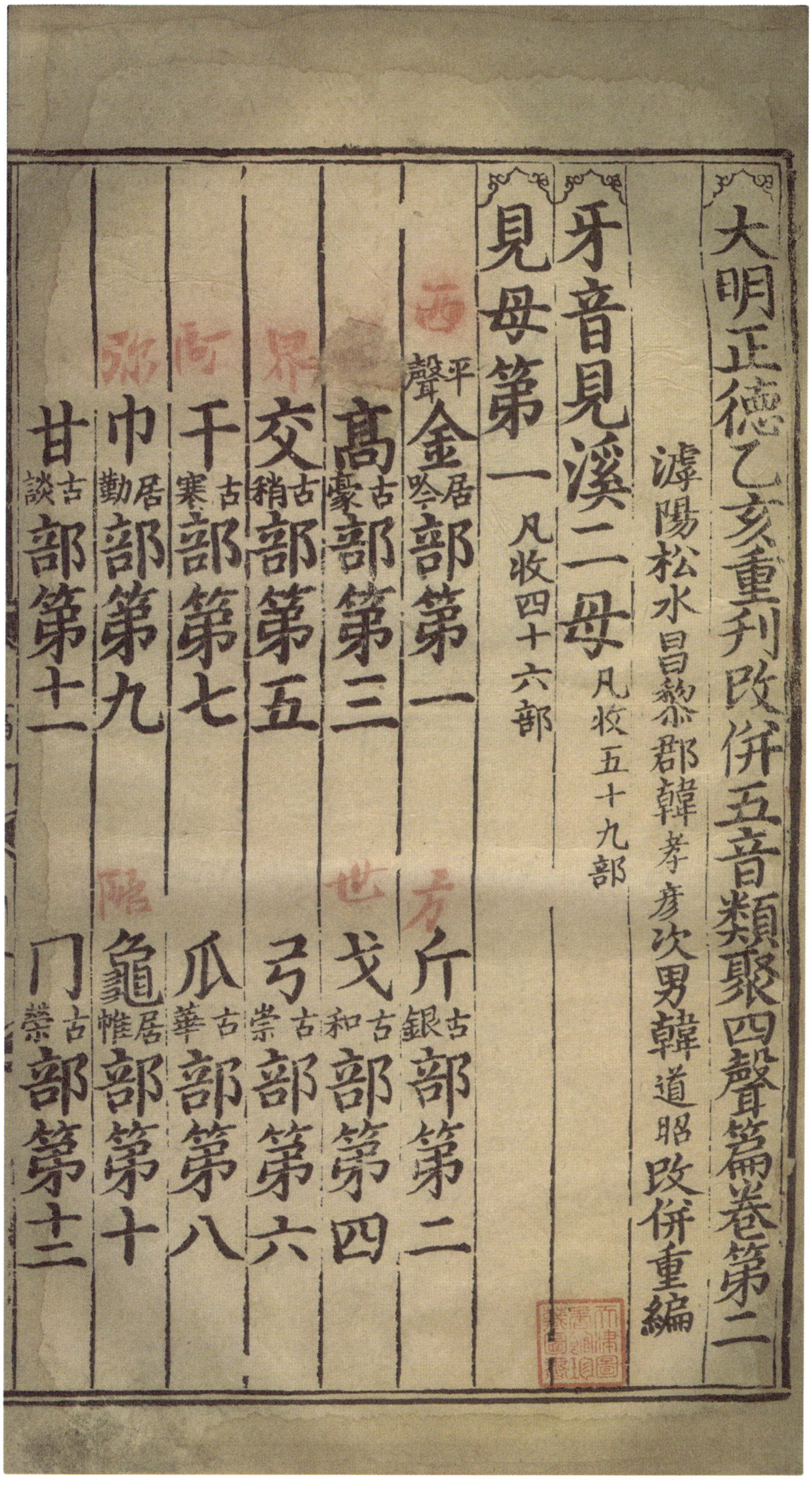
大明正德乙亥重刊改併五音類聚四聲篇卷第二
滹陽松水昌黎郡韓孝彥次男韓道昭改併重編
牙音見溪二一母 凡收五十九部
見母第一 凡收四十六部
平聲 金 居吟 部第一　斤 古銀 部第二
高 古豪 部第三　戈 古和 部第四
交 古稍 部第五　弓 古崇 部第六
干 古寒 部第七　瓜 古華 部第八
巾 居勤 部第九　龜 居帷 部第十
甘 古談 部第十一　冂 古榮 部第十二

大明正德乙亥重刊改併五音類聚四聲篇十五卷
明正德刻嘉靖三十八年修補本

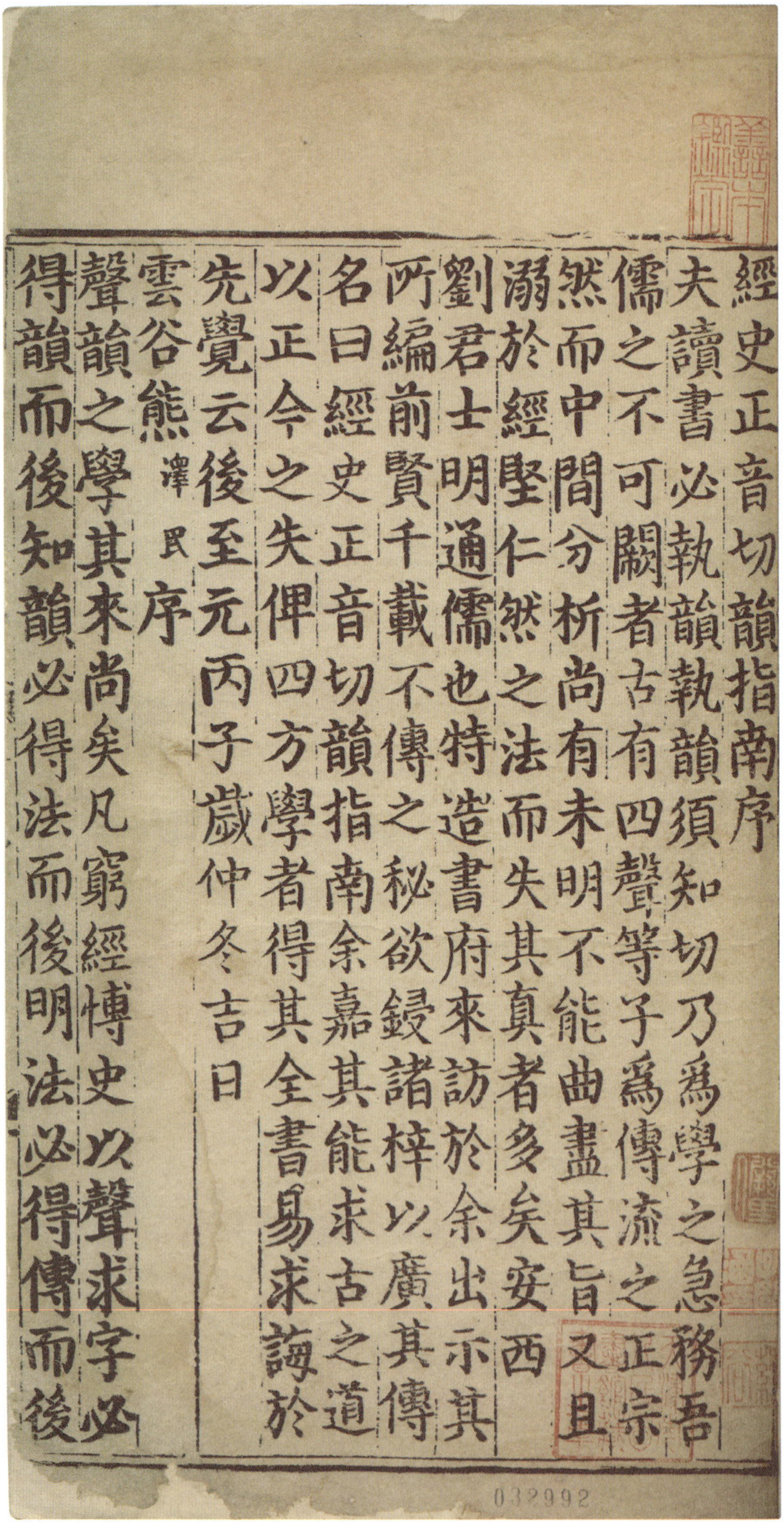
經史正音切韻指南序
夫讀書必執韻執韻須知切乃爲學之急務吾
儒之不可闕者古有四聲等子爲傳流之正宗
然而中間分析尚有未明不能曲盡其旨又且
溺於經堅仁然之法而失其真者多矣安西
劉君士明通儒也特造書府來訪於余出示其
所編前賢千載不傳之秘欲鋟諸梓以廣其傳
名曰經史正音切韻指南余嘉其能求古之道
以正今之失俾四方學者得其全書易求誨於
先覺云後至元丙子歲仲冬吉日
雲谷熊澤民序
聲韻之學其來尚矣凡窮經博史以聲求字必
得韻而後知韻必得法而後明法必得傳而後

新編經史正音切韻指南一卷　明正德十一年金臺衍法寺刻本

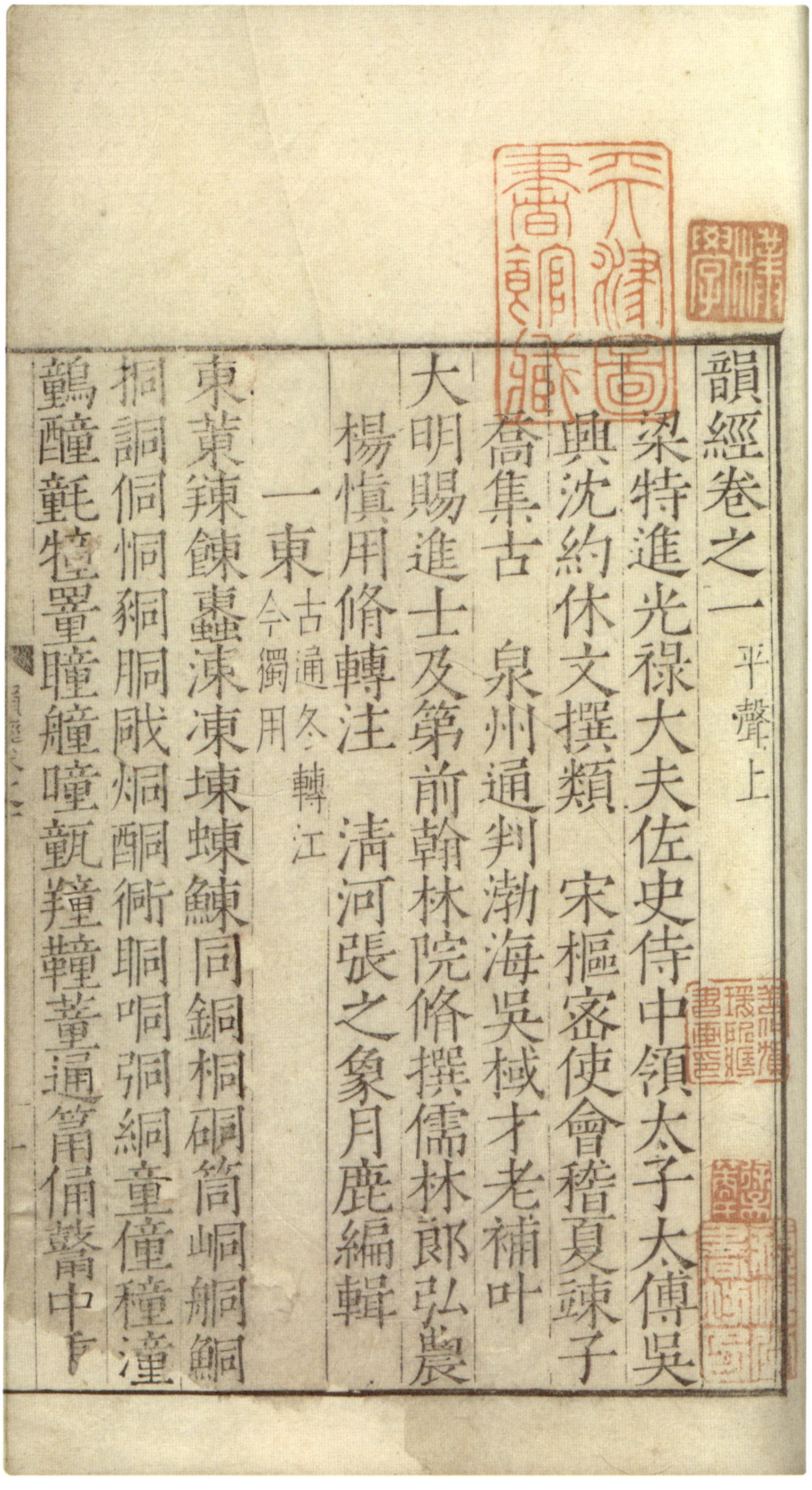

韻經卷之一 平聲上

梁特進光祿大夫佐史侍中領太子太傅吳興沈約休文撰類 宋樞密使會稽夏竦子喬集古 泉州通判渤海吳棫才老補叶

大明賜進士及第前翰林院脩撰儒林郎弘農楊慎用脩轉注 清河張之象月鹿編輯

一東 古通冬 轉江 今獨用

東菄錬餗蝀涷凍埬蝀鯟同銅桐硐筒峒𦨴鮦挏詷侗恫狪胴戙烔酮衕𦕼哃𢏕絧童僮穜潼鶇醲氃犝罿瞳艟曈甋撞韃蕫通筩俑[illegible]中卢

韻經五卷

明嘉靖十八年長水書院刻本

音學五書十三卷　清林春祺福田書海銅活字印本

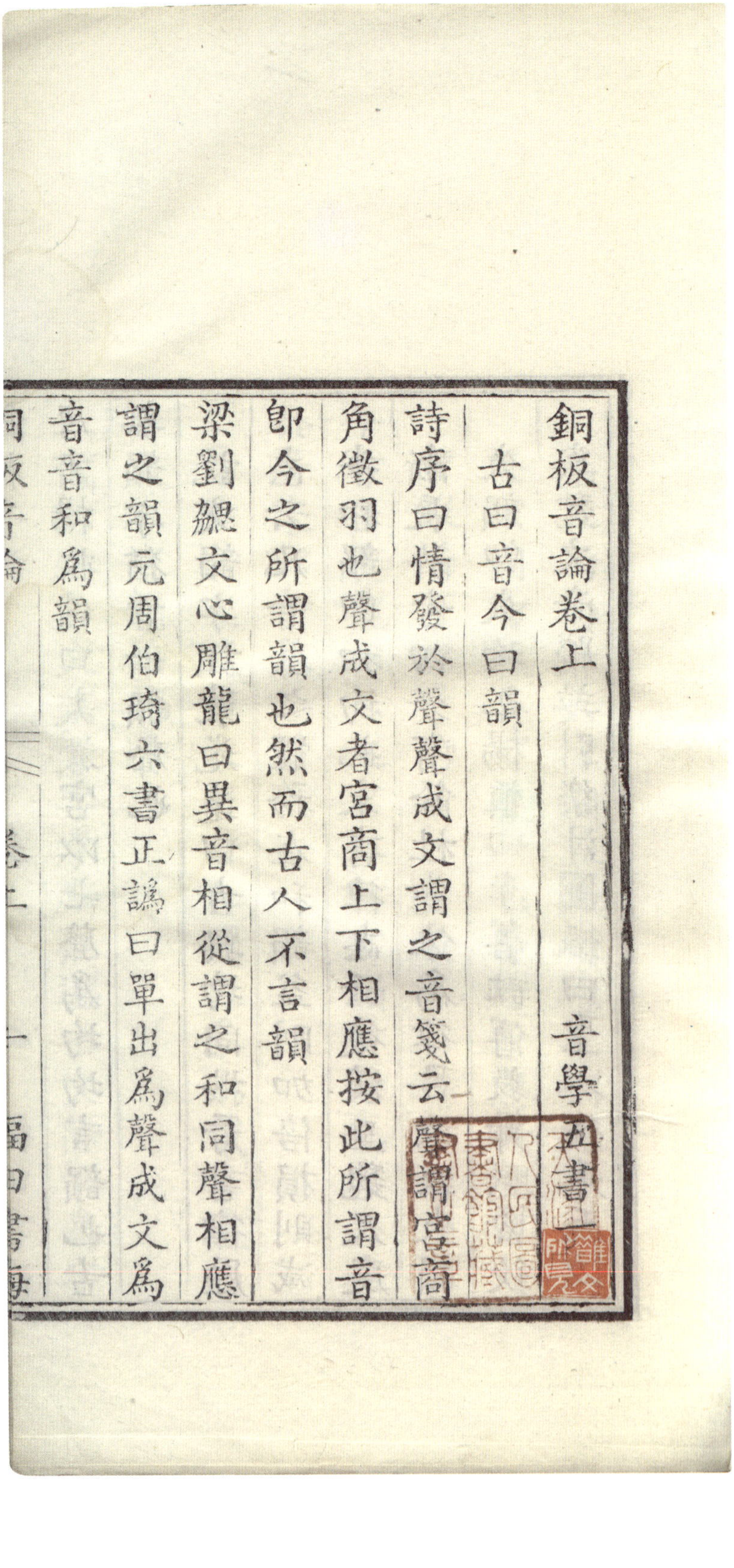
銅板音論卷上　　音學五書一

古曰音今曰韻

詩序曰情發於聲聲成文謂之音箋云聲謂宮商角徵羽也聲成文者宮商上下相應按此所謂音卽今之所謂韻也然而古人不言韻

梁劉勰文心雕龍曰異音相從謂之和同聲相應謂之韻元周伯琦六書正譌曰單出爲聲成文爲音音和爲韻

銅板音論　卷上　一　福田書海

二十一史二千五百六十七卷　明刻明清遞修本

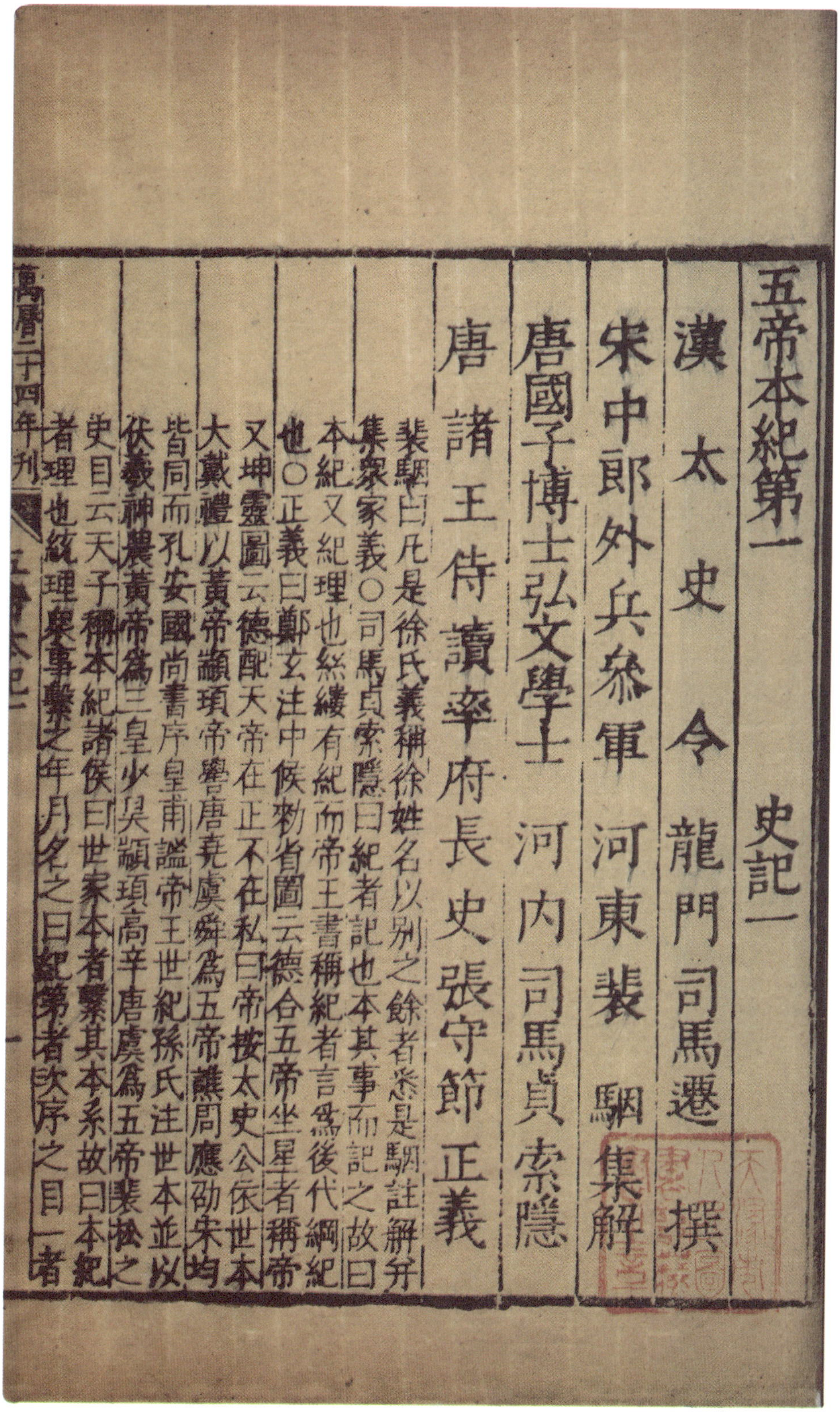

五帝本紀第一　史記一

漢　太　史　令　龍門　司馬遷　撰

宋中郎外兵參軍　河東　裴　駰　集解

唐國子博士弘文學士　河內　司馬貞　索隱

唐　諸　王　侍　讀　率　府　長　史　張守節　正義

裴駰曰凡是徐氏義稱徐姓名以別之餘者悉是駰註解并集衆家義○司馬貞索隱曰紀者記也本其事而記之故曰本紀又紀理也絲縷有紀而帝王書稱紀者言為後代綱紀也○正義曰鄭玄注中候勑省圖云德合五帝坐星者稱帝又坤靈圖云德配天帝在正不在私曰帝按太史公依世本大戴禮以黃帝顓頊帝嚳唐堯虞舜為五帝譙周應劭宋均皆同而孔安國尚書序皇甫謐帝王世紀孫氏注世本並以伏羲神農黃帝為三皇少昊顓頊高辛唐虞為五帝裴松之史目云天子稱本紀諸侯曰世家本者繫其本系故曰本紀者理也統理衆事繫之年月名之曰紀第者次序之目一者

萬曆二十四年刊　五帝本紀一　一

史記一百三十卷

明嘉靖四至六年震澤王延喆刻本

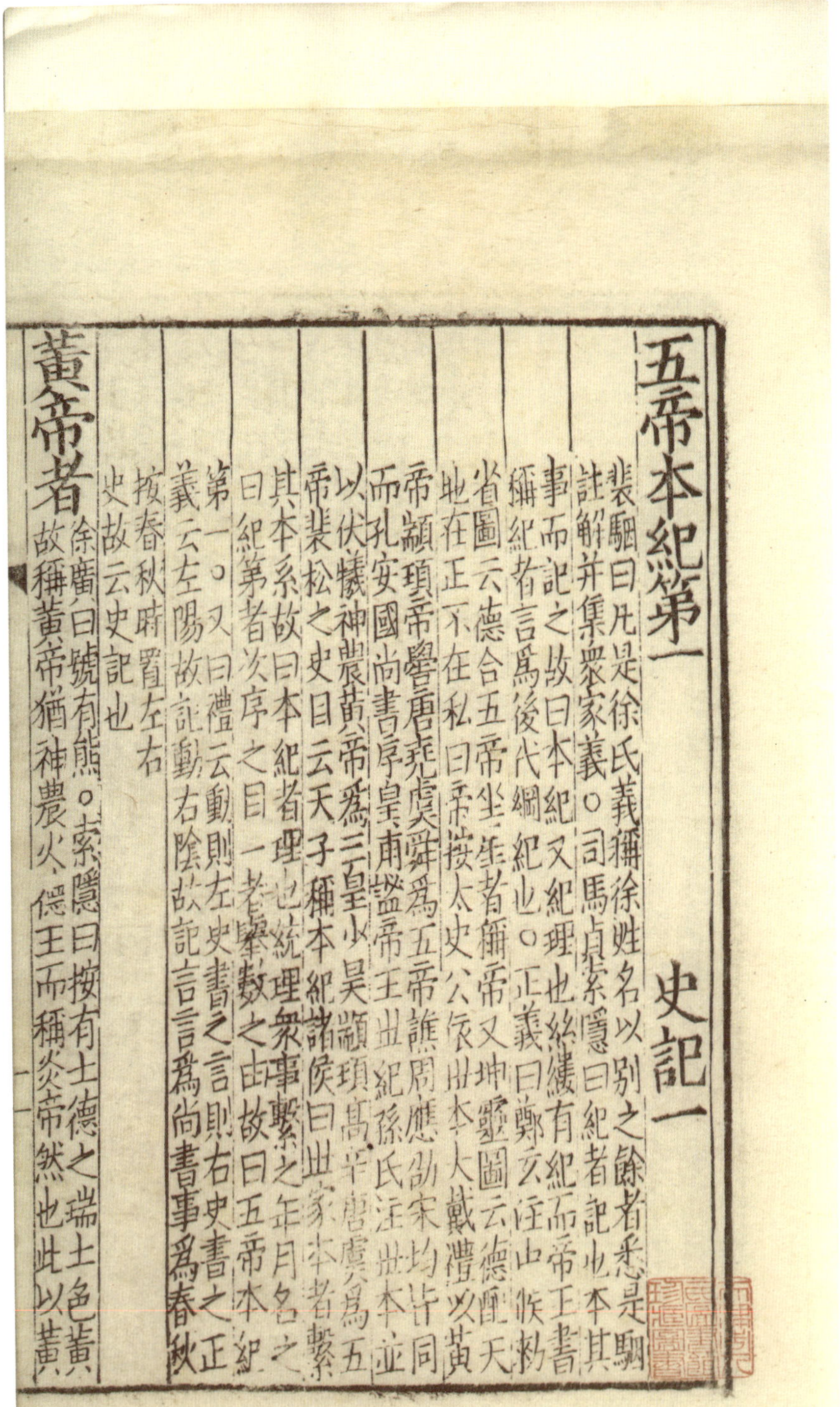
五帝本紀第一　史記一
裴駰曰凡是徐氏義稱徐姓名以别之餘者悉是駰
註解并集衆家義○司馬貞索隱曰紀者記也本其
事而記之故曰本紀又紀理也絲縷有紀而帝王書
稱紀者言爲後代綱紀也○正義曰鄭玄注中候敕
省圖云德合五帝坐星者稱帝又坤靈圖云德配天
地在正不在私曰帝按太史公依世本大戴禮以黄
帝顓頊帝嚳唐堯虞舜爲五帝譙周應劭宋均皆同
而孔安國尚書序皇甫謐帝王世紀孫氏注世本並
以伏犧神農黄帝爲三皇少昊顓頊高辛唐虞爲五
帝裴松之史目云天子稱本紀諸侯曰世家本者繫
其本系故曰本紀者理也統理衆事繫之年月名之
曰紀第者次序之目一者舉數之由故曰五帝本紀
第一○又曰禮云動則左史書之言則右史書之正
義云左陽故記動右陰故記言言爲尚書事爲春秋
按春秋時置左右
史故云史記也
黄帝者徐廣曰號有熊○索隱曰按有土德之瑞土色黄
故稱黄帝猶神農火德王而稱炎帝然也此以黄
一

定一級

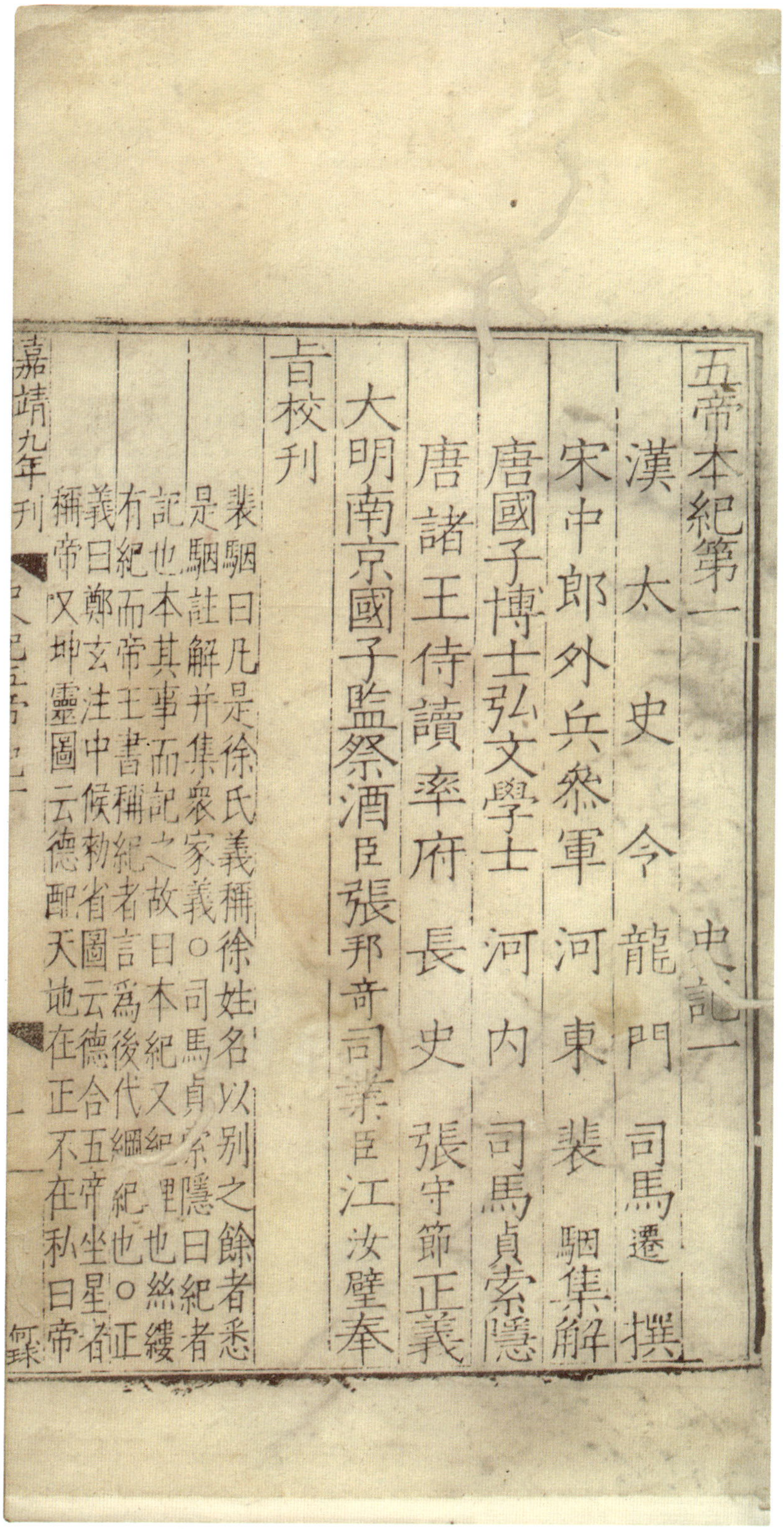
五帝本紀第一　史記一

漢　太　史　令　龍　門　司馬遷　撰

宋中郎外兵參軍河東　裴　駰集解

唐國子博士弘文學士　河內　司馬貞索隱

唐諸王侍讀率府長史　張守節正義

大明南京國子監祭酒臣張邦奇司業臣江汝璧奉

旨校刊

裴駰曰凡是徐氏義稱徐姓名以別之餘者悉是駰註解并集衆家義○司馬貞索隱曰紀者記也本其事而記之故曰本紀又紀理也絲縷有紀而帝王書稱紀者言爲後代綱紀也○正義曰鄭玄注中候勑省圖云德合五帝坐星者稱帝又坤靈圖云德配天地在正不在私曰帝

嘉靖九年刊

史記一百三十卷

明嘉靖八至九年南京國子監刻本

史記一百三十卷　明萬曆張守約刻本

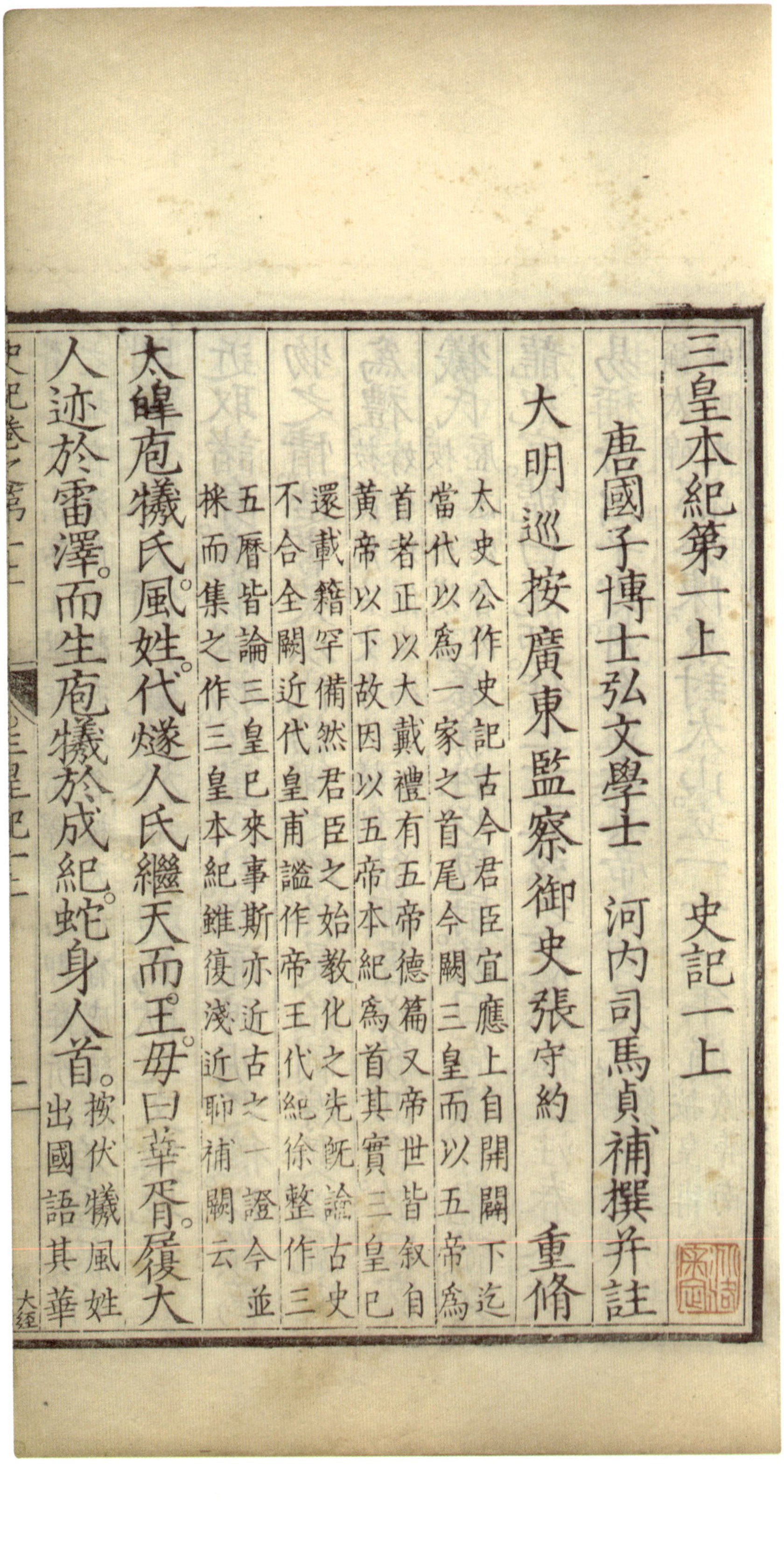
三皇本紀第一上　　史記一上

唐國子博士弘文學士　河内司馬貞補撰并註

大明巡按廣東監察御史張守約　重脩

太史公作史記古今君臣宜應上自開闢下迄當代以爲一家之首尾今闕三皇而以五帝爲首者正以大戴禮有五帝德篇又帝世皆叙自黄帝以下故因以五帝本紀爲首其實三皇已還載籍罕備然君臣之始教化之先旣論古史不合全闕近代皇甫謐作帝王代紀徐整作三五曆皆論三皇已來事斯亦近古之一證今並採而集之作三皇本紀雖復淺近聊補闕云

太皡庖犧氏風姓。代燧人氏繼天而王。母曰華胥。履大人迹於雷澤。而生庖犧於成紀。蛇身人首。按伏犧風姓出國語其華

史記一百三十卷　明萬曆二十四年南京國子監刻明清遞修本

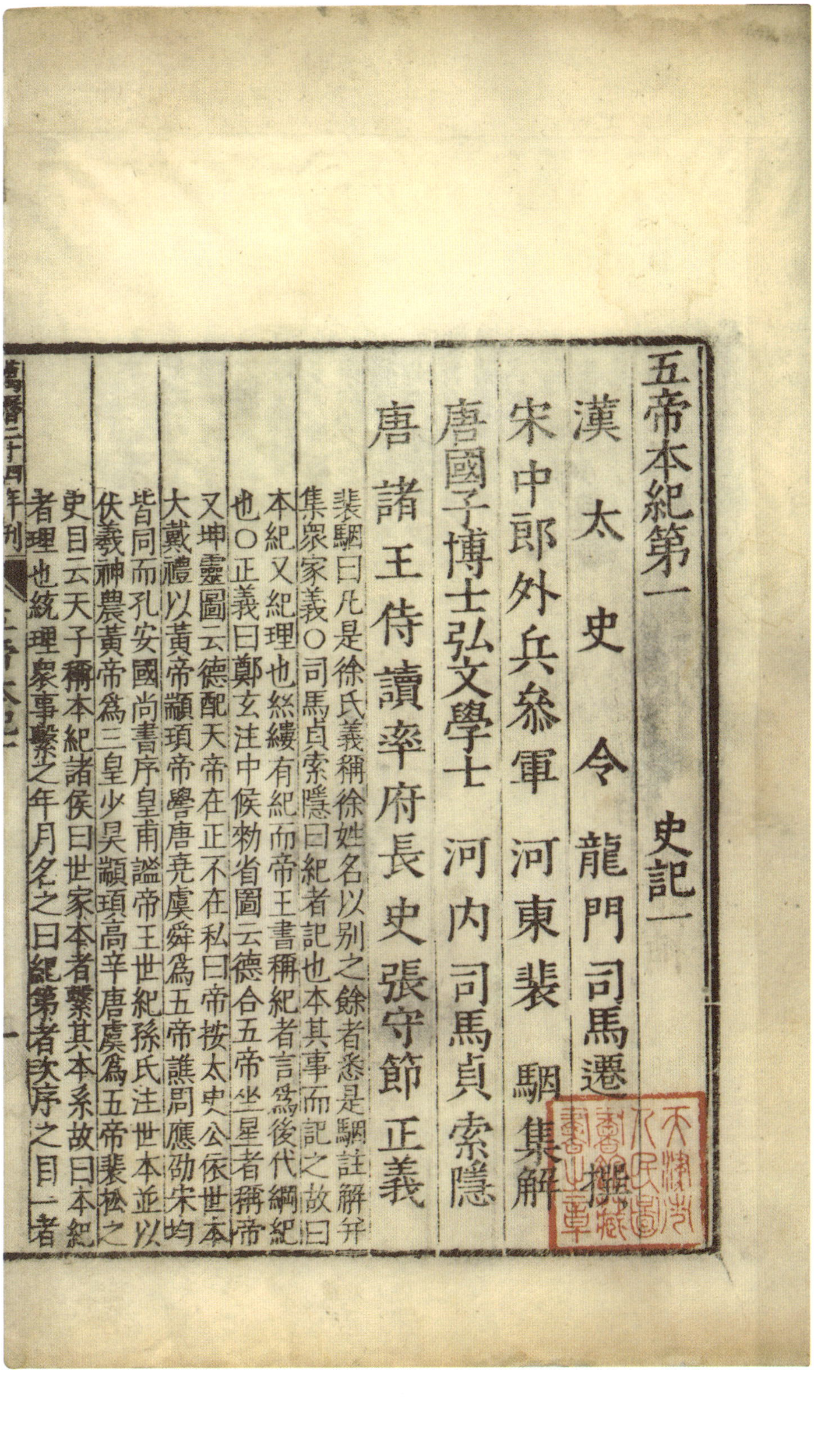

五帝本紀第一　　史記一

漢　太　史　令　龍門司馬遷　撰

宋中郎外兵參軍　河東裴　駰集解

唐國子博士弘文學士　河内司馬貞索隱

唐諸王侍讀率府長史張守節正義

裴駰曰凡是徐氏義稱徐姓名以別之餘者悉是駰註解并
集衆家義○司馬貞索隱曰紀者記也本其事而記之故曰
本紀又紀理也絲縷有紀而帝王書稱紀者言爲後代綱紀
也○正義曰鄭玄注中候勑省圖云德合五帝坐星者稱帝
又坤靈圖云德配天帝在正不在私曰帝按太史公依世本
大戴禮以黃帝顓頊帝嚳唐堯虞舜爲五帝譙周應劭宋均
皆同而孔安國尚書序皇甫謐帝王世紀孫氏注世本並以
伏羲神農黃帝爲三皇少昊顓頊高辛唐虞爲五帝裴松之
史目云天子稱本紀諸侯曰世家本者繫其本系故曰本紀
者理也統理衆事繫之年月名之曰紀第者次序之目一者

史記評林一百三十卷　明萬曆二至四年淩稚隆刻本

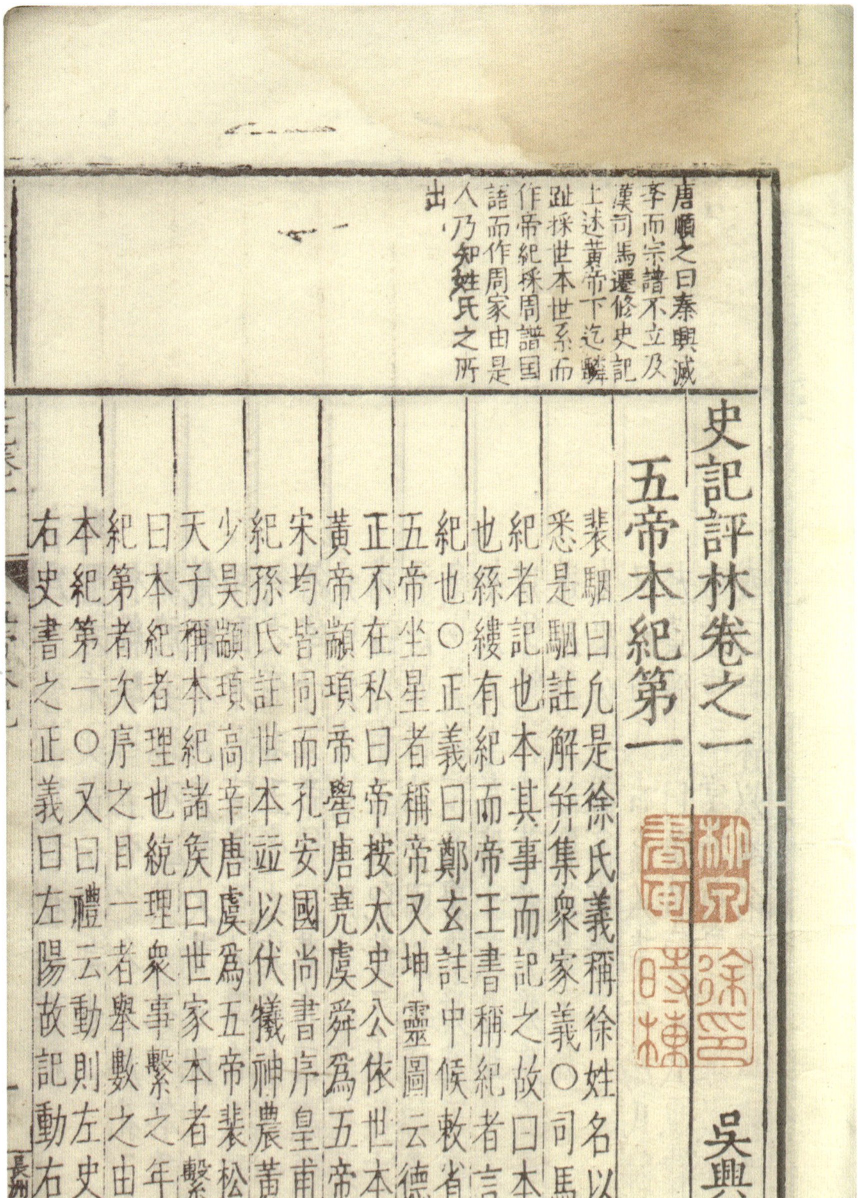

唐順之曰秦興滅李而宗譜不立及漢司馬遷修史記上述黃帝下迄麟趾採世本世系而作帝紀採周譜國語而作周家由是人乃知姓氏之所出

史記評林卷之一

吳興凌稚隆輯校

五帝本紀第一

裴駰曰凡是徐氏義稱徐姓名以別之餘者悉是駰註解并集衆家義○司馬貞索隱曰紀者記也本其事而記之故曰本紀又紀理也絲縷有紀而帝王書稱紀者言爲後代綱紀也○正義曰鄭玄註中候敕省圖云德合五帝坐星者稱帝又坤靈圖云德配天地在正不在私曰帝按太史公依世本大戴禮以黃帝顓頊帝嚳唐堯虞舜爲五帝譙周應劭宋均皆同而孔安國尚書序皇甫謐帝王世紀孫氏註世本竝以伏犧神農黃帝爲三皇少昊顓頊高辛唐虞爲五帝裴松之史目云天子稱本紀諸侯曰世家本者繫其本系故曰本紀者理也統理衆事繫之年月名之曰紀第者次序之目一者舉數之由故曰五帝本紀第一○又曰禮云動則左史書之言則右史書之正義曰左陽故記動右陰故記言

長洲顧檈寫同邑徐安易刊

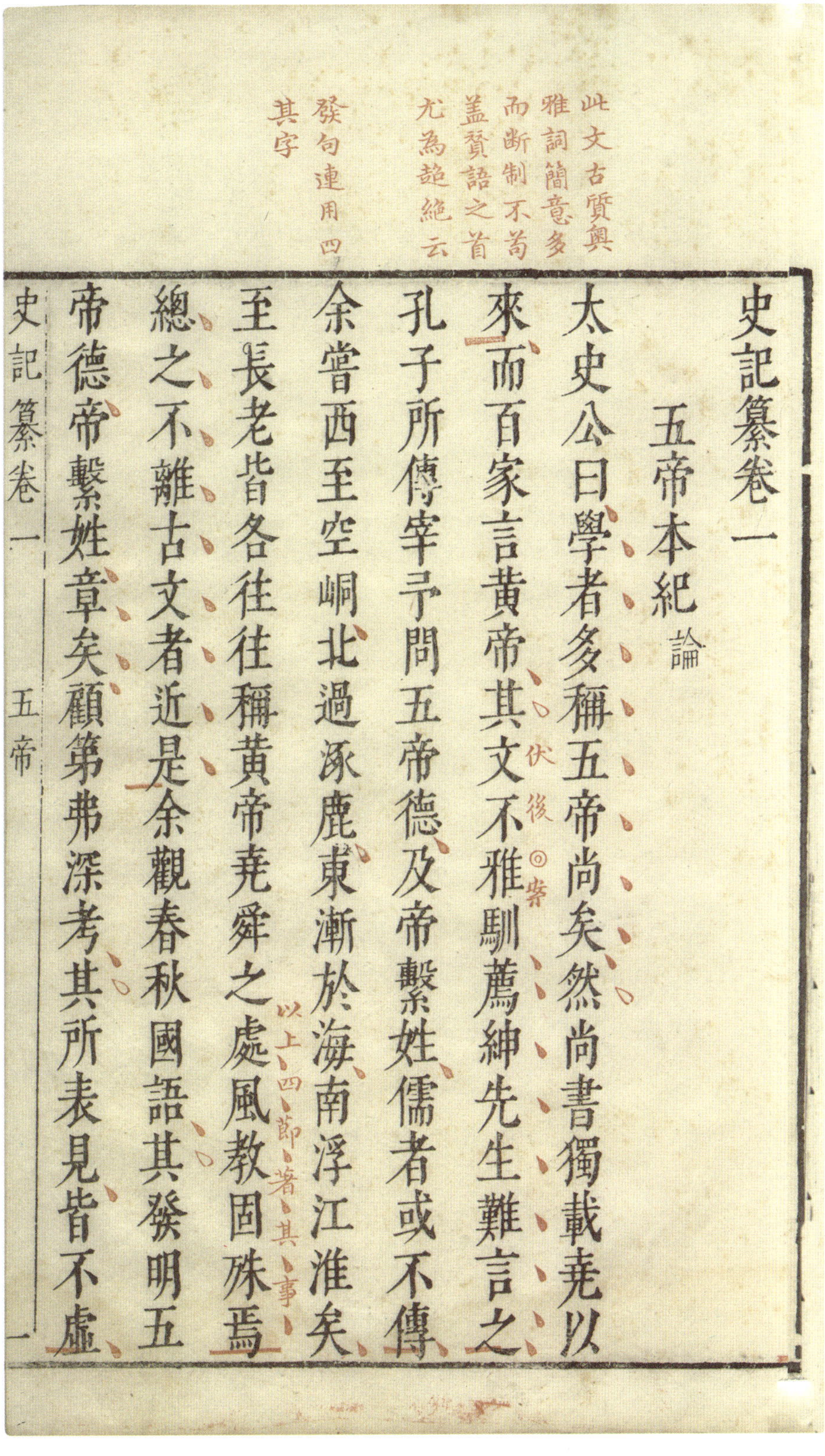
此文古質典雅詞簡意多而斷制不苟蓋贊語之首尤為超絕云
發句連用四其字

史記纂卷一

五帝本紀 論

太史公曰學者多稱五帝尚矣然尚書獨載堯以來而百家言黃帝其文不雅馴薦紳先生難言之孔子所傳宰予問五帝德及帝繫姓儒者或不傳余嘗西至空峒北過涿鹿東漸於海南浮江淮矣至長老皆各往往稱黃帝堯舜之處風教固殊焉總之不離古文者近是余觀春秋國語其發明五帝德帝繫姓章矣顧第弗深考其所表見皆不虛

伏後◎案

以上四節著其事

史記纂卷一 五帝 一

史記纂二十四卷
明萬曆七年淩氏刻套印本

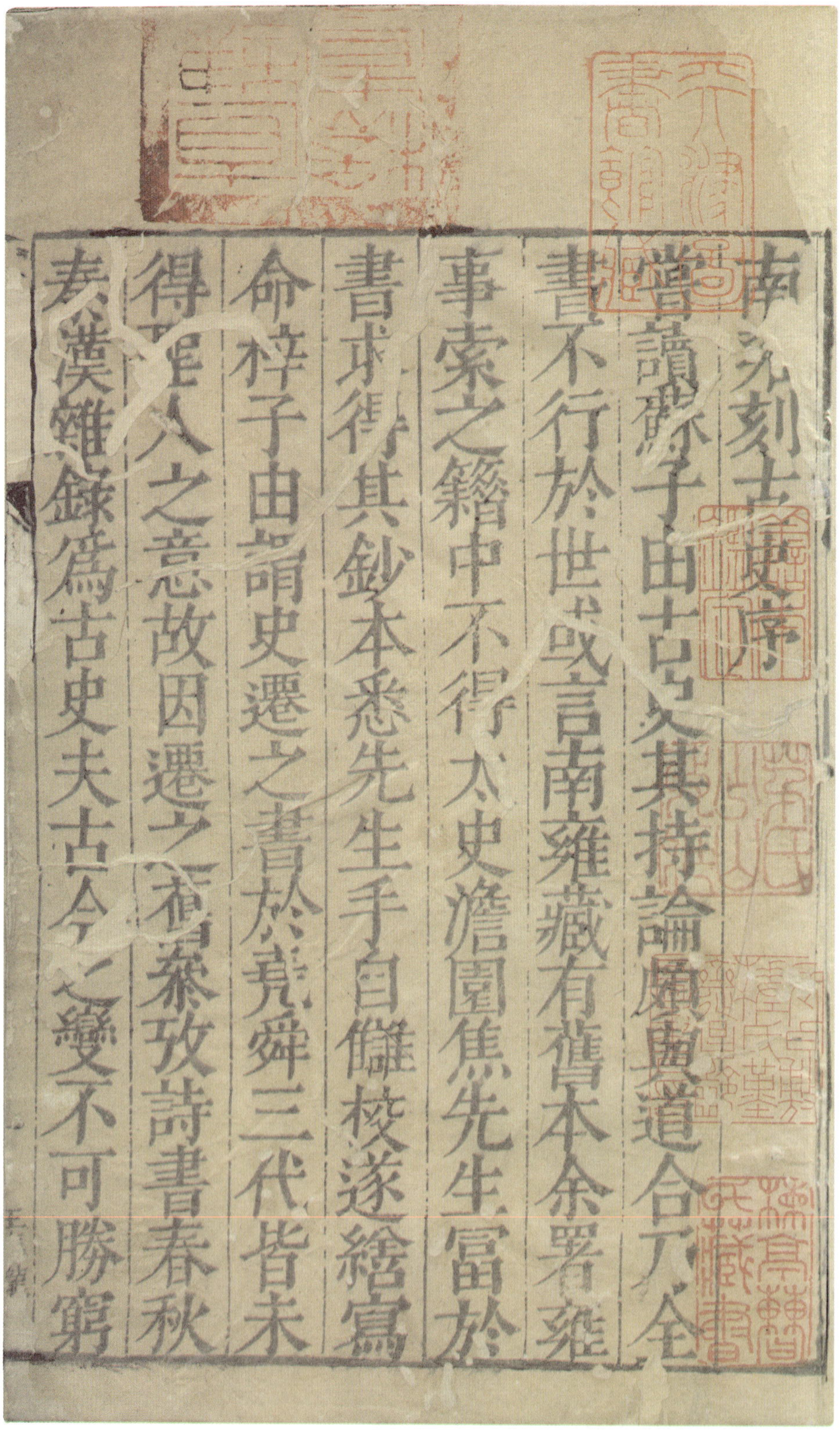
南雍刻古史序
嘗讀蘇子由古史其持論屢與道合而全
書不行於世或言南雍藏有舊本余署雍
事索之籍中不得太史澹園焦先生富於
書求得其鈔本悉先生手自讎校遂繕寫
命梓子由補史遷之書於堯舜三代皆未
得聖人之意故因遷之舊參攷詩書春秋
及漢雜錄爲古史夫古今之變不可勝窮

古史六十卷　明萬曆四十年南京國子監刻本

五代史記七十四卷

元崇文書院刻明嘉靖遞修本

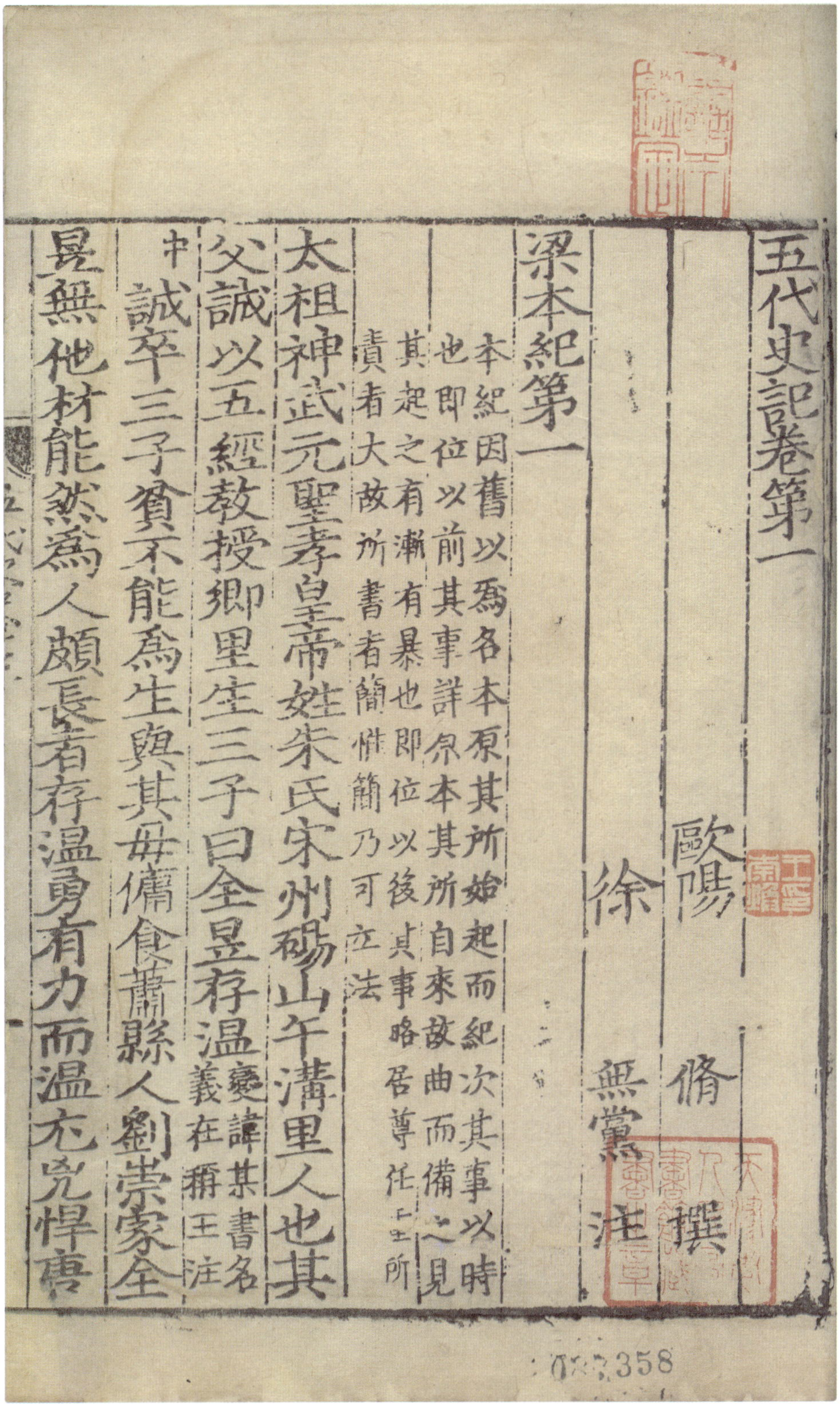
五代史記卷第一

歐陽 脩 撰

徐 無黨 注

梁本紀第一

本紀因舊以爲名本原其所始起而紀次其事以時也即位以前其事詳原本其所自來故曲而備之見其起之有漸有暴也即位以後其事略居尊任重所責者大故所書者簡惟簡乃可立法

太祖神武元聖孝皇帝姓朱氏宋州碭山午溝里人也其父誠以五經教授鄉里生三子曰全昱存温温變諱其書名義在稱王注誠卒三子貧不能爲生與其母傭食蕭縣人劉崇家全昱無他材能然爲人頗長者存温勇有力而温尤兇悍無

五代史記七十四卷　明嘉靖汪文盛等刻本

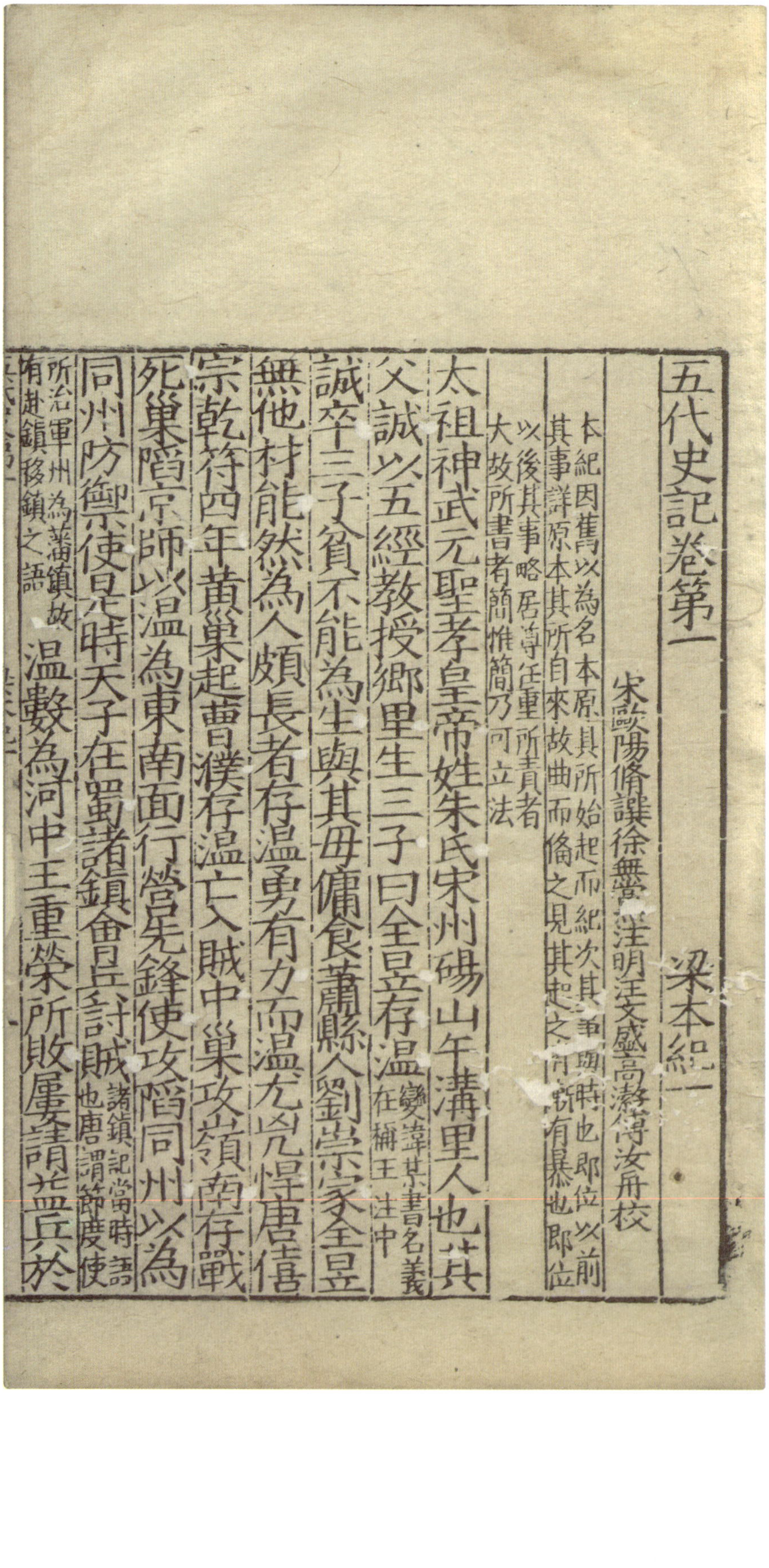

五代史記卷第一　　梁本紀一

宋歐陽脩譔徐無黨注明汪文盛高瀔傅汝舟校

本紀因舊以為名本原其所始起而紀次其事與時也即位以前其事詳原本其所自來故曲而備之見其起之有漸有暴也即位以後其事略居尊任重所責者大故所書者簡惟簡乃可立法

太祖神武元聖孝皇帝姓朱氏宋州碭山午溝里人也其父誠以五經教授鄉里生三子曰全昱存溫變諱某書名義在稱王注中誠卒三子貧不能為生與其母傭食蕭縣人劉崇家全昱無他材能然溫為人傾長者存溫勇有力而溫尤凶悍唐僖宗乾符四年黃巢起曹濮存溫亡入賊中巢攻嶺南存戰死巢陷京師以溫為東南面行營先鋒使攻陷同州以為同州防禦使是時天子在蜀諸鎮會兵討賊諸鎮記當時語也唐謂節度使所治軍州為藩鎮故有某鎮移鎮之語溫數為河中王重榮所敗屢請益兵於

定一級

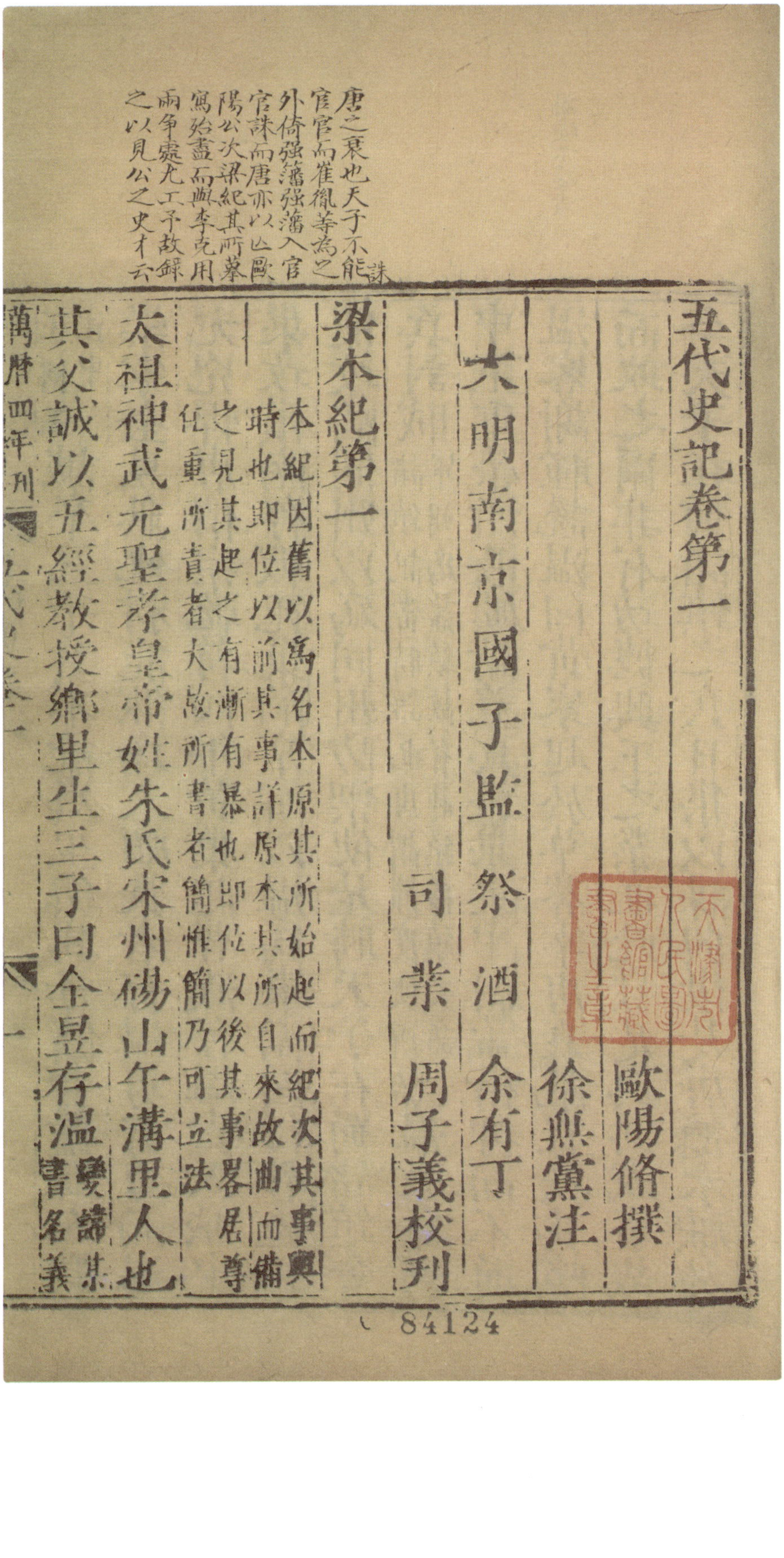
誅 唐之衰也天子不能宦官而崔胤等爲之外倚強藩強藩入宦官誅而唐亦以亡歐陽公次梁紀其所纂寫殆盡而與李克用兩爭處尤工予故録之以見公之史才云

五代史記卷第一

歐陽脩撰

徐無黨注

大明南京國子監祭酒余有丁

司業周子義校刊

梁本紀第一

本紀因舊以爲名本原其所始起而紀次其事與時也即位以前其事詳原本其所自來故曲而備之見其起之有漸有暴也即位以後其事畧居尊任重所責者大故所書者簡惟簡乃可立法

太祖神武元聖孝皇帝姓朱氏宋州碭山午溝里人也

其父誠以五經教授鄉里生三子曰全昱存温變歸朱書名義

萬曆四年刊 五代史卷一 一

五代史記七十四卷 明萬曆四年南京國子監刻清順治 康熙遞修本

前漢書一百卷　明德藩最樂軒刻本

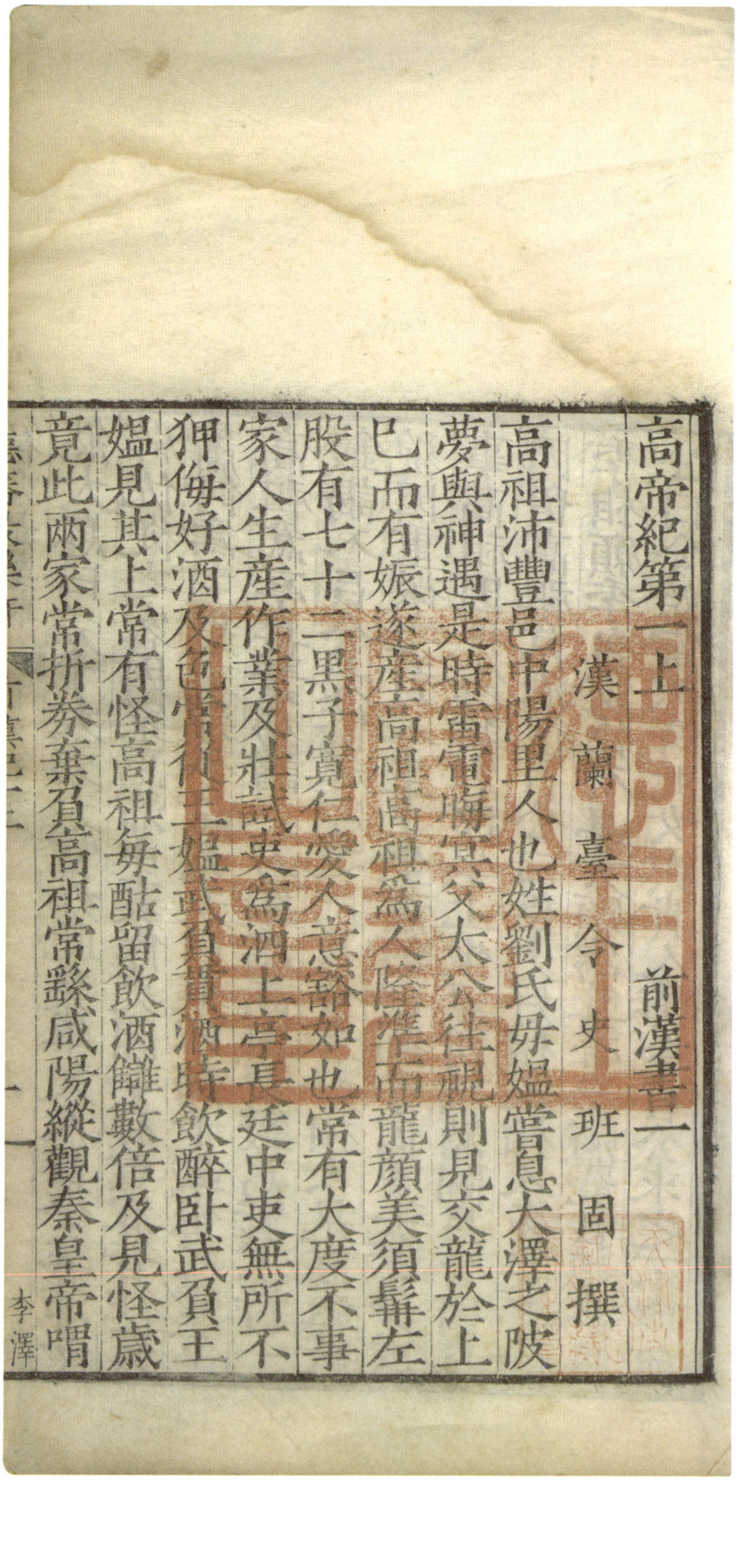
高帝紀第一上　前漢書一
漢　蘭　臺　令　史　班　固　撰
高祖沛豐邑中陽里人也姓劉氏母媪嘗息大澤之陂夢與神遇是時雷電晦冥父太公往視則見交龍於上已而有娠遂產高祖高祖為人隆準而龍顏美須髯左股有七十二黑子寬仁愛人意豁如也常有大度不事家人生產作業及壯試吏為泗上亭長廷中吏無所不狎侮好酒及色常從王媪武負貰酒時飲醉臥武負王媪見其上常有怪高祖每酤留飲酒讎數倍及見怪歲竟此兩家常折券棄責高祖常繇咸陽縱觀秦皇帝喟

李澤

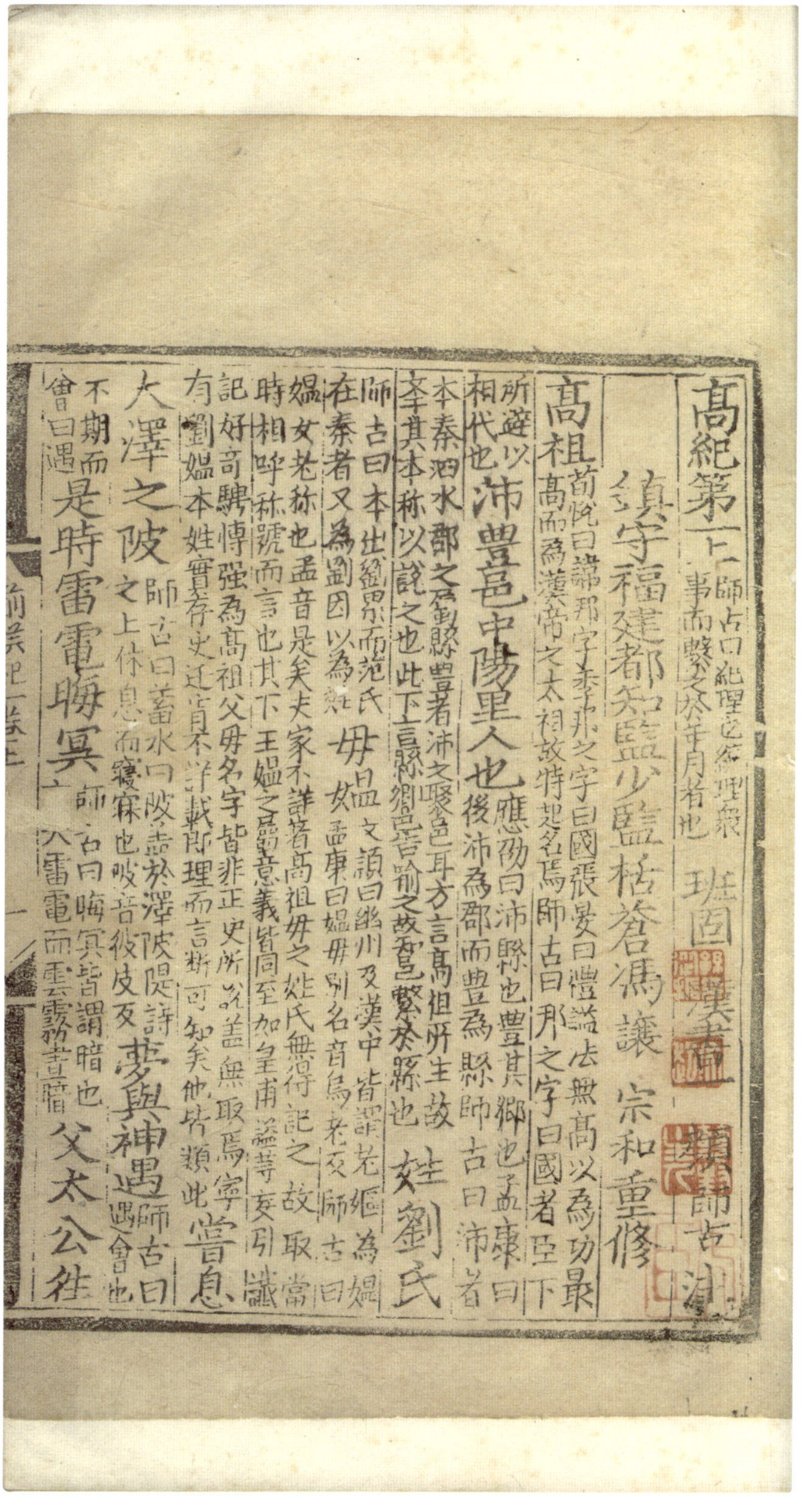
高紀第一上 師古曰紀理也統理衆事而繫之於年月者也 班固 漢書 顏師古 注
鎮守福建都知監少監梧蒼馮讓 宗和重修
高祖 荀悅曰諱邦字季邦之字曰國張晏曰禮謚法無高以為功最高而為漢帝之太祖故特起名焉師古曰邦之字曰國者臣下所避以相代也 沛豐邑中陽里人也 應劭曰沛縣也豐其鄉也孟康曰後沛為郡而豐為縣師古曰沛者本秦泗水郡之屬縣豐者沛之聚邑耳方言高祖所生故舉其本稱以說之也此下言縣鄉邑告諭之故單言縣也 姓劉氏 師古曰本出劉累而范氏在秦者又為劉因以為姓 母媪 文穎曰幽州及漢中皆謂老嫗為媪孟康曰媪母別名音烏老反師古曰媪女老稱也孟音是矣史家不詳著高祖母之姓氏無得記之故取當時相呼稱號而言也其下王媪之屬意義皆同至如皇甫謐等妄引讖記好奇騁博強為高祖父母名字皆非正史所說蓋無取焉寧有劉媪本姓實存史遷肯不詳載即理而言斷可知矣他皆類此 嘗息大澤之陂 師古曰蓄水曰陂蓋於澤陂隄之上休息而寢寐也陂音彼皮反 夢與神遇 師古曰遇會也不期而會曰遇 是時雷電晦冥 師古曰晦冥皆謂暗也 父太公往

漢書一百卷 宋刻元明遞修本

漢書一百卷　明刻嘉靖十六年廣東崇正書院重修本

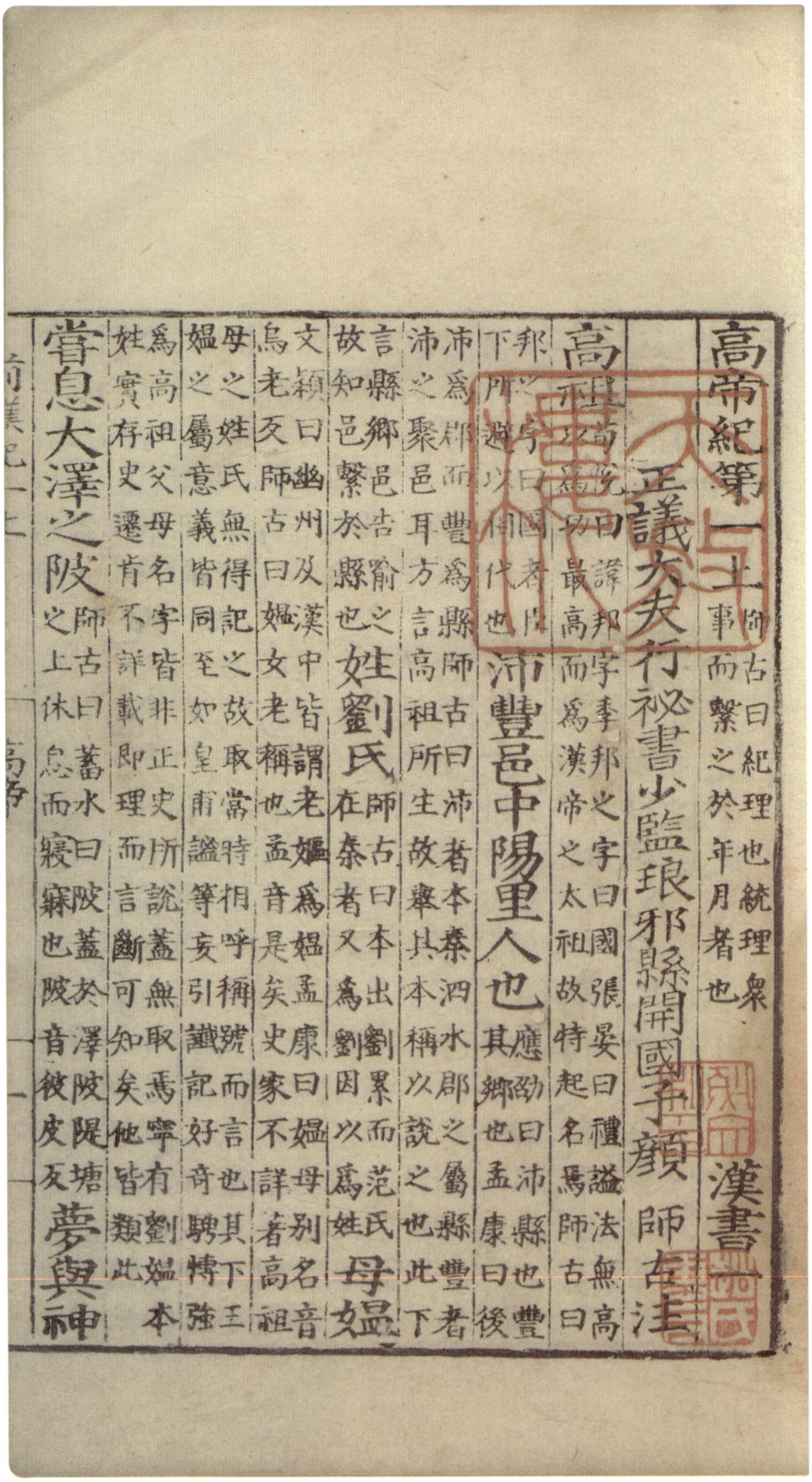

高帝紀第一上 師古曰紀理也統理衆事而繫之於年月者也　漢書一

正議大夫行祕書少監琅邪縣開國子顔師古注

高祖 荀悅曰諱邦字季邦之字曰國張晏曰禮謚法無高以爲功最高而爲漢帝之太祖故特起名焉師古曰邦之字曰國者臣下所避以相代也 沛豐邑中陽里人也 應劭曰沛縣也豐其鄉也孟康曰後沛爲郡而豐爲縣師古曰沛者本秦泗水郡之屬縣豐者沛之聚邑耳方言高祖所生故舉其本稱以說之也此下言縣鄉邑告諭之故知邑繫於縣也 姓劉氏 師古曰本出劉累而范氏在秦者又爲劉因以爲姓 母媼 文穎曰幽州及漢中皆謂老嫗爲媼孟康曰媼母別名音烏老反師古曰媼女老稱也孟音是矣史家不詳著高祖母之姓氏無得記之故取當時相呼稱號而言也其下王媼之屬意義皆同至如皇甫謐等妄引讖記好奇騁博強爲高祖父母名字皆非正史所說蓋無取焉寧有劉媼本姓實存史遷肯不詳載即理而言斷可知矣他皆類此 嘗息大澤之陂 師古曰蓄水曰陂蓋於澤陂隄塘之上休息而寢寐也陂音彼皮反 夢與神

前漢紀一上　高帝　一

漢書一百卷

明嘉靖汪文盛刻二十八年周采等重修本

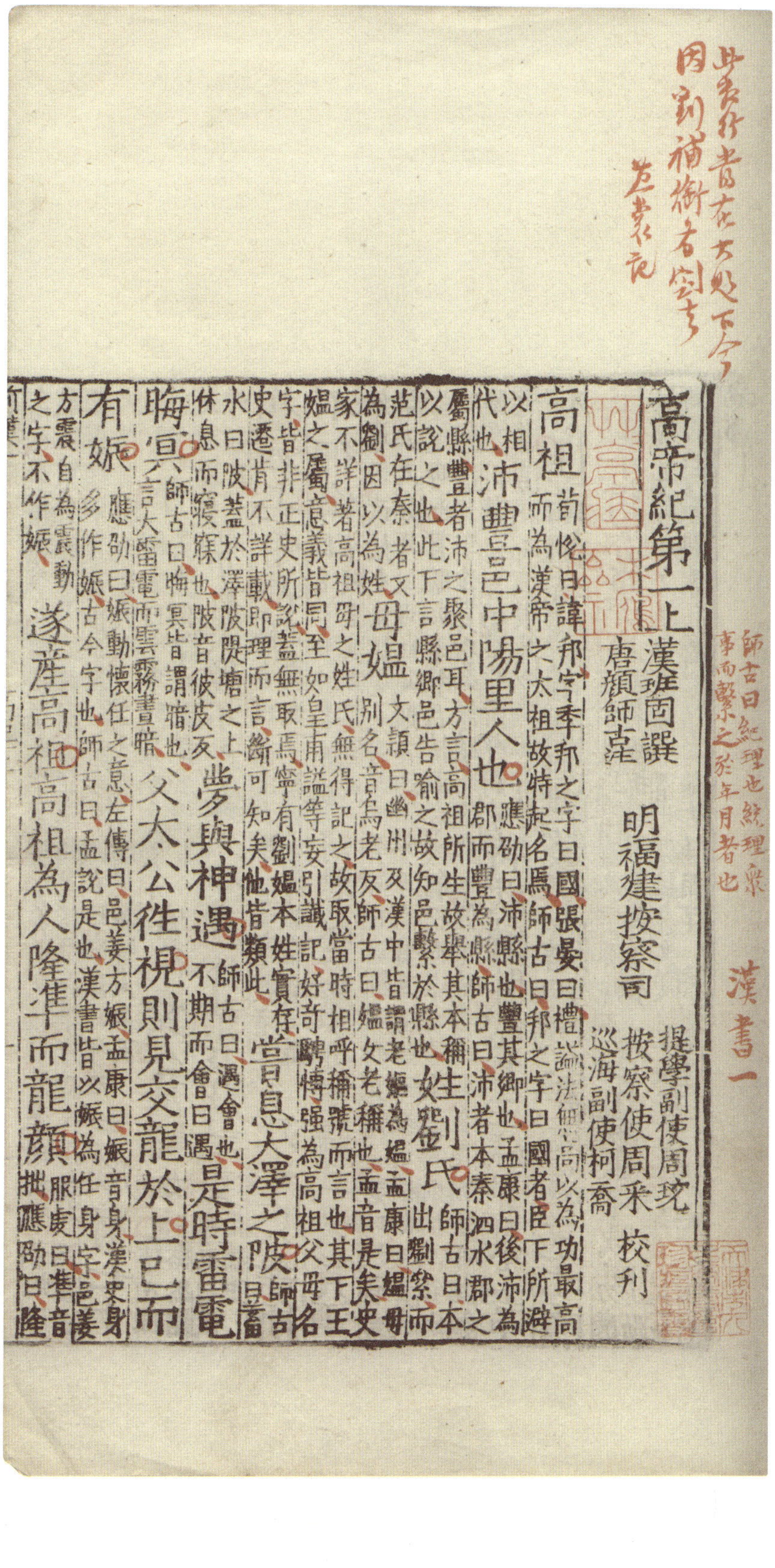

定級

班馬異同三十五卷

明嘉靖十六年李元陽校刻本

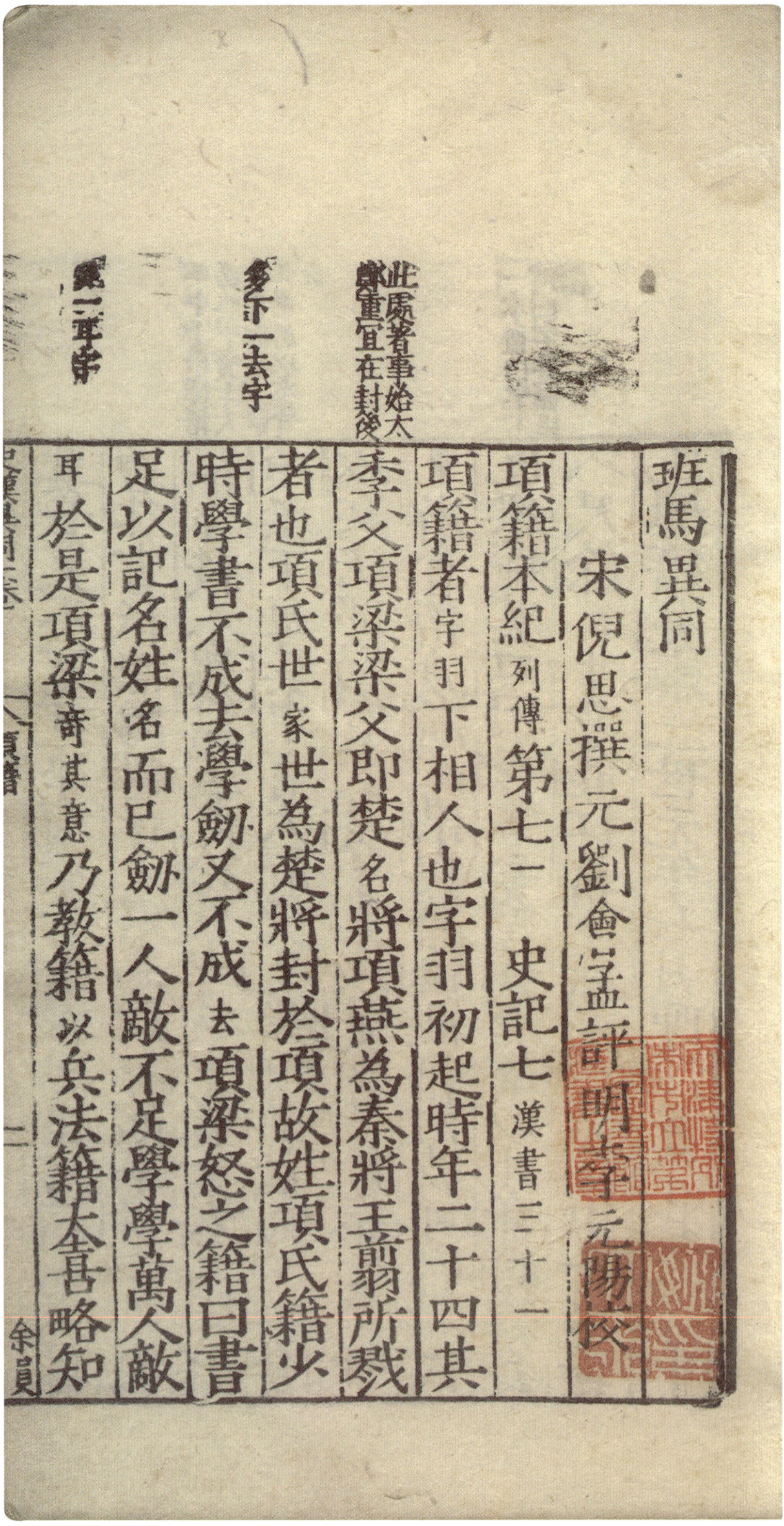

此處著事始太鄙重宜在封後

多下一去字

少一耳字

班馬異同

宋倪思撰 元劉會孟評 明李元陽校

項籍本紀列傳第七一 史記七 漢書三十一

項籍者字羽下相人也字羽初起時年二十四其季父項梁梁父即楚名將項燕為秦將王翦所戮者也項氏世家世為楚將封於項故姓項氏籍少時學書不成去學劒又不成去項梁怒之籍曰書足以記名姓名而已劒一人敵不足學學萬人敵耳於是項梁奇其意乃教籍以兵法籍大喜略知

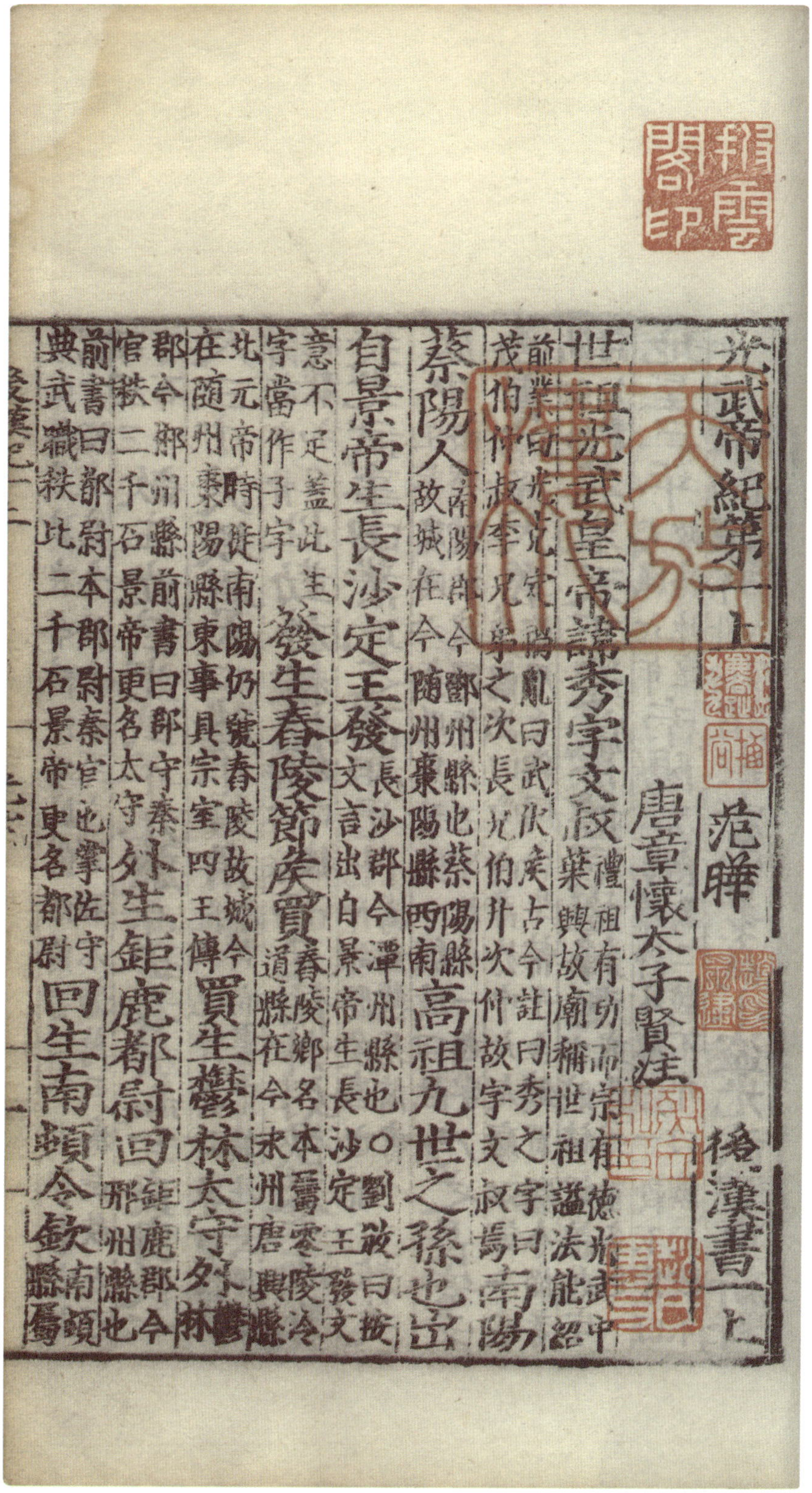
光武帝紀第一上　范曄　後漢書一上

唐章懷太子賢注

世祖光武皇帝諱秀字文叔禮祖有功而宗有德光武中興故廟稱世祖諡法能紹前業曰光克定禍亂曰武伏侯古今注曰秀之字曰茂伯仲叔季兄弟之次長兄伯升次仲故字文叔焉南陽蔡陽人南陽郡今鄧州縣也蔡陽縣故城在今隨州棗陽縣西南高祖九世之孫也出自景帝生長沙定王發長沙郡今潭州縣也○劉攽曰按文言出自景帝生長沙定王發文意不足蓋此生字當作子字發生舂陵節侯買舂陵鄉名本屬零陵冷道縣在今永州唐興縣北元帝時徙南陽仍號舂陵故城今在隨州棗陽縣東事具宗室四王傳買生鬱林太守外鬱林郡今郡州縣前書曰郡守秦官秩二千石景帝更名太守外生鉅鹿都尉回鉅鹿郡今邢州縣也前書曰都尉本郡尉秦官也掌佐守典武職秩比二千石景帝更名都尉回生南頓令欽南頓縣屬

後漢紀一上

後漢書九十卷　明刻嘉靖十六年廣東崇正書院重修本

後漢書九十卷　明嘉靖汪文盛刻二十八年周采等重修本

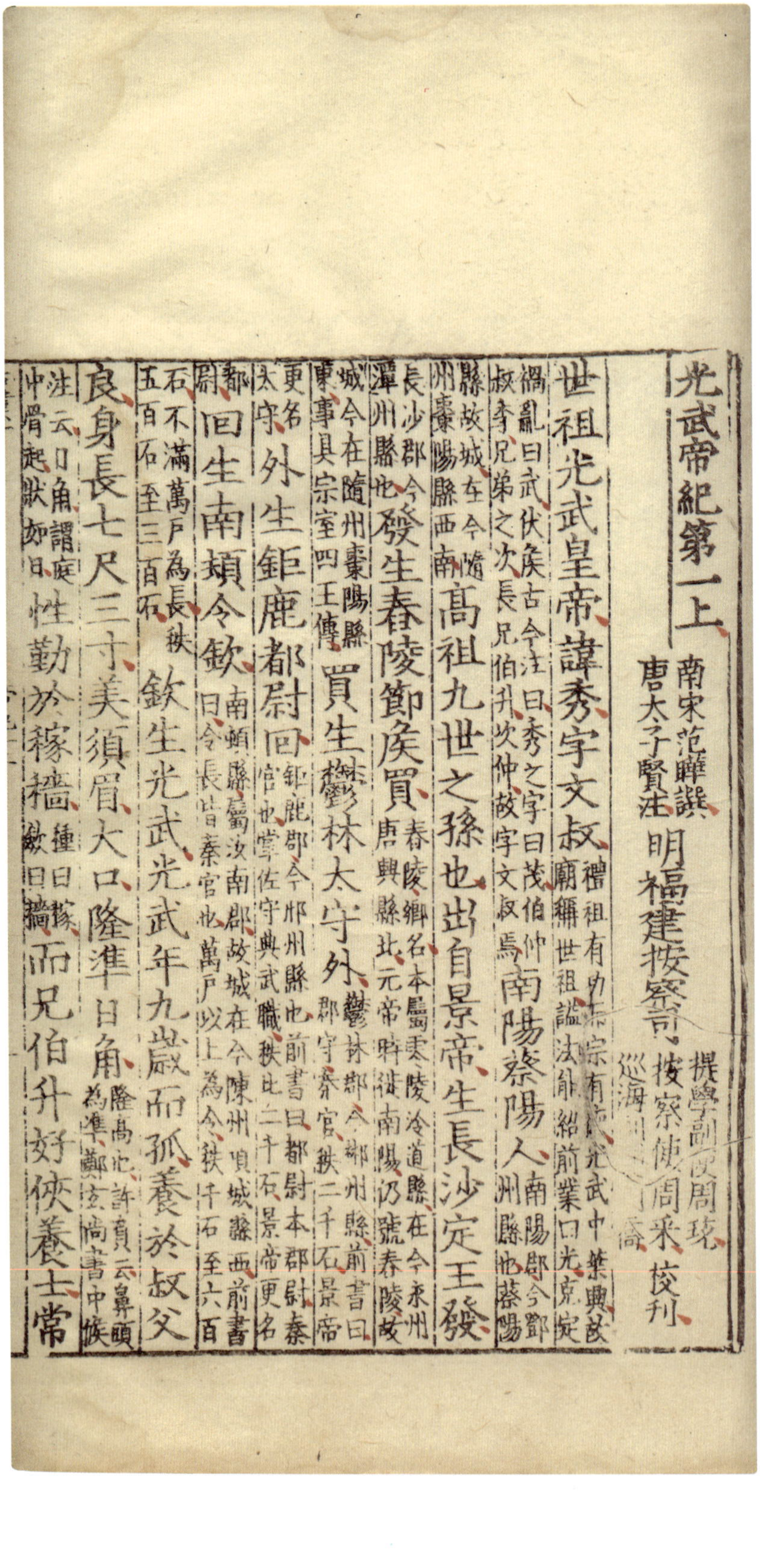

光武帝紀第一上

南宋范曄撰

唐太子賢注　明福建按察司提學副使周珫

按察使周采　校刊

巡海……僉

世祖光武皇帝諱秀字文叔禮祖有功而宗有德光武中興故廟稱世祖謚法能紹前業曰光克定禍亂曰武伏侯古今注曰秀之字曰茂伯仲叔季兄弟之次長兄伯升次仲故字文叔焉南陽蔡陽人南陽郡今鄧州縣也蔡陽縣故城在今隨州棗陽縣西南高祖九世之孫也出自景帝生長沙定王發長沙郡今潭州縣也發生舂陵節侯買舂陵鄉名本屬零陵泠道縣在今永州唐興縣北元帝時徙南陽仍號舂陵故城今在隨州棗陽縣東事具宗室四王傳買生鬱林太守外鬱林郡今鬱州縣前書曰郡守秦官秩二千石景帝更名太守外生鉅鹿都尉回鉅鹿郡今邢州縣也前書曰都尉本郡尉秦官也掌佐守典武職秩比二千石景帝更名都尉回生南頓令欽南頓縣屬汝南郡故城在今陳州項城縣西前書曰令長皆秦官也萬戶以上為令秩千石至六百石不滿萬戶為長秩五百石至三百石欽生光武光武年九歲而孤養於叔父良身長七尺三寸美須眉大口隆準日角隆高也許負云鼻頭為準鄭玄尚書中候注云日角謂庭中骨起狀如日性勤於稼穡種曰稼斂曰穡而兄伯升好俠養士常

定級

後漢書九十卷

明嘉靖八至九年南京國子監刻明清遞修本

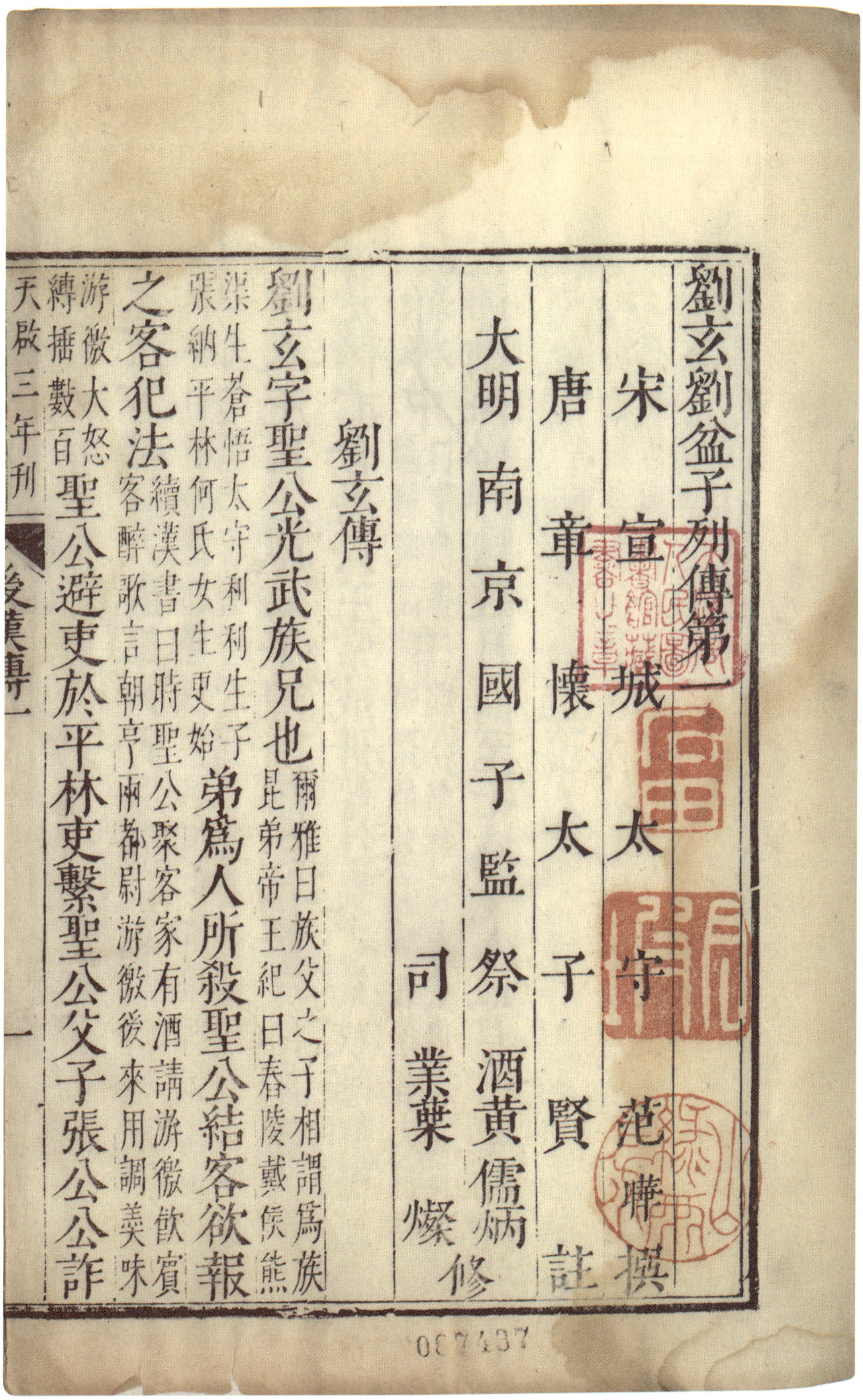

劉玄劉盆子列傳第一

宋　宣城　太守　范曄　撰

唐　章懷　太子　賢　註

大明南京國子監祭酒黃儒炳修

司　業葉　燦　修

劉玄傳

劉玄字聖公光武族兄也爾雅曰族父之子相謂爲族昆弟帝王紀曰春陵戴侯熊渠生蒼梧太守利利生子張納平林何氏女生更始弟爲人所殺聖公結客欲報之客犯法續漢書曰時聖公聚客家有酒請游徼飲賓客醉歌言朝亭兩都尉游徼後來用調羹味游徼大怒縛捶數百聖公避吏於平林吏繫聖公父子張公詐

天啟三年刊

後漢傳一　一

晉書一百三十卷 明崇禎毛氏汲古閣刻本

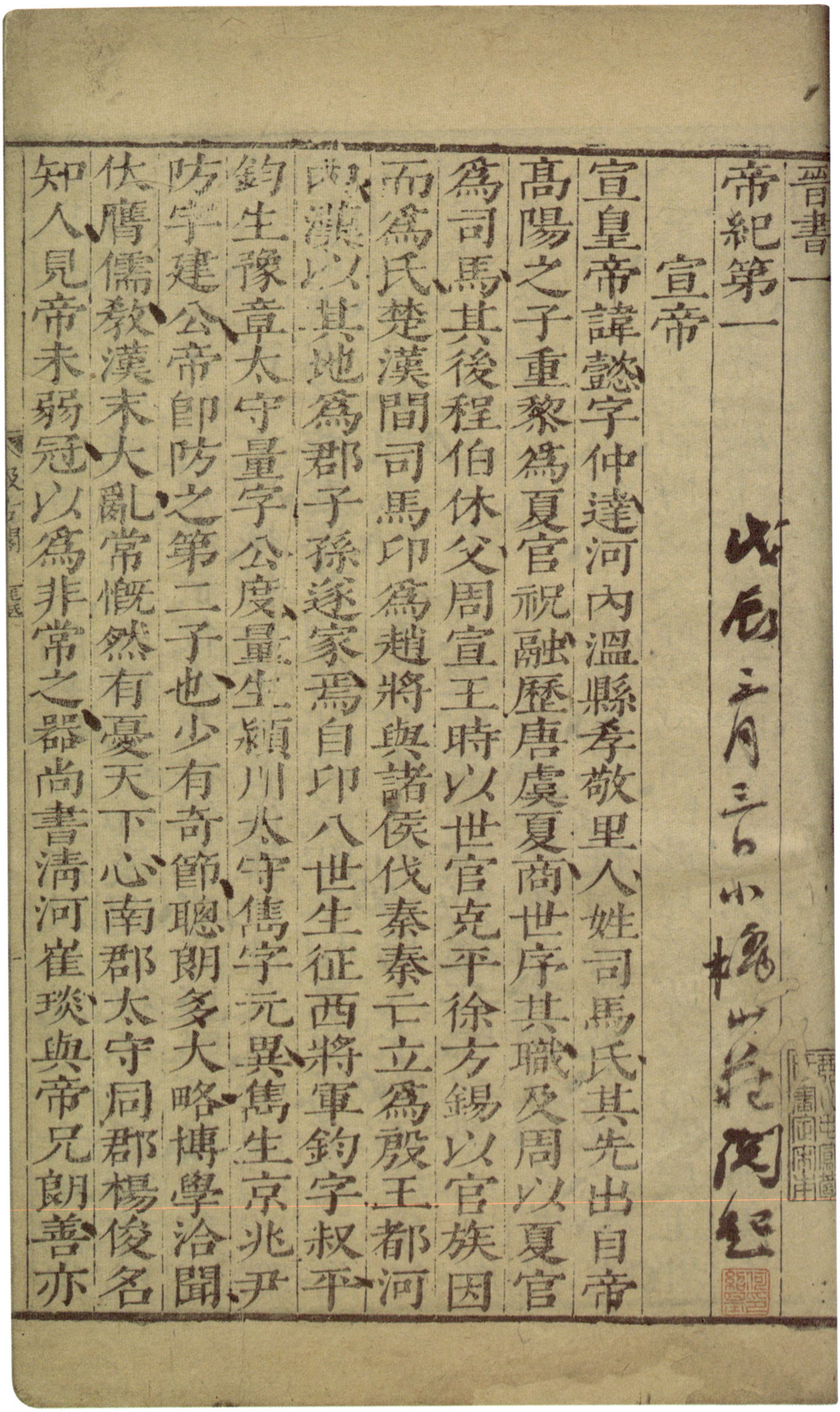

晉書一

帝紀第一

宣帝

宣皇帝諱懿字仲達河内溫縣孝敬里人姓司馬氏其先出自帝高陽之子重黎爲夏官祝融歷唐虞夏商世序其職及周以夏官爲司馬其後程伯休父周宣王時以世官克平徐方錫以官族因而爲氏楚漢間司馬卬爲趙將與諸侯伐秦秦亡立爲殷王都河内漢以其地爲郡子孫遂家焉自卬八世生征西將軍鈞字叔平鈞生豫章太守量字公度量生潁川太守儁字元異儁生京兆尹防字建公帝卽防之第二子也少有奇節聰朗多大略博學洽聞伏膺儒教漢末大亂常慨然有憂天下心南郡太守同郡楊俊名知人見帝未弱冠以爲非常之器尚書淸河崔琰與帝兄朗善亦

宋書一百卷　明萬曆二十六年北京國子監刻本

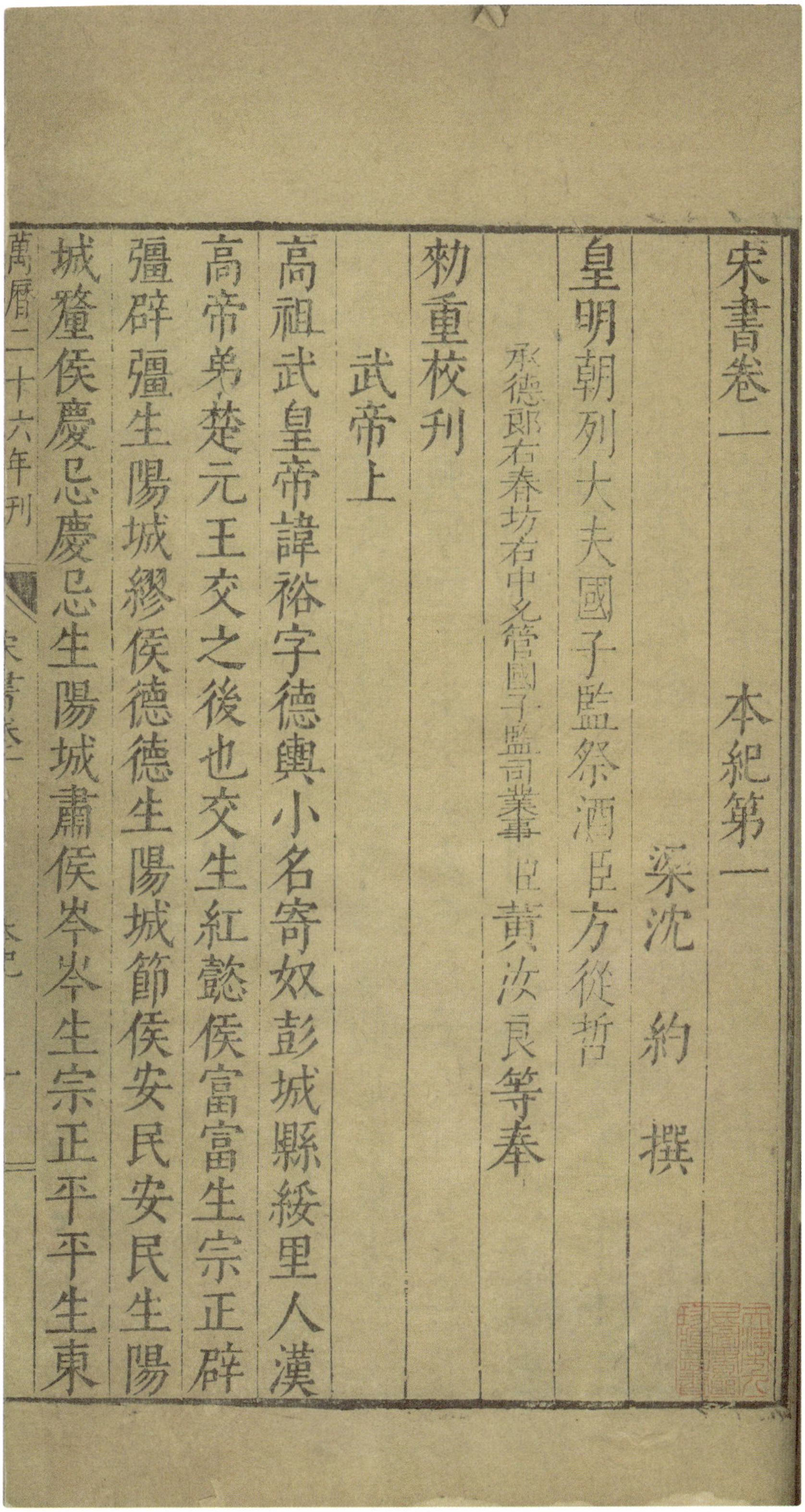
宋書卷一　本紀第一
梁沈約撰
皇明朝列大夫國子監祭酒臣方從哲
承德郎右春坊右中允管國子監司業臣黄汝良等奉
勅重校刊
武帝上
高祖武皇帝諱裕字德輿小名寄奴彭城縣綏里人漢
高帝弟楚元王交之後也交生紅懿侯富富生宗正辟
彊辟彊生陽城繆侯德德生陽城節侯安民安民生陽
城釐侯慶忌慶忌生陽城肅侯岑岑生宗正平平生東
萬曆二十六年刊　宋書卷一　本紀　一

梁書五十六卷　明萬曆三十三年北京國子監刻本

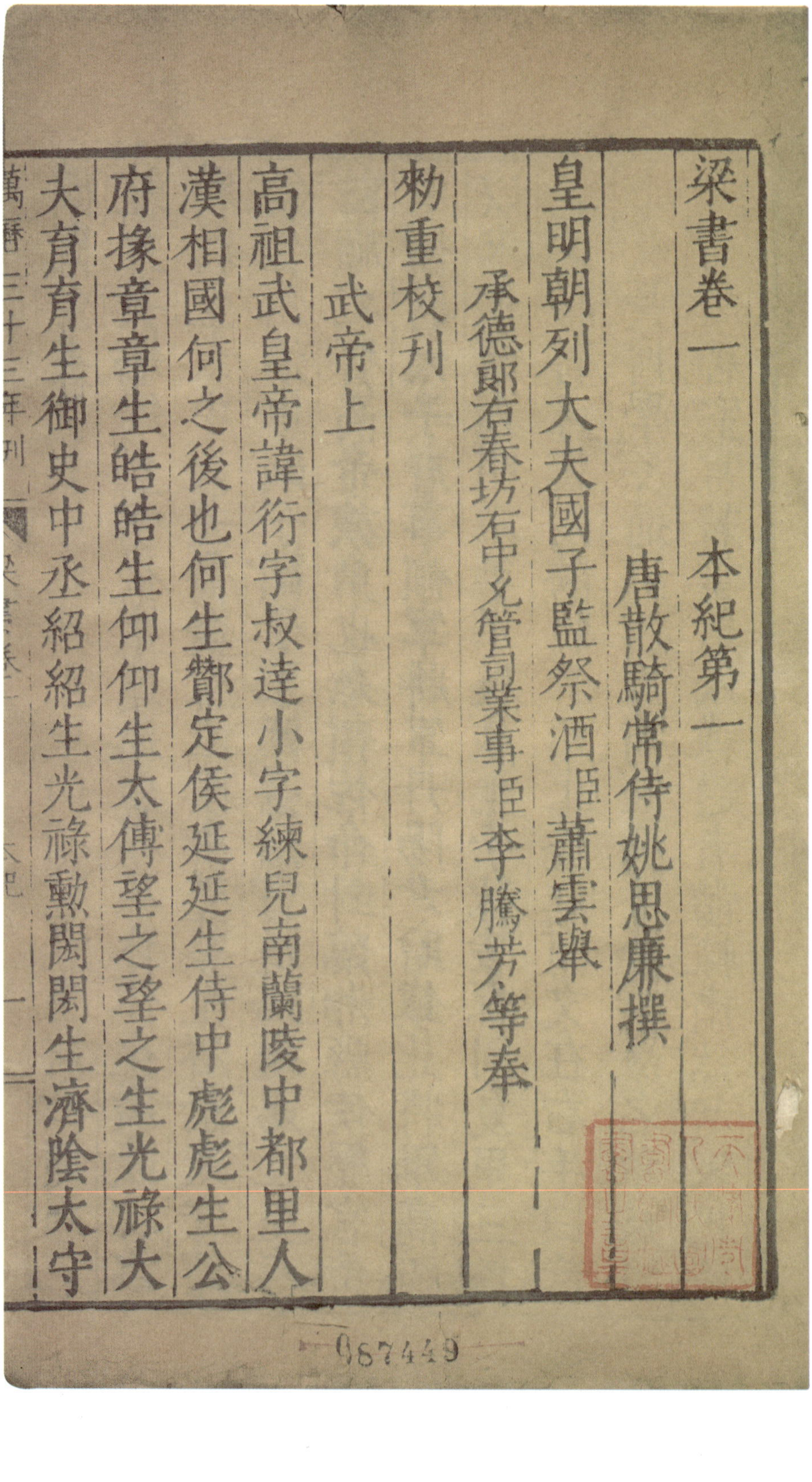
梁書卷一　本紀第一

唐散騎常侍姚思廉撰

皇明朝列大夫國子監祭酒臣蕭雲舉

承德郎右春坊右中允管司業事臣李騰芳等奉

勑重校刊

武帝上

高祖武皇帝諱衍字叔達小字練兒南蘭陵中都里人漢相國何之後也何生酇定侯延延生侍中彪彪生公府掾章章生皓皓生仰仰生太傅望之望之生光祿大夫育育生御史中丞紹紹生光祿勳閎閎生濟陰太守

萬曆三十三年刊　梁書卷一　本紀　一

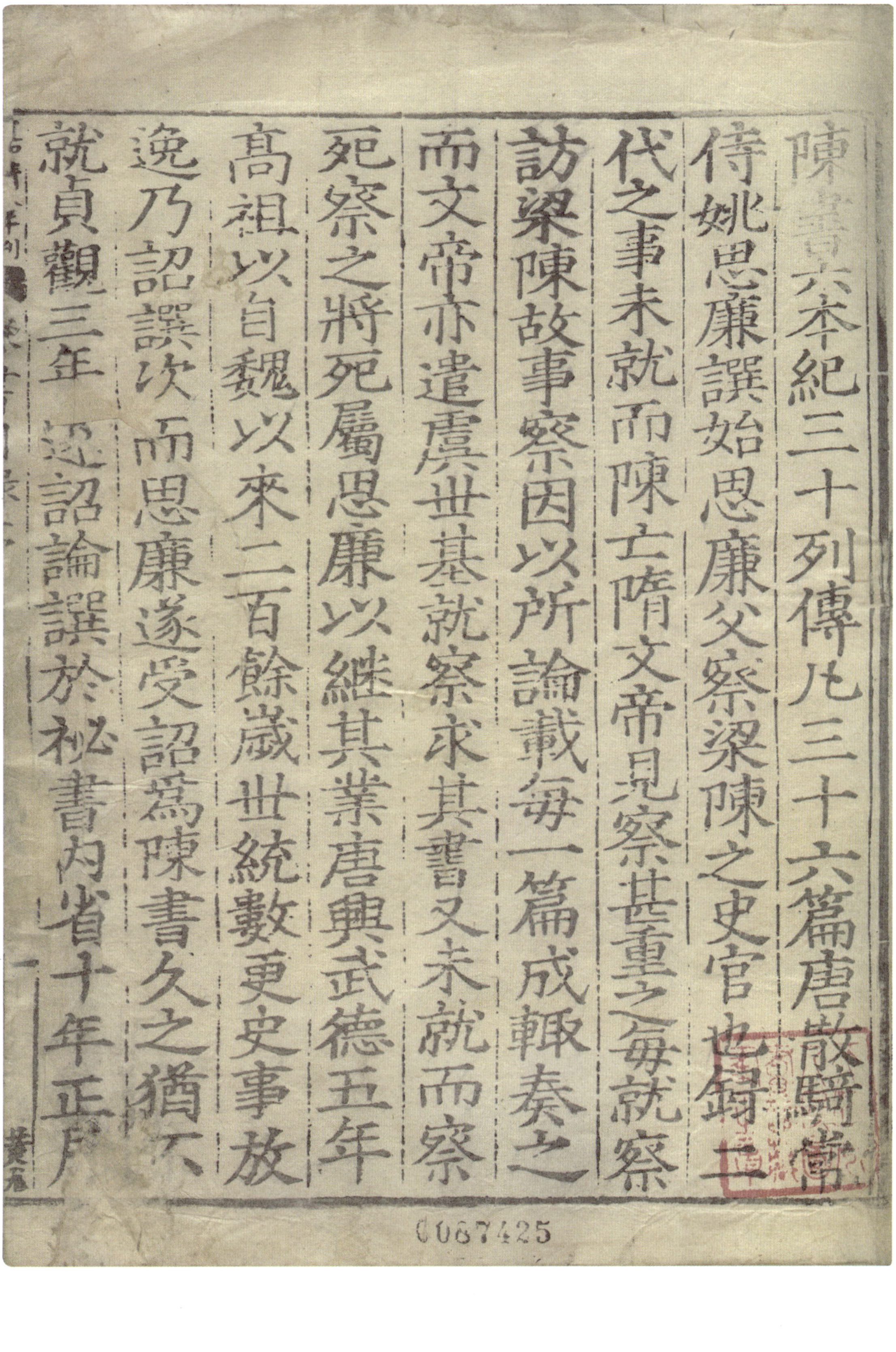
陳書六本紀三十列傳凡三十六篇唐散騎常
侍姚思廉撰始思廉父察梁陳之史官也録二
代之事未就而陳亡隋文帝見察甚重之每就察
訪梁陳故事察因以所論載每一篇成輒奏之
而文帝亦遣虞世基就察求其書又未就而察
死察之將死屬思廉以繼其業唐興武德五年
高祖以自魏以來二百餘歲世統數更史事放
逸乃詔譔次而思廉遂受詔爲陳書久之猶不
就貞觀三年遂詔論譔於祕書内省十年正月

魏書一百十四卷　宋刻宋元明遞修本

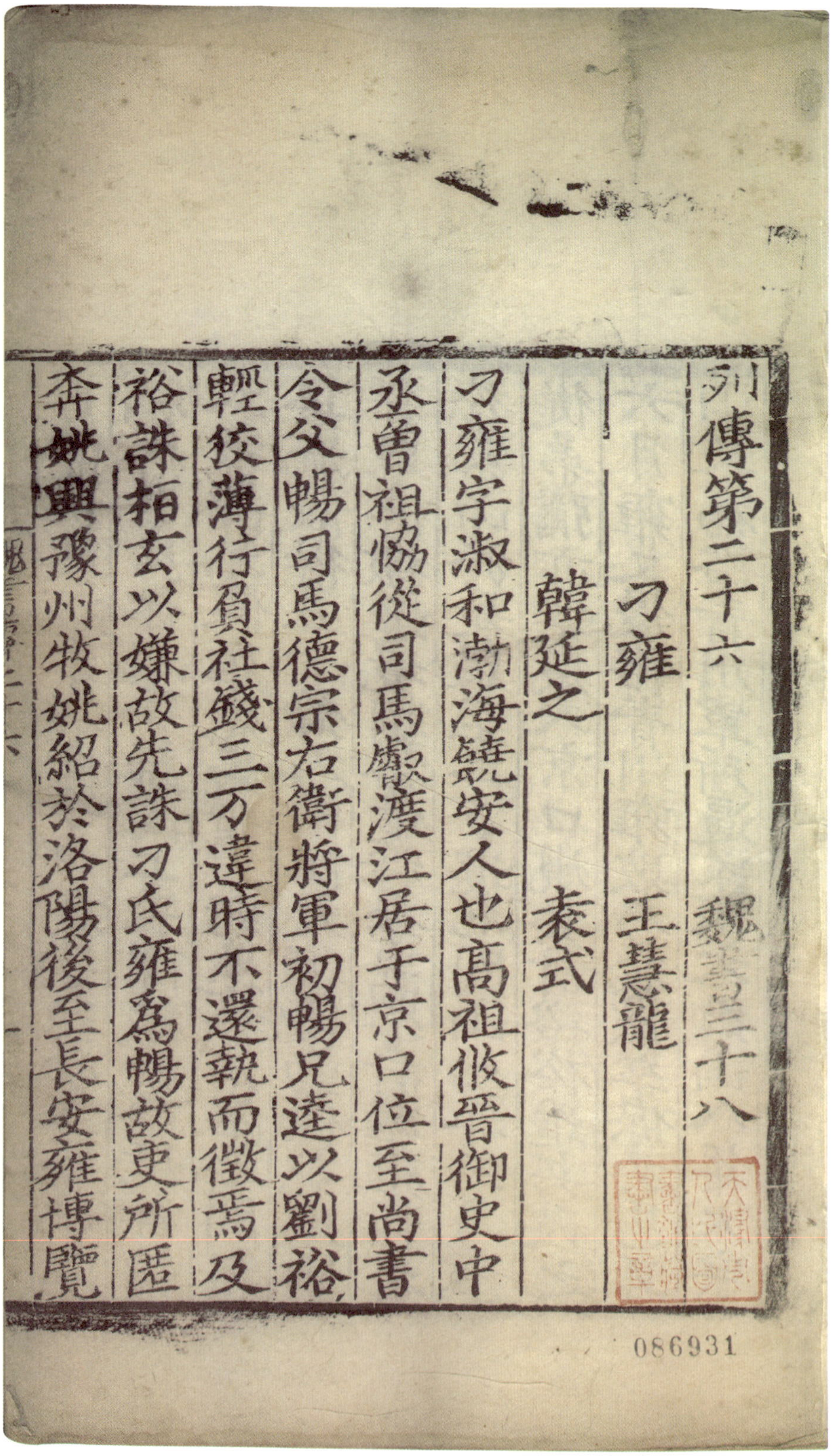

列傳第二十六　魏書三十八

刁雍　王慧龍

韓延之　袁式

刁雍字淑和渤海饒安人也高祖攸晉御史中丞曾祖恊從司馬叡渡江居于京口位至尚書令父暢司馬德宗右衛將軍初暢兄逵以劉裕輕狡薄行負社錢三万違時不還執而徵焉及裕誅桓玄以嫌故先誅刁氏雍爲暢故吏所匿奔姚興豫州牧姚紹於洛陽後至長安雍博覽

周書五十卷

宋刻宋元明遞修本

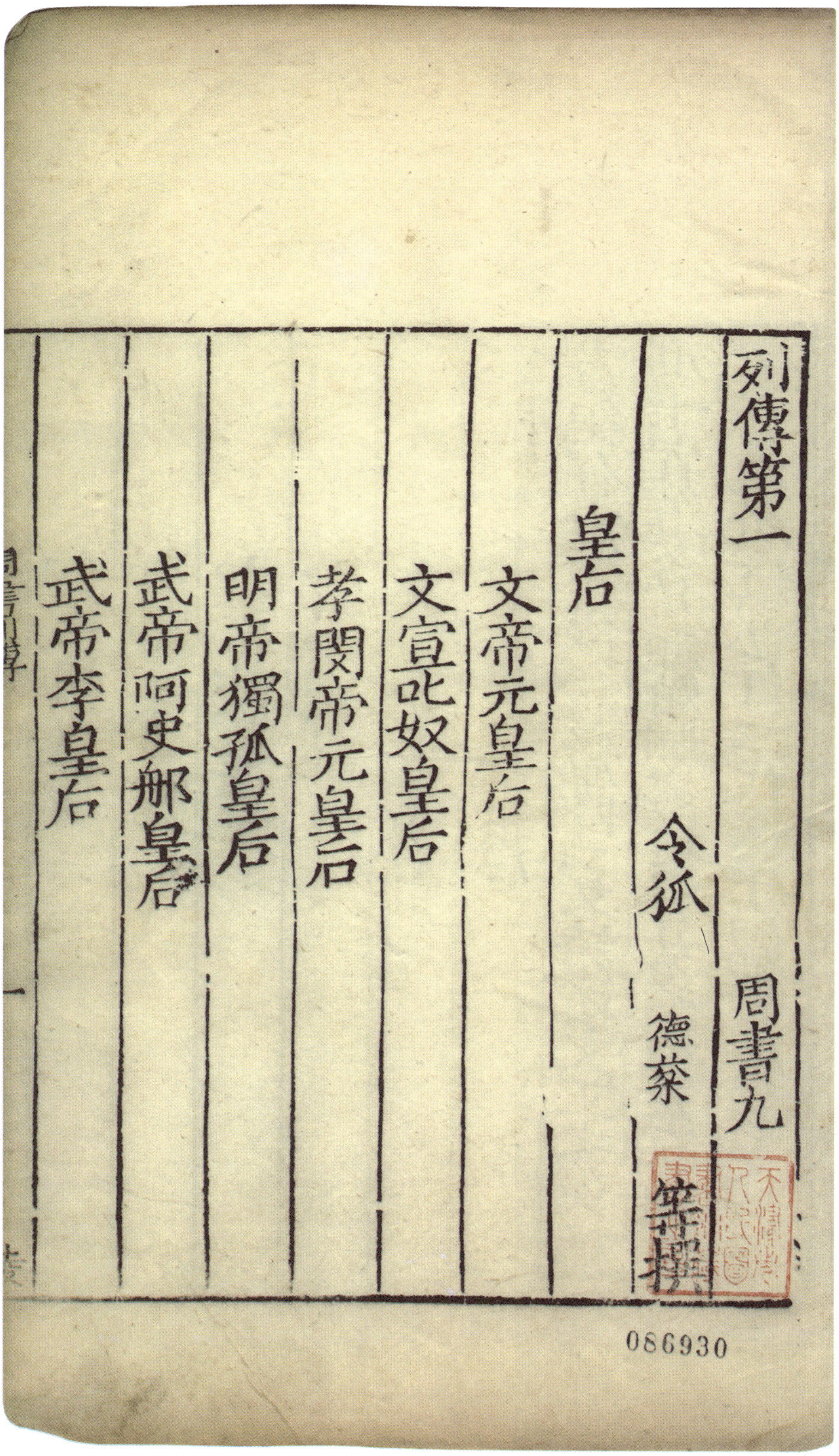
列傳第一　周書九

令狐德棻撰

皇后

文帝元皇后

文宣叱奴皇后

孝閔帝元皇后

明帝獨孤皇后

武帝阿史那皇后

武帝李皇后

周書列傳　一

周書五十卷　明萬曆十六年南京國子監刻清順治　康熙遞修本

紀第一　周書一

令狐德棻　等撰

大明南京國子監　祭　酒　趙用賢校正

司　業　余孟麟同校

文帝上

太祖文皇帝姓宇文氏諱泰字黑獺代武川人
也其先出自炎帝神農氏爲黄帝所滅子孫遯
居朔野有葛烏菟者雄武多筭畧鮮卑慕之奉
以爲主遂揔十二部落世爲大人其後曰普回

萬曆十六年刊　周書帝紀一　一

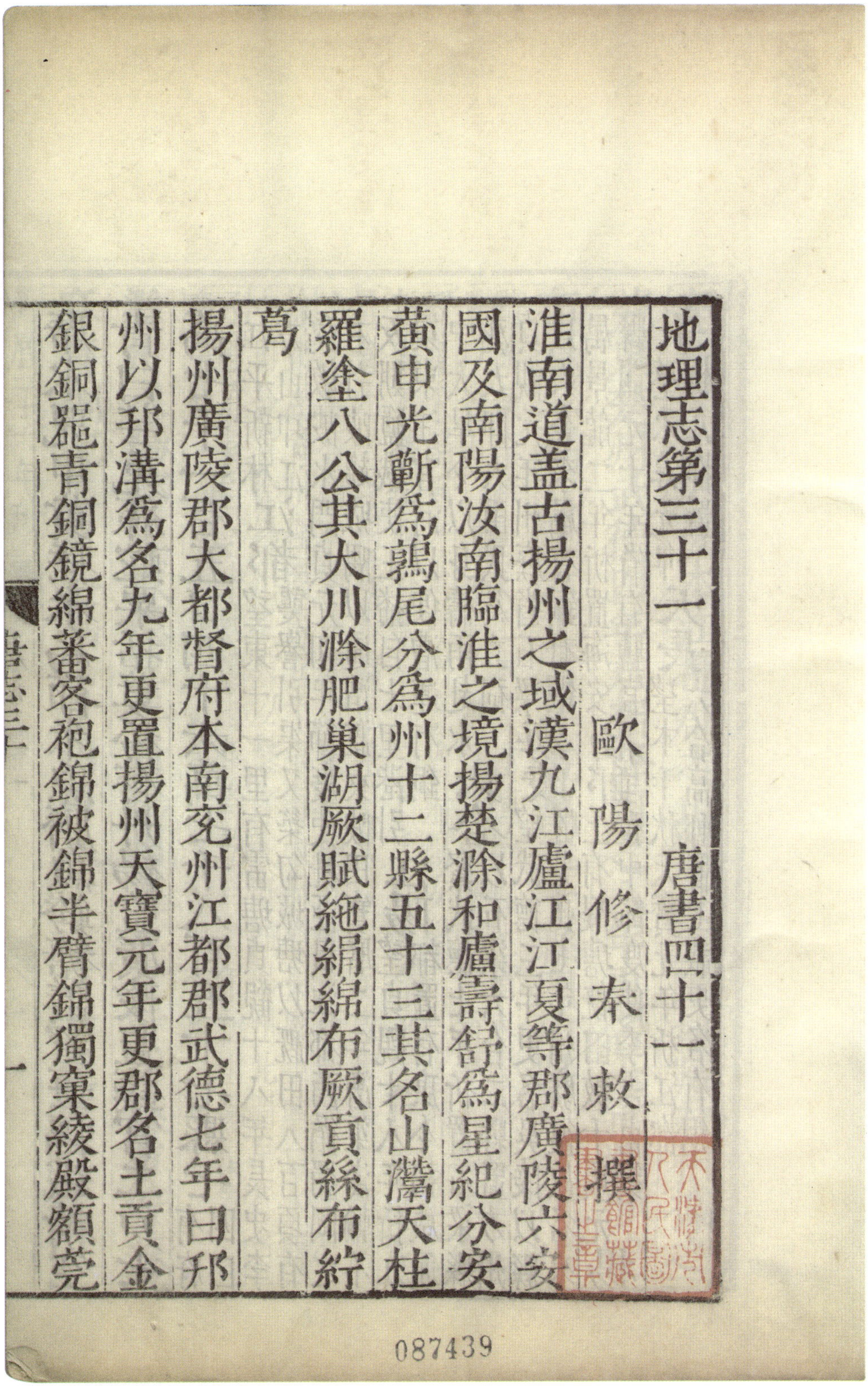

地理志第三十一　　唐書四十一

歐陽修奉敕撰

淮南道蓋古揚州之域漢九江廬江江夏等郡廣陵六安國及南陽汝南臨淮之境揚楚滁和廬壽舒爲星紀分安黄申光蘄爲鶉尾分爲州十二縣五十三其名山灊天柱羅塗八公其大川滁肥巢湖厥賦絁絹綿布厥貢絲布紵葛

揚州廣陵郡大都督府本南兗州江都郡武德七年曰邗州以邗溝爲名九年更置揚州天寶元年更郡名土貢金銀銅器青銅鏡綿蕃客袍錦被錦半臂錦獨窠綾殿額莞

唐書二百二十五卷　元刻明清遞修本

南唐書三十卷　明嘉靖二十九年顧汝達刻本

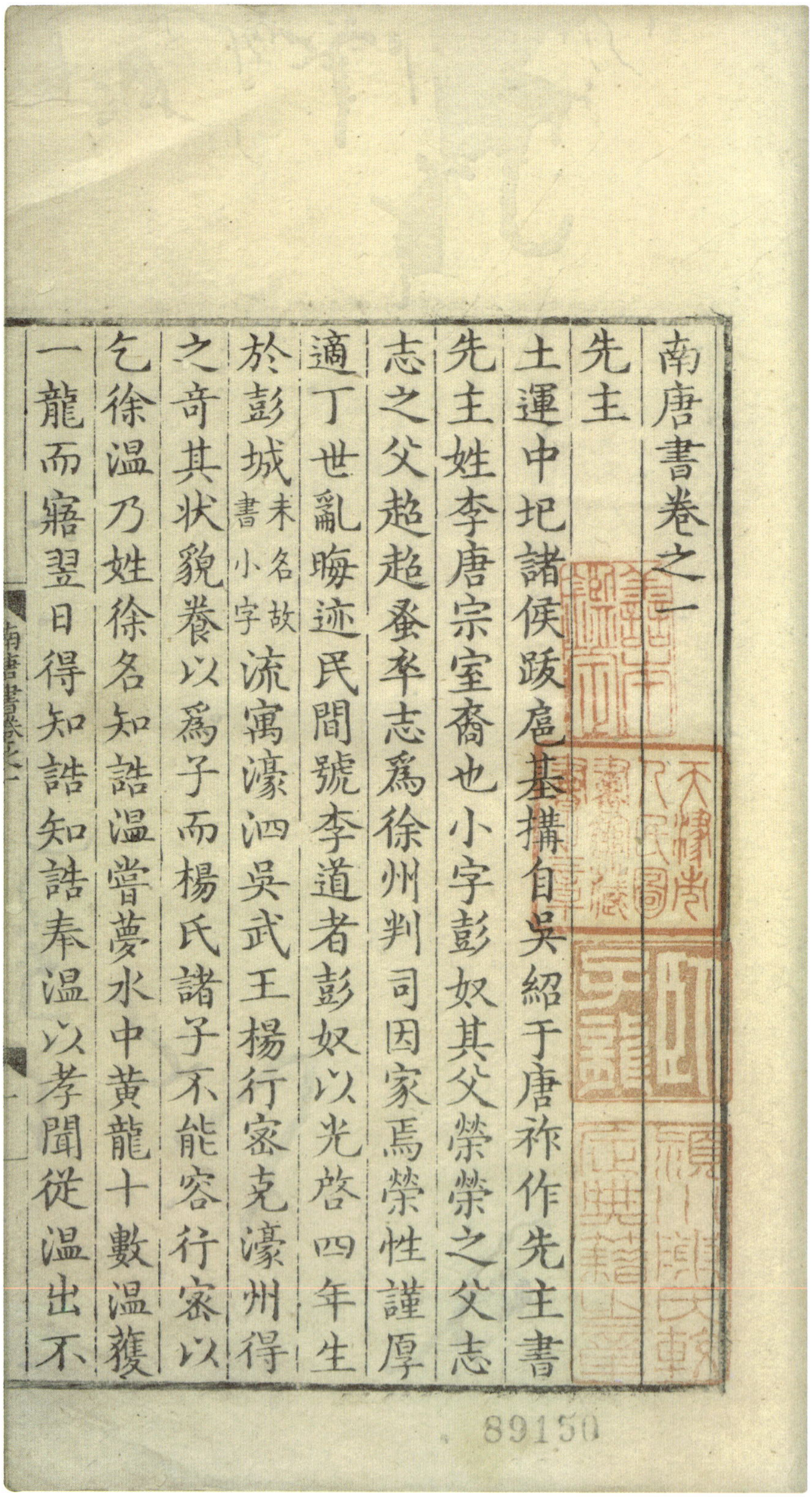

南唐書卷之一

先主

土運中圮諸侯跋扈基搆自吴紹于唐祚作先主書

先主姓李唐宗室裔也小字彭奴其父榮榮之父志志之父超超蚤卒志爲徐州判司因家焉榮性謹厚適丁世亂晦迹民間號李道者彭奴以光啓四年生於彭城（未名故書小字）流寓濠泗吴武王楊行密克濠州得之奇其狀貌養以爲子而楊氏諸子不能容行密以乞徐温乃姓徐名知誥温嘗夢水中黄龍十數温獲一龍而寤翌日得知誥知誥奉温以孝聞從温出不

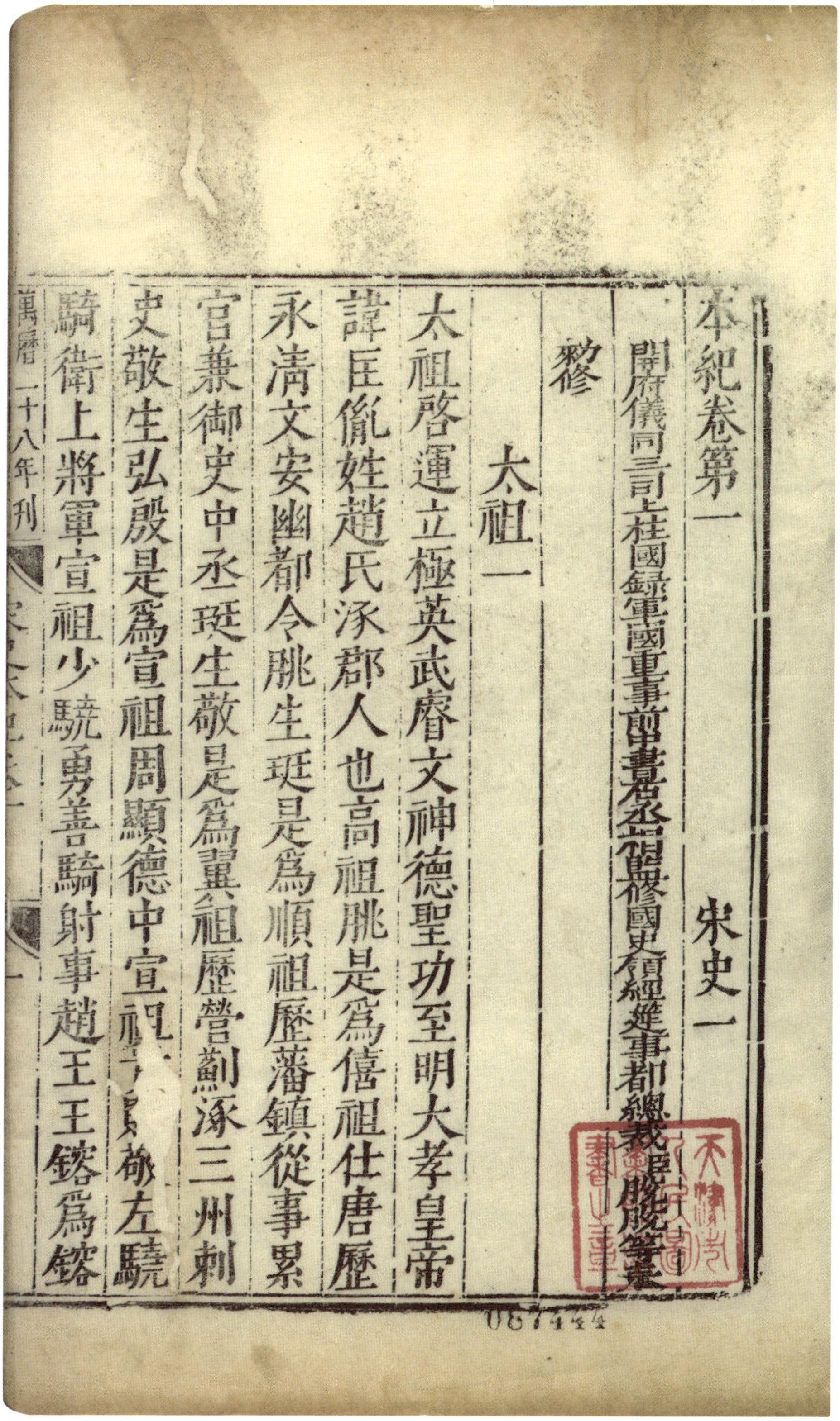

本紀卷第一　宋史一

開府儀同三司上柱國録軍國重事前中書右丞相監修國史領經筵事都總裁臣脱脱等奉

勑修

太祖一

太祖啓運立極英武睿文神德聖功至明大孝皇帝

諱匡胤姓趙氏涿郡人也高祖朓是爲僖祖仕唐歷

永淸文安幽都令朓生珽是爲順祖歷藩鎮從事累

官兼御史中丞珽生敬是爲翼祖歷營薊涿三州刺

史敬生弘殷是爲宣祖周顯德中宣祖貴贈敬左驍

騎衛上將軍宣祖少驍勇善騎射事趙王王鎔爲鎔

萬曆二十八年刊　宋史卷一　一

宋史四百九十六卷

明成化七至十六年朱英刻明清南京國子監遞修本

宋史新編二百卷　明嘉靖刻本

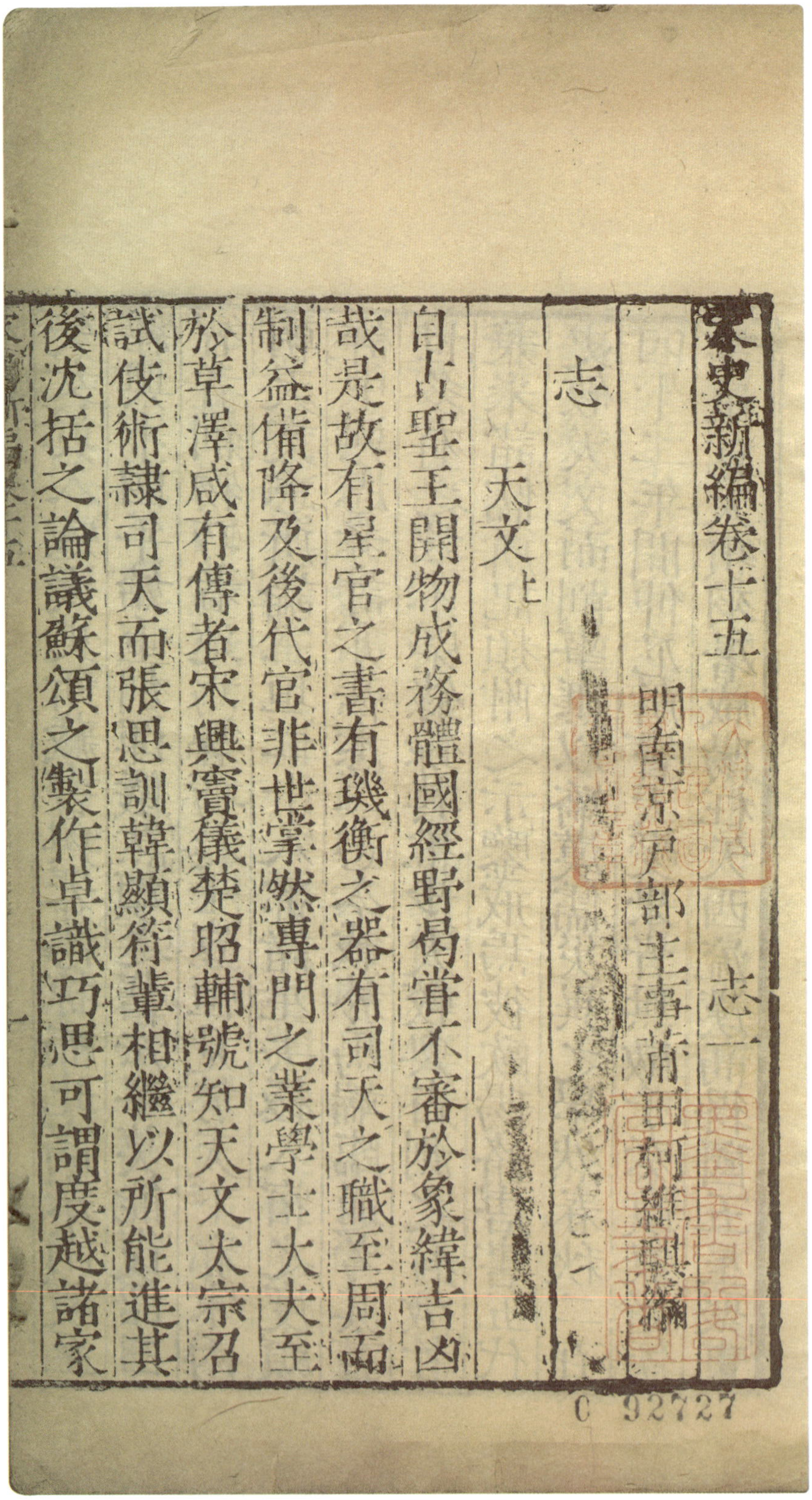
宋史新編卷十五　志一

明南京戶部主事莆田柯維騏編

志

天文上

自古聖王開物成務體國經野曷甞不審於象緯吉凶哉是故有星官之書有璣衡之器有司天之職至周而制益備降及後代官非世掌然專門之業學士大夫至於草澤咸有傳者宋興實儀楚昭輔號知天文太宗召試伎術隸司天而張思訓韓顯符輩相繼以所能進其後沈括之論議蘇頌之製作卓識巧思可謂度越諸家

定一級

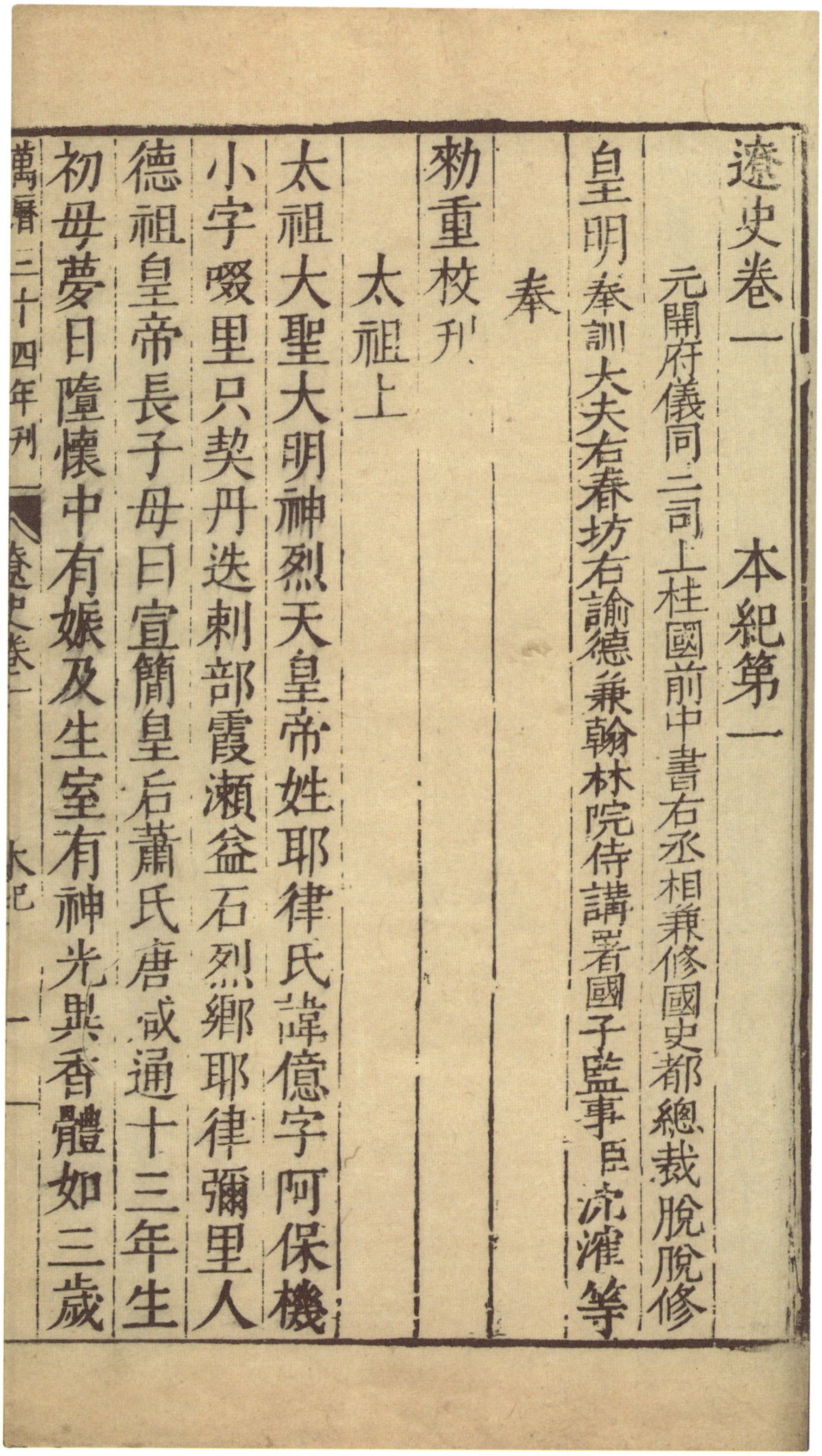
遼史卷一　本紀第一
元開府儀同三司上柱國前中書右丞相兼修國史都總裁脫脫修
皇明奉訓大夫右春坊右諭德兼翰林院侍講署國子監事臣亦濯等
奉
勑重校刊
太祖上
太祖大聖大明神烈天皇帝姓耶律氏諱億字阿保機
小字啜里只契丹迭剌部霞瀨益石烈鄉耶律彌里人
德祖皇帝長子母曰宣簡皇后蕭氏唐咸通十三年生
初母夢日墮懷中有娠及生室有神光異香體如三歲
萬曆三十四年刊　遼史卷一　本紀　一

遼史一百十六卷　明萬曆三十四年國子監刻本

資治通鑑二百九十四卷　元刻本

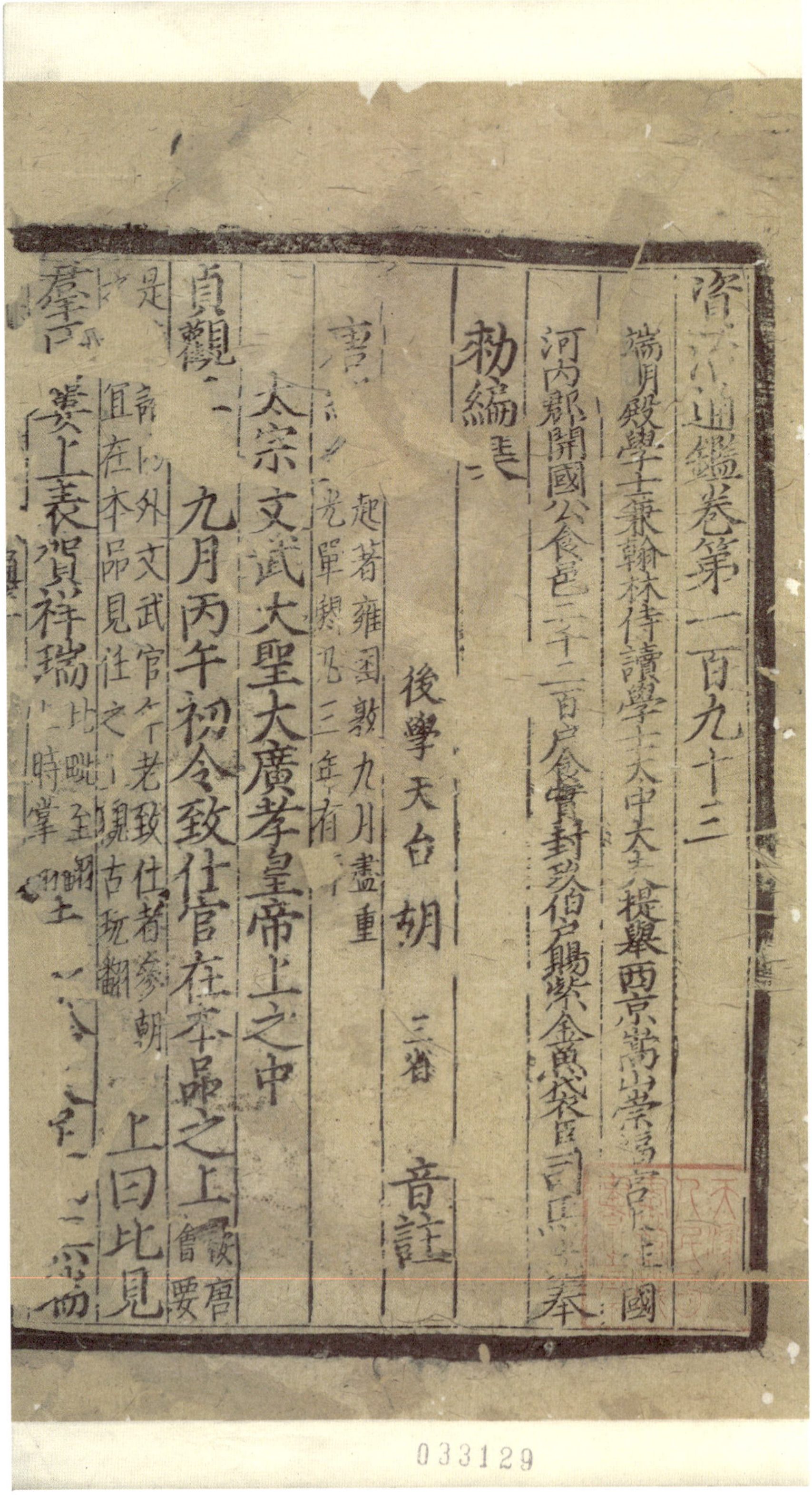

定一級

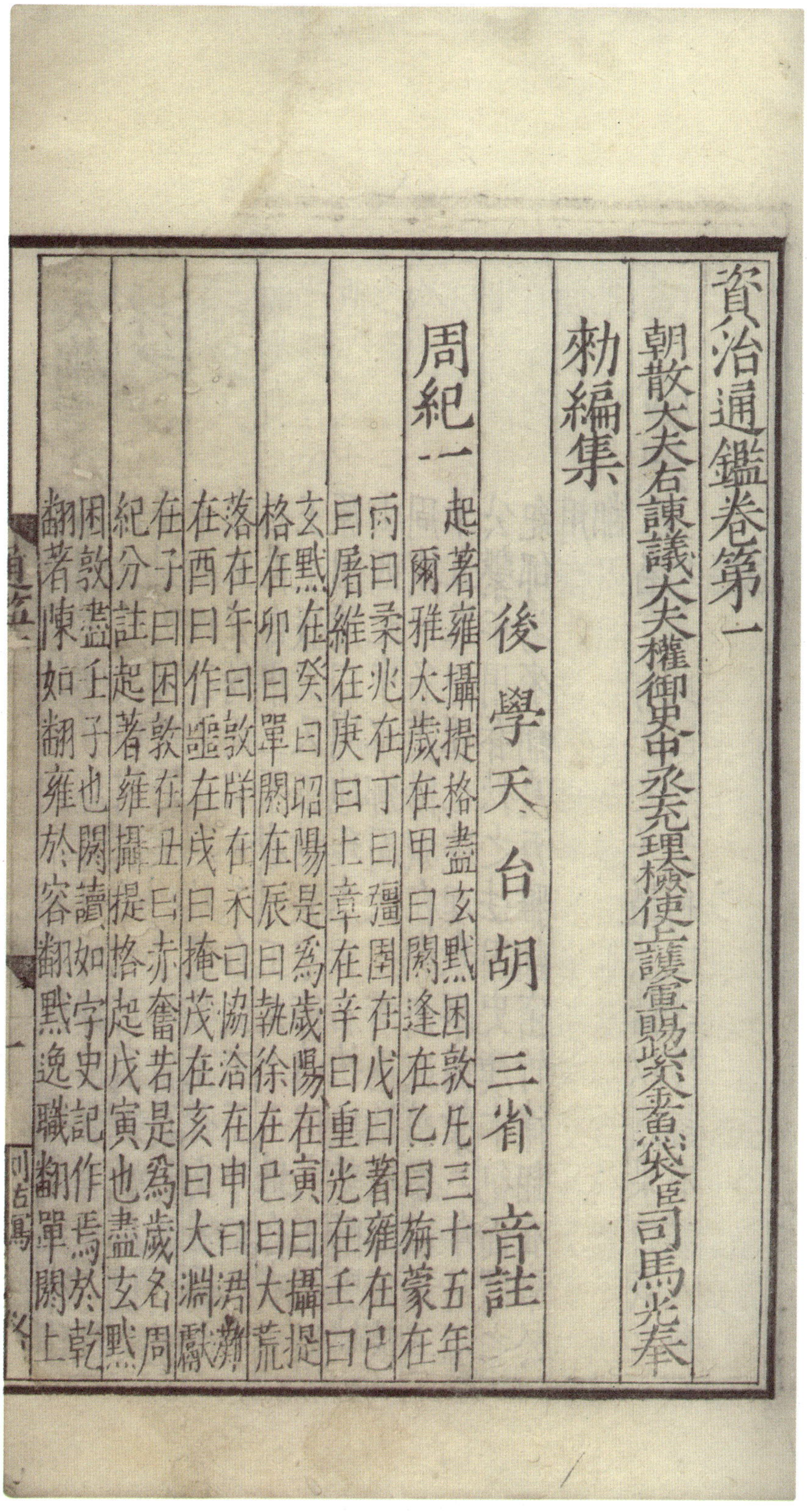
資治通鑑卷第一
朝散大夫右諫議大夫權御史中丞充理檢使上護軍賜紫金魚袋臣司馬光奉
勅編集
後學天台胡三省音註
周紀一起著雍攝提格盡玄黓困敦凡三十五年
爾雅太歲在甲曰閼逢在乙曰旃蒙在
丙曰柔兆在丁曰彊圉在戊曰著雍在己
曰屠維在庚曰上章在辛曰重光在壬曰
玄黓在癸曰昭陽是爲歲陽在寅曰攝提
格在卯曰單閼在辰曰執徐在巳曰大荒
落在午曰敦牂在未曰協洽在申曰涒灘
在酉曰作噩在戌曰掩茂在亥曰大淵獻
在子曰困敦在丑曰赤奮若是爲歲名周
紀分註起著雍攝提格起戊寅也盡玄黓
困敦盡壬子也閼讀如字史記作焉於乾
翻著陳如翻雍於容翻黓逸職翻單上閼

資治通鑑二百九十四卷　元刻明弘治　正德　嘉靖遞修本

資治通鑑考異三十卷　明嘉靖二十三至二十四年孔天胤刻本

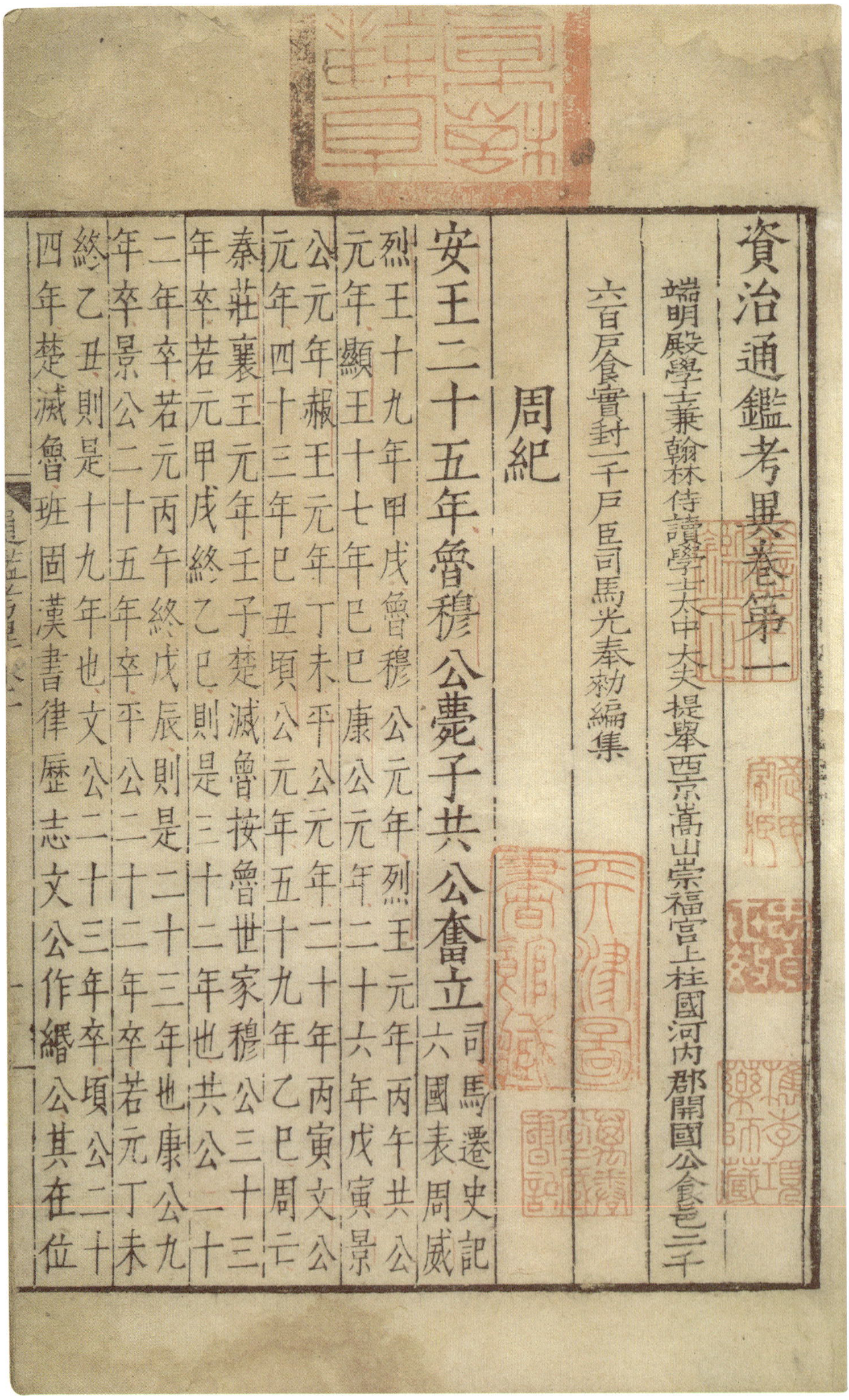
資治通鑑考異卷第一

端明殿學士兼翰林侍讀學士太中大夫提舉西京嵩山崇福宮上柱國河内郡開國公食邑三千

户食實封一千户臣司馬光奉勅編集

周紀

安王二十五年魯穆公薨子共公奮立 司馬遷史記六國表周威烈王十九年甲戌魯穆公元年丙午共公元年顯王十七年己巳康公元年二十六年戊寅景公元年赧王元年丁未平公元年二十年丙寅文公元年四十三年己丑頃公元年五十九年乙巳周亡秦莊襄王元年壬子楚滅魯按魯世家穆公三十三年卒若元甲戌終乙巳則是三十二年也共公二十二年卒若元丙午終戊辰則是二十三年也康公九年卒景公二十五年卒平公二十二年卒若元丁未終乙丑則是十九年也文公二十三年卒頃公二十四年楚滅魯班固漢書律歷志文公作緡公其在位

資治通鑑綱目五十九卷　宋刻本

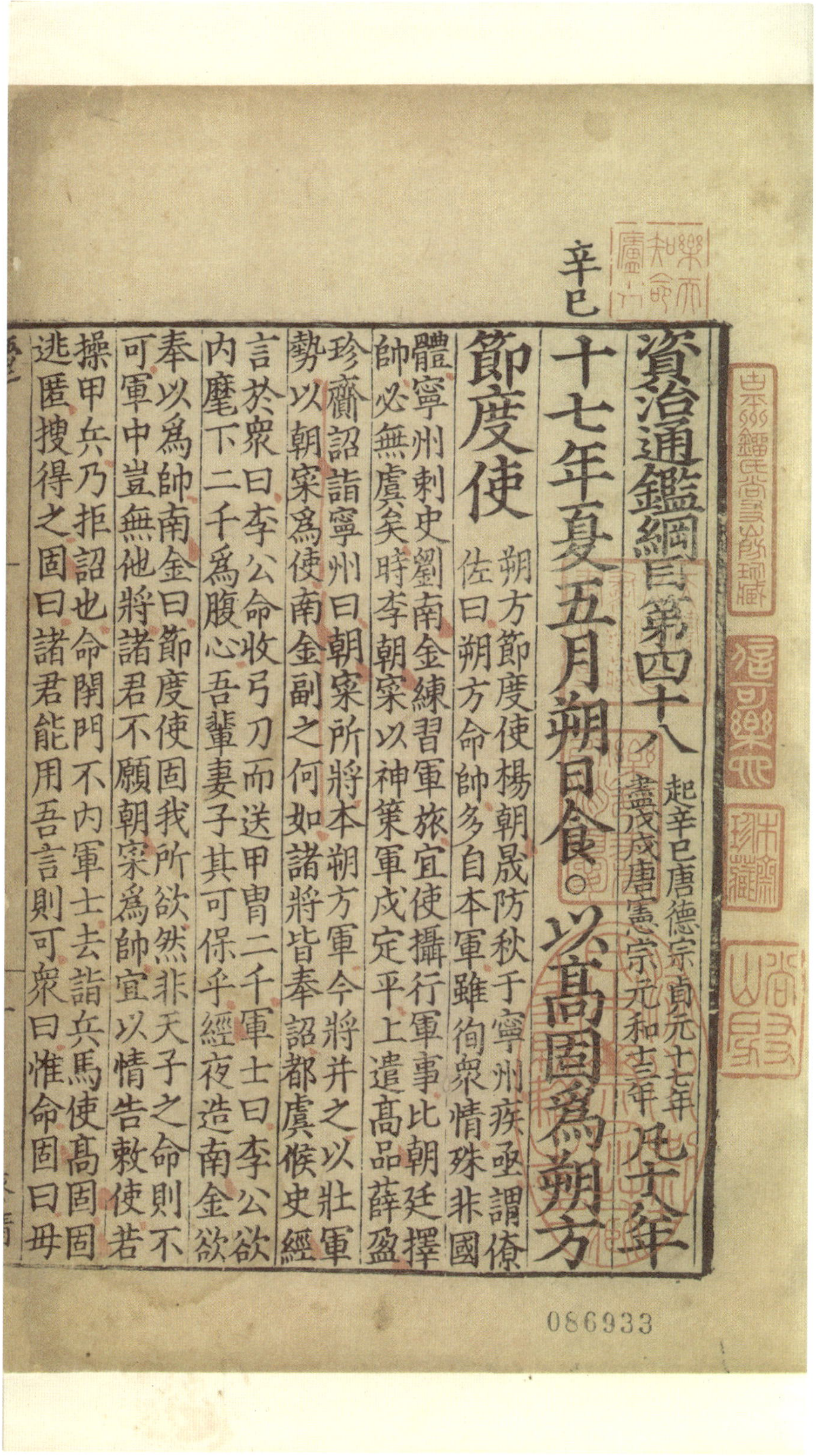

資治通鑑綱目第四十八　起辛巳唐德宗貞元十七年盡戊戌唐憲宗元和十三年凡十八年

辛巳

十七年夏五月朔日食。以高固爲朔方節度使

朔方節度使楊朝晟防秋于寧州疾亟謂僚佐曰朔方命帥多自本軍雖徇衆情殊非國體寧州刺史劉南金練習軍旅宜使攝行軍事比朝廷擇帥必無虞矣時李朝寀以神策軍戍定平上遣高品薛盈珍齎詔詣寧州曰朝寀所將本朔方軍今將并之以壯軍勢以朝寀爲使南金副之何如諸將皆奉詔都虞候史經言於衆曰李公命收弓刀而送甲冑二千軍士曰李公欲內麾下二千爲腹心吾輩妻子其可保乎經夜造南金欲奉以爲帥南金曰節度使固我所欲然非天子之命則不可軍中豈無他將諸君不顧朝寀爲帥宜以情告敕使若操甲兵乃拒詔也命閉門不內軍士去詣兵馬使高固固逃匿搜得之固曰諸君能用吾言則可衆曰惟命固曰毋

086933

天津圖書館古籍善本圖録

定級

資治通鑑綱目五十九卷　元刻本

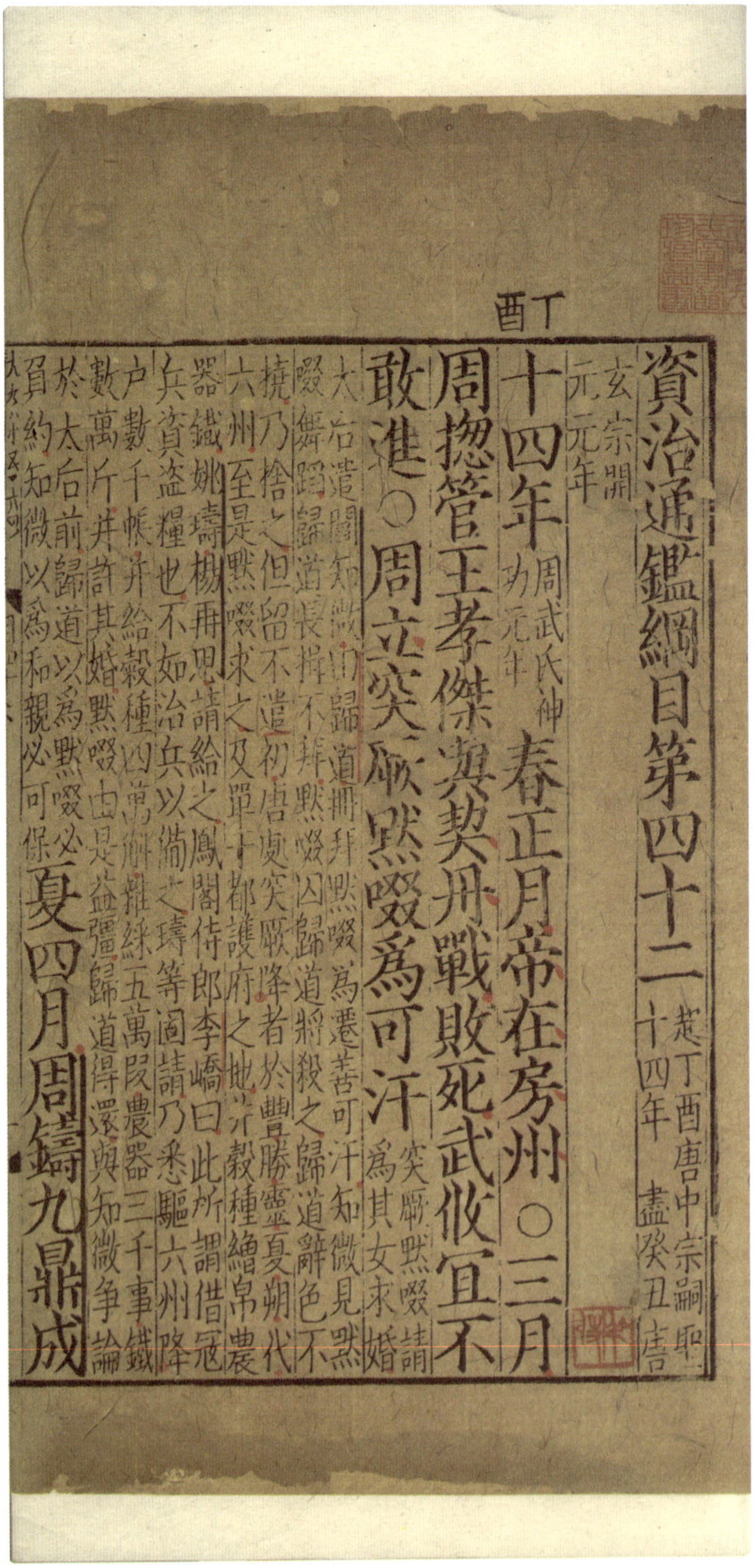

資治通鑑綱目第四十二　起丁酉唐中宗嗣聖十四年盡癸丑唐玄宗開元元年

丁酉

十四年　周武氏神功元年　春正月帝在房州○三月周揔管王孝傑與契丹戰敗死武攸宜不敢進○周立突厥默啜為可汗　突厥默啜請為其女求婚太后遣閻知微田歸道冊拜默啜為遷善可汗知微見默啜舞蹈歸道長揖不拜默啜囚歸道將殺之歸道辭色不撓乃捨之但留不遣初唐處突厥降者於豐勝靈夏朔代六州至是默啜求之及單于都護府之地并穀種繒帛農器鐵姚璹楊再思請給之鳳閣侍郎李嶠曰此所謂借寇兵資盜糧也不如治兵以備之璹等固請乃悉驅六州降戶數千帳并給穀種四萬斛雜綵五萬段農器三千事鐵數萬斤并許其婚默啜由是益彊歸道得還與知微爭論於太后前歸道以為默啜必負約知微以為和親必可保

夏四月周鑄九鼎成

資治通鑑綱目發明五十九卷　明弘治十四年日新堂刻本

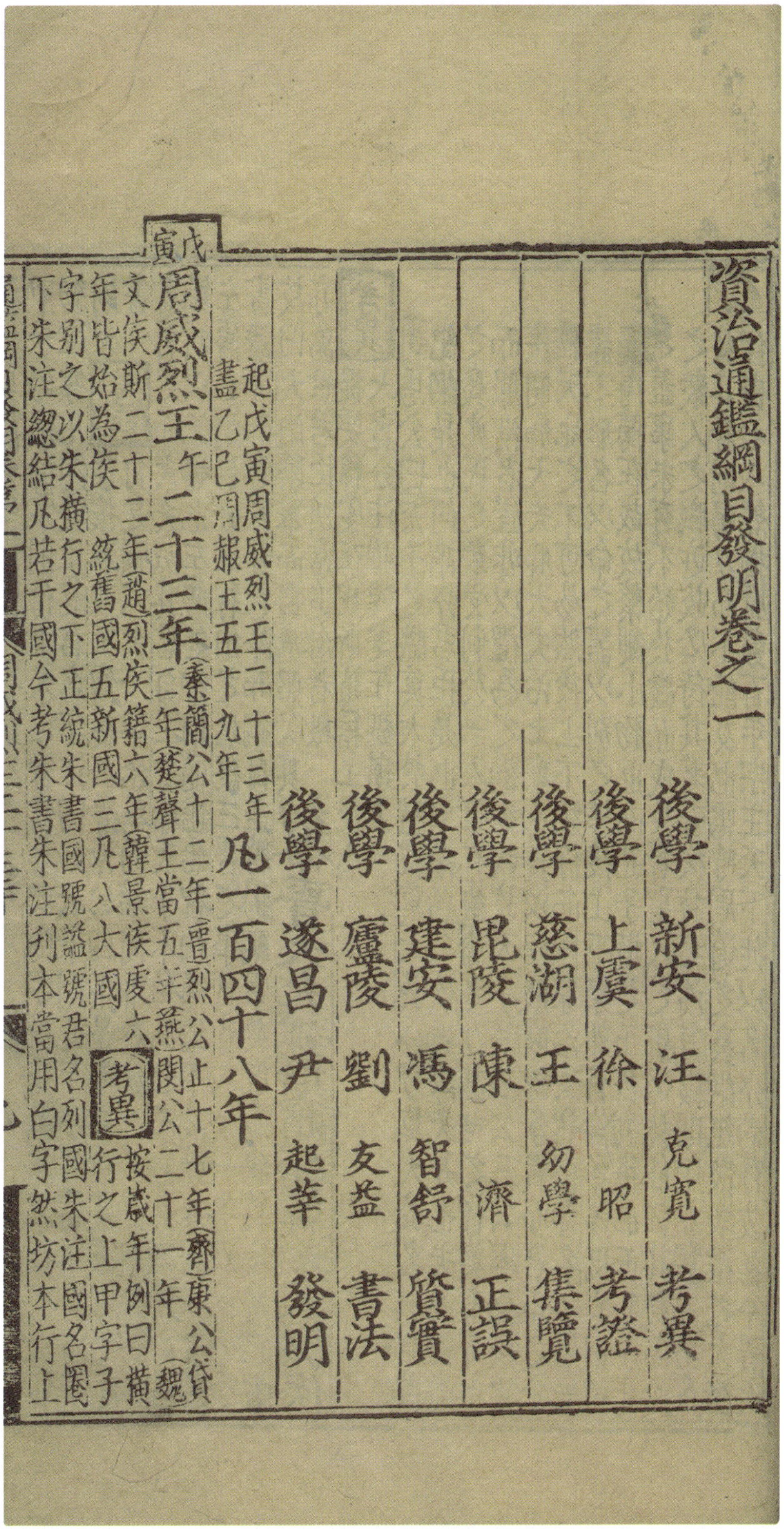
資治通鑑綱目發明卷之一

後學新安汪克寬考異

後學上虞徐昭考證

後學慈湖王幼學集覽

後學毘陵陳濟正誤

後學建安馮智舒質實

後學廬陵劉友益書法

後學遂昌尹起莘發明

起戊寅周威烈王二十三年

盡乙巳周赧王五十九年　凡一百四十八年

戊寅

周威烈王午二十三年（秦）簡公十二年（晉）烈公止十七年（齊）康公貸

二年（楚）聲王當五年（燕）閔公二十一年（魏）

文侯斯二十二年（趙）烈侯籍六年（韓）景侯虔六　按歲年例曰横

年皆始為侯　統舊國五新國三凡八大國　〔考異〕　行之上甲字子

字別之以朱横行之下正統朱書國號謚號君名列國朱注國名圈

下朱注總結凡若干國今考朱書朱注刋本當用白字然坊本行上

定級

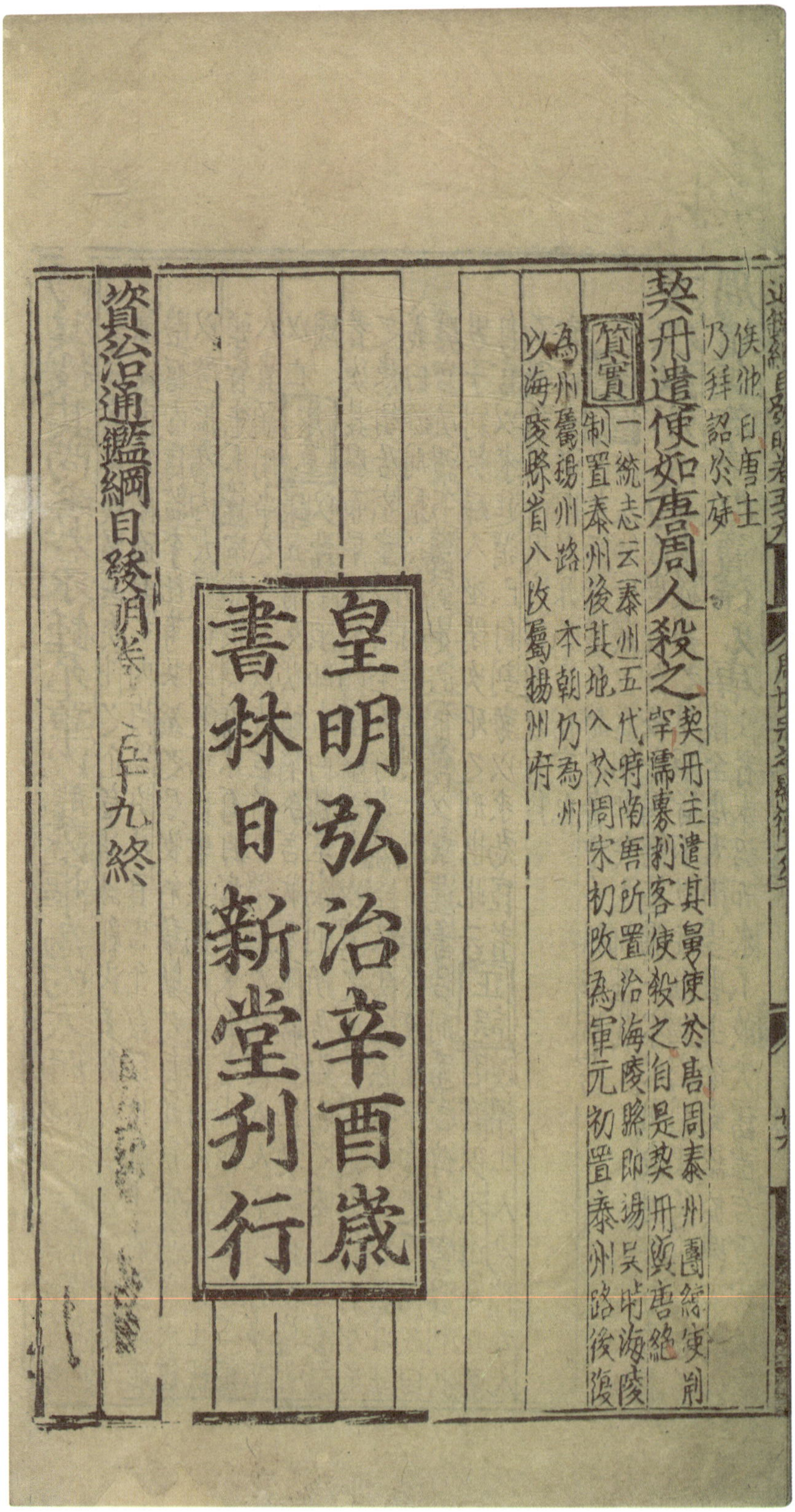

資治通鑑綱目發明五十九卷　明弘治十四年日新堂刻本

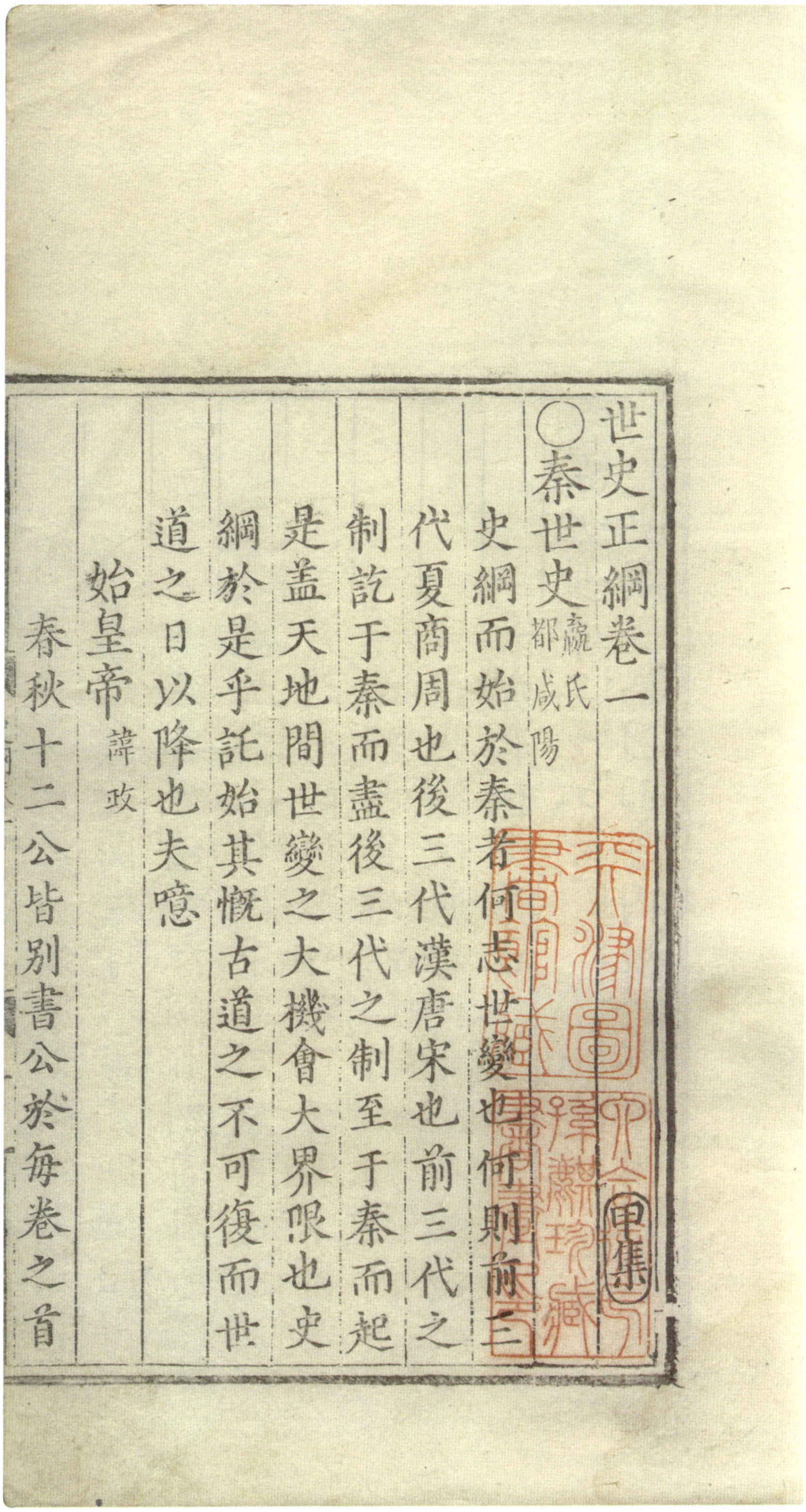
世史正綱卷一
○秦世史 嬴氏 都咸陽
史綱而始於秦者何志世變也何則前三
代夏商周也後三代漢唐宋也前三代之
制訖于秦而盡後三代之制至于秦而起
是蓋天地間世變之大機會大界限也史
綱於是乎託始其慨古道之不可復而世
道之日以降也夫噫
始皇帝 諱政
春秋十二公皆別書公於每卷之首

世史正綱三十二卷 明嘉靖四十二年孫應鰲刻本

甲子會紀五卷　明嘉靖三十七年玄津草堂刻本

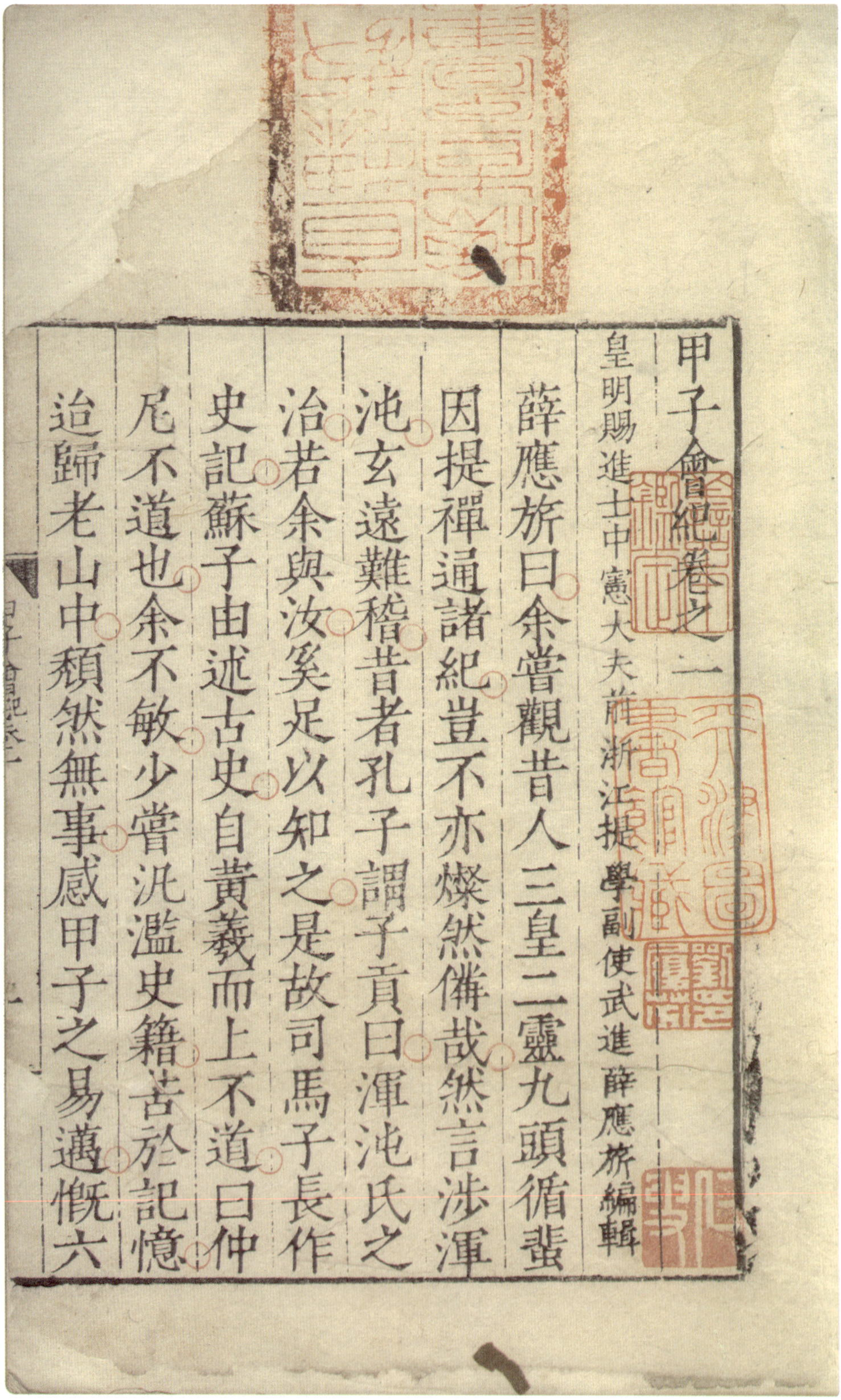
甲子會紀卷之一

皇明賜進士中憲大夫前浙江提學副使武進薛應旂編輯

薛應旂曰余嘗觀昔人三皇二靈九頭循蜚因提禪通諸紀豈不亦燦然備哉然言涉渾沌玄遠難稽昔者孔子謂子貢曰渾沌氏之治若余與汝奚足以知之是故司馬子長作史記蘇子由述古史自黃羲而上不道曰仲尼不道也余不敏少嘗汎濫史籍苦於記憶迨歸老山中頹然無事感甲子之易邁慨六

兩漢紀六十卷　明嘉靖二十七年黃姬水刻本

前漢高祖皇帝紀卷第一　　荀悅

昔在上聖唯建皇極經緯天地觀象立法乃作書契
以通宇宙揚于王庭厥用大焉先王以光演大業肆
於時夏亦惟翼翼以監厥後永世作典夫立典有五
志焉一曰達道義二曰彰法式三曰通古今四曰著
功勳五曰表賢能於是天人之際事物之宜粲然顯
著罔不能備矣世濟其軌不殞其業損益盈虛與時
消息雖臧否不同其揆一也是以聖上穆然惟文之
卹瞻前顧後是紹是維臣悅職監秘書攝官承乏祗
奉明詔竊惟其宜謹約撰舊書通而叙之摠爲帝紀
列其年月比其時事撮要舉凡存其大體旨少所缺

前漢紀卷一　　一

皇宋十朝綱要二十五卷 清鈔本

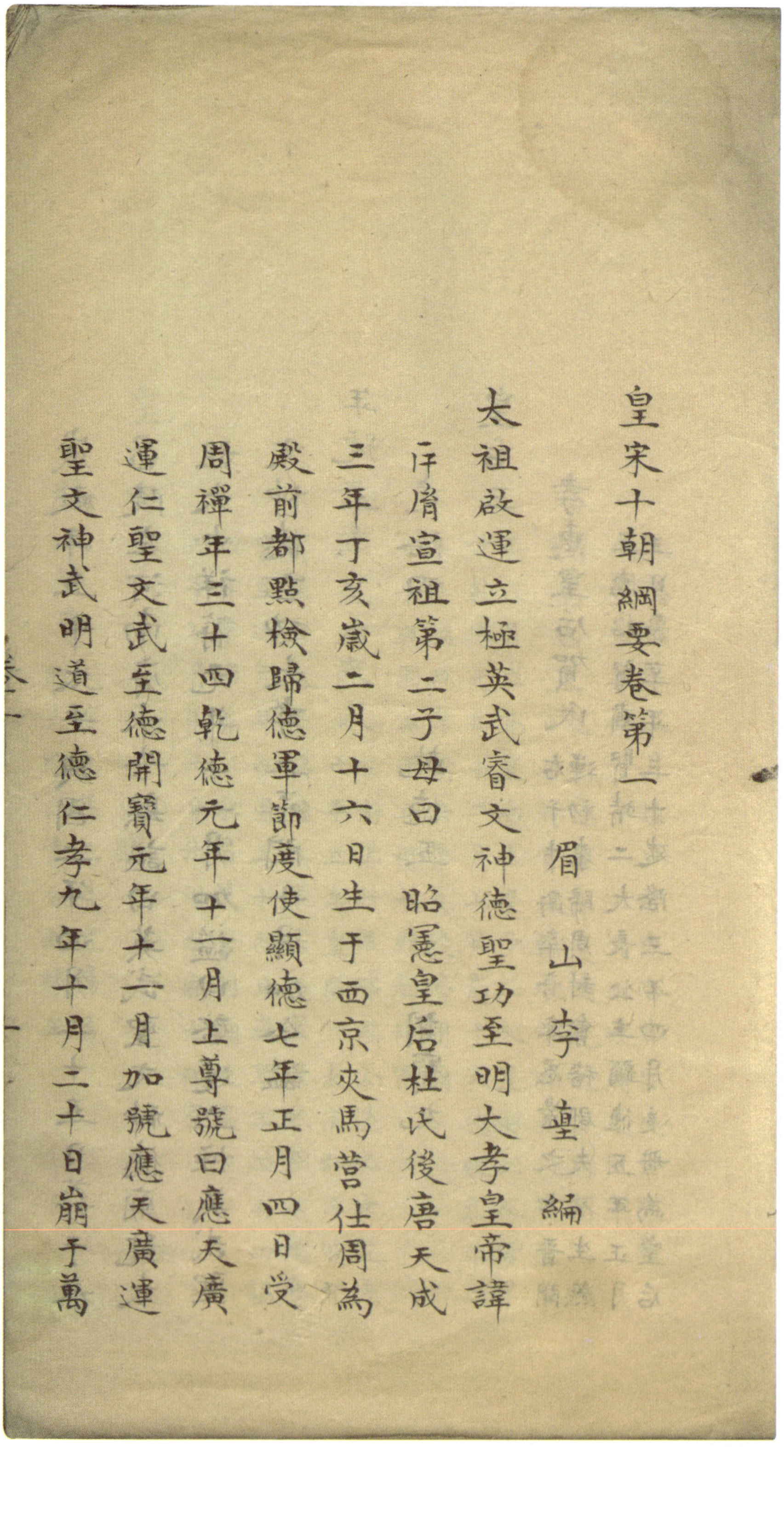
皇宋十朝綱要卷第一
眉山李埴編
太祖啟運立極英武睿文神德聖功至明大孝皇帝諱
匡胤宣祖第二子母曰昭憲皇后杜氏後唐天成
三年丁亥歲二月十六日生于西京夾馬營仕周為
殿前都點檢歸德軍節度使顯德七年正月四日受
周禪年三十四乾德元年十一月上尊號曰應天廣
運仁聖文武至德開寶元年十一月加號應天廣運
聖文神武明道至德仁孝九年十月二十日崩于萬
卷一

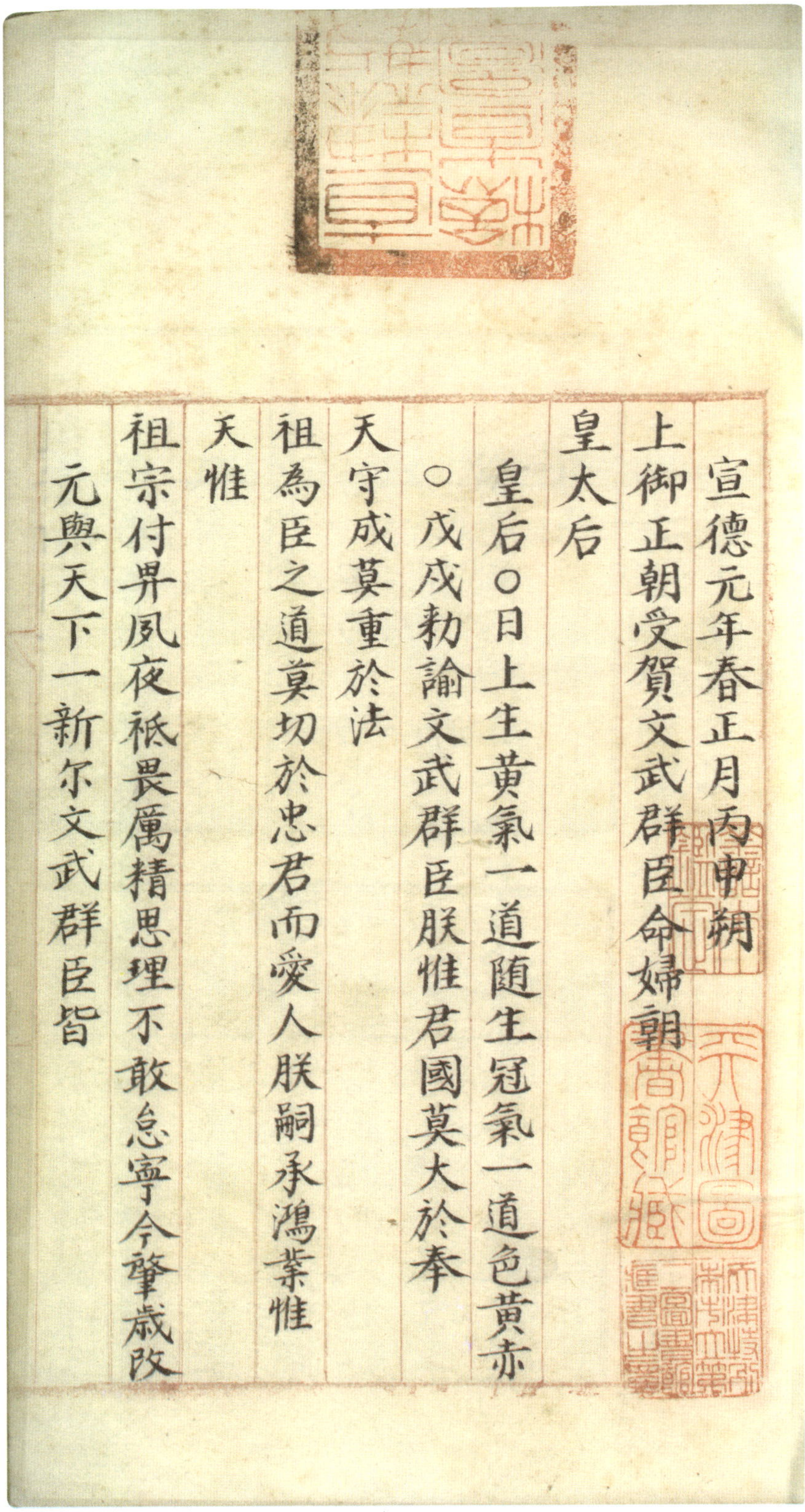
宣德元年春正月丙申朔
上御正朝受賀文武群臣命婦朝
皇太后
皇后○日上生黃氣一道隨生冠氣一道色黃赤
○戊戌勑諭文武群臣朕惟君國莫大於奉
天守成莫重於法
祖為臣之道莫切於忠君而愛人朕嗣承鴻業惟
天惟
祖宗付畀夙夜祇畏厲精思理不敢怠寧今肇歲改
元與天下一新尔文武群臣皆

明宣宗章皇帝實錄不分卷　明鈔本

大明英宗法天立道仁明誠敬昭文憲武至德廣孝睿皇帝實録三百六十一卷　明南雲閣鈔本

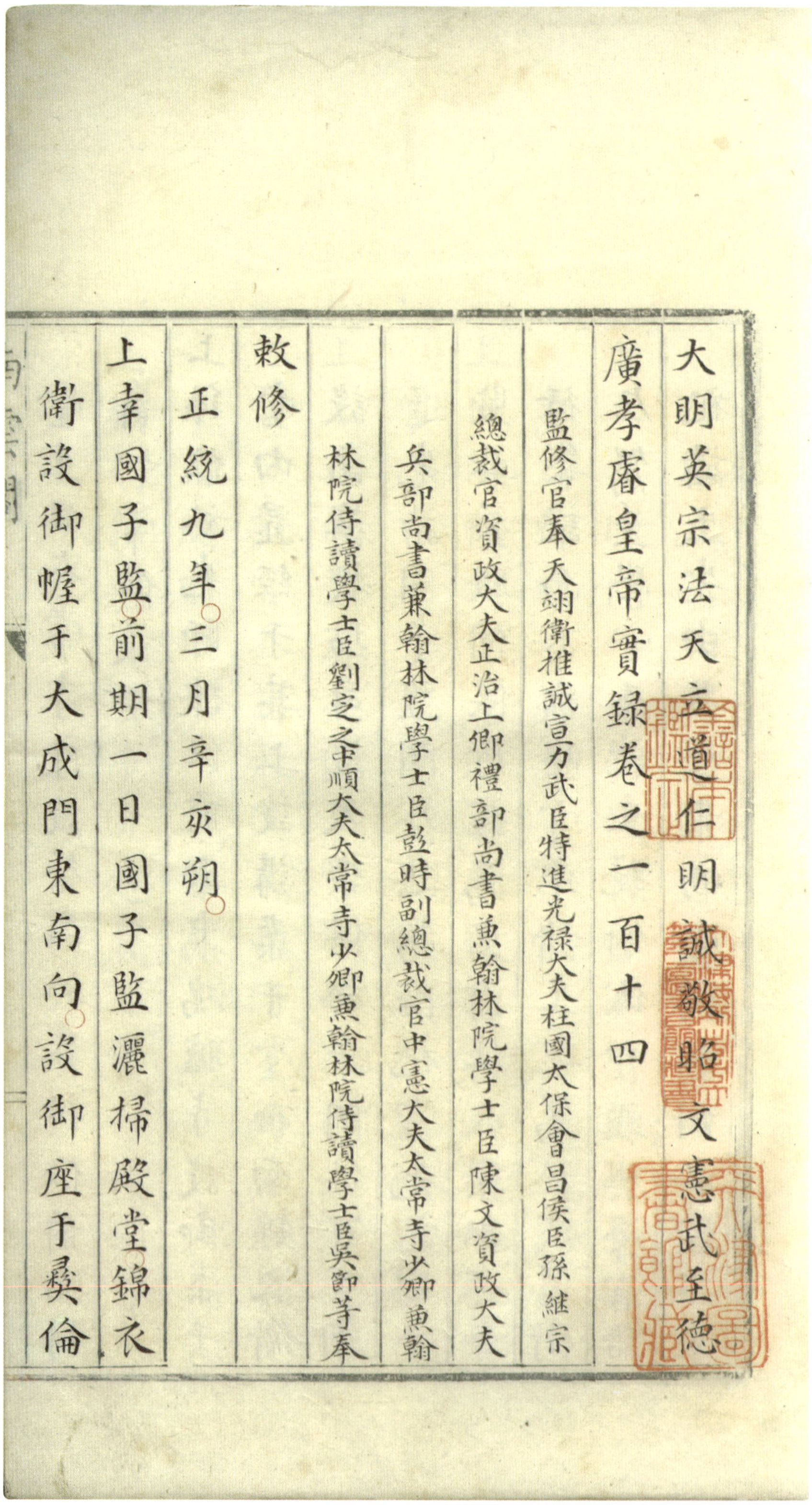
大明英宗法天立道仁明誠敬昭文憲武至德
廣孝睿皇帝實録卷之一百十四
監修官奉天翊衛推誠宣力武臣特進光禄大夫柱國太保會昌侯臣孫繼宗
總裁官資政大夫正治上卿禮部尚書兼翰林院學士臣陳文資政大夫
兵部尚書兼翰林院學士臣彭時副總裁官中憲大夫太常寺少卿兼翰
林院侍讀學士臣劉定之中順大夫太常寺少卿兼翰林院侍讀學士臣吴節等奉
敕修
正統九年三月辛亥朔
上幸國子監前期一日國子監灑掃殿堂錦衣
衛設御幄于大成門東南向設御座于彝倫

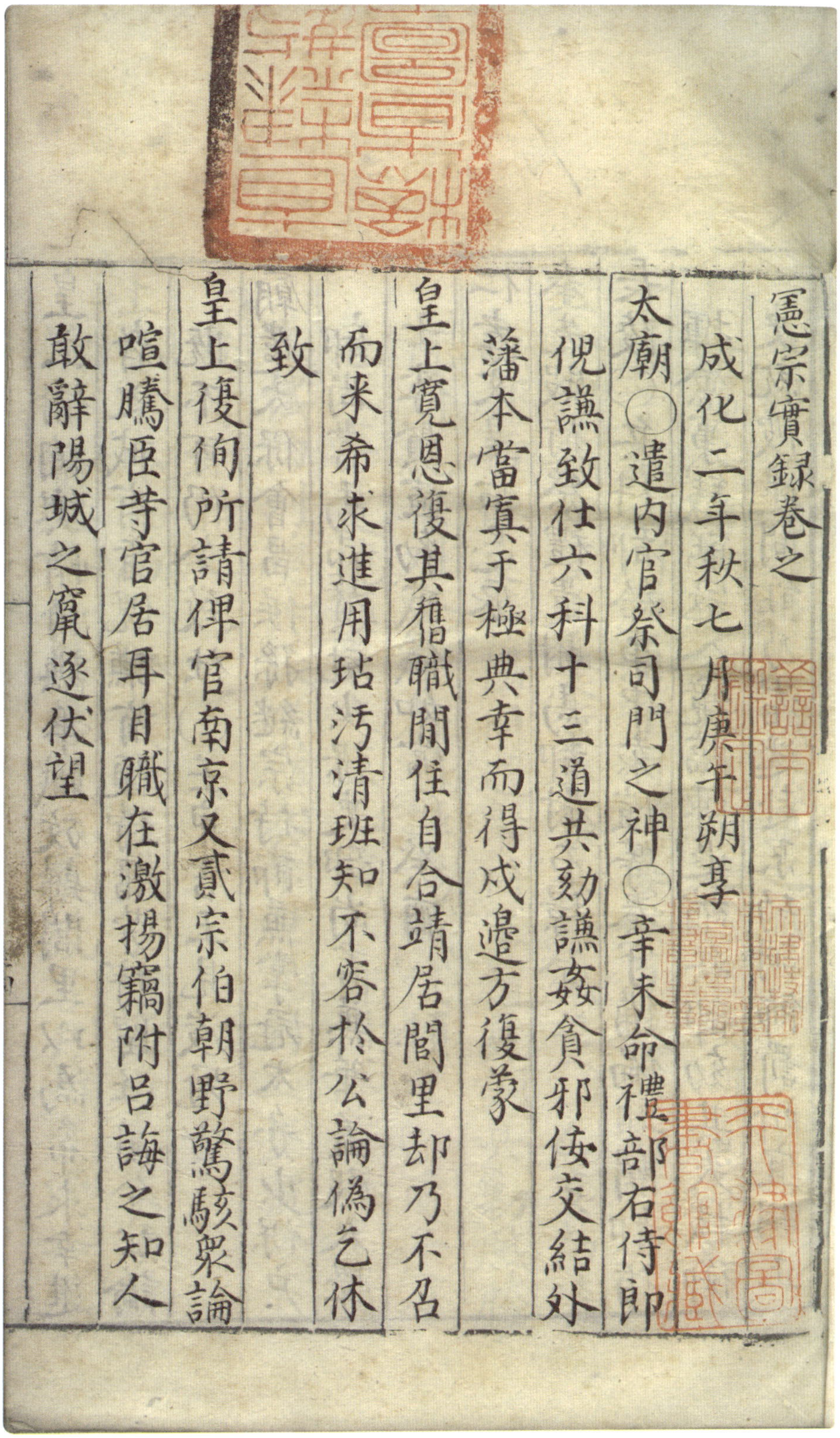
憲宗實録卷之
成化二年秋七月庚午朔享
太廟○遣内官祭司門之神○辛未命禮部右侍郎
倪謙致仕六科十三道共劾謙姦貪邪佞交結外
藩本當寘于極典幸而得戍邉方復蒙
皇上寛恩復其舊職閒住自合靖居閭里却乃不召
而來希求進用玷汚清班知不容於公論僞乞休
致
皇上復徇所請俾官南京又貳宗伯朝野驚駭衆論
喧騰臣等官居耳目職在激揚竊附呂誨之知人
敢辭陽城之竄逐伏望

大明憲宗純皇帝實録不分卷　明鈔本

大明恭穆獻皇帝實録五十卷　明南雲閣鈔本

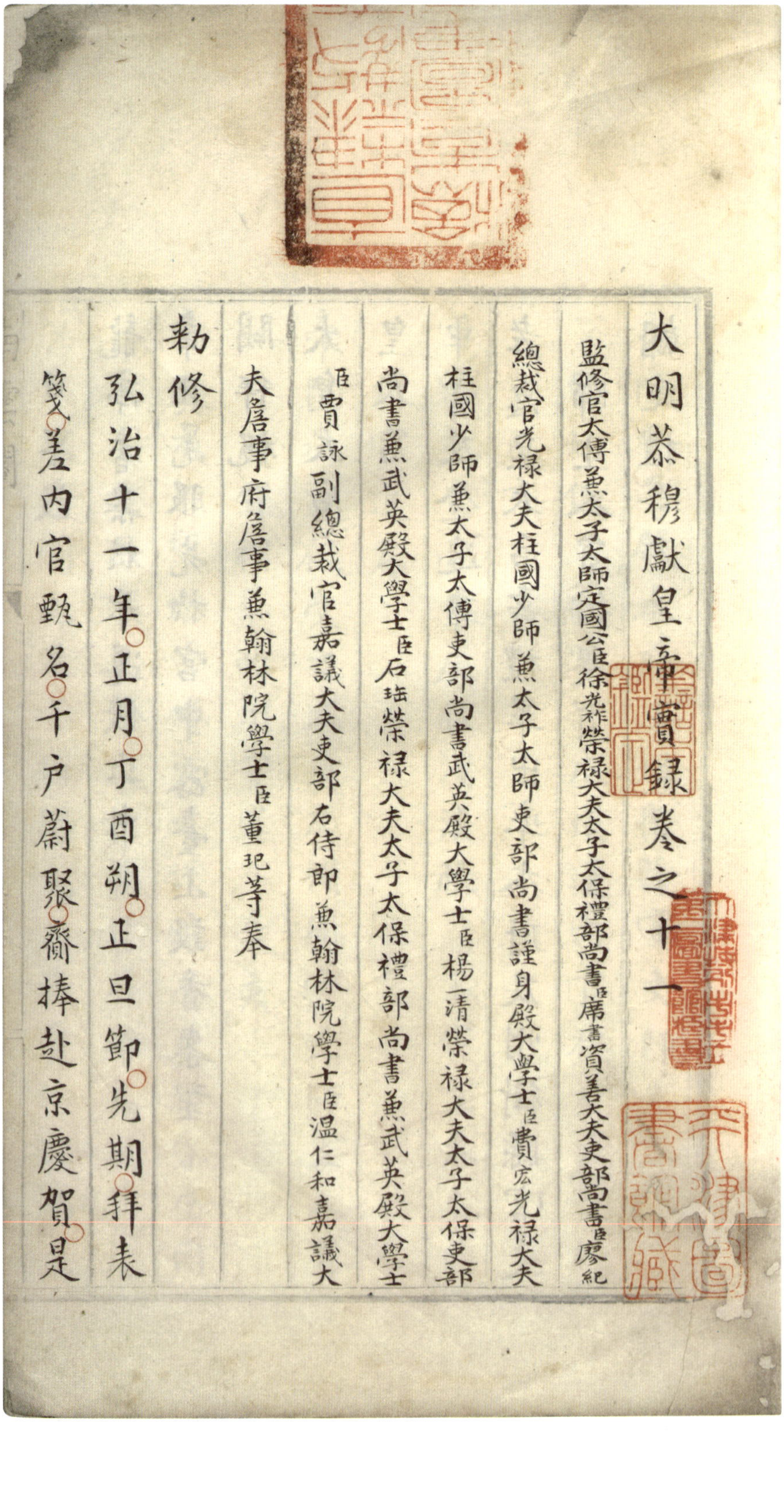
大明恭穆獻皇帝實録卷之十一

監修官太傅兼太子太師定國公臣徐光祚榮禄大夫太子太保禮部尚書臣席書資善大夫吏部尚書臣廖紀

總裁官光禄大夫柱國少師兼太子太師吏部尚書謹身殿大學士臣費宏光禄大夫

柱國少師兼太子太傅吏部尚書武英殿大學士臣楊一清榮禄大夫太子太保吏部

尚書兼武英殿大學士臣石珤榮禄大夫太子太保禮部尚書兼武英殿大學士

臣賈詠副總裁官嘉議大夫吏部右侍郎兼翰林院學士臣温仁和嘉議大

夫詹事府詹事兼翰林院學士臣董玘等奉

勑修

弘治十一年正月丁酉朔正旦節先期拜表

箋差内官甄名千户蔚聚賫捧赴京慶賀是

萬曆起居注不分卷　明鈔本

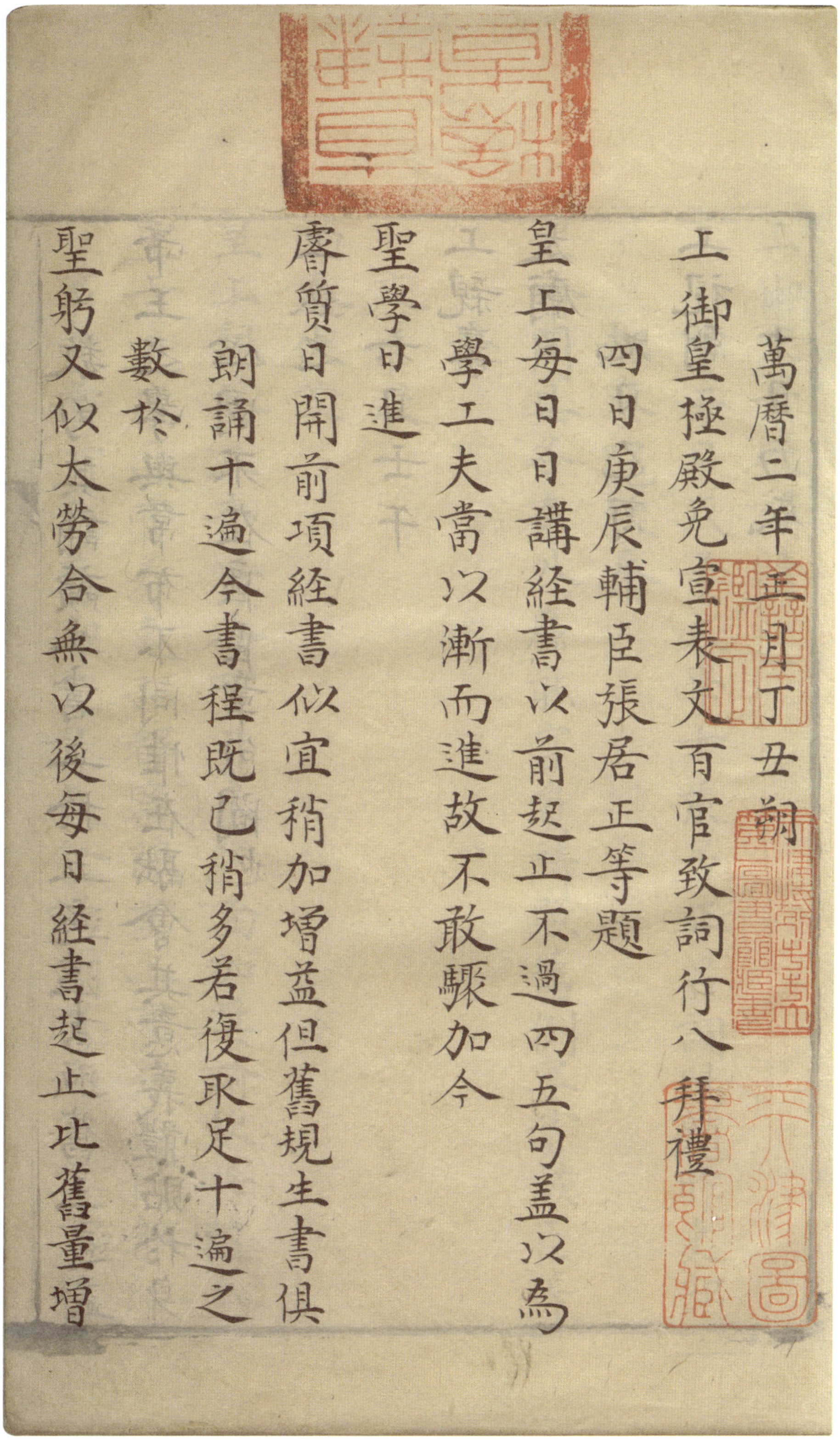
萬曆二年正月丁丑朔
上御皇極殿免宣表文百官致詞行八拜禮
四日庚辰輔臣張居正等題
皇上每日日講經書以前起止不過四五句蓋以為
學工夫當以漸而進故不敢驟加今
聖學日進
睿質日開前項經書似宜稍加增益但舊規生書俱
朗誦十遍今書程既已稍多若復取足十遍之
數於
聖躬又似太勞合無以後每日經書起止比舊量增

通鑑紀事本末四十二卷
宋寶祐五年趙與篡刻本

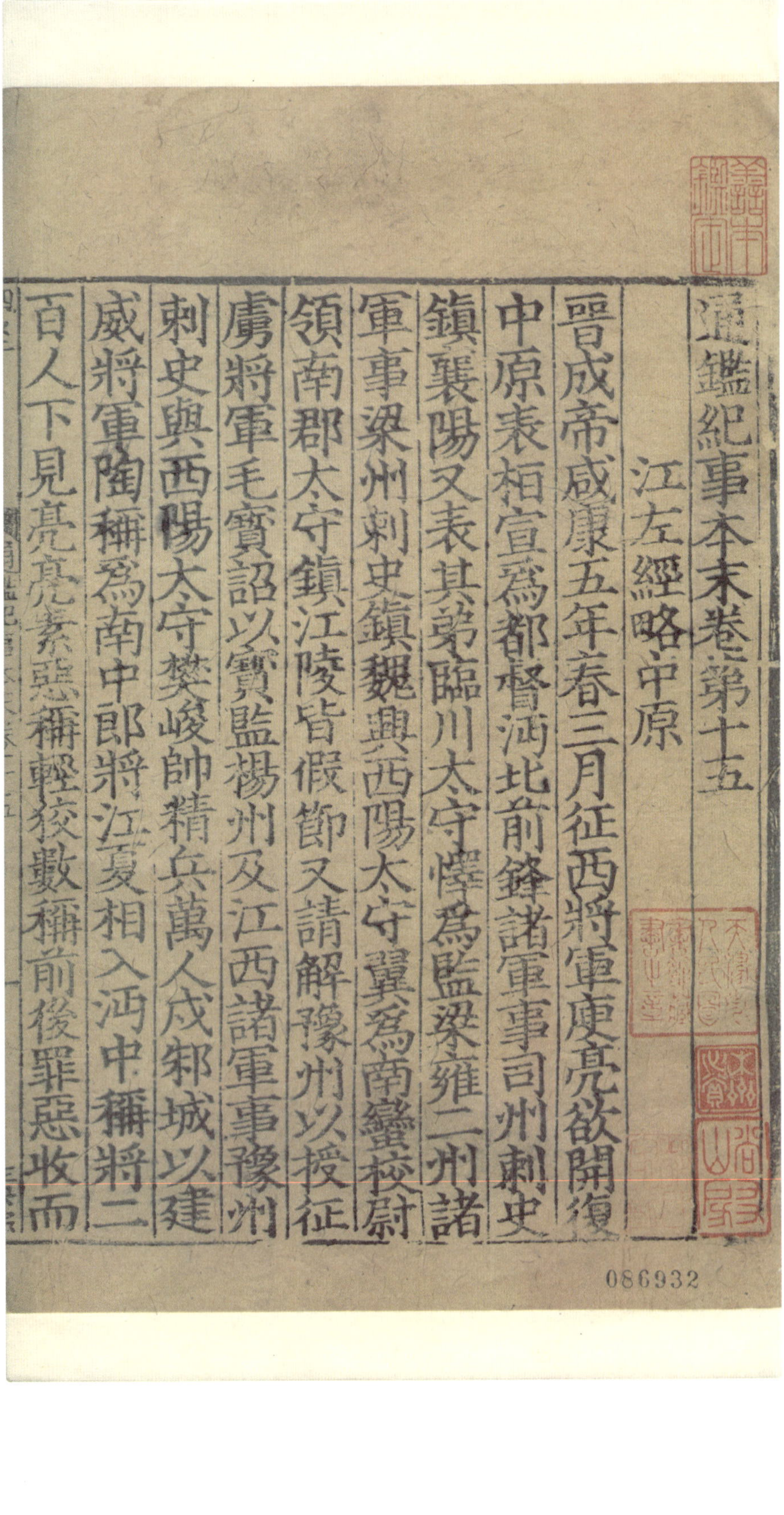
通鑑紀事本末卷第十五
江左經略中原
晉成帝咸康五年春三月征西將軍庾亮欲開復中原表桓宣爲都督沔北前鋒諸軍事司州刺史鎮襄陽又表其弟臨川太守懌爲監梁雍二州諸軍事梁州刺史鎮魏興西陽太守翼爲南蠻校尉領南郡太守鎮江陵皆假節又請解豫州以授征虜將軍毛寶詔以寶監揚州及江西諸軍事豫州刺史與西陽太守樊峻帥精兵萬人戍邾城以建威將軍陶稱爲南中郎將江夏相入沔中稱將二百人下見亮亮素惡稱輕狡數稱前後罪惡收而

086932

路史四十七卷　明嘉靖洪楩刻本

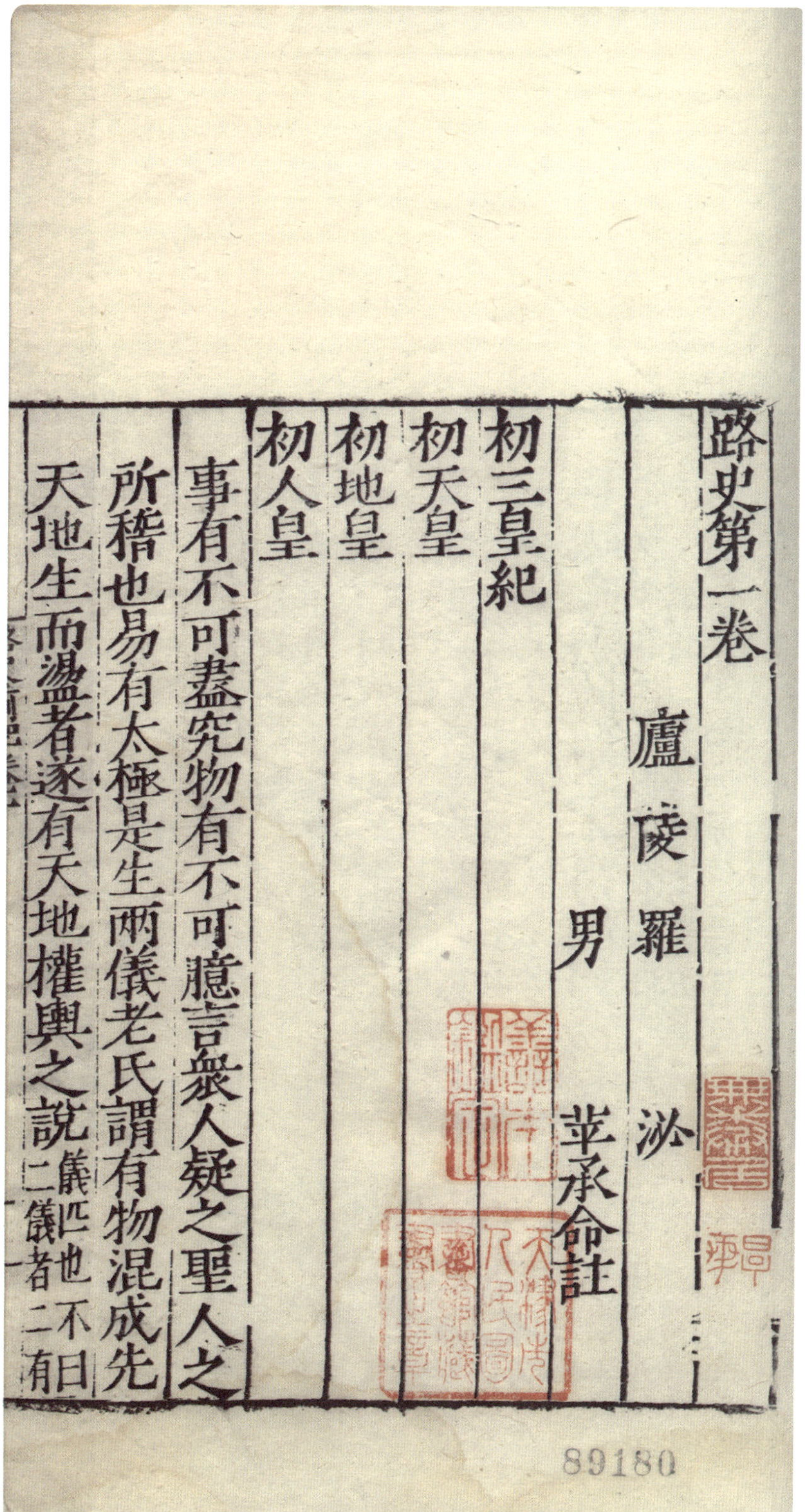

路史第一卷

廬陵羅泌

男苹承命註

初三皇紀

初天皇

初地皇

初人皇

事有不可盡究物有不可臆言衆人疑之聖人之所稽也易有太極是生兩儀老氏謂有物混成先天地生而盪者遂有天地權輿之說儀匹也不曰二儀者二有

戰國策十卷　明嘉靖元年俞國昌刻本

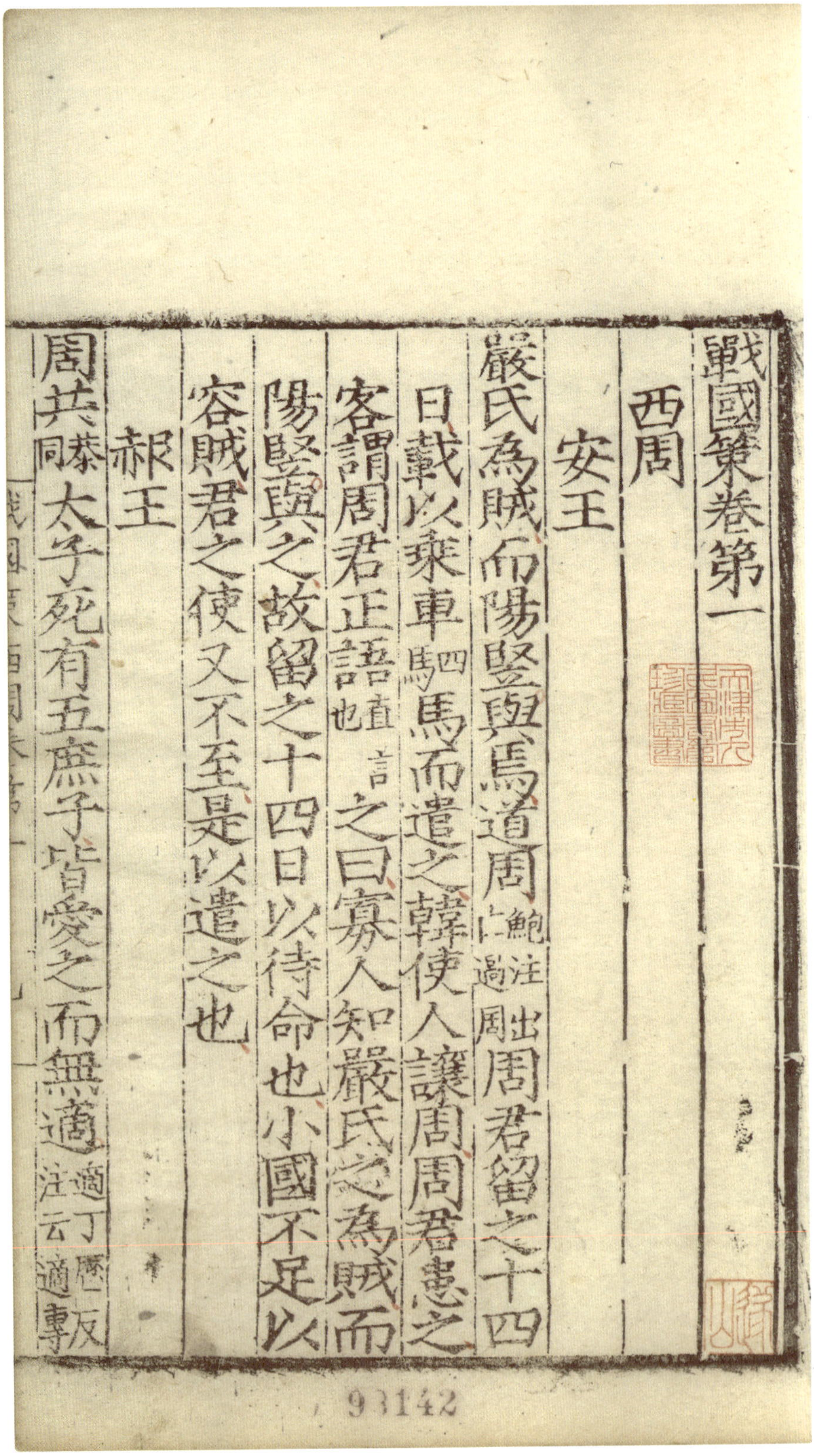

戰國策卷第一

西周

安王

嚴氏為賊而陽豎與焉道周鮑注出過周周君留之十四日載以乘車駟馬而遣之韓使人讓周周君患之客謂周君正語直言也之曰寡人知嚴氏之為賊而陽豎與之故留之十四日以待命也小國不足以容賊君之使又不至是以遣之也

赧王

周共秦同太子死有五庶子皆愛之而無適適丁歷反注云適專

戰國策十二卷　明萬曆四十八年閔氏刻三色套印本

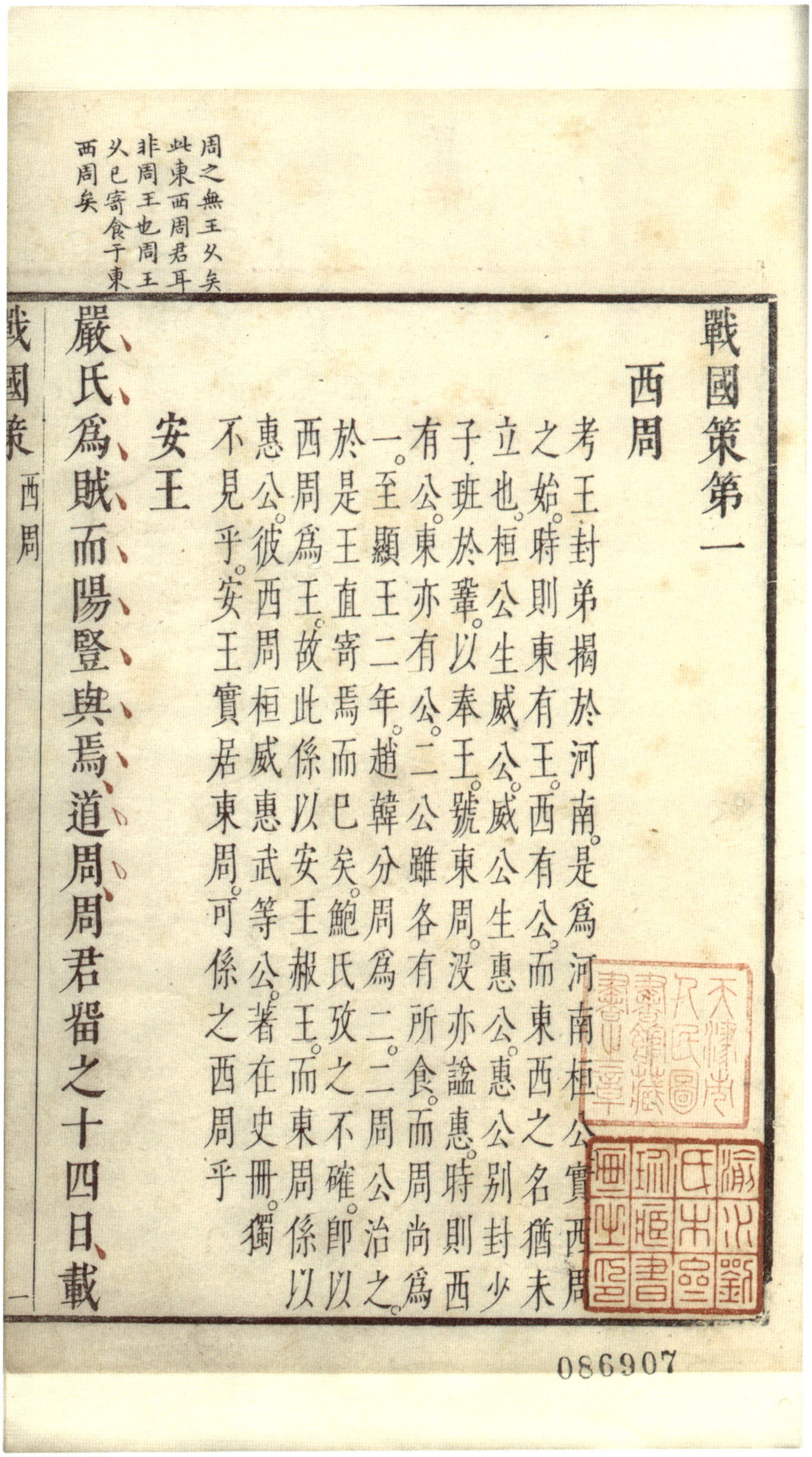

周之無王久矣此東西周君耳非周王也周王久已寄食于東西周矣

戰國策第一

西周

考王封弟揭於河南。是爲河南桓公實西周之始。時則東有王。西有公。而東西之名猶未立也。桓公生威公。威公生惠公。惠公別封少子班於鞏。以奉王。號東周。沒亦謚惠。時則西有公。東亦有公。二公雖各有所食。而周尚爲一。至顯王二年。趙韓分周爲二。二周公治之。於是王直寄焉而已矣。鮑氏攷之不確。郎以西周爲王。故此係以安王赧王。而東周係以惠公。彼西周桓威惠武等公。著在史冊。獨不見乎。安王實居東周。可係之西周乎

安王

嚴氏爲賊而陽豎與焉。道周。周君留之十四日。載

戰國策　西周　一

越絕書十五卷　明嘉靖二十四年孔天胤刻本

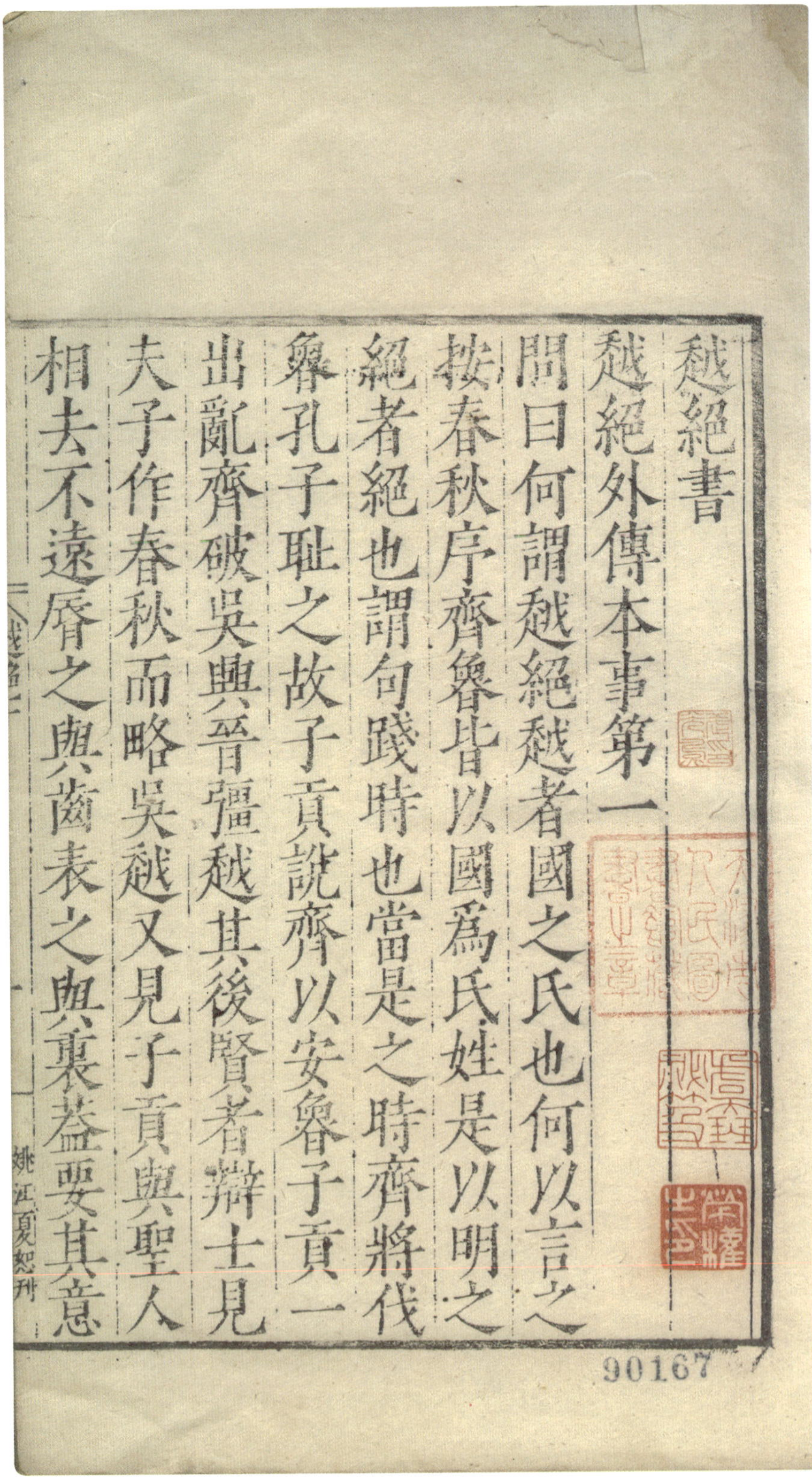
越絕書

越絕外傳本事第一

問曰何謂越絕越者國之氏也何以言之按春秋序齊魯皆以國爲氏姓是以明之絕者絕也謂句踐時也當是之時齊將伐魯孔子恥之故子貢說齊以安魯子貢一出亂齊破吳興晉彊越其後賢者辯士見夫子作春秋而略吳越又見子貢與聖人相去不遠脣之與齒表之與裏蓋要其意

越絕一　巾　一　姚江夏契刊

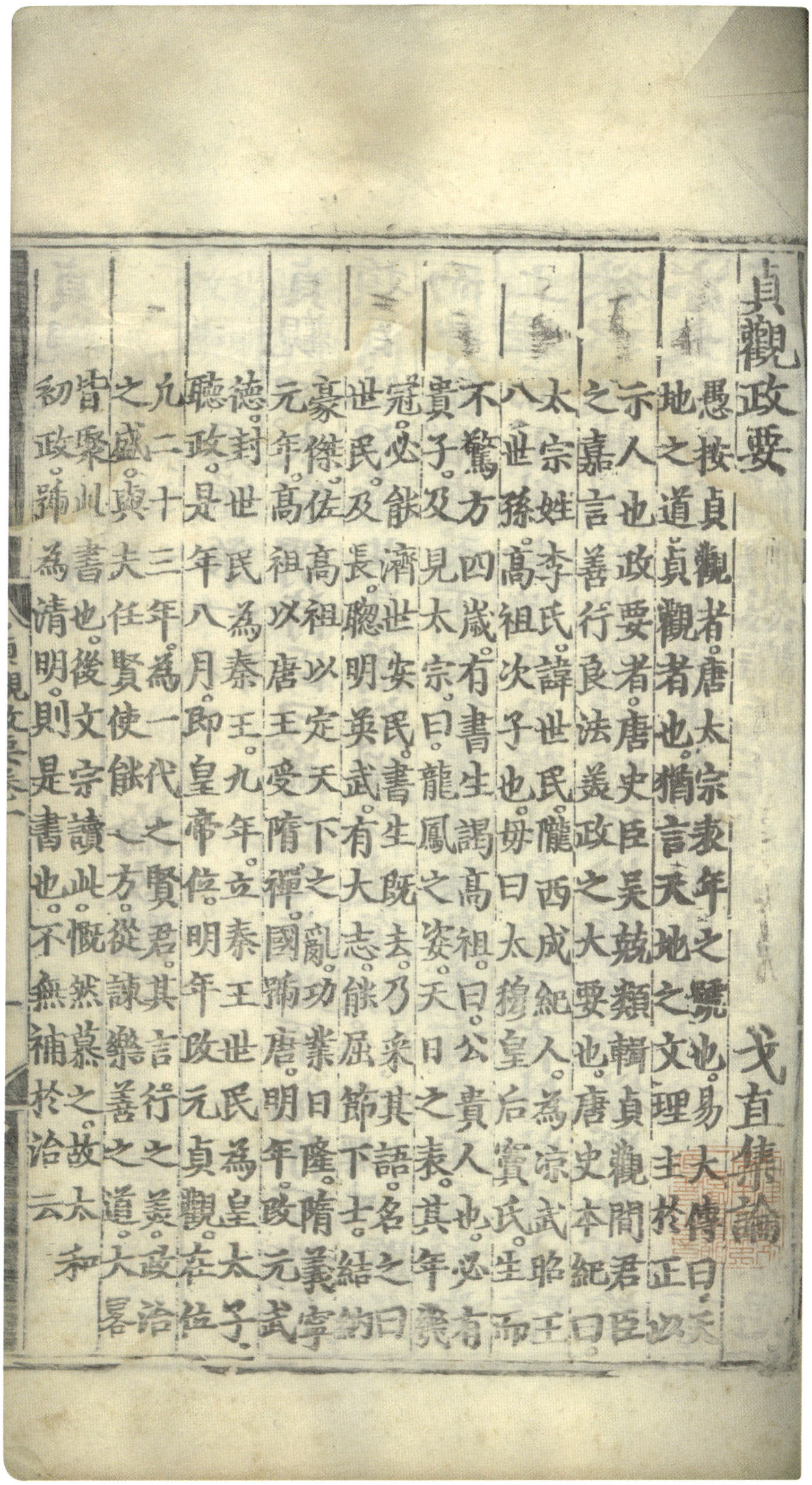
貞觀政要　戈直集論
愚按貞觀者唐太宗表年之號也易大傳曰天
地之道貞觀者也猶言天地之文理主於正以
示人也政要者唐史臣吳兢類輯貞觀間君臣
之嘉言善行良法美政之大要也唐史本紀曰
太宗姓李氏諱世民隴西成紀人為凉武昭王
八世孫高祖次子也母曰太穆皇后竇氏生而
不驚方四歲有書生謁高祖曰公貴人也必有
貴子及見太宗曰龍鳳之姿天日之表其年幾
冠必能濟世安民書生既去乃采其語名之曰
世民及長聰明英武有大志能屈節下士結納
豪傑佐高祖以定天下之亂功業日隆隋義寧
元年高祖以唐王受隋禪國號唐明年改元武
德封世民為秦王九年立秦王世民為皇太子
聽政是年八月即皇帝位明年改元貞觀在位
凡二十三年為一代之賢君其言行之美政治
之盛與夫任賢使能之方從諫樂善之道大畧
皆聚此書也後文宗讀此慨然慕之故太和
初政號為清明則是書也不無補於治云

貞觀政要十卷

明成化十二年崇府重刻本

定級

揮麈録二卷　明弘治華氏刻百川學海本

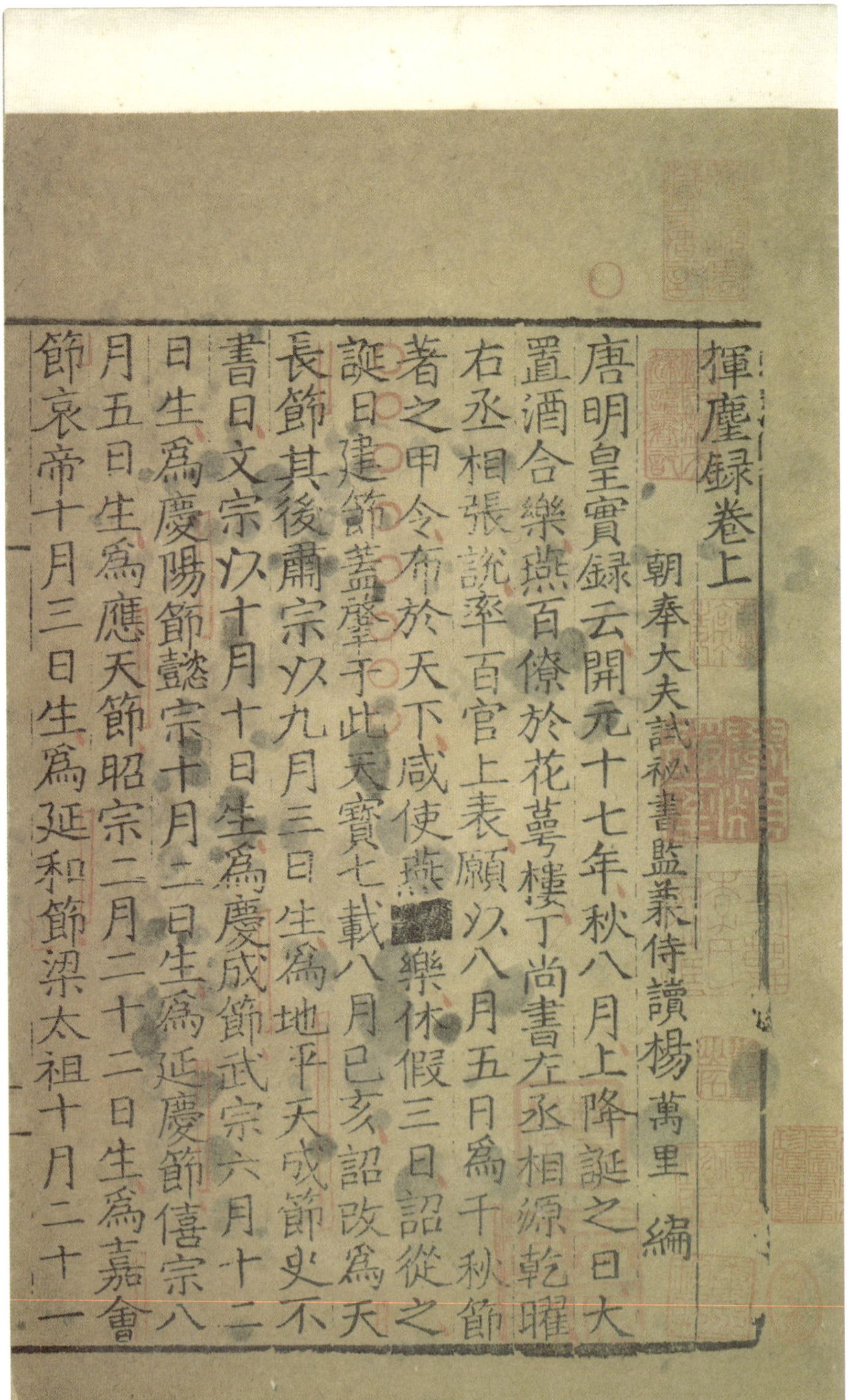
揮麈録卷上

朝奉大夫試秘書監兼侍讀楊萬里　編

唐明皇實録云開元十七年秋八月上降誕之日大置酒合樂燕百僚於花蕚樓下尚書左丞相源乾曜右丞相張説率百官上表願以八月五日爲千秋節著之甲令布於天下咸使燕[redacted]樂休假三日詔從之誕日建節蓋肇于此天寶七載八月己亥詔改爲天長節其後肅宗以九月三日生爲地平天成節史不書日文宗以十月十日生爲慶成節武宗六月十二日生爲慶陽節懿宗十月二日生爲延慶節僖宗八月五日生爲應天節昭宗二月二十二日生爲嘉會節哀帝十月三日生爲延和節梁太祖十月二十一

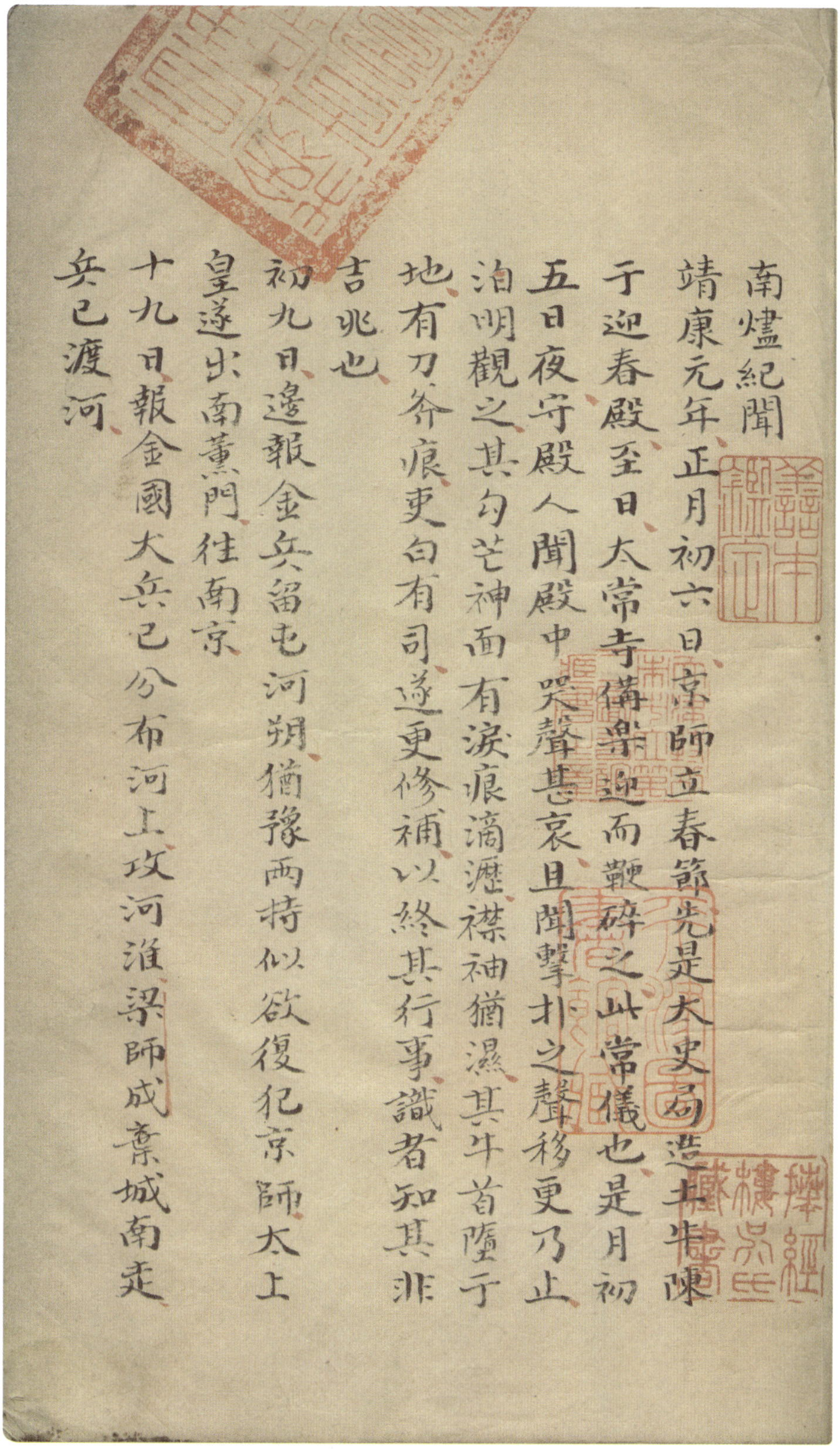
南燼紀聞
靖康元年正月初六日京師立春節先是太史局造土牛陳
于迎春殿至日太常寺備樂迎而鞭碎之此常儀也是月初
五日夜守殿人聞殿中哭聲甚哀且聞撃扑之聲移更乃止
洎明觀之其勾芒神面有淚痕滴瀝襟袖猶濕其牛首墮于
地有刀斧痕更白有司遂更修補以終其行事識者知其非
吉兆也
初九日邊報金兵留屯河朔猶豫兩持似欲復犯京師太上
皇遂出南薰門往南京
十九日報金國大兵已分布河上攻河淮梁師成棄城南走
兵已渡河

南燼紀聞一卷　清吳氏拜經樓鈔本

南燼紀聞錄一卷　清鈔本

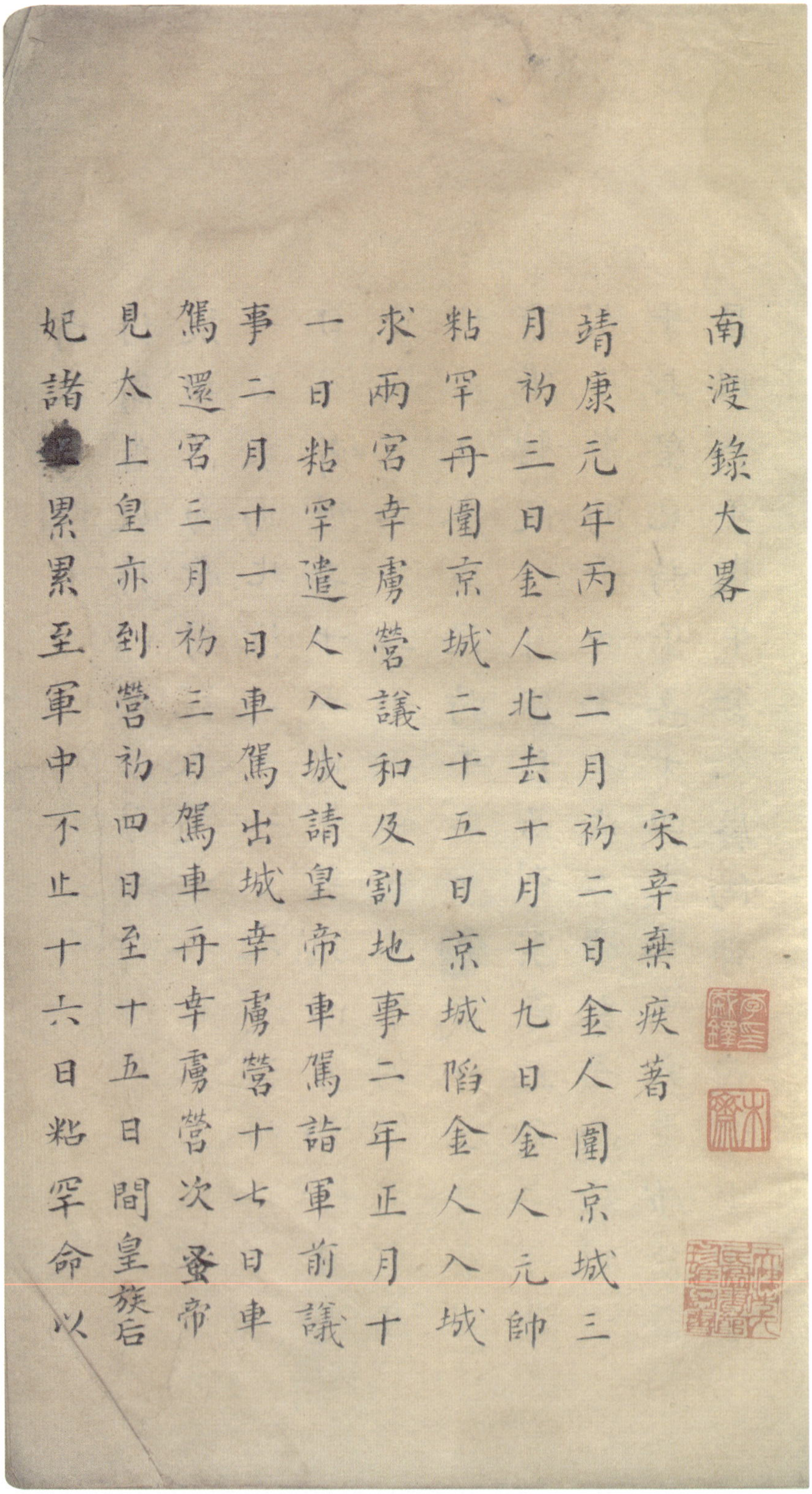
南渡錄大畧
宋辛棄疾著
靖康元年丙午二月初二日金人圍京城三
月初三日金人北去十月十九日金人元帥
粘罕再圍京城二十五日京城陷金人入城
求兩宫幸虜營議和及割地事二年正月十
一日粘罕遣人入城請皇帝車駕詣軍前議
事二月十一日車駕出城幸虜營十七日車
駕還宫三月初三日駕車再幸虜營次蚤帝
見太上皇亦到營初四日至十五日間皇族后
妃諸王累累至軍中不止十六日粘罕命以

襄陽守城録一卷　清鈔本

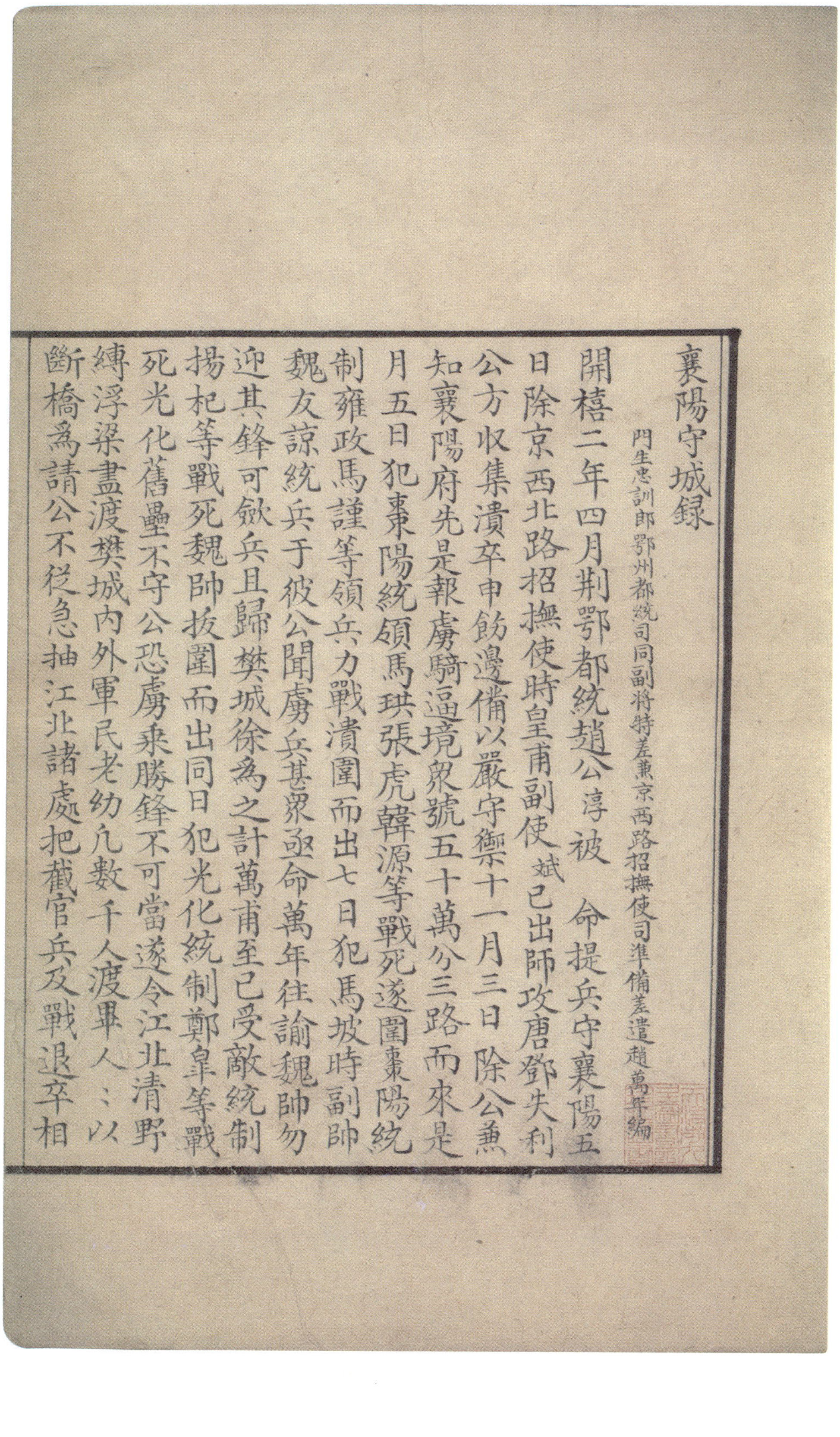

襄陽守城録

門生忠訓郎鄂州都統司同副將特差兼京西路招撫使司準備差遣趙萬年編

開禧二年四月荆鄂都統趙公淳被　命提兵守襄陽五日除京西北路招撫使時皇甫副使斌已出師攻唐鄧失利公方收集潰卒申飭邊備以嚴守禦十一月三日除公兼知襄陽府先是虜騎逼境衆號五十萬分三路而來是月五日犯棗陽統領馬珙張虎韓源等戰死遂圍棗陽統制雍政馬謹等領兵力戰潰圍而出七日犯馬坡時副帥魏友諒統兵于彼公聞虜兵甚衆亟命萬年往諭魏帥勿迎其鋒可歛兵且歸樊城徐為之計萬甫至已受敵統制揚杞等戰死魏帥拔圍而出同日犯光化統制鄭皐等戰死光化舊壘不守公恐虜乘勝鋒不可當遂令江北清野縛浮梁盡渡樊城内外軍民老幼凡數千人渡畢人〻以斷橋為請公不從急抽江北諸處把截官兵及戰退卒相

今言四卷　明嘉靖四十五年刻本

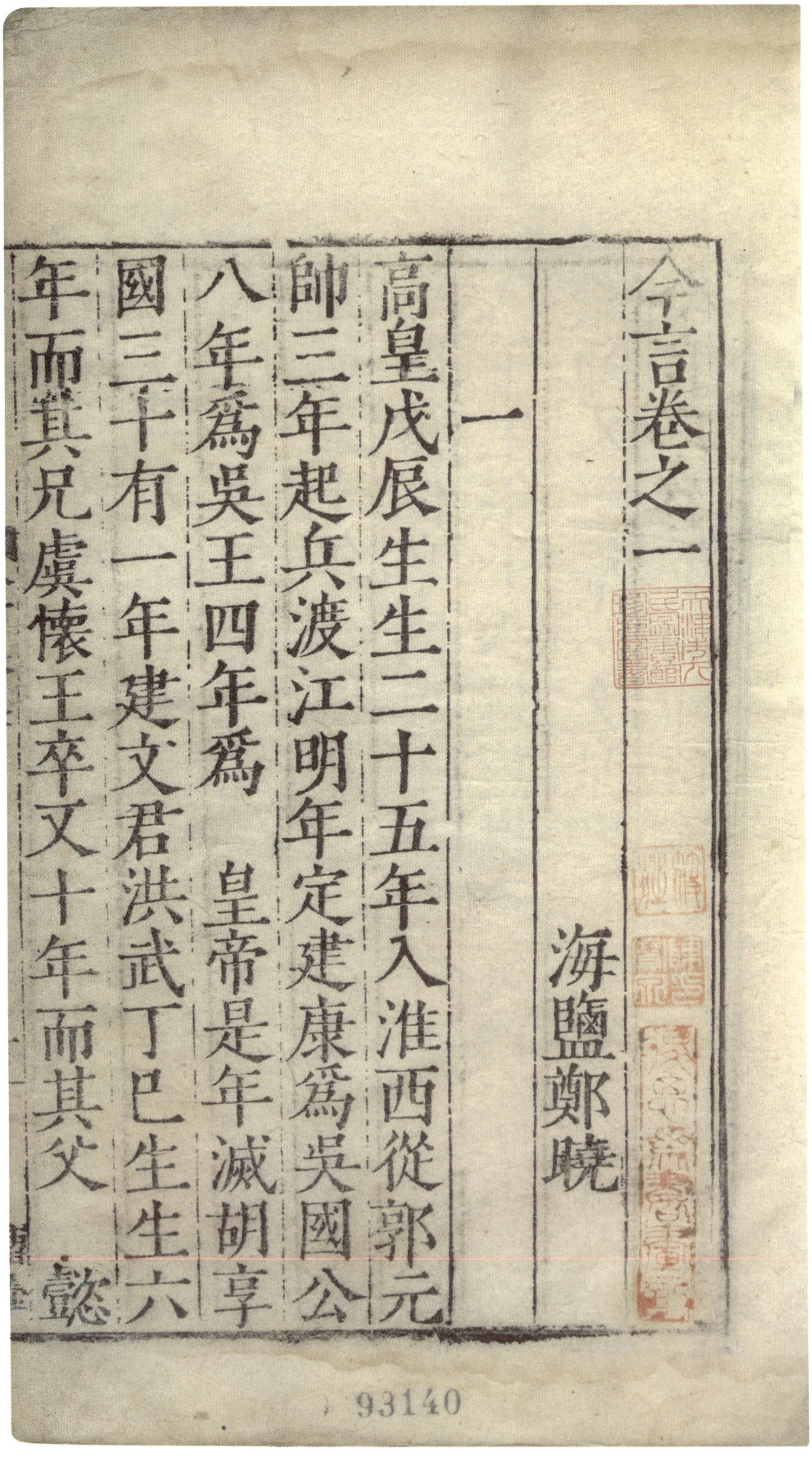
今言卷之一
海鹽鄭曉
一
高皇戊辰生二十五年入淮西從郭元
帥三年起兵渡江明年定建康爲吳國公
八年爲吳王四年爲　皇帝是年滅胡亨
國三十有一年建文君洪武丁巳生六
年而其兄虞懷王卒又十年而其父懿

萬曆武功録十四卷　明萬曆刻本

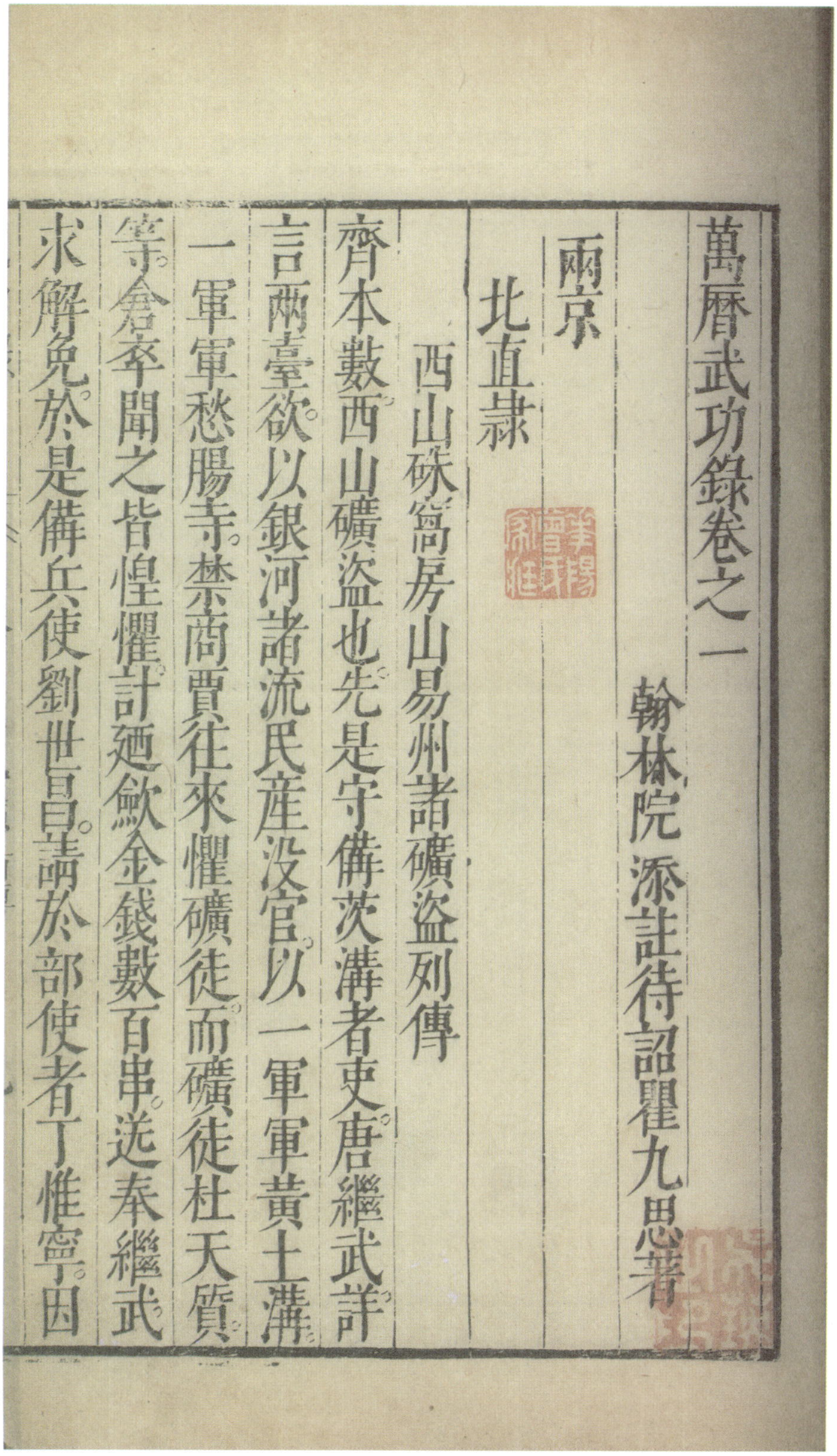
萬曆武功録卷之一
翰林院添註待詔瞿九思著
兩京
北直隸
西山硃窩房山易州諸礦盜列傳
齊本數西山礦盜也先是守備茨溝者吏唐繼武詳
言兩臺欲以銀河諸流民産沒官以一軍軍黄土溝
一軍軍愁腸寺禁商賈往來懼礦徒而礦徒杜天質
等倉卒聞之皆惶懼計廼歛金錢數百串送奉繼武
求解免於是備兵使劉世曾請於部使者丁惟寧因

三朝聖諭錄三卷　明正統刻本

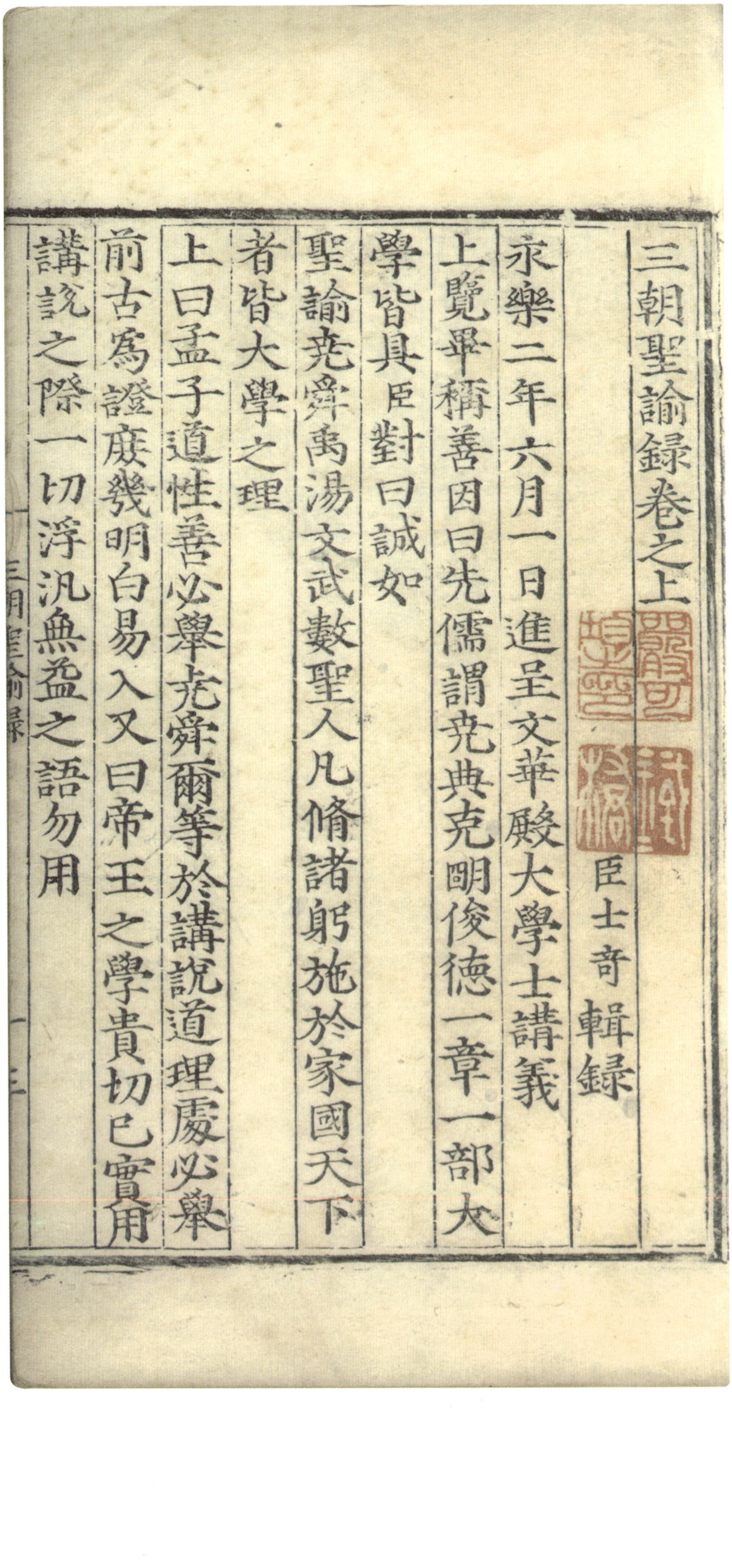
三朝聖諭録卷之上

臣士奇輯録

永樂二年六月一日進呈文華殿大學士講義

上覽畢稱善因曰先儒謂堯典克明俊德一章大

學皆具臣對曰誠如

聖諭堯舜禹湯文武數聖人凡脩諸躬施於家國天下

者皆大學之理

上曰孟子道性善必舉堯舜爾等於講說道理處必舉

前古爲證庶幾明白易入又曰帝王之學貴切已實用

講說之際一切浮汎無益之語勿用

三朝聖諭録　一

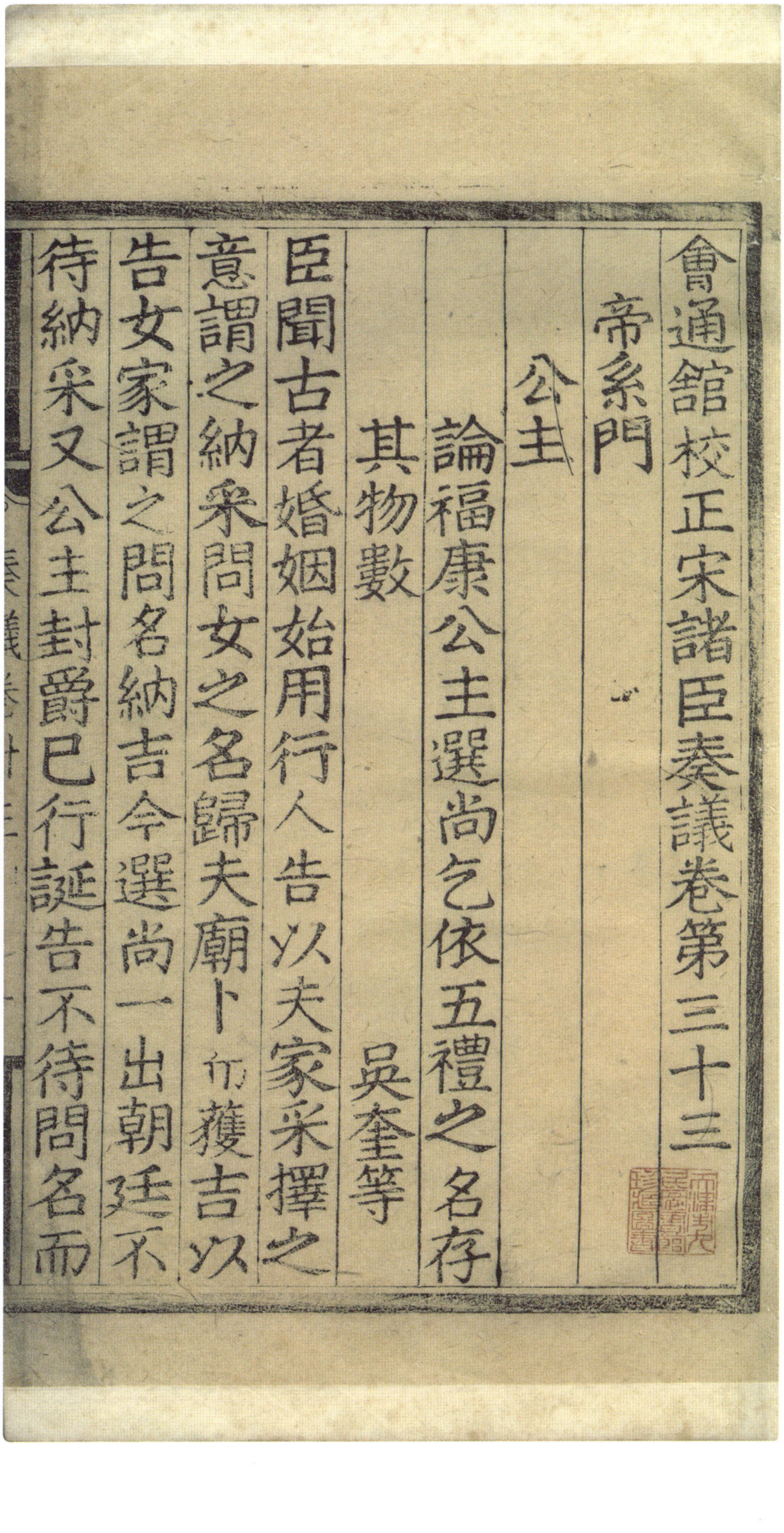
會通館校正宋諸臣奏議卷第三十三
帝系門
公主
論福康公主選尚乞依五禮之名存
其物數　吳奎等
臣聞古者婚姻始用行人告以夫家采擇之
意謂之納采問女之名歸夫廟卜而獲吉以
告女家謂之問名納吉今選尚一出朝廷不
待納采又公主封爵已行誕告不待問名而

會通館校正宋諸臣奏議一百五十卷　明弘治華燧會通館銅活字印本

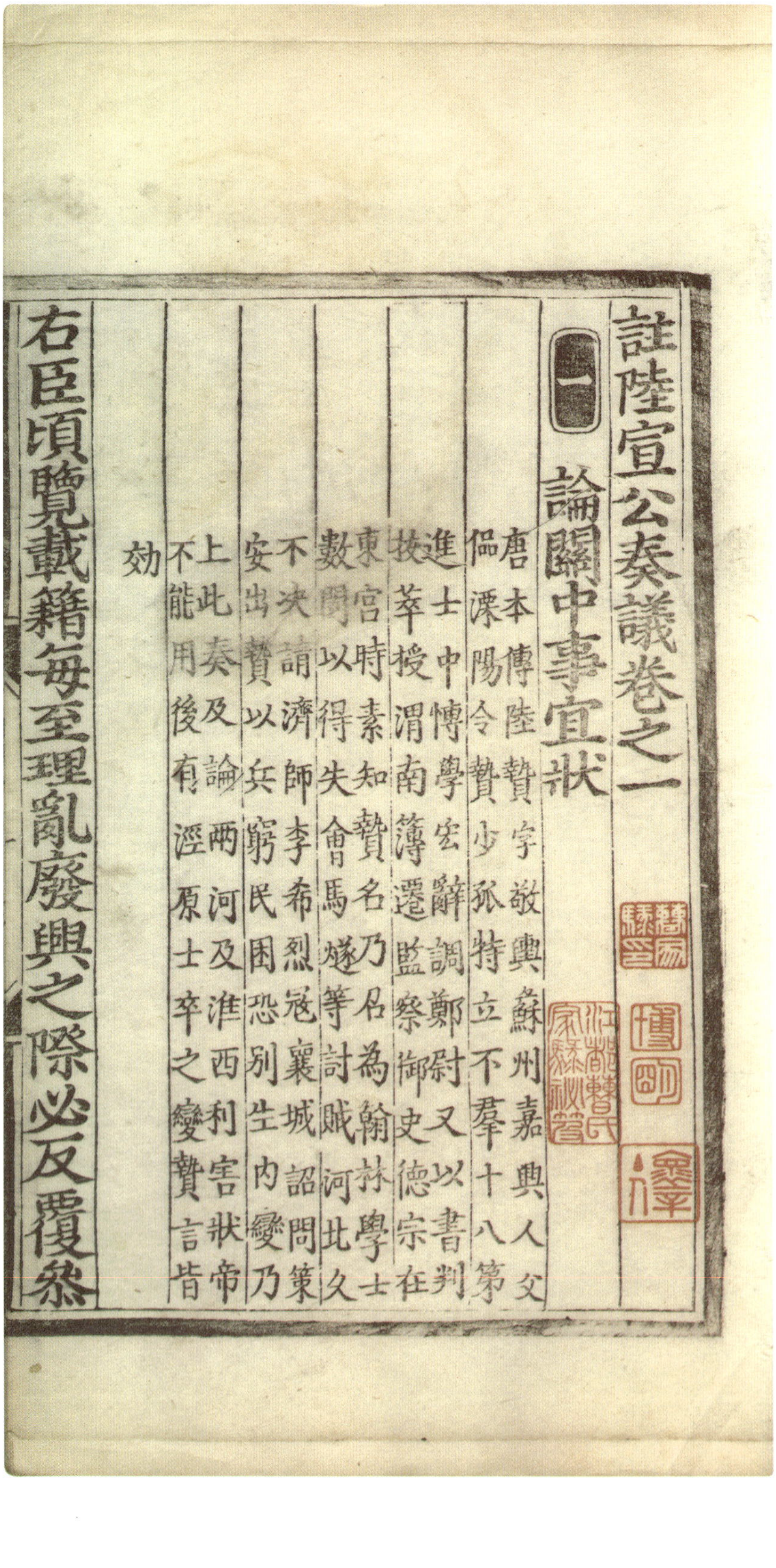
註陸宣公奏議卷之一

一 論關中事宜狀

唐本傳陸贄字敬輿蘇州嘉興人父侃溧陽令贄少孤特立不羣十八第進士中博學宏辭調鄭尉又以書判拔萃授渭南簿遷監察御史德宗在東宮時素知贄名乃召為翰林學士數問以得失會馬燧等討賊河北久不決請濟師李希烈寇襄城詔問策安出贄以兵窮民困恐別生内變乃上此奏及論兩河及淮西利害狀帝不能用後有涇原士卒之變贄言皆効

右臣頃覽載籍每至理亂廢興之際必反覆參

註陸宣公奏議十五卷　明弘治七年林符重刻本

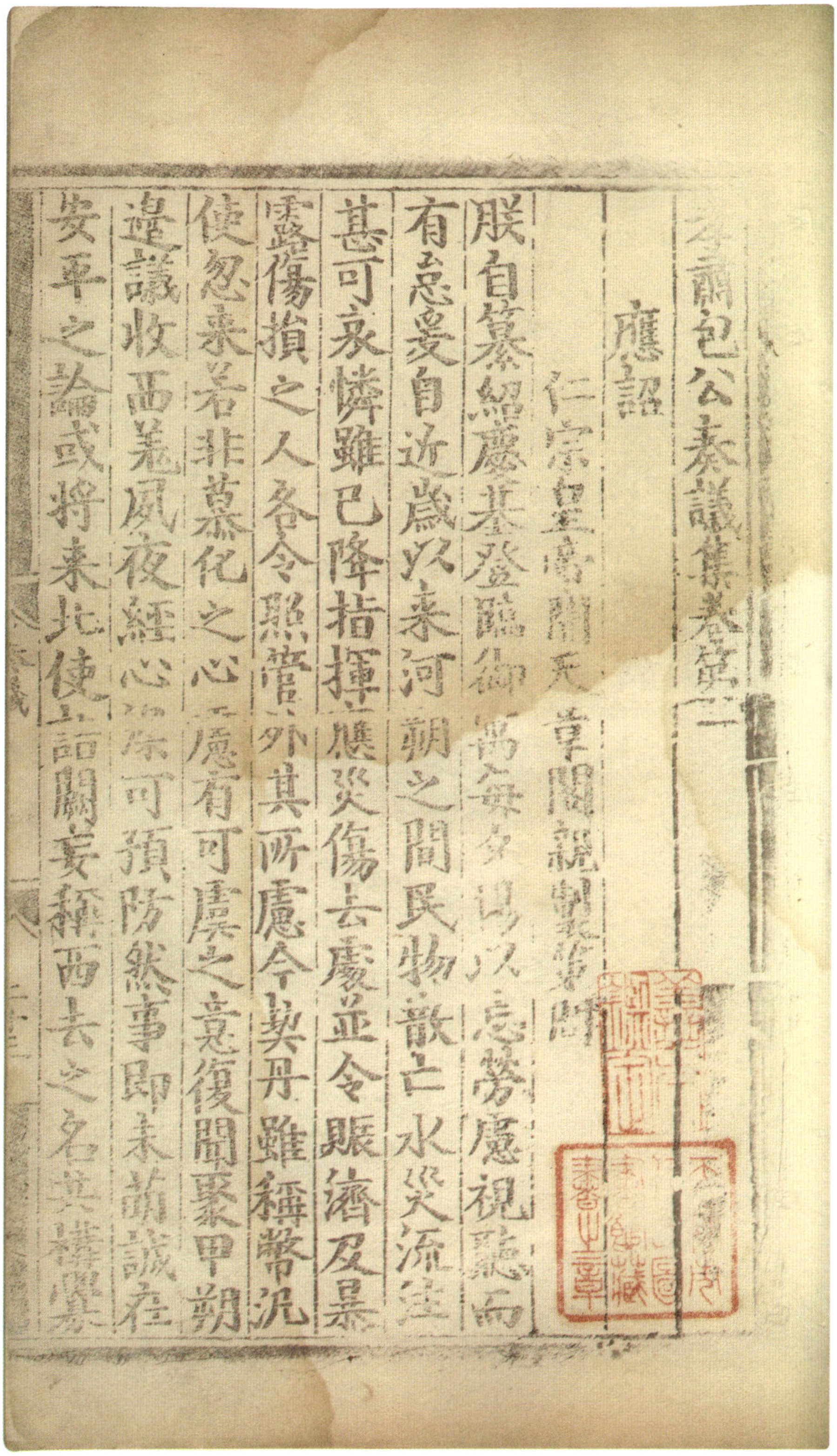

孝肅包公奏議集卷第二

應詔

仁宗皇帝開天章閣親製策問

朕自纂紹慶基登臨御㝢每多謁以忘勞慮視聽而有惑憂自近歲以來河朔之間民物散亡水災流徙甚可哀憐雖已降指揮應災傷去處並令賑濟及募露傷損之人各令照管外其所慮令契丹雖稱幣況使忽來若非慕化之心慮有可虞之意復聞聚甲朔邊議收西羌夙夜經心深可預防然事即未萌誠在安平之論或將來北使上言闕妄稱西去之名兵搆釁

孝肅包公奏議十卷　明弘治五年刻本

東坡奏議十五卷　明嘉靖十三年江西布政司重刻本

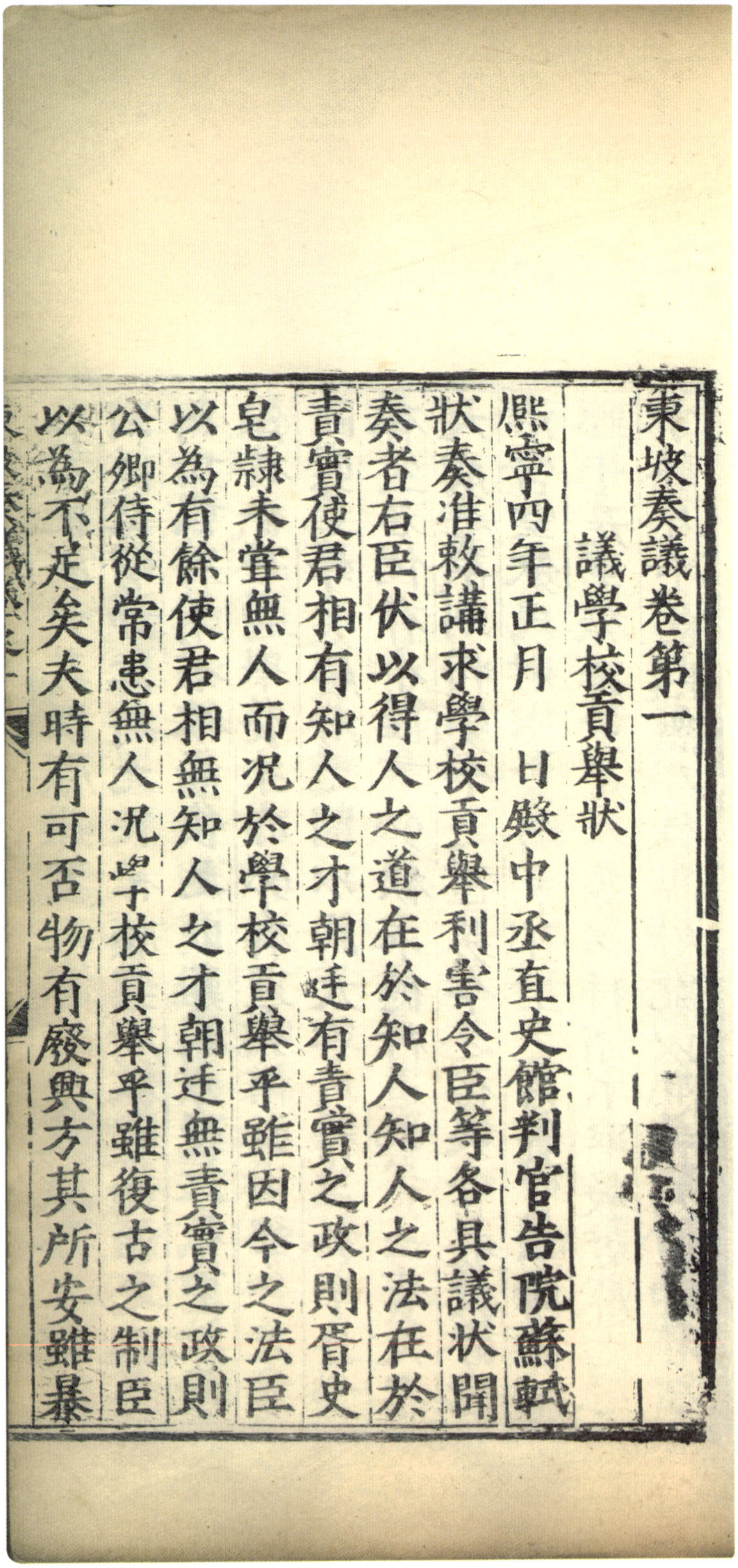

東坡奏議卷第一

議學校貢舉狀

熙寧四年正月　日殿中丞直史館判官告院蘇軾
狀奏准勑講求學校貢舉利害令臣等各具議狀聞
奏者右臣伏以得人之道在於知人知人之法在於
責實使君相有知人之才朝廷有責實之政則胥史
皂隸未甞無人而況於學校貢舉乎雖因今之法臣
以為有餘使君相無知人之才朝廷無責實之政則
公卿侍從常患無人況學校貢舉乎雖復古之制臣
以為不足矣夫時有可否物有廢興方其所安雖暴

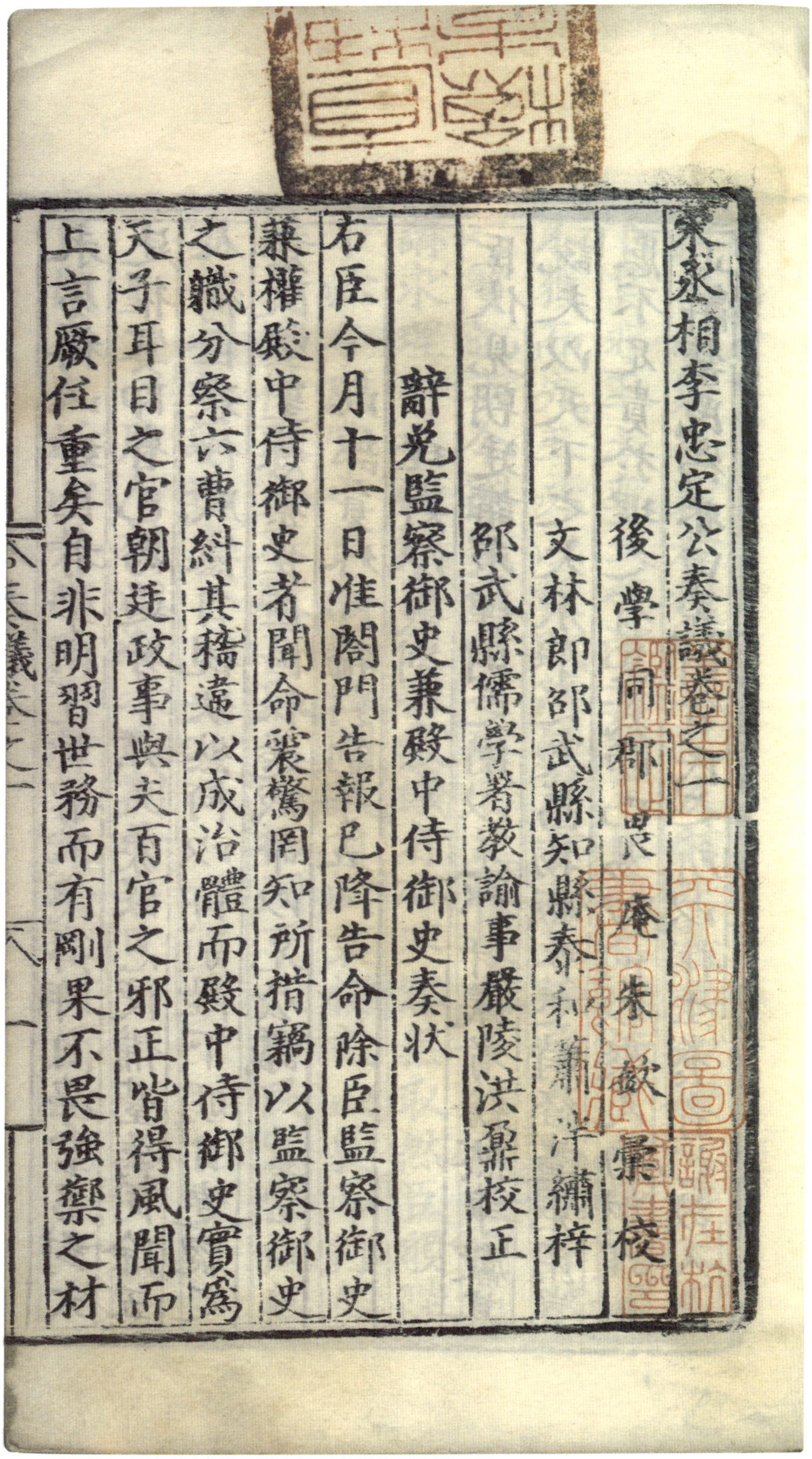
宋丞相李忠定公奏議卷之一
後學同郡思菴朱欽彙校
文林郎邵武縣知縣泰和蕭泮繡梓
邵武縣儒學署教諭事嚴陵洪鼒校正
辭免監察御史兼殿中侍御史奏狀
右臣今月十一日准閤門告報已降告命除臣監察御史
兼權殿中侍御史者聞命震驚罔知所措竊以監察御史
之職分察六曹糾其稽違以成治體而殿中侍御史實爲
天子耳目之官朝廷政事與夫百官之邪正皆得風聞而
上言厥任重矣自非明習世務而有剛果不畏强禦之材

宋丞相李忠定公奏議六十九卷　明正德十一年胡文静　蕭泮刻本

少司空主一徐公奏議九卷　明嘉靖刻本

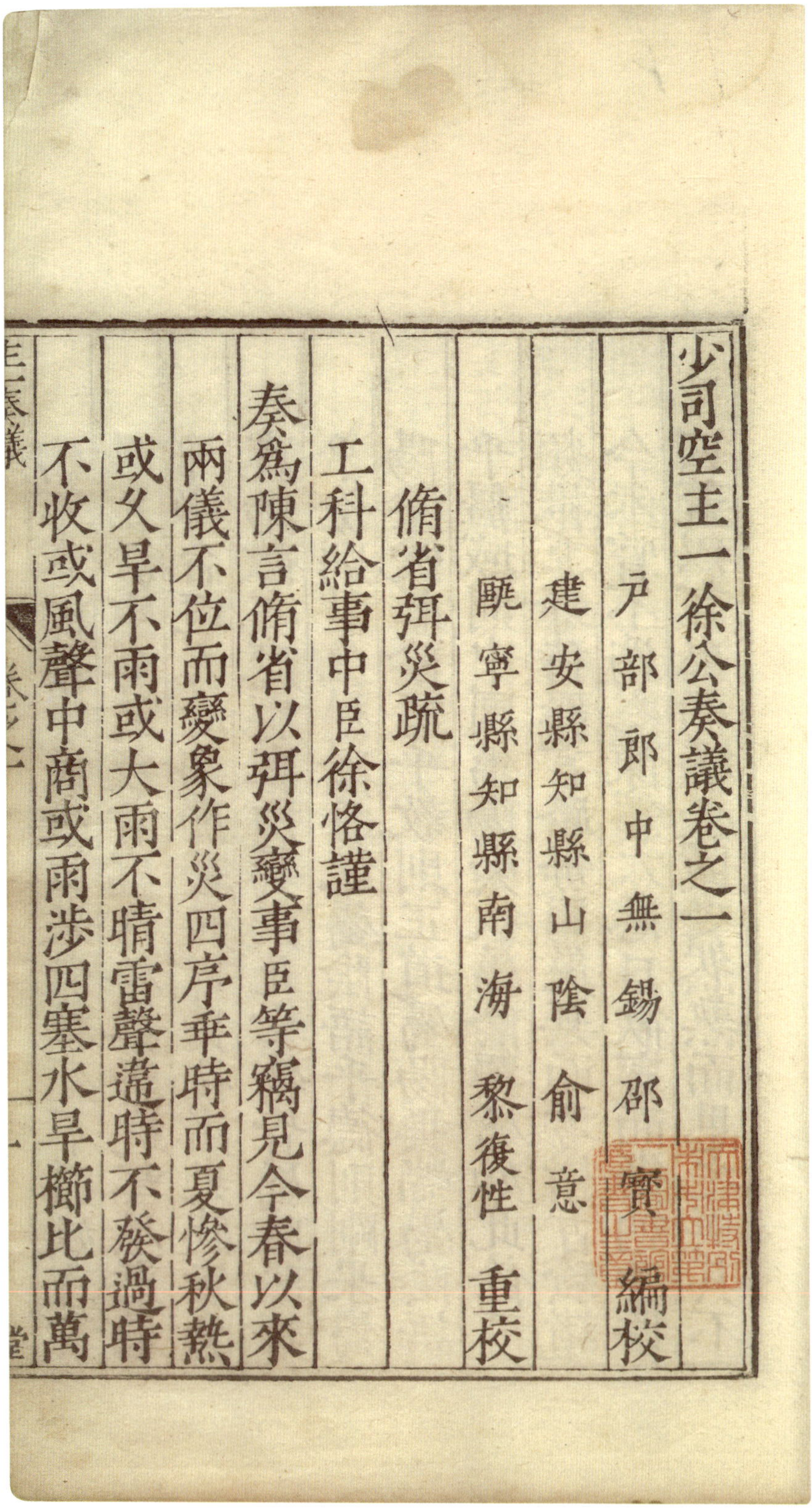
少司空主一徐公奏議卷之一
戸部郎中無錫邵寳編校
建安縣知縣山陰俞意
睢寧縣知縣南海黎復性　重校
脩省弭災疏
工科給事中臣徐恪謹
奏為陳言脩省以弭災變事臣等竊見今春以來
兩儀不位而變象作災四序乖時而夏慘秋熱
或久旱不雨或大雨不晴雷聲違時不發過時
不收或風聲中商或雨涉四塞水旱櫛比而萬

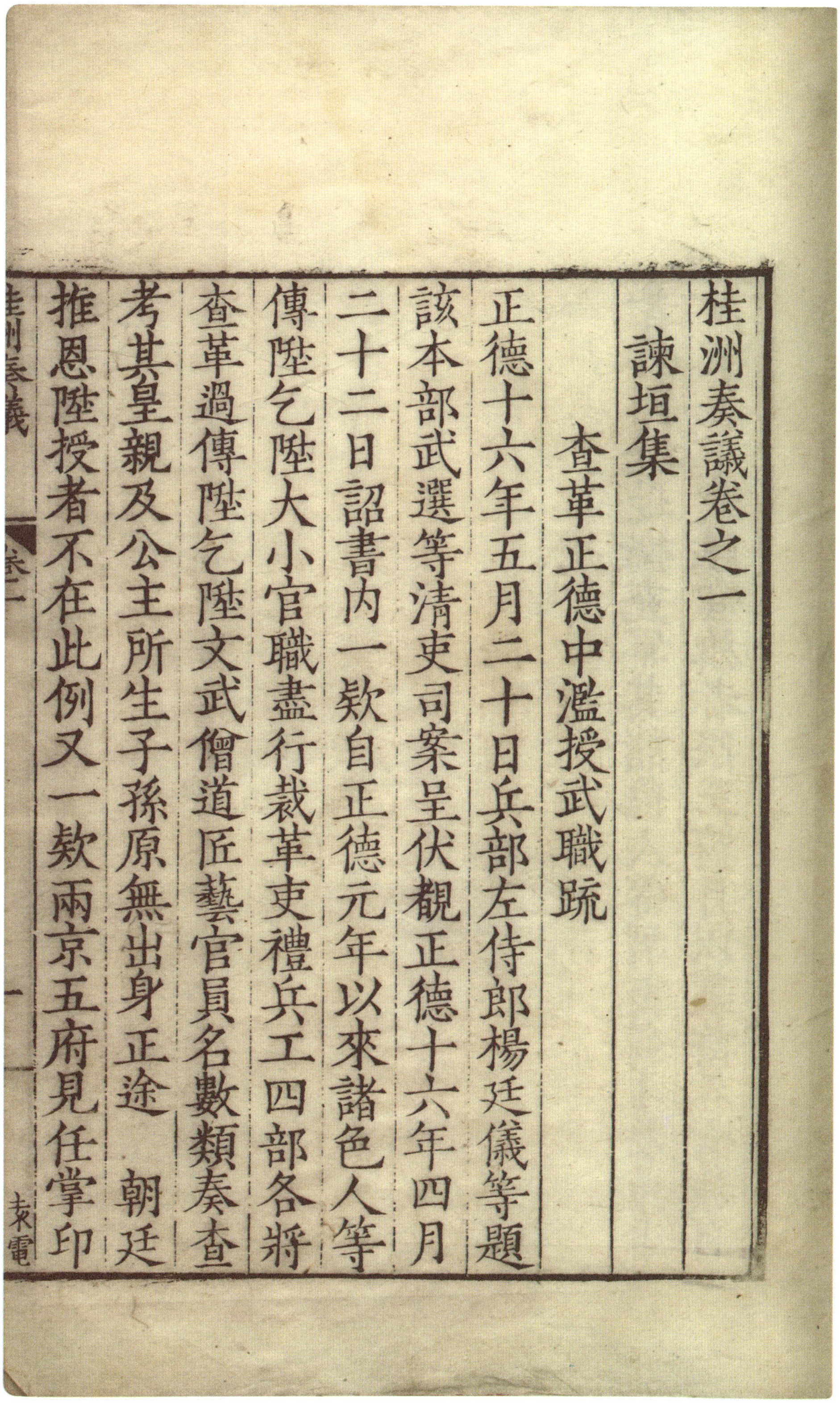
桂洲奏議卷之一

諫垣集

查革正德中濫授武職疏

正德十六年五月二十日兵部左侍郎楊廷儀等題
該本部武選等清吏司案呈伏覩正德十六年四月
二十二日詔書内一款自正德元年以來諸色人等
傳陞乞陞大小官職盡行裁革吏禮兵工四部各將
查革過傳陞乞陞文武僧道匠藝官員名數類奏查
考其皇親及公主所生子孫原無出身正途　朝廷
推恩陞授者不在此例又一款兩京五府見任掌印

桂洲奏議　卷一　一　袁電

桂洲奏議十二卷　明嘉靖二十五年刻本

按遼疏稿六卷 明刻本

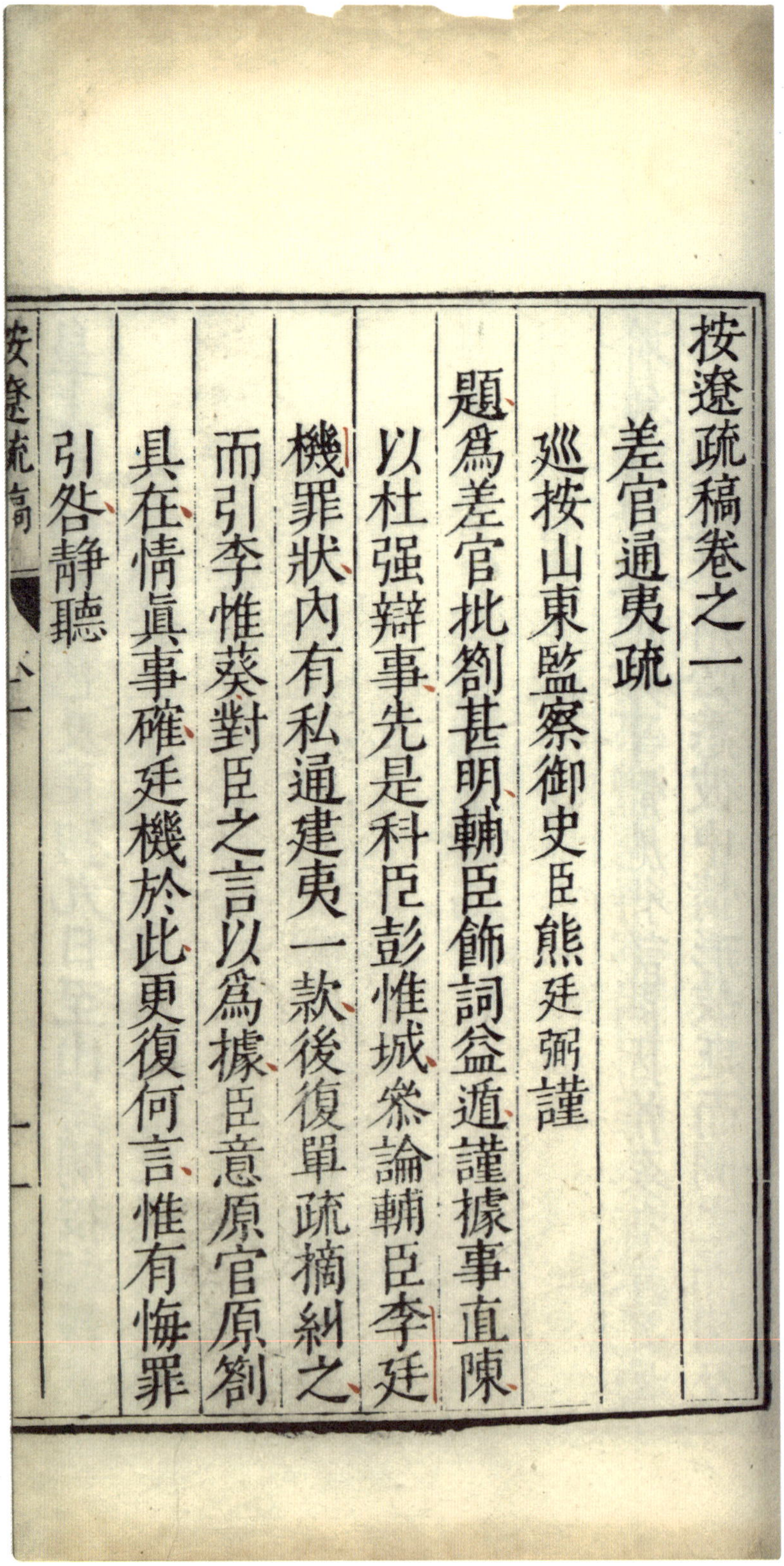
按遼疏稿卷之一

差官通夷疏

巡按山東監察御史臣熊廷弼謹

題爲差官批劄甚明輔臣飾詞益遁謹據事直陳以杜强辯事先是科臣彭惟城叅論輔臣李廷機罪狀内有私通建夷一款後復單疏摘糾之而引李惟棻對臣之言以爲據臣意原官原劄具在情眞事確廷機於此更復何言惟有悔罪引咎静聽

按遼疏稿 卷一 一

定一級

列女傳十六卷 明萬曆刻清乾隆四十四年知不足齋印本

列女傳十六卷　明萬曆刻清乾隆四十四年知不足齋印本

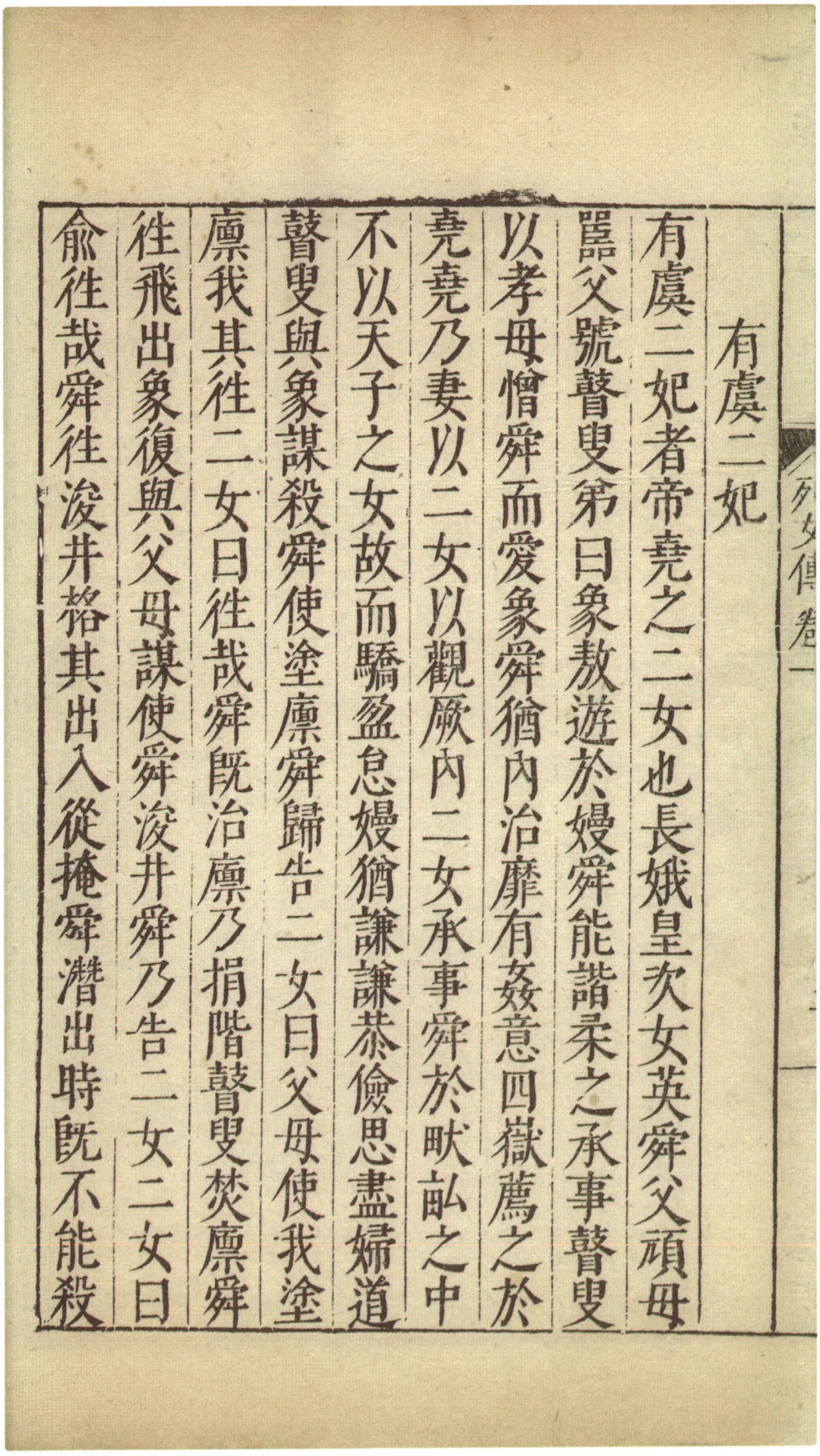
列女傳　卷一

有虞二妃

有虞二妃者帝堯之二女也長娥皇次女英舜父頑母嚚父號瞽叟弟曰象敖遊於嫚舜能諧柔之承事瞽叟以孝母憎舜而愛象舜猶內治靡有姦意四嶽薦之於堯堯乃妻以二女以觀厥內二女承事舜於畎畝之中不以天子之女故而驕盈怠嫚猶謙謙恭儉思盡婦道瞽叟與象謀殺舜使塗廩舜歸告二女曰父母使我塗廩我其往二女曰往哉舜既治廩乃捐階瞽叟焚廩舜往飛出象復與父母謀使舜浚井舜乃告二女二女曰俞往哉舜往浚井格其出入從掩舜潛出時既不能殺

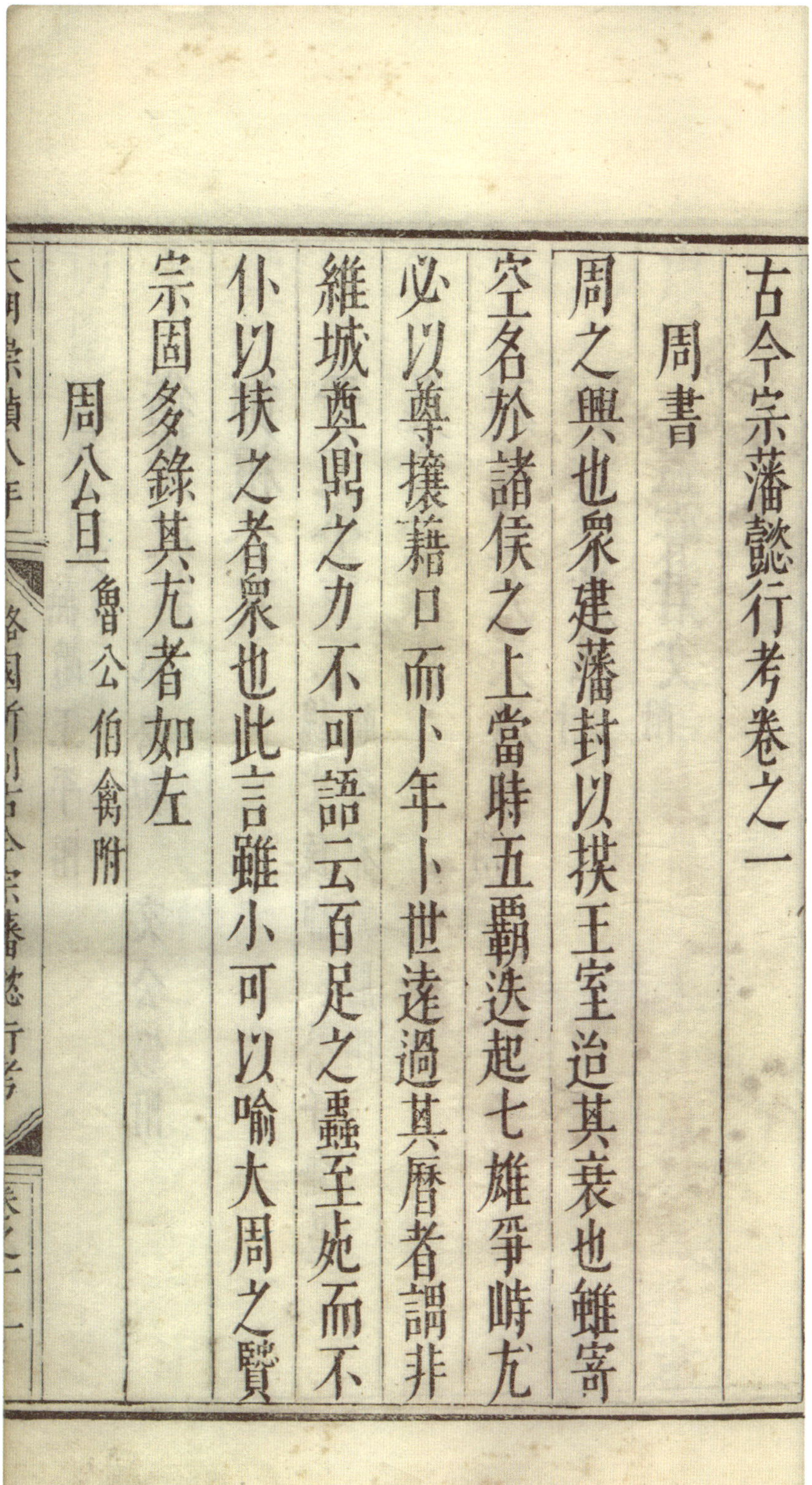
古今宗藩懿行考卷之一

周書

周之興也衆建藩封以拱王室迨其衰也雖寄空名於諸侯之上當時五覇迭起七雄爭峙尤必以尊攘藉口而卜年卜世遠過其厯者謂非維城與翰之力不可語云百足之蟲至死而不仆以扶之者衆也此言雖小可以喻大周之賢宗固多錄其尤者如左

周公旦　魯公伯禽附

大明崇禎八年　潞國新刊古今宗藩懿行考　卷之一

古今宗藩懿行考十卷　明崇禎九年潞府刻本

貂璫史鑑四卷　明萬曆刻本

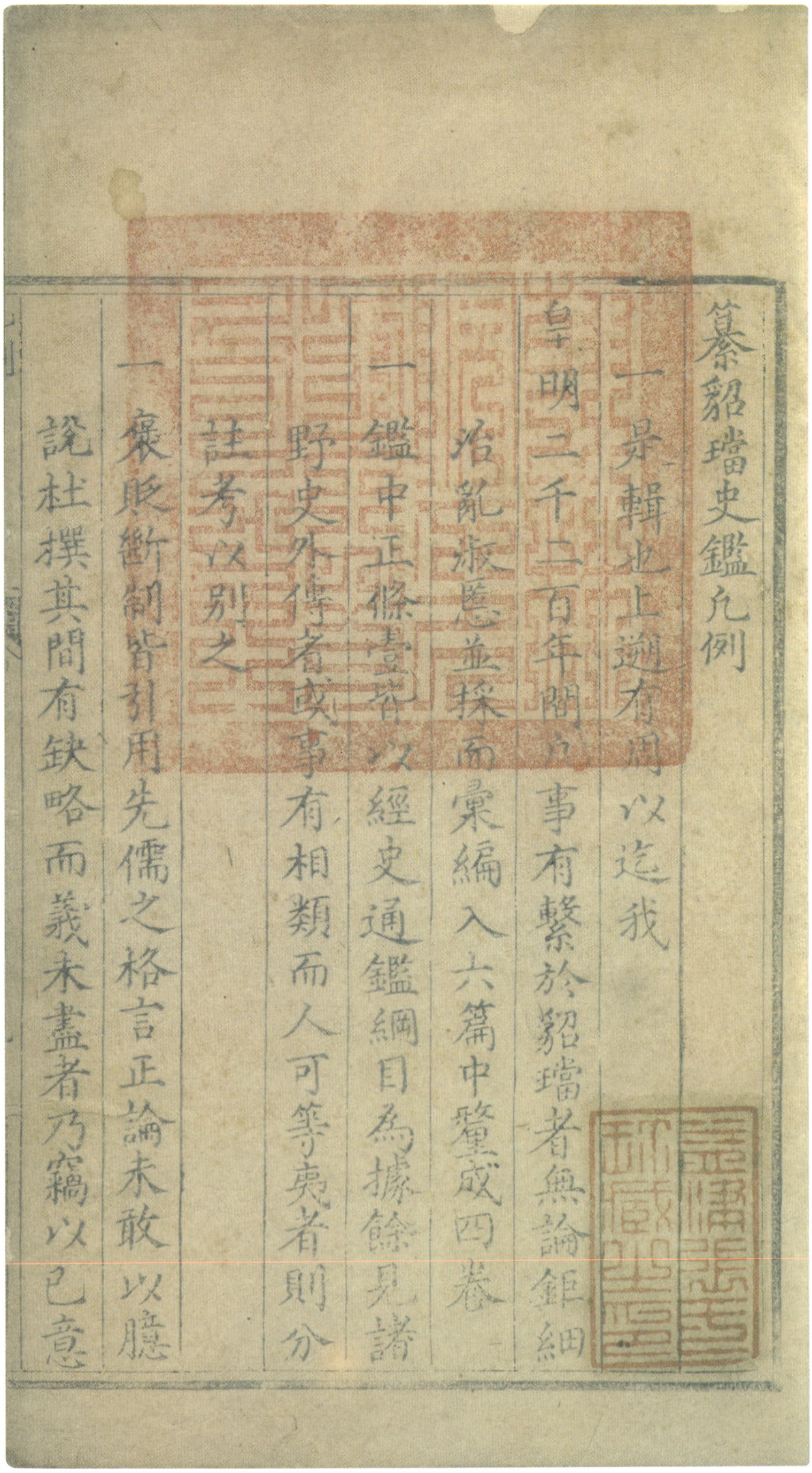
纂貂璫史鑑凡例

一昰輯也上遡有周以迄我

皇明二千二百年間凡事有繫於貂璫者無論鉅細

治亂淑慝並採而彙編入六篇中釐成四卷

一鑑中正條壹皆以經史通鑑綱目為據餘見諸

野史外傳者或事有相類而人可等夷者則分

註考以別之

一褒貶斷制皆引用先儒之格言正論未敢以臆

說杜撰其間有缺略而義未盡者乃竊以己意

貂璫史鑑四卷　明萬曆刻本

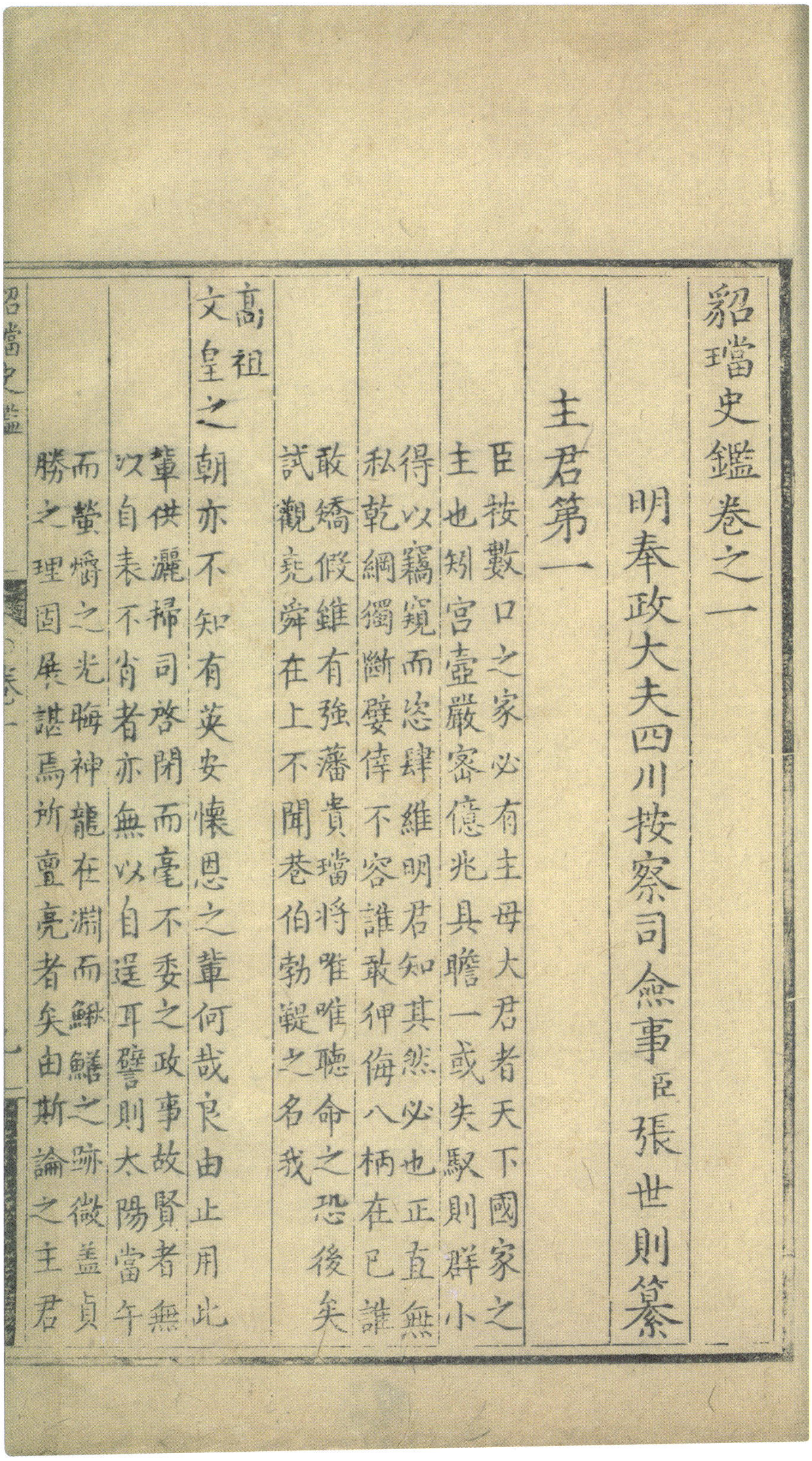
貂璫史鑑卷之一

明奉政大夫四川按察司僉事臣張世則纂

主君第一

臣按數口之家必有主母大君者天下國家之主也矧宮壼嚴密億兆具瞻一或失馭則群小得以竊窺而恣肆維明君知其然必也正直無私乾綱獨斷嬖倖不容誰敢狎侮八柄在已誰敢矯假雖有強藩貴璫將唯唯聽命之恐後矣試觀堯舜在上不聞巷伯勃鞮之名我

高祖

文皇之朝亦不知有英安懷恩之輩何哉良由止用此輩供灑掃司啓閉而毫不委之政事故賢者無以自表不肖者亦無以自逞耳譬則太陽當午而螢爝之光晦神龍在淵而鰍鱔之跡微蓋貞勝之理固展諶焉所亶亮者矣由斯論之主君

貂璫史鑑　卷之一

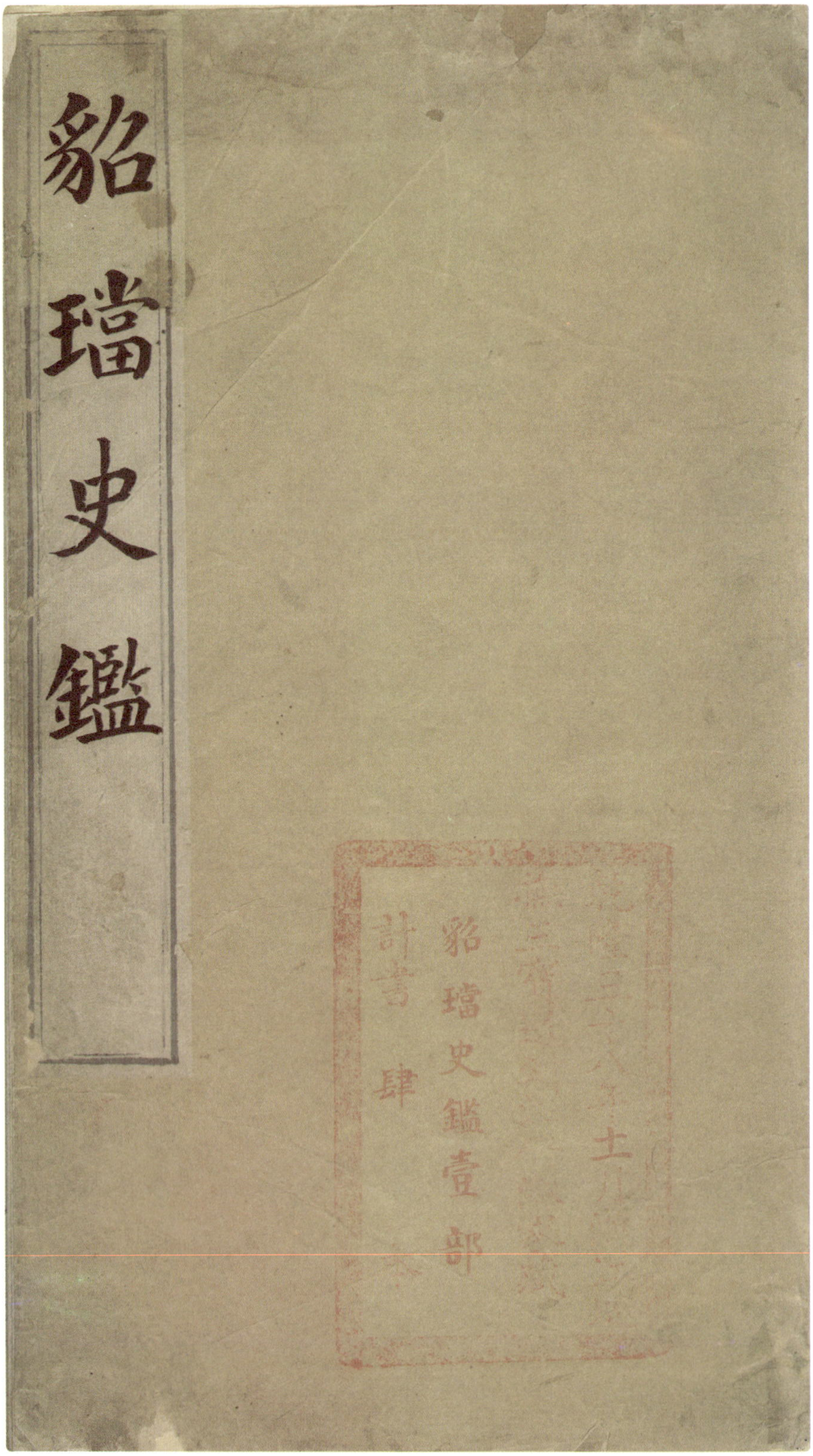

貂璫史鑑四卷　明萬曆刻本

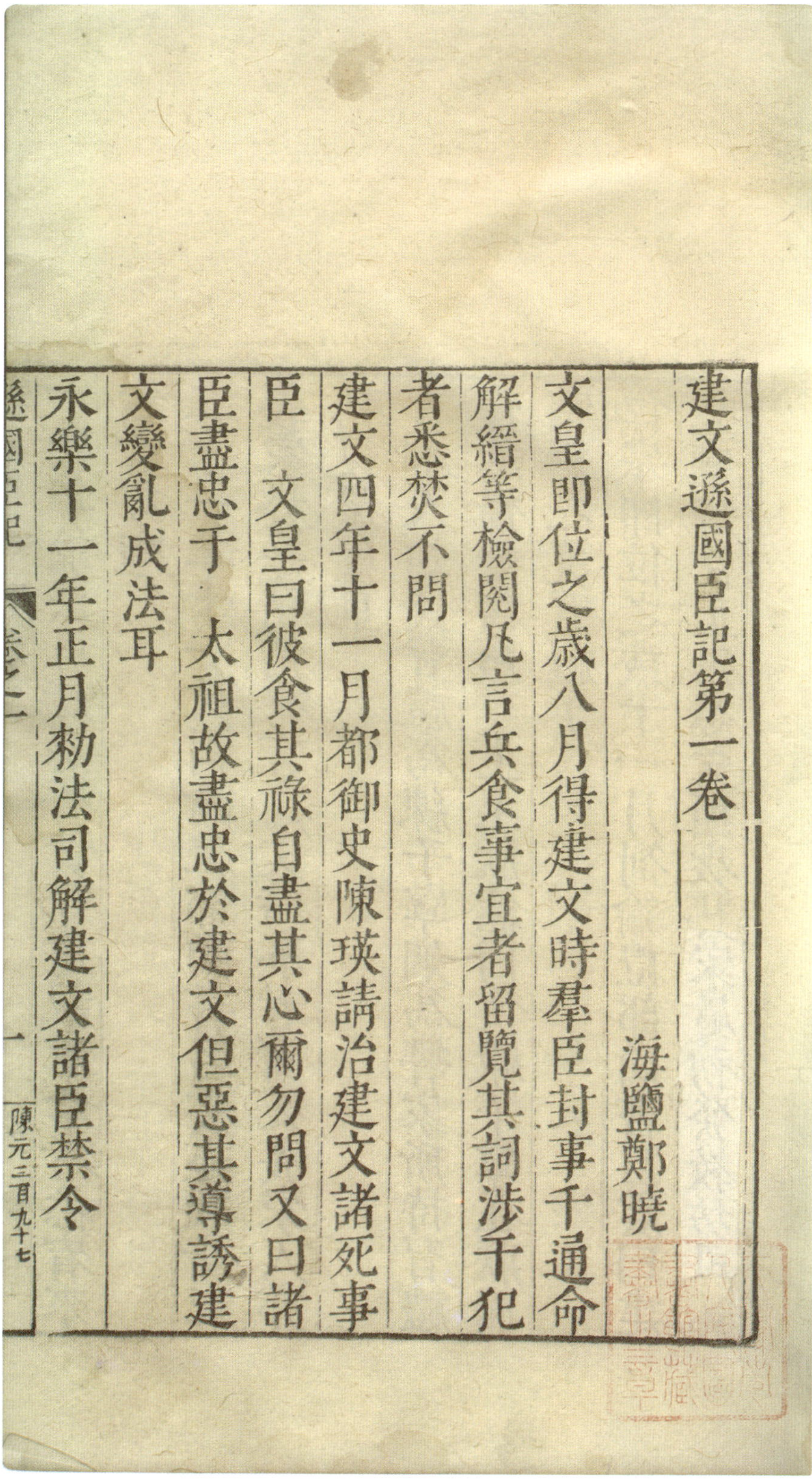
建文遜國臣記第一卷

海鹽鄭曉

文皇即位之歲八月得建文時羣臣封事千通命解縉等檢閱凡言兵食事宜者留覽其詞涉干犯者悉焚不問

建文四年十一月都御史陳瑛請治建文諸死事臣　文皇曰彼食其祿自盡其心爾勿問又曰諸臣盡忠于　太祖故盡忠於建文但惡其導誘建文變亂成法耳

永樂十一年正月勑法司解建文諸臣禁令

遜國臣記　卷之一　一　陳元三百九十七

建文遜國臣記八卷　明嘉靖四十五年刻本

晏子春秋六卷　明淩氏刻套印本

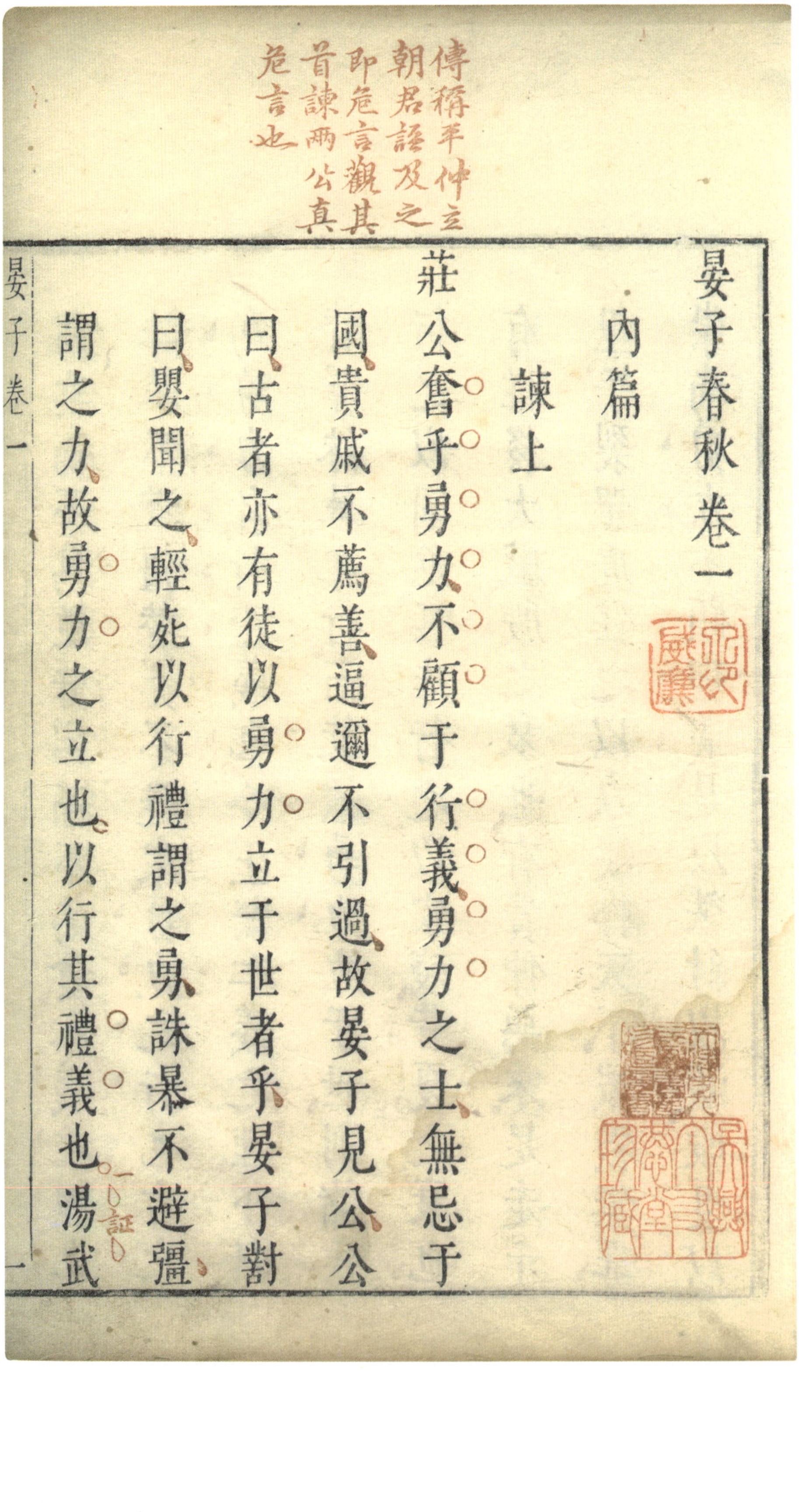
傳稱平仲立朝君語及之即危言觀其首諫兩公真危言也

晏子春秋卷一

內篇

諫上

莊公奮乎勇力不顧于行義勇力之士無忌于國貴戚不薦善逼邇不引過故晏子見公公曰古者亦有徒以勇力立于世者乎晏子對曰嬰聞之輕死以行禮謂之勇誅暴不避彊謂之力故勇力之立也以行其禮義也湯武

證

晏子卷一　一

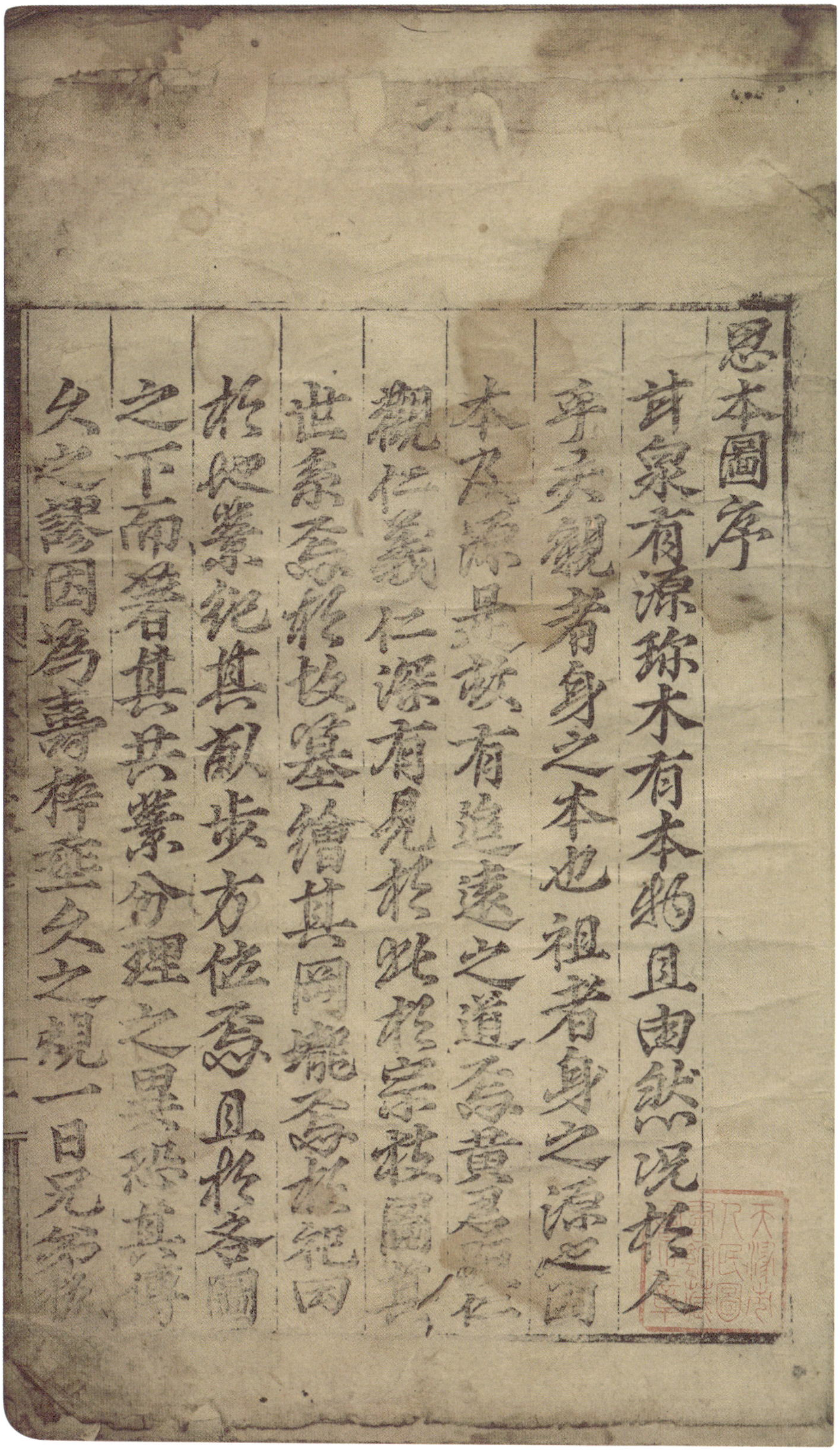
思本圖序
甘泉有源跡木有本物且由然况於人
乎夫親者身之本也祖者身之源之因
本及源其故有追遠之道焉黄君仁
觀仁義仁深有見於此於宗族圖其
世系焉於長幼塞繪其圖號焉於祀因
於阡墓記其所步方位焉且於各圖
之下而著其共業分理之界孫其傳
久之謬因爲壽梓垂久之規一日兄弟

休邑黄氏思本圖一卷　明洪武二十二年刻本

十七史詳節二百七十四卷　明正德十一年劉弘毅慎獨齋刻本

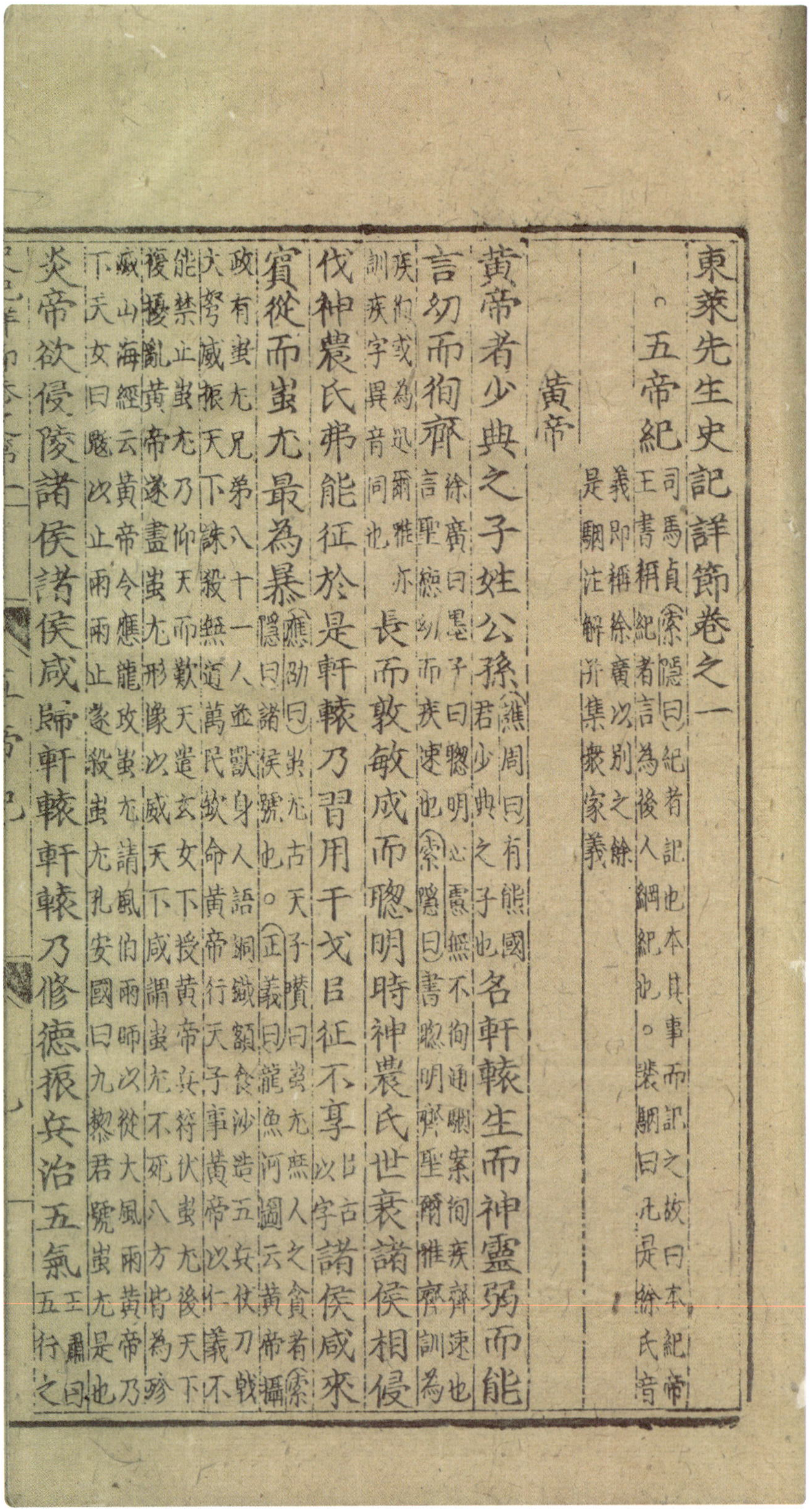
東萊先生史記詳節卷之一

○五帝紀司馬貞索隱曰紀者記也本其事而記之故曰本紀帝王書稱紀者言為後人綱紀也○裴駰曰凡是徐氏音義即稱徐廣以別之餘是駰注解并集衆家義

黃帝

黃帝者少典之子姓公孫譙周曰有熊國君少典之子也名軒轅生而神靈弱而能言幼而徇齊徐廣曰墨子曰聰明心慮無不徇通案徇疾齊速也言聖德幼而疾速也索隱曰書聰明齊聖爾雅齊訓為疾徇或為迅爾雅亦訓疾字異音同也長而敦敏成而聰明時神農氏世衰諸侯相侵伐神農氏弗能征於是軒轅乃習用干戈㠯征不享古字㠯以諸侯咸來賓從而蚩尤最為暴應劭曰蚩尤古天子瓚曰蚩尤庶人之貪者索隱曰諸侯號也○正義曰龍魚河圖云黃帝攝政有蚩尤兄弟八十一人並獸身人語銅頭鐵額食沙造五兵仗刀戟大弩威振天下誅殺無道萬民欲命黃帝行天子事黃帝以仁義不能禁止蚩尤乃仰天而歎天遣玄女下授黃帝兵符伏蚩尤後天下復擾亂黃帝遂畫蚩尤形像以威天下天下咸謂蚩尤不死八方皆為殄滅山海經云黃帝令應龍攻蚩尤蚩尤請風伯雨師以從大風雨黃帝乃下天女曰魃以止雨雨止遂殺蚩尤孔安國曰九黎君號蚩尤是也炎帝欲侵陵諸侯諸侯咸歸軒轅軒轅乃修德振兵治五氣王肅曰五行之

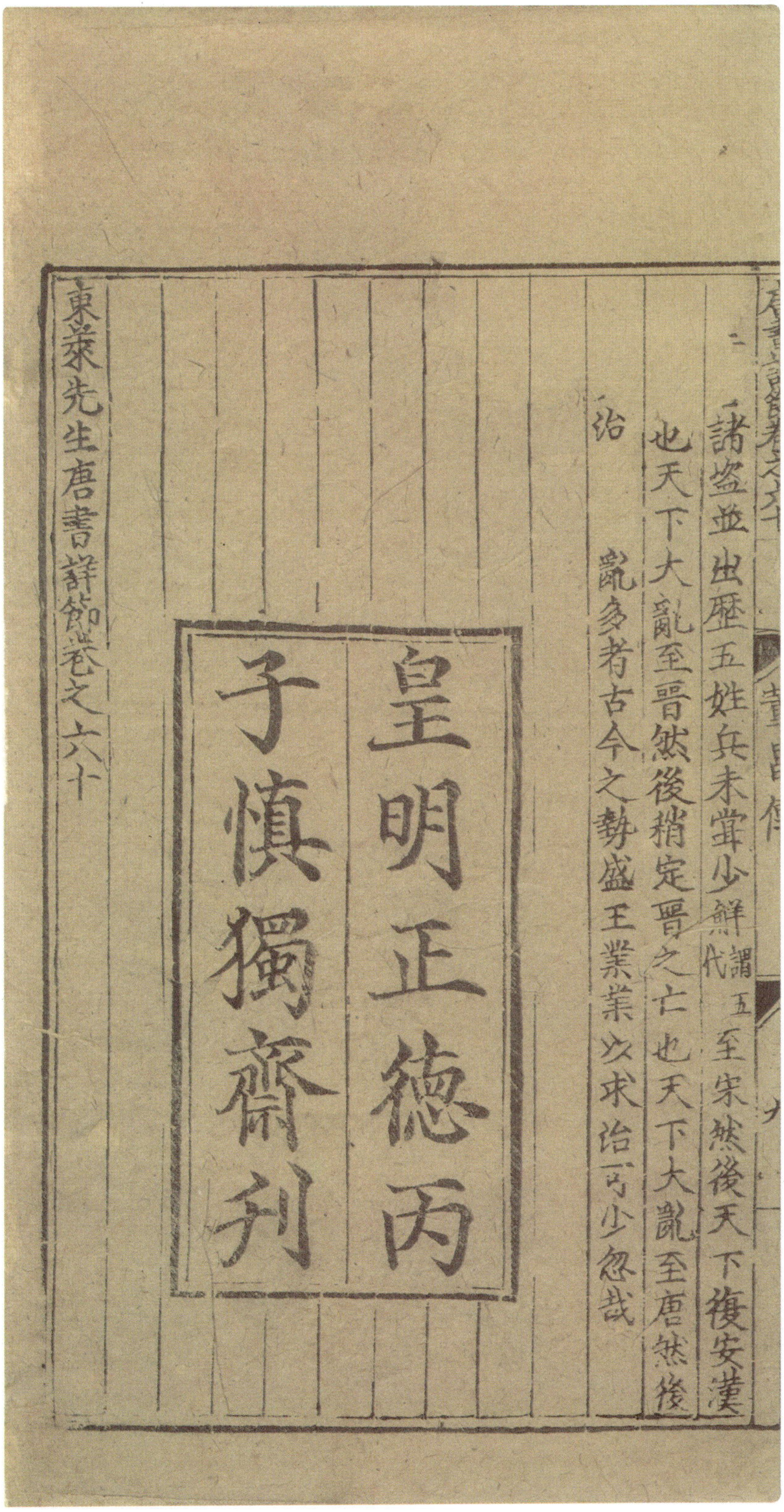

十七史詳節二百七十四卷　明正德十一年劉弘毅慎獨齋刻本

十七史詳節二百七十三卷

嘉靖四十五年至隆慶四年陝西布政司刻本

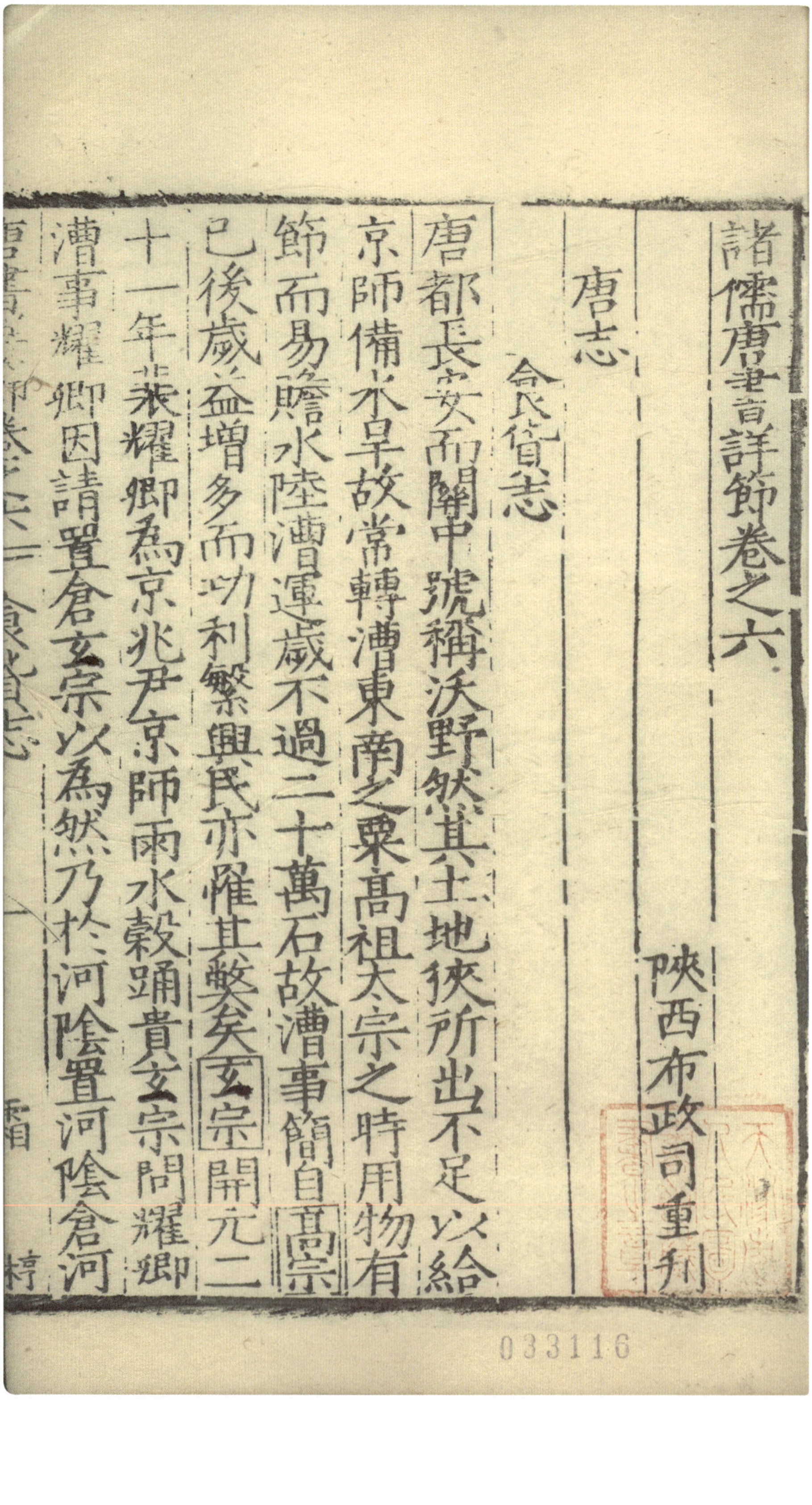

諸儒唐書詳節卷之六

陝西布政司重刊

唐志

食貨志

唐都長安而關中號稱沃野然其土地狹所出不足以給京師備水旱故常轉漕東南之粟高祖太宗之時用物有節而易贍水陸漕運歲不過二十萬石故漕事簡自高宗已後歲益增多而功利繁興民亦罹其弊矣玄宗開元二十一年裴耀卿為京兆尹京師雨水穀踊貴玄宗問耀卿漕事耀卿因請置倉玄宗以為然乃於河陰置河陰倉河

唐書詳節卷之六　食貨志　一

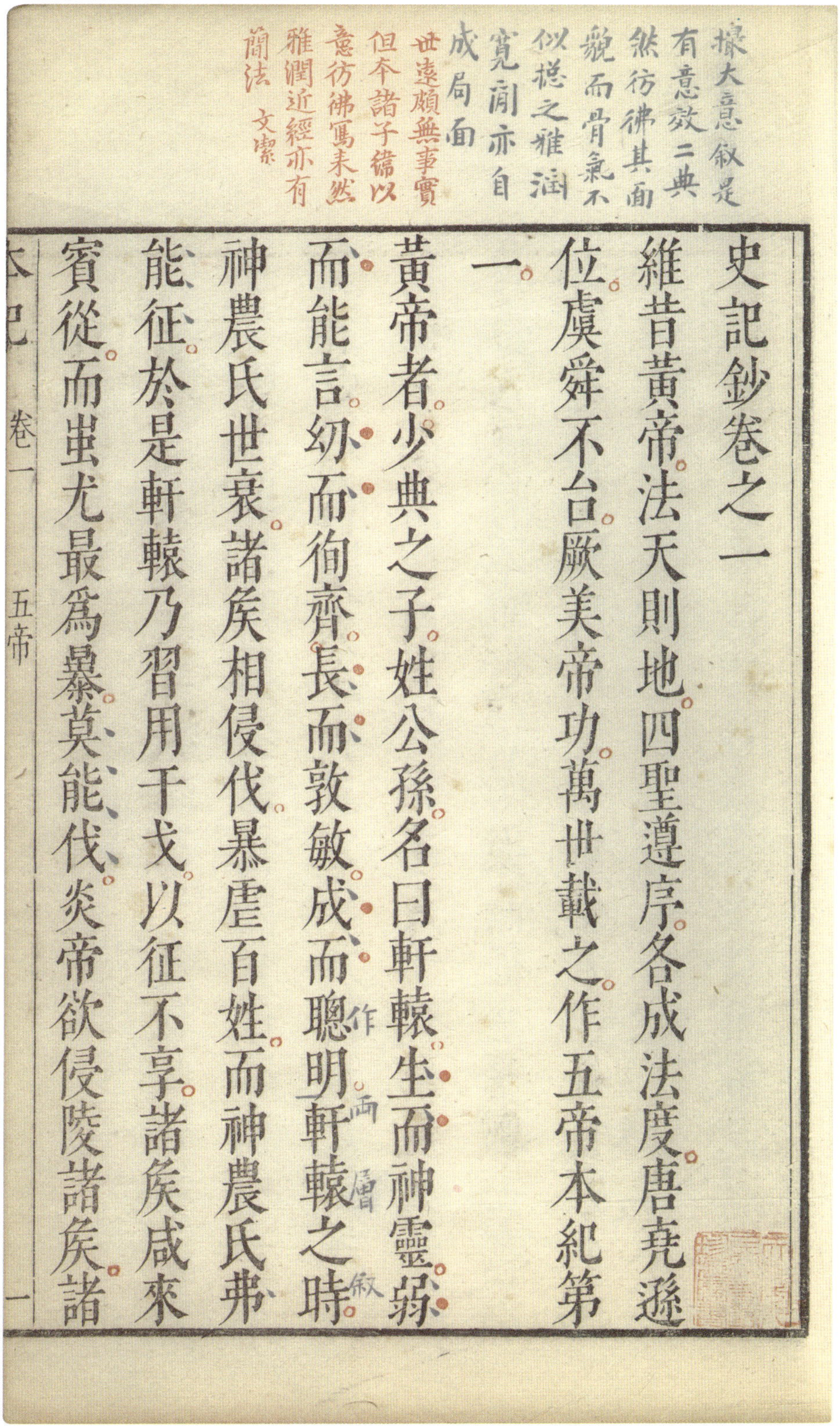
據大意叙是有意效二典然彷彿其面貌而骨氣不似揔之雅潤寬簡亦自成局面

世遠頗無事實但本諸子儒以意彷彿寫來然雅潤近經亦有簡法 文懋

史記鈔卷之一

維昔黄帝法天則地四聖遵序各成法度唐堯遜位虞舜不台厥美帝功萬世載之作五帝本紀第一

黄帝者少典之子姓公孫名曰軒轅生而神靈弱而能言幼而徇齊長而敦敏成而聰明軒轅之時神農氏世衰諸侯相侵伐暴虐百姓而神農氏弗能征於是軒轅乃習用干戈以征不享諸侯咸來賓從而蚩尤最爲暴莫能伐炎帝欲侵陵諸侯諸

作兩層叙

本紀　卷一　五帝　一

史記鈔九十一卷　明泰昌元年吴興閔振業刻套印本

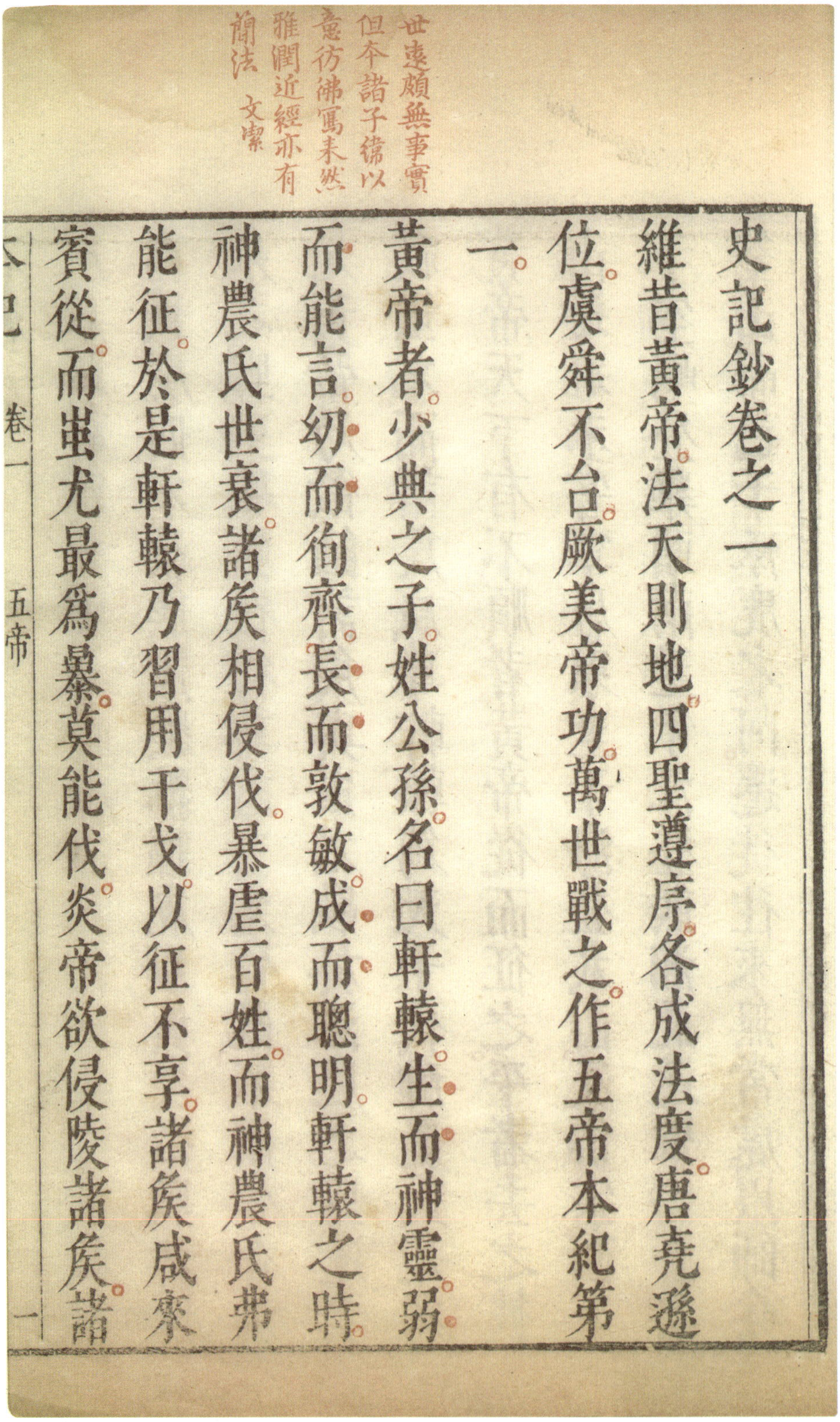
世遠頗無事實但本諸子緒以意彷彿寫来然雅潤近經亦有簡法　文潔

史記鈔卷之一

維昔黄帝法天則地四聖遵序各成法度唐堯遜位虞舜不台厥美帝功萬世戰之作五帝本紀第一

黄帝者少典之子姓公孫名曰軒轅生而神靈弱而能言幼而徇齊長而敦敏成而聰明軒轅之時神農氏世衰諸侯相侵伐暴虐百姓而神農氏弗能征於是軒轅乃習用干戈以征不享諸侯咸來賓從而蚩尤最爲暴莫能伐炎帝欲侵陵諸侯諸

史記　卷一　五帝　一

史記鈔九十一卷　明泰昌元年吳興閔振業刻套印本

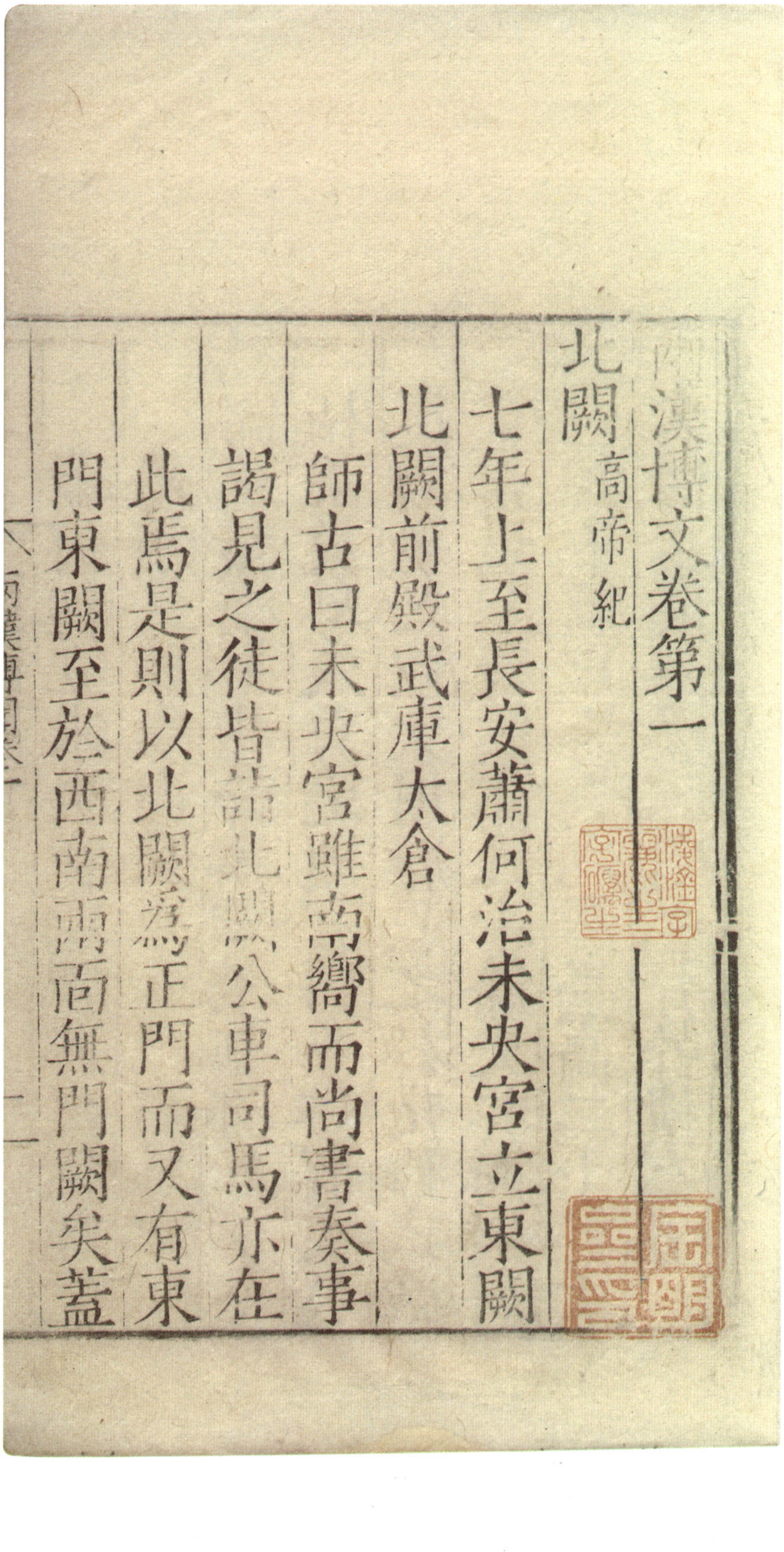
兩漢博文卷第一

北闕 高帝紀

七年上至長安蕭何治未央宮立東闕北闕前殿武庫太倉

師古曰未央宮雖南嚮而尚書奏事謁見之徒皆詣北闕公車司馬亦在此焉是則以北闕爲正門而又有東門東闕至於西南兩面無門闕矣蓋

兩漢博聞卷一　二

兩漢博聞十二卷　明嘉靖三十七年黃魯曾刻本

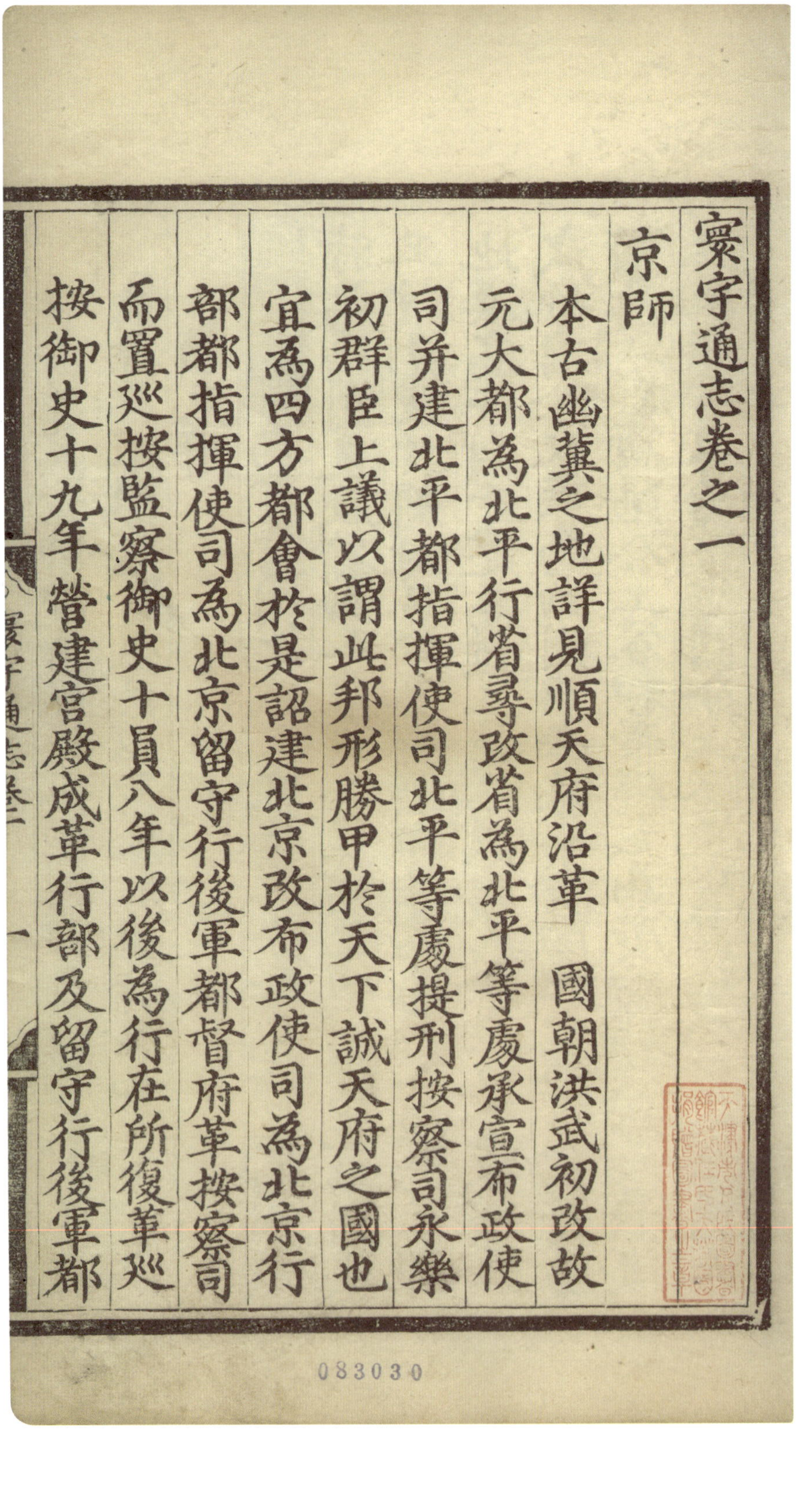
寰宇通志卷之一

京師

本古幽冀之地詳見順天府沿革　國朝洪武初改故元大都爲北平行省尋改省爲北平等處承宣布政使司并建北平都指揮使司北平等處提刑按察司永樂初群臣上議以謂此邦形勝甲於天下誠天府之國也宜爲四方都會於是詔建北京改布政使司爲北京行部都指揮使司爲北京留守行後軍都督府革按察司而置巡按監察御史十員八年以後爲行在所復革巡按御史十九年營建宮殿成革行部及留守行後軍都

寰宇通志卷一　一

寰宇通志一百十九卷
明景泰七年刻本

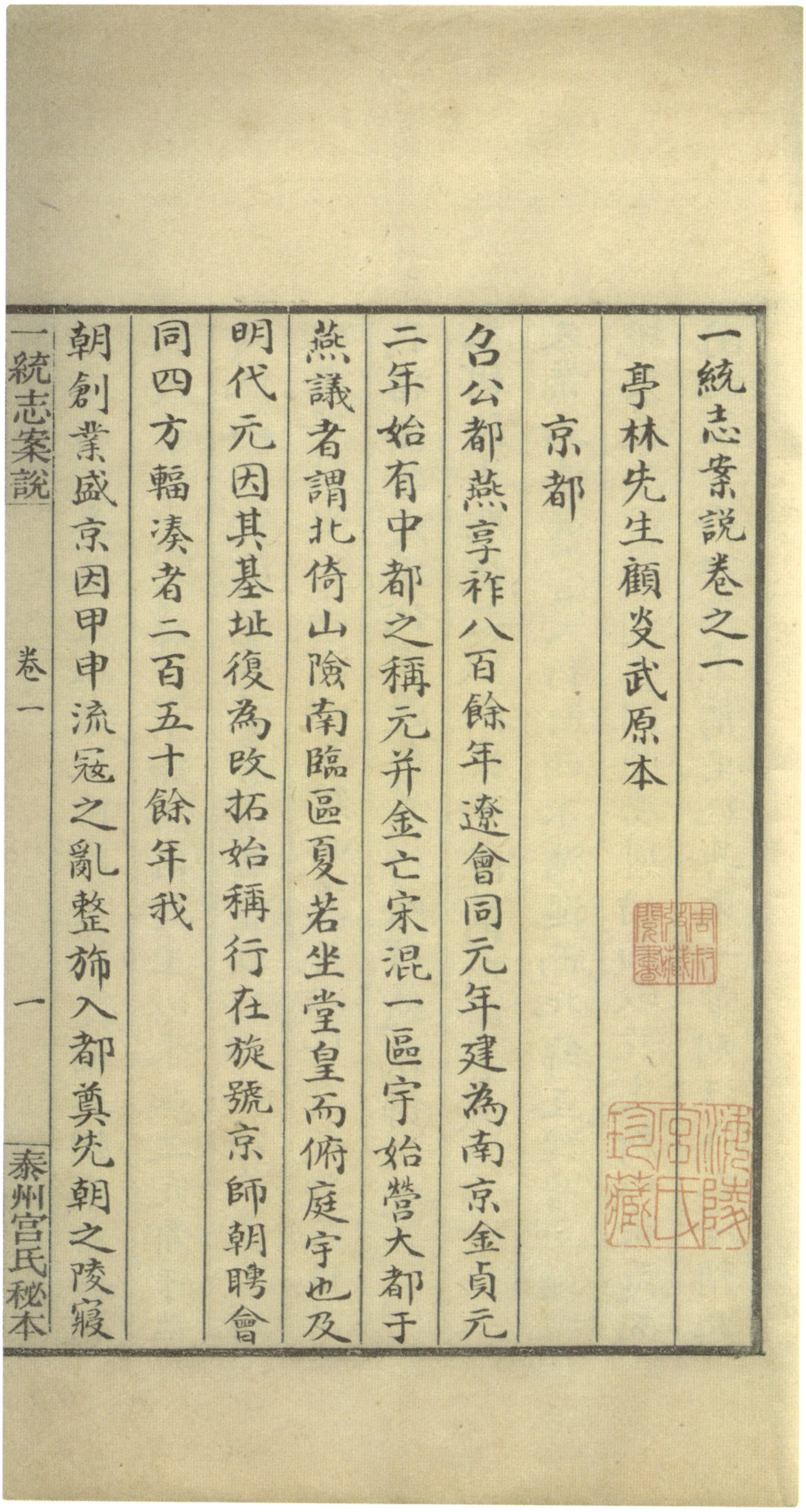
一統志案說卷之一

亭林先生顧炎武原本

京都

名公都燕亨祚八百餘年遼會同元年建為南京金貞元
二年始有中都之稱元并金亡宋混一區宇始營大都于
燕議者謂北倚山險南臨區夏若坐堂皇而俯庭宇也及
明代元因其基址復為攺拓始稱行在旋號京師朝聘會
同四方輻湊者二百五十餘年我
朝創業盛京因甲申流寇之亂整旆入都奠先朝之陵寢

一統志案說　卷一　一　泰州宮氏秘本

一統志案說十六卷　清泰州宮氏鈔本

[嘉靖]山西通志三十二卷　明嘉靖四十三年刻本

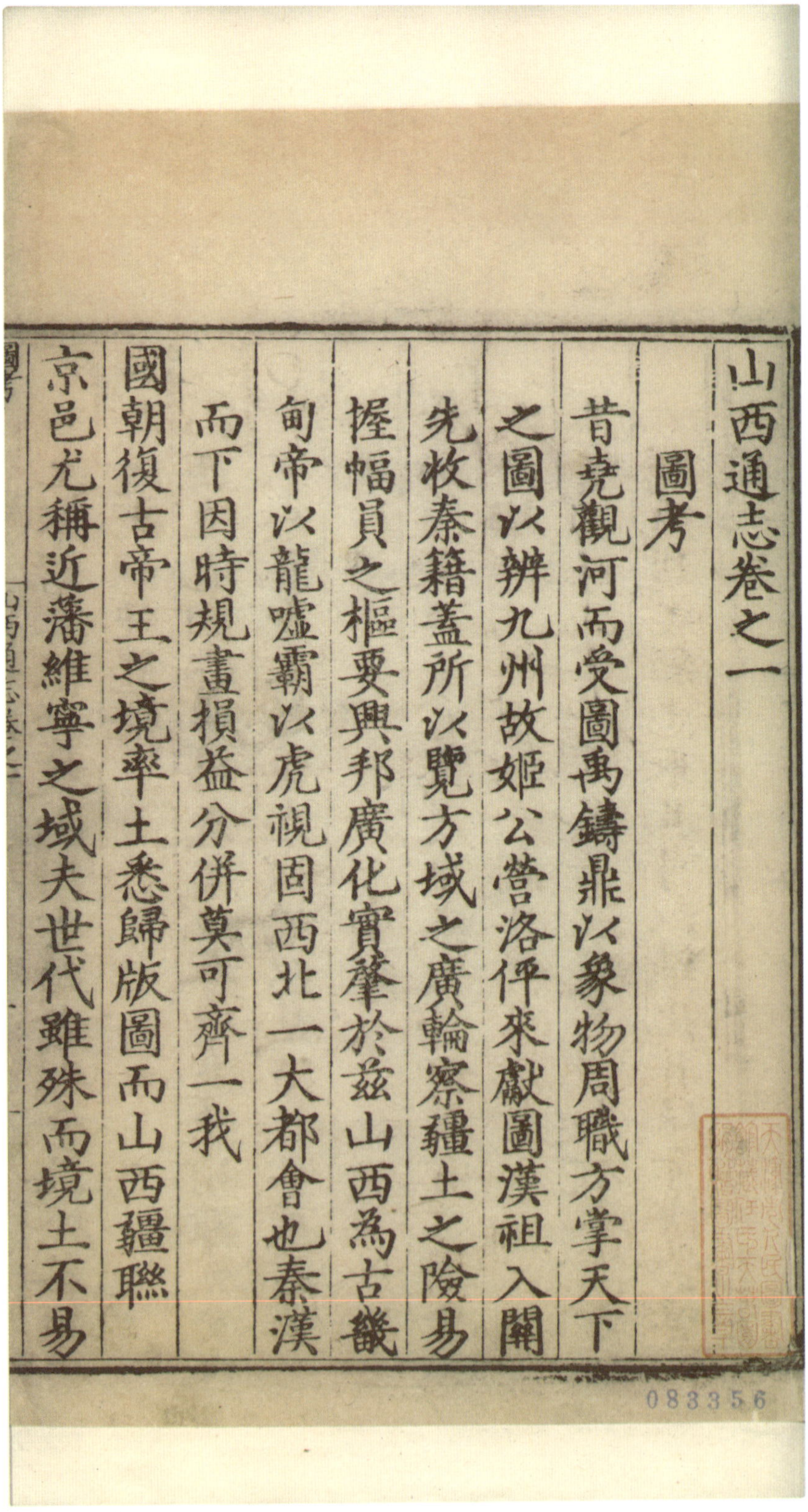

山西通志卷之一

圖考

昔堯觀河而受圖禹鑄鼎以象物周職方掌天下之圖以辨九州故姬公營洛伻來獻圖漢祖入關先收秦籍蓋所以覽方域之廣輪察疆土之險易握幅員之樞要興邦廣化實肇於茲山西為古畿甸帝以龍嘘霸以虎視固西北一大都會也秦漢而下因時規畫損益分併莫可齊一我

國朝復古帝王之境率土悉歸版圖而山西疆聯

京邑尤稱近藩維寧之域夫世代雖殊而境土不易

定一級

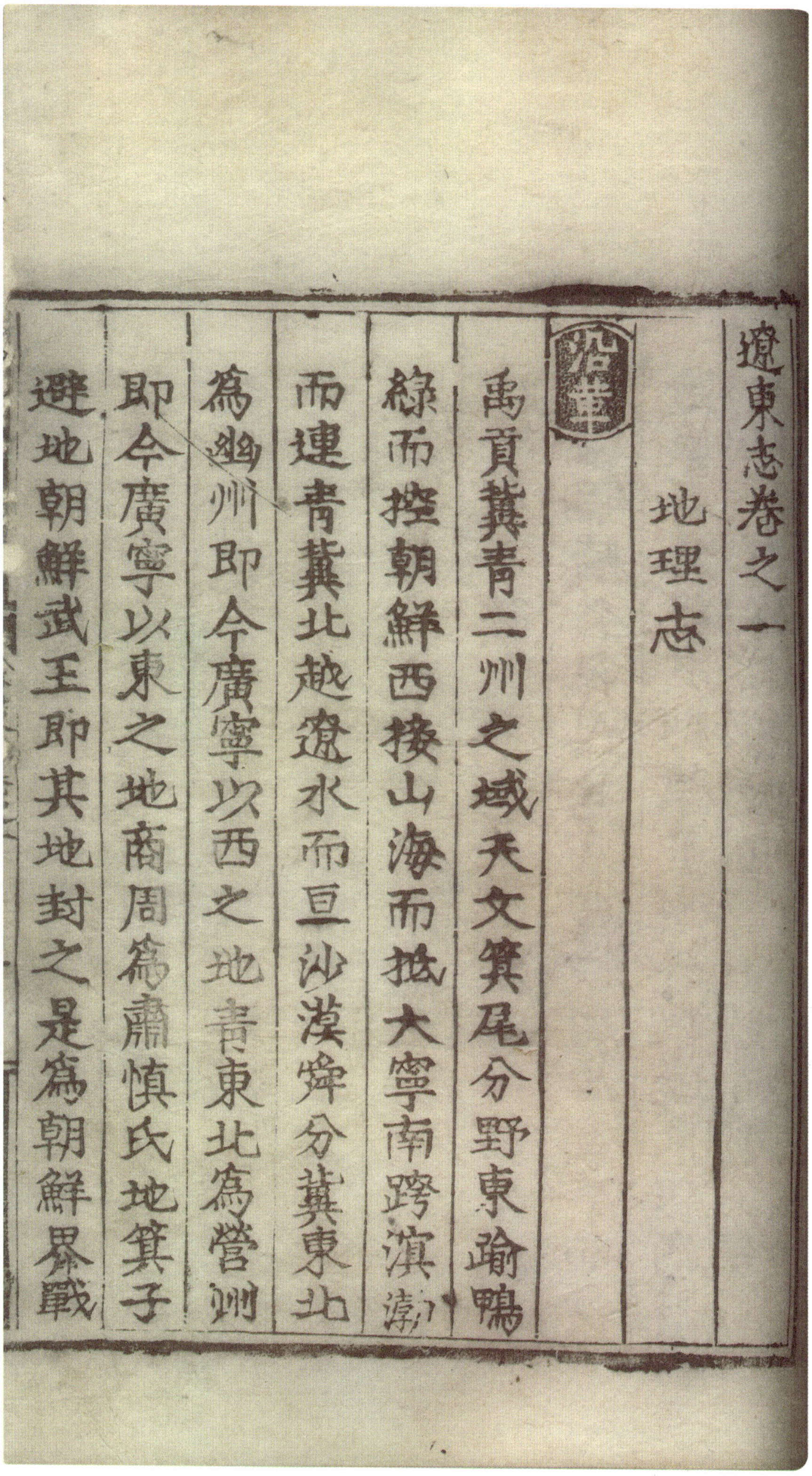

遼東志卷之一

地理志

沿革

禹貢冀青二州之域天文箕尾分野東踰鴨
緑而控朝鮮西接山海而抵大寧南跨溟渤
而連青冀北越遼水而亘沙漠舜分冀東北
爲幽州即今廣寧以西之地青東北爲營州
即今廣寧以東之地商周爲肅慎氏地箕子
避地朝鮮武王即其地封之是爲朝鮮界戰

〔嘉靖〕遼東志九卷　明嘉靖十六年刻本

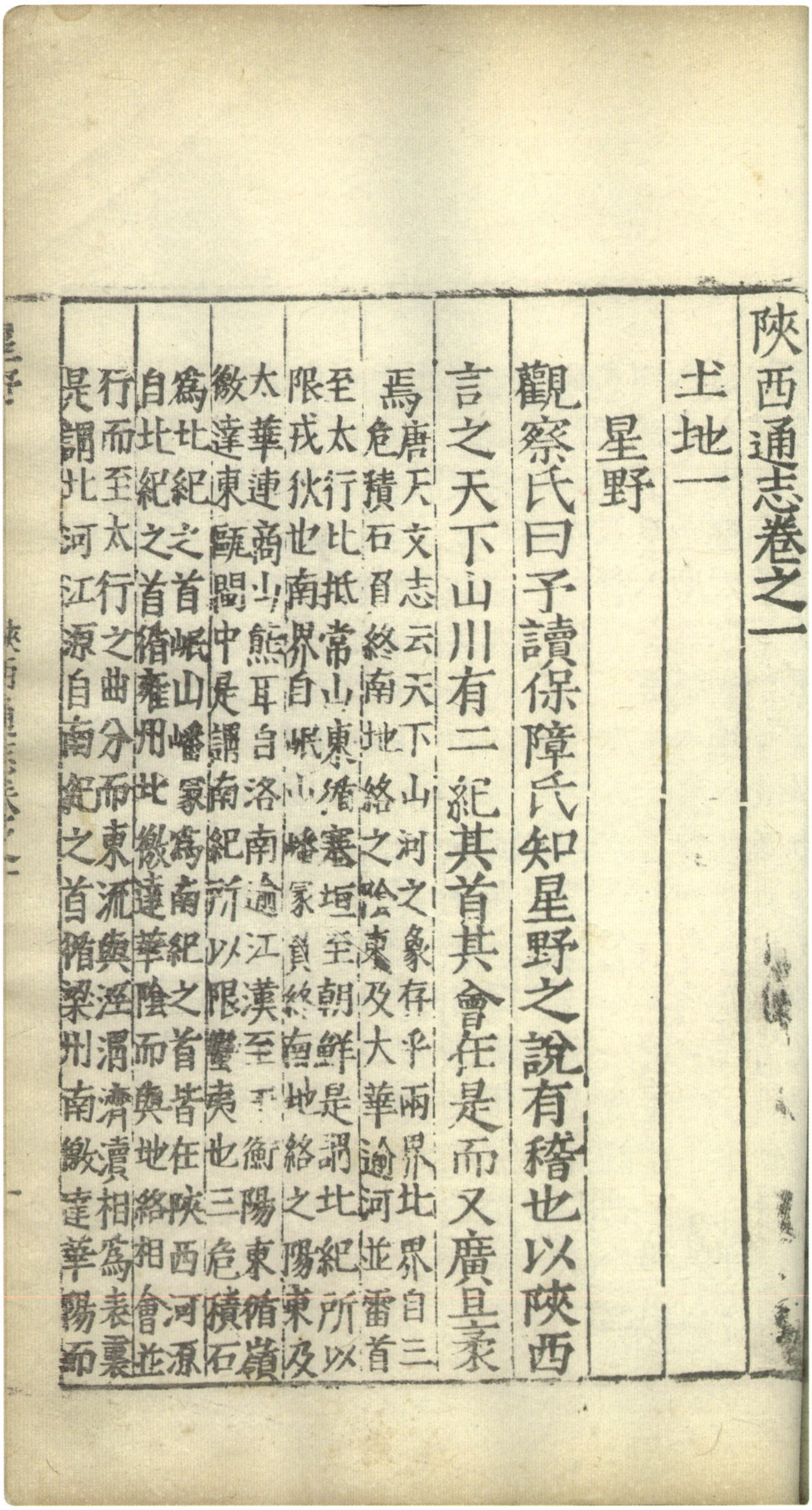

陝西通志卷之一

土地一

星野

觀察氏曰予讀保障氏知星野之說有稽也以陝西言之天下山川有二紀其首其會在是而又廣且袤焉唐天文志云天下山河之象存乎兩界北界自三危積石負終南地絡之陰東及太華逾河並雷首至太行北抵常山東循塞垣至朝鮮是謂北紀所以限戎狄也南界自岷山嶓冢負終南地絡之陽東及太華連商山熊耳自洛南逾江漢至于衡陽東循嶺徼達東甌閩中是謂南紀所以限蠻夷也三危積石為北紀之首岷山嶓冢為南紀之首皆在陝西河源自北紀之首循雍州北徼達華陰而與地絡相會並行而至太行之曲分而東流與涇渭濟瀆相為表裏是謂北河江源自南紀之首循梁州南徼達華陽而

星野　陝西通志卷之一　一

【嘉靖】陝西通志四十卷　明嘉靖二十一年刻二十六年增修本

[嘉靖]高陵縣志七卷　明嘉靖二十年刻本

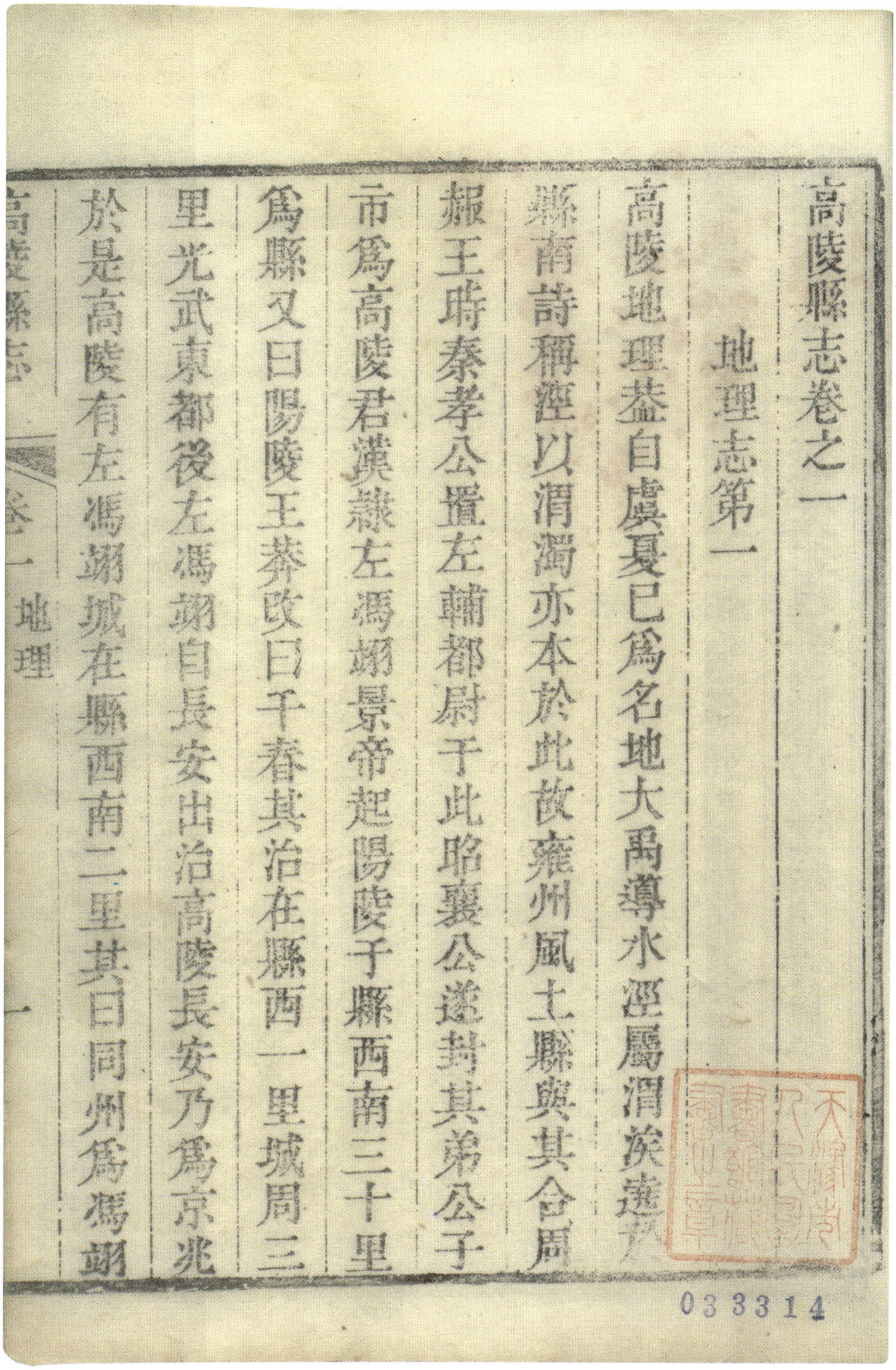

高陵縣志卷之一

地理志第一

高陵地理葢自虞夏已爲名地大禹導水涇屬渭汭遠埶
縣南詩稱涇以渭濁亦本於此故雍州風土縣與其合周
赧王時秦孝公置左輔都尉于此昭襄公遂封其弟公子
市爲高陵君漢隸左馮翊景帝起陽陵于縣西南三十里
爲縣又曰陽陵王莽改曰千春其治在縣西一里城周三
里光武東都後左馮翊自長安出治高陵長安乃爲京兆
於是高陵有左馮翊城在縣西南二里其曰同州爲馮翊

高陵縣志　卷一　地理　一

〔嘉靖〕山東通志四十卷　明嘉靖刻萬曆增修本

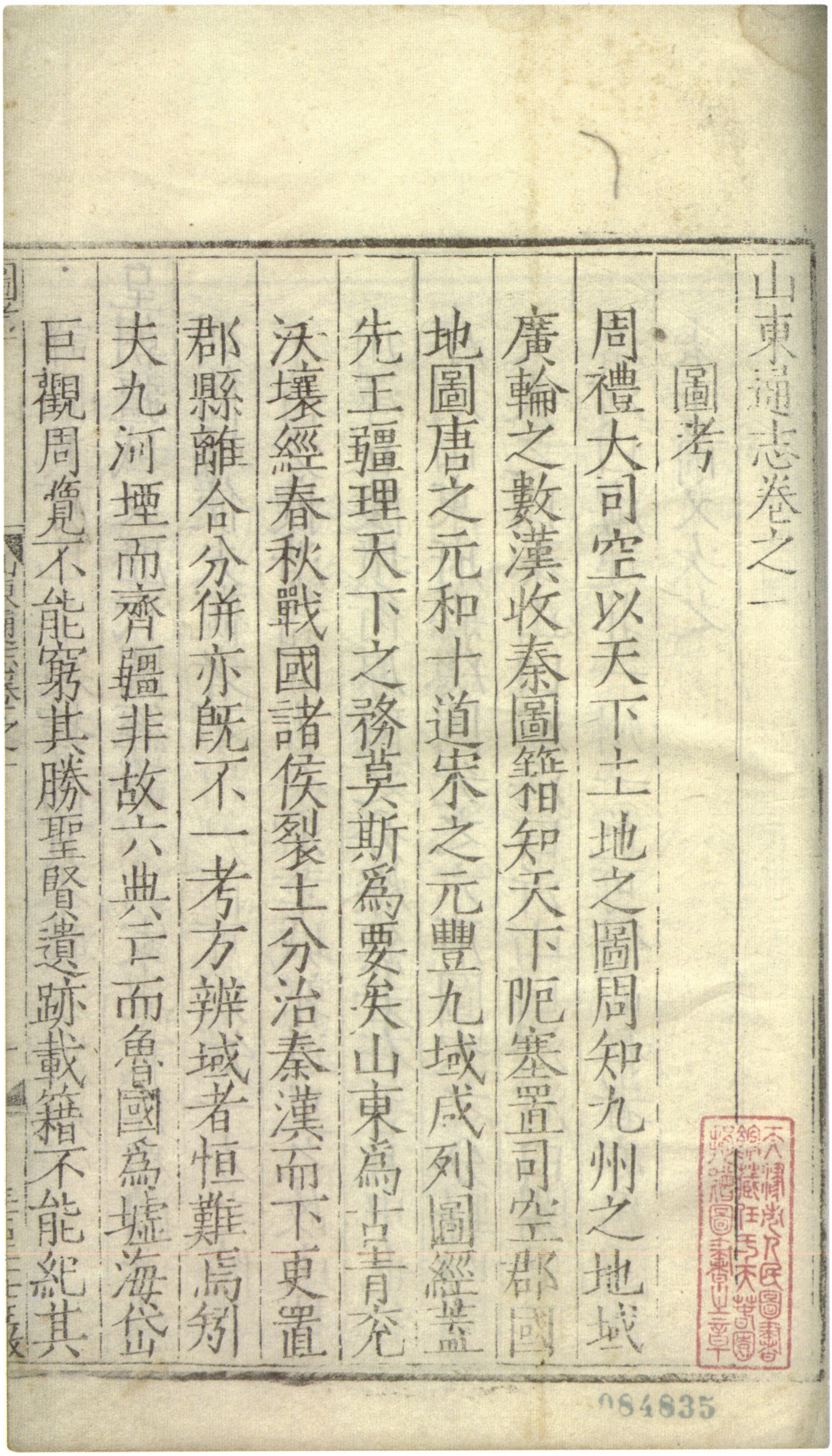

山東通志卷之一

圖考

周禮大司空以天下土地之圖周知九州之地域廣輪之數漢收秦圖籍知天下阨塞置司空郡國地圖唐之元和十道宋之元豐九域咸列圖經蓋先王疆理天下之務莫斯爲要矣山東爲古青兖沃壤經春秋戰國諸侯裂土分治秦漢而下更置郡縣離合分併亦既不一考方辨域者恒難焉矧夫九河堙而齊疆非故六典亡而魯國爲墟海岱巨觀周覽不能窮其勝聖賢遺跡載籍不能紀其

定—級

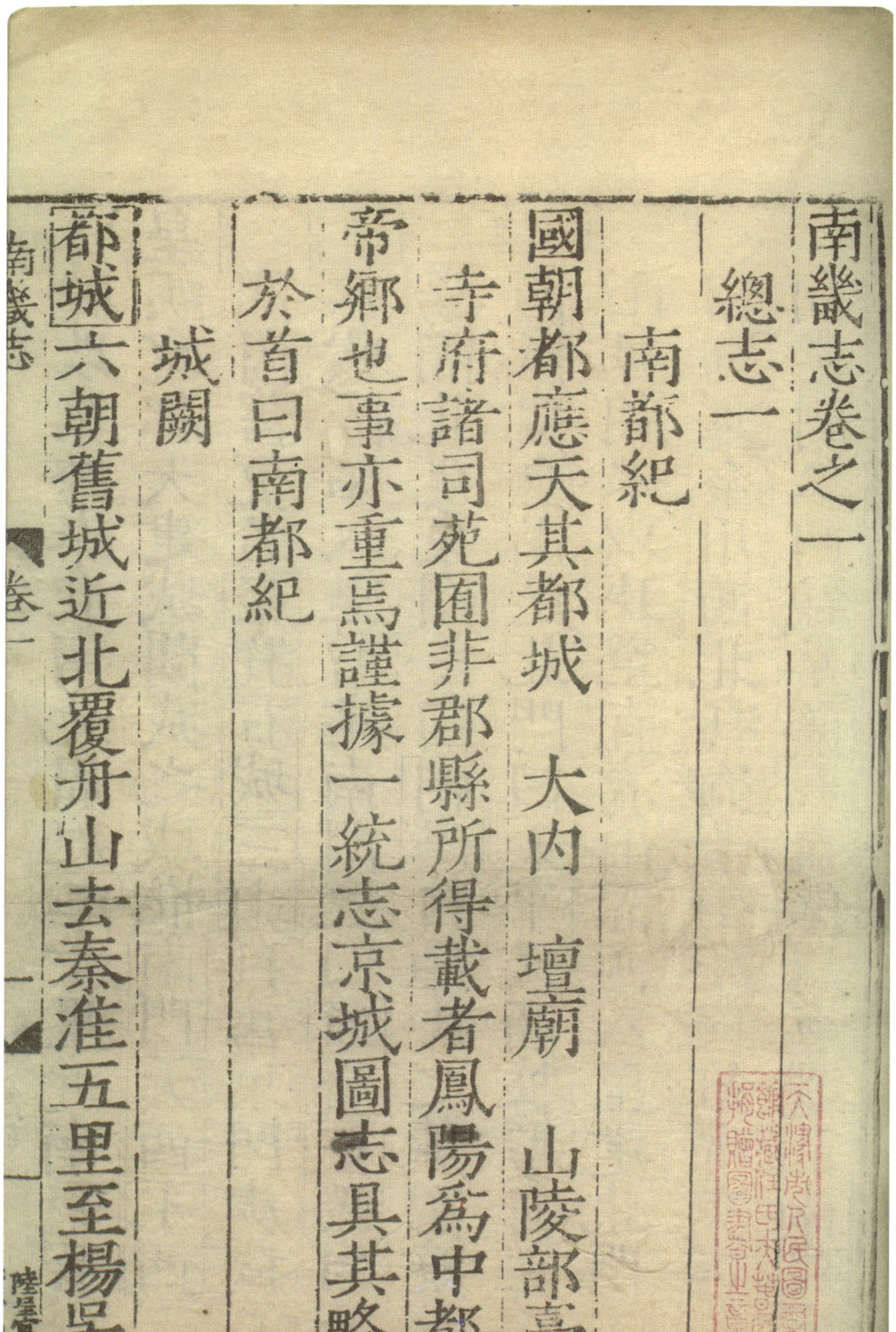
南畿志卷之一
總志一
南都紀
國朝都應天其都城 大内 壇廟 山陵 部臺
寺府諸司苑囿非郡縣所得載者鳳陽爲中都
帝鄉也事亦重焉謹據一統志京城圖志具其略
於首曰南都紀
城闕
都城 六朝舊城近北覆舟山去秦淮五里至楊吴
南畿志 卷一 一

[嘉靖]南畿志六十四卷 明嘉靖十三年刻本

[正德]姑蘇志六十卷　明正德元年刻十四年增修本

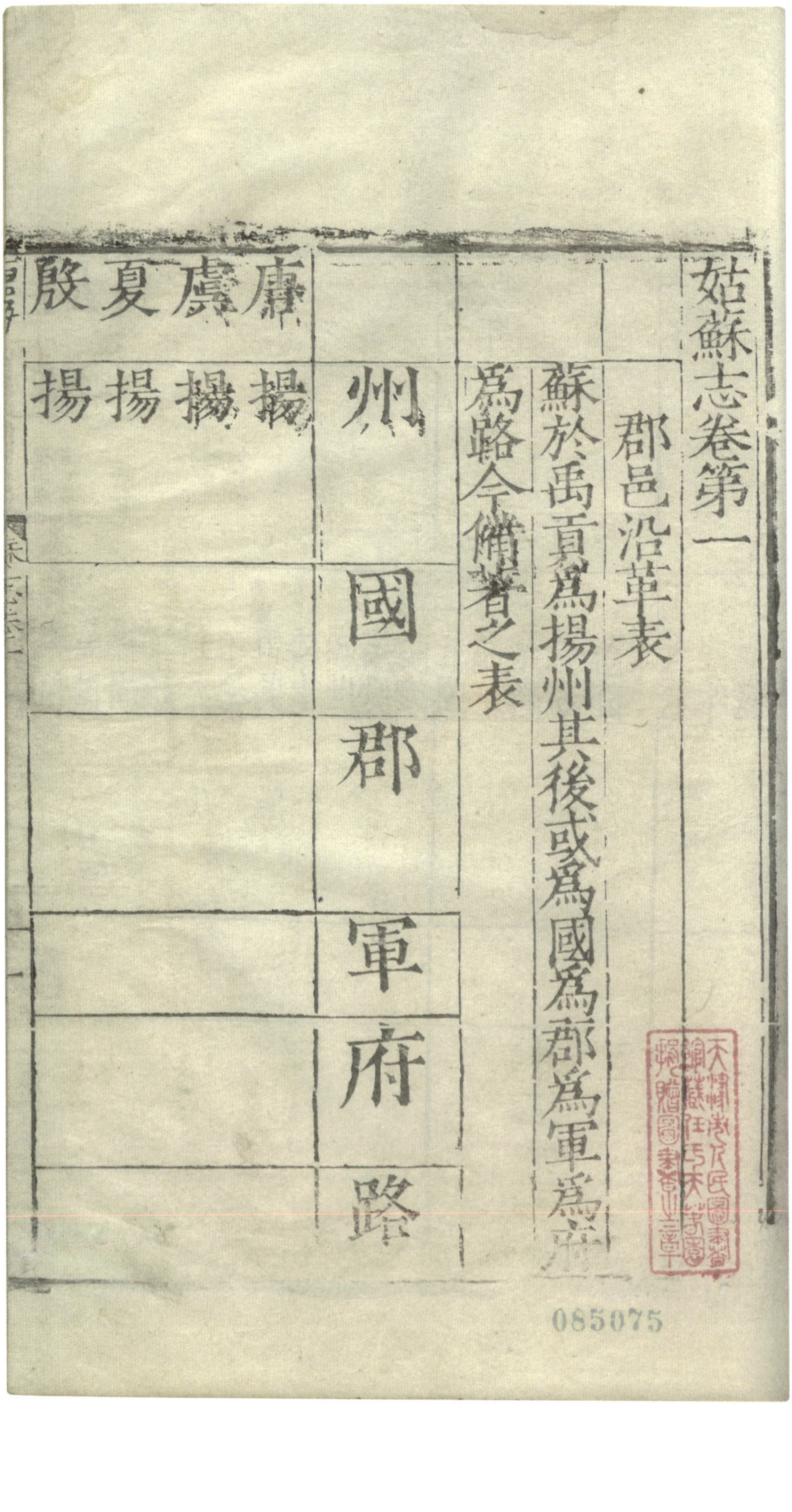
姑蘇志卷第一

郡邑沿革表

蘇於禹貢爲揚州其後或爲國爲郡爲軍爲府爲路今備著之表

州國郡軍府路	唐	虞	夏	殷
	揚	揚	揚	揚

085075

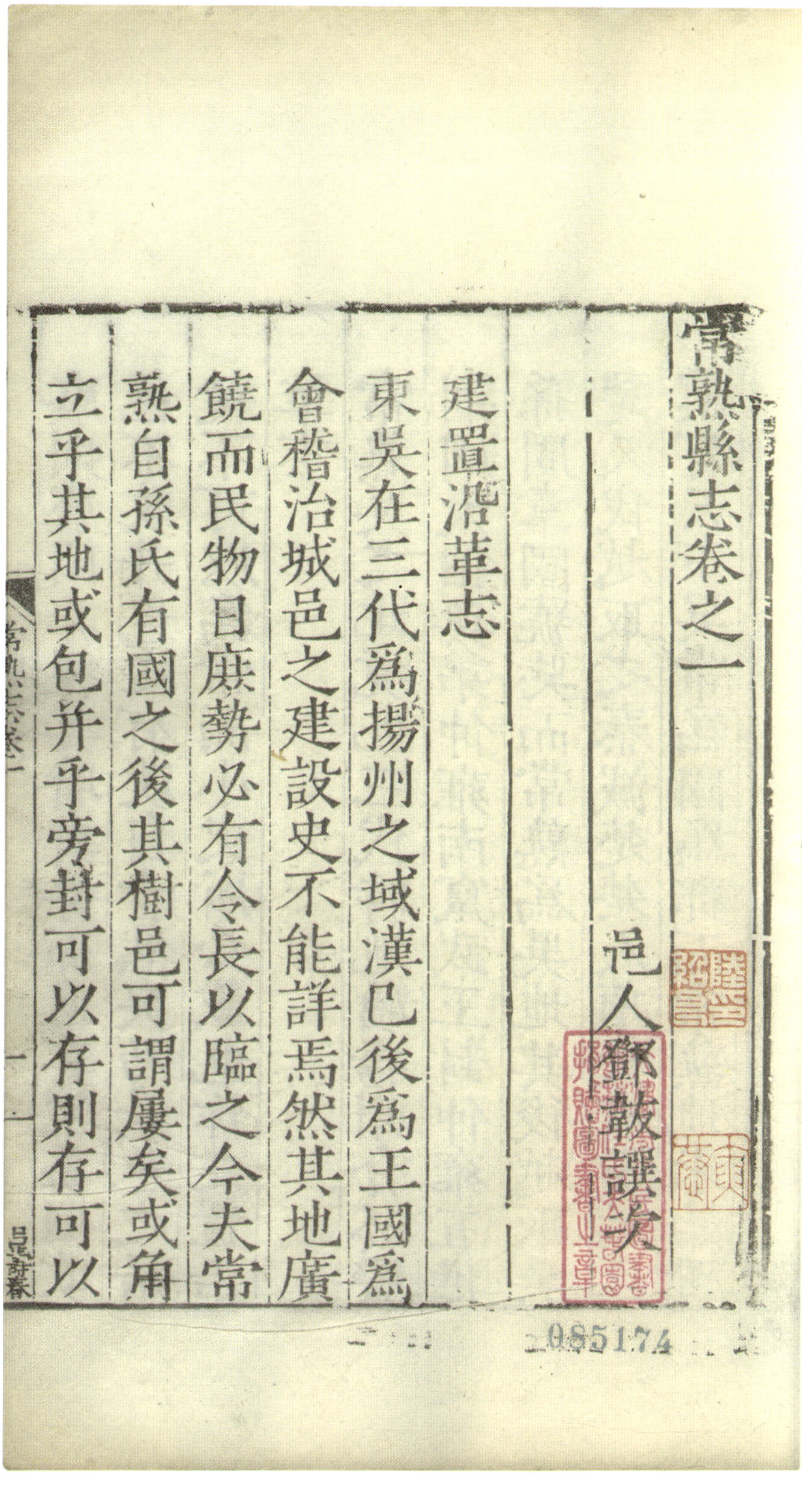
常熟縣志卷之一

邑人鄧韍譔

建置沿革志

東吳在三代爲揚州之域漢已後爲王國爲會稽治城邑之建設史不能詳焉然其地廣鐃而民物日庶勢必有令長以臨之今夫常熟自孫氏有國之後其樹邑可謂屢矣或角立乎其地或包并乎旁封可以存則存可以

〔嘉靖〕常熟縣志十三卷　明嘉靖十八年刻本

〔嘉靖〕吳江縣志二十八卷　明嘉靖四十年刻本

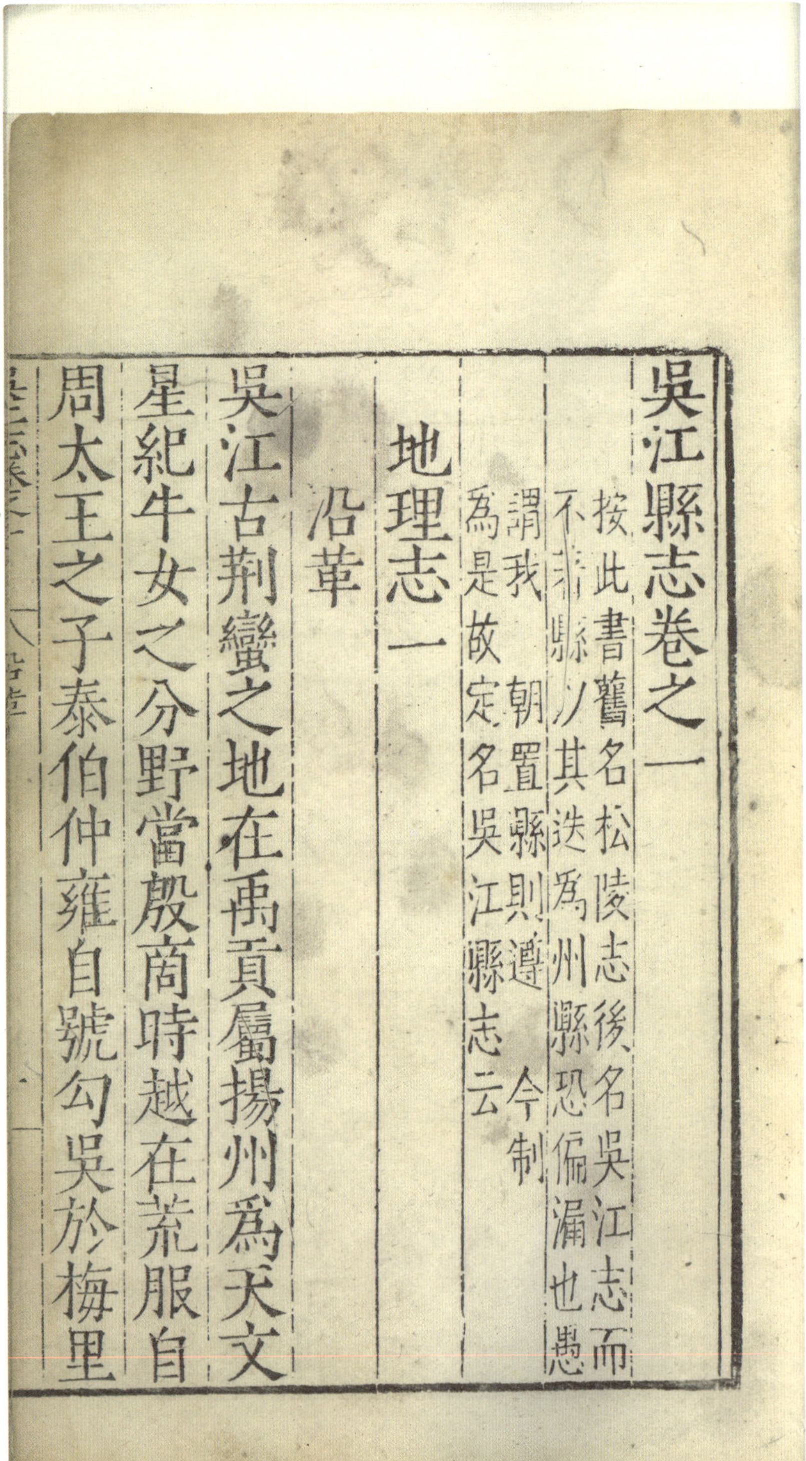

吳江縣志卷之一

按此書舊名松陵志後名吳江志而
不著縣丿其迭為州縣恐偏漏也愚
謂我　朝置縣則遵　今制
為是故定名吳江縣志云

地理志一

沿革

吳江古荊蠻之地在禹貢屬揚州為天文
星紀牛女之分野當殷商時越在荒服自
周太王之子泰伯仲雍自號勾吳於梅里

〔嘉靖〕浙江通志七十二卷　明嘉靖四十年刻本

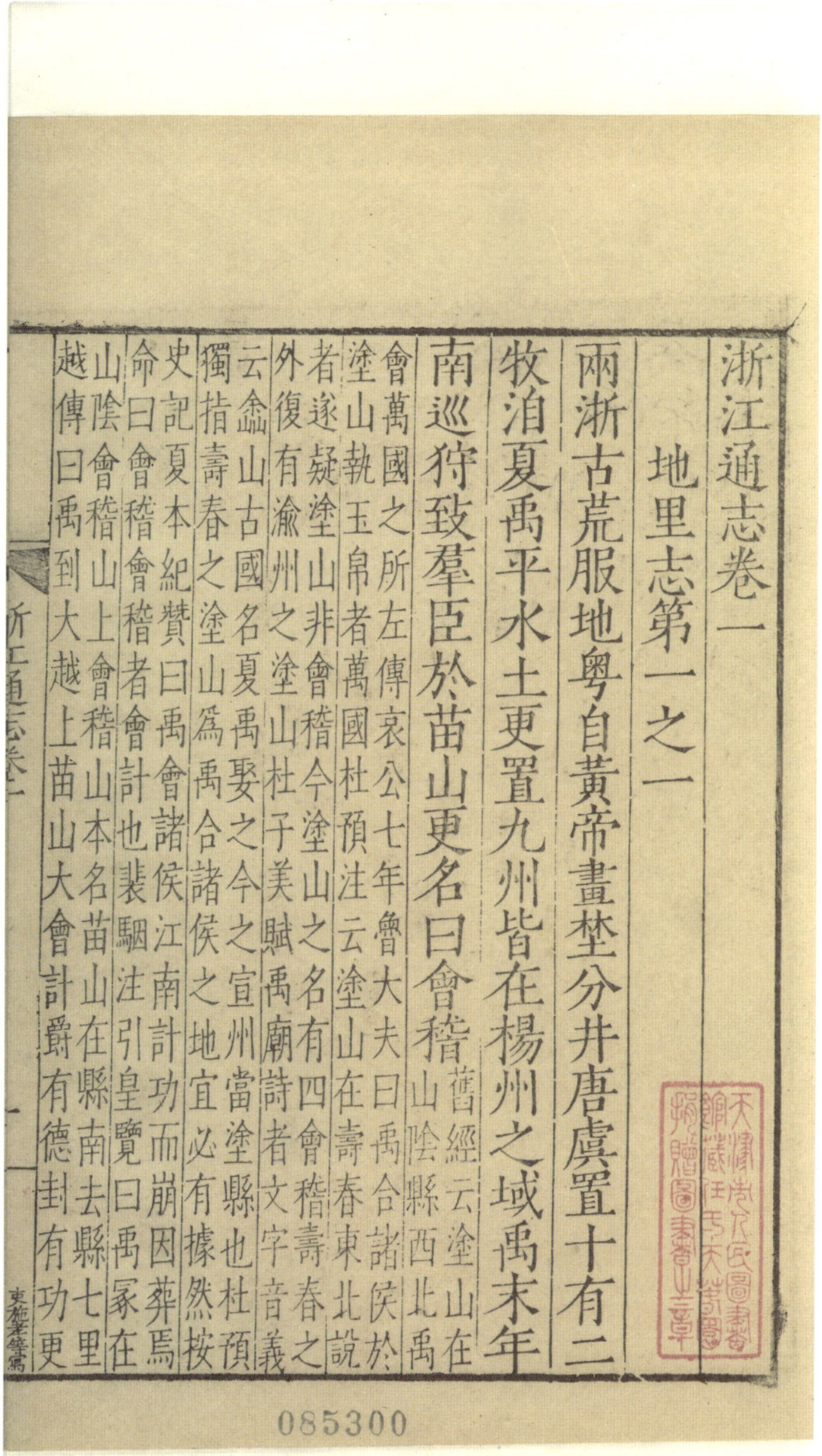
浙江通志卷一

地里志第一之一

兩浙古荒服地粤自黄帝畫埜分井唐虞置十有二
牧洎夏禹平水土更置九州皆在楊州之域禹末年
南巡狩致羣臣於苗山更名曰會稽舊經云塗山在山陰縣西北禹
會萬國之所左傳哀公七年魯大夫曰禹合諸侯於
塗山執玉帛者萬國杜預注云塗山在壽春東北說
者遂疑塗山非會稽今塗山之名有四會稽壽春之
外復有渝州之塗山杜子美賦禹廟詩者文字音義
云嵞山古國名夏禹娶之今之宣州當塗縣也杜預
獨指壽春之塗山爲禹合諸侯之地宜必有據然按
史記夏本紀贊曰禹會諸侯江南計功而崩因葬焉
命曰會稽會稽者會計也裴駰注引皇覽曰禹冢在
山陰會稽山上會稽山本名苗山在縣南去縣七里
越傳曰禹到大越上苗山大會計爵有德封有功更

[嘉靖]浙江通志七十二卷　明嘉靖四十年刻本

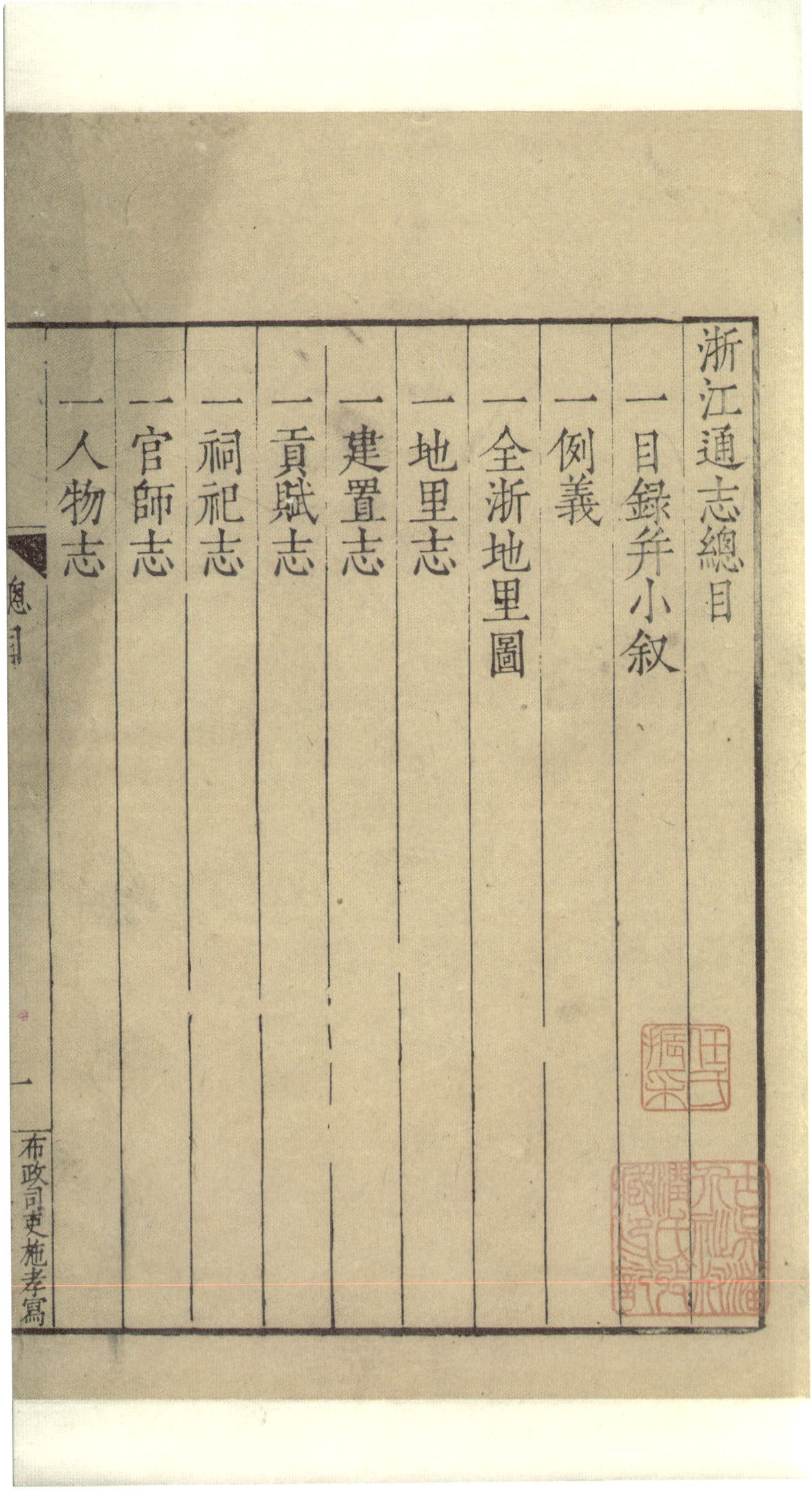

浙江通志總目

一目録并小叙

一例義

一全浙地里圖

一地里志

一建置志

一貢賦志

一祠祀志

一官師志

一人物志

總目　一

布政司吏施孝寫

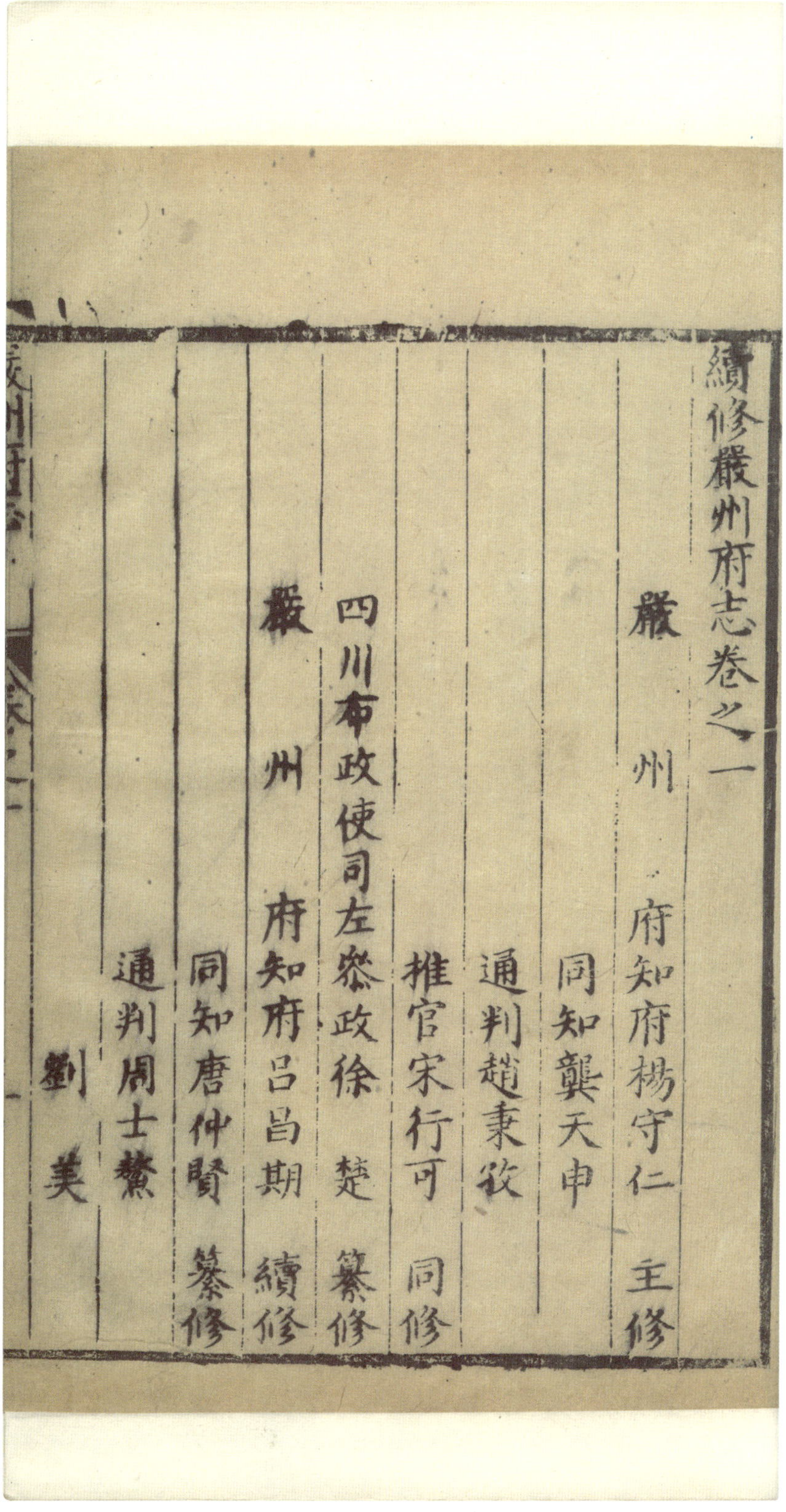
續修嚴州府志卷之一
嚴　州　府知府楊守仁　主修
同知龔天申
通判趙秉役
推官宋行可　同修
嚴　州　府知府呂昌期　續修
四川布政使司左參政徐　楚　纂修
同知唐仲賢　纂修
通判周士懋
劉　美

[萬曆]續修嚴州府志二十四卷　明萬曆六年刻四十一年增修本

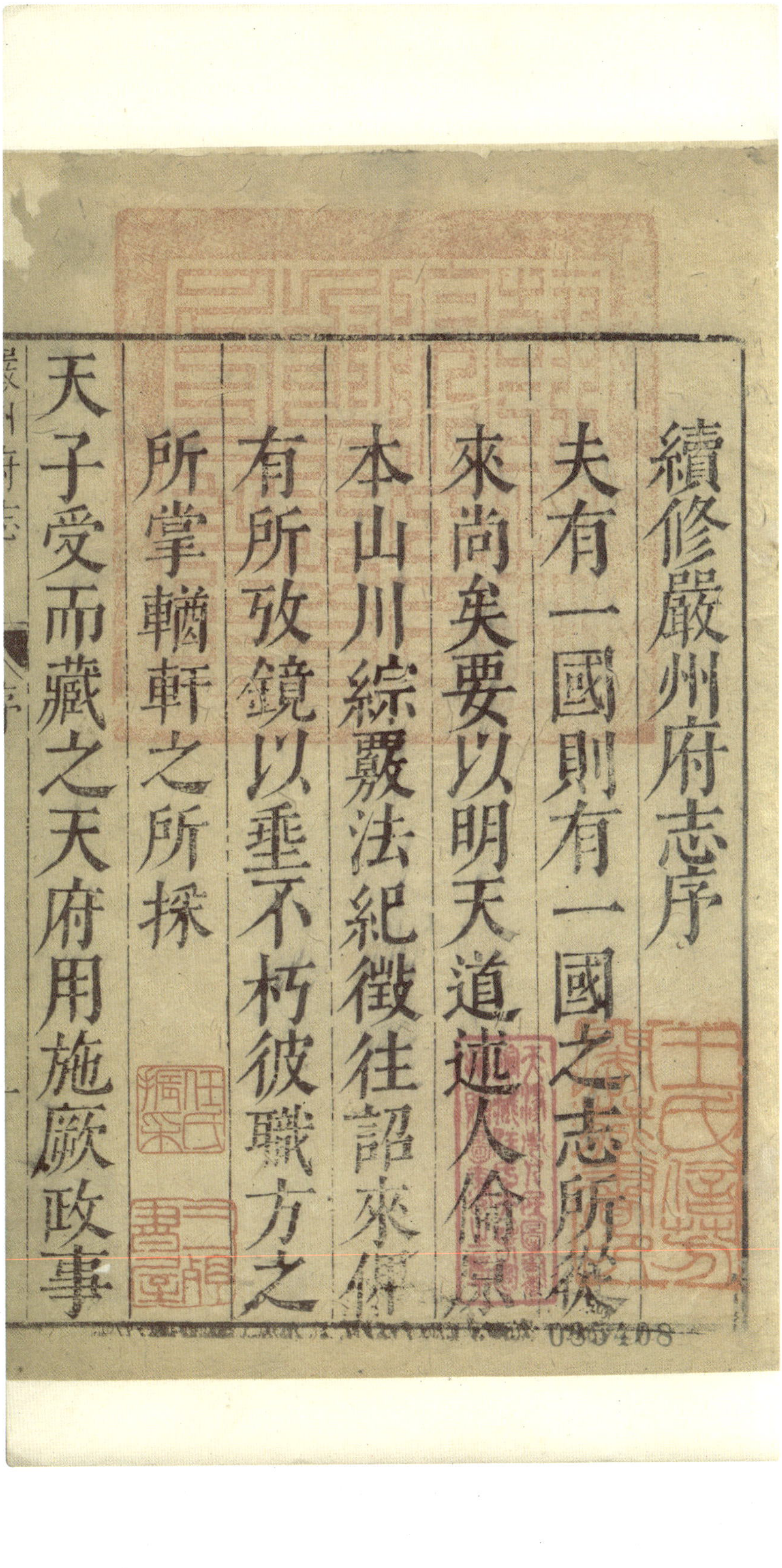

續修嚴州府志序

夫有一國則有一國之志所從來尚矣要以明天道述人倫表本山川綜覈法紀徵往詔來俾有所攷鏡以埀不朽彼職方之所掌輶軒之所採

天子受而藏之天府用施厥政事

嚴州府志 序 一

〔萬曆〕續修嚴州府志二十四卷 明萬曆六年刻四十一年增修本

〔萬曆〕續修嚴州府志二十四卷　明萬曆六年刻四十一年增修本

〔至元〕嘉禾志三十二卷　清不暇懶齋鈔本

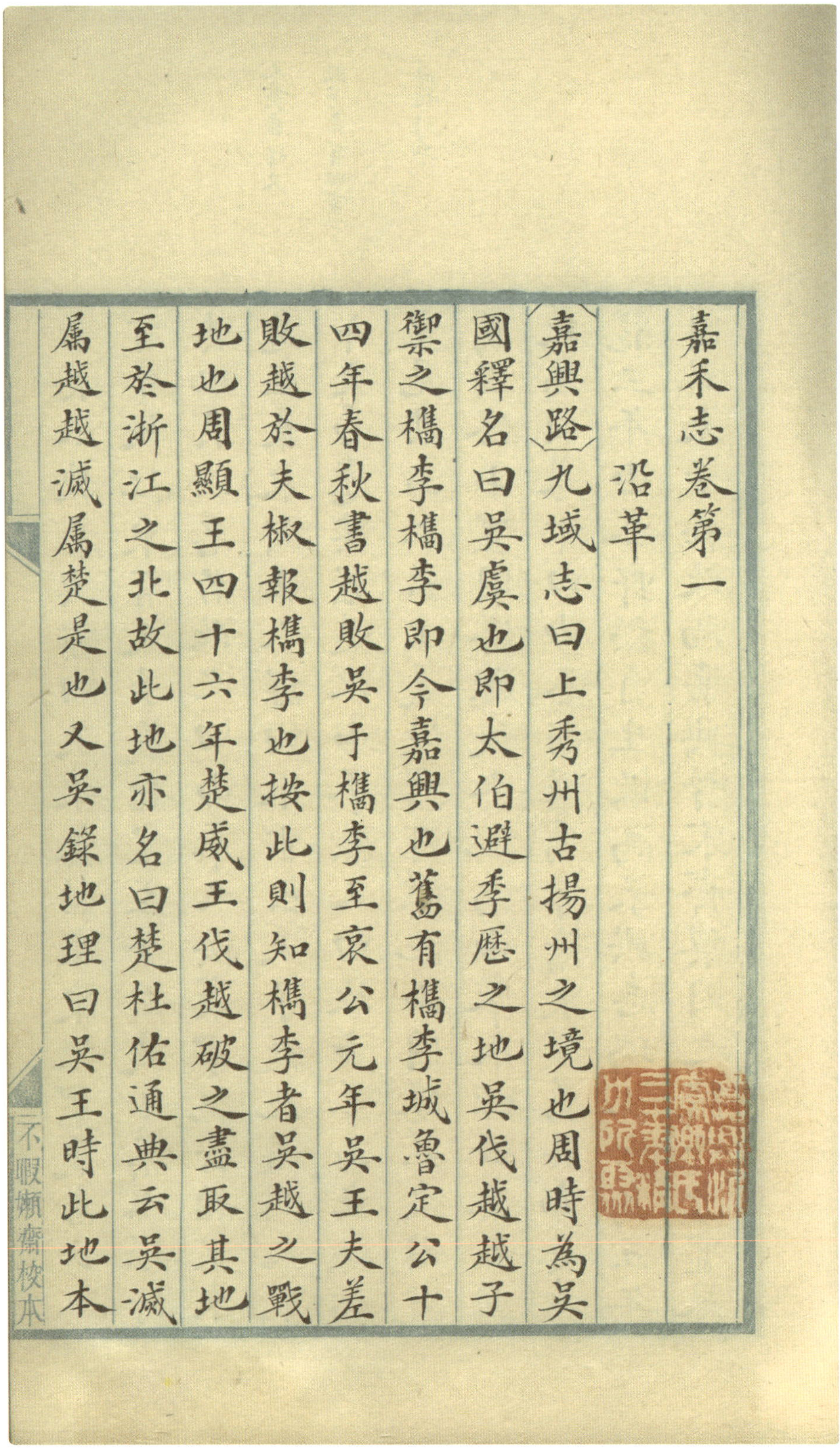

嘉禾志卷第一

沿革

嘉興路九域志曰上秀州古揚州之境也周時為吳國釋名曰吳虞也即太伯避季歷之地吳伐越越子禦之檇李檇李即今嘉興也舊有檇李城魯定公十四年春秋書越敗吳于檇李至哀公元年吳王夫差敗越於夫椒報檇李也按此則知檇李者吳越之戰地也周顯王四十六年楚威王伐越破之盡取其地至於浙江之北故此地亦名曰楚杜佑通典云吳滅屬越越滅屬楚是也又吳錄地理曰吳王時此地本

不暇懶齋校本

〔嘉靖〕嘉興府圖記二十卷　明嘉靖二十八年刻本

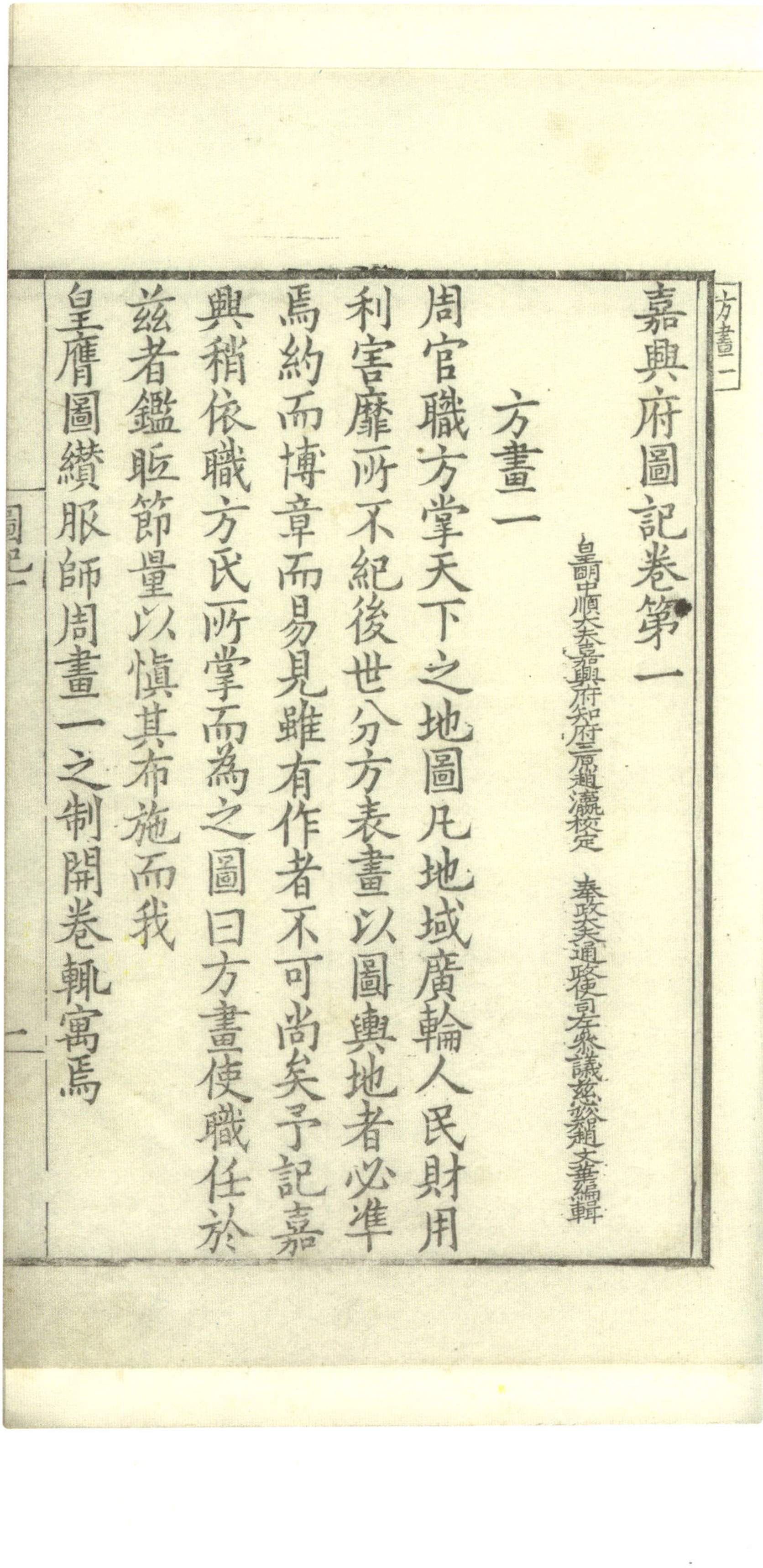
方畫一

嘉興府圖記卷第一

皇明中順大夫嘉興府知府三原趙瀛校定　奉政大夫通政使司左參議慈谿趙文華編輯

方畫一

周官職方掌天下之地圖凡地域廣輪人民財用利害靡所不紀後世分方表畫以圖輿地者必準焉約而博章而易見雖有作者不可尚矣予記嘉興稽依職方氏所掌而為之圖曰方畫使職任於茲者鑑眡節量以慎其布施而我
皇曆圖纘服師周畫一之制開卷輒寓焉

圖記一　二

定海縣志卷一

南京兵部尚書張時徹纂修定海縣知縣何愈訂正

輿地圖

司馬氏曰昔舜肇十有二州禹同九州宅四隩而任土作貢之制興焉姬氏因之大司空以天下土地之圖周知九州之地域廣輪之數其要歸在於審畿甸要荒之遐邇鄉遂都鄙之聯屬與山林川澤丘陵墳衍之名物以陳藝極以樹表儀以詔敘事以列貢賦歷代以來未之有改也

定海縣志卷一　一　二百七十六　世

[嘉靖]定海縣志十三卷　明嘉靖四十二年刻本

〔嘉靖〕徽州府志二十二卷　明嘉靖四十五年刻萬曆三年增修本

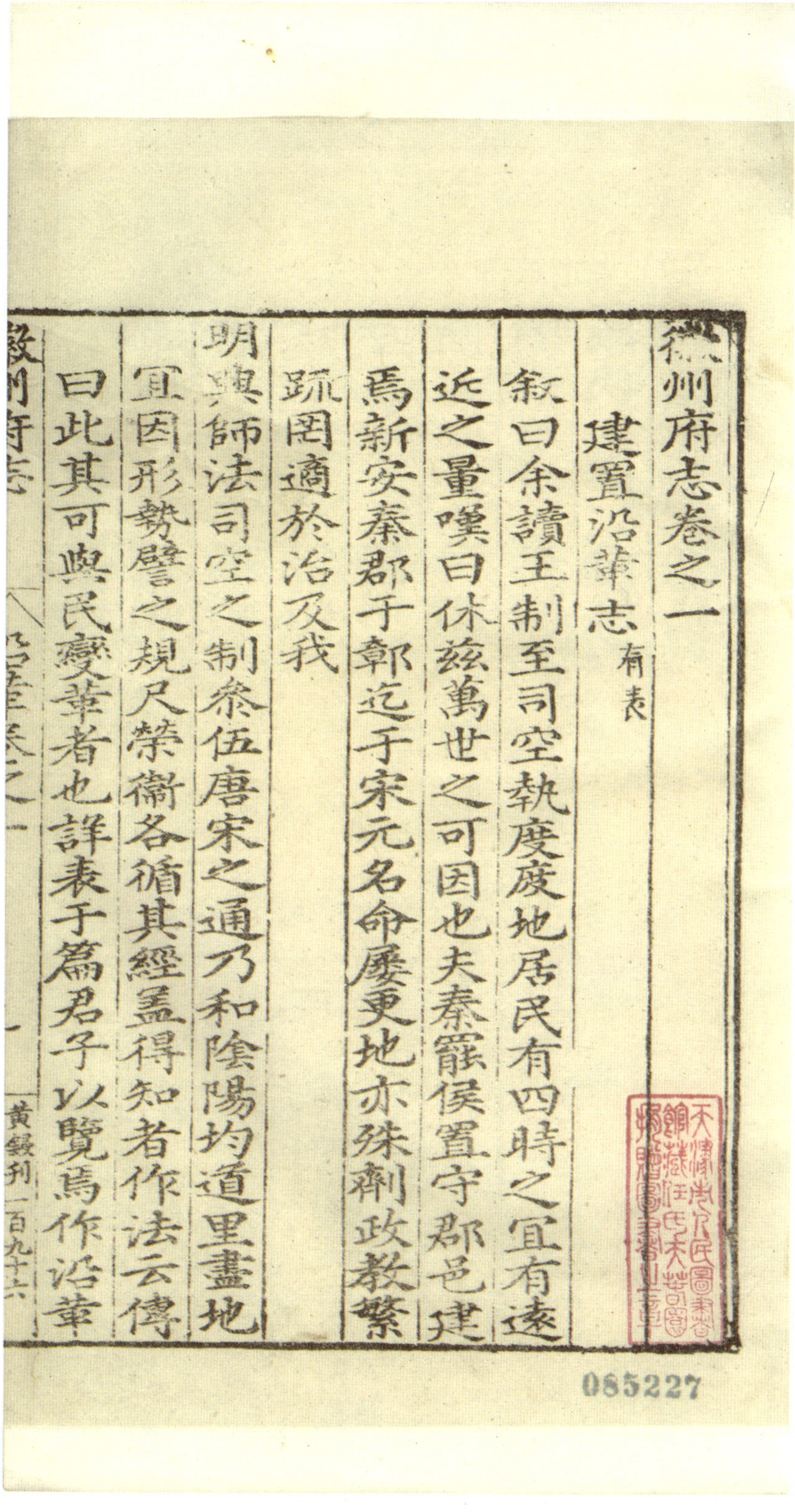
徽州府志卷之一
建置沿革志 有表
叙曰余讀王制至司空執度度地居民有四時之宜有遠
近之量嘆曰休兹萬世之可因也夫秦罷侯置守郡邑建
焉新安秦郡于鄣迄于宋元名命屢更地亦殊劑政教繁
疏罔適於治及我
明興師法司空之制參伍唐宋之通乃和陰陽均道里畫地
宜因形勢譬之規尺榮衞各循其經盖得知者作法云傳
曰此其可與民變革者也詳表于篇君子以覽焉作沿革

徽州府志　沿革表之一　一

085227

〔弘治〕八閩通志八十七卷 明弘治四年刻本

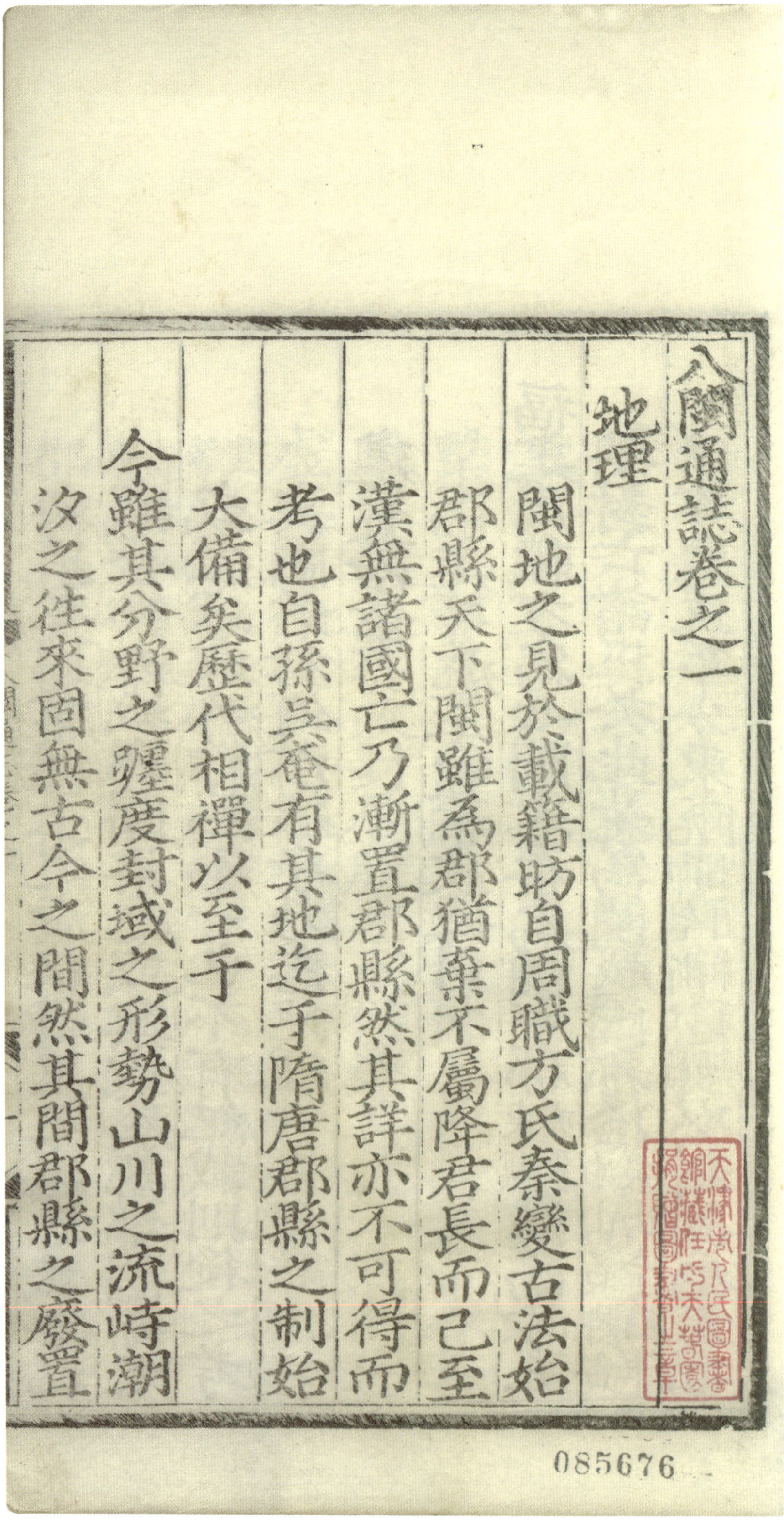

八閩通志卷之一

地理

閩地之見於載籍昉自周職方氏秦變古法始郡縣天下閩雖爲郡猶棄不屬降君長而已至漢無諸國亡乃漸置郡縣然其詳亦不可得而考也自孫吳奄有其地迄于隋唐郡縣之制始大備矣歷代相禪以至于

今雖其分野之躔度封域之形勢山川之流峙潮汐之往來固無古今之間然其間郡縣之廢置

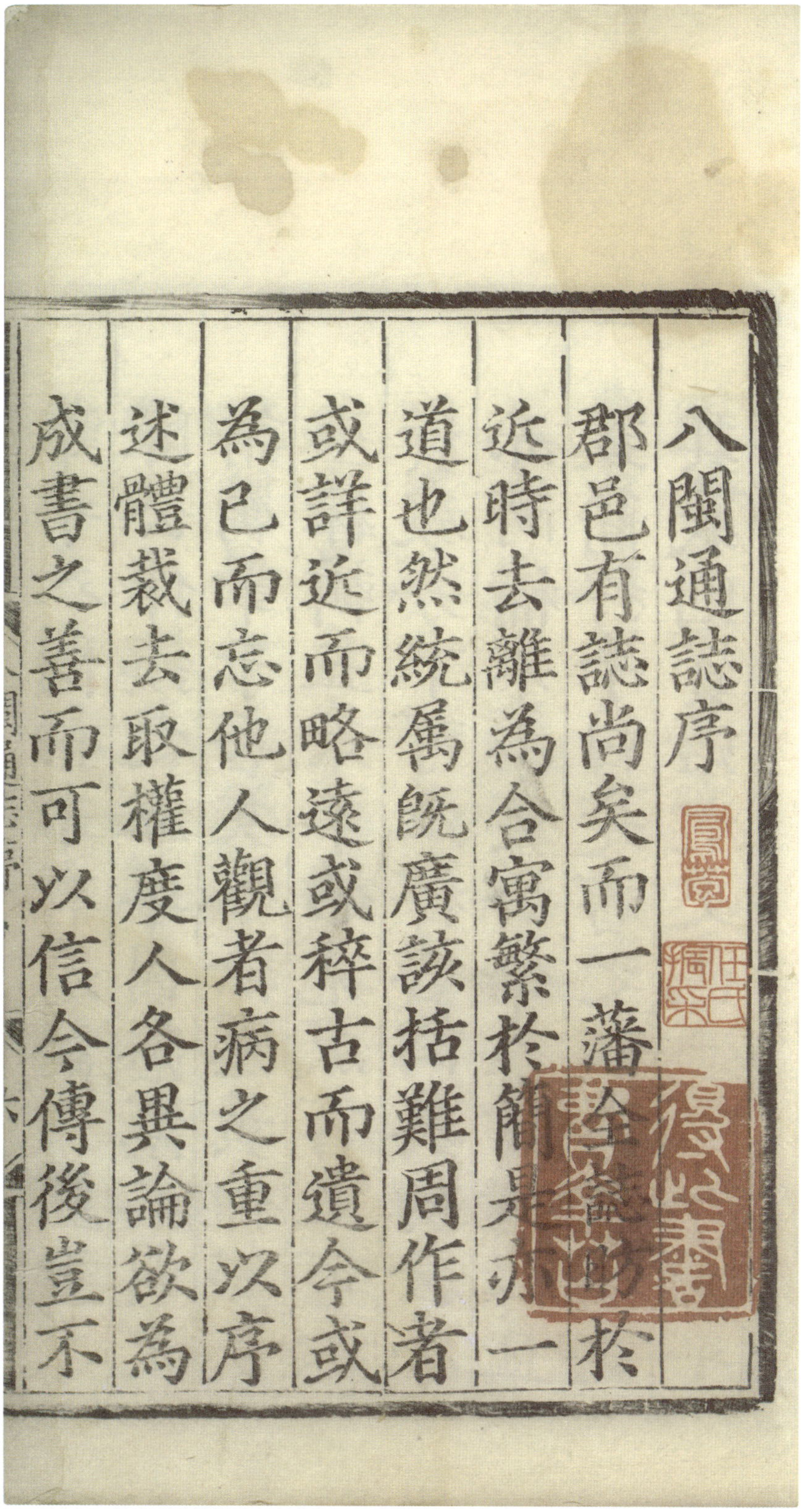

八閩通誌序
郡邑有誌尚矣而一藩[illegible]於
近時去離為合寓繁於簡是亦一
道也然統屬既廣該括難周作者
或詳近而略遠或稡古而遺今或
為己而忘他人觀者病之重以序
述體裁去取權度人各異論欲為
成書之善而可以信今傳後豈不

〔弘治〕八閩通誌八十七卷　明弘治四年刻本

[嘉靖]四川總志十六卷　明嘉靖二十四年刻本

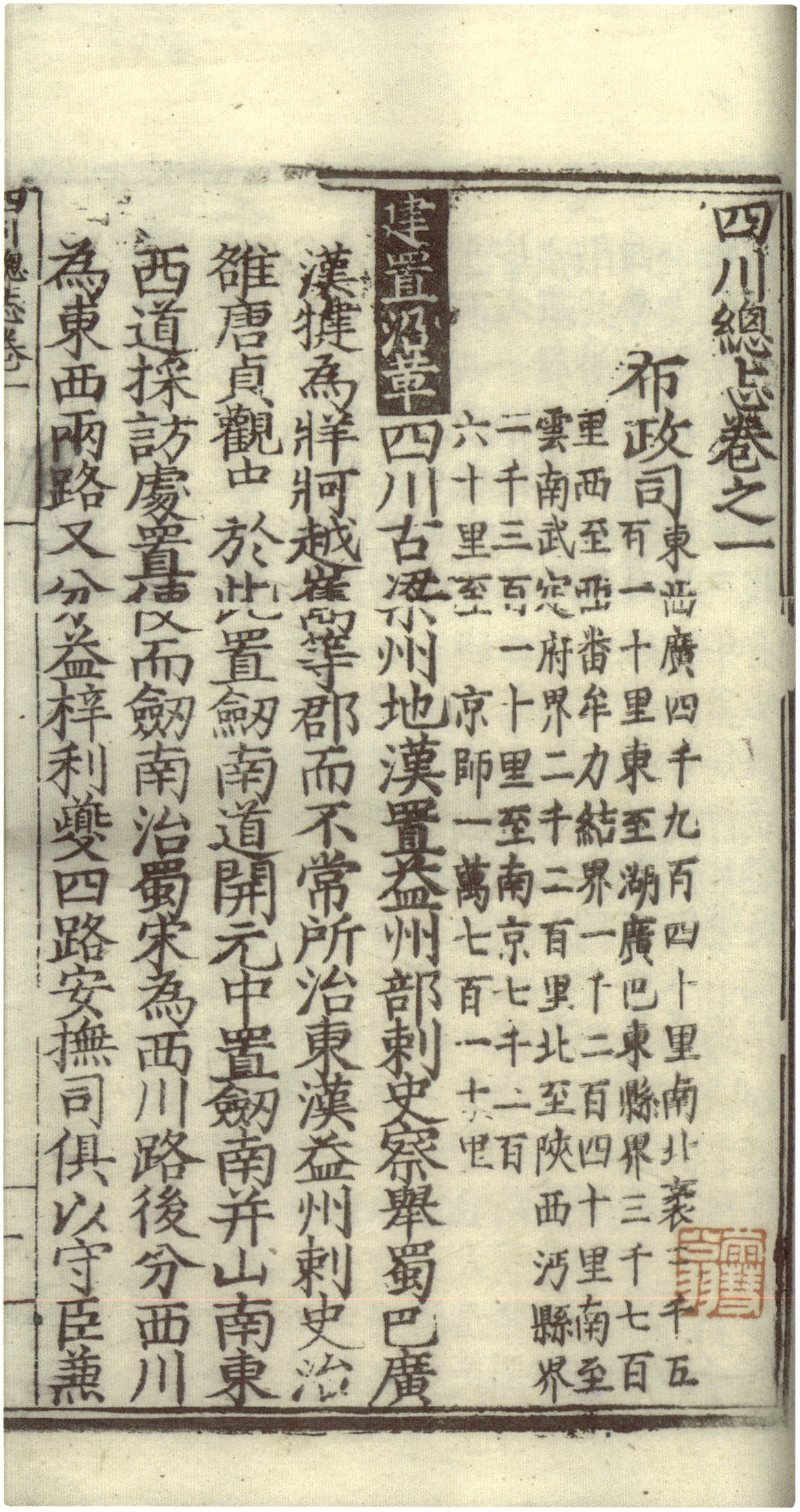
四川總志卷之一

布政司東西廣四千九百四十里南北袤三千五百一十里東至湖廣巴東縣界三千七百里西至西番牟力結界一千二百四十里南至雲南武定府界二千二百里北至陝西沔縣界二千三百一十里至南京七千一百六十里至京師一萬七百一十六里

建置沿革四川古梁州地漢置益州部刺史察舉蜀巴廣漢犍為牂牁越嶲等郡而不常所治東漢益州刺史治雒唐貞觀中於此置劍南道開元中置劍南并山南東西道採訪處置使已而劍南治蜀宋為西川路後分西川為東西兩路又分益梓利夔四路安撫司俱以守臣兼

四川總志卷一　一

會稽三賦四卷　明天啟元年淩弘憲刻套印本

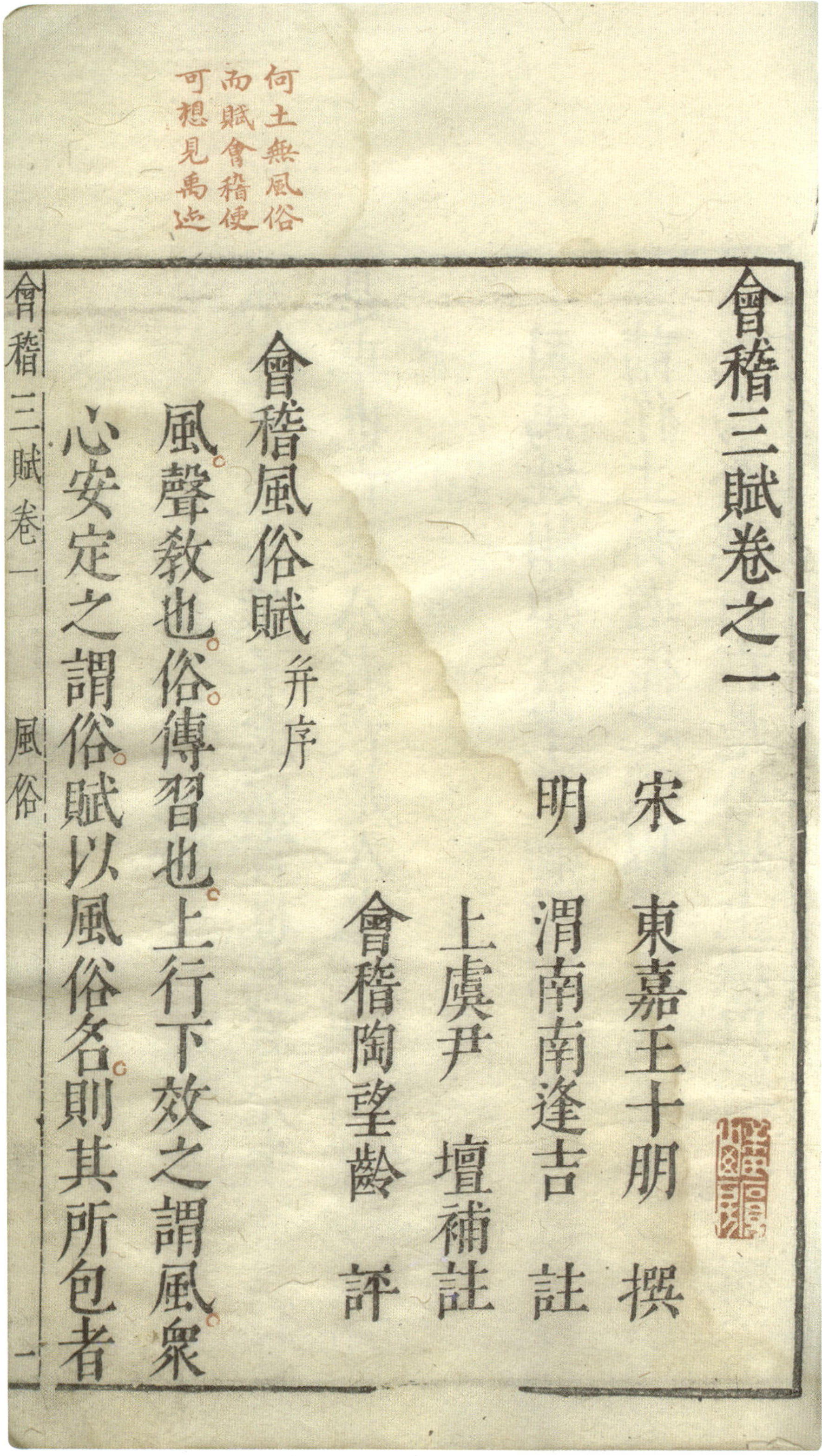
何土無風俗
而賦會稽便
可想見禹迹

會稽三賦卷之一

宋　東嘉王十朋　撰

明　渭南南逢吉　註

上虞尹　壇補註

會稽陶望齡　評

會稽風俗賦并序

風聲教也俗傳習也上行下效之謂風衆
心安定之謂俗賦以風俗名則其所包者

會稽三賦卷一　風俗　一

九邊圖論不分卷　明閔氏刻套印本

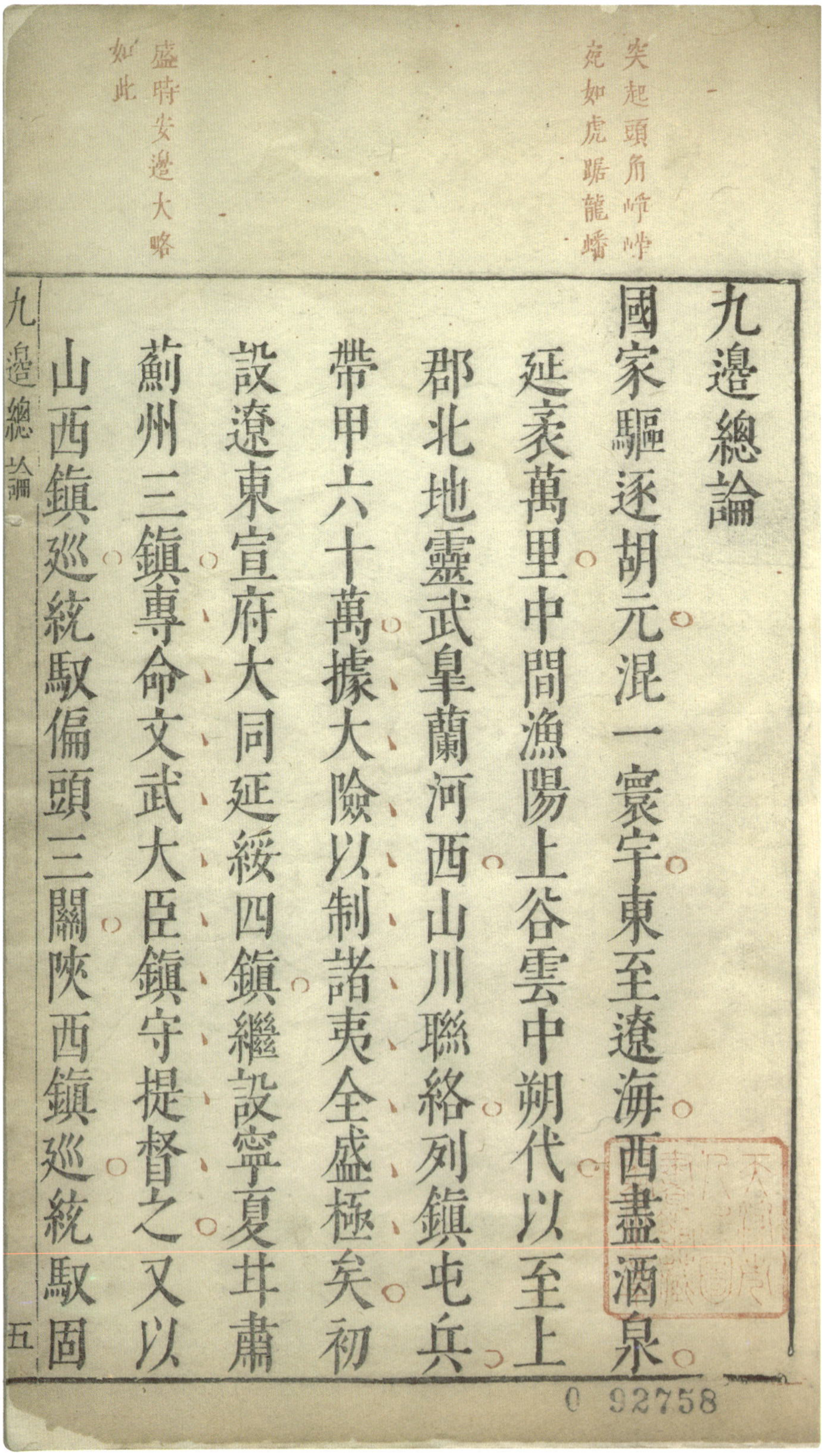
突起頭角崢嶸
宛如虎踞龍蟠
盛時安邊大略
如此

九邊總論

國家驅逐胡元混一寰宇東至遼海西盡酒泉延袤萬里中間漁陽上谷雲中朔代以至上郡北地靈武臯蘭河西山川聯絡列鎮屯兵帶甲六十萬據大險以制諸夷全盛極矣初設遼東宣府大同延綏四鎮繼設寧夏甘肅薊州三鎮專命文武大臣鎮守提督之又以山西鎮巡統馭偏頭三關陝西鎮巡統馭固

九邊總論　五

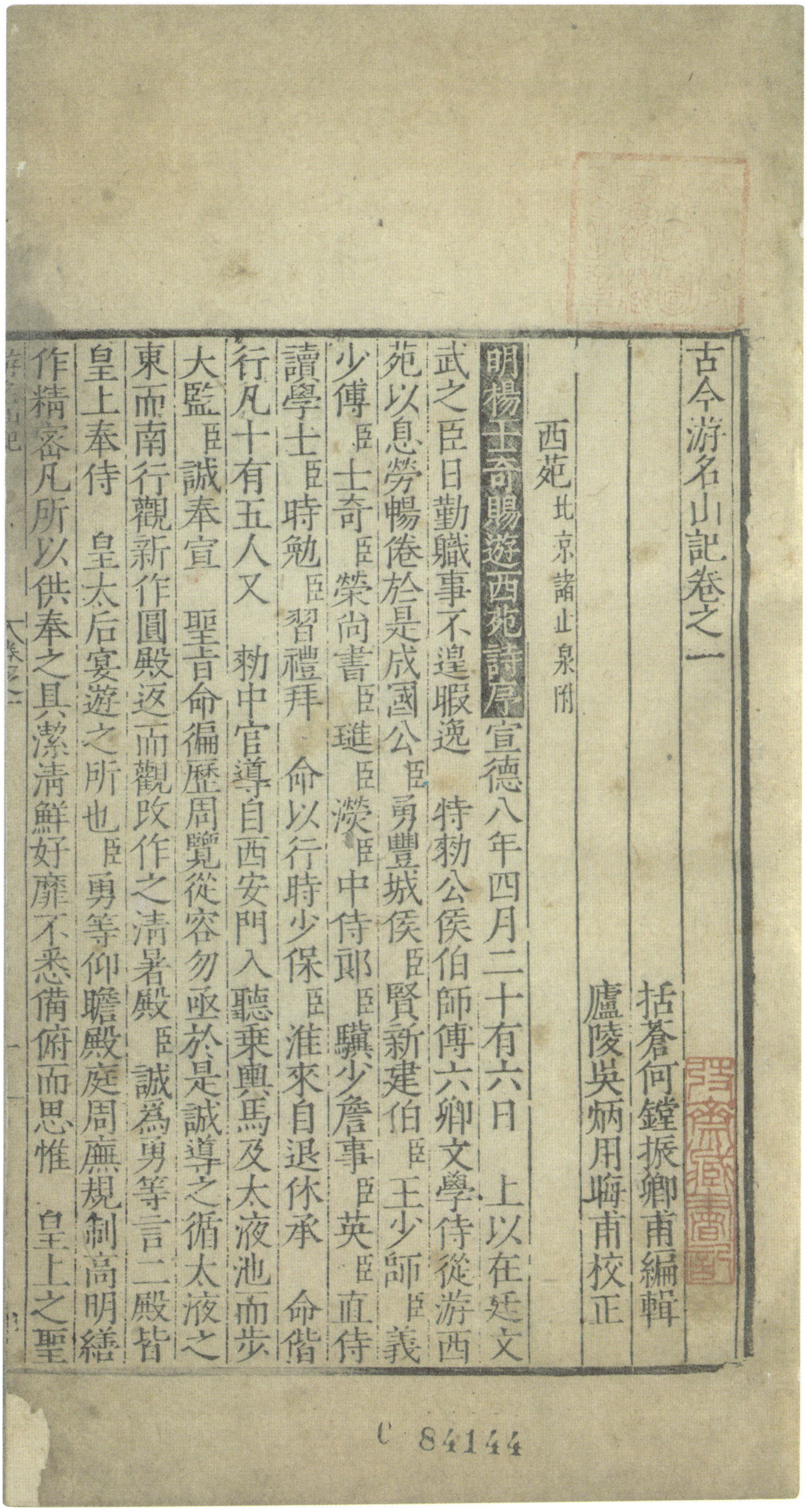

古今游名山記卷之一

括蒼何鏜振卿甫編輯
廬陵吳炳用晦甫校正

西苑北京諸山泉附

明楊士奇賜遊西苑詩序 宣德八年四月二十有六日 上以在廷文武之臣日勤職事不遑暇逸 特勑公侯伯師傅六卿文學侍從游西苑以息勞暢倦於是成國公臣勇豐城侯臣賢新建伯臣王少師臣義少傅臣士奇臣榮尚書臣璡臣濙臣中侍郎臣驥少詹事臣英臣直侍讀學士臣時勉臣習禮拜 命以行時少保臣淮來自退休承 命偕行凡十有五人又 勑中官導自西安門入聽乘輿馬及太液池而步大監臣誠奉宣 聖旨命偏歷周覽從容勿亟於是誠導之循太液之東而南行觀新作圓殿返而觀改作之清暑殿臣誠爲勇等言二殿皆皇上奉侍 皇太后宴遊之所也臣勇等仰瞻殿庭周廡規制高明繕作精密凡所以供奉之具潔清鮮好靡不悉備俯而思惟 皇上之聖

古今遊名山記十七卷 明嘉靖四十四年刻萬曆重修本

陽山誌三卷　明嘉靖九年顧元慶刻本

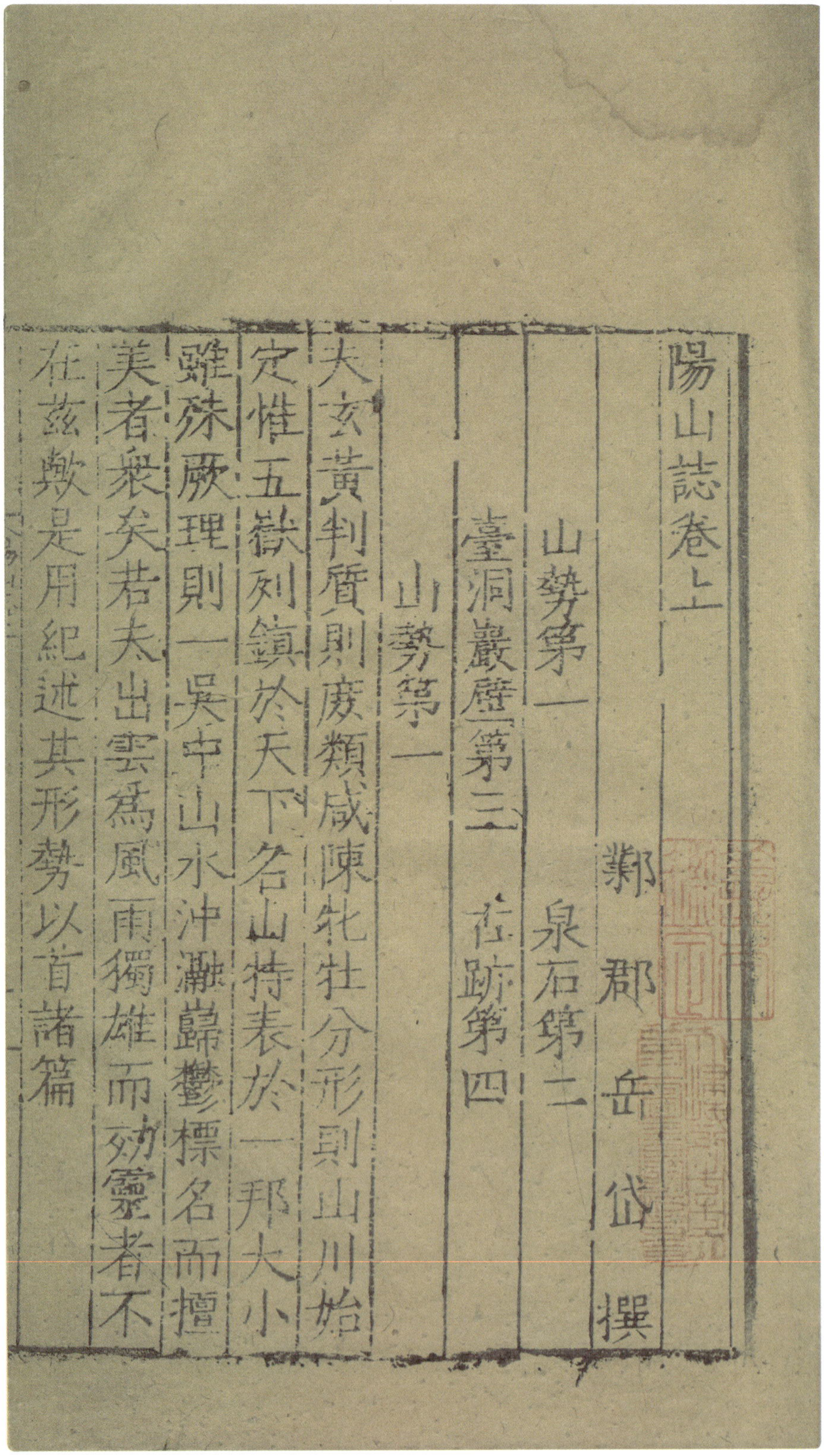

陽山誌卷上

鄭郡岳岱　撰

山勢第一　泉石第二

臺洞巖壑第三　古跡第四

山勢第一

夫玄黃判質則庶類咸陳牝牡分形則山川始定惟五嶽列鎮於天下名山特表於一邦大小雖殊厥理則一吳中山水沖灕歸鬱標名而擅美者衆矣若太出雲爲風雨獨雄而効靈者不在茲歟是用紀述其形勢以首諸篇

水經注四十卷　清小山堂鈔本

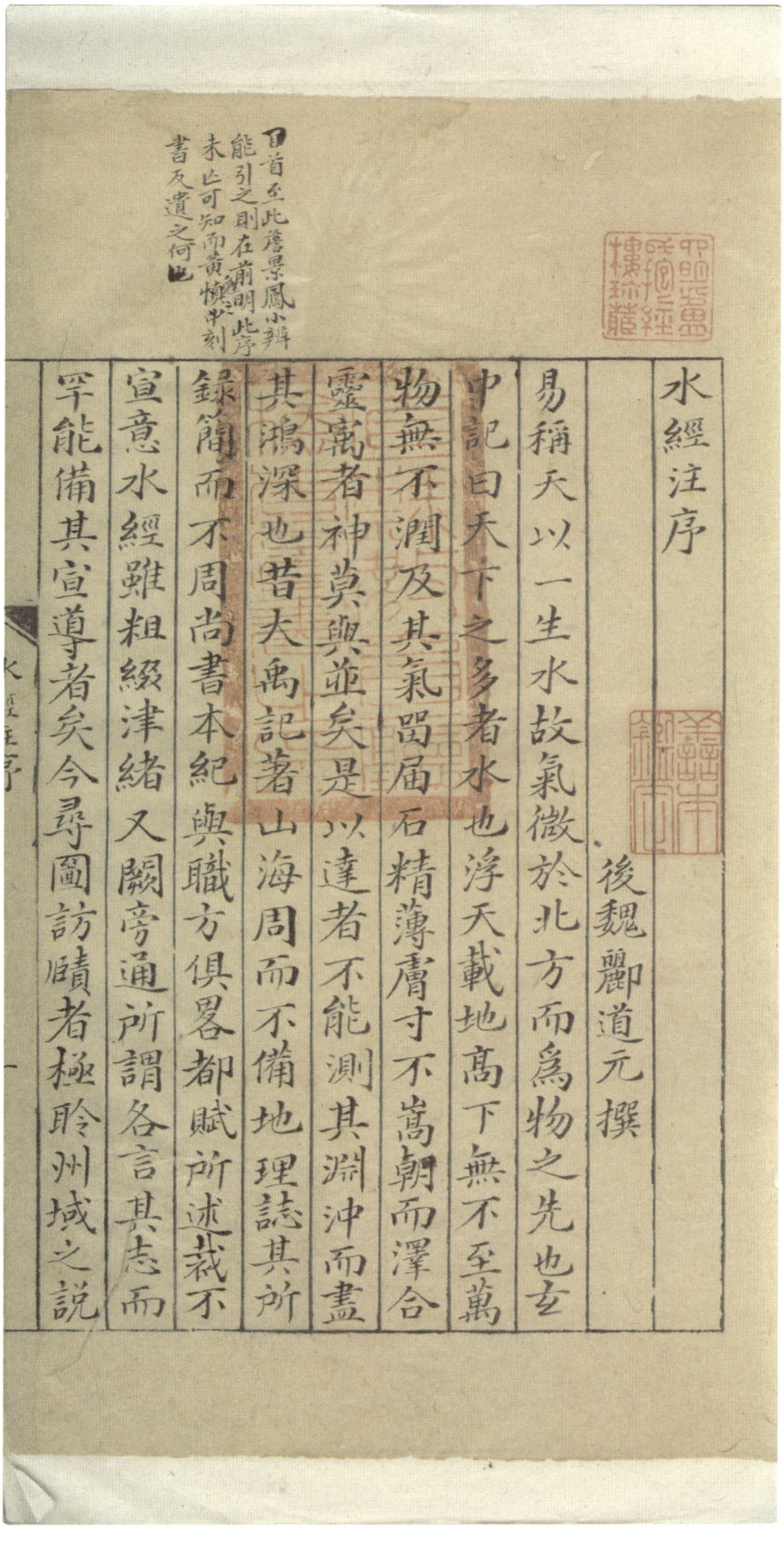

自首至此詹景鳳小辨能引之則在前明此序未亡可知而黄愼中刻書反遺之何也

水經注序

後魏酈道元撰

易稱天以一生水故氣微於北方而爲物之先也玄中記曰天下之多者水也浮天載地高下無不至萬物無不潤及其氣流届石精薄膚寸不崇朝而澤合靈寓者神莫與並矣是以達者不能測其淵沖而盡其鴻深也昔大禹記著山海周而不備地理誌其所録簡而不周尚書本紀與職方俱畧都賦所述裁不宣意水經雖粗綴津緒又闕旁通所謂各言其志而罕能備其宣導者矣今尋圖訪賾者極聆州域之説

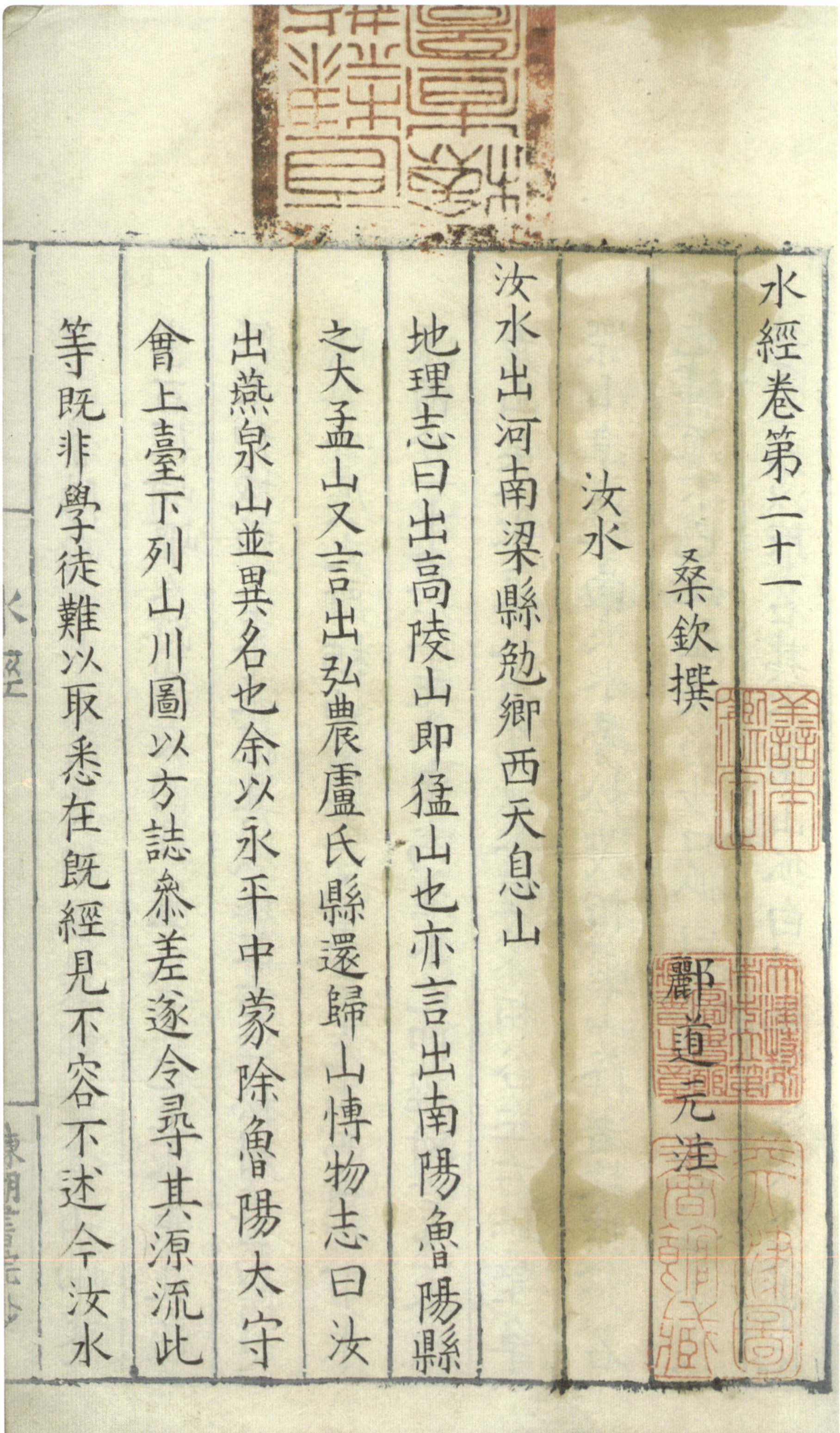
水經卷第二十一

桑欽撰

酈道元注

汝水

汝水出河南梁縣勉鄉西天息山

地理志曰出高陵山即猛山也亦言出南陽魯陽縣之大孟山又言出弘農盧氏縣還歸山博物志曰汝出燕泉山並異名也余以永平中蒙除魯陽太守會上臺下列山川圖以方誌叅差遂令尋其源流此等既非學徒難以取悉在既經見不容不述今汝水

水經注四十卷 明練湖書院鈔本

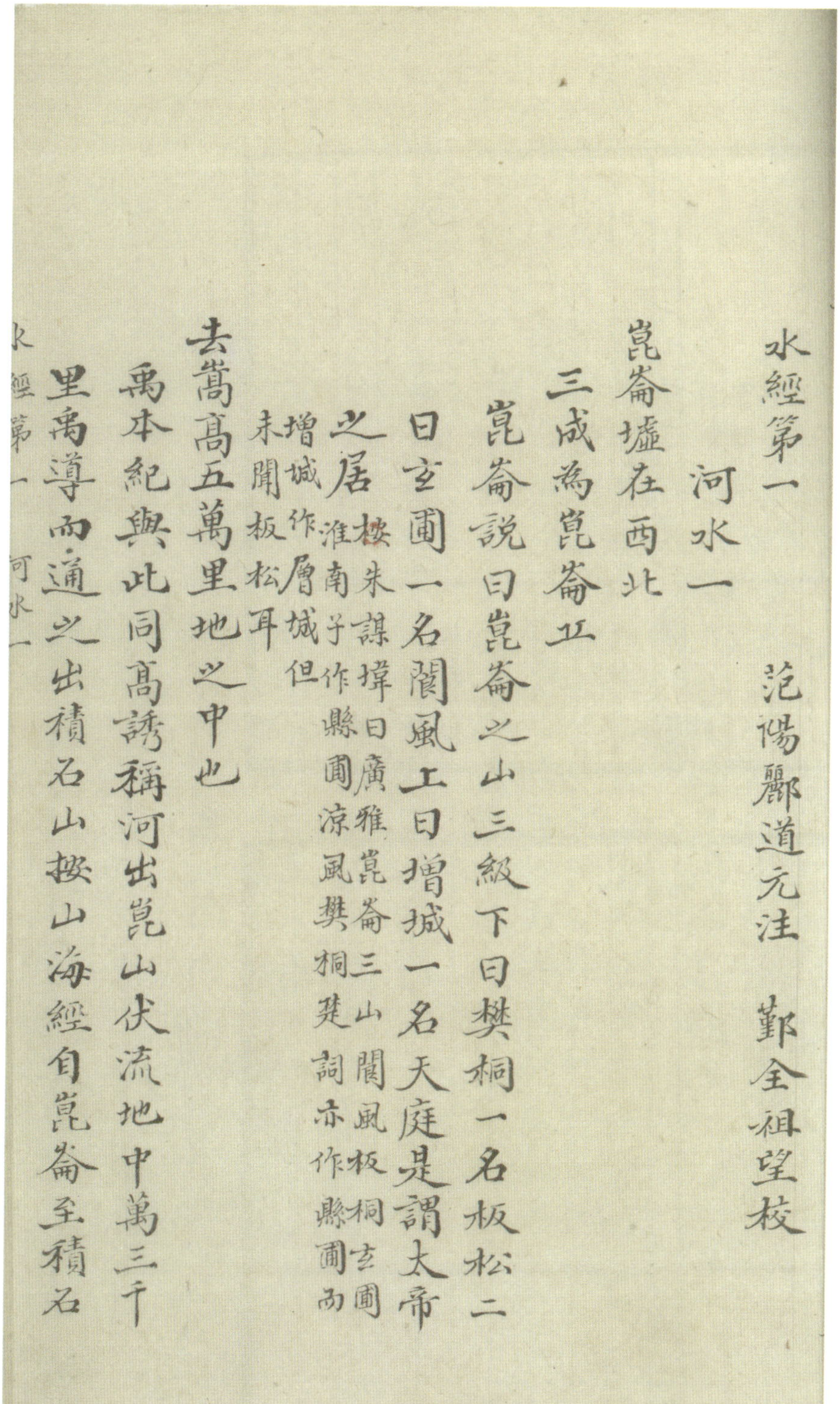
水經第一　　范陽酈道元注　鄞全祖望校
河水一
崑崙墟在西北
三成爲崑崙丘
崑崙說曰崑崙之山三級下曰樊桐一名板松二
曰玄圃一名閬風上曰增城一名天庭是謂太帝
之居　按朱謀㙔曰廣雅崑崙三山閬風板桐玄圃淮南子作縣圃涼風樊桐楚詞亦作縣圃而增城作層城但未聞板松耳
去嵩高五萬里地之中也
禹本紀與此同高誘稱河出崑山伏流地中萬三千
里禹導而通之出積石山按山海經自崑崙至積石
水經第一　河水一

水經注重校本四十卷　清王梓材鈔本

東泉誌四卷　明正德五年陳澍刻本

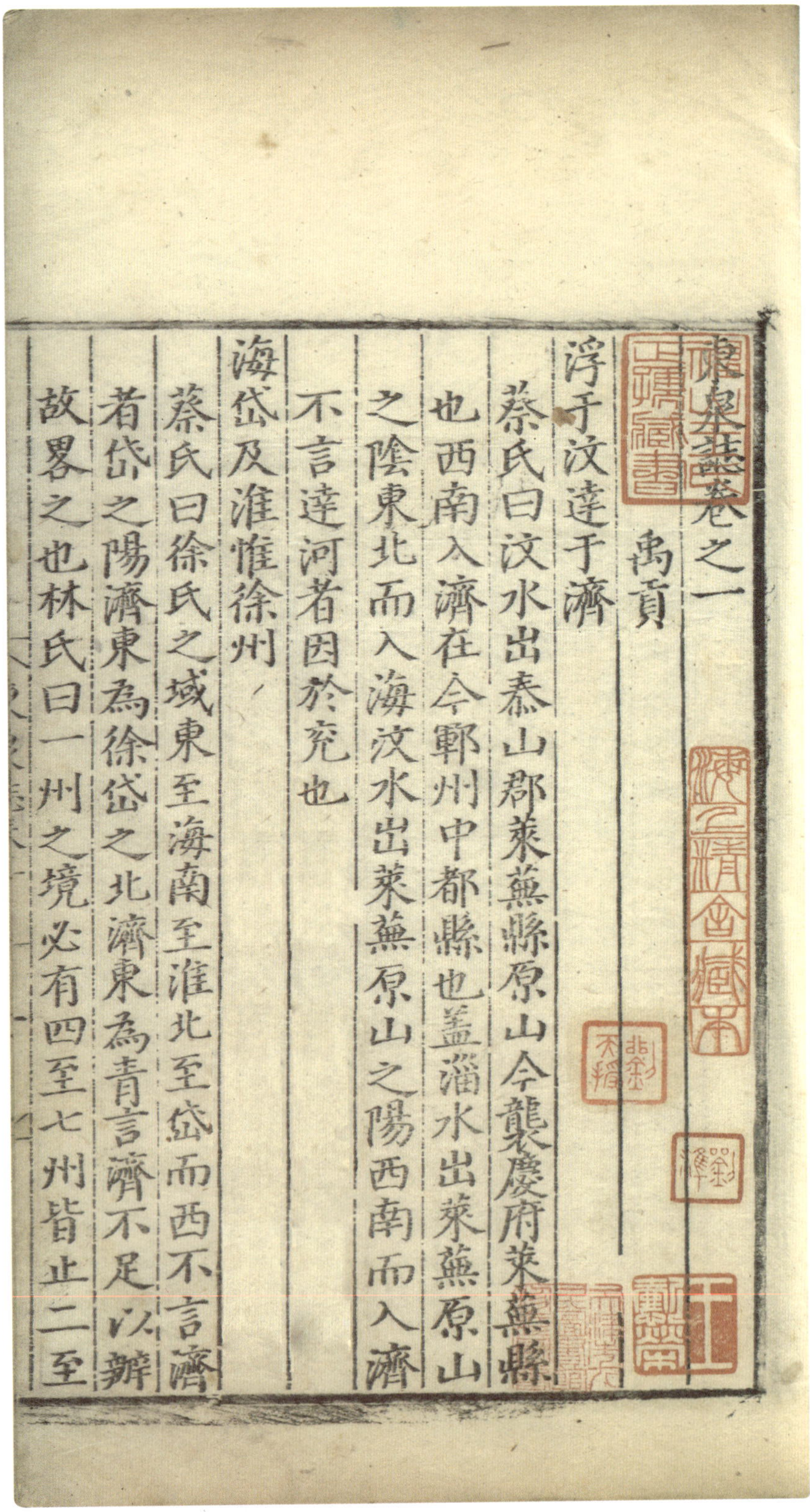
東泉誌卷之一

禹貢

浮于汶達于濟

蔡氏曰汶水出泰山郡萊蕪縣原山今襲慶府萊蕪縣也西南入濟在今鄆州中都縣也蓋淄水出萊蕪原山之陰東北而入海汶水出萊蕪原山之陽西南而入濟不言達河者因於兗也

海岱及淮惟徐州

蔡氏曰徐氏之域東至海南至淮北至岱而西不言濟者岱之陽濟東為徐岱之北濟東為青言濟不足以辨故畧之也林氏曰一州之境必有四至七州皆止二至

治河全書二十四卷　清鈔本

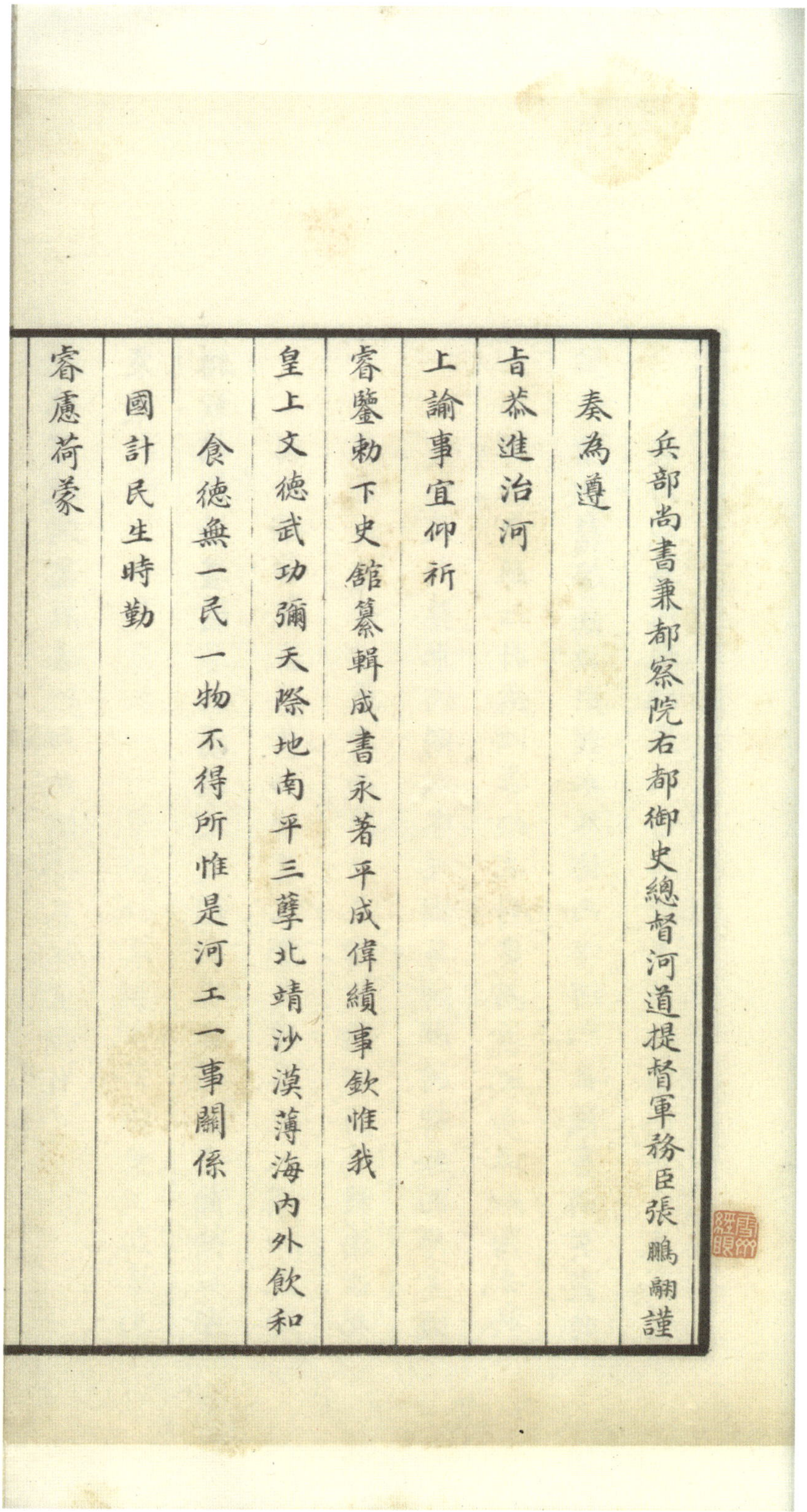
兵部尚書兼都察院右都御史總督河道提督軍務臣張鵬翮謹
奏為遵
旨恭進治河
上諭事宜仰祈
睿鑒勅下史館纂輯成書永著平成偉績事欽惟我
皇上文德武功彌天際地南平三孽北靖沙漠薄海内外飲和
食德無一民一物不得所惟是河工一事關係
國計民生時勤
睿慮荷蒙

西湖遊覽志二十四卷　明嘉靖二十六年嚴寬刻萬曆十二年　二十五年補刻本

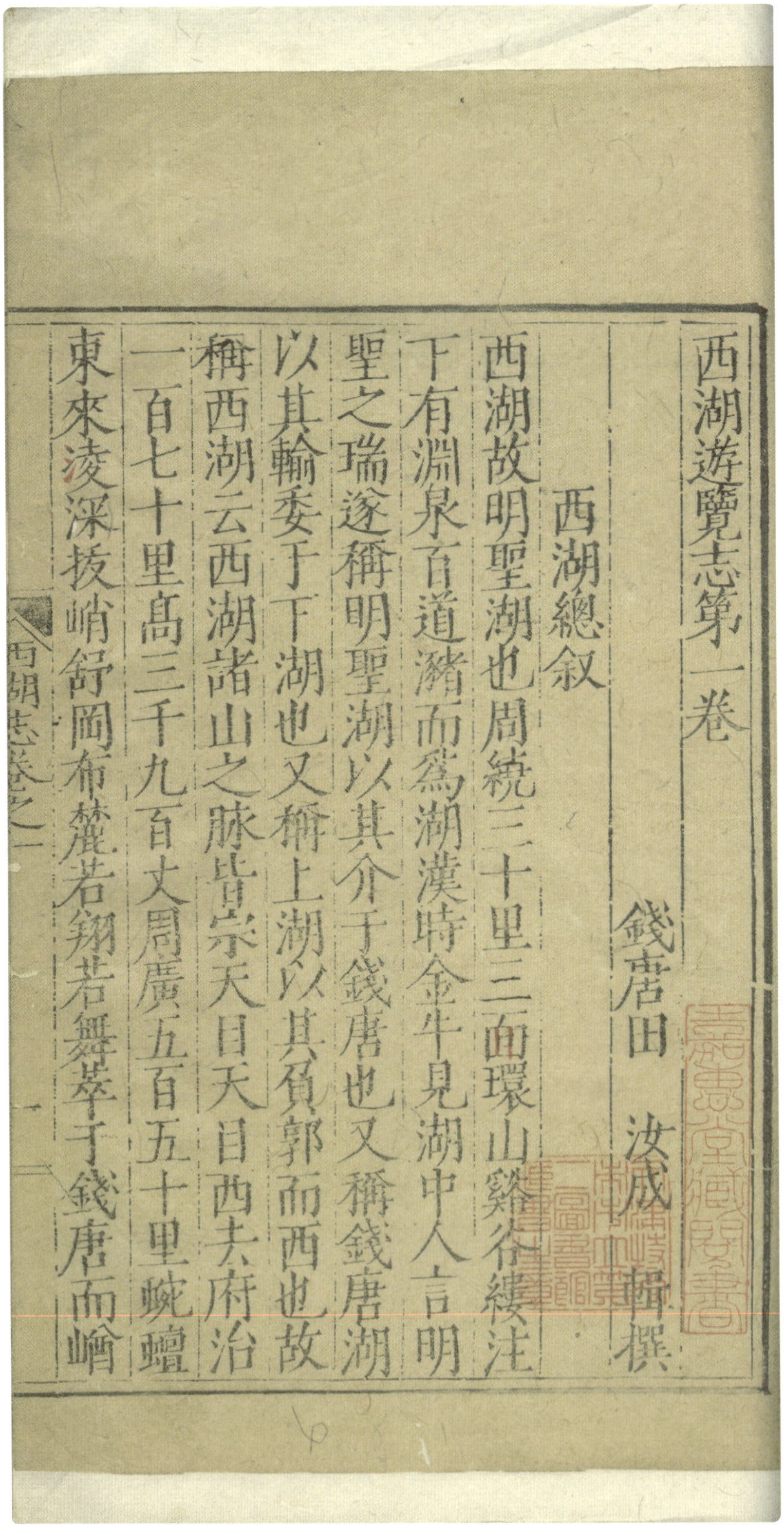

西湖遊覽志第一卷

錢唐田　汝成　輯撰

西湖總叙

西湖故明聖湖也周繞三十里三面環山谿谷縷注下有淵泉百道瀦而爲湖漢時金牛見湖中人言明聖之瑞遂稱明聖湖以其介于錢唐也又稱錢唐湖以其輸委于下湖也又稱上湖以其負郭而西也故稱西湖云西湖諸山之脉皆宗天目天目西去府治一百七十里高三千九百丈周廣五百五十里蜿蟺東來凌深拔峭舒岡布麓若翔若舞萃于錢唐而嶠

西湖志卷之一　一

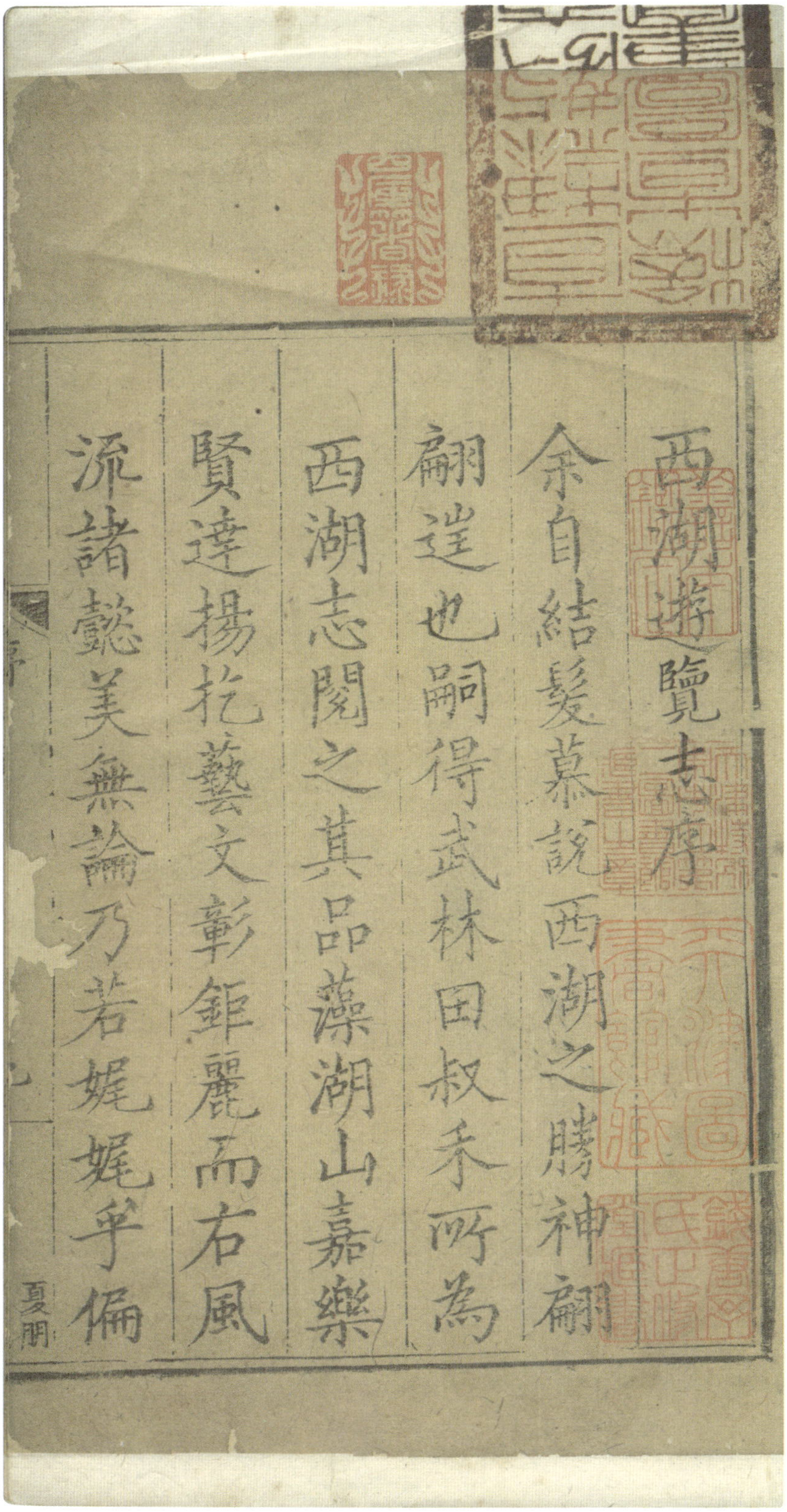
西湖遊覽志序

余自結髮慕說西湖之勝神翩

翩遄也嗣得武林田叔禾所爲

西湖志閱之其品藻湖山嘉樂

賢達揚扢藝文彰鉅麗而右風

流諸懿美無論乃若娓娓乎偏

西湖遊覽志二十四卷

明嘉靖二十六年嚴寬刻萬曆十二年 二十五年補刻本

定一級

三吳水利圖考四卷　明嘉靖四十年刻本

蘇州府水利攷

蘇州府其浸太湖在郡城西南三十里連跨數郡週廻四萬八千餘頃其源有二北受建康溧陽潤州丹陽荆溪之水南則宣歙池州天目富陽安吉武康烏程長興苕霅之水注焉混川弁瀆羡溢爲災禹乃疏其下流爲三江以入于海三江其一自太湖出吳江縣長橋東北合龐山湖爲淞江一自東南分流出白蜆江過急水港流注澱湖東逕三泖又東迤入海爲東江東江寘滅巳久不復能求其故迹一自郡城婁門歷崑山縣逕太倉州東北流入海爲婁江今訛爲劉家港云三江之外通湖水者甚衆不可殫記唯胥

遊城南記一卷　清鈔本

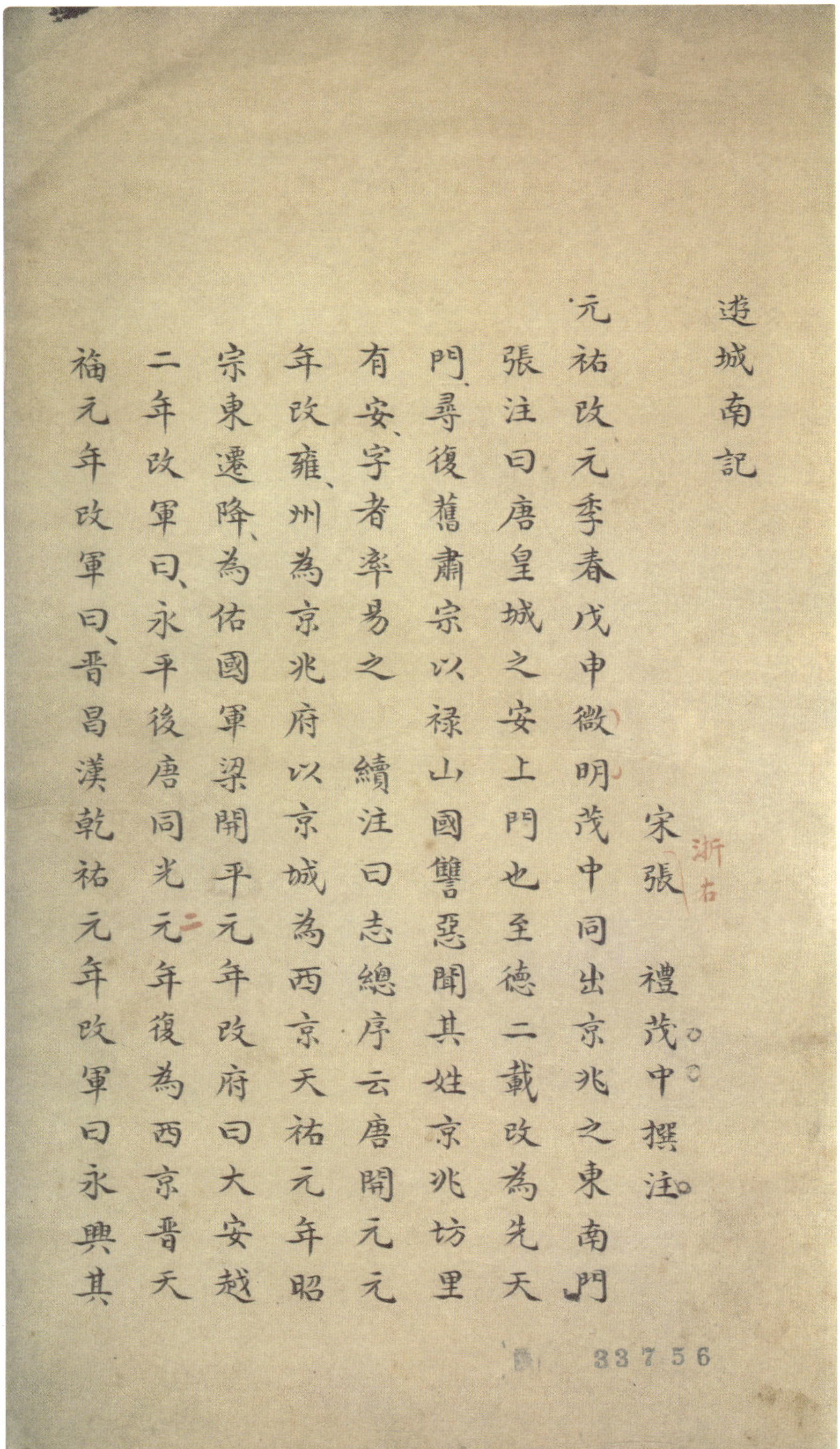
遊城南記

宋張　禮茂中撰注

元祐改元季春戊申微明茂中同出京兆之東南門張注曰唐皇城之安上門也至德二載改為先天門尋復舊肅宗以祿山國讐惡聞其姓京兆坊里有安字者率易之　續注曰志總序云唐開元元年改雍州為京兆府以京城為西京天祐元年昭宗東遷降為佑國軍梁開平元年改府曰大安越二年改軍曰永平後唐同光元年復為西京晉天福元年改軍曰晉昌漢乾祐元年改軍曰永興其

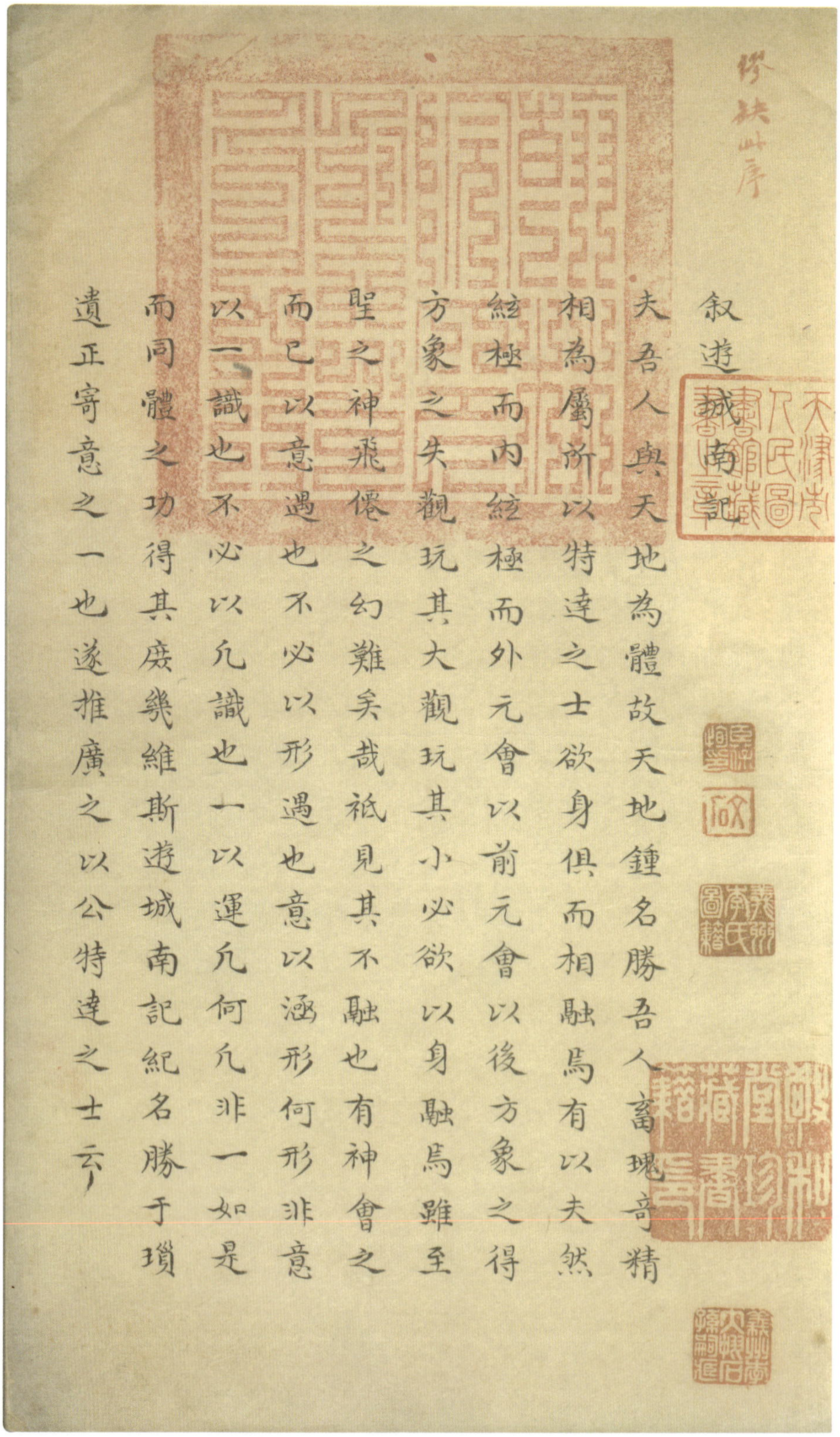
叙遊城南記

夫吾人與天地為體故天地鍾名勝吾人畜瑰奇精相為屬所以特達之士欲身俱而相融焉有以夫然紘極而内紘極而外元會以前元會以後方象之得方象之失觀玩其大觀玩其小必欲以身融焉雖至聖之神飛僊之幻難矣哉祇見其不融也有神會之而已以意遇也不必以形遇也意以涵形何形非意以一識也不必以凡識也一以運凡何凡非一如是而同體之功得其庶幾維斯遊城南記紀名勝于瑣遺正寄意之一也遂推廣之以公特達之士云

遊城南記一卷　清鈔本

客越志二卷

明隆慶元年延陵吳氏蕭踈齋刻本

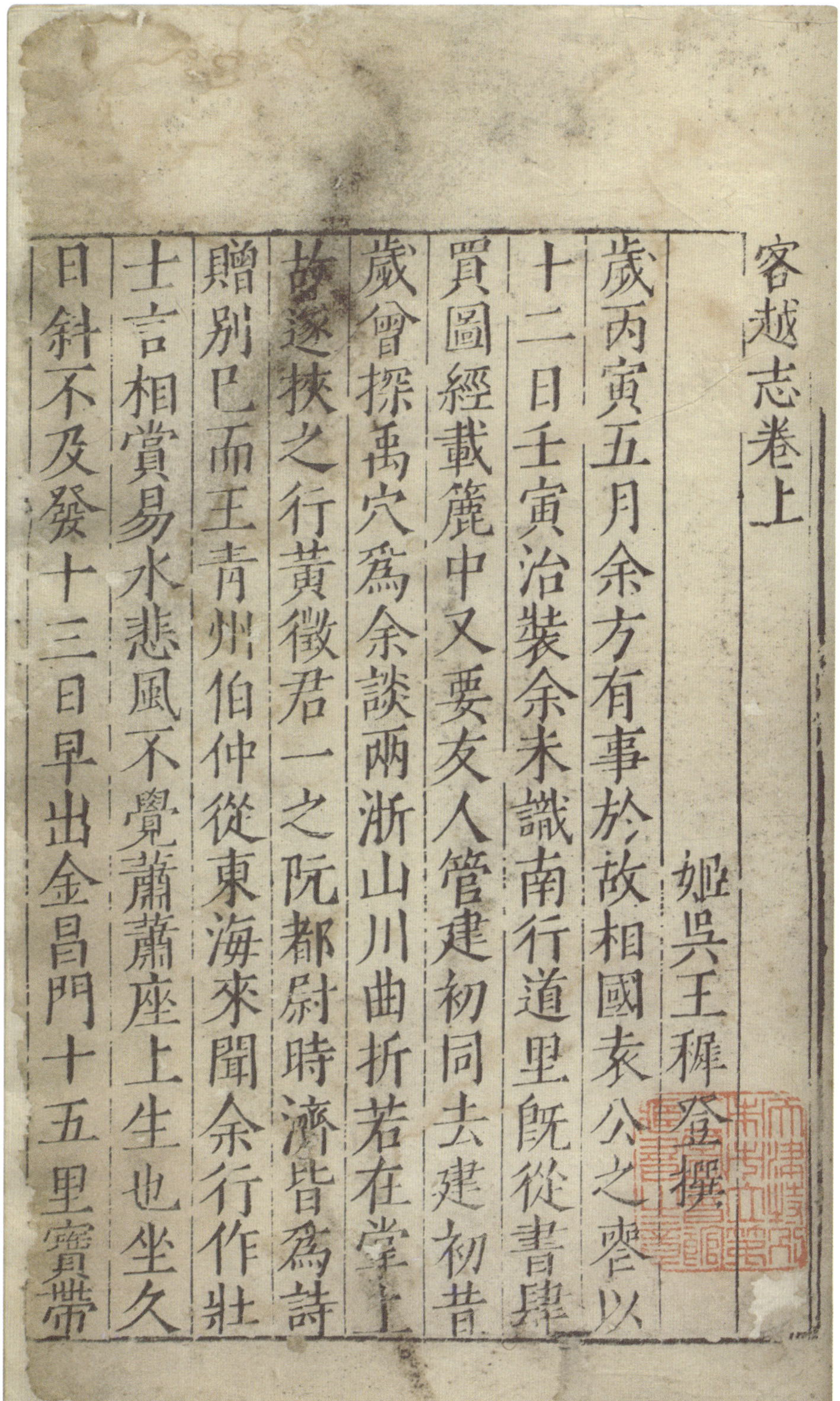

客越志卷上

姬吳王穉登撰

歲丙寅五月余方有事於故相國袁公之喪以十二日壬寅治裝余未識南行道里既從書肆買圖經載籠中又要友人管建初同去建初昔歲會探禹穴爲余談兩浙山川曲折若在掌上故遂挾之行黃徵君一之阮都尉時濟皆爲詩贈別已而王青州伯仲從東海來聞余行作壯士言相賞易水悲風不覺蕭蕭座上生也坐久日斜不及發十三日早出金閶門十五里寶帶

渡海輿記一卷　清乾隆間鈔本

渡海輿記

福建榕城出南門由南臺大橋行三十里渡烏龍江歷防口相思嶺浦尾至興化府渡洛陽橋至泉州府宿沙溪行四十里至劉五店即五通渡也渡實支海廣十餘里巨浪如山舟斜欲覆抵岸即厦門復水三十里抵水仙宮左為厦門支山右為海澄縣古浪嶼山兩山對峙蜿蜒入海盡處有小山直起中流即大旦門海舶出洋必由此一望蒼茫淼無涯矣自厦往臺當自乾趨巽又轉舵指坎比午至黃土坡下椗候風暫可泊船遇風至遼羅是金門支山去大旦門約八十里渡紅水溝黑水溝海道惟黑溝最險自

二

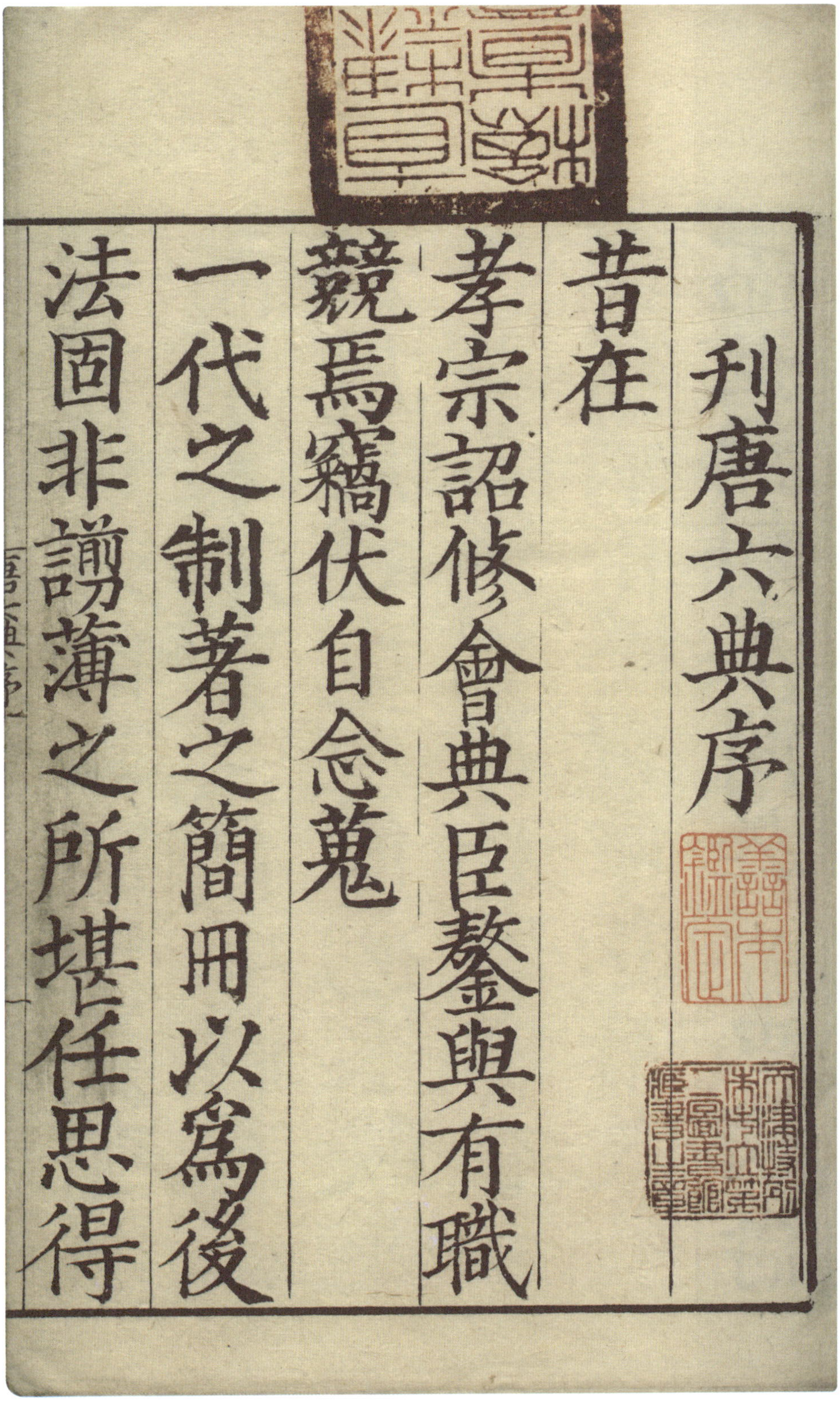
刊唐六典序
昔在
孝宗詔修會典臣鏊與有職
兢焉竊伏自念蒐
一代之制著之簡册以爲後
法固非謭薄之所堪任思得

大唐六典三十卷 明嘉靖二十三年浙江按察司刻本

作邑自箴十卷　清鈔本

作邑自箴卷第一

正己

先生曰凡欲治人先須正己孔子曰其身正不令
而行其身不正雖令不從
臨事當無心無心則公有心則偏傳曰公生明偏
生闇古語云長民有三莫一曰無事莫尋二曰有
罪莫放三曰事多莫怕
為政之要當須遠嫌疑罷張設廣聞見杜讒佞審
情偽察弊病示信令省追呼戢人吏抑豪強拯孤
危獎孝友
罪疑惟輕功疑惟重千古之明戒可不佩服才者

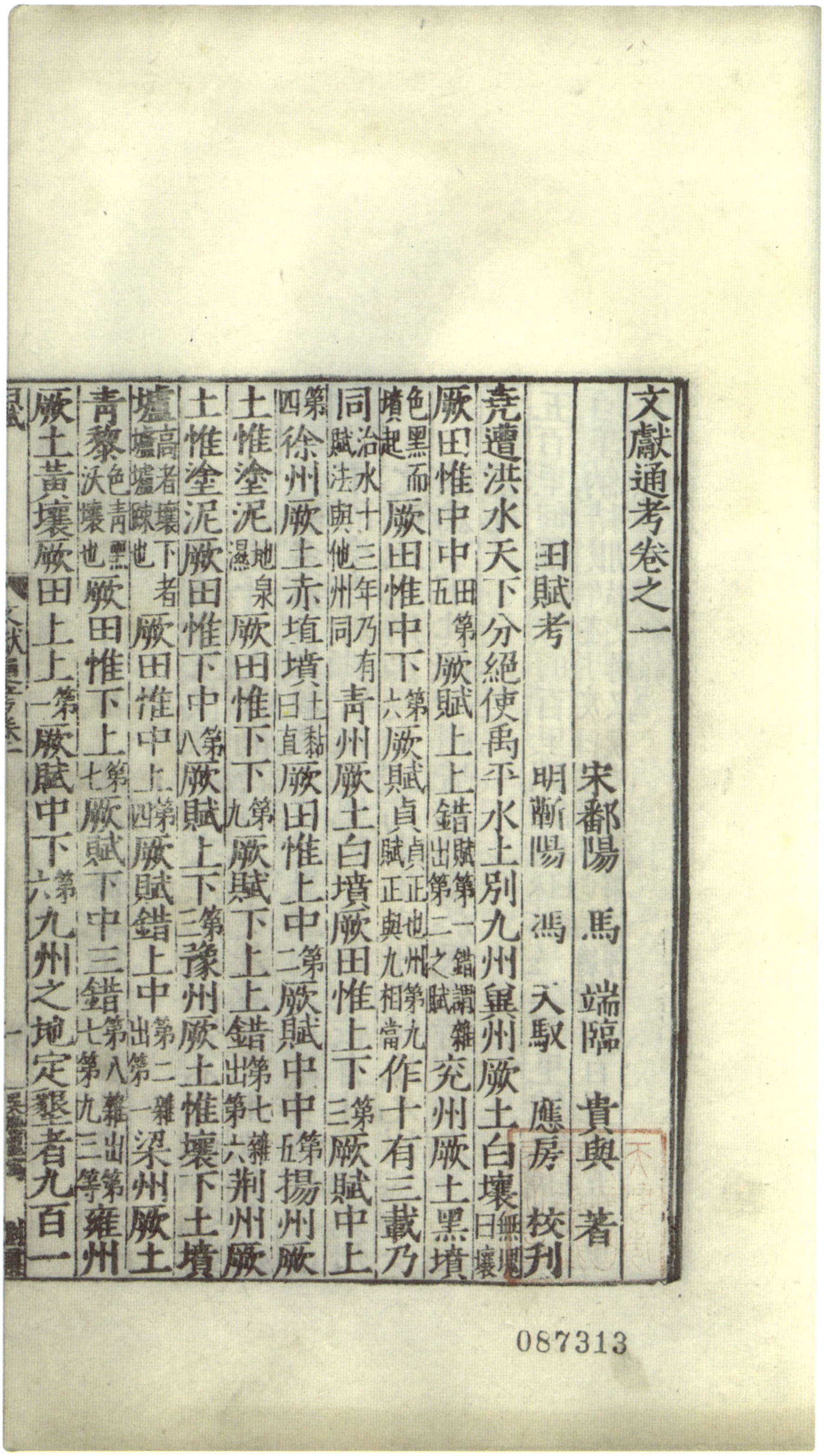
文獻通考卷之一
宋鄱陽　馬　端臨　貴與　著
田賦考　明蘄陽　馮　天馭　應房　校刊
堯遭洪水天下分絕使禹平水土別九州冀州厥土白壤無塊曰壤
厥田惟中中田第五厥賦上上錯賦第一錯謂雜出第二之賦兗州厥土黑墳
色黑而墳起厥田惟中下第六厥賦貞貞正也州第九賦正與九相當作十有三載乃
同治水十三年乃有賦法與他州同青州厥土白墳厥田惟上下第三厥賦中上
第四徐州厥土赤埴墳土黏曰埴厥田惟上中第二厥賦中中第五揚州厥
土惟塗泥地泉濕厥田惟下下第九厥賦下上上錯第七出第六雜荊州厥
土惟塗泥厥田惟下中第八厥賦上下第三豫州厥土惟壤下土墳
壚高者壤下者壚壚疏也厥田惟中上第四厥賦錯上中第二雜出第一梁州厥土
青黎色青黑沃壤也厥田惟下上第七厥賦下中三錯第八雜出第七第九三等雍州
厥土黃壤厥田上上第一厥賦中下第六九州之地定墾者九百一

文獻通考三百四十八卷　明嘉靖馮天馭刻萬曆　崇禎遞修本

五代會要卷之一

推忠協謀佐理功臣光禄大夫守司空兼門下侍郎同中書門下平章事脩國史上柱國太原郡開國公食邑一千户食實封四百户臣王溥纂

帝號　雜録　追謚皇帝　皇后

雜録　内職　出宫人

帝號

梁太祖神武元聖孝皇帝姓朱氏諱晃追册文穆皇帝第三子母曰文惠皇后　氏唐太宗六年十月二十一日生於單州碭山縣以其日為大明節天復元年正月封梁王天祐二年十一月加相國總百揆改封魏

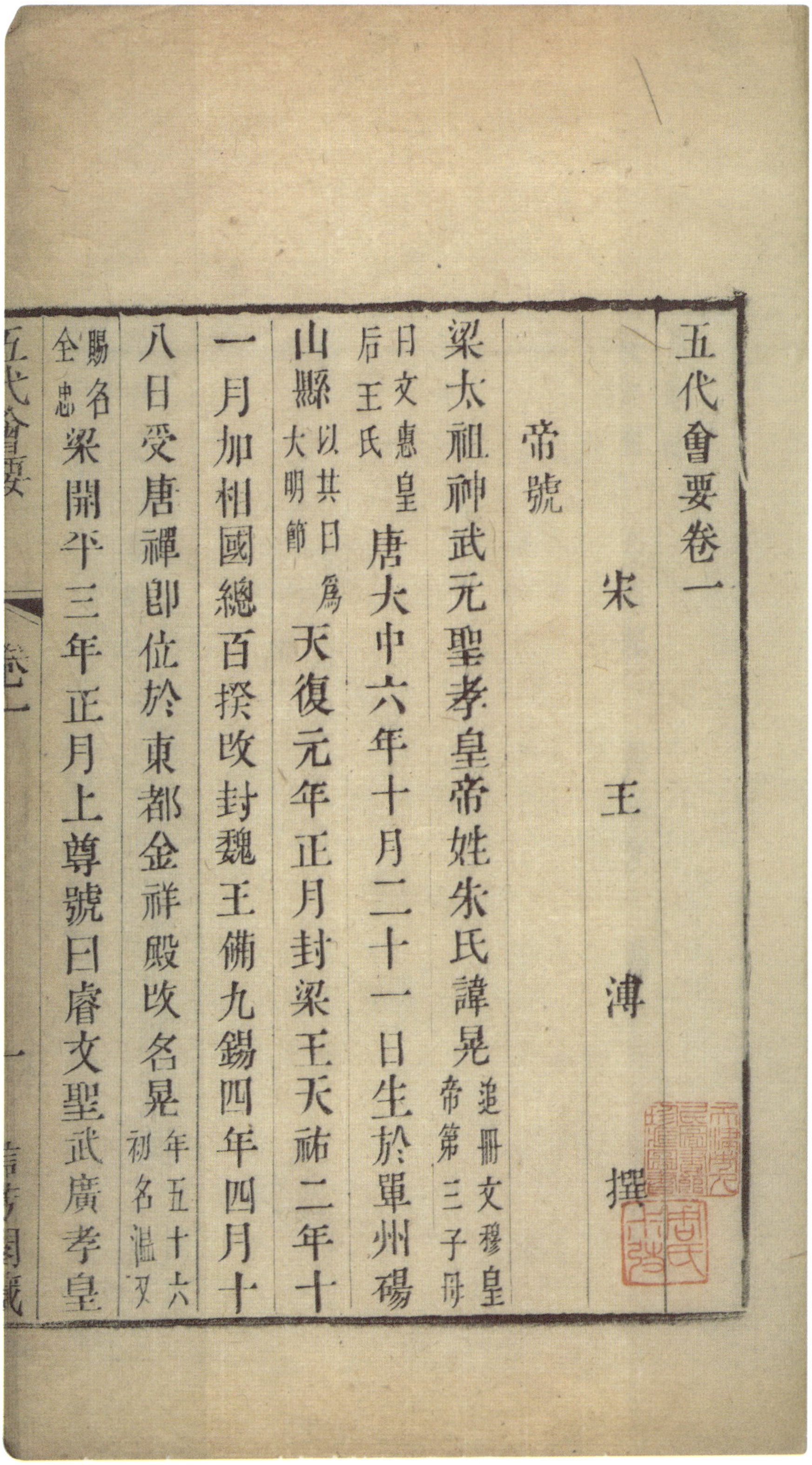

五代會要卷一

宋 王溥 撰

帝號

梁太祖神武元聖孝皇帝姓朱氏諱晃追冊文穆皇帝第三子母日文惠皇后王氏唐大中六年十月二十一日生於單州碭山縣以其日為大明節天復元年正月封梁王天祐二年十一月加相國總百揆改封魏王備九錫四年四月十八日受唐禪即位於東都金祥殿改名晃年五十六初名溫又賜名全忠梁開平三年正月上尊號曰睿文聖武廣孝皇

五代會要 卷一 一 信芳閣藏

五代會要三十卷 清信芳閣活字印本

皇明泳化類編一百三十六卷

明隆慶刻萬曆遞修本

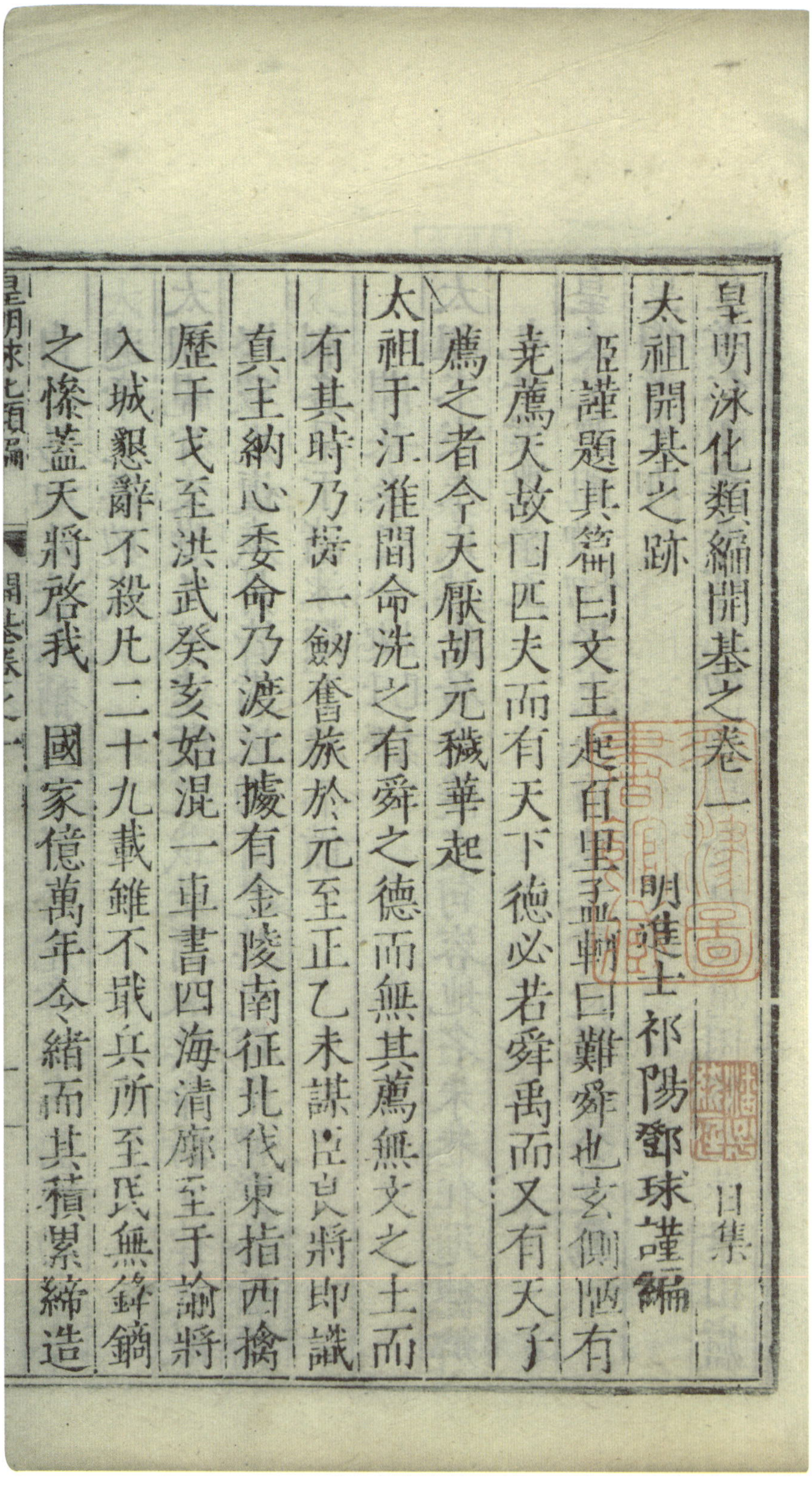

皇明泳化類編開基之卷一　　日集

太祖開基之跡　　明進士祁陽鄧球謹編

臣謹題其篇曰文王起百里孟軻曰難舜也玄側陋有

堯薦天故曰匹夫而有天下德必若舜禹而又有天子

薦之者今天厭胡元穢華起

太祖于江淮間命洗之有舜之德而無其薦無文之土而

有其時乃挈一劍奮旅於元至正乙未謀臣良將畢識

真主納心委命乃渡江據有金陵南征北伐東指西擒

歷干戈至洪武癸亥始混一車書四海清廓至于論將

入城懇辭不殺凡二十九載雖不戢兵所至民無鋒鏑

之慘蓋天將啓我　國家億萬年令緒而其積累締造

皇明泳化類編　開基卷之一

定一級

一吏部考功清吏司朝
覲事宜
正月初柒日通行在外大小衙門禁約詐偽
叁月初貳日咨都察院取各處巡撫巡按賢否帖揭帖
捌月拾貳日稟堂付文選司取官陸拾員驗封取吏柒名
查抄天下官員脚色
拾月初叁日看行都察院関領紙劄題稿當日進本
壹用小簿預差官文選司抄天下官脚色除授年月
壹預先裝釘拾叁布政南北直隸考察簿每處柒扇用

明六部纂修條例不分卷　明鈔本

鹽政志十卷　明嘉靖刻本

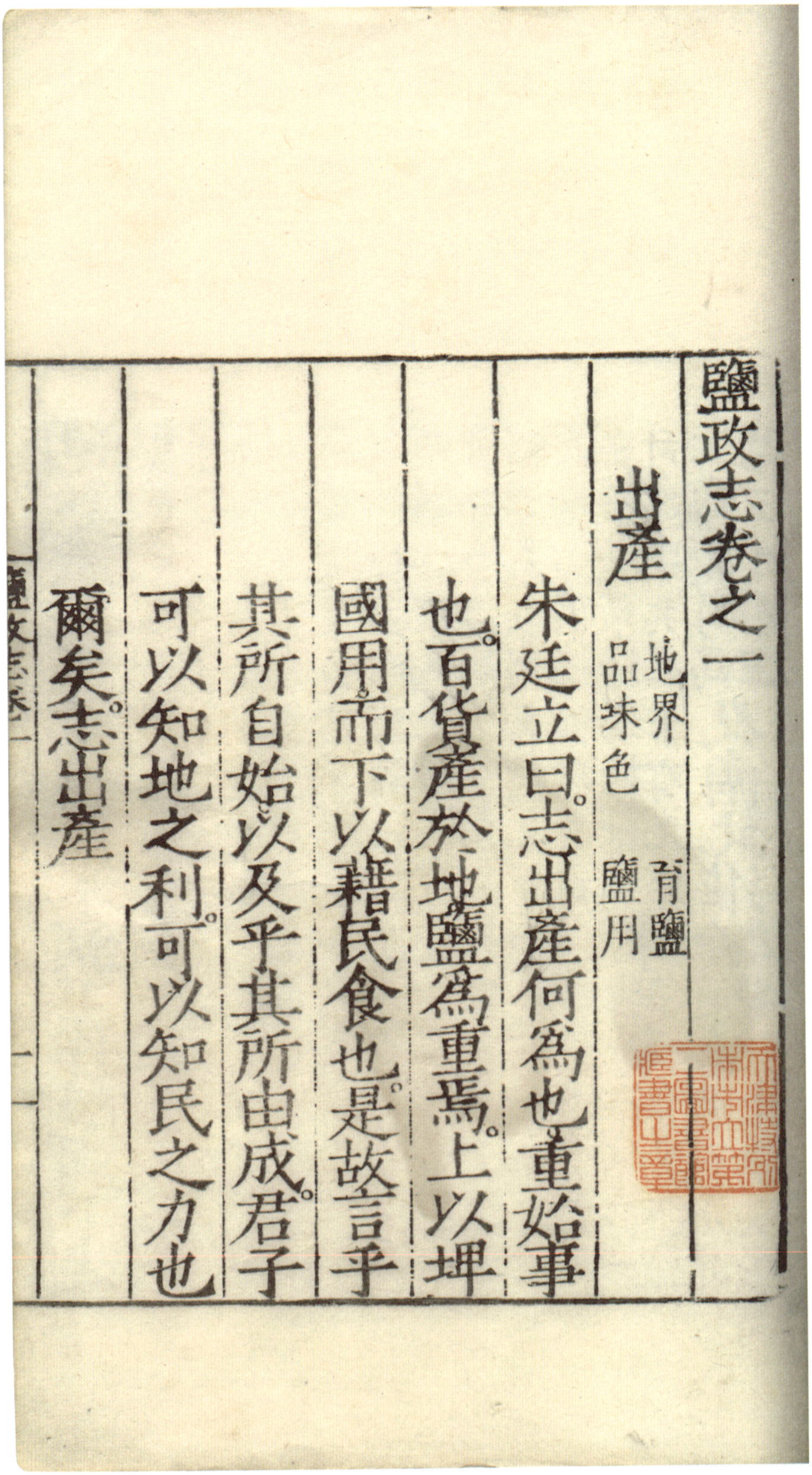

鹽政志卷之一

出產　地界　育鹽
品味色　鹽用

朱廷立曰。志出產何爲也。重始事也。百貨產於地。鹽爲重焉。上以埤國用。而下以藉民食也。是故言乎其所自始。以及乎其所由成。君子可以知地之利。可以知民之力也爾矣。志出產

鹽政志卷一　一

定一級

軍政備例不分卷　清鈔本

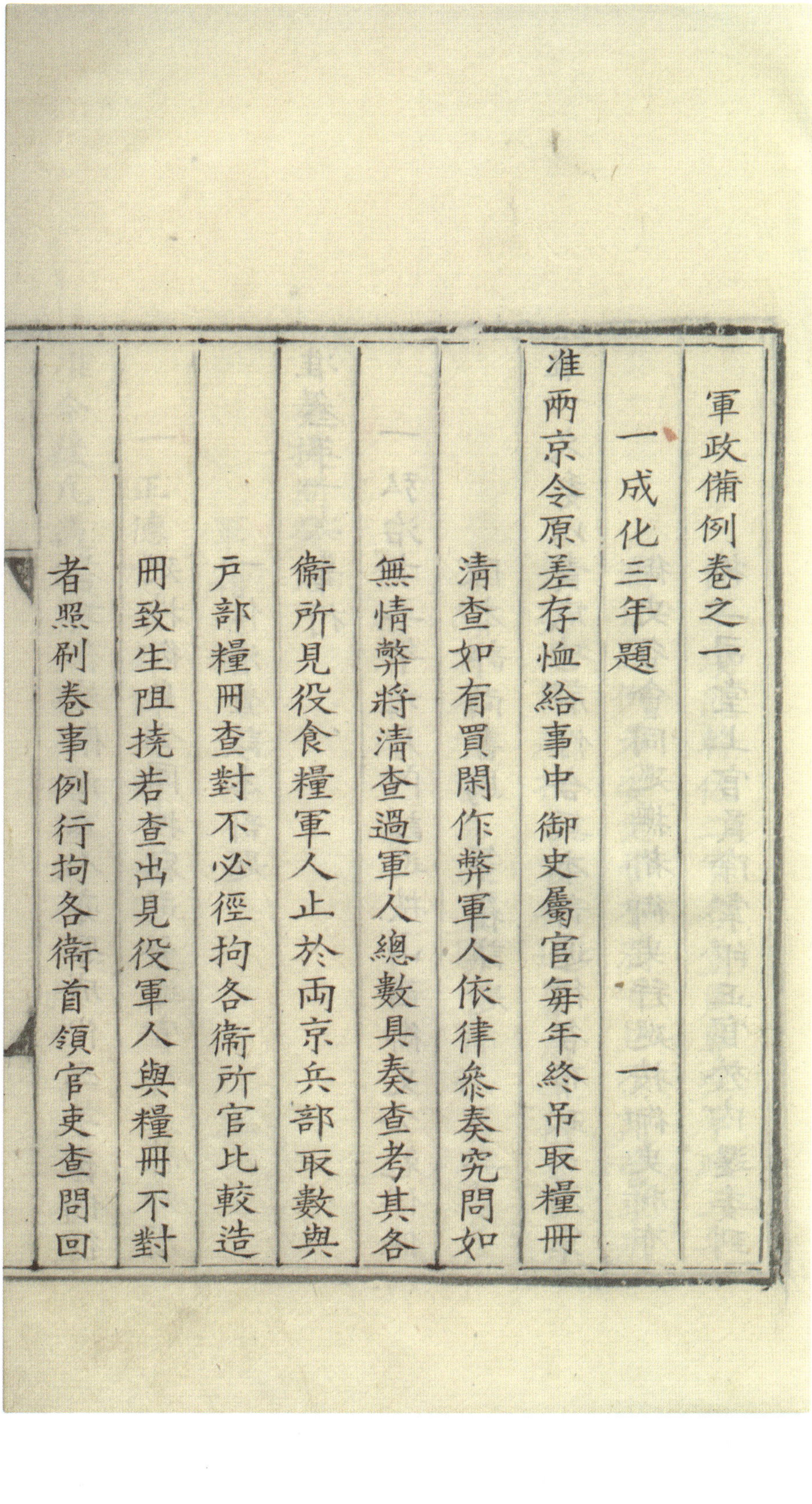
軍政備例卷之一
一成化三年題
准兩京令原差存恤給事中御史屬官每年終吊取糧冊
清查如有買閑作弊軍人依律參奏究問如
無情弊將清查過軍人總數具奏查考其各
衛所見役食糧軍人止於兩京兵部取數與
戶部糧冊查對不必徑拘各衛所官比較造
冊致生阻撓若查出見役軍人與糧冊不對
者照刷卷事例行拘各衛首領官吏查問回

火戲略五卷　清稿本

火戲畧卷一

錢唐趙學敏恕軒述

總義

提硝論

硝産鹵地河北慶陽諸縣及蜀中尤多秋冬間遍地生白掃取煎煉而成崔昉外丹本艸謂之陰石狐剛子伏汞圖名為北帝元珠蓋太陰之精遇火即升乃陰極陽生秉離為性能消汞五金化七十二石為水

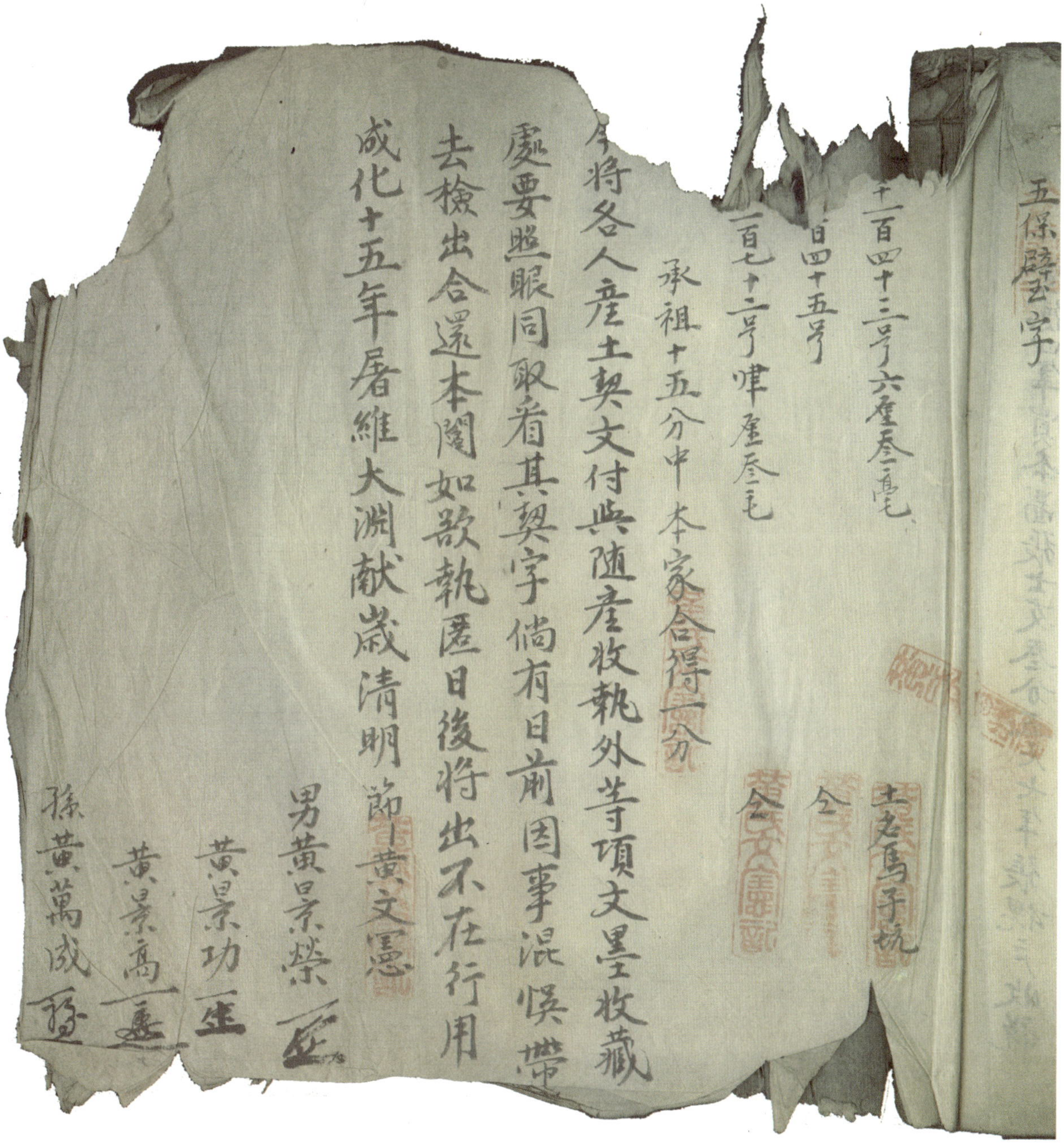

十一百四十三号六厘叁毫
百四十五号
一百七十二号肆厘叁毛
承祖十五分中本家合得一分
今将各人產土契文付與隨產收執外等項文墨收藏
處要照眼同取看其契字倘有日前因事混悞帶
去檢出合還本閣如欲執匿日後将出不在行用
成化十五年屠維大淵獻歲清明節 黄文憲

土老馬子坑
仝
仝

男黄景榮
黄景功
黄景高
孫黄萬成

黃文憲分家書不分卷　明成化鈔本

太平天國田憑糧串　寫本

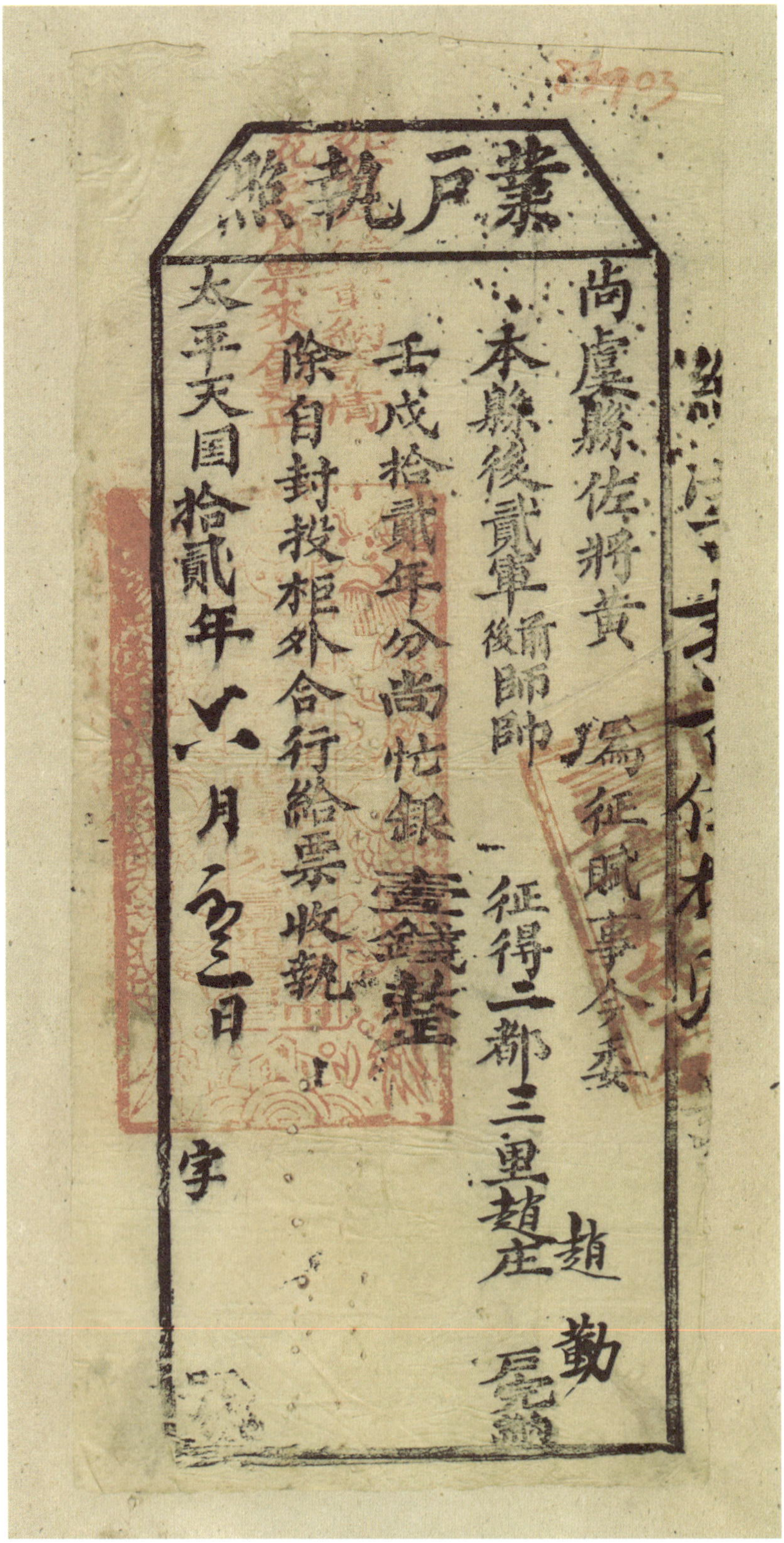
業戶執照
尚虞縣佐將黃　為征賦事今委
本縣後貳軍前師帥後師帥　征得二都三里趙庄　趙　勤
壬戌拾貳年分尚忙銀壹錢叁
除自封投柜外合行給票收執
太平天國拾貳年六月二日
字

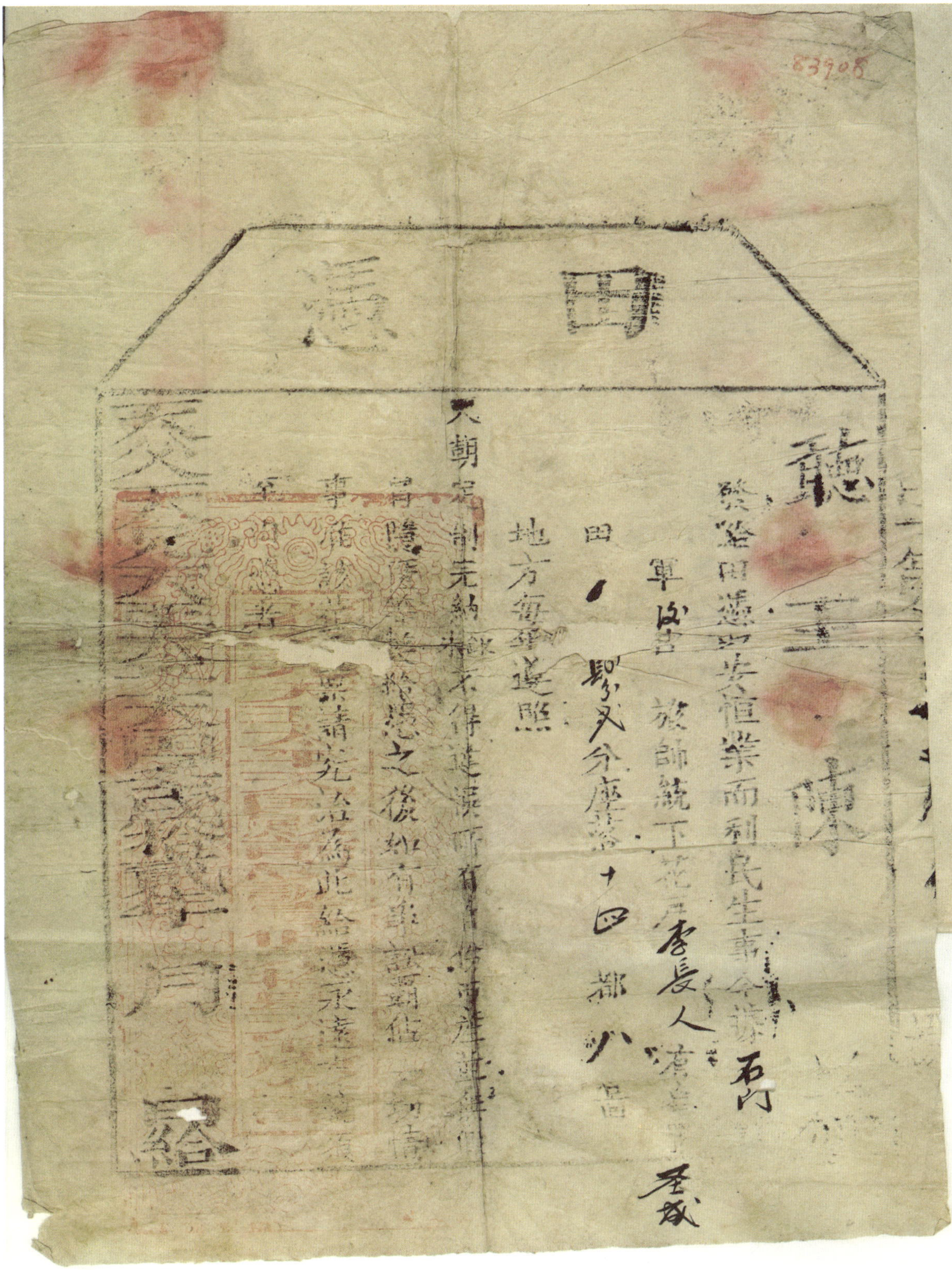

太平天國田憑糧串　寫本

太平天國田憑糧串 寫本

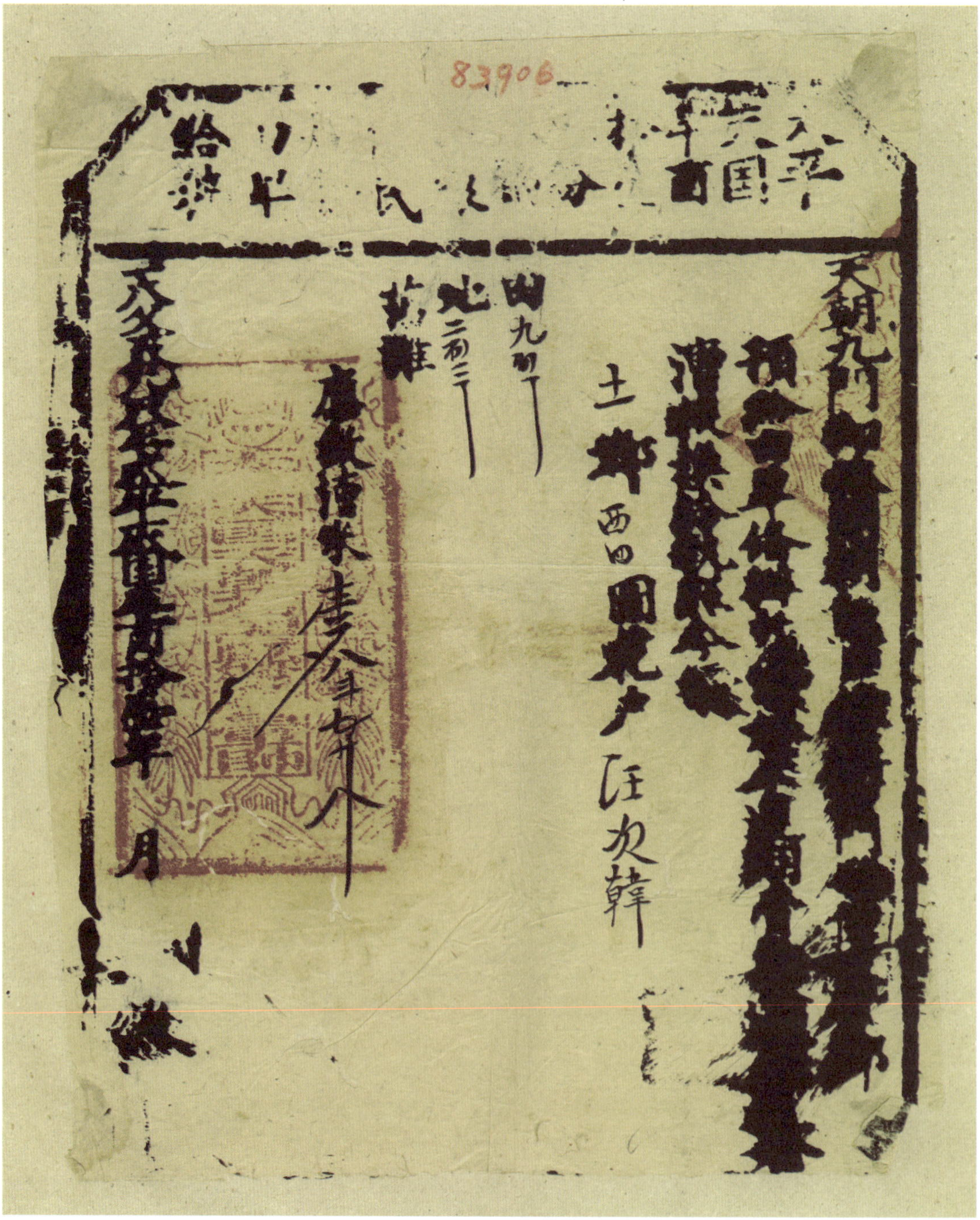

定一級

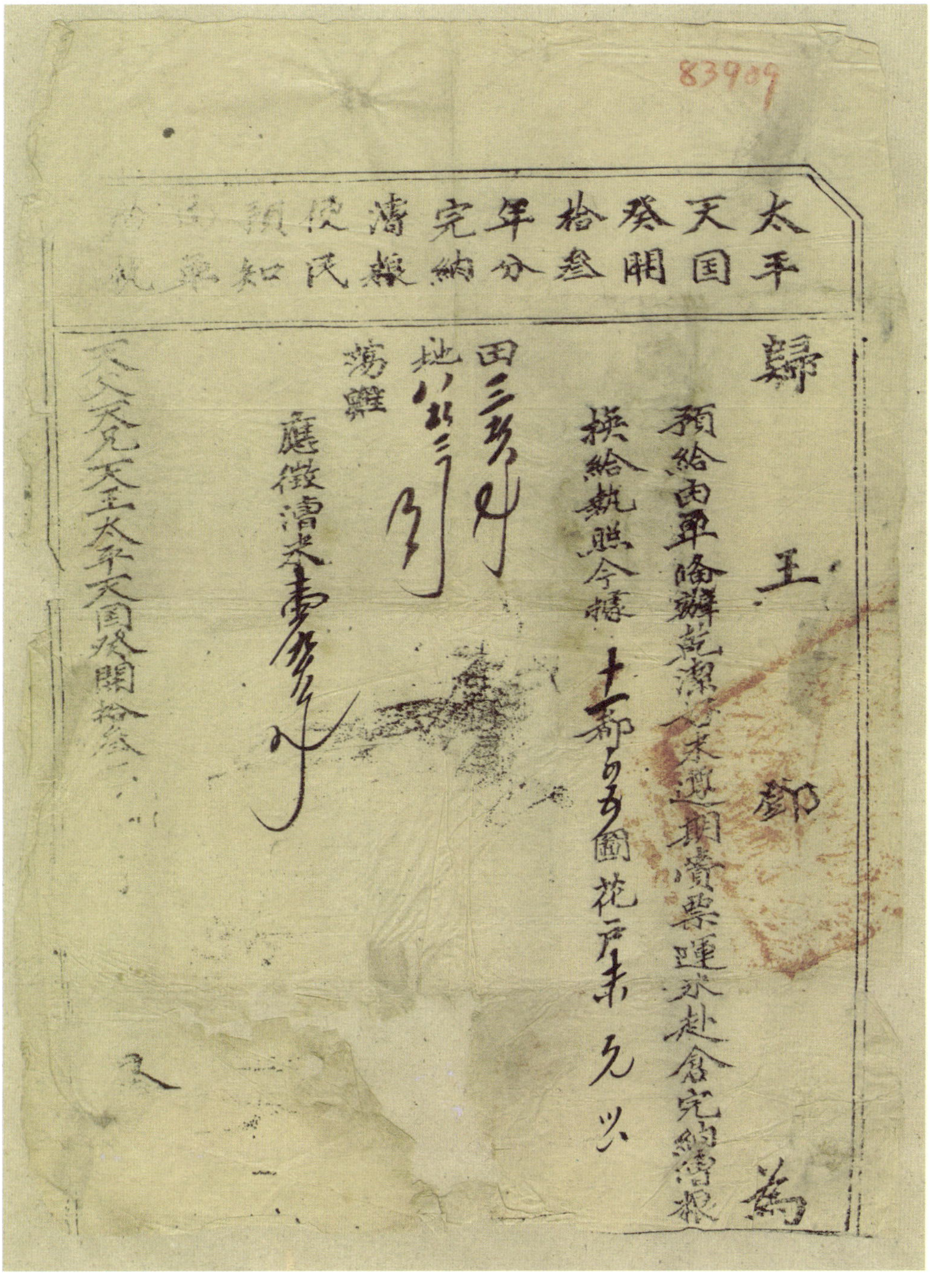

太平天国癸開拾叁年分完納漕粮便民預知由單給照

歸王鄧　為
預給由單諭辦乾潔米遵照漕票匯赴倉完納漕粮
換給執照今據十一都五圖花戶朱允兴
田三畝
地八分
蕩
雜
應徵漕米
天父天兄天王太平天国癸開拾叁年

太平天國田憑糧串　寫本

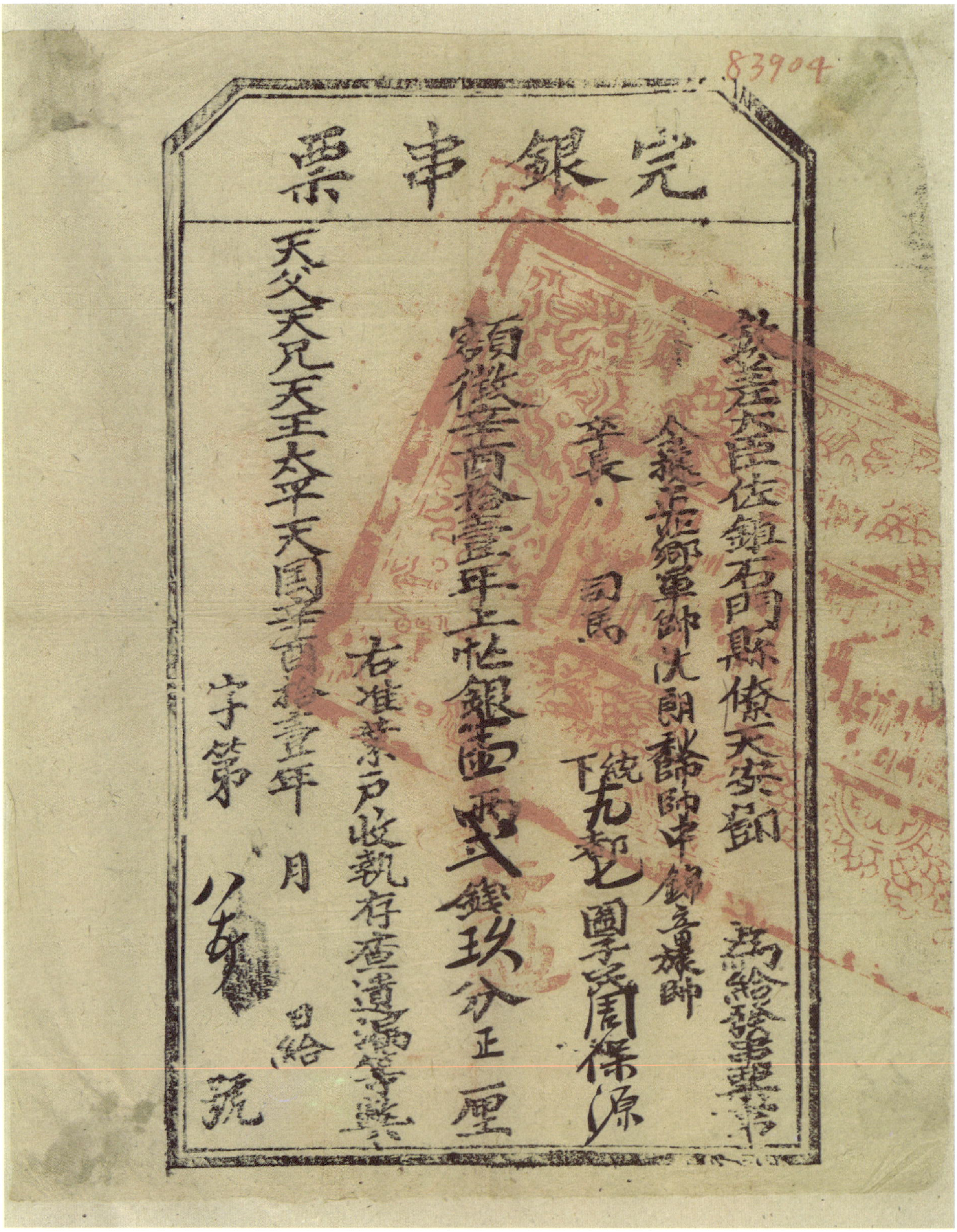

完銀串票

殿左大臣佐鎮石門縣僚天安鄧　為給發串票事

今據平在鄉軍帥沈朗齡師帥申錦盧音晨旅帥

卒長·　司馬　統下九都七圖業戶周保源

額徵辛酉拾壹年上忙銀壹兩貳錢玖分正　厘

右准業戶收執存查遺漏等弊

天父天兄天王太平天国辛酉拾壹年　月　日給

字第　號

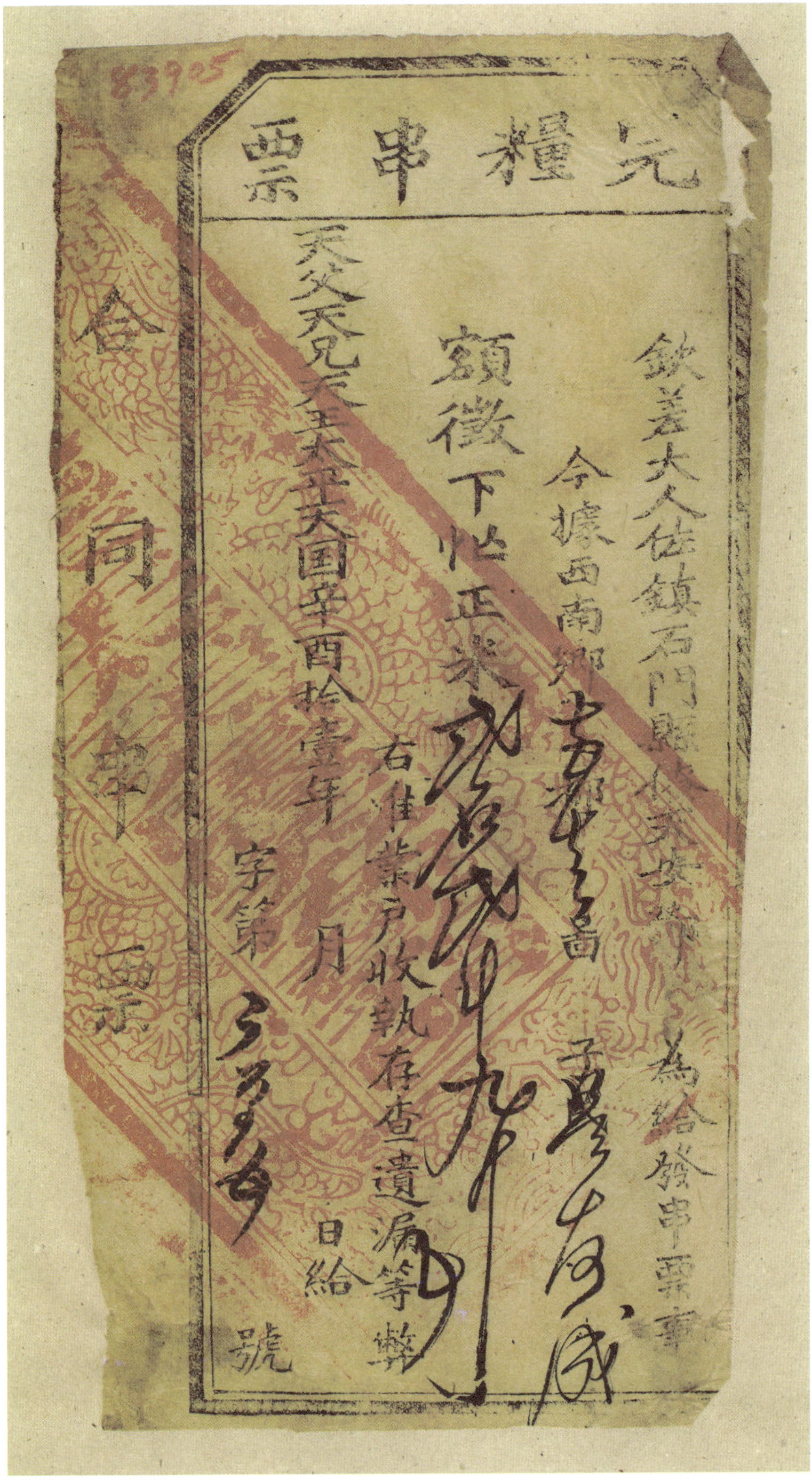

太平天國田憑糧串　寫本

太平天國田憑糧串　寫本

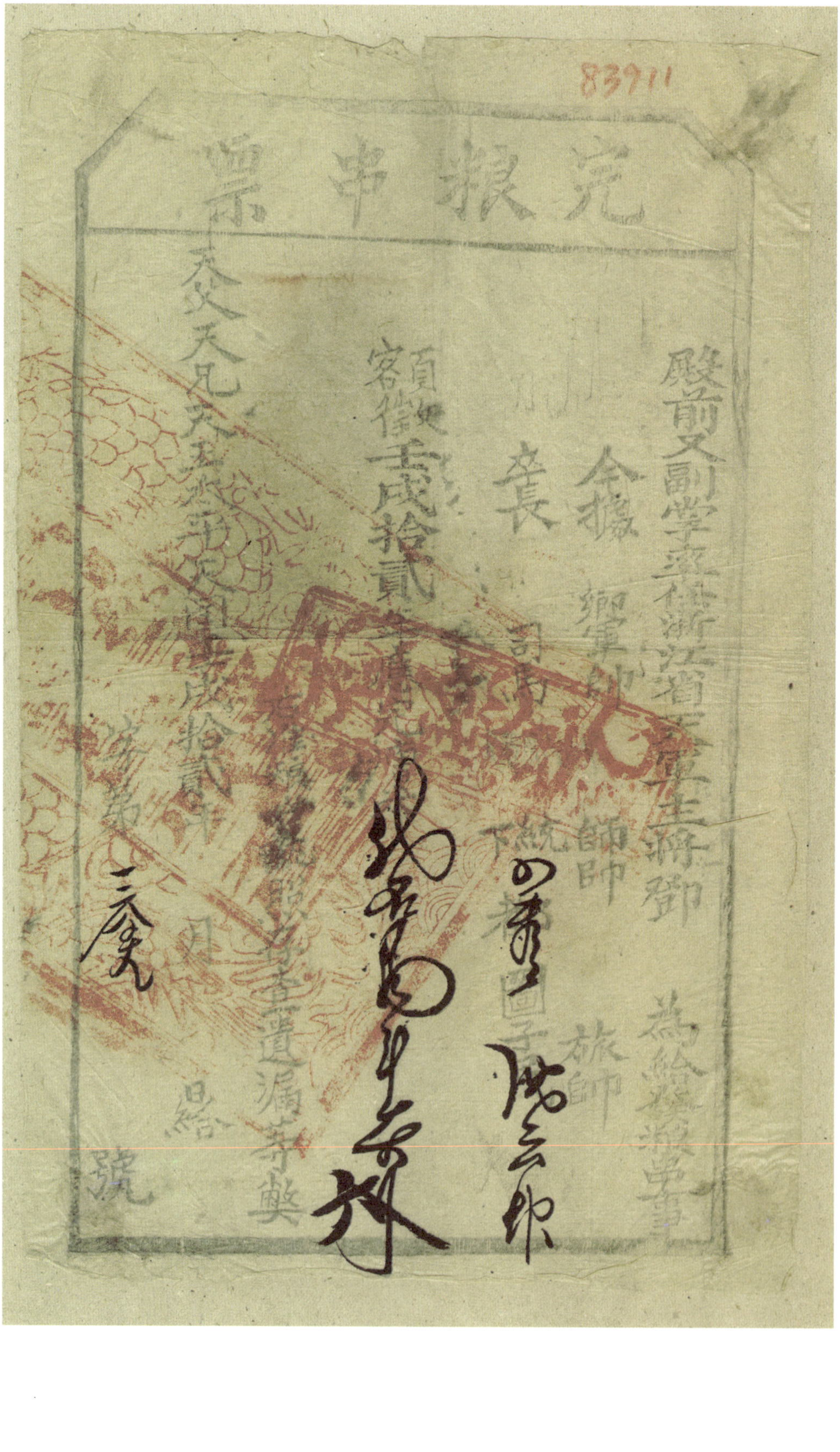
83911

完粮串票

殿前又副掌率佃浙江省天軍主將鄧　爲給發粮串事

今據　鄉軍帥　師帥　旅帥

卒長　司馬　統下

額徵壬戌拾貳年

遺漏等弊

天父天兄天王太平天國壬戌拾貳年　月　日給

字第　號

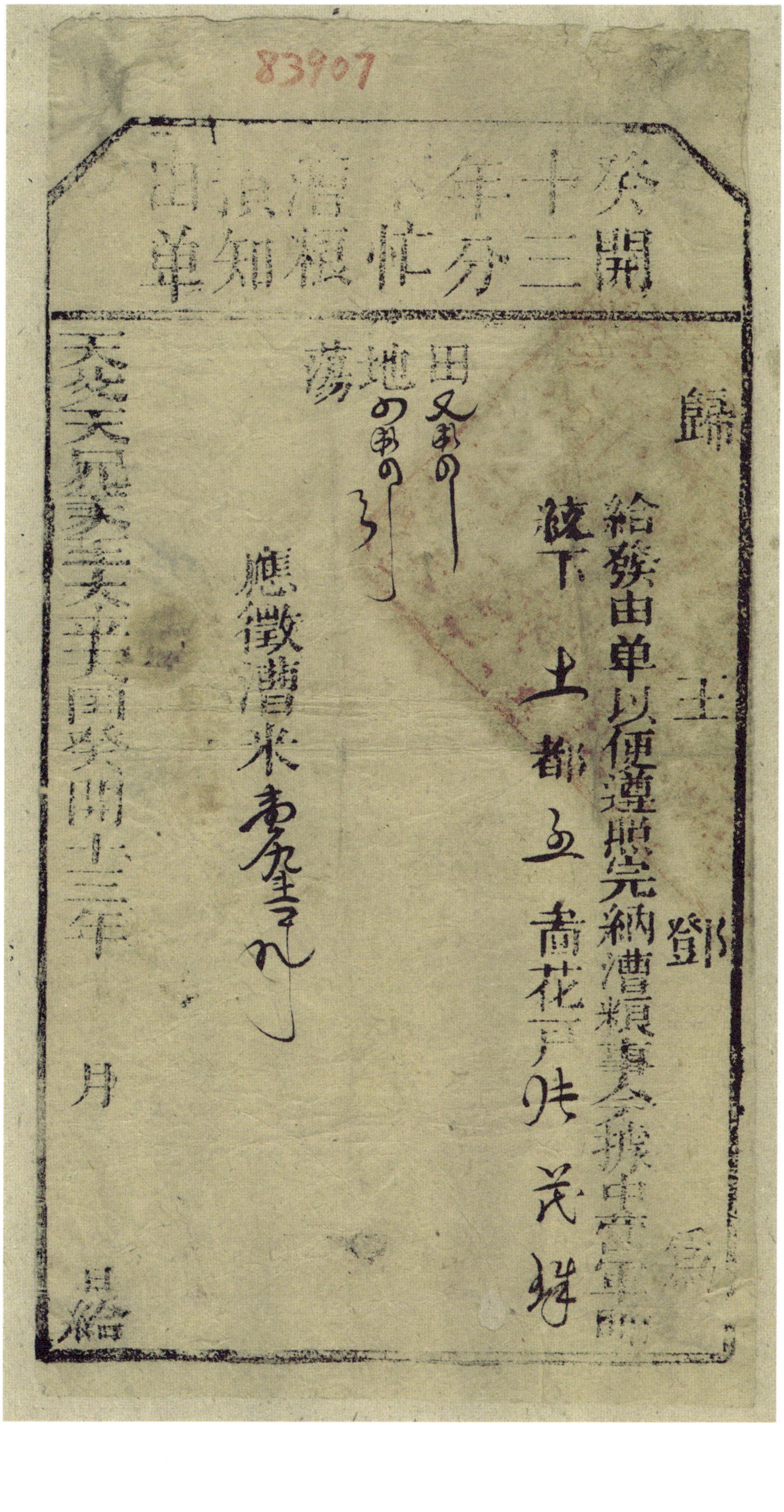
83907

歸王鄧

給發由单以便遵照完納漕糧事今據

天父天兄天王太平天國癸開十三年　月　日給

太平天國田憑糧串　寫本

欽定四庫全書簡明目録二十卷　清紀昀鈔巾箱本

欽定四庫全書簡明目録卷九

子部一

儒家類

孔子家語二十一卷

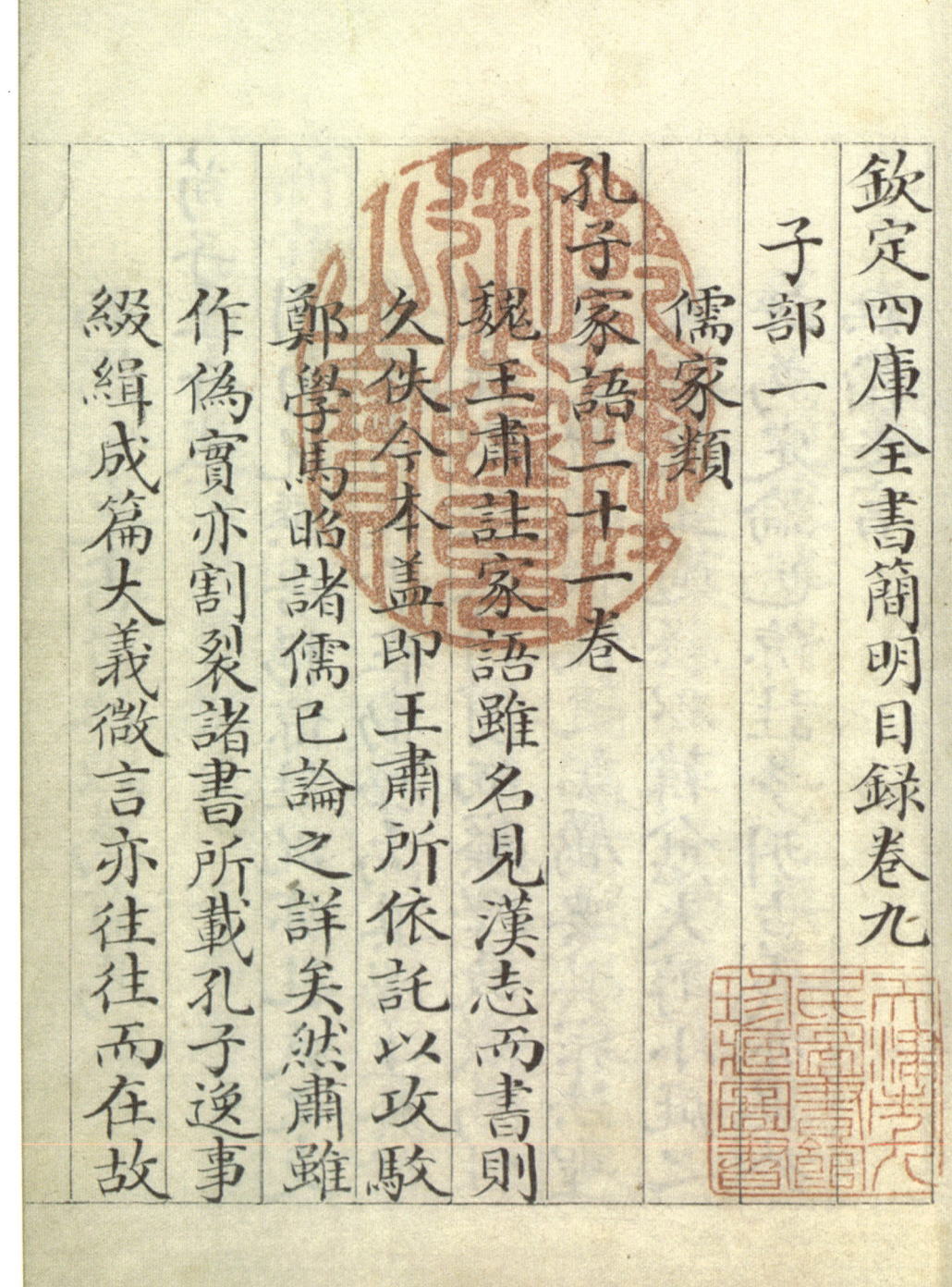

魏王肅註家語雖名見漢志而書則久佚今本蓋即王肅所依託以攻駁鄭學馬昭諸儒已論之詳矣然肅雖作僞實亦割裂諸書所載孔子逸事綴緝成篇大義微言亦往往而在故

纂修官侍講學士臣紀昀恭書

欽定四庫全書簡明目錄二十卷 清紀昀鈔巾箱本

籀史二卷　清鈔本

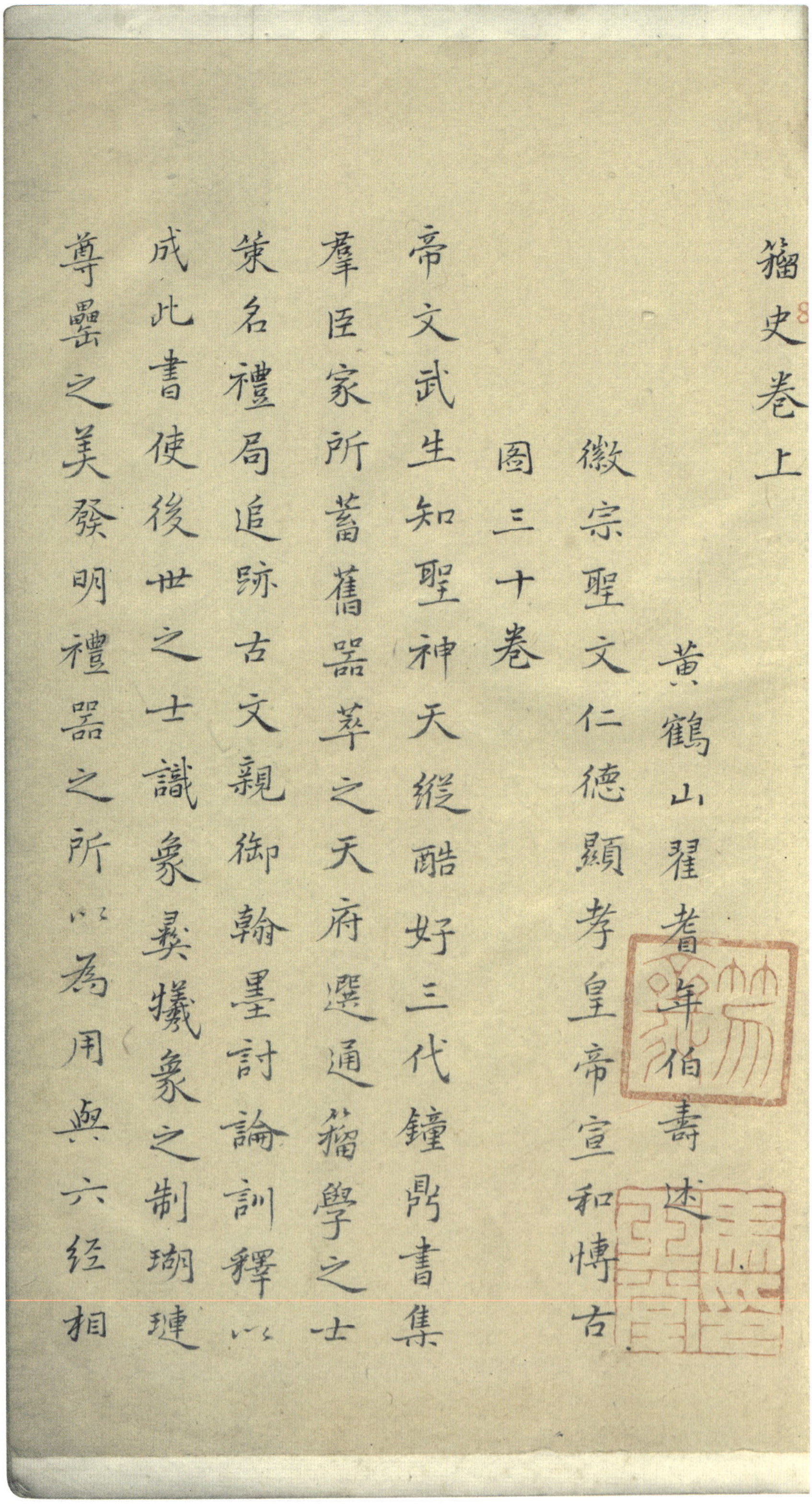
籀史卷上

黄鶴山翟耆年伯壽述

徽宗聖文仁德顯孝皇帝宣和博古

圖三十卷

帝文武生知聖神天縱酷好三代鐘鼎書集羣臣家所蓄舊器萃之天府選通籀學之士策名禮局追跡古文親御翰墨討論訓釋以成此書使後世之士識象彜犧象之制瑚璉尊罍之美發明禮器之所以爲用與六經相

至大重修宣和博古圖録三十卷　元刻本

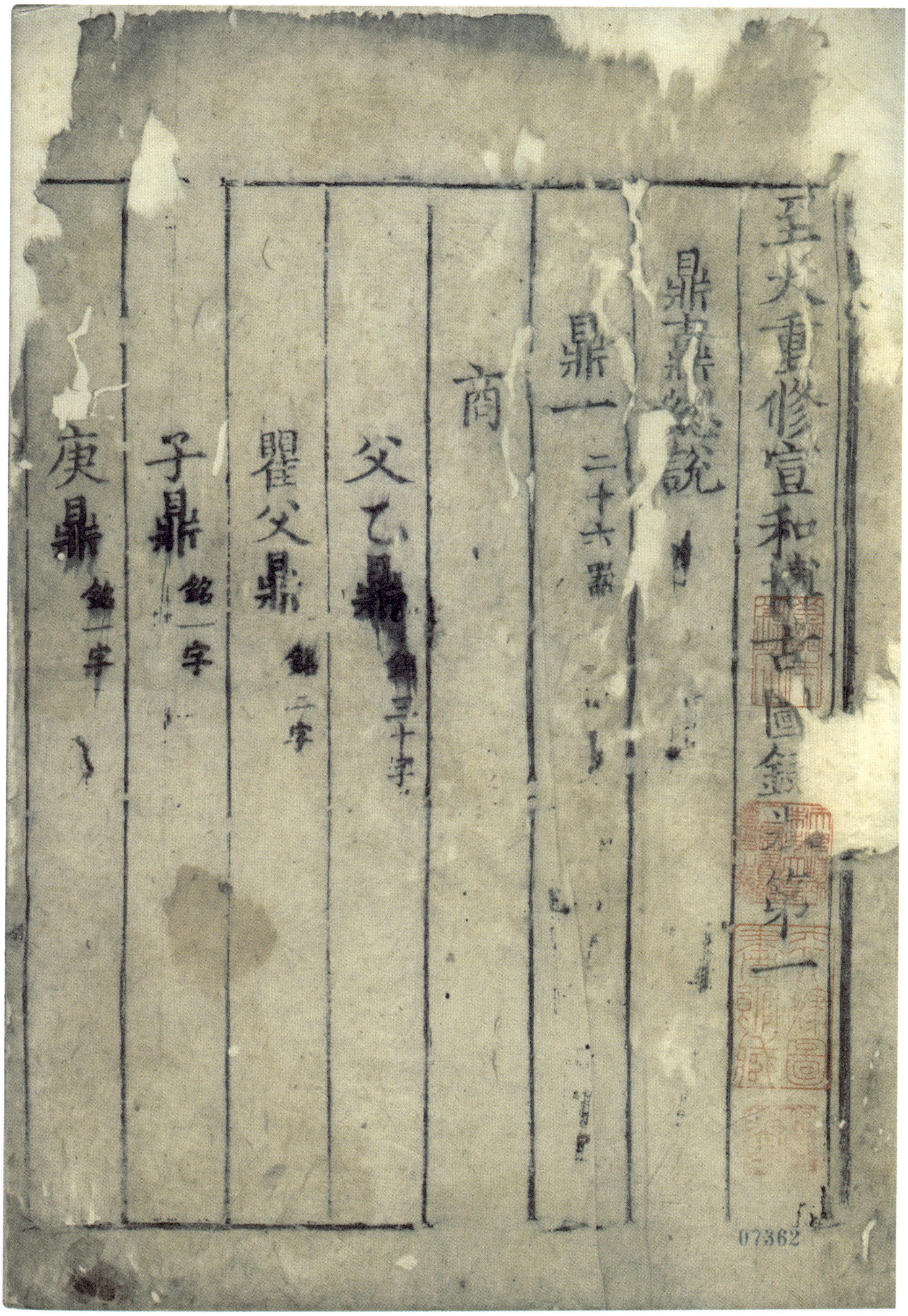
至大重修宣和博古圖録卷第一
鼎鼐總說
鼎一　二十六器
商
父乙鼎　銘三十字
瞿父鼎　銘二字
子鼎　銘一字
庚鼎　銘一字

至大重修宣和博古圖録三十卷　元刻本

商父乙鼎 依元樣製

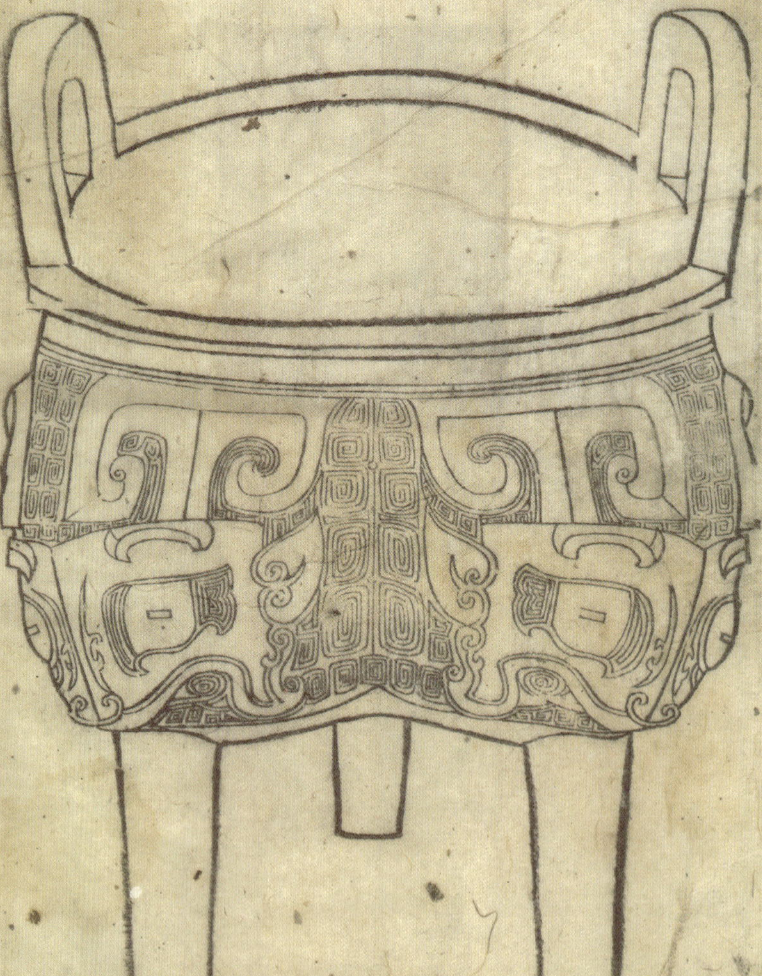

博古圖録一　七

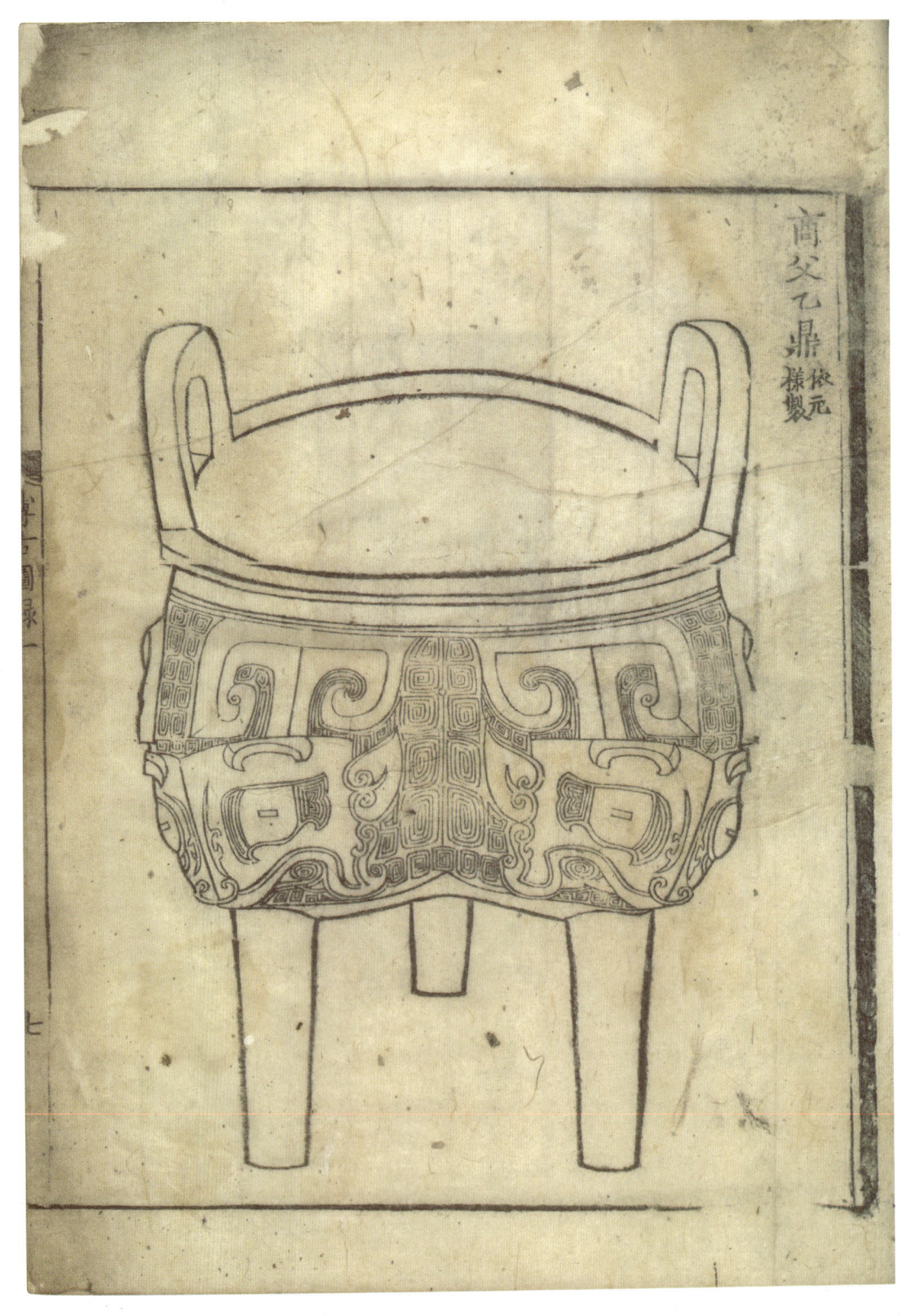

定一級

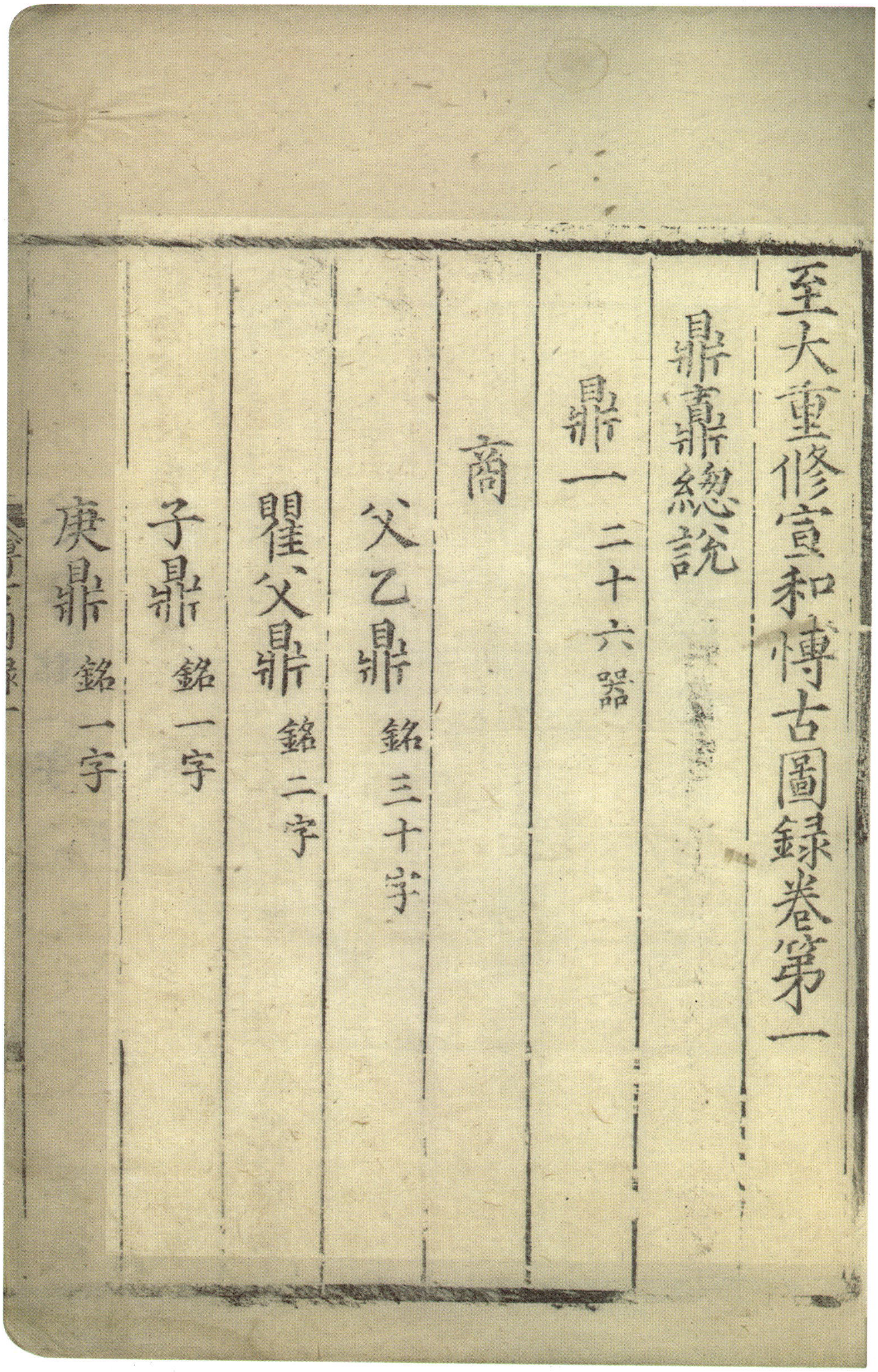
至大重修宣和博古圖録卷第一
鼎鼒總説
鼎一　二十六器
商
父乙鼎　銘三十字
瞿父鼎　銘二字
子鼎　銘一字
庚鼎　銘一字

至大重修宣和博古圖録三十卷　明嘉靖七年蔣陽刻本

泊如齋重修宣和博古圖錄三十卷　明萬曆十六年泊如齋刻本

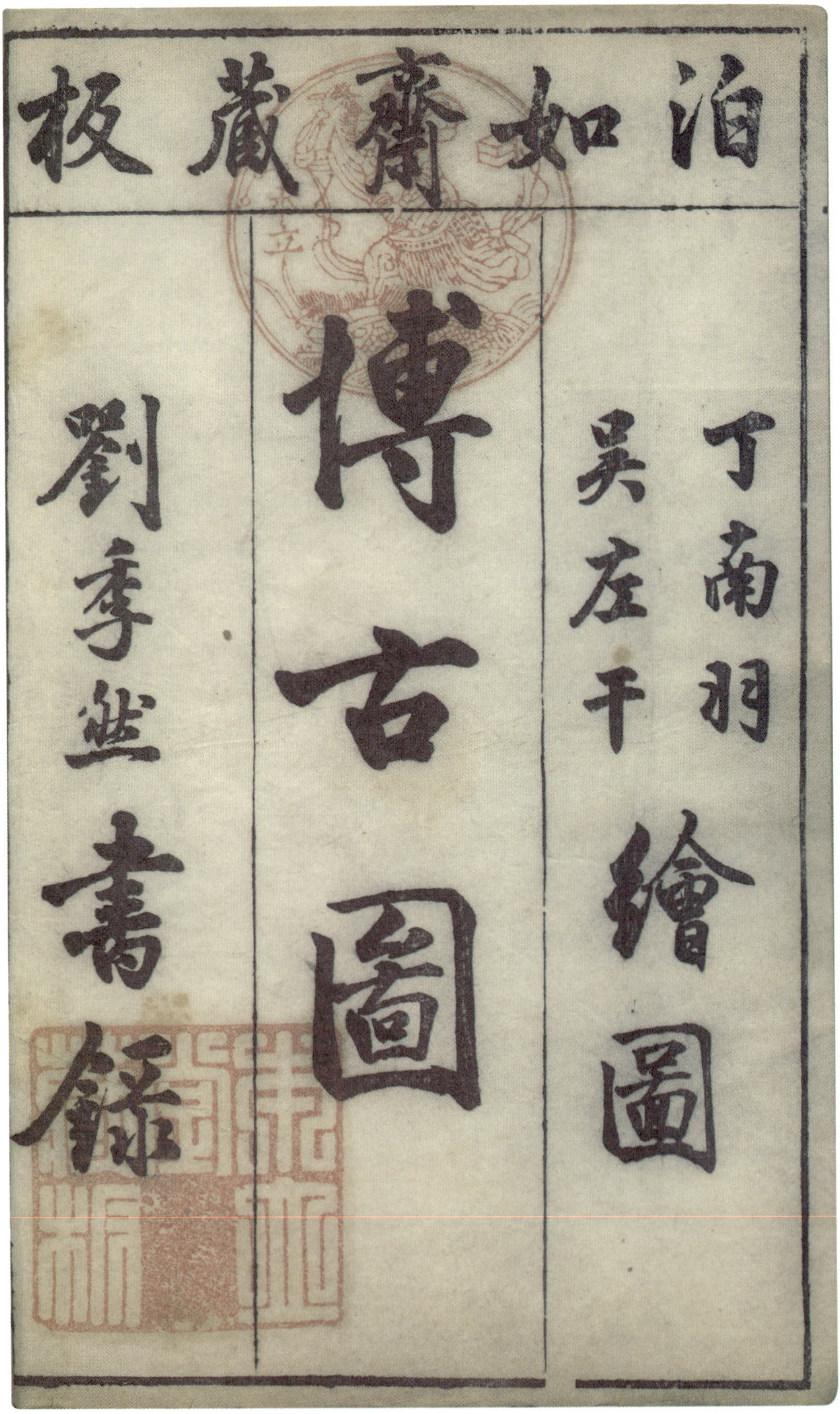
泊如齋藏板

丁南羽
吳左干
繪圖

博古圖

劉季然
書
錄

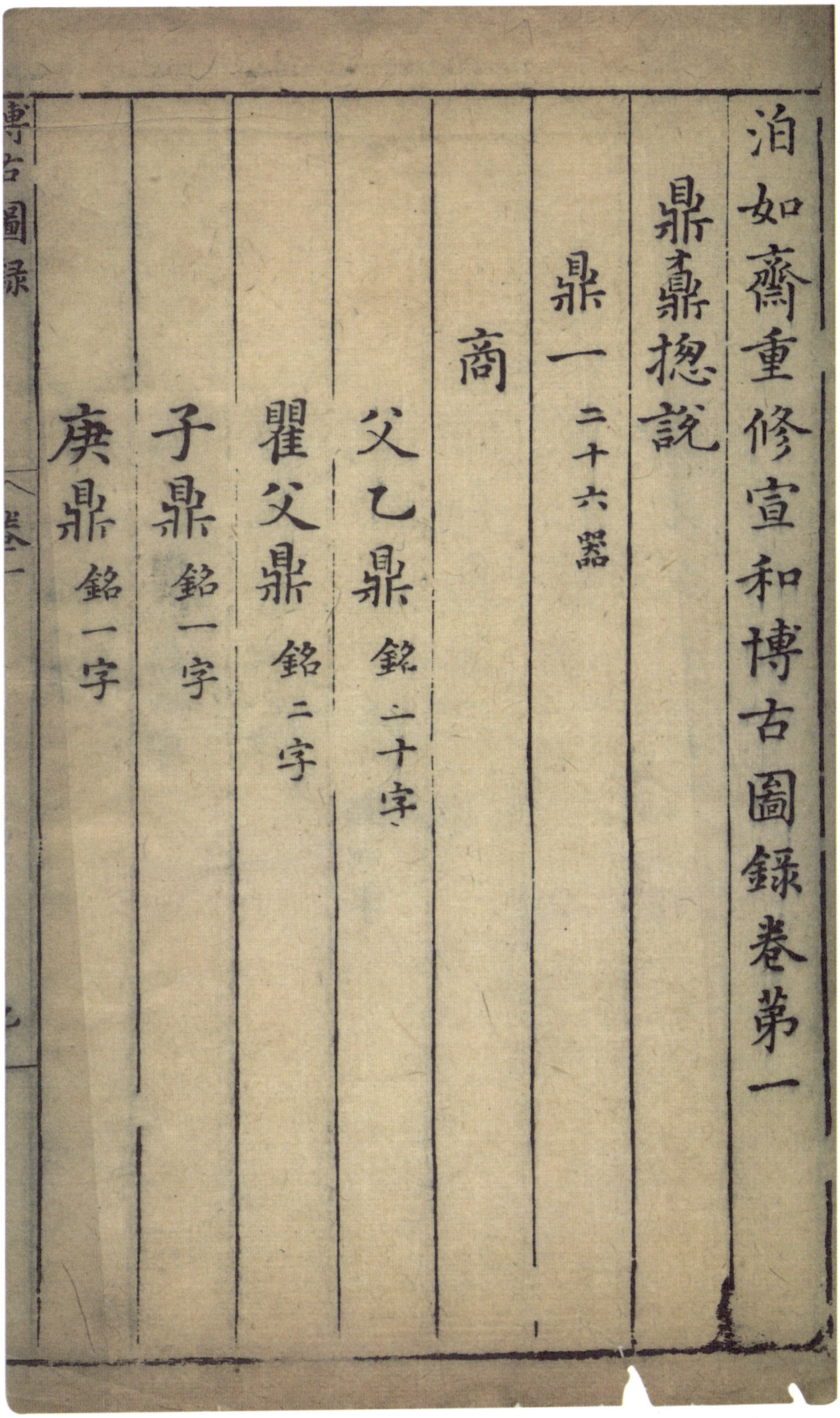
泊如齋重修宣和博古圖録卷第一
鼎鼒總説
鼎一 二十六器
商
父乙鼎 銘二十字
瞿父鼎 銘二字
子鼎 銘一字
庚鼎 銘一字

泊如齋重修宣和博古圖録三十卷 明萬曆十六年泊如齋刻本

集古印藪六卷　明萬曆三年顧氏芸閣刻紅印本

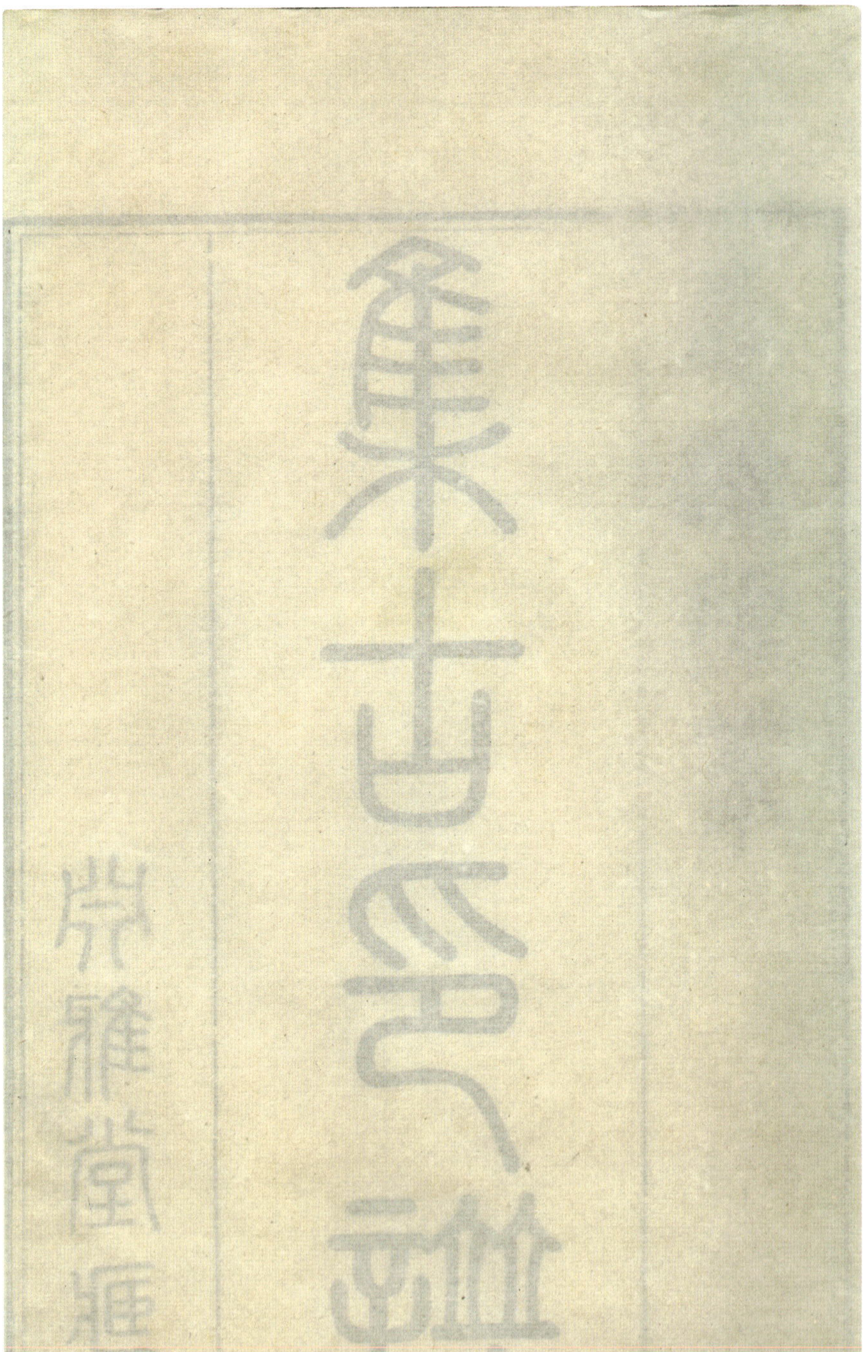

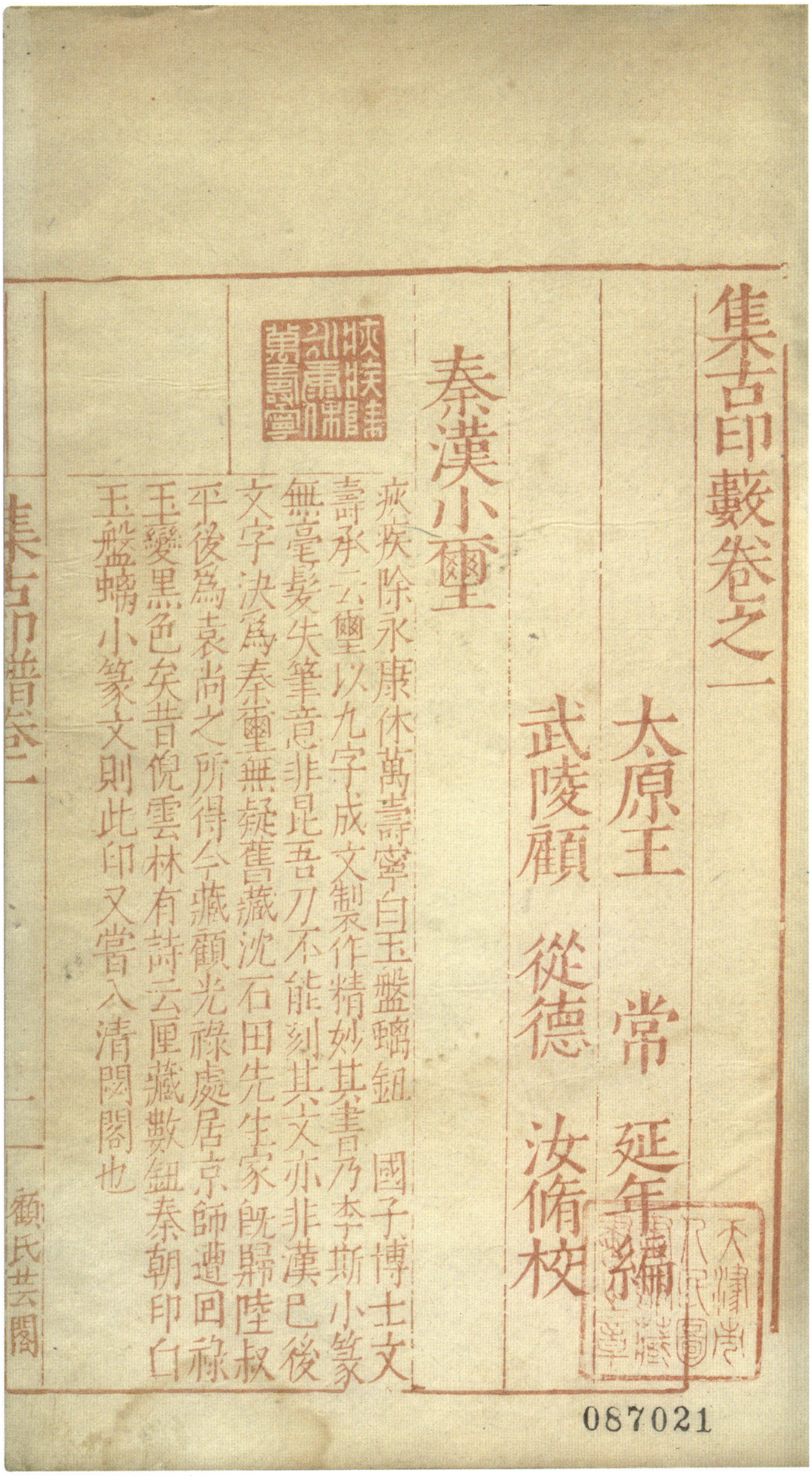
集古印藪卷之一

太原王常延年編

武陵顧從德汝脩校

秦漢小璽

疢疾除永康休萬壽寧白玉盤螭鈕　國子博士文壽承云璽以九字成文製作精妙其書乃李斯小篆無毫髮失筆意非昆吾刀不能刻其文亦非漢巳後文字決爲秦璽無疑舊藏沈石田先生家既歸陸叔平後爲袁尚之所得今藏顧光祿處居京師遺回祿玉變黑色矣昔倪雲林有詩云匣藏數鈕秦朝印白玉盤螭小篆文則此印又嘗入清閟閣也

集古印譜卷之一　一　顧氏芸閣

087021

集古印藪六卷　明萬曆三年顧氏芸閣刻紅印本

秦漢印統八卷　明萬曆三十四年吳氏樹滋堂刻紅印本

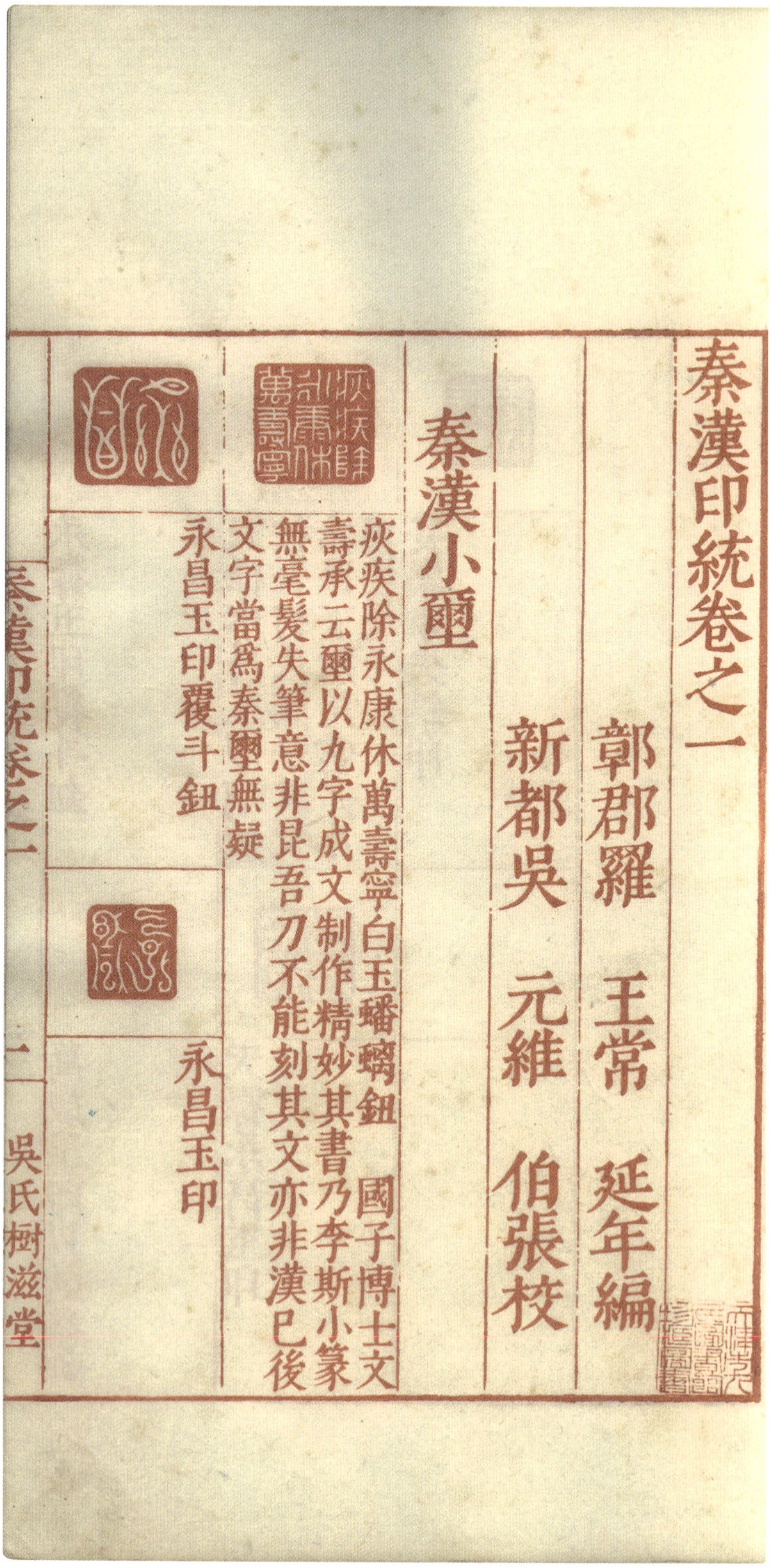

秦漢印統卷之一

鄞郡羅王常延年編

新都吳元維伯張校

秦漢小璽

疢疾除永康休萬壽寧白玉螭鈕　國子博士文壽承云璽以九字成文制作精妙其書乃李斯小篆無毫髮失筆意非昆吾刀不能刻其文亦非漢巳後文字當爲秦璽無疑

永昌玉印覆斗鈕

永昌玉印

秦漢印統卷之一　一　吳氏樹滋堂

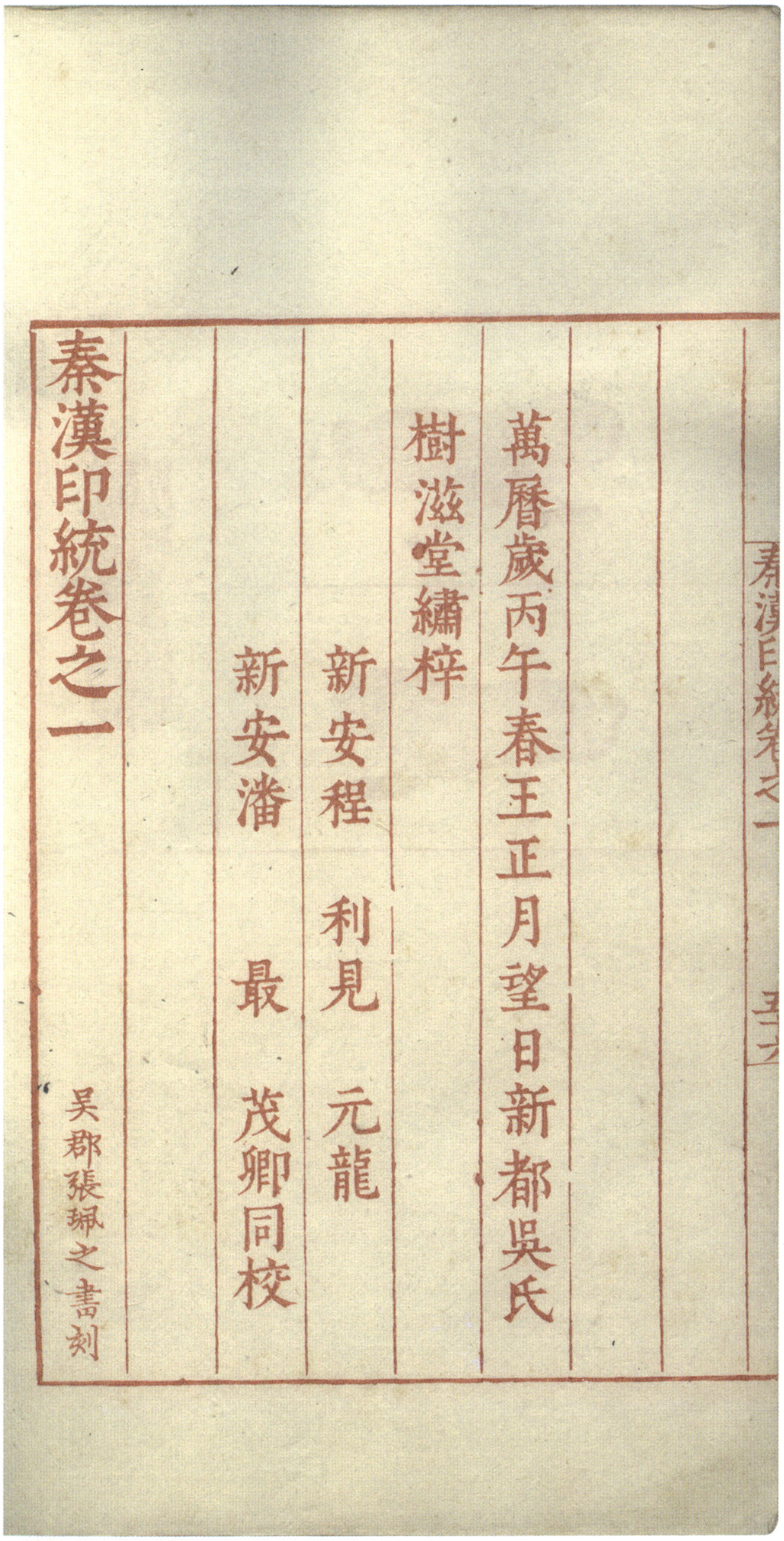
萬曆歲丙午春王正月望日新都吳氏
樹滋堂繡梓
新安程　利見　元龍
新安潘　最　茂卿同校
秦漢印統卷之一
吳郡張琊之書刻

秦漢印統八卷　明萬曆三十四年吳氏樹滋堂刻紅印本

印選五卷　明萬曆刻藍印本

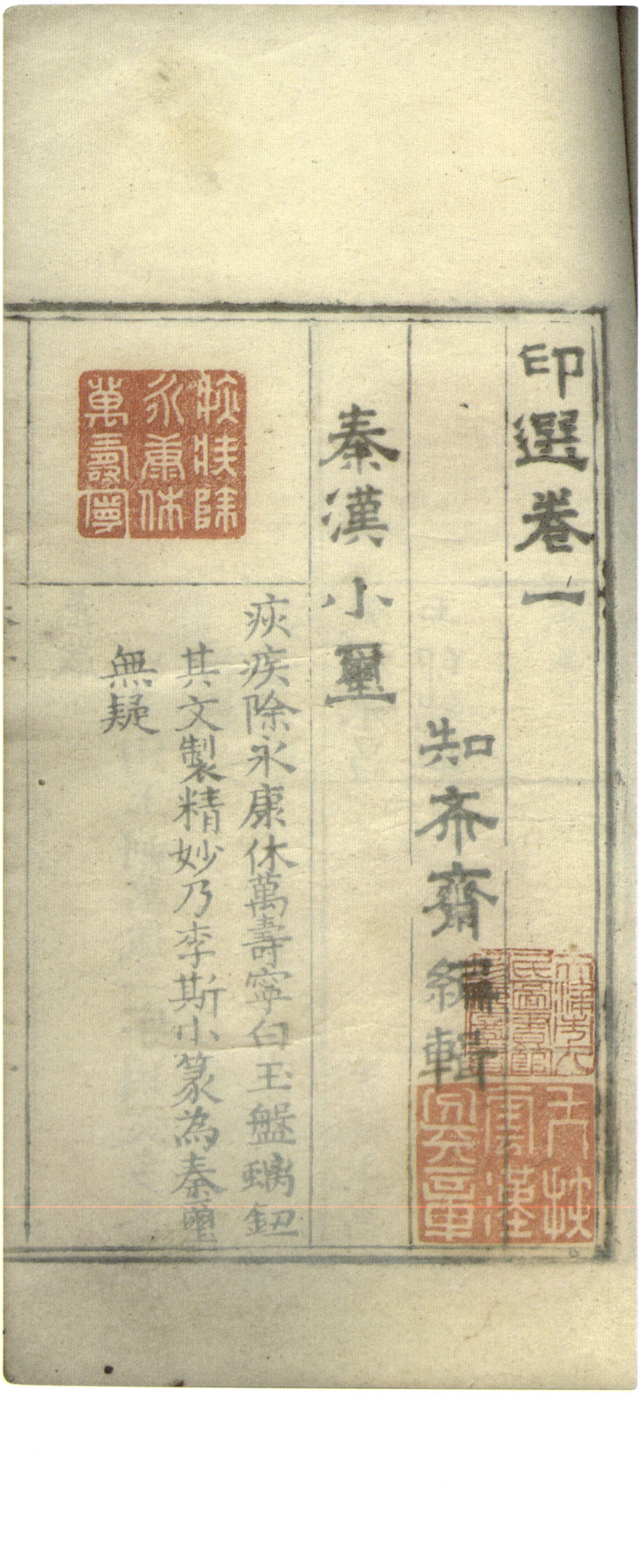

印選卷一
秦漢小璽
疢疾除永康休萬壽寧白玉盤璃鈕
其文製精妙乃李斯小篆為秦璽
無疑

小學史斷四卷　明嘉靖刻本

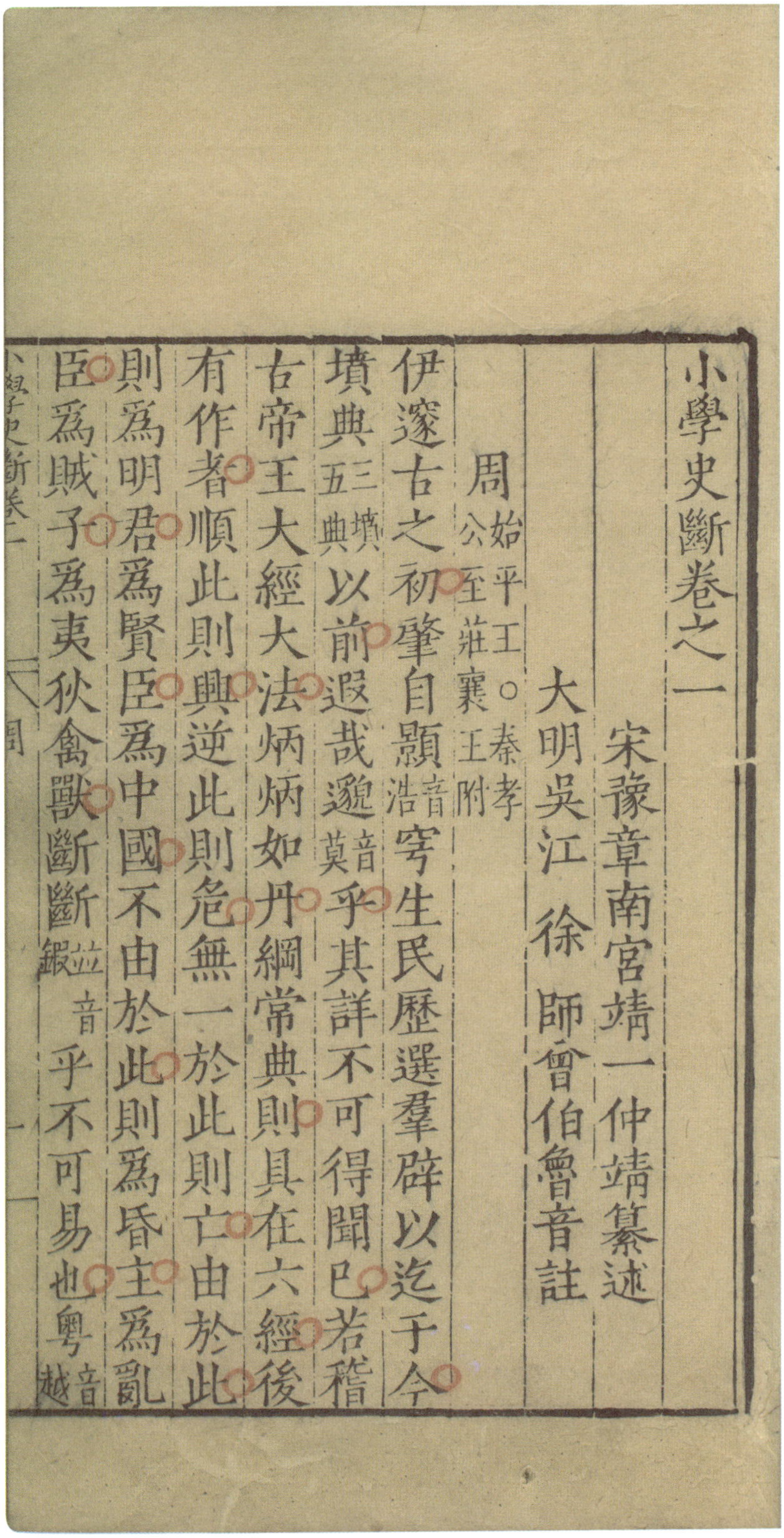

小學史斷卷之一

宋豫章南宫靖一仲靖纂述

大明吴江　徐　師曾伯魯音註

周　始平王○秦孝公至莊襄王附

伊邃古之初肇自顥(音浩)穹生民歷選羣辟以迄于今墳典(三墳五典)以前遐哉邈(音莫)乎其詳不可得聞已若稽古帝王大經大法炳炳如丹綱常典則具在六經後有作者順此則興逆此則危無一於此則亡由於此則爲明君爲賢臣爲中國不由於此則爲昏主爲亂臣爲賊子爲夷狄禽獸斷斷(並音鍛)乎不可易也粵(音越)

小學史斷卷之一　周　一

六子書六十二卷 明嘉靖六年樊川別業刻本

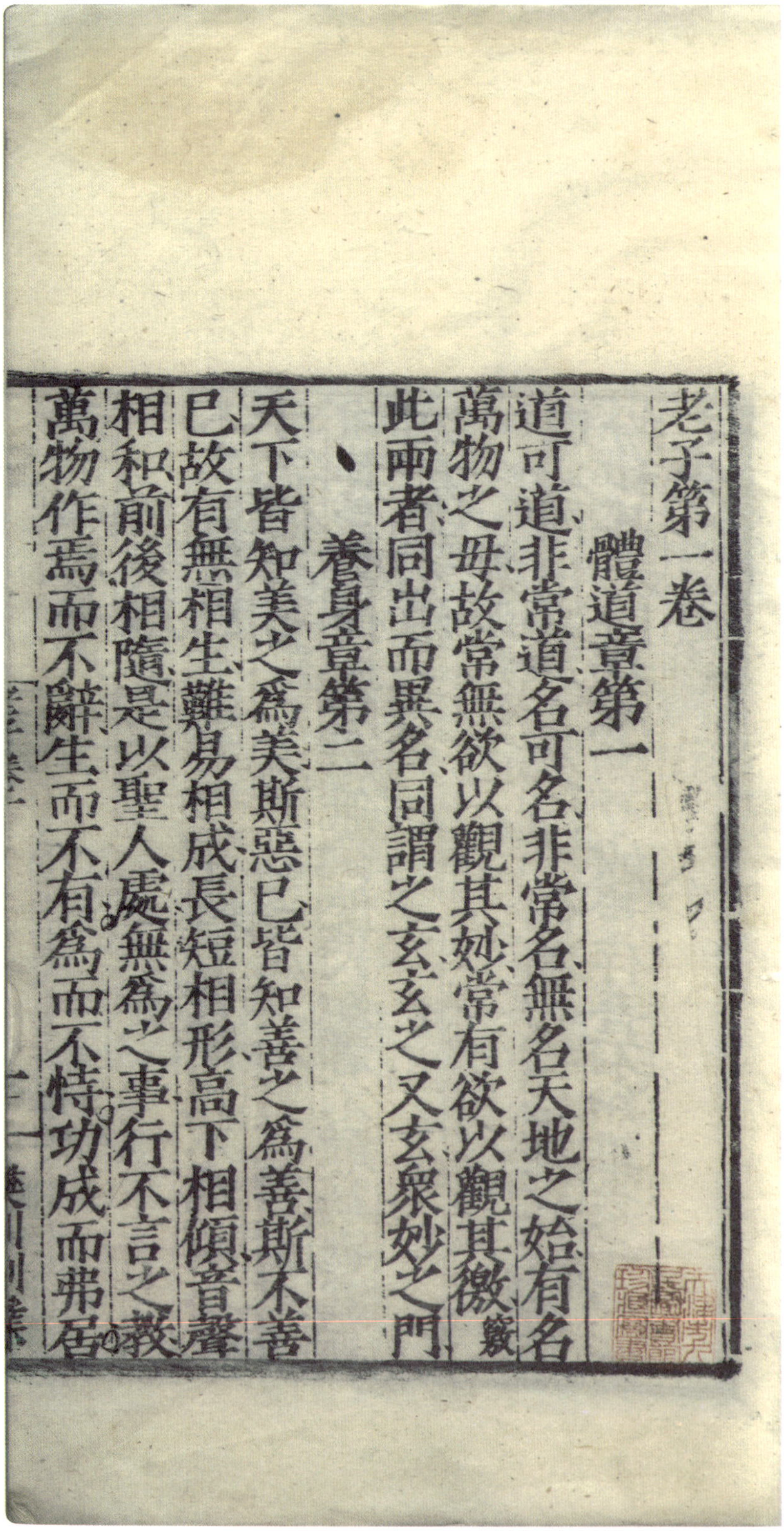
老子第一卷

體道章第一

道可道非常道名可名非常名無名天地之始有名萬物之母故常無欲以觀其妙常有欲以觀其徼此兩者同出而異名同謂之玄玄之又玄衆妙之門

養身章第二

天下皆知美之爲美斯惡已皆知善之爲善斯不善已故有無相生難易相成長短相形高下相傾音聲相和前後相隨是以聖人處無爲之事行不言之教萬物作焉而不辭生而不有爲而不恃功成而弗居

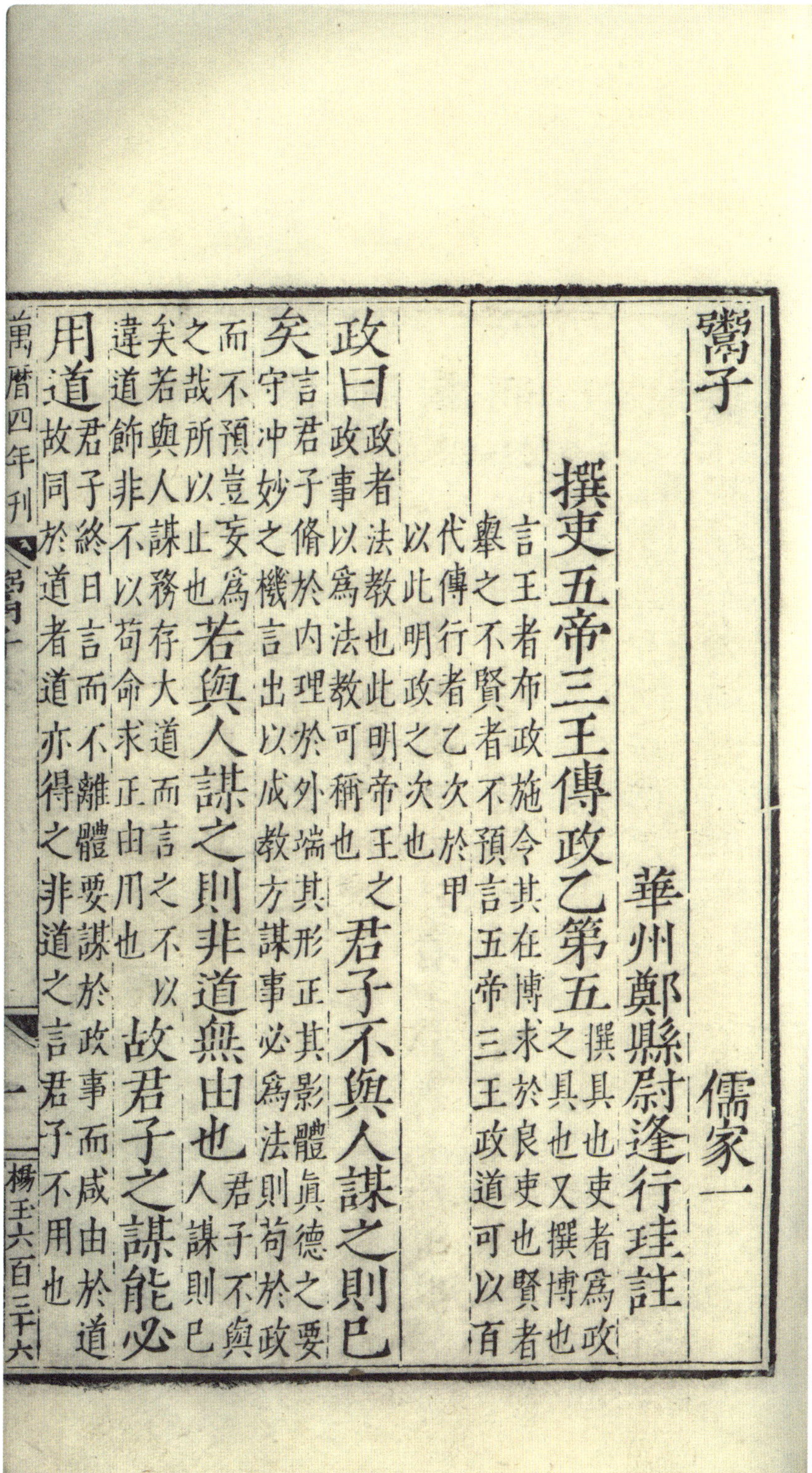
鬻子　　儒家一
華州鄭縣尉逢行珪註
撰吏五帝三王傳政乙第五撰具也吏者爲政之具也又撰博也賢者
言王者布政施令其在博求於良吏也賢者舉之不賢者不預言五帝三王政道可以百
代傳行者乙次於甲以此明政之次也
政曰政者法教也此明帝王之政事以爲法教可稱也君子不與人謀之則已
矣言君子脩於內理於外端其形正其影體眞德之要守冲妙之機言出以成教方謀事必爲法則苟於政
而不預豈妄爲之哉所以止也若與人謀之則非道無由也君子不與人謀則已
矣若與人謀務存大道而言之不以違道飾非不以苟命求正由用也故君子之謀能必
用道君子終日言而不離體要謀於政事而咸由於道故同於道者道亦得之非道之言君子不用也
萬曆四年刊　鬻子　一　楊玉六百三十六

子彙二十四種三十四卷　明萬曆四至五年南京國子監刻本

纂圖互注荀子二十卷　宋刻元修本

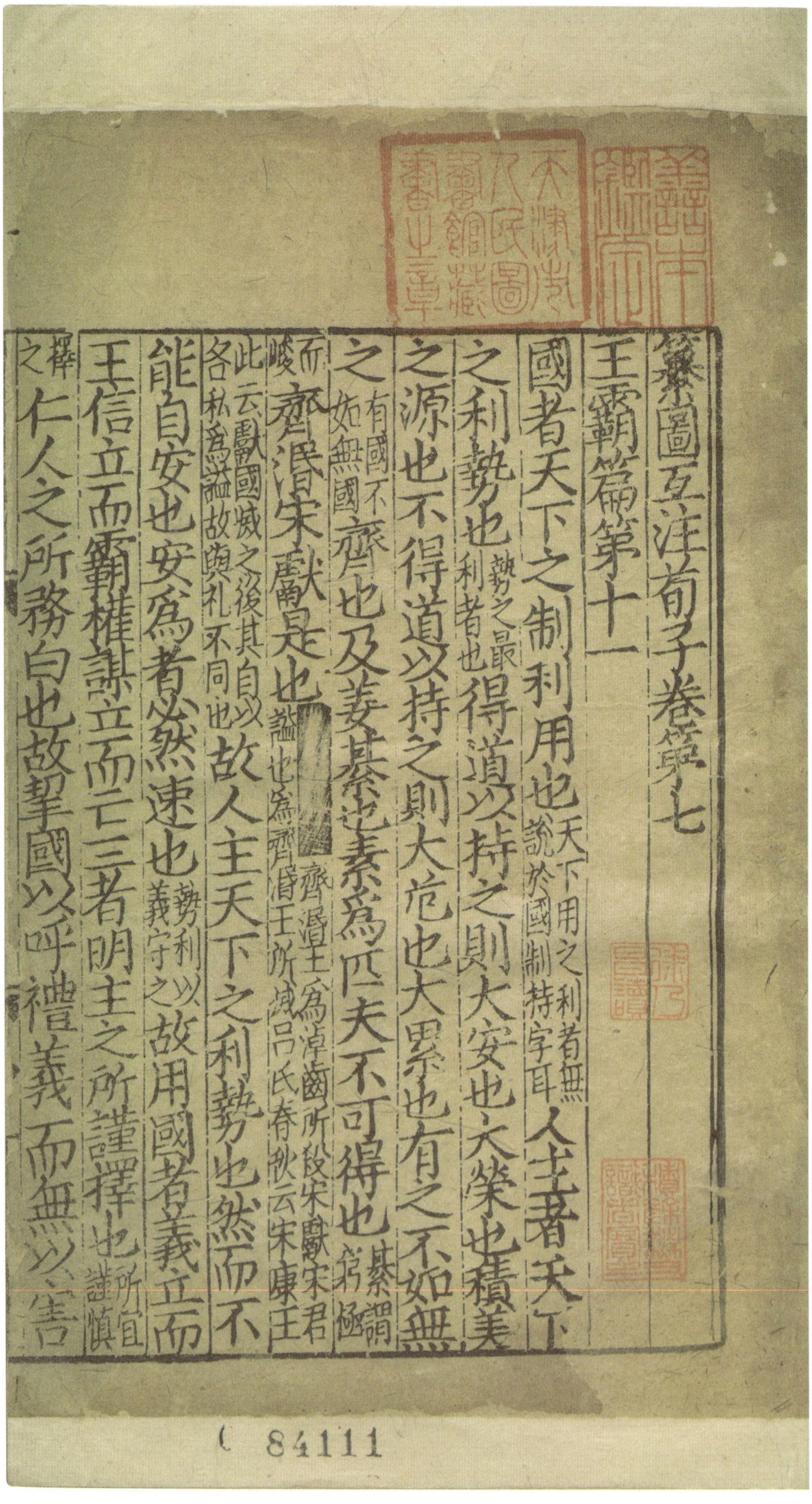
纂圖互注荀子卷第七
王霸篇第十一
國者天下之制利用也天下用之利者無說於國制持字耳人主者天下
之利勢也勢之最利者也得道以持之則大安也大榮也積美
之源也不得道以持之則大危也大累也有之不如無
之有國不如無國齊也及其綦也綦謂窮極索為匹夫不可得也
所峻齊湣宋獻是也齊湣王為淖齒所殺宋獻宋君謚也為齊湣王所滅呂氏春秋云宋康王
此云獻國滅之後其自以各私為謚故與礼不同也故人主天下之利勢也然而不
能自安也安為者必然速也勢利以義守之故用國者義立而
王信立而霸權謀立而亡三者明主之所謹擇也所宜謹慎
擇之仁人之所務白也故挈國以呼禮義而無以害
(84111

定一級

纂圖互注荀子二十卷　宋刻元修本

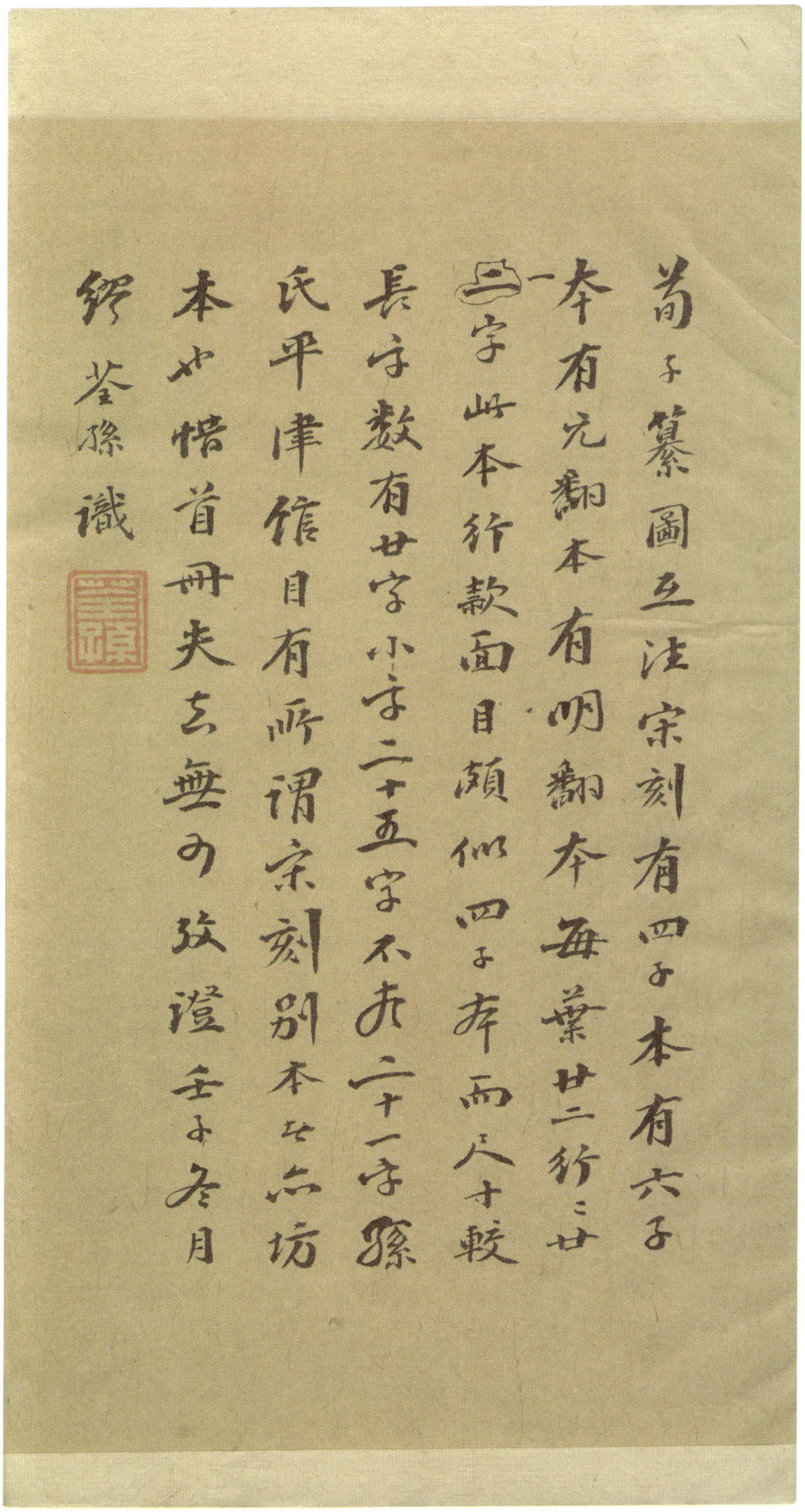
荀子纂圖互注宋刻有四子本有六子本有元翻本有明翻本每葉廿二行行廿一〔二〕字此本行款面目頗似四子本而尺寸較長字數有廿字小字二十五字不等二十一字孫氏平津館目有所謂宋刻别本者亦坊本也惜首冊失去無可攷證壬子冬月

繆荃孫識

新書十卷　明正德十年吉府刻本

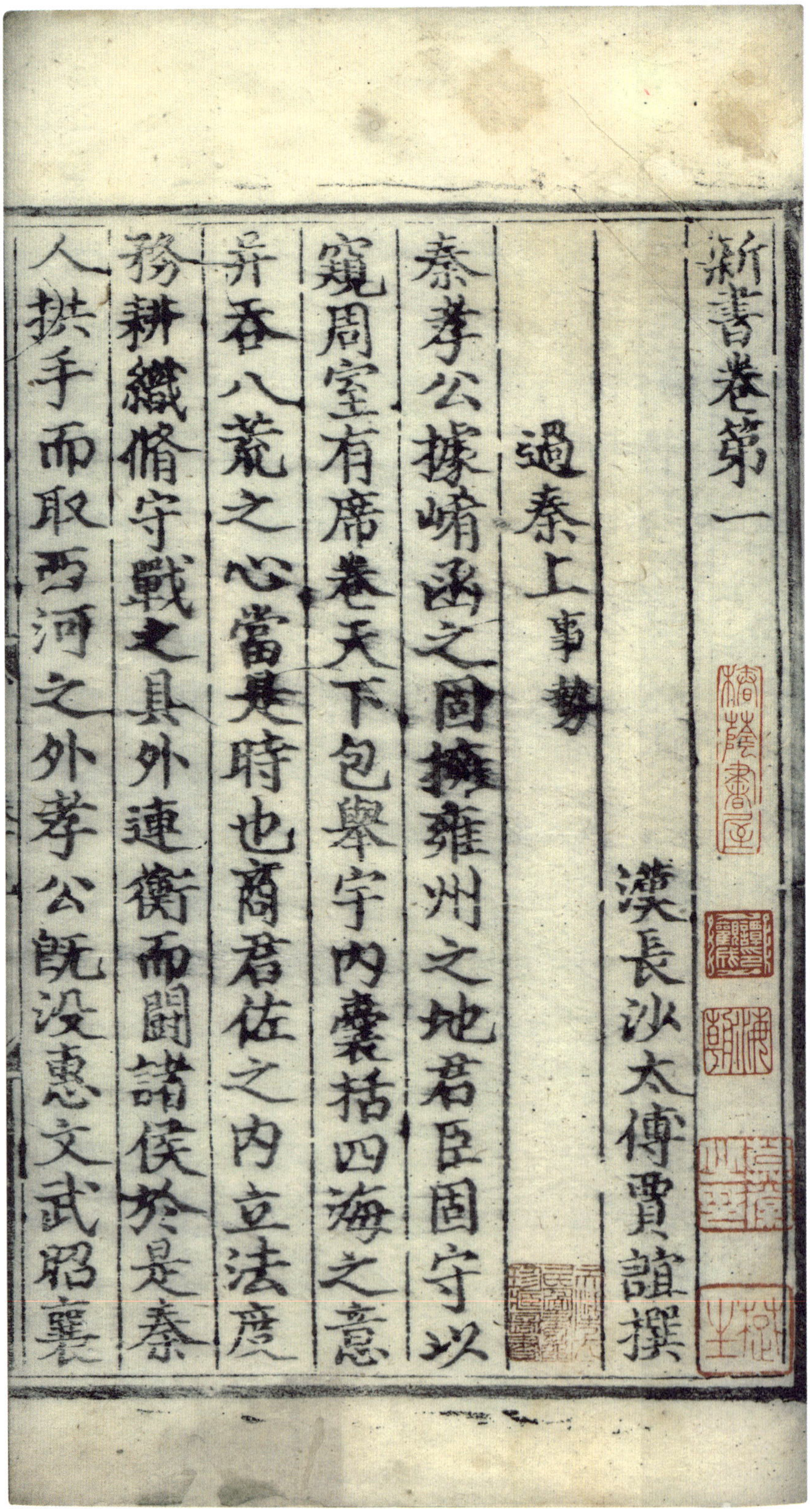
新書卷第一

漢長沙太傅賈誼撰

過秦上事勢

秦孝公據崤函之固擁雍州之地君臣固守以窺周室有席卷天下包舉宇內囊括四海之意并吞八荒之心當是時也商君佐之內立法度務耕織脩守戰之具外連衡而鬬諸侯於是秦人拱手而取西河之外孝公既沒惠文武昭襄

定一級

重刻說苑新序三十卷　明嘉靖二十六年何良俊刻本

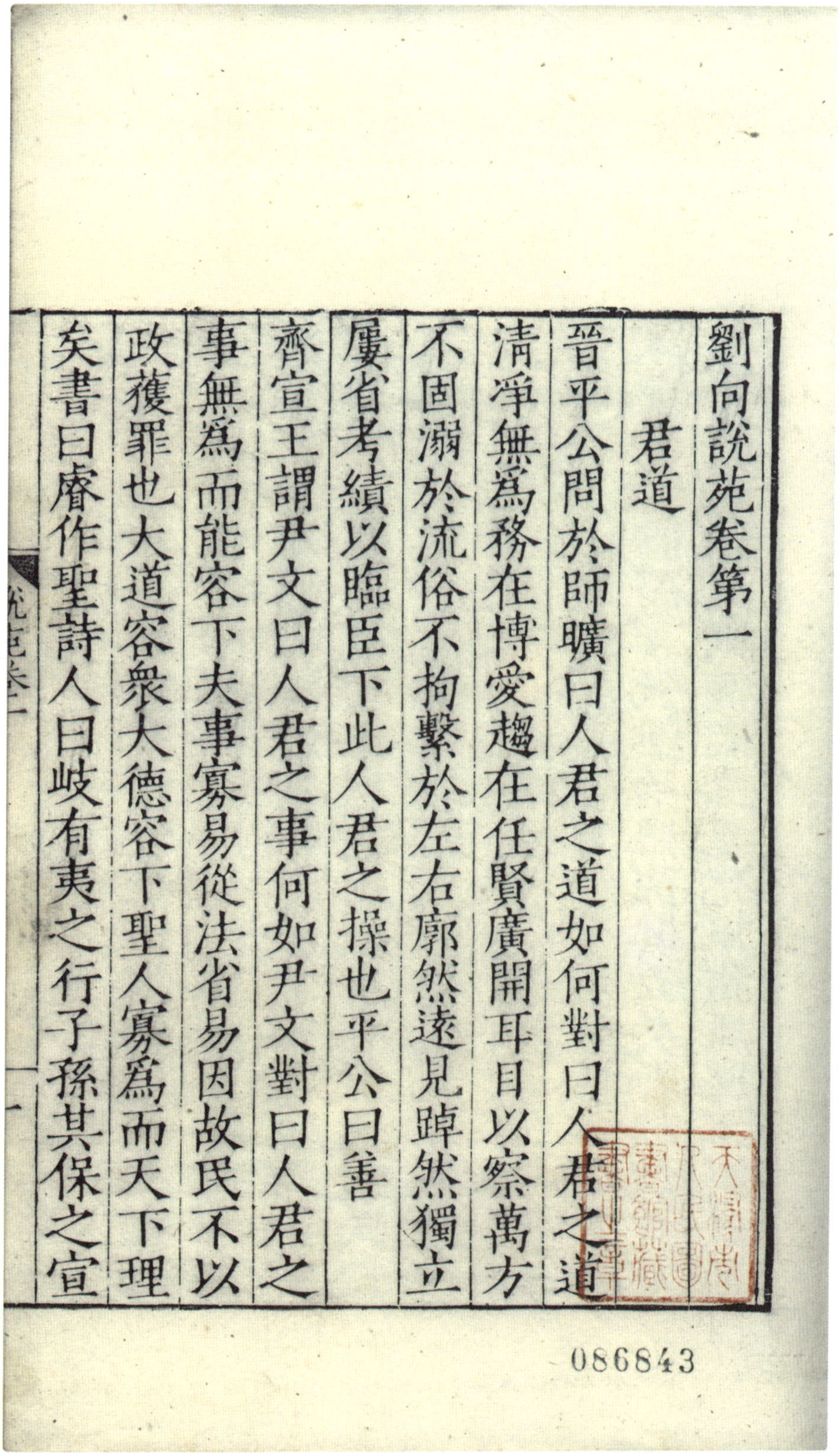

劉向說苑卷第一

君道

晉平公問於師曠曰人君之道如何對曰人君之道清淨無爲務在博愛趨在任賢廣開耳目以察萬方不固溺於流俗不拘繫於左右廓然遠見踔然獨立屢省考績以臨臣下此人君之操也平公曰善

齊宣王謂尹文曰人君之事何如尹文對曰人君之事無爲而能容下夫事寡易從法省易因故民不以政獲罪也大道容衆大德容下聖人寡爲而天下理矣書曰睿作聖詩人曰岐有夷之行子孫其保之宣

說苑卷一　一

新纂門目五臣音注揚子法言十卷　明嘉靖十二年顧春世德堂刻六子書本

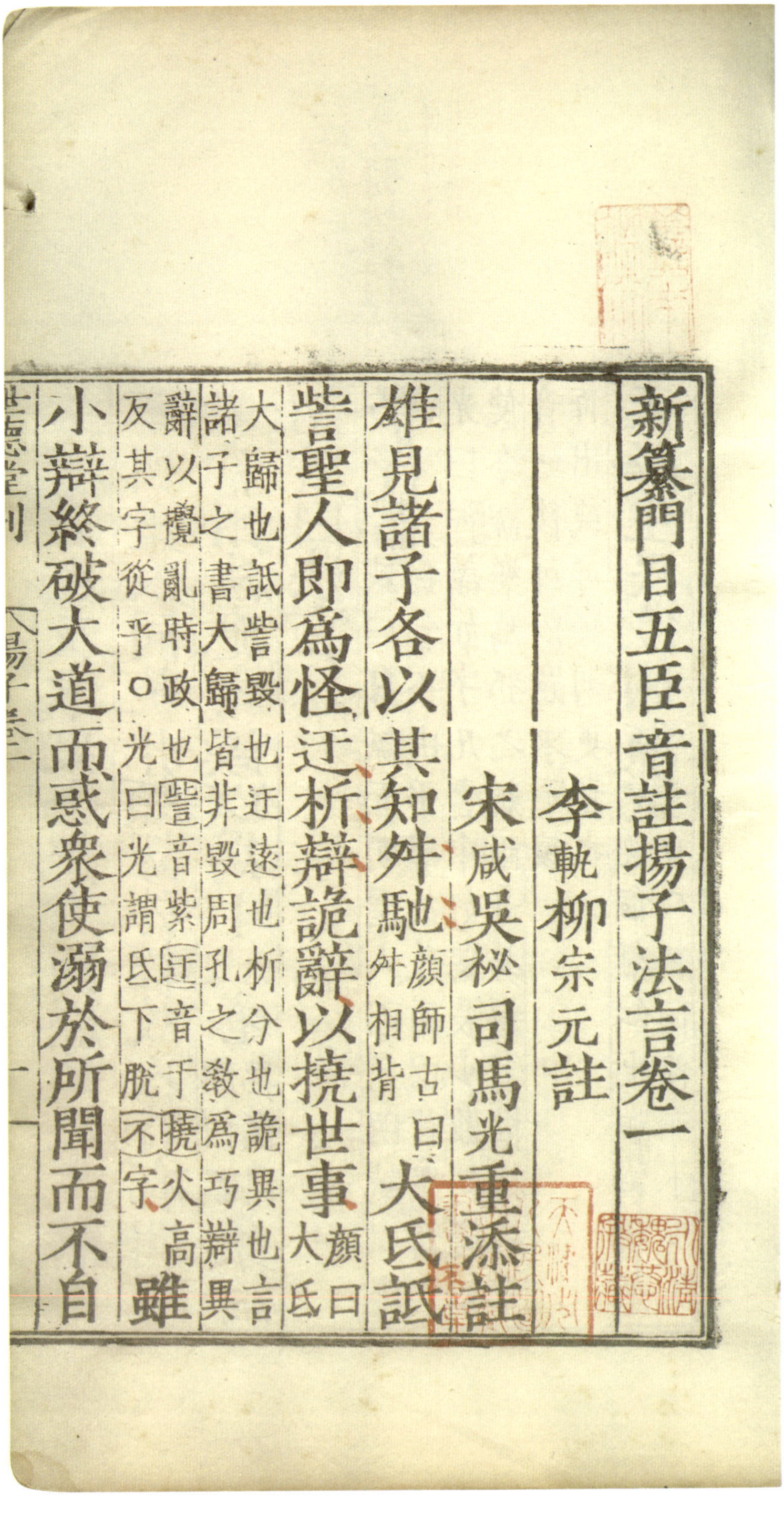
新纂門目五臣音註揚子法言卷一

李軌柳宗元註

宋咸吳祕司馬光重添註

雄見諸子各以其知舛馳顏師古曰舛相背大氐詆訾聖人即爲怪迂析辯詭辭以撓世事顏曰大氐大歸也詆訾毁也迂遠也析分也詭異也言諸子之書大歸皆非毁周孔之教爲巧辯異辭以攪亂時政也訾音紫迂音于撓火高反其字從乎○光曰光謂氐下脫不字雖小辯終破大道而惑衆使溺於所聞而不自

世德堂刊　揚子卷一　一

揚子法言十卷　明隆慶二年崔近思刻本

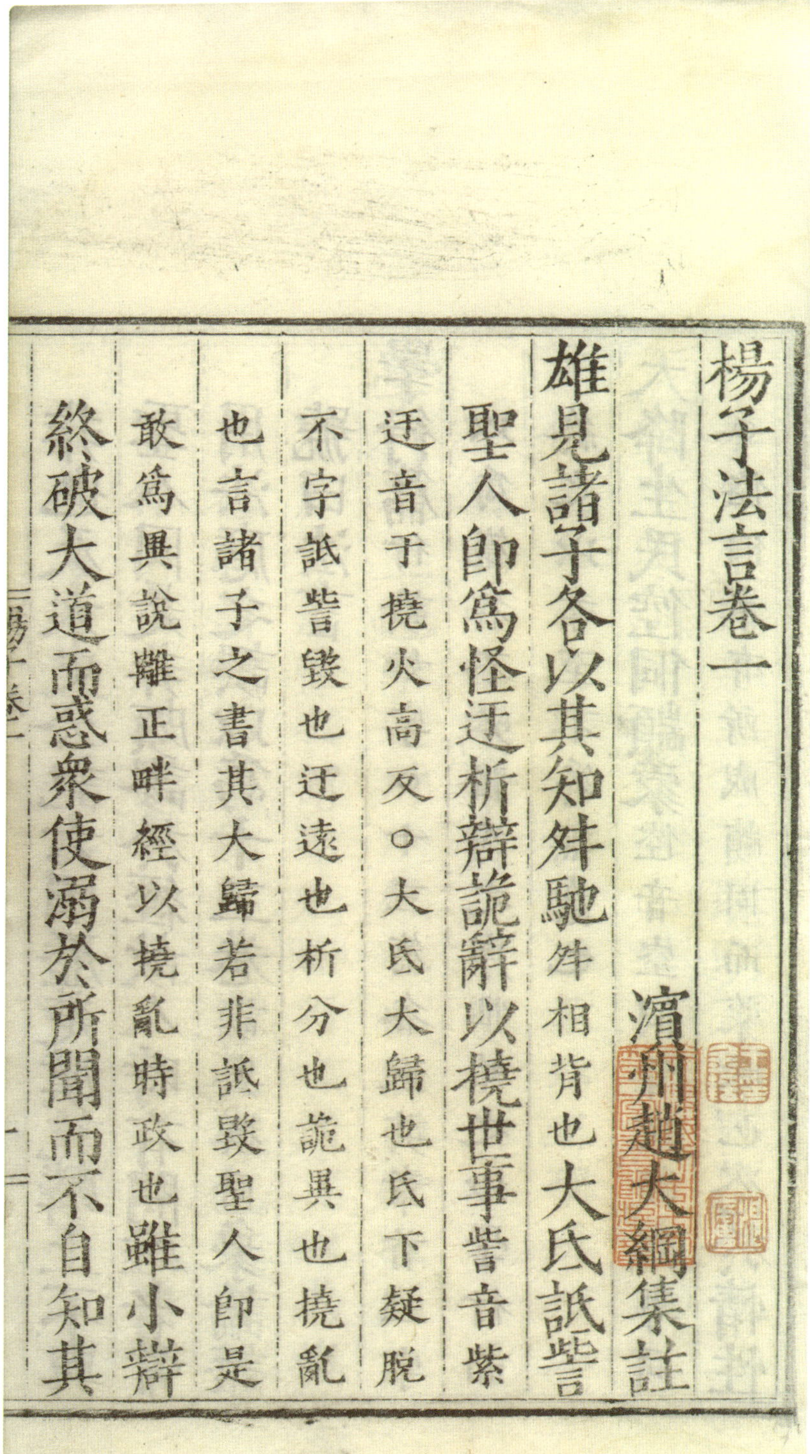
揚子法言卷一
濱州趙大綱集註
雄見諸子各以其知舛馳舛相背也大氐詆訾
聖人卽爲怪迂析辯詭辭以撓世事訾音紫
迂音于撓火高反○大氐大歸也氐下疑脫
不字詆訾毀也迂遠也析分也詭異也撓亂
也言諸子之書其大歸若非詆毀聖人卽是
敢爲異說離正畔經以撓亂時政也雖小辯
終破大道而惑衆使溺於所聞而不自知其

分類經進近思録集解十四卷 明嘉靖十七年劉仕賢刻本

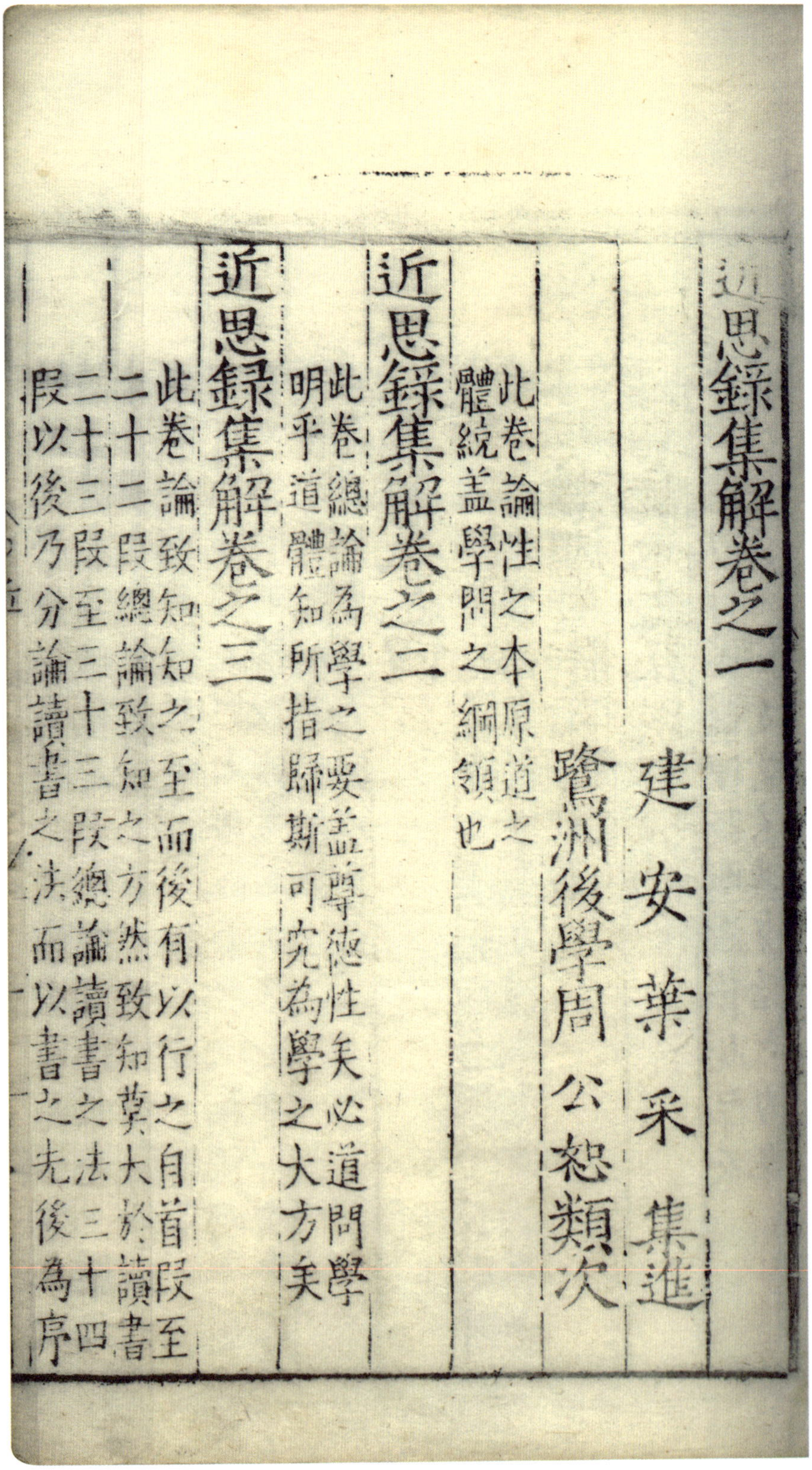

近思録集解卷之一

建安葉采集進

鷺洲後學周公恕類次

此卷論性之本原道之體統盖學問之綱領也

近思録集解卷之二

此卷總論爲學之要盖尊徳性矣必道問學明乎道體知所指歸斯可究爲學之大方矣

近思録集解卷之三

此卷論致知知之至而後有以行之自首段至二十二段總論致知之方然致知莫大於讀書二十三段至三十三段總論讀書之法三十四段以後乃分論讀書之法而以書之先後爲序

文公先生經世大訓十六卷　明嘉靖元年河南按察司刻本

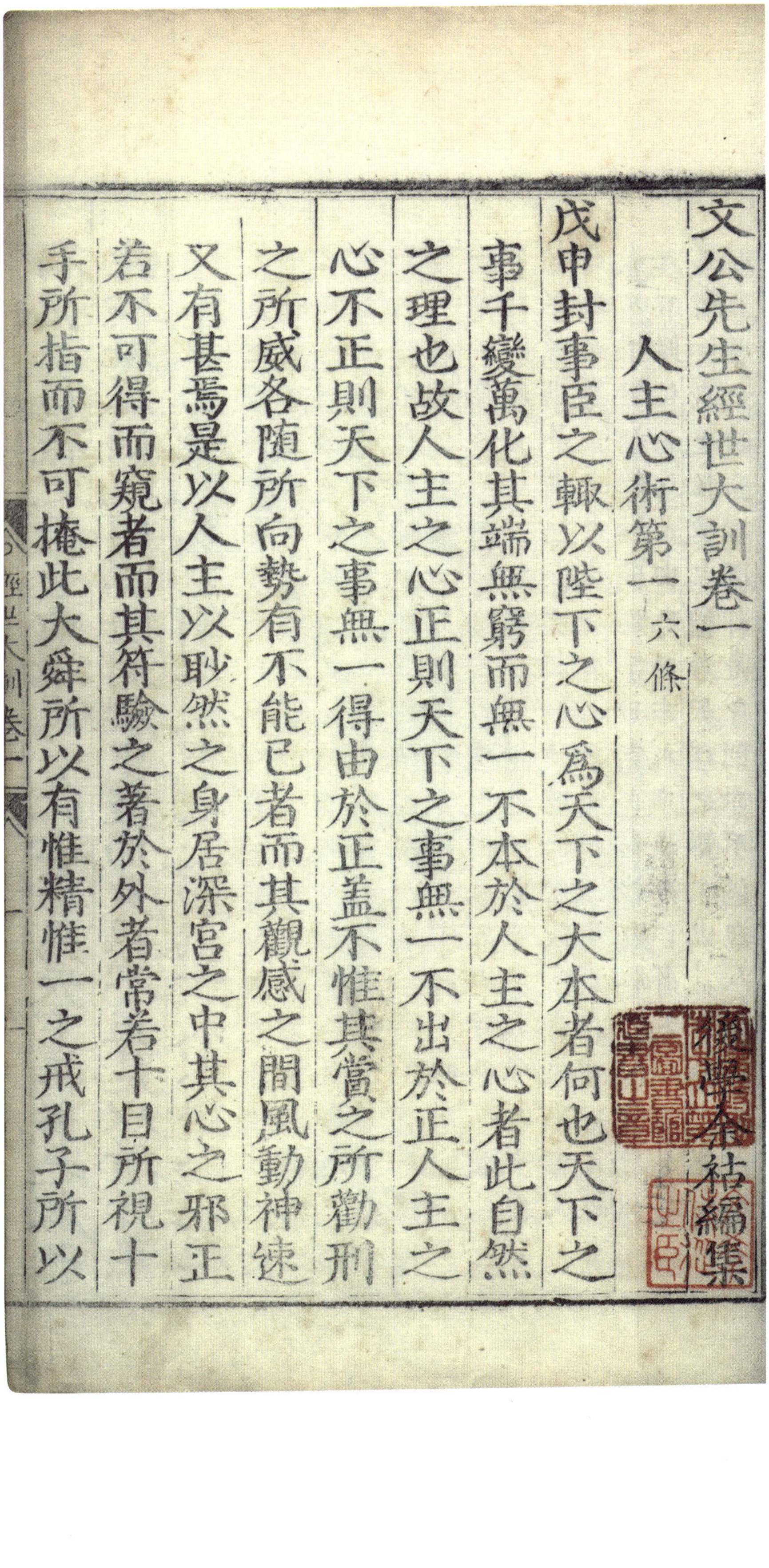

文公先生經世大訓卷一

人主心術第一　六條　　梅溪余祐編集

戊申封事臣之輒以陛下之心爲天下之大本者何也天下之事千變萬化其端無窮而無一不本於人主之心者此自然之理也故人主之心正則天下之事無一不出於正人主之心不正則天下之事無一得由於正蓋不惟其賞之所勸刑之所威各隨所向勢有不能已者而其觀感之間風動神速又有甚焉是以人主以眇然之身居深宮之中其心之邪正若不可得而窺者而其符驗之著於外者常若十目所視十手所指而不可揜此大舜所以有惟精惟一之戒孔子所以

經世大訓卷一

朱子語類一百四十卷　明成化九年陳煒刻本

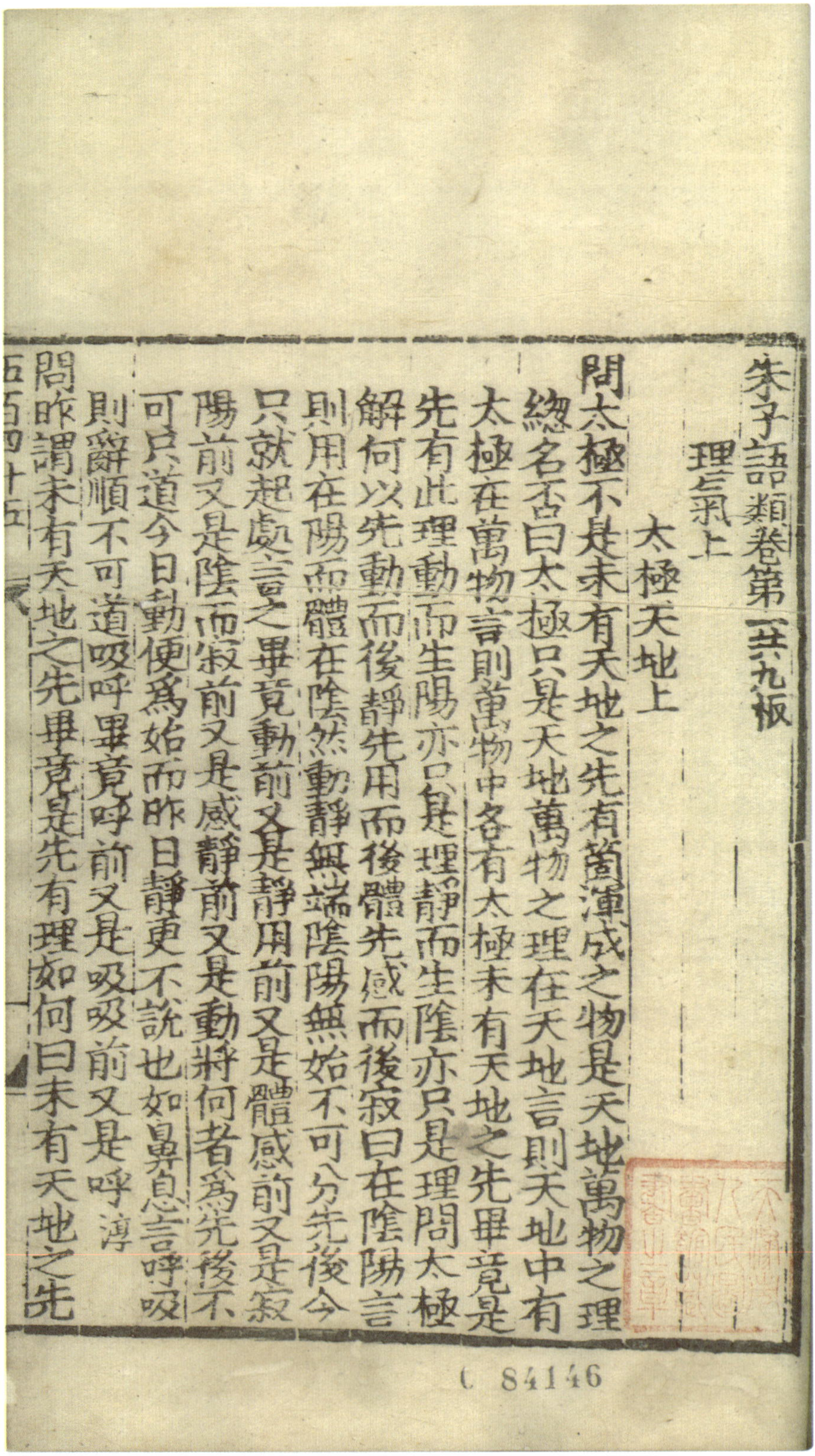
朱子語類卷第一　共九板
理氣上
太極天地上
問太極不是未有天地之先有箇渾成之物是天地萬物之理
總名否曰太極只是天地萬物之理在天地言則天地中有
太極在萬物言則萬物中各有太極未有天地之先畢竟是
先有此理動而生陽亦只是理靜而生陰亦只是理問太極
解何以先動而後靜先用而後體先感而後寂曰在陰陽言
則用在陽而體在陰然動靜無端陰陽無始不可分先後今
只就起處言之畢竟動前又是靜用前又是體感前又是寂
陽前又是陰而寂前又是感靜前又是動將何者爲先後不
可只道今日動便爲始而昨日靜更不說也如鼻息言呼吸
則辭順不可道吸呼畢竟呼前又是吸吸前又是呼　淳
問昨謂未有天地之先畢竟是先有理如何曰未有天地之先
五百四十五

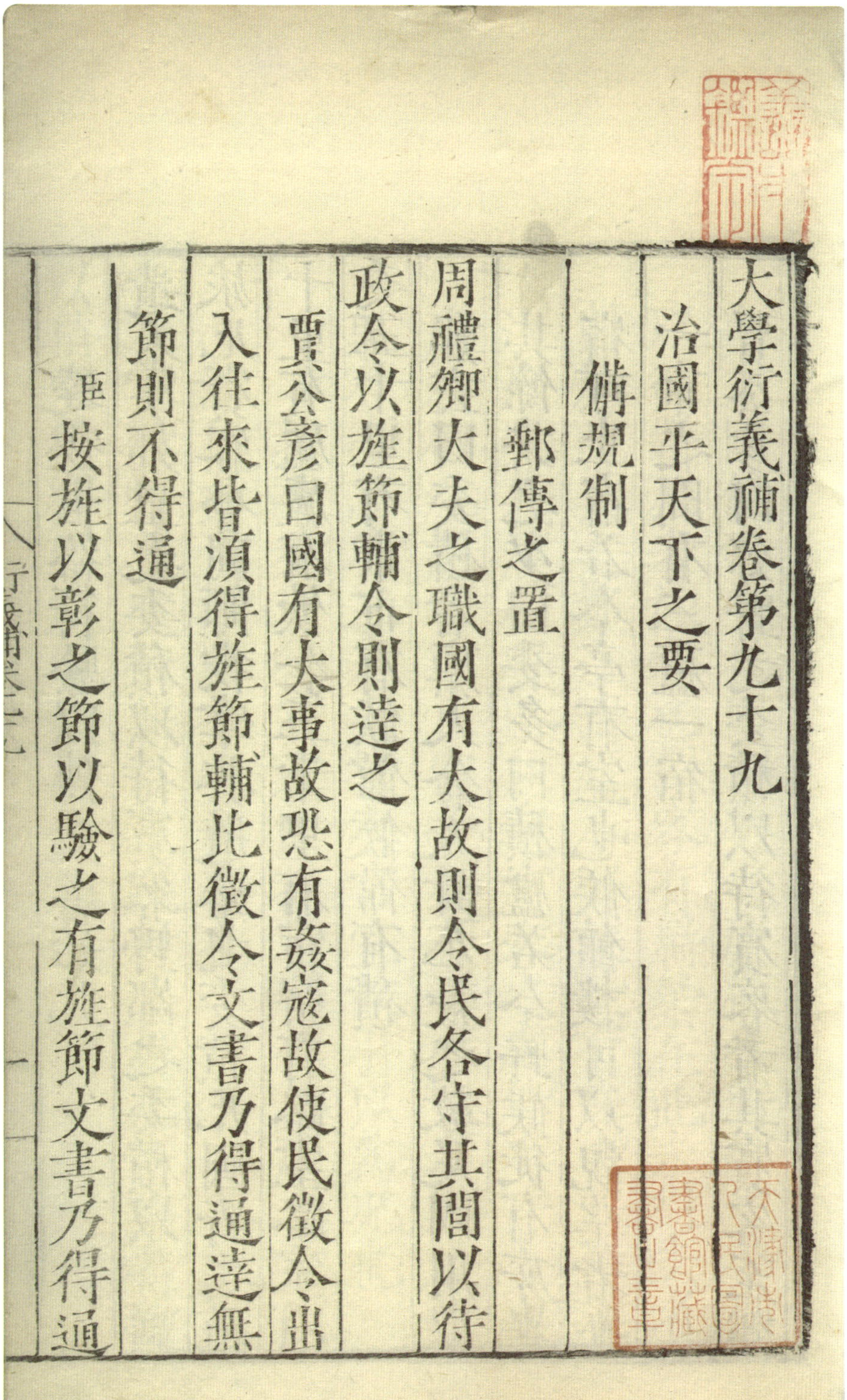
大學衍義補卷第九十九

治國平天下之要

備規制

郵傳之置

周禮卿大夫之職國有大故則令民各守其閭以待政令以旌節輔令則達之

賈公彥曰國有大事故恐有姦寇故使民徼令出入往來皆須得旌節輔比徼令文書乃得通達無節則不得通

臣按旌以彰之節以驗之有旌節文書乃得通

大學衍義補一百六十卷　明嘉靖刻本

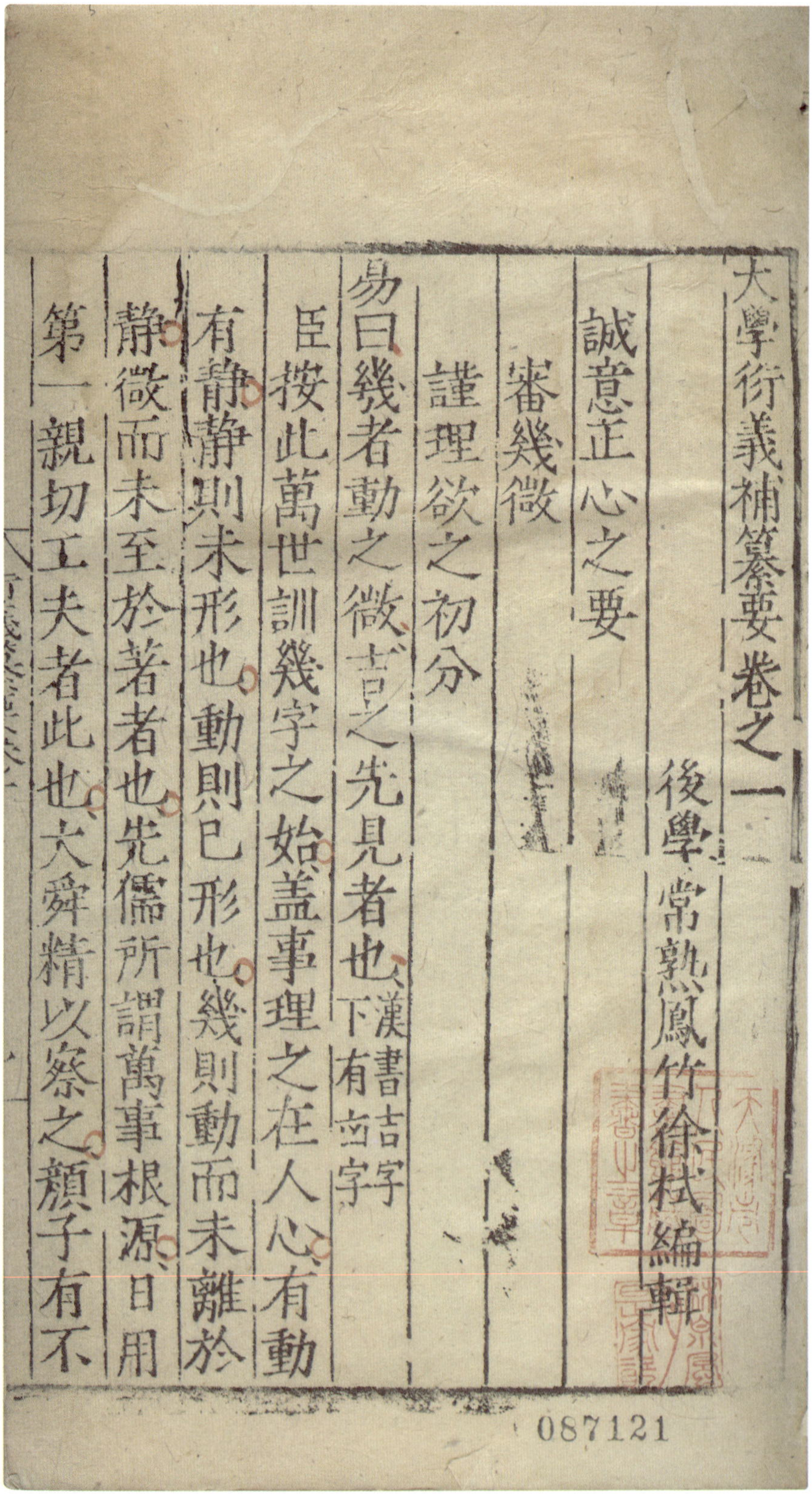
大學衍義補纂要卷之一
後學常熟鳳竹徐栻編輯
誠意正心之要
審幾微
謹理欲之初分
易曰幾者動之微吉之先見者也漢書吉字下有凶字
臣按此萬世訓幾字之始蓋事理之在人心有動
有靜靜則未形也動則已形也幾則動而未離於
靜微而未至於著者也先儒所謂萬事根源日用
第一親切工夫者此也大舜精以察之顏子有不

大學衍義補纂要六卷　明嘉靖三十七年刻本

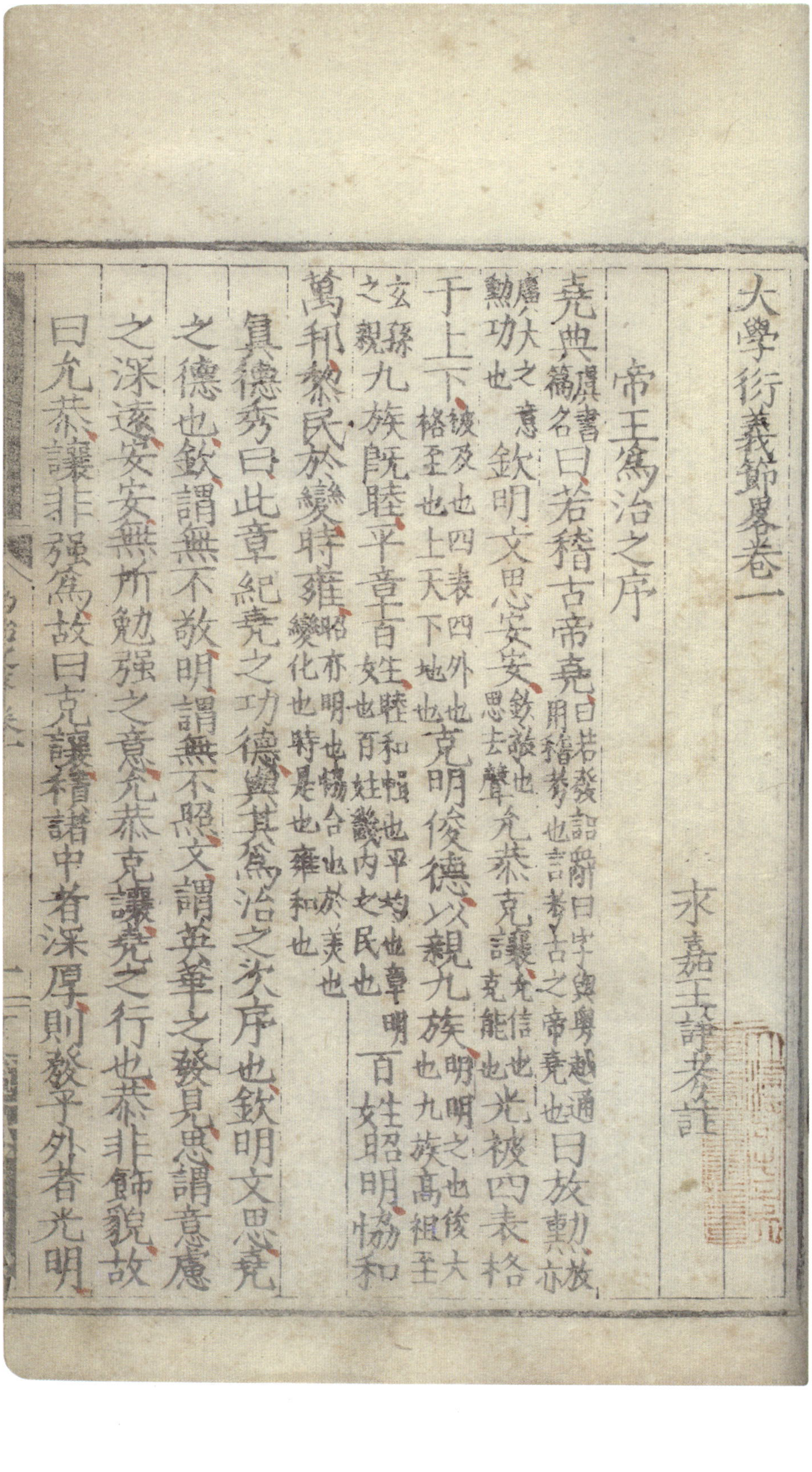

大學衍義節畧十卷　明嘉靖四十一年刻本

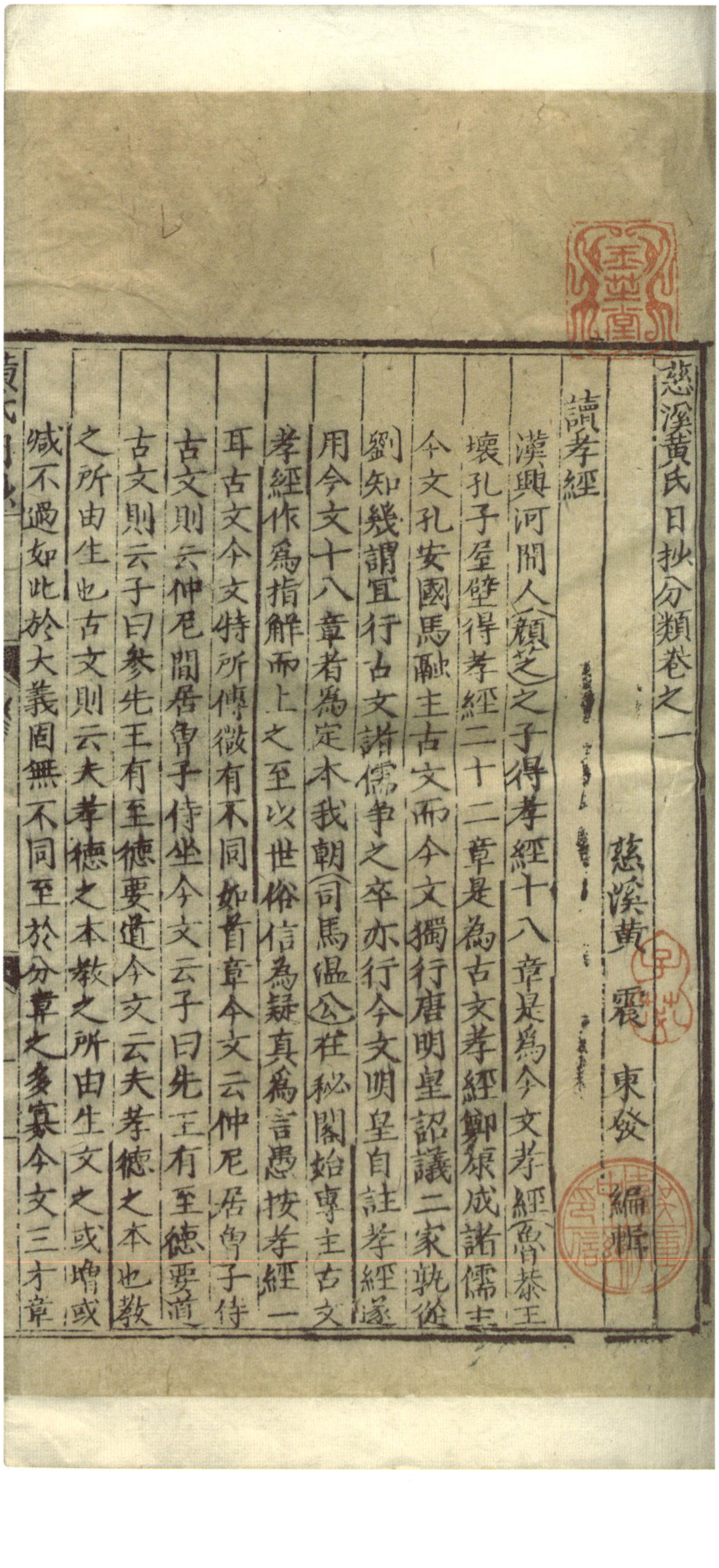
慈溪黄氏日抄分類卷之一

讀孝經　　　慈溪黄　震　東發　編輯

漢興河間人顔芝之子得孝經十八章是爲今文孝經魯恭王壞孔子屋壁得孝經二十二章是爲古文孝經鄭康成諸儒主今文孔安國馬融主古文而今文獨行唐明皇詔議二家孰從劉知幾謂宜行古文諸儒爭之卒亦行今文明皇自註孝經遂用今文十八章者爲定本我朝司馬温公在秘閣始專主古文孝經作爲指解而上之至以世俗信爲疑真爲言愚按孝經一耳古文今文特所傳微有不同如首章今文云仲尼居曾子侍古文則云仲尼閒居曾子侍坐今文云子曰先王有至德要道古文則云子曰參先王有至德要道今文云夫孝德之本也教之所由生也古文則云夫孝德之本教之所由生文之或增或減不過如此於大義固無不同至於分章之多寡今文三才章

慈溪黄氏日鈔分類九十七卷　明正德刻本

性理群書集覽大全七十卷　明正德六年宗德書堂刻本

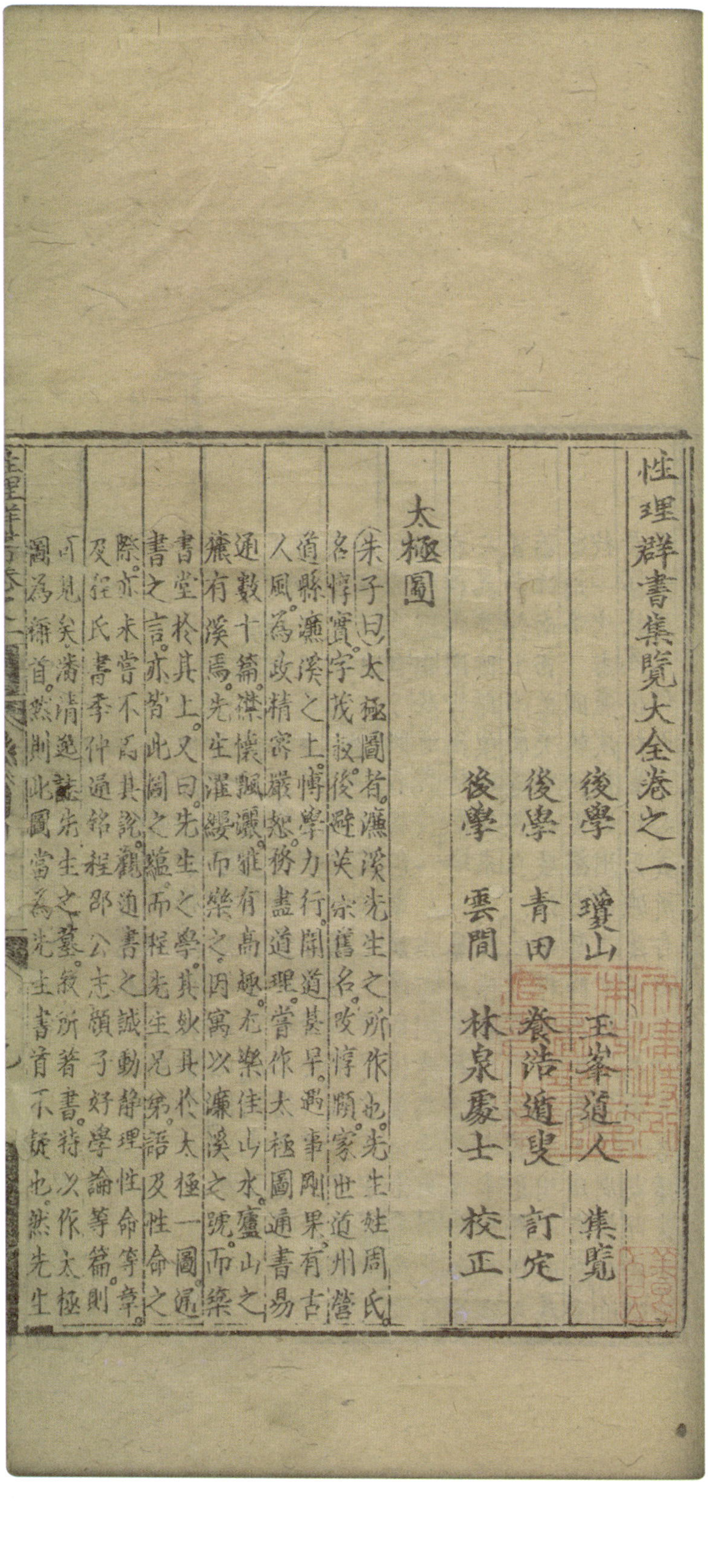
性理群書集覽大全卷之一
後學　瓊山　王峯道人　集覽
後學　青田　養浩遁叟　訂定
後學　雲間　林泉處士　校正
太極圖
朱子曰太極圖者濂溪先生之所作也先生姓周氏名惇實字茂叔後避英宗舊名改惇頤家世道州營道縣濂溪之上博學力行聞道甚早遇事剛果有古人風為政精密嚴恕務盡道理嘗作太極圖通書易通數十篇襟懷飄灑雅有高趣尤樂佳山水廬山之麓有溪焉先生濯纓而樂之因寓以濂溪之號而築書堂於其上又曰先生之學其妙具於太極一圖通書之言亦皆此圖之蘊而程先生兄弟語及性命之際亦未嘗不因其說觀通書之誠動靜理性命等章及程氏書李仲通銘程邵公志顏子好學論等篇則可見矣潘清逸誌先生之墓敘所著書特以作太極圖為稱首然則此圖當為先生書首不疑也然先生

性理群書集覽大全七十卷　明正德六年宗德書堂刻本

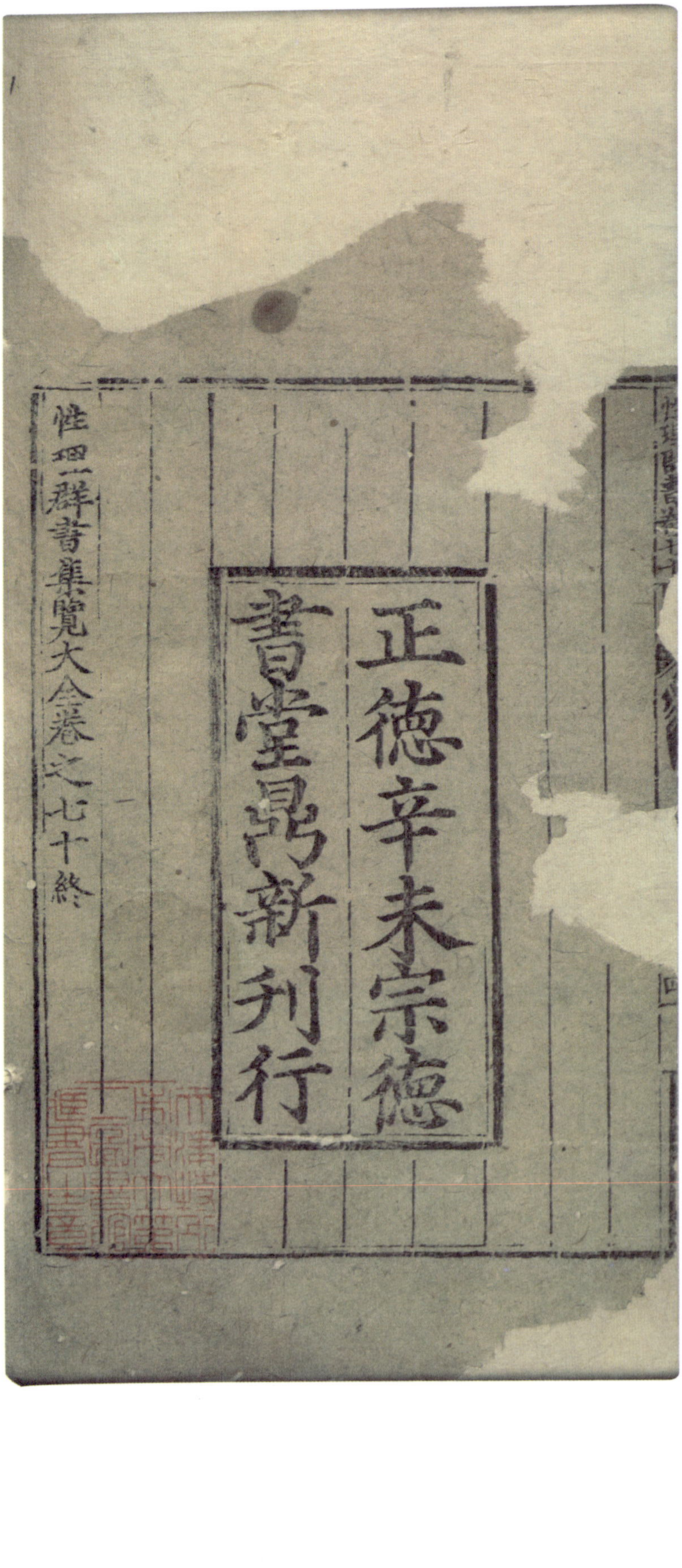

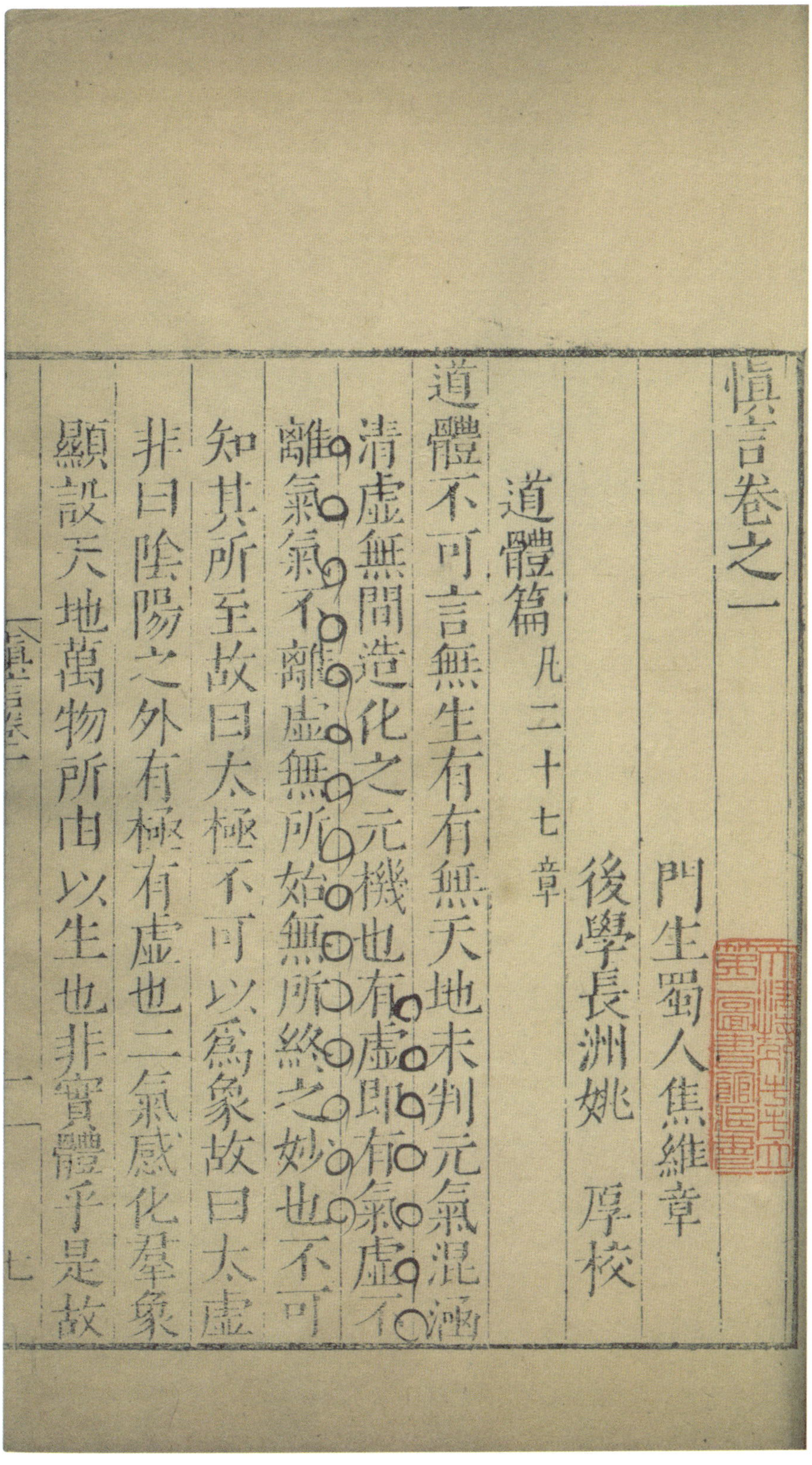
慎言卷之一

門生蜀人焦維章

後學長洲姚　厚校

道體篇　凡二十七章

道體不可言無生有有無天地未判元氣混涵
清虛無間造化之元機也有虛即有氣虛不
離氣氣不離虛無所始無所終之妙也不可
知其所至故曰太極不可以爲象故曰太虛
非曰陰陽之外有極有虛也二氣感化羣象
顯設天地萬物所由以生也非實體乎是故

慎言卷一

慎言十三卷　明嘉靖刻王浚川所著書本

士翼四卷 明嘉靖十四年刻本

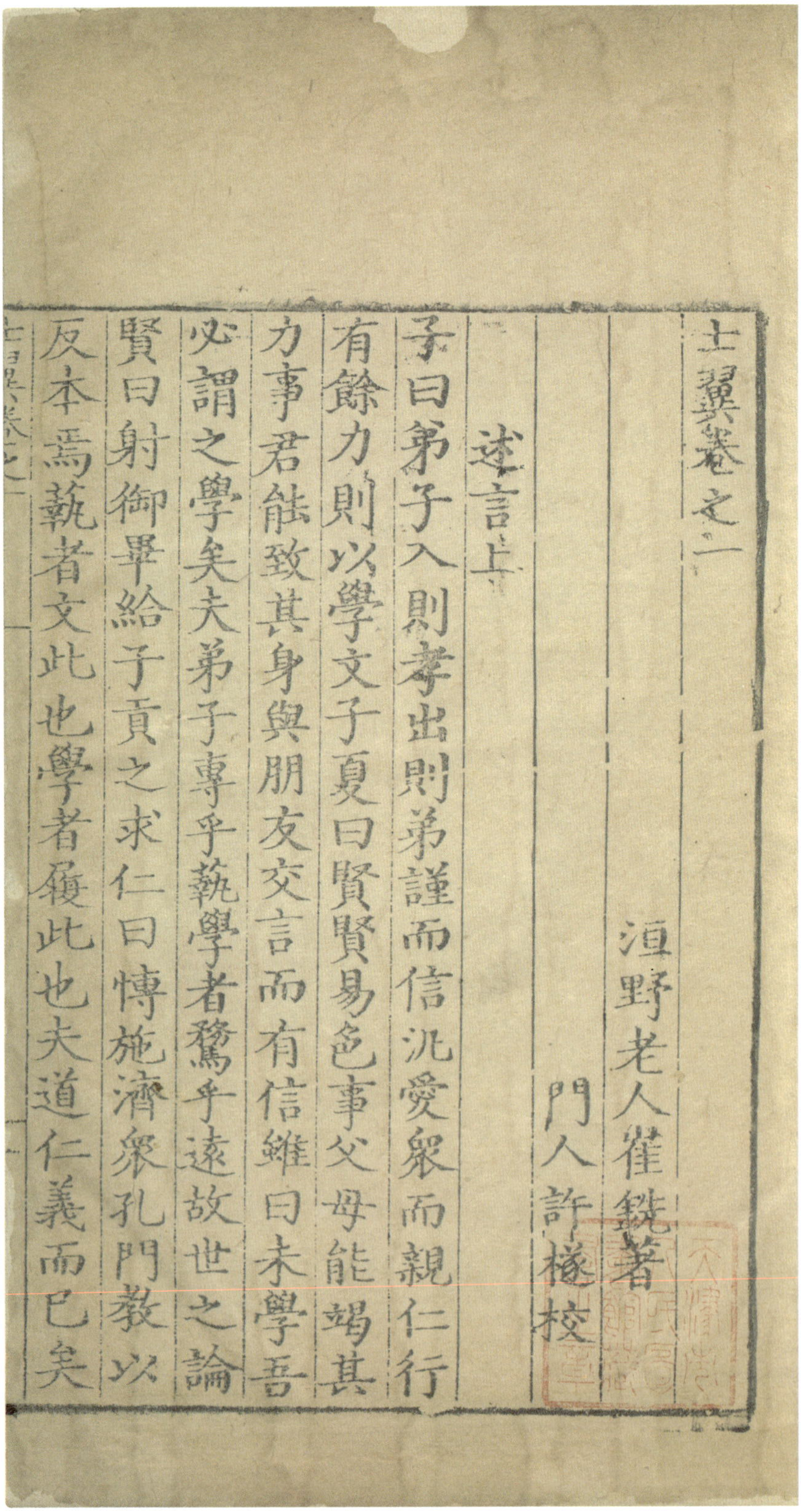

士翼卷之一

洹野老人崔銑著

門人許檖校

述言上

子曰弟子入則孝出則弟謹而信汎愛衆而親仁行有餘力則以學文子夏曰賢賢易色事父母能竭其力事君能致其身與朋友交言而有信雖曰未學吾必謂之學矣夫弟子專乎孰學者騖乎遠故世之論賢曰射御畢給子貢之求仁曰博施濟衆孔門教以反本焉孰者文此也學者履此也夫道仁義而已矣

程志十卷　明嘉靖刻本

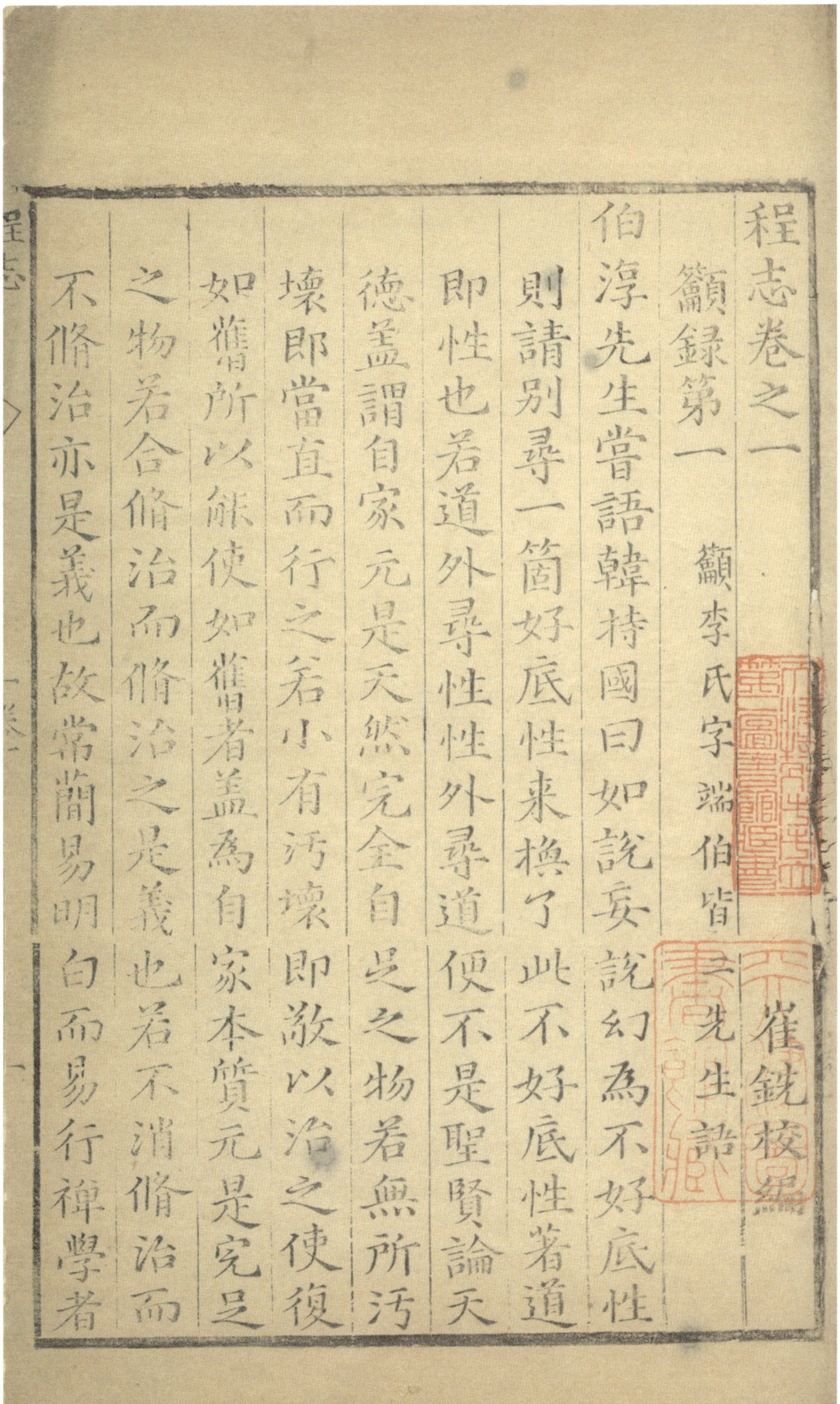
程志卷之一　　　　崔銑校纂
籲錄第一　　籲李氏字端伯皆二先生語
伯淳先生嘗語韓持國曰如說妄說幻為不好底性
則請別尋一箇好底性來換了此不好底性著道
即性也若道外尋性性外尋道便不是聖賢論天
德蓋謂自家元是天然完全自足之物若無所污
壞即當直而行之若小有污壞即敬以治之使復
如舊所以能使如舊者蓋為自家本質元是完足
之物若合脩治而脩治之是義也若不消脩治而
不脩治亦是義也故常簡易明白而易行禪學者
程志　卷一　一

聖學格物通卷之一

誠意格凡八目

審幾　立志　謀慮　感應

儆戒　敬天　敬祖考　畏民

臣若水序曰誠意何以言格物也程顥曰格者至也物者理也至其理乃格物也至也者知行並進之功也於意焉而至之也至其意之理也是故審幾也立志也謀慮也感應也儆戒也敬天也敬祖考也畏民也皆意之事也人主讀是編焉感通吾意之理念念而知於斯存存而行於斯以有

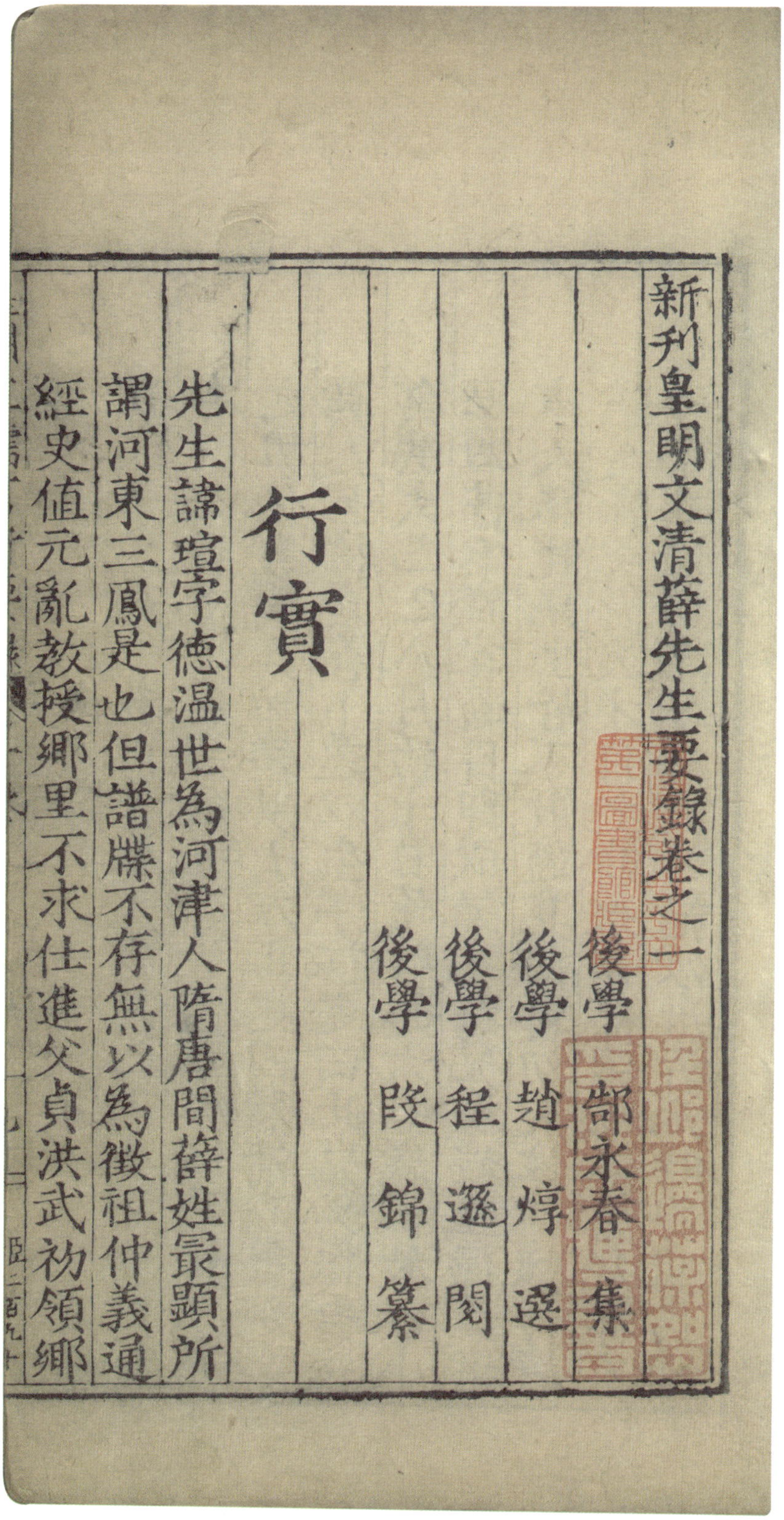

新刊皇明文清薛先生要錄卷之一

後學　鄧永春　集

後學　趙　焞　選

後學　程　遜　閱

後學　陸　錦　纂

行實

先生諱瑄字德温世為河津人隋唐間薛姓最顯所
謂河東三鳳是也但譜牒不存無以為徵祖仲義通
經史值元亂教授鄉里不求仕進父貞洪武初領鄉

皇明三儒言行要錄十四卷　明隆慶二年刻本

南海先生大同書稿不分卷　稿本

康有為生于大地之上，傳其[illegible]母[illegible]婦君[illegible]
[illegible]勞太夫人校[illegible]蓮之[illegible]三十[illegible]大國[illegible]大地[illegible]百數十方
年之後遇[illegible]島大獄之期[illegible]國于土[illegible]北[illegible]常之地圖[illegible]
中華[illegible]西南中華常江河[illegible]中華[illegible]
南海[illegible]
[illegible]

南海先生僑寓東京距今殆四十年也先生出示大同書稿廿餘篇是時無稿以後已經廿餘年此藏篋之底先生晚年僅刊者一篇無幾之業世所著先生一生心血之所注經數衍禮運一篇實爲先儒未發之學予尤服研鑽之精造詣之深矣

犬養毅

丁汝昌海軍函稿不分卷 稿本

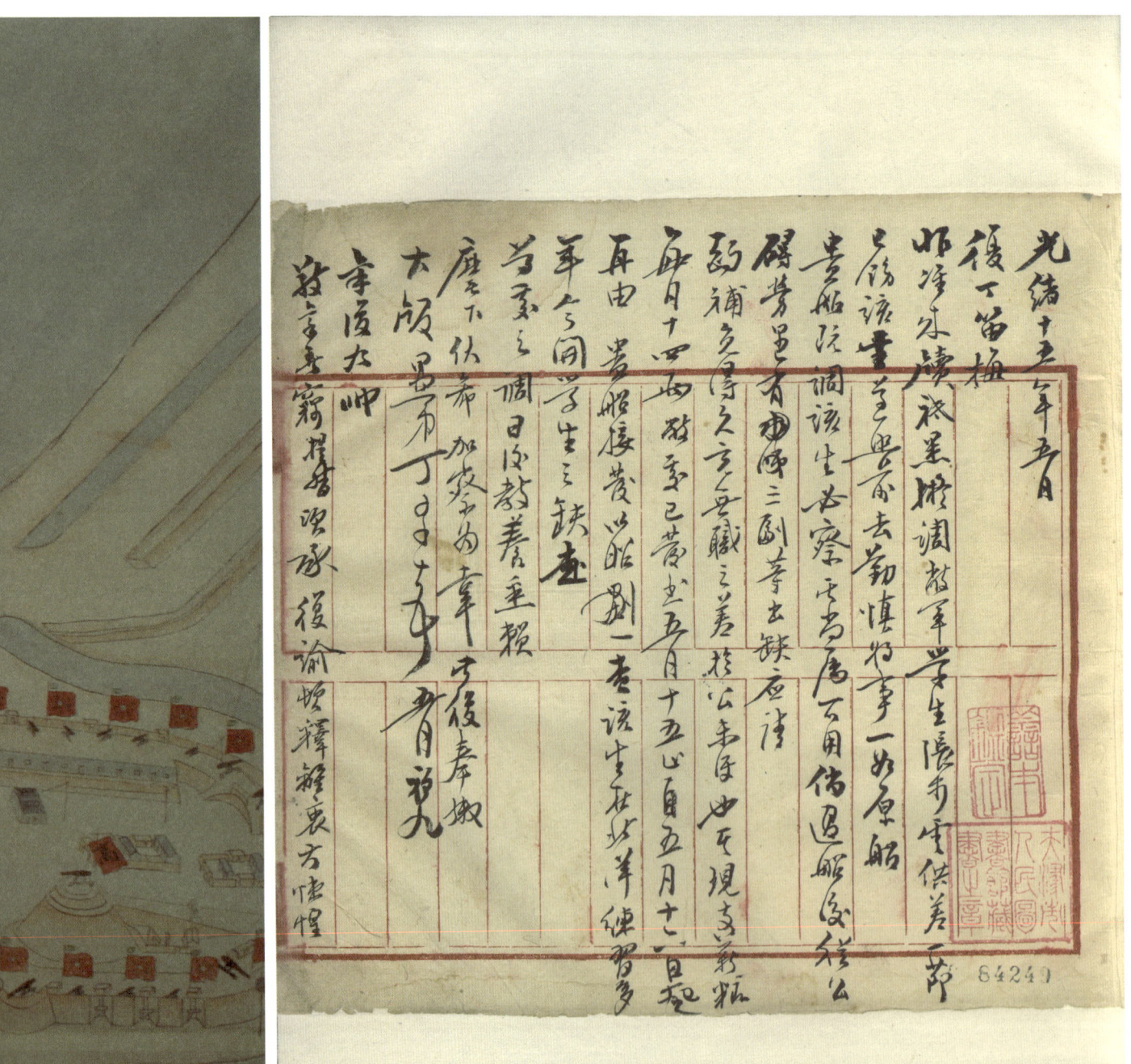

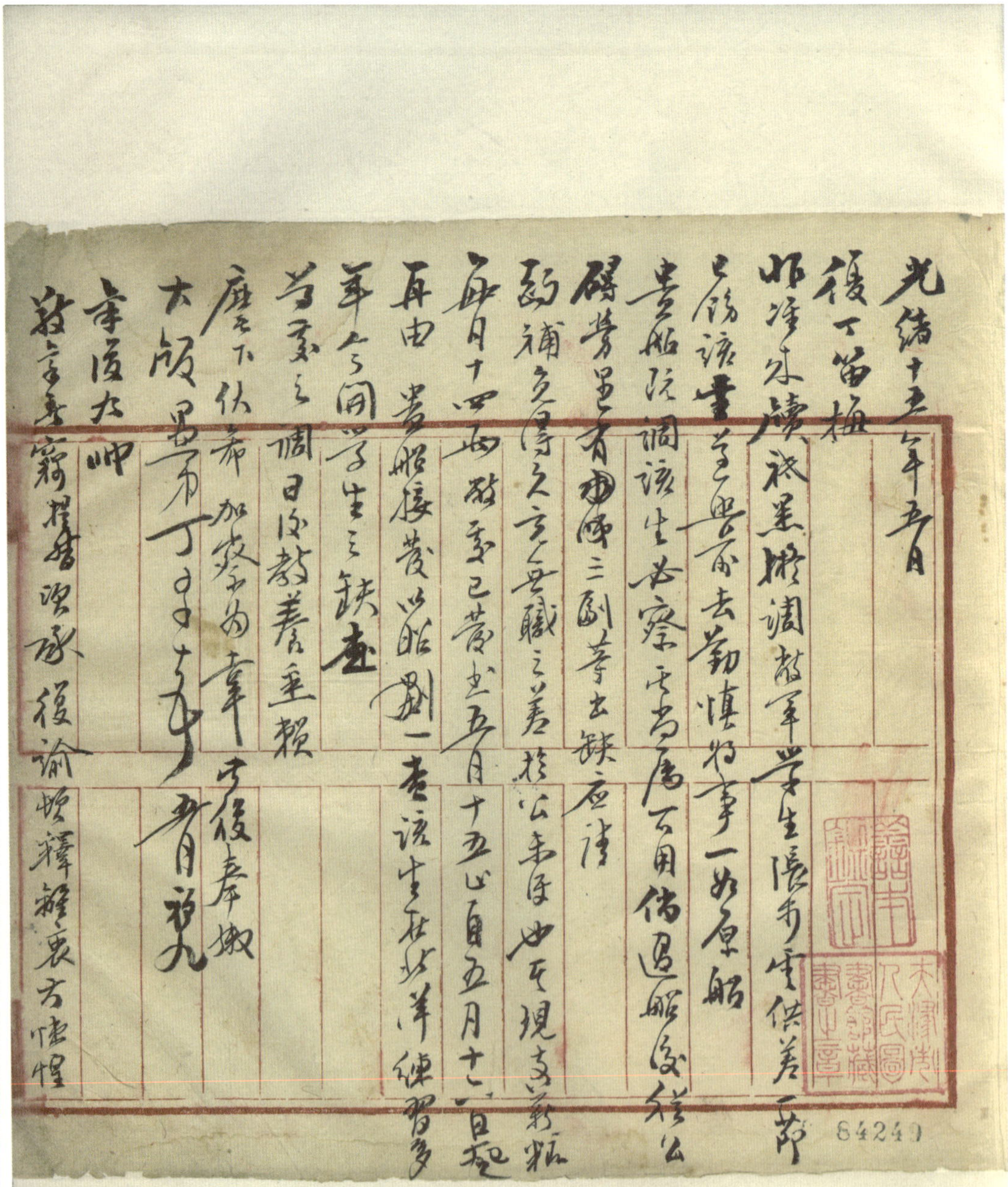
光緒十三年五月
復丁留梅
昨接來牘被選赴閩教習學生張秉奎供差一節
已飭該生等無庸去勤慎將事一如原船
貴船既調該生必察其品行可用備遇船後往公
務皆見有[illegible]三副等出缺應請
酌補[illegible]等之人文之無職之差於公事[illegible]也至現在新粒
[illegible]月十四兩教習已蒙批准五月十五以前自五月十六日起
再由貴船接發以船[illegible]一查該生在北洋練習多
年今同學生之缺查
尚望[illegible]調日後教養垂賴
麾下伏希加察[illegible]為幸[illegible]復泰[illegible]
太頌吾弟丁[illegible]年[illegible]月[illegible]
幸道大[illegible]
敬[illegible]寄[illegible]復諭[illegible]

大沽炮台圖不分卷 清彩繪本

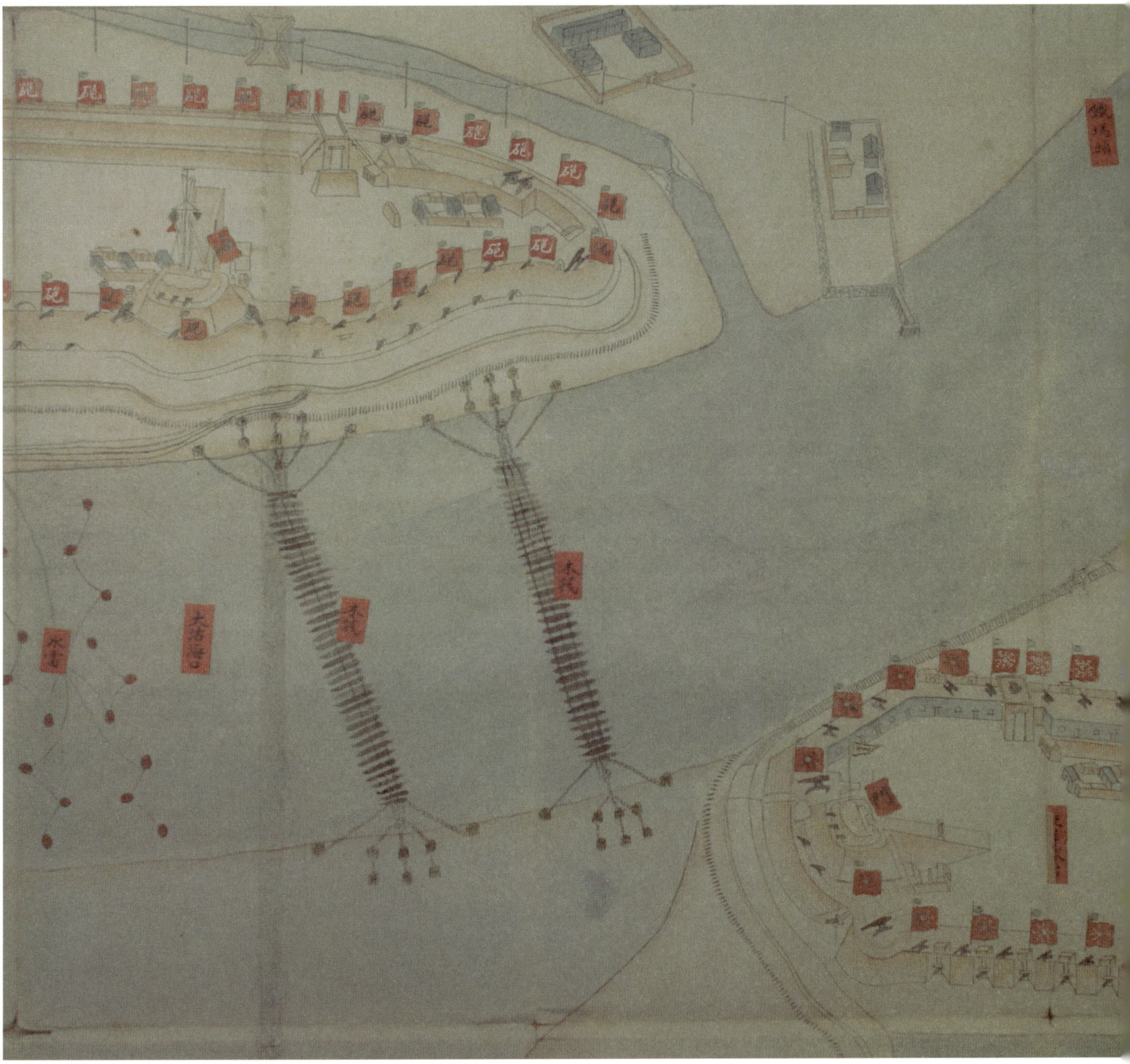

管子二十四卷　明萬曆四十八年淩汝亨刻套印本

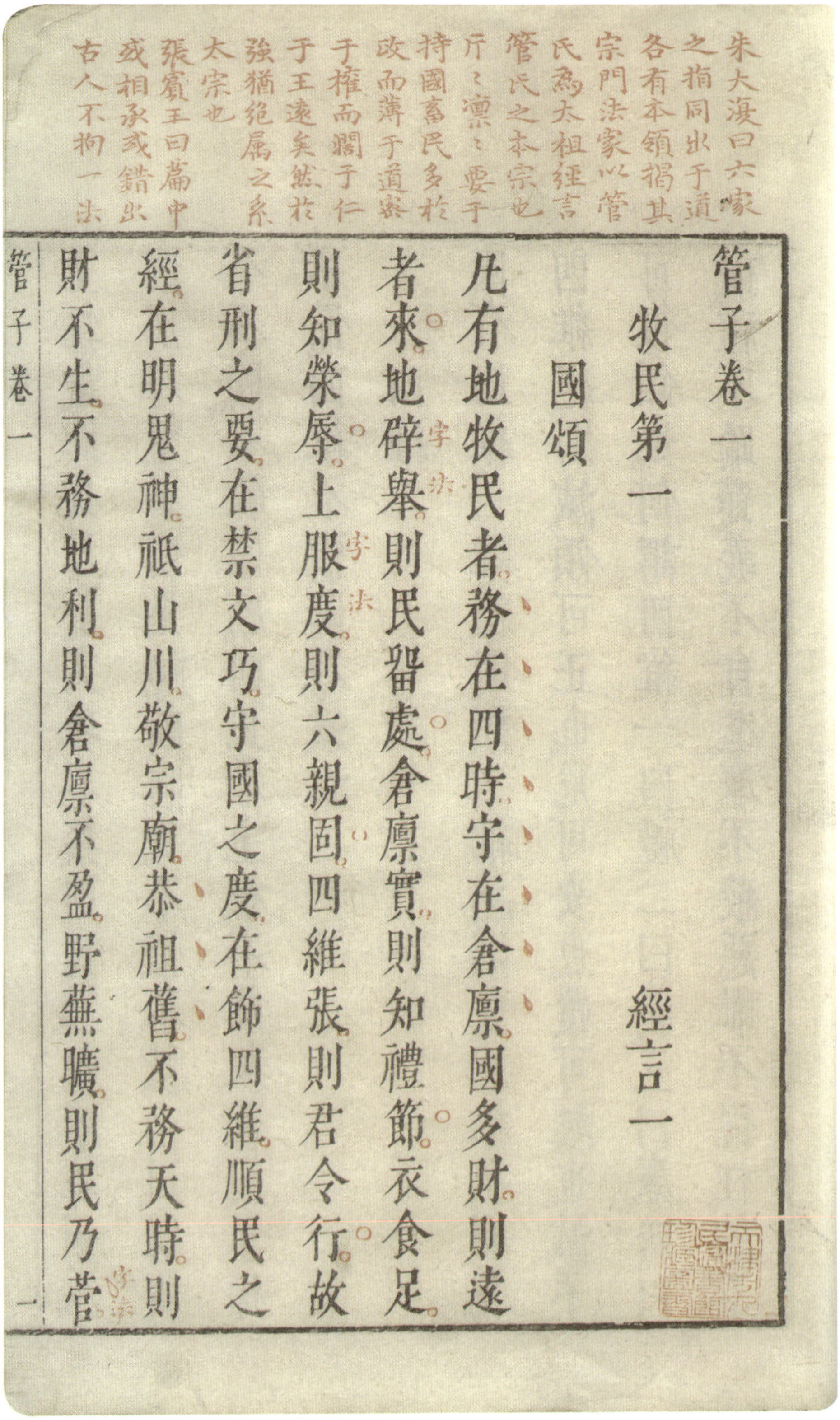
朱大濩曰六家之指同出于道各有本領揭其宗門法家以管氏為太祖經言管氏之本宗也斤斤凜凜要于持國富民多於政而薄于道豁于權而闊于仁于王遠矣然於強猶絕屬之系太宗也張賓王曰篇中或相承或錯出古人不拘一法

管子卷一

牧民第一　　經言一

國頌

凡有地牧民者務在四時守在倉廩國多財則遠者來地辟舉則民留處倉廩實則知禮節衣食足則知榮辱上服度則六親固四維張則君令行故省刑之要在禁文巧守國之度在飾四維順民之經在明鬼神祗山川敬宗廟恭祖舊不務天時則財不生不務地利則倉廩不盈野蕪曠則民乃菅

管子卷一　一

韓子二十卷　明閔氏刻套印本

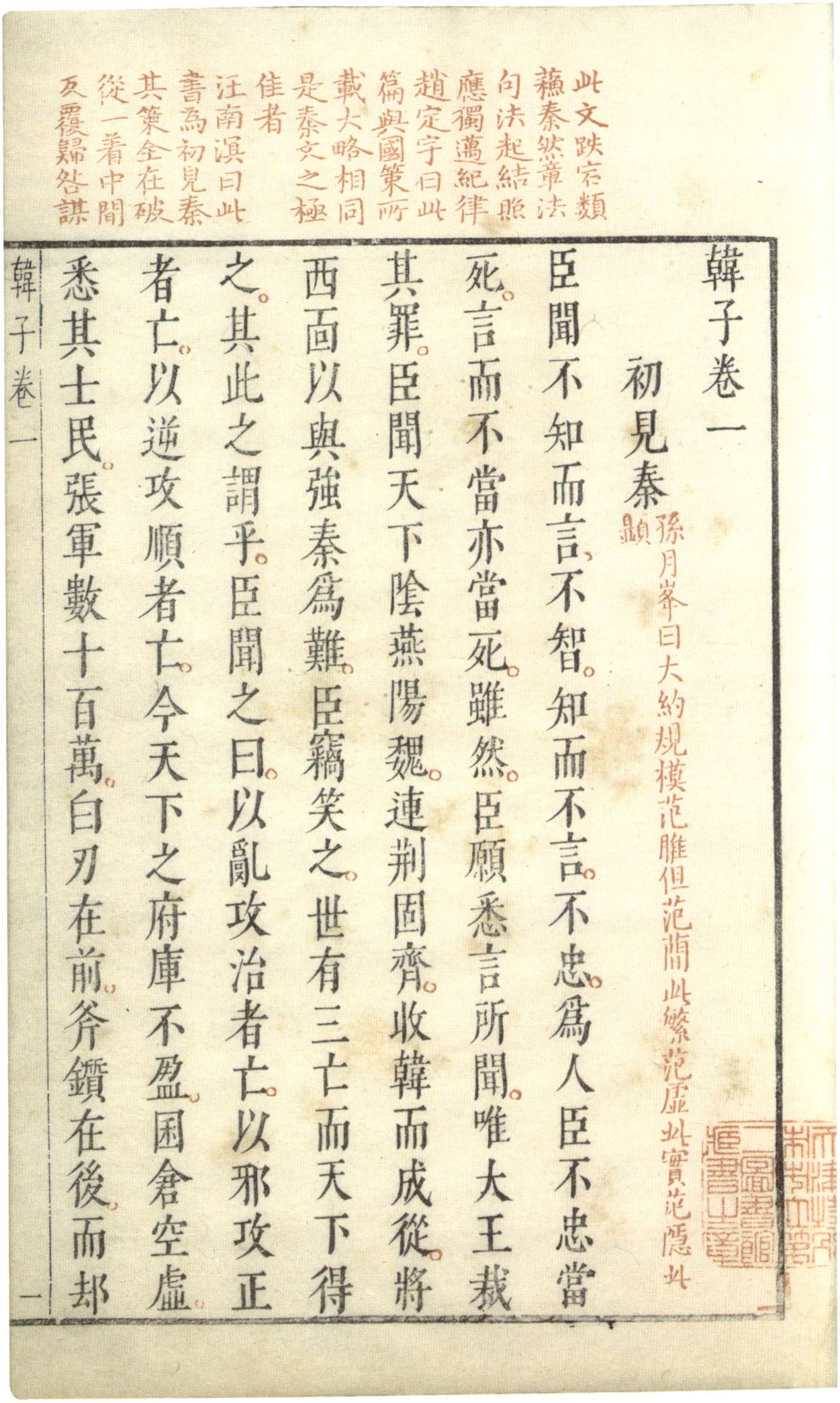

此文跌宕類藴秦然章法句法起結照應獨邁紀律趙定宇曰此篇與國策所載大略相同是秦文之極佳者汪南溟曰此書為初見秦其策全在破從一着中間反覆歸咎謀

韓子卷一

初見秦

孫月峯曰大約規模范雎但范簡此繁范虛此實范隱此顯

臣聞不知而言不智知而不言不忠為人臣不忠當死言而不當亦當死雖然臣願悉言所聞唯大王裁其罪臣聞天下陰燕陽魏連荆固齊收韓而成從將西面以與強秦為難臣竊笑之世有三亡而天下得之其此之謂乎臣聞之曰以亂攻治者亡以邪攻正者亡以逆攻順者亡今天下之府庫不盈囷倉空虛悉其士民張軍數十百萬白刃在前斧鑕在後而卻

韓子卷一　一

定一級

疑獄集三卷　清鈔本

疑獄集卷之上

贈中書令右僕射平章事魯國公和凝集

御史佯失狀

唐高祖以李靖為岐州刺史或有一人希望聖旨告靖謀反者高祖命一御史往案之謂曰李靖反狀實便可處分御史知其誣罔請以告事者偕行〻數驛御史佯失告狀驚懼異常鞭撻刑典乃祈告事者曰李靖反狀分明親奉進旨今失告狀幸救命告事者乃疏狀與御史驗其

石山醫案八種三十二卷

明嘉靖刻崇禎祁門樸墅增刻本

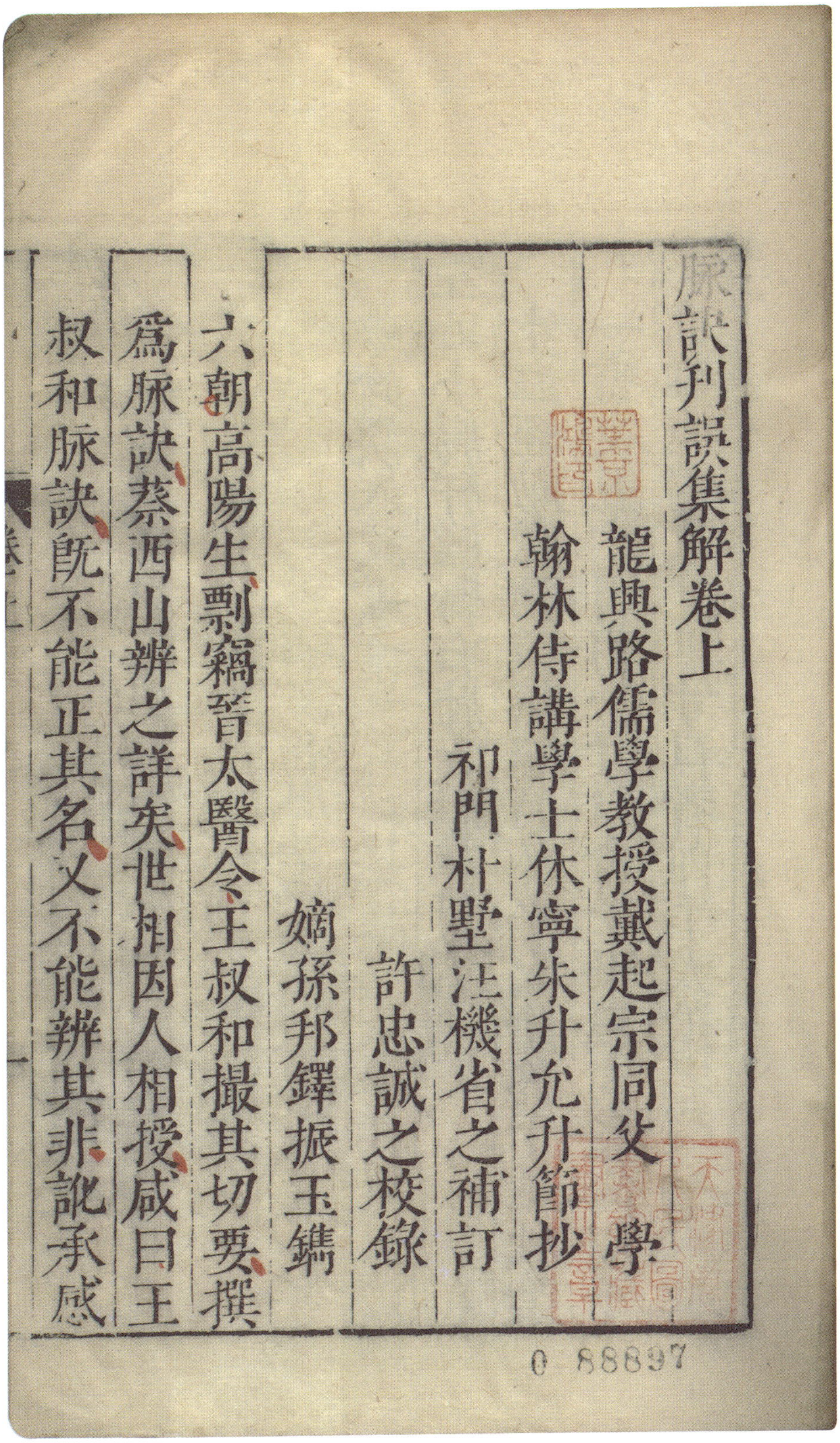
脉訣刊誤集解卷上

龍興路儒學教授戴起宗同父學

翰林侍講學士休寧朱升允升節抄

祁門朴墅汪機省之補訂

許忠誠之校錄

嫡孫邦鐸振玉鐫

六朝高陽生剽竊晉太醫令王叔和撮其切要撰爲脉訣蔡西山辨之詳矣世相因人相授咸曰王叔和脉訣既不能正其名又不能辨其非訛承感

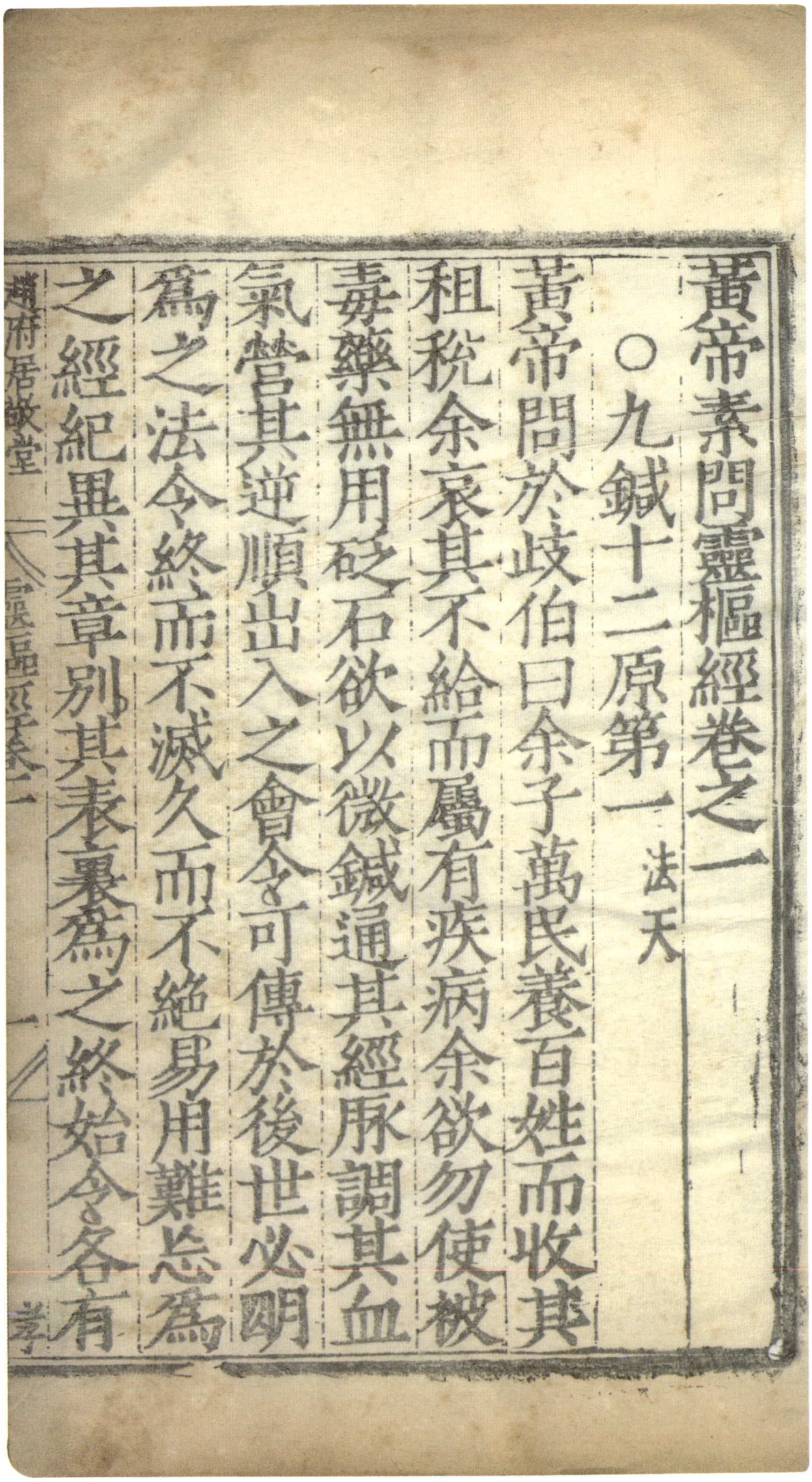
黃帝素問靈樞經卷之一
○九鍼十二原第一 法天
黃帝問於岐伯曰余子萬民養百姓而收其
租稅余哀其不給而屬有疾病余欲勿使被
毒藥無用砭石欲以微鍼通其經脉調其血
氣營其逆順出入之會令可傳於後世必明
爲之法令終而不滅久而不絕易用難忘爲
之經紀異其章別其表裏爲之終始令各有
趙府居敬堂 靈樞經卷之一 一

補注釋文黃帝內經素問十二卷 黃帝素問靈樞經十二卷 明趙府居敬堂刻本

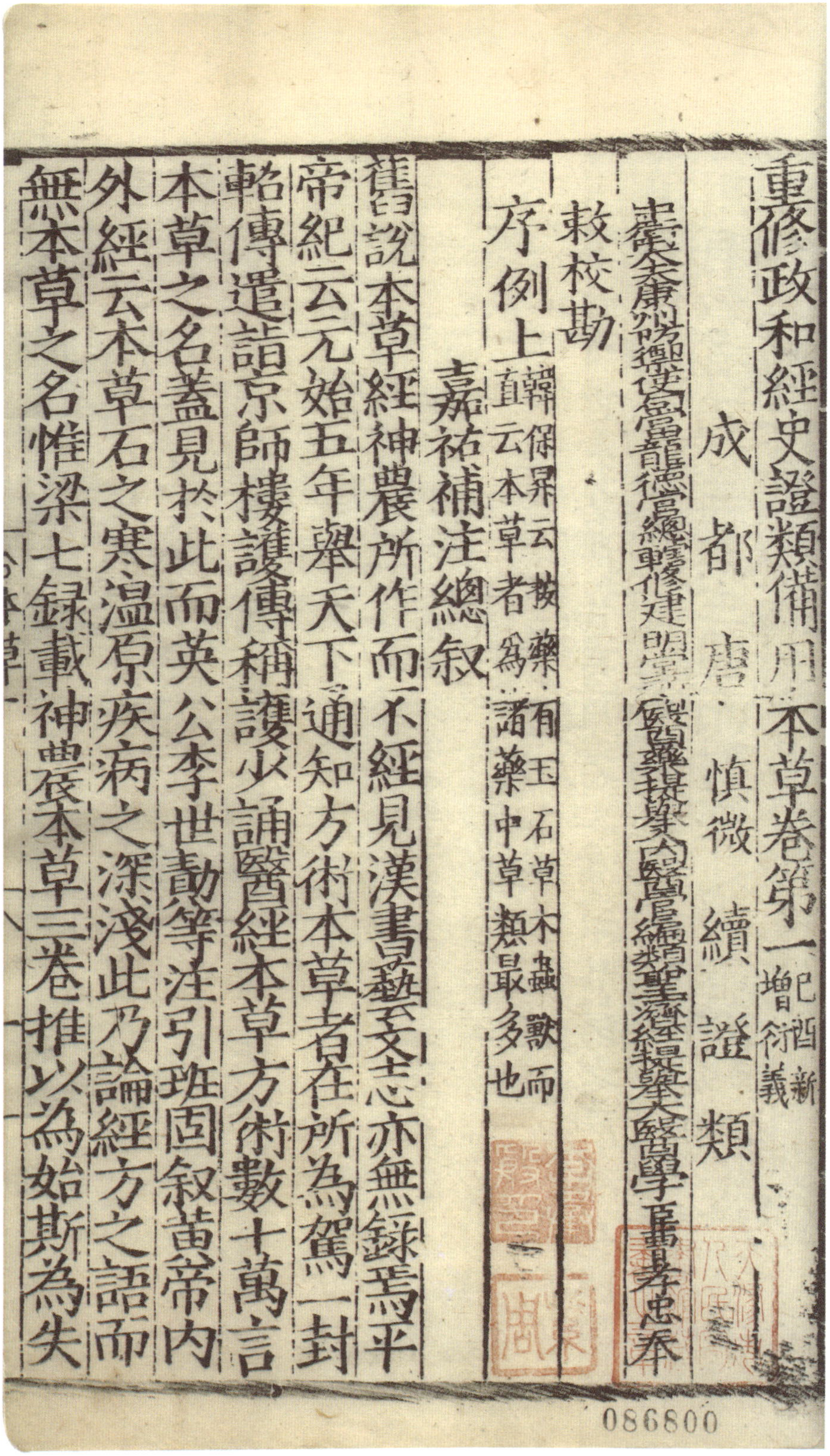
重修政和經史證類備用本草卷第一（已新增衍義）
成都唐慎微續證類
中衛大夫康州防禦使句當龍德宮總轄修建明堂所醫藥提舉入內醫官編類聖濟經提舉太醫學臣曹孝忠奉
敕校勘
序例上（韓保昇云按藥有玉石草木蟲獸而直云本草者為諸藥中草類最多也）
嘉祐補注總叙
舊說本草經神農所作而不經見漢書藝文志亦無錄焉平
帝紀云元始五年舉天下通知方術本草者在所為駕一封
軺傳遣詣京師樓護傳稱護少誦醫經本草方術數十萬言
本草之名蓋見於此而英公李世勣等注引班固叙黃帝內
外經云本草石之寒溫原疾病之深淺此乃論經方之語而
無本草之名惟梁七錄載神農本草三卷推以為始斯為失
086800

重修政和經史證類備用本草三十卷　明嘉靖十六年楚府崇本書院刻本

王氏脈經十卷

明趙府居敬堂刻本

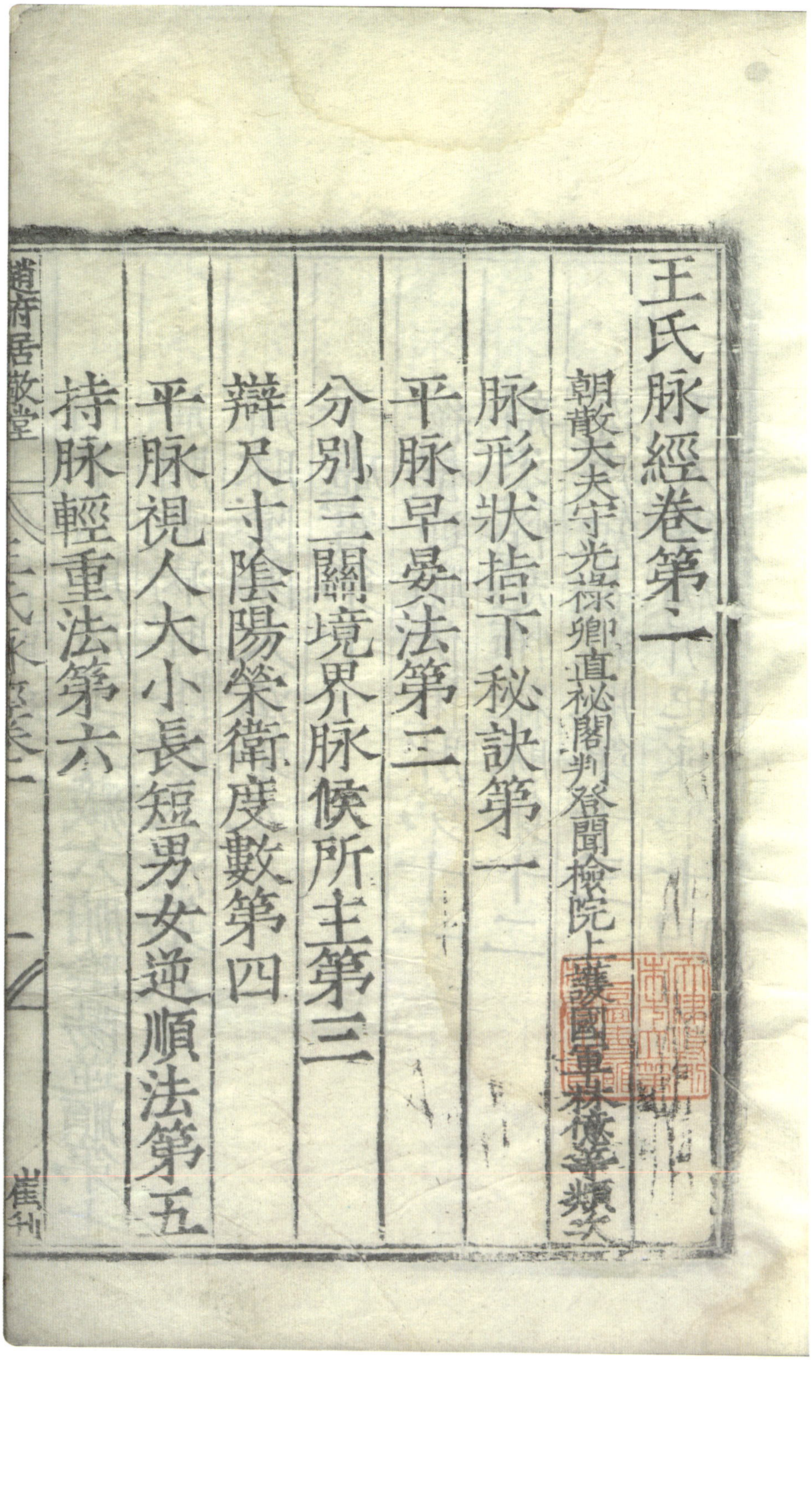
王氏脉經卷第一

朝散大夫守光祿卿直秘閣判登聞檢院上護軍林億等類次

脉形狀指下秘訣第一

平脉早晏法第二

分别三關境界脉候所主第三

辯尺寸陰陽榮衛度數第四

平脉視人大小長短男女逆順法第五

持脉輕重法第六

趙府居敬堂　王氏脉經卷一　一

崔刊

重刊孫真人備急千金要方三十卷　元刻本

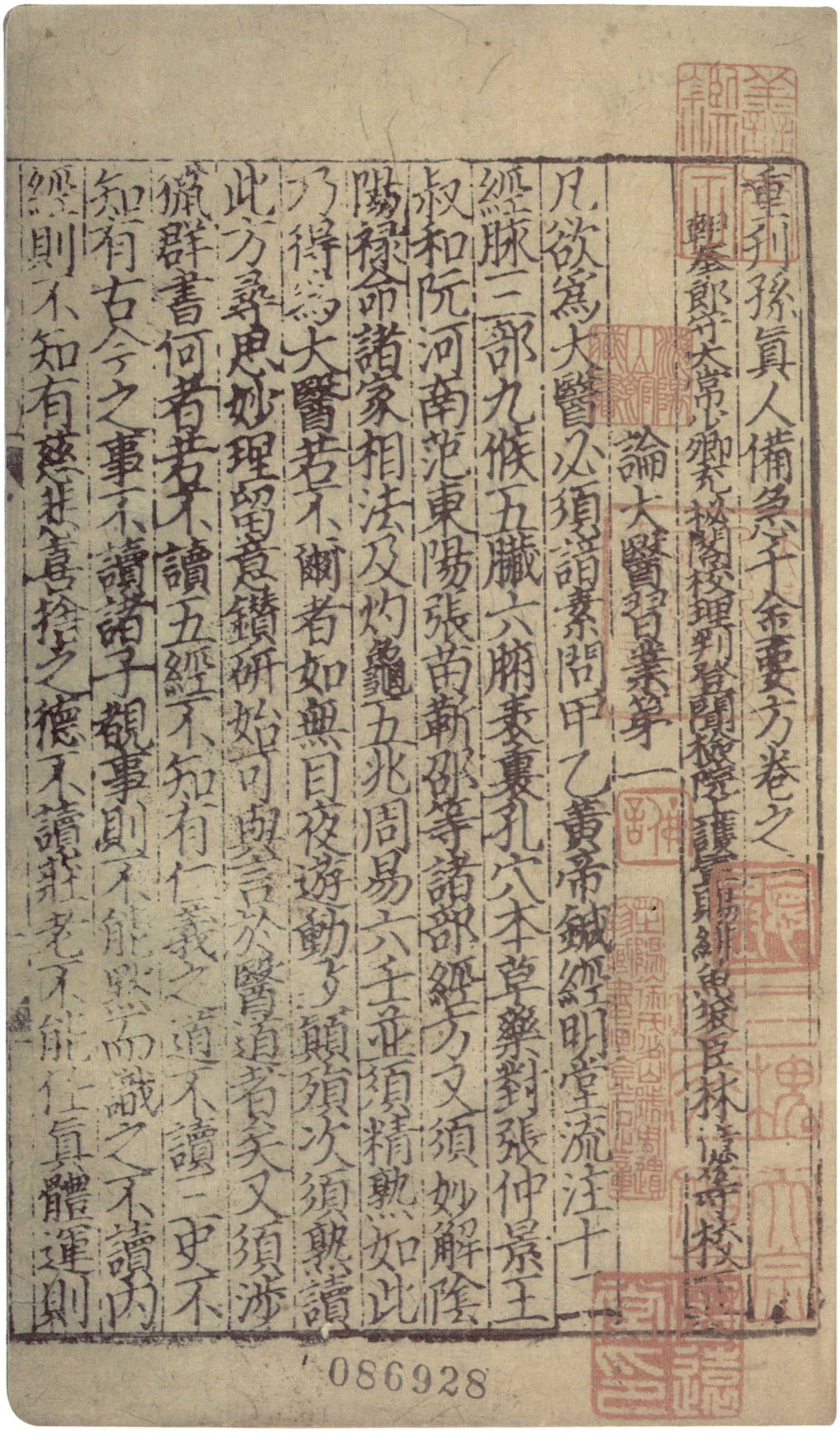

重刊孫眞人備急千金要方卷之一

朝奉郎守太常少卿充秘閣校理判登聞檢院護軍賜緋魚袋臣林億等校正

論大醫習業第一

凡欲爲大醫必須諳素問甲乙黄帝鍼經明堂流注十二經脉三部九候五臟六腑表裏孔穴本草藥對張仲景王叔和阮河南范東陽張苗靳邵等諸部經方又須妙解陰陽禄命諸家相法及灼龜五兆周易六壬並須精熟如此乃得爲大醫若不爾者如無目夜遊動致顛殞次須熟讀此方尋思妙理留意鑽研始可與言於醫道者矣又須涉獵群書何者若不讀五經不知有仁義之道不讀三史不知有古今之事不讀諸子覩事則不能默而識之不讀内經則不知有慈悲喜捨之德不讀莊老不能任眞體運則

086928

孫真人備急千金要方九十三卷　明嘉靖二十三年喬世定小丘山房刻本

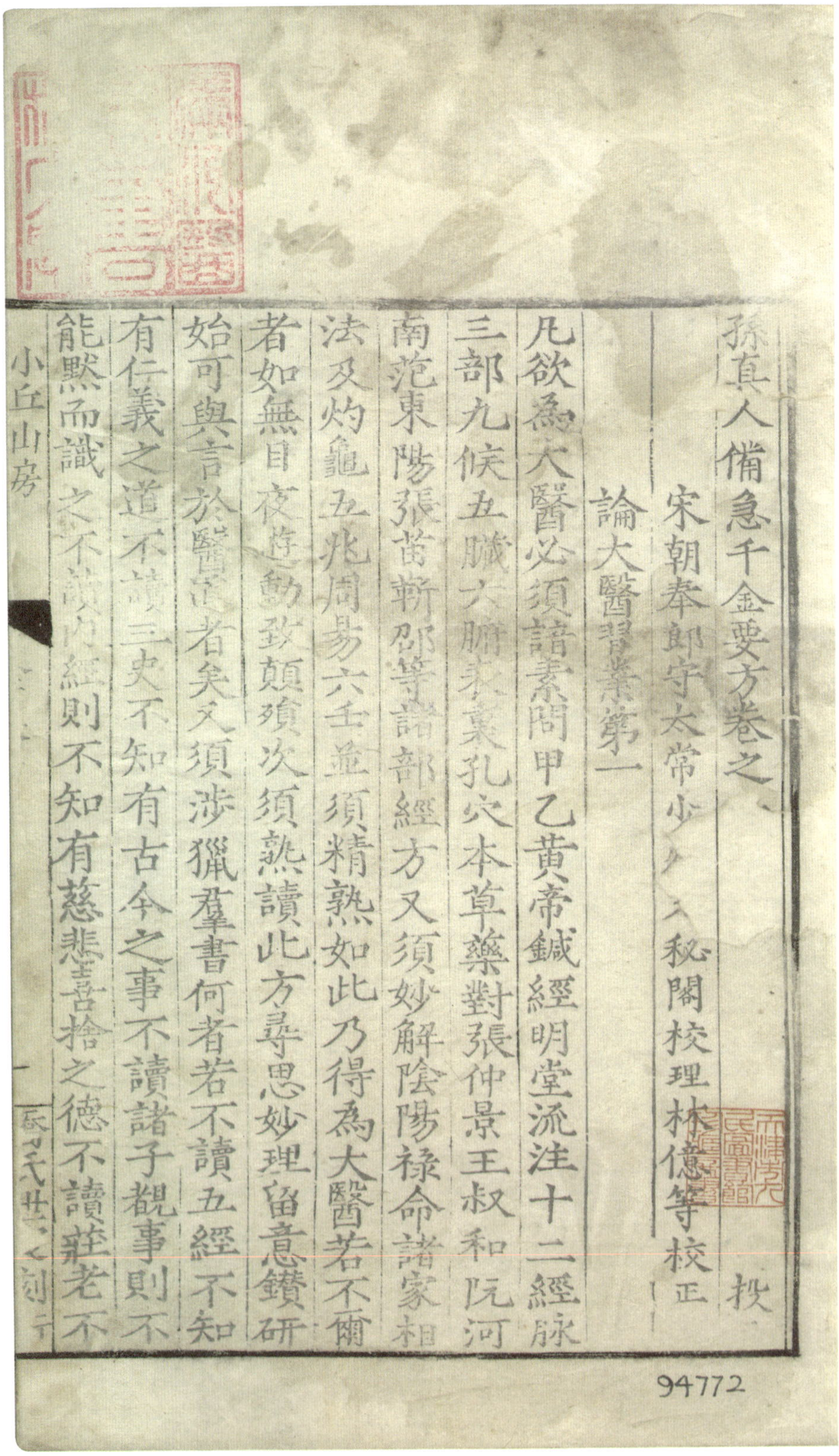

孫真人備急千金要方卷之一　投

宋朝奉郎守太常少卿充秘閣校理林億等校正

論大醫習業第一

凡欲為大醫必須諳素問甲乙黃帝鍼經明堂流注十二經脉三部九候五臟六腑表裏孔穴本草藥對張仲景王叔和阮河南范東陽張苗靳邵等諸部經方又須妙解陰陽祿命諸家相法及灼龜五兆周易六壬並須精熟如此乃得為大醫若不爾者如無目夜遊動致顛殞次須熟讀此方尋思妙理留意鑽研始可與言於醫道者矣又須涉獵羣書何者若不讀五經不知有仁義之道不讀三史不知有古今之事不讀諸子覩事則不能默而識之不讀內經則不知有慈悲喜捨之德不讀莊老不

小丘山房

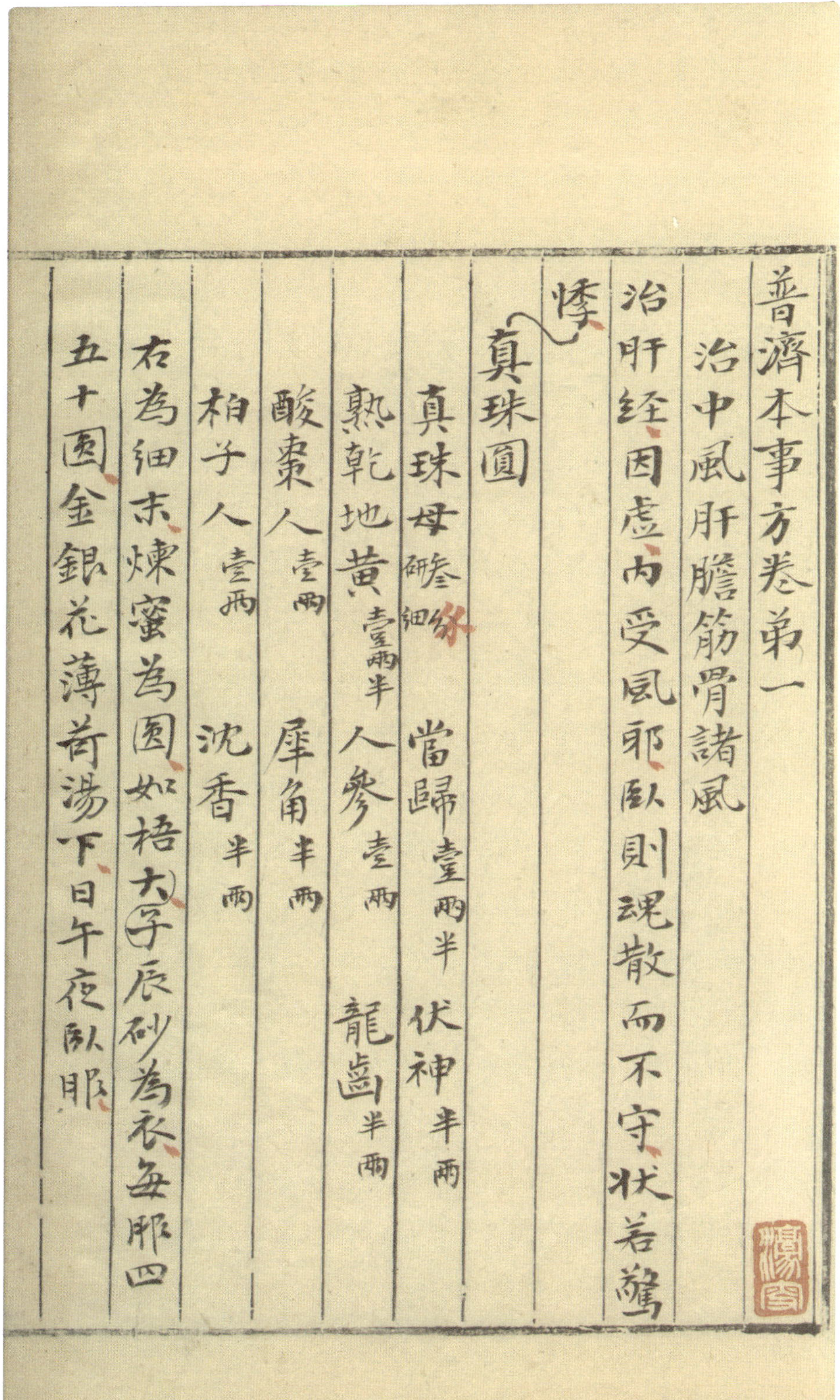

普濟本事方卷第一

治中風肝膽筋骨諸風

治肝经因虚内受風邪臥則魂散而不守狀若驚

悸

真珠圓

真珠母叁分研細 當歸壹兩半 伏神半兩

熟乾地黄壹兩半 人參壹兩 龍齒半兩

酸棗人壹兩 犀角半兩

柏子人壹兩 沈香半兩

右為细末煉蜜為圓如梧子大辰砂為衣每服四

五十圓金銀花薄荷湯下日午夜臥服

普濟本事方十卷 清光緒三年楊圻孫鈔本

醫說十卷　明嘉靖二十二年張子立刻本

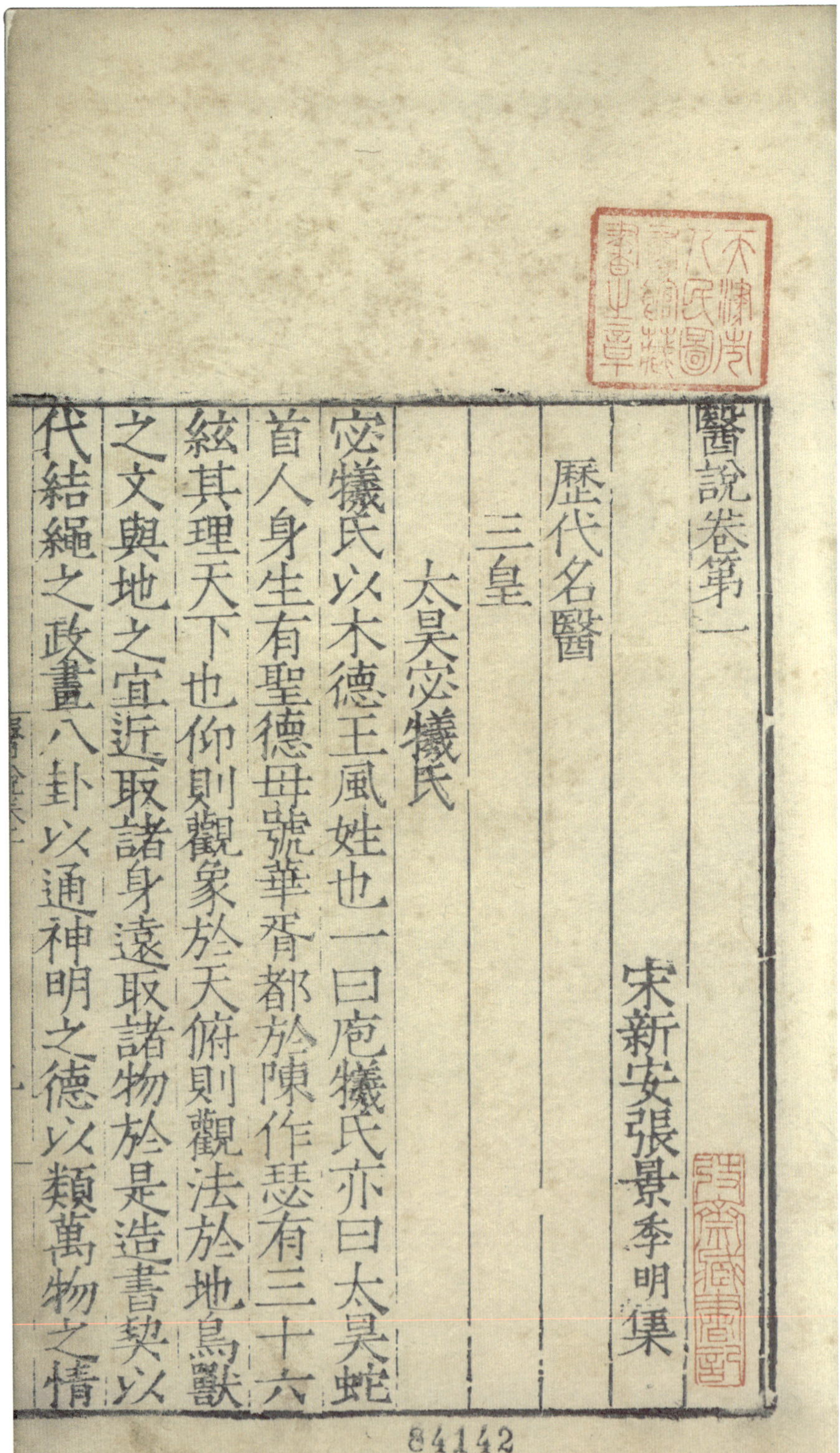

醫說卷第一

宋新安張景季明集

歷代名醫

三皇

太昊宓犧氏

宓犧氏以木德王風姓也一曰庖犧氏亦曰太昊蛇首人身生有聖德母號華胥都於陳作瑟有三十六絃其理天下也仰則觀象於天俯則觀法於地鳥獸之文與地之宜近取諸身遠取諸物於是造書契以代結繩之政畫八卦以通神明之德以類萬物之情

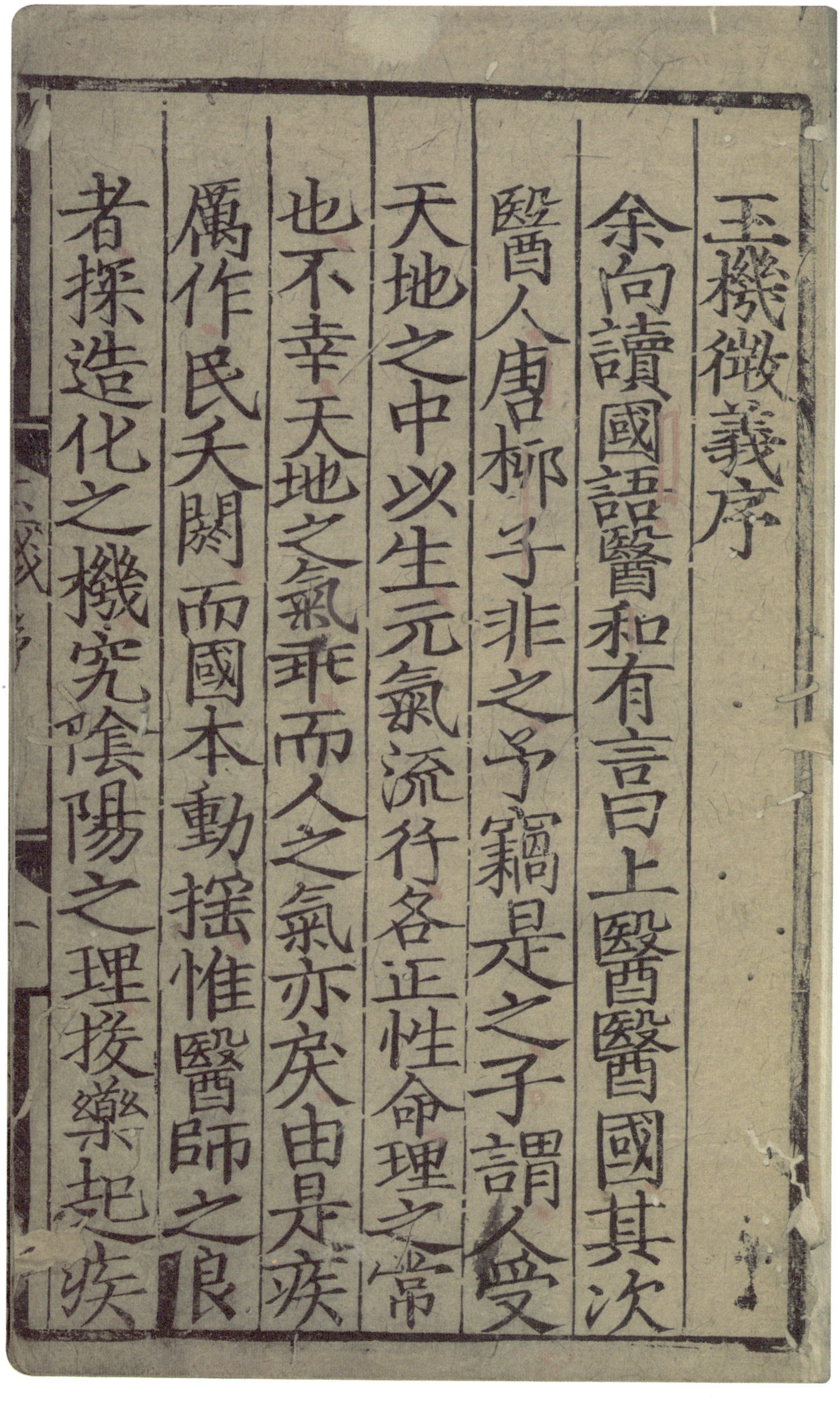

玉機微義序

余向讀國語醫和有言曰上醫醫國其次醫人唐柳子非之予竊是之子謂人受天地之中以生元氣流行各正性命理之常也不幸天地之氣乖而人之氣亦戾由是疾厲作民夭閼而國本動摇惟醫師之良者探造化之機究陰陽之理援藥起疾

玉機微義五十卷　明正統四年陳氏刻本

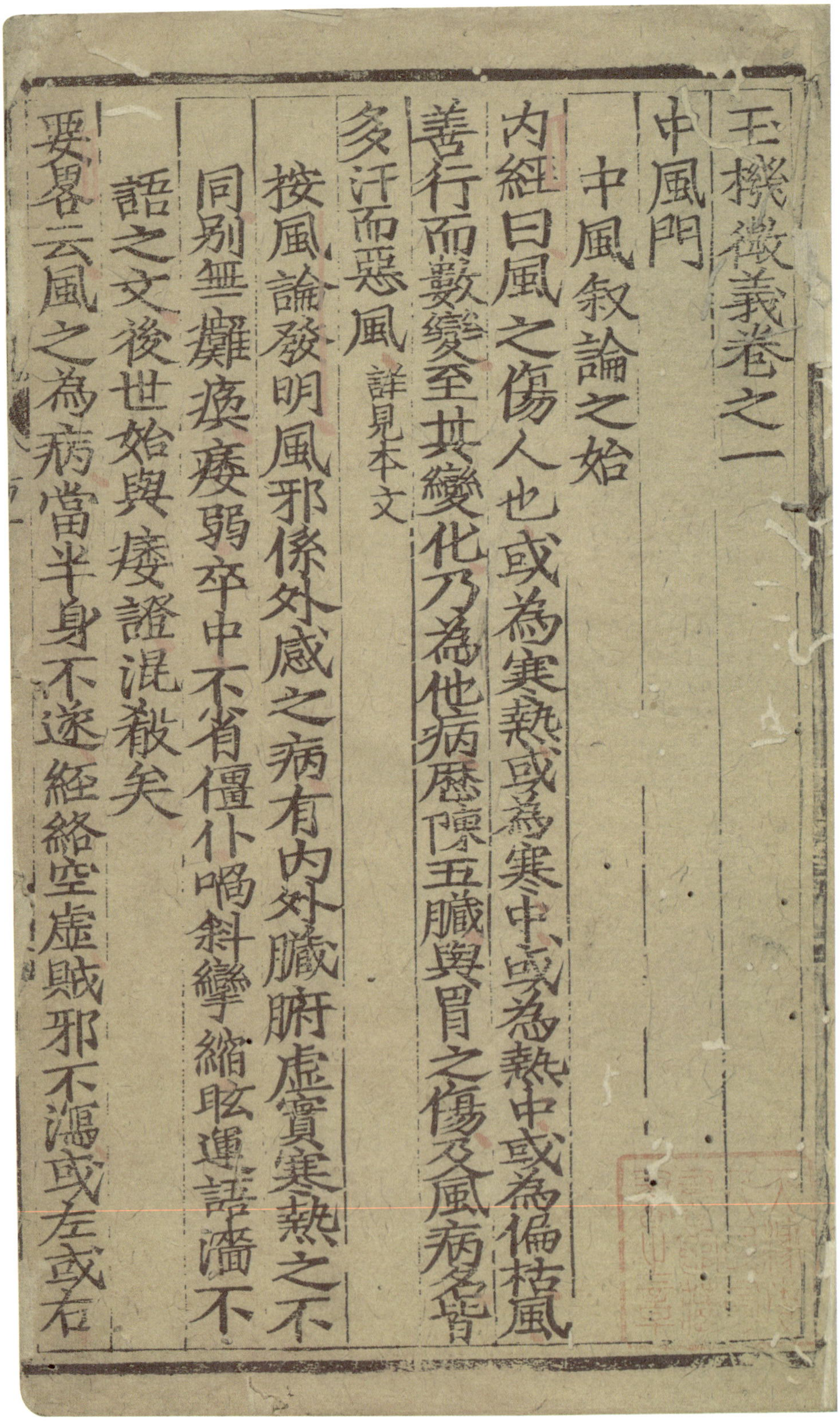

玉機微義卷之一

中風門

中風敘論之始

内經曰風之傷人也或為寒熱或為熱中或為寒中或為偏枯風善行而數變至其變化乃為他病歷隙五臟與胃之傷及風病名皆多汗而惡風 詳見本文

按風論發明風邪係外感之病有内外臟腑虛實寒熱之不同別無癱瘓痿弱卒中不省僵仆喎斜攣縮眩運語澀不語之文後世始與痿證混殺矣

要略云風之為病當半身不遂經絡空虛賊邪不瀉或左或右

玉機微義五十卷　明正統四年陳氏刻本

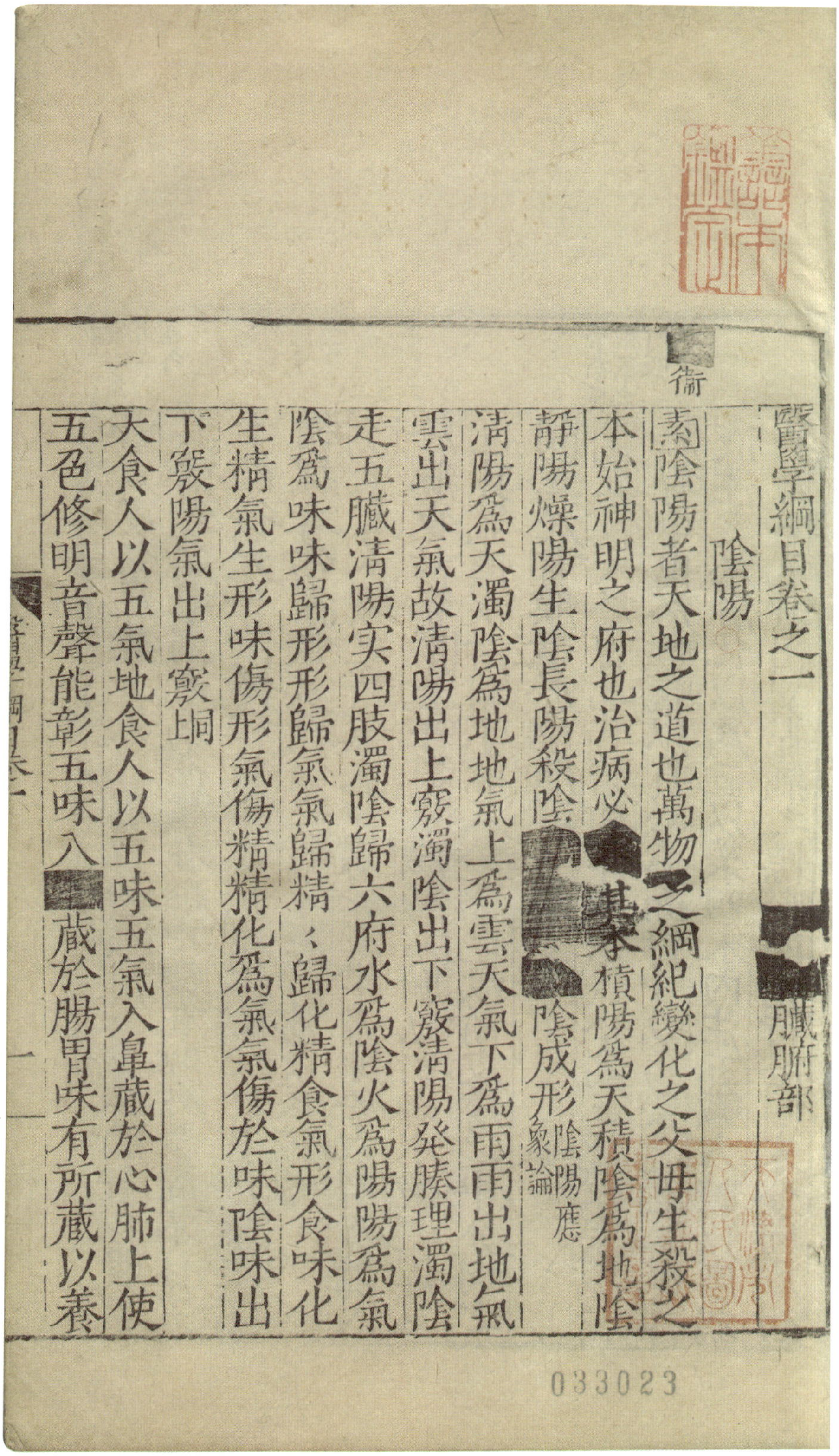
醫學綱目卷之一

陰陽　臟腑部

素問陰陽者天地之道也萬物之綱紀變化之父母生殺之本始神明之府也治病必[illegible]其本 積陽爲天積陰爲地陰靜陽燥陽生陰長陽殺陰[illegible]陰成形 陰陽應象論

清陽爲天濁陰爲地地氣上爲雲天氣下爲雨雨出地氣雲出天氣故清陽出上竅濁陰出下竅清陽發腠理濁陰走五臟清陽実四肢濁陰歸六府水爲陰火爲陽陽爲氣陰爲味味歸形形歸氣氣歸精〻歸化精食氣形食味化生精氣生形味傷形氣傷精精化爲氣氣傷於味陰味出下竅陽氣出上竅 同上

天食人以五氣地食人以五味五氣入鼻藏於心肺上使五色修明音聲能彰五味入[illegible]藏於腸胃味有所藏以養

醫學綱目卷之一　一

醫學綱目四十卷　明嘉靖四十四年曹灼刻本

攝生眾妙方十一卷

明隆慶三年衡府刻本

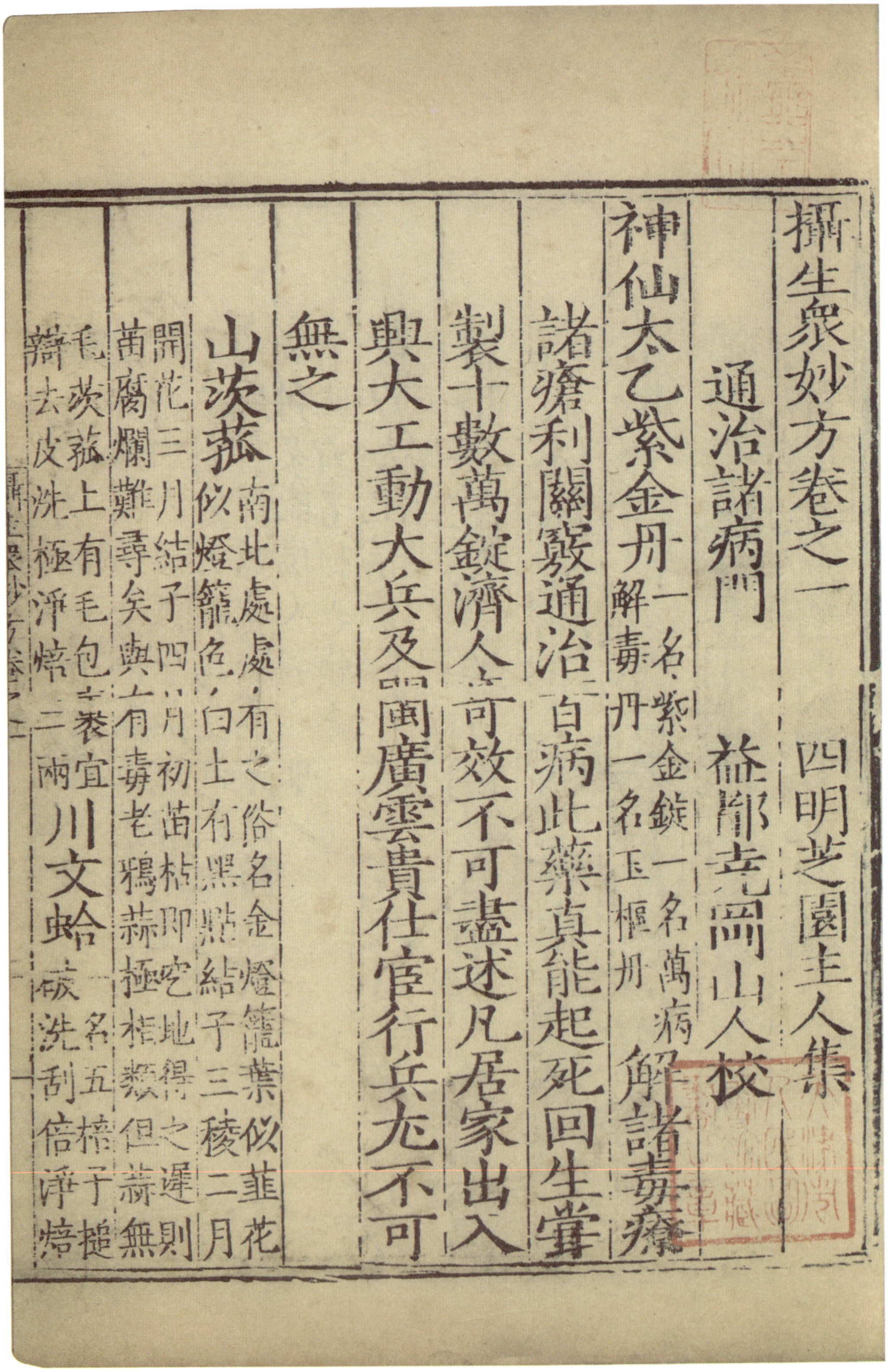
攝生衆妙方卷之一　四明芝園主人集

通治諸病門　益都堯岡山人校

神仙太乙紫金丹 一名紫金錠一名萬病解毒丹一名玉樞丹 解諸毒療
諸瘡利關竅通治百病此藥真能起死回生嘗
製十數萬錠濟人亦可效不可盡述凡居家出入
與大工動大兵及嶺閩廣雲貴仕宦行兵尤不可
無之

山茨菰 南北處處有之俗名金燈籠葉似韭花似燈籠色白上有黑點結子三稜二月開花三月結子四五月初苗枯即挖地得之遲則苗腐爛難尋矣與老鴉蒜極相類但蒜無毛茨菰上有毛包裹宜辯去皮洗極淨焙二兩　川文蛤 一名五棓子搥碎洗刮倍淨焙

劉涓子鬼遺方五卷　清鈔本

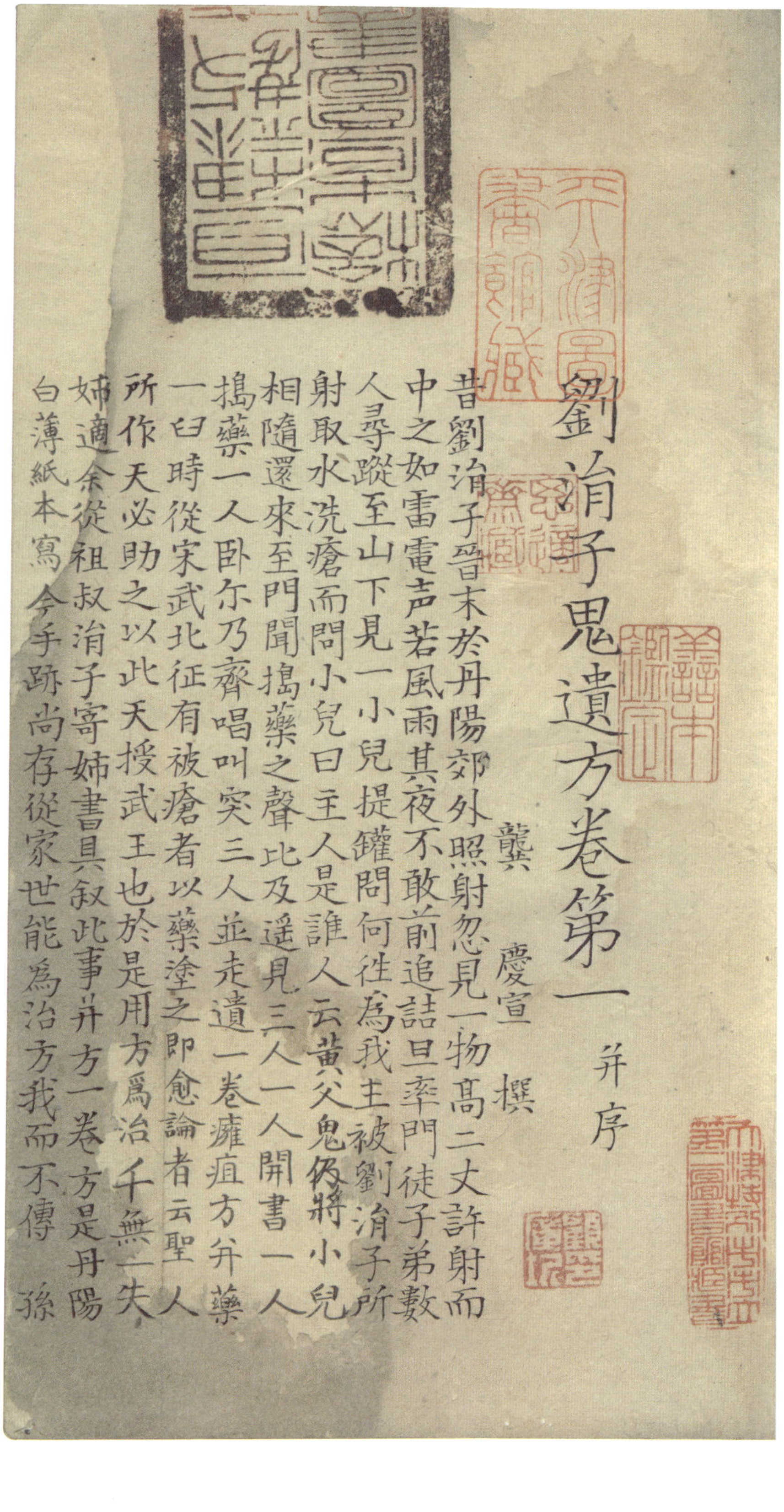

劉涓子鬼遺方卷第一　并序

龔慶宣　撰

昔劉涓子晉末於丹陽郊外照射忽見一物高二丈許射而
中之如雷電声若風雨其夜不敢前追詰旦率門徒子弟數
人尋蹤至山下見一小兒提罐問何往爲我主被劉涓子所
射取水洗瘡而問小兒曰主人是誰人云黄父鬼仍將小兒
相隨還來至門聞擣藥之聲比及遥見三人一人開書一人
擣藥一人卧尔乃齊唱叫突三人並走遺一卷癰疽方并藥
一臼時從宋武北征有被瘡者以藥塗之即愈論者云聖人
所作天必助之以此天授武王也於是用方爲治千無一失
姊適余從祖叔涓子寄姊書具叙此事并方一卷方是丹陽
白薄紙本寫今手跡尚存從家世能爲治方我而不傳　孫

錢氏小兒直訣四卷 明崇禎元年梁忠刻本

錢氏小兒直訣卷一

門人閻孝忠集
後學薛鎧附註
眞定梁忠較刻

脉法

脉弦急氣不和 脉沉緩傷食 脉促結虚驚 脉浮爲風 脉沉細爲寒 脉亂不治

薛按脉者人身之造化病機之先見用藥之凖繩不可不先明諸心者也全幼心鑑云小兒一

家居醫錄 小兒直訣卷一脉法 一

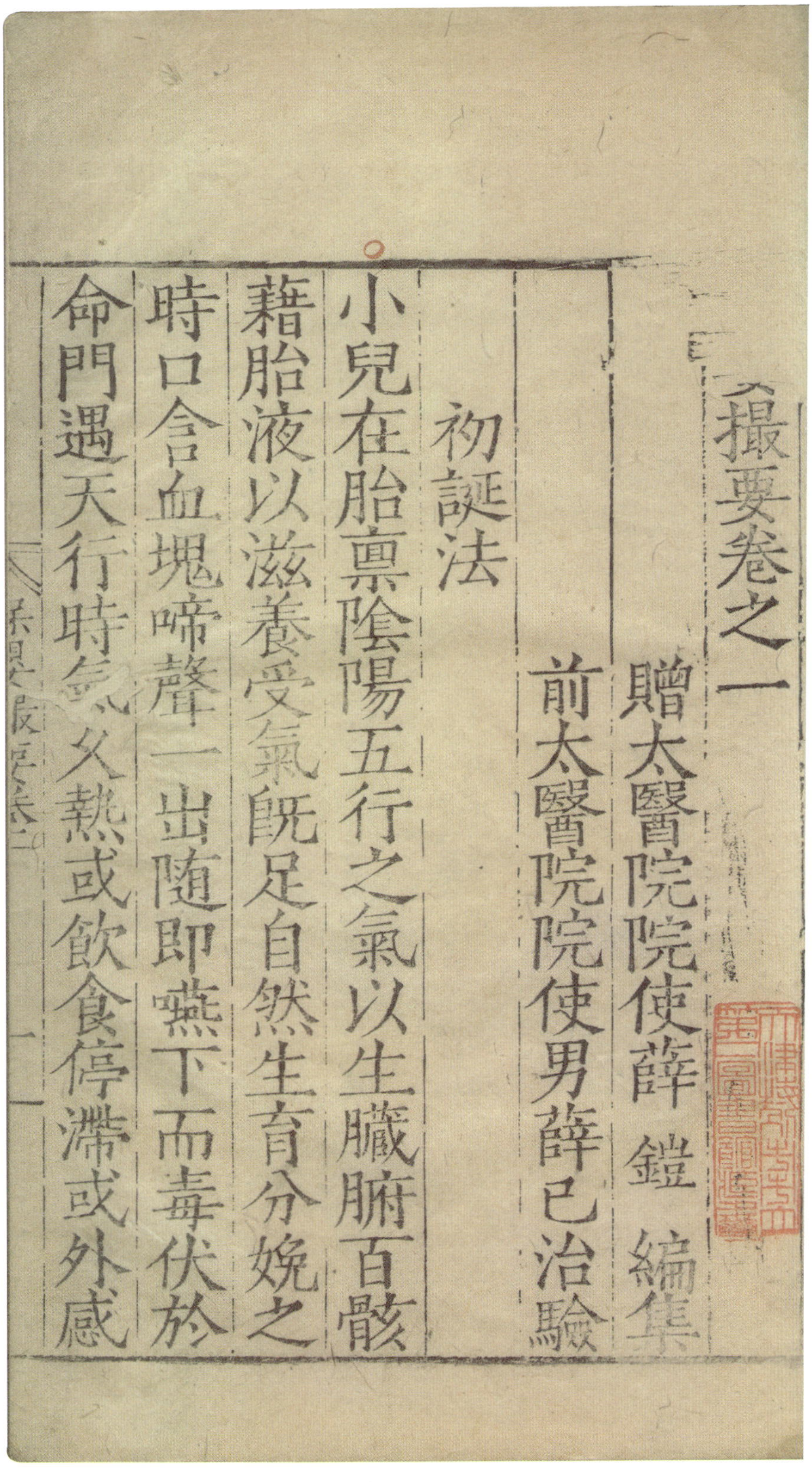
撮要卷之一
贈太醫院院使薛　鎧　編集
前太醫院院使男薛己治驗
初誕法
小兒在胎禀陰陽五行之氣以生臟腑百骸藉胎液以滋養受氣既足自然生育分娩之時口含血塊啼聲一出隨即嚥下而毒伏於命門遇天行時氣久熱或飲食停滯或外感

保嬰撮要十卷　明嘉靖三十四年林懋舉刻本

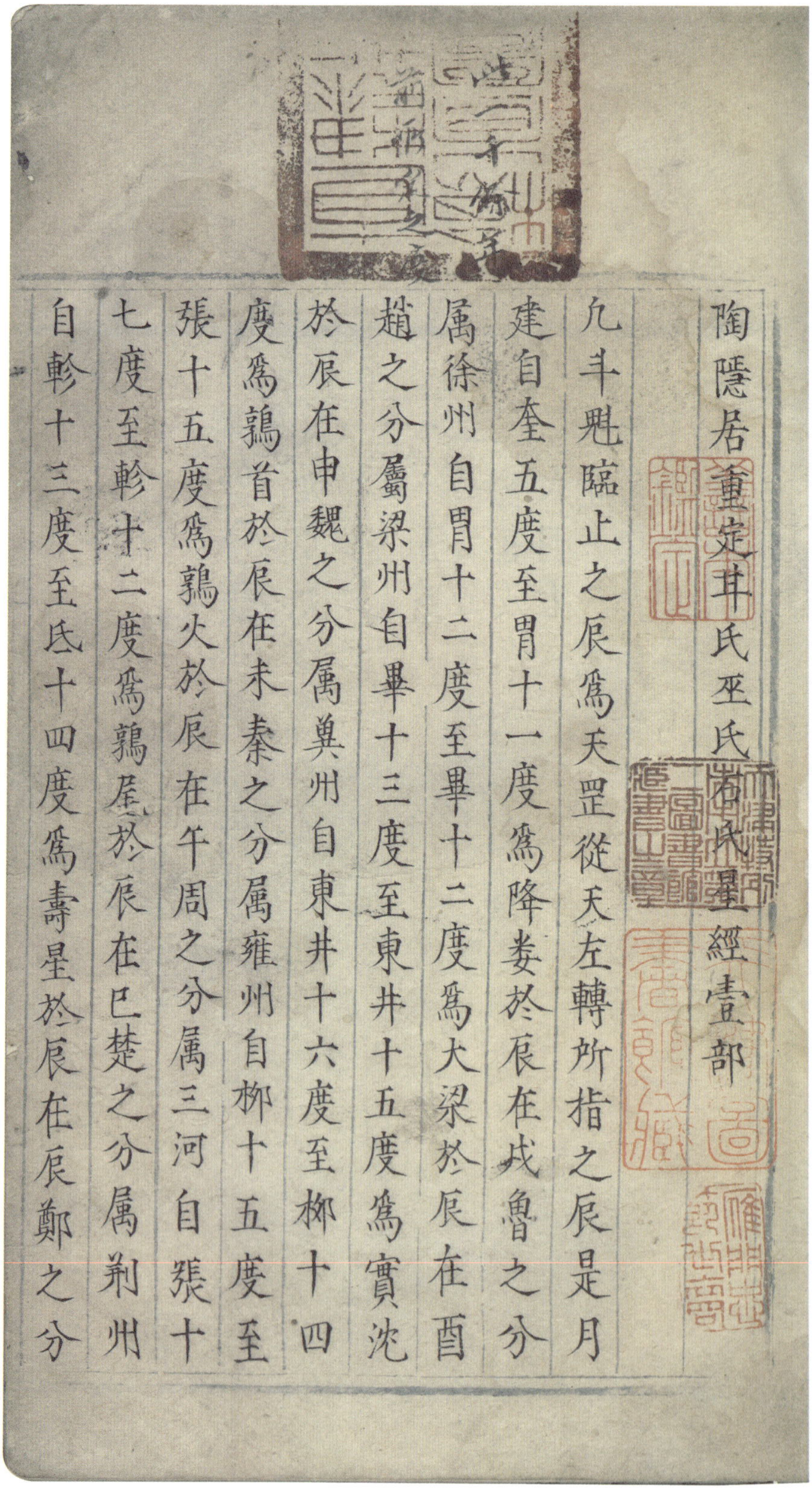

陶隱居重定甘氏巫氏石氏星經壹部
凡斗魁臨止之辰爲天罡從天左轉所指之辰是月
建自奎五度至胃十一度爲降婁於辰在戌魯之分
屬徐州自胃十二度至畢十二度爲大梁於辰在酉
趙之分屬梁州自畢十三度至東井十五度爲實沈
於辰在申魏之分屬冀州自東井十六度至柳十四
度爲鶉首於辰在未秦之分屬雍州自柳十五度至
張十五度爲鶉火於辰在午周之分屬三河自張十
七度至軫十二度爲鶉尾於辰在巳楚之分屬荆州
自軫十三度至氐十四度爲壽星於辰在辰鄭之分

陶隱居重定甘氏巫氏石氏星經一卷　明鈔本

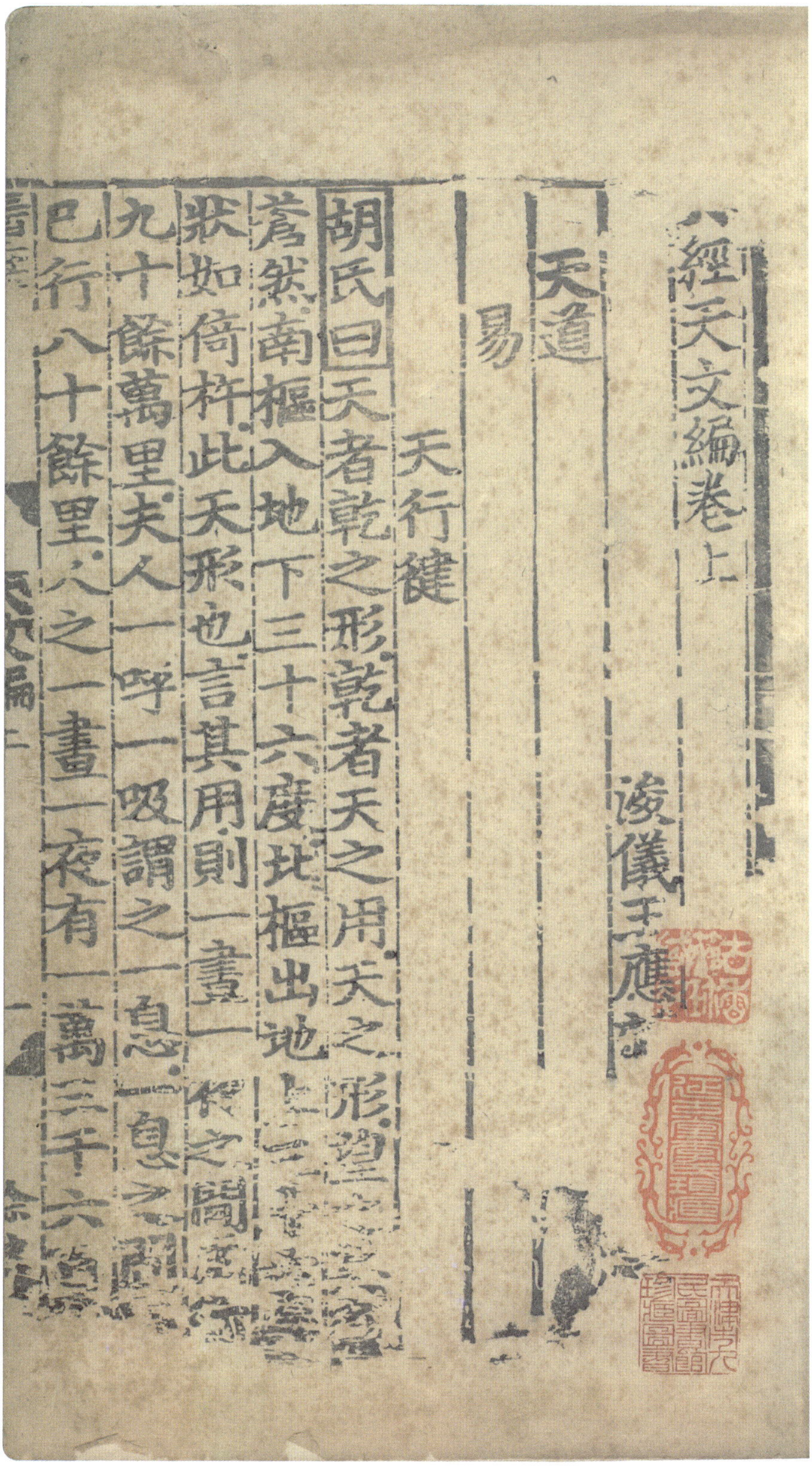
六經天文編卷上　浚儀王應麟
天道
易
天行健
胡氏曰天者乾之形乾者天之用天之形
蒼然南樞入地下三十六度北樞出地
狀如倚杵此天形也言其用則一晝一
九十餘萬里夫人一呼一吸謂之一息一息
已行八十餘里人之一晝一夜有一萬三千六

六經天文編二卷　元刻明遞修玉海附刻本

重刊革象新書二卷　明正德十五年刻本

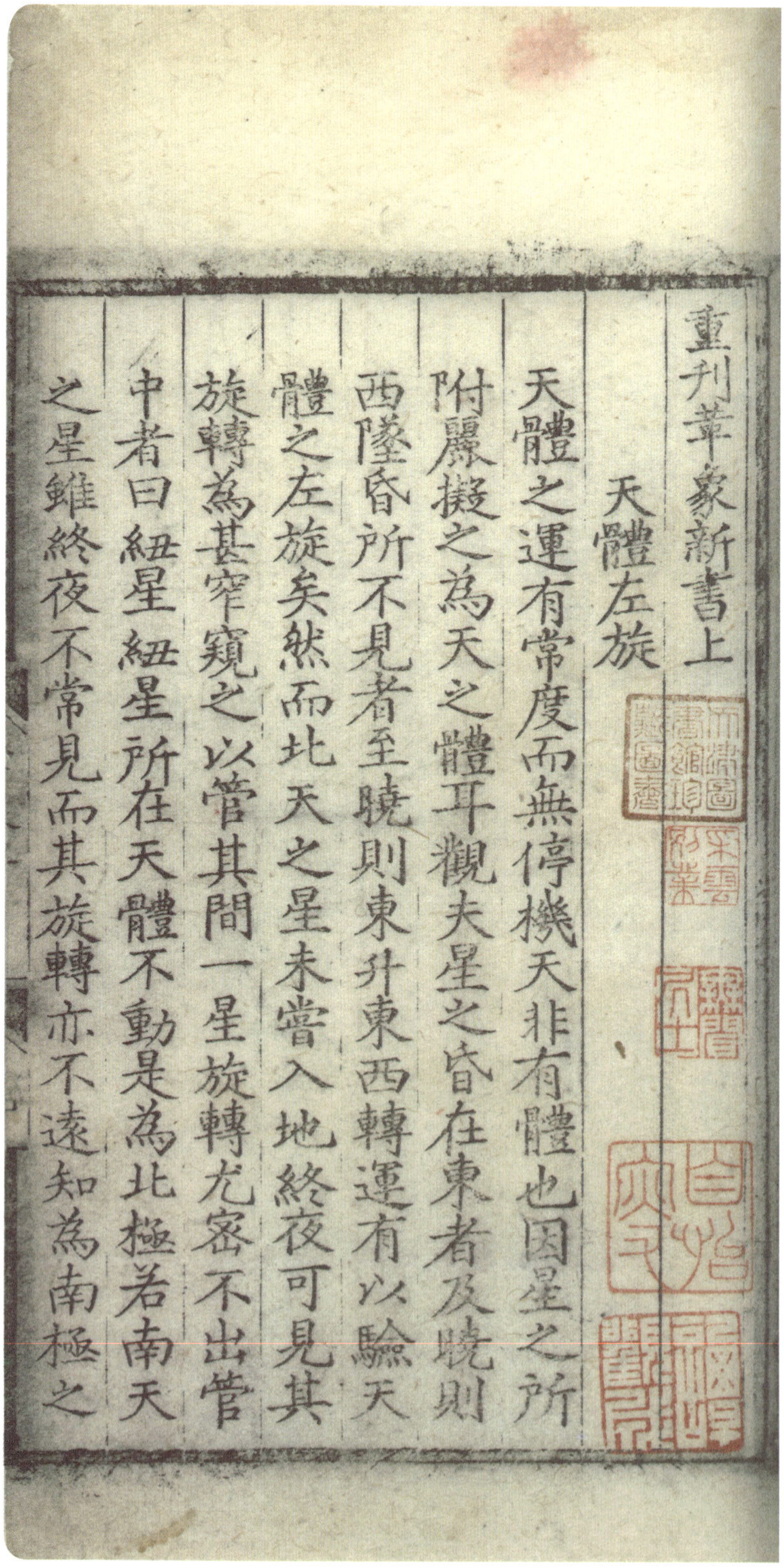
重刊革象新書上
天體左旋
天體之運有常度而無停機天非有體也因星之所
附麗擬之為天之體耳觀夫星之昏在東者及曉則
西墜昏所不見者至曉則東升東西轉運有以驗天
體之左旋矣然而北天之星未嘗入地終夜可見其
旋轉為甚窄窺之以管其間一星旋轉尤密不出管
中者曰紐星　紐星所在天體不動是為北極若南天
之星雖終夜不常見而其旋轉亦不遠知為南極之

太玄經十卷　明嘉靖三年郝梁刻本

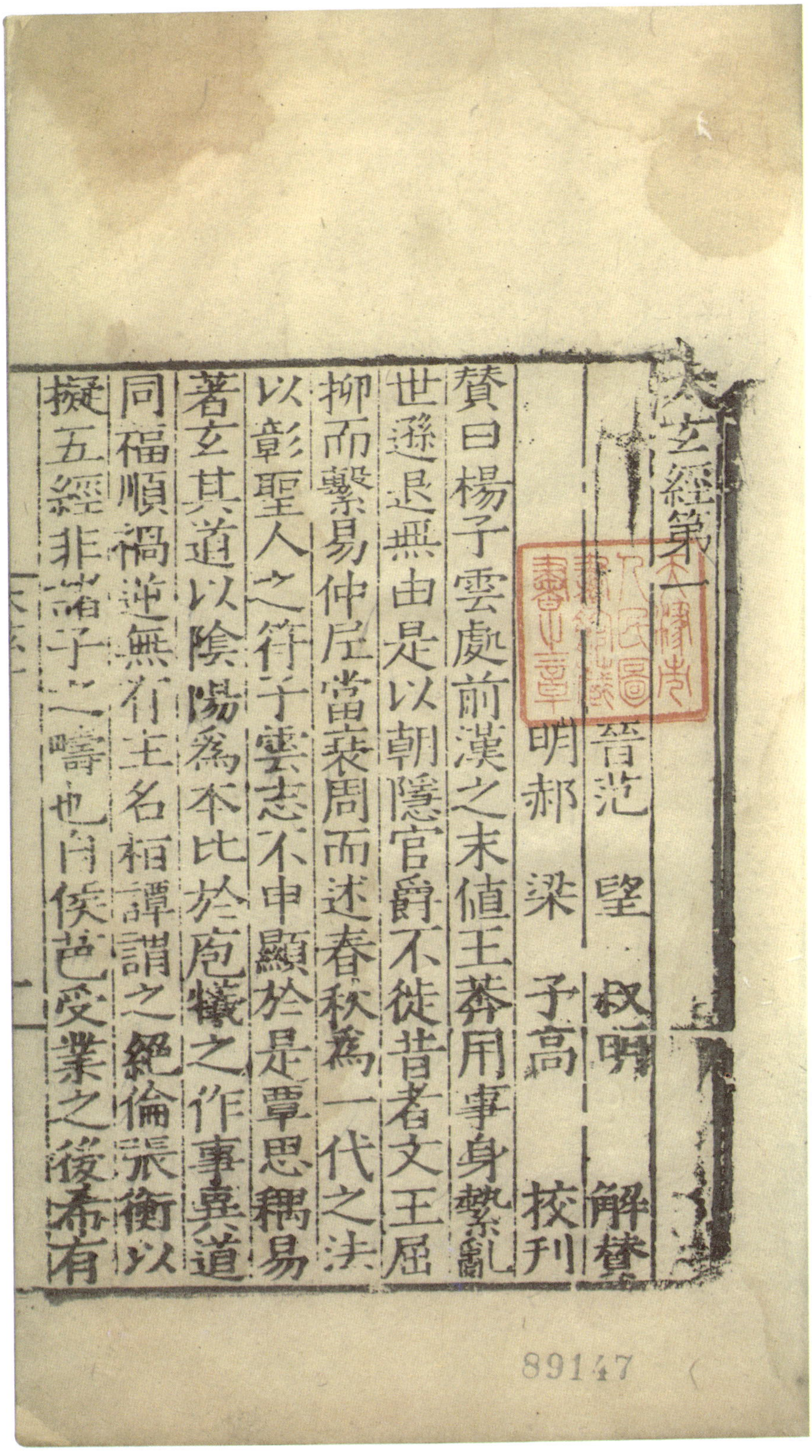
太玄經第一

晉范　望　叔明　解贊

明郝　梁　子高　校刊

贊曰楊子雲處前漢之末值王莽用事身繫亂世遜退無由是以朝隱官爵不徙昔者文王屈抑而繫易仲尼當衰周而述春秋爲一代之法以彰聖人之符子雲志不申顯於是覃思耦易著玄其道以陰陽爲本比於庖犧之作事異道同福順禍逆無有主名相譚謂之絶倫張衡以擬五經非諸子之疇也自侯芭受業之後希有

乙巳占卷之一

朝議郎行祕閣郎中護軍昌樂縣開國男李淳風撰

天象

論天體象者凡有八家一曰渾天即今所載張衡靈憲是也二曰宣夜絶無師學三曰蓋天周髀所載四曰軒天姚信所説五曰穹天虞聳所擬六曰安天虞喜所述七曰方天王充所論八曰四天妖胡寓言凡此八家渾天最親今獨取之以載于此淳風謹按張衡天文之妙冠絶一代所著灵憲渾儀畧其宸曜之

乙巳占　卷一　一

內傳天皇鰲極鎮世神書三卷　清鈔本

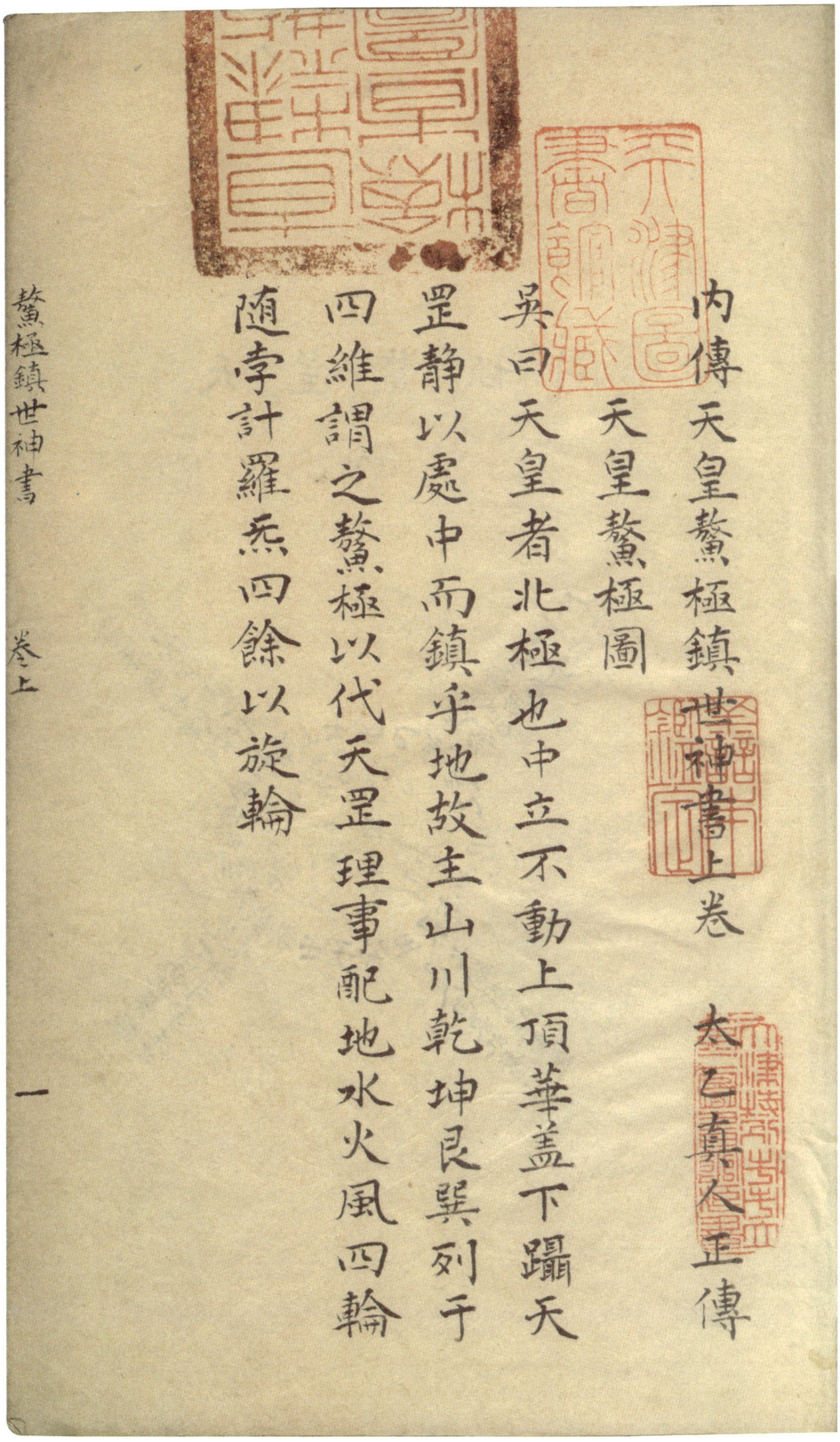
內傳天皇鰲極鎮世神書上卷　太乙真人正傳
天皇鰲極圖
吳曰天皇者北極也中立不動上頂華蓋下蹋天
罡靜以處中而鎮乎地故主山川乾坤艮巽列于
四維謂之鰲極以代天罡理事配地水火風四輪
隨宇計羅炁四餘以旋輪

鰲極鎮世神書　卷上　一

一貫齋輯刻三元選擇丹書三卷 明天啟二年金陵一貫齋刻套印本

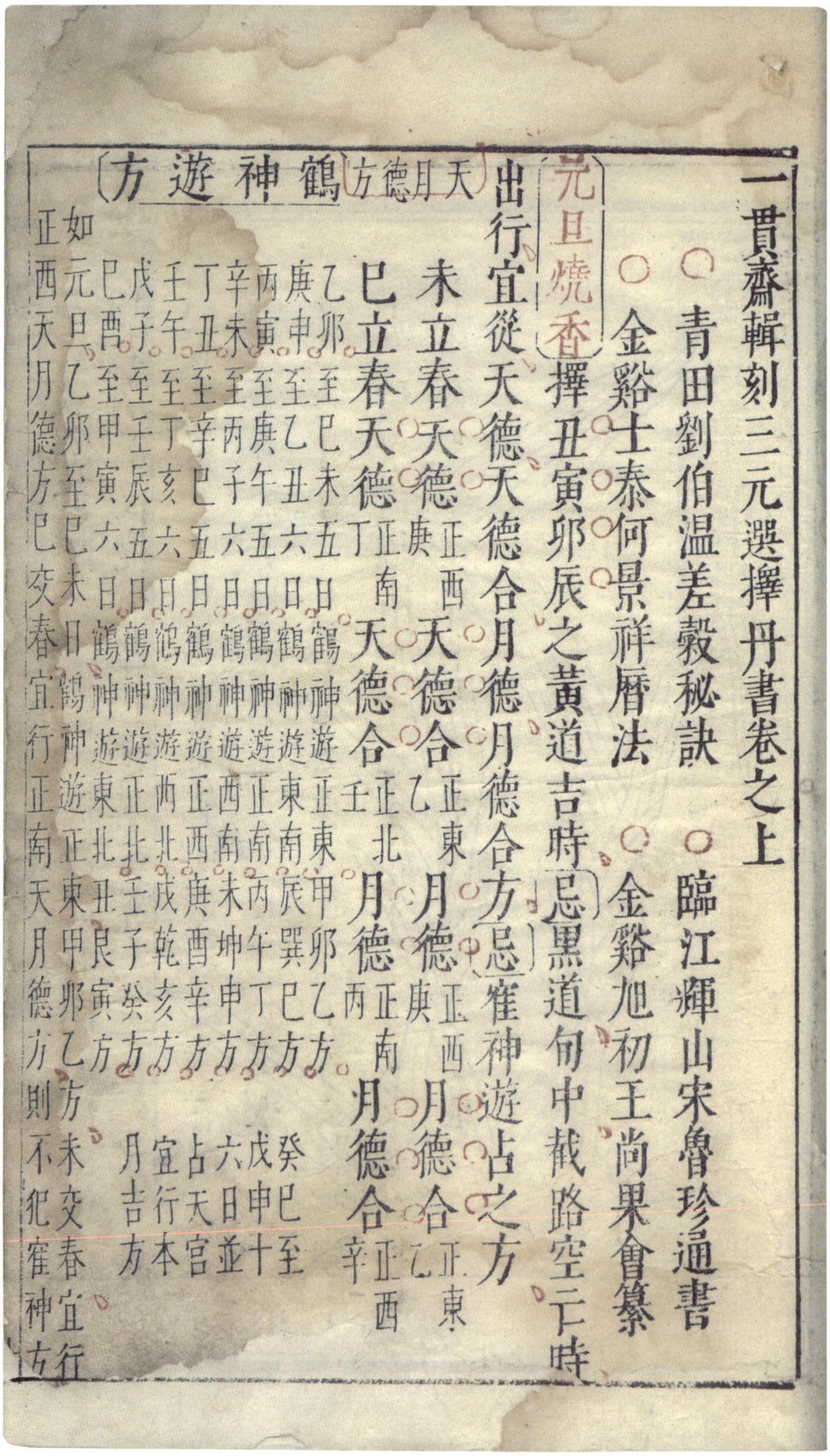

一貫齋輯刻三元選擇丹書卷之上

○青田劉伯溫差穀秘訣 ○臨江輝山宋魯珍通書

○金谿士泰何景祥曆法 ○金谿旭初王尚果會纂

元旦燒香 擇丑寅卯辰之黄道吉時忌黑道旬中截路空亡時

出行宜從天德天德合月德月德合方忌雀神遊占之方

天月德方

未立春天德正西庚天德合正東乙月德正西庚月德合正東乙

巳立春天德正南丁天德合正北壬月德正南丙月德合正西辛

鶴神遊方

乙卯至巳未五日鶴神遊正東甲卯乙方

庚申至乙丑六日鶴神遊東南辰巽巳方

丙寅至庚午五日鶴神遊正南丙午丁方

辛未至丙子六日鶴神遊西南未坤申方

丁丑至辛巳五日鶴神遊正西庚酉辛方

壬午至丁亥六日鶴神遊西北戌乾亥方

戊子至壬辰五日鶴神遊正北壬子癸方

巳酉至甲寅六日鶴神遊東北丑艮寅方

癸巳至戊申十六日並占天宮宜行本月吉方

如元旦乙卯至巳未日鶴神遊正東甲卯乙方未交春宜行正西天月德方巳交春宜行正南天月德方則不犯雀神占

寶章待訪録一卷　清鈔本

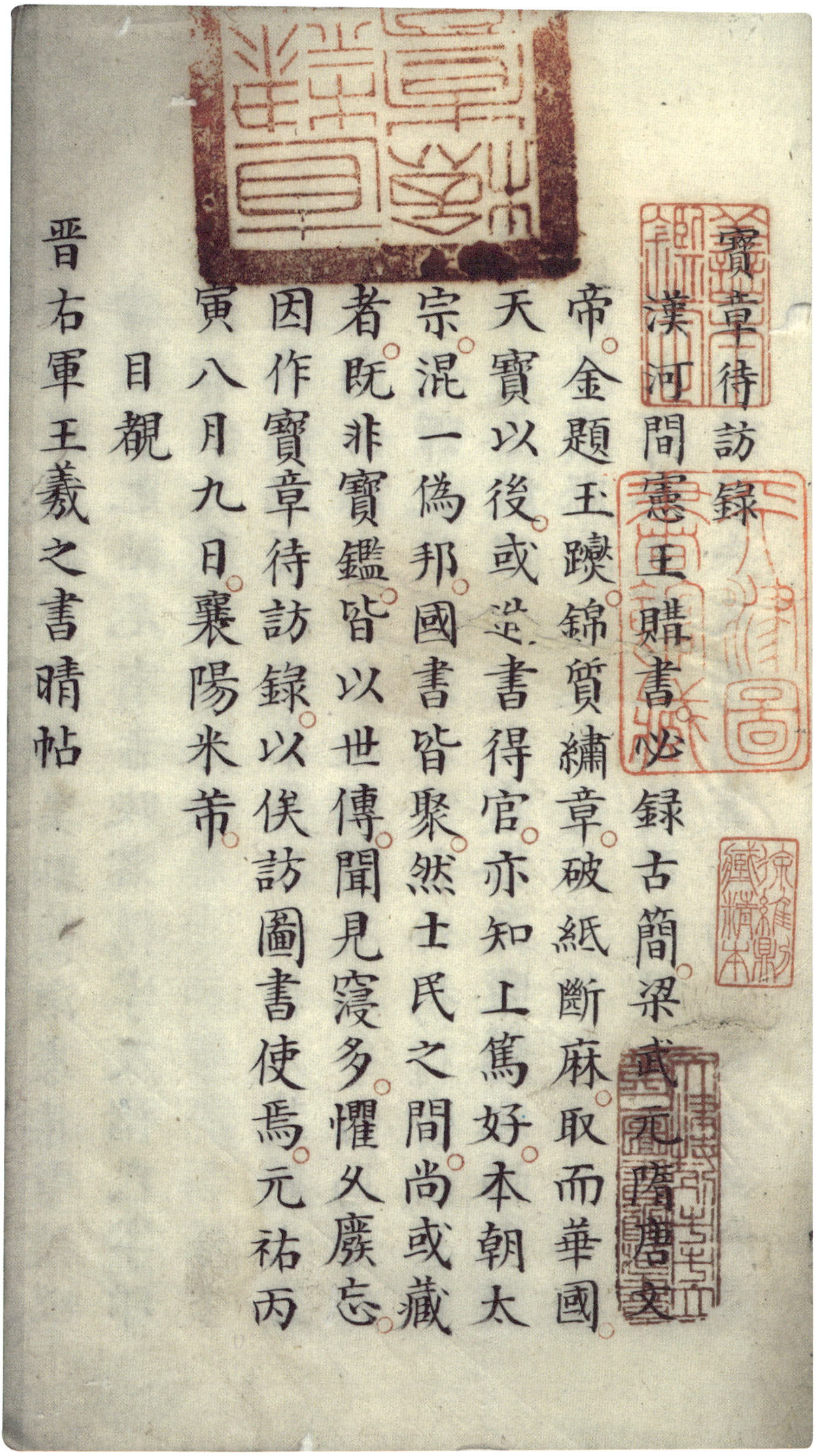
寶章待訪録

漢河間憲王購書必録古簡梁武元隋唐文帝金題玉躞錦質繡章破紙斷麻取而華國天寶以後或迸書得官亦知上篤好本朝太宗混一僞邦國書皆聚然士民之間尚或藏者既非寶鑑皆以世傳聞見寖多懼久廢忘因作寶章待訪録以俟訪圖書使焉元祐丙寅八月九日襄陽米芾

目覩

晉右軍王羲之書晴帖

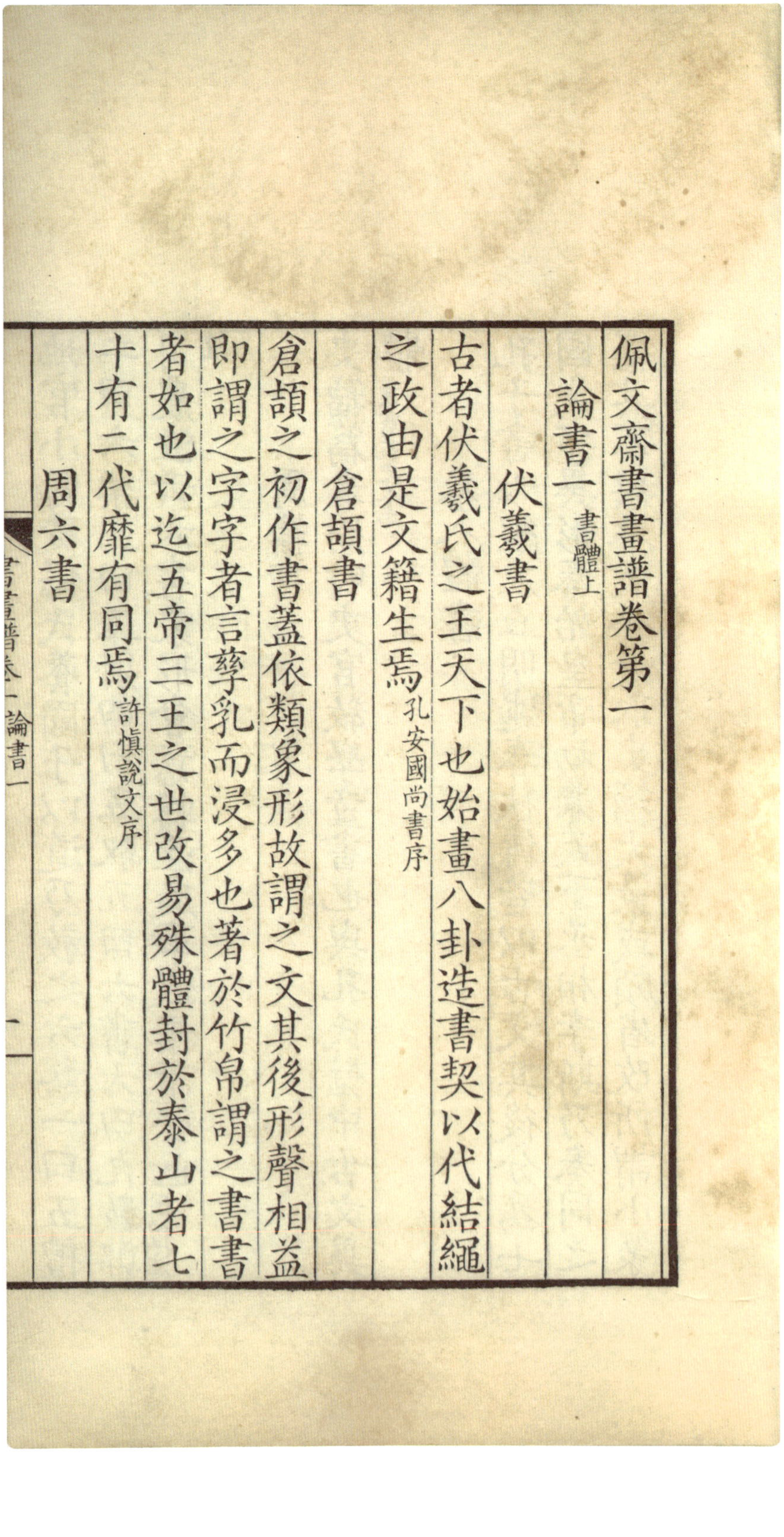
佩文齋書畫譜卷第一

論書一 書體上

伏羲書

古者伏羲氏之王天下也始畫八卦造書契以代結繩之政由是文籍生焉孔安國尚書序

倉頡書

倉頡之初作書蓋依類象形故謂之文其後形聲相益即謂之字字者言孳乳而浸多也著於竹帛謂之書書者如也以迄五帝三王之世改易殊體封於泰山者七十有二代靡有同焉許慎說文序

周六書

書畫譜卷一　論書一

佩文齋書畫譜一百卷

清康熙四十七年揚州詩局刻本

棊經十三篇

論局篇第一　棊方正之名局猶曹局也此篇推本棊局之數以與天合故首以論局名篇

夫萬物之數從一而起局之路三百六十有一

一者生數之主據其極而運四方也　一者數之始萬物之數皆起於一故棊有三百六十之數皆主於一極言棊以一居中猶皇建其有極也四方四隅也棊之據其極而運四隅猶人君建其極而治四方

三百六十以象周天之數分而為四以象四時隅各九十路以象其日外周七十二路以象其候　四時春夏秋冬也周天之度三百六十有五棊之路三百六十而不及五者大數合也棊之有四隅猶天之有四時時有九十日而隅有九十路候謂七十二候也

枯棊三百六十白黑相半以灋陰陽　枯棊韋洪嗣傳奕論有枯棊三百之語其義未詳或者古者棊局棊子皆以木為之

方氏墨譜六卷　明萬曆方氏美蔭堂刻本

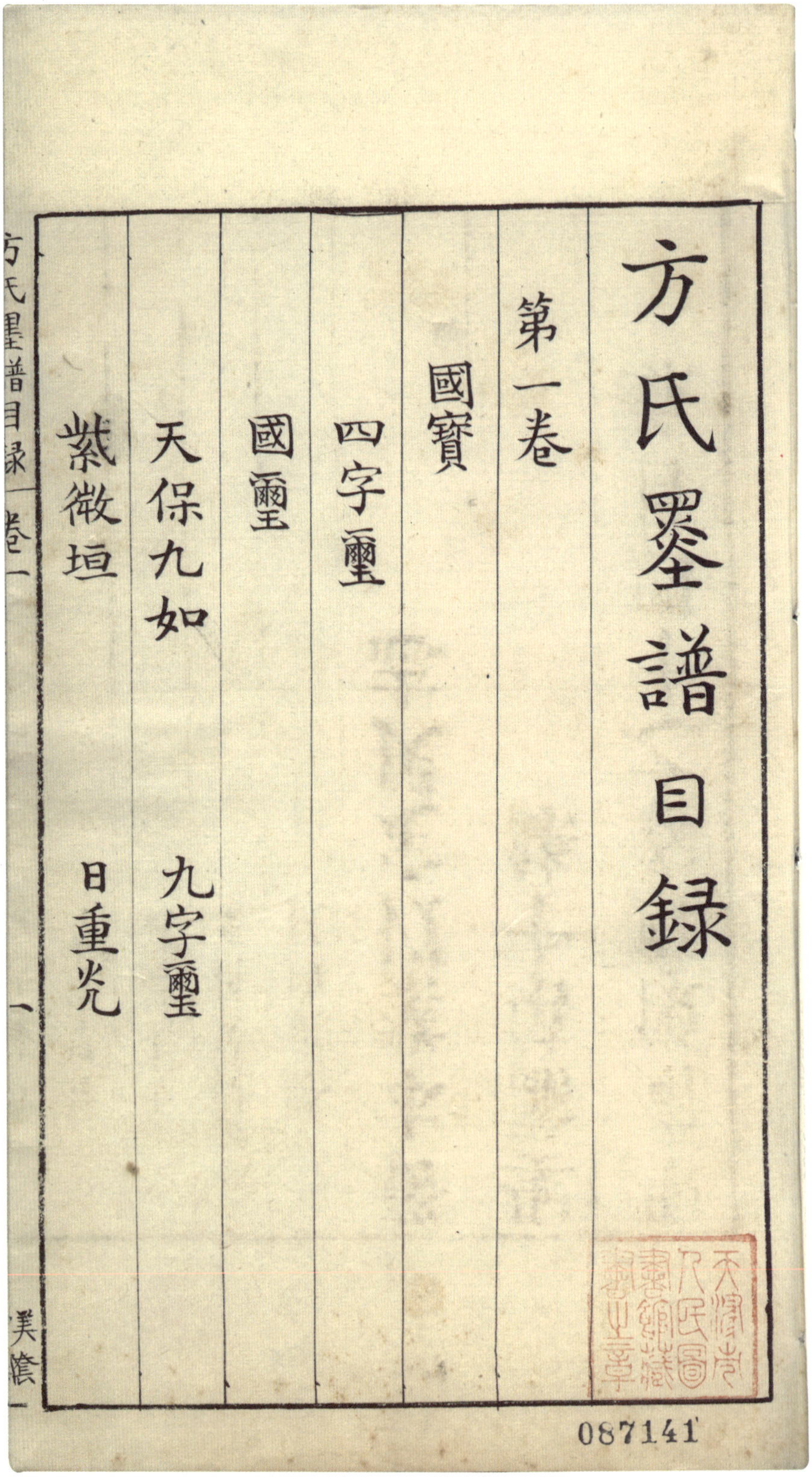

方氏墨譜目録

第一卷

國寶

四字璽

國璽

天保九如　九字璽

紫微垣　日重光

方氏墨譜目録　卷一　一

美蔭　一

方氏墨譜六卷　明萬曆方氏美蔭堂刻本

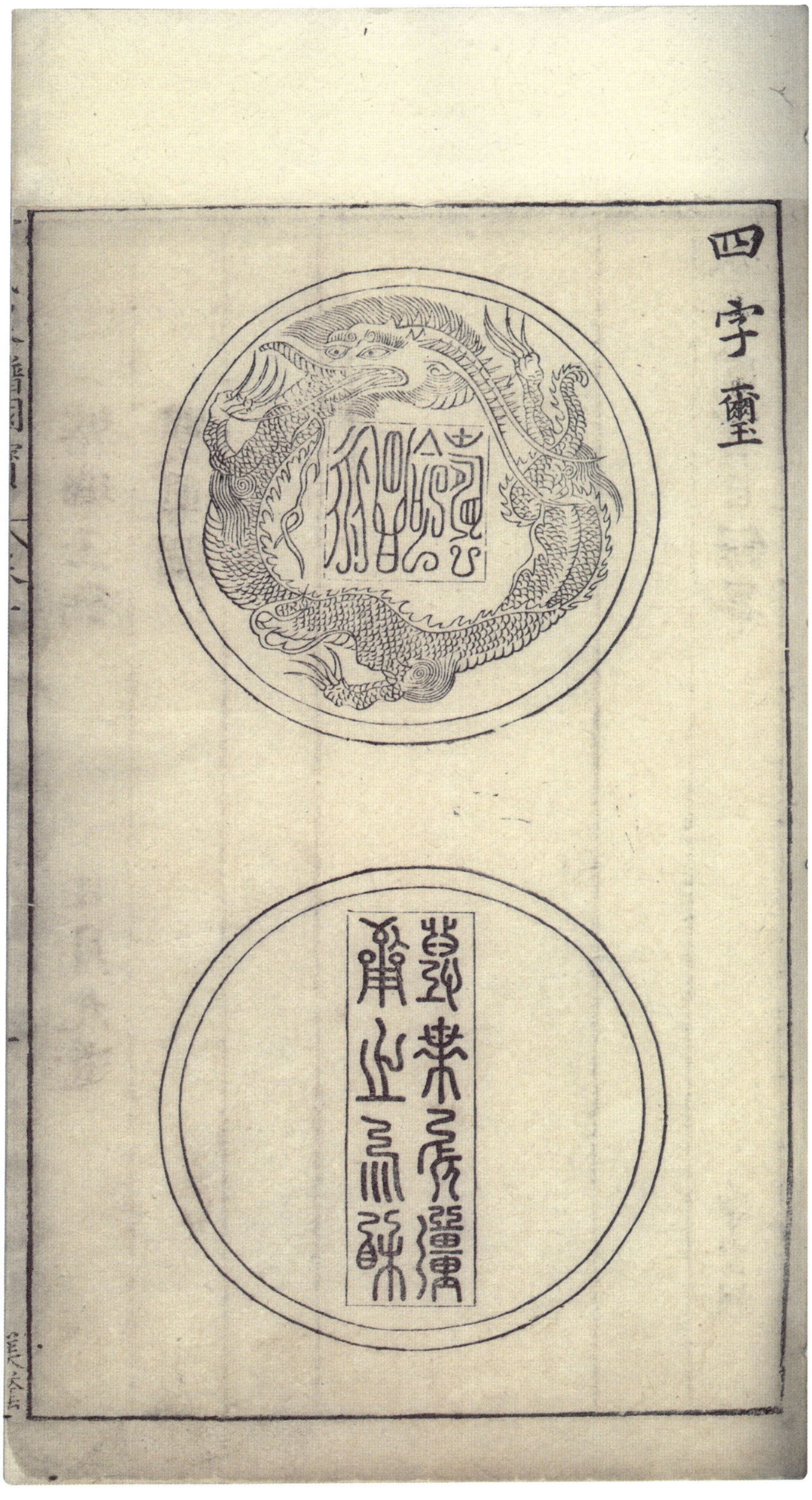

墨子十五卷　明嘉靖江潘刻本

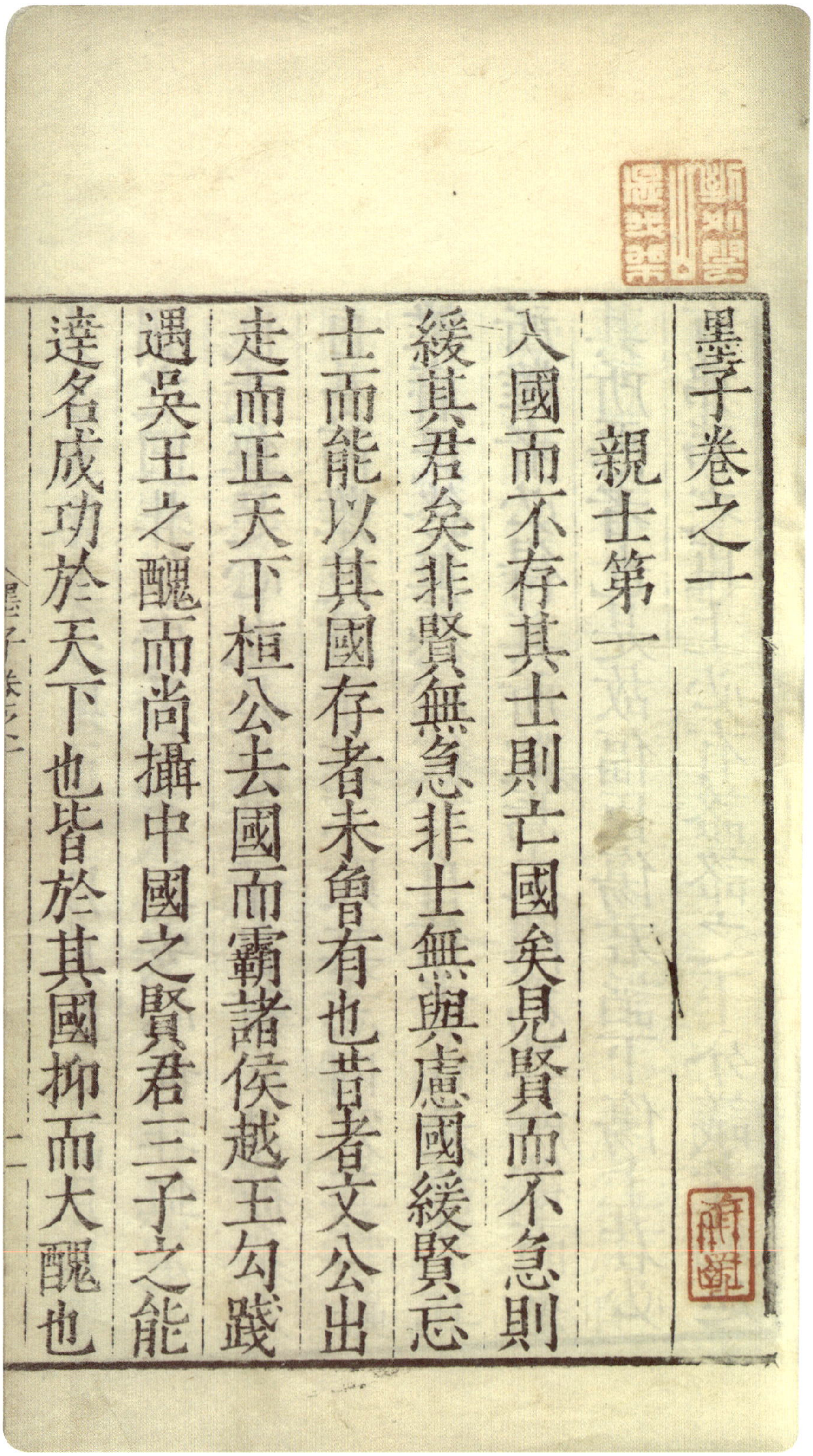

墨子卷之一

親士第一

入國而不存其士則亡國矣見賢而不急則緩其君矣非賢無急非士無與慮國緩賢忘士而能以其國存者未曾有也昔者文公出走而正天下桓公去國而霸諸侯越王句踐遇吳王之醜而尚攝中國之賢君三子之能達名成功於天下也皆於其國抑而大醜也

墨子卷之一　一

定級

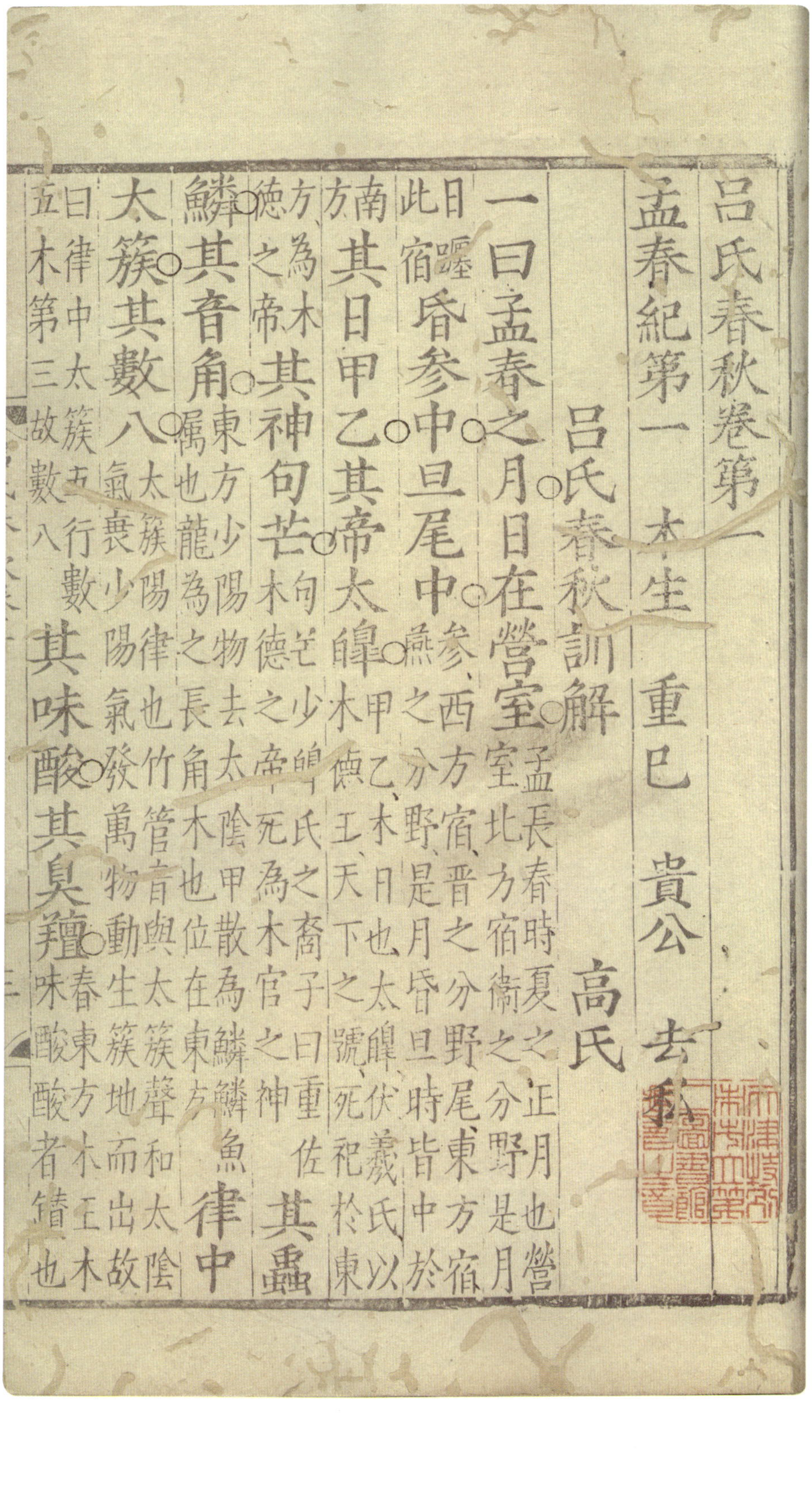

呂氏春秋卷第一

孟春紀第一　本生　重巳　貴公　去私

呂氏春秋訓解　高氏

一曰孟春之月○日在營室○孟長春時夏之正月也營室北方宿衛之分野是月日躔此宿昏參中○旦尾中○參西方宿晉之分野尾東方宿燕之分野是月昏旦時皆中於南方其日甲乙○其帝太皞○甲乙木日也太皞伏羲氏以木德王天下之號死祀於東方為木德之帝其神句芒○句芒少皞氏之裔子曰重佐木德之帝死為木官之神其蟲鱗○其音角○東方少陽物去太陰甲散為鱗鱗魚屬也龍為之長角木也位在東方律中太簇○其數八○太簇陽律也竹管音與太簇聲和太陰氣衰少陽氣發萬物動生簇地而出故曰律中太簇五行數五木第三故數八其味酸○其臭羶○春東方木王木味酸酸者鑽也

呂氏春秋二十六卷　元至正嘉興路儒學刻明修本

淮南鴻烈解二十一卷　明刻套印本

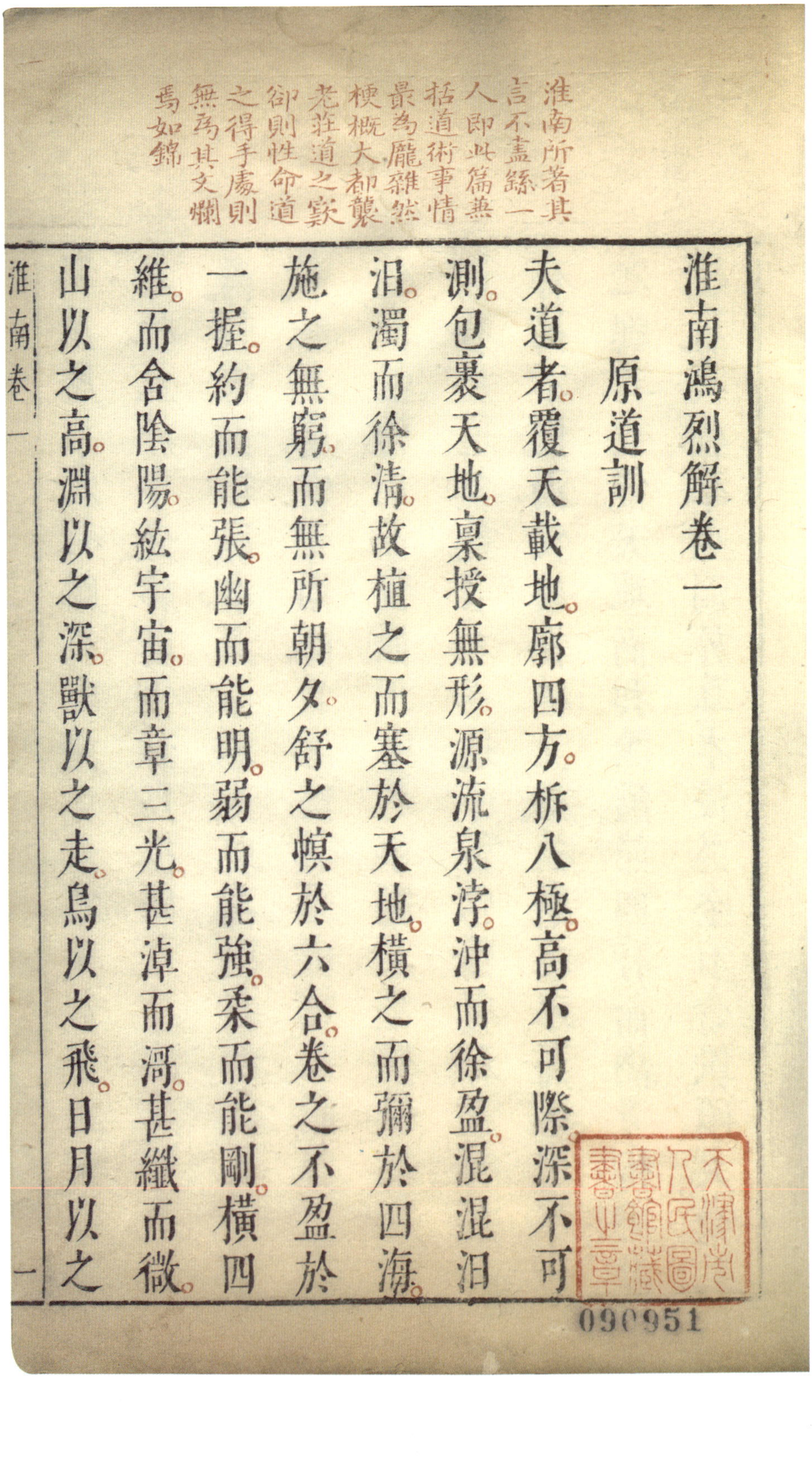

淮南所著其言不盡繇一人即此篇兼括道術事情最為龎雜然梗概大都襲老莊道之竅御則性命道之得手處則無為其文爛焉如錦

淮南鴻烈解卷一

原道訓

夫道者覆天載地廓四方柝八極高不可際深不可測包裹天地稟授無形源流泉浡沖而徐盈混混汩汩濁而徐清故植之而塞於天地橫之而彌於四海施之無窮而無所朝夕舒之幎於六合卷之不盈於一握約而能張幽而能明弱而能強柔而能剛橫四維而含陰陽紘宇宙而章三光甚淖而滒甚纖而微山以之高淵以之深獸以之走鳥以之飛日月以之

淮南卷一　一

白虎通德論二卷　明嘉靖元年傅鑰刻本

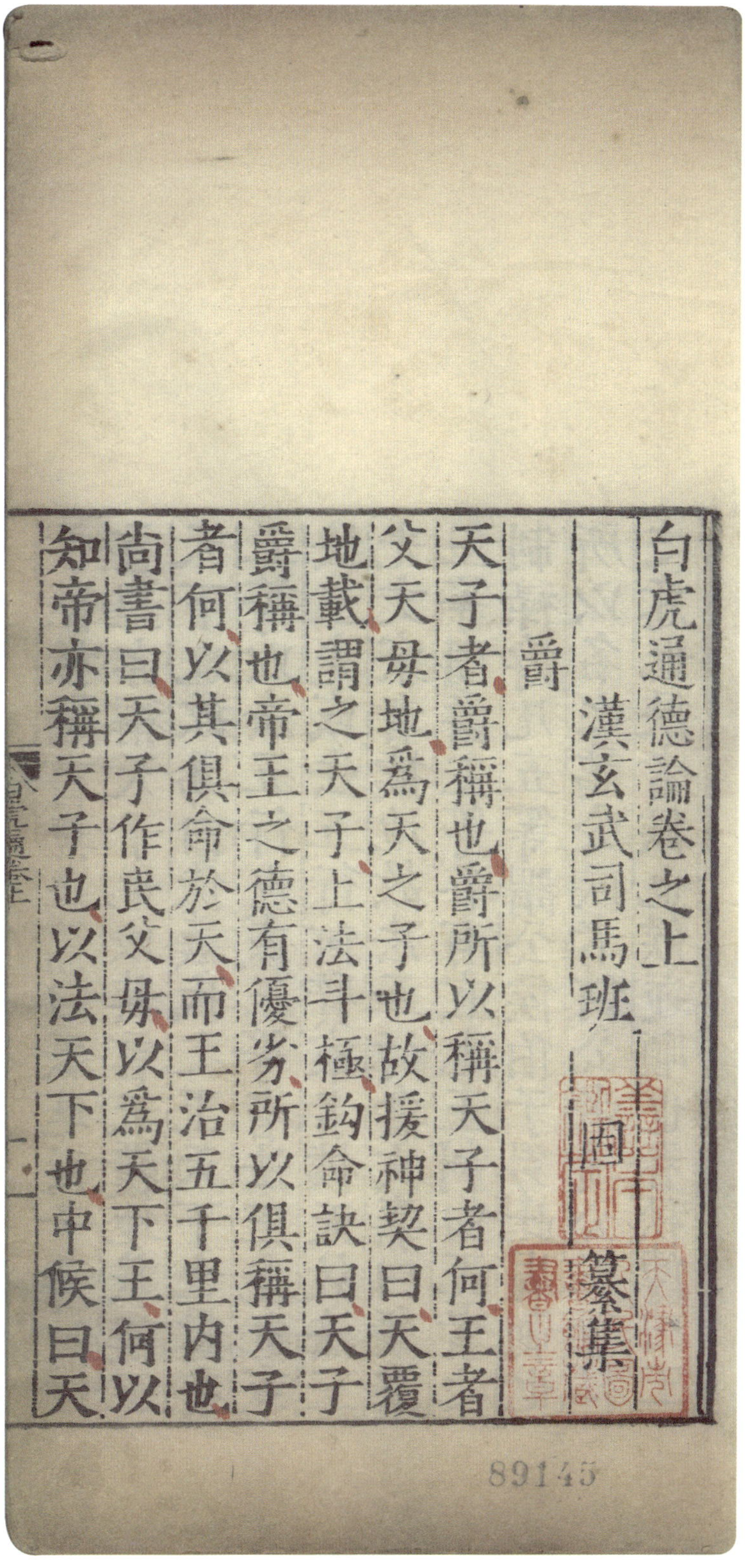

白虎通德論卷之上

漢玄武司馬班固纂集

爵

天子者爵稱也爵所以稱天子者何王者父天母地爲天之子也故援神契曰天覆地載謂之天子上法斗極鉤命訣曰天子爵稱也帝王之德有優劣所以俱稱天子者何以其俱命於天而王治五千里内也尚書曰天子作民父母以爲天下王何以知帝亦稱天子也以法天下也中候曰天

論衡三十卷　明嘉靖十四年蘇獻可通津草堂刻本

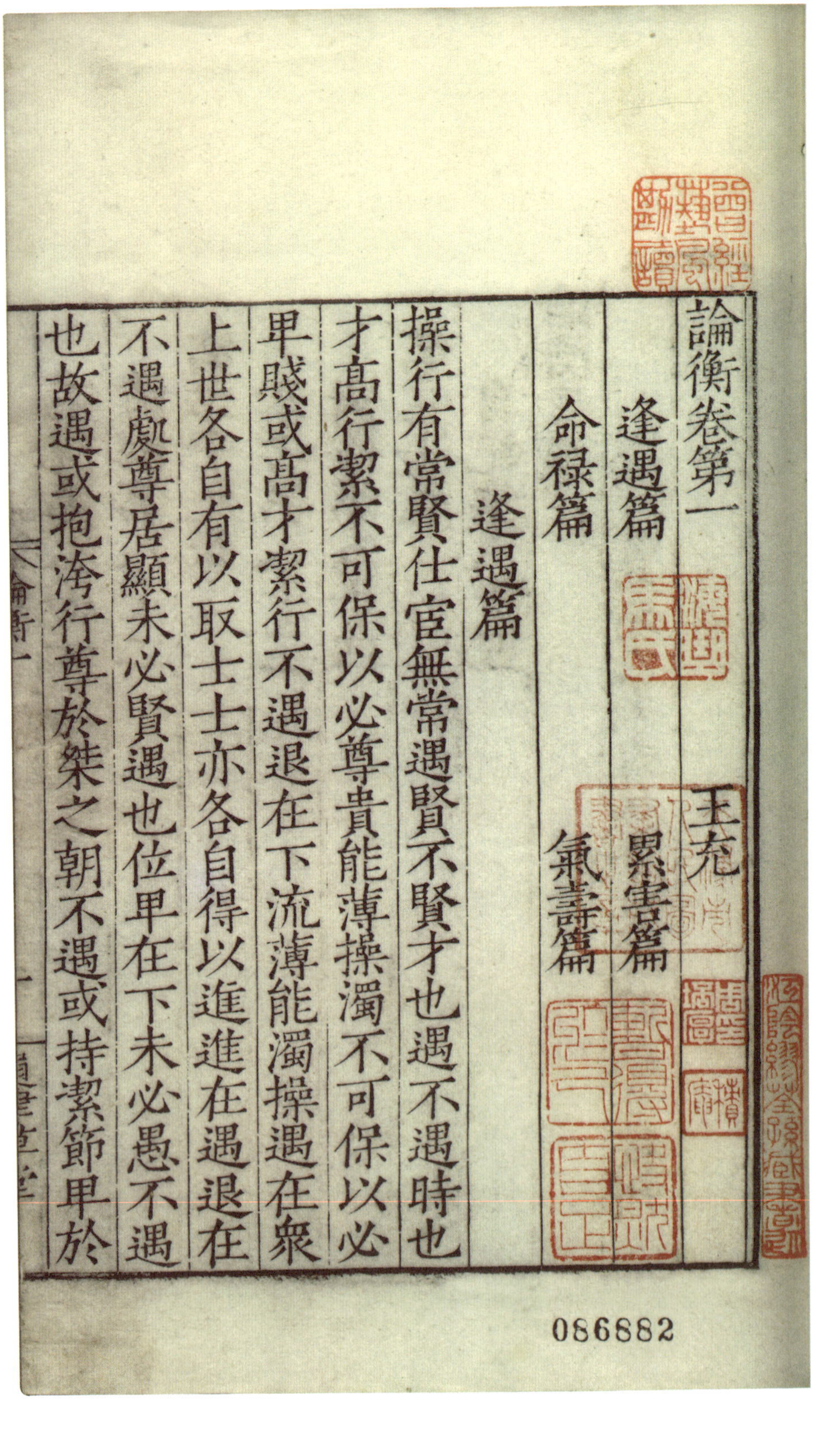

論衡卷第一　　王充

逢遇篇　累害篇

命祿篇　氣壽篇

逢遇篇

操行有常賢仕宦無常遇賢不賢才也遇不遇時也才高行潔不可保以必尊貴能薄操濁不可保以必卑賤或高才潔行不遇退在下流薄能濁操遇在衆上世各自有以取士士亦各自得以進進在遇退在不遇處尊居顯未必賢遇也位卑在下未必愚不遇也故遇或抱洿行尊於桀之朝不遇或持潔節卑於

論衡一　一　通津草堂

定一級

丞相魏公譚訓十卷 清鈔本

丞相魏公譚訓卷第一

象先自少不離祖父之側元祐丙寅祖父爲天官尚書居西岡楊崇訓之故第祖父以南軒爲書室設大案列書史於前又置小案於椅間俾象先侍座每至夜分退而記平日教誨之言作譚訓百餘事後三年祖父執政無復曩時閑暇又十有二年捐館於潤又十有九年象先在鎮江臥病閲五年當靖康元年偶記舊藁而散失脱落

呂氏雜記二卷　清鈔本

呂氏襍記卷下

宋　呂希哲　撰

李文靖公沆為相時眞廟常夜遣使持手詔問欲以某氏為貴妃如何文靖對使者引燭焚詔曰但道沆以為不可其事遂寢書曰成王畏相其此之謂乎

文靖公尹京時梁丞相適為掾屬公語諸子梁君異日必為輔相問何以知之曰府掾皆京官他人方拜於庭下皆有自恥之色獨適容貌自若以此知之凡公所以

肎綮錄一卷　清鈔本

肎綮録

肎綮録者西隱埜人所著之書也埜人閑居多暇飲酒讀書足以自娛有疑誤隨即記之初無第也昔蒯生自名其書曰雋永取肉肥而味長我則異於是殆是眉山先生羊骨帖中語終日摘剔僅銖兩於肎綮之間者因以名録西隱埜人趙叔向書於松澗山居云

俚俗字義

歸田記云京師食店賣酸餡者皆大牌榜子衢路而俚俗昧于字法轉酸從食餡從臽有滑稽子曰彼家

兩山墨談十八卷　明嘉靖十八年李檗刻本

兩山墨談卷之一

吳興陳霆

史記湯崩太子太丁未立而死立太丁之弟外丙二年崩又立外丙之弟仲壬四年崩伊尹乃立太丁之子太甲程子解孟子之文曰古人謂歲爲年湯崩時外丙方二歲仲壬方四歲惟太甲差長故立之也二說皆有礙盍以史記之言爲信則太丁雖死固有嫡孫在也舍嫡孫而立諸子既非敬宗尊祖之道加以亂禮制决世

起○

天文

天圓如倚蓋地方如棊局天旁轉半在地上半在地下日月本東行天西旋入於海如蟻行磨上磨左旋蟻右行磨疾蟻遲不得不西

欲界十天色界十八天無色界四天初禪二禪三禪名三天四禪九天凡一十八天皆屬色界而三禪有三天一淨居天二無淨居天三遍淨居天無想無想衣食自至此乃欲界色界無色界三十二天

欲界六天四天王天忉利天須燄摩天兜率陀天樂化天他化自在天

色界十八天梵衆天梵輔天大梵天此三勝流名為初禪少光天無量光天無音天此三勝流名為二禪少淨天無量淨天徧淨天此三勝流名為三禪福生天福淨天廣果天無想天此四勝流名為四禪無煩天無熱天善見天善現天色究竟天是十八天獨行無交未盡形累名為色界

無色界四天固心空處識處無所有處非想非非想

錢磬室先生穀字叔寶世為吳人先生少孤能自勵讀書家貧無所得
書游先太史門日取架上編褁讀之且遍復以其餘能習繪事心通神
解超入逸品於是聲日益起户屨時〻滿顧先生愈不為家〻愈貧先
太史過而題其室曰懸磬先生笑曰吾志哉而其嗜讀書日益甚手録
古文金石書幾數千卷校讐至丙夜不休所纂集書有數十種惜其家
貧而世且尠好事者莫為梓行亦未有副在名山也嘗裒集吳先賢而
像之一室琳瑯照座下及几榻之微亦必慕勤宋元名人手蹟摩娑把
玩以自愉快性復勁直不能容人即游於名士大夫間皆能藐之以氣
語無私者客或稍不當意披衣徑出不顧竟以是貧且老有子允治能
繼其風後皆以壽終

雁門文從簡書

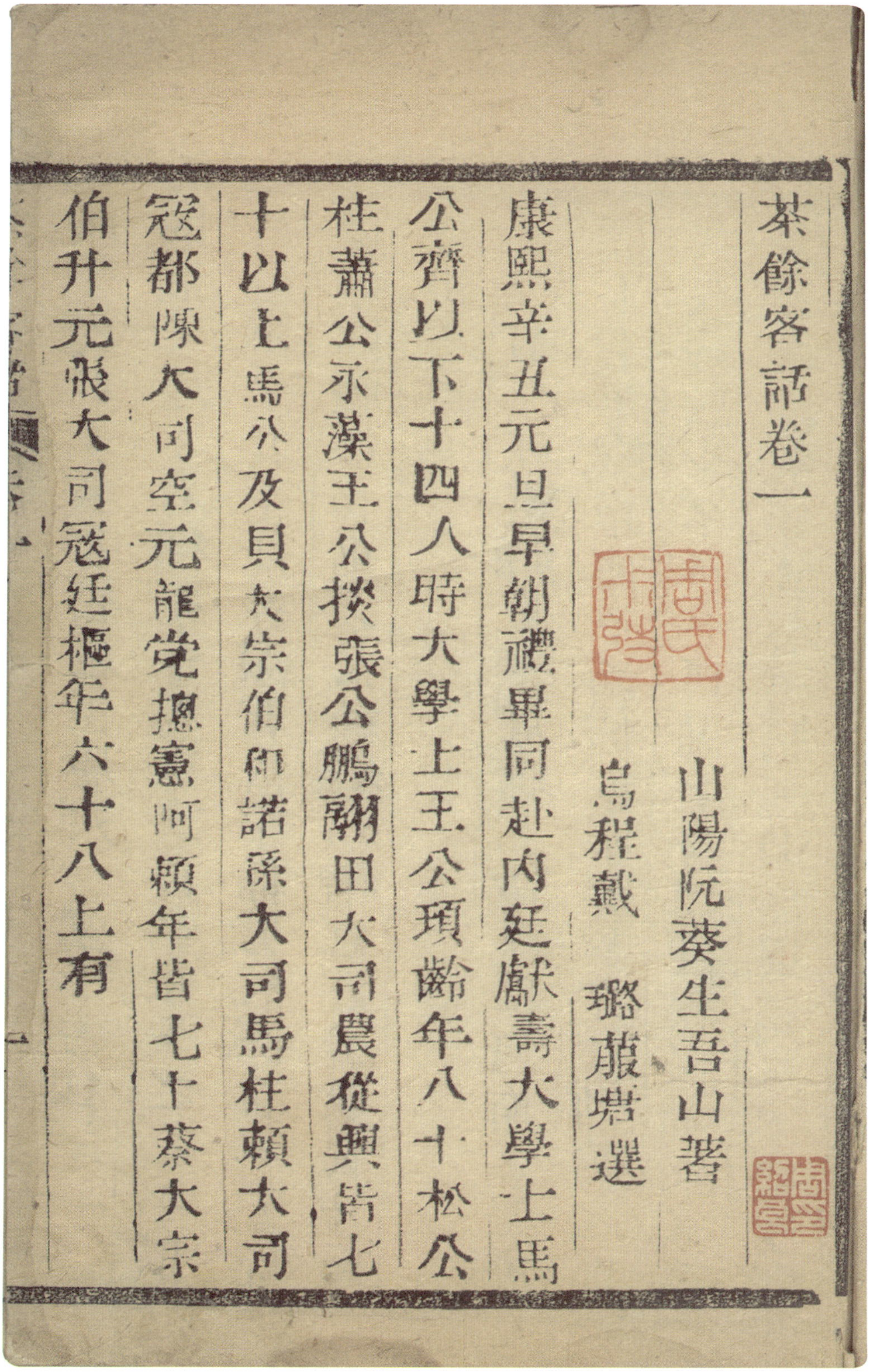
茶餘客話卷一

山陽阮葵生吾山著

烏程戴璐菔塘選

康熙辛丑元旦早朝禮畢同赴內廷獻壽大學士馬公齊以下十四人時大學士王公頊齡年八十松公柱蕭公永藻王公掞張公鵬翮田大司農從典皆七十以上馬公及貝大宗伯和諾孫大司馬柱賴大司寇都陳大司空元龍党總憲阿頼年皆七十蔡大宗伯升元張大司寇廷樞年六十八上有

茶餘客話十二卷　清乾隆五十八年七錄齋活字印本

程氏演繁露十六卷　明嘉靖二十八年程煦刻本

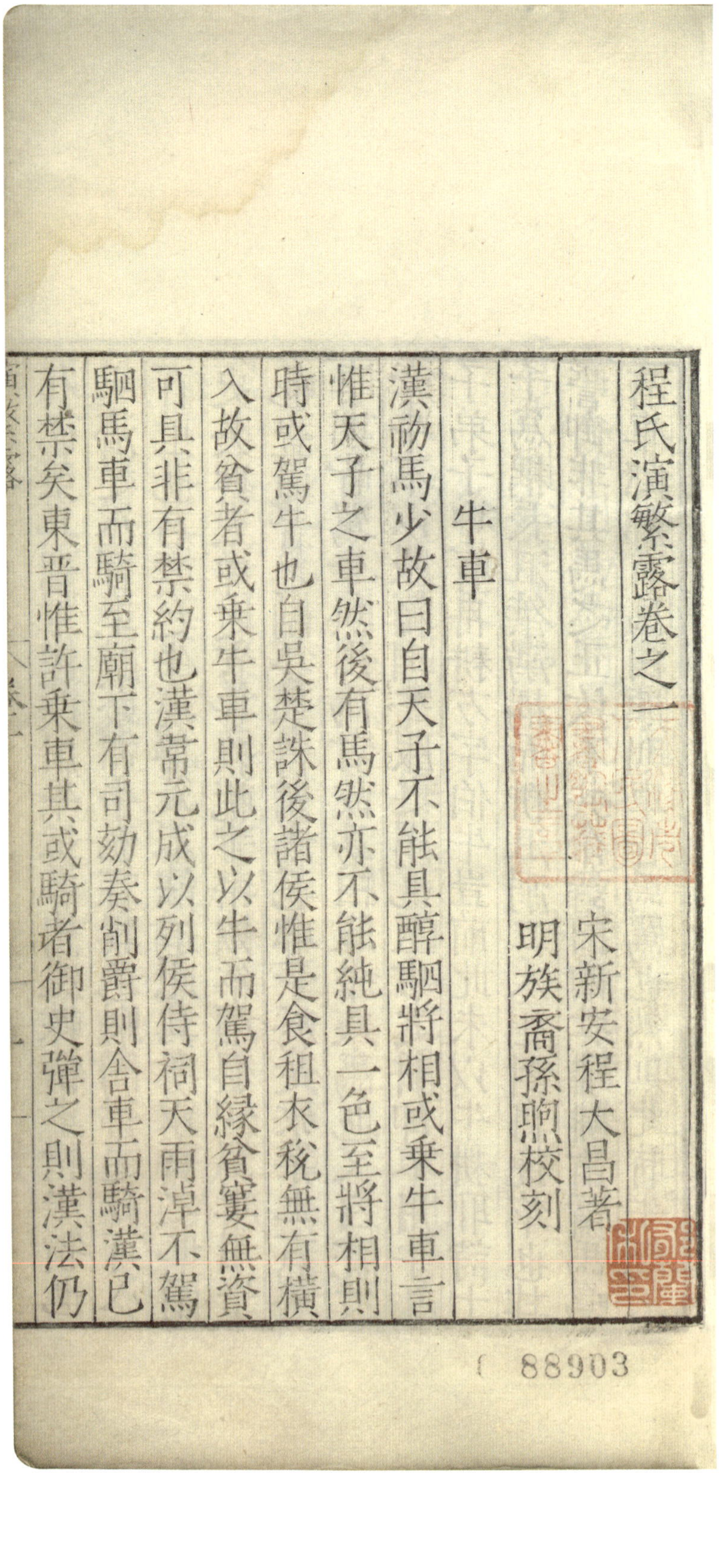
程氏演繁露卷之一
宋新安程大昌著
明族裔孫煦校刻
牛車
漢初馬少故曰自天子不能具醇駟將相或乘牛車言
惟天子之車然後有馬然亦不能純具一色至將相則
時或駕牛也自吳楚誅後諸侯惟是食租衣稅無有横
入故貧者或乘牛車則此之以牛而駕自緣貧窶無資
可具非有禁約也漢萧元成以列侯侍祠天雨淖不駕
駟馬車而騎至廟下有司劾奏削爵則舍車而騎漢已
有禁矣東晉惟許乘車其或騎者御史彈之則漢法仍

丹鉛總録二十七卷　明嘉靖三十三年梁佐刻本

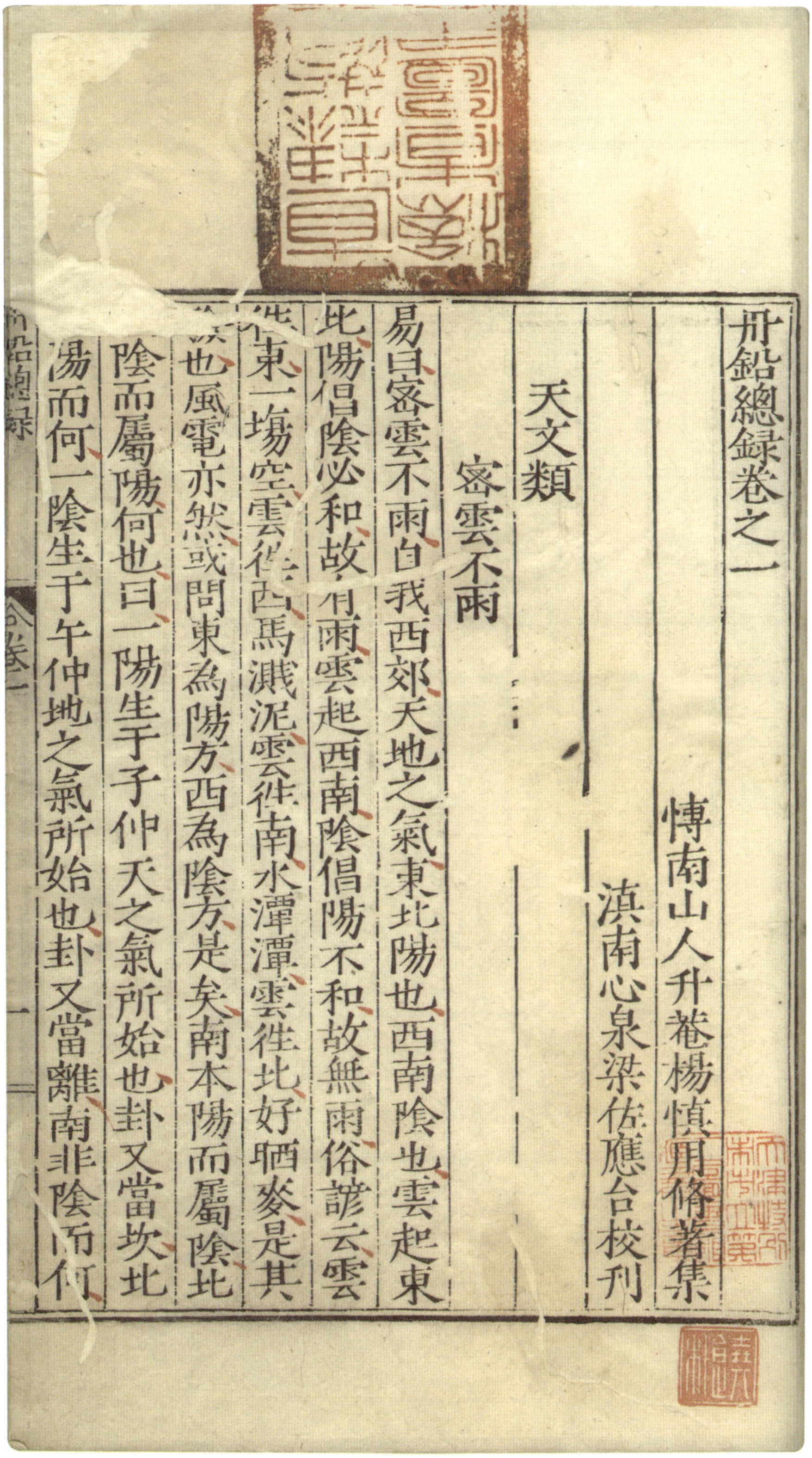

丹鉛總録卷之一

愽南山人升菴楊慎用脩著集

滇南心泉梁佐應台校刊

天文類

密雲不雨

易曰密雲不雨自我西郊天地之氣東北陽也西南陰也雲起東北陽倡陰必和故有雨雲起西南陰倡陽不和故無雨俗諺云雲往東一場空雲往西馬濺泥雲往南水潭潭雲往北好晒麥是其驗也風雹亦然或問東為陽方西為陰方是矣南本陽而屬陰北陰而屬陽何也曰一陽生于子仲天之氣所始也卦又當坎北陽而何一陰生于午仲地之氣所始也卦又當離南非陰而何

世說新語八卷

明淩瀛初刻四色套印本

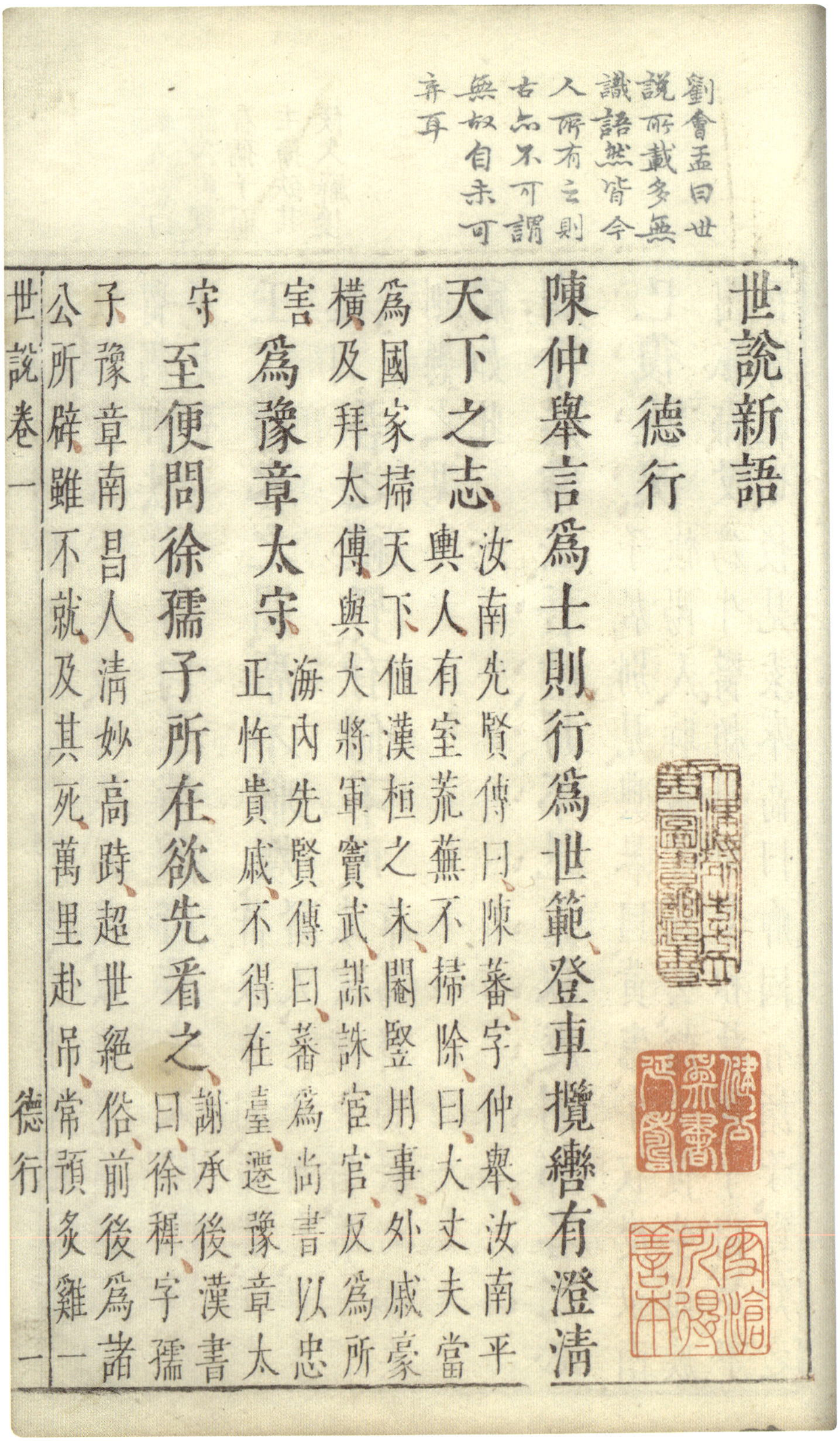

劉會孟曰世說所載多無識語然皆今人所有之則古亦不可謂無故自未可弃耳

世說新語

德行

陳仲舉言爲士則行爲世範登車攬轡有澄清天下之志 汝南先賢傳曰陳蕃字仲舉汝南平輿人有室荒蕪不掃除曰大丈夫當爲國家掃天下値漢桓之末閹豎用事外戚豪橫及拜太傅與大將軍竇武謀誅宦官反爲所害 爲豫章太守 海內先賢傳曰蕃爲尚書以忠正忤貴戚不得在臺遷豫章太守 至便問徐孺子所在欲先看之 謝承後漢書曰徐穉字孺子豫章南昌人清妙高跱超世絕俗前後爲諸公所辟雖不就及其死萬里赴吊常預炙雞一

世說卷一　德行　一

定級

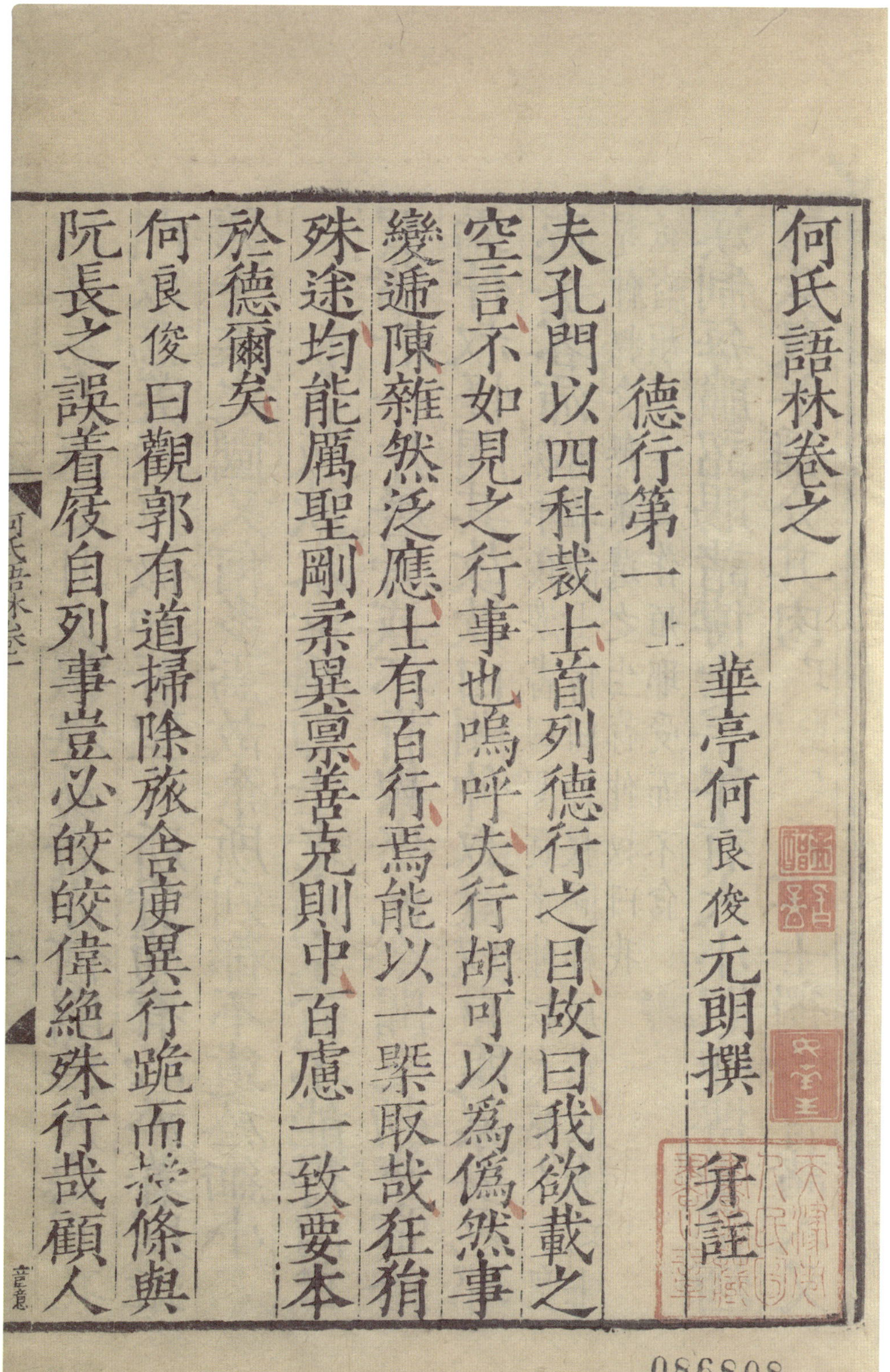
何氏語林卷之一

華亭何良俊元朗撰　并註

德行第一上

夫孔門以四科裁士首列德行之目故曰我欲載之空言不如見之行事也嗚呼夫行胡可以爲僞然事變遞陳雜然泛應士有百行焉能以一槩取哉狂狷殊途均能厲聖剛柔異禀善克則中百慮一致要本於德爾矣

何良俊曰觀郭有道掃除旅舍庾異行跪而授條與阮長之誤着屐自列事豈必皎皎偉絕殊行哉顧人

何氏語林卷一　一

何氏語林三十卷　明嘉靖二十九年何氏清森閣刻本

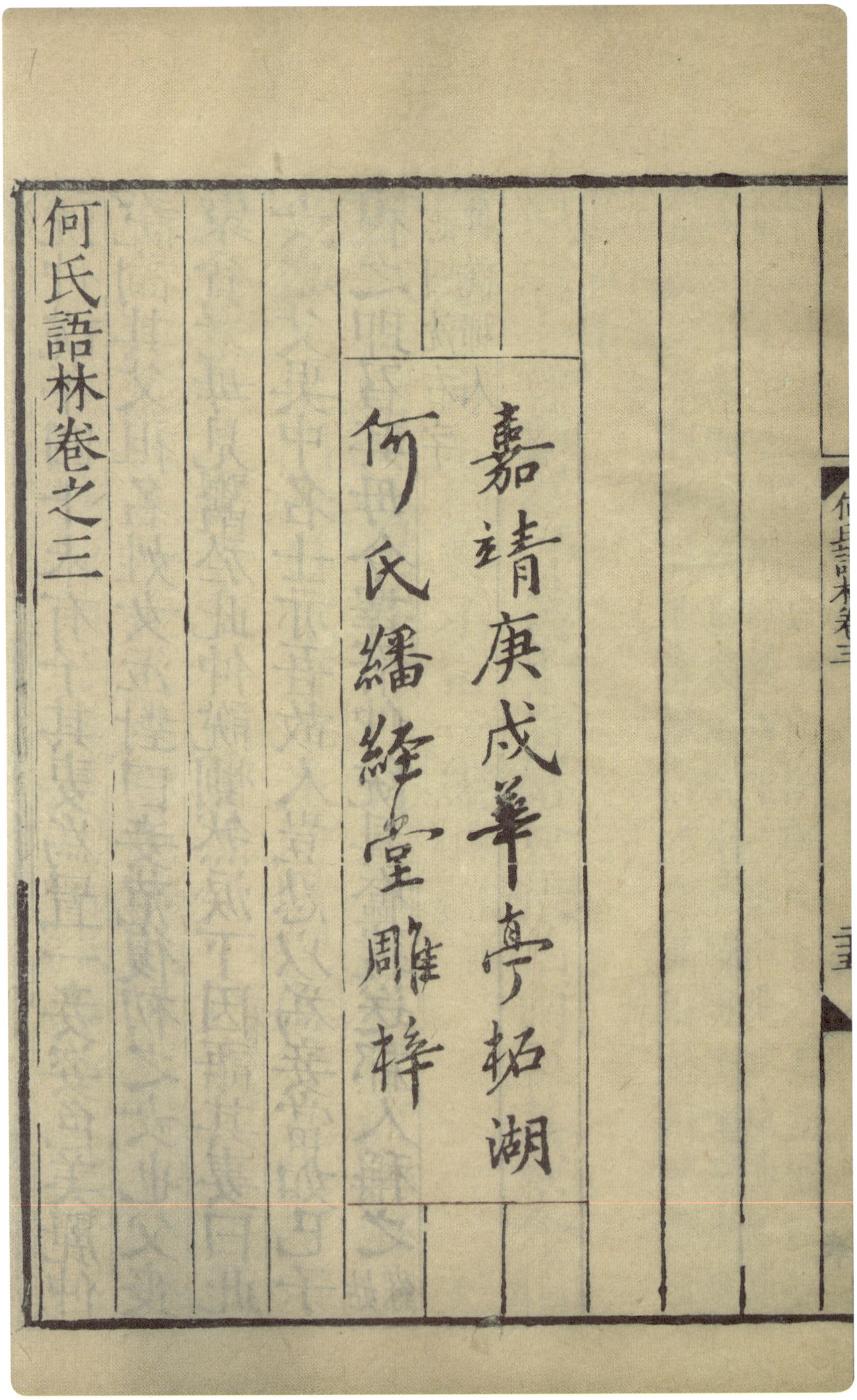

何氏語林三十卷　明嘉靖二十九年何氏清森閣刻本

何氏語林三十卷　明嘉靖二十九年何氏清森閣刻本

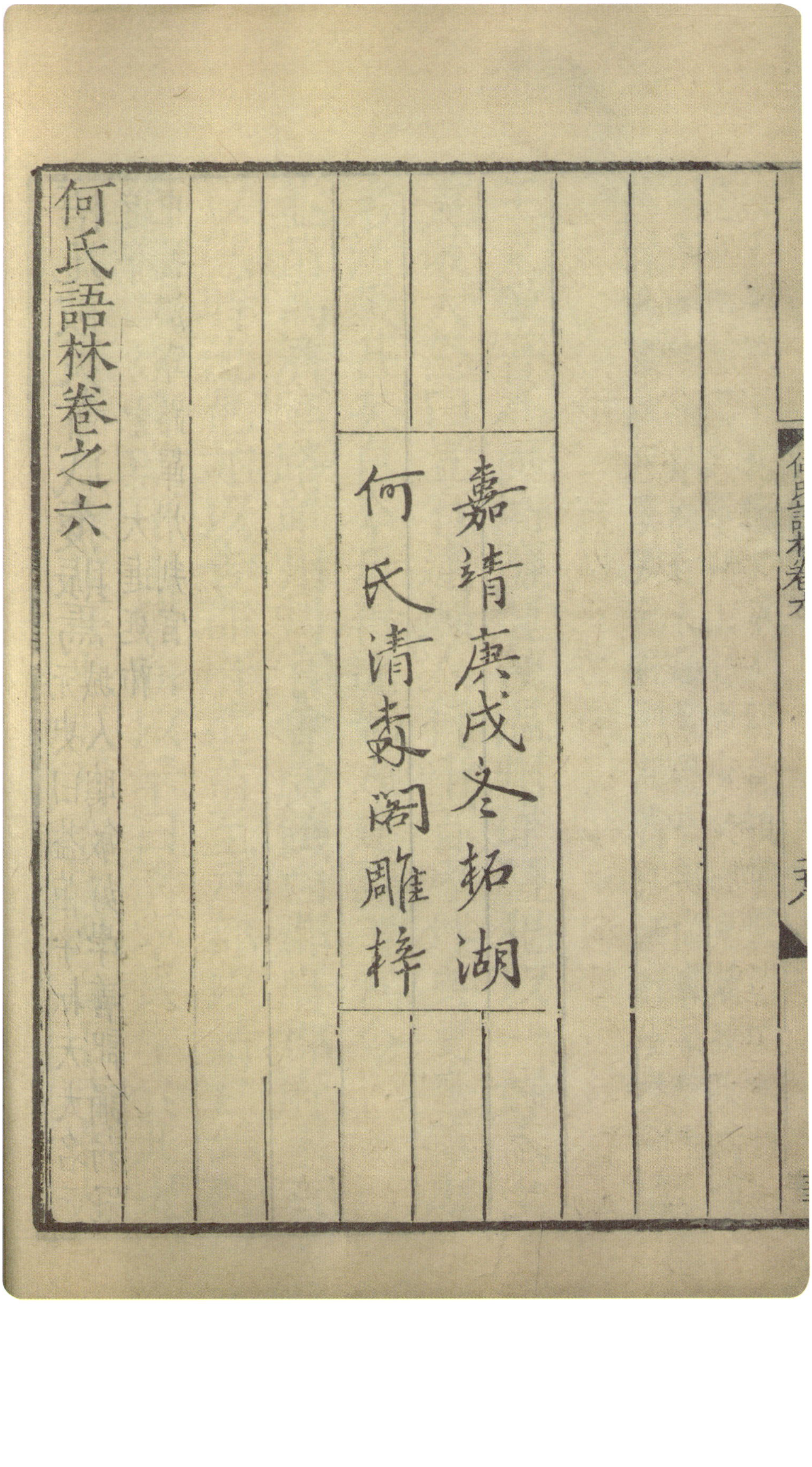
何氏語林卷之六
嘉靖庚戌冬柘湖
何氏清森閣雕梓

道山清話一卷　明弘治刻百川學海本

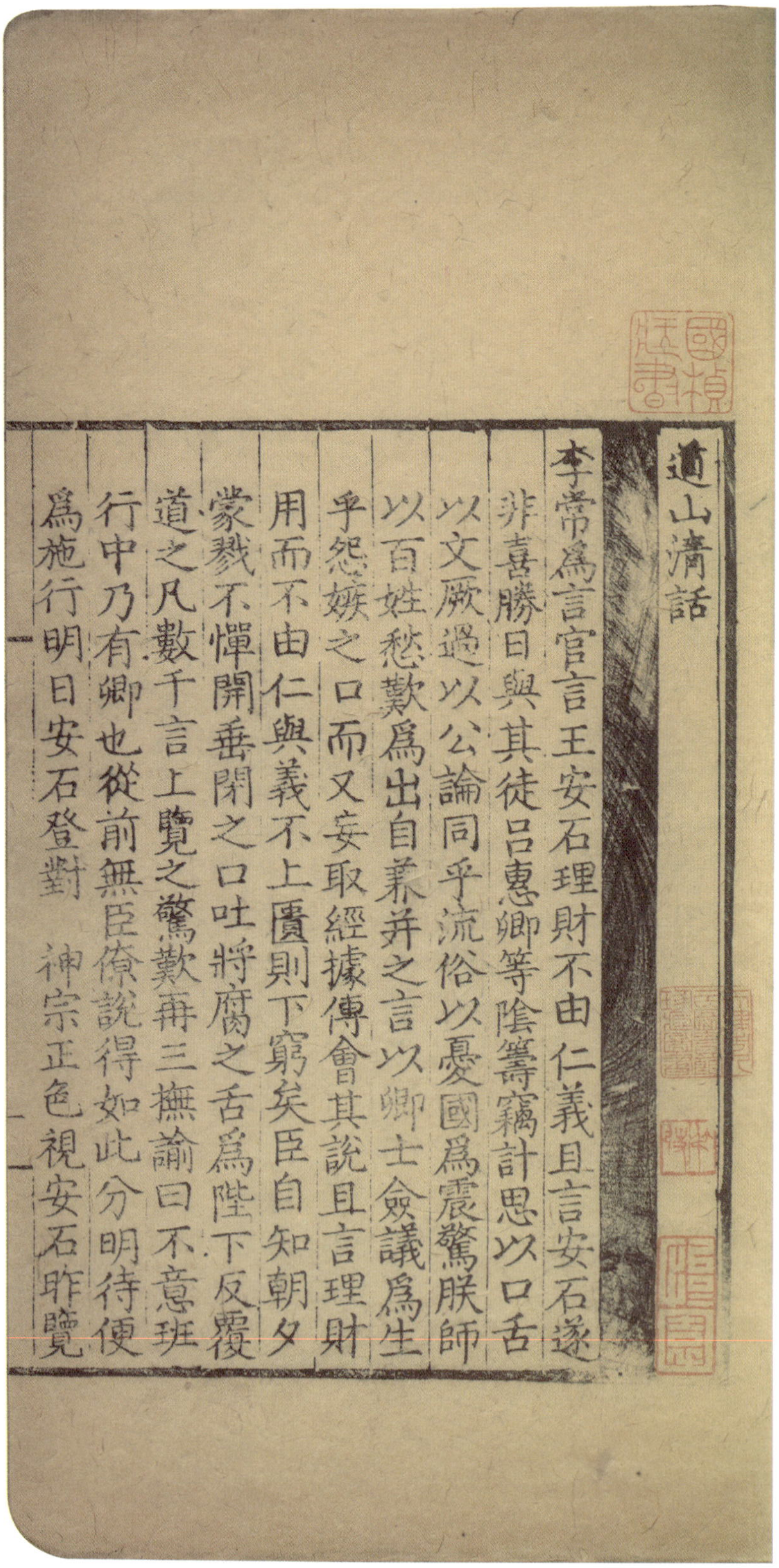
道山清話
李常爲言官言王安石理財不由仁義且言安石遂
非喜勝曰與其徒呂惠卿等陰籌竊計思以口舌
以文厥過以公論同乎流俗以憂國爲震驚朕師
以百姓愁歎爲出自兼并之言以卿士僉議爲生
乎怨嫉之口而又妄取經據傳會其說且言理財
用而不由仁與義不上匱則下窮矣臣自知朝夕
蒙戮不憚開悉閉之口吐將腐之舌爲陛下反覆
道之凡數千言上覽之驚歎再三撫諭曰不意班
行中乃有卿也從前無臣僚說得如此分明待便
爲施行明日安石登對　神宗正色視安石昨覽

初潭集三十卷　明閔邈刻套印本

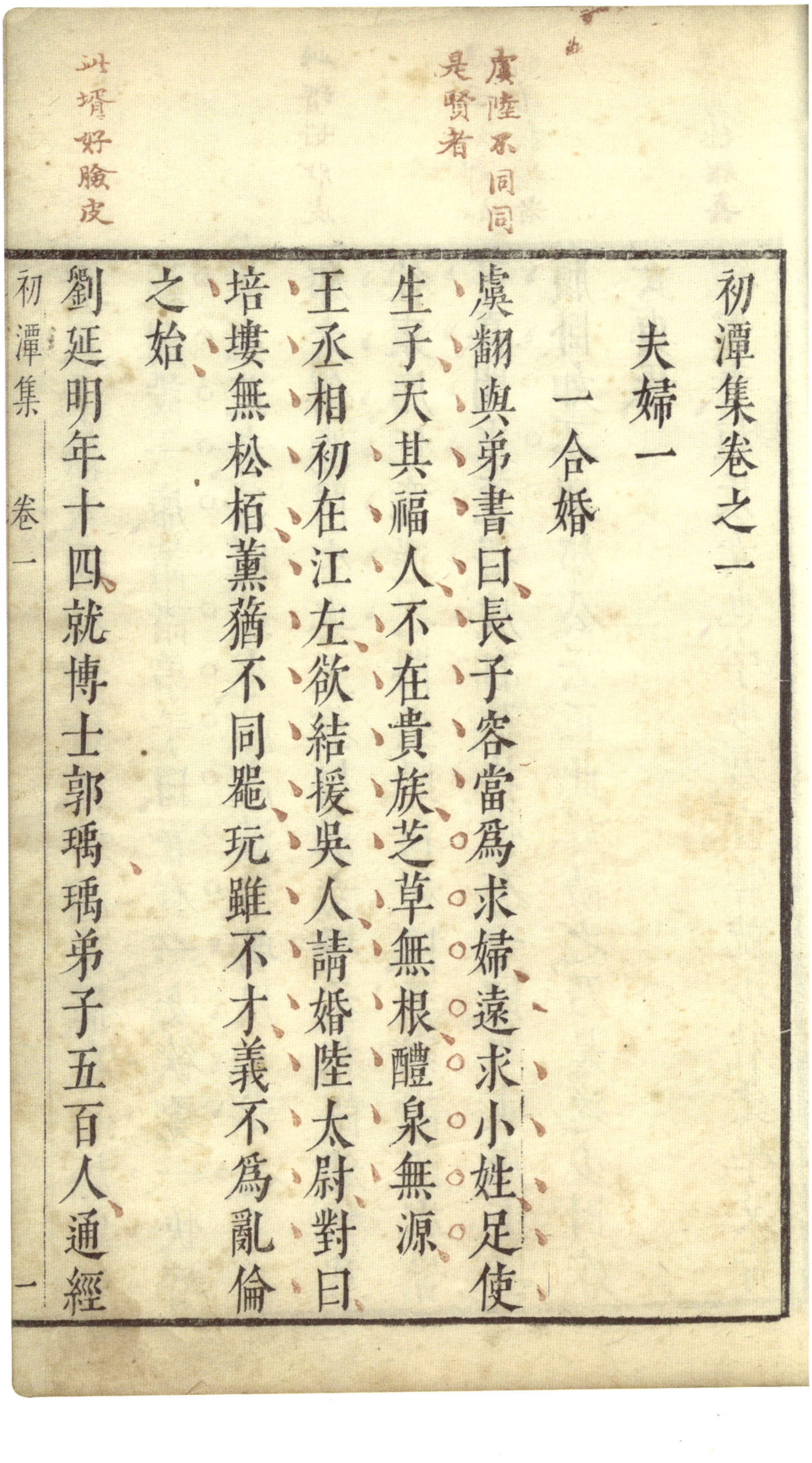
此婿好臉皮
虞陸不同同是賢者
初潭集卷之一
夫婦一
一合婚
虞翻與弟書曰長子容當爲求婦遠求小姓足使生子天其福人不在貴族芝草無根醴泉無源
王丞相初在江左欲結援吳人請婚陸太尉對曰培塿無松栢薰蕕不同罷玩雖不才義不爲亂倫之始
劉廷明年十四就博士郭瑀瑀弟子五百人通經
初潭集　卷一　一

醉古堂劍掃六卷　明天啟四年刻套印本

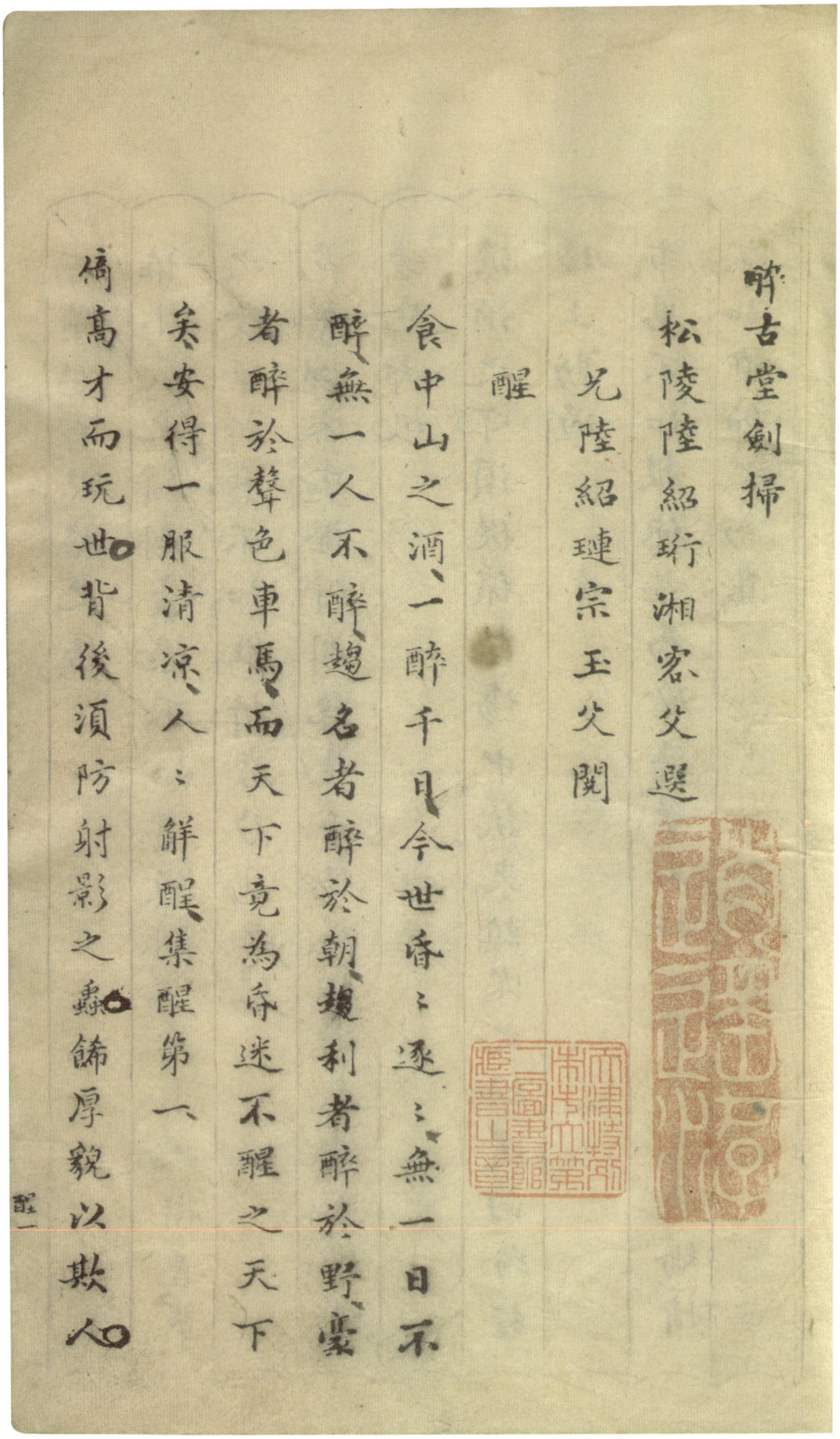
醉古堂劍掃

松陵陸紹珩湘客父選

兄陸紹琏宗玉父閲

醒

食中山之酒一醉千日今世昏々逐々無一日不醉無一人不醉趨名者醉於朝趨利者醉於野豪者醉於聲色車馬而天下竟為昏迷不醒之天下矣安得一服清涼人々解醒集醒第一

倚高才而玩世背後須防射影之蟲飾厚貌以欺人

醒一

廣四十家小說　明嘉靖刻本

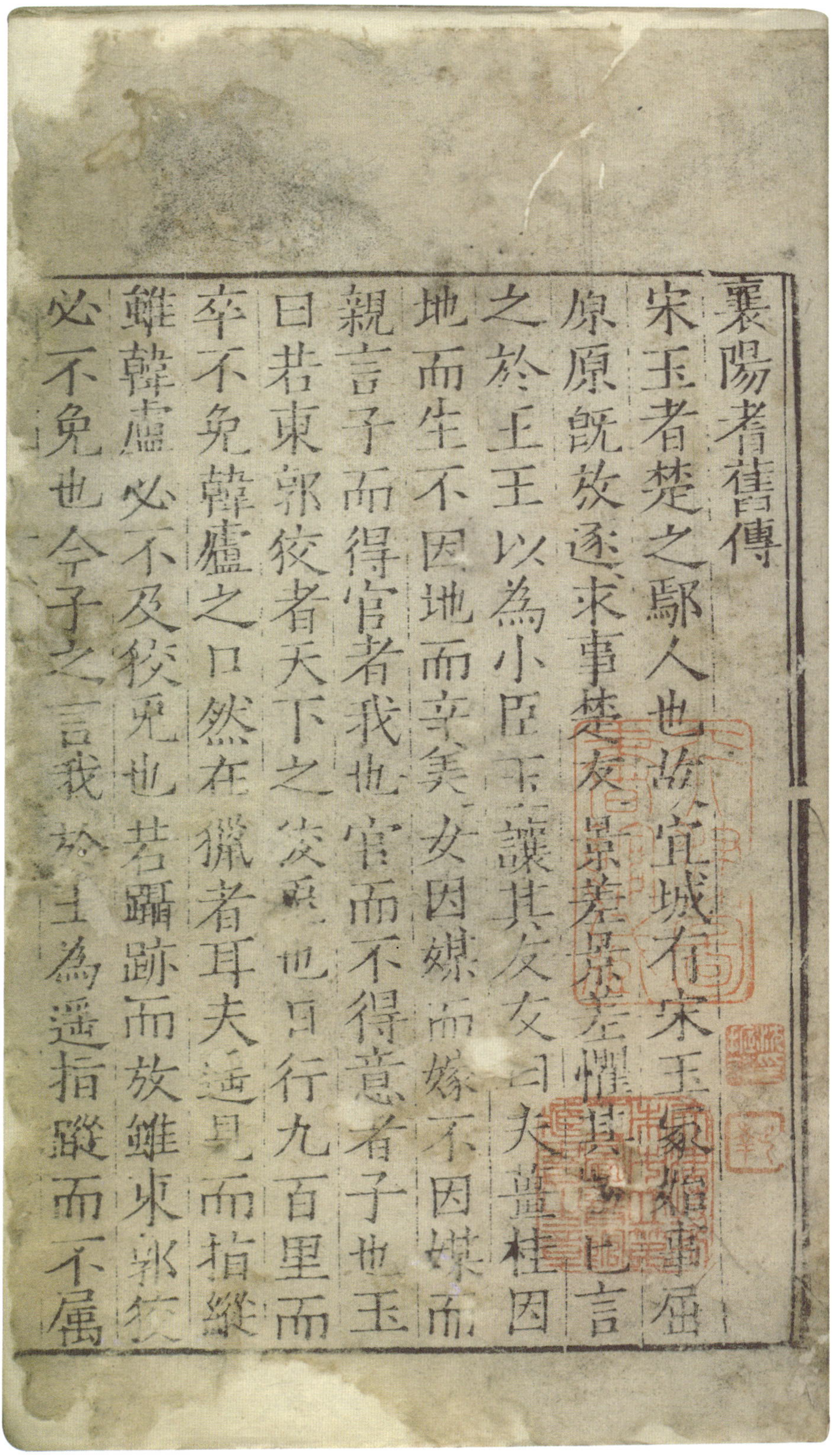
襄陽耆舊傳

宋玉者楚之鄢人也故宜城有宋玉冢始事屈原原既放逐求事楚友景差景差懼其己也言之於王王以為小臣玉讓其友友曰夫薑桂因地而生不因地而辛美女因媒而嫁不因媒而親言子而得官者我也官而不得意者子也玉曰若東郭狡者天下之狡兔也日行九百里而卒不免韓盧之口然在獵者耳夫遥見而指縱雖韓盧必不及狡兔也若躡跡而放雖東郭狡必不免也今子之言我於王為遥指蹤而不屬

穆天子傳六卷

明萬曆程榮刻漢魏叢書本

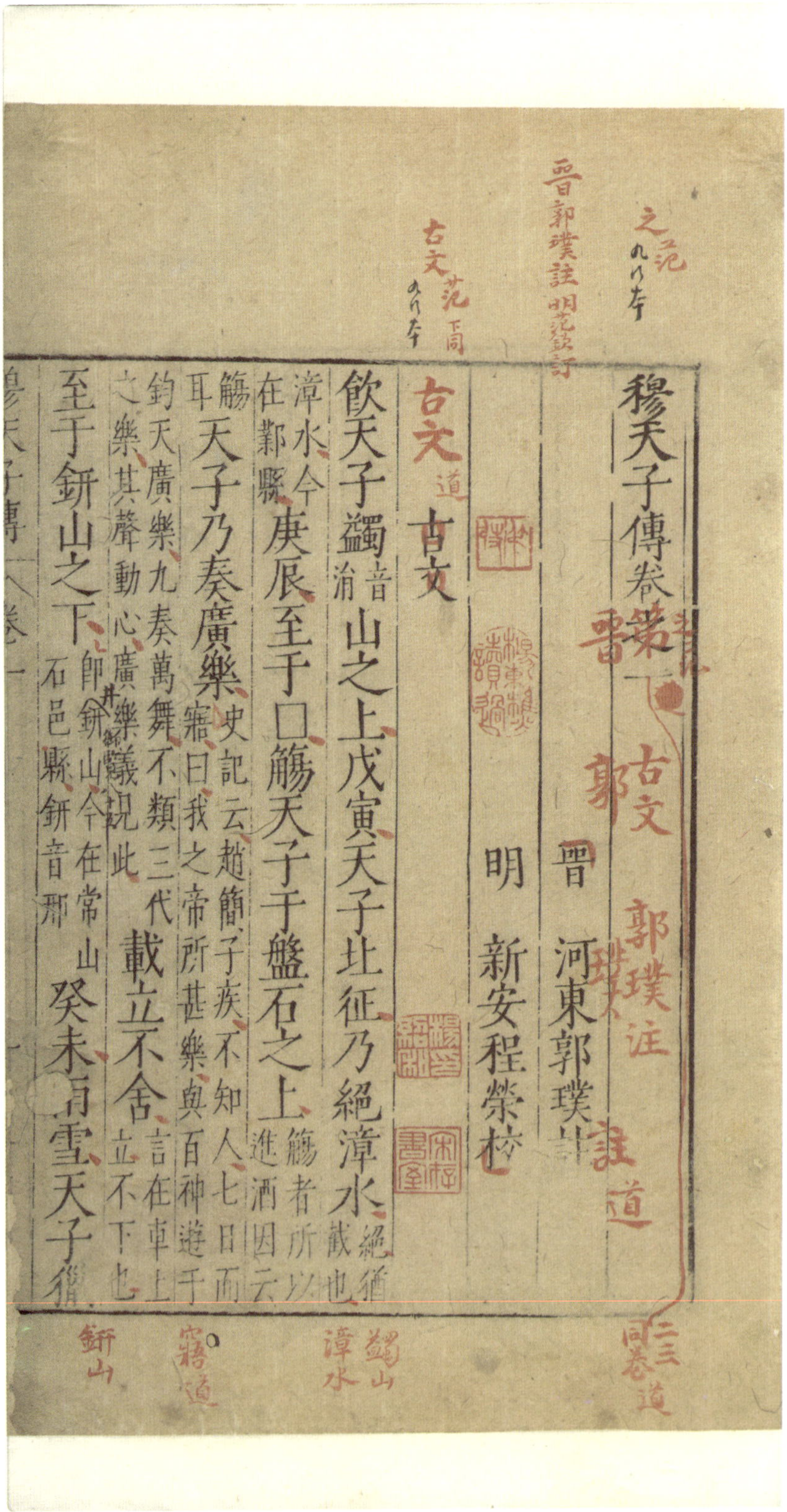

穆天子傳卷第一

晉 河東郭璞註

明 新安程榮校

古文

飲天子蠲音涓山之上戊寅天子北征乃絶漳水絶猶截也漳水今在鄴縣庚辰至于□觴天子于盤石之上觴者所以進酒因云觴耳天子乃奏廣樂史記云趙簡子疾不知人七日而寤曰我之帝所甚樂與百神遊于鈞天廣樂九奏萬舞不類三代之樂其聲動心廣樂義見此載立不舍言在車上立不下也至于鈃山之下鈃山今在常山石邑縣鈃音邢癸未雨雪天子猶

穆天子傳六卷　明萬曆程榮刻漢魏叢書本

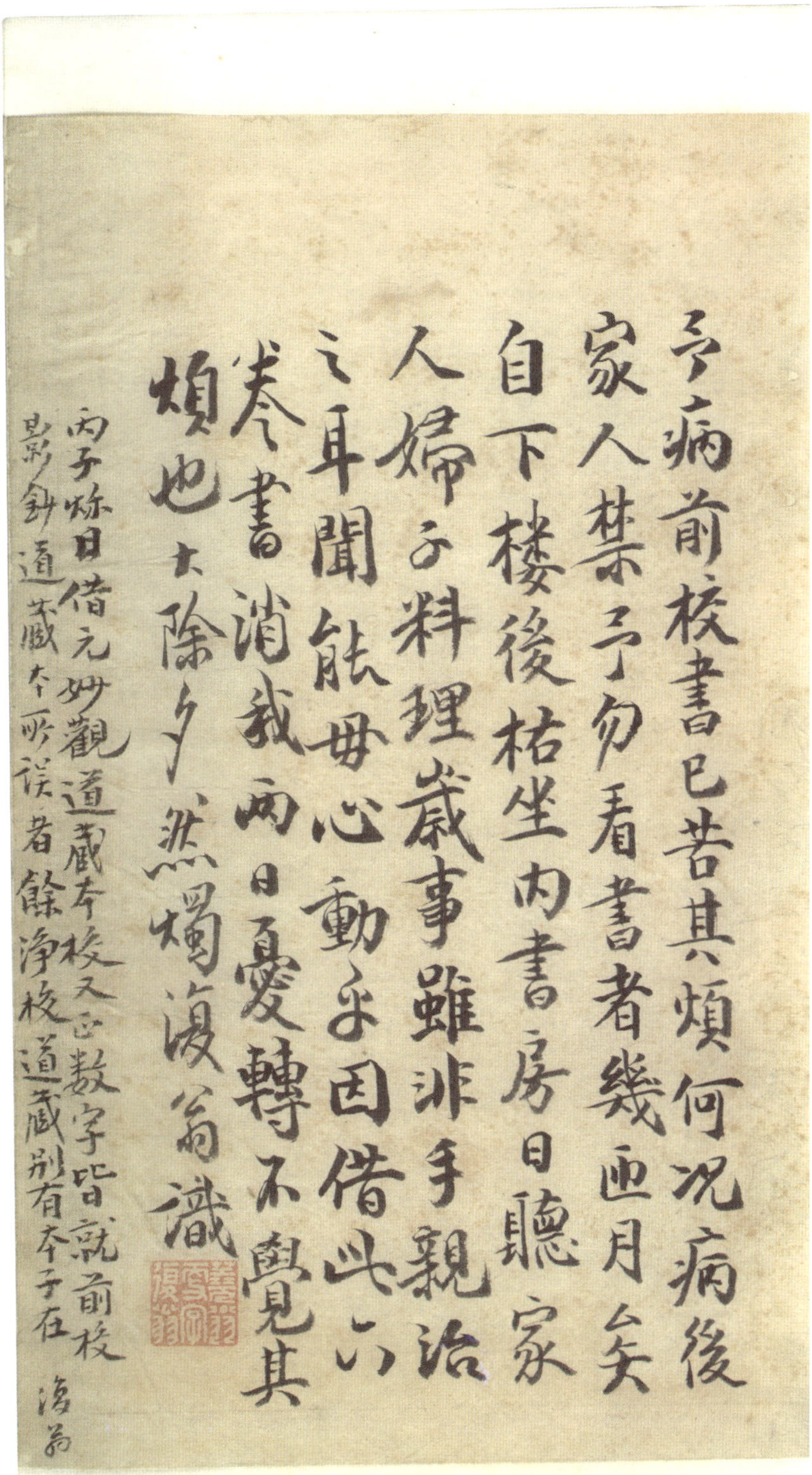
予病前校書已苦其煩何況病後
家人禁予勿看書者幾匝月矣
自下樓後枯坐内書房日聽家
人婦子料理歲事雖非手親治
之耳聞能毋心動乎因借此六
卷書消我兩日憂轉不覺見其
煩也大除夕然燭復翁識

丙子除日借元妙觀道藏本校又正數字皆就前校
影鈔道藏本所誤者餘淨校道藏別有本子在　復翁

虞初志七卷　明凌性德刻套印本

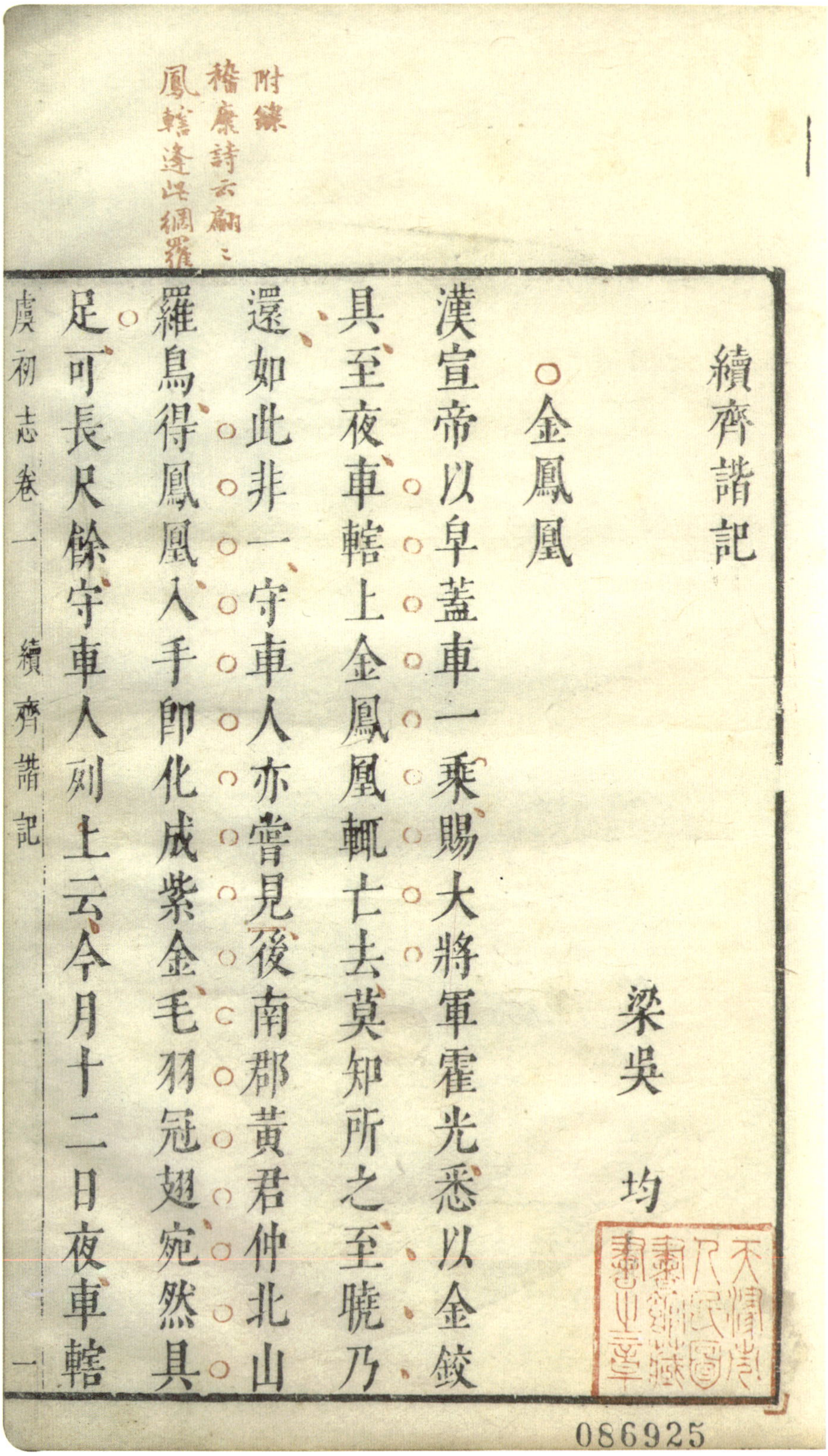
附錄
嵇康詩云翩翩鳳轄逢此網羅

續齊諧記

梁吳均

○金鳳凰

漢宣帝以皁蓋車一乘賜大將軍霍光悉以金鉸具至夜車轄上金鳳凰輒亡去莫知所之至曉乃還如此非一守車人亦嘗見後南郡黃君仲北山羅鳥得鳳凰入手即化成紫金毛羽冠翅宛然具足可長尺餘守車人列上云今月十二日夜車轄

虞初志卷一　續齊諧記　一

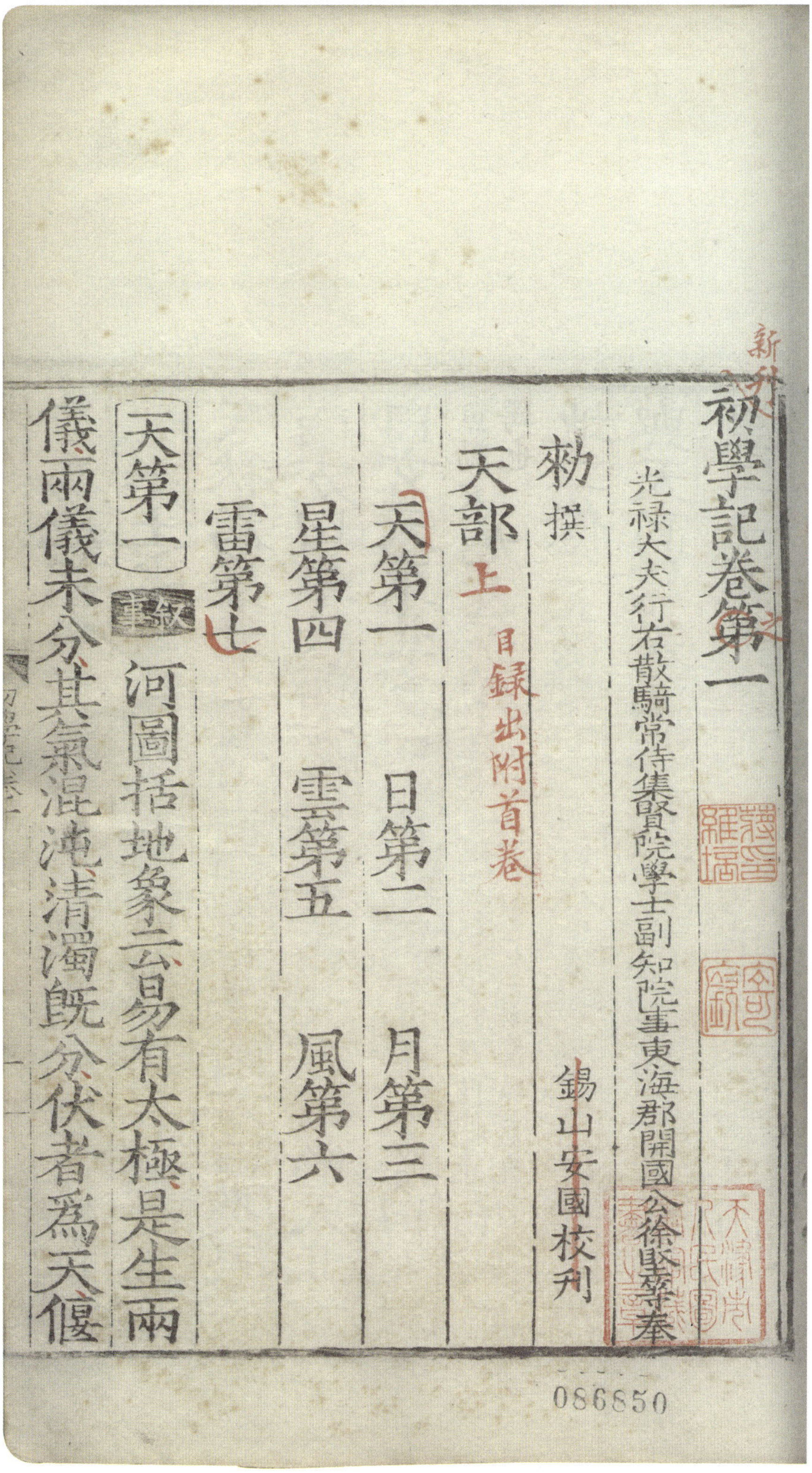
新刊
初學記卷第一
光禄大夫行右散騎常侍集賢院學士副知院事東海郡開國公徐堅等奉
勅撰
錫山安國校刊
天部上
目録出附首卷
天第一　日第二　月第三
星第四　雲第五　風第六
雷第七
天第一
敘事
河圖括地象云易有太極是生兩儀兩儀未分其氣混沌清濁既分伏者爲天偃
086850

初學記三十卷　明嘉靖二十三年瀋藩翻刻安國桂坡館本

元和姓纂十卷　清鈔本

元和姓纂卷一

唐　林寶　撰

一東

馮

周文王第十五子畢公高之後畢萬封魏支孫食采於馮遂氏焉世本又云姬姓鄭大夫馮簡子後漢書秦末馮亭為上黨守入趙其宗族或留潞或在趙秦丞相馮去疾御史大夫馮劫漢博成侯馮毋擇並亭之後也至馮唐徙安陵為楚相弟騫自上黨徙杜陵孫奉世大將軍生譚逡（按馮奉世為左將軍此作大將軍誤又譚逡下脫立參二）字野王野王左馮翊立上郡太守參宜都侯漢功臣

太平御覽一千卷　明游氏活字印本

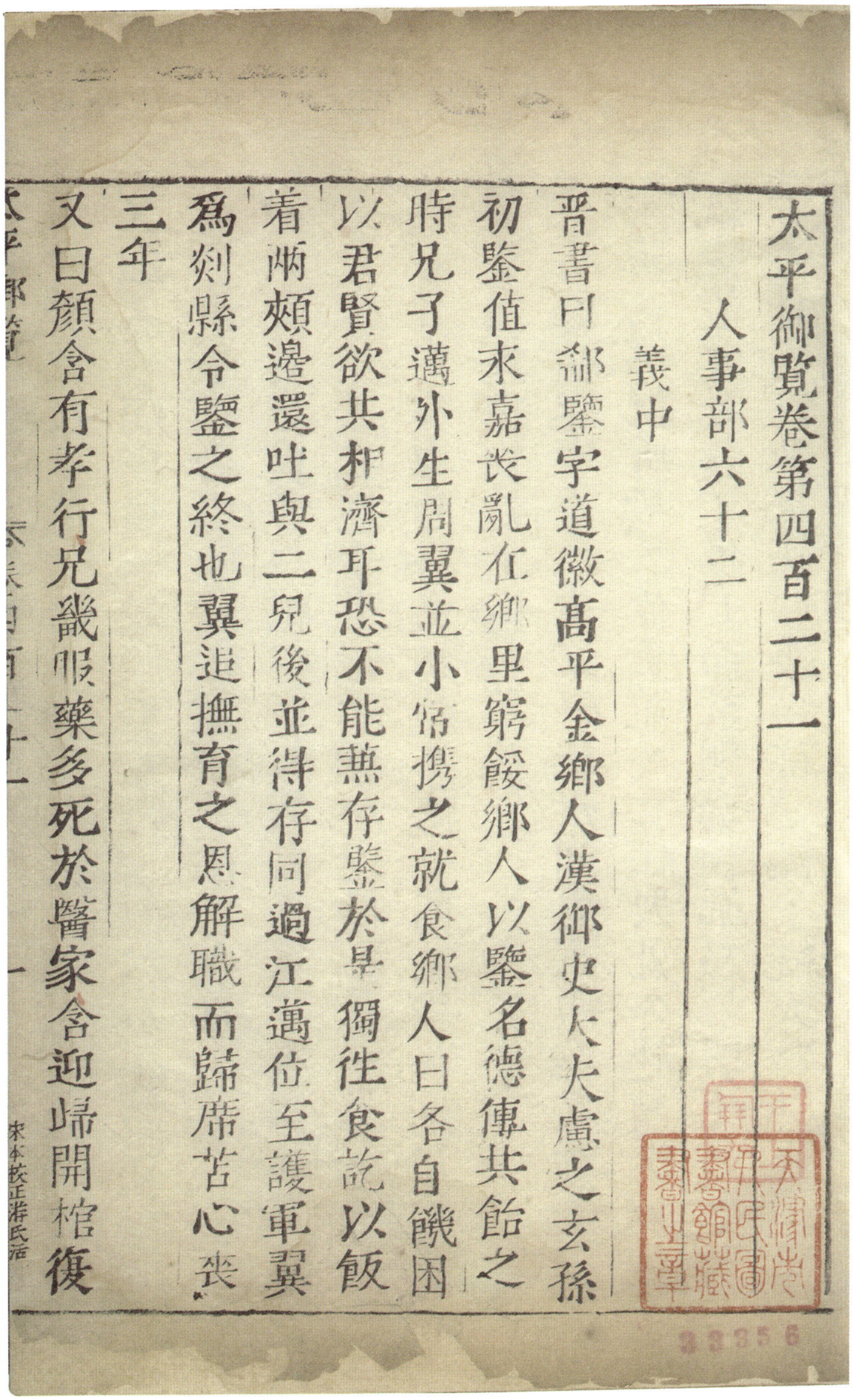

太平御覧卷第四百二十一
人事部六十二
義中
晋書曰郗鑒字道徽高平金鄉人漢御史大夫慮之玄孫
初鑒值永嘉喪亂在鄉里窮餒鄉人以鑒名德傳共飴之
時兄子邁外生周翼並小常携之就食鄉人曰各自饑困
以君賢欲共相濟耳恐不能兼存鑒於是獨往食訖以飯
着兩頰邊還吐與二兒後並得存同過江邁位至護軍翼
爲剡縣令鑒之終也翼追撫育之恩解職而歸席苫心喪
三年
又曰顔含有孝行兄畿服藥多死於醫家含迎婦開棺復
太平御覽　卷四百二十一　一
宋本校正游氏活

文選類林十八卷　明隆慶六年傅嘉祥　高尚鈺刻本

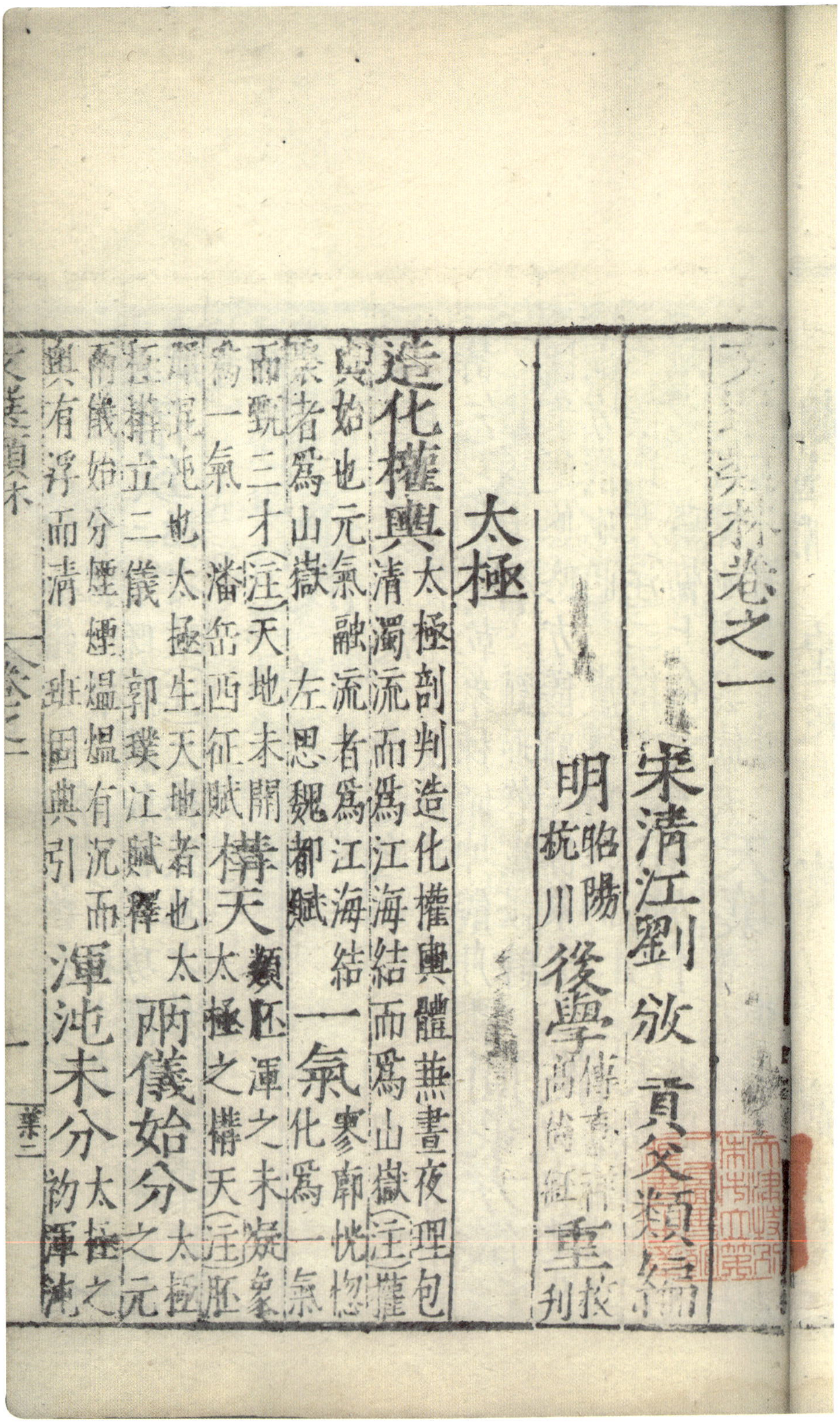
文選類林卷之一

宋清江劉攽貢父類編

明昭陽後學傅嘉祥校
杭川後學高尚鈺重刊

太極

造化權輿 太極剖判造化權輿體兼晝夜理包清濁流而爲江海結而爲山嶽（注）權輿始也元氣融流者爲江海結聚者爲山嶽 左思魏都賦

一氣 寥廓惚怳化爲一氣 而覲三才（注）天地未開爲一氣 潘岳西征賦

構天 太極之構天（注）匹類匹渾之未凝象渾沌也太極生天地者也太極若構立二儀 郭璞江賦釋

兩儀始分 太極之元而儀始分歷煙熅煴有沉而輿有浮而清 班固典引

渾沌未分 太極之初渾沌

文選類林　卷之一　一　葉二

定級

海錄碎事二十二卷　明萬曆二十六年劉鳳刻本

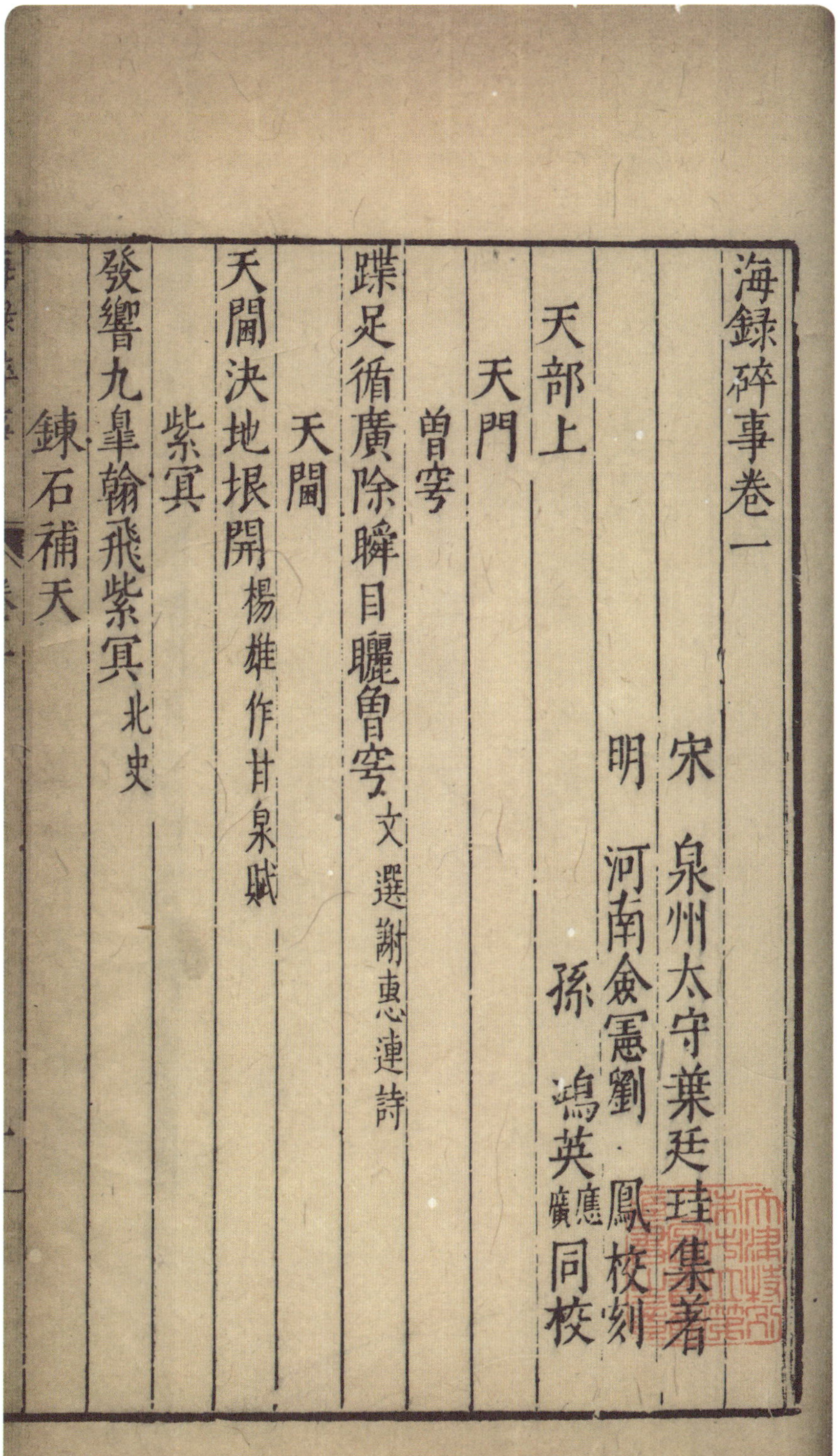

海録碎事卷一
宋　泉州太守葉廷珪集著
明　河南僉憲劉　鳳校刻
孫　鳴英應賓同校
天部上
天門
曾穹
蹀足循廣除瞬目矖曾穹 文選謝惠連詩
天閫
天閫決地垠開 楊雄作甘泉賦
紫冥
發響九皐翰飛紫冥 北史
鍊石補天

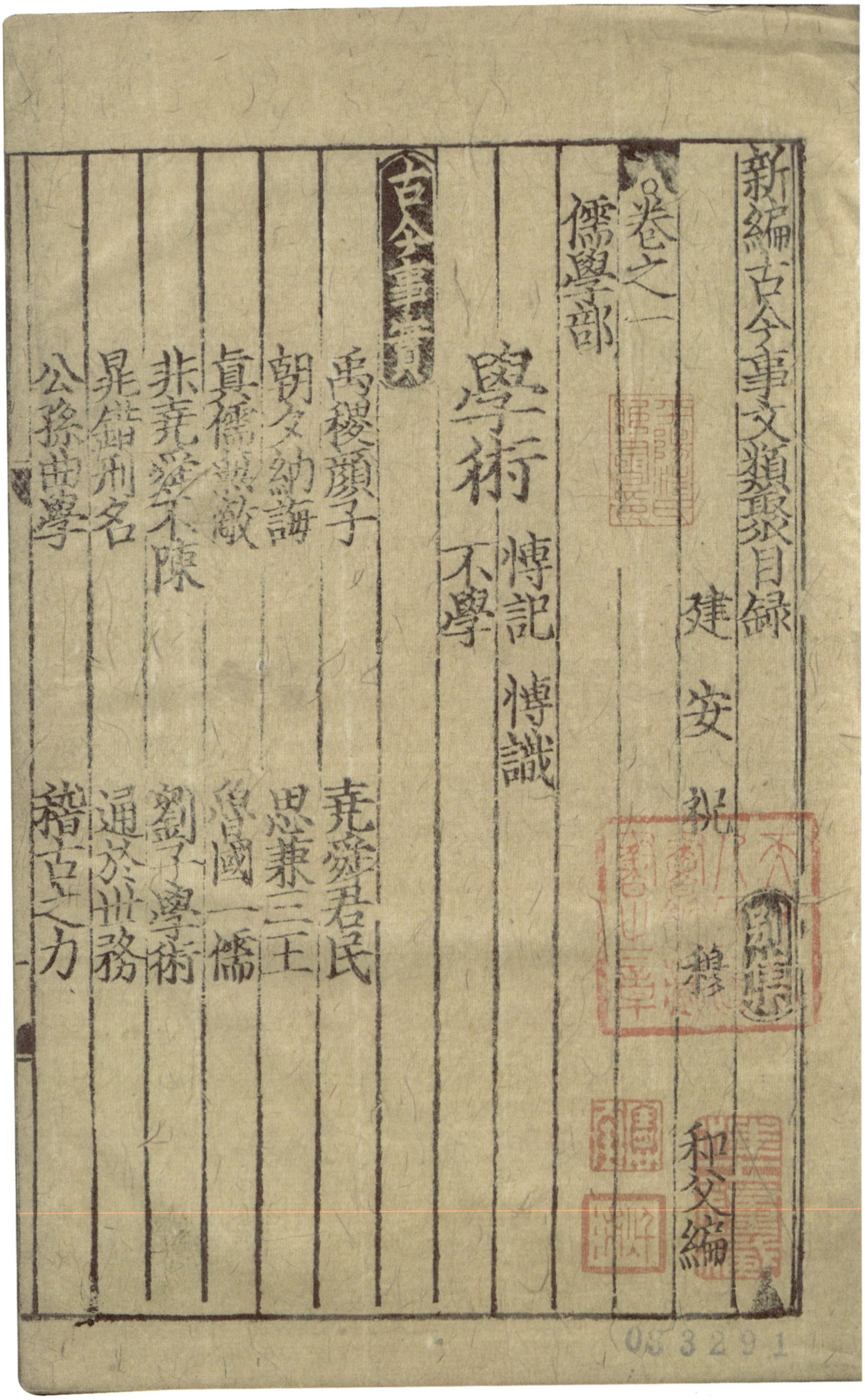
新編古今事文類聚目録　建安祝穆和父編

卷之一

儒學部

學術

傳記　博識

不學

古今事實

禹稷顔子　堯舜君民

朝夕納誨　思兼三王

眞儒無敵　魯國一儒

非堯舜不陳　劉子學術

晁錯刑名　通於世務

公孫曲學　稽古之力

新編古今事文類聚前集六十卷後集五十卷續集二十八卷別集三十二卷

元泰定三年廬陵武溪書院刻本

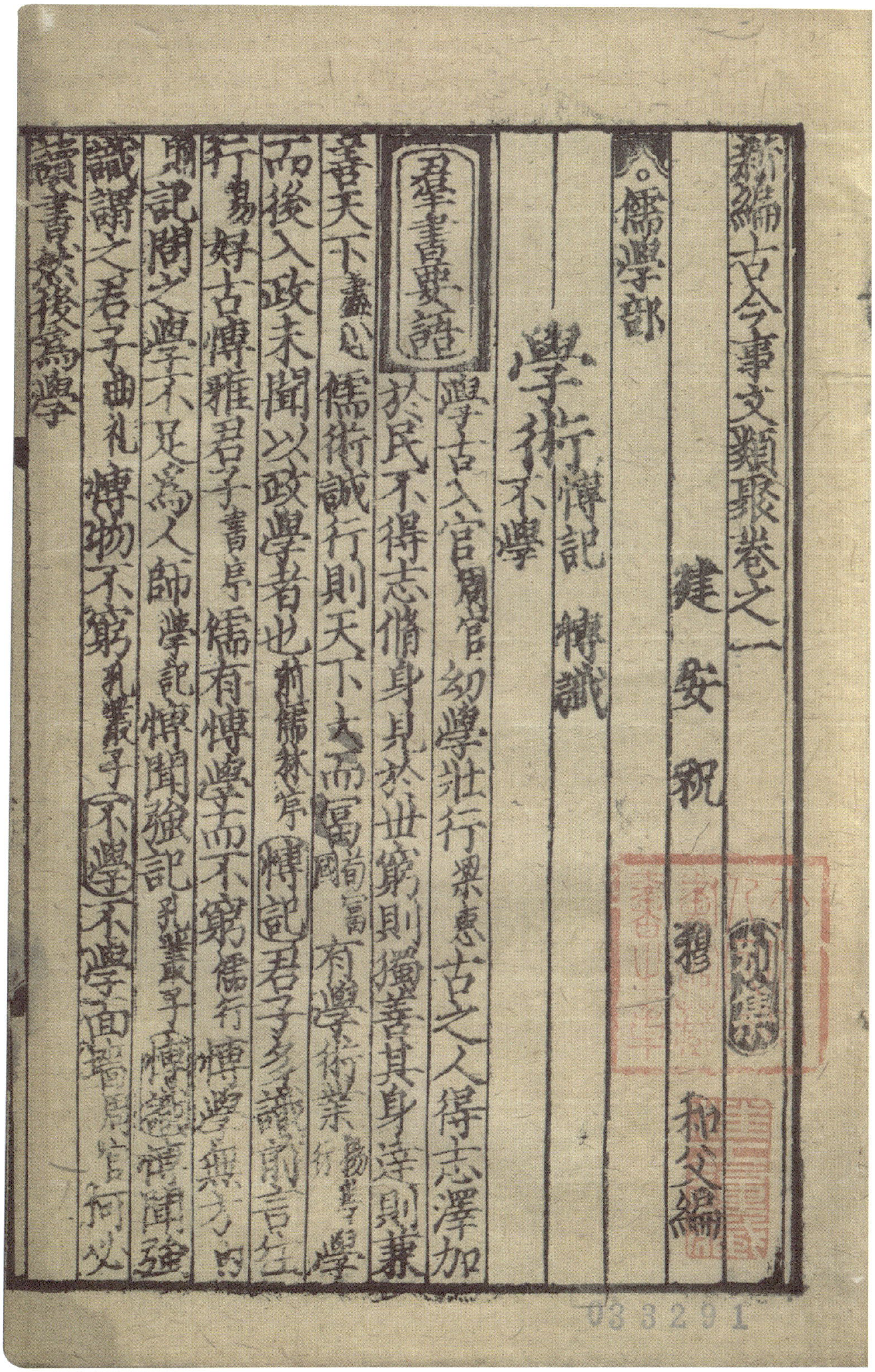
新編古今事文類聚卷之一

建安　祝穆　和父編

儒學部

學術　博記　博識　不學

羣書要語

學古入官 周官 幼學壯行 梁惠 古之人得志澤加

於民不得志脩身見於世窮則獨善其身達則兼

善天下 孟子 儒術誠行則天下大而富 荀子富國 有學術業 揚子學行 學

而後入政未聞以政學者也 前漢儒林序 博記 君子多識前言往

行 易 好古博雅君子 書序 儒有博學而不窮 儒行 博學無方 内則

則記聞之學不足爲人師 學記 博聞強記 孔叢子 博學強

識謂之君子 曲禮 博物不窮 孔叢子 不學 不學面牆 周官 何必

讀書然後爲學

新編古今事文類聚前集六十卷後集五十卷續集二十八卷別集三十二卷　元泰定三年盧陵武溪書院刻本

新編古今事文類聚前集六十卷
明嘉靖四十年書林楊歸仁刻本

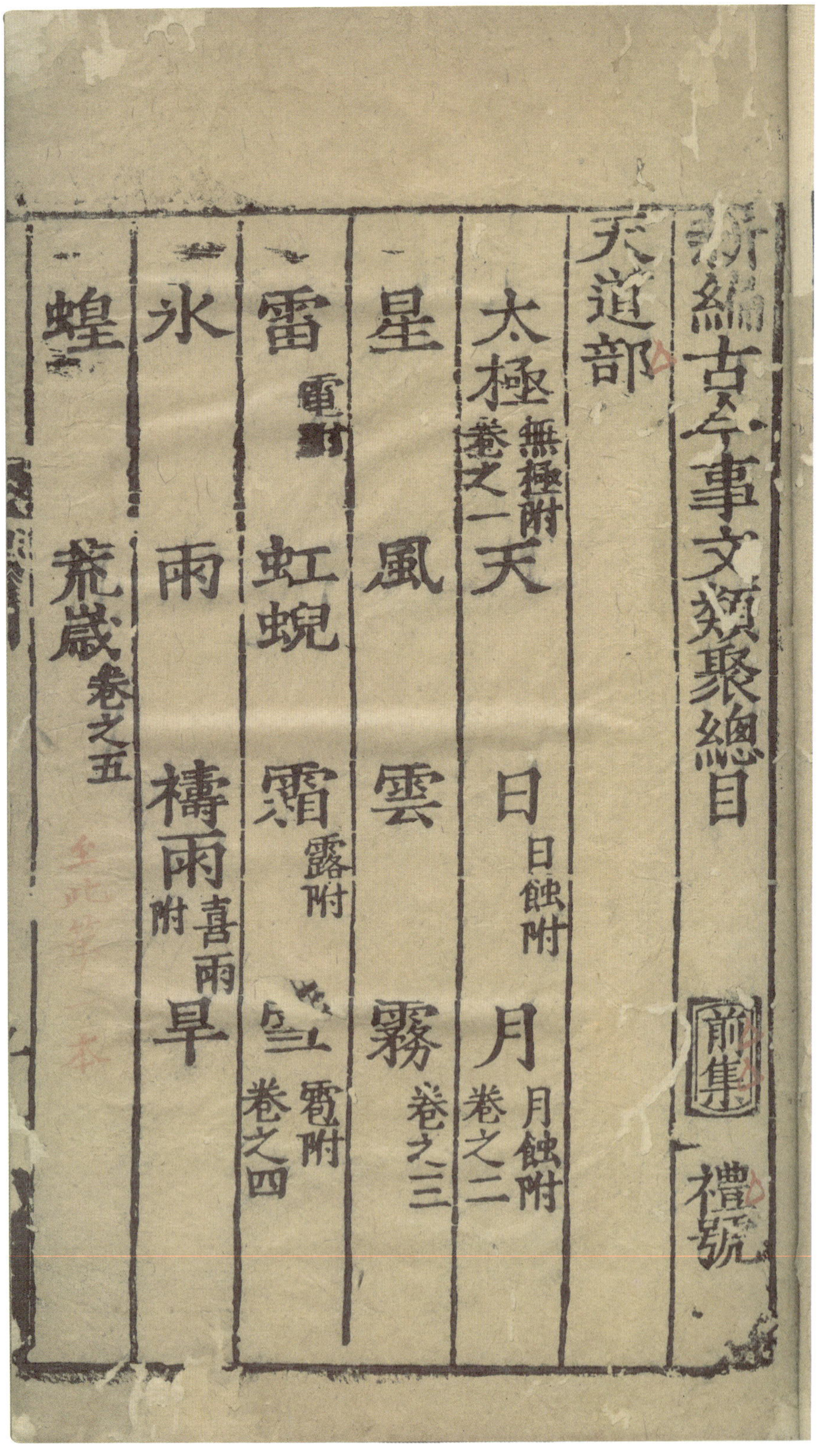
新編古今事文類聚總目　前集　禮號

天道部

太極（無極附　卷之一）　天　日（日蝕附）　月（月蝕附　卷之二）

星　風　雲　霧（卷之三）

雷（電附）　虹蜺　霜（露附）　雪（雹附　卷之四）

氷　雨　禱雨（喜雨附）　旱

蝗　荒歳（卷之五）

新編古今事文類聚前集六十卷

明嘉靖四十年書林楊歸仁刻本

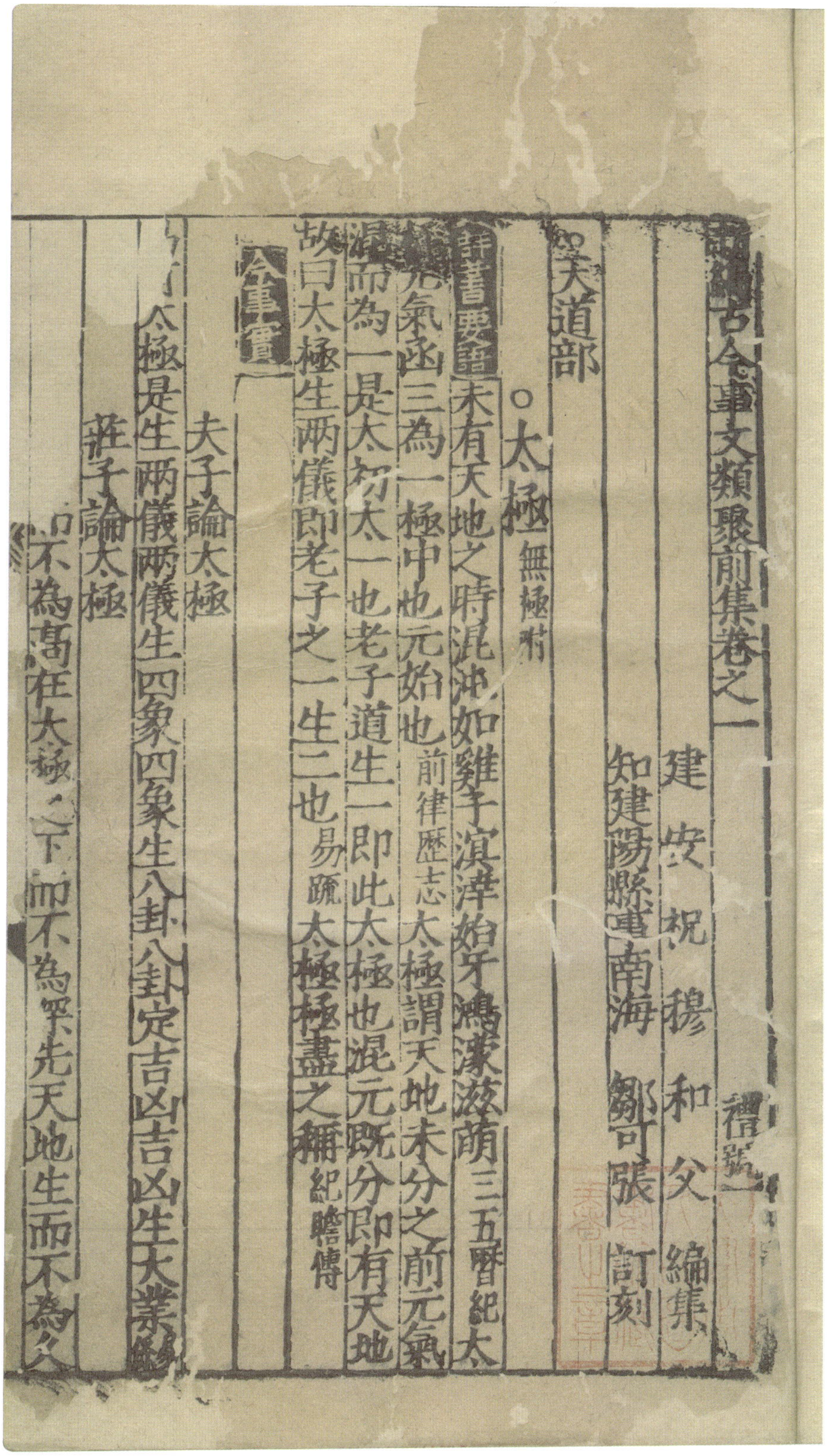
新編古今事文類聚前集卷之一　禮部一

建安祝穆和父編集

知建陽縣事南海鄒可張訂刻

天道部

○太極 無極附

詩書要語 未有天地之時混沌如雞子溟涬始牙鴻濛滋萌 三五曆紀 太極元氣函三為一極中也元始也 前律歷志 太極謂天地未分之前元氣混而為一是太初太一也老子道生一即此太極也混元既分即有天地故曰太極生兩儀即老子之一生二也 易疏 太極極盡之稱 紀瞻傳

古今事實

夫子論太極

易 太極是生兩儀兩儀生四象四象生八卦八卦定吉凶吉凶生大業 繫辭

莊子論太極

道不為高在太極之下而不為深先天地生而不為久

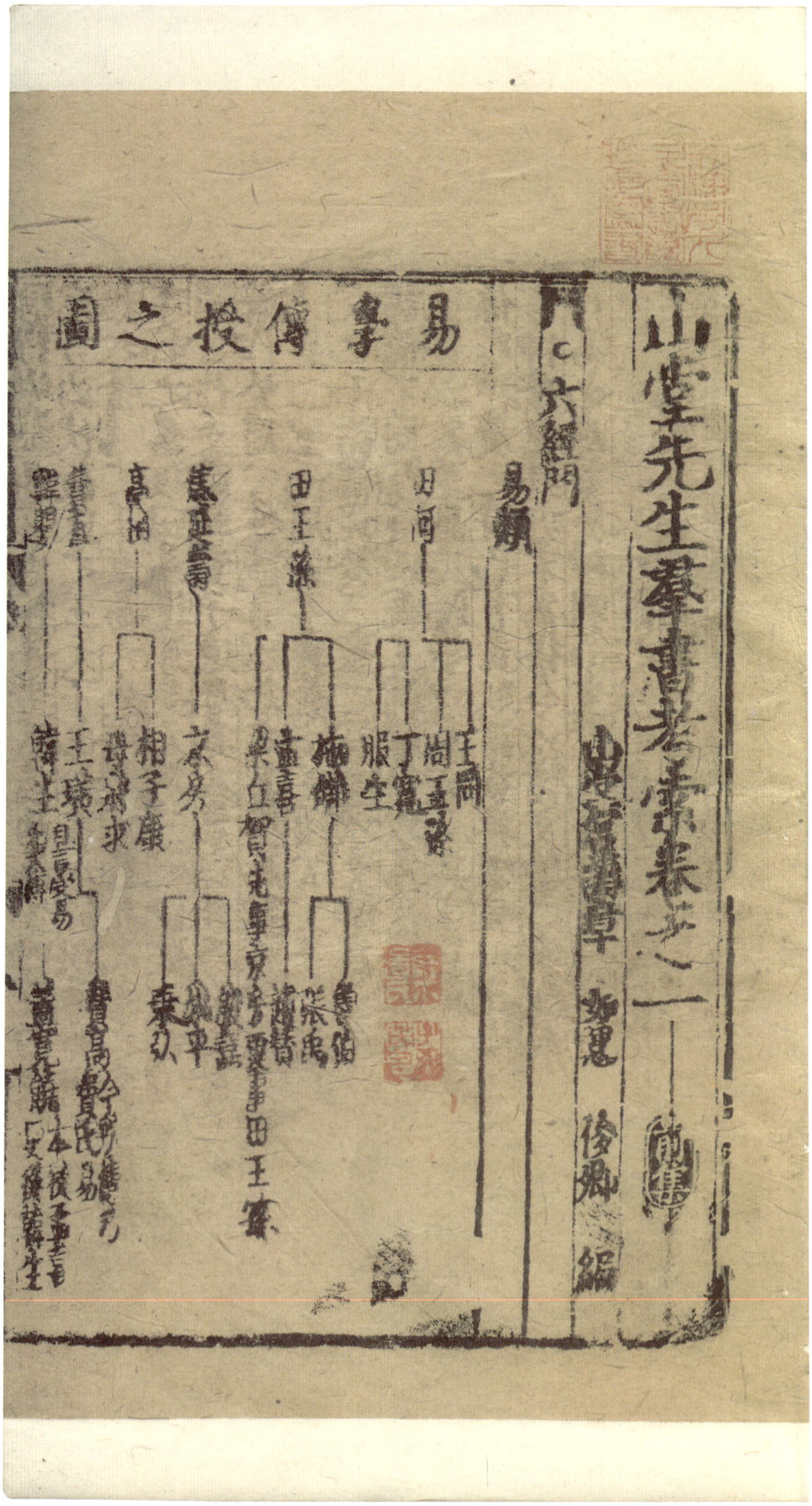
山堂先生羣書考索卷之一
山堂章如愚俊卿編
六經門
易類
易學傳授之圖

山堂先生群書考索前集六十六卷　元延祐七年圓沙書院刻本

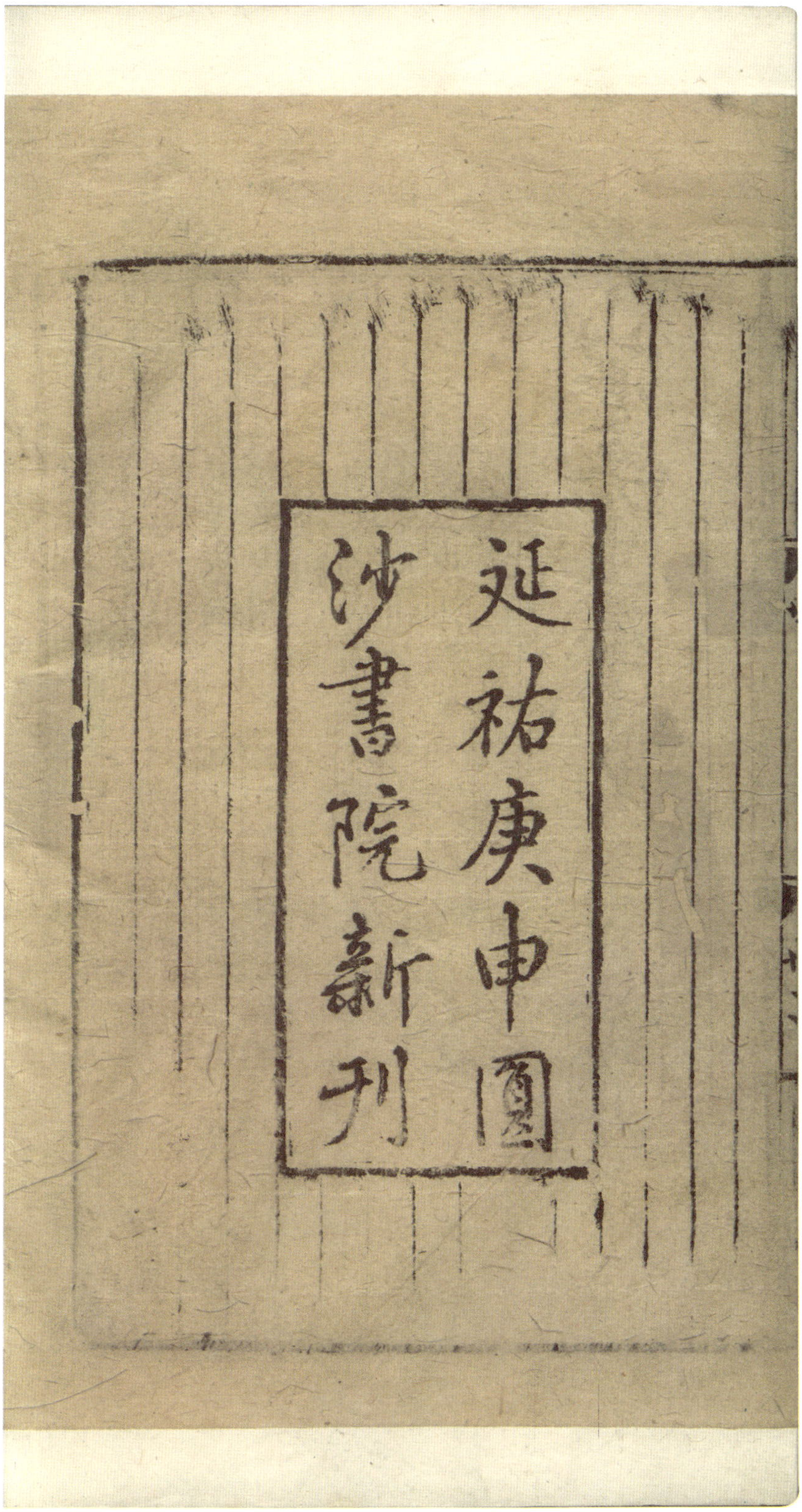

山堂先生群書考索前集六十六卷　元延祐七年圓沙書院刻本

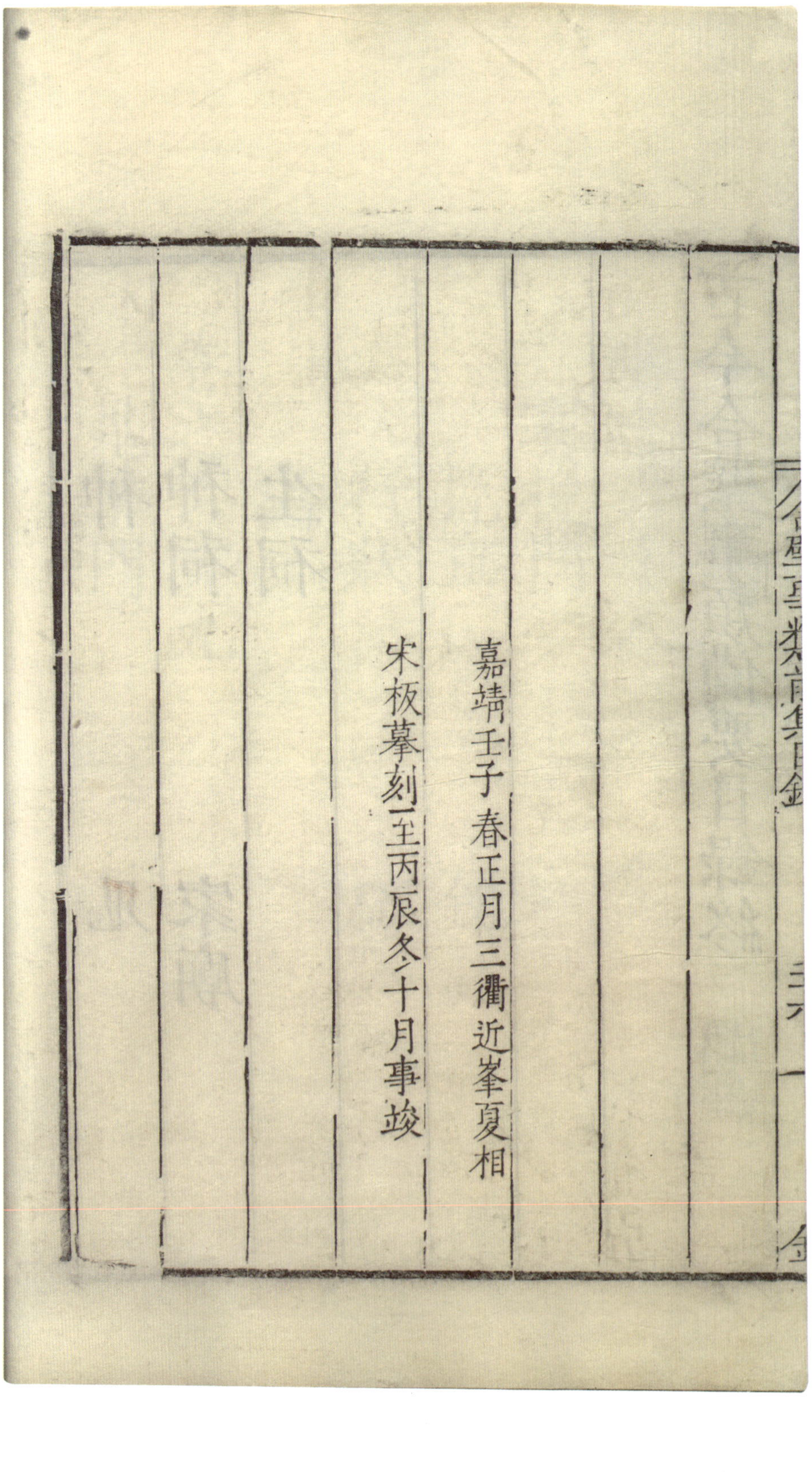
嘉靖壬子春正月三衢近峯夏相
宋板摹刻至丙辰冬十月事竣

古今合璧事類備要前集六十九卷　明嘉靖三十一至三十五年夏相刻本

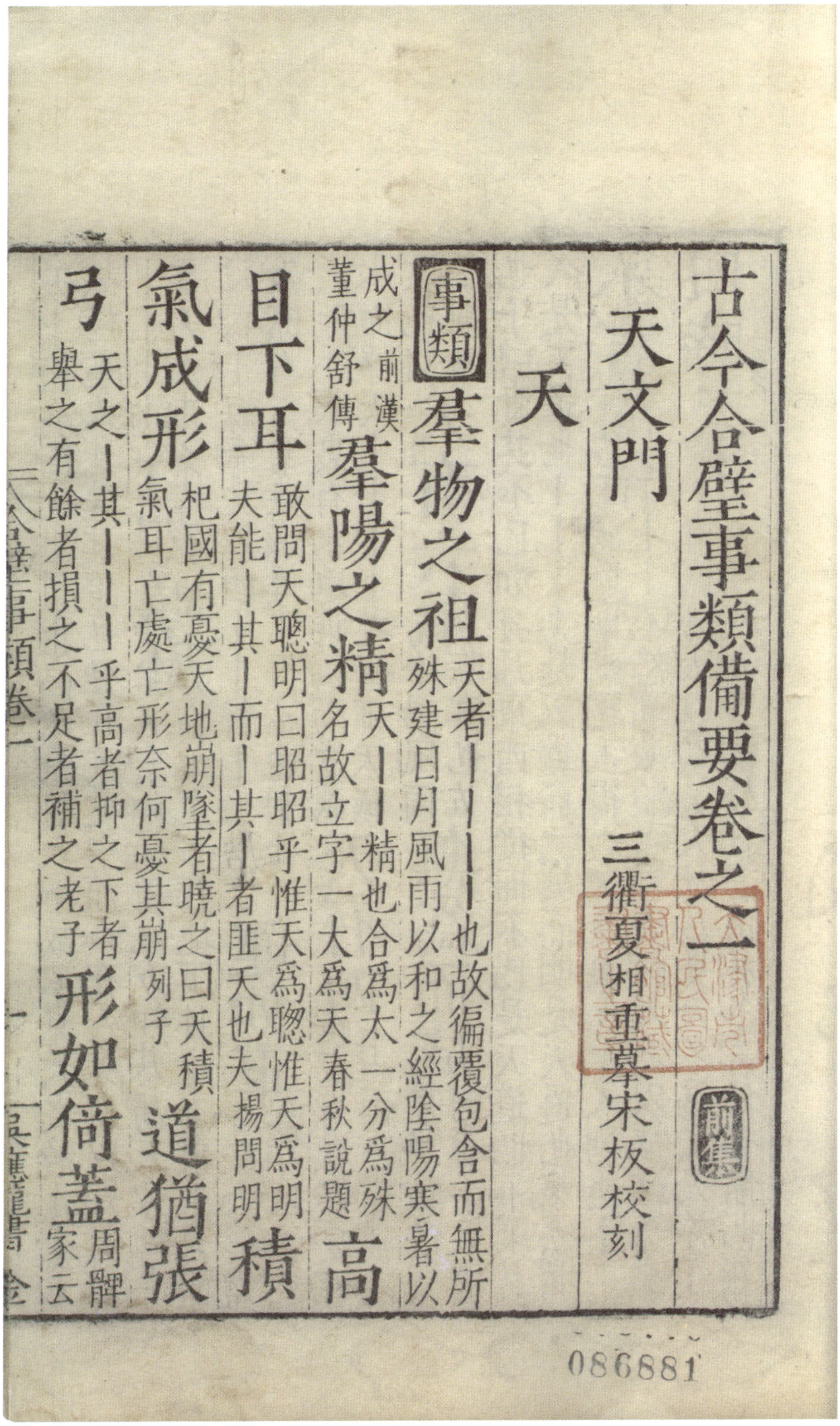

古今合璧事類備要卷之一

三衢夏相重摹宋板校刻　前集

天文門

天

事類　羣物之祖　天者||||也故徧覆包含而無所殊建日月風雨以和之經陰陽寒暑以成之前漢董仲舒傳　羣陽之精　天||精也合爲太一分爲殊名故立字一大爲天春秋説題　高目下耳　敢問天聰明曰昭昭乎惟天爲聰惟天爲明夫能|其|而|其|者匪天也夫揚問明　積氣成形　杞國有憂天地崩墜者曉之曰天積氣耳亡處亡形奈何憂其崩列子　道猶張弓　天之|其||||乎高者抑之下者舉之有餘者損之不足者補之老子　形如倚蓋　周髀家云

086881

古今合璧事類備要前集六十九卷　明嘉靖三十一至三十五年夏相刻本

新箋决科古今源流至論前集十卷　明宣德二年建陽書林詹氏刻本

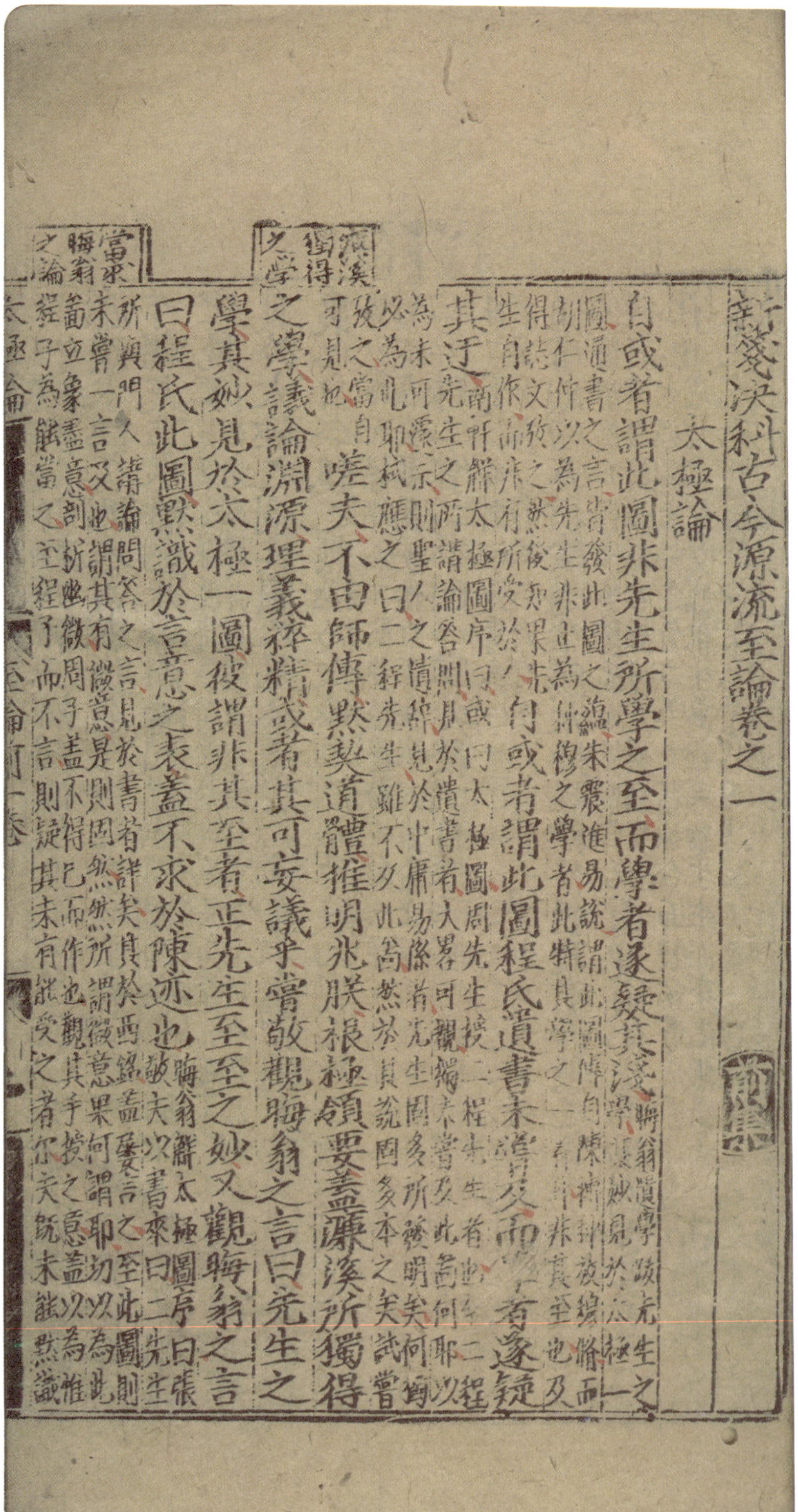
新箋决科古今源流至論卷之一
太極論
自或者謂此圖非先生所學之至而學者遂疑其淺晦翁讀學跋先生之學其妙見於太極一
圖通書之言皆發此圖之蘊朱震進易說謂此圖傳自陳摶种放穆脩而胡仁仲以為先生非止為种穆之學者此特其學之一耳非其至也及
得誌文效之然後知果先生自作而非有所受於人自或者謂此圖程氏遺書未嘗及而學者遂疑
其迂南軒釋太極圖序曰或曰太極圖周先生授二程先生者也二程先生之所講論答問則見於遺書者大畧可觀獨未嘗及此圖何耶以
為未可遽示則聖人之精蘊見於中庸易係者先生固多所發明矣何獨必為此耶栻應之曰二程先生雖不及此圖然於其說固多本之矣試嘗
後之當自可見也嗟夫不由師傳默契道體推明兆朕根極領要盖濂溪所獨得
之學議論淵源理義粹精或著其可妄議乎嘗敬觀晦翁之言曰先生之
學其妙見於太極一圖彼謂非其至者正先生至至之妙又觀晦翁之言
曰程氏此圖默識於言意之表盖不求於陳迹也晦翁辯太極圖序曰張敬夫以書來曰二先生
所與門人講論問答之言見於書者詳矣其於西銘盖屢言之至此圖則未嘗一言及也謂其有微意是則固然然所謂微意果何謂耶竊以為此
當亦立象盡意剖析幽微周子盖不得已而作也觀其手授之意盖以為惟程子為能當之至程子而不言則疑其未有能受之者爾夫既未能默識
濂溪獨得之學
當求晦翁之論
太極論　至論前一卷

定一級

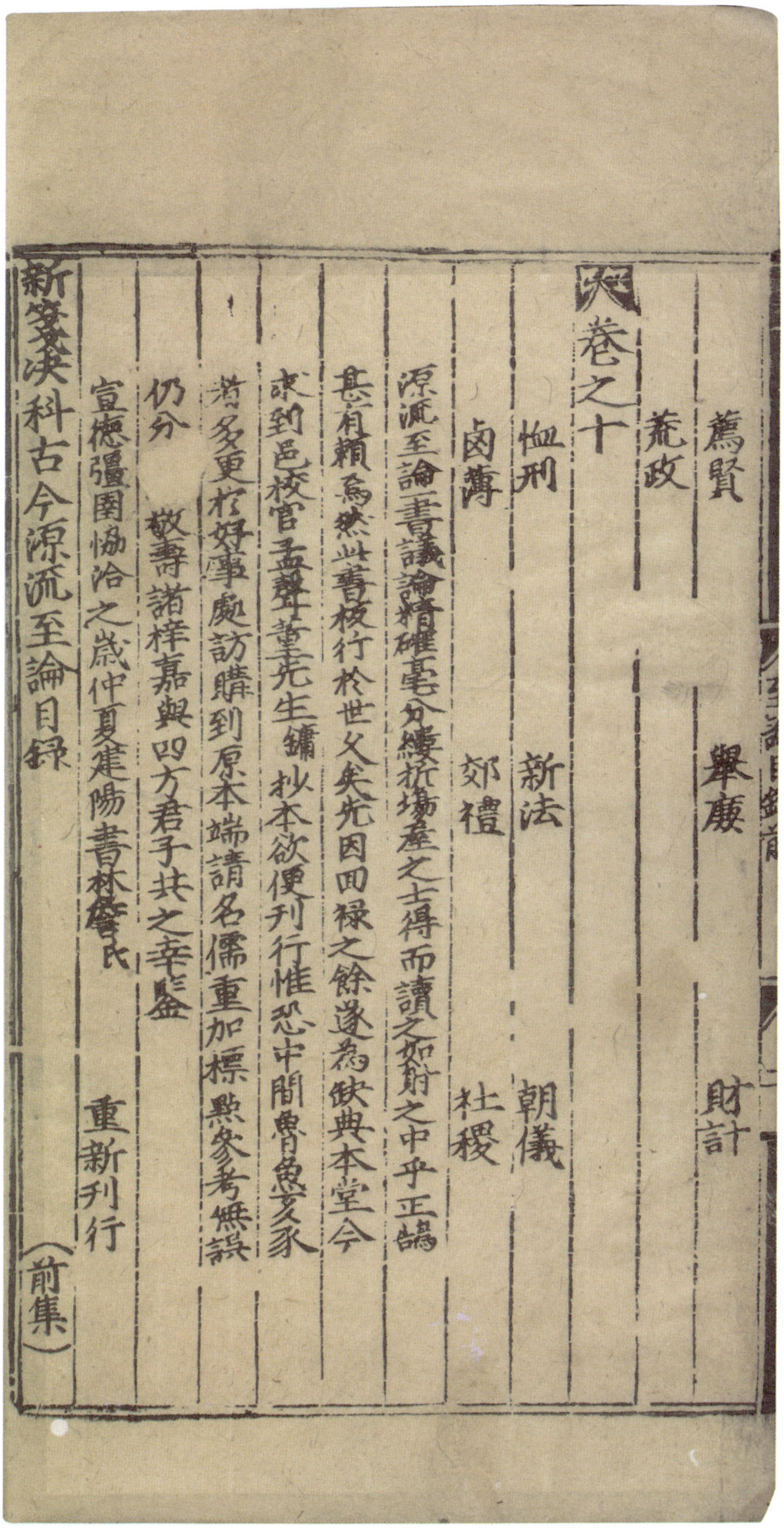

天卷之十

薦賢　舉廢　財計

荒政

恤刑　新法　朝儀

鹵簿　郊禮　社稷

源流至論一書議論精確毫分縷析場屋之士得而讀之如射之中乎正鵠甚有賴爲然此書板行於世久矣先因回禄之餘遂爲欠典本堂今求到邑校官孟聲董先生鏞抄本欲便刊行惟恐中間魯魚亥豕者多更於好事處訪購到原本端請名儒重加標點參考無誤仍分　敬壽諸梓嘉與四方君子共之幸鑒

宣德彊圉協洽之歲仲夏建陽書林詹氏　重新刊行

新箋決科古今源流至論目録（前集）

新箋决科古今源流至論前集十卷　明宣德二年建陽書林詹氏刻本

玉海二百卷

元至元六年慶元路儒學刻元明補刻本

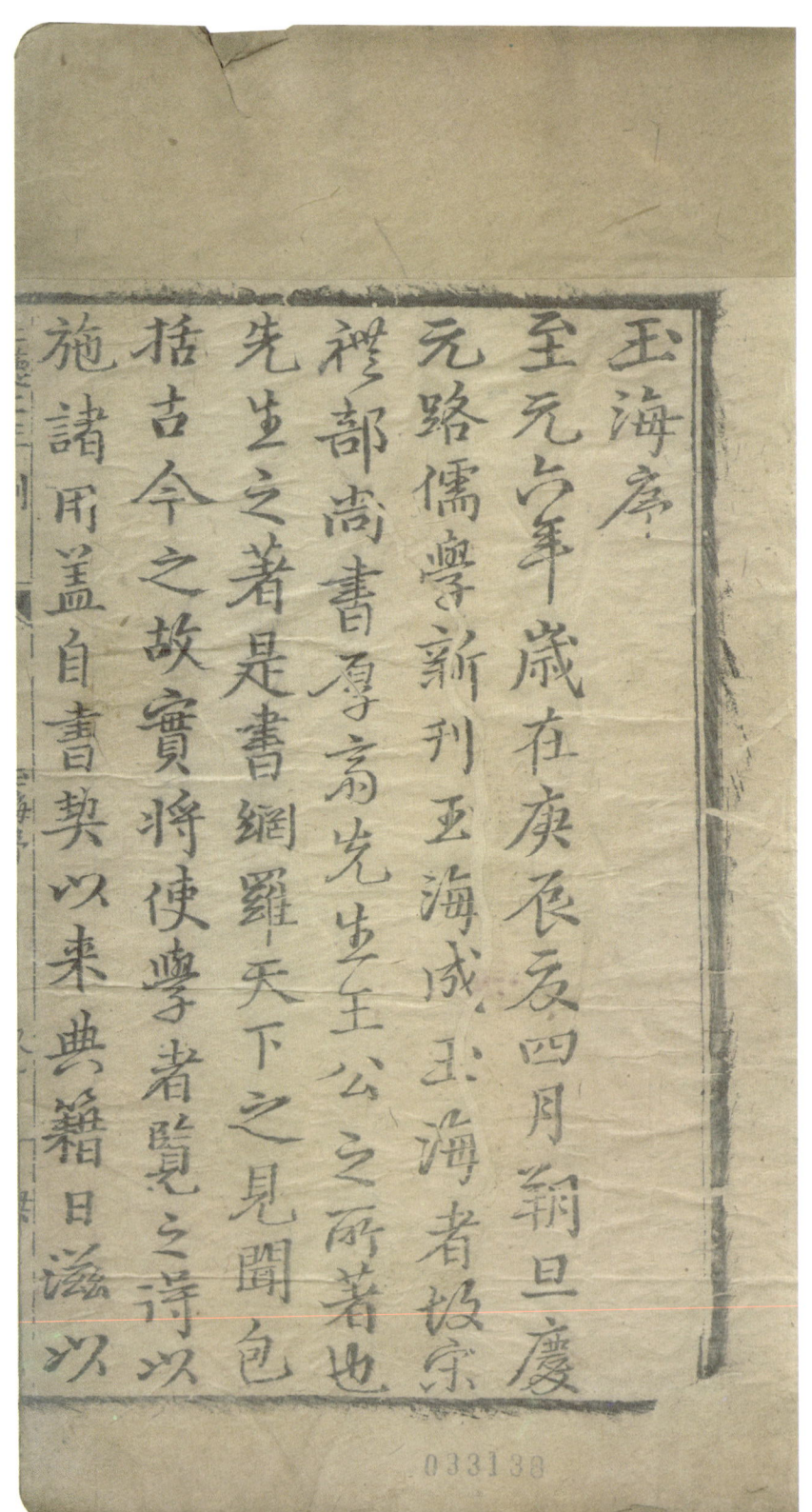

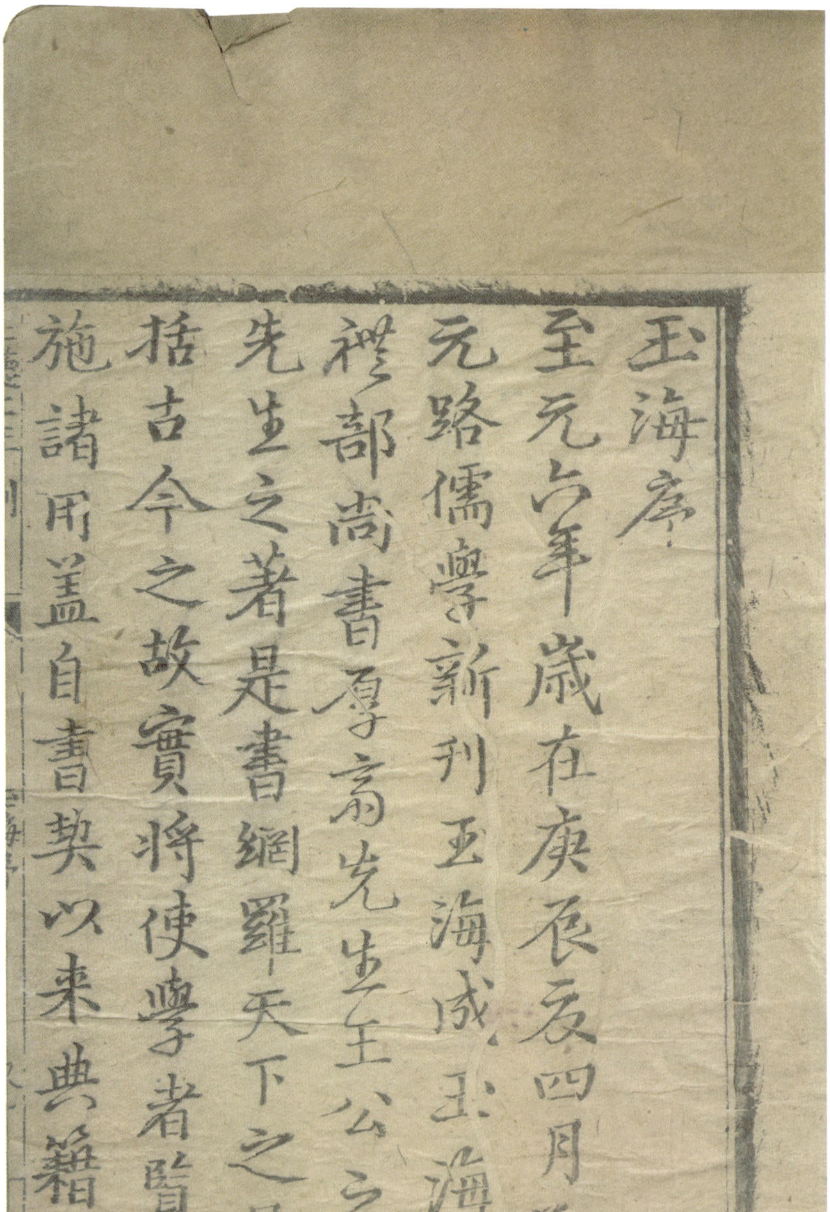

玉海序

至元六年歲在庚辰四月朔旦慶

元路儒學新刊玉海成玉海者故宋

禮部尚書厚齋先生王公之所著也

先生之著是書網羅天下之見聞包

括古今之故實將使學者覽之詩以

施諸用蓋自書契以來典籍日滋以

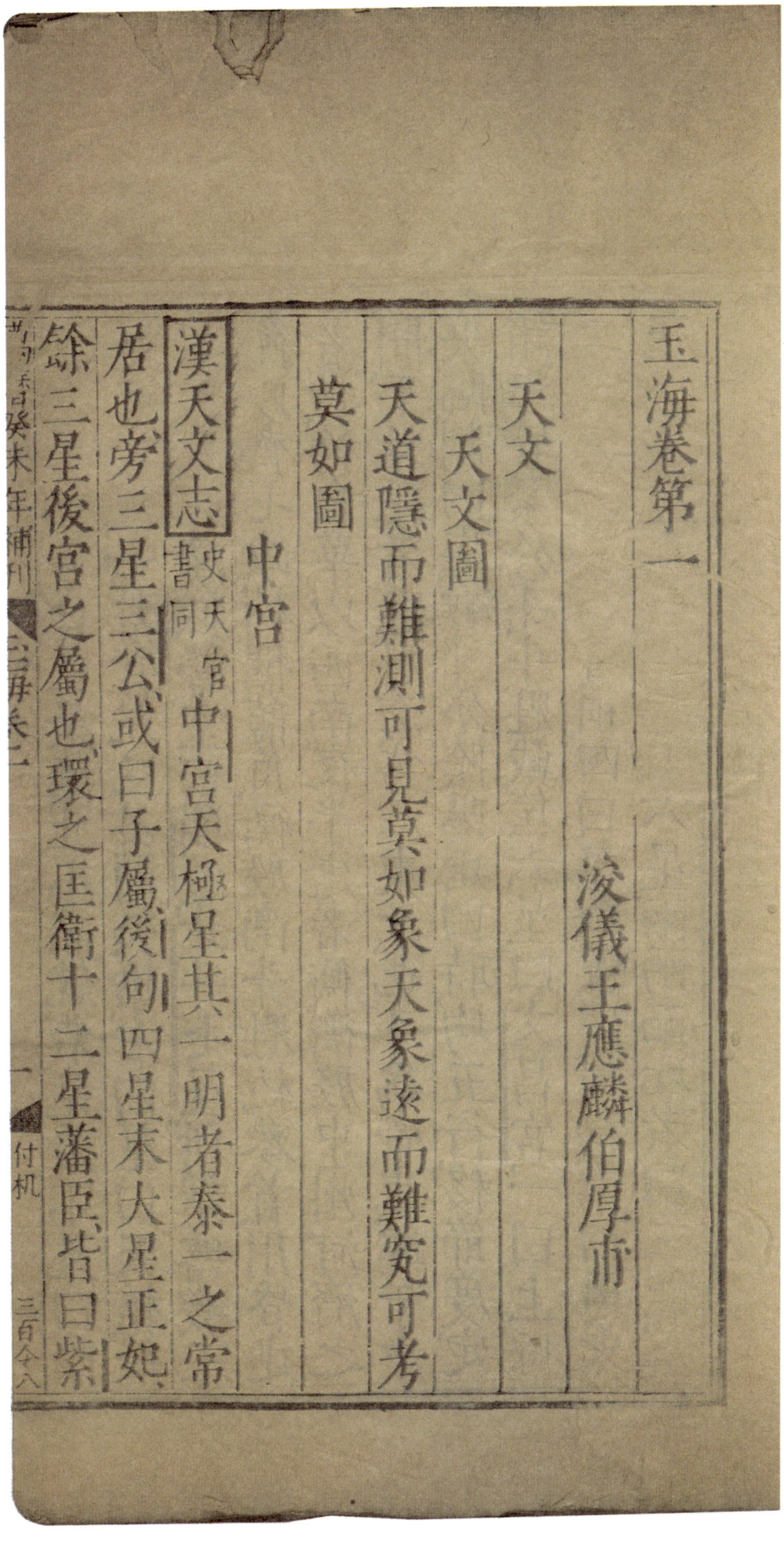
玉海卷第一
浚儀王應麟伯厚甫
天文
天文圖
天道隱而難測可見莫如象天象遠而難究可考
莫如圖
中宮
漢天文志 史天官書同 中宮天極星其一明者泰一之常
居也旁三星三公或曰子屬後句四星末大星正妃
餘三星後宮之屬也環之匡衛十二星藩臣皆曰紫

玉海二百卷　元至元六年慶元路儒學刻元明補刻本

小學紺珠十卷　元刻元明遞修玉海附刻本

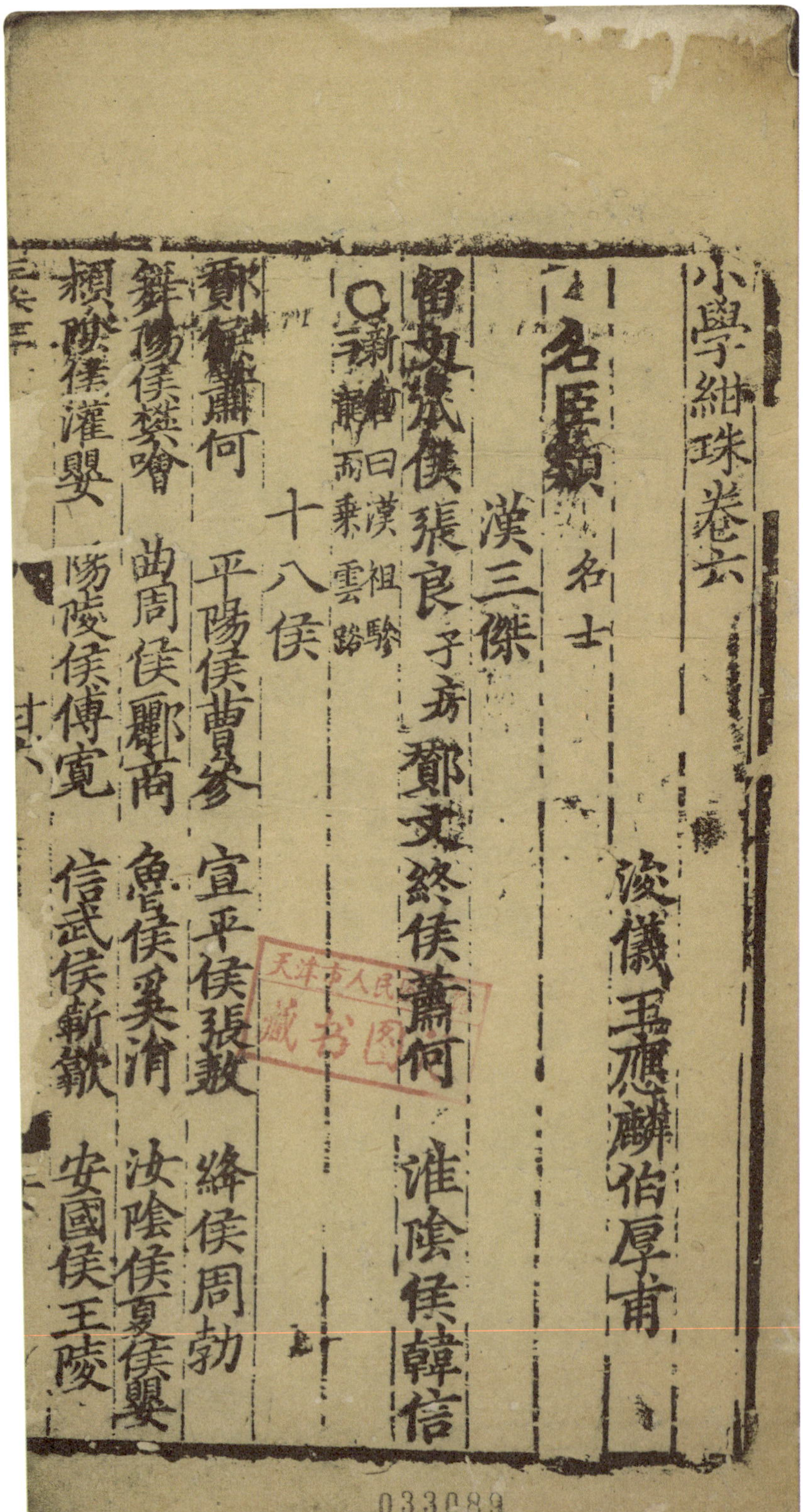

小學紺珠卷六

浚儀王應麟伯厚甫

名臣類　名士

漢三傑

留文成侯張良子房　酇文終侯蕭何　淮陰侯韓信

○新論曰漢祖驂三龍而乘雲路

十八侯

酇侯蕭何　平陽侯曹參　宣平侯張敖　絳侯周勃

舞陽侯樊噲　曲周侯酈商　魯侯奚涓　汝陰侯夏侯嬰

潁陰侯灌嬰　陽陵侯傅寬　信武侯靳歙　安國侯王陵

左粹類纂十二卷　明嘉靖刻本

左粹類纂卷之一

吴郡施仁編集　如皋孫應鰲批點

制命

姬轍東王迹熄天下不聞其教令久矣間有
之賜齊則重下拜勞晉則往授策何王之與
有不絕如綫以終春秋之世無亦桓文翼戴
之力也夫雖然平戎功懋用嘉殊饗請隧情
逆距以大章聞者至今猶能使人知勸懲也
替佐得人豈其教令不行於天下哉

襄王賜齊桓胙　襄王饗管仲上卿
襄王拒晉文請隧　襄王策命晉文

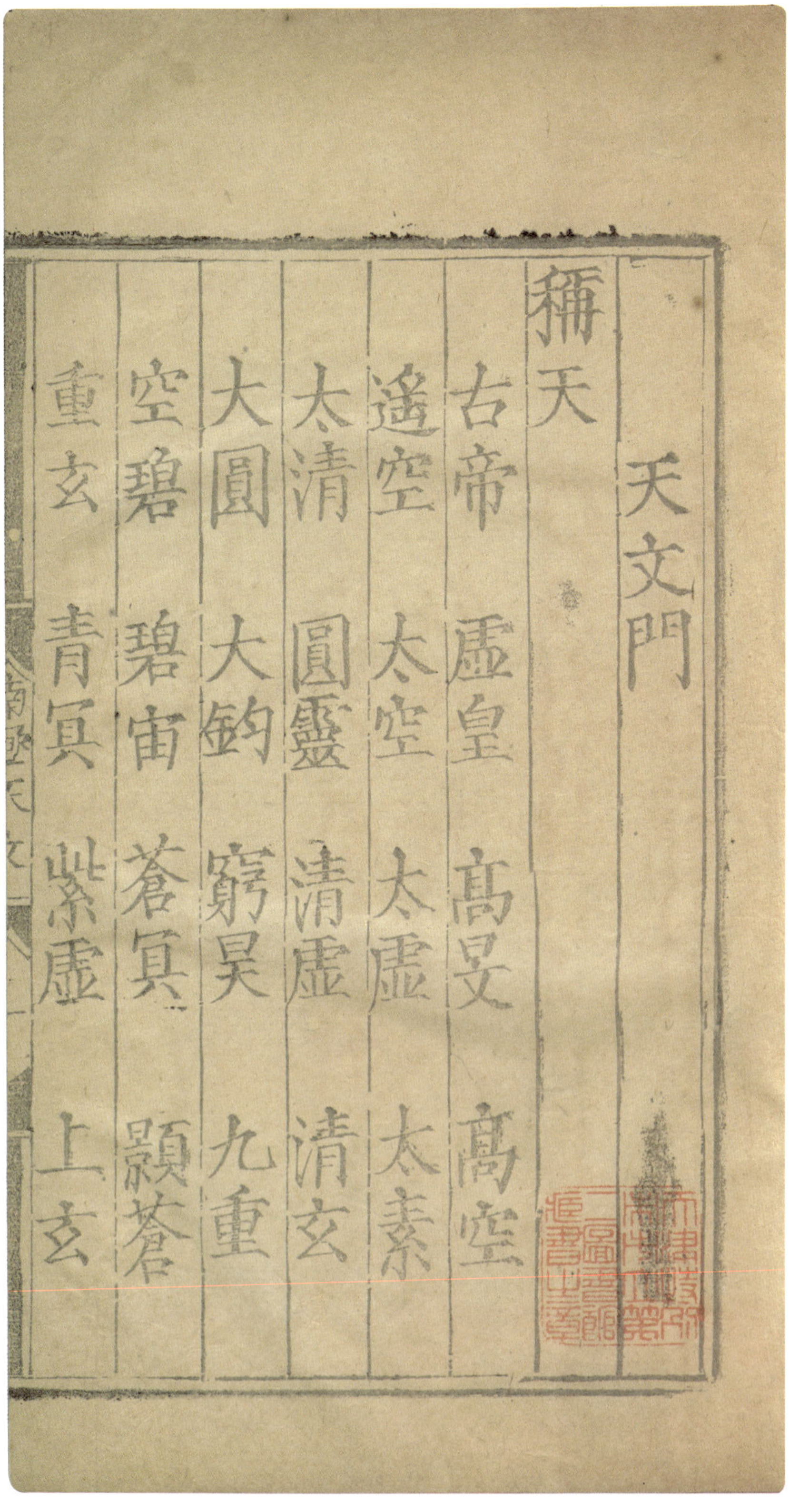
天文門

稱天

古帝　虛皇　高旻　高空

遙空　太空　太虛　太素

太清　圓靈　清虛　清玄

大圓　大鈞　窮昊　九重

空碧　碧宙　蒼冥　顥蒼

重玄　青冥　紫虛　上玄

記事珠十四卷　明嘉靖十五年周藩刻本

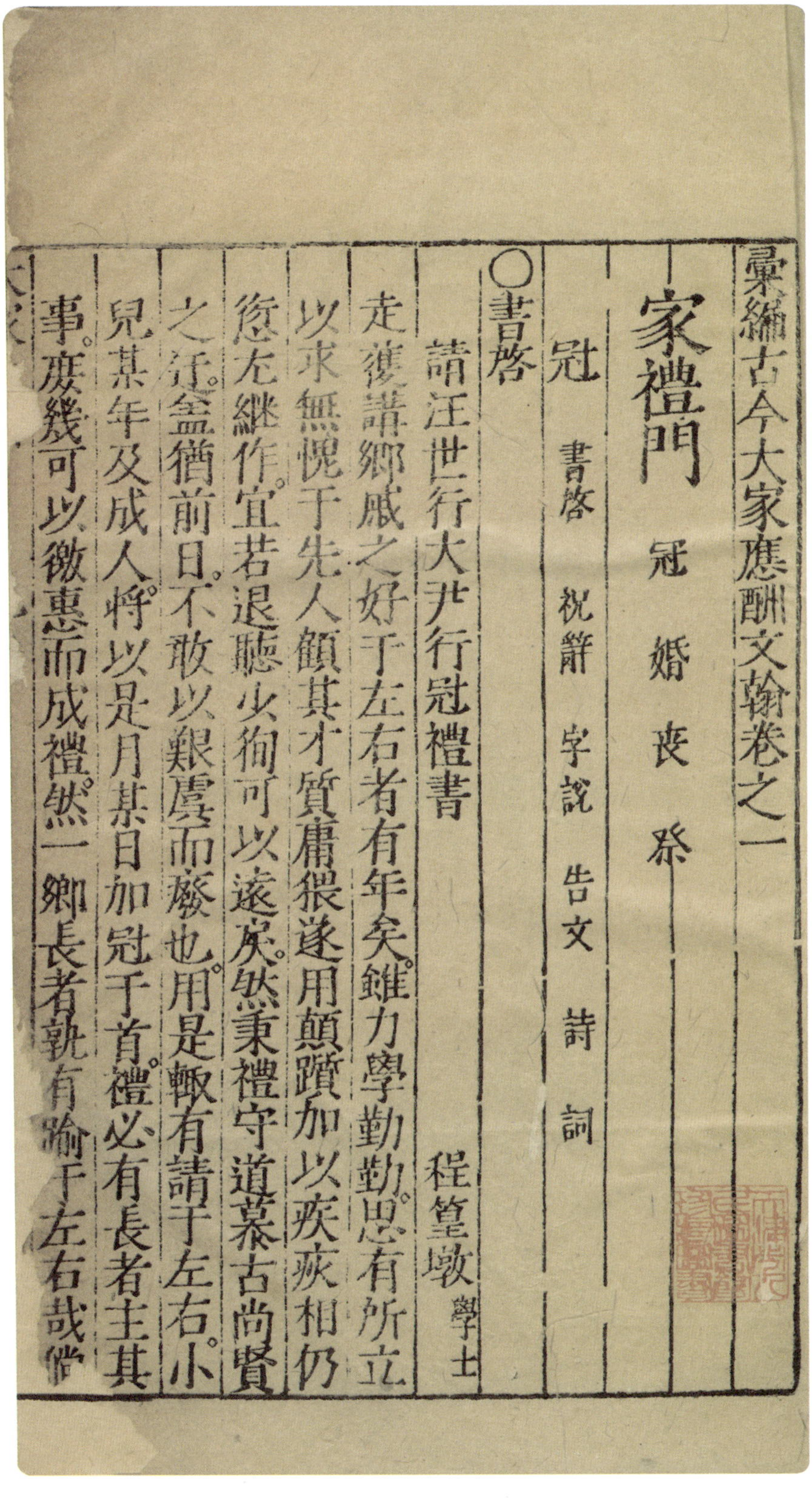

彙編古今大家應酬文翰卷之一

家禮門　冠　婚　喪　祭

冠　書啓　祝辭　字説　告文　詩　詞

○書啓

請汪世行大尹行冠禮書　程篁墩學士

走獲講鄉戚之好于左右者有年矣。雖力學勤勤，思有所立以求無愧于先人，顧其才質庸猥，遂用顛躓，加以疾疢相仍，愆尤繼作，宜若退聽，必徇可以遠矣。然秉禮守道，慕古尚賢之迂，盍猶前日，不敢以艱虞而廢也。用是輒有請于左右：小兒某年及成人，將以是月某日加冠于首。禮必有長者主其事，庶幾可以徼惠而成禮。然一鄉長者孰有踰于左右哉？僕

彙編古今大家應酬文翰十二卷　明嘉靖三十九年刻本

淵鑑類函四百五十卷

清康熙四十九年揚州詩局刻本

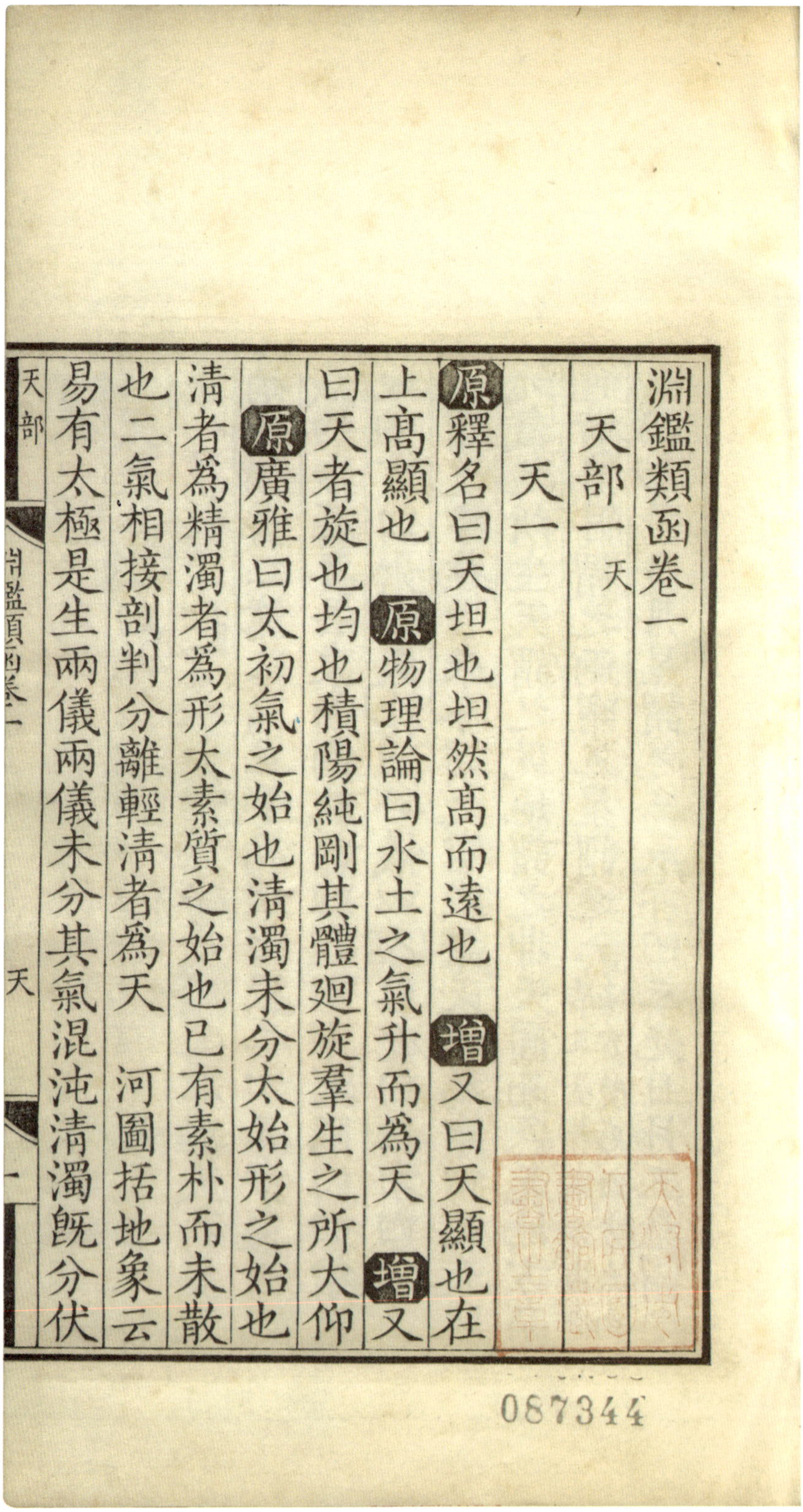

淵鑑類函卷一

天部一 天

天一

原釋名曰天坦也坦然高而遠也 增又曰天顯也在上高顯也 原物理論曰水土之氣升而爲天 增又曰天者旋也均也積陽純剛其體迴旋羣生之所大仰

原廣雅曰太初氣之始也清濁未分太始形之始也清者爲精濁者爲形太素質之始也已有素朴而未散也二氣相接剖判分離輕清者爲天 河圖括地象云易有太極是生兩儀兩儀未分其氣混沌清濁既分伏

天部　淵鑑類函卷一　天　一

定一級

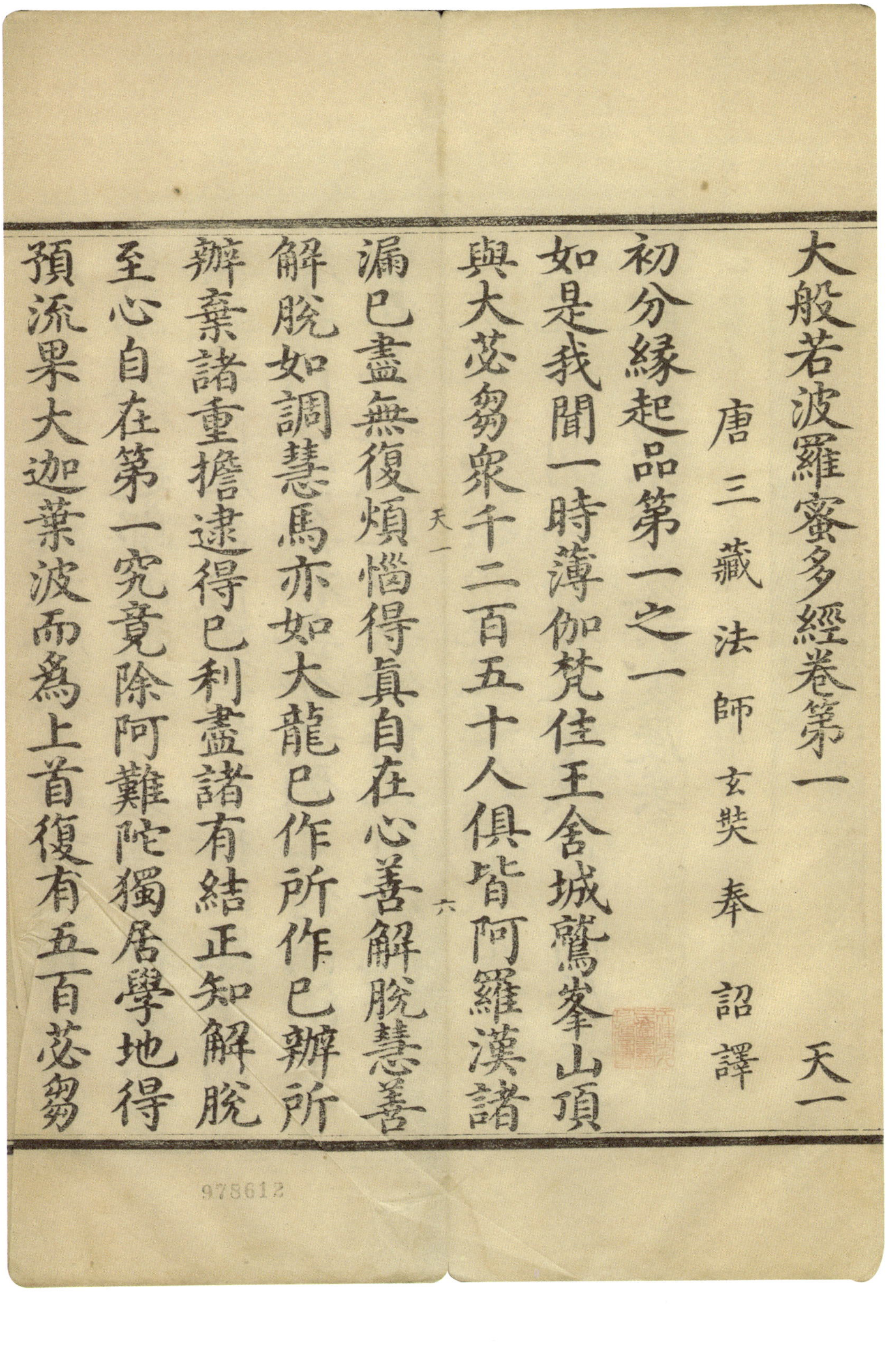

大般若波羅蜜多經卷第一　天一

唐三藏法師玄奘奉　詔譯

初分緣起品第一之一

如是我聞一時薄伽梵住王舍城鷲峯山頂與大苾芻衆千二百五十人俱皆阿羅漢諸漏已盡無復煩惱得真自在心善解脫慧善解脫如調慧馬亦如大龍已作所作已辦所辦棄諸重擔逮得已利盡諸有結正知解脫至心自在第一究竟除阿難陀獨居學地得預流果大迦葉波而為上首復有五百苾芻

天一　六

大明三藏聖教一千五百九十二種六千七百七十五卷　明永樂十五年至正統五年刻萬曆續刻本

通玄百問一卷青州百問一卷　明嘉靖三十六年金臺宗鏡庵重刻本

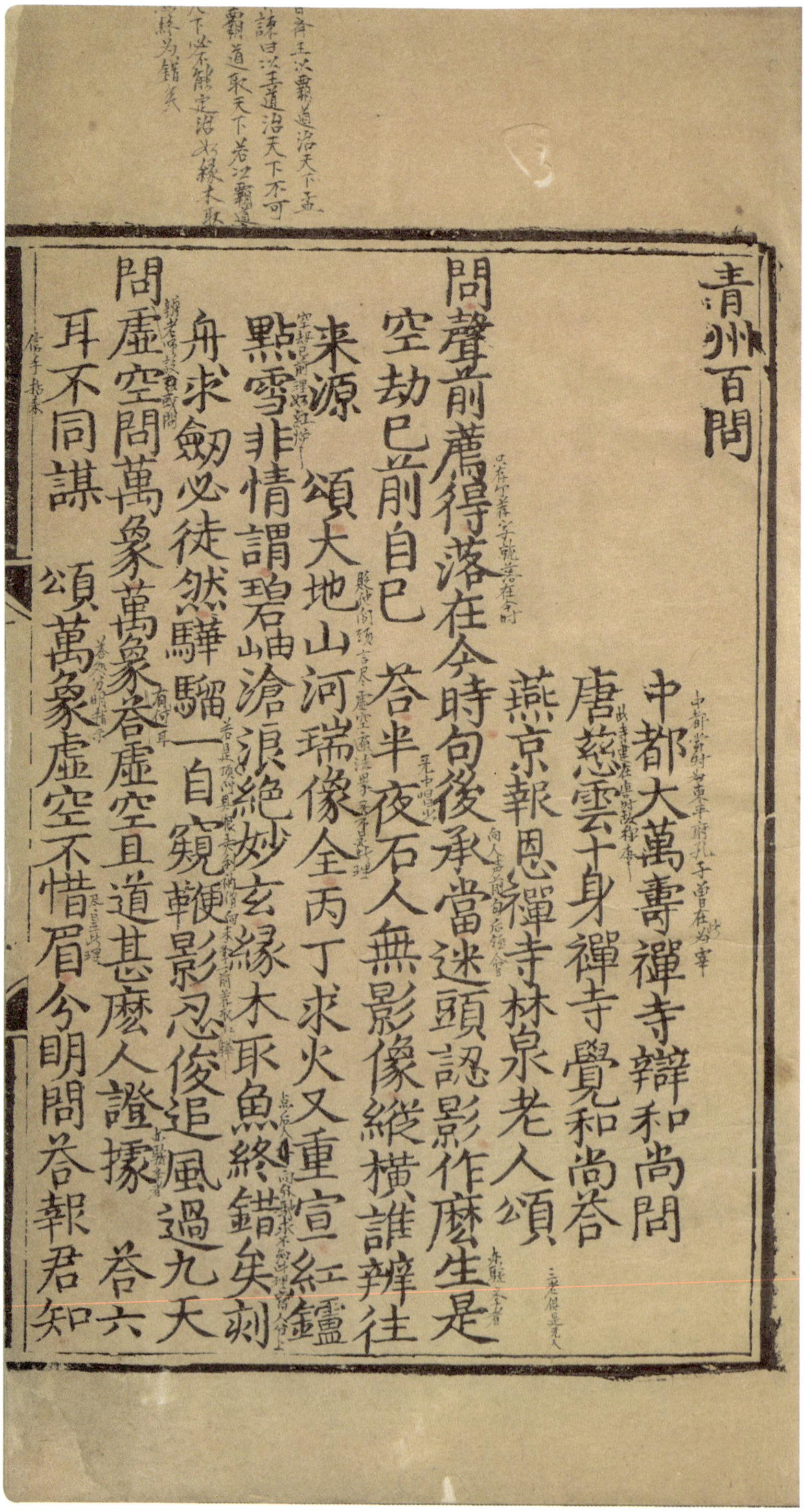

青州百問

中都大萬壽禪寺辯和尚問
唐慈雲十身禪寺覺和尚荅
燕京報恩禪寺林泉老人頌

問聲前薦得落在今時句後承當迷頭認影作麼生是空劫已前自己　荅半夜石人無影像縱橫誰辨往來源　頌大地山河瑞像全丙丁求火又重宣紅鑪點雪非情謂碧岩崎滄浪絕妙玄緣木取魚終錯矣刻舟求劒必徒然驊騮一自窺鞭影忍俊追風過九天

問虛空問萬象萬象荅虛空且道甚麼人證據　荅六耳不同謀

頌萬象虛空不惜眉分明問荅報君知

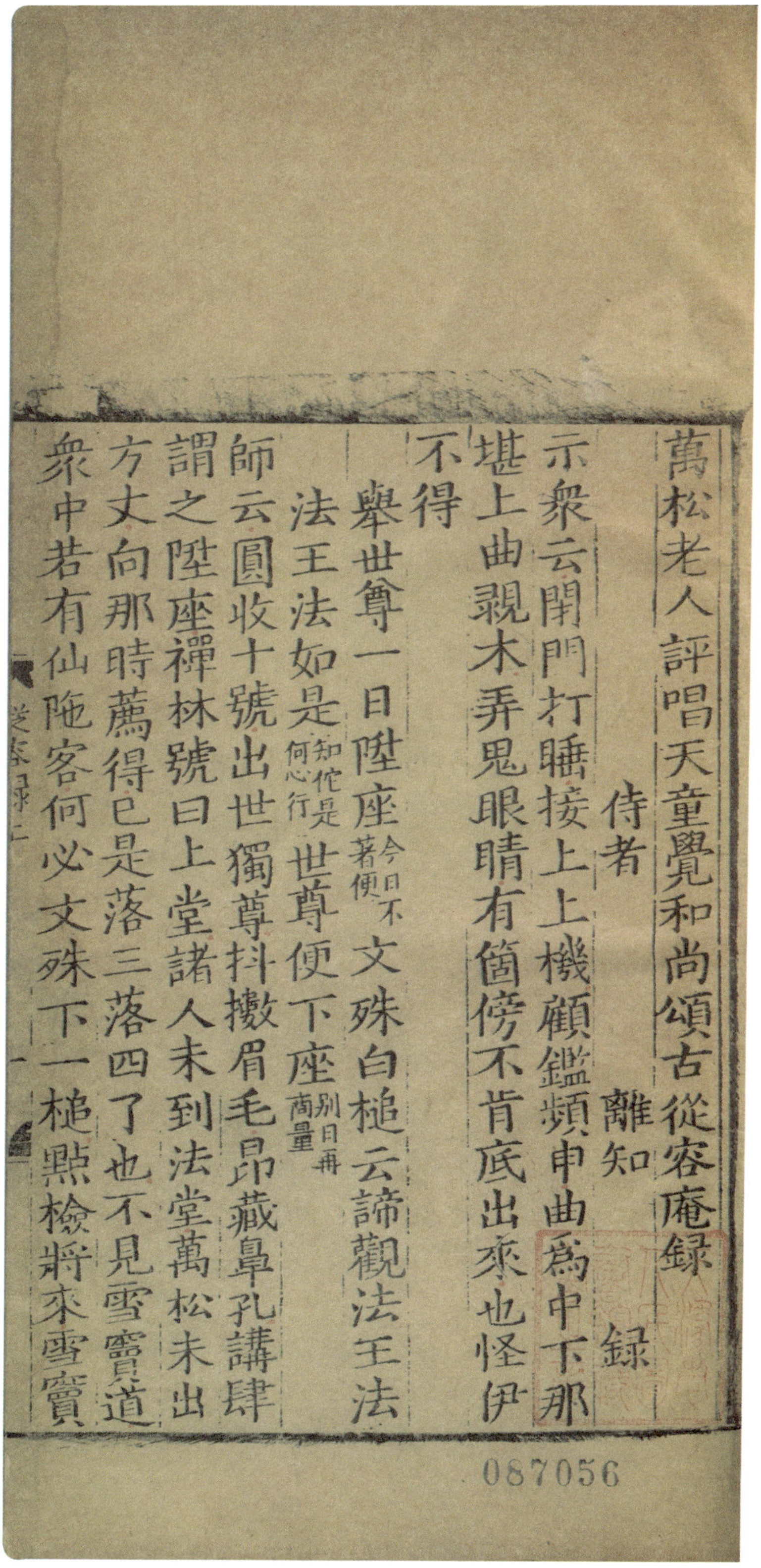
萬松老人評唱天童覺和尚頌古從容庵録

侍者　離知　録

示衆云閑門打睡接上上機顧鑑頻申曲爲中下那堪上曲彔木弄鬼眼睛有箇傍不肯底出來也怪伊不得

舉世尊一日陞座（今日不著便）文殊白槌云諦觀法王法法王法如是（知佗是何心行）世尊便下座（別日再商量）

師云圓收十號出世獨尊抖擻眉毛昂藏鼻孔講肆謂之陞座禪林號曰上堂諸人未到法堂萬松未出方丈向那時薦得已是落三落四了也不見雪竇道衆中若有仙陁客何必文殊下一槌黙檢將來雪竇

萬松老人評唱天童覺和尚頌古從容庵録三卷　明隆慶刻本

楞伽阿跋多羅寶經四卷　明成化三年刻本

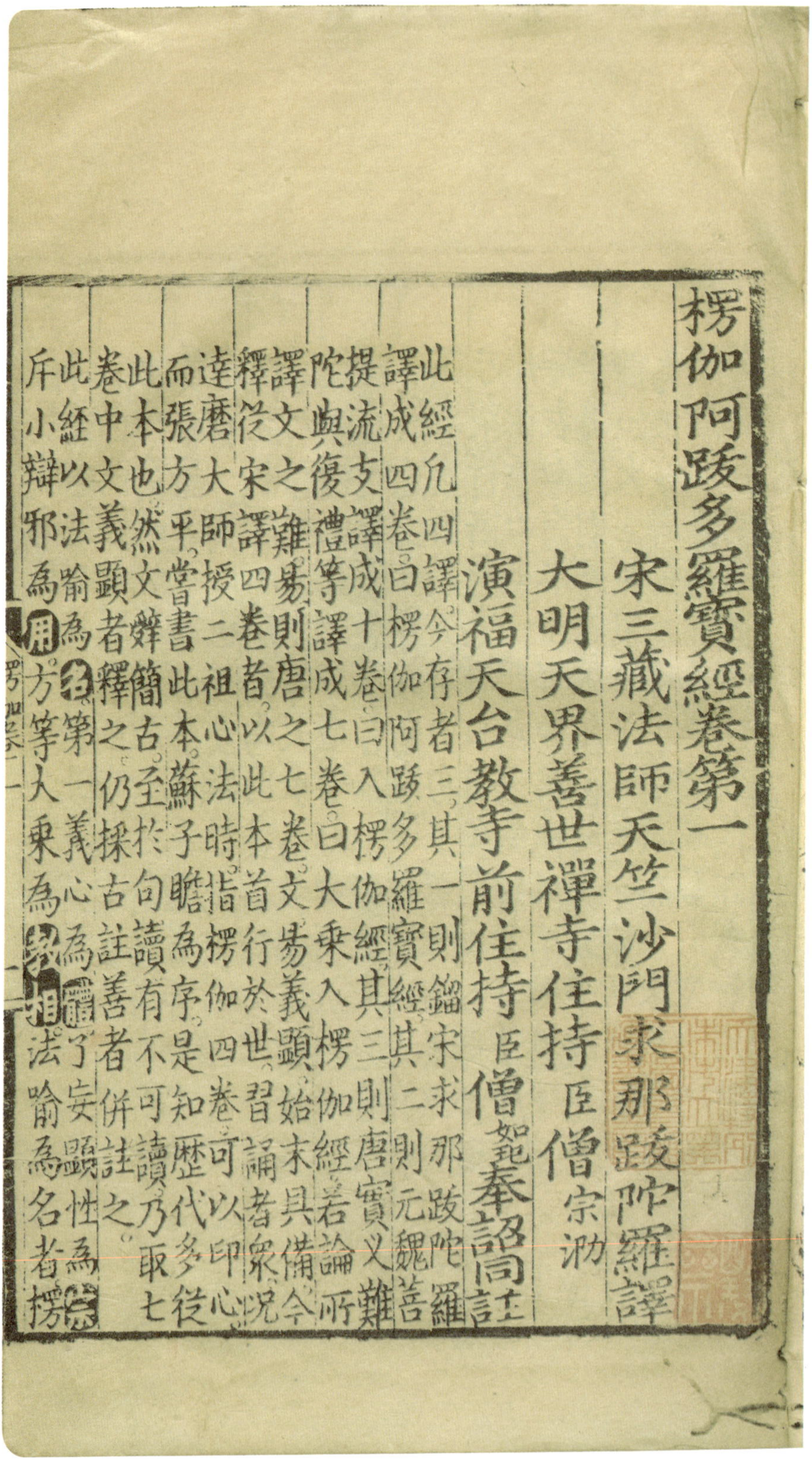
楞伽阿跋多羅寶經卷第一

宋三藏法師天竺沙門求那跋陀羅譯

大明天界善世禪寺住持臣僧宗泐

演福天台教寺前住持臣僧如玘奉詔同註

此經凡四譯今存者三其一則劉宋求那跋陀羅譯成四卷曰楞伽阿跋多羅寶經其二則元魏菩提流支譯成十卷曰入楞伽經其三則唐實叉難陀與復禮等譯成七卷曰大乘入楞伽經若論所譯文之難易則唐之七卷文易義顯始末具備今釋從宋譯四卷者以此本首行於世習誦者衆況達磨大師授二祖心法時指楞伽四卷可以印心而張方平嘗書此本蘇子瞻為序是知歷代多從此本也然文辭簡古至於句讀有不可讀乃取七卷中文義顯者釋之仍採古註善者併註之

此經以法喻為名第一義心為體了妄顯性為宗斥小辯邪為用方等大乘為教相法喻為名者楞

摩訶般若波羅蜜多心經一卷　明宣德九年刻本

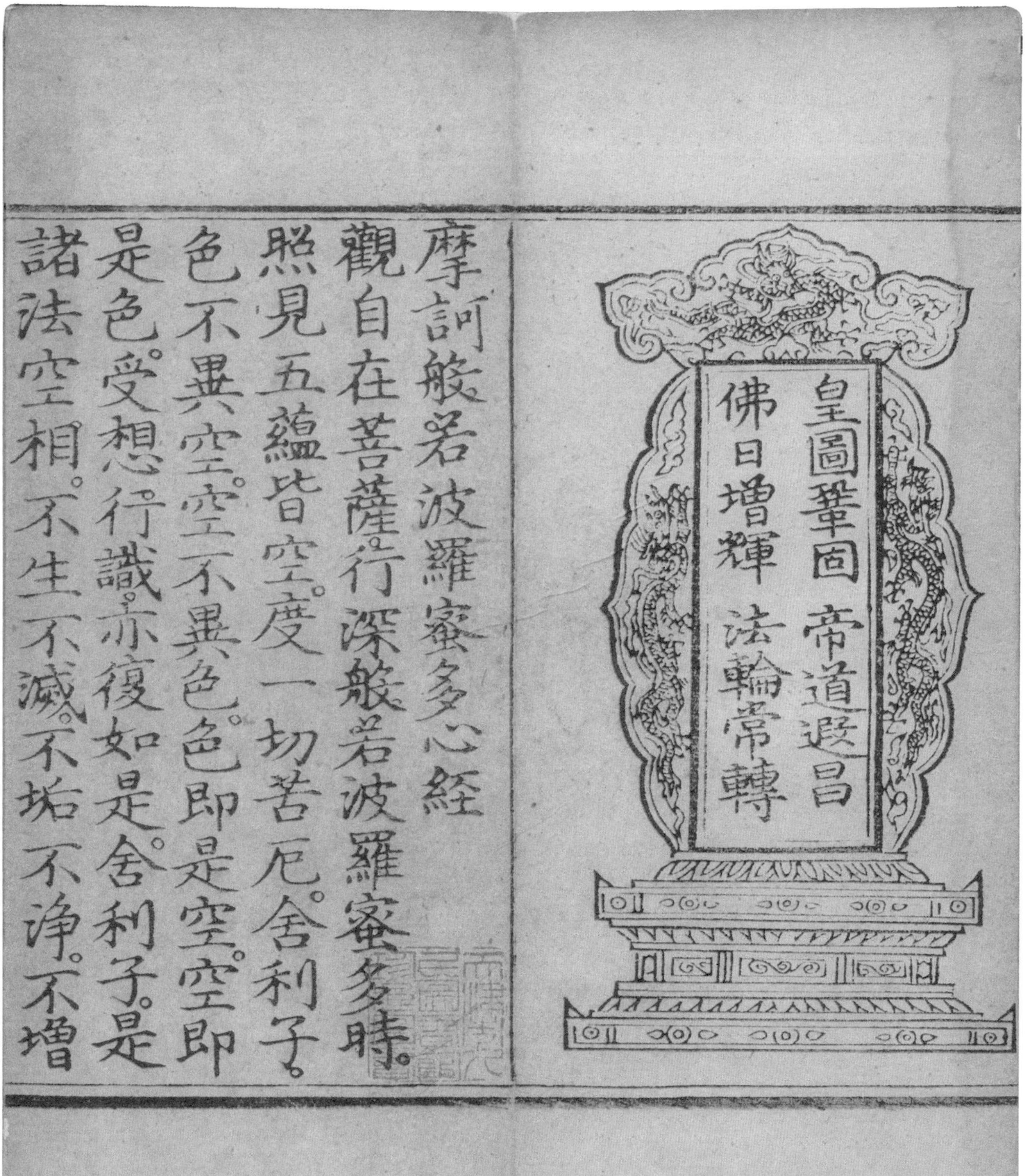
皇圖鞏固　帝道遐昌
佛日增輝　法輪常轉
摩訶般若波羅蜜多心經
觀自在菩薩行深般若波羅蜜多時。
照見五蘊皆空。度一切苦厄。舍利子。
色不異空。空不異色。色即是空。空即
是色。受想行識。亦復如是。舍利子。是
諸法空相。不生不滅。不垢不淨。不增

大方廣佛華嚴經合論一百二十卷　明隆慶三年至萬曆元年釋明得刻本

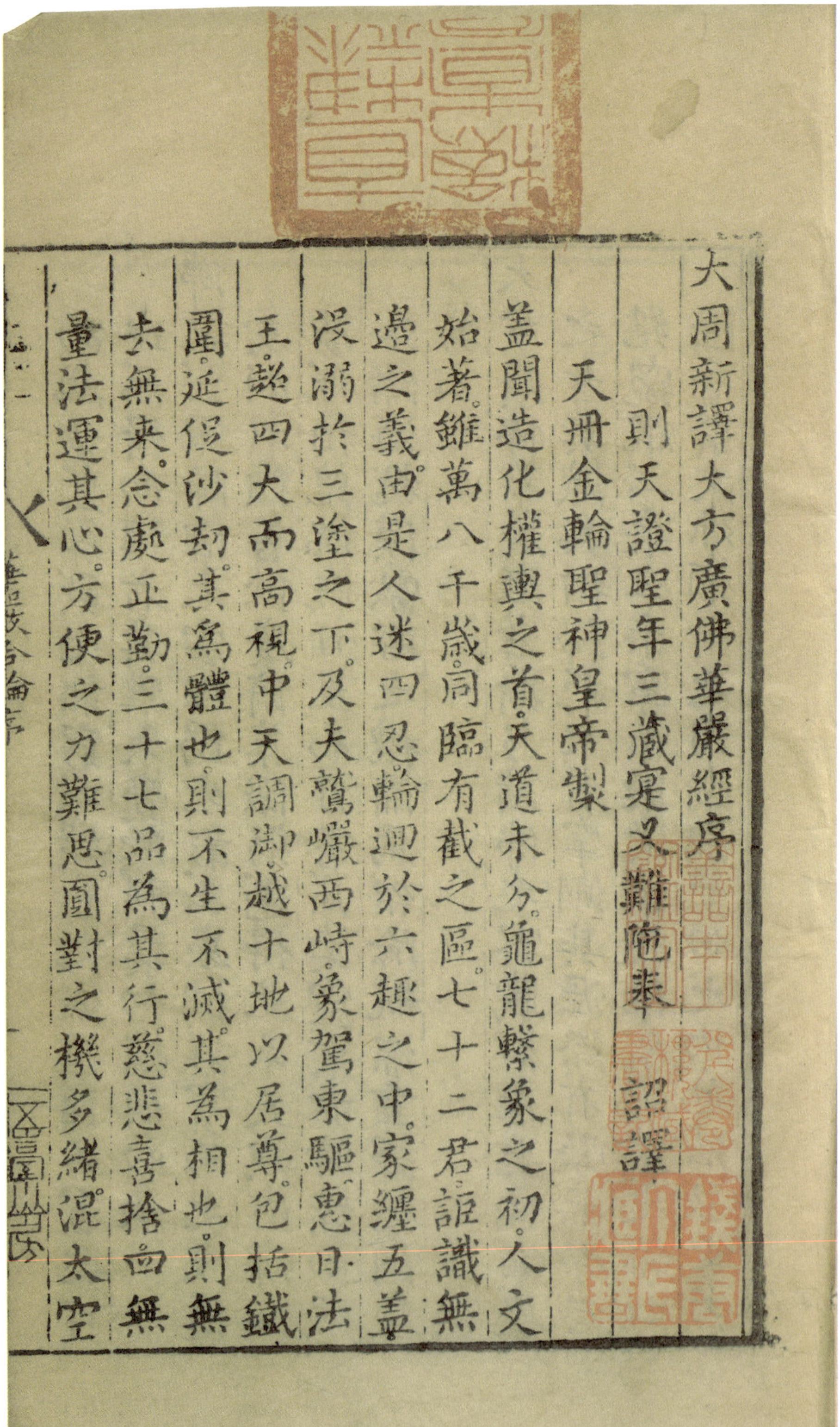

大周新譯大方廣佛華嚴經序

則天證聖年三藏實叉難陀奉　詔譯

天冊金輪聖神皇帝製

蓋聞造化權輿之首天道未分龜龍繫象之初人文始著雖萬八千歲同臨有截之區七十二君詎識無邊之義由是人迷四忍輪迴於六趣之中家纏五蓋沒溺於三塗之下及夫鷲巖西峙象駕東驅慧日法王超四大而高視中天調御越十地以居尊包括鐵圍延促沙劫其為體也則不生不滅其為相也則無去無來念處正勤三十七品為其行慈悲喜捨四無量法運其心方便之力難思圓對之機多緒混太空

大方廣佛華嚴經入不思議解脱境界普賢行願品一卷　明永樂十二年刻本

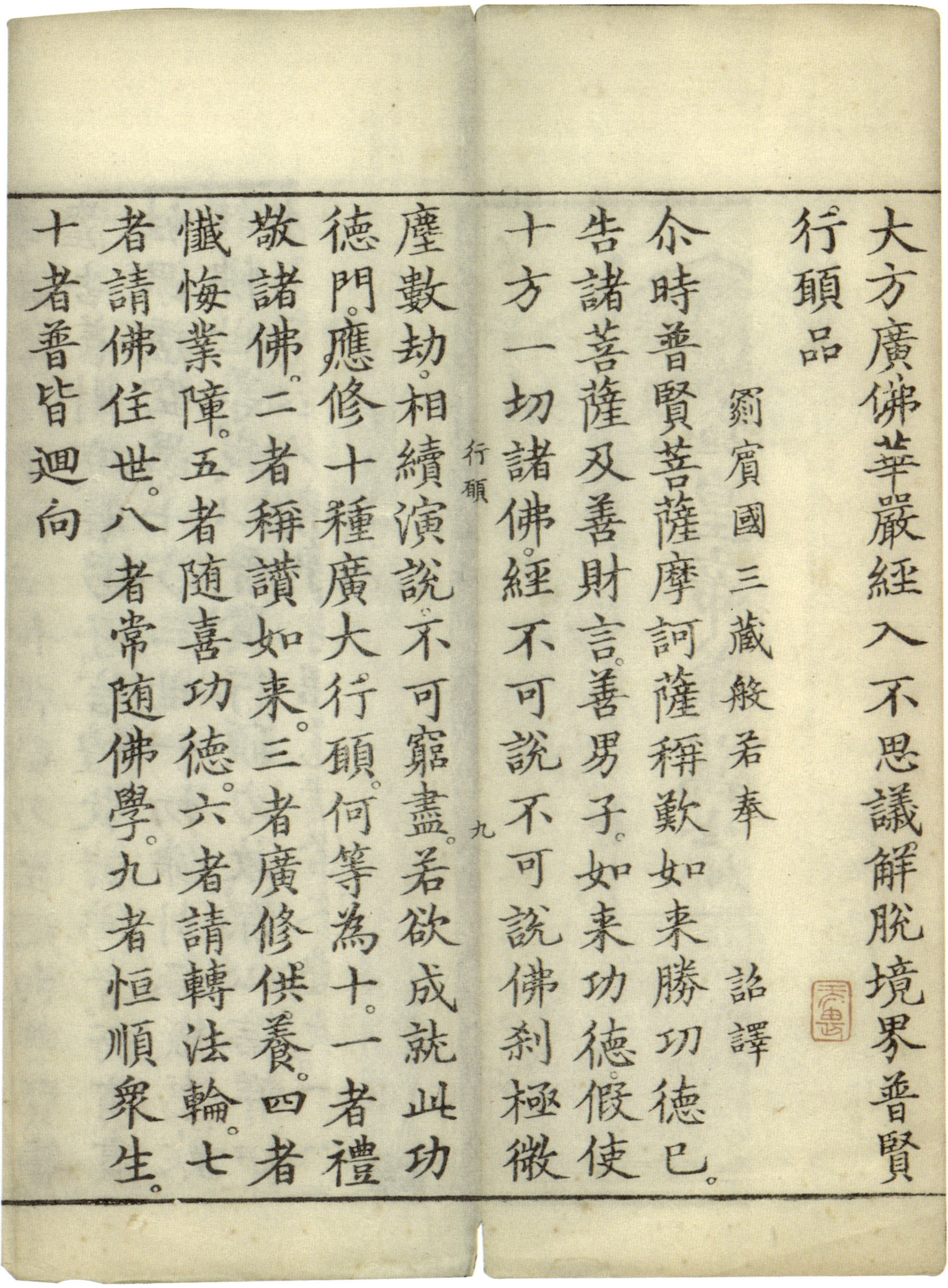
大方廣佛華嚴經入不思議解脫境界普賢
行願品
罽賓國三藏般若奉　詔譯
尒時普賢菩薩摩訶薩稱歎如來勝功德已。
告諸菩薩及善財言。善男子。如來功德假使
十方一切諸佛。經不可說不可說佛刹極微
塵數劫。相續演說。不可窮盡。若欲成就此功
德門。應修十種廣大行願。何等為十。一者禮
敬諸佛。二者稱讚如來。三者廣修供養。四者
懺悔業障。五者隨喜功德。六者請轉法輪。七
者請佛住世。八者常隨佛學。九者恒順衆生。
十者普皆迴向

行願　九

妙法蓮華經七卷　明景泰七年刻本

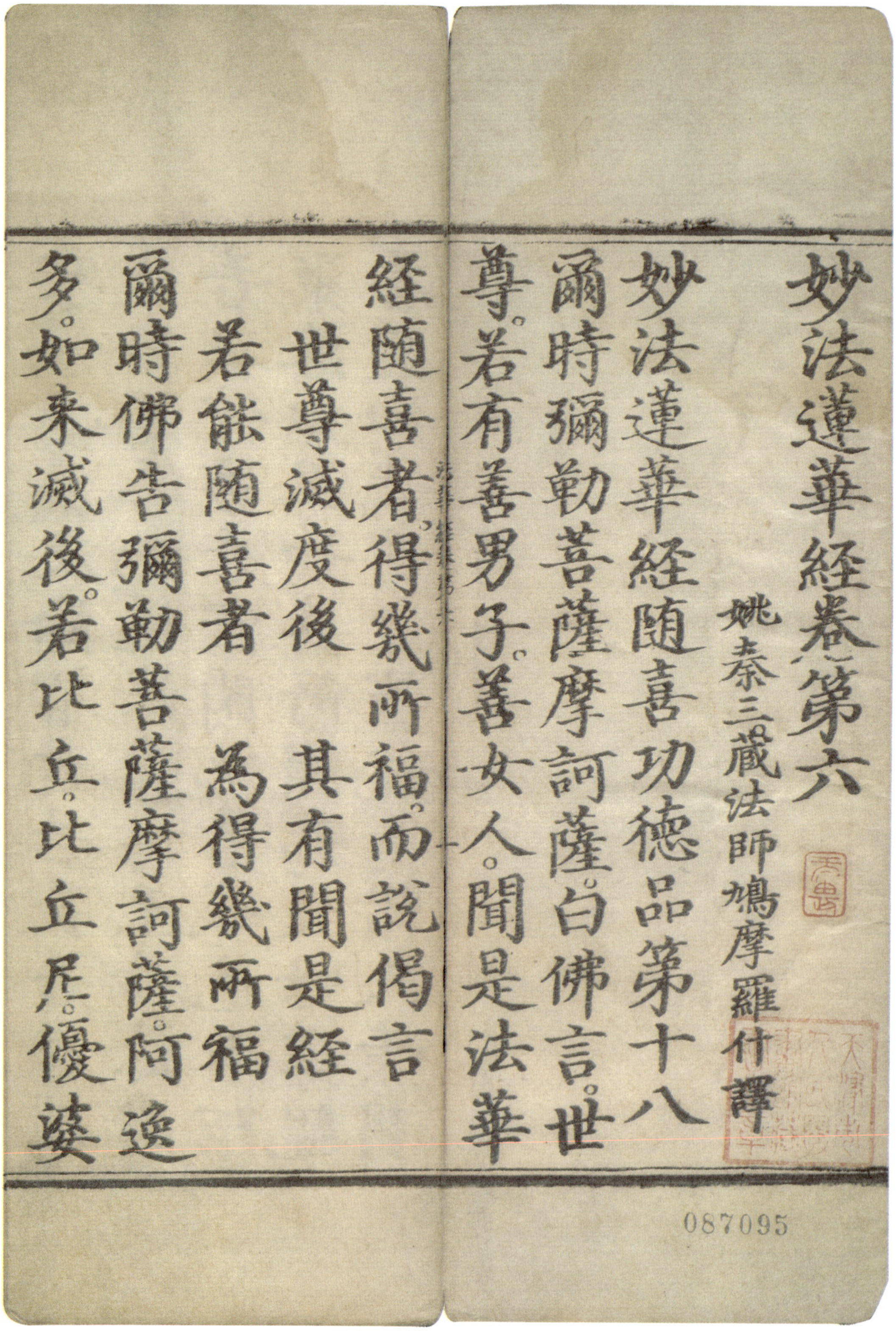
妙法蓮華經卷第六

妙法蓮華經隨喜功德品第十八

姚秦三藏法師鳩摩羅什譯

爾時彌勒菩薩摩訶薩白佛言世尊若有善男子善女人聞是法華經隨喜者得幾所福而說偈言

世尊滅度後　其有聞是經
若能隨喜者　為得幾所福

爾時佛告彌勒菩薩摩訶薩阿逸多如來滅後若比丘比丘尼優婆

攝大乘論釋十五卷　宋元豐三年至政和二年福州東禪等覺院刻萬壽大藏本

攝大乘論釋卷第六　一　與

天親菩薩釋　陳天竺三藏法師　真諦譯

應知勝相之二

論曰云何得知此依他性由分別性顯現似法不與分別性同體

釋曰此問言分別性顯現似法此似法不離依他性應與依他性同體云何言不同體

論曰未得名前於義不應生智故法體與名一則此義相違

釋曰依他性雖復由分別性一分所顯不與分別性同體爲顯此義故立三論此即第一證若依他與分別共一體此執相違若依他與分別共一體此智

吳青刀

攝大乘論釋十五卷　宋元豐三年至政和二年福州東禪等覺院刻萬壽大藏本

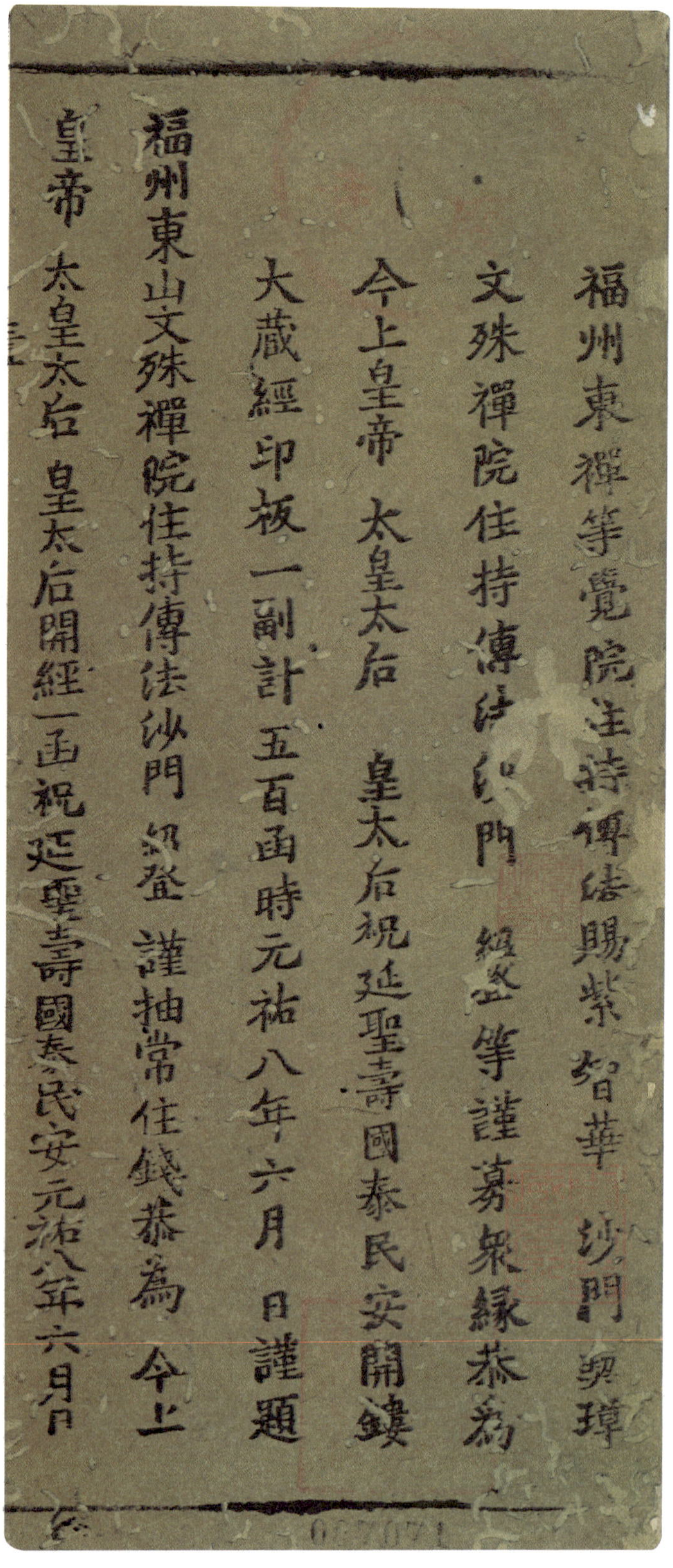
福州東禪等覺院住持傳法賜紫智華 沙門契璋
文殊禪院住持傳法沙門 紹登等謹募衆緣恭為
今上皇帝 太皇太后 皇太后祝延聖壽國泰民安開鏤
大藏經印板一副計五百函時元祐八年六月 日謹題
福州東山文殊禪院住持傳法沙門紹登 謹抽常住錢恭為 今上
皇帝 太皇太后 皇太后開經一函祝延聖壽國泰民安元祐八年六月日

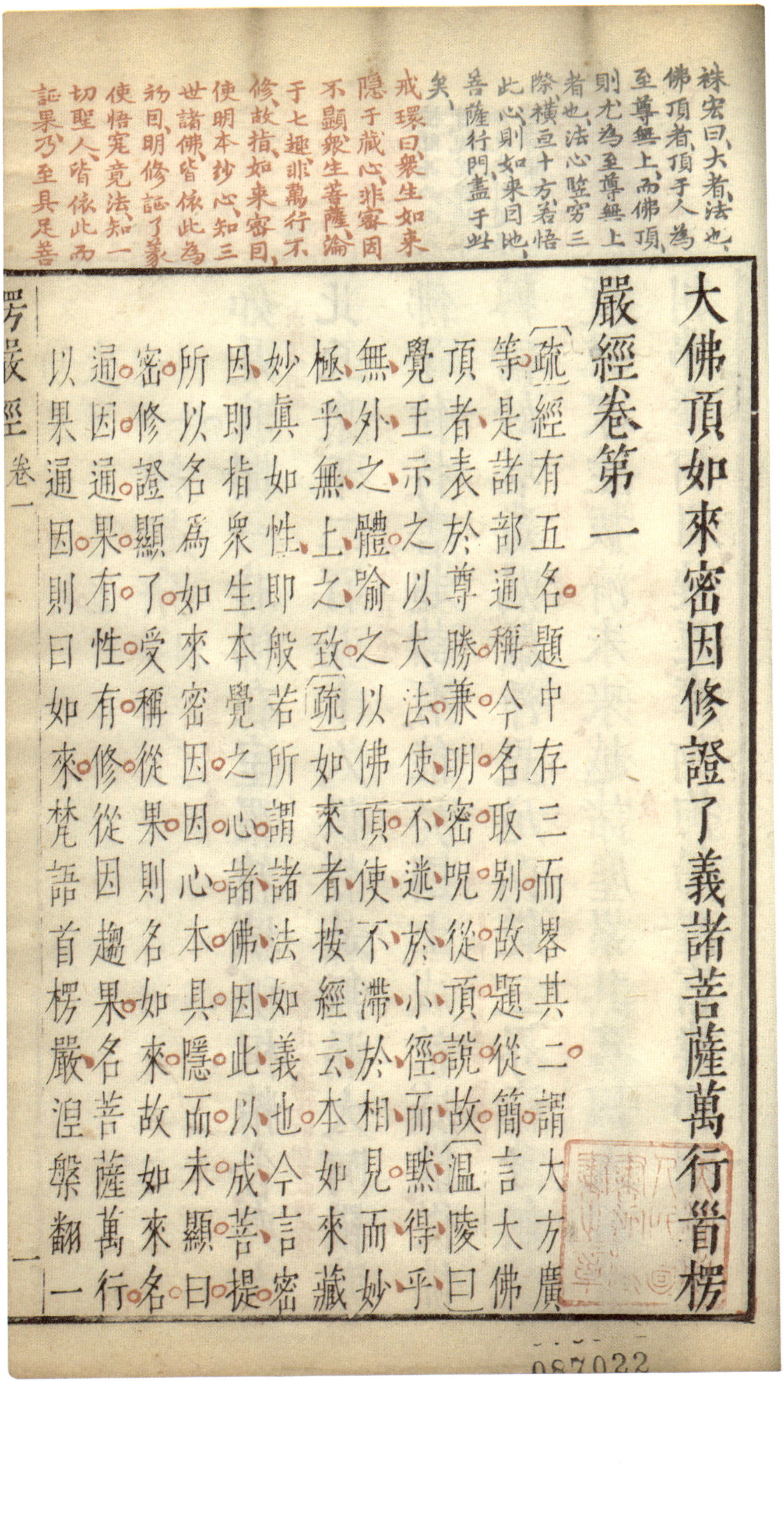

袾宏曰大者法也佛頂者頂于人為至尊無上而佛頂則尤為至尊無上者也法心豎窮三際橫亘十方若悟此心則如來因地菩薩行門盡于此矣

戒環曰衆生如來隱于藏心非審因不顯衆生菩薩淪于七趣非萬行不修故指如來密因使明本妙心知三世諸佛皆依此爲初因明修證了義使悟究竟法知一切聖人皆依此而証果乃至具足菩

大佛頂如來密因修證了義諸菩薩萬行首楞嚴經卷第一

[疏]經有五名題中存三而畧其二謂大方廣等是諸部通稱今名取別故題從簡言大佛頂者表於尊勝兼明密呪從頂說故[温陵曰]覺王示之以大法使不迷於小徑而默得乎無外之體喻之以佛頂使不滯於相見而妙極乎無上之致[疏]如來者按經云本如來藏妙真如性即般若所謂諸法如義也今言密因即指衆生本覺之心諸佛因此以成菩提所以名爲如來密因因心本具隱而未顯曰密修證顯了受稱從果則名如來故如來名遍因通果有性有修從因趣果名菩薩萬行以果遍因則曰如來梵語首楞嚴涅槃翻一

楞嚴經　卷一　一

大佛頂如來密因修證了義諸菩薩萬行首楞嚴經十卷　明天啟元年凌弘憲刻三色套印本

永嘉真覺大師證道歌一卷　明弘治十七年釋如卺刻本

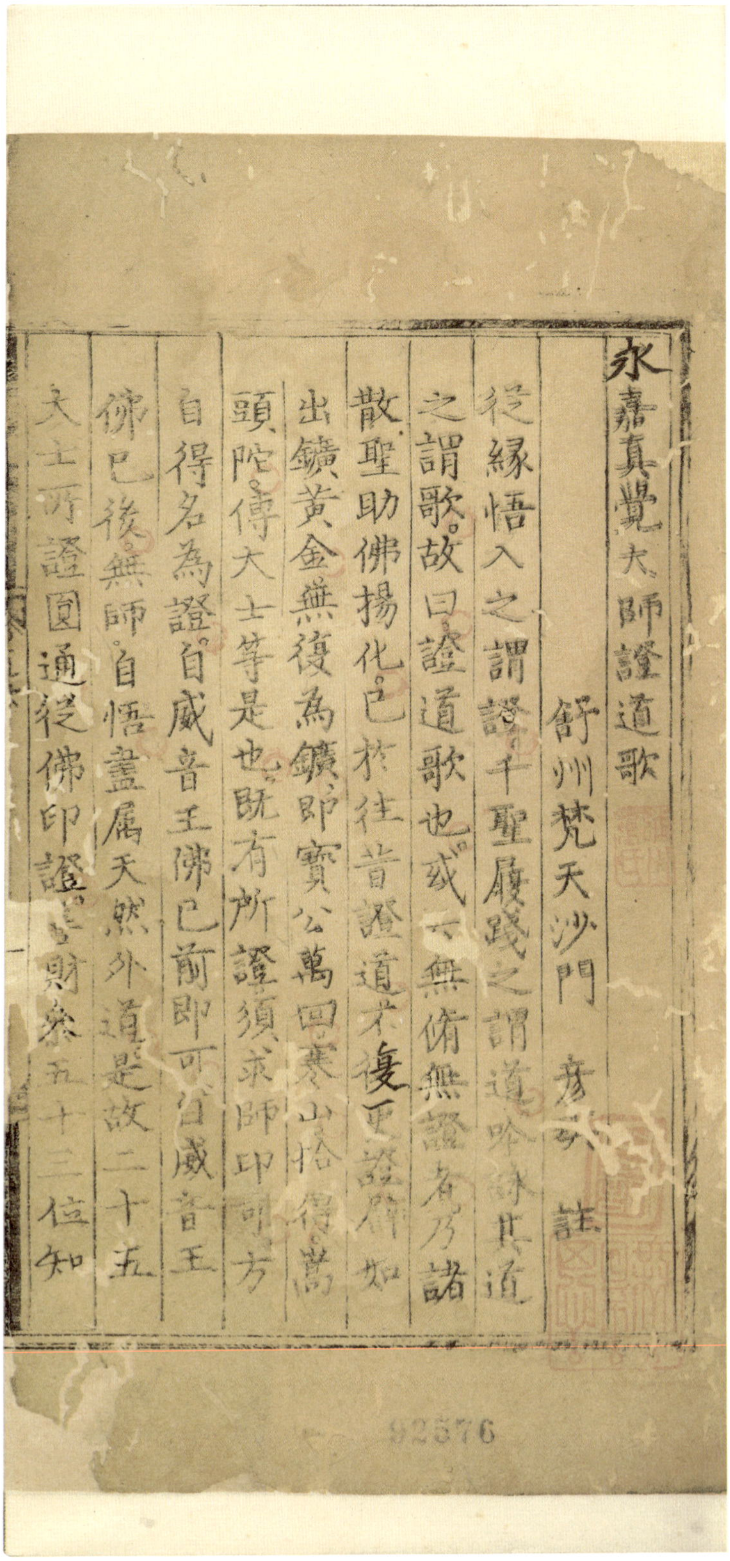

永嘉真覺大師證道歌

舒州梵天沙門　彦琪　註

從緣悟入之謂證千聖履踐之謂道吟詠其道之謂歌故曰證道歌也或云無脩無證者乃諸散聖助佛揚化已於往昔證道未復更證耶如出鑛黄金無復為鑛即寶公萬回寒山拾得嵩頭陀傅大士等是也既有所證須求師印可方自得名為證自威音王佛已前即可自威音王佛已後無師自悟盡屬天然外道是故二十五大士所證圓通從佛印證善財參五十三位知

佛果圜悟禪師擊節雪竇顯和尚拈古語要二卷　明景泰三年釋大機刻遞修本

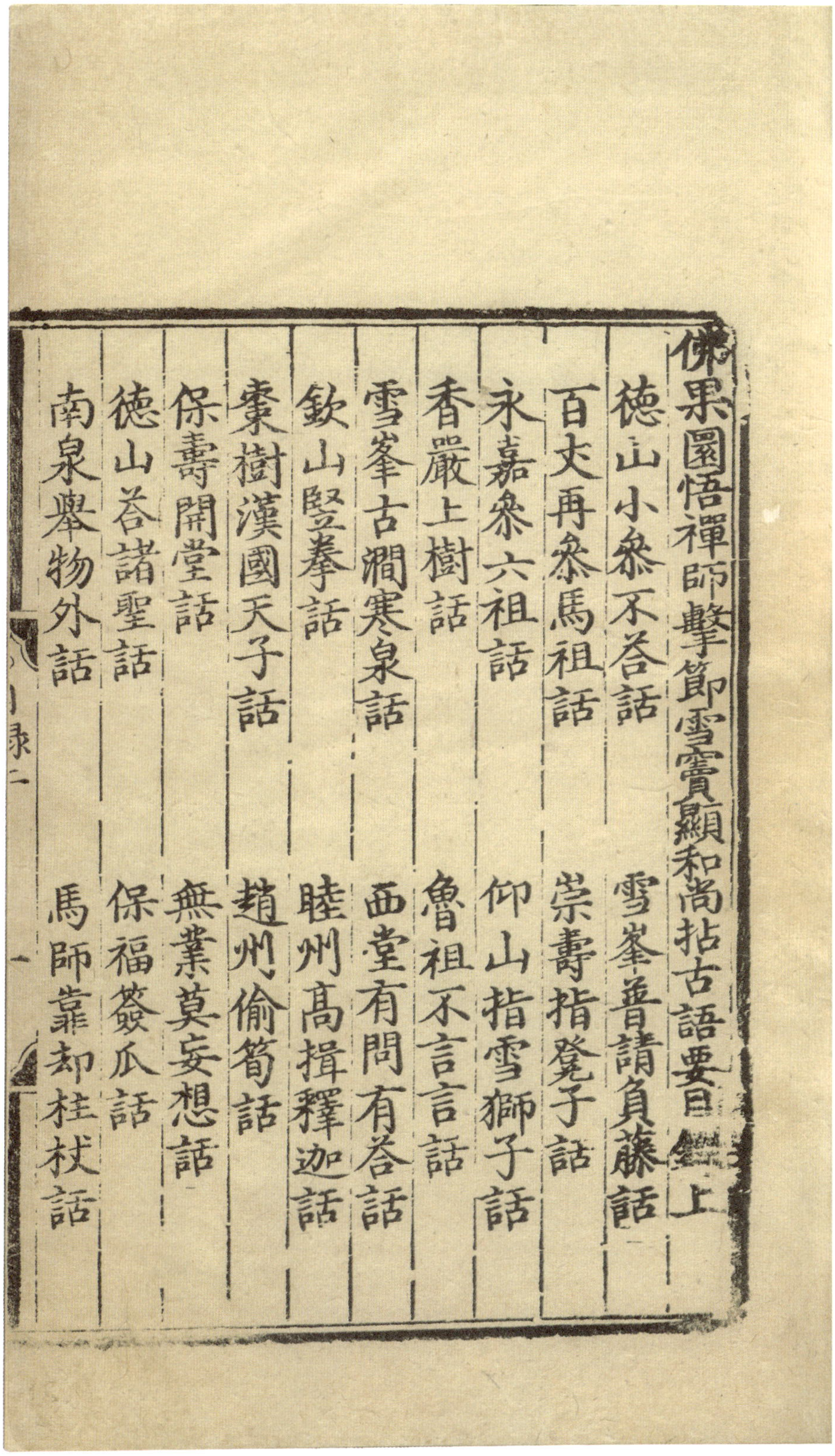

佛果圜悟禪師擊節雪竇顯和尚拈古語要目錄上

德山小參不荅話　雪峯普請負藤話

百丈再參馬祖話　崇壽指凳子話

永嘉參六祖話　仰山指雪獅子話

香嚴上樹話　魯祖不言言話

雪峯古澗寒泉話　西堂有問有荅話

欽山竪拳話　睦州高揖釋迦話

橐樹漢國天子話　趙州偷筍話

保壽開堂話　無業莫妄想話

德山荅諸聖話　保福簽瓜話

南泉舉物外話　馬師靠却柱杖話

踪眼和尚機鋒語録一卷　明嘉靖四十一年刻本

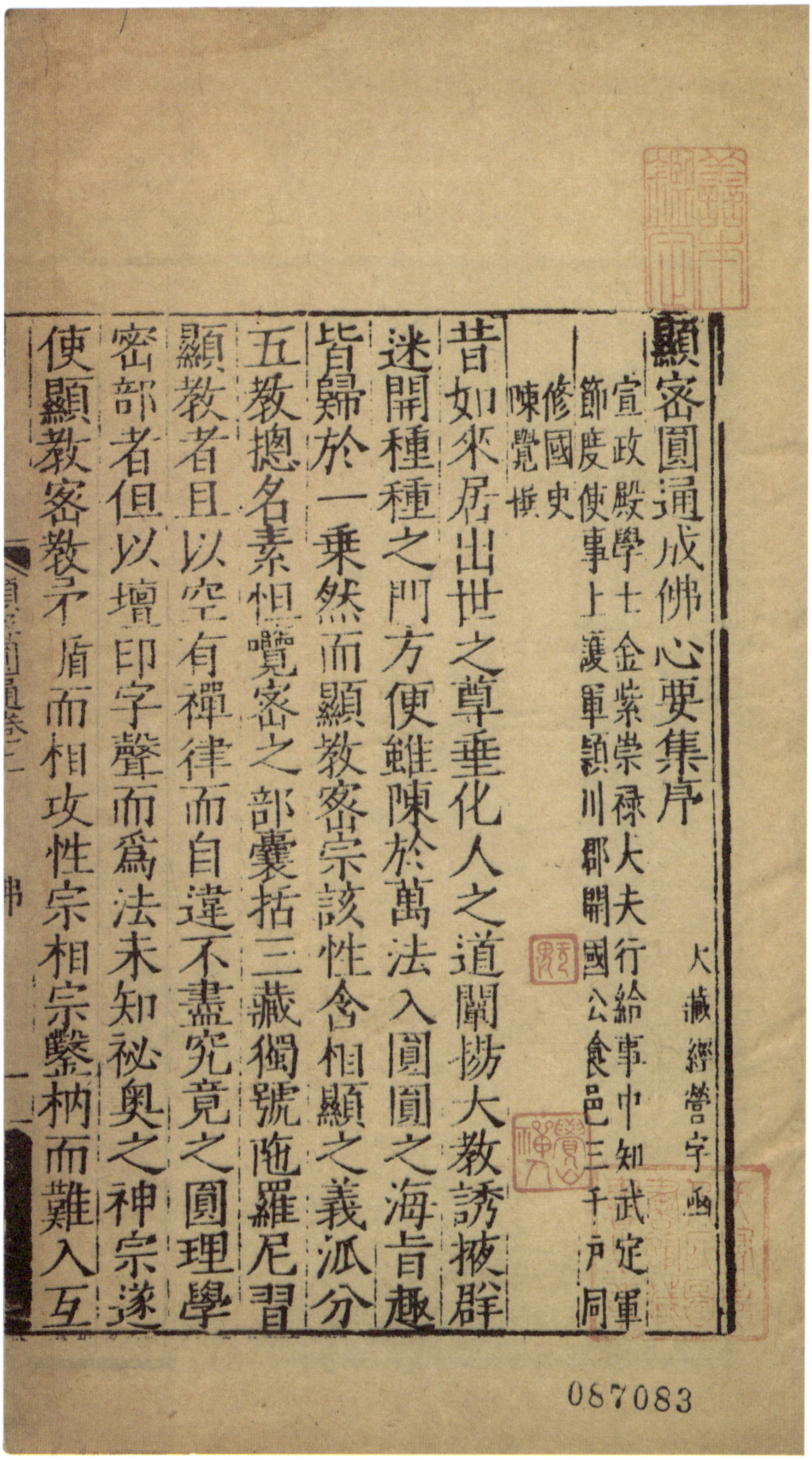
顯密圓通成佛心要集序　大藏經營字函

宣政殿學士金紫崇祿大夫行給事中知武定軍
節度使事上護軍潁川郡開國公食邑三千戶同
修國史
陳覺撰

昔如來居出世之尊垂化人之道闡揚大教誘掖群
迷開種種之門方便雖陳於萬法入圓圓之海旨趣
皆歸於一乘然而顯教密宗該性相顯之義派分
五教摠名素怛囕密之部囊括三藏獨號陁羅尼習
顯教者且以空有禪律而自違不盡究竟之圓理學
密部者但以壇印字聲而爲法未知祕奧之神宗遂
使顯教密教矛盾而相攻性宗相宗鑿枘而難入互

顯密圓通卷上　佛　一

顯密圓通成佛心要集二卷　明嘉靖四十五年刻本

辨證論八卷　宋政和二年至乾道八年福州開元禪寺刻毗盧大藏本

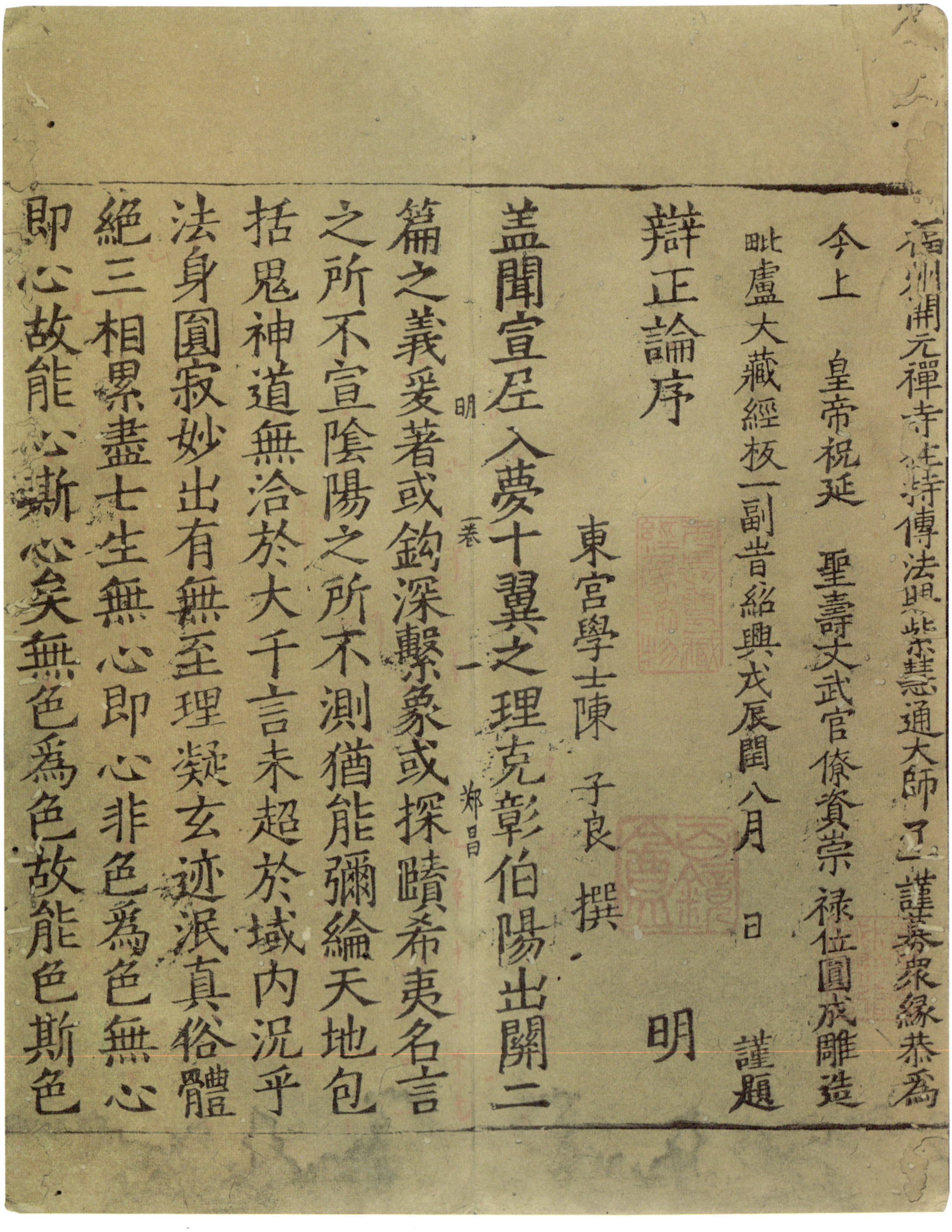
福州開元禪寺住持傳法賜紫慧通大師了一謹募衆緣恭爲
今上　皇帝祝延　聖壽文武官僚資崇祿位圓成雕造
毗盧大藏經板一副皆紹興戊辰閏八月　日　謹題
辯正論序　　明
東宮學士陳　子良撰
蓋聞宣尼入夢十翼之理克彰伯陽出關二
明　一卷　一　鄭昌
篇之義爰著或鈎深繫象或探賾希夷名言
之所不宣陰陽之所不測猶能彌綸天地包
括鬼神道無洽於大千言未超於域内況乎
法身圓寂妙出有無至理凝玄迹泯真俗體
絶三相累盡七生無心即心非色爲色無心
即心故能心斷心矣無色爲色故能色斯色

辨證論八卷　宋政和二年至乾道八年福州開元禪寺刻毗盧大藏本

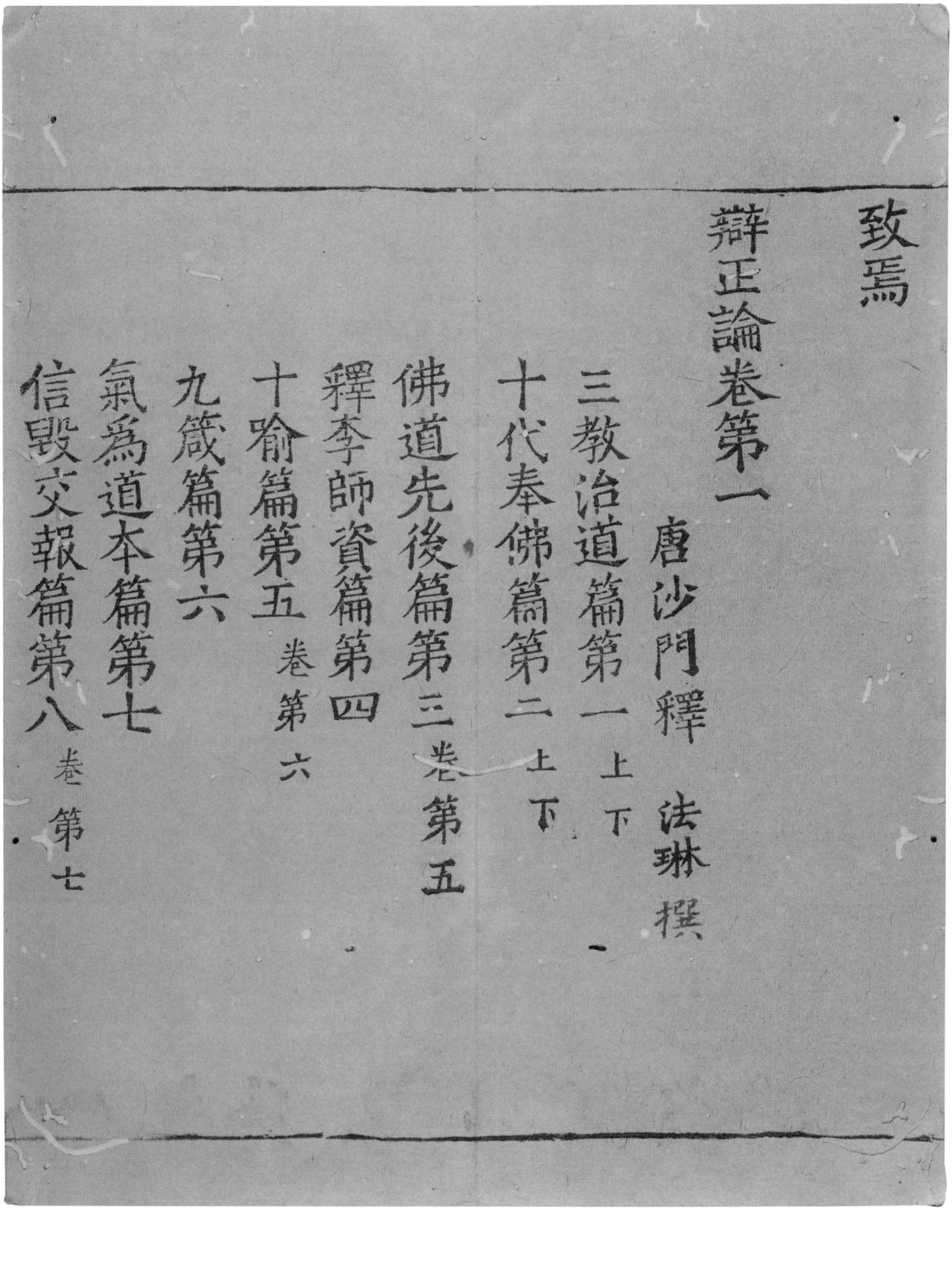
致焉
辯正論卷第一　唐沙門釋　法琳撰
三教治道篇第一 上下
十代奉佛篇第二 上下
佛道先後篇第三 卷第五
釋李師資篇第四
十喻篇第五 卷第六
九箴篇第六
氣爲道本篇第七
信毀交報篇第八 卷第七

辨證論八卷　宋政和二年至乾道八年福州開元禪寺刻毗盧大藏本

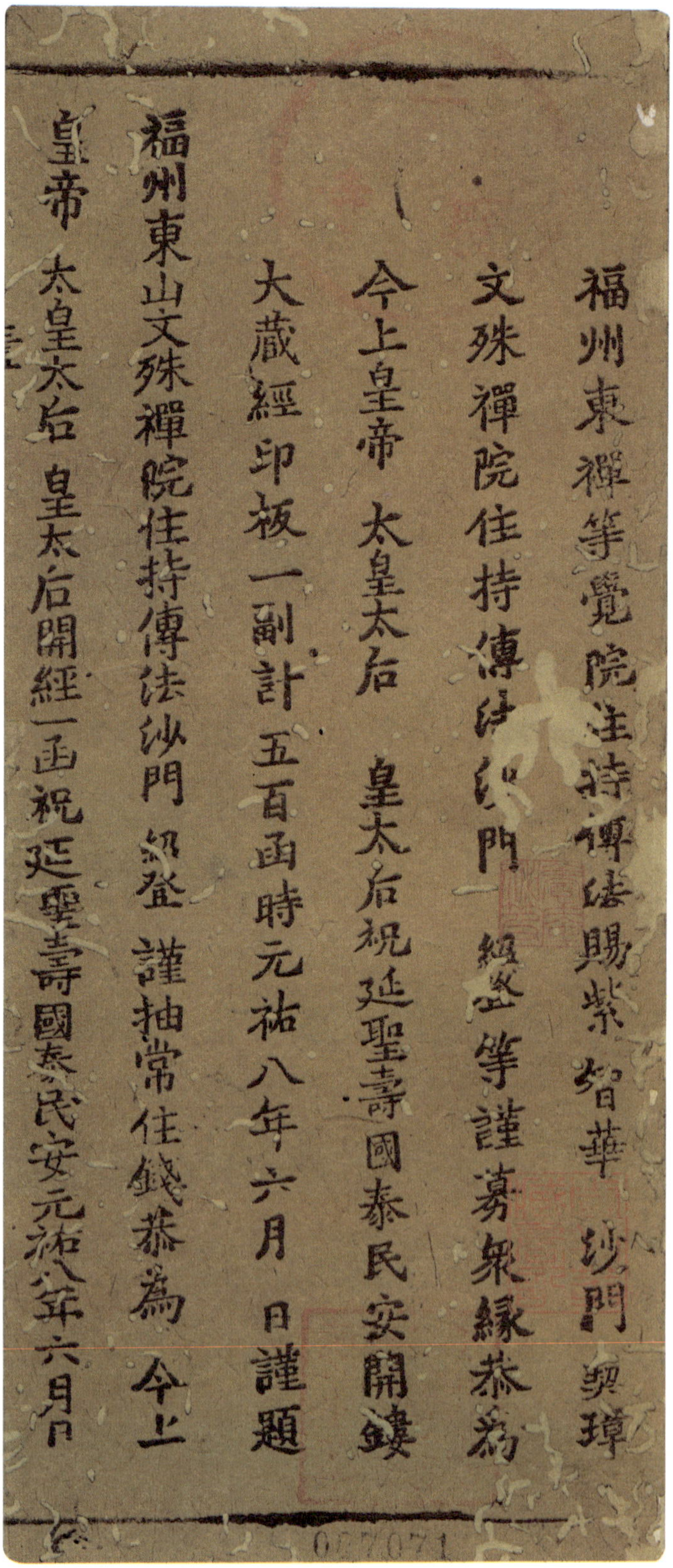
福州東禪等覺院住持傳法賜紫 智華 沙門 契璋
文殊禪院住持傳法沙門 紹盈 等謹募衆緣恭爲
今上皇帝 太皇太后 皇太后祝延聖壽國泰民安開鏤
大藏經印板一副計五百函時元祐八年六月 日謹題
福州東山文殊禪院住持傳法沙門 紹登 謹抽常住錢恭爲 今上
皇帝 太皇太后 皇太后開經一函祝延聖壽國泰民安元祐八年六月日

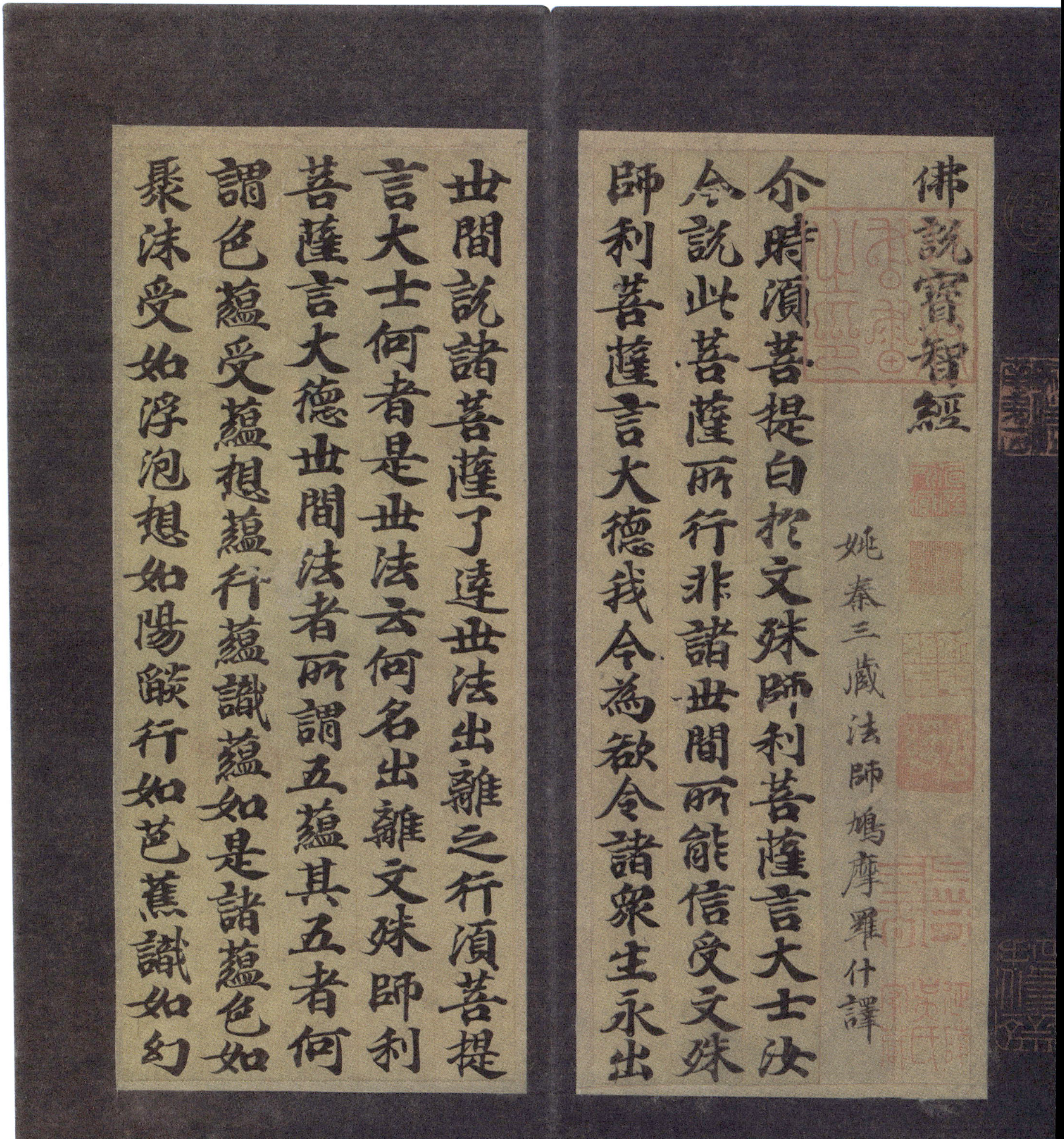

佛說寶智經

姚秦三藏法師鳩摩羅什譯

尒時須菩提白於文殊師利菩薩言大士汝今說此菩薩所行非諸世間所能信受文殊師利菩薩言大德我今為欲令諸衆生永出世間說諸菩薩了達世法出離之行須菩提言大士何者是世法云何名出離文殊師利菩薩言大德世間法者所謂五蘊其五者何謂色蘊受蘊想蘊行蘊識蘊如是諸蘊色如聚沫受如浮泡想如陽焰行如芭蕉識如幻

佛說寶智經一卷　北宋寫金粟山大藏經本

佛說寶智經一卷　北宋寫金粟山大藏經本

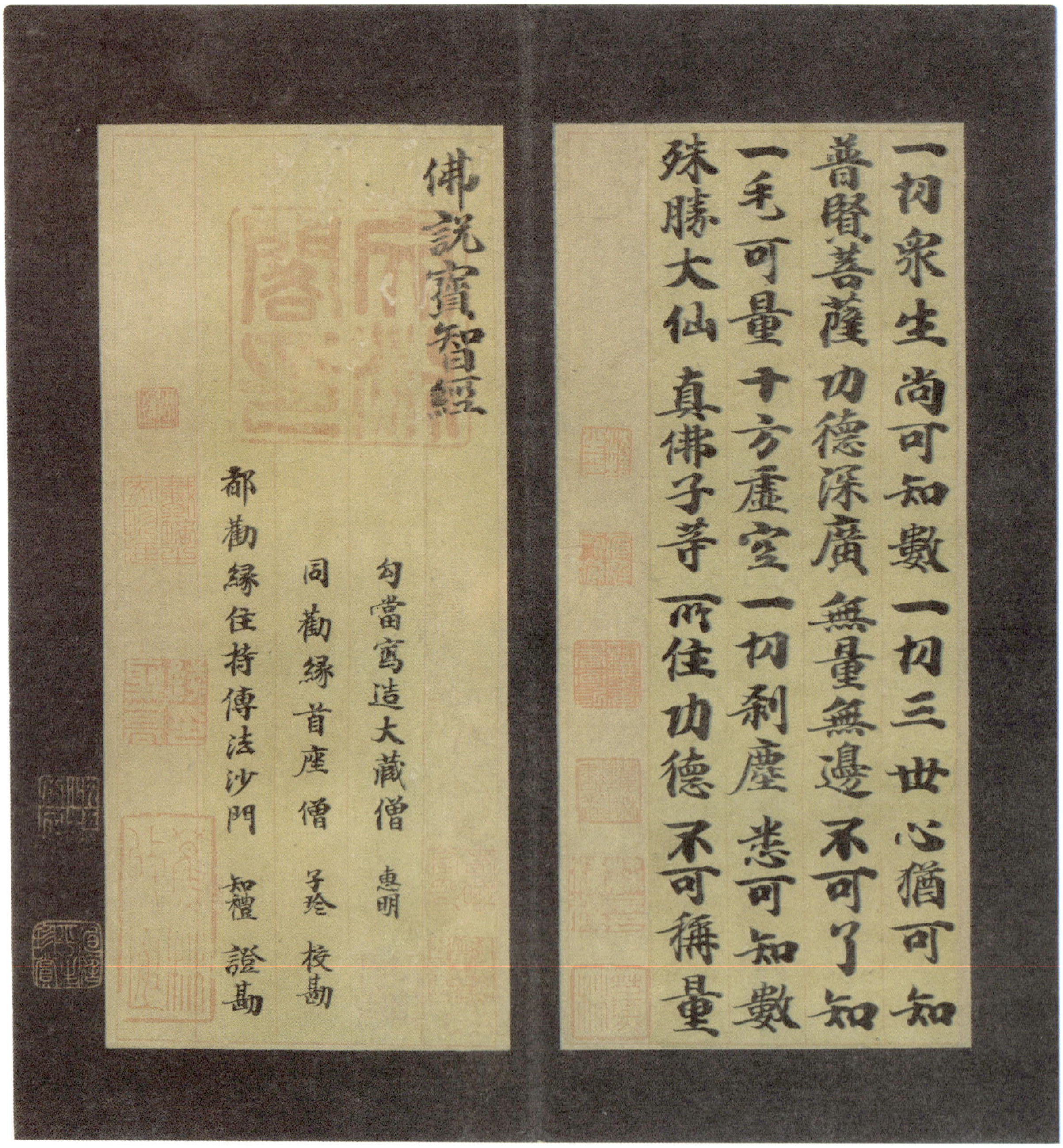
一切衆生尚可知數　一切三世心猶可知
普賢菩薩功德深廣　無量無邊不可了知
一毛可量十方虛空　一切剎塵悉可知數
殊勝大仙　真佛子等　所住功德不可稱量

佛說寶智經

勾當寫造大藏僧　惠明
同勸緣首座僧　子琀　校勘
都勸緣住持傳法沙門　知禮　證勘

佛說寶智經一卷

北宋寫金粟山大藏經本

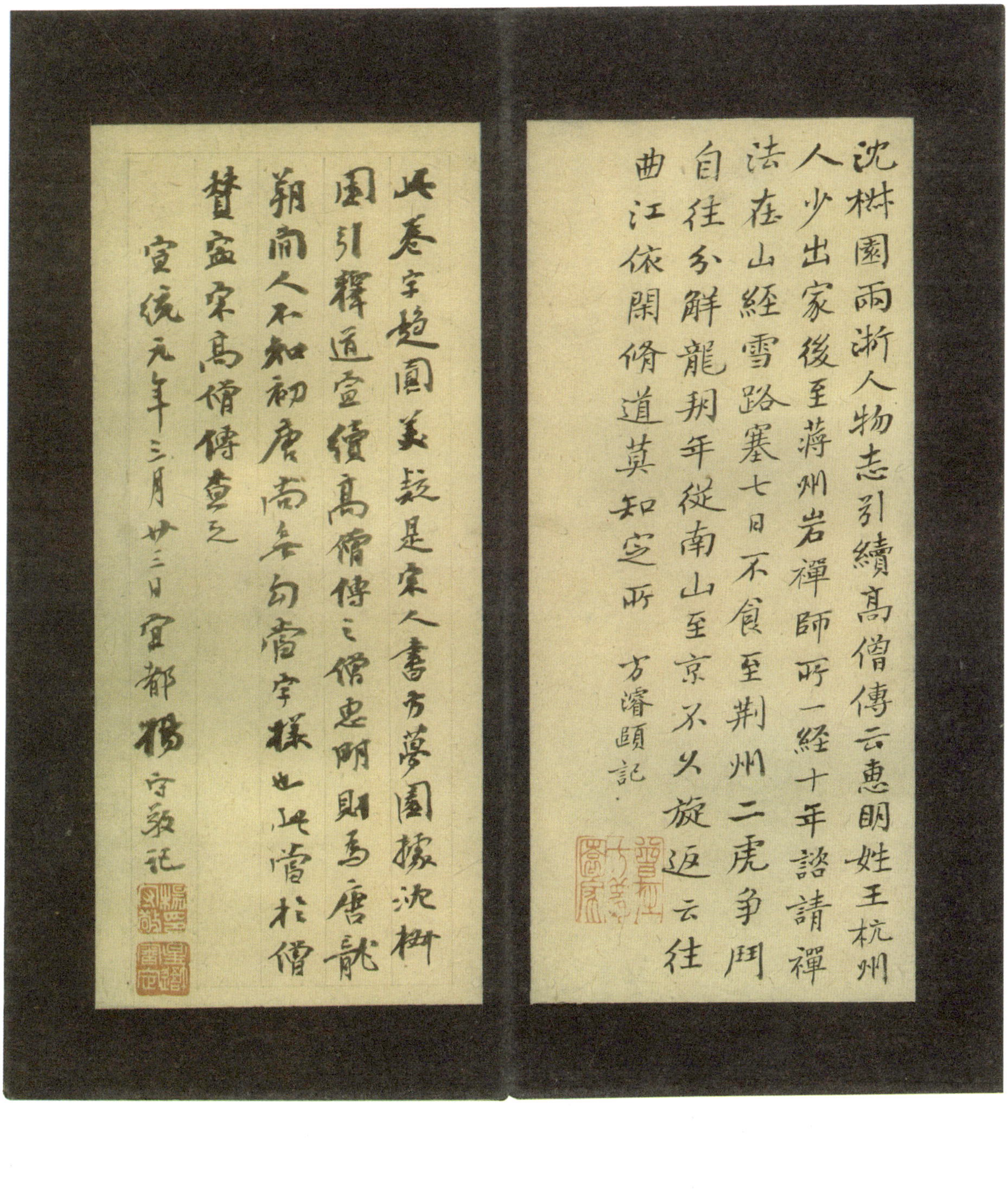

沈梂園兩浙人物志引續高僧傳云惠明姓王杭州人少出家後至蔣州岩禪師所一經十年諮請禪法在山經雪路塞七日不食至荆州二虎爭鬥自往分解龍朔年從南山至京不久旋返云往曲江依閑修道莫知定所

方濬頤記

此卷字極圓美疑是宋人書方夢園據沈梂園引釋道宣續高僧傳之僧惠明則為唐龍朔間人不知初唐尚無句當字樣也此當於僧贊寧宋高僧傳查之

宣統元年三月廿三日宜都楊守敬記

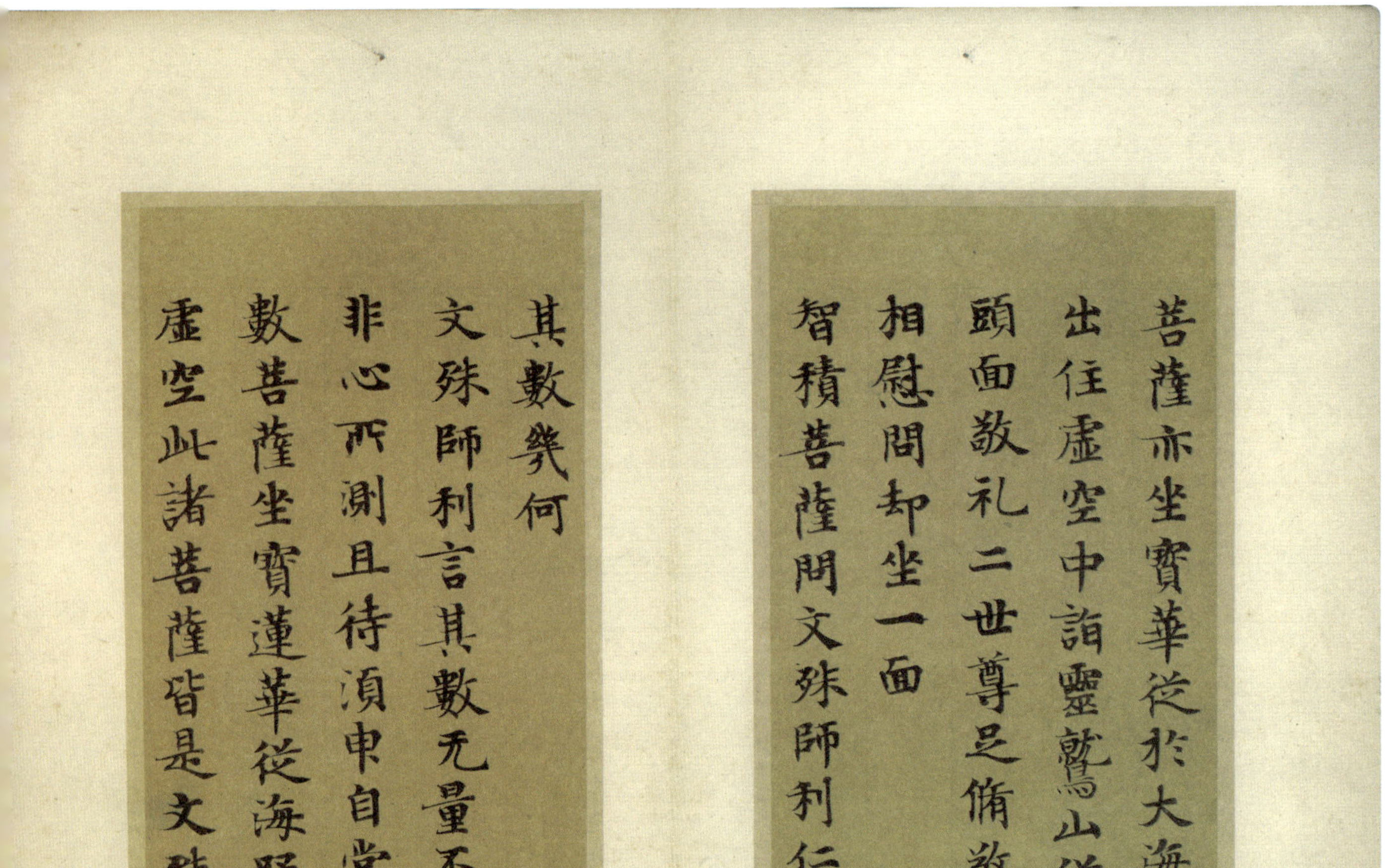

菩薩亦坐寶華從於大海娑竭龍宮自然踊
出住虛空中詣靈鷲山從蓮華下至於佛所
頭面敬礼二世尊足脩敬已畢往智積所共
相慰問却坐一面
智積菩薩問文殊師利仁往龍宮所化衆生
其數幾何
文殊師利言其數无量不可稱計非口所宣
非心所測且待須臾自當有證所言未竟无
數菩薩坐寶蓮華從海踊出詣靈鷲山住在
虛空此諸菩薩皆是文殊師利之所化度具

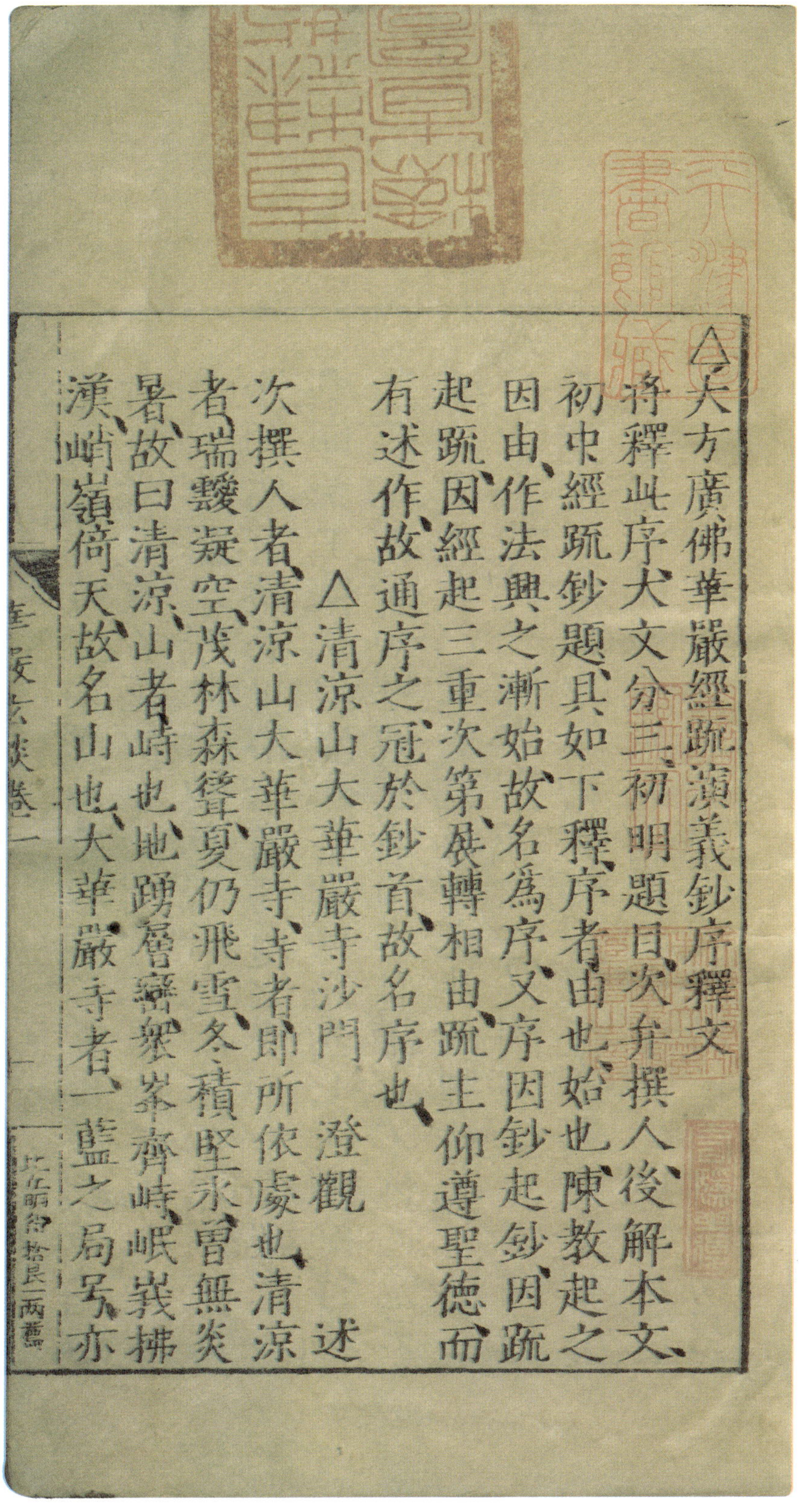

△大方廣佛華嚴經疏演義鈔序釋文
將釋此序大文分三初明題目次弁撰人後解本文
初中經疏鈔題具如下釋序者由也始也陳教起之
因由作法興之漸始故名爲序又序因鈔起鈔因疏
起疏因經起三重次第展轉相由疏主仰遵聖德而
有述作故通序之冠於鈔首故名序也
△清涼山大華嚴寺沙門　澄觀　述
次撰人者清涼山大華嚴寺寺者即所依處也清涼
者瑞靉凝空茂林森聳夏仍飛雪冬積堅氷曾無炎
暑故曰清涼山者峙也地踴層巒聳峯齊峙岷峩拂
漢峭嶺倚天故名山也大華嚴寺者一藍之局号亦

大方廣佛華嚴經疏演義鈔七卷　明嘉靖三十七年刻本

佛說長壽滅罪護諸童子陀羅尼經一卷　明嘉靖刻本

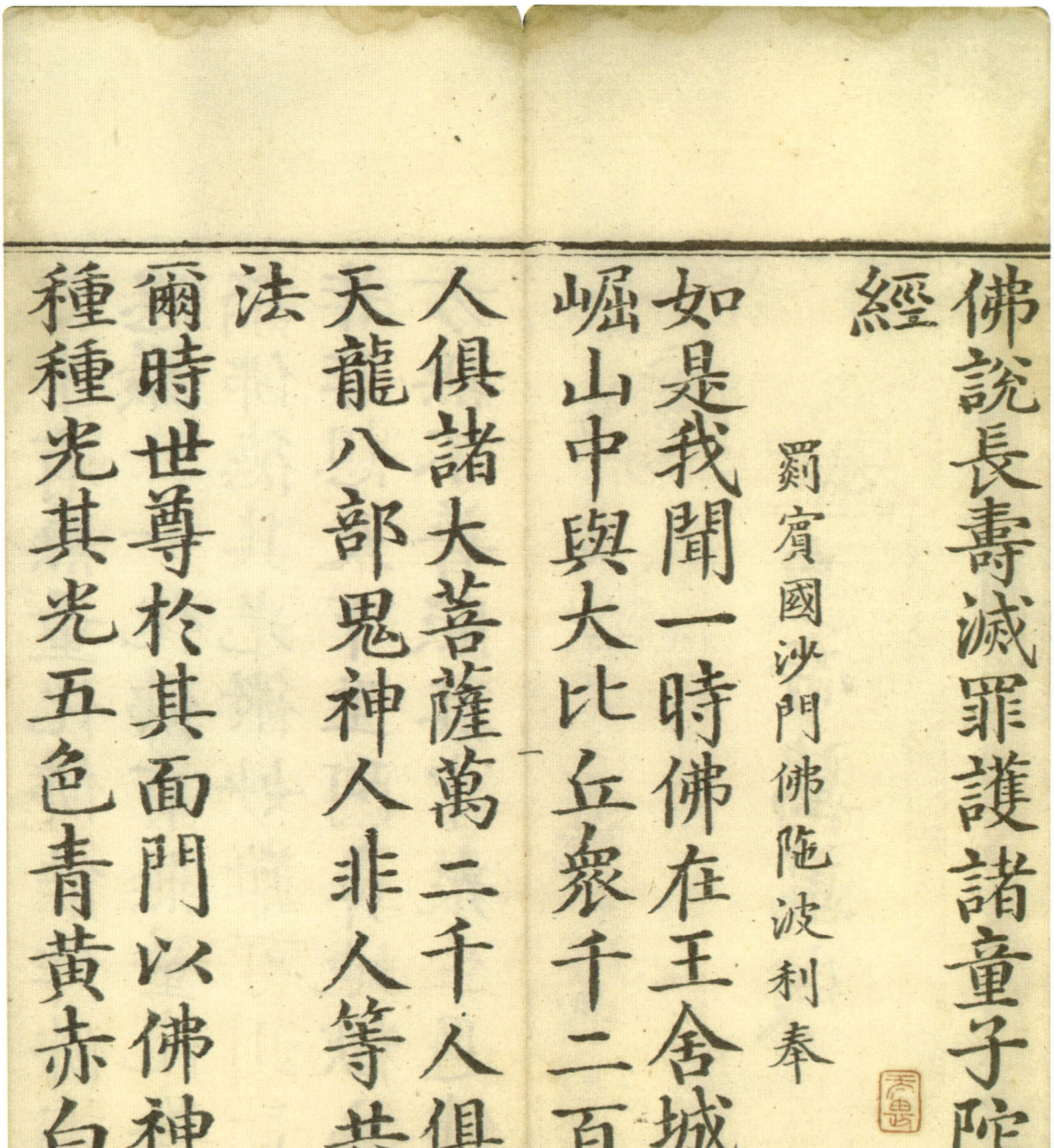
佛說長壽滅罪護諸童子陀羅尼
經
罽賓國沙門佛陁波利奉　詔譯
如是我聞一時佛在王舍城耆闍
崛山中與大比丘衆千二百五十
人俱諸大菩薩萬二千人俱及諸
天龍八部鬼神人非人等共會說
法
爾時世尊於其面門以佛神力放
種種光其光五色青黃赤白一色

0248946

定一級

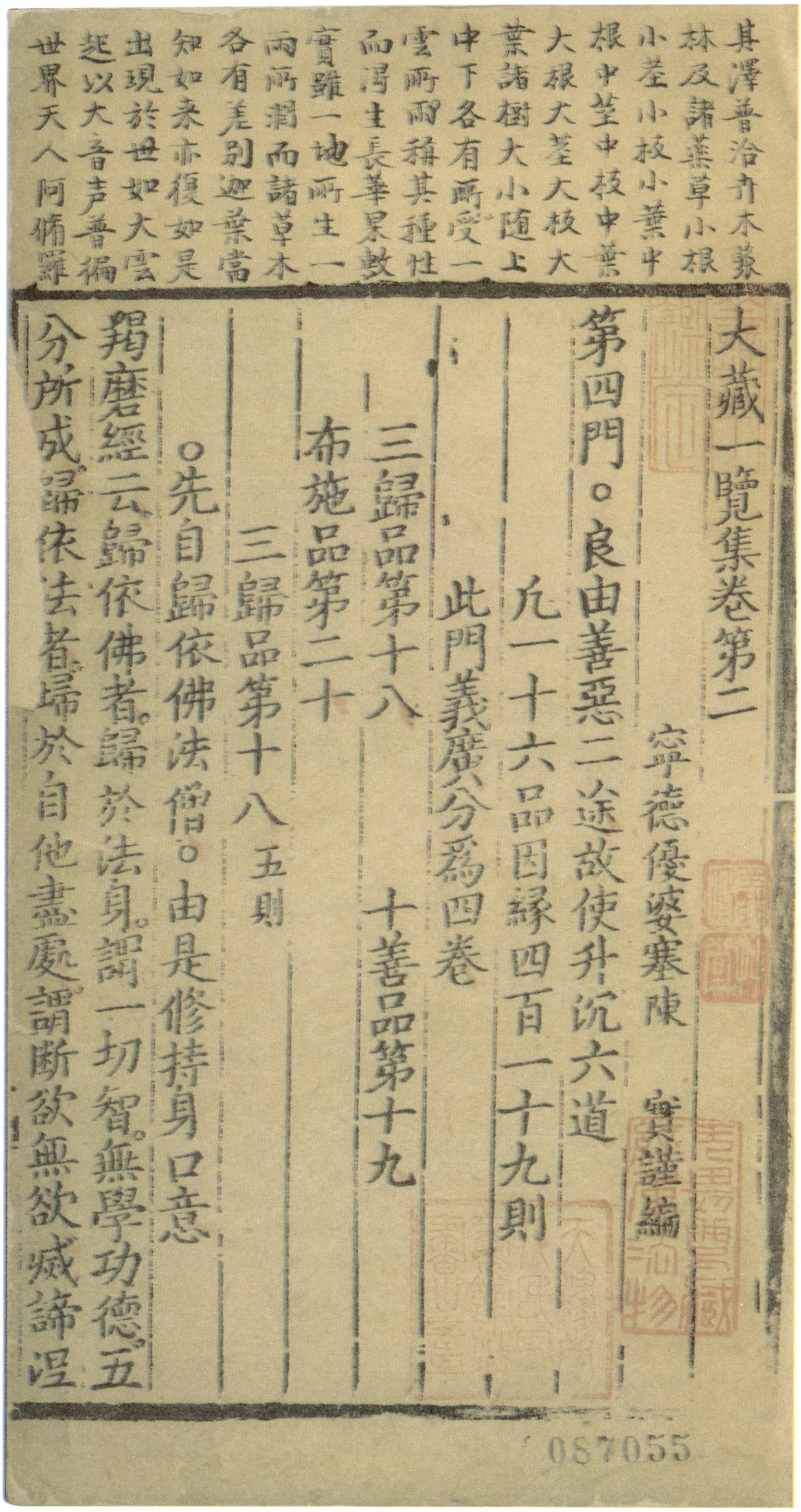
其澤普洽卉木藂林及諸藥草小根小莖小枝小葉中根中莖中枝中葉大根大莖大枝大葉諸樹大小隨上中下各有所受一雲所雨稱其種性而得生長華果敷實雖一地所生一雨所潤而諸草木各有差別迦葉當知如來亦復如是出現於世如大雲起以大音声普徧世界天人阿脩羅

大藏一覽集卷第二

寧德優婆塞陳　實謹編

第四門。良由善惡二途故使升沉六道

凡一十六品因緣四百一十九則

此門義廣分爲四卷

三歸品第十八　十善品第十九

布施品第二十

三歸品第十八　五則

○先自歸依佛法僧。由是修持身口意

羯磨經云歸依佛者歸於法身謂一切智無學功德五分所成歸依法者歸於自他盡處謂斷欲無欲滅諦涅

大藏一覽集十卷　明洪武二十二年陳道堅等刻　永樂　正統遞修本

大藏一覽集十卷　明永樂十六年刊　宣德　隆慶遞修本

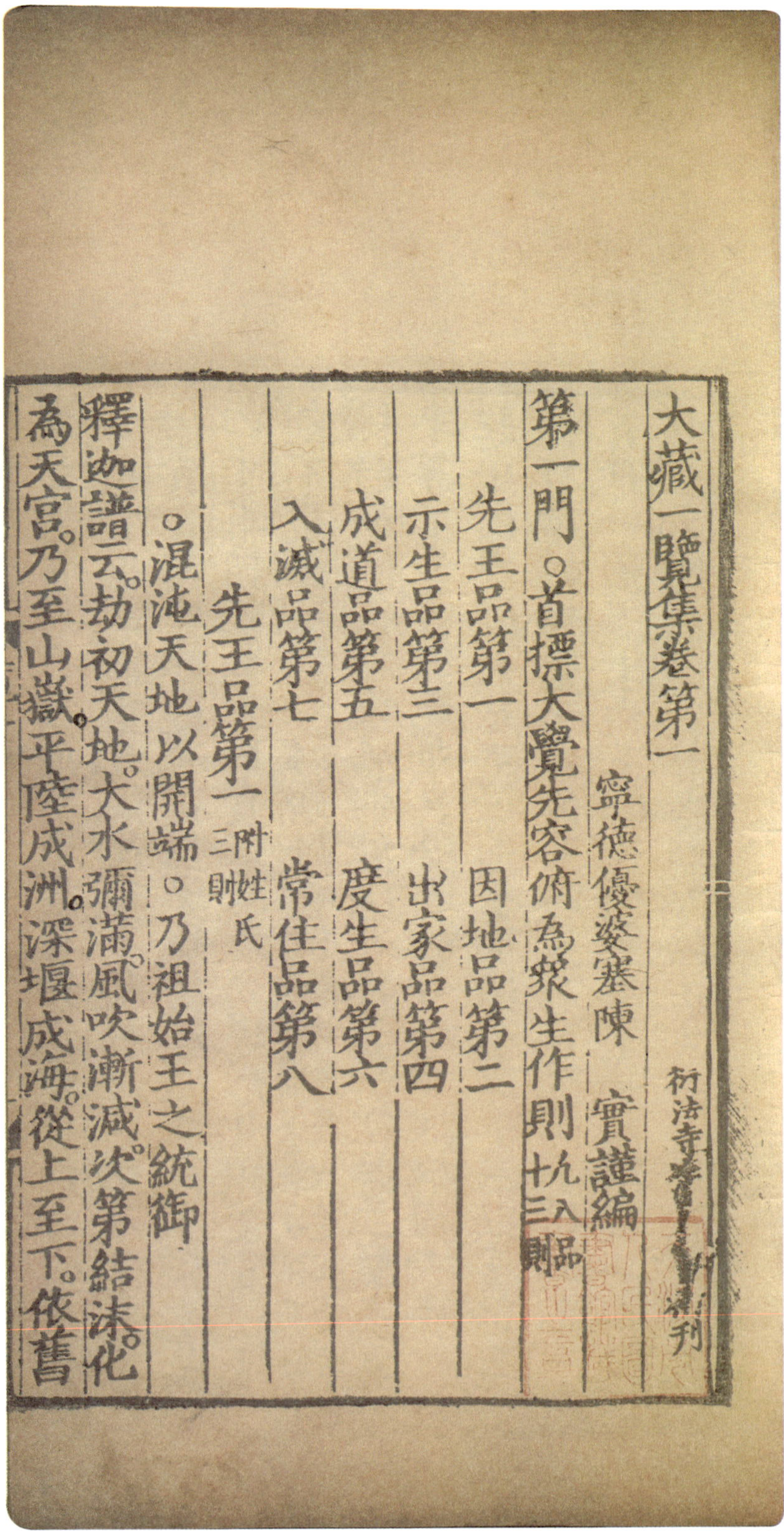
大藏一覽集卷第一

寧德優婆塞陳　實謹編　衍法寺[illegible]刊

第一門。首摽大覺先容俯為衆生作則　十九品　八十三則

先王品第一　因地品第二

示生品第三　出家品第四

成道品第五　度生品第六

入滅品第七　常住品第八

先王品第一　附姓氏　三則

。混沌天地以開端。乃祖始王之統御

釋迦譜云。劫初天地。大水彌滿。風吹漸滅。次第結沫。化為天宮。乃至山嶽平陸成洲。深堰成海。從上至下。依舊

佛頂心陀羅尼經三卷　明正統元年刻本

佛頂心陀羅尼經卷上

爾時觀世音菩薩。而白釋迦牟尼佛言。是我前身。不可思議。福德因緣。欲令利益。一切衆生。起大悲心。能斷一切繫縛。能滅一切怖畏。一切衆生。蒙此威神悉能離苦解脱

爾時觀世音菩薩。重白釋迦牟尼佛言。我今欲爲苦惱衆生。説消除灾厄。臨難救苦衆生。無礙自在心王智印大陀羅尼法。以用救拔一切受苦衆生。除一切

白衣觀音五印心陀羅尼經一卷　明天順七年刻本

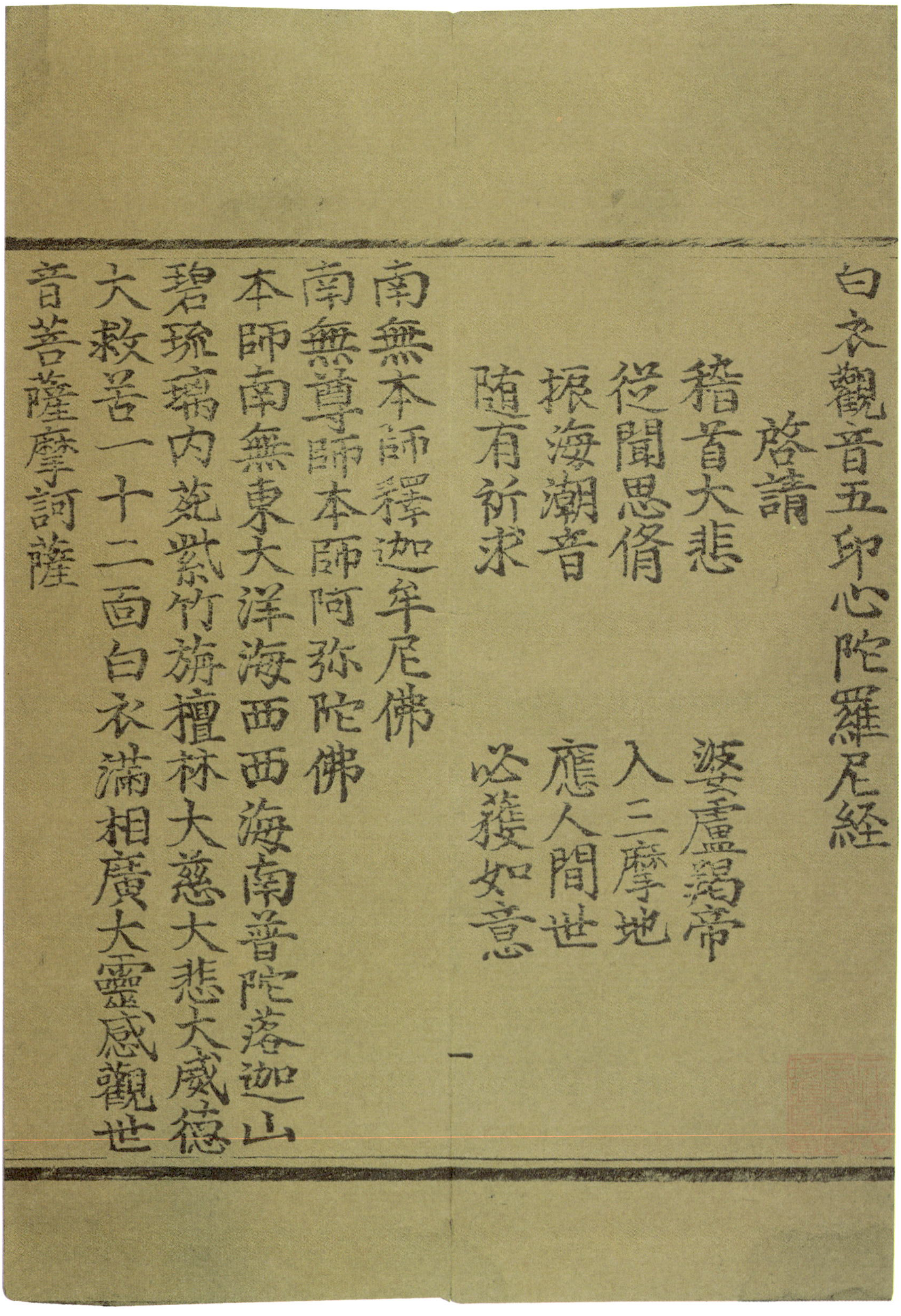
白衣觀音五印心陀羅尼經

啓請

稽首大悲　婆盧羯帝

從聞思脩　入三摩地

振海潮音　應人間世

隨有祈求　必獲如意

一

南無本師釋迦牟尼佛

南無尊師本師阿弥陀佛

本師南無東大洋海西西海南普陀落迦山

碧琉璃内苑紫竹旃檀林大慈大悲大威德

大救苦一十二面白衣滿相廣大靈感觀世

音菩薩摩訶薩

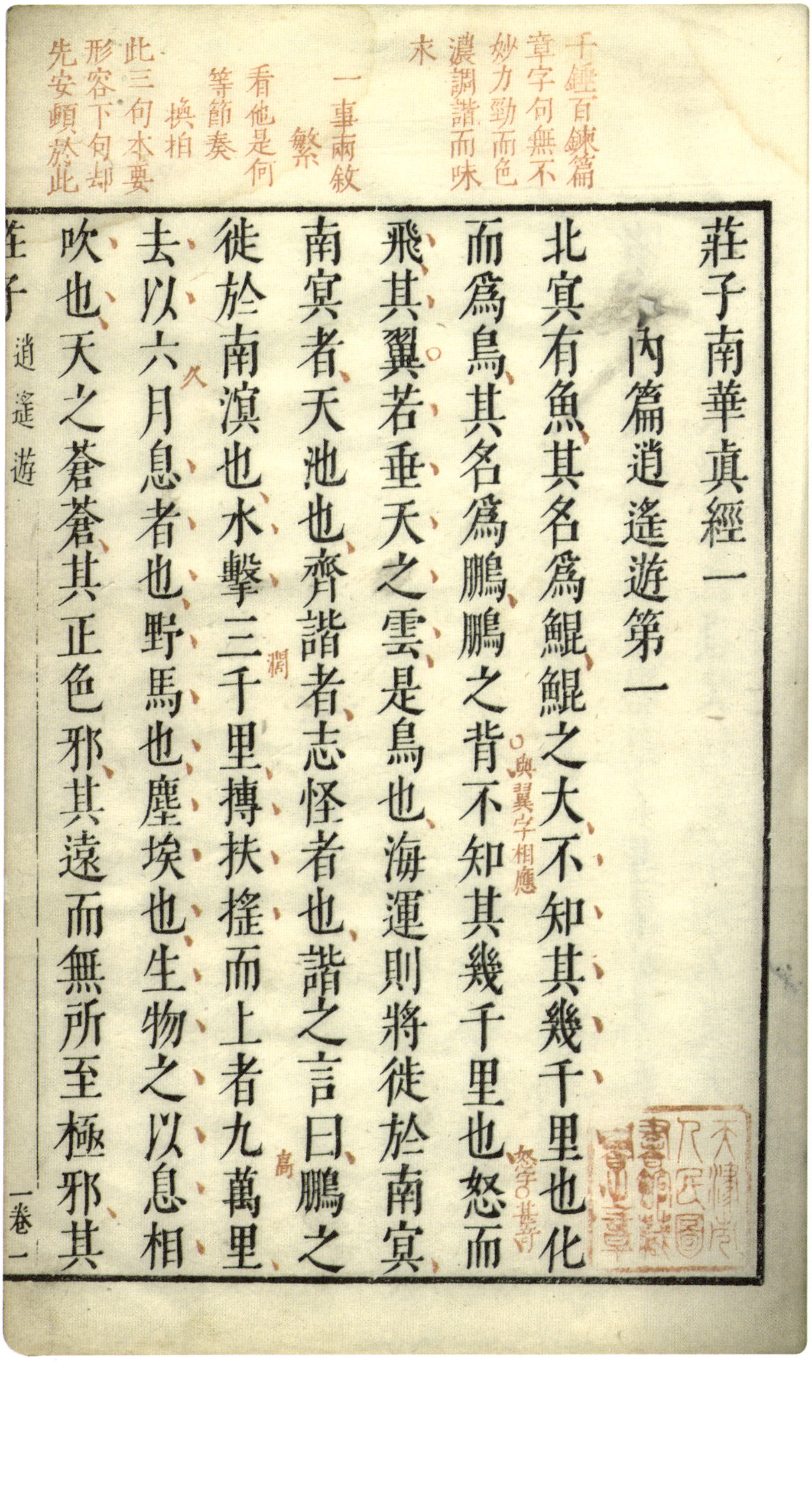
千鍾百鍊篇章字句無不妙力勁而色濃調諧而味永

一事兩敘

繁

看他是何等節奏

換拍

此三句本要形容下句却先安頓於此

莊子南華真經一

內篇逍遙遊第一

北冥有魚其名爲鯤鯤之大不知其幾千里也化而爲鳥其名爲鵬鵬之背不知其幾千里也怒而飛其翼若垂天之雲是鳥也海運則將徙於南冥南冥者天池也齊諧者志怪者也諧之言曰鵬之徙於南溟也水擊三千里摶扶搖而上者九萬里去以六月息者也野馬也塵埃也生物之以息相吹也天之蒼蒼其正色邪其遠而無所至極邪其

與翼字相應

怒字甚奇

莊子 逍遙遊 卷一

三子合刊十三卷 明閔氏刻套印本

道德經二卷　明淩氏刻套印本

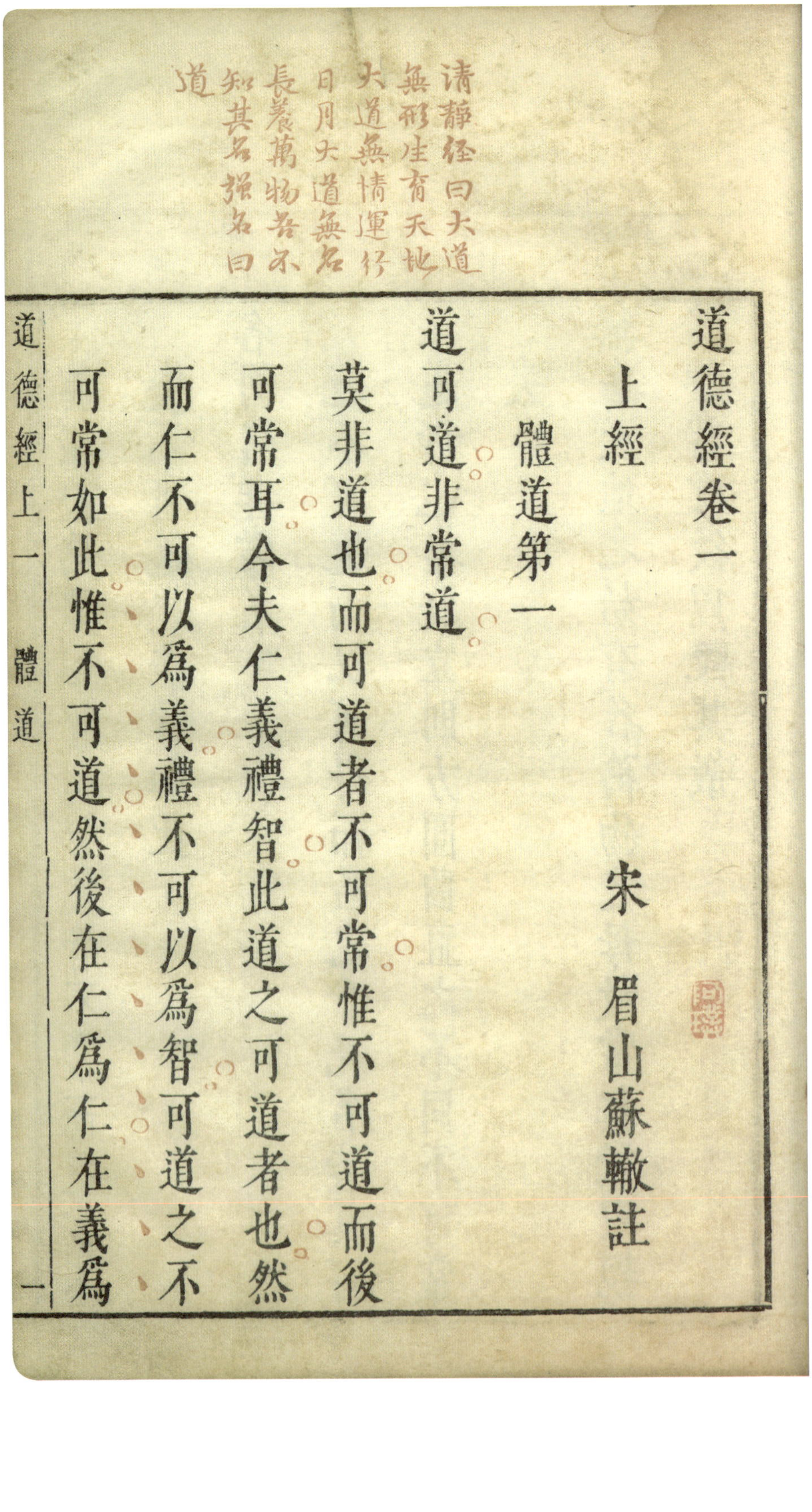
清靜經曰大道無形生育天地大道無情運行日月大道無名長養萬物吾不知其名強名曰道

道德經卷一

上經　　宋　眉山蘇轍註

體道第一

道可道非常道

莫非道也而可道者不可常惟不可道而後可常耳今夫仁義禮智此道之可道者也然而仁不可以爲義禮不可以爲智可道之不可常如此惟不可道然後在仁爲仁在義爲

道德經上一　體道　一

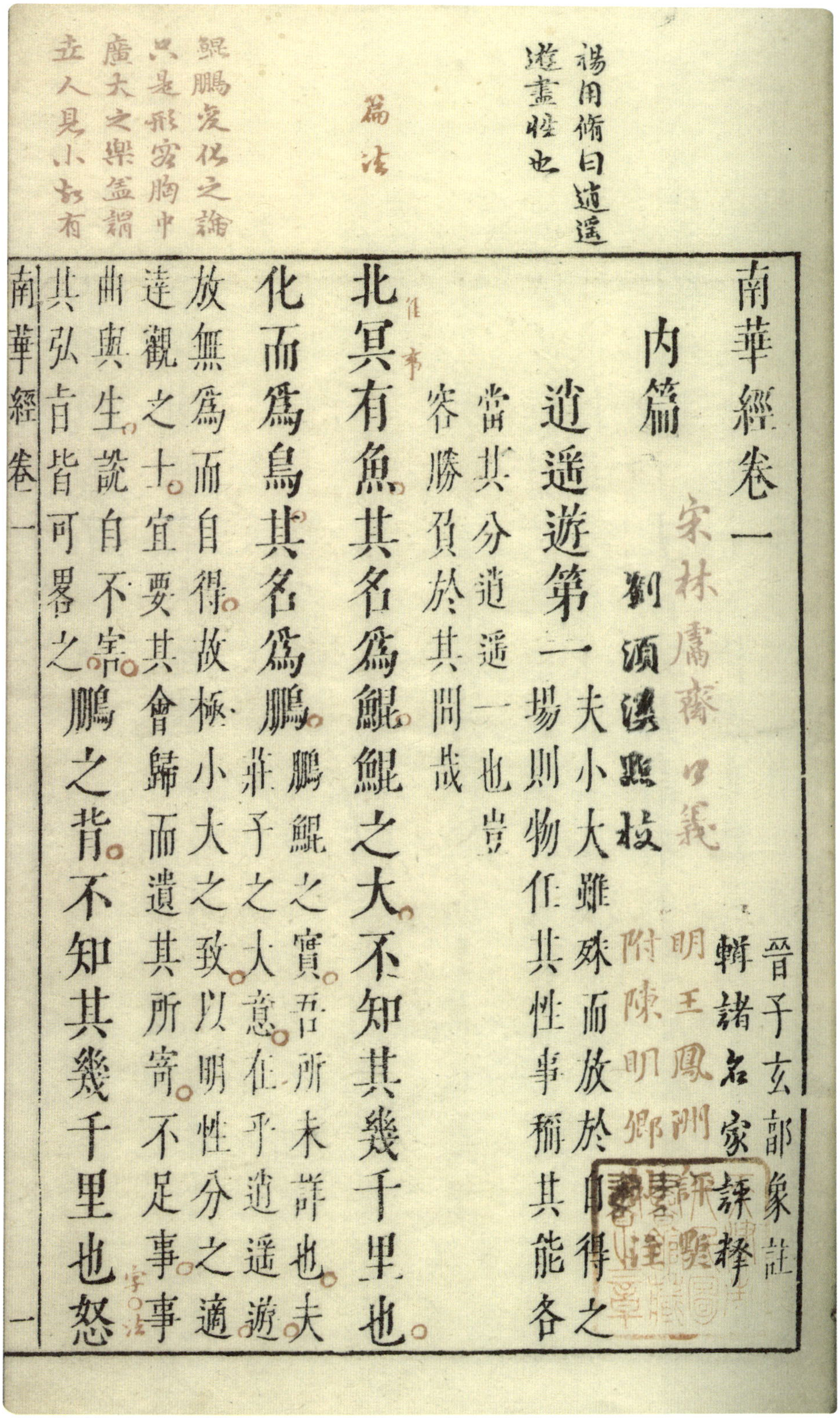

南華經十六卷　明閔氏刻四色套印本

莊子鬳齋口義十卷　元刻本

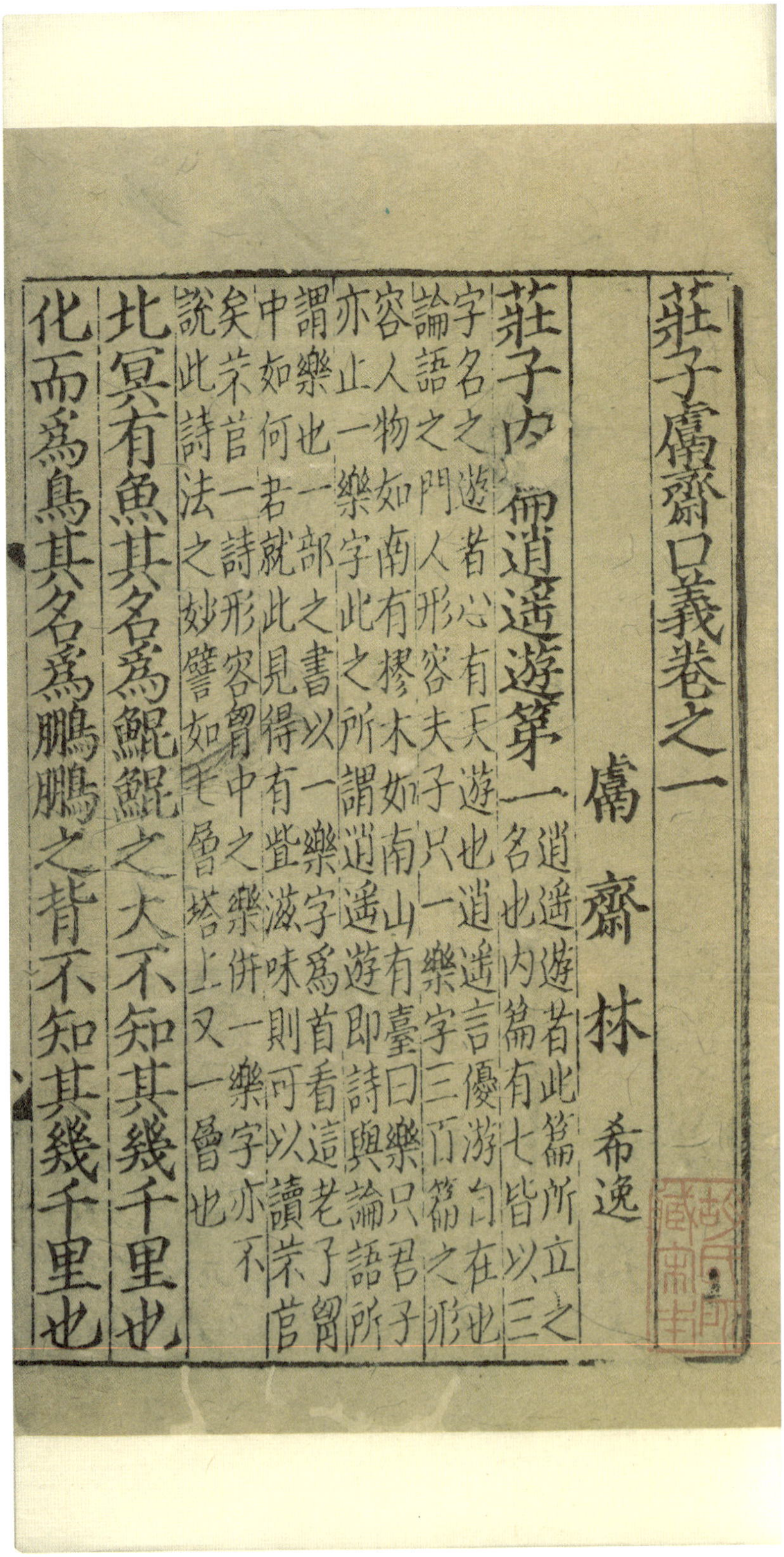

莊子鬳齋口義卷之一

鬳齋林　希逸

莊子內篇逍遙遊第一逍遙遊者此篇所立之名也內篇有七皆以三字名之遊者心有天遊也逍遙言優游自在也論語之門人形容夫子只一樂字三百篇之形容人物如南有樛木如南山有臺曰樂只君子亦止一樂字此之所謂逍遙遊即詩與論語所謂樂也一部之書以一樂字爲首看這老子胷中如何若就此見得有些滋味則可以讀芣苢矣芣苢一詩形容胷中之樂併一樂字亦不說此詩法之妙譬如七層塔上又一層也

北冥有魚其名爲鯤鯤之大不知其幾千里也化而爲鳥其名爲鵬鵬之背不知其幾千里也

莊子鬳齋口義十卷　元刻本

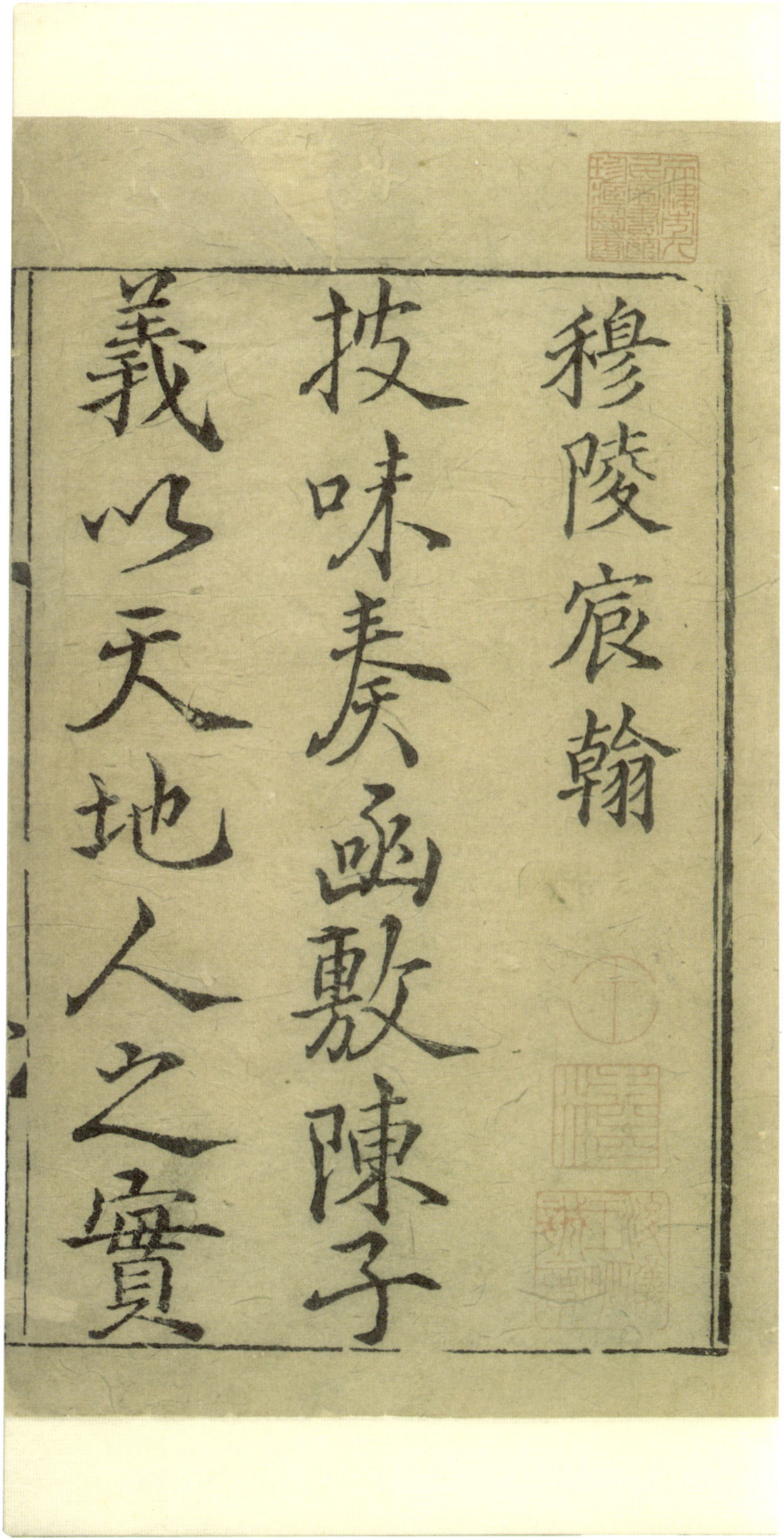
穆陵宸翰
披味奏函敷陳子
義以天地人之實

解莊十二卷　明閔氏刻套印本

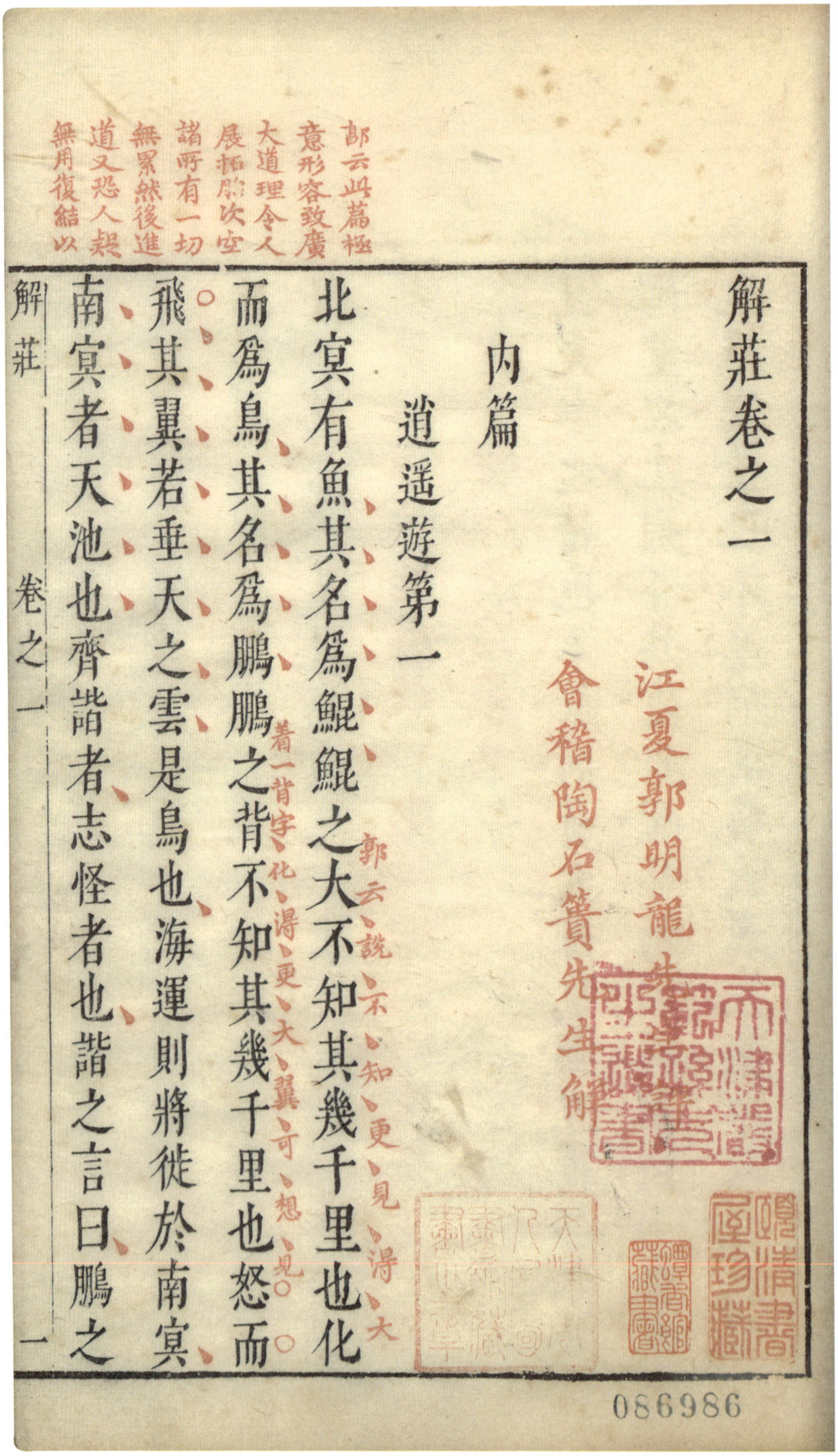
郭云此篇極意形容致廣大道理令人展拓胸次空諸所有一切無累然後進道又恐人起無用復結以

解莊卷之一

內篇

逍遥遊第一

江夏郭明龍先生

會稽陶石簣先生解

北冥有魚其名爲鯤鯤之大不知其幾千里也化（郭云說不知更見得大）而爲鳥其名爲鵬鵬之背不知其幾千里也怒而（着一背字化得更大翼可想見○）飛其翼若垂天之雲是鳥也海運則將徙於南冥南冥者天池也齊諧者志怪者也諧之言曰鵬之

解莊　卷之一　一

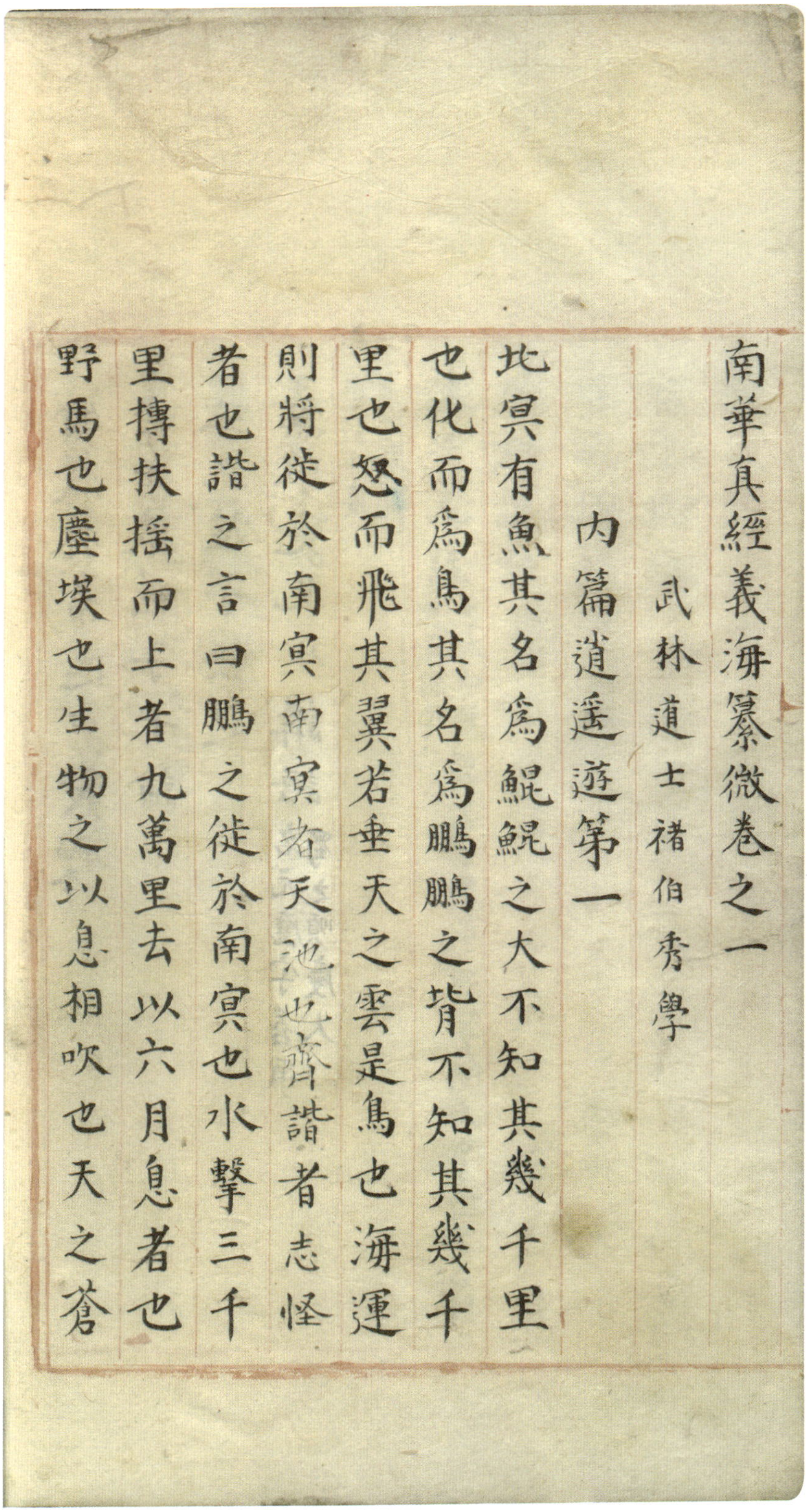
南華真經義海纂微卷之一
武林道士褚伯秀學
内篇逍遥遊第一
北冥有魚其名爲鯤鯤之大不知其幾千里
也化而爲鳥其名爲鵬鵬之背不知其幾千
里也怒而飛其翼若垂天之雲是鳥也海運
則將徙於南冥南冥者天池也齊諧者志怪
者也諧之言曰鵬之徙於南冥也水擊三千
里摶扶搖而上者九萬里去以六月息者也
野馬也塵埃也生物之以息相吹也天之蒼

南華真經義海纂微一百六卷　明鈔本

列子通義八卷　明嘉靖四十四年浩然齋刻三子通義本

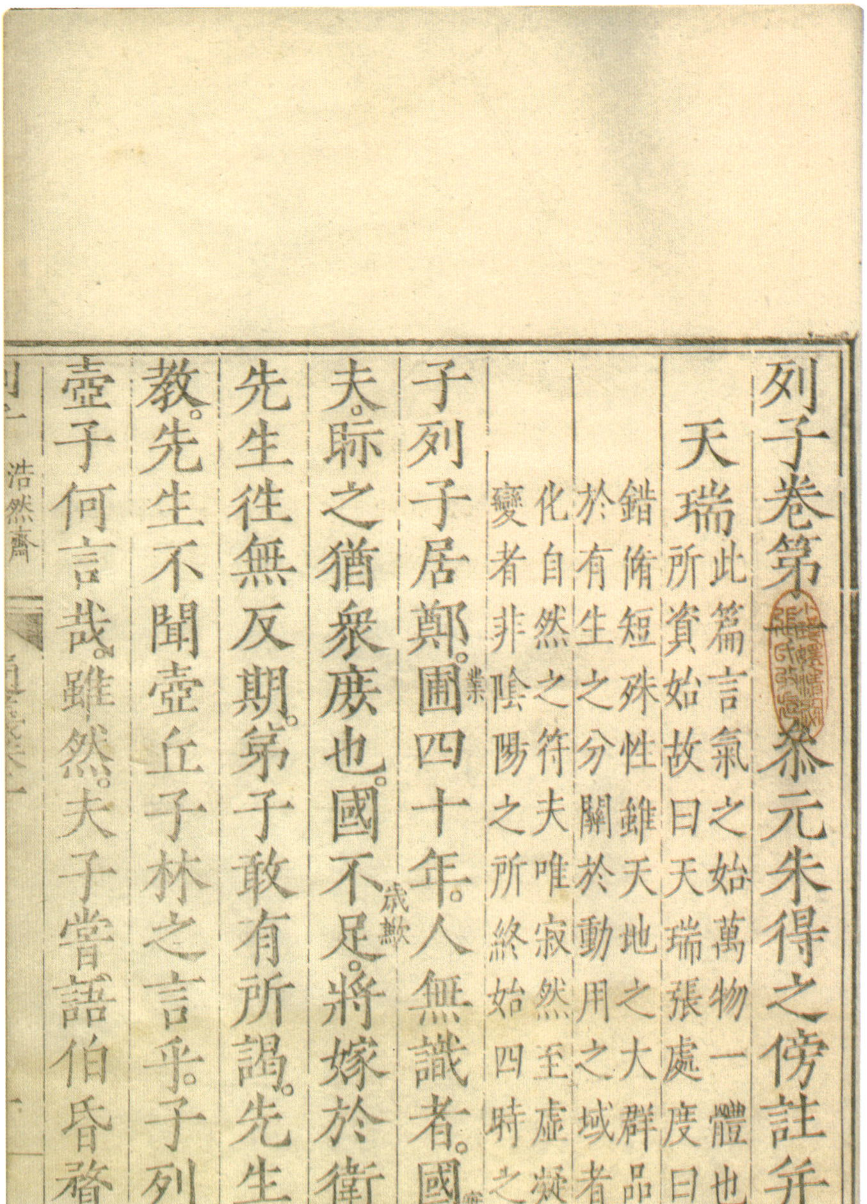
列子卷第一　　元朱得之傍註并通義

天瑞此篇言氣之始萬物一體也萬物之所資始故曰天瑞張處度曰巨細舛錯脩短殊性雖天地之大群品之衆涉於有生之分關於動用之域者存亡變化自然之符夫唯寂然至虛凝一而不變者非陰陽之所終始四時之所遷革

子列子居鄭圃四十年人無識者國君卿大夫眎之猶衆庶也國不足將嫁於衛弟子曰先生往無反期弟子敢有所謁先生將何以教先生不聞壺丘子林之言乎子列子笑曰壺子何言哉雖然夫子嘗語伯昏瞀人音茂一作無

列一　浩然齋　[illegible]　陳次刊

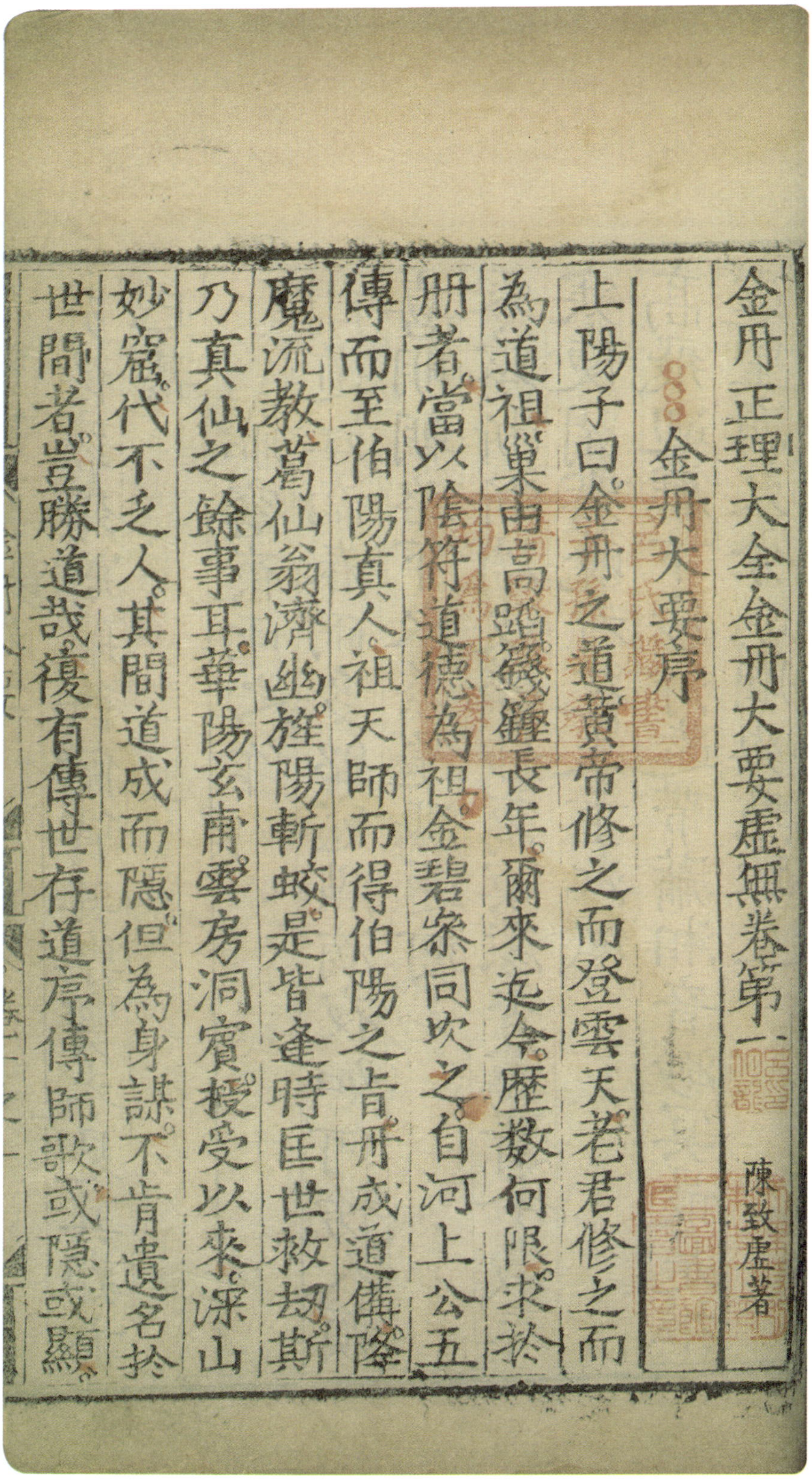
金丹正理大全金丹大要虛無卷第一 陳致虛著

金丹大要序

上陽子曰金丹之道黄帝修之而登雲天老君修之而
為道祖巢由高蹈籛鏗長年爾來迄今歷數何限求於
册者當以陰符道德為祖金碧參同次之自河上公五
傳而至伯陽真人祖天師而得伯陽之旨丹成道備降
魔流教葛仙翁濟幽拯陽斬蛟是皆逢時匡世救刼斯
乃真仙之餘事耳華陽玄甫雲房洞賓授受以來深山
妙窟代不乏人其間道成而隱但為身謀不肯遺名於
世間者豈勝道哉復有傳世存道序傳師歌或隱或顯

金丹正理大全十一種四十二卷 明嘉靖十七年周藩刻本

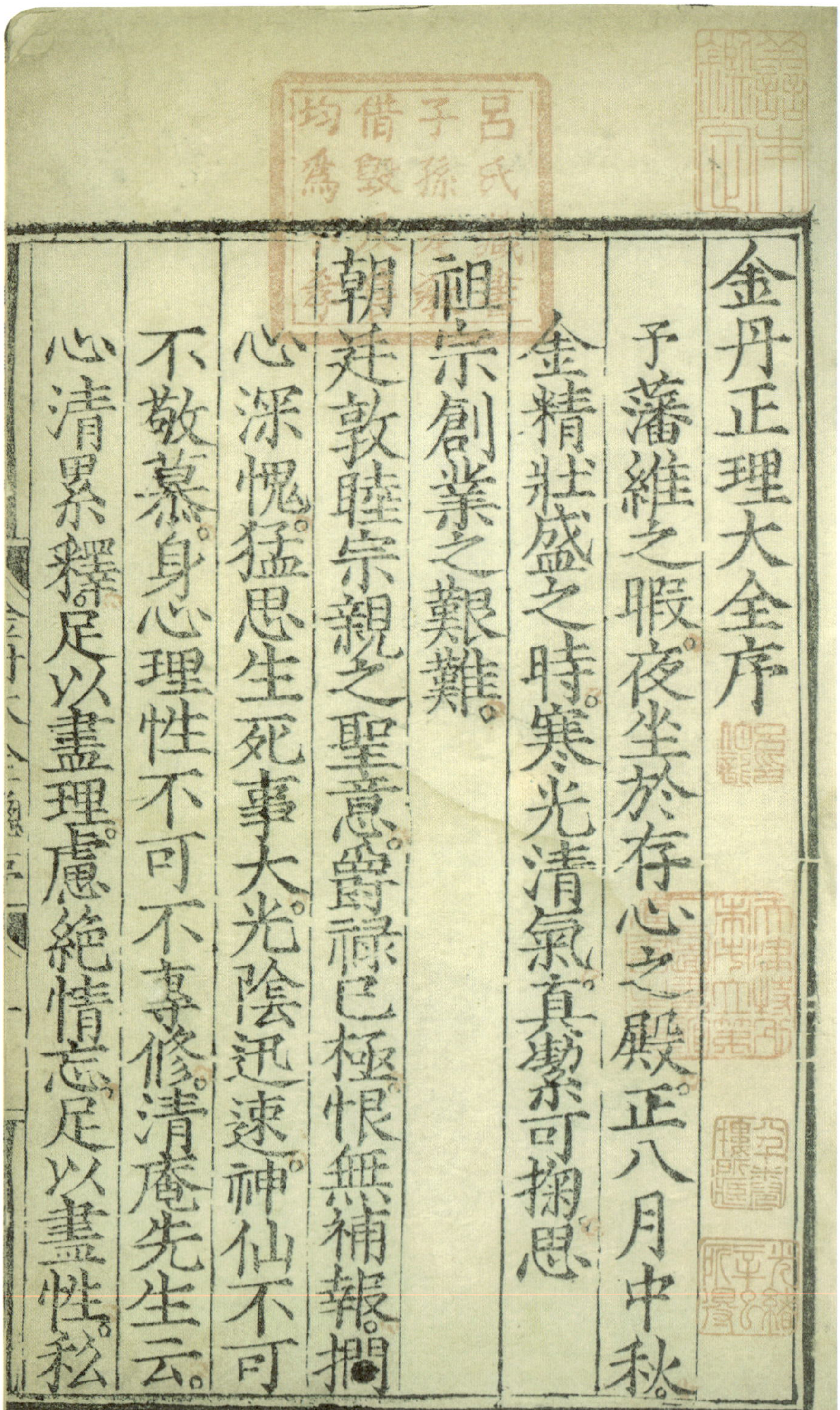

金丹正理大全序

予藩維之暇夜坐於存心之殿正八月中秋
金精壯盛之時寒光清氣真㮣可擬思
祖宗創業之艱難
朝廷教睦宗親之聖意爵祿已極恨無補報捫
心深愧猛思生死事大光陰迅速神仙不可
不敬慕身心理性不可不尋修清菴先生云
心清累釋足以盡理慮絶情忘足以盡性私

金丹正理大全十一種四十二卷　明嘉靖十七年周藩刻本

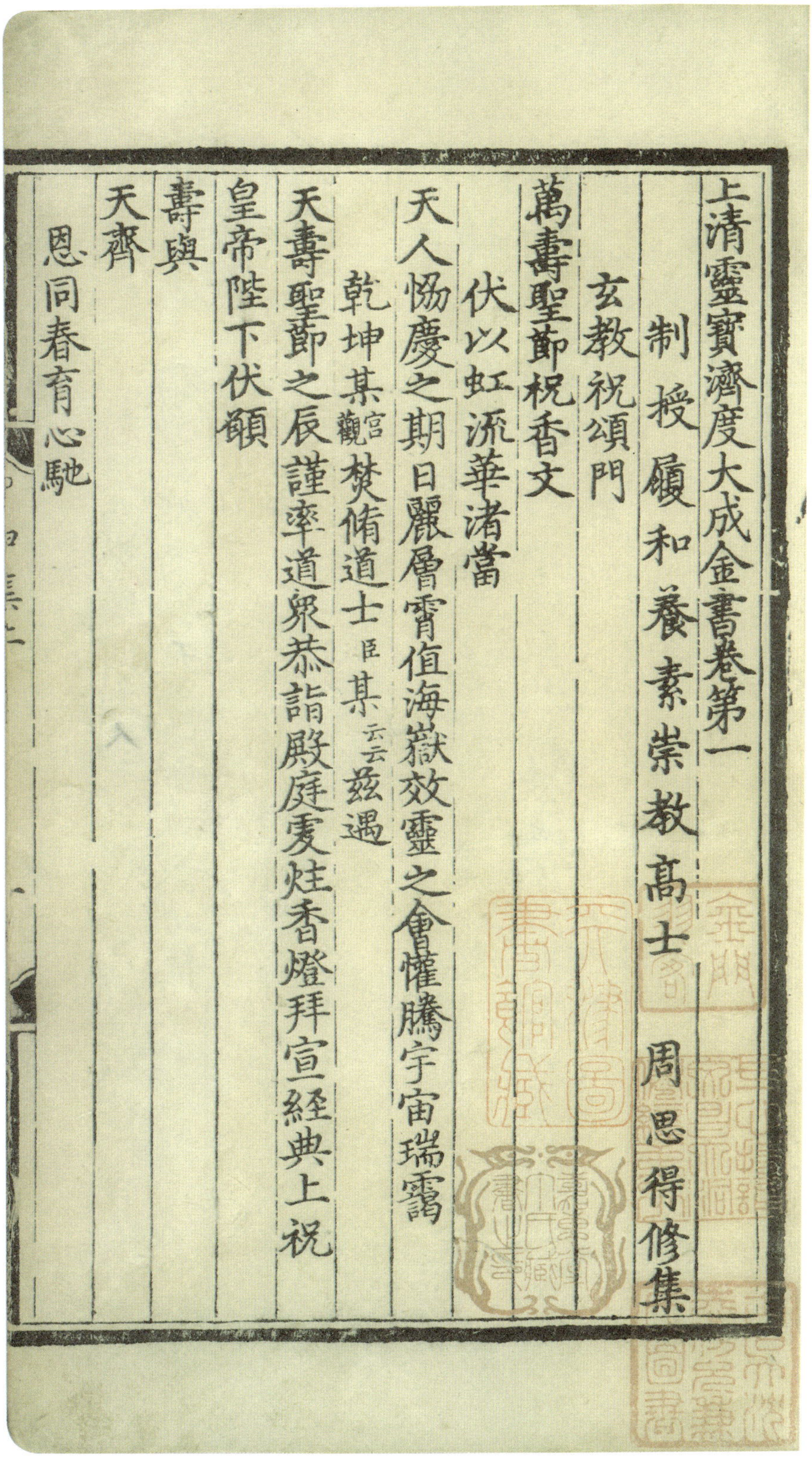
上清靈寶濟度大成金書卷第一
制授顧和養素崇教高士周思得修集
玄教祝頌門
萬壽聖節祝香文
伏以虹流華渚當
天人恊慶之期日麗層霄值海嶽效靈之會懽騰宇宙瑞靄
乾坤某宮觀焚脩道士臣某云云茲遇
天壽聖節之辰謹率道衆恭詣殿庭爰炷香燈拜宣經典上祝
皇帝陛下伏願
壽與
天齊
恩同春育心馳

上清靈寶濟度大成金書四十卷 明宣德七年楊震宗刻本

悟真篇正集二卷　清初鈔本

悟真篇正集卷上

宋天台紫陽真人張伯端平叔撰

明錢唐全菴居士胡文煥德甫校

七言四韻一十六首以表二八一斤之數

不求大道出迷途縱負賢才豈丈夫百歲光陰石火爍一生身世水泡浮只貪利祿求榮顯不覺形容暗瘁枯試問堆金等山嶽無常買得不來無

楚辭十七卷 明隆慶五年豫章夫容館刻本

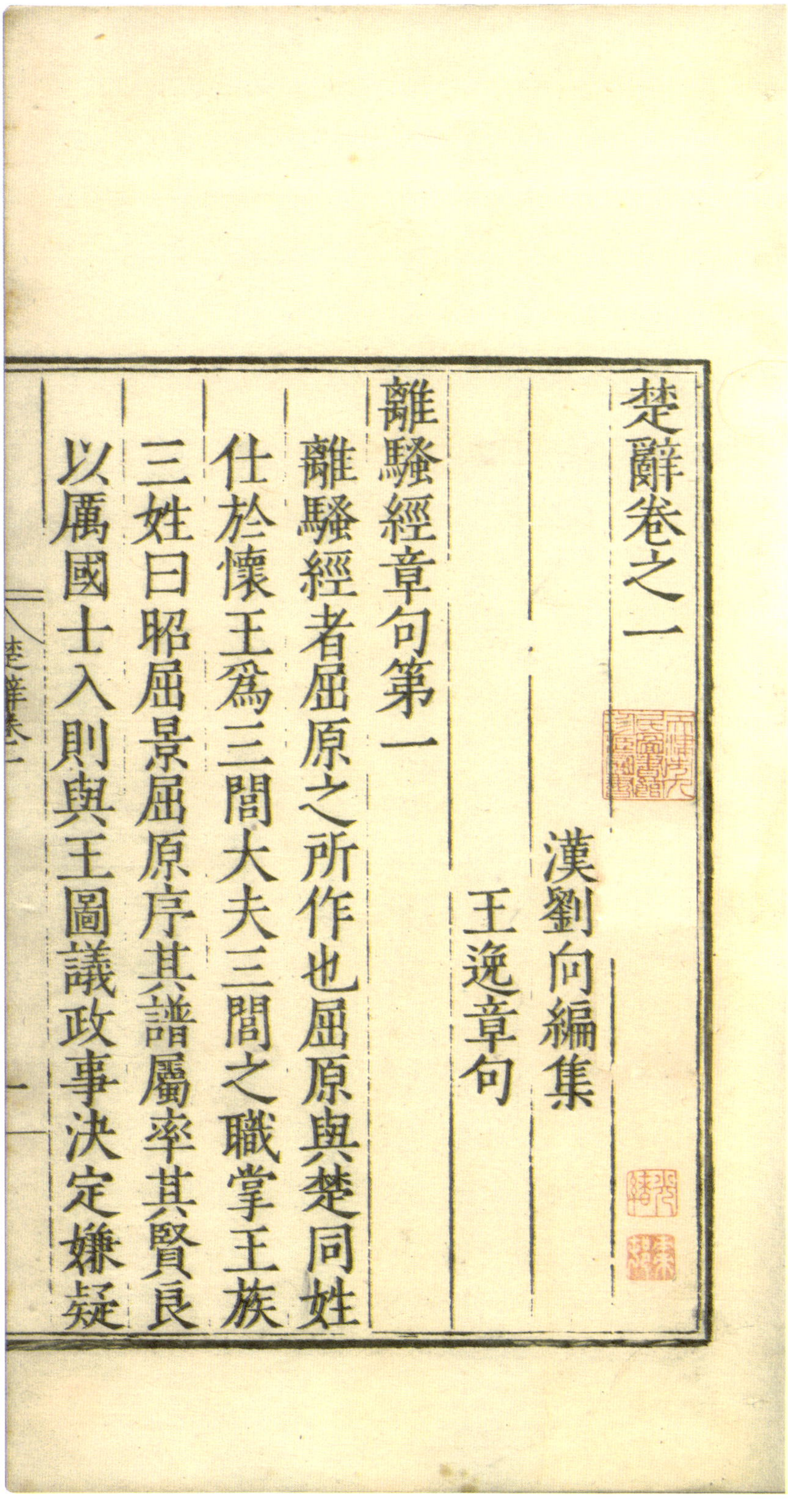
楚辭卷之一

漢劉向編集

王逸章句

離騷經章句第一

離騷經者屈原之所作也屈原與楚同姓
仕於懷王爲三閭大夫三閭之職掌王族
三姓曰昭屈景屈原序其譜屬率其賢良
以厲國士入則與王圖議政事決定嫌疑

楚辭卷一　一

楚辭十七卷　明隆慶五年豫章夫容館刻本

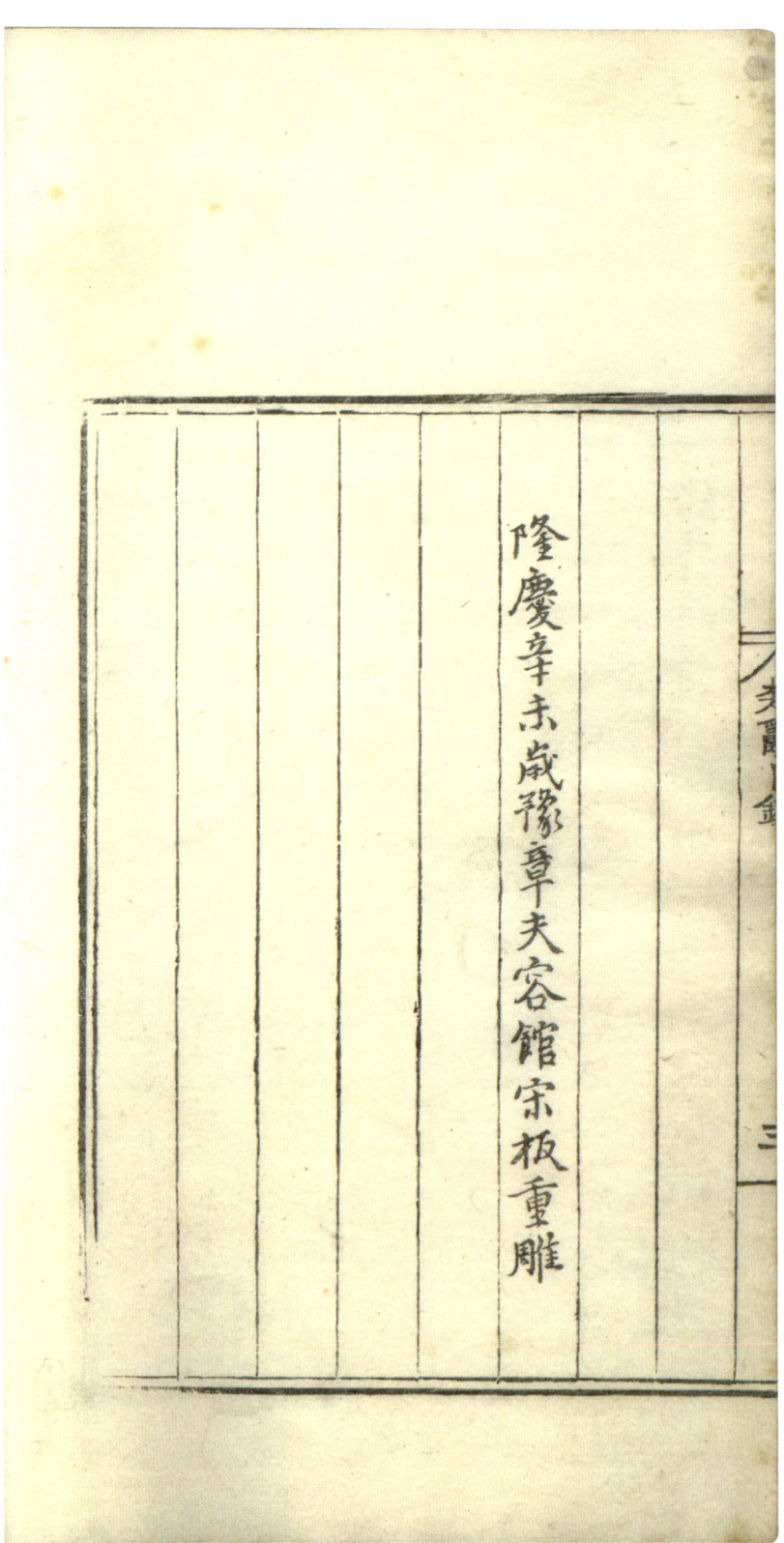

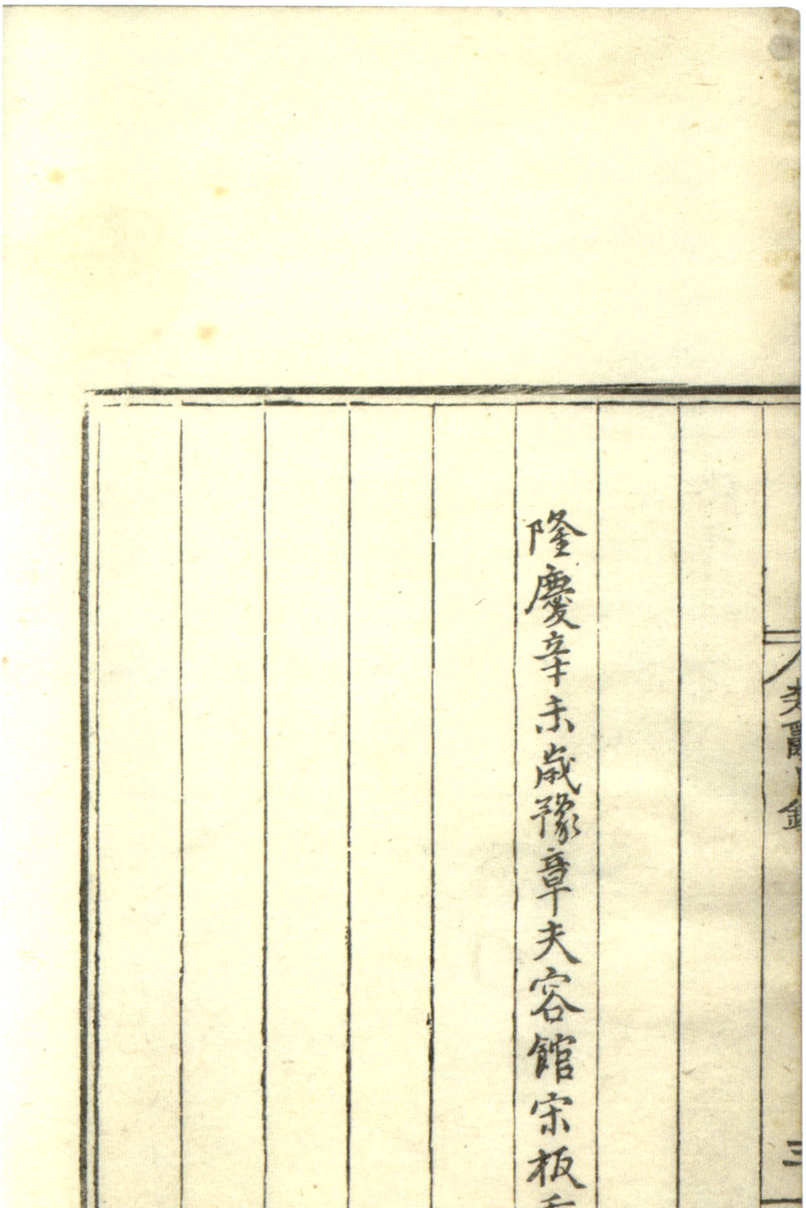
隆慶辛未歲豫章夫容館宋板重雕

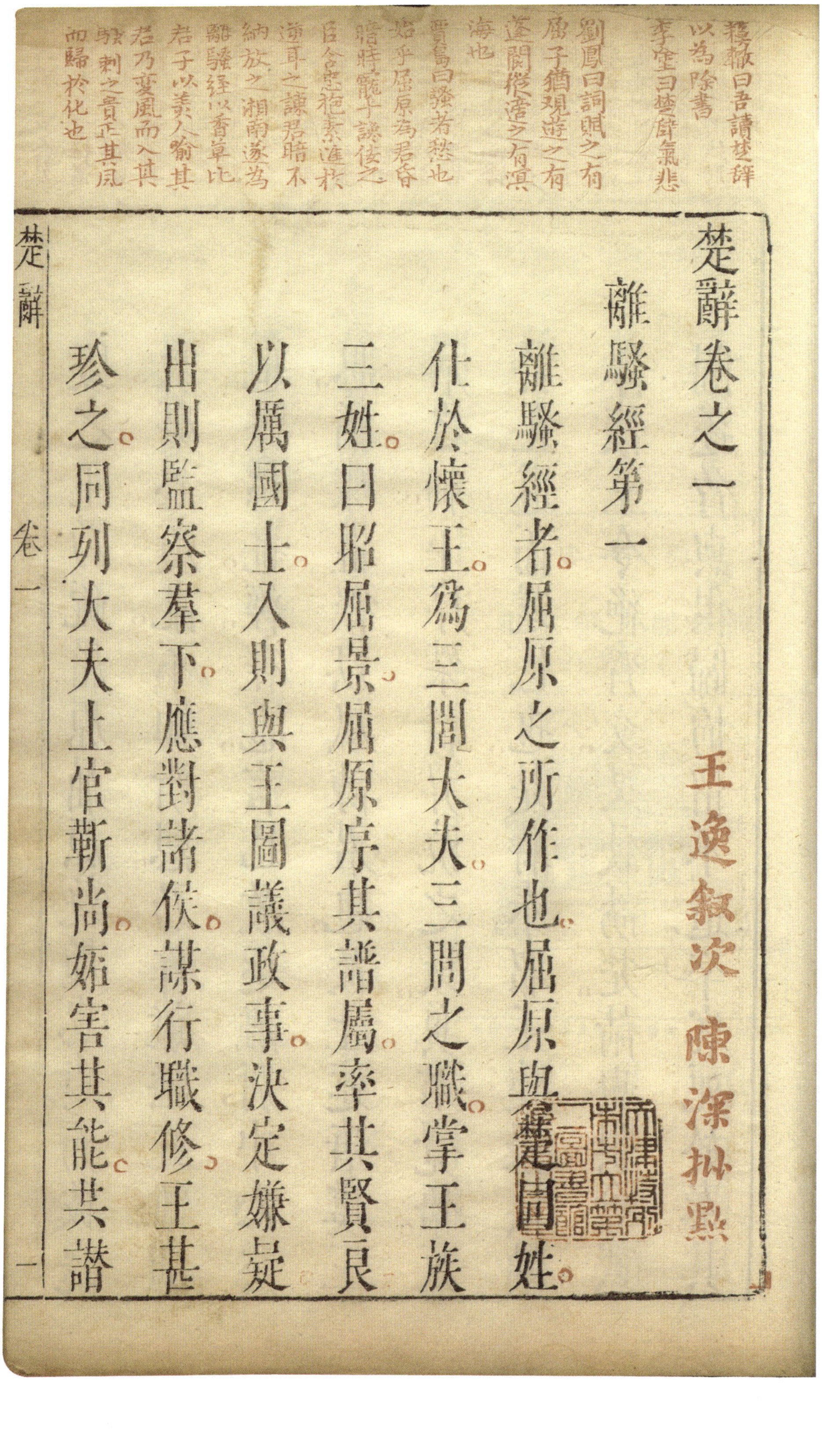
穆叔曰吾讀楚辭以為除書
李仝曰楚辭氣悲
劉鳳曰詞賦之有屈子猶觀遊之有蓬閬從遊之有溟海也
賈島曰發者愁也始乎屈原為君昏暗時寵于讒佞之臣含忠抱素進於逆耳之諫君暗不納放之湘南遂為離騷經以香草比君子以美人喻其君乃變風而入其騷刺之責正其風而歸於化也

楚辭卷之一

離騷經第一　王逸叙次　陳深批點

離騷經者屈原之所作也屈原與楚同姓仕於懷王為三閭大夫三閭之職掌王族三姓曰昭屈景屈原序其譜屬率其賢良以厲國士入則與王圖議政事決定嫌疑出則監察羣下應對諸侯謀行職修王甚珍之同列大夫上官靳尚妬害其能共譖

楚辭　卷一　一

楚辭十七卷　明淩毓枏刻套印本

楚辭集注八卷　清乾隆五十三年吳暄聽雨齋刻套印本

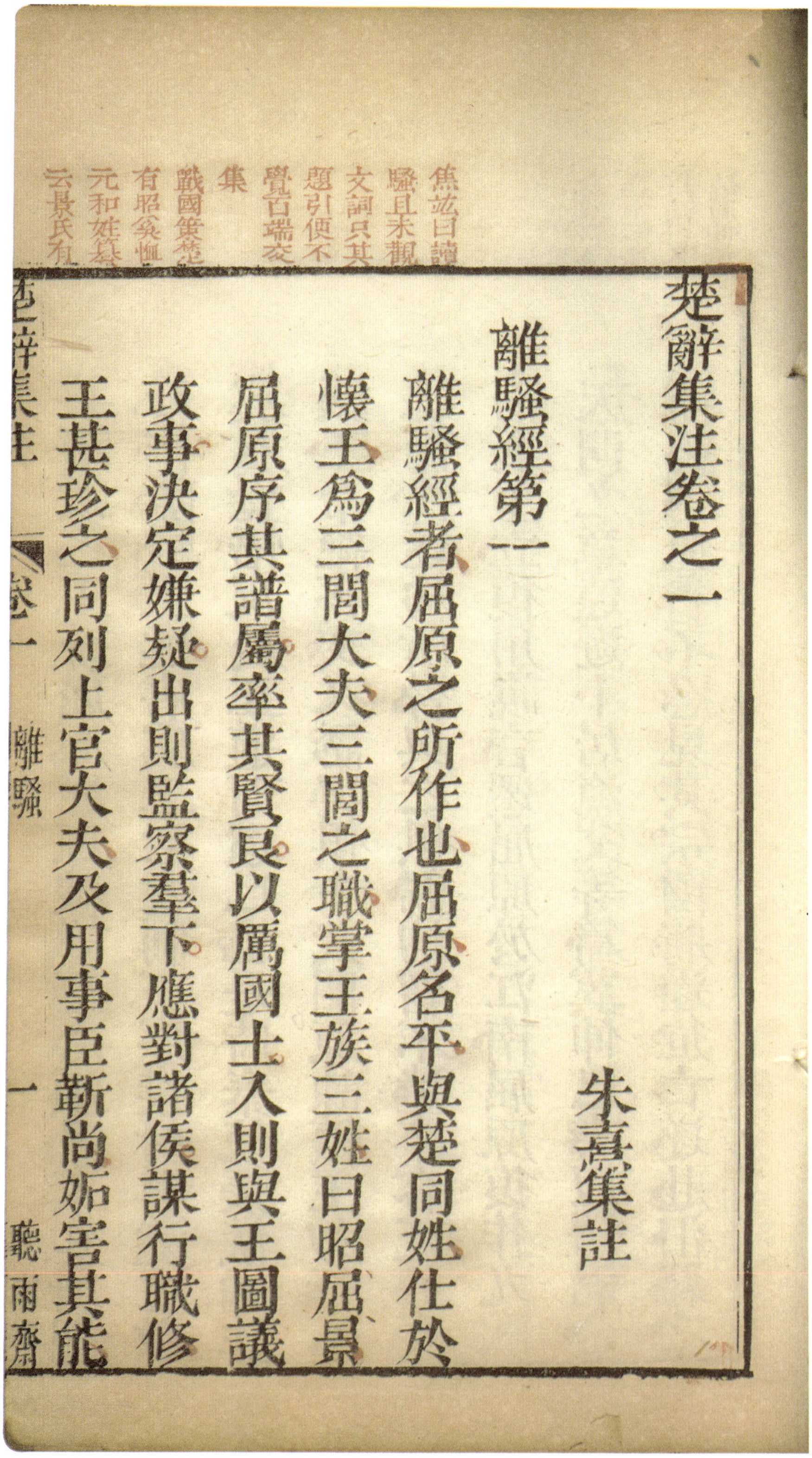
焦竑曰讀騷且未覩文詞只其題引便不覺百端交集
戰國策楚有昭奚恤元和姓纂云景氏羋

楚辭集注卷之一

離騷

離騷經第一　　朱熹集註

離騷經者屈原之所作也屈原名平與楚同姓仕於懷王爲三閭大夫三閭之職掌王族三姓曰昭屈景屈原序其譜屬率其賢良以厲國士入則與王圖議政事決定嫌疑出則監察羣下應對諸侯謀行職修王甚珍之同列上官大夫及用事臣靳尚妒害其能

楚辭集注　卷一　離騷　一　聽雨齋

離騷圖不分卷　清初刻本

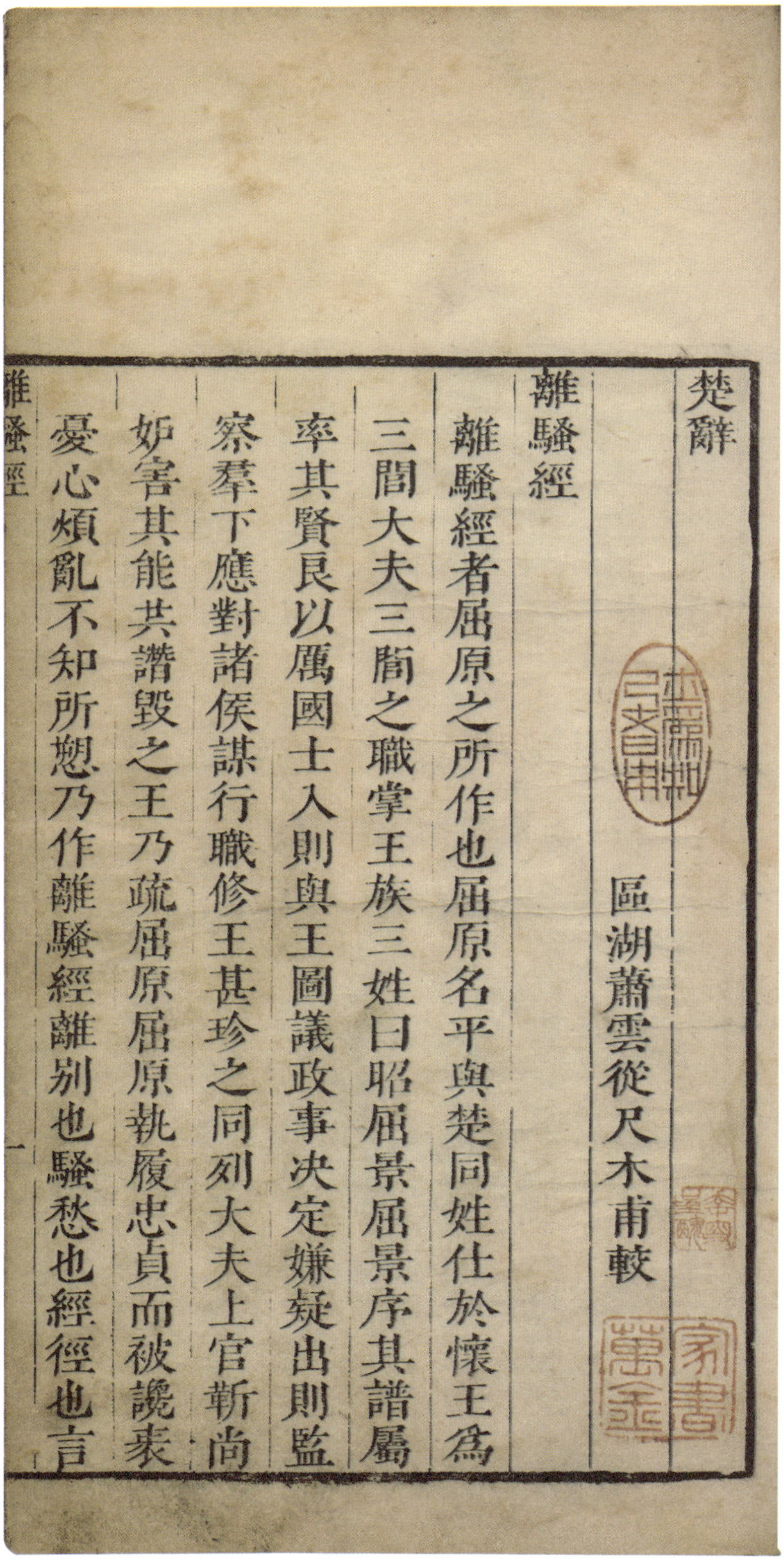
楚辭

區湖蕭雲從尺木甫較

離騷經

離騷經者屈原之所作也屈原名平與楚同姓仕於懷王為三閭大夫三閭之職掌王族三姓曰昭屈景屈原序其譜屬率其賢良以厲國士入則與王圖議政事決定嫌疑出則監察羣下應對諸侯謀行職修王甚珍之同列大夫上官靳尚妒害其能共譖毀之王乃疏屈原屈原執履忠貞而被讒衺憂心煩亂不知所愬乃作離騷經離別也騷愁也經徑也言

離騷經　一

離騷圖不分卷　清初刻本

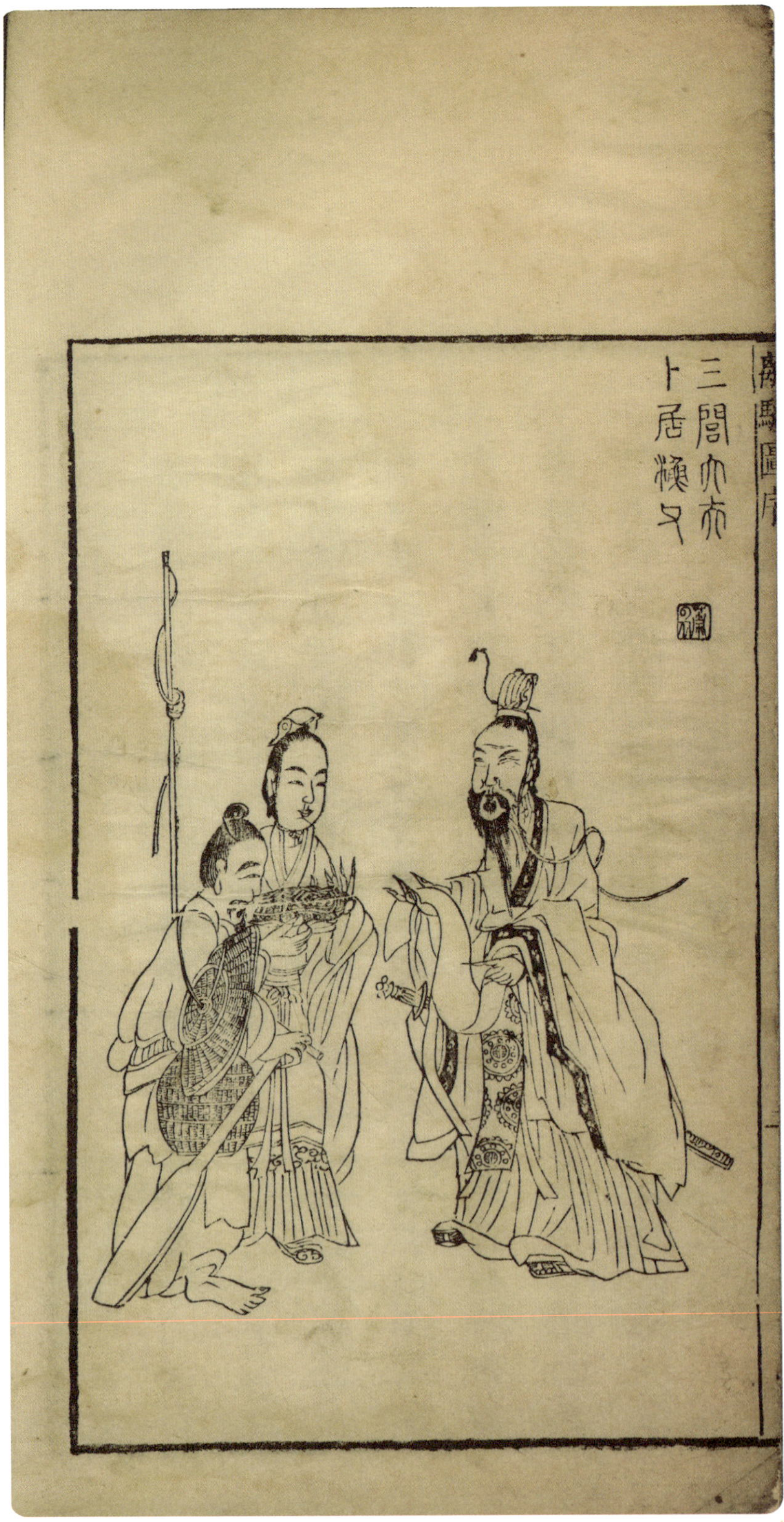

定級 一級

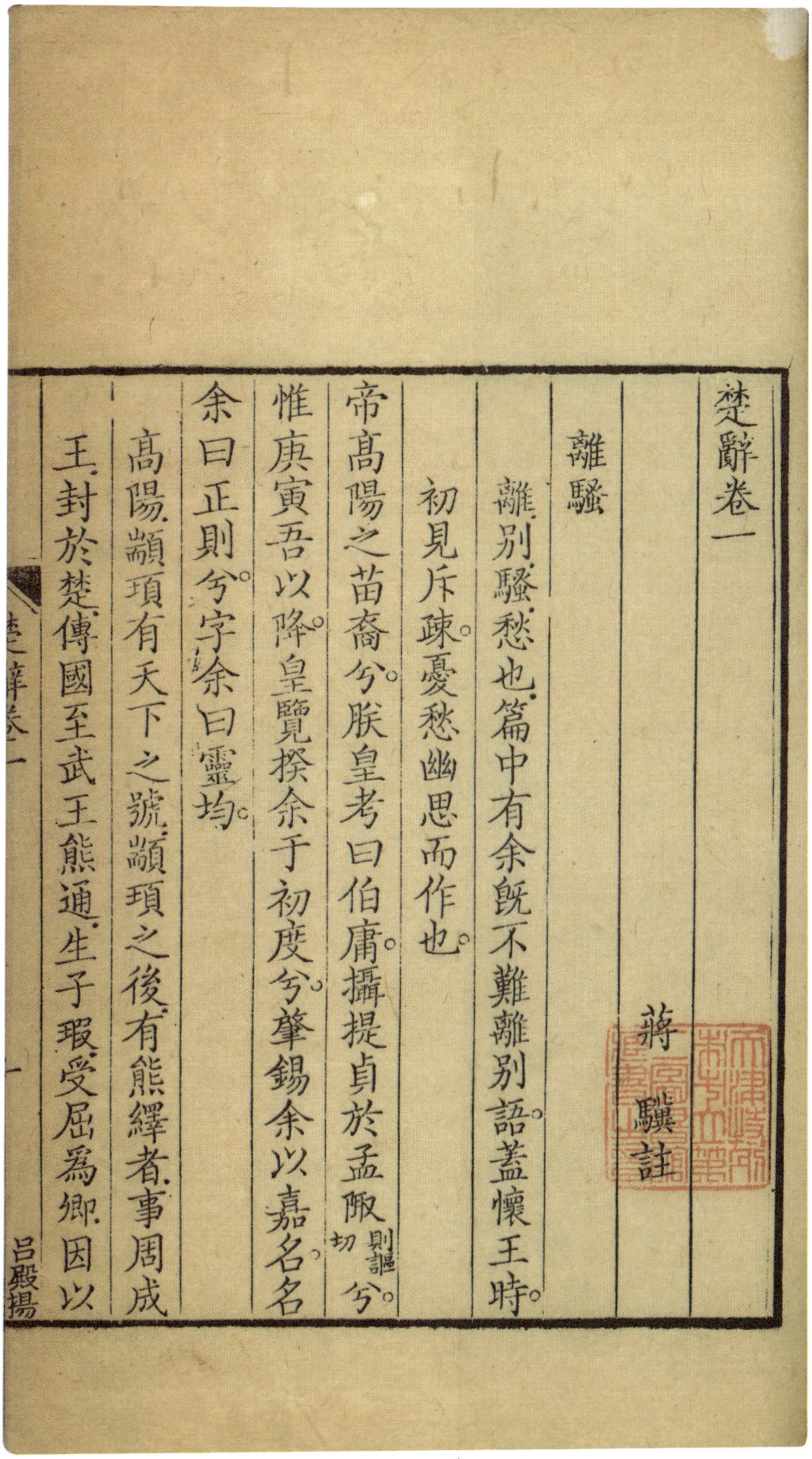

楚辭卷一

蔣驥註

離騷

離別騷愁也篇中有余既不難離別語蓋懷王時
初見斥疎憂愁幽思而作也

帝高陽之苗裔兮朕皇考曰伯庸攝提貞於孟陬（則謳切）兮
惟庚寅吾以降皇覽揆余于初度兮肇錫余以嘉名名
余曰正則兮字余曰靈均

高陽顓頊有天下之號顓頊之後有熊繹者事周成
王封於楚傳國至武王熊通生子瑕受屈爲卿因以

楚辭卷一　一　呂殿揚

山帶閣註楚辭六卷　清雍正五年蔣氏山帶閣刻本

漢蔡中郎集六卷　明嘉靖二十七年任城楊賢刻本

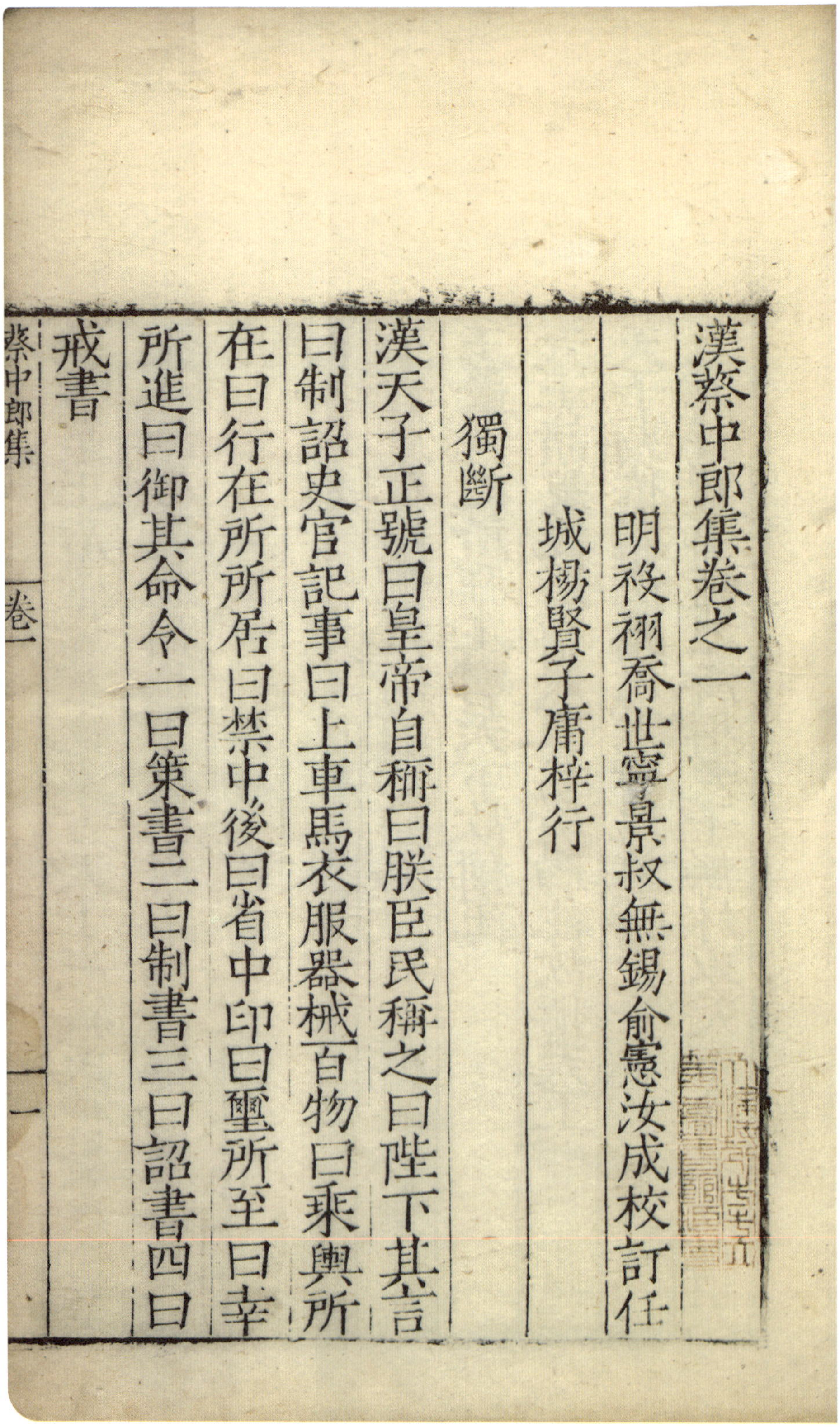
漢蔡中郎集卷之一

明後學喬世寧景叔無錫俞憲汝成校訂任

城楊賢子庸梓行

獨斷

漢天子正號曰皇帝自稱曰朕臣民稱之曰陛下其言曰制詔史官記事曰上車馬衣服器械百物曰乘輿所在曰行在所所居曰禁中後曰省中印曰璽所至曰幸所進曰御其命令一曰策書二曰制書三曰詔書四曰戒書

蔡中郎集　卷一　一

陶靖節集十卷　明嘉靖二十五年蔣孝移齋刻本

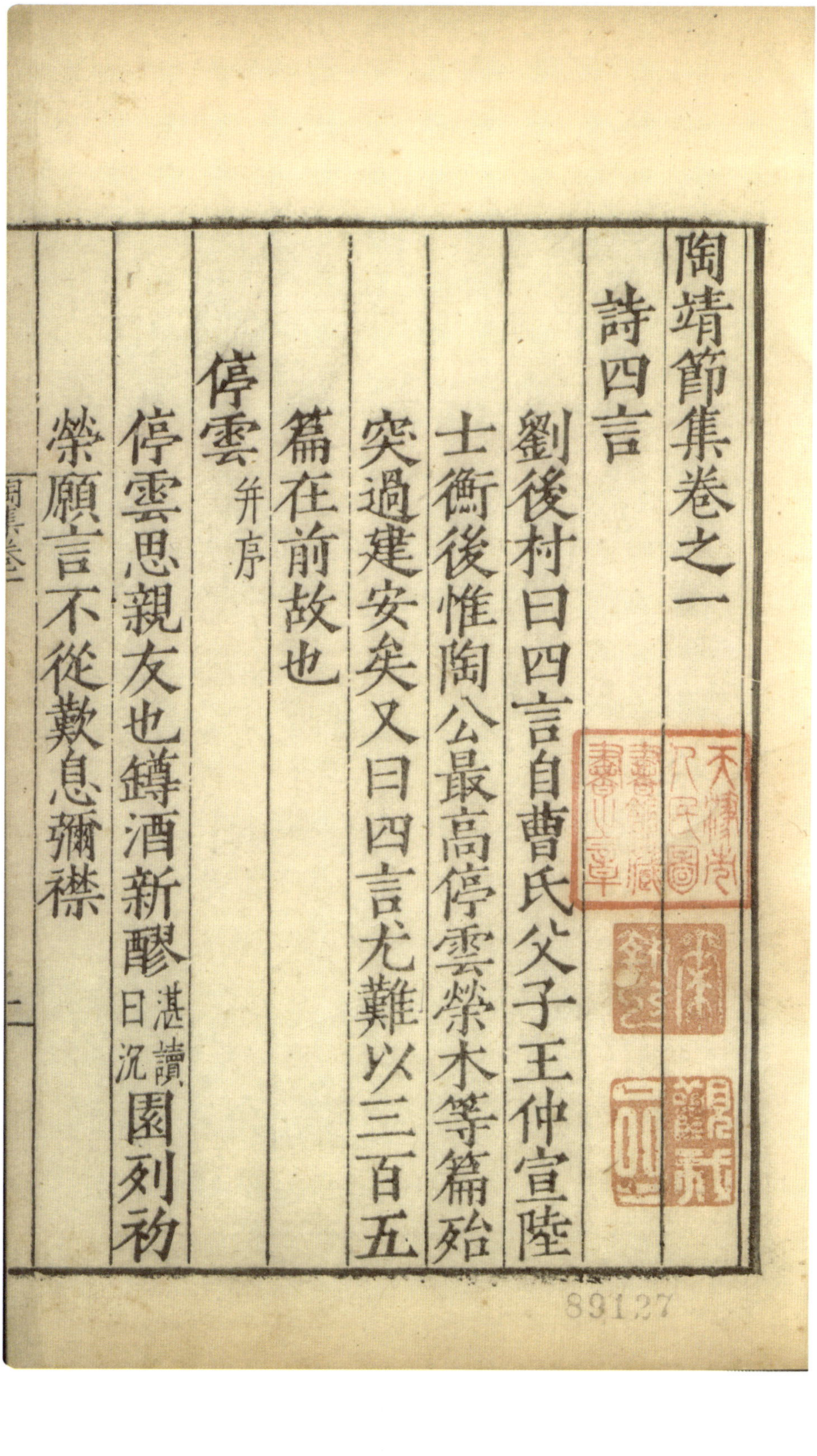
陶靖節集卷之一

詩四言

劉後村曰四言自曹氏父子王仲宣陸士衡後惟陶公最高停雲榮木等篇殆突過建安矣又曰四言尤難以三百五篇在前故也

停雲 并序

停雲思親友也罇酒新醪（湛讀曰沈）園列初榮願言不從歎息彌襟

陶靖節集八卷　明淩濛初刻套印本

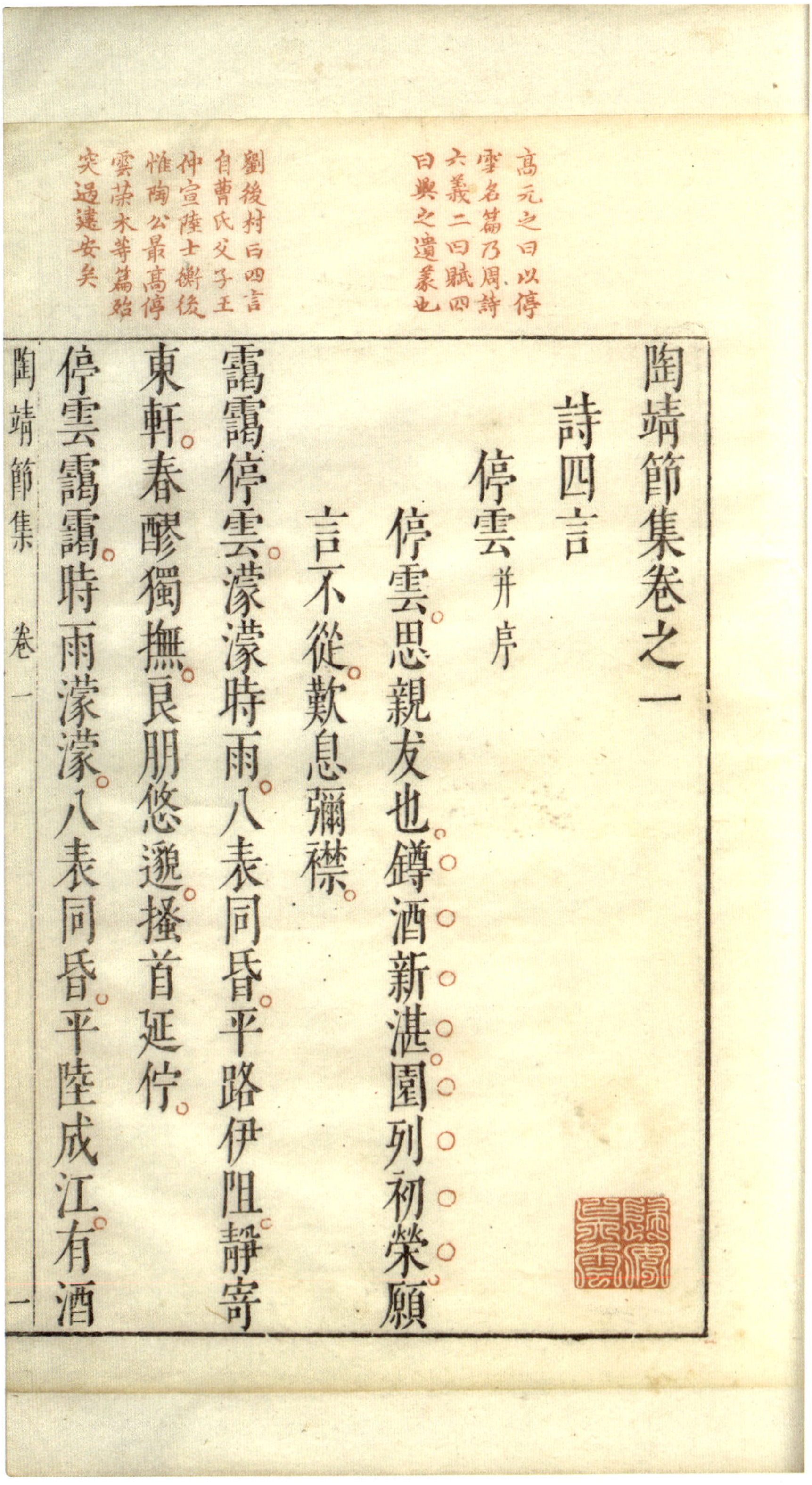
高元之曰以停
雲名篇乃周詩
六義二曰賦四
曰興之遺義也
劉後村曰四言
自曹氏父子王
仲宣陸士衡後
惟陶公最高停
雲榮木等篇殆
突過建安矣
陶靖節集卷之一
詩四言
停雲并序
停雲思親友也罇酒新湛園列初榮願
言不從歎息彌襟
靄靄停雲濛濛時雨八表同昏平路伊阻靜寄
東軒春醪獨撫良朋悠邈搔首延佇
停雲靄靄時雨濛濛八表同昏平陸成江有酒
陶靖節集　卷一　一

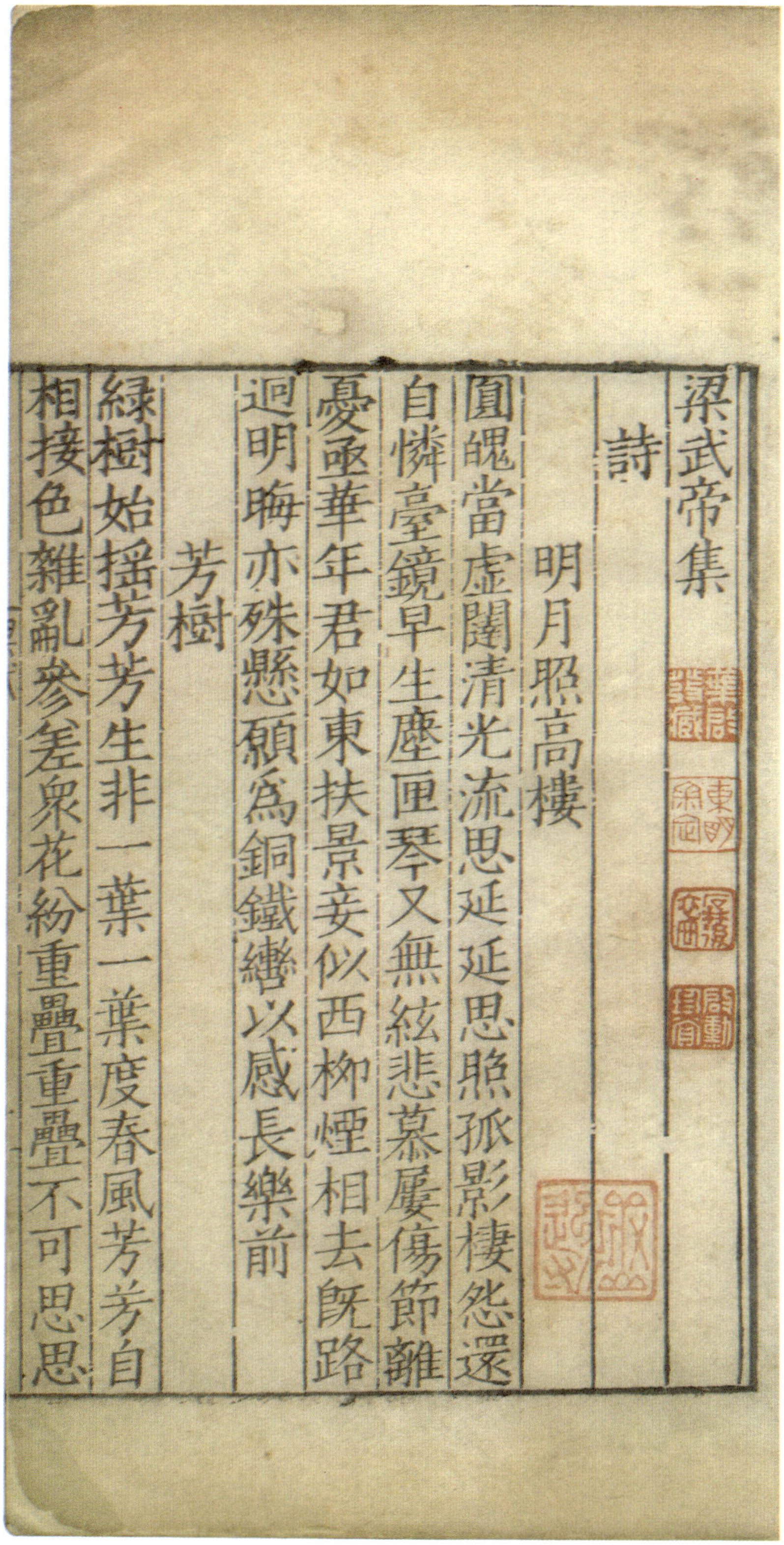

梁武帝集

詩

明月照高樓

圓魄當虛闥清光流思延延思照孤影棲怨還
自憐臺鏡早生塵匣琴又無絃悲慕屢傷節離
憂亟華年君如東扶景妾似西柳煙相去既路
迴明晦亦殊懸願爲銅鐵纏以感長樂前

芳樹

綠樹始搖芳芳生非一葉一葉度春風芳芳自
相接色雜亂參差衆花紛重疊重疊不可思思

梁武帝集一卷　明嘉靖刻六朝詩集本

虞世南集一卷

明嘉靖十九年刻唐百家詩本

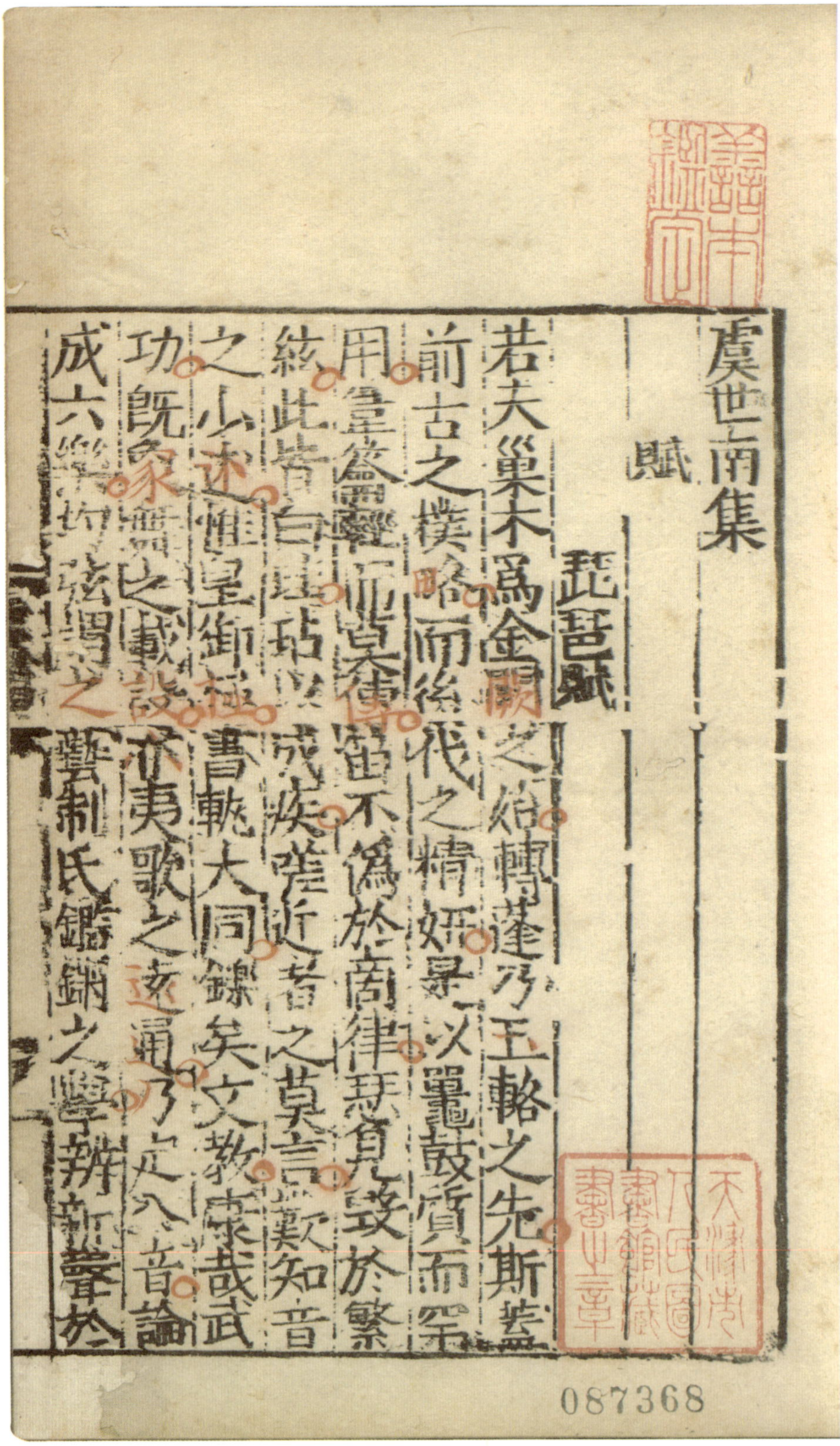
虞世南集

賦

琵琶賦

若夫巢木爲金闕之始轉蓬乃玉輅之先斯藝
前古之樸略而後代之精妍是以鼉鼓質而罕
用䶵籥鬱而皆奏傳笛不僞於商律琵琶見發於繁
絃此皆白珪玷以成疾嗟近者之莫言歎知音
之少述惟皇御極書軌大同鍥矣文教粲哉武
功既象無爲之載設采美歌之遂通乃定八音論
成六樂均絃調之藝制氏鏗鏘之學辨新聲於

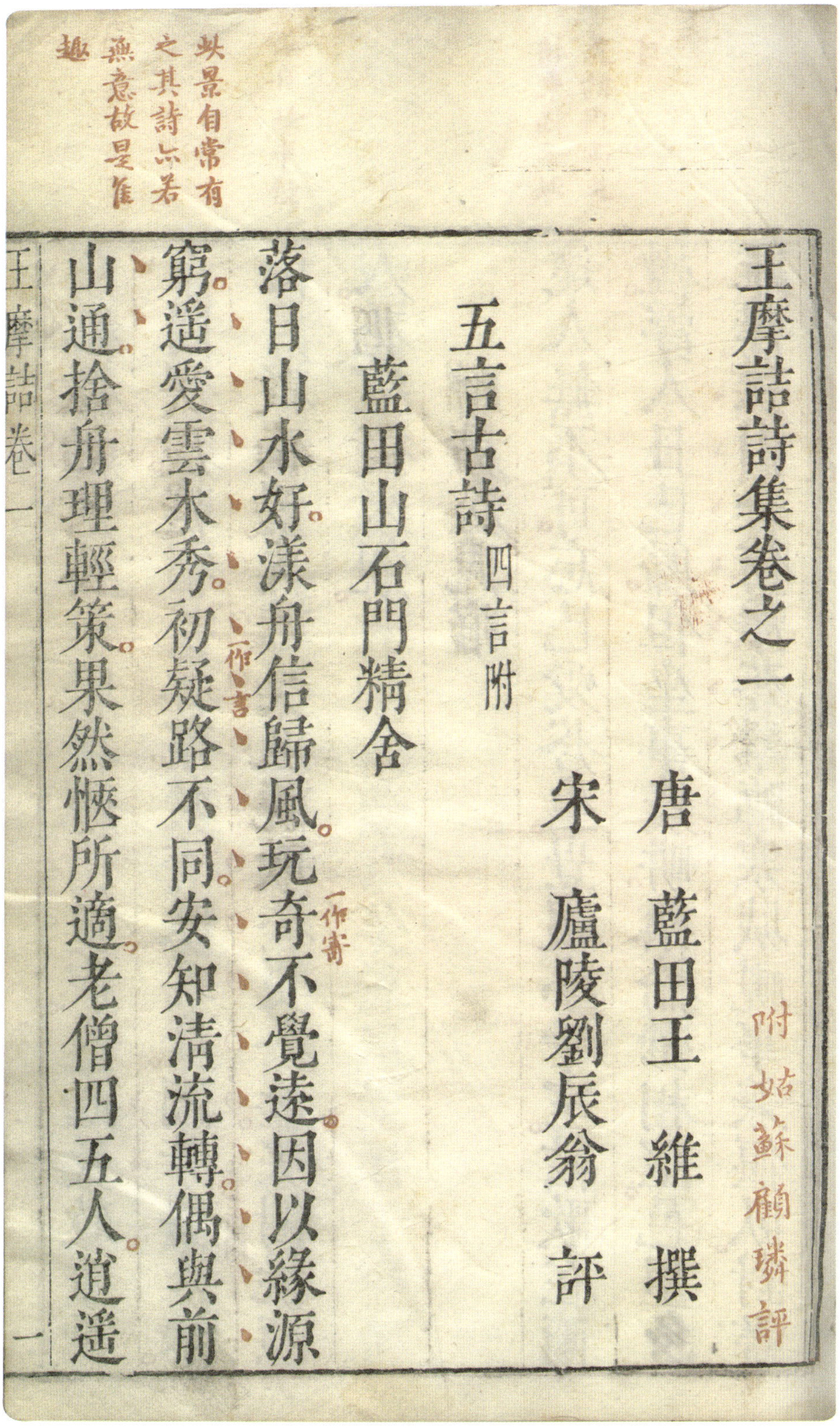
此景自常有之其詩亦若無意故是佳趣

附 姑蘇顧璘 評

王摩詰詩集卷之一

唐 藍田王維 撰

宋 廬陵劉辰翁 評

五言古詩 四言附

藍田山石門精舍

落日山水好漾舟信歸風玩奇一作寄不覺遠因以緣源
窮遙愛雲木秀初疑一作書路不同安知清流轉偶與前
山通捨舟理輕策果然愜所適老僧四五人逍遙

王摩詰卷一 一

王摩詰詩集七卷 明淩濛初刻套印本

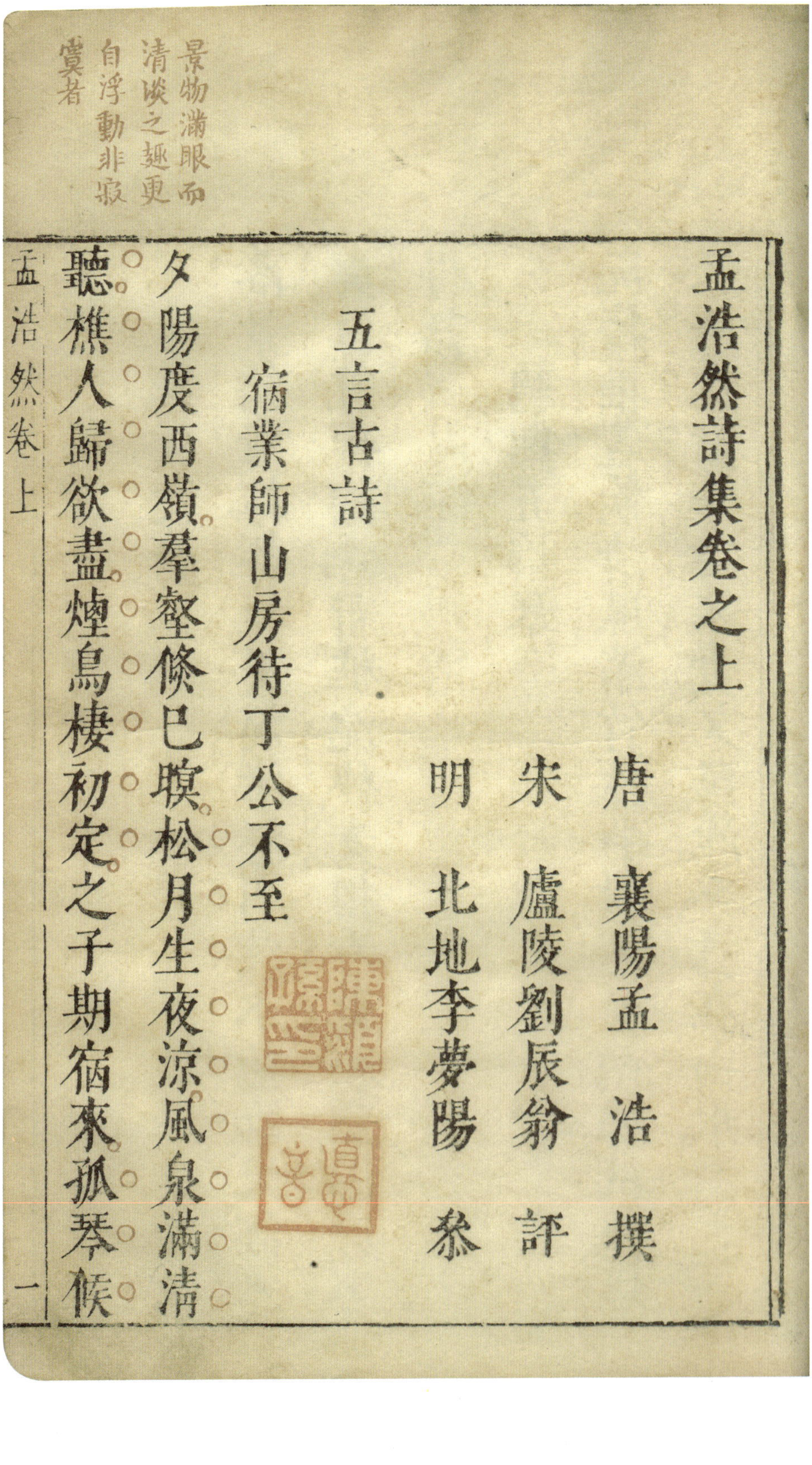

景物滿眼而清淡之趣更自浮動非寂寞者

孟浩然詩集卷之上

唐　襄陽孟　浩　撰

宋　盧陵劉辰翁　評

明　北地李夢陽　叅

五言古詩

宿業師山房待丁公不至

夕陽度西嶺羣壑倏已暝松月生夜涼風泉滿清聽樵人歸欲盡煙鳥棲初定之子期宿來孤琴候

孟浩然卷上　一

孟浩然詩集二卷　明淩濛初刻套印本

分類補註李太白詩二十五卷　元建安余氏勤有堂刻明修本

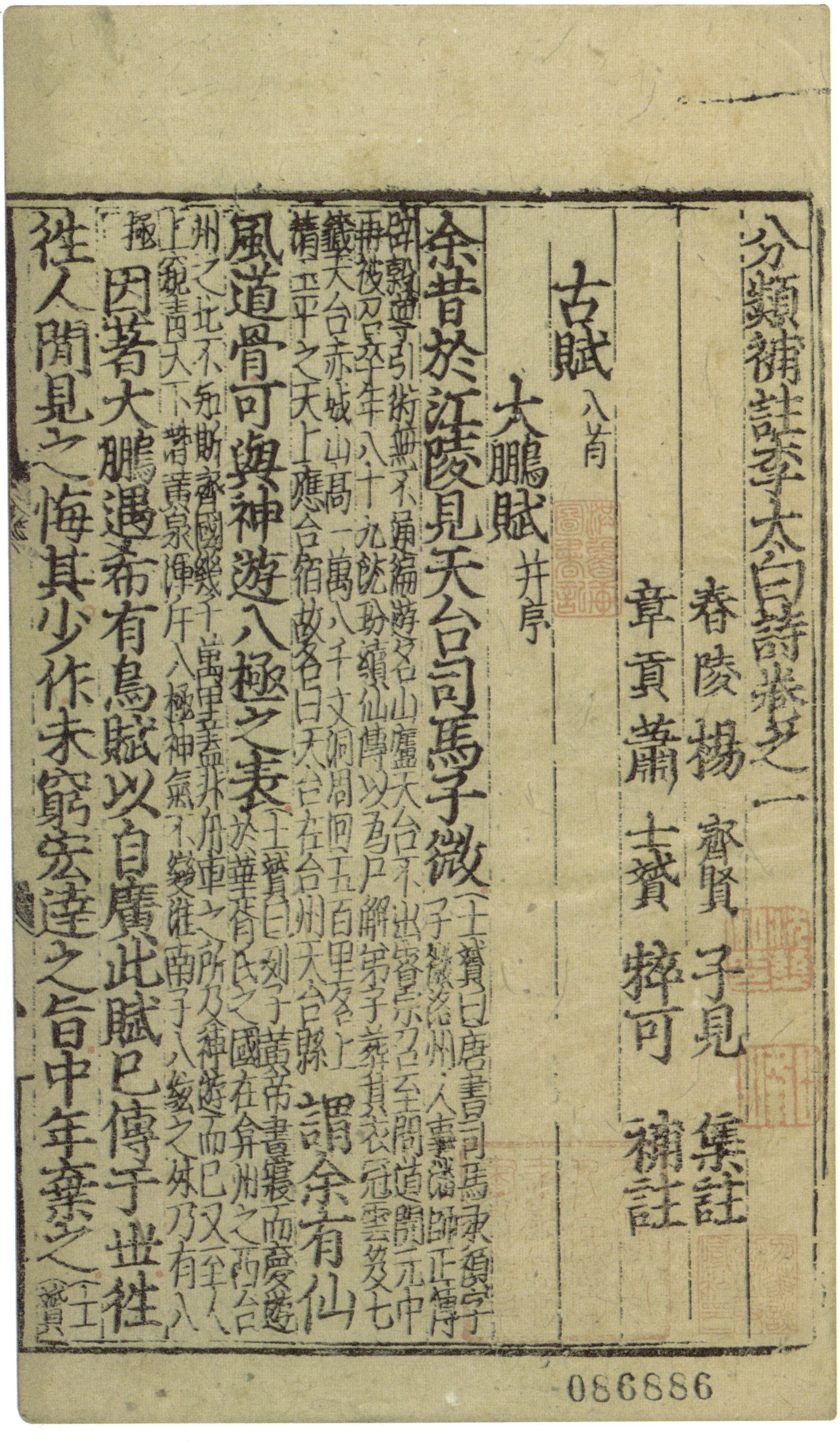
分類補註李太白詩卷之一

舂陵楊齊賢子見集註

章貢蕭士贇粹可補註

古賦 八首

大鵬賦 并序

余昔於江陵見天台司馬子微（士贇曰唐書司馬承禎字子微洛州人事潘師正傳辟穀導引術無不通遍遊名山廬天台不出睿宗召至問道開元中再被召至卒年八十九然玄宗嘗頌仙傳以為尸解弟子葬其衣冠雲笈七籤天台赤城山高一萬八千丈洞周回五百里名上清玉平之天上應台宿故名曰天台在台州天台縣）謂余有仙風道骨可與神遊八極之表（士贇曰列子黃帝晝寢而夢遊於華胥氏之國在弇州之西台州之北不知斯齊國幾千萬里蓋非舟車足力之所及神遊而已又上窺青天下潛黃泉揮斥八極神氣不變淮南子八紘之外乃有八極）因著大鵬遇希有鳥賦以自廣此賦已傳于世往往人間見之悔其少作未窮宏達之旨中年棄之（士贇

086886

定一級

分類補註李太白詩二十五卷　元建安余氏勤有堂刻明修本

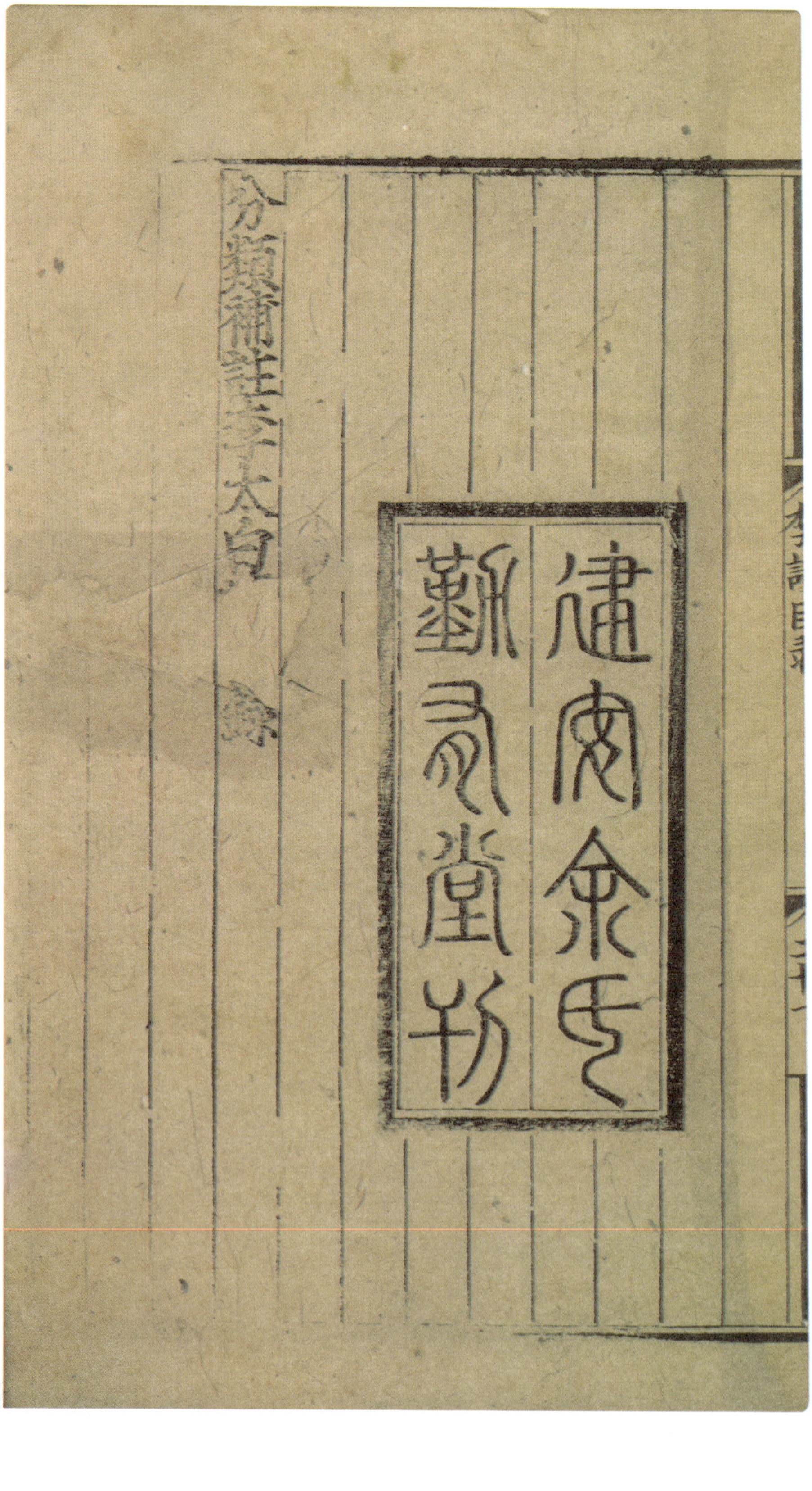

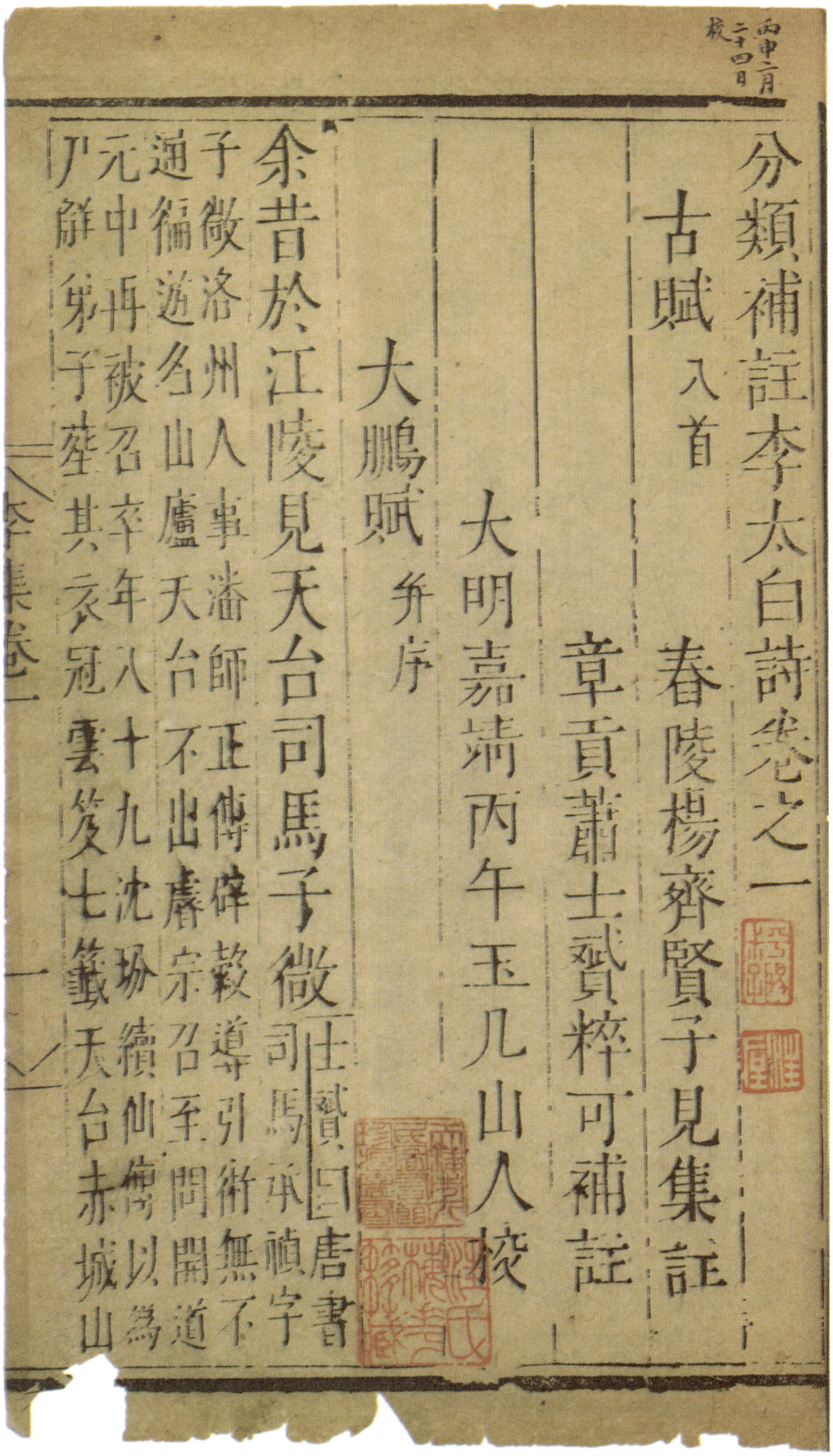
丙申二月二十四日校

分類補註李太白詩卷之一

古賦 八首　春陵楊齊賢子見集註

章貢蕭士贇粹可補註

大明嘉靖丙午玉几山人校

大鵬賦 并序

余昔於江陵見天台司馬子微士贇曰唐書司馬承禎字子微洛州人事潘師正傳辟穀導引術無不通徧遊名山廬天台不出睿宗召至問開道元中再被召卒年八十九沈汾續仙傳以為尸觧弟子葬其衣冠雲笈七籤天台赤城山

李集卷一　一

分類補註李太白詩二十五卷　明嘉靖二十五年玉幾山人刻重修本

分類補註李太白詩二十五卷　明嘉靖二十二年郭雲鵬寶善堂刻本

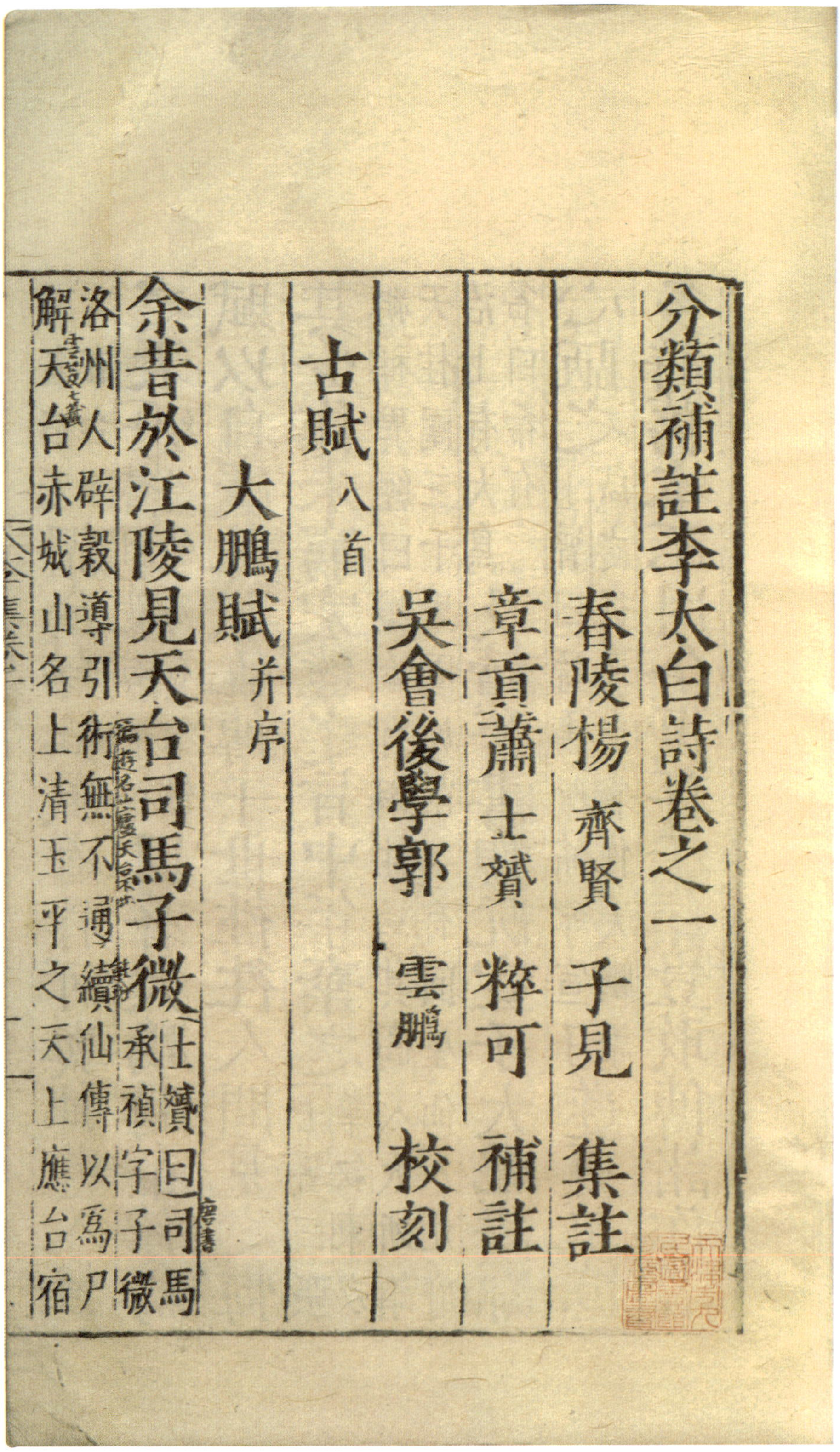

分類補註李太白詩卷之一

春陵楊　齊賢　子見　集註

章貢蕭　士贇　粹可　補註

吴會後學郭　雲鵬　校刻

古賦八首

大鵬賦并序

余昔於江陵見天台司馬子微士贇曰司馬承禎字子微洛州人辟穀導引術無不通續仙傳以爲尸解天台赤城山名上清玉平之天上應台宿

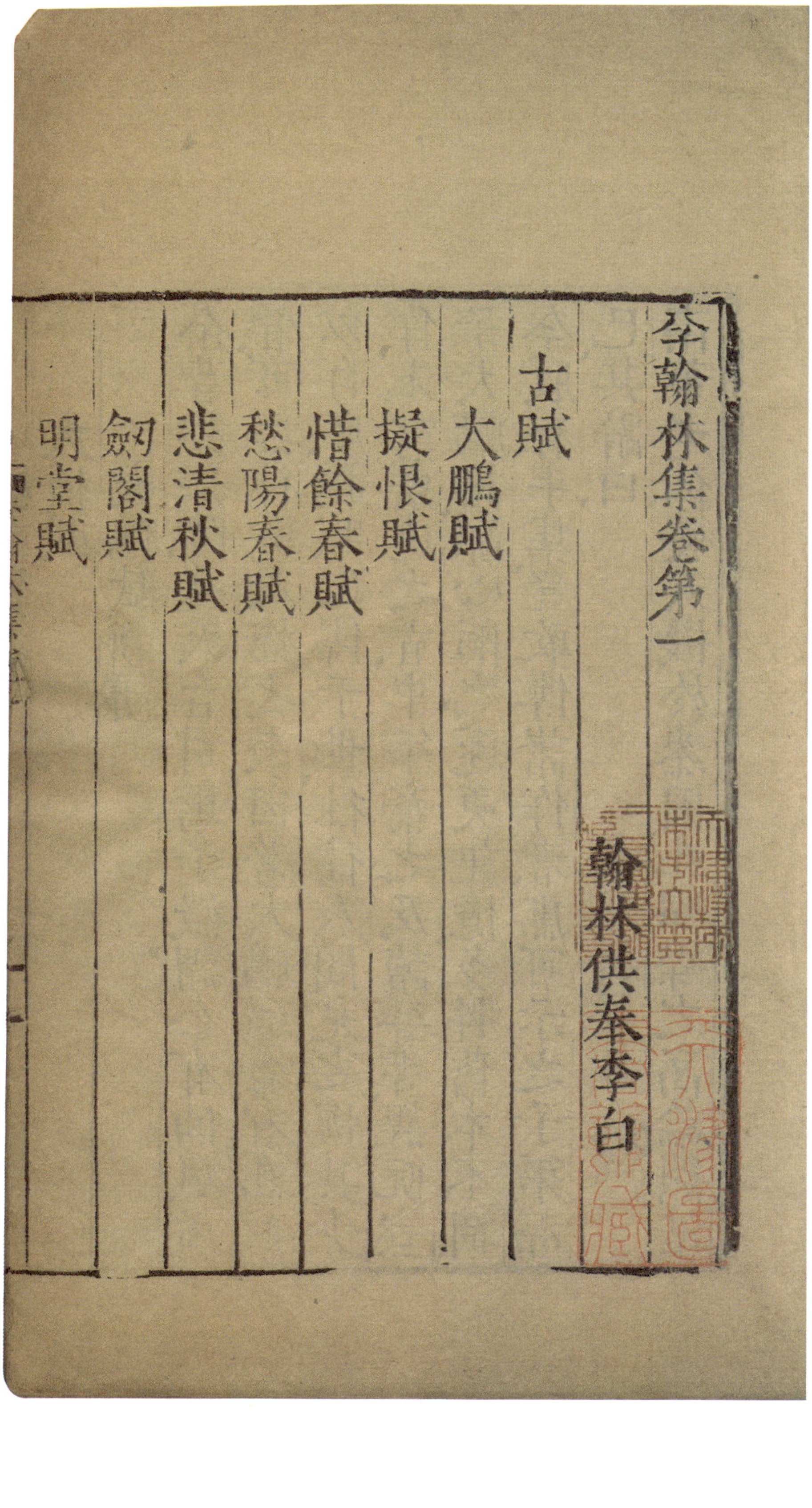
李翰林集卷第一

翰林供奉李白

古賦

大鵬賦

擬恨賦

惜餘春賦

愁陽春賦

悲清秋賦

劍閣賦

明堂賦

李翰林集十卷　明正德十四年陸元大刻清嘉慶八年王芑孫淵雅堂補刻本

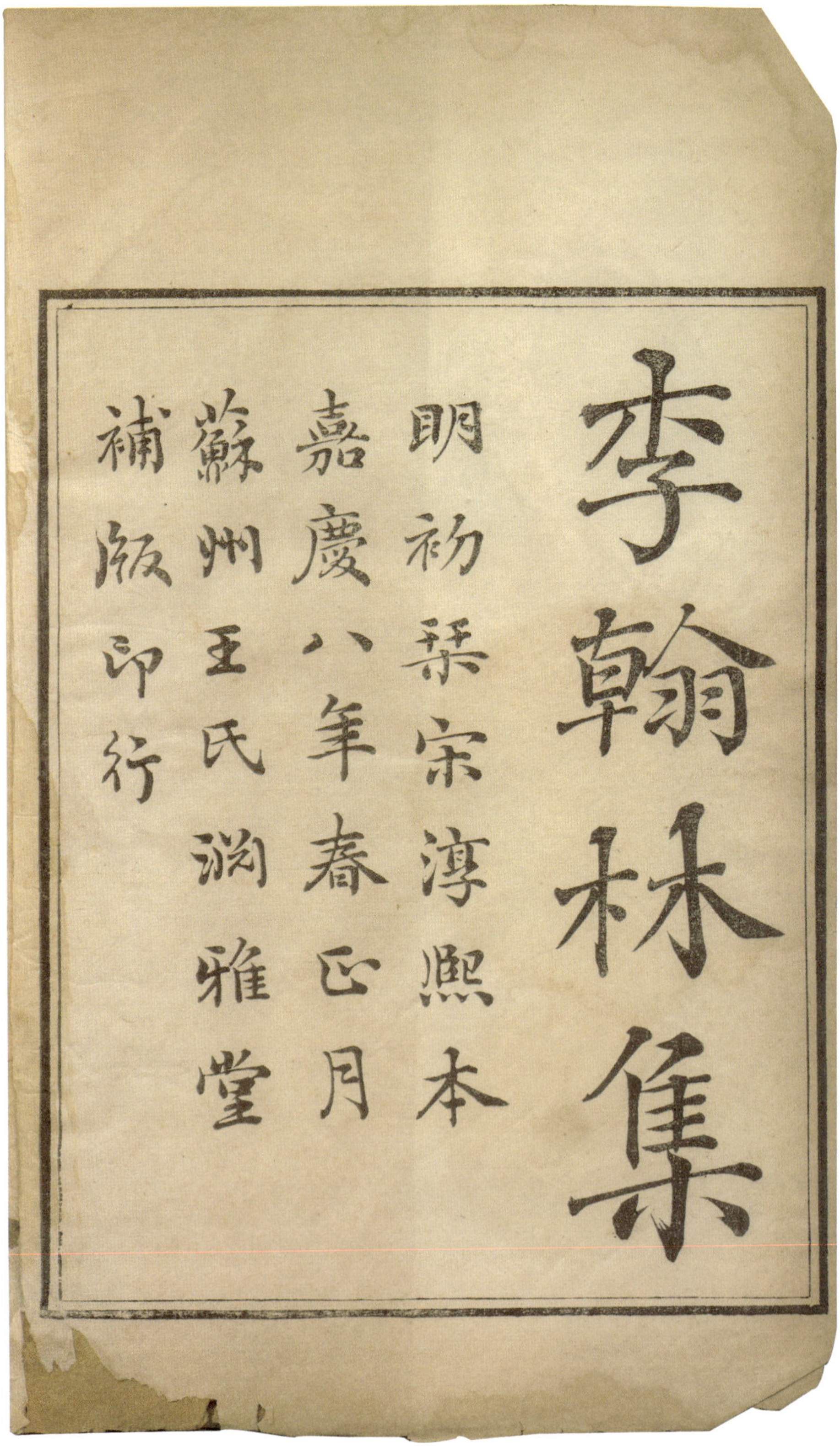

李翰林集

明初槧宋淳熙本

嘉慶八年春正月

蘇州王氏淵雅堂

補版印行

李翰林集十卷　明正德十四年陸元大刻清嘉慶八年王芑孫淵雅堂補刻本

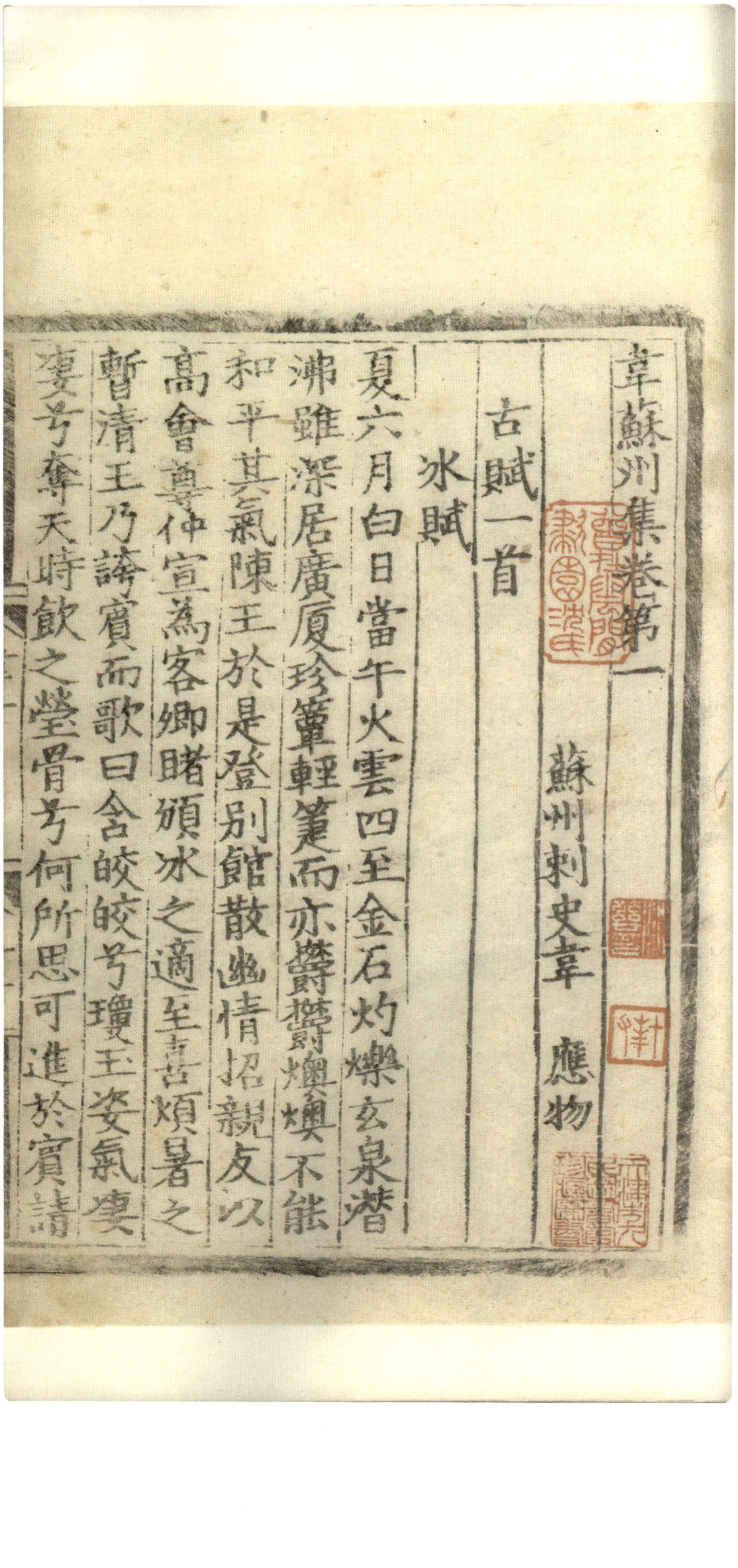
韋蘇州集卷第一
蘇州刺史韋　應物
古賦一首
冰賦
夏六月白日當午火雲四至金石灼爍玄泉潛
沸雖深居廣厦珍簟輕箑而亦欝欝燠燠不能
和平其氣陳王於是登别館散幽情招親友以
高會尊仲宣爲客卿睹頒冰之適至喜煩暑之
暫清王乃誇賓而歌曰含皎皎兮瓊玉姿氣凄
凄兮奪天時飲之瑩骨兮何所思可進於賓請

韋蘇州集十卷　明弘治九年李瀚　劉玘刻本

韋蘇州集十卷　明嘉靖二十年周桃村刻本

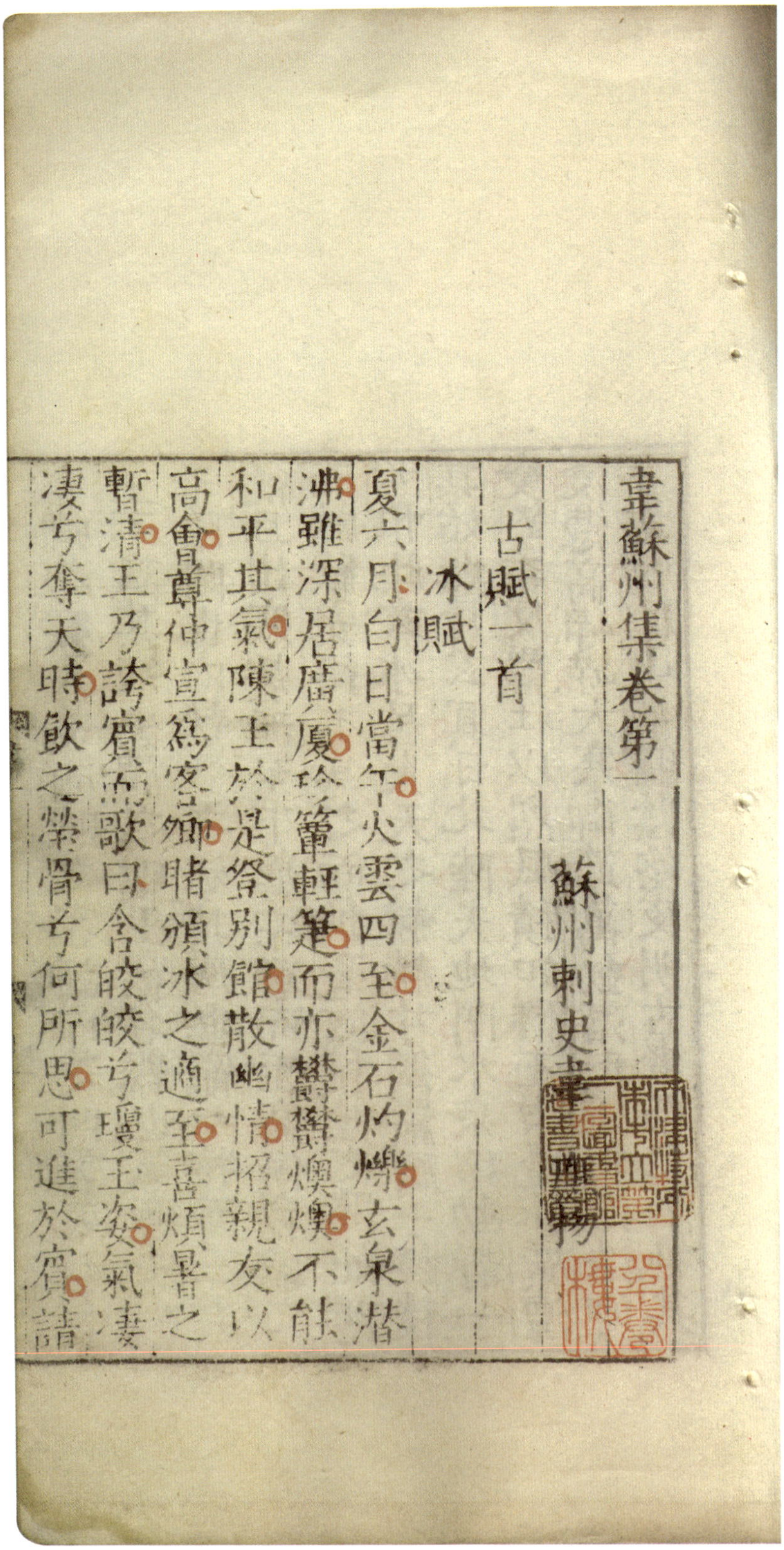
韋蘇州集卷第一

蘇州刺史韋應物

古賦一首

冰賦

夏六月白日當午火雲四至金石灼爍玄泉潛沸雖深居廣廈珍簟輕箑而亦鬱鬱燠燠不能和平其氣陳王於是登別館散幽情招親友以高會尊仲宣爲客卿睹頌冰之適至喜煩暑之暫清王乃誇賓而歌曰含皎皎兮瓊玉姿氣凄凄兮奪天時歛之縈骨兮何所思可進於賓請

韋蘇州集十卷　明淩濛初刻套印本

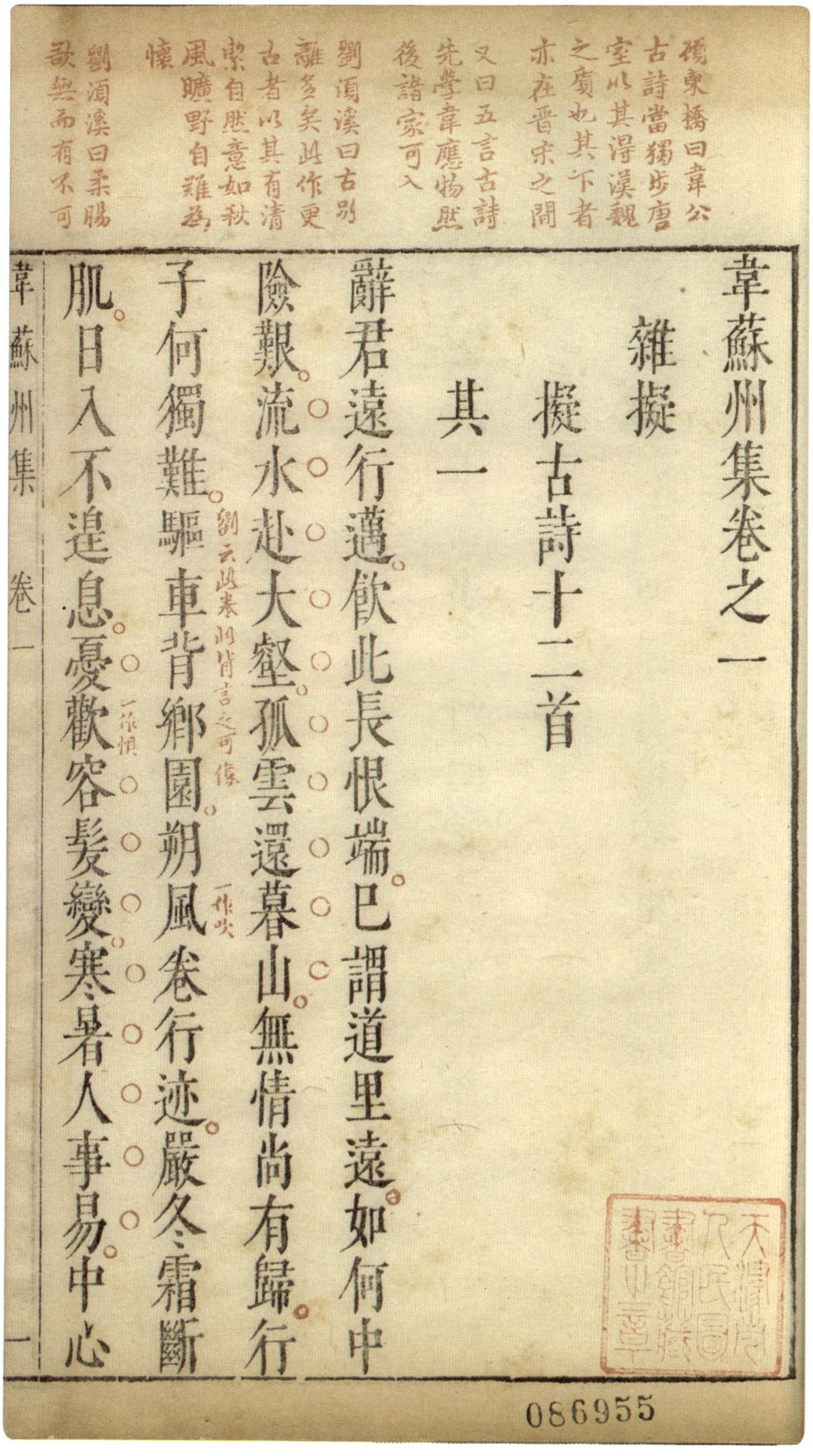

顧東橋曰韋公古詩當獨步唐室以其得漢魏之質也其下者亦在晉宋之間

又曰五言古詩先學韋應物然後諸家可入

劉須溪曰古別離多矣此作更古者以其有清絜自然意如秋風曠野自難爲懷

劉須溪曰柔腸欵無而有不可

韋蘇州集卷之一

雜擬

擬古詩十二首

其一

辭君遠行邁。飲此長恨端。已謂道里遠。如何中險艱。流水赴大壑。孤雲還暮山。無情尚有歸。行子何獨難。（劉云此奏以背言之可像）驅車背鄉園。朔風卷（一作吹）行迹。嚴冬霜斷肌。日入不遑息。憂（一作慎）歡容髮變。寒暑人事易。中心

韋蘇州集　卷一　一

岑嘉州集二卷　明嘉靖三十一年江都黄埻東壁圖書府刻唐十二家詩本

岑嘉州集卷上

永嘉張遜業有功校正

江都黄埻子篤梓行

五言古詩

送許子擢第歸江寧拜親因寄王大昌齡

建業控京口金陵款滄溟君家臨秦淮傍對石頭城十年自勤學一鼓遊上京青春登甲科動地聞香名解榻皆五侯結交盡羣英六月槐花飛忽思蓴菜羹跨馬出國門丹陽返柴荆楚雲引歸帆淮

東壁圖書府　岑嘉州集卷上　一　江

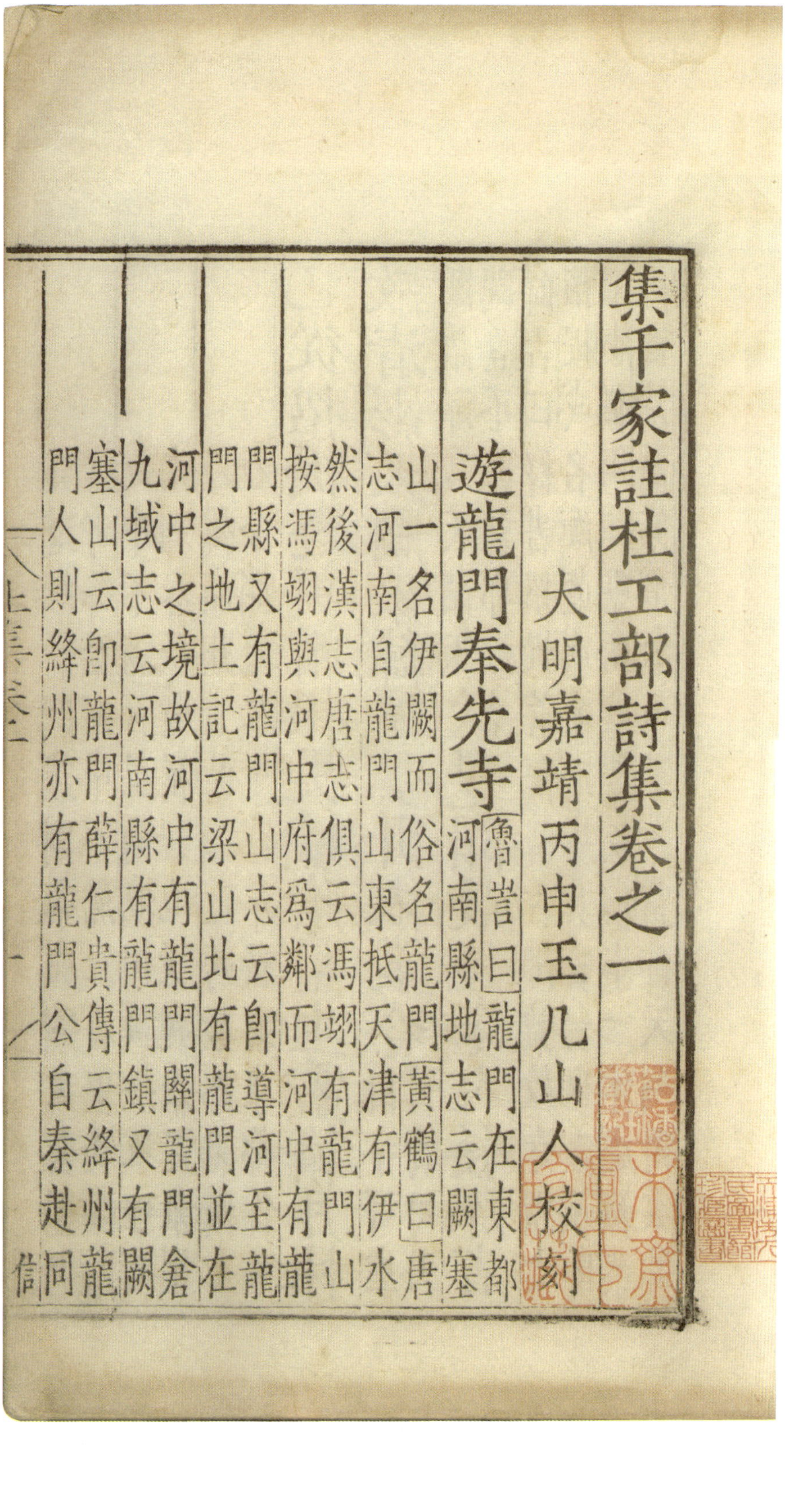
集千家註杜工部詩集卷之一
大明嘉靖丙申玉几山人校刻
遊龍門奉先寺 魯訔曰龍門在東都河南縣地志云闕塞山一名伊闕而俗名龍門 黄鶴曰唐志河南自龍門山東抵天津有伊水然後漢志唐志俱云馮翊有龍門山按馮翊與河中府爲鄰而河中有龍門縣又有龍門山志云卽導河至龍門之地土記云梁山北有龍門並在河中之境故河中有龍門關龍門倉九域志云河南縣有龍門鎭又有闕塞山云卽龍門薛仁貴傳云絳州龍門人則絳州亦有龍門公自秦赴同
杜集卷之一　一　信

集千家註杜工部詩集二十卷　明嘉靖十五年玉幾山人校刻本

集千家註批點杜工部詩集二十卷　明嘉靖八年朱邦寧懋德堂刻本

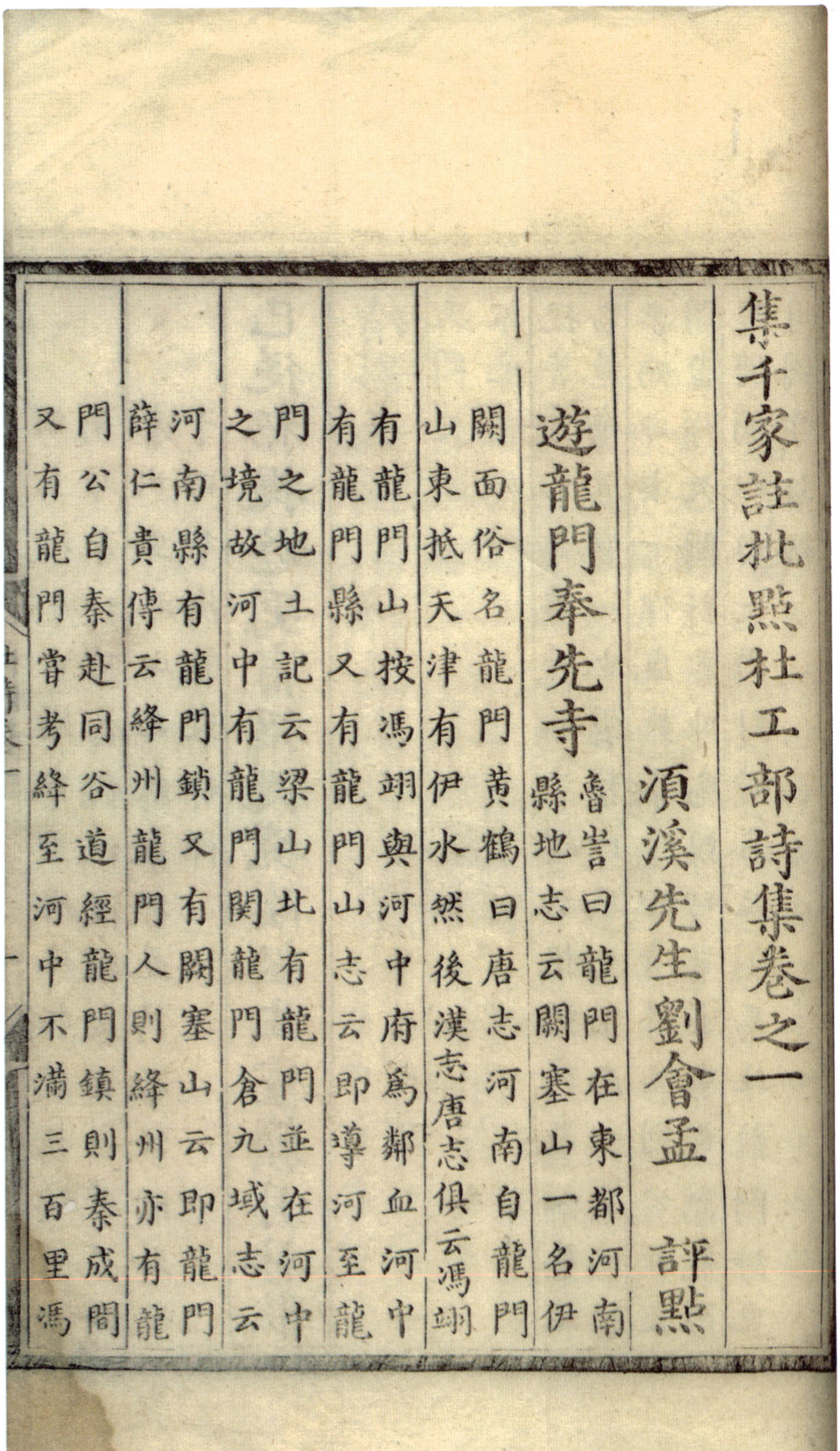

集千家註批點杜工部詩集卷之一

須溪先生劉會孟　評點

遊龍門奉先寺

魯訔曰龍門在東都河南縣地志云闕塞山一名伊闕而俗名龍門黄鶴曰唐志河南自龍門山東抵天津有伊水然後漢志唐志俱云馮翊有龍門山按馮翊與河中府為鄰而河中有龍門縣又有龍門山志云即導河至龍門之地土記云梁山北有龍門並在河中之境故河中有龍門闕龍門倉九域志云河南縣有龍門鎮又有闕塞山云即龍門辥仁貴傳云絳州龍門人則絳州亦有龍門公自秦赴同谷道經龍門鎮則秦成間又有龍門嘗考絳至河中不滿三百里馮

定一級

杜律七言註解二卷

明嘉靖七年穆相刻杜律註解本

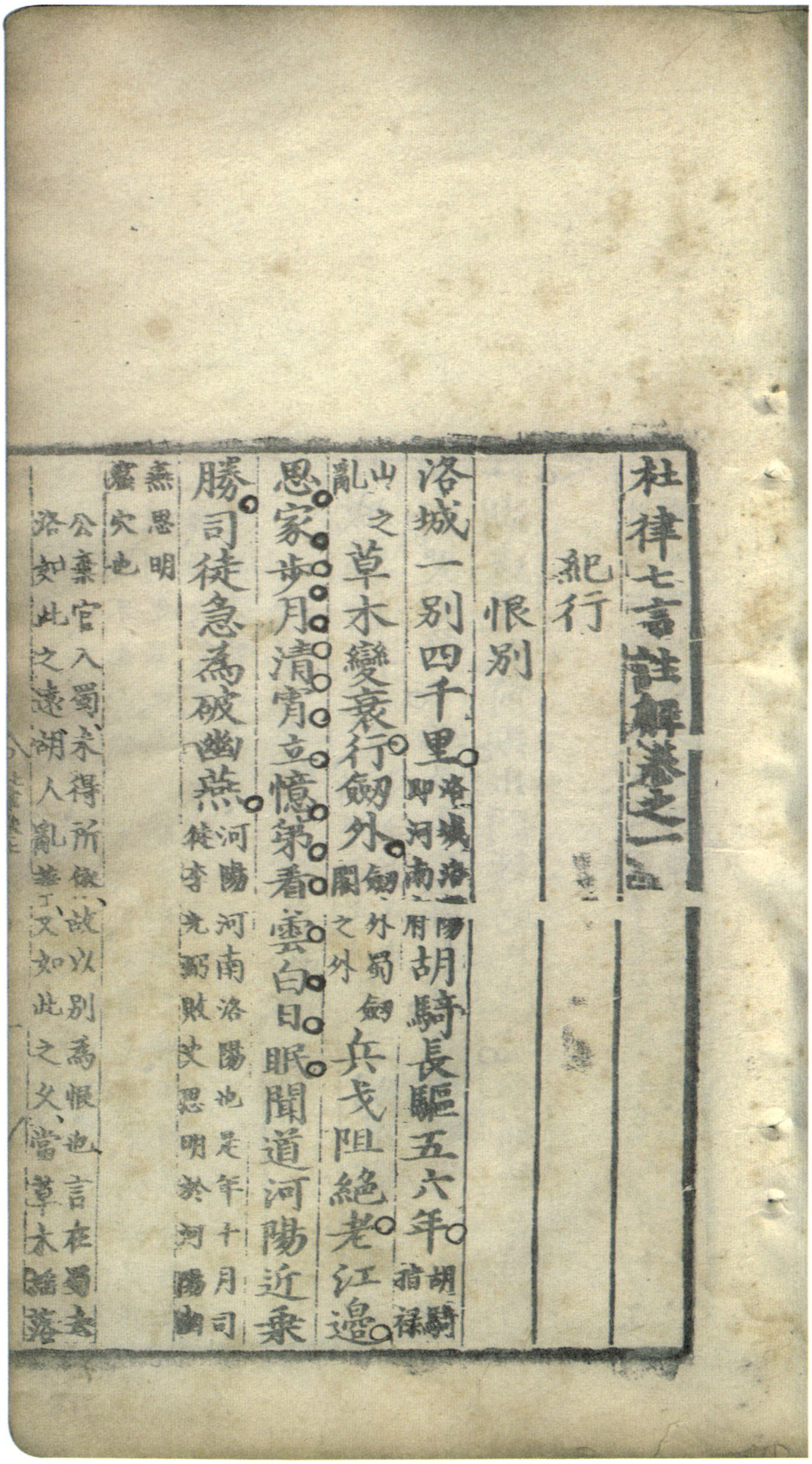
杜律七言註解卷之一

紀行

恨別

洛城一別四千里洛城洛陽即河南府胡騎長驅五六年胡騎指祿山之亂草木變衰行劒外劒外蜀劒閣之外兵戈阻絶老江邊思家步月清宵立憶弟看雲白日眠聞道河陽近乘勝司徒急為破幽燕河陽河南洛陽也是年十月司徒李光弼敗史思明於河陽幽燕思明巢穴也

公棄官入蜀未得所依故以别為恨也言在蜀去洛如此之遠胡人亂華又如此之久當草木搖落

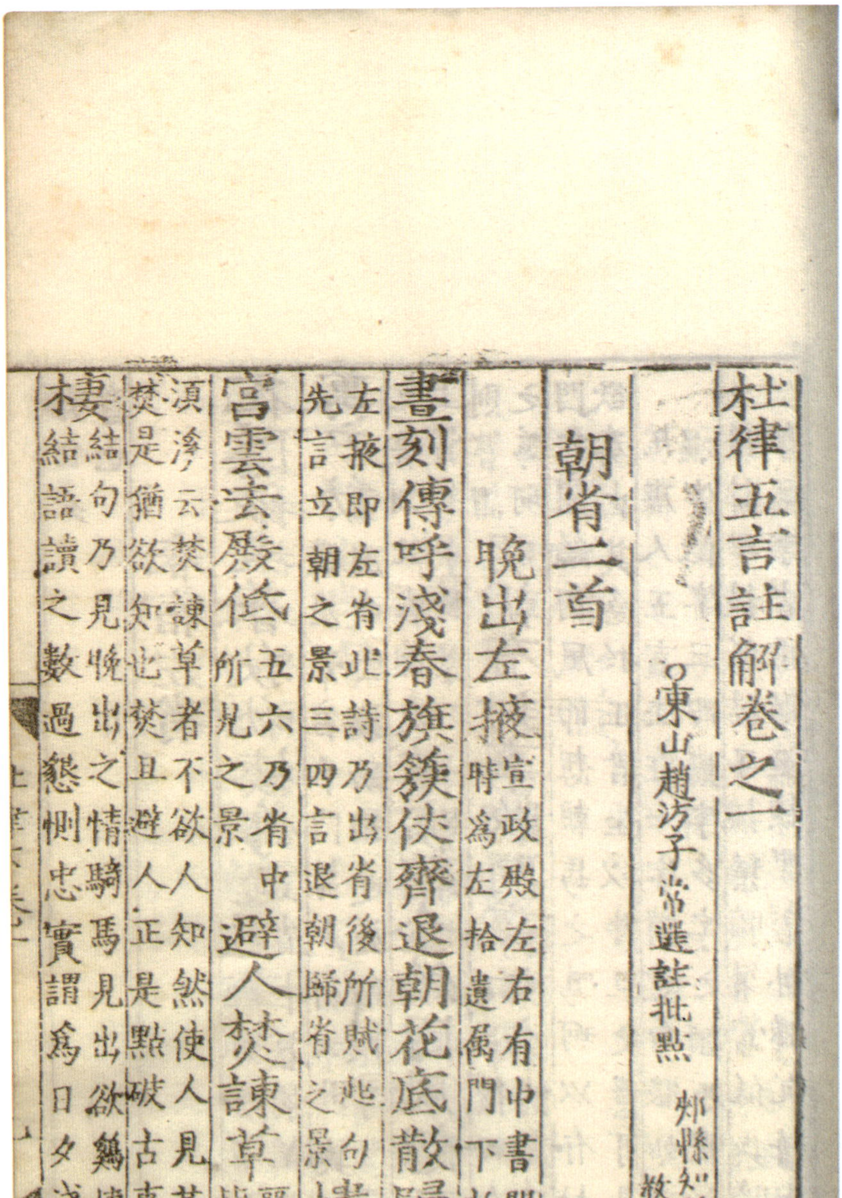

杜律五言註解卷之一

東山趙汸子常選註批點　郏縣知縣熊鳳儀翻刻　教諭趙惟醇校正

朝省二首

晚出左掖　宣政殿左右有中書門下二省公時爲左拾遺屬門下故曰左掖

晝刻傳呼淺春旗簇仗齊退朝花底散歸院柳邊迷　左掖即左省此詩乃出省後所賦此句先言立朝之景三四言退朝歸省之景

樓雪融城濕宮雲去殿低　五六乃省中所見之景

避人焚諫草　晉羊祜讜議皆焚其草劉須溪云焚諫草者不欲人知然使人見其焚是猶欲知也焚且避人正是點破古事

騎馬欲鷄棲　結句乃見晚出之情騎馬見出欲鷄棲見晚劉云結語讀之數過懇惻忠實謂爲日夕淺耳亦未嘗

杜律二註四卷　明嘉靖二十六年郏縣熊鳳儀退省堂刻本

定一級

杜律二註四卷　明嘉靖二十六年郟縣熊鳳儀退省堂刻本

杜律二註四卷

明嘉靖二十六年郏縣熊鳳儀退省堂刻本

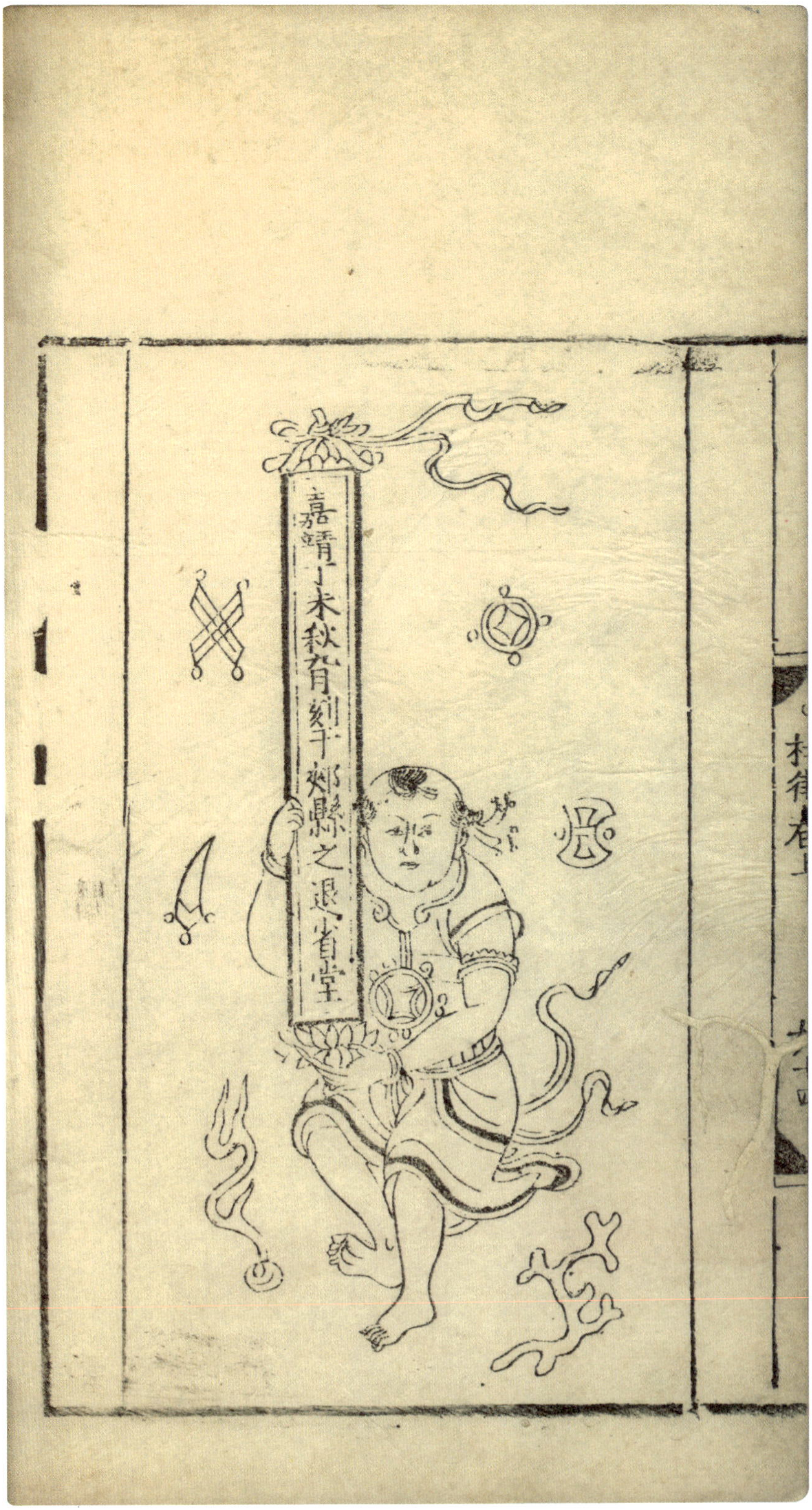

定一級

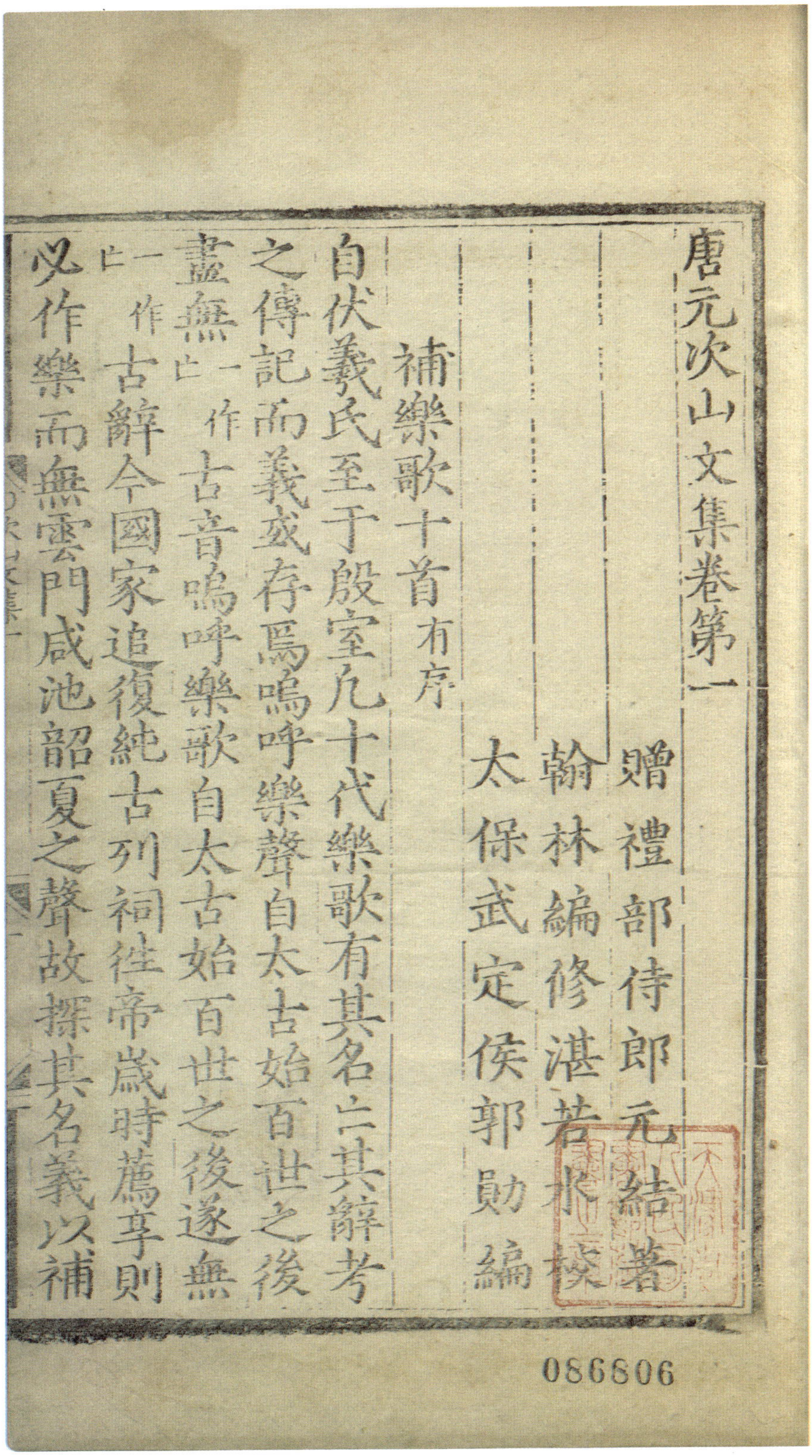
唐元次山文集卷第一
贈禮部侍郎元結著
翰林編修湛若水校
太保武定侯郭勛編
補樂歌十首有序
自伏羲氏至于殷室凡十代樂歌有其名亡其辭考
之傳記而義或存焉嗚呼樂聲自太古始百世之後
盡無一作亡古音嗚呼樂歌自太古始百世之後遂無
一作亡古辭令國家追復純古列祠往帝歲時薦享則
以作樂而無雲門咸池韶夏之聲故探其名義以補

唐元次山文集十卷 明嘉靖刻萬曆十一年夏鏜補刻本

狀景如画自其所長箜篌聲碎有之崑山玉頗無謂下七字妙語非玉簫不足以當石破天驚過于遠梁遏雲之上至

李長吉歌詩卷之一

唐 隴西李 賀 撰

宋 廬陵劉辰翁 評

李憑箜篌引

吳絲蜀桐張高秋。空山凝雲頹不流。江娥啼竹素女愁。李憑中國彈箜篌。崑山玉碎鳳凰叫。芙蓉泣露香蘭笑。十二門前融冷光。二十三絲動紫皇。女媧鍊石補天處。（其形容偏得于此而於箜篌為）石破天驚逗秋雨。夢入神山教神

李長吉卷一　乙

李長吉歌詩四卷　明淩濛初刻套印本

定一級

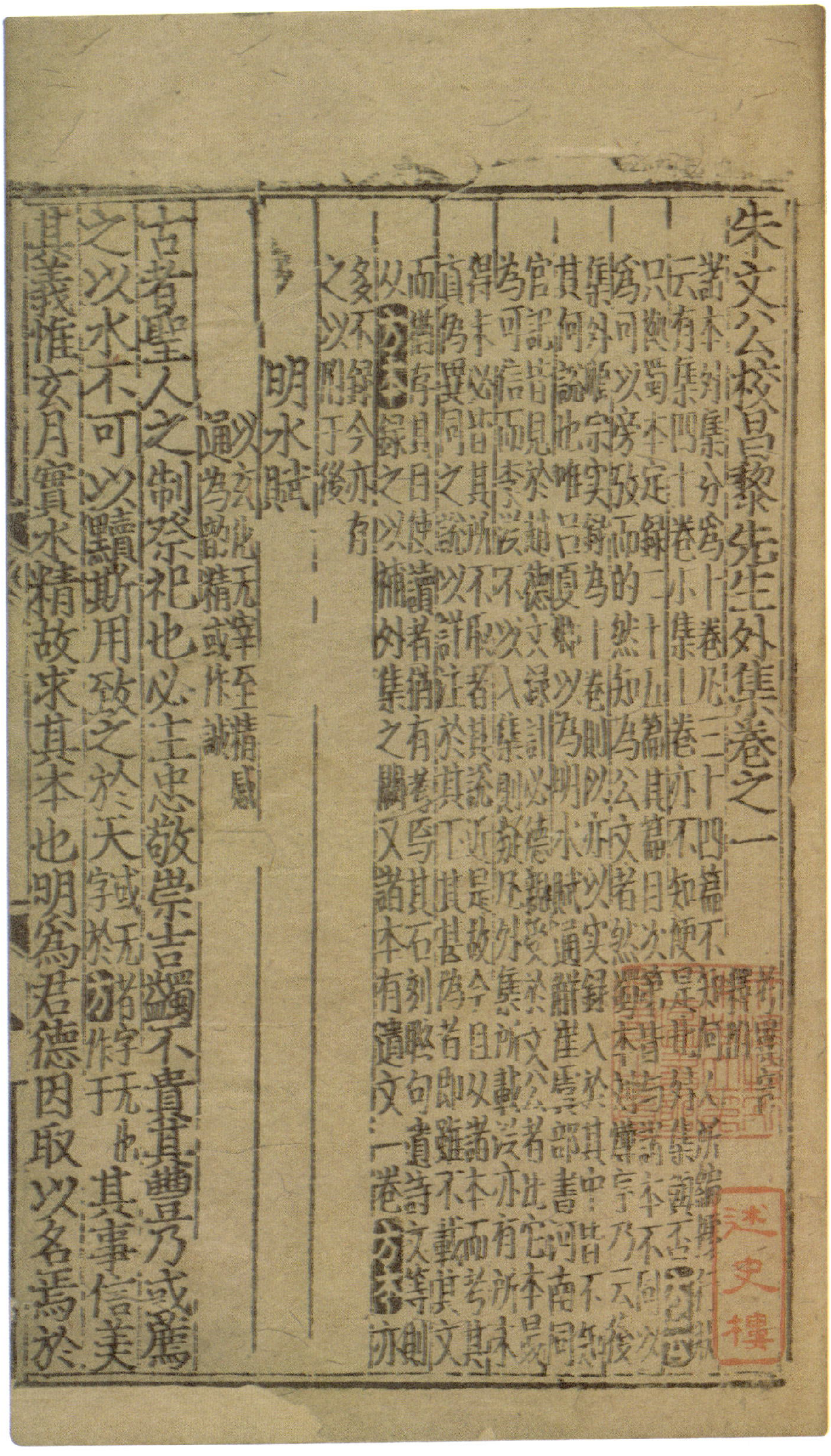
朱文公校昌黎先生外集卷之一

以方本録之以補外集之闕又諸本有遺文一卷方本亦
而嘗考其目使讀者猶有考焉其石刻聯句遺詩文等則
多不録今亦存之以附于後

明水賦（以玄化無宰至精感通爲韻精或作誠）

古者聖人之制祭祀也必主忠敬崇吉蠲不貴其豐乃或薦之以水不可以黷斯用致之於天（或無之字於或作于無也）其事信美其義惟玄月實水精故求其本也明爲君德因取以名焉於

朱文公校昌黎先生文集四十卷外集十卷　元刻本

朱文公校昌黎先生文集四十卷外集十卷　元刻本

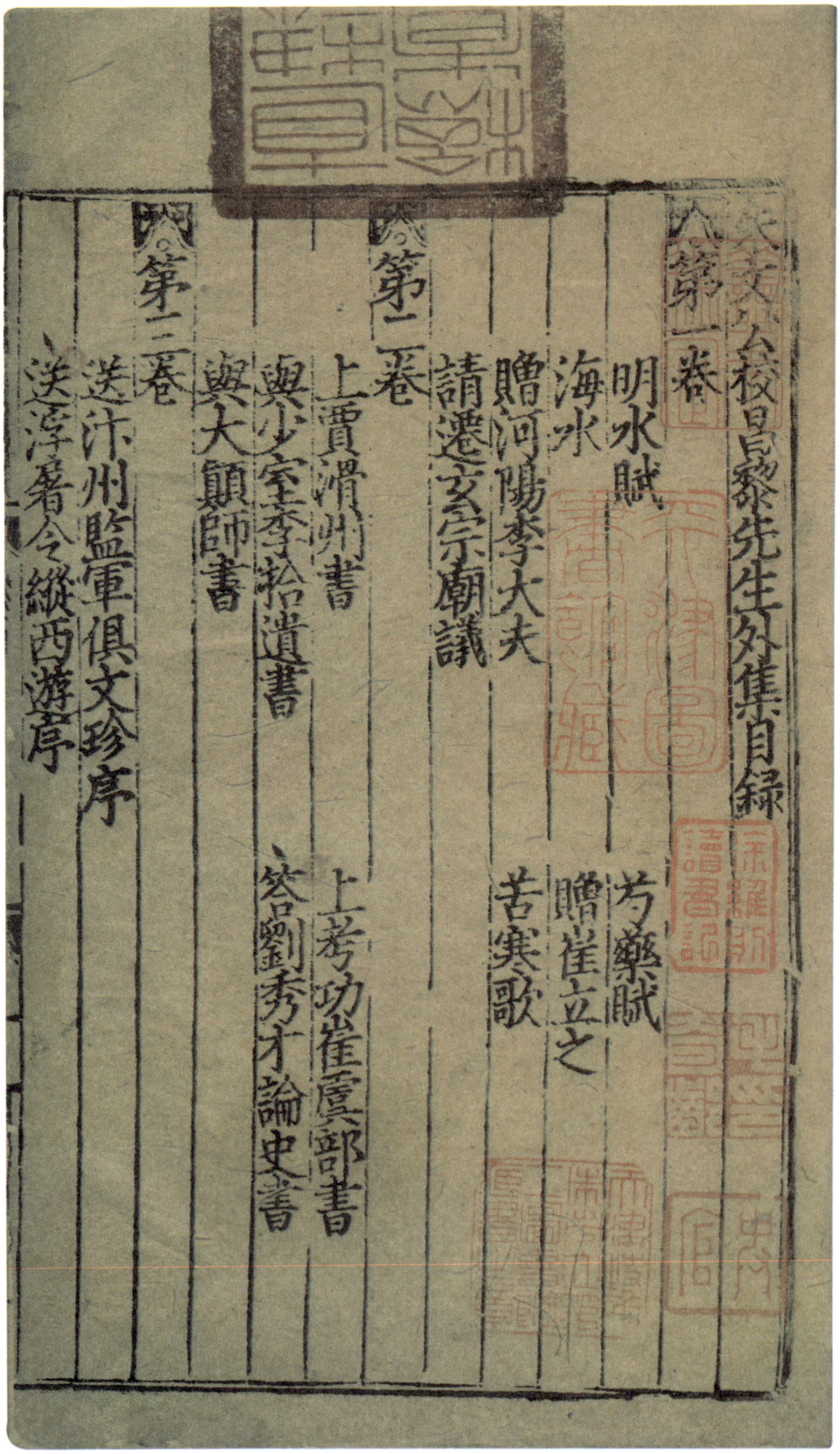
朱文公校昌黎先生外集目錄
第一卷
明水賦　芍藥賦
海水　贈崔立之
贈河陽李大夫　苦寒歌
請遷玄宗廟議
第二卷
上賈滑州書　上考功崔虞部書
與少室李拾遺書　答劉秀才論史書
與大顛師書
第三卷
送汴州監軍俱文珍序
送浮屠令縱西游序

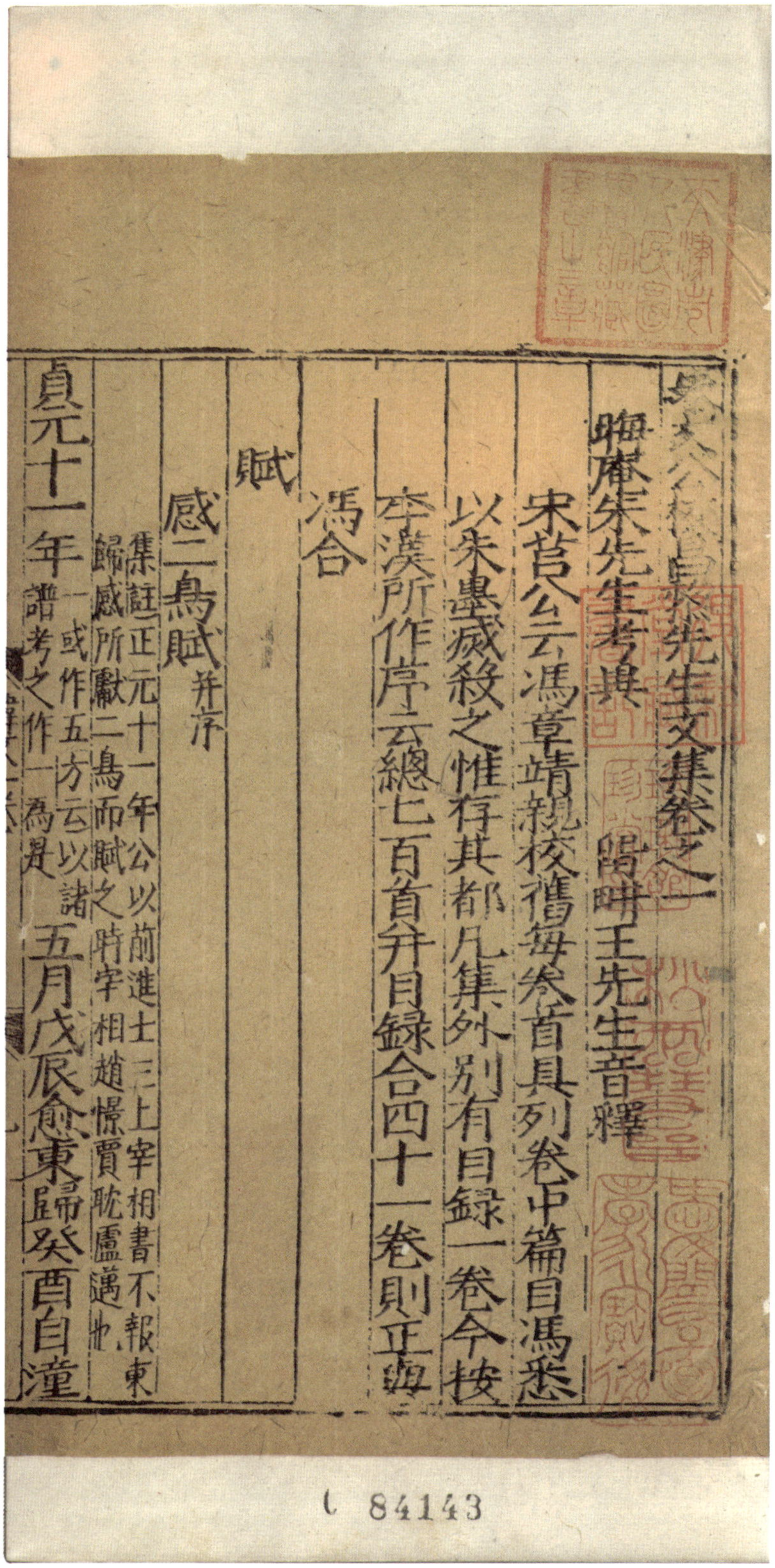

朱文公校昌黎先生文集四十卷　明嘉靖十三年安正書堂刻本

韓文一卷　明萬曆四十五年閔氏刻韓文杜律套印本

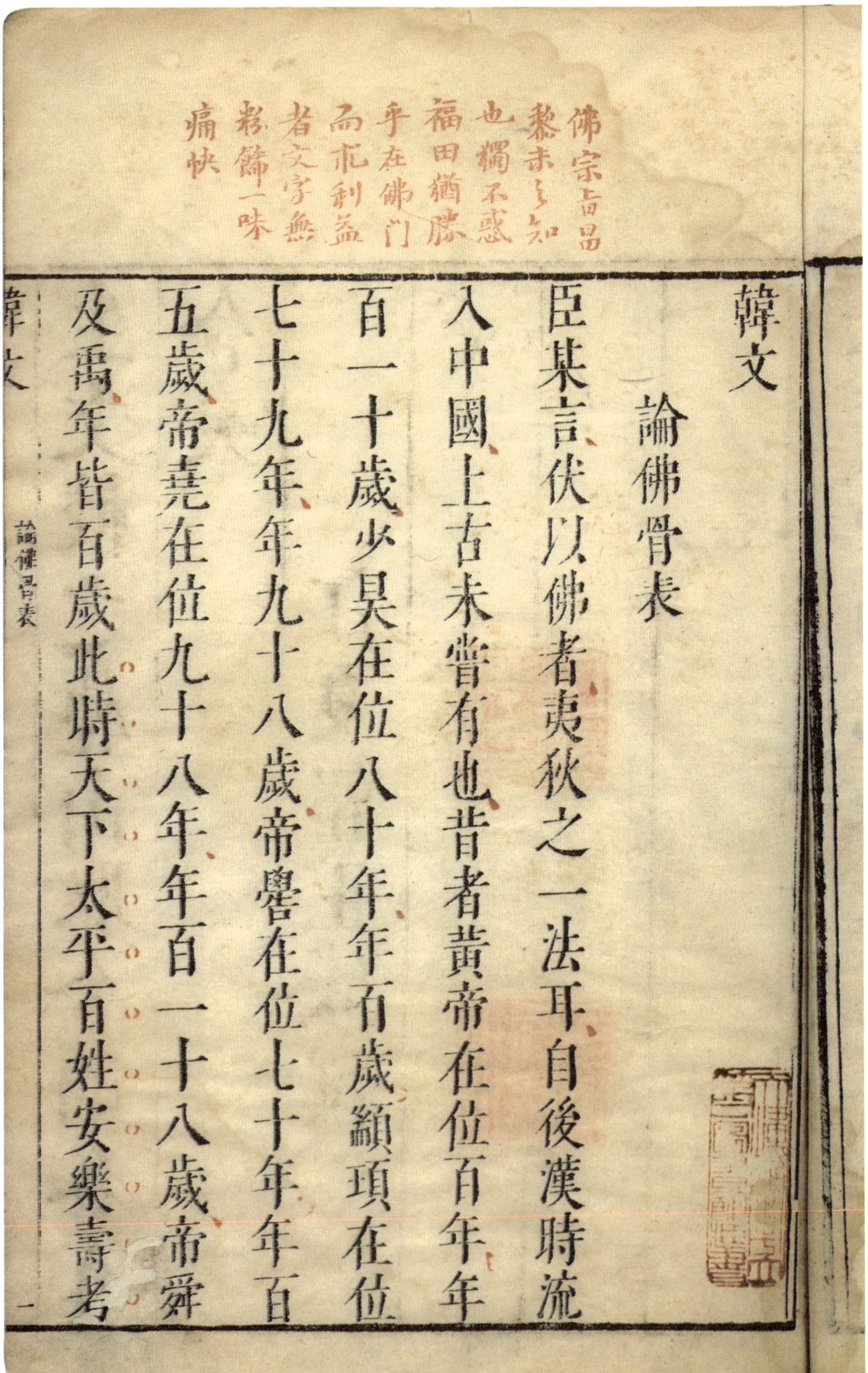

佛宗旨昌黎未之知也獨不惑福田猶勝乎在佛门而希利益者文字無彩飾一味痛快

韓文

論佛骨表

臣某言伏以佛者夷狄之一法耳自後漢時流入中國上古未嘗有也昔者黃帝在位百年年百一十歲少昊在位八十年年百歲顓頊在位七十九年年九十八歲帝嚳在位七十年年百五歲帝堯在位九十八年年百一十八歲帝舜及禹年皆百歲此時天下太平百姓安樂壽考

韓文　論佛骨表　一

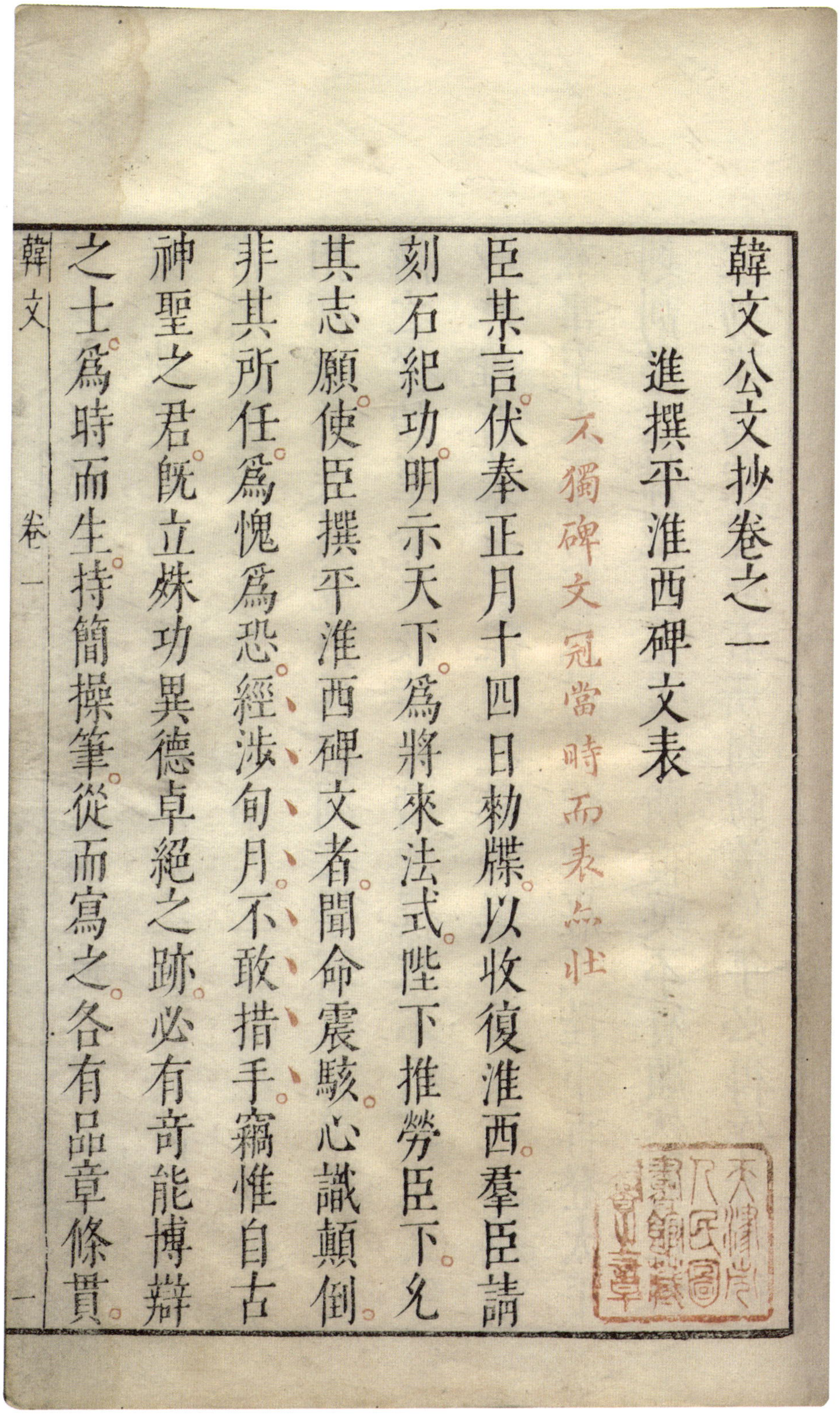
韓文公文抄卷之一

進撰平淮西碑文表

不獨碑文冠當時而表亦壯

臣某言伏奉正月十四日勑牒以收復淮西羣臣請刻石紀功明示天下爲將來法式陛下推勞臣下允其志願使臣撰平淮西碑文者聞命震駭心識顛倒非其所任爲愧爲恐經涉旬月不敢措手竊惟自古神聖之君既立殊功異德卓絕之跡必有奇能博辯之士爲時而生持簡操筆從而寫之各有品章條貫

韓文　卷一　一

韓文公文鈔十六卷　明刻套印本

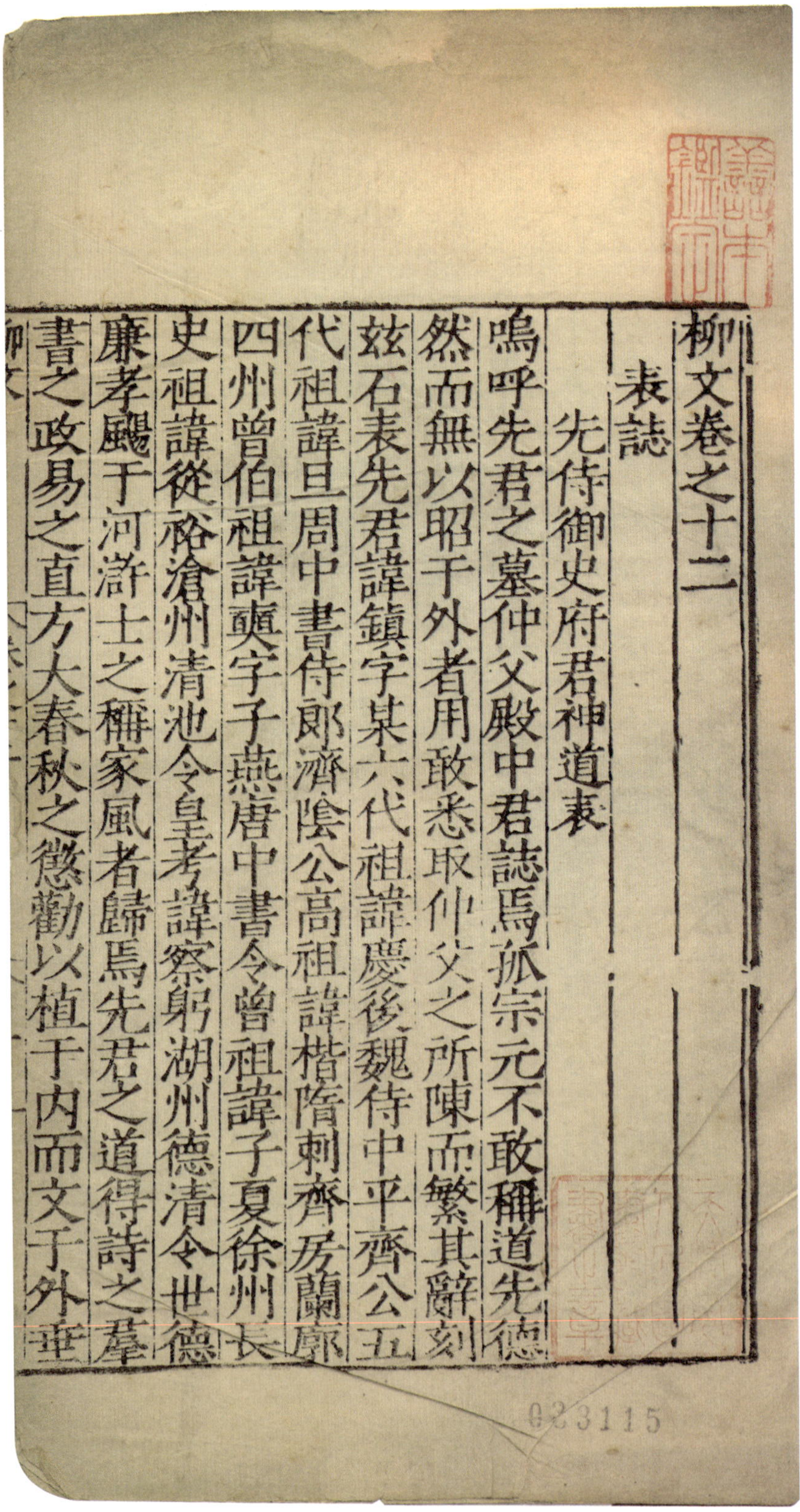

柳文卷之十二

表誌

先侍御史府君神道表

嗚呼先君之墓仲父殿中君誌焉孤宗元不敢稱道先德然而無以昭于外者用敢悉取仲父之所陳而繁其辭刻玆石表先君諱鎮字某六代祖諱慶後魏侍中平齊公五代祖諱旦周中書侍郎濟陰公高祖諱楷隋刺齊房蘭廓四州曾伯祖諱奭字子燕唐中書令曾祖諱子夏徐州長史祖諱從裕滄州清池令皇考諱察躬湖州德清令世德廉孝颺于河滸士之稱家風者歸焉先君之道得詩之羣書之政易之直方大春秋之懲勸以植于內而文于外垂

柳文　卷十二

柳文四十三卷　明嘉靖十六年游居敬刻韓柳文本

柳文四十三卷　明嘉靖二十八年王士翹刻三十一年朱有孚續刻本

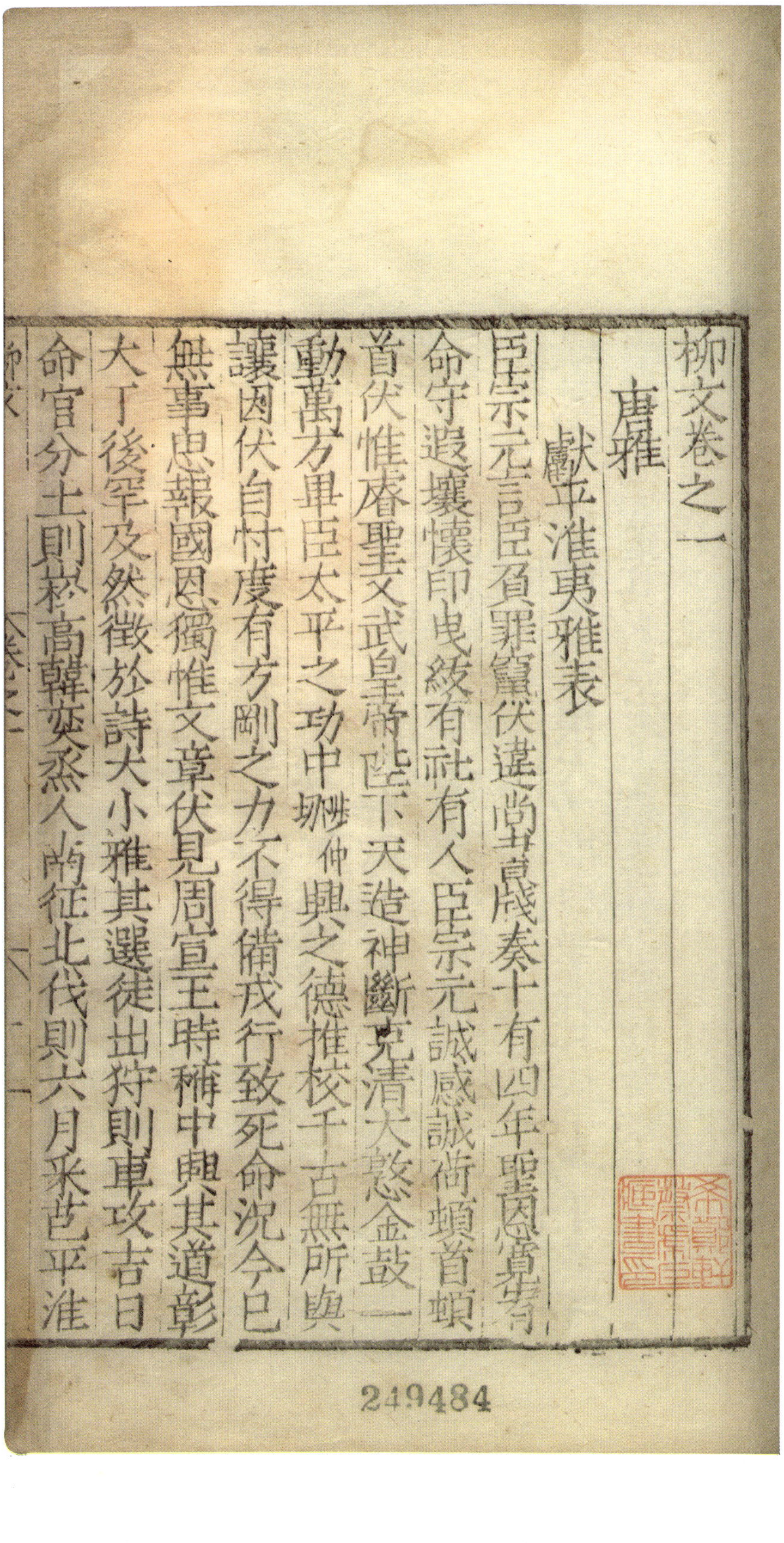

柳文卷之一

唐雅

獻平淮夷雅表

臣宗元言臣負罪竄伏違尚書牋奏十有四年聖恩寛寄
命守遐壤懐印曳紱有社有人臣宗元誠感誠荷頓首頓
首伏惟睿聖文武皇帝陛下天造神斷克清大憝金鼓一
動萬方畢臣太平之功中坰仲興之德推校千古無所與
讓因伏自忖度有方剛之力不得備戎行致死命況今已
無事思報國恩獨惟文章伏見周宣王時稱中興其道彰
大于後罕及然徵於詩大小雅其選徒出狩則車攻吉日
命官分土則崧高韓奕烝人南征北伐則六月采芑平淮

柳文　卷之一

249484

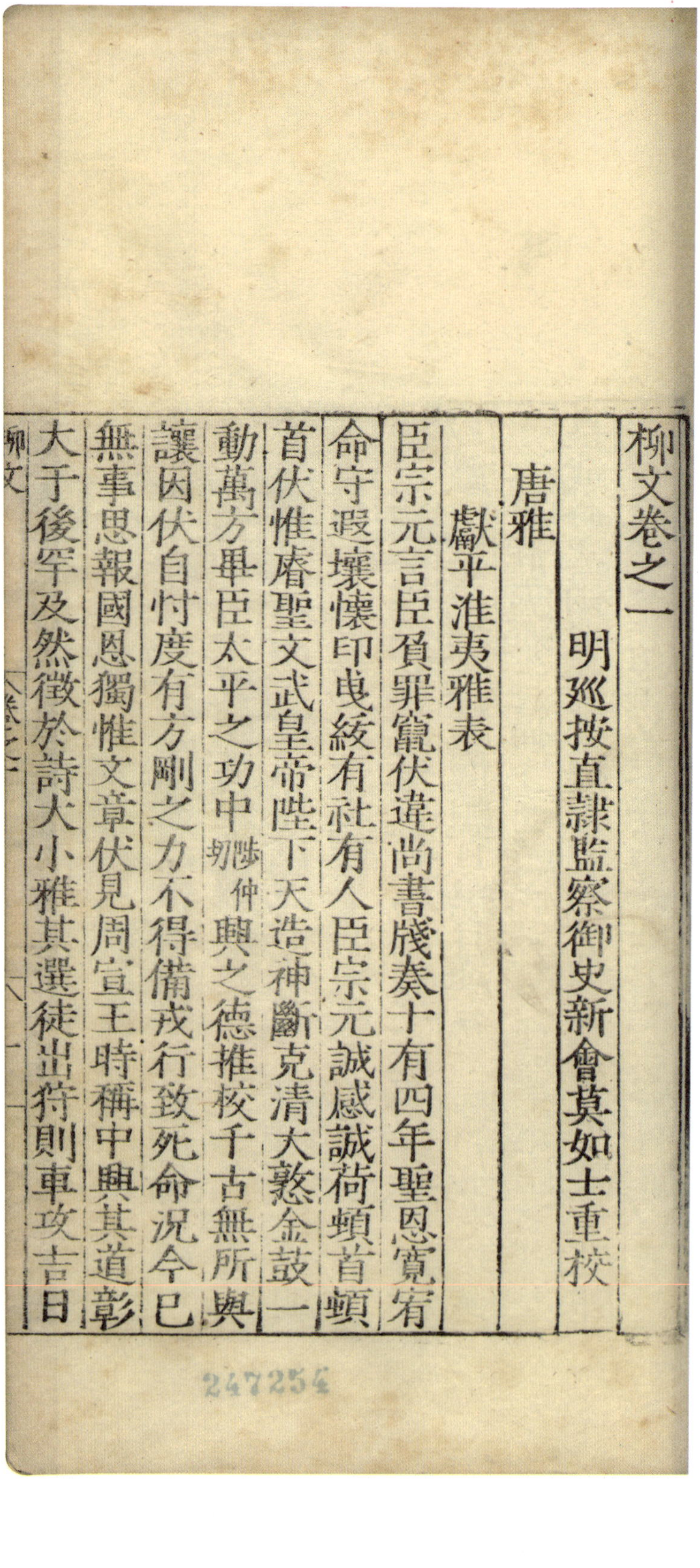
柳文卷之一
明巡按直隸監察御史新會莫如士重校
唐雅
獻平淮夷雅表
臣宗元言臣負罪竄伏違尚書牋奏十有四年聖恩寛宥
命守遐壤懐印曳紱有社有人臣宗元誠感誠荷頓首頓
首伏惟睿聖文武皇帝陛下天造神斷克清大憝金鼓一
動萬方畢臣太平之功中陟仲切興之德推校千古無所與
讓因伏自忖度有方剛之力不得備戎行致死命況今已
無事思報國恩獨惟文章伏見周宣王時稱中興其道彰
大于後罕及然徵於詩大小雅其選徒出狩則車攻吉日
柳文　卷之一　一

柳文四十三卷　明嘉靖三十五年莫如士刻韓柳文本

柳文七卷　明刻套印本

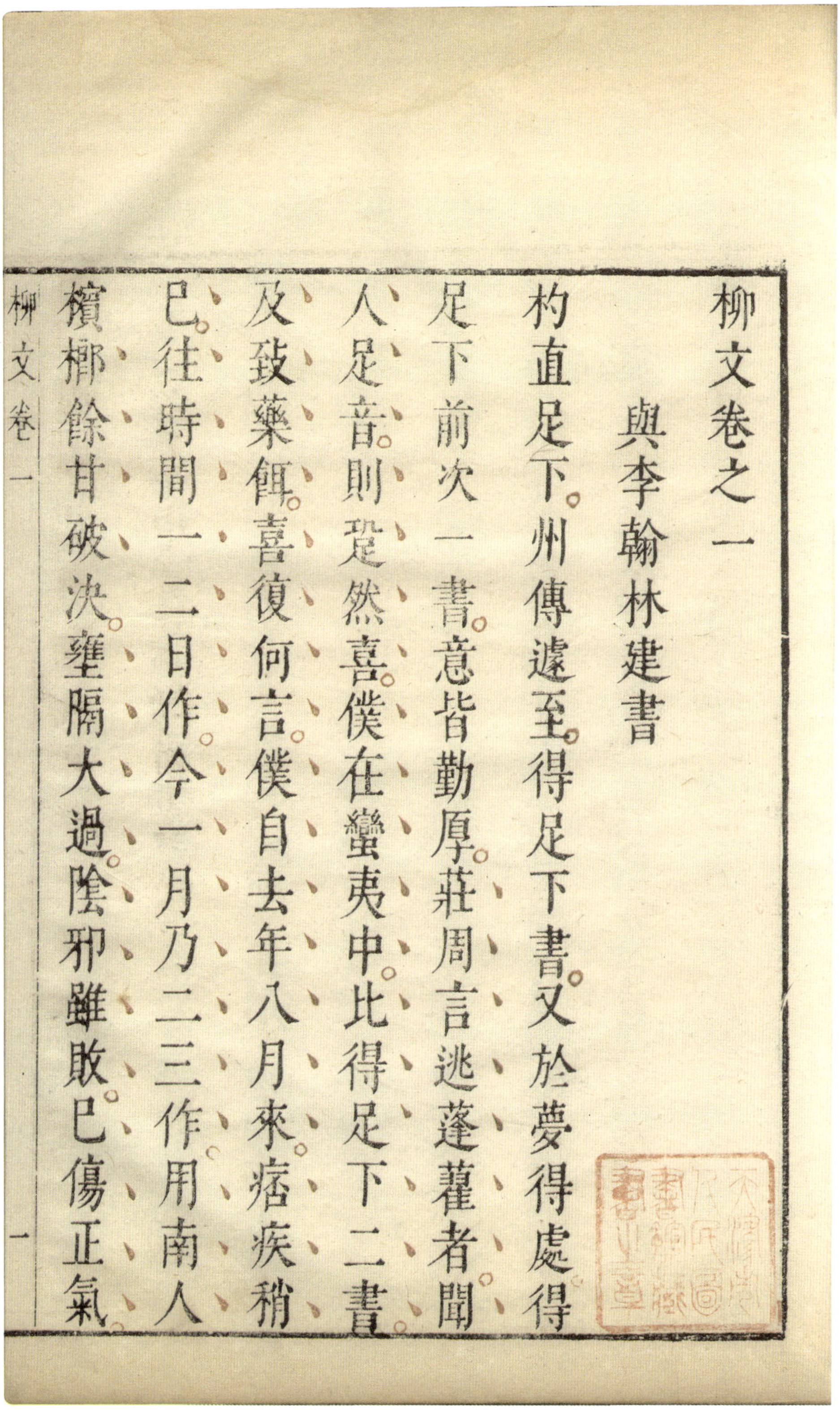
柳文卷之一
與李翰林建書
杓直足下州傳遽至得足下書又於夢得處得
足下前次一書意皆勤厚莊周言逃蓬藋者聞
人足音則跫然喜僕在蠻夷中比得足下二書
及致藥餌喜復何言僕自去年八月來痞疾稍
已往時間一二日作今一月乃二三作用南人
檳榔餘甘破決壅隔大過陰邪雖敗已傷正氣

柳文卷一　一

孟東野詩集十卷

明淩濛初刻套印本

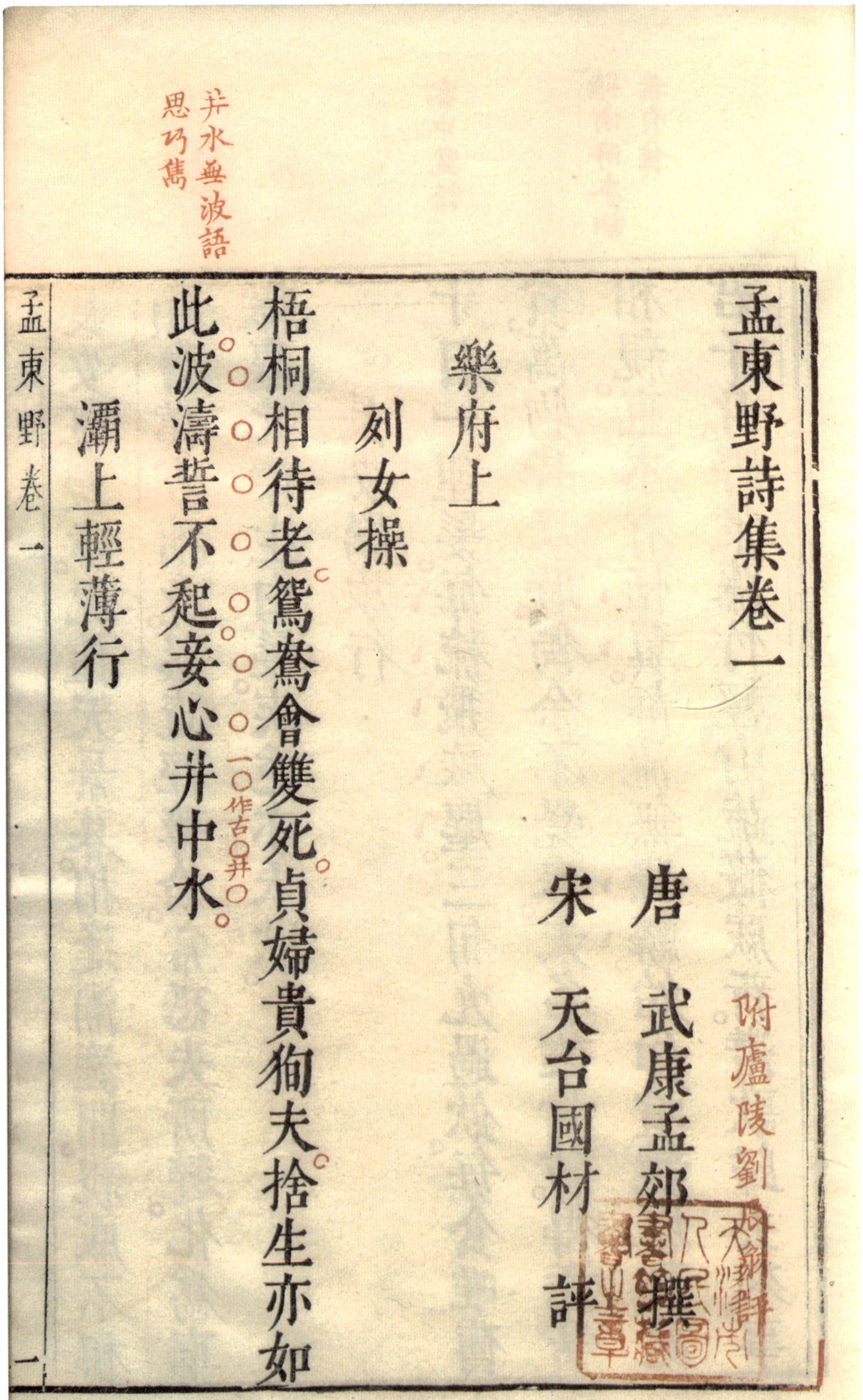
井水無波語思巧雋

孟東野詩集卷一

唐 武康孟郊 撰

宋 天台國材 評

附廬陵劉

樂府上

列女操

梧桐相待老鴛鴦會雙死貞婦貴徇夫捨生亦如此波濤誓不起妾心井中水

一作古井

灞上輕薄行

孟東野 卷一 一

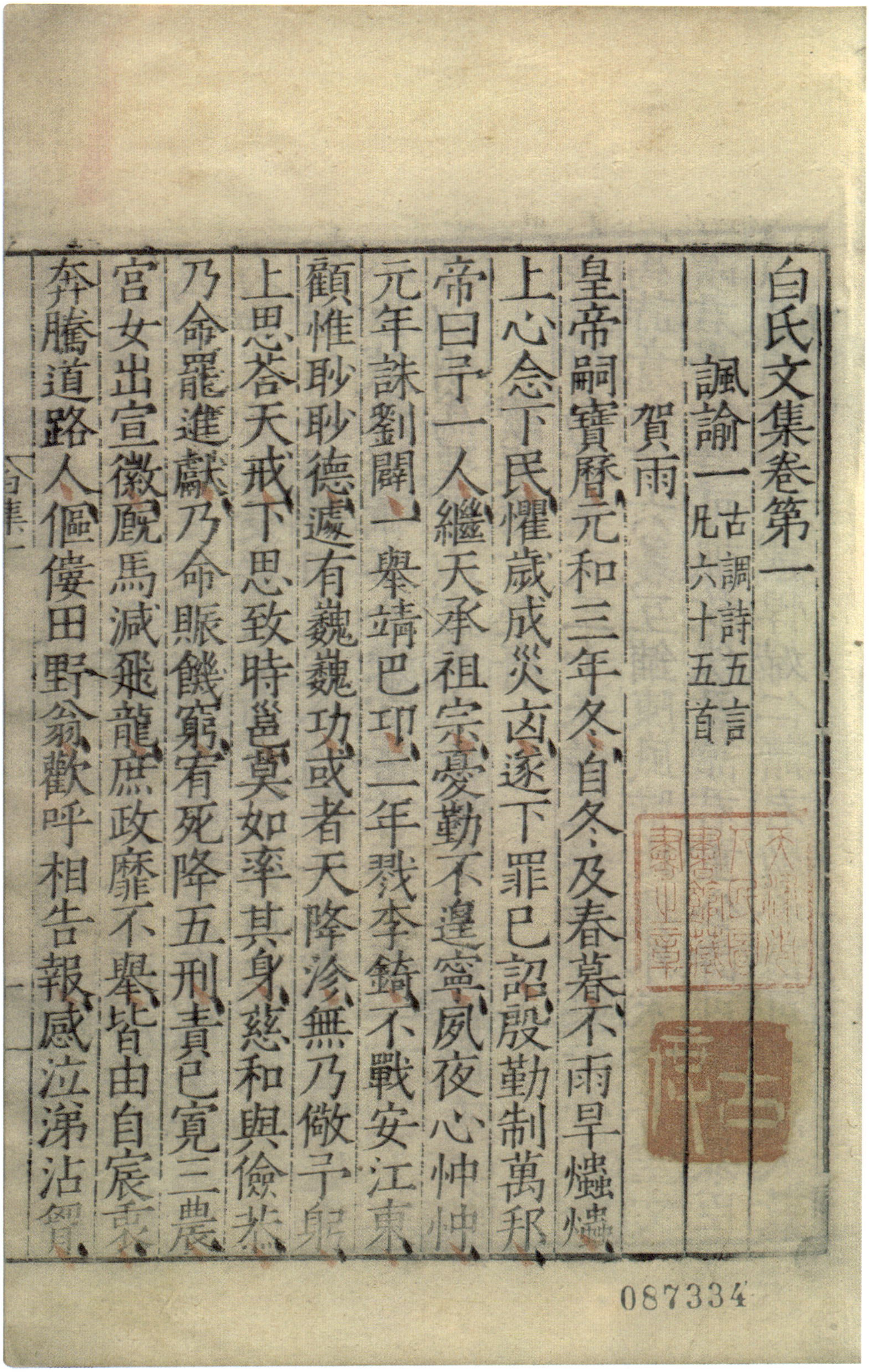
白氏文集卷第一

諷諭一 古調詩五言 凡六十五首

賀雨

皇帝嗣寶曆元和三年冬自冬及春暮不雨旱爞爞
上心念下民懼歲成災凶遂下罪己詔殷勤制萬邦
帝曰予一人繼天承祖宗憂勤不遑寧夙夜心忡忡
元年誅劉闢一舉靖巴邛二年戮李錡不戰安江東
顧惟眇眇德遽有巍巍功或者天降沴無乃儆予躬
上思荅天戒下思致時邕莫如率其身慈和與儉恭
乃命罷進獻乃命賑饑窮宥死降五刑責己寬三農
宮女出宣徽廐馬減飛龍庶政靡不舉皆由自宸衷
奔騰道路人傴僂田野翁歡呼相告報感泣涕沾胷

白集一　一

白氏文集七十一卷

明嘉靖十七年伍忠光龍池草堂刻本

项斯詩集一卷　明嘉靖刻唐百家詩本

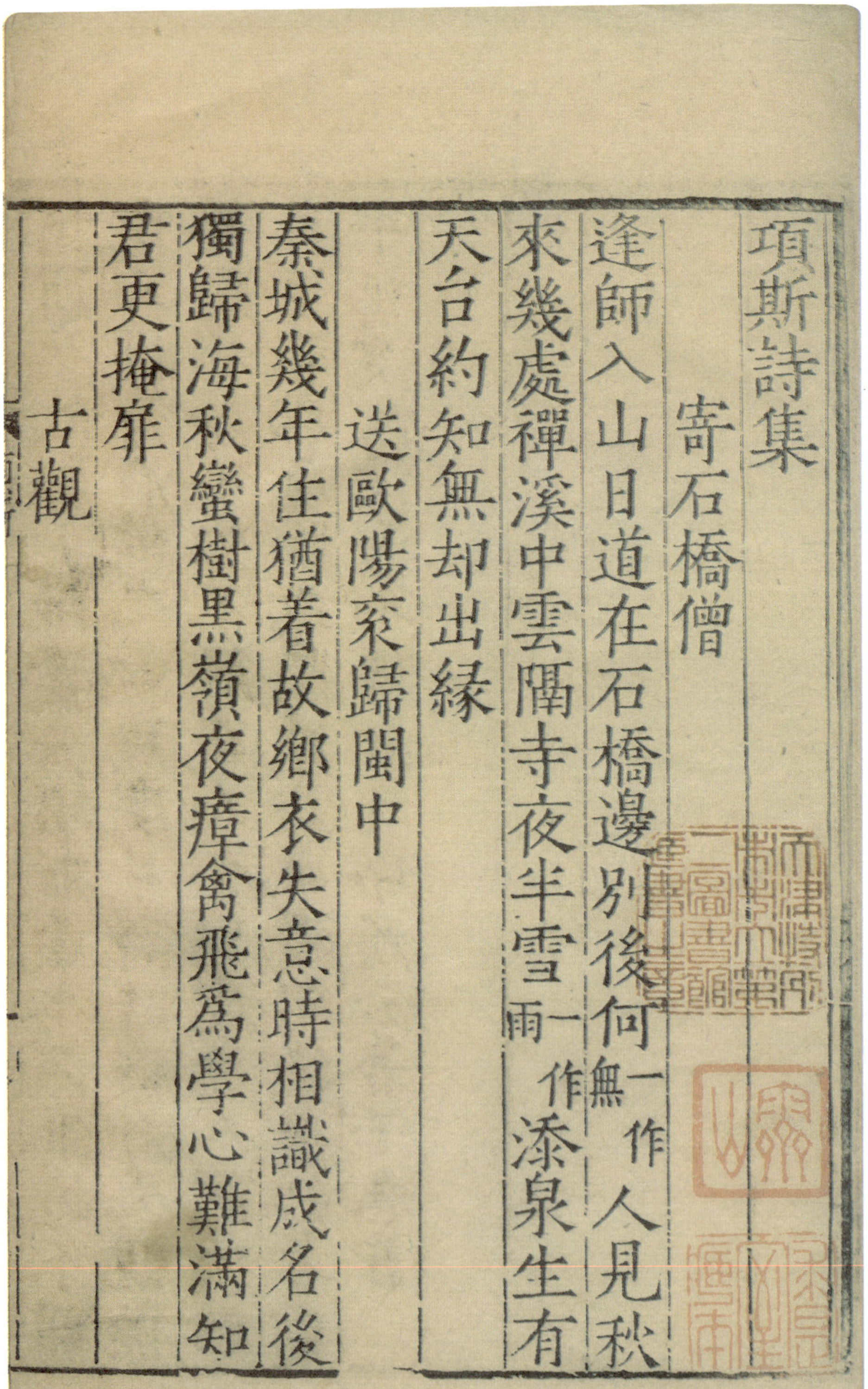
項斯詩集

寄石橋僧

逢師入山日道在石橋邊別後何一作無人見秋來幾處禪溪中雲隔寺夜半雪一作雨添泉生有天台約知無却出緣

送歐陽衮歸閩中

秦城幾年住猶着故鄉衣失意時相識成名後獨歸海秋蠻樹黑嶺夜瘴禽飛爲學心難滿知君更掩扉

古觀

定一級

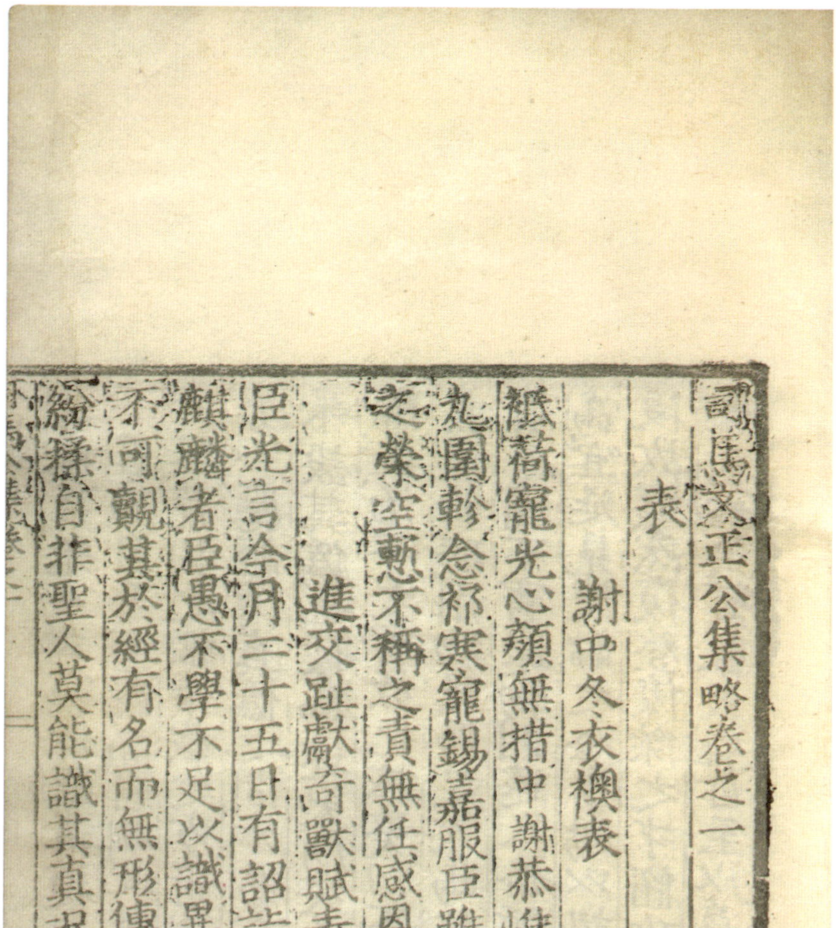
司馬文正公集略卷之一

表

謝中冬衣襖表

祗荷寵光心顔無措中謝恭惟皇帝陛下皇仁溥洽衣被九園軫念祁寒寵錫嘉服臣雖無似蒙澤猶均濫承安燠之榮空慙不稱之責無任感恩激切之至

進交趾獻奇獸賦表 嘉祐八年九月初三日上

臣光言今月二十五日有詔詣崇政殿觀交州所獻異獸曰麒麟者臣愚不學不足以識異物竊以麟瑞獸也曠世而不可覩其於經有名而無形傳記有形而去聖久遠衆說紛糅自非聖人莫能識其真況承學之臣固不能決其是

司馬文正公集略三十一卷　明嘉靖十八年江西虔州俞文峰刻本

南豐先生元豐類藁五十卷　明成化六年南豐縣刻遞修本

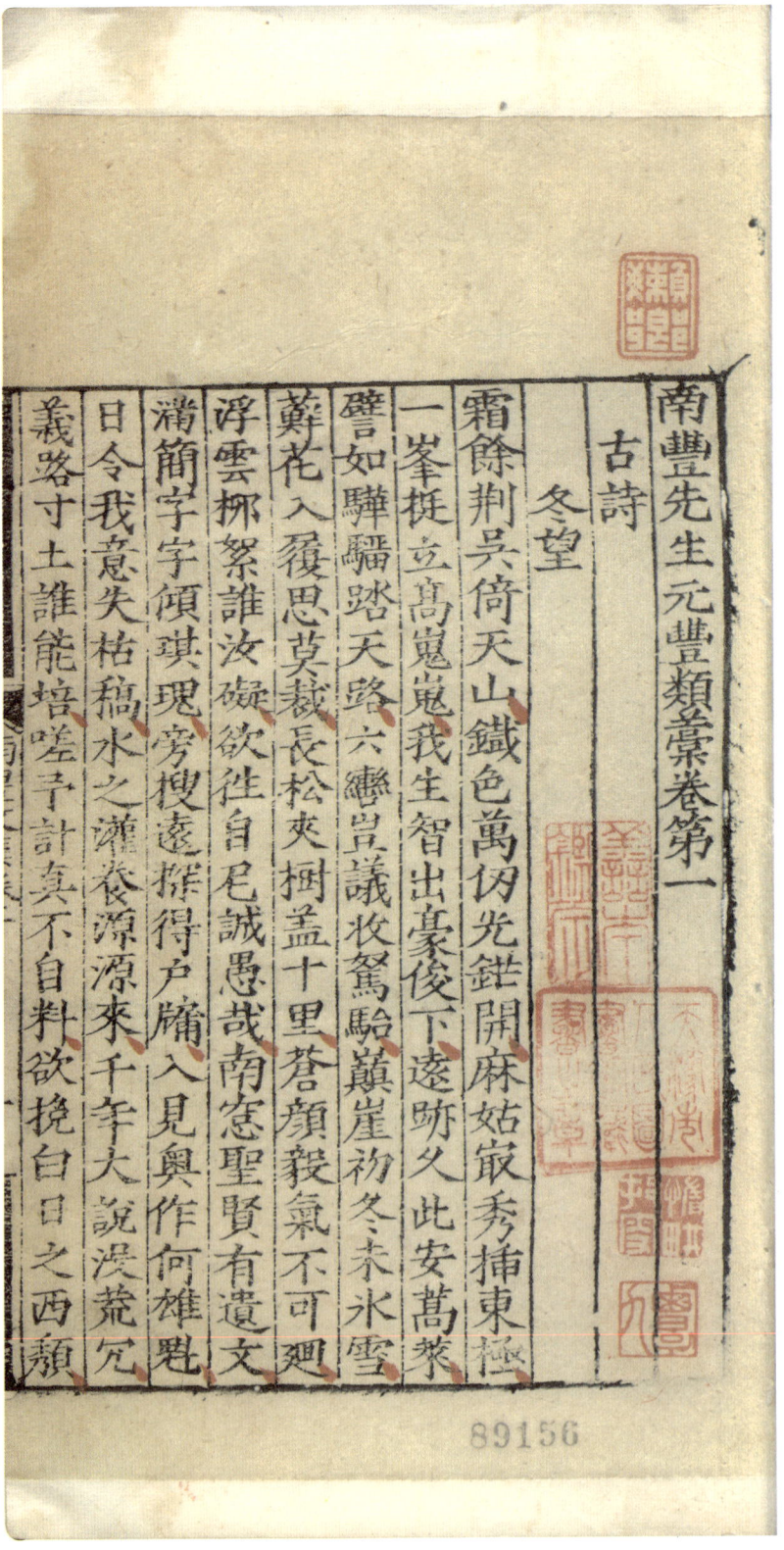

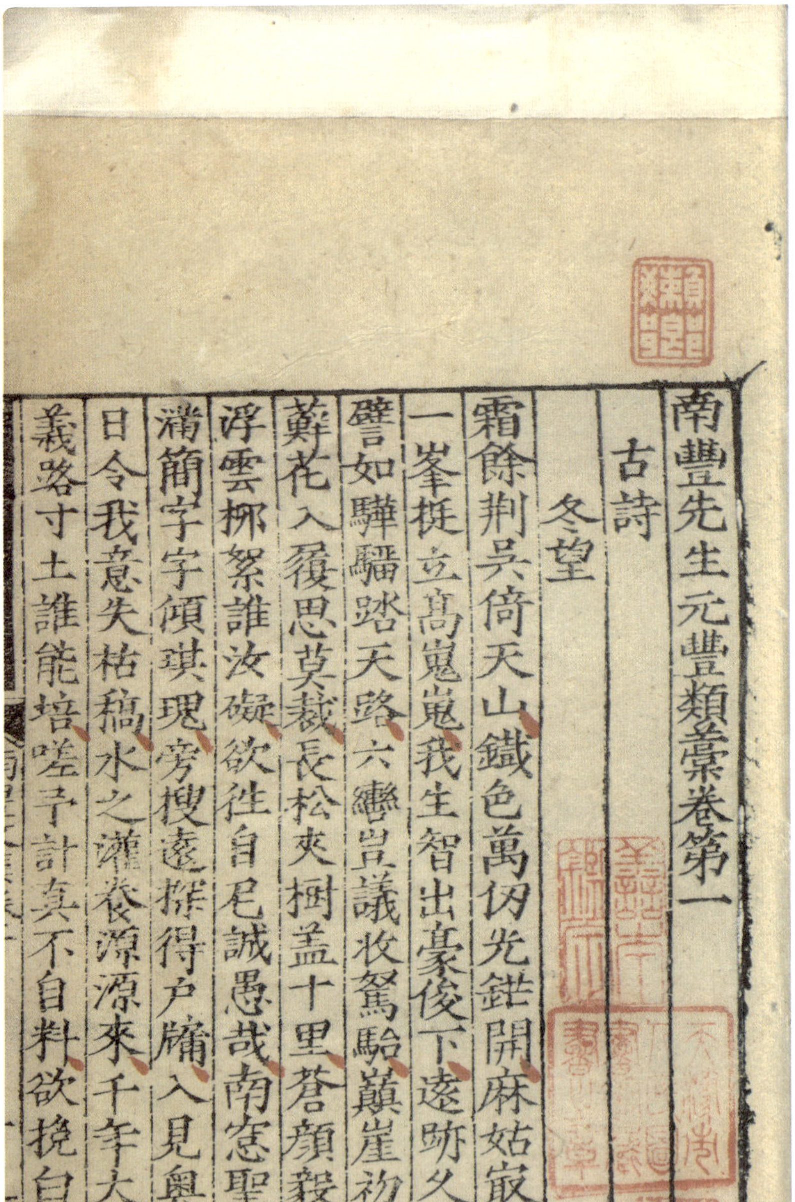
南豐先生元豐類藁卷第一
古詩
冬望
霜餘荆吳倚天山鐵色萬仞光鋩開麻姑㝡秀插東極
一峯挺立高嵬嵬我生智出豪俊下遁跡久此安蒿萊
譬如騏驥踏天路六轡豈議收駑駘巔崖初冬未氷雪
蘚花入履思莫裁長松夾樹盖十里蒼顏毅氣不可迴
浮雲柳絮誰汝礙欲往自畏誠愚哉南窓聖賢有遺文
滿簡字字傾琪瑰旁搜遠探得户牖入見奥作何雄魁
日令我意失枯槁水之灌養源源來千年大說浸荒冗
義路寸土誰能培嗟予計真不自料欲挽白日之西頹

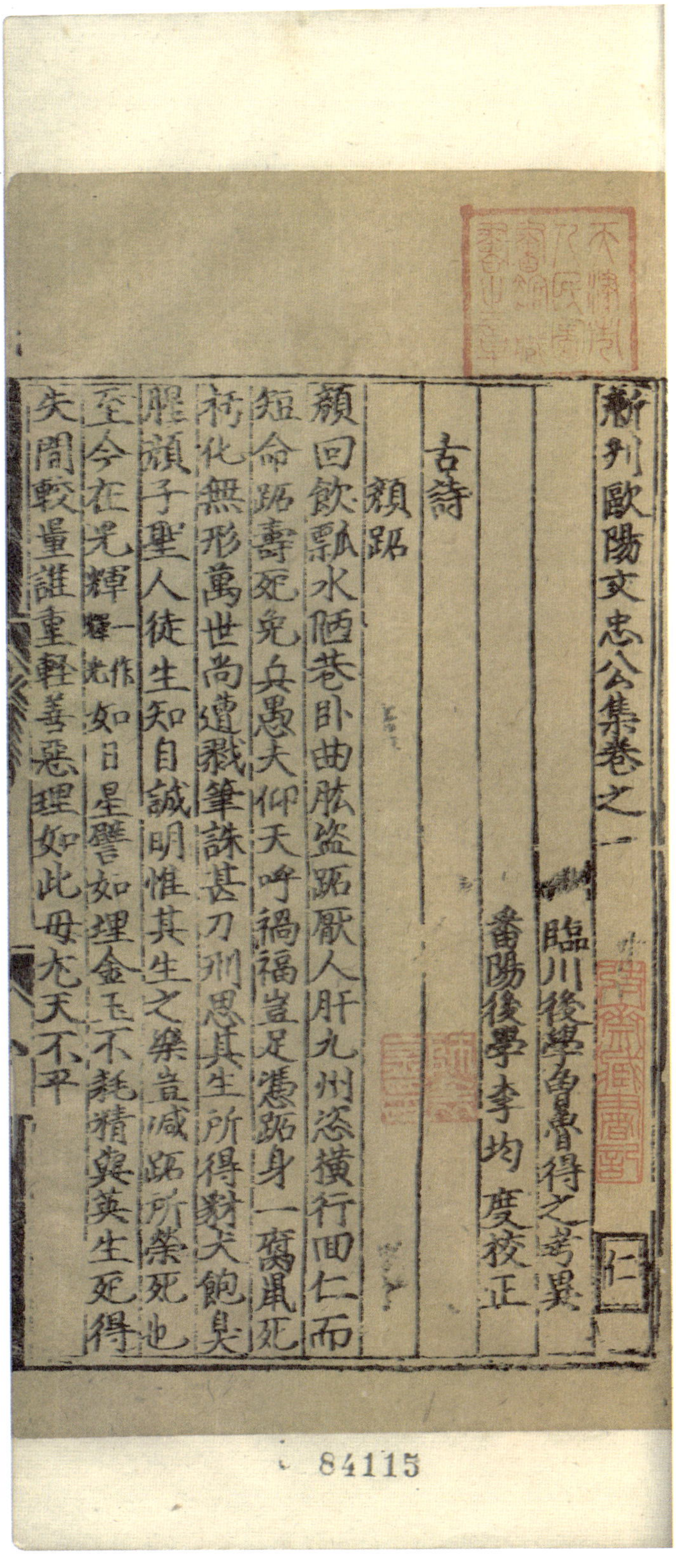
新刊歐陽文忠公集卷之一　仁
臨川後學曾魯得之考異
番陽後學李均度校正
古詩
顔跖
顔回飲瓢水陋巷卧曲肱盜跖厭人肝九州恣橫行回仁而短命跖壽死免兵愚夫仰天呼禍福豈足憑跖身一腐鼠死朽化無形萬世尚遺戮筆誅甚刀刑思其生所得對犬飽臭腥顔子聖人徒生知自誠明惟其生之樂豈減跖所榮死也至今在光輝（一作耀）如日星譬如埋金玉不耗精與英生死得失間較量誰重輕善惡理如此毋尤天不平

新刊歐陽文忠公集五十卷　明正德元年日新書堂刻本

新刊歐陽文忠公集五十卷　明正德元年日新書堂刻本

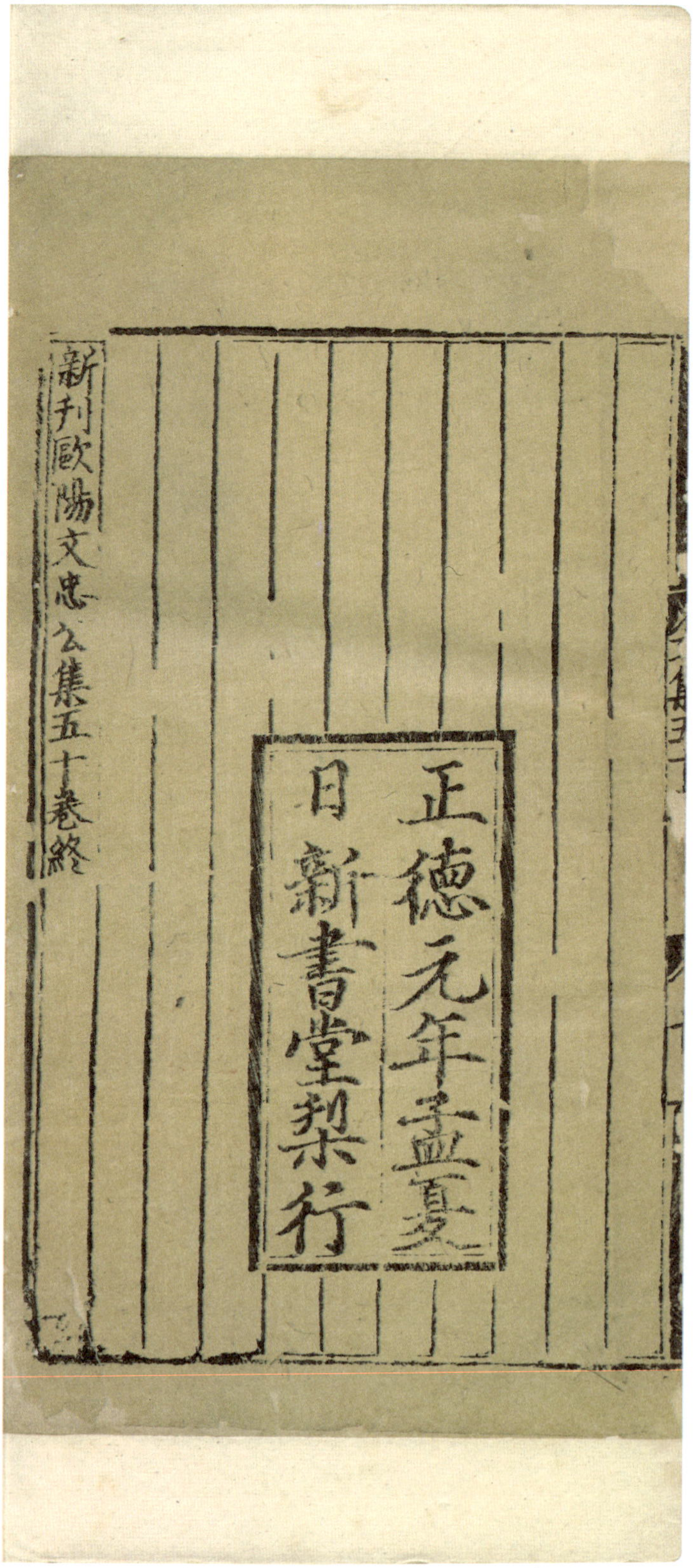

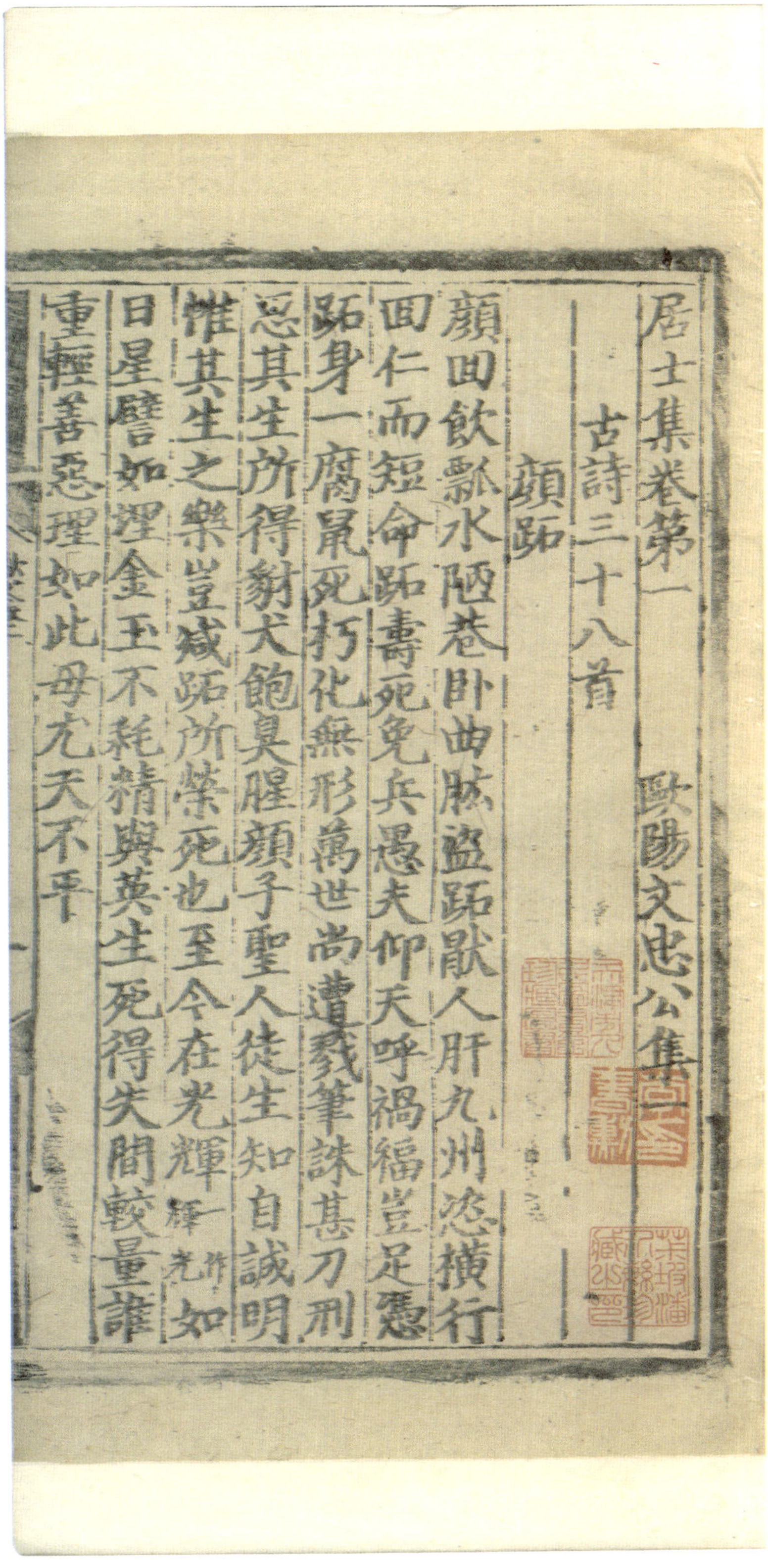

居士集卷第一　歐陽文忠公集

古詩三十八首

顔跖

顔回飲瓢水陋巷卧曲肱盜跖厭人肝九州恣横行回仁而短命跖壽死免兵愚夫仰天呼禍福豈足憑跖身一腐鼠死朽化無形萬世尚遺戮筆誅甚刀刑思其生所得豺犬飽臭腥顔子聖人徒生知自誠明惟其生之樂豈減跖所榮死也至今在光輝一作輝光如日星譬如埋金玉不耗精與英生死得失間較量誰重輕善惡理如此毋尤天不平

歐陽文忠公集一百五十三卷　明天順六年程宗刻　弘治　正德　嘉靖遞修本

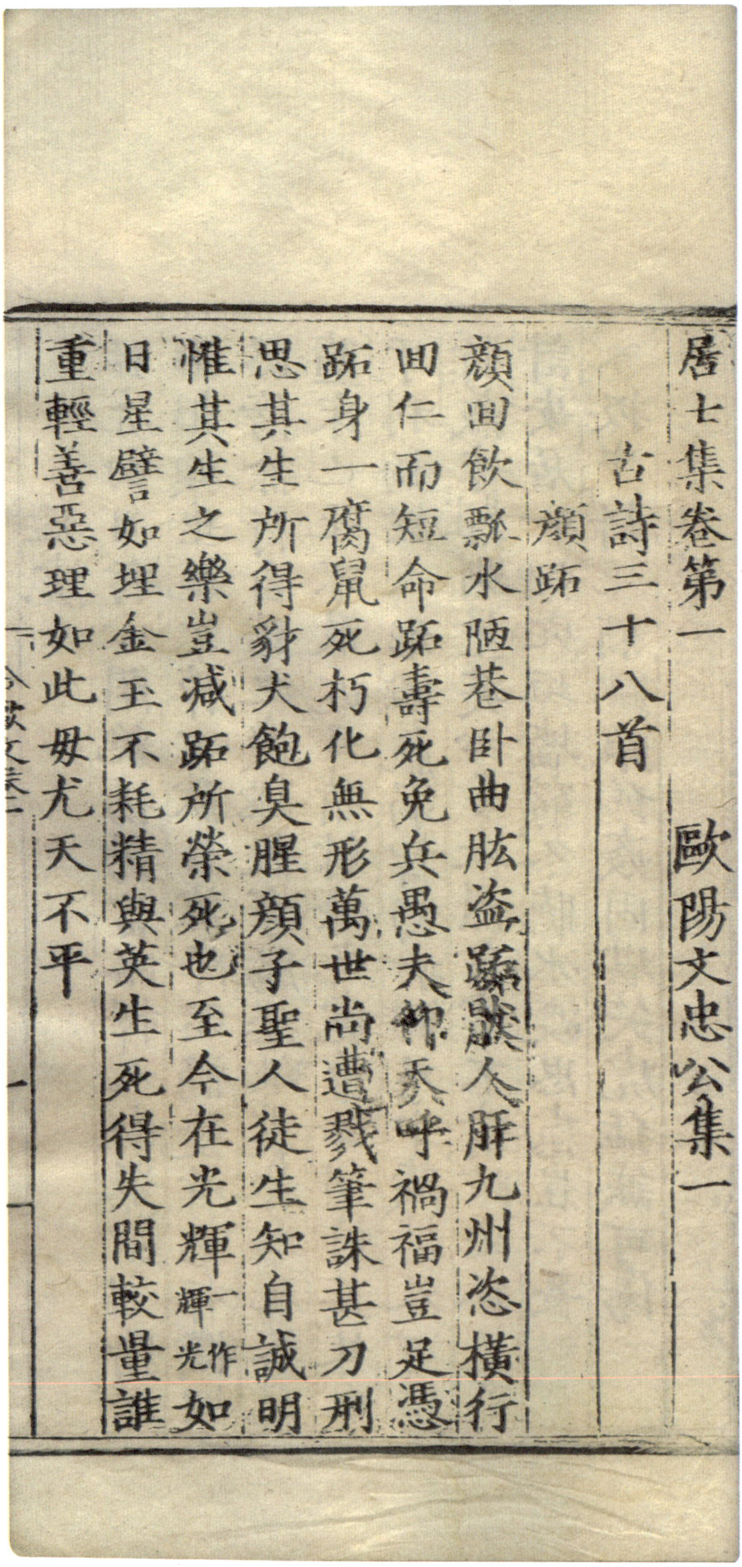

居士集卷第一　　歐陽文忠公集一

古詩三十八首

顔跖

顔回飲瓢水陋巷卧曲肱盜跖饜人肝九州恣横行回仁而短命跖壽死免兵愚夫仰天呼禍福豈足憑跖身一腐鼠死朽化無形萬世尚遭戮筆誅甚刀刑思其生所得豺犬飽臭腥顔子聖人徒生知自誠明惟其生之樂豈減跖所榮死也至今在光輝一作輝光如日星譬如埋金玉不耗精與英生死得失間較量誰重輕善惡理如此毋尤天不平

歐陽文忠公集一百五十三卷　明正德七年劉喬刻嘉靖遞修本

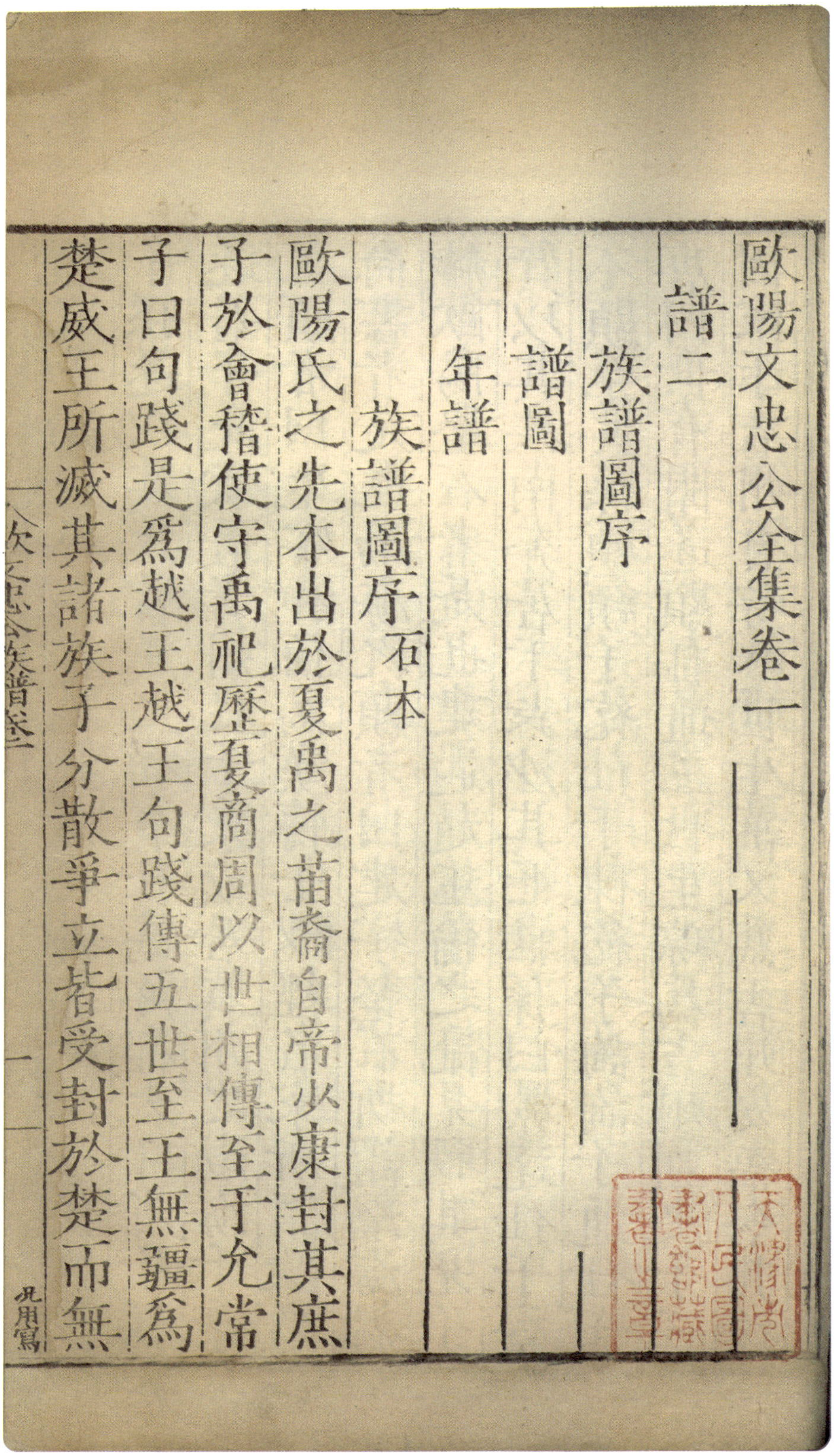
歐陽文忠公全集卷一

譜二

族譜圖序

譜圖

年譜

族譜圖序 石本

歐陽氏之先本出於夏禹之苗裔自帝少康封其庶子於會稽使守禹祀歷夏商周以世相傳至于允常子曰句踐是爲越王越王句踐傳五世至王無疆爲楚威王所滅其諸族子分散爭立皆受封於楚而無

歐文忠公集譜卷一　一　况用寫

歐陽文忠公全集一百三十五卷　明嘉靖三十四年陳珊刻萬曆元年雷以仁重修本

定級

歐陽先生文粹二十卷　明嘉靖二十六年郭雲鵬寶善堂刻本

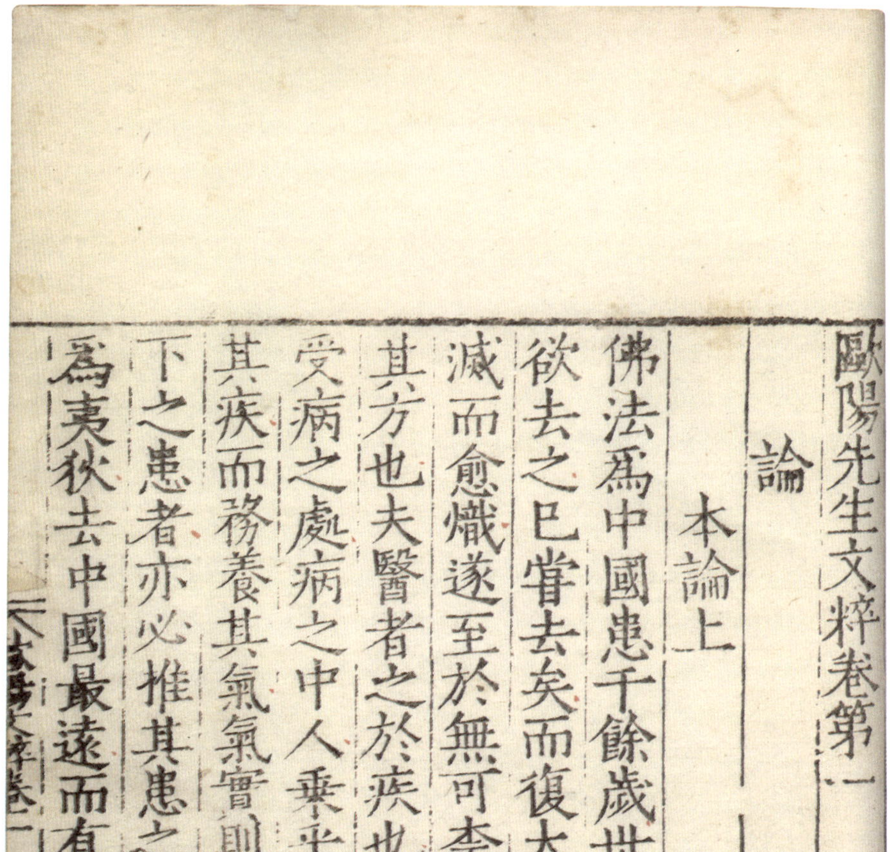

歐陽先生文粹卷第一

論

本論上

佛法爲中國患千餘歲世之卓然不惑而有力者莫不欲去之已甞去矣而復大集攻之暫破而愈堅撲之未滅而愈熾遂至於無可柰何是果不可去耶蓋亦未知其方也夫醫者之於疾也必推其病之所自來而治其受病之處病之中人乘乎氣虛而入焉則善醫者不攻其疾而務養其氣氣實則病去此自然之效也故救天下之患者亦必推其患之所自來而治其受患之處佛爲夷狄去中國最遠而有佛固已久矣堯舜三代之際

歐陽文粹卷一　一

歐陽文忠公文鈔十卷　明刻套印本

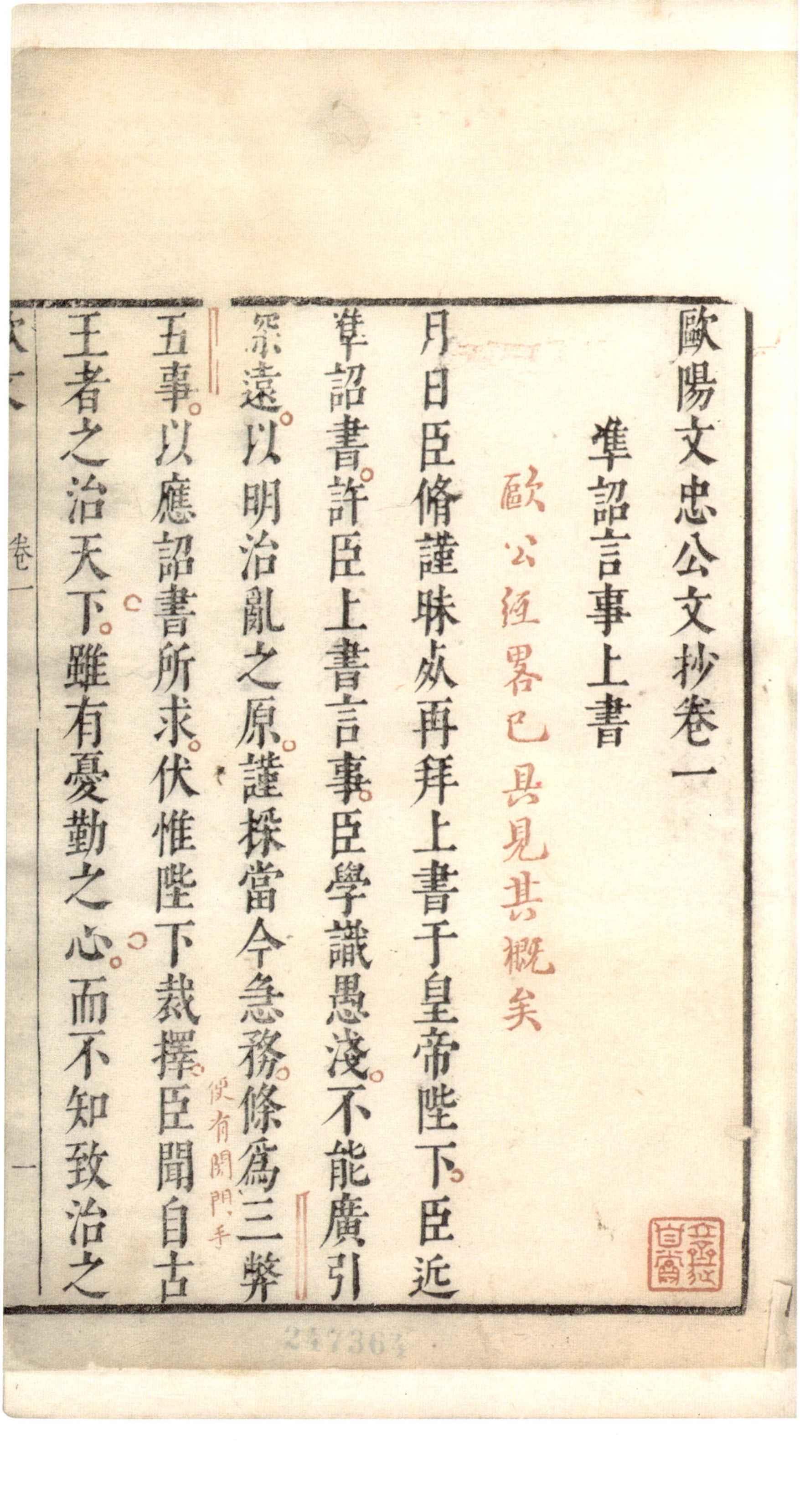

歐陽文忠公文抄卷一

準詔言事上書

歐公經畧已具見其概矣

月日臣脩謹昧死再拜上書于皇帝陛下臣近準詔書許臣上書言事臣學識愚淺不能廣引深遠以明治亂之原謹採當今急務條爲三弊五事以應詔書所求伏惟陛下裁擇臣聞自古王者之治天下雖有憂勤之心而不知致治之

便有開門手

歐文　卷一　一

臨川先生文集一百卷　明嘉靖三十九年何遷刻本

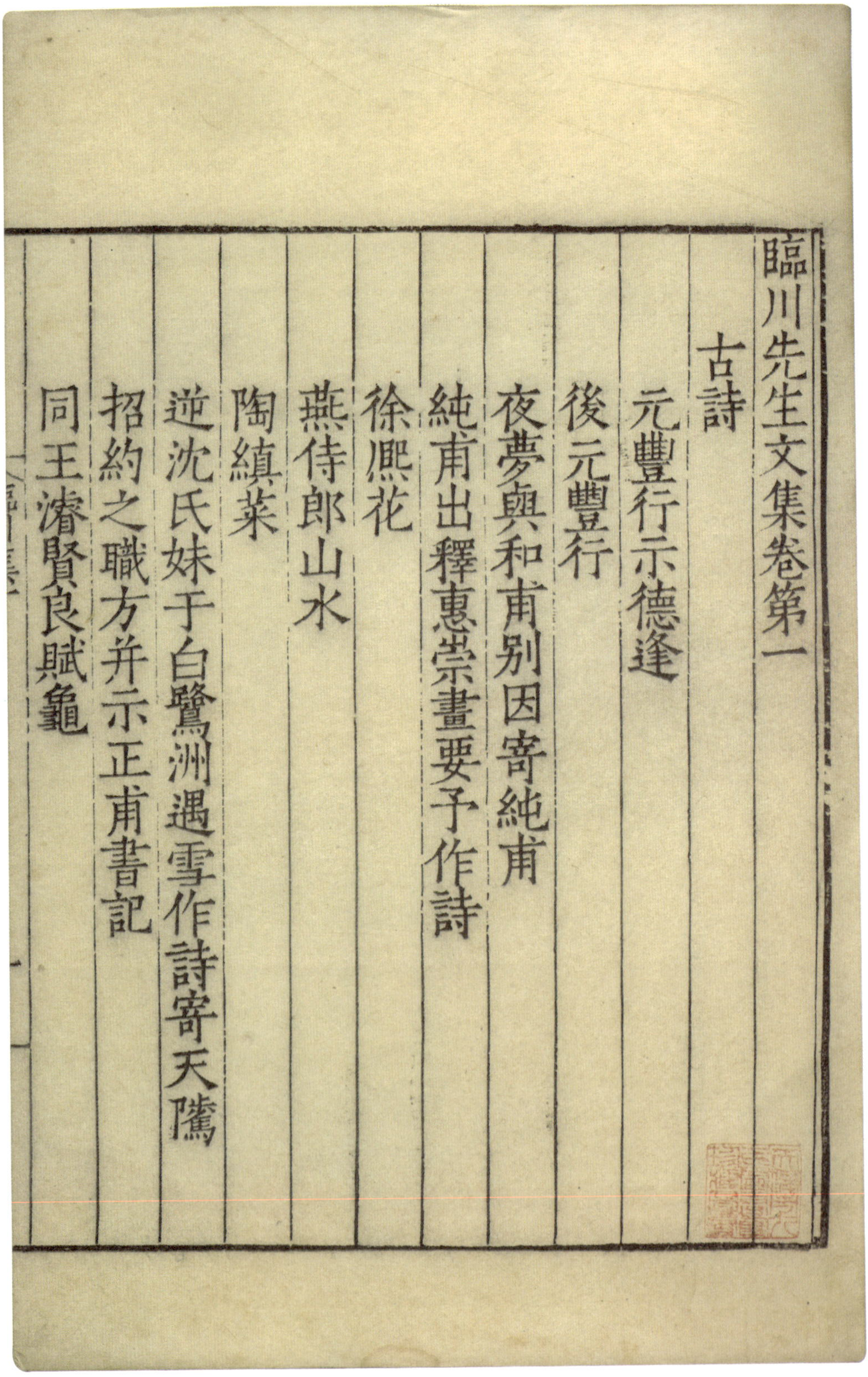

臨川先生文集卷第一

古詩

元豐行示德逢

後元豐行

夜夢與和甫别因寄純甫

純甫出釋惠崇畫要予作詩

徐熙花

燕侍郎山水

陶縝菜

逆沈氏妹于白鷺洲遇雪作詩寄天隲

招約之職方并示正甫書記

同王濬賢良賦龜

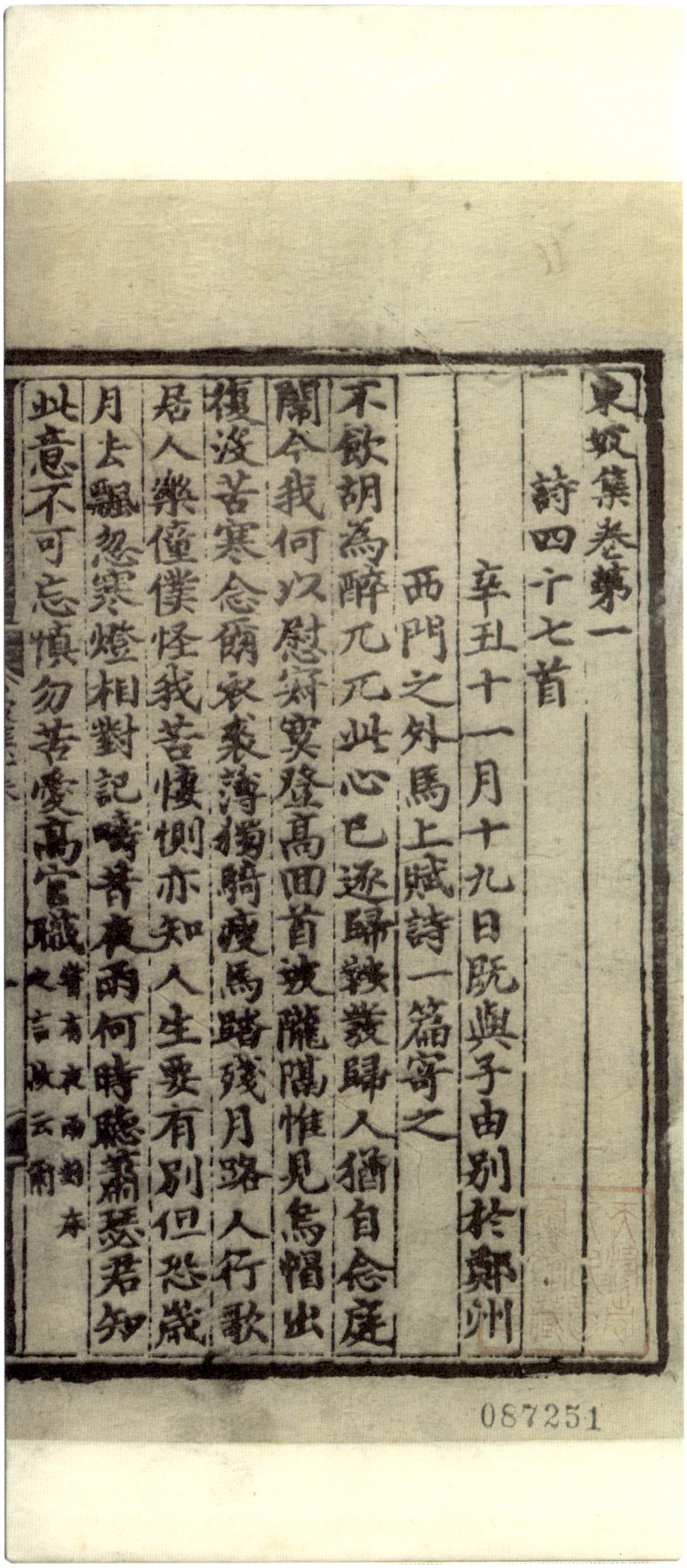
東坡集卷第一

詩四十七首

辛丑十一月十九日既與子由別於鄭州西門之外馬上賦詩一篇寄之

不飲胡為醉兀兀此心已逐歸鞍發歸人猶自念庭闈今我何以慰寂寞登高回首坡隴隔惟見烏帽出復沒苦寒念爾衣裘薄獨騎瘦馬踏殘月路人行歌居人樂僮僕怪我苦悽惻亦知人生要有別但恐歲月去飄忽寒燈相對記疇昔夜雨何時聽蕭瑟君知此意不可忘慎勿苦愛高官職（嘗有夜雨對牀之言故云爾）

東坡集四十卷　明成化四年程宗刻本

王狀元集百家註分類東坡詩三十二卷　元刻本

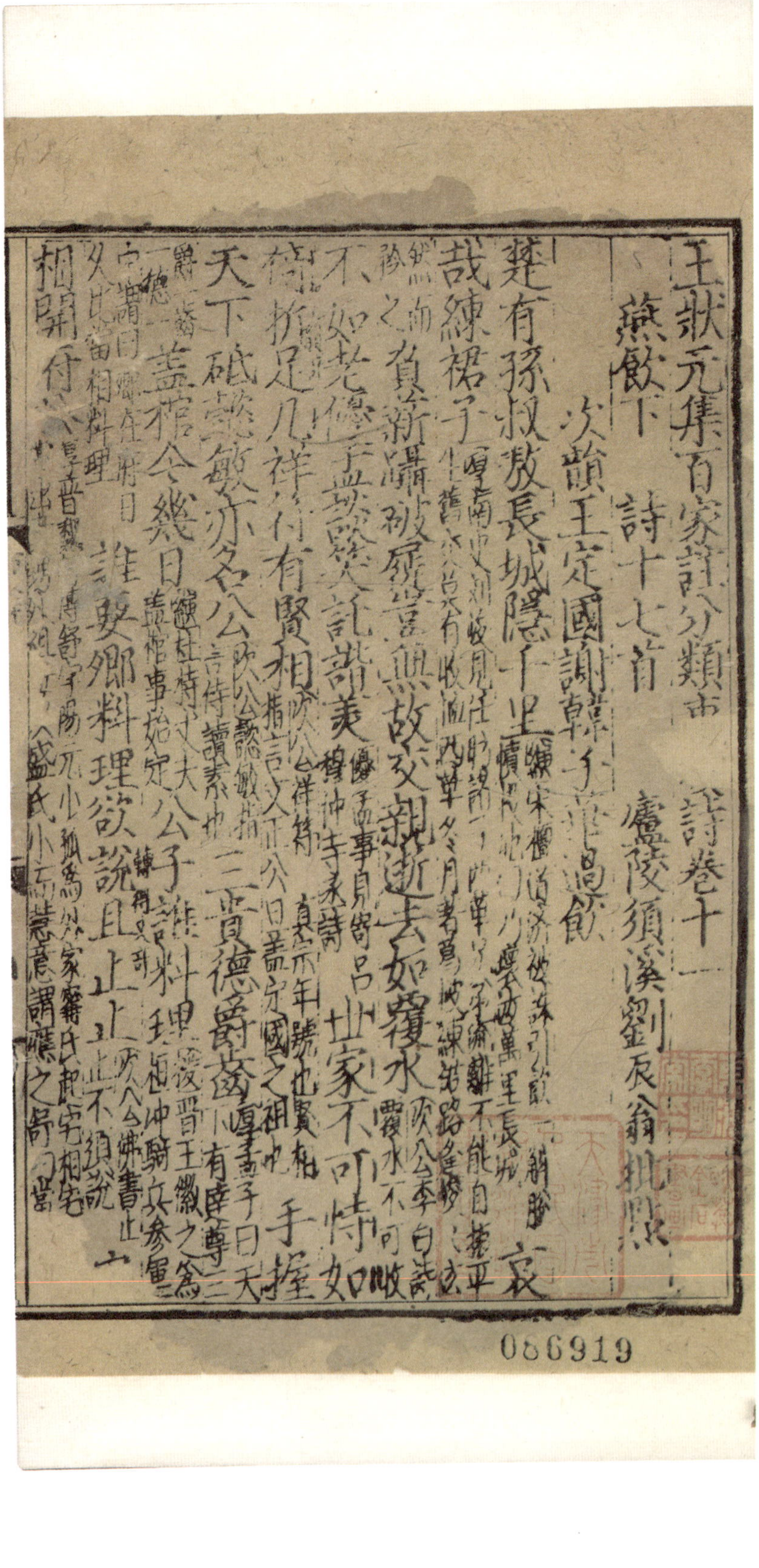
王狀元集百家註分類東坡詩卷十一
燕飲下　詩十七首　廬陵須溪劉辰翁批點
次韻王定國謝韓子華過飲

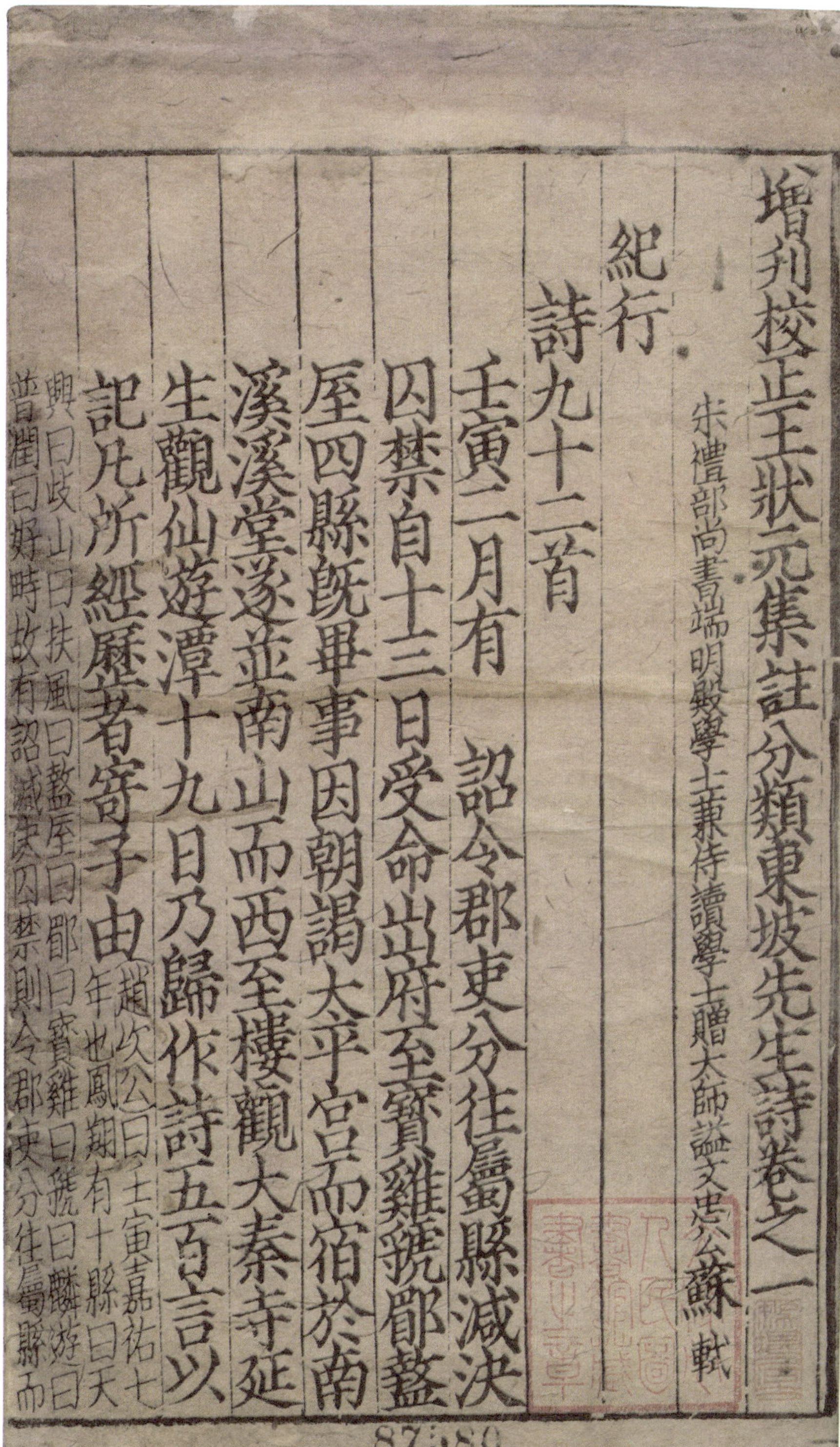

增刊校正王狀元集註分類東坡先生詩卷之一

宋禮部尚書端明殿學士兼侍讀學士贈太師謚文忠公蘇軾

紀行

詩九十二首

壬寅二月有　詔令郡吏分往屬縣減決囚禁自十三日受命出府至寶雞虢郿盩厔四縣既畢事因朝謁太平宮而宿於南溪溪堂遂並南山而西至樓觀大秦寺延生觀仙遊潭十九日乃歸作詩五百言以記凡所經歷者寄子由（趙次公曰壬寅嘉祐七年也鳳翔有十縣曰天興曰岐山曰扶風曰盩厔曰郿曰寶雞曰虢曰麟遊曰普潤曰好畤故有詔減決囚禁則令郡吏分往屬縣而

增刊校正王狀元集註分類東坡先生詩二十五卷　宋建安虞平齋務本書堂刻本

蘇長公表三卷　明萬曆淩濛初刻套印本

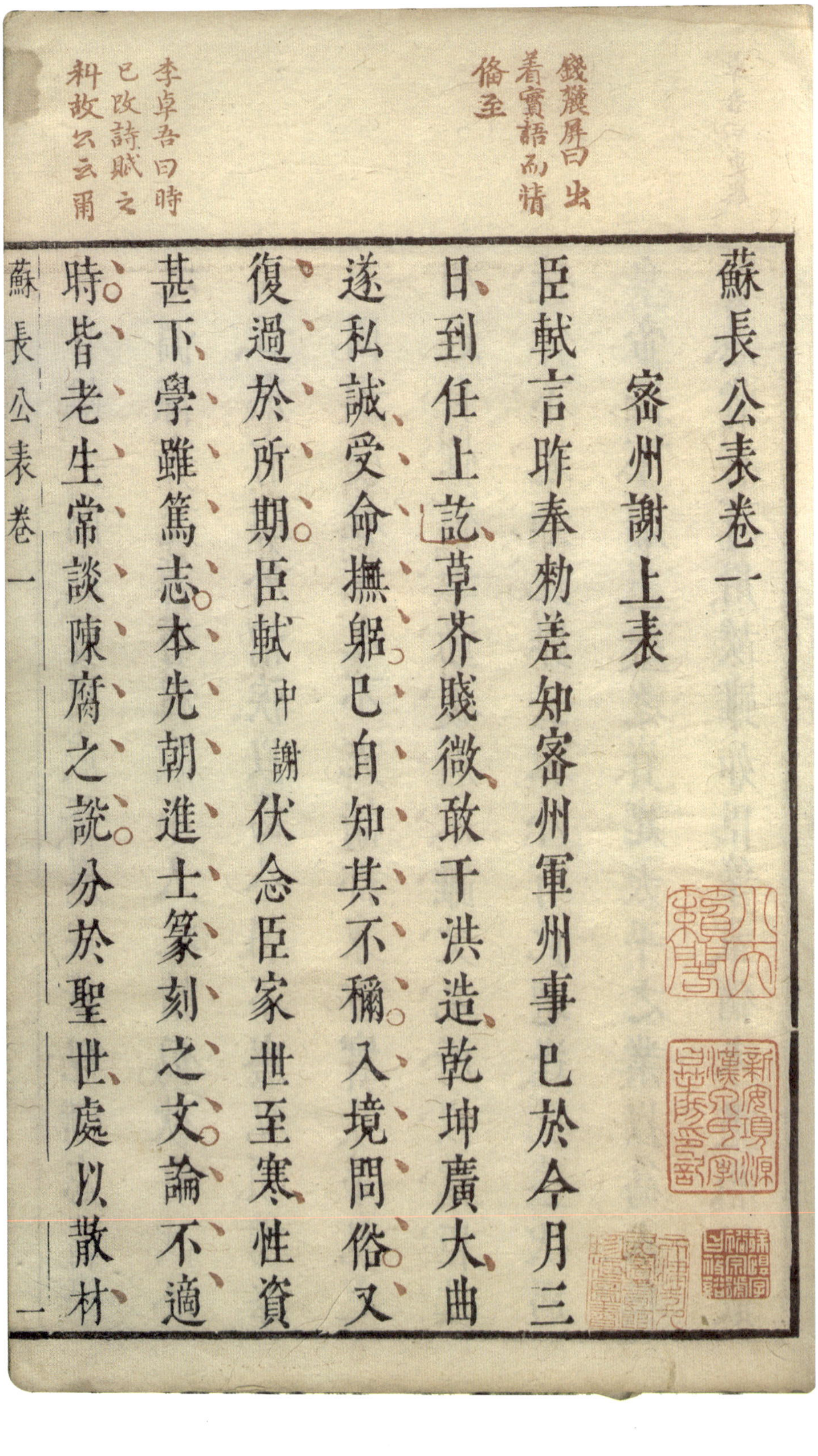

錢麓屏曰出着實語而情備至
李卓吾曰時已改詩賦之科故公云爾
蘇長公表卷一
密州謝上表
臣軾言昨奉勑差知密州軍州事已於今月三
日到任上訖草芥賤微敢干洪造乾坤廣大曲
遂私誠受命撫躬已自知其不稱入境問俗又
復過於所期臣軾中謝伏念臣家世至寒性資
甚下學雖篤志本先朝進士篆刻之文論不適
時皆老生常談陳腐之説分於聖世處以散材
蘇長公表卷一　一

蘇文忠公策論選十二卷　明天啟元年刻三色套印本

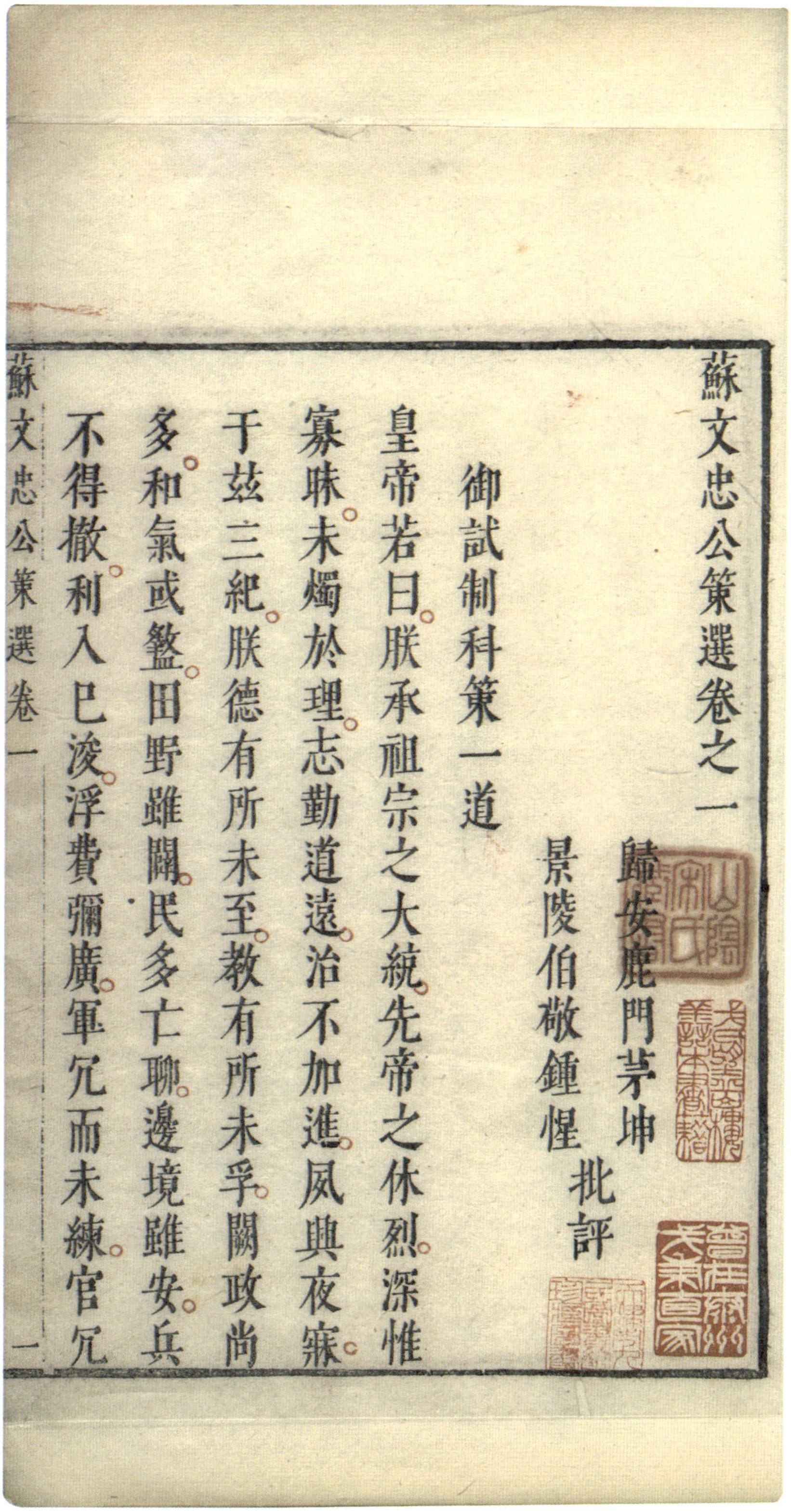
蘇文忠公策選卷之一
歸安鹿門茅坤
景陵伯敬鍾惺　批評
御試制科策一道
皇帝若曰朕承祖宗之大統先帝之休烈深惟
寡昧未燭於理志勤道遠治不加進夙興夜寐
于兹三紀朕德有所未至教有所未孚闕政尚
多和氣或盭田野雖闢民多亡聊邊境雖安兵
不得撤利入已浚浮費彌廣軍冗而未練官冗
蘇文忠公策選卷一　一

後山居士詩集六卷　清雍正三年陳唐活字印本

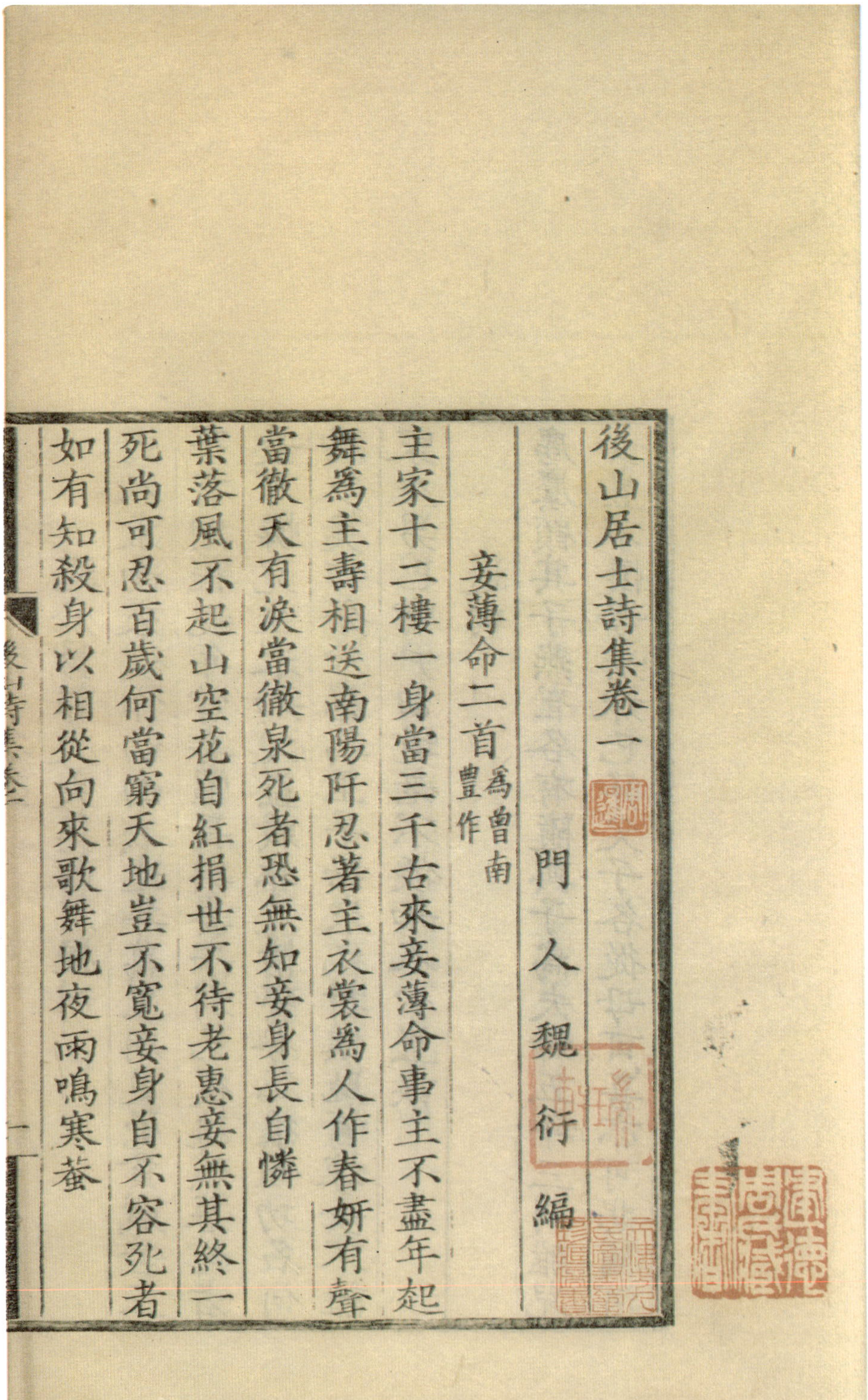
後山居士詩集卷一

門人魏衍編

妾薄命二首 為曽南豐作

主家十二樓一身當三千古來妾薄命事主不盡年起舞為主壽相送南陽阡忍著主衣裳為人作春妍有聲當徹天有淚當徹泉死者恐無知妾身長自憐

葉落風不起山空花自紅捐世不待老惠妾無其終一死尚可忍百歲何當窮天地豈不寬妾身自不容死者如有知殺身以相從向來歌舞地夜雨鳴寒蛬

後山詩集卷一　一

淮海集四十卷　明嘉靖二十四年胡氏表刻本

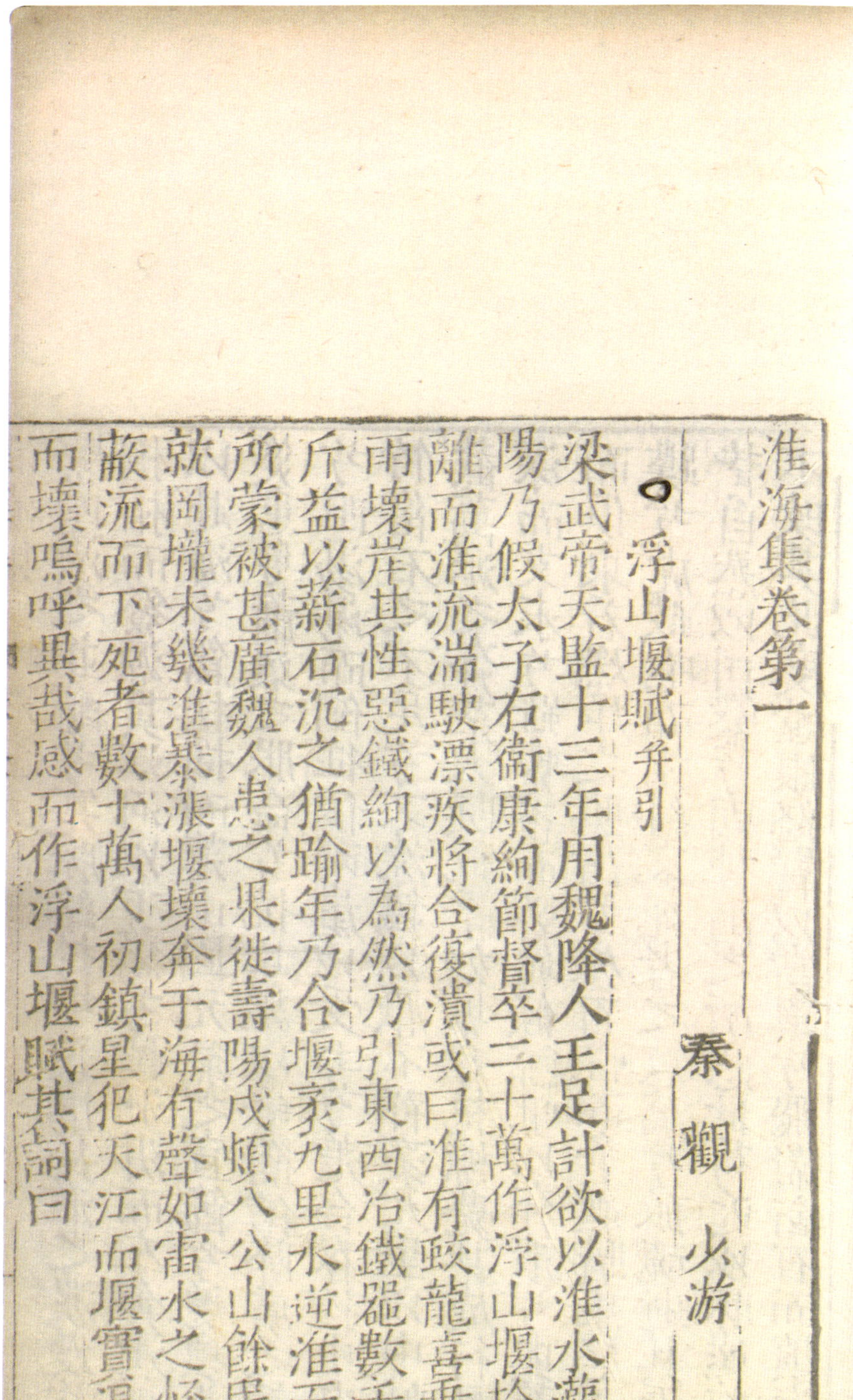

淮海集卷第一

秦觀　少游

浮山堰賦并引

梁武帝天監十三年用魏降人王足計欲以淮水灌壽陽乃假太子右衛康絢節督卒二十萬作浮山堰於鍾離而淮流湍駛漂疾將合復潰或曰淮有蛟龍喜乘風雨壞岸其性惡鐵絢以為然乃引東西冶鐵器數千萬斤益以薪石沉之猶踰年乃合堰袤九里水逆淮而上所蒙被甚廣魏人患之果徙壽陽戍頓八公山餘民分就岡壠未幾淮暴漲堰壞奔于海有聲如雷水之怪祆蔽流而下死者數十萬人初鎮星犯天江而堰實退舍而壞嗚呼異哉感而作浮山堰賦其詞曰

傅忠肅公文集三卷　清鳴野山房鈔本

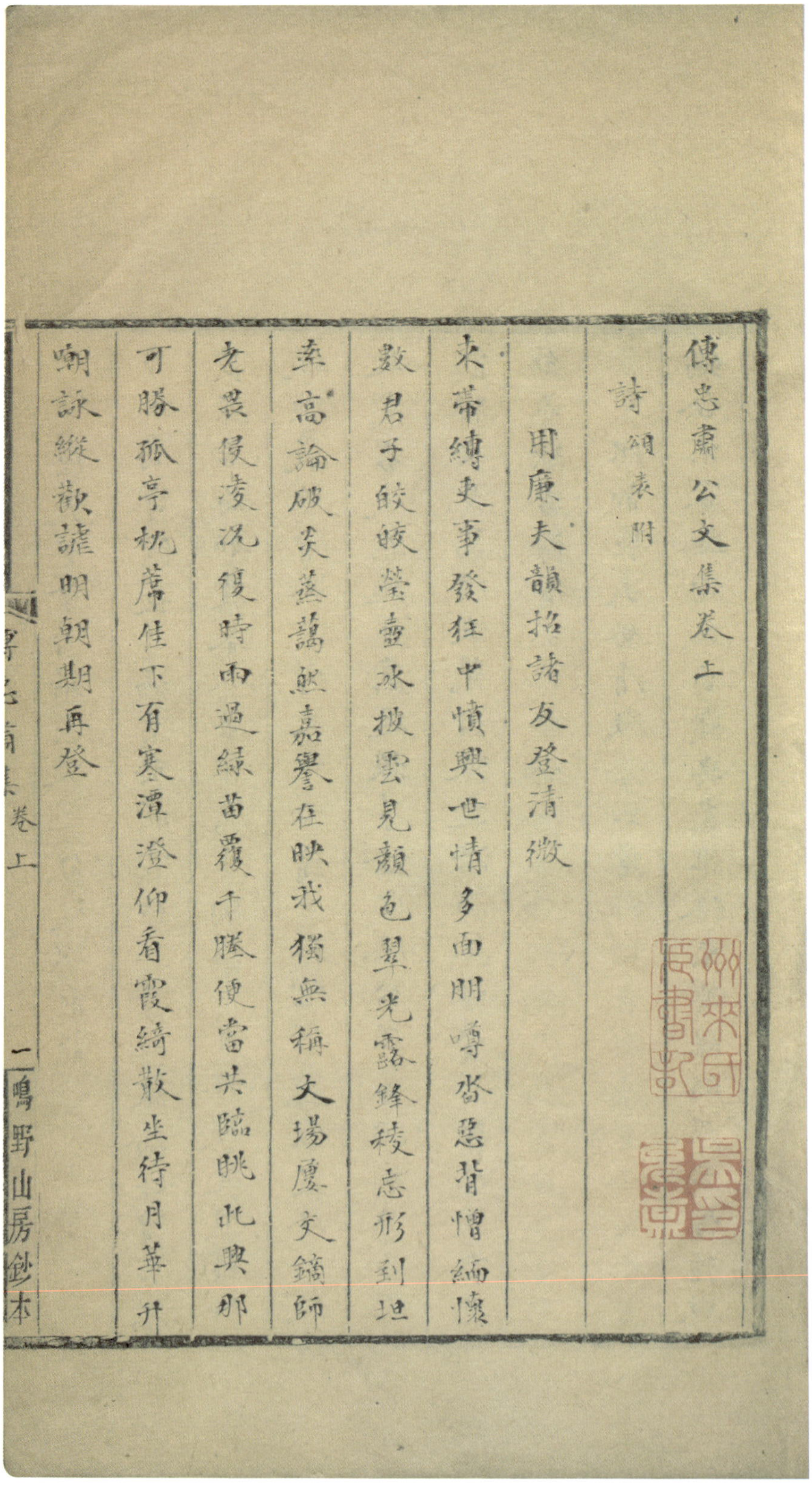
傅忠肅公文集卷上

詩　頌表附

用康夫韻招諸友登清微

來帶縛吏事發狂中憤與世情多面朋噂沓惡背憎緬懷
數君子皎皎瑩壺冰披雲見顏色翠光露鋒稜忘形到坦
率高論破炎蒸藹然嘉譽在映我獨無稱文場屢文鏑師
老畏侵凌況復時雨過綠苗覆千塍便當共臨眺此興那
可勝孤亭枕崖佳下有寒潭澄仰看霞綺散坐待月華升
嘲詠縱歡謔明朝期再登

傅忠肅公文集　卷上　一　鳴野山房鈔本

岳集五卷　明嘉靖十五年焦煜刻本

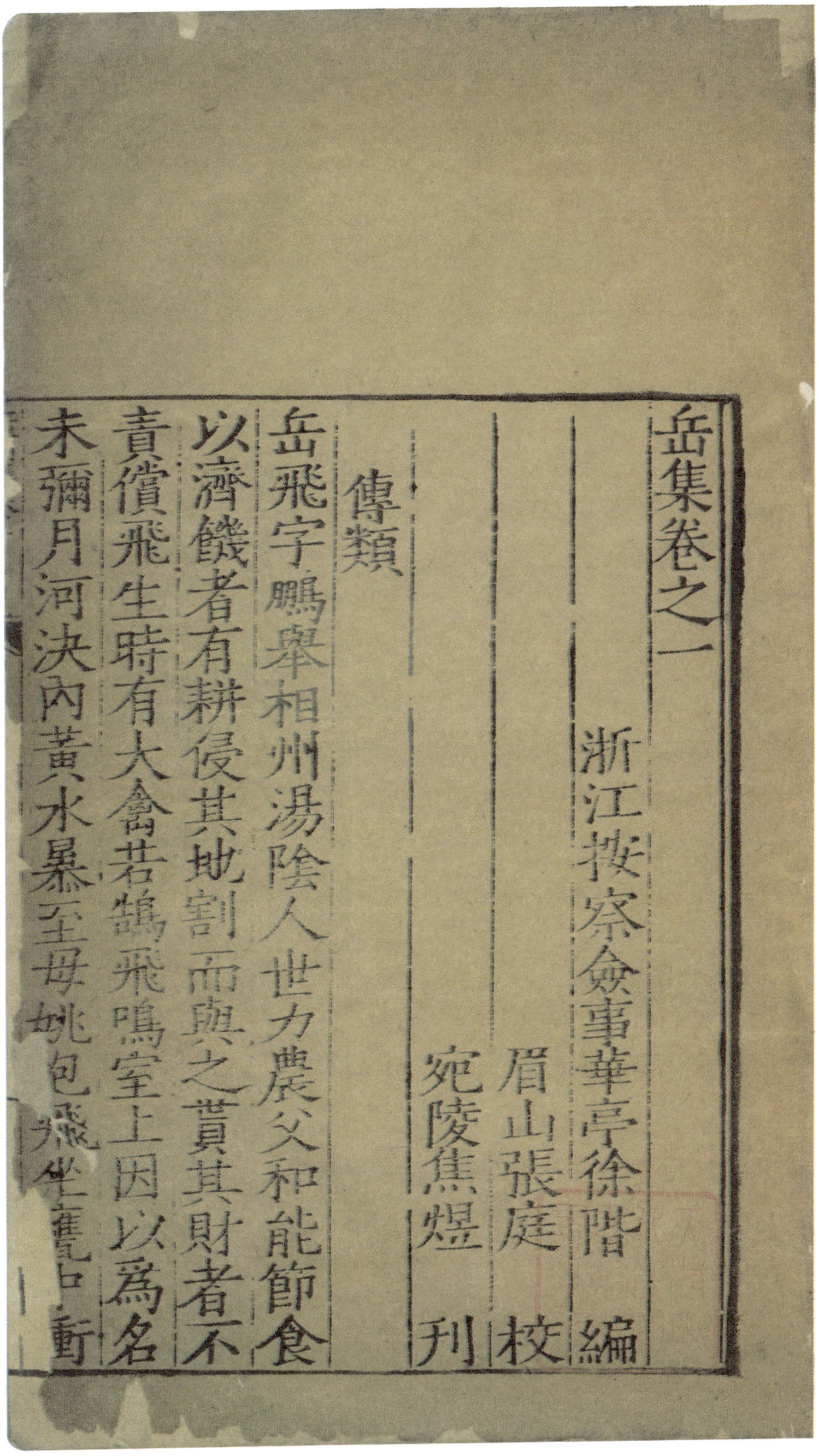
岳集卷之一

浙江按察僉事華亭徐階　編

眉山張庭　校

宛陵焦煜　刊

傳類

岳飛字鵬舉相州湯陰人世力農父和能節食
以濟饑者有耕侵其地割而與之貰其財者不
責償飛生時有大禽若鵠飛鳴室上因以爲名
未彌月河決內黃水暴至母姚抱飛坐甕中衝

竹洲文集二十卷　明弘治六年吳雷亨刻本

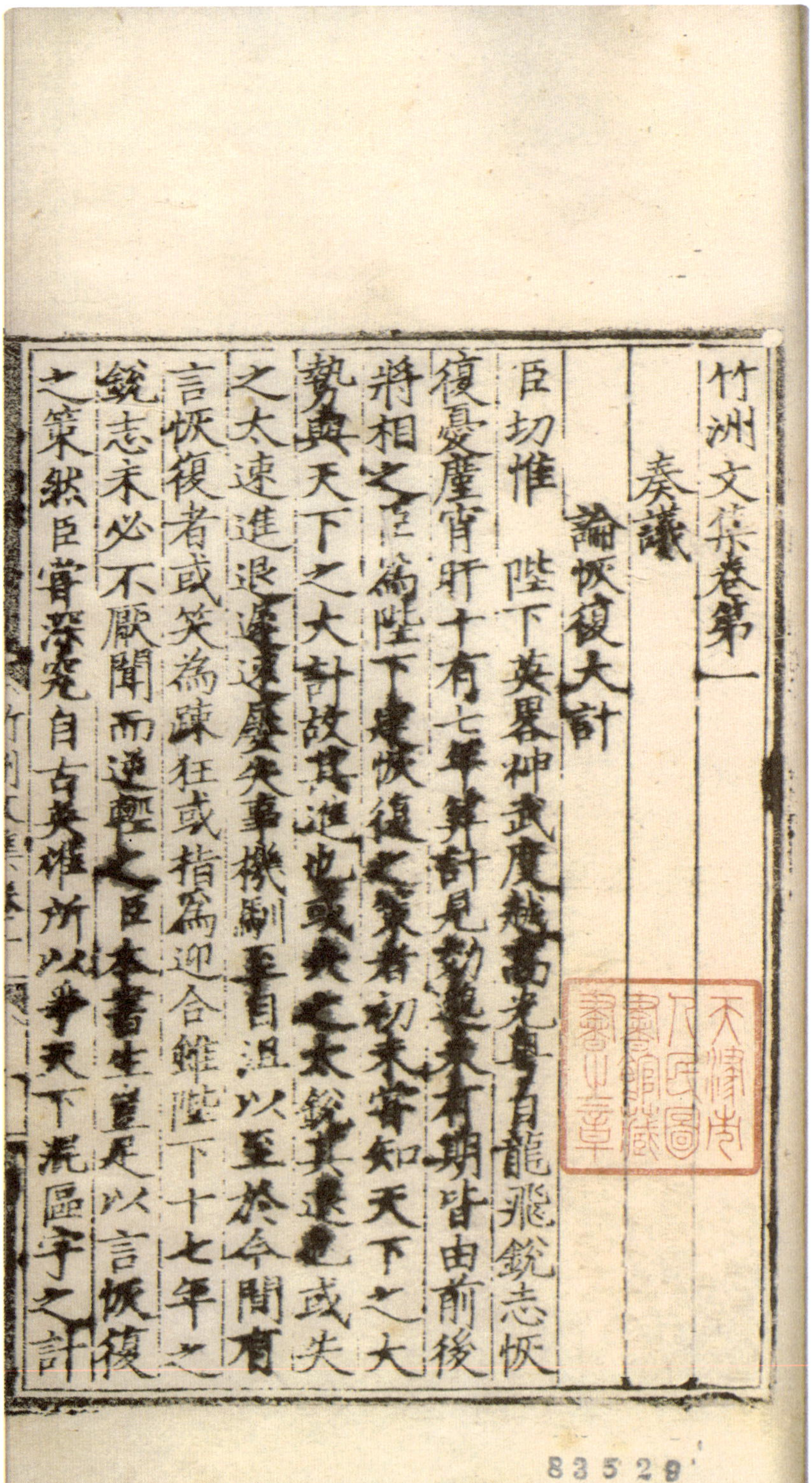

竹洲文集卷第一

奏議

論恢復大計

臣切惟　陛下英畧神武度越高光自龍飛鋭志恢復憂廑宵旰十有七年算計見効遠大有期皆由前後將相之臣爲陛下建恢復之策者初未嘗知天下之大勢與天下之大計故其進也或失之太鋭其退也或失之太速進退遲速屢失事機馴至自沮以至於今間有言恢復者或笑爲踈狂或指爲迎合雖陛下十七年之鋭志未必不厭聞而遽輕之臣本書生豈足以言恢復之策然臣嘗深究自古英雄所以舉天下混一區宇之計

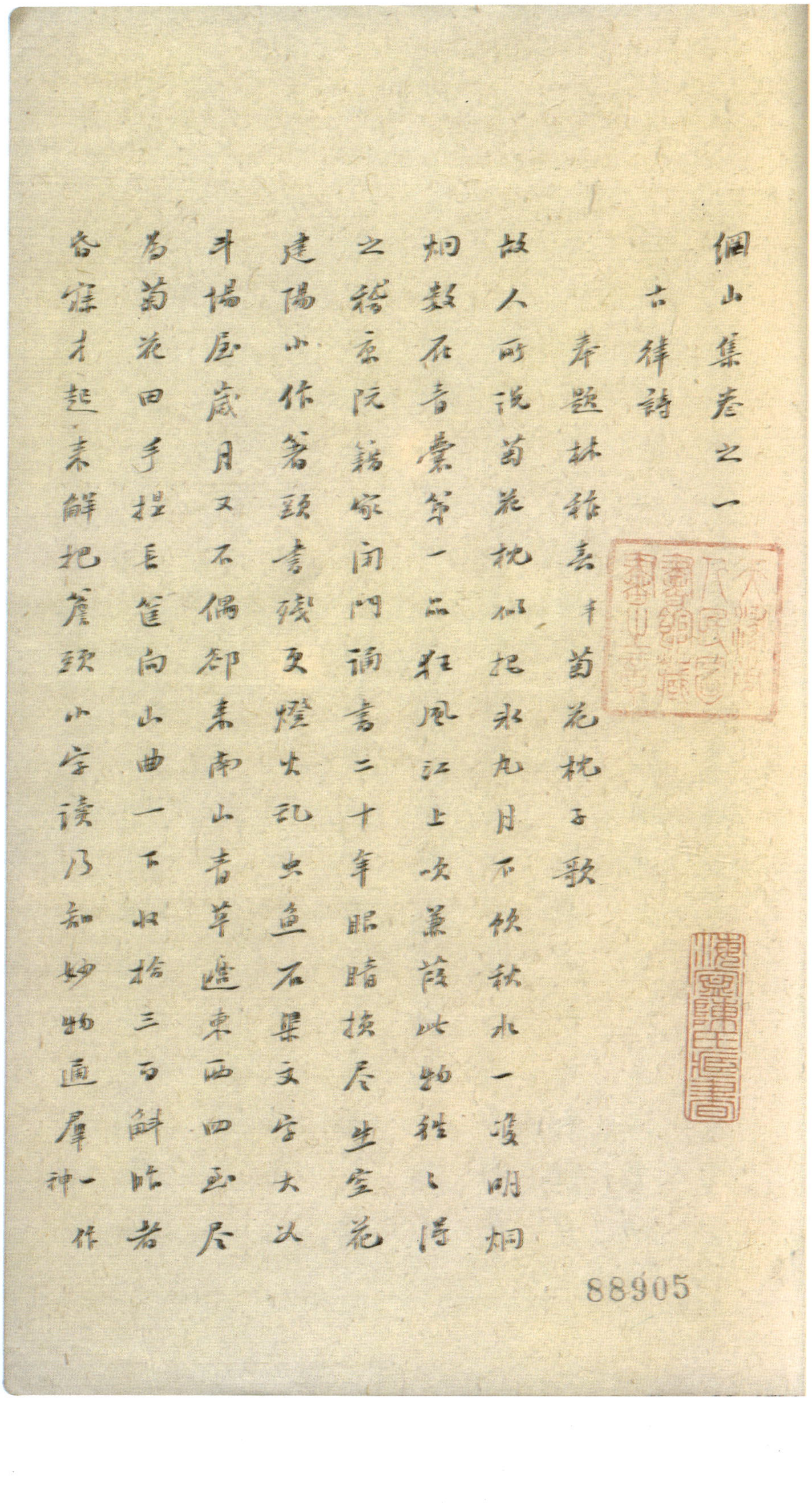
綱山集卷之一

古律詩

奉題林錦泉丰菊花枕子歌

故人所說菊花枕似把水九月不飲秋水一漫明炯炯數在香囊第一品狂風江上吹蕭颯此物往往得之嵇康阮籍家閉門誦書二十年眼睛換盡生空花建陽小作箸頭書殘更燈火訛虫魚石渠文字大以斗偪仄歲月又不偶卻來南山青草廬東西四五尽爲菊花田手提長筐向山曲一下收拾三百斛昨者昏寐才起來鮮把簷頭小字讀乃知妙物通犀神一作

88905

綱山集八卷　清鈔本

悔稿八卷 清鈔本

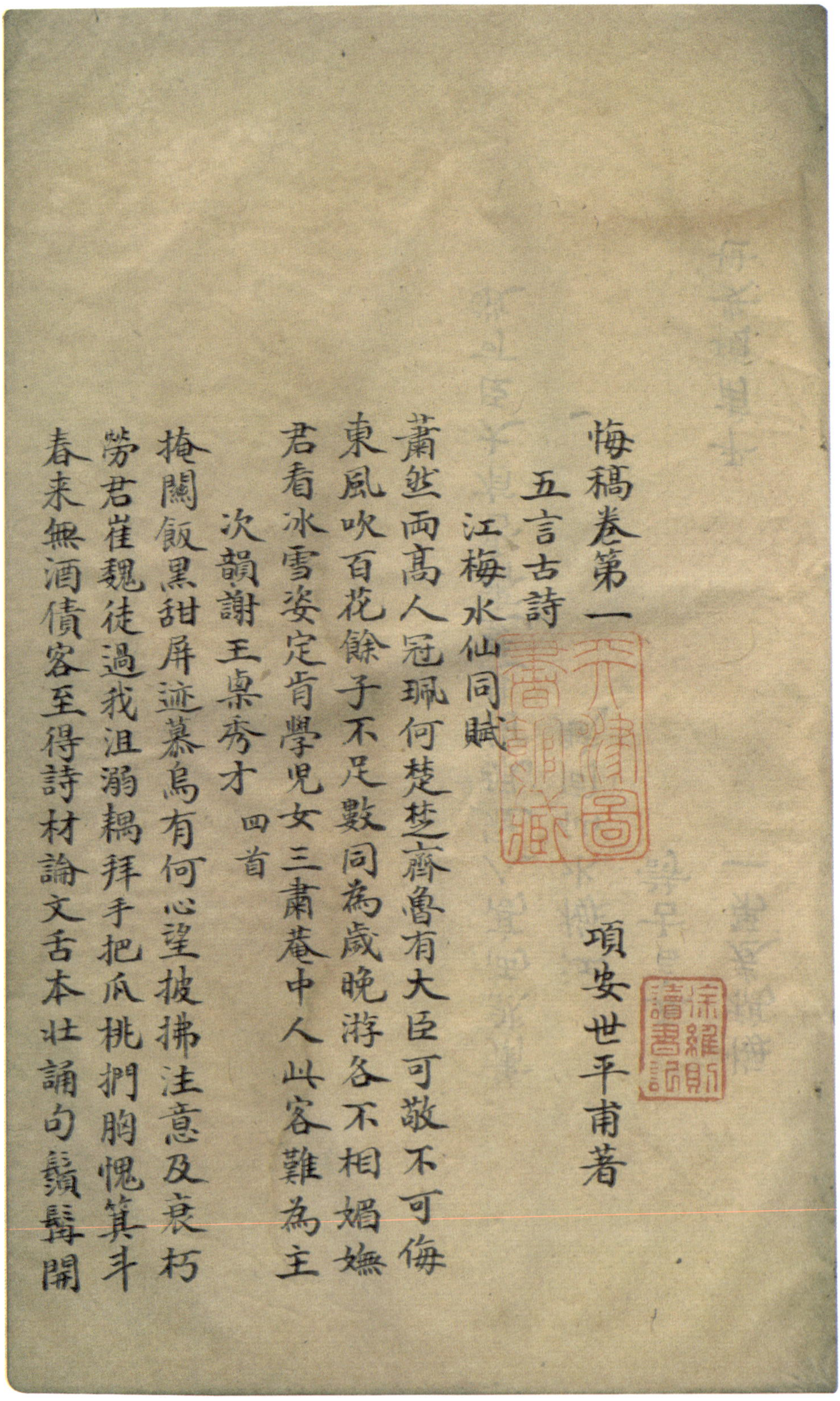

悔稿卷第一　　項安世平甫著

五言古詩

江梅水仙同賦

蕭然而高人冠珮何楚楚齊魯有大臣可敬不可侮
東風吹百花餘子不足數同為歲晚游各不相媚嫵
君看冰雪姿定肯學兒女三肅菴中人此客難為主

次韻謝王桌秀才 四首

掩關飯黑甜屏迹慕烏有何心望披拂注意及衰朽
勞君崔魏徒過我沮溺耦拜手把瓜挑捫胸愧箕斗
春来無酒債客至得詩材論文舌本壮誦句鬚髯開

昌谷集二十二卷　清鈔本

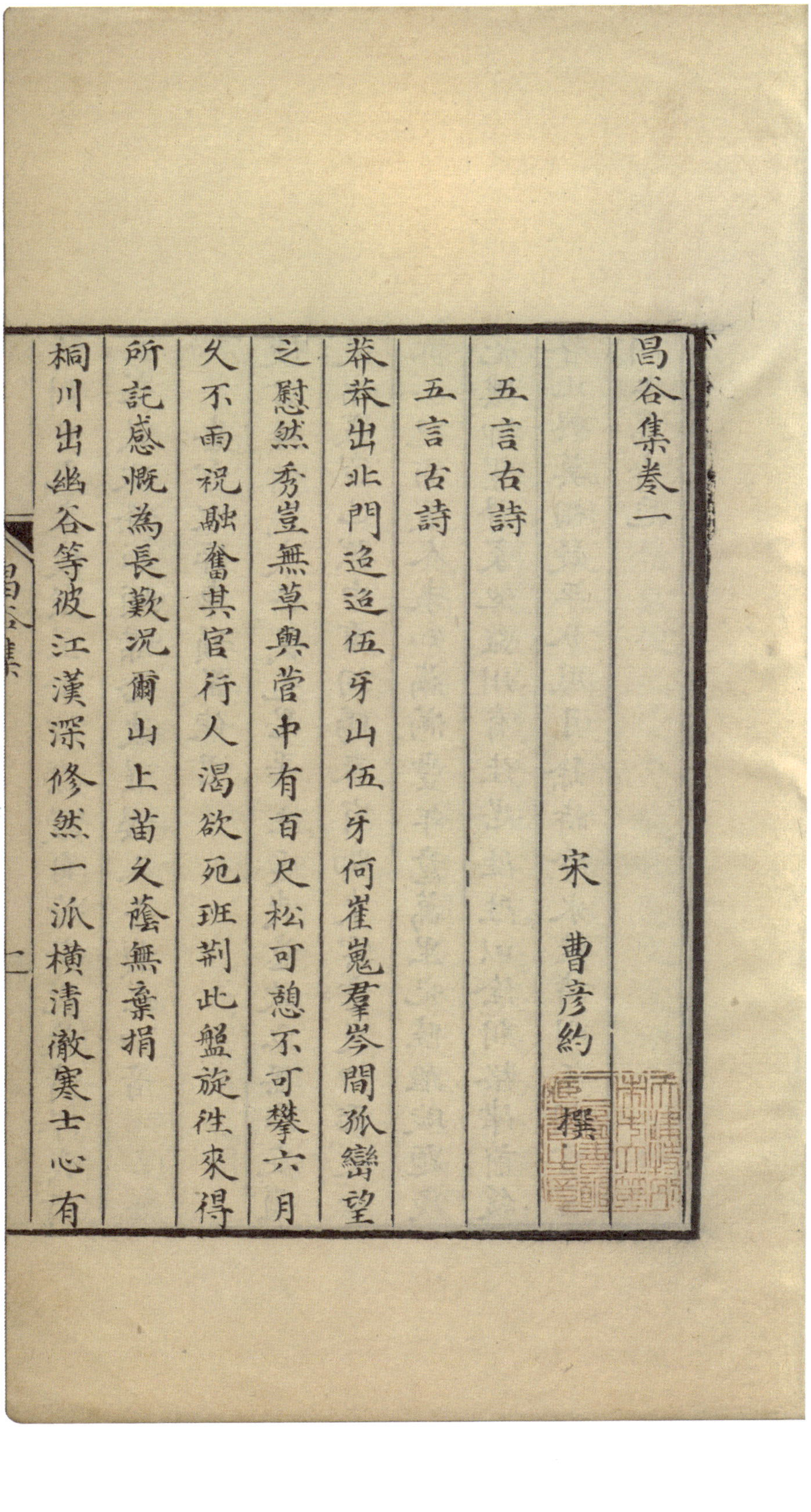
昌谷集卷一
宋　曹彥約　撰
五言古詩
五言古詩
莽莽出北門迢迢伍牙山伍牙何崔嵬羣岑間孤巒望
之慰然秀豈無草與营中有百尺松可憩不可攀六月
久不雨祝融奮其官行人渴欲死班荆此盤旋往來得
所託感慨為長歎況爾山上苗久蔭無棄捐
桐川出幽谷等彼江漢深修然一派橫清澈寒士心有

止齋先生文集五十二卷　明正德元年林長繁刻本

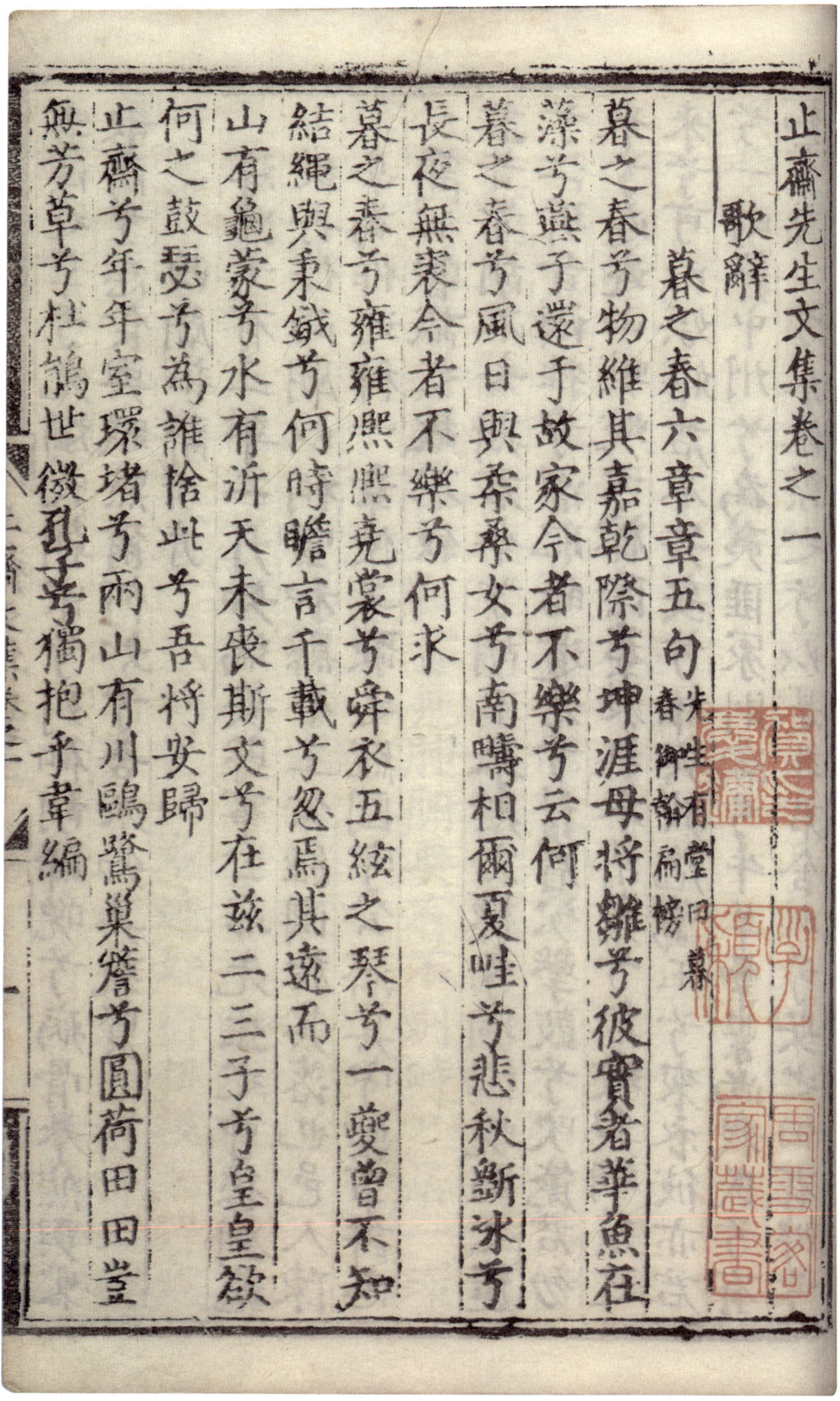
止齋先生文集卷之一

歌辭

暮之春六章章五句先生有堂曰暮春御書扁牓

暮之春兮物維其嘉乾際兮坤涯毋將離兮彼實者華魚在藻兮巢子還于故家今者不樂兮云何

暮之春兮風日與柔桑女兮南疇相爾夏畦兮悲秋斲冰兮長夜無衰今者不樂兮何求

暮之春兮雍雍熙熙堯裳兮舜衣五絃之琴兮一夔曾不知結繩與秉鉞兮何時瞻言千載兮忽焉其遠而

山有龜蒙兮水有沂天未喪斯文兮在茲二三子兮皇皇欲何之鼓瑟兮為誰捨此兮吾將安歸

止齋兮年年室環堵兮兩山有川鷗鷺巢簷兮圓荷田田豈無芳草兮杜鵑世微孔子兮獨抱乎韋編

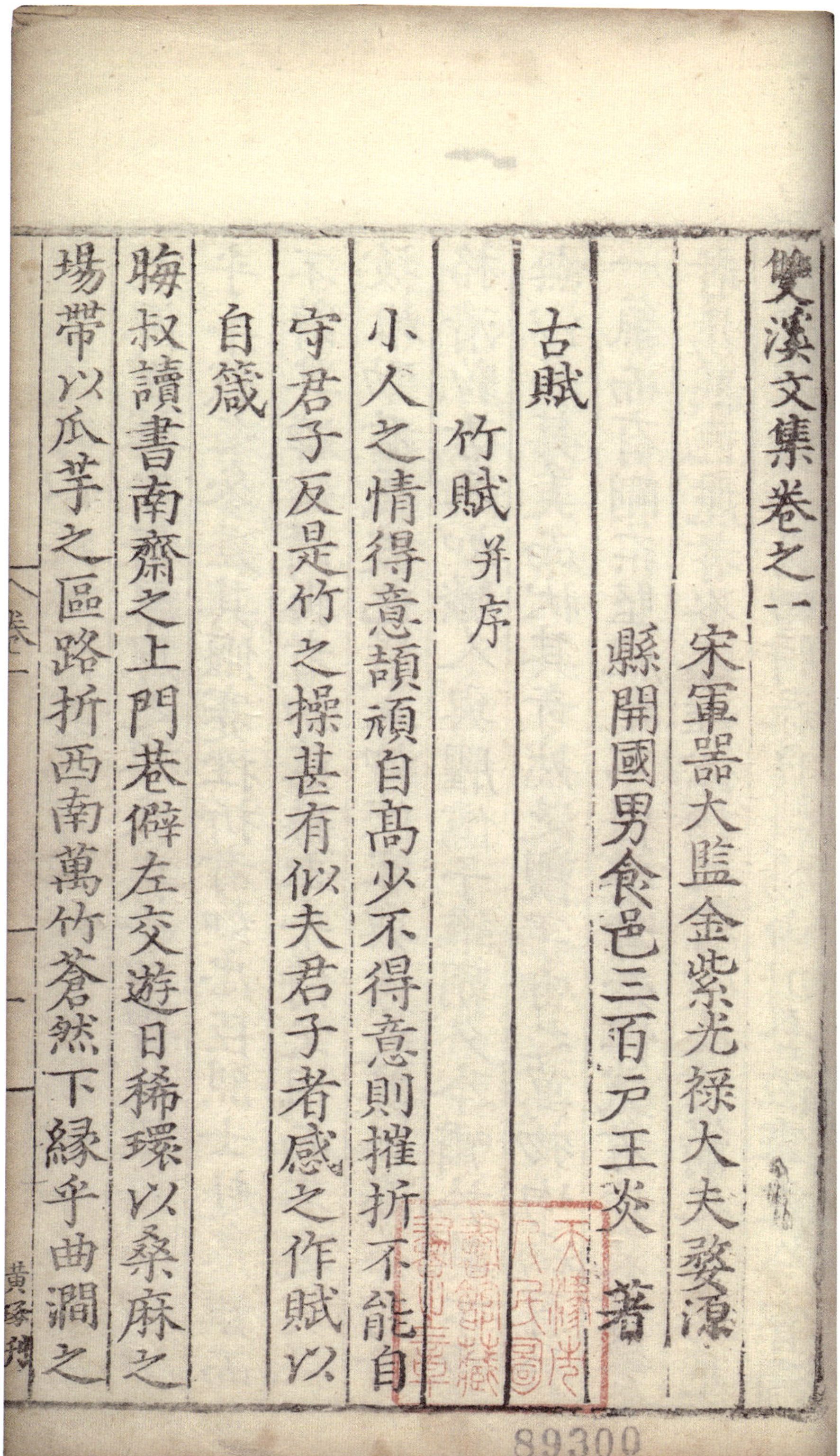
雙溪文集卷之一

宋軍器大監金紫光祿大夫婺源

縣開國男食邑三百戶王炎 著

古賦

竹賦并序

小人之情得意頡頏自高少不得意則摧折不能自守君子反是竹之操甚有似夫君子者感之作賦以自箴

晦叔讀書南齋之上門巷僻左交遊日稀環以桑麻之場帶以瓜芋之區路折西南萬竹蒼然下緣乎曲澗之

卷之一 一

黃琢刊

雙溪文集十七卷

明嘉靖十二年王懋元刻本

象山先生全集三十六卷　明嘉靖四十年何遷刻本

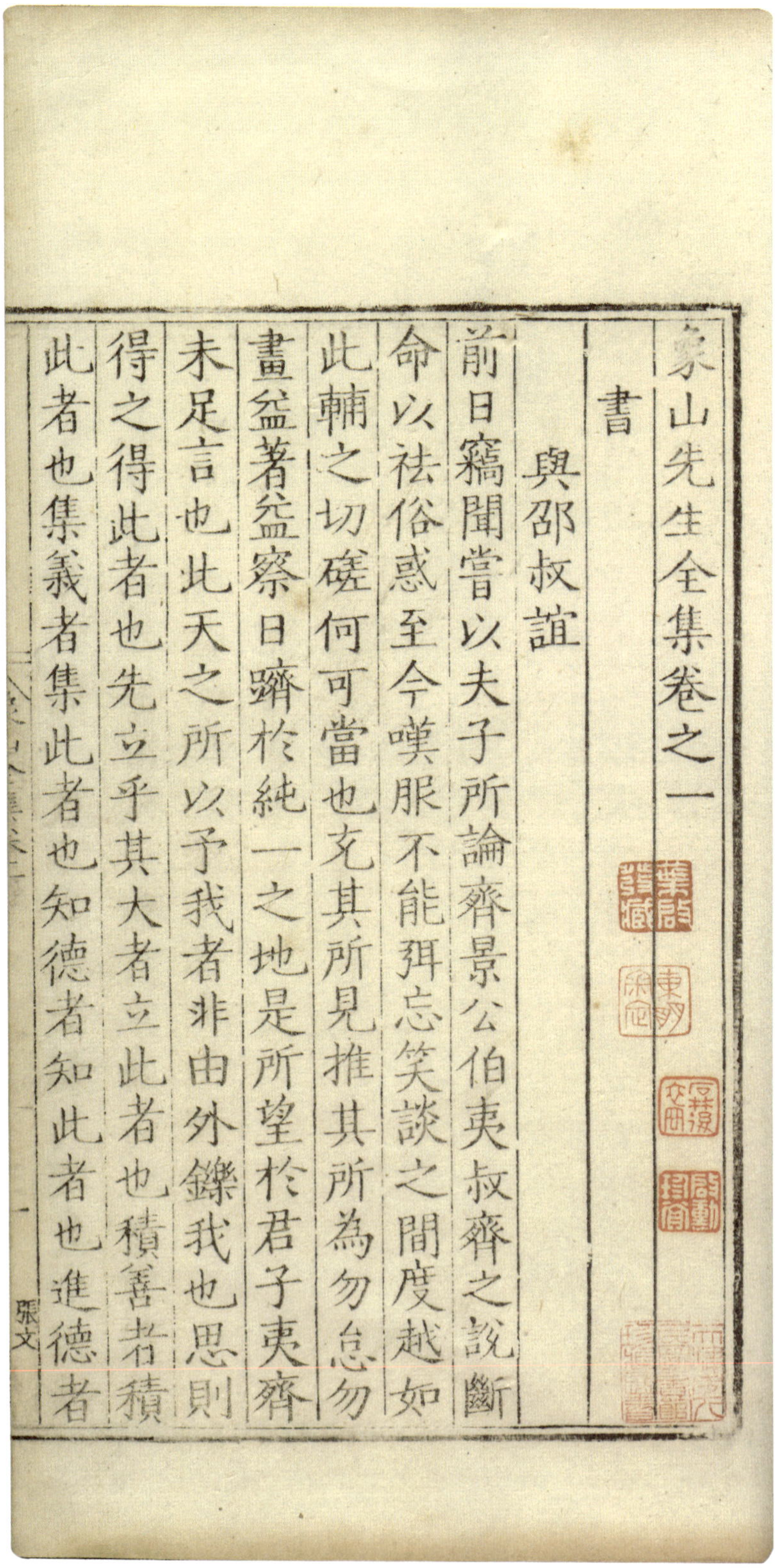
象山先生全集卷之一

書

與邵叔誼

前日竊聞嘗以夫子所論齊景公伯夷叔齊之說斷命以祛俗惑至今嘆服不能弭忘笑談之間度越如此輔之切磋何可當也充其所見推其所為勿怠勿晝益著益察日躋於純一之地是所望於君子夷齊未足言也此天之所以予我者非由外鑠我也思則得之得此者也先立乎其大者立此者也積善者積此者也集義者集此者也知德者知此者也進德者

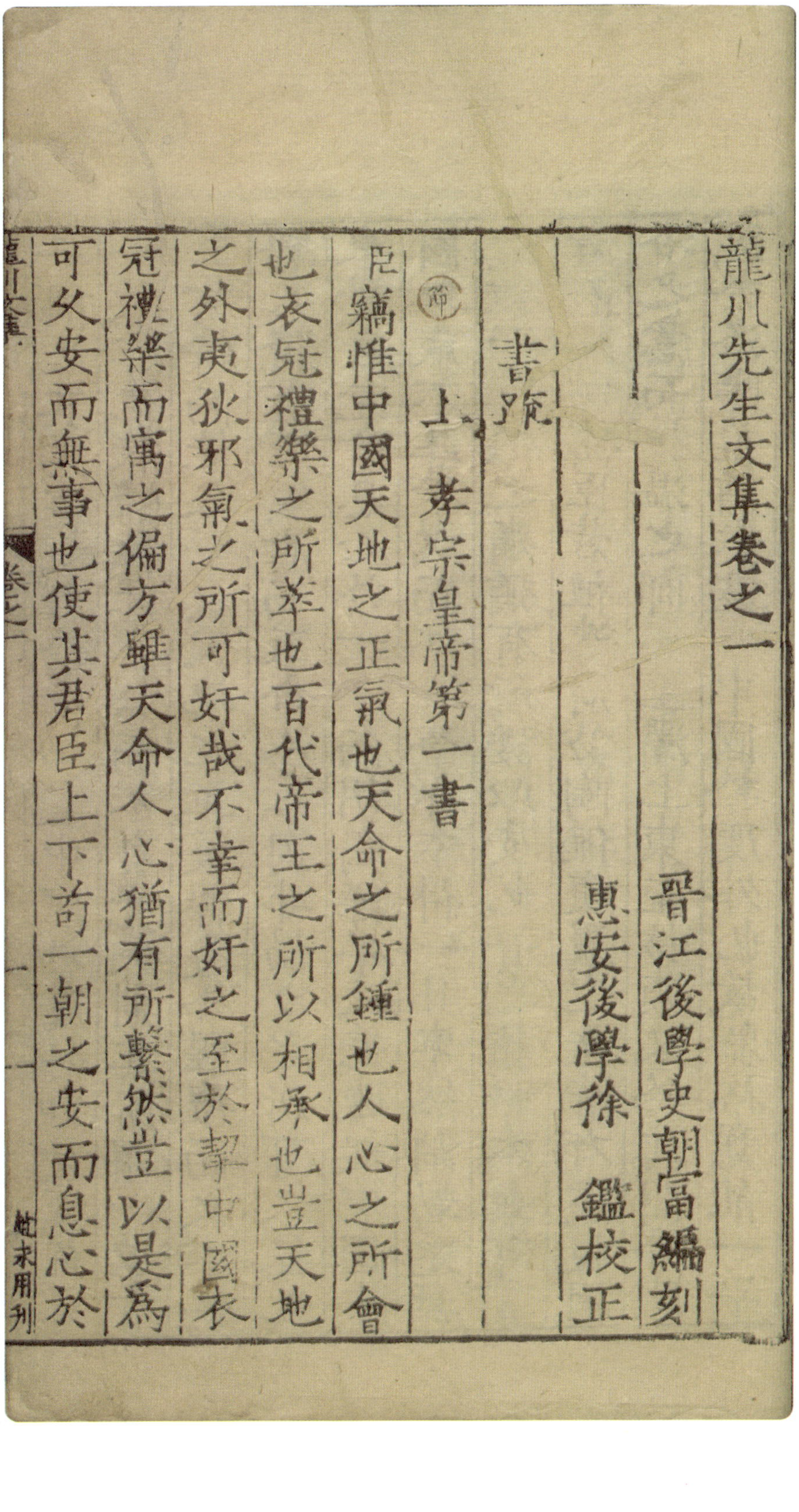
龍川先生文集卷之一
晉江後學史朝富編刻
惠安後學徐　鑑校正
書疏
上孝宗皇帝第一書
臣竊惟中國天地之正氣也天命之所鍾也人心之所會
也衣冠禮樂之所萃也百代帝王之所以相承也豈天地
之外夷狄邪氣之所可奸哉不幸而奸之至於挈中國衣
冠禮樂而寓之偏方雖天命人心猶有所繫然豈以是爲
可久安而無事也使其君臣上下苟一朝之安而息心於
龍川文集　卷之一　一

龍川先生文集三十卷　明嘉靖史朝富刻本

陳同甫集三十卷

清初嶺南壽經堂活字印本

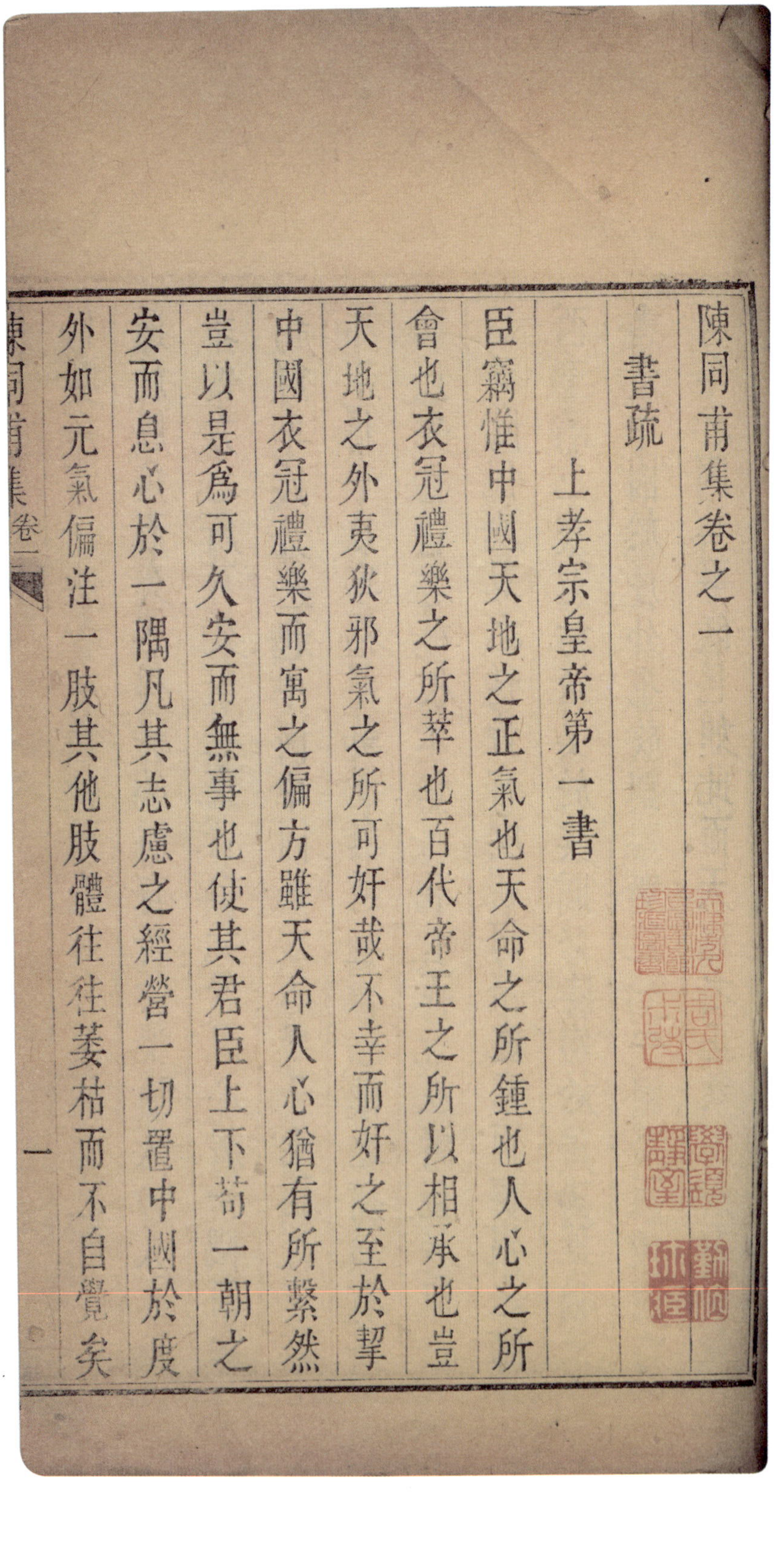

陳同甫集卷之一

書疏

上孝宗皇帝第一書

臣竊惟中國天地之正氣也天命之所鍾也人心之所會也衣冠禮樂之所萃也百代帝王之所以相承也豈天地之外夷狄邪氣之所可奸哉不幸而奸之至於挈中國衣冠禮樂而寓之偏方雖天命人心猶有所繫然豈以是爲可久安而無事也使其君臣上下苟一朝之安而息心於一隅凡其志慮之經營一切置中國於度外如元氣偏注一肢其他肢體往往萎枯而不自覺矣

陳同甫集 卷一 一

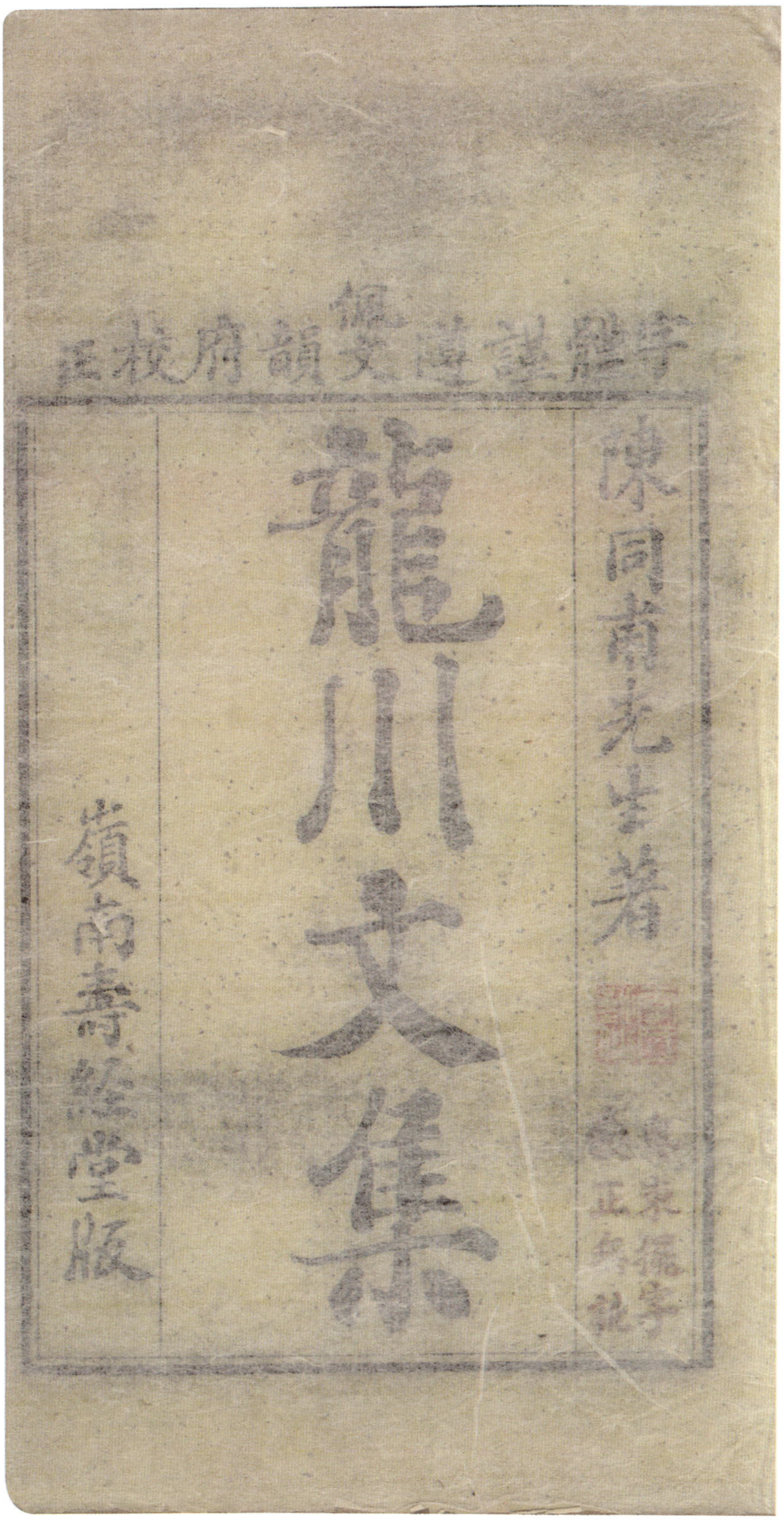

陳同甫集三十卷

清初嶺南壽經堂活字印本

杜清獻公集十九卷 清鈔本

杜清獻公集卷一
宋中書右丞相兼樞密院使贈少傅謚清獻
杜範著
五言古詩
夏夜雲月不明有感
天色清霽浮雲翳層空朦朧玉盤質髣髴擘拏中
瓊宇本瑩徹一髮不可容胡為受掩蓋萬象歸冥蒙
誰能召風伯掃氛有餘功中天懸清光娟々萬里同
病中和東里寺中作

清獻集卷一　一

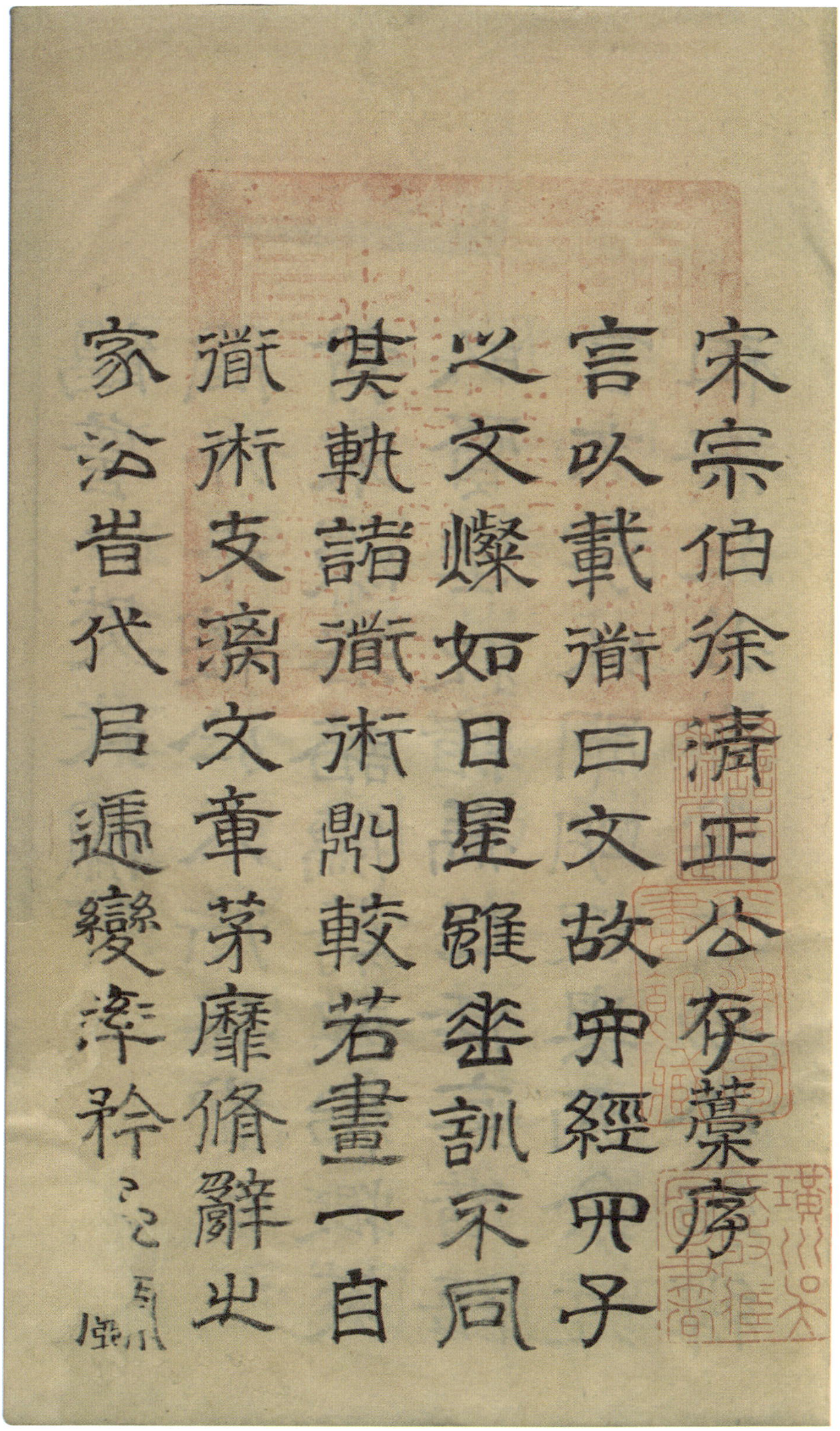
宋宗伯徐清正公存藁序
言以載道曰文故六經孔子
之文爕如日星雖垂訓不同
其執諸道術則較若畫一自
道術支離文章茅靡脩辭之
家谷皆代已遞變率矜

宋宗伯徐清正公存稿六卷　清小山堂鈔本

宋宗伯徐清正公存稿六卷 清小山堂鈔本

宋宗伯徐清正公存稿卷之一

裔孫 鑒 校梓

奏劄

四年丁酉六月輪對第一劄

臣寒遠孤蹤材能譾薄遭逢明聖擢寘班聯𥊍緯至情每恨無因借玉陛方寸地一吐之茲因賜對獲望清光不敢摭拾細微以應故事請以關於理亂之大者爲陛下告臣聞至不可玩者上天之怒心尤不可忽者斯人之疑心知所以解人心之疑則可以息天

棠湖詩藁一卷　宋臨安陳宅書籍鋪刻本

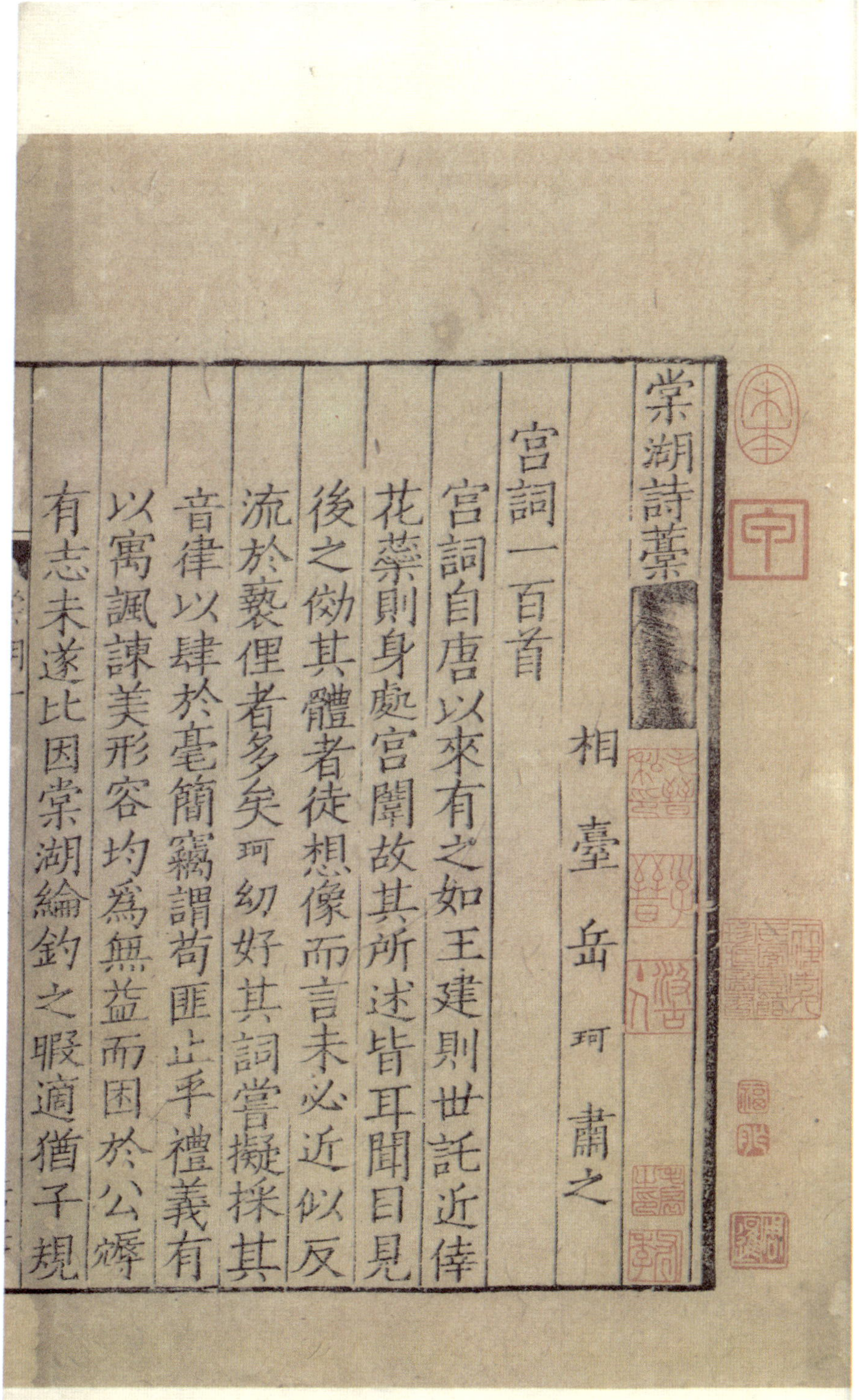
棠湖詩藁

相臺岳珂肅之

宮詞一百首

宮詞自唐以來有之如王建則世託近倖
花蘂則身處宮闈故其所述皆耳聞目見
後之俲其體者徒想像而言未必近似反
流於褻俚者多矣珂幼好其詞嘗擬採其
音律以肆於毫簡竊謂苟匪止乎禮義有
以寓諷諫美形容均爲無益而困於公嫓
有志未遂比因棠湖綸釣之暇適猶子規

棠湖詩藁一卷　宋臨安陳宅書籍鋪刻本

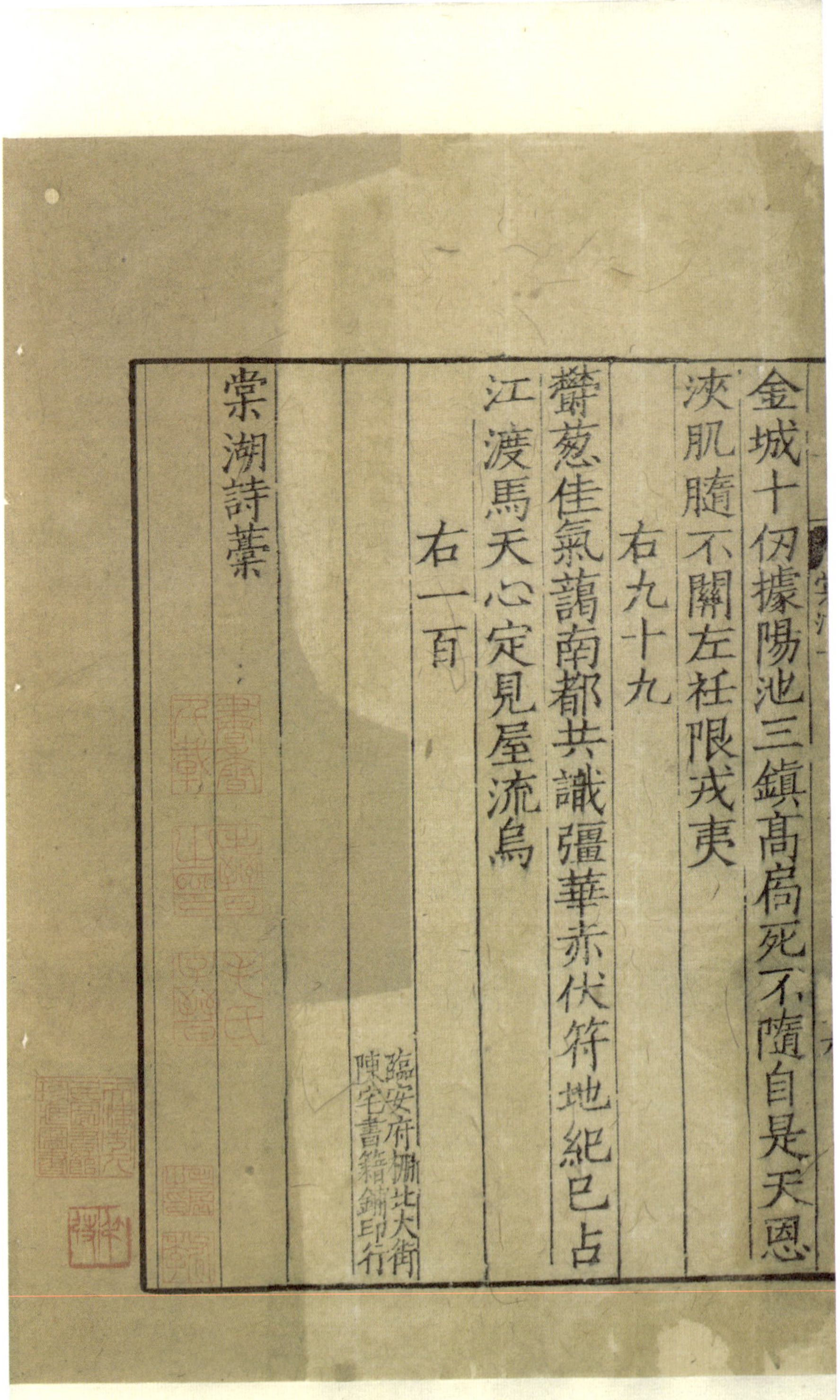
金城十仞據陽池三鎮高扃死不隨自是天恩
浹肌髓不關左衽限戎夷
右九十九
欝葱佳氣藹南都共識彊華赤伏符地紀巳占
江渡馬天心定見屋流烏
右一百
臨安府棚北大街陳宅書籍鋪印行
棠湖詩藁

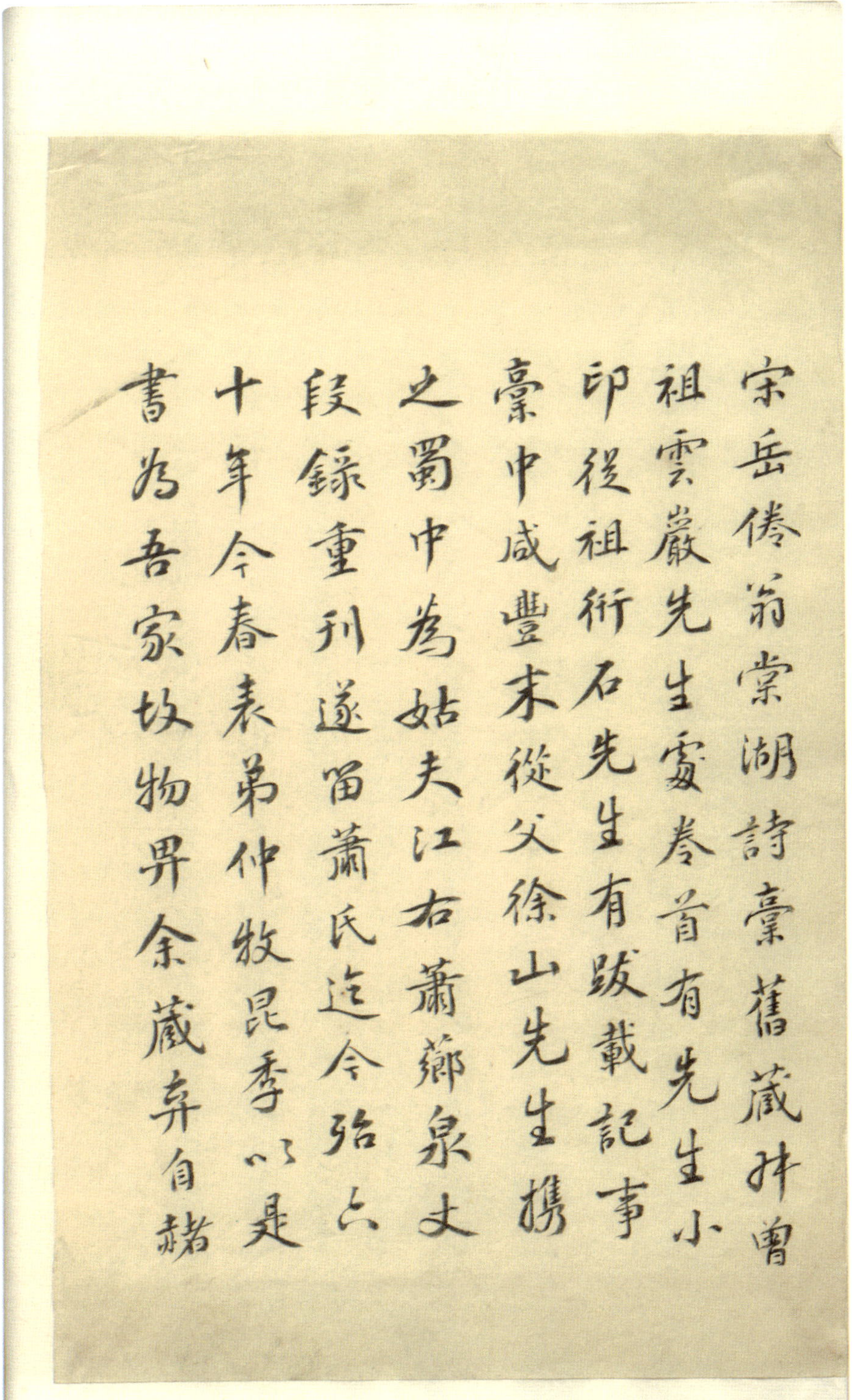
宋岳倦翁棠湖詩稾舊藏外曾
祖雲巖先生處卷首有先生小
印從祖衎石先生有跋載記事
稾中咸豐末從父徐山先生携
之蜀中爲姑夫江右蕭鄰泉丈
段錄重刊遂留蕭氏迄今殆六
十年今春表弟仲牧昆季以是
書爲吾家故物畀余藏弃自赭

棠湖詩藁一卷　宋臨安陳宅書籍鋪刻本

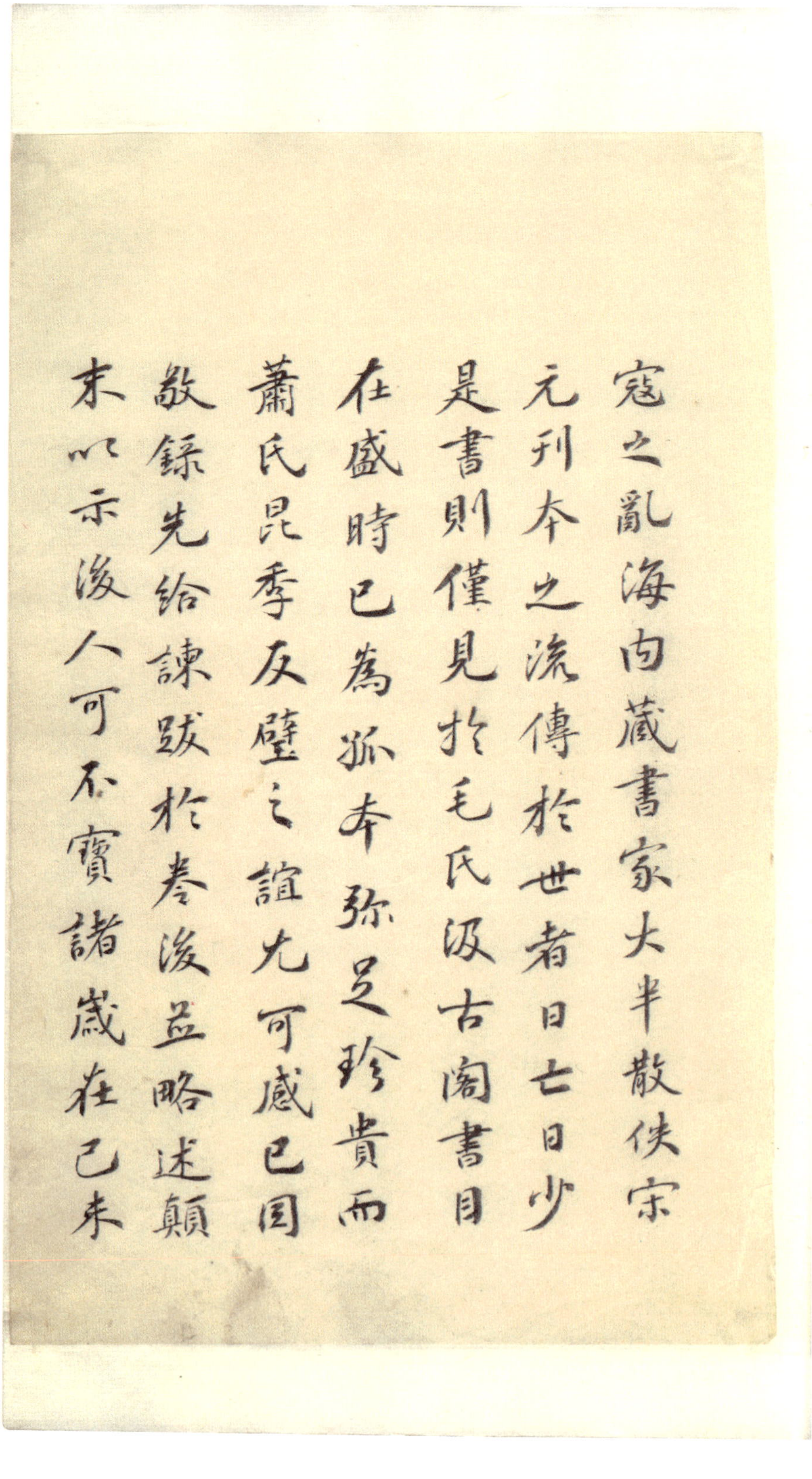

寇之亂海内藏書家大半散佚宋元刊本之流傳於世者日亡日少是書則僅見於毛氏汲古閣書目在盛時已為孤本弥足珍貴而蕭氏昆季友璧之誼尤可感已因敬録先給諫跋於卷後並略述顛末以示後人可不寶諸歲在己未

棠湖詩藁一卷　宋臨安陳宅書籍鋪刻本

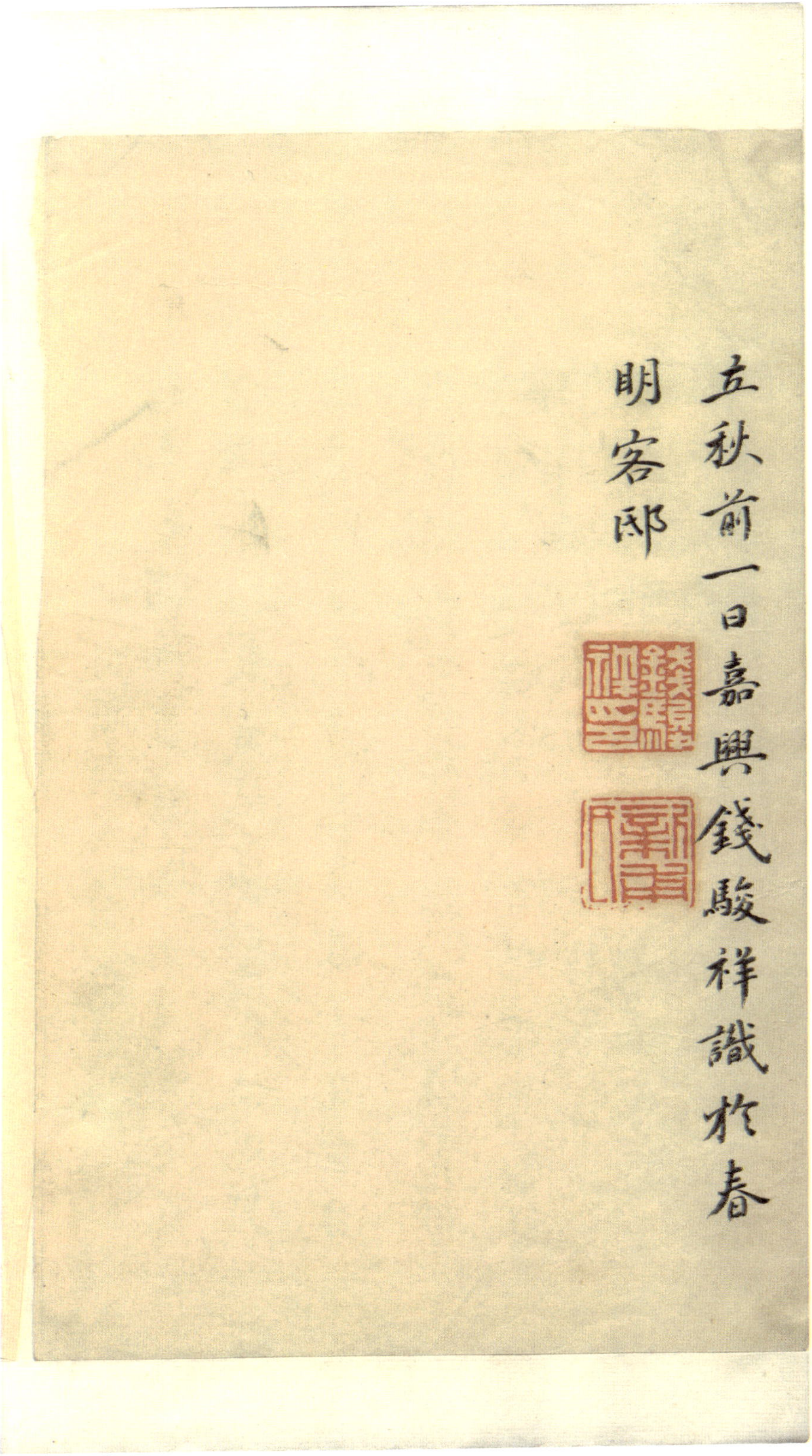
立秋前一日嘉興錢駿祥識於春
明客邸

棠湖詩稾一卷　宋臨安陳宅書籍鋪刻本

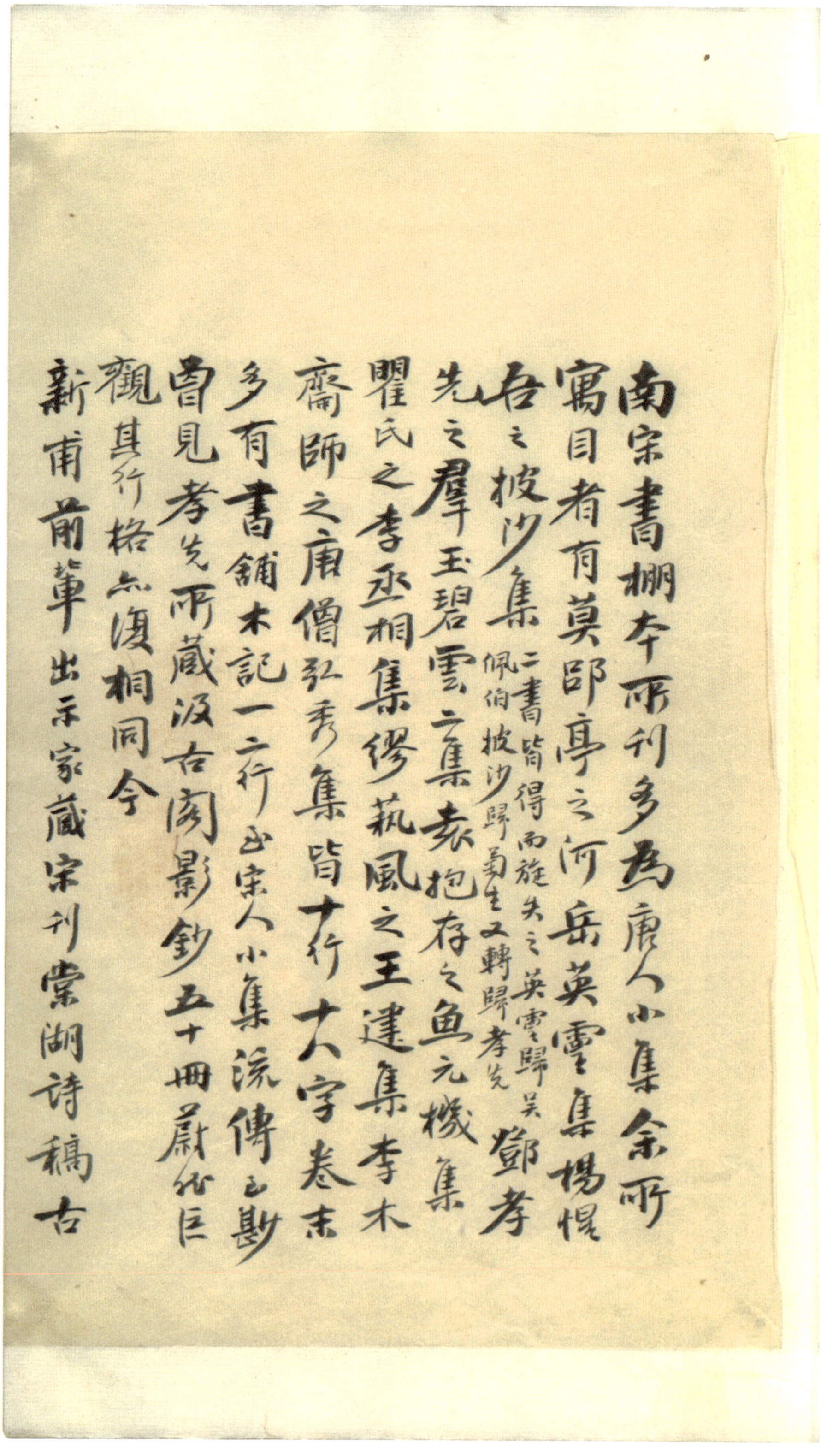

南宋書棚本所刊多為唐人小集余所
寓目者有莫郘亭之河岳英靈集楊惺
吾之披沙集（二書皆得而旋失之英靈歸吳佩伯披沙歸蜀生又轉歸孝先）鄧孝
先之羣玉碧雲二集袁抱存之魚元機集
瞿氏之李丞相集繆藝風之王建集李木
齋師之唐僧弘秀集皆十行十八字卷末
多有書鋪木記一二行亦宋人小集流傳之尠
曾見孝先所藏汲古閣影鈔五十冊蔚紉臣
覩其行格亦復相同今
新甫前輩出示家藏宋刊棠湖詩稿古

棠湖詩藁一卷　宋臨安陳宅書籍鋪刻本

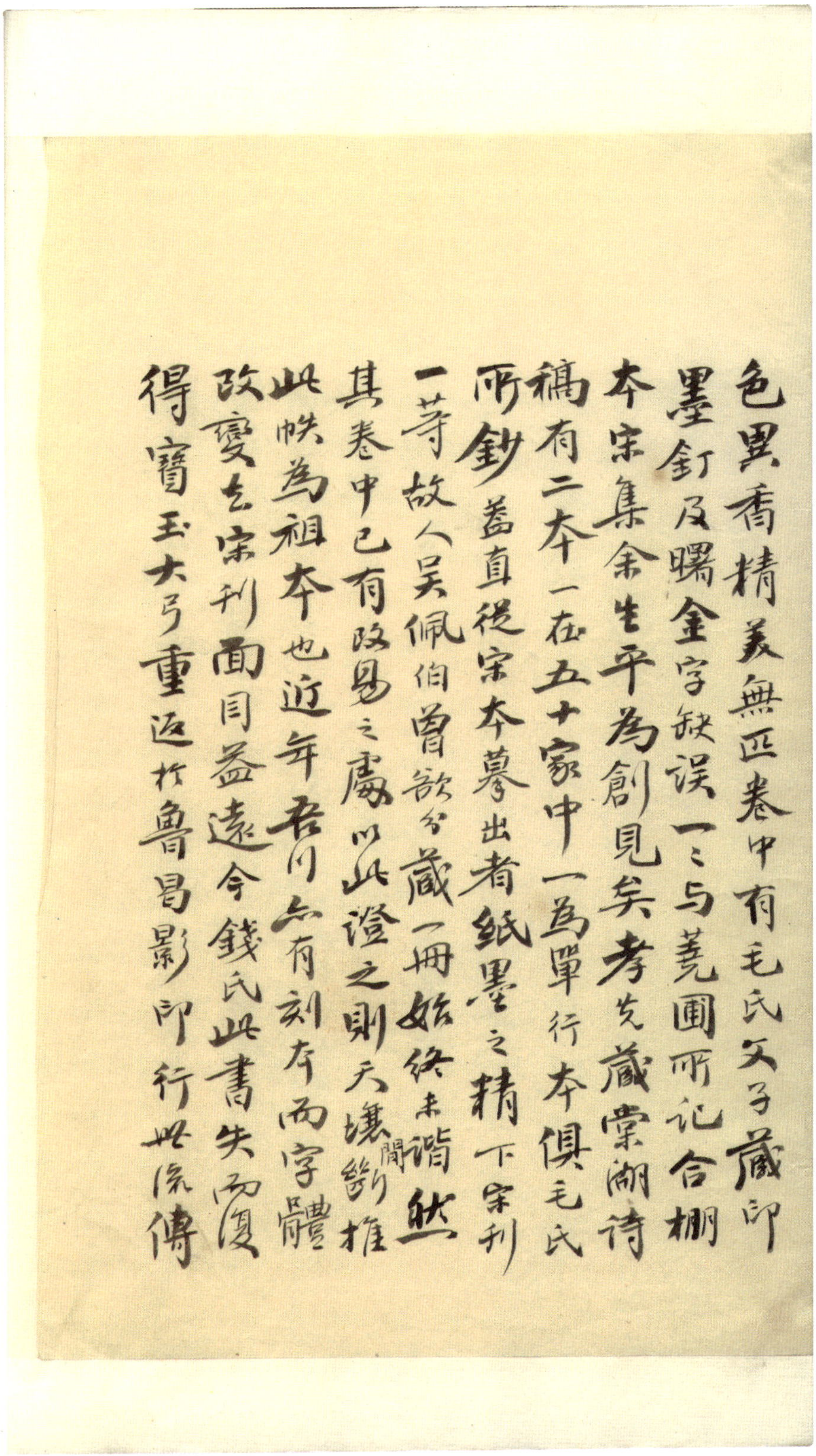

色異香精美無匹卷中有毛氏父子藏印
墨釘及蠲金字缺誤一一与荛圃所記合棚
本宋集余生平為創見矣孝先藏棠湖詩
稿有二本一在五十家中一為單行本俱毛氏
所鈔蓋直從宋本摹出者紙墨之精下宋刊
一等故人吴佩伯曾欲分藏一冊始終未諧然
其卷中已有改易之處以此證之則天壤間斷推
此帙為祖本也近年吾川亦有刻本而字體
改變去宋刊面目益遠今錢氏此書失而復
得寶玉大弓重返於魯昌影印行世流傳

棠湖詩藁一卷　宋臨安陳宅書籍鋪刻本

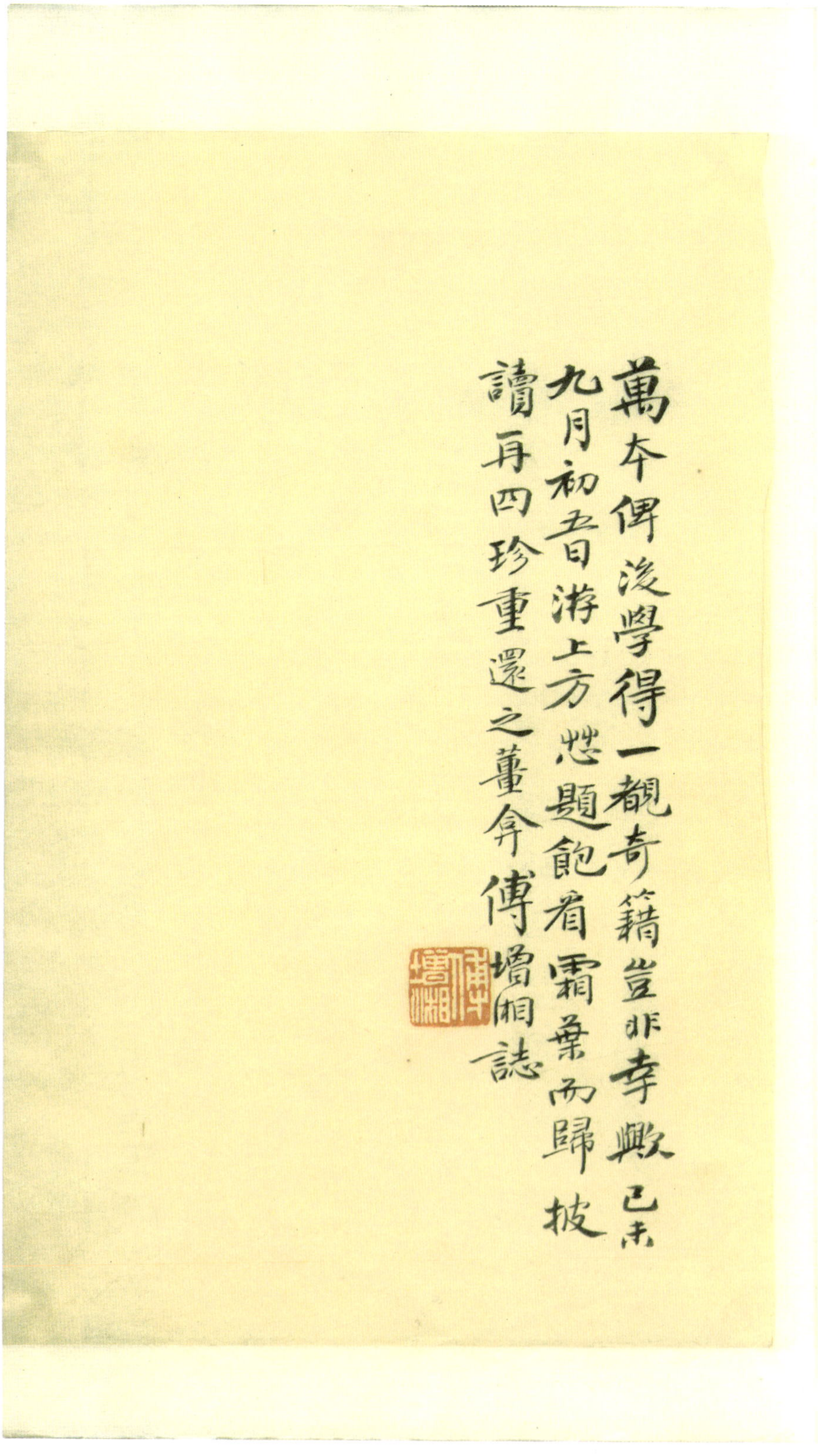
萬本俾後學得一覩奇籍豈非幸歟　己未
九月初五日游上方山題飽看霜葉而歸　披
讀再四珍重還之董弇傅增湘誌

棠湖詩藁一卷　宋臨安陳宅書籍鋪刻本

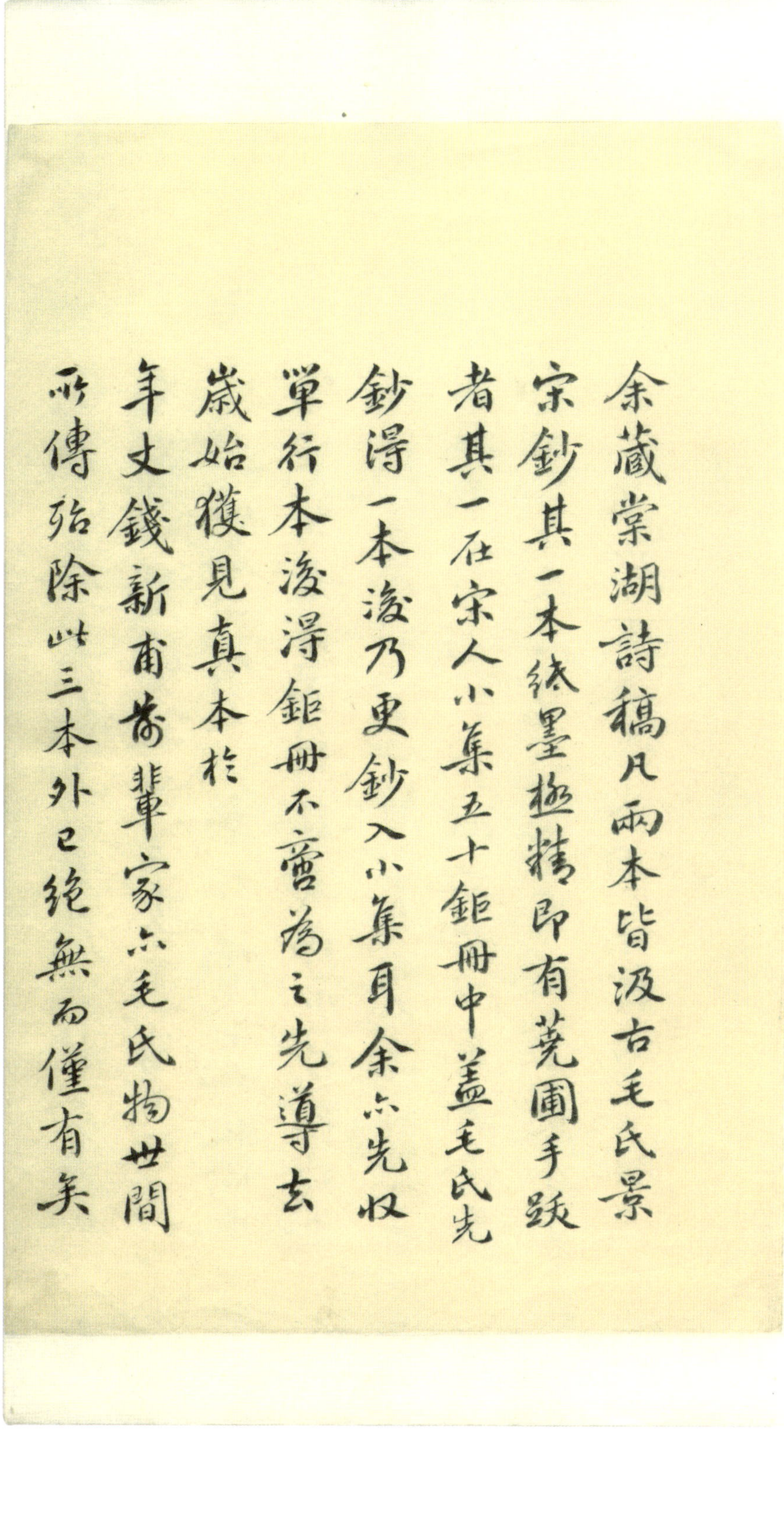

余藏棠湖詩稿凡兩本皆汲古毛氏景宋鈔其一本紙墨極精即有蕘圃手跋者其一在宋人小集五十鉅冊中蓋毛氏先鈔得一本後乃更鈔入小集耳余亦先收單行本後得鉅冊不啻爲之先導去歲始獲見真本於
年丈錢新甫前輩家亦毛氏物世間所傳殆除此三本外已絕無而僅有矣

棠湖詩藁一卷 宋臨安陳宅書籍鋪刻本

書棚小集著錄者多唐人詩余所收
有羣玉碧雲披沙三李集皆十行十八
字與此本同宋人小集行款亦十九相同大
字寬行者不過數種毛氏所鈔雖强半
為讀畫齋刊入羣賢小集而不依行款其
所據亦必非毛鈔玉棚本宋人集流傳益
尠余年來所見只此本耳毛氏三本今尚
見之且得見其祖本固為深幸又拜讀

棠湖詩藁一卷　宋臨安陳宅書籍鋪刻本

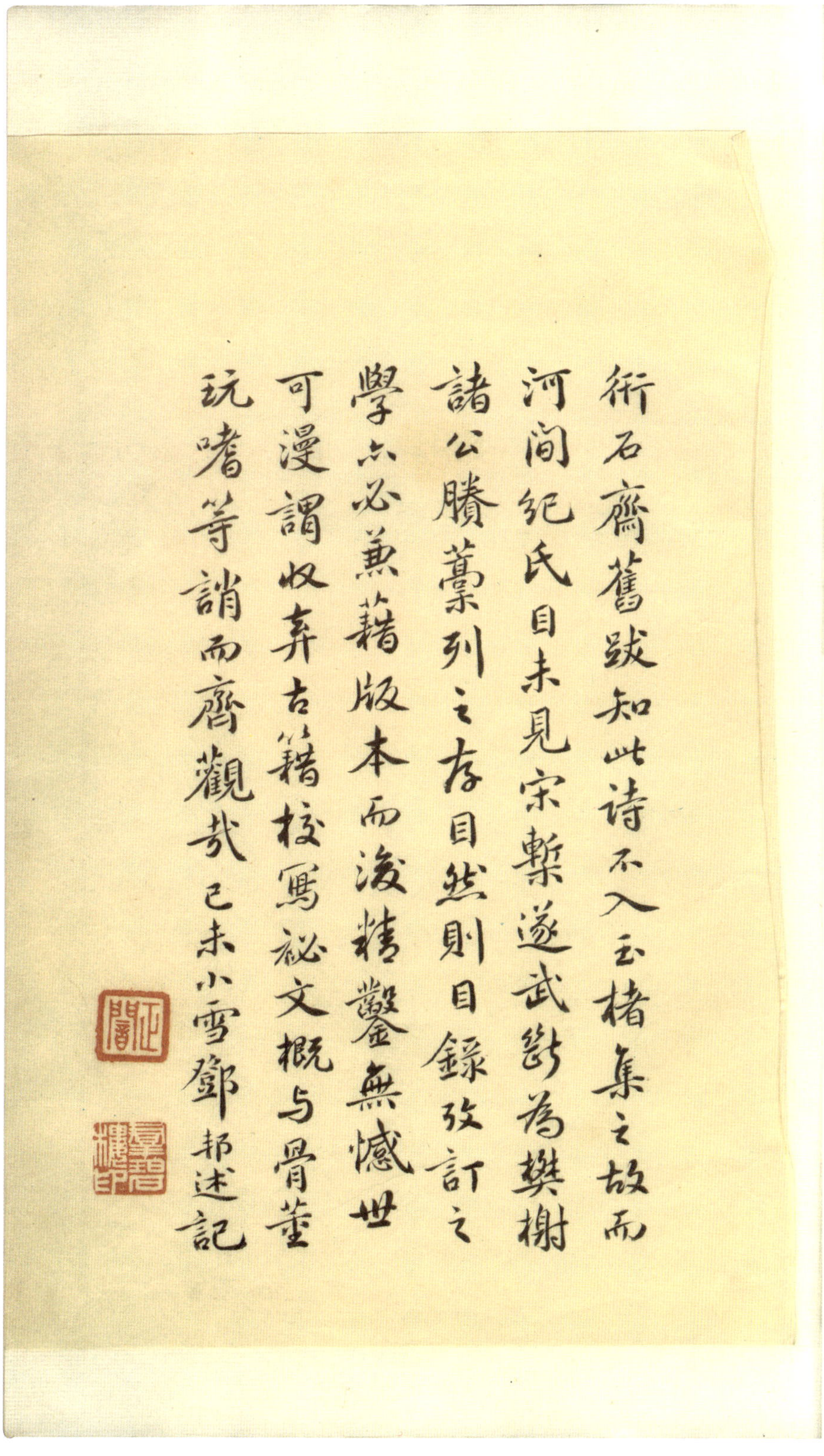
衎石齋舊跋知此詩不入玉楮集之故而
河間紀氏目未見宋槧遂武斷爲欒樹
諸公賸藁列之存目然則目錄攷訂之
學亦必兼藉版本而後精鑒無憾世
可漫謂收弃古籍校寫秘文概与骨董
玩嗜等誚而齊觀哉　己未小雪鄧邦述記

剪綃集二卷　明毛氏汲古閣刻詩詞雜俎本

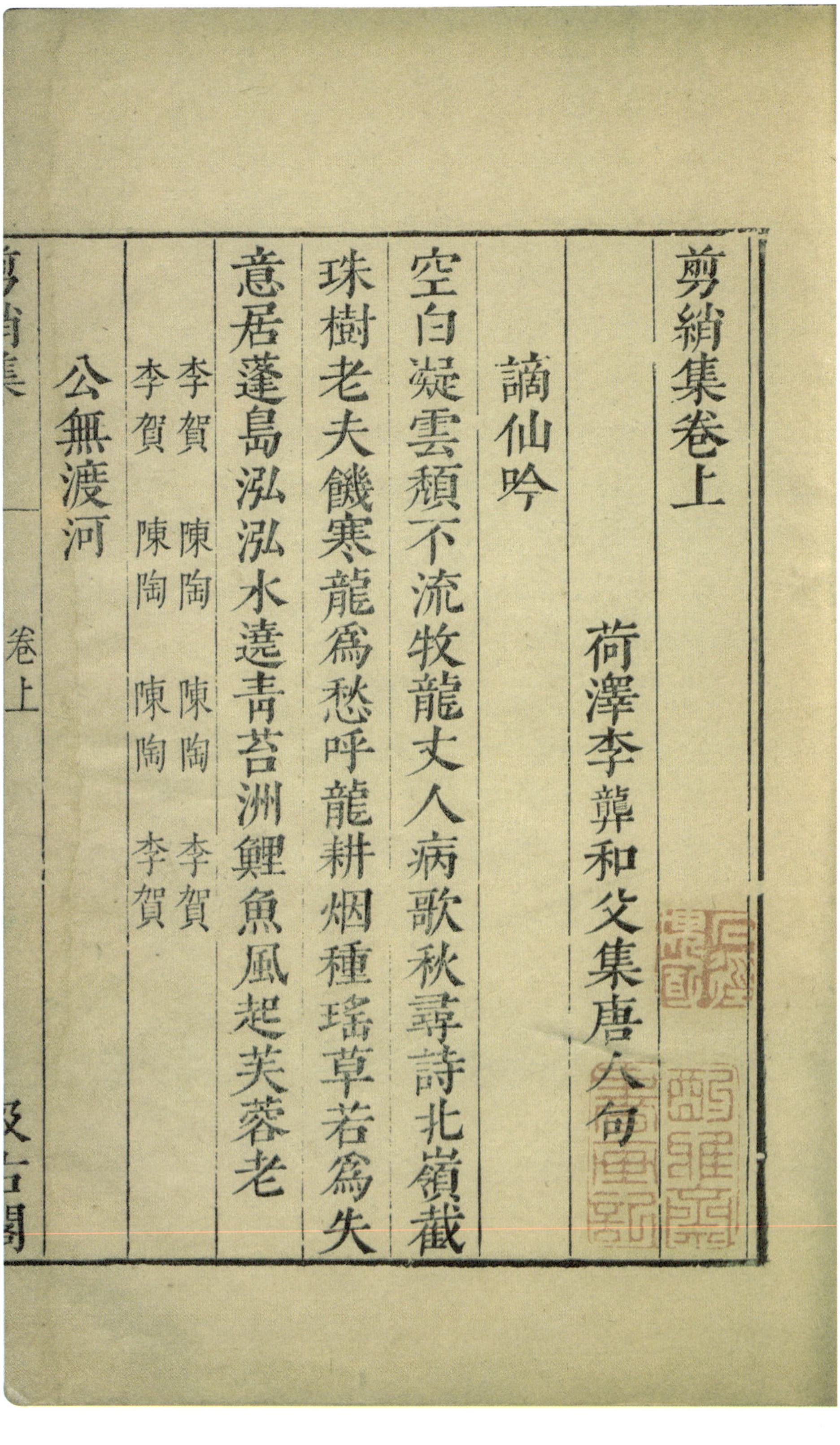
剪綃集卷上

荷澤李龏和父集唐人句

謫仙吟

空白凝雲頽不流牧龍丈人病歌秋尋詩北嶺截
珠樹老夫饑寒龍爲愁呼龍耕烟種瑤草若爲失
意居蓬島泓泓水遶青苔洲鯉魚風起芙蓉老

李賀　陳陶　陳陶　李賀
李賀　陳陶　陳陶　李賀

公無渡河

剪綃集　卷上　汲古閣

文山先生全集十六卷　明嘉靖三十九年張元諭刻本

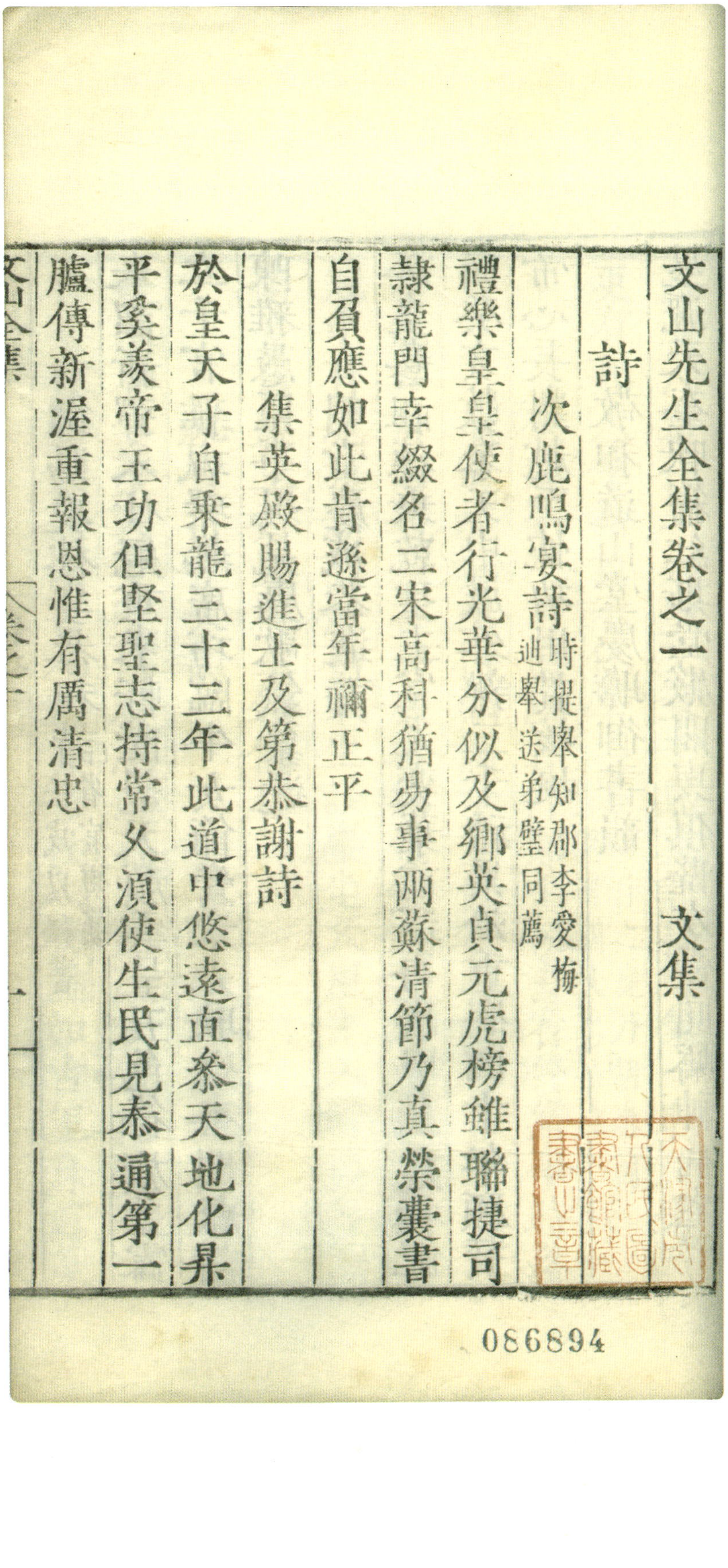
文山先生全集卷之一　文集

詩

次鹿鳴宴詩 時提舉知郡李愛梅廸舉送弟璧同薦

禮樂皇皇使者行光華分似及鄉英貞元虎榜雖聯捷司隸龍門幸綴名二宋高科猶易事兩蘇清節乃真榮囊書自負應如此肯遂當年禰正平

集英殿賜進士及第恭謝詩

於皇天子自乘龍三十三年此道中悠遠直參天地化昇平奚羨帝王功但堅聖志持常久須使生民見泰通第一臚傳新渥重報恩惟有厲清忠

文山全集　卷之一　一

新刊重訂疊山謝先生文集二卷

明嘉靖三十四年林光祖刻本

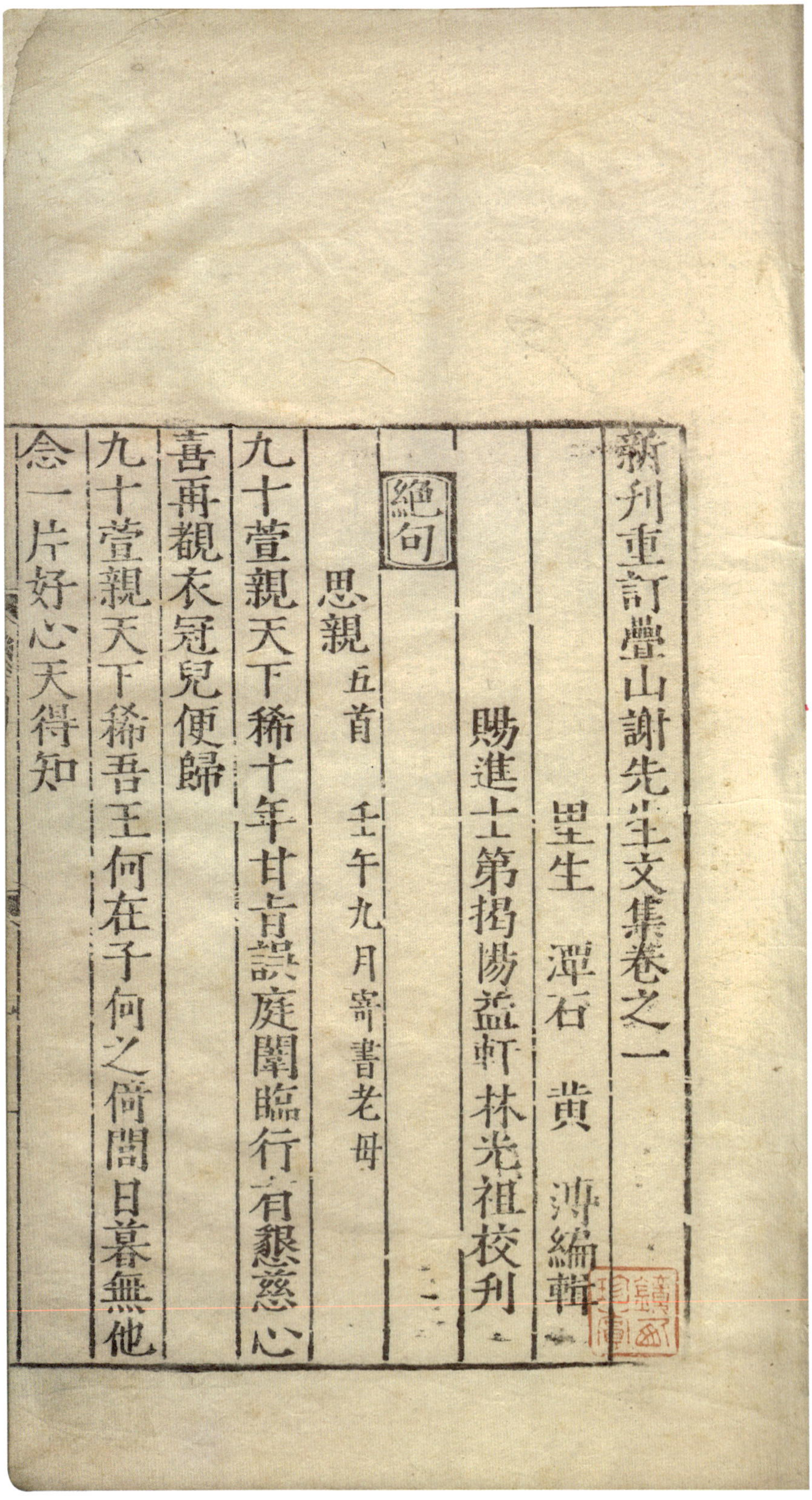

新刊重訂疊山謝先生文集卷之一

里生　潭石　黄　溥編輯

賜進士第揭陽益軒　林光祖校刊

絕句

思親五首　壬午九月寄書老母

九十萱親天下稀十年甘旨誤庭闈臨行有懇慈心喜再覩衣冠兒便歸

九十萱親天下稀吾王何在子何之倚閭日暮無他念一片好心天得知

定一級

柴四隱詩集一卷　清鈔本

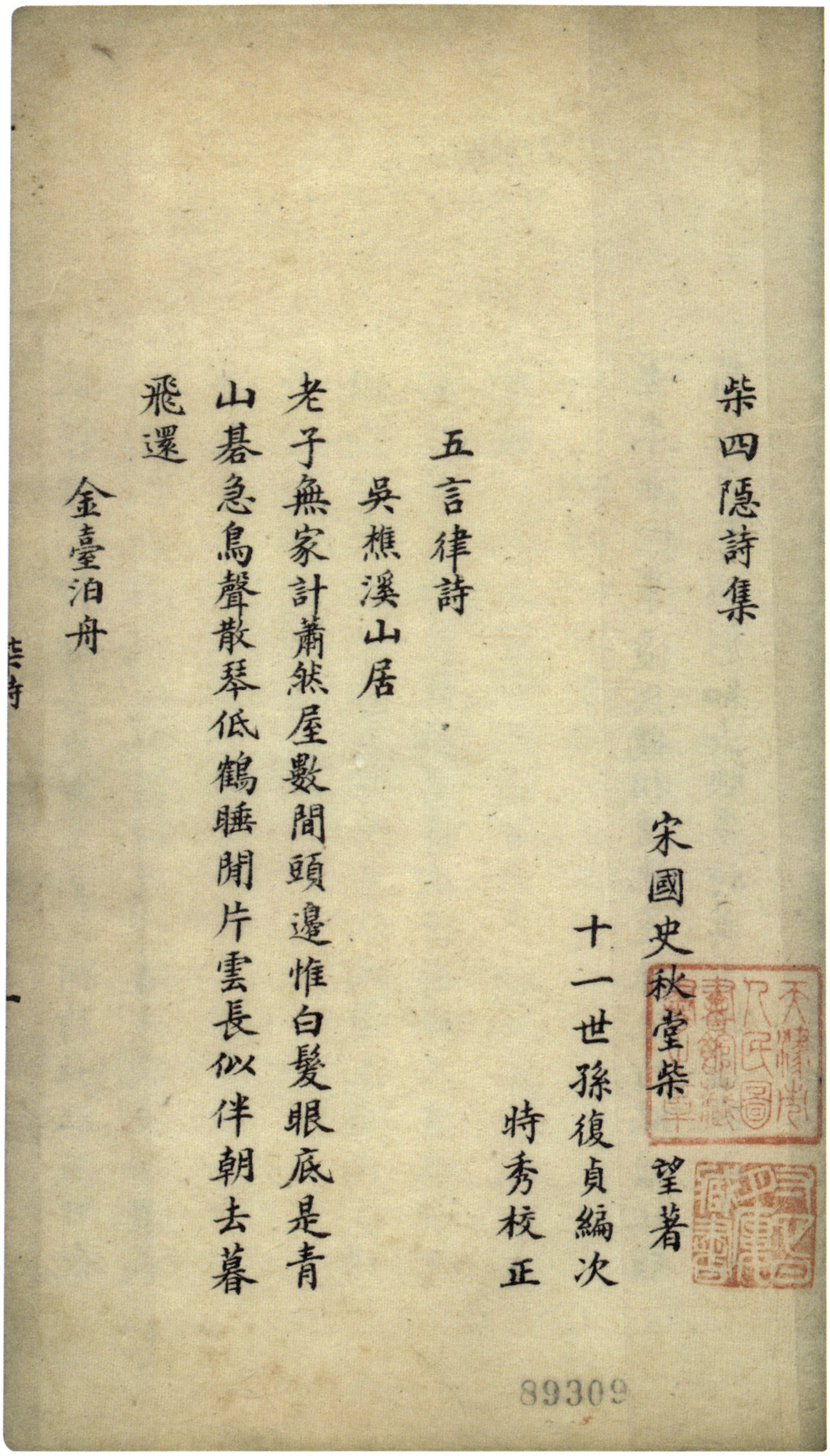
柴四隱詩集

宋國史秋堂柴　望著

十一世孫復貞編次

時秀校正

五言律詩

吴樵溪山居

老子無家計蕭然屋數間頭邊惟白髮眼底是青山碁急鳥聲散琴低鶴睡閑片雲長似伴朝去暮飛還

金臺泊舟

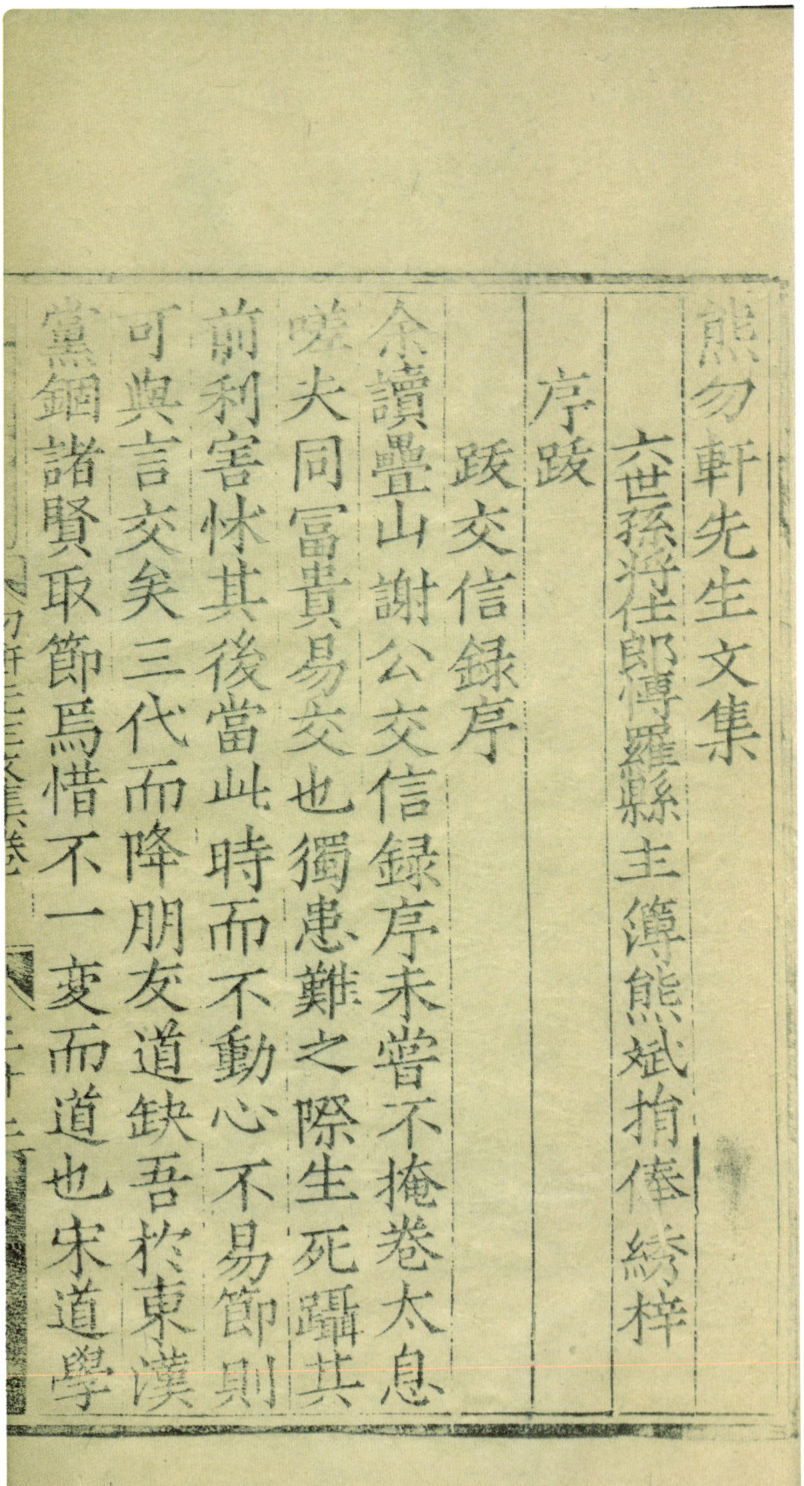
熊勿軒先生文集
六世孫將仕郎博羅縣主簿熊斌捐俸繡梓
序跋
跋交信録序
余讀疊山謝公交信録序未嘗不掩卷太息
嗟夫同富貴易交也獨患難之際生死羈其
前利害怵其後當此時而不動心不易節則
可與言交矣三代而降朋友道缺吾於東漢
黨錮諸賢取節焉惜不一変而道也宋道學

熊勿軒先生文集八卷　明成化　弘治間熊氏刻本

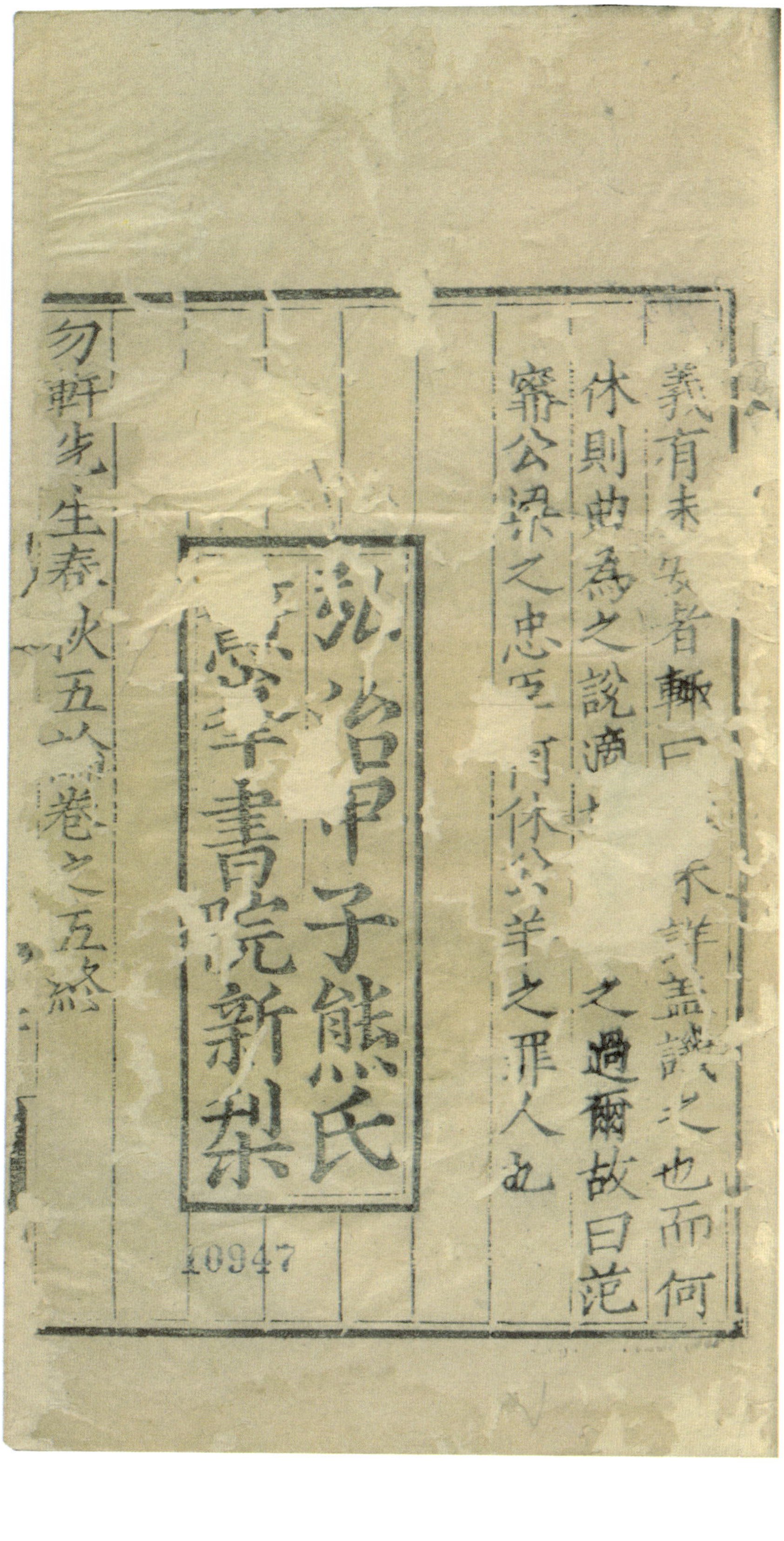

熊勿軒先生文集八卷 明成化弘治間熊氏刻本

佩韋齋文集十六卷　清鈔本

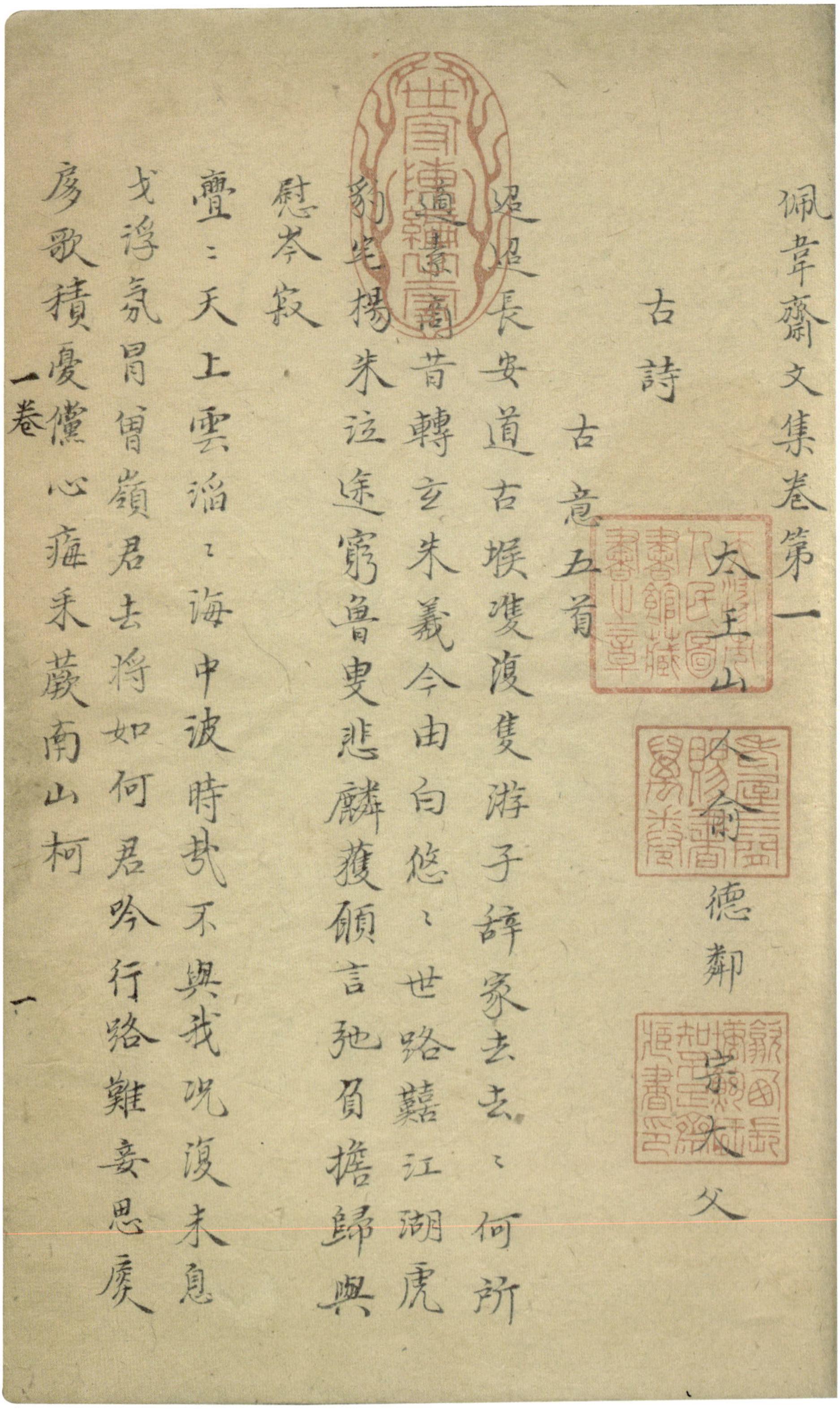
佩韋齋文集卷第一

太上山人俞德鄰宗大父

古詩

古意五首

遑遑長安道古堠雙復隻游子辭家去去何所
適昔轉玄朱義今由白悠悠世路嬉江湖虎
豹毛揚朱泣途窮魯叟悲麟獲顧言弛負擔歸與
慰岑寂

亹亹天上雲滔滔海中波時哉不與我況復未息
戈浮氛冒嶺君去將如何君吟行路難妾思虞
廖歌積憂儻心痗禾蕨南山柯

卷一　一

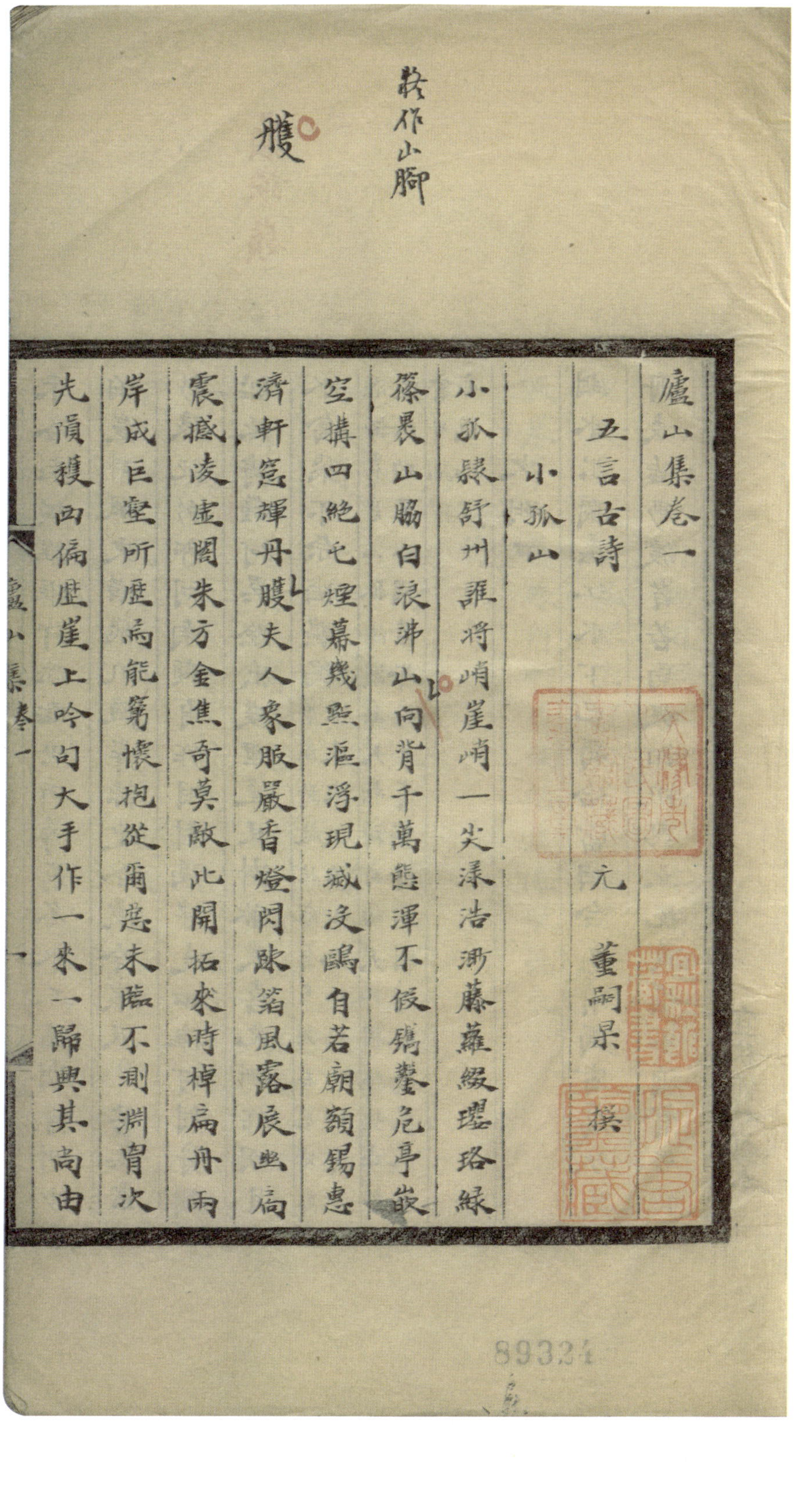
校作山腳
雘

盧山集卷一

五言古詩　　元　董嗣杲　撰

小孤山

小孤隸舒州詎將峭崖峭一尖淥浩淵藤蘿綴瓔珞緑
篠裊山腰白浪沸山向背千萬態渾不假鶴鳌危亭嵌
空搆四絶乜煙幕幾點漚浮現滅沒鷗自若朝額錫惠
濟軒窓輝丹雘夫人象服嚴香燈閃瞬箔風露㡛幽扃
震撼淩虚閣朱方金焦奇莫敵此開拓來時棹扁舟雨
岸成巨壑所歷高能窮懷抱從爾意未臨不測淵胄次
先隕穫西偏歷崖上吟句大手作一來一歸興其高由

盧山集卷一

盧山集五卷　清宜秋館鈔本

元張文忠公歸田類稿二十卷　清乾隆五十五年周永年　毛埜刻本

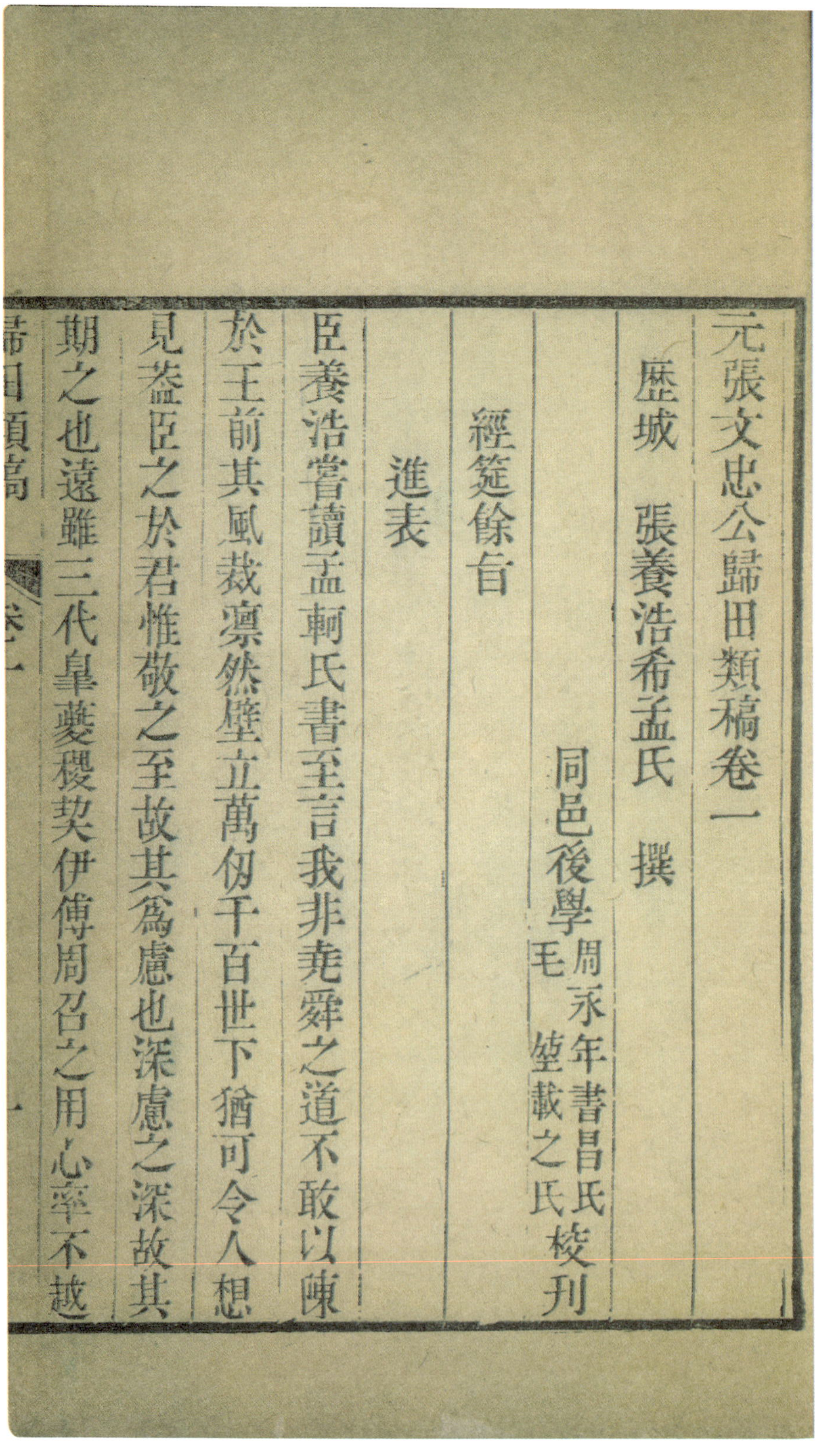
元張文忠公歸田類稿卷一

歷城　張養浩希孟氏　撰

同邑後學周永年書昌氏 毛埜載之氏 校刊

經筵餘旨

進表

臣養浩嘗讀孟軻氏書至言我非堯舜之道不敢以陳於王前其風裁凜然壁立萬仞千百世下猶可令人想見蓋臣之於君惟敬之至故其爲慮也深慮之深故其期之也遠雖三代皋夔稷契伊傅周召之用心率不越

歸田類稿　卷一　一

松鄉先生文集十卷　明泰昌元年刻清光緒十六年補刻本

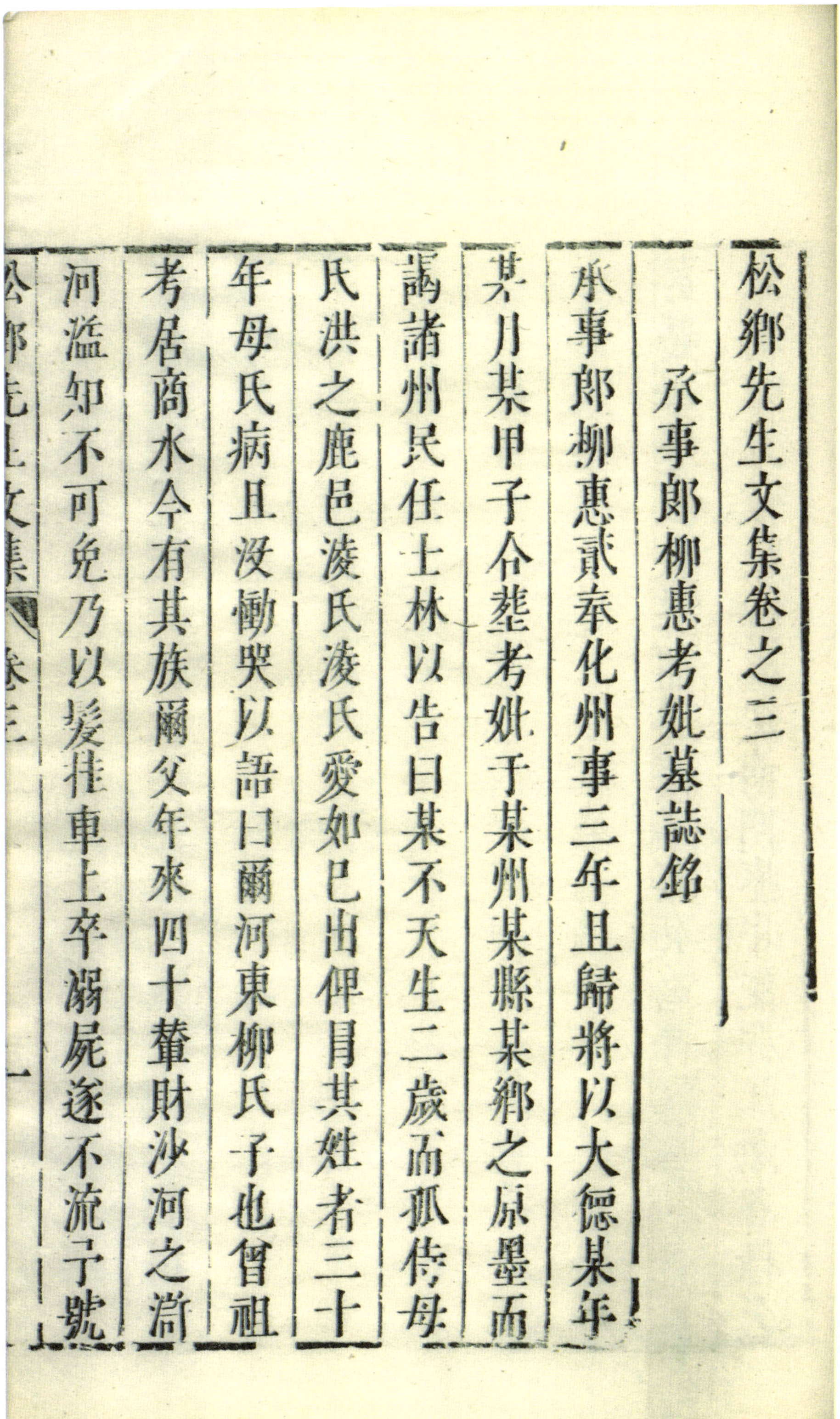
松鄉先生文集卷之三

承事郎柳惠考妣墓誌銘

承事郎柳惠貳奉化州事三年且歸將以大德某年某月某甲子合葬考妣于某州某縣某鄉之原壘而請諸州民任士林以告曰某不天生二歲而孤侍母氏洪之鹿邑淩氏淩氏愛如已出俾冐其姓者三十年母氏病且沒慟哭以語曰爾河東柳氏子也曾祖考居商水今有其族爾父年來四十輦財沙河之滸河溢知不可免乃以髪挂車上卒溺屍遂不流于虢

草廬吳文正公集四十九卷　清乾隆二十一年刻本

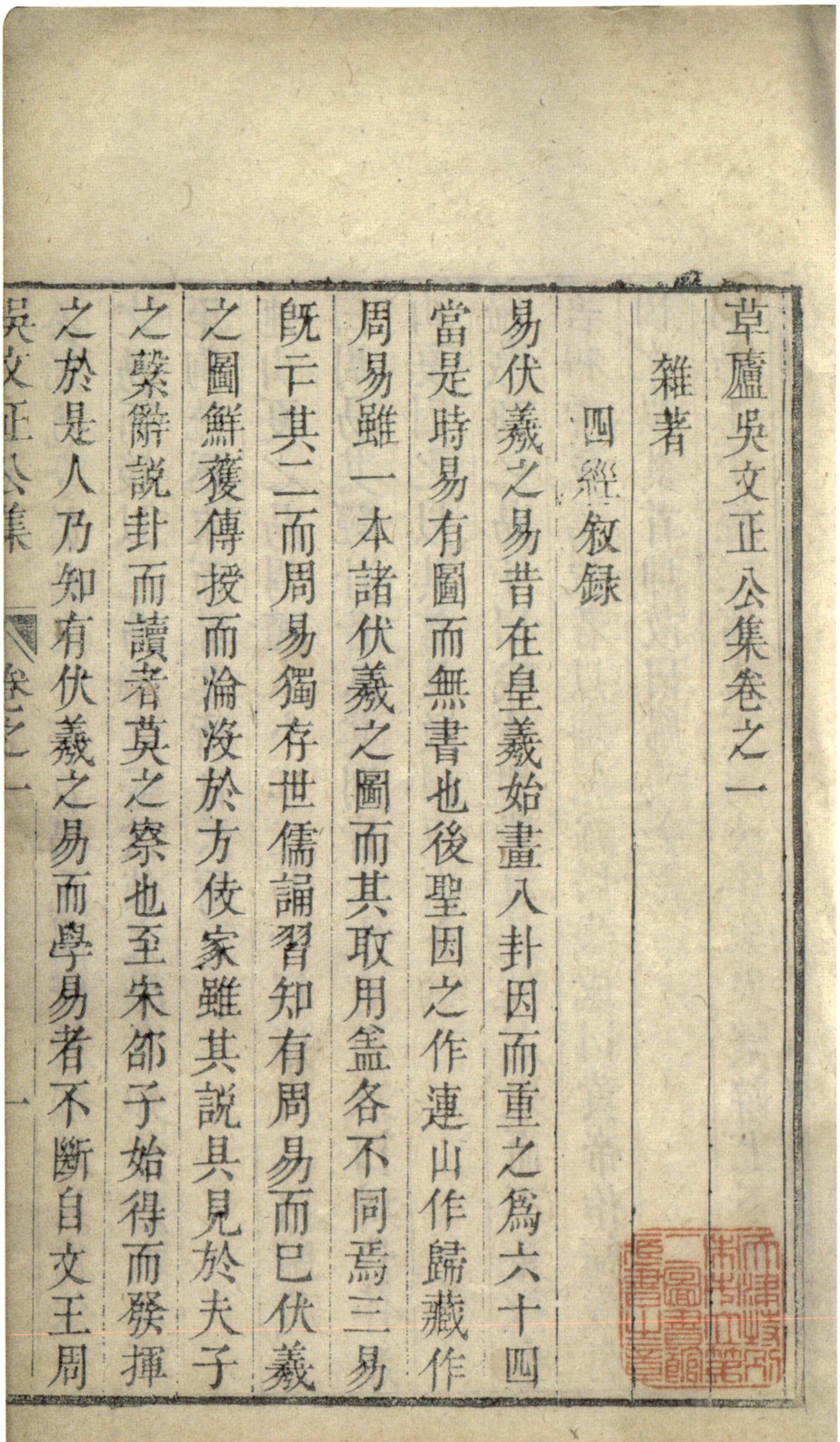
草廬吳文正公集卷之一

雜著

四經叙録

易伏羲之易昔在皇羲始畫八卦因而重之爲六十四當是時易有圖而無書也後聖因之作連山作歸藏作周易雖一本諸伏羲之圖而其取用盖各不同焉三易既亡其二而周易獨存世儒誦習知有周易而已伏羲之圖鮮獲傳授而淪没於方伎家雖其説具見於夫子之繫辭説卦而讀者莫之察也至宋邵子始得而發揮之於是人乃知有伏羲之易而學易者不斷自文王周

吳文正公集　卷之一　一

仇山村遺集一卷　清乾隆五年項夢昶古香書屋刻本

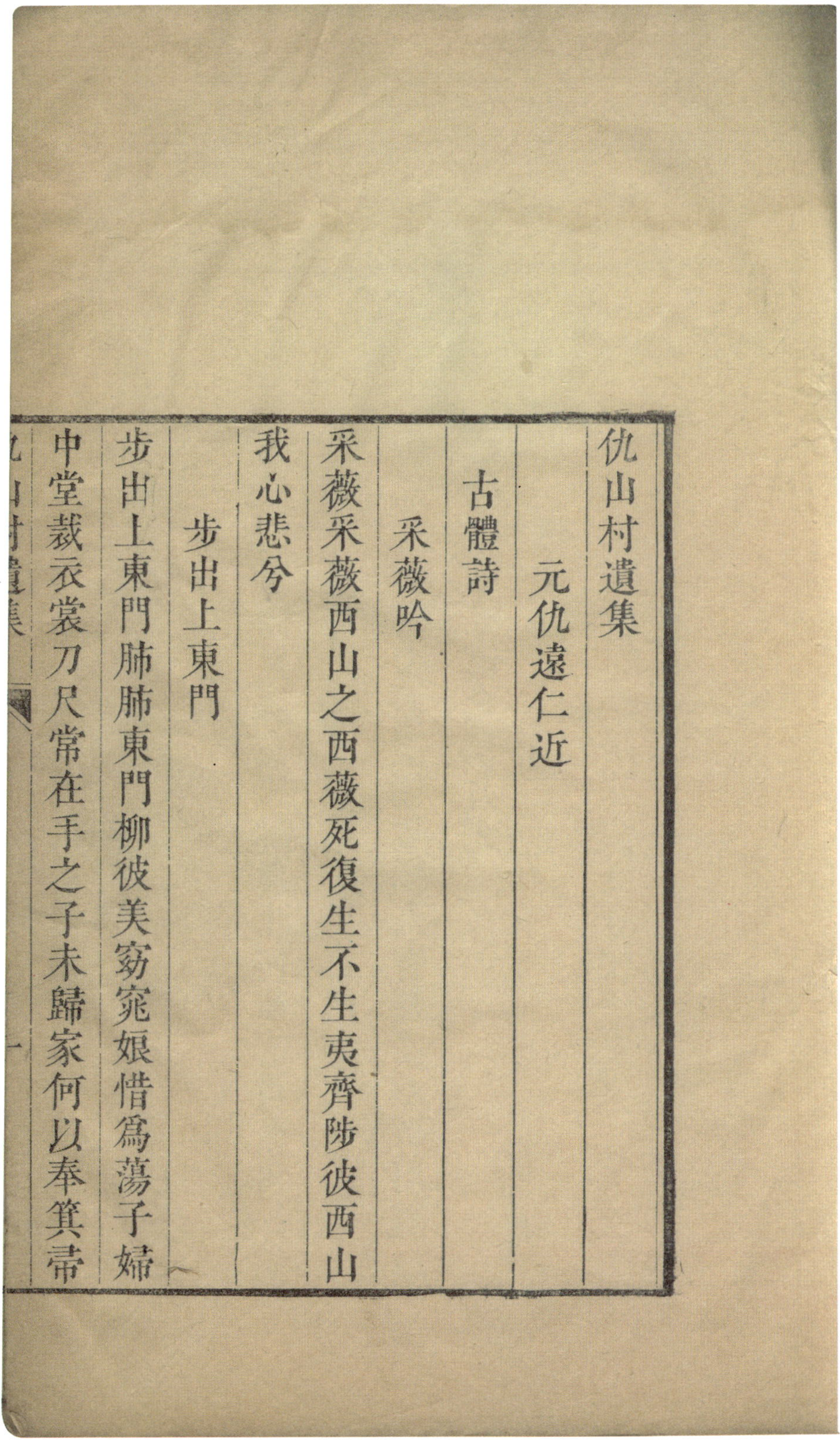
仇山村遺集

元仇遠仁近

古體詩

采薇吟

采薇采薇西山之西薇死復生不生夷齊陟彼西山
我心悲兮

步出上東門

步出上東門肺肺東門柳彼美窈窕娘惜爲蕩子婦
中堂裁衣裳刀尺常在手之子未歸家何以奉箕帚

仇山村遺集　一

陳定宇先生文集十六卷　清康熙三十五年陳嘉基刻本

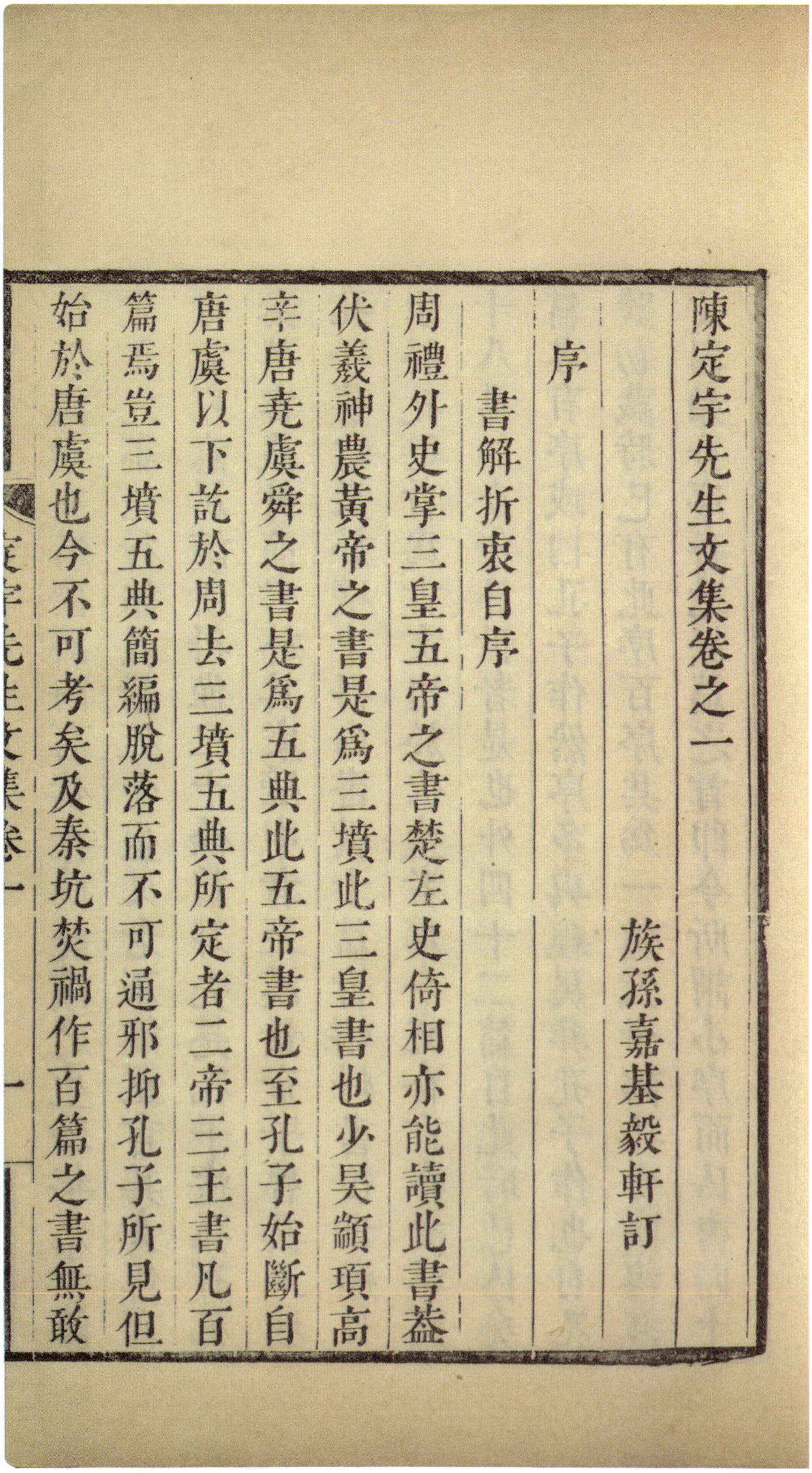

陳定宇先生文集卷之一

族孫嘉基毅軒訂

序

書解折衷自序

周禮外史掌三皇五帝之書楚左史倚相亦能讀此書葢伏羲神農黄帝之書是爲三墳此三皇書也少昊顓頊高辛唐堯虞舜之書是爲五典此五帝書也至孔子始斷自唐虞以下訖於周去三墳五典所定者二帝三王書凡百篇焉豈三墳五典簡編脱落而不可通邪抑孔子所見但始於唐虞也今不可考矣及秦坑焚禍作百篇之書無敢

定宇先生文集卷一　一

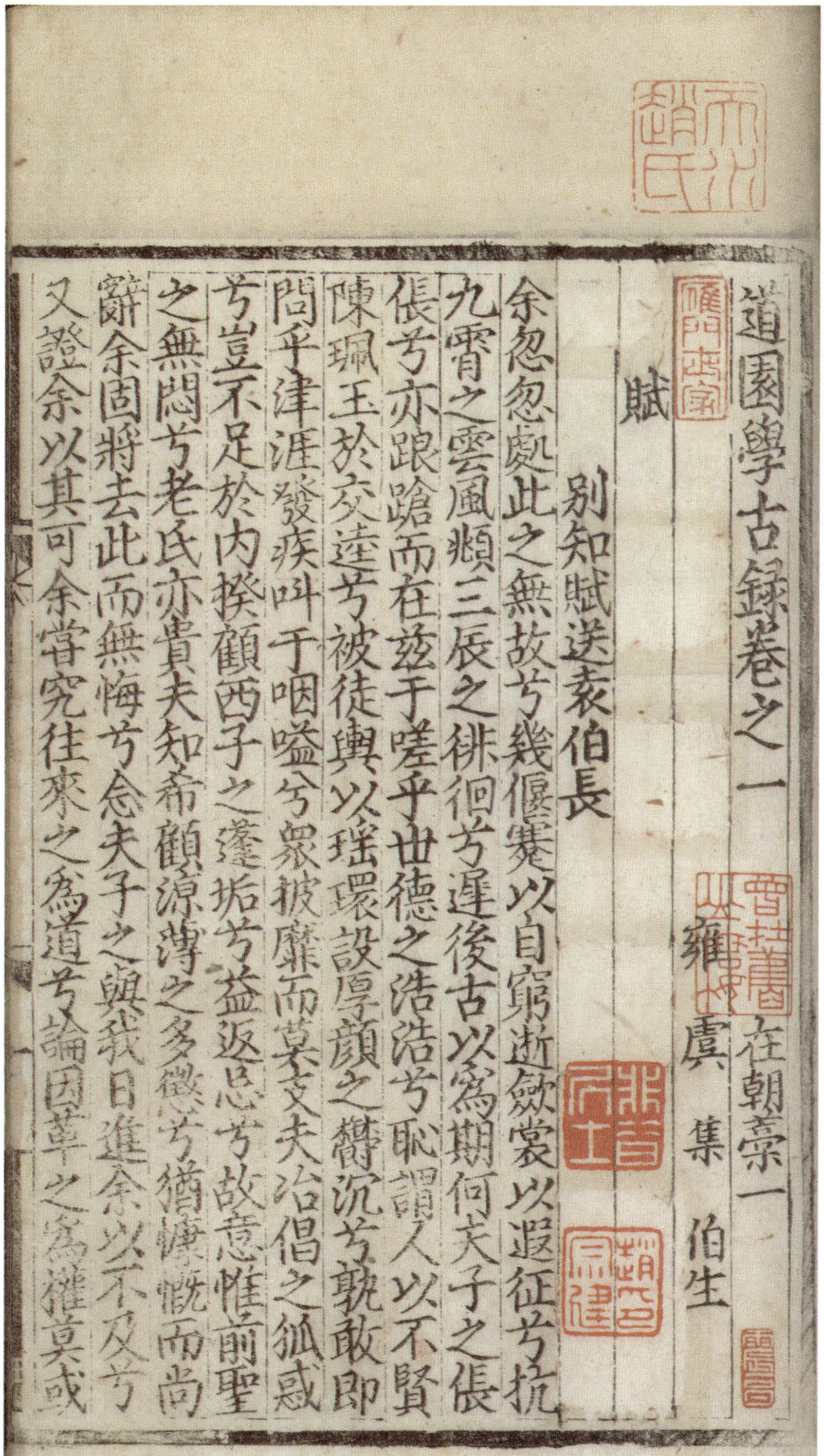
道園學古録卷之一
在朝稾一
雍 虞 集 伯生
賦
别知賦送袁伯長
余忽忽處此之無故兮幾偃蹇以自窮逝歛裳以遐征兮抗
九霄之雲風類三辰之徘徊兮遲後古以爲期何夫子之倀
倀兮亦踉蹌而在兹于嗟乎世德之浩浩兮恥謂人以不賢
陳珮玉於交逵兮被徒輿以瑶環設厚顔之欝沉兮孰敢即
問乎津涯發疾吽于咽嗌兮衆披靡而莫支夫治倡之孤惑
兮豈不足於内揆顧西子之蓬垢兮益返忌兮故意惟前聖
之無悶兮老氏亦貴夫知希覿涼薄之多徵兮猶慷慨而尚
辭余固將去此而無悔兮念夫子之與我日進余以不及兮
又證余以其可余嘗究往來之爲道兮論因革之爲權莫或

道園學古録五十卷　明景泰七年鄭達　黃仕達刻本

翠寒集一卷　明毛氏汲古閣刻元人十種詩本

翠寒集

烏夜啼

廣平宋無　子虛

露華洗天天墮水燭光燒雲半空紫西施夜醉芙
蓉洲金絲玉簧咽清秋鼙鼓鞭月行春雷洞房花
夢酣不廻宮中夜夜啼栖烏美人日日歌吴歈吴
王國破歌聲絕鬼火青熒生碧血千年壞塚耕狐
兎烏啣紙錢掛枯樹髑髏無語滿眼泥曾見吴王
歌舞時烏夜啼啼爲誰身前歡樂身後悲空留瑟

翠寒集　汲古閣

唫嚶集一卷　明毛氏汲古閣刻元人十種詩本

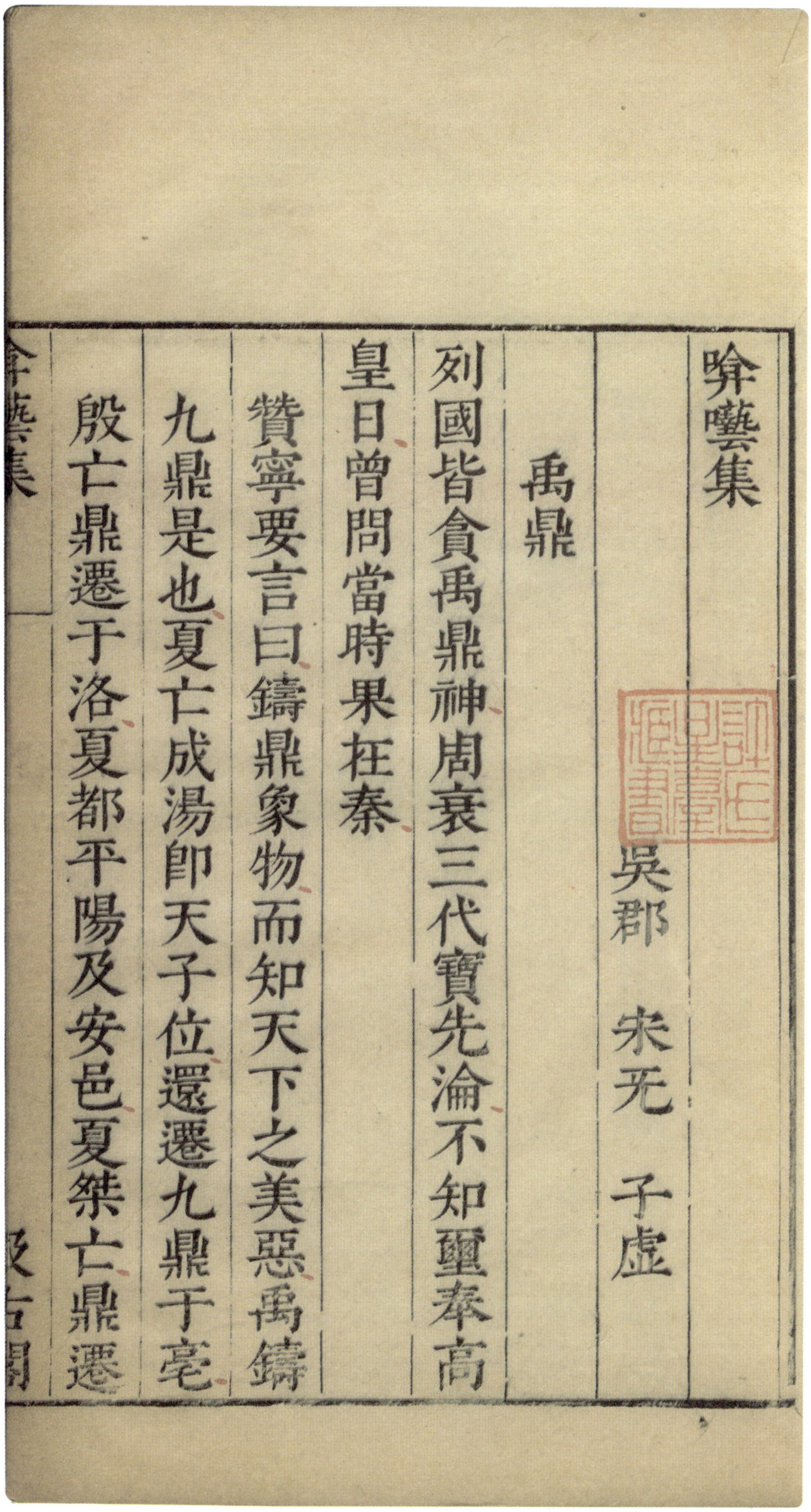
唫嚶集

吳郡　宋无　子虛

禹鼎

列國皆貪禹鼎神周衰三代寶先淪不知璽奉高
皇日曾問當時果在秦

贊寧要言曰鑄鼎象物而知天下之美惡禹鑄
九鼎是也夏亡成湯卽天子位還遷九鼎于亳
殷亡鼎遷于洛夏都平陽及安邑夏桀亡鼎遷

唫嚶集　　汲古閣

吴淵潁先生集十二卷　清康熙六十年刻本

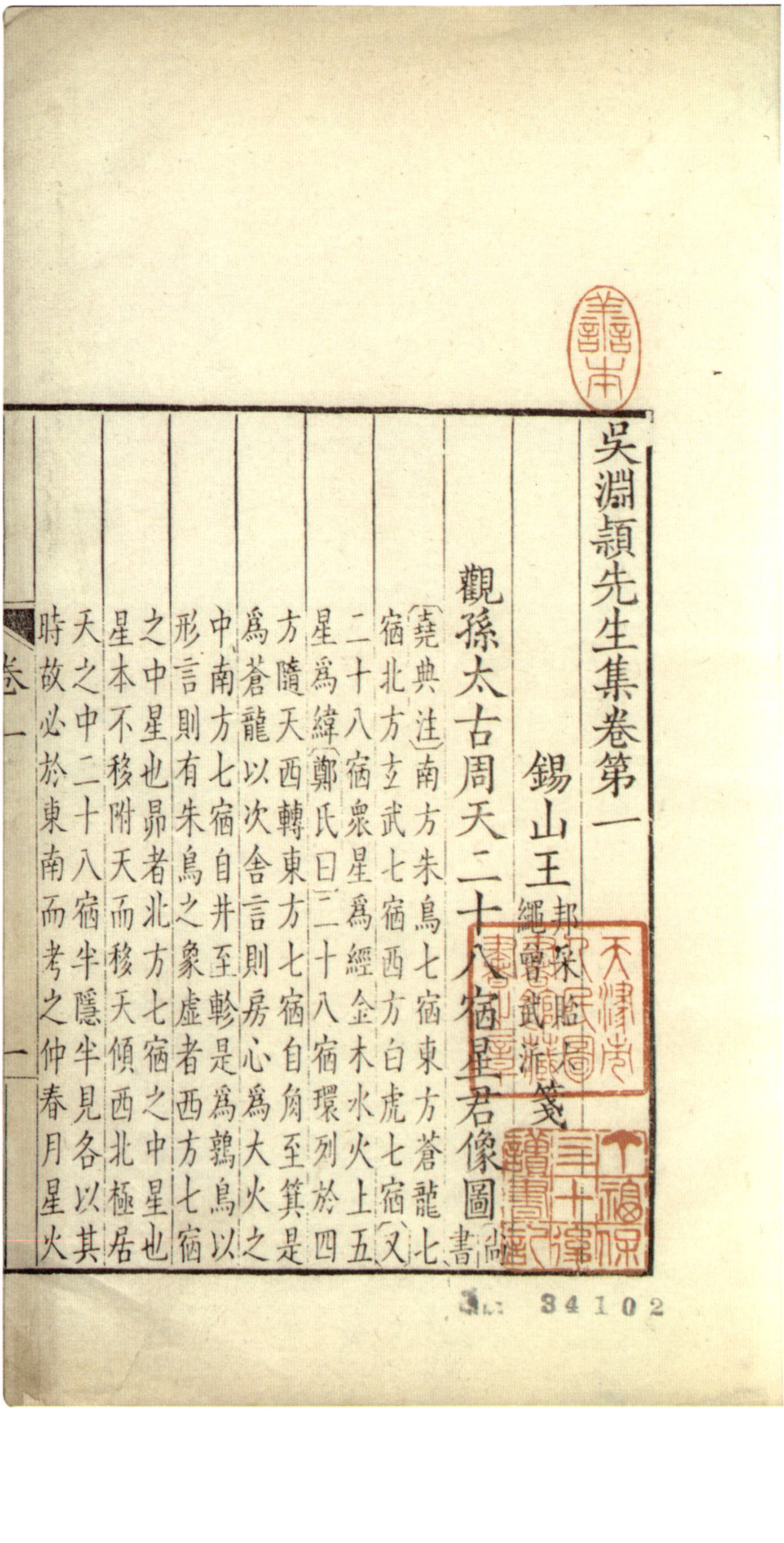
吴淵頴先生集卷第一

錫山王邦采繩曾箋

觀孫太古周天二十八宿星君像圖書尚

〔堯典注〕南方朱鳥七宿東方蒼龍七宿北方玄武七宿西方白虎七宿〔又〕二十八宿衆星爲經金木水火上五星爲緯〔鄭氏曰〕二十八宿環列於四方隨天西轉東方七宿自角至箕是爲蒼龍以次舍言則房心爲大火之中南方七宿自井至軫是爲鶉鳥以形言則有朱鳥之象虛者西方七宿之中星也昴者北方七宿之中星也星本不移附天而移天傾西北極居天之中二十八宿半隱半見各以其時故必於東南而考之仲春月星火

卷一　一

玉山璞稿二卷　清鈔本

玉山璞稿卷一

玉山顧瑛著

述史樓

至正八年戊子上巳日與楊鐵厓飲于書畫舫侍姬素雲行椰子酒相與聯句畢鐵厓乘興奏鐵龍之簫復命素雲行酒余口占云鐵笛一聲停素雲鐵崖擊節足成一詩云黄公壚西逢故人坐客各以能詩聞椰瓢半斗破明月鐵笛一聲停素雲繭紙題詩寫章草瓜皮看鼎辨周文人生嘉會不有述何異市中群聚蚊俾予次韻

春水畫船如屋裏船頭吹笛隔花聞并刀落手碎玉斗椰蜜分

呂敬夫集二卷　清鈔本

呂敬夫集卷上

来鶴草堂稿

遊石湖次五峯李著作韻

三月石湖湖水涯繞城山色過楞伽隊隊行春柘枝鼓

陰陰新雨石楠花

和張伯雨鶴亭夜坐韻

草閣中宵清淰淰蒼筤四壁影踈踈天頭雲過多于雁

池裏星移或似魚

呂敬夫集卷上

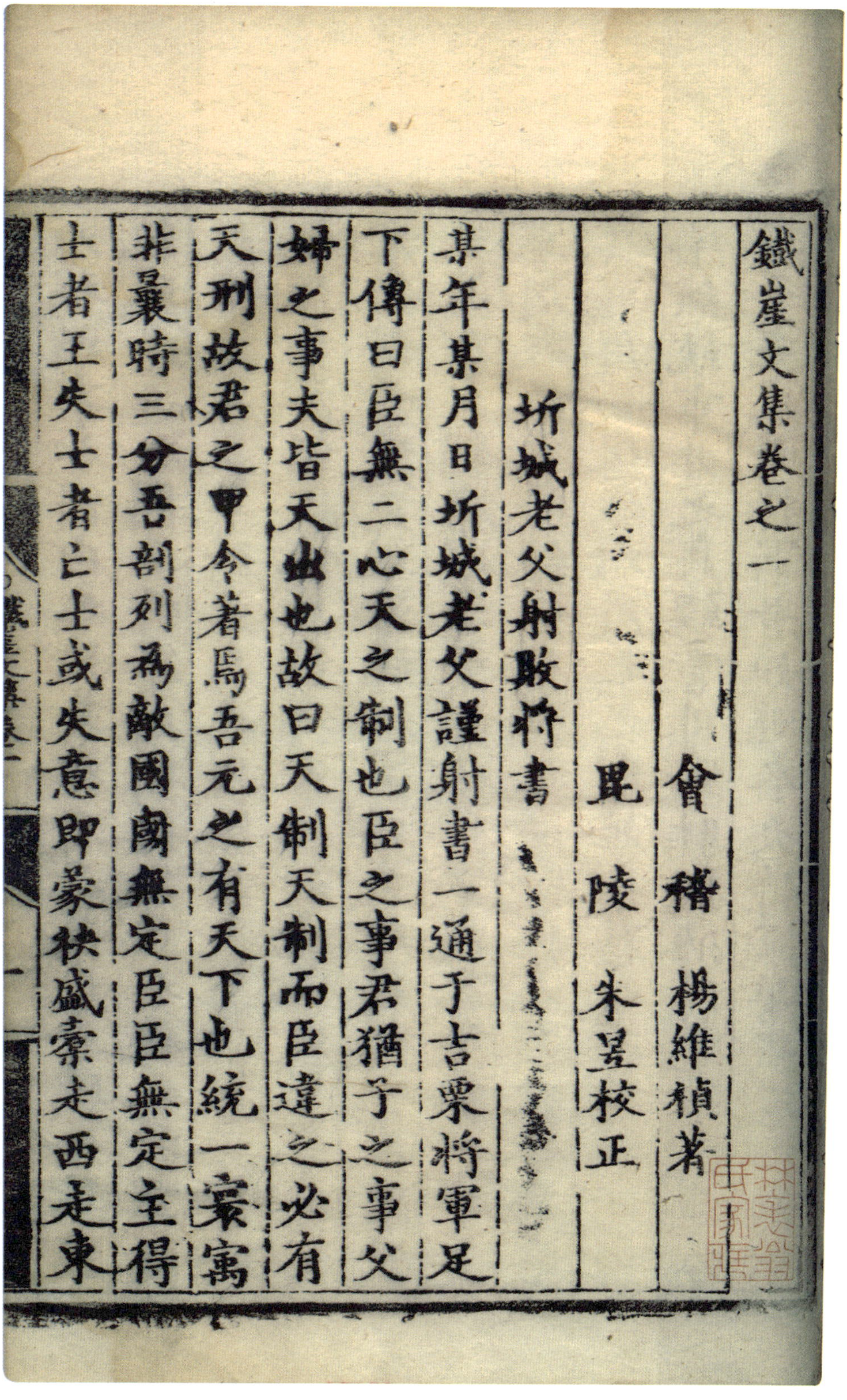
鐵崖文集卷之一
會稽　楊維禎著
毘陵　朱昱校正
圻城老父射敗將書
某年某月日圻城老父謹射書一通于吉粟將軍足
下傳曰臣無二心天之制也臣之事君猶子之事父
婦之事夫皆天出也故曰天制天制而臣違之必有
天刑故君之甲令著焉吾元之有天下也統一寰寓
非曩時三分吾剖列爲敵國國無定臣臣無定主得
士者王失士者亡士或失意即蒙袂盛槖走西走東

鐵崖文集五卷　明弘治十四年馮允中刻本

荻溪集二卷　清鈔本

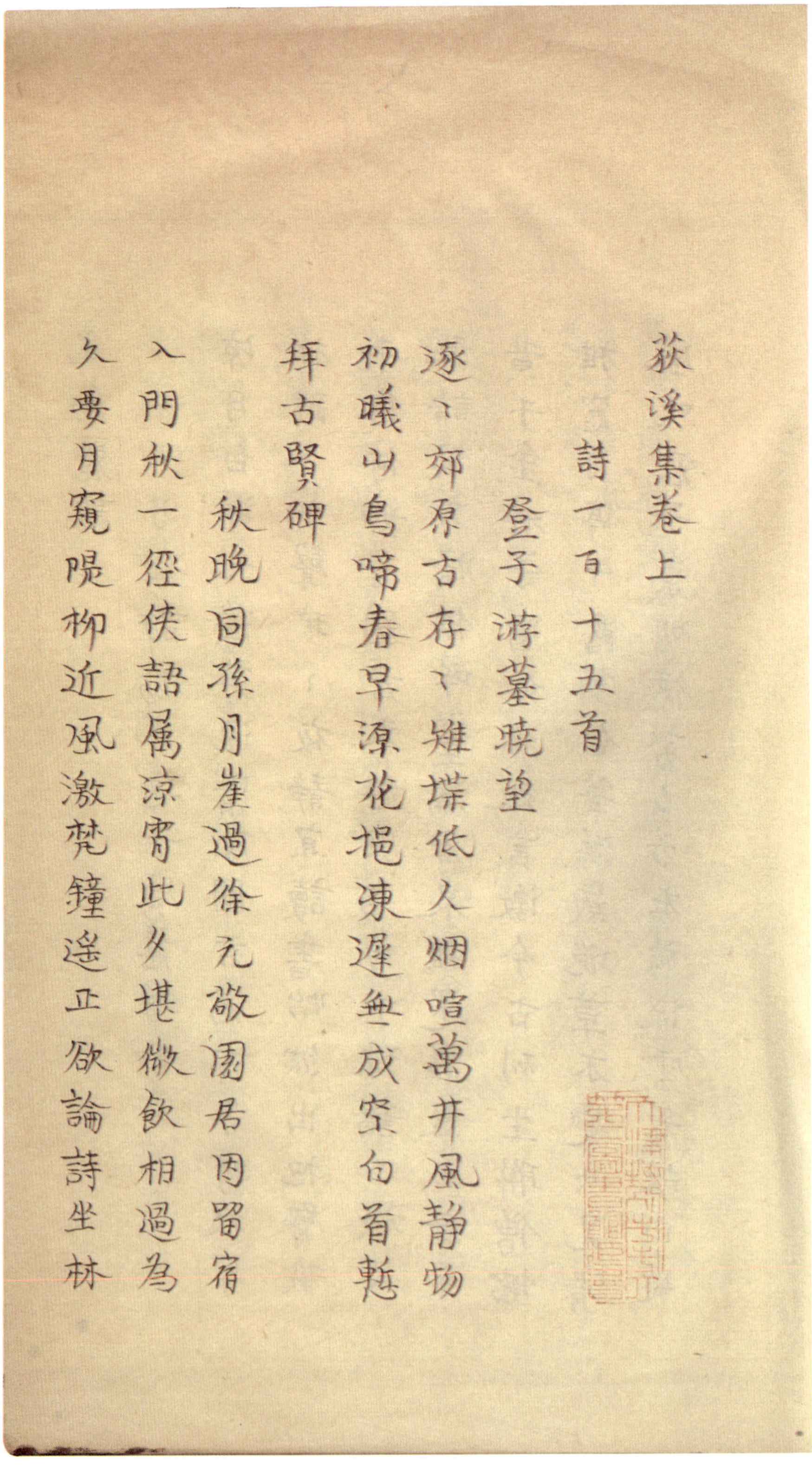
荻溪集卷上

詩一百十五首

登子游墓曉望

逐〻郊原古存〻雉堞低人烟喧萬井風靜物
初曦山鳥啼春早源花挹凍遲無成空白首慙
拜古賢碑

秋晚同孫月崖過徐元敬園居因留宿

入門秋一徑俠語屬涼宵此夕堪微飲相過為
久要月窺隄柳近風激梵鐘遙正欲論詩坐林

定一級

清江碧嶂集一卷　明末毛氏汲古閣刻本

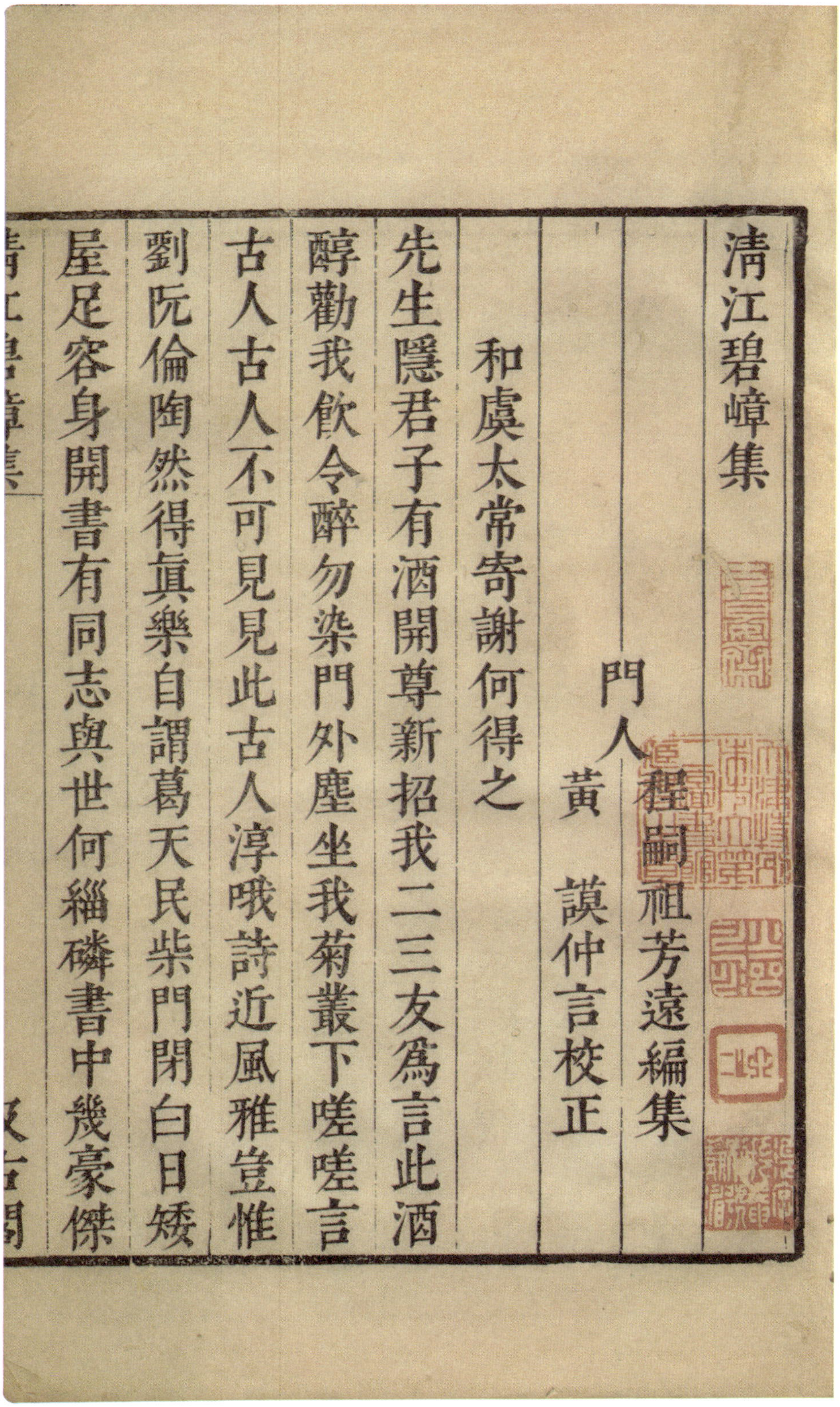
清江碧嶂集
門人程嗣祖芳遠編集
黄　謨仲言校正
和虞太常寄謝何得之
先生隱君子有酒開尊新招我二三友爲言此酒
醇勸我飲令醉勿染門外塵坐我菊叢下嗟嗟言
古人古人不可見見此古人淳哦詩近風雅豈惟
劉阮倫陶然得眞樂自謂葛天民柴門閉白日矮
屋足容身開書有同志與世何緇磷書中幾豪傑
清江碧嶂集　汲古閣

新刊宋學士全集三十三卷 明嘉靖三十年韓叔陽刻崇禎十二年增刻本

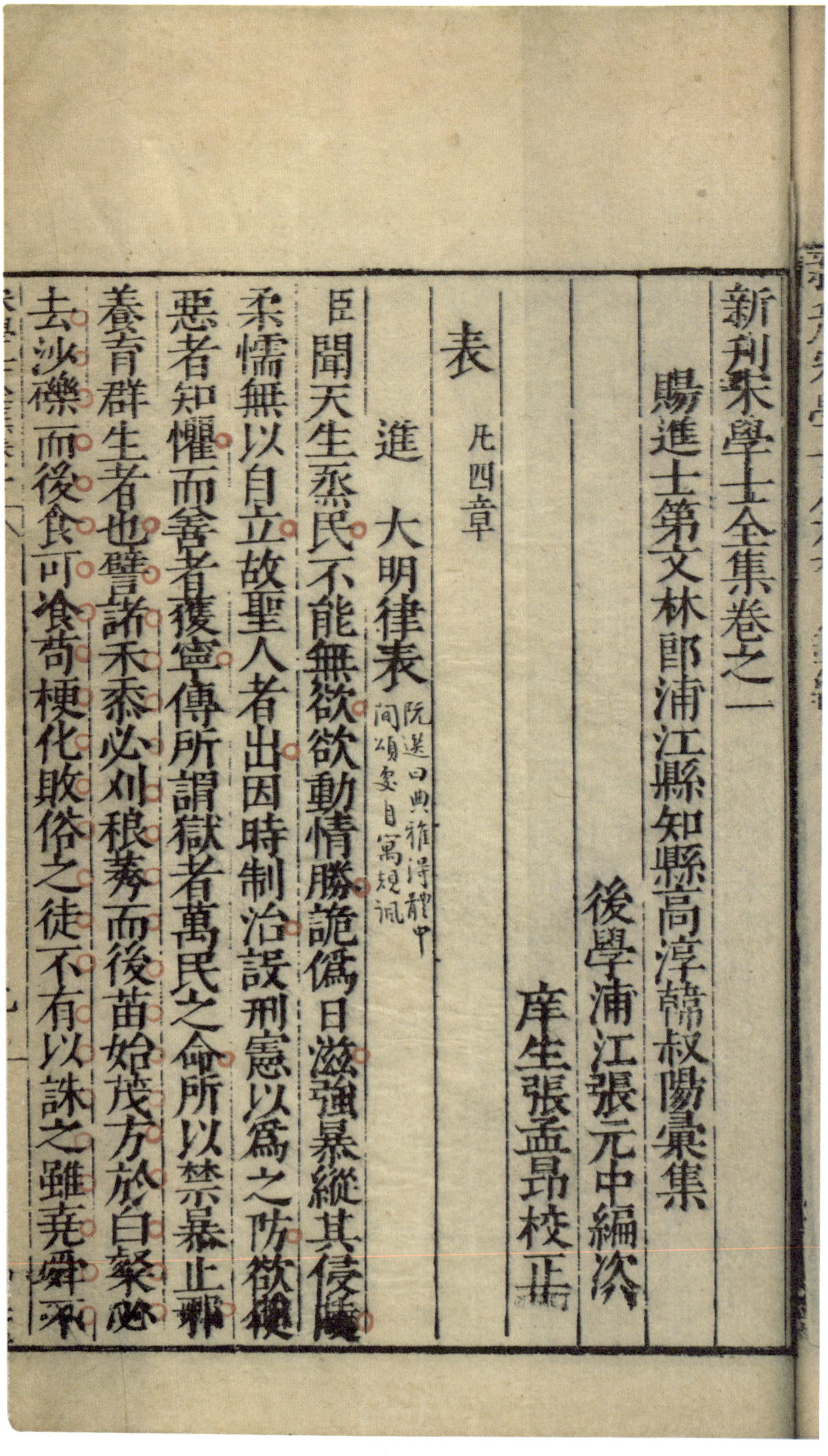

新刊宋學士全集卷之一

賜進士第文林郎浦江縣知縣高淳韓叔陽彙集

後學浦江張元中編次

庠生張孟昂校正

表 凡四章

進大明律表 阮選曰典雅得體中間頌變自寓規諷

臣聞天生烝民不能無欲欲動情勝詭僞日滋強暴縱其侵陵柔懦無以自立故聖人者出因時制治設刑憲以爲之防欲使惡者知懼而善者獲寧傳所謂獄者萬民之命所以禁暴止邪養育群生者也譬諸禾黍必刈稂莠而後苗始茂方於白粲必去沙礫而後食可飡苟梗化敗俗之徒不有以誅之雖堯舜不

定一級

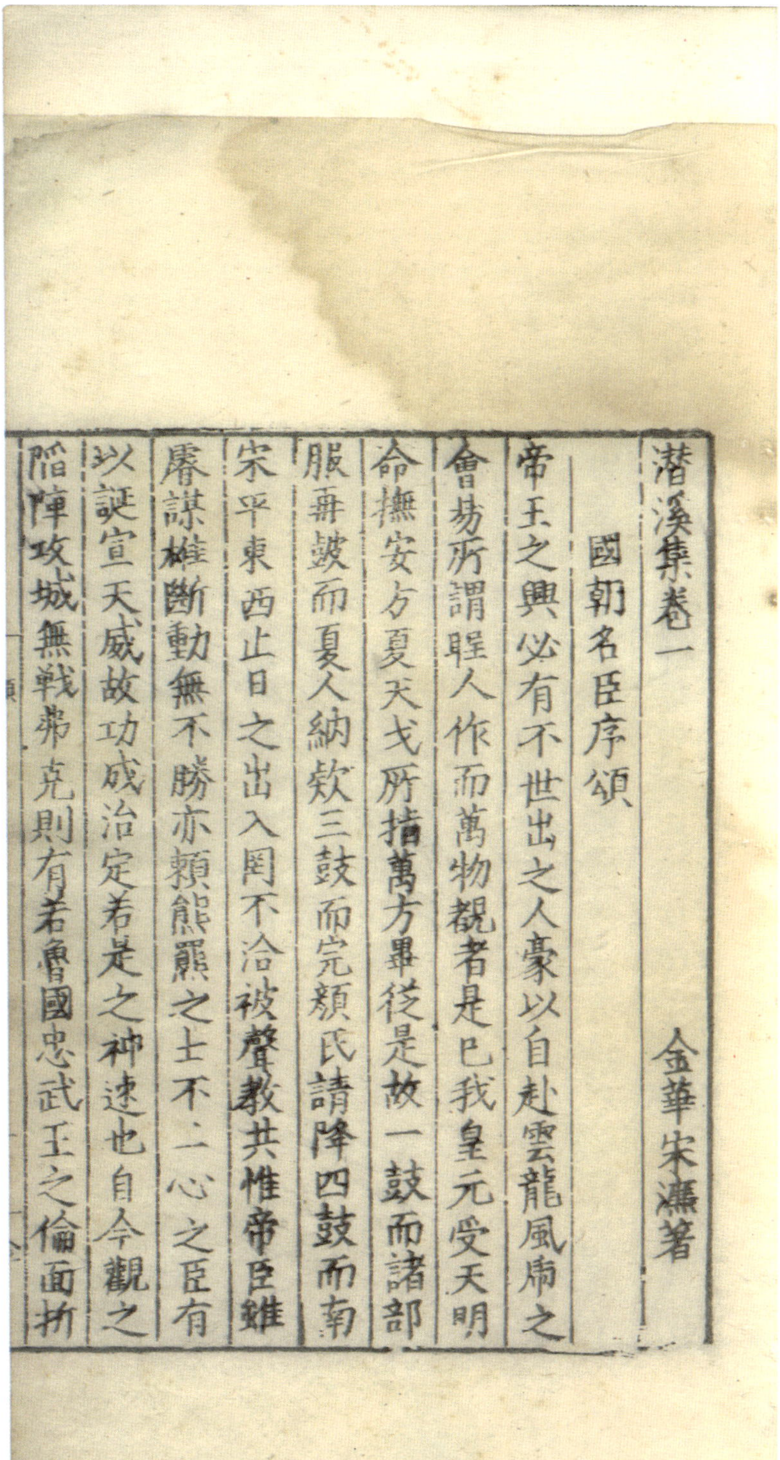
潛溪集卷一
國朝名臣序頌
金華宋濂著
帝王之興必有不世出之人豪以自赴雲龍風虎之
會易所謂聖人作而萬物覩者是已我皇元受天明
命撫安方夏天戈所指萬方畢從是故一鼓而諸部
服再皷而夏人納欵三鼓而完顏氏請降四鼓而南
宋平東西止日之出入罔不洽被聲教共惟帝臣雖
曆謀帷斷動無不勝亦賴熊羆之士不二心之臣有
以誕宣天威故功成治定若是之神速也自今觀之
陷陣攻城無戰弗克則有若魯國忠武王之倫面折

潛溪集八卷 明嘉靖十五年徐嵩 溫秀刻本

太師誠意伯劉文成公集十八卷　明嘉靖刻本

太師誠意伯劉文成公集卷之二

巡按直隷監察御史縉雲後學樊獻科編次

郁離子

千里馬

郁離子之馬孳得駃騠焉人曰是千里馬也必致諸内廐郁離子悅從之至京師天子使太僕閱方貢曰馬則良矣然非冀産也寘之於外牧南宫子朝謂郁離子曰嘉華之山是維帝之明都爰有綷羽之誰苞而弗朋惟天下之鳥惟鳳爲能從其形於是道鳳之道志鳳之志思以鳳之鳴鳴天下奚鳩見而謂之曰子奚知夫木主之與土偶乎上古聖人以木主

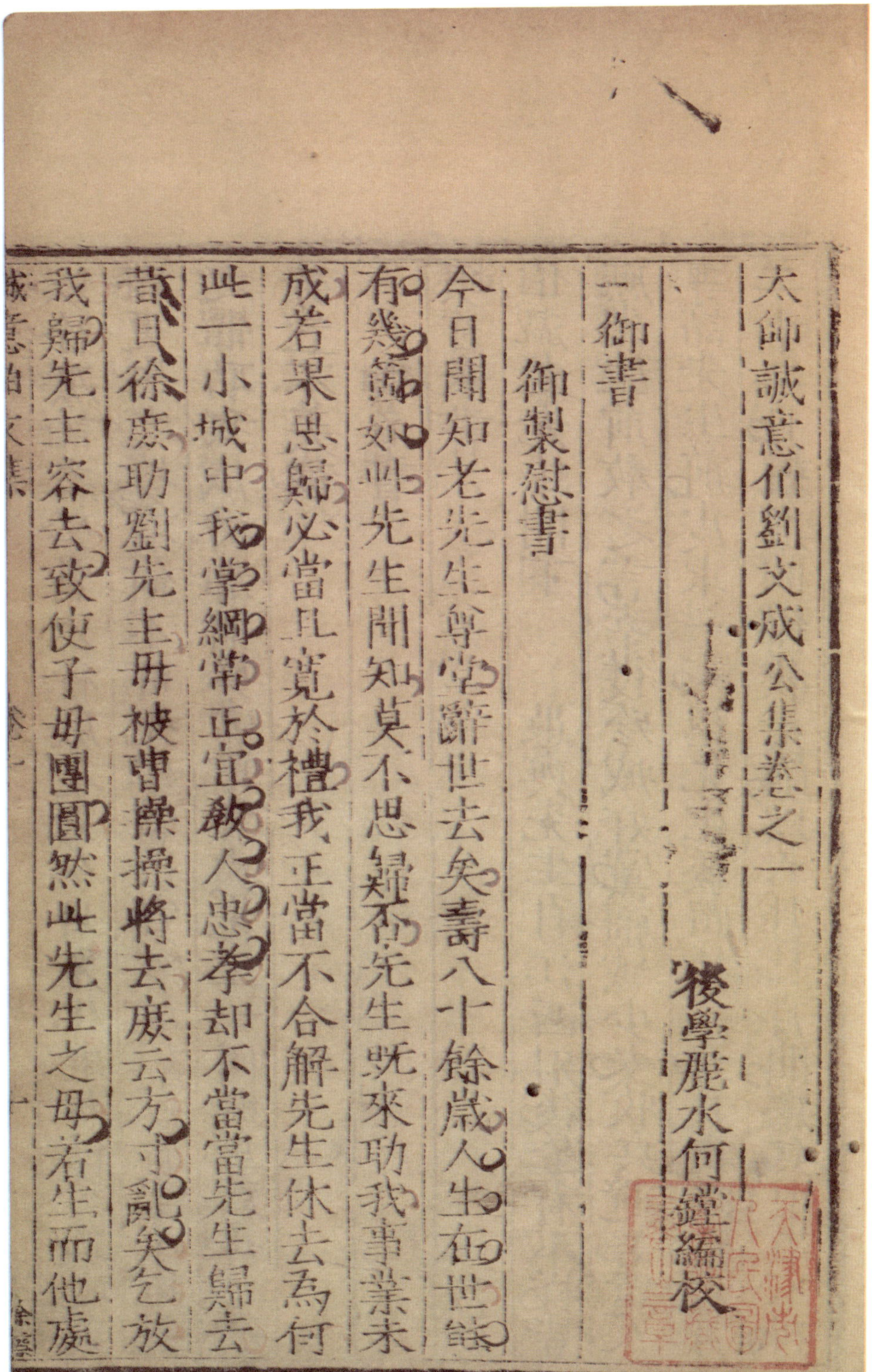
太師誠意伯劉文成公集卷之一

後學麗水何鏜編校

御書

御製慰書

今日聞知老先生尊堂辭世去矣壽八十餘歲人生在世能有幾個如此先生聞知莫不思歸不由先生既來助我事業未成若果思歸必當且寬於禮我正當不合解先生休去為何此一小城中我掌綱常正宜教人忠孝却不當當先生歸去昔日徐庶助劉先主母被曹操將去庶云方寸亂矣乞放我歸先主容去致使子母團圓然此先生之母若生而他處

太師誠意伯劉文成公集二十卷　明隆慶六年謝廷傑　陳烈刻本

陶學士先生文集二十卷　明弘治十三年項經刻明補刻本

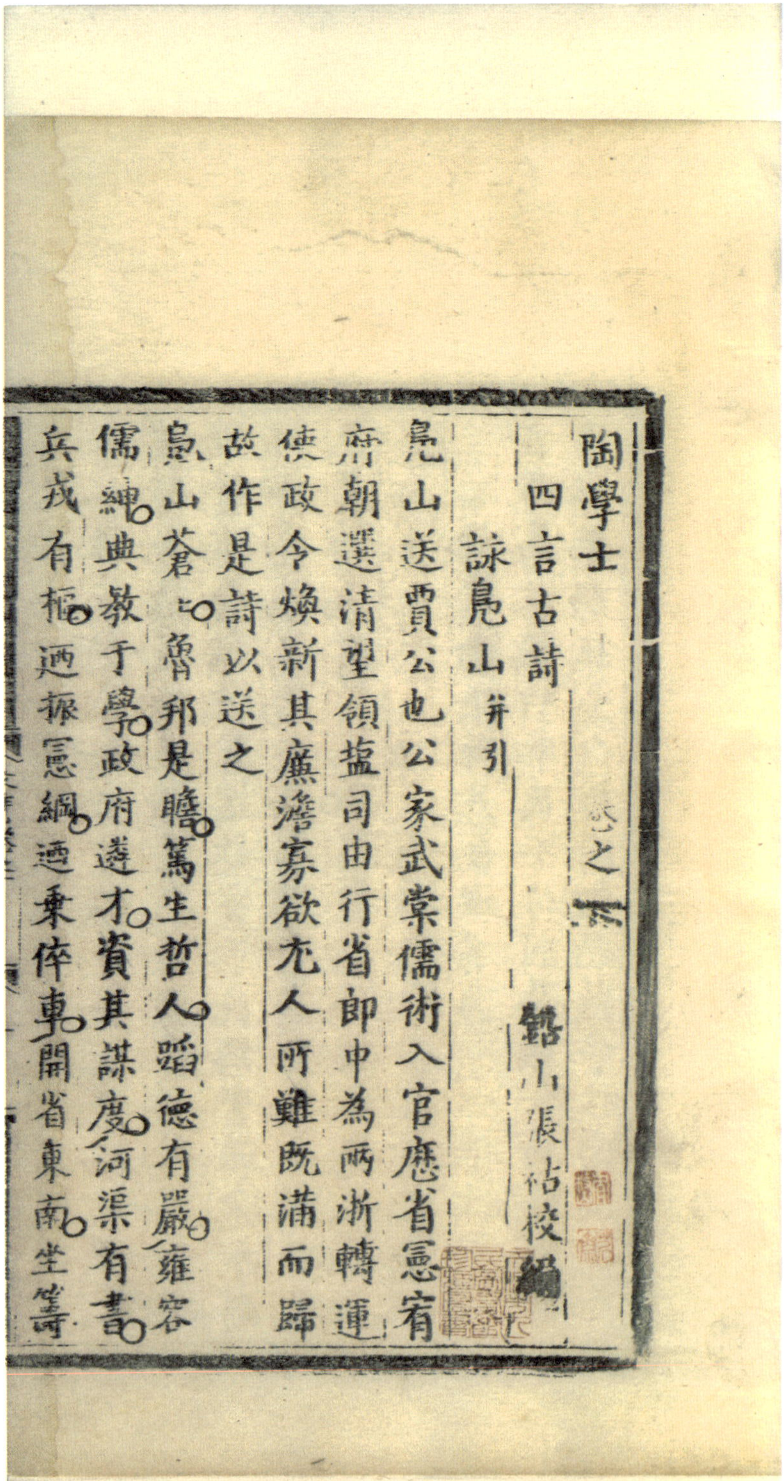
陶學士　　　　之一

四言古詩　　　鉛山張祐校編

詠皃山并引

皃山送賈公也公家武崇儒術入官歷省憲宥府朝選清望領鹽司由行省郎中為兩浙轉運使政令煥新其廉潛募欲尤人所難既滿而歸故作是詩以送之

皃山蒼蒼。魯邦是瞻。篤生哲人。蹈德有嚴。雍容儒紳。典教于學。政府遴才。資其謀度。河渠有書。兵戎有柅。廼振憲綱。廼秉倅車。開省東南。坐籌

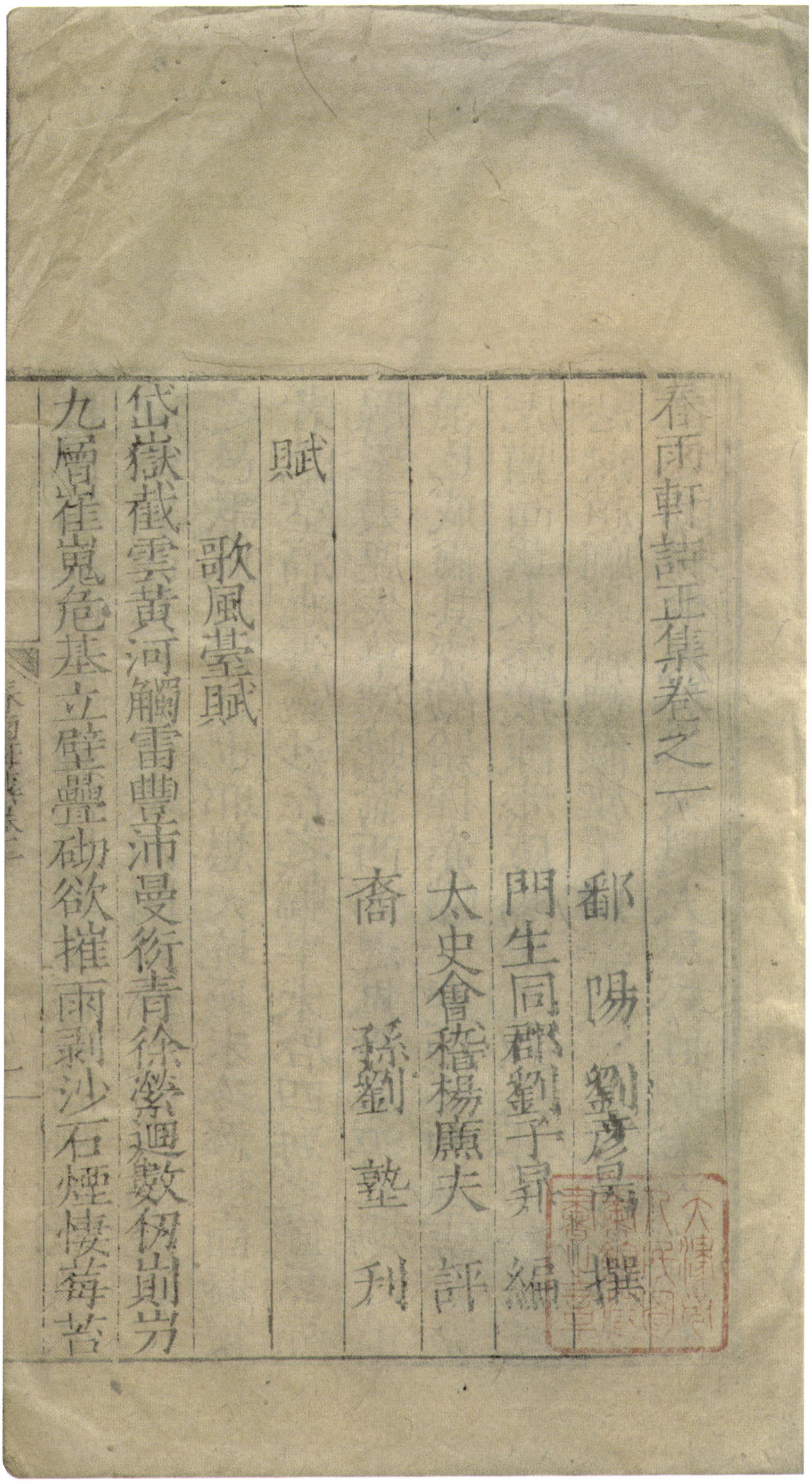
春雨軒詩正集卷之一

鄱陽劉彦昺撰

門生同郡劉子昇編

太史會稽楊廉夫評

裔孫劉塾刊

賦

歌風臺賦

岱嶽截雲黄河觸雷豐沛曼衍青徐縈迴數仞嶄岩

九層崔嵬危基立壁疊砌欲摧雨剥沙石煙僂莓苔

春雨軒詩正集九卷　明嘉靖十二年劉塾刻本

羅德安先生文集三卷　明隆慶四年羅紈刻本

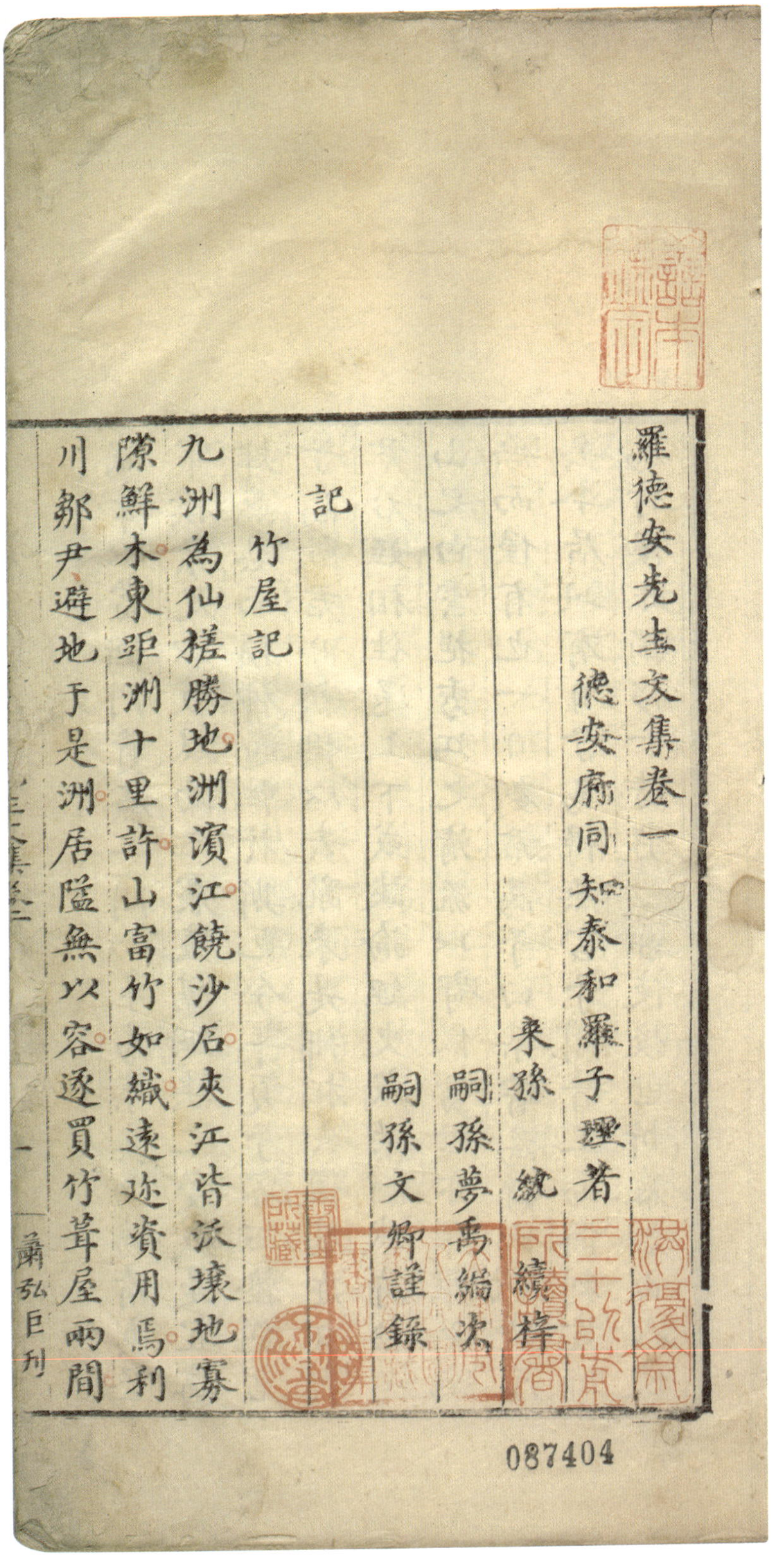
羅德安先生文集卷一
德安府同知泰和羅子理著
來孫　紈梓
嗣孫夢禹編次
嗣孫文卿謹錄
記
竹屋記
九洲為仙槎勝地洲濵江饒沙石夾江皆沃壤地寡
隙鮮木東距洲十里許山富竹如織遠迩資用焉利
川郛尹避地于是洲居隘無以容遂買竹葺屋兩間

蕭弘臣刊

定一級

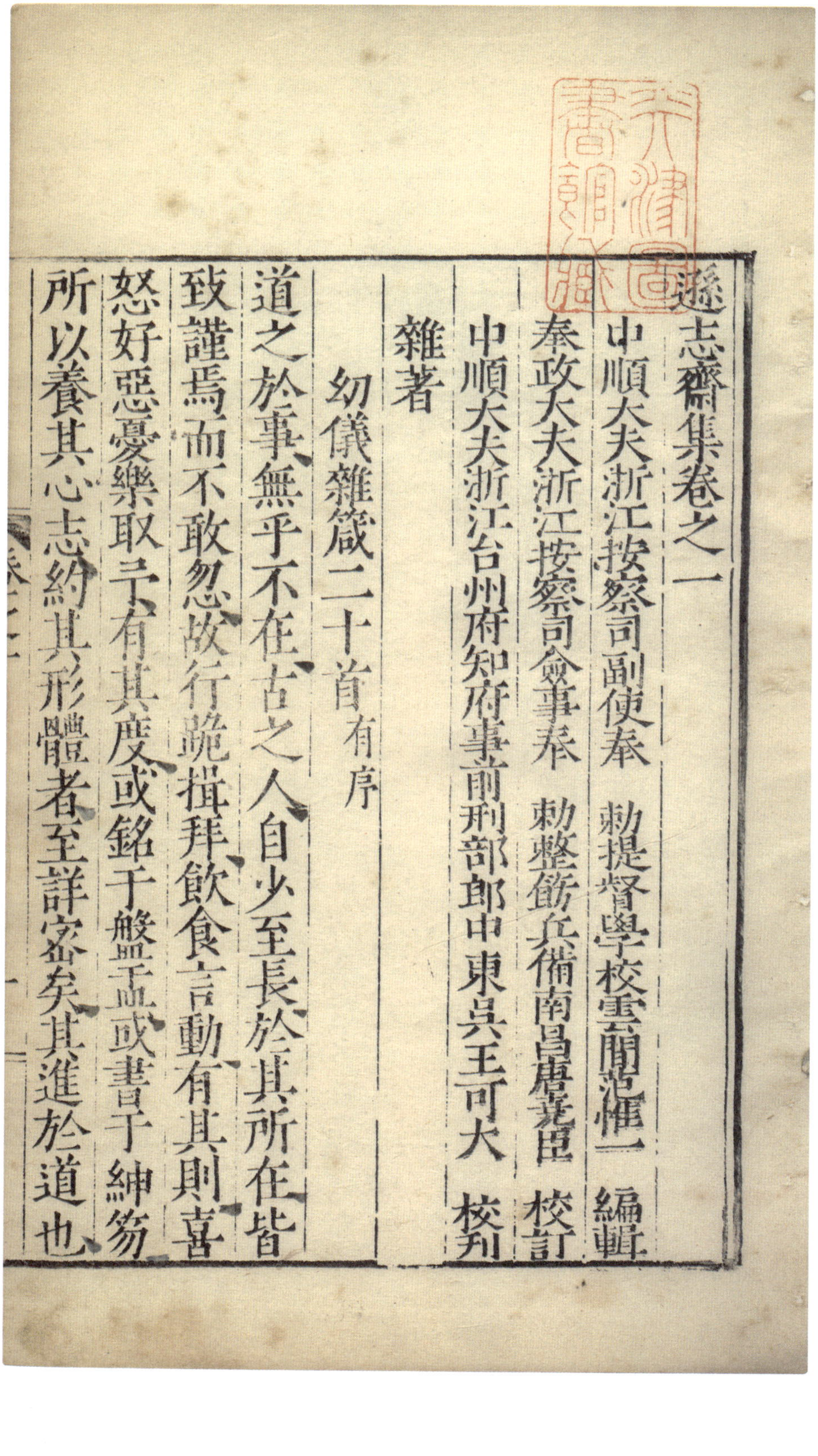

遜志齋集卷之一

中順大夫浙江按察司副使奉　勅提督學校雲間范惟一　編輯
奉政大夫浙江按察司僉事奉　勅整飭兵備南昌唐堯臣　校訂
中順大夫浙江台州府知府事前刑部郎中東吳王可大　梓

雜著

幼儀雜箴二十首有序

道之於事無乎不在古之人自少至長於其所在皆致謹焉而不敢忽故行跪揖拜飲食言動有其則喜怒好惡憂樂取予有其度或銘于盤盂或書于紳笏所以養其心志約其形體者至詳密矣其進於道也

遜志齋集二十四卷　明嘉靖四十年王可大刻本

商文毅公集十一卷　明隆慶六年鄭應齡刻本

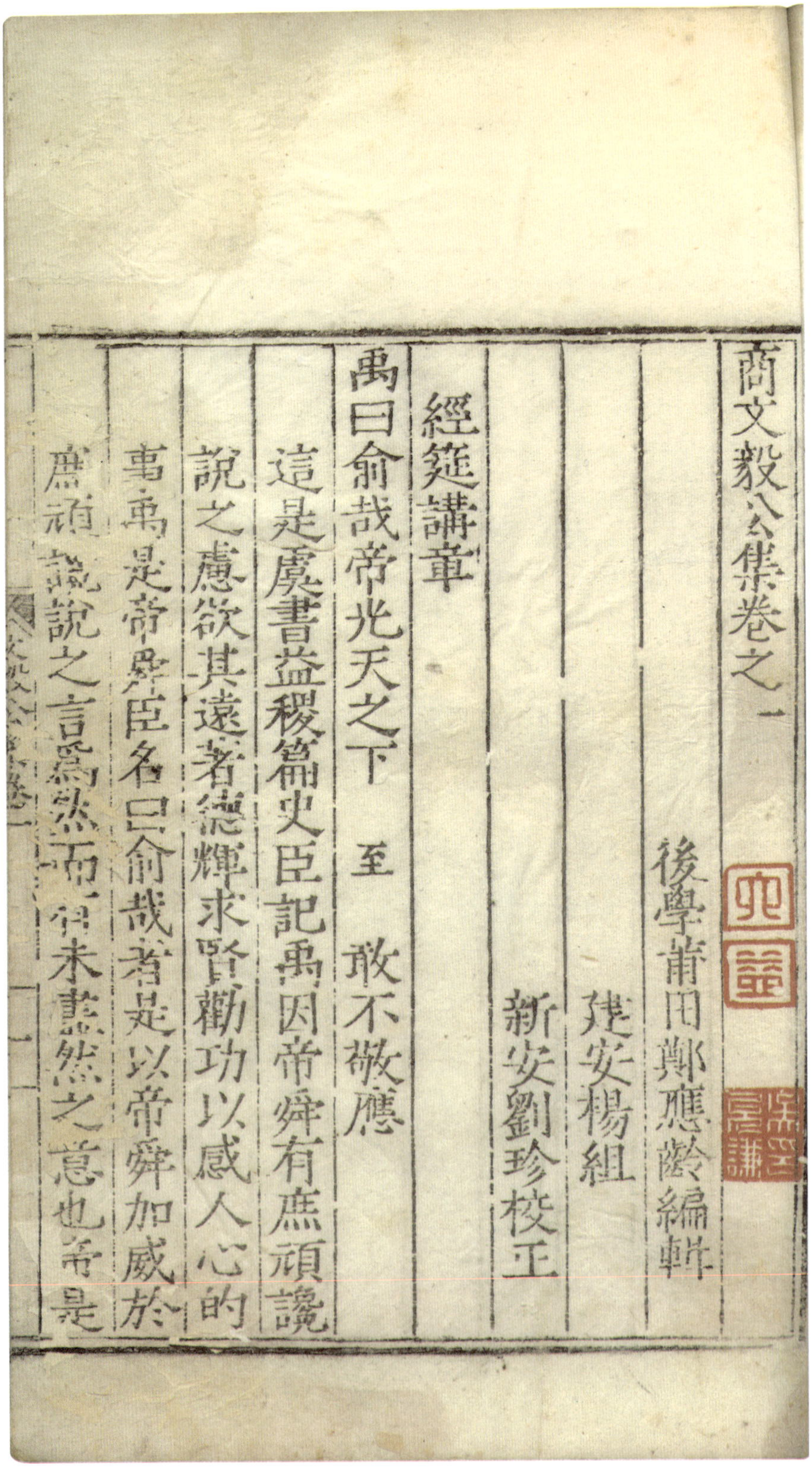

商文毅公集卷之一

後學莆田鄭應齡編輯

建安楊組

新安劉珍校正

經筵講章

禹曰俞哉帝光天之下　至　敢不敬應

這是虞書益稷篇史臣記禹因帝舜有庶頑讒說之慮欲其遠著德輝求賢勸功以感人心的事禹是帝舜臣名曰俞哉者是以帝舜加威於庶頑讒說之言爲然而猶有未盡然之意也帝是

定一級

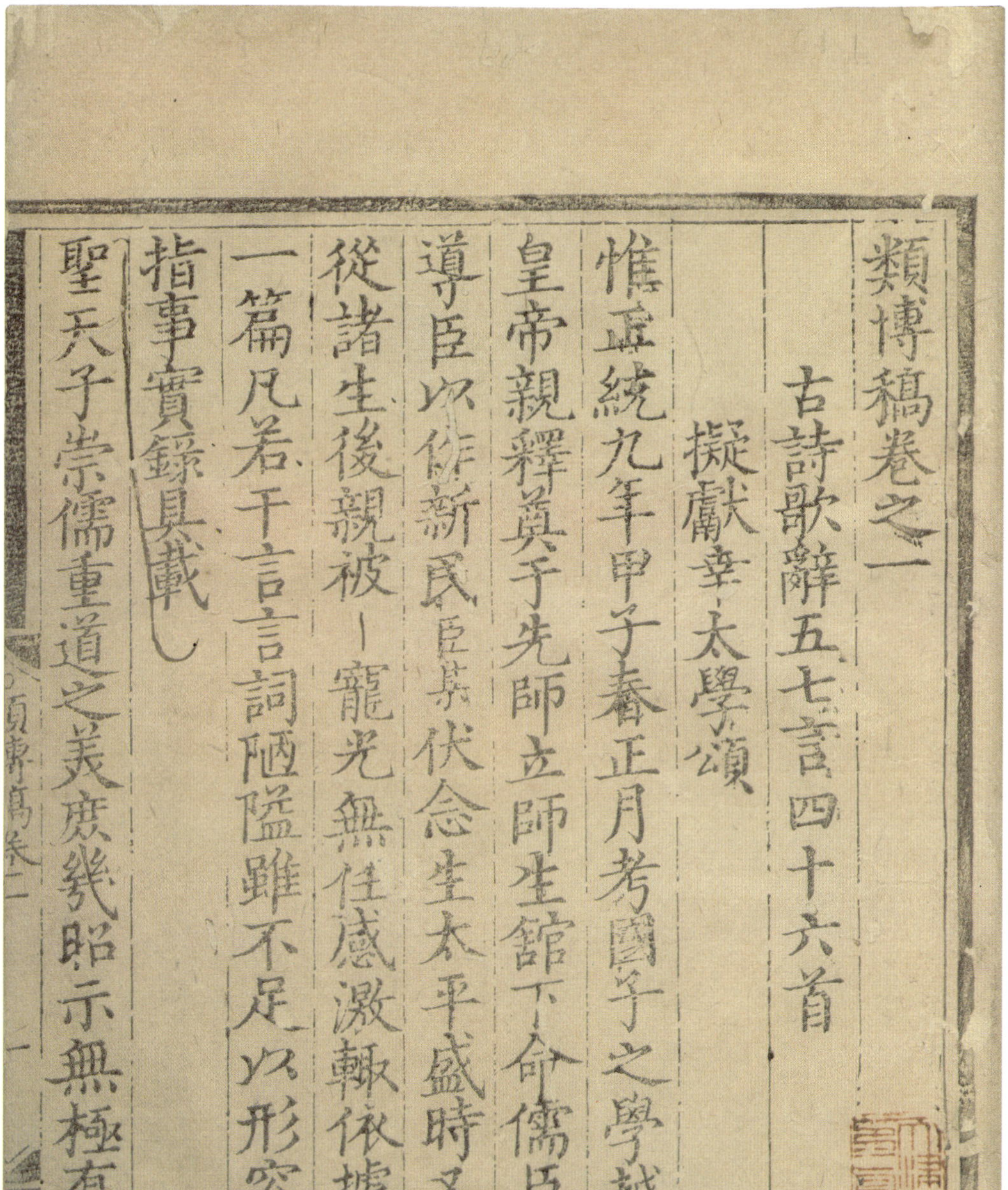

類博稿卷之一

古詩歌辭五七言四十六首

擬獻幸太學頌

惟正統九年甲子春正月考國子之學越五月一日
皇帝親釋奠于先師立師生館下命儒臣講經以倡
導臣以作新民臣某伏念生太平盛時又得服章縫
從諸生後親被　寵光無任感激輒依據古體作頌
一篇凡若干言詞陋隘雖不足以形容盛德然皆
指事實錄具載
聖天子崇儒重道之美庶幾昭示無極有在者其辭

王端毅公文集九卷　明嘉靖三十一年喬世寧刻本

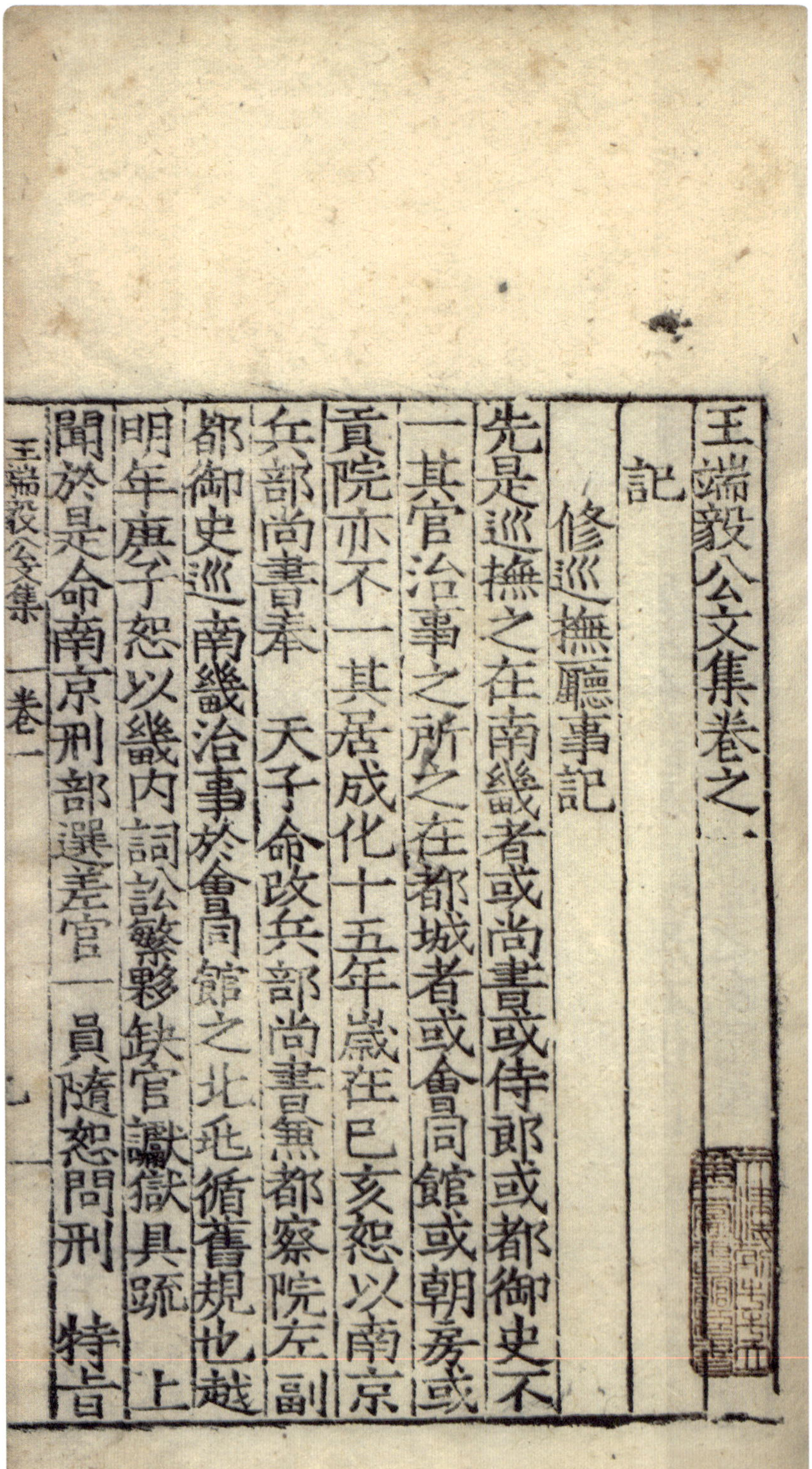
王端毅公文集卷之一

記

修巡撫聽事記

先是巡撫之在南畿者或尚書或侍郎或都御史不
一其官治事之所之在都城者或會同館或朝房或
貢院亦不一其居成化十五年歲在己亥恕以南京
兵部尚書奉　天子命改兵部尚書兼都察院左副
都御史巡撫南畿治事於會同館之北乖循舊規也越
明年庚子恕以畿內詞訟繁夥缺官讞獄具疏　上
聞於是命南京刑部選差官一員隨恕問刑　特旨

王端毅公文集　卷一　一

白沙先生詩教解十五卷 明嘉靖刻本

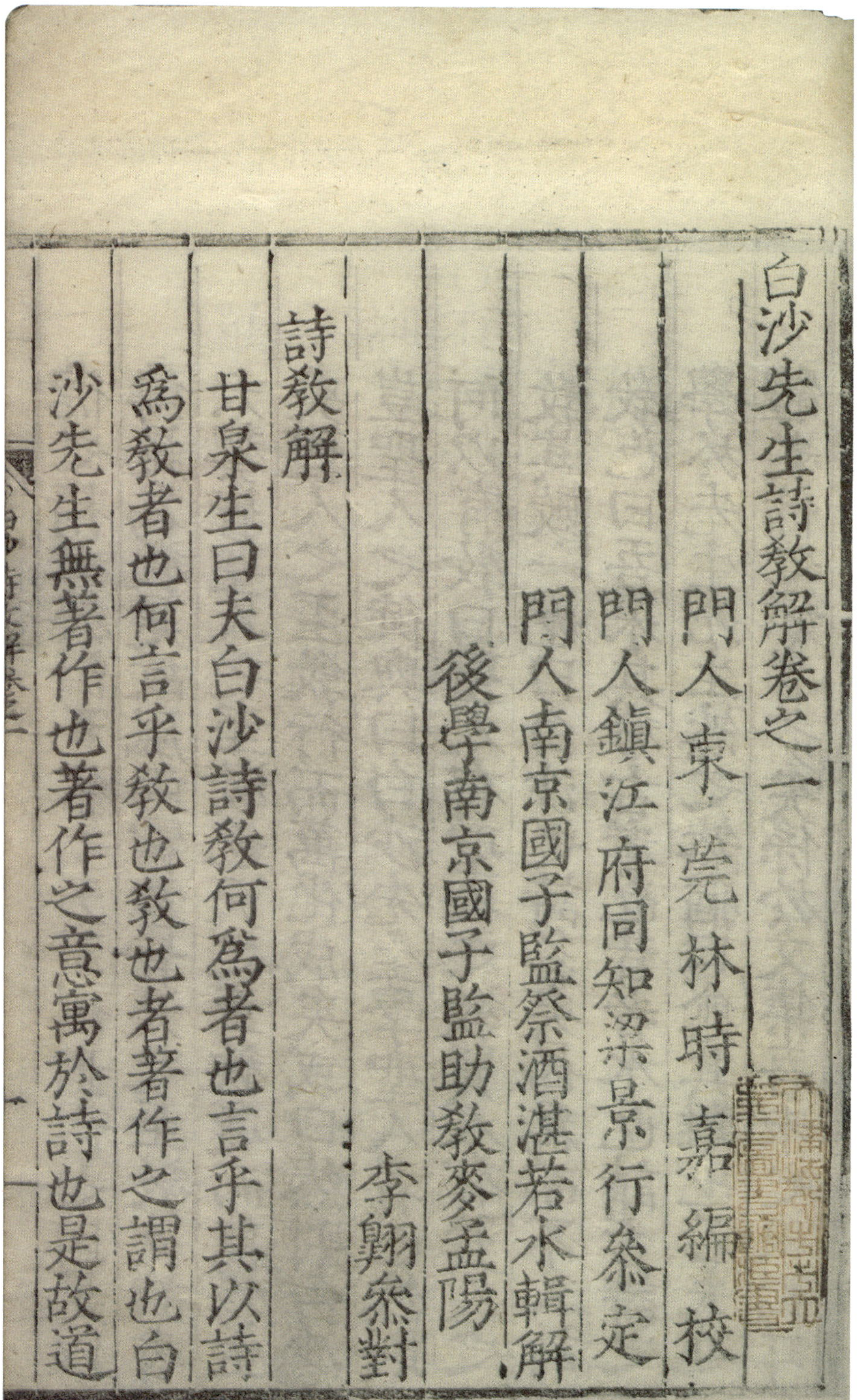
白沙先生詩教解卷之一
門人東莞林時嘉編校
門人鎮江府同知梁景行參定
門人南京國子監祭酒湛若水輯解
後學南京國子監助教麥孟陽
李翺參對
詩教解
甘泉生曰夫白沙詩教何爲者也言乎其以詩
爲教者也何言乎教也教也者著作之謂也白
沙先生無著作也著作之意寓於詩也是故道

徐文靖公謙齋文錄四卷

明嘉靖徐要垚重刻本

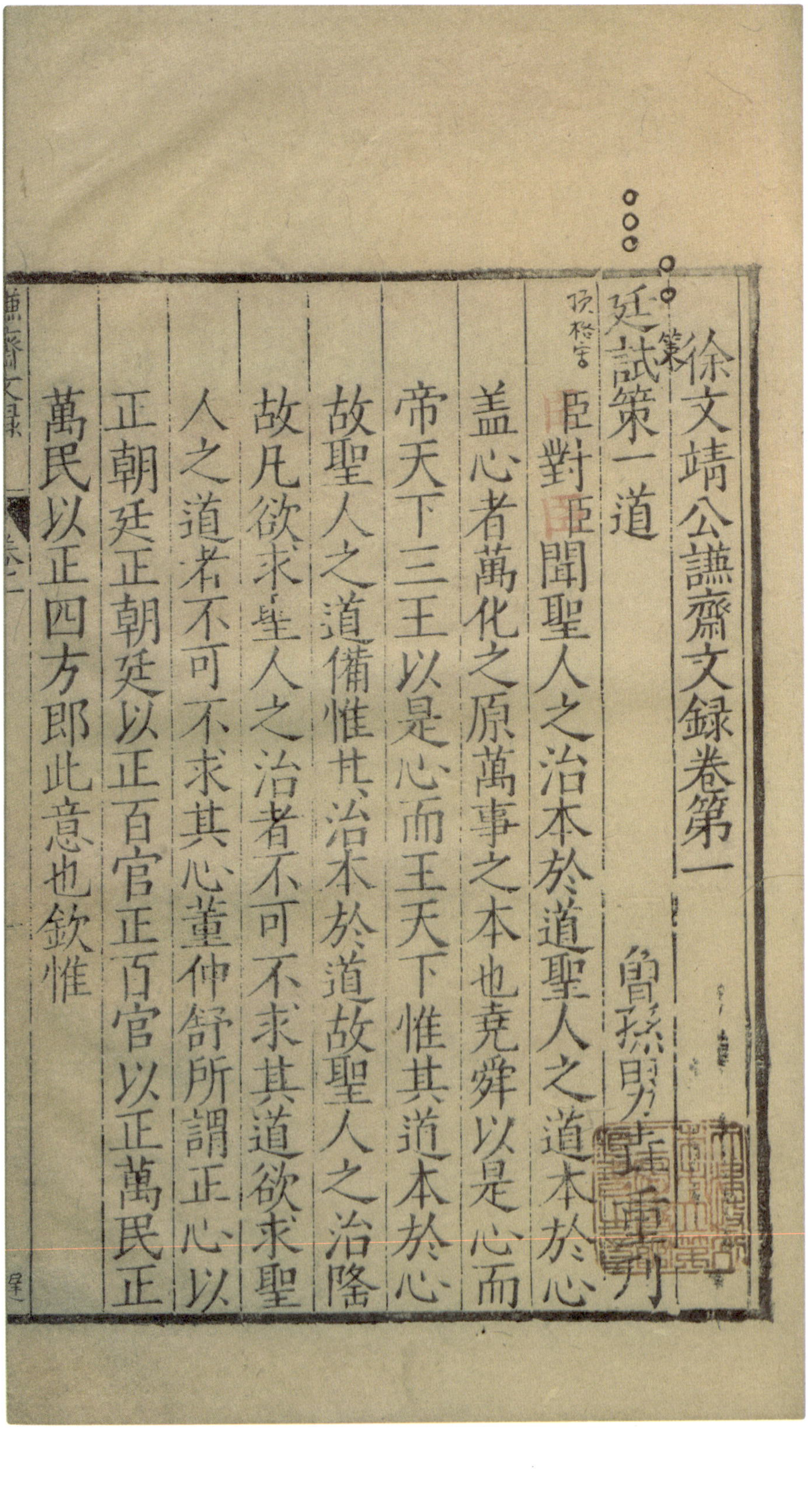

徐文靖公謙齋文録卷第一　　曾孫男垚重刊

廷試策一道

臣對臣聞聖人之治本於道聖人之道本於心

盖心者萬化之原萬事之本也堯舜以是心而

帝天下三王以是心而王天下惟其道本於心

故聖人之道備惟其治本於道故聖人之治隆

故凡欲求聖人之治者不可不求其道欲求聖

人之道者不可不求其心董仲舒所謂正心以

正朝廷正朝廷以正百官正百官以正萬民正

萬民以正四方即此意也欽惟

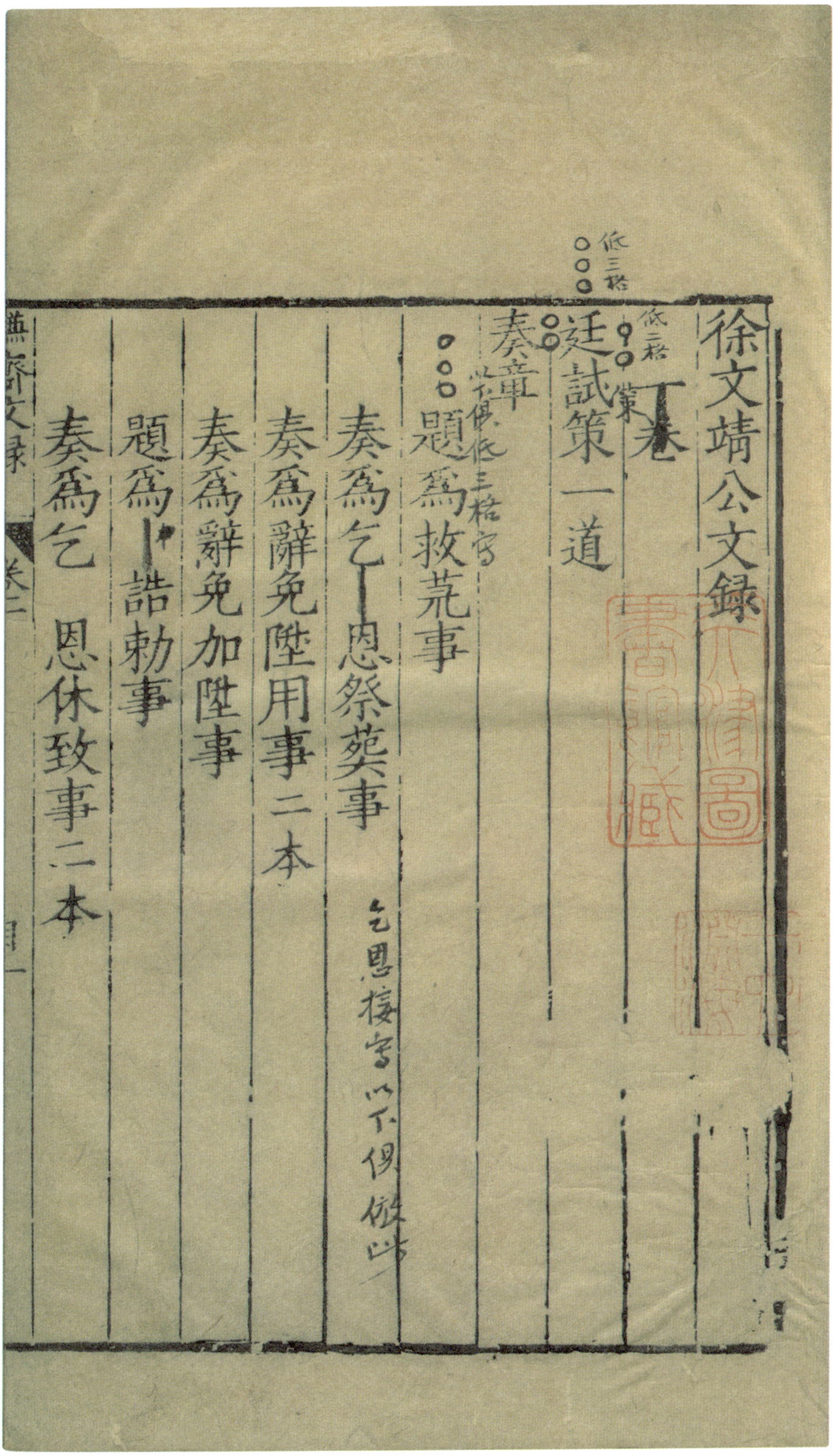
徐文靖公文錄
廷試策一道
奏章
題爲救荒事
奏爲乞恩祭葬事
奏爲辭免陞用事二本
奏爲辭免加陞事
題爲誥勅事
奏爲乞恩休致事二本

徐文靖公謙齋文錄四卷
明嘉靖徐要垚重刻本

桃溪淨稿文集三十九卷　明嘉靖刻本

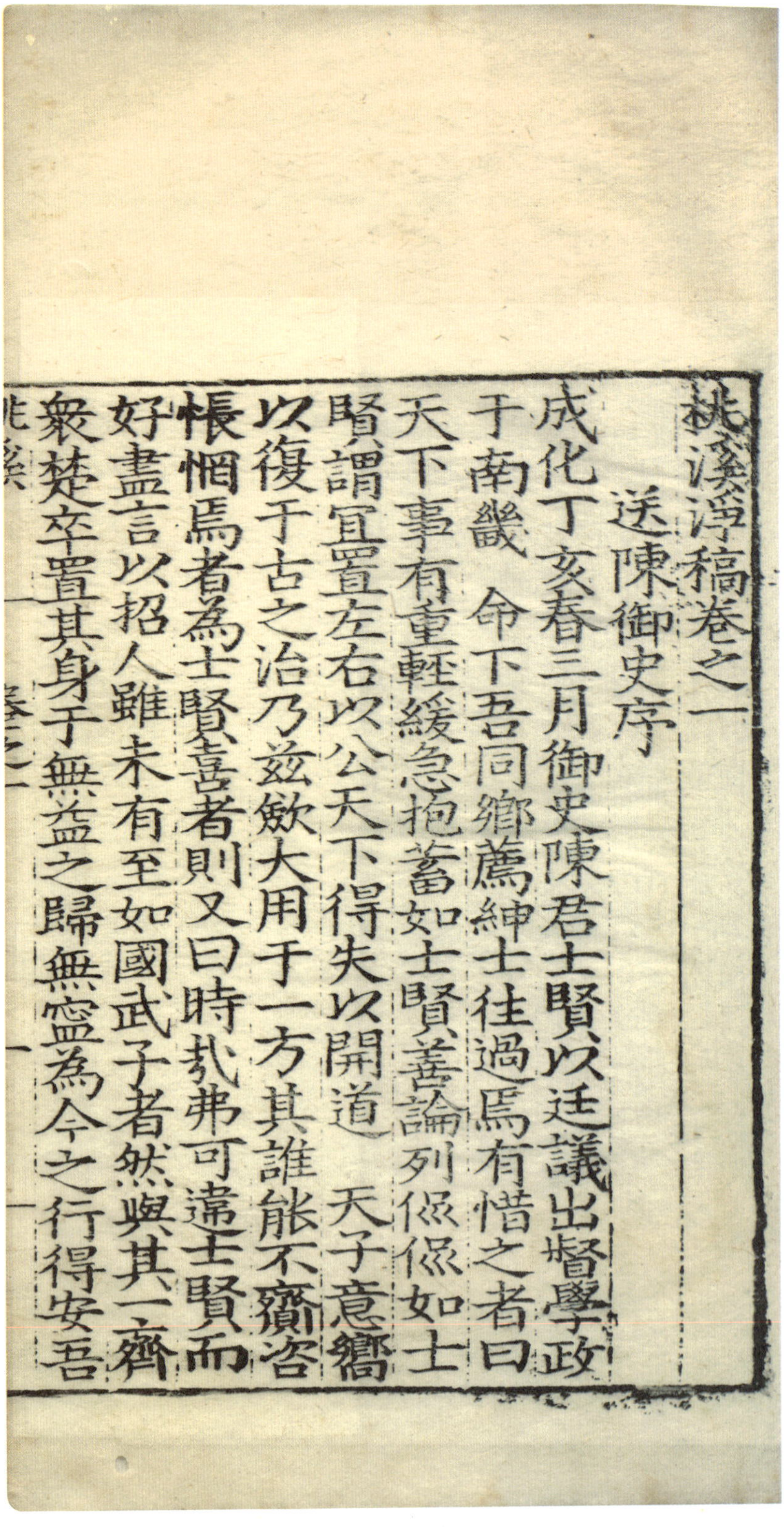
桃溪淨稿卷之一

送陳御史序

成化丁亥春三月御史陳君士賢以廷議出督學政于南畿　命下吾同鄉薦紳士往過焉有惜之者曰天下事有重輕緩急抱蓄如士賢善論列偘偘如士賢謂宜置左右以公天下得失以開道　天子意嚮以復于古之治乃兹斂大用于一方其誰能不齎咨悵惘焉者為士賢喜者則又曰時弐弗可遠士賢而好盡言以招人雖未有至如國武子者然與其一齊衆楚卒置其身于無益之歸無寧為今之行得安吾

桃溪　卷之一　一

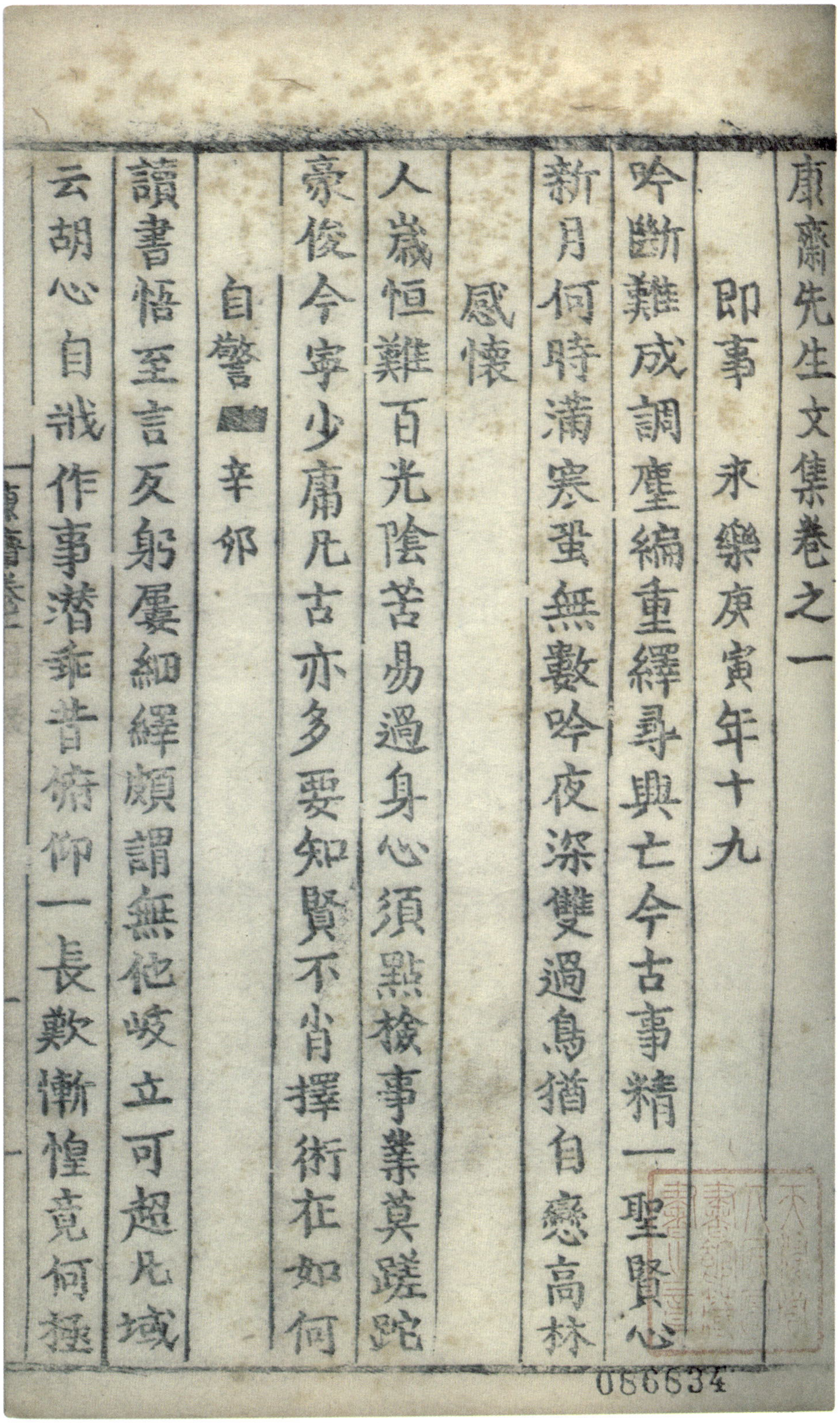
康齋先生文集卷之一

即事 永樂庚寅年十九

吟斷難成調塵編重繹尋興亡今古事精一聖賢心
新月何時滿寒蛩無數吟夜深雙過鳥猶自戀高林

感懷

人歲恒難百光陰苦易過身心須點檢事業莫蹉跎
豪俊今寧少庸凡古亦多要知賢不肖擇術在如何

自警 ■ 辛卯

讀書悟至言反躬屢細繹頗謂無他岐立可超凡域
云胡心自戕作事潛乖昔俯仰一長歎慚惶竟何極

康齋卷之一　一

康齋先生文集十二卷　明正德十年彭杰刻本

篁墩程先生文集九十四卷

明嘉靖十二年書林宗文堂刻本

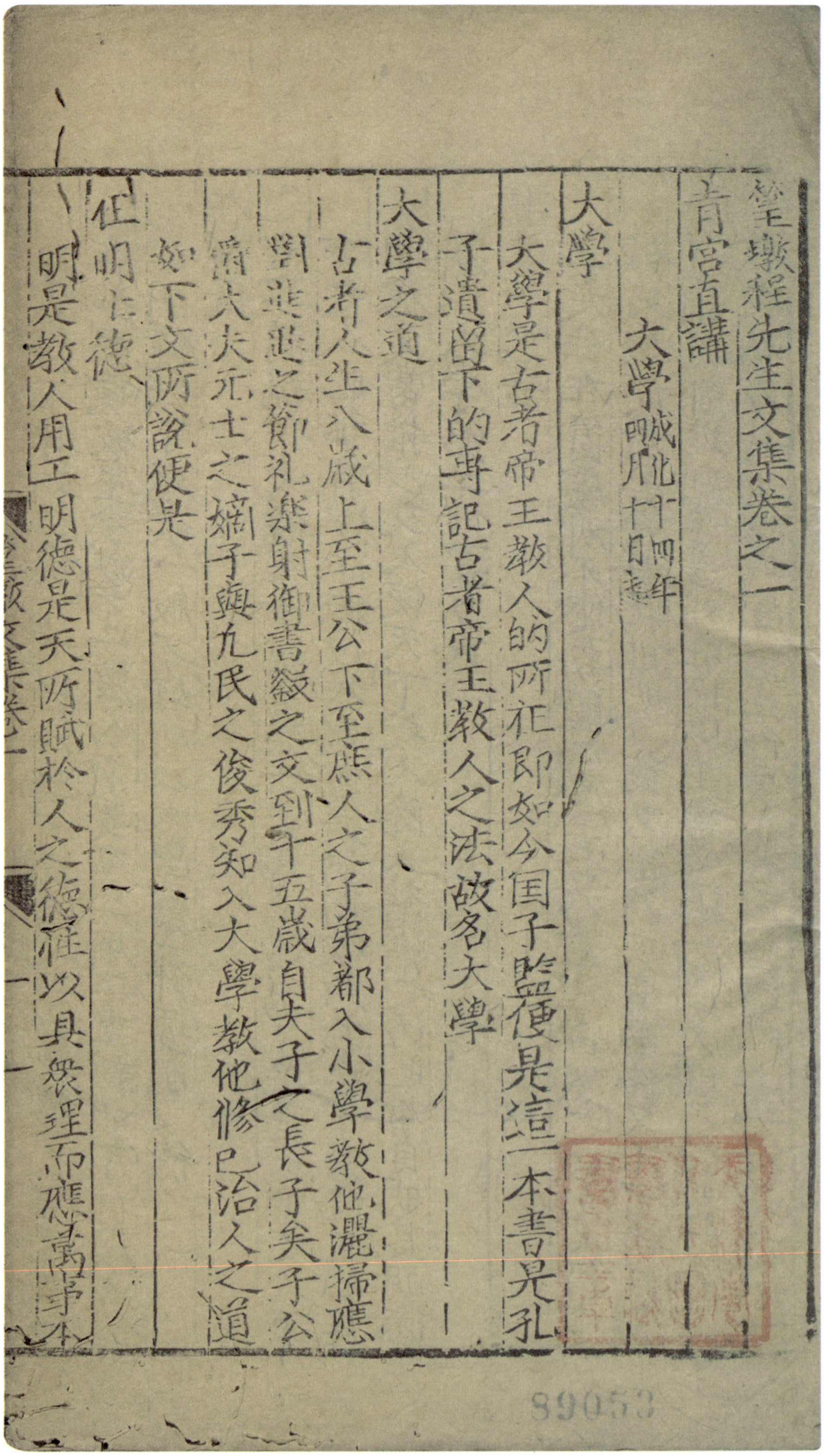

篁墩程先生文集卷之一

青宮直講

大學　成化十四年四月十日進

大學

大學是古者帝王教人的所在即如今国子監便是這一本書是孔子遺留下的書記古者帝王教人之法故名大學

大學之道

古者人生八歲上至王公下至庶人之子弟都入小學教他灑掃應對進退之節禮樂射御書數之文到十五歲自天子之長子衆子公卿大夫元士之嫡子與凡民之俊秀知入大學教他修己治人之道如下文所說便是

在明明德

明是教人用工明德是天所賦於人之德性以具衆理而應萬事本

楓山章先生文集九卷　明嘉靖九年張大綸刻章翰補刻本

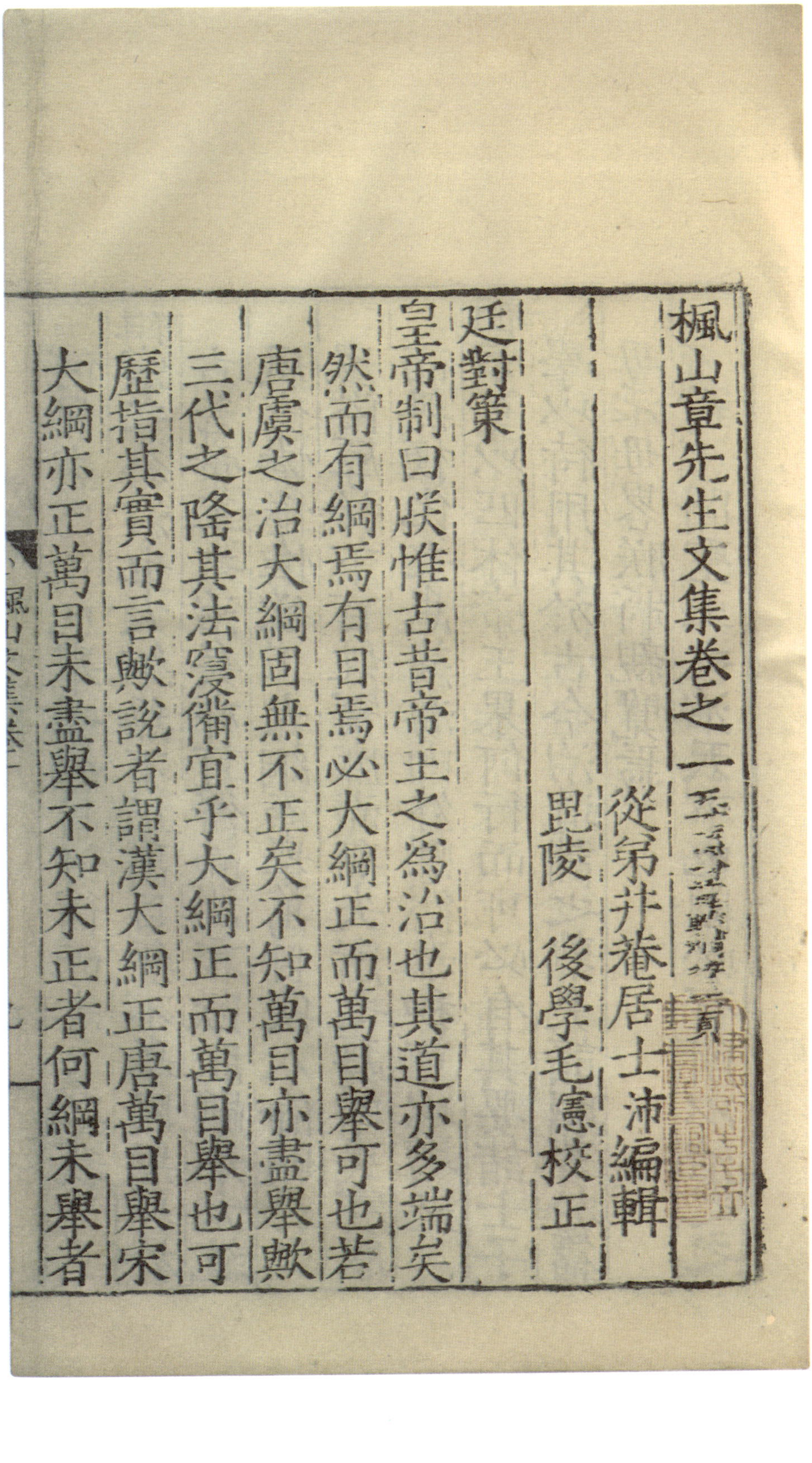
楓山章先生文集卷之一
從弟井菴居士沛編輯
毘陵　後學毛憲校正
廷對策
皇帝制曰朕惟古昔帝王之爲治也其道亦多端矣
然而有綱焉有目焉必大綱正而萬目舉可也若
唐虞之治大綱固無不正矣不知萬目亦盡舉歟
三代之隆其法寖備宜乎大綱正而萬目舉也可
歷指其實而言歟說者謂漢大綱正唐萬目舉宋
大綱亦正萬目未盡舉不知未正者何綱未舉者

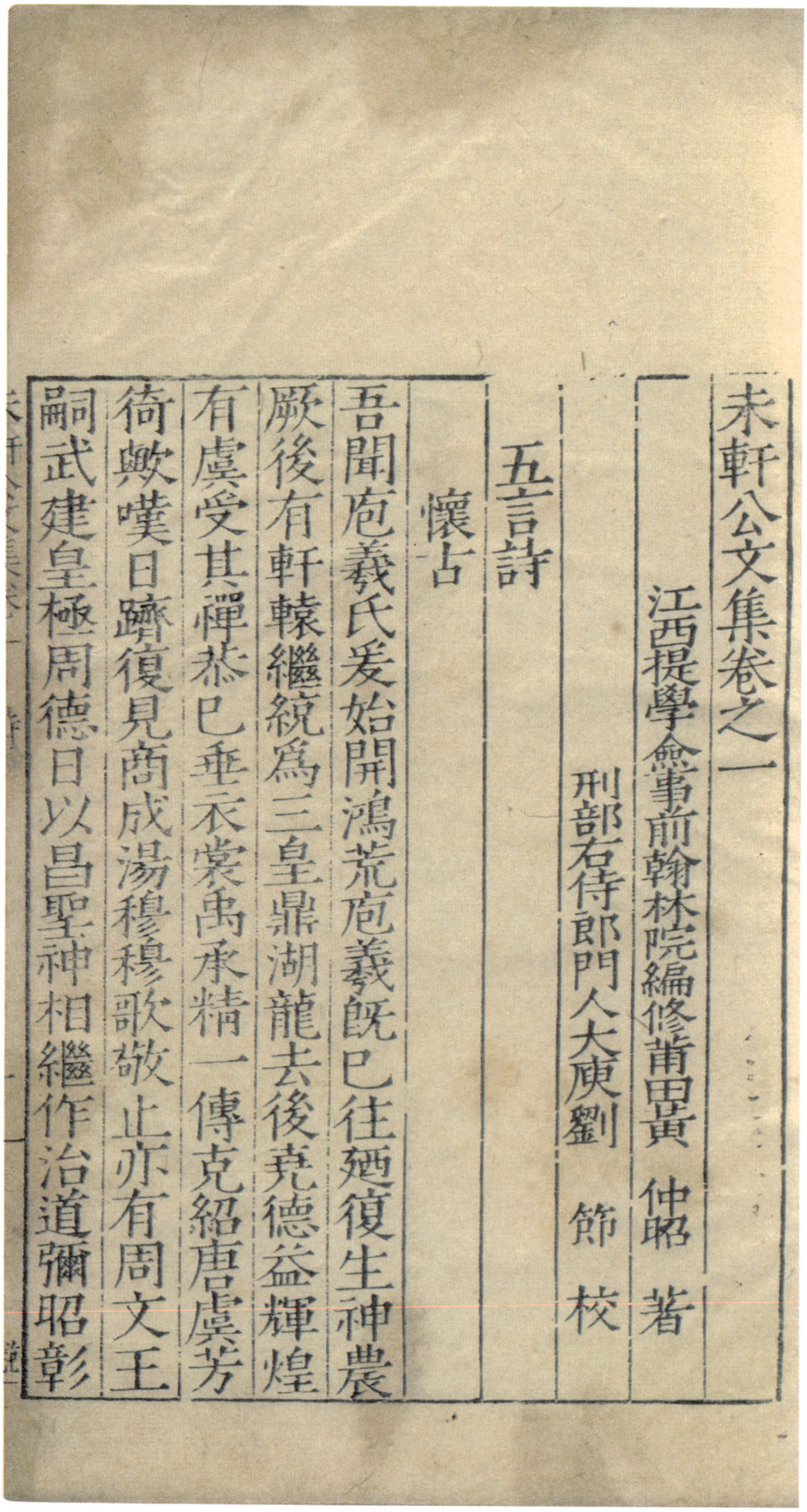

未軒公文集卷之一

江西提學僉事前翰林院編修莆田黄　仲昭　著

刑部右侍郎門人大庾劉　節　校

五言詩

懷古

吾聞庖羲氏爰始開鴻荒庖羲既已往廼復生神農
厥後有軒轅繼統爲三皇鼎湖龍去後堯德益輝煌
有虞受其禪恭己垂衣裳禹承精一傳克紹唐虞芳
猗歟嘆日躋復見商成湯穆穆歌敬止亦有周文王
嗣武建皇極周德日以昌聖神相繼作治道彌昭彰

未軒公文集十二卷　明嘉靖三十四年黄希白刻本

白洲詩集三卷　明正德刻本

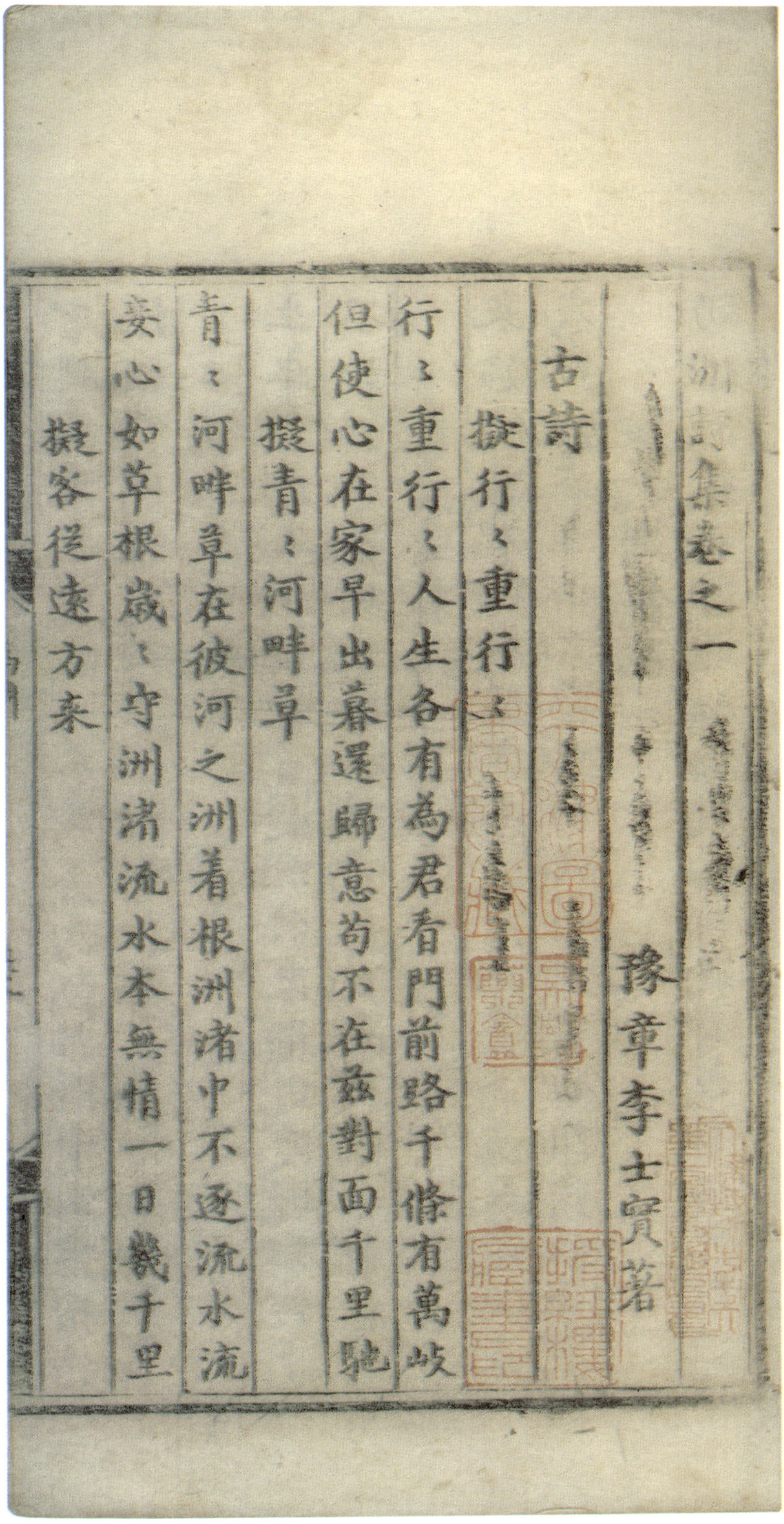
白洲詩集卷之一
豫章李士實著
古詩
擬行〻重行〻
行〻重行〻人生各有為君看門前路千條有萬岐
但使心在家早出暮還歸意苟不在茲對面千里馳
擬青〻河畔草
青〻河畔草在彼河之洲着根洲渚中不逐流水流
妾心如草根歲〻守洲渚流水本無情一日幾千里
擬客從遠方来

石淙詩稿二十卷　明嘉靖刻本

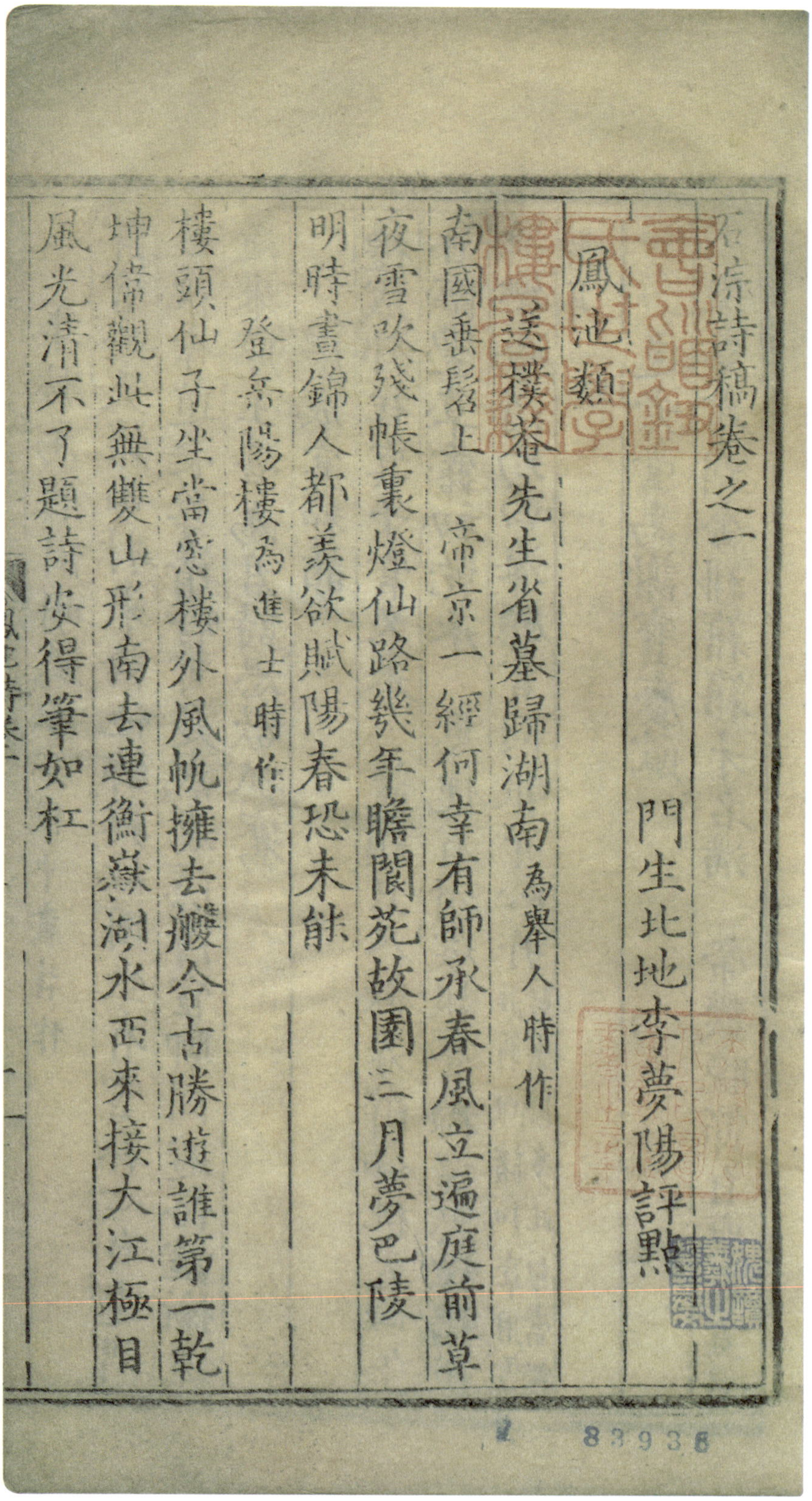

石淙詩稿卷之一

門生北地李夢陽評點

鳳池類

送樸菴先生省墓歸湖南 為舉人時作

南國垂髫上帝京一經何幸有師承春風立遍庭前草
夜雪吹殘帳裏燈仙路幾年瞻閬苑故園三月夢巴陵
明時盡錦人都羨欲賦陽春恐未能

登岳陽樓 為進士時作

樓頭仙子坐當窗樓外風帆擁去艭今古勝遊誰第一乾
坤偉觀此無雙山形南去連衡嶽湖水西來接大江極目
風光清不了題詩安得筆如杠

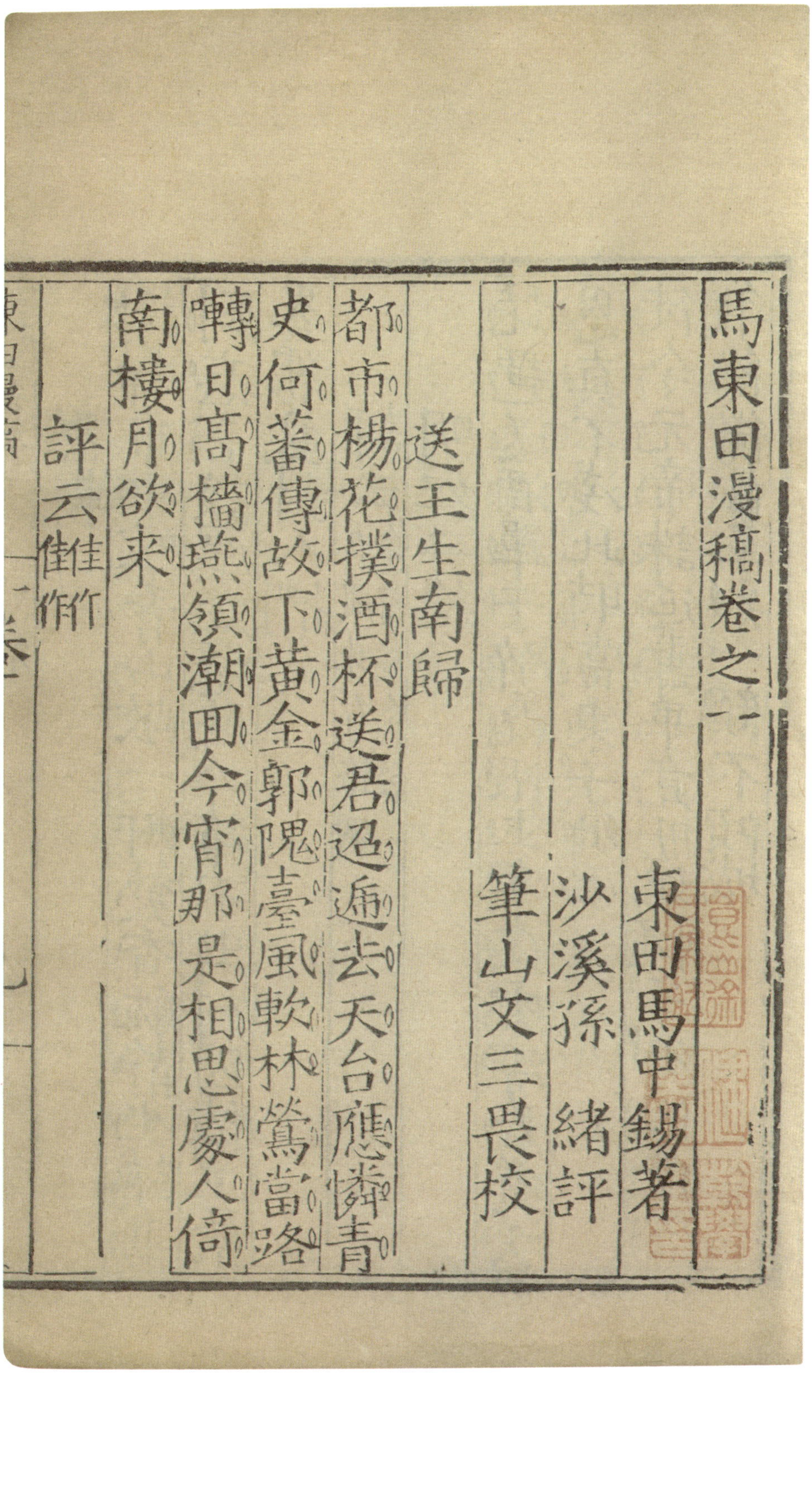
馬東田漫稿卷之一

東田馬中錫著
沙溪孫　緒評
筆山文三畏校

送王生南歸

都市楊花撲酒杯送君迢遞去天台應憐青史何蕃傳故下黄金郭隗臺風軟林鶯當路囀日高檣燕領潮回今宵那是相思處人倚南樓月欲来

評云佳作

東田漫稿　卷一

馬東田漫稿六卷　明嘉靖十七年文三畏刻本

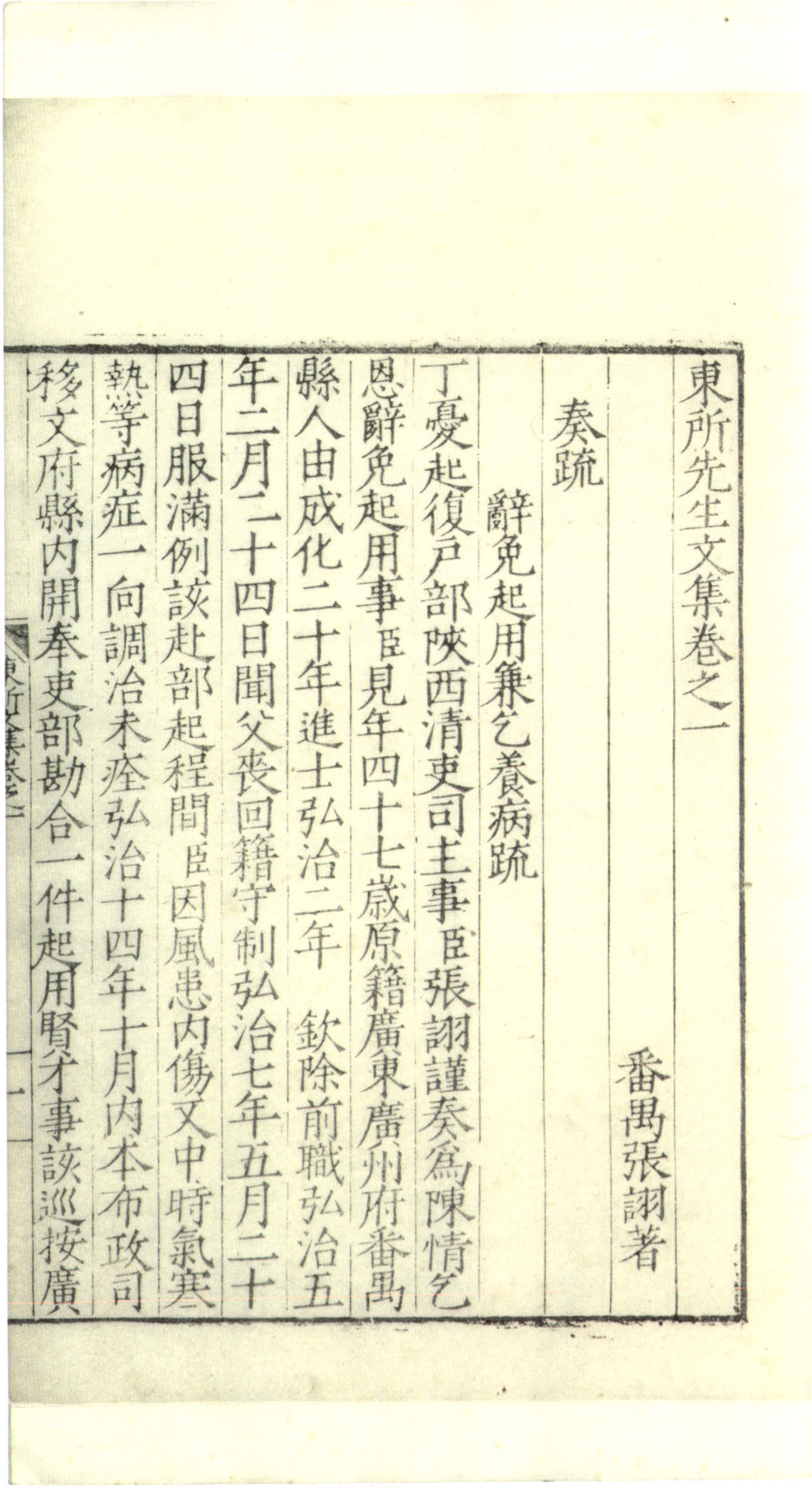

東所先生文集卷之一

番禺張詡著

奏疏

辭免起用兼乞養病疏

丁憂起復戶部陝西清吏司主事臣張詡謹奏為陳情乞
恩辭免起用事臣見年四十七歲原籍廣東廣州府番禺
縣人由成化二十年進士弘治二年　欽除前職弘治五
年二月二十四日聞父喪回籍守制弘治七年五月二十
四日服滿例該赴部起程間臣因風患內傷又中時氣寒
熱等病症一向調治未痊弘治十四年十月內本布政司
移文府縣內開奉吏部勘合一件起用賢才事該巡按廣

東所文集卷一　一

東所先生文集十三卷　明嘉靖三十年張希舉刻本

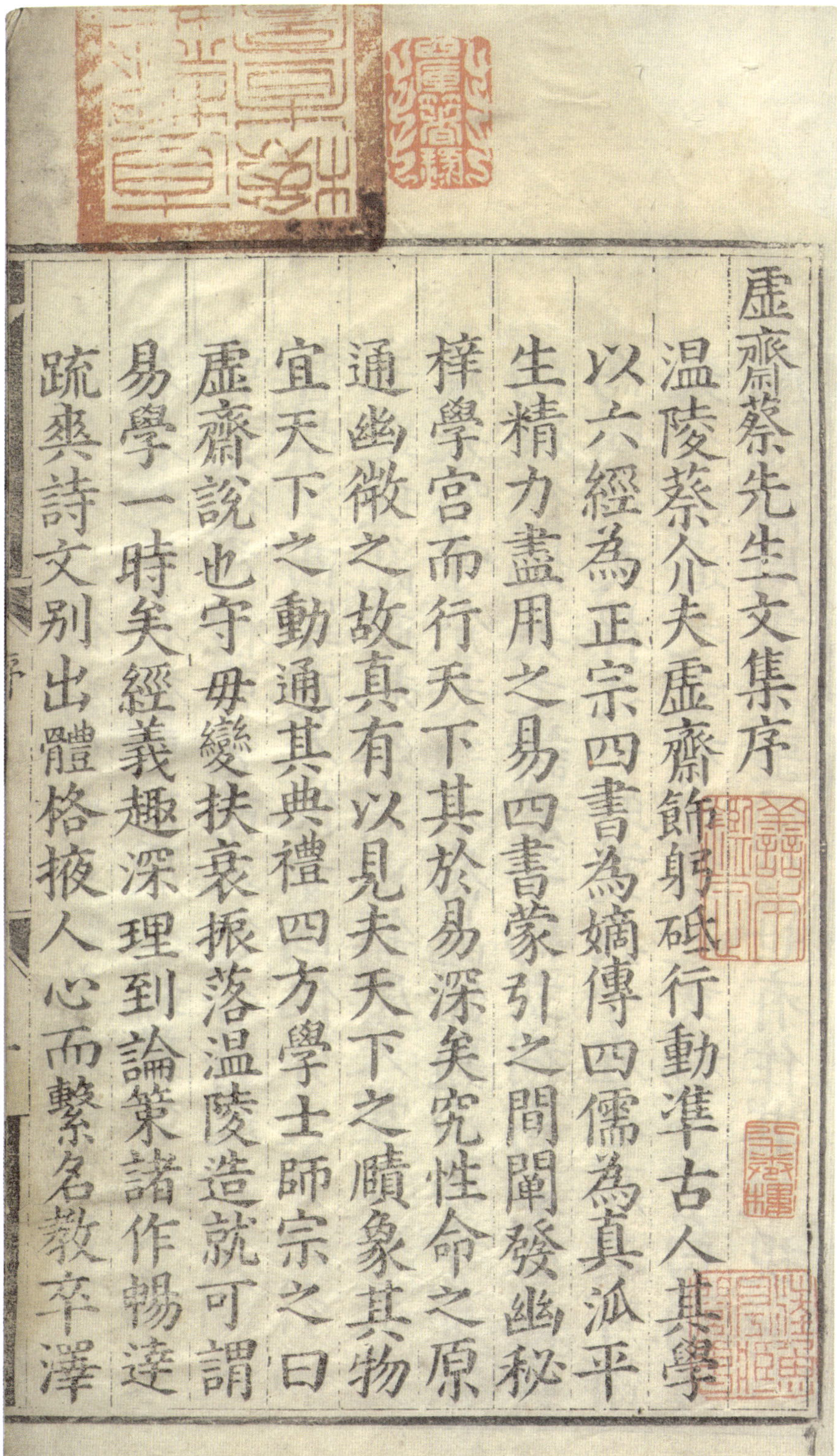
虛齋蔡先生文集序
温陵蔡介夫虛齋節躬砥行動準古人其學
以六經為正宗四書為嫡傳四儒為真派平
生精力盡用之易四書蒙引之間闡發幽秘
梓學宮而行天下其於易深矣究性命之原
通幽微之故真有以見夫天下之賾象其物
宜天下之動通其典禮四方學士師宗之曰
虛齋說也守毋變扶衰振落温陵造就可謂
易學一時矣經義趣深理到論策諸作暢達
疏爽詩文別出體格掖人心而繫名教卒澤

虛齋蔡先生文集五卷　明正德十六年葛志貞刻本

明夏赤城先生文集卷之一

同郡趙方厓先生原定　　嗣孫名賢重梓

賦

居閔賦 少作

居邑邑以無故兮莫時命之大乖抑所遭之不猶兮記前聞以興懷二八生而遐虞兮傳巖築而登台偉姬旦而何人兮下白屋之微才孔曰鮑叔其賢兮實導桓以相賊刎常何之備武兮忘騄薦乎家客悲此義之不晰兮胡天經之與地則苟青紫之旣登兮班

明夏赤城先生文集二十三卷　清乾隆三十七年夏氏映南軒活字印本

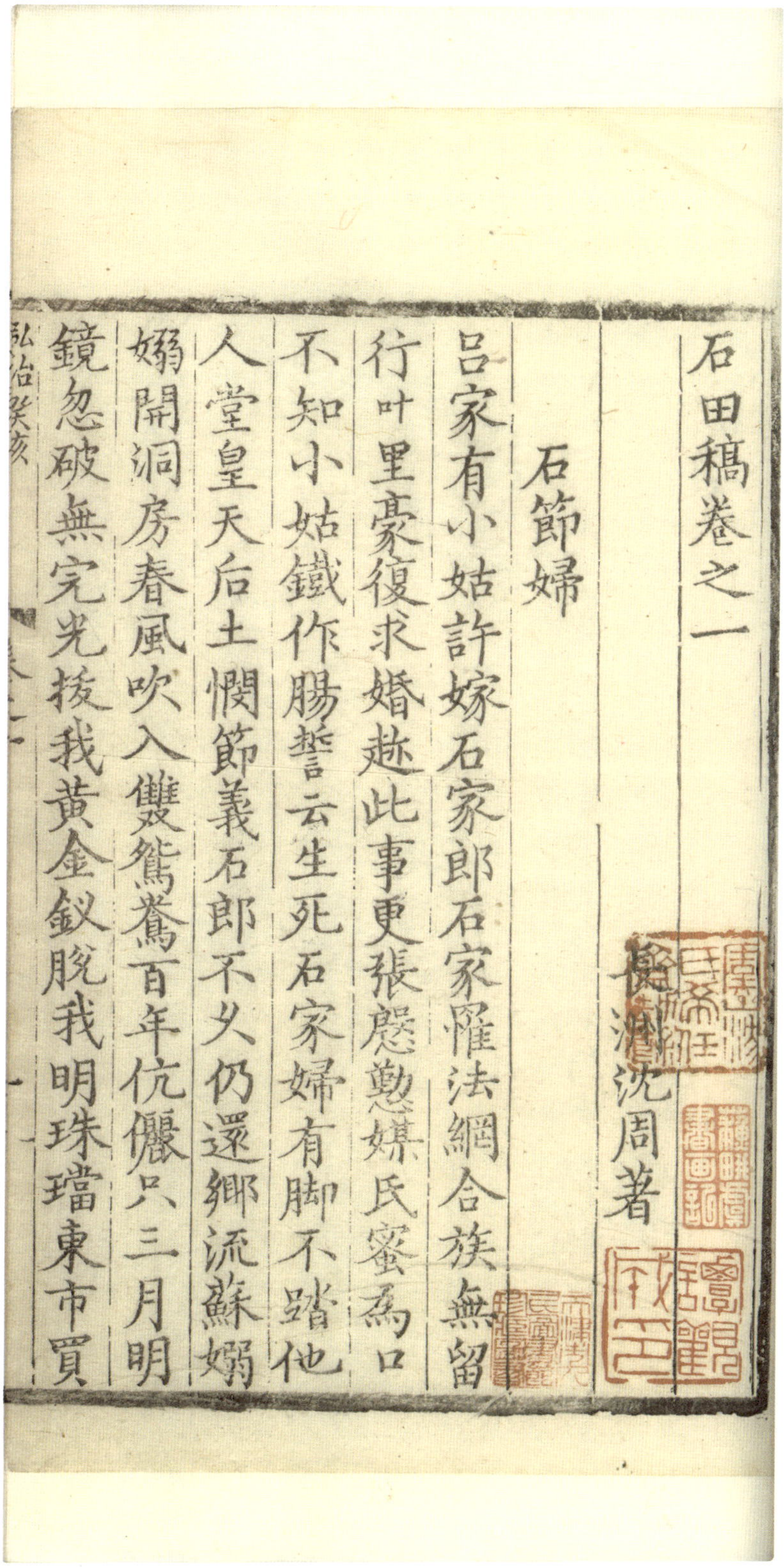
石田稿卷之一

長洲沈周著

石節婦

呂家有小姑許嫁石家郎石家罹法網合族無留
行叶里豪復求婚趣此事更張慇懃媒氏蜜爲口
不知小姑鐵作腸誓云生死石家婦有脚不踏他
人堂皇天后土憫節義石郎不久仍還鄉流蘇嫋
嫋開洞房春風吹入雙鴛鴦百年伉儷只三月明
鏡忽破無完光撥我黃金釵脫我明珠璫東市買

弘治癸亥

石田稿三卷　明弘治十六年嘉定黃淮集義堂刻本

空同先生集卷第一

北郡李夢陽撰

賦一十首

疑賦

下乾上坤高卑易矣星辰在下江河逆矣天喬喬天

空同先生集六十三卷　明嘉靖刻本

王文成公全書三十八卷　明隆慶六年謝廷傑刻本

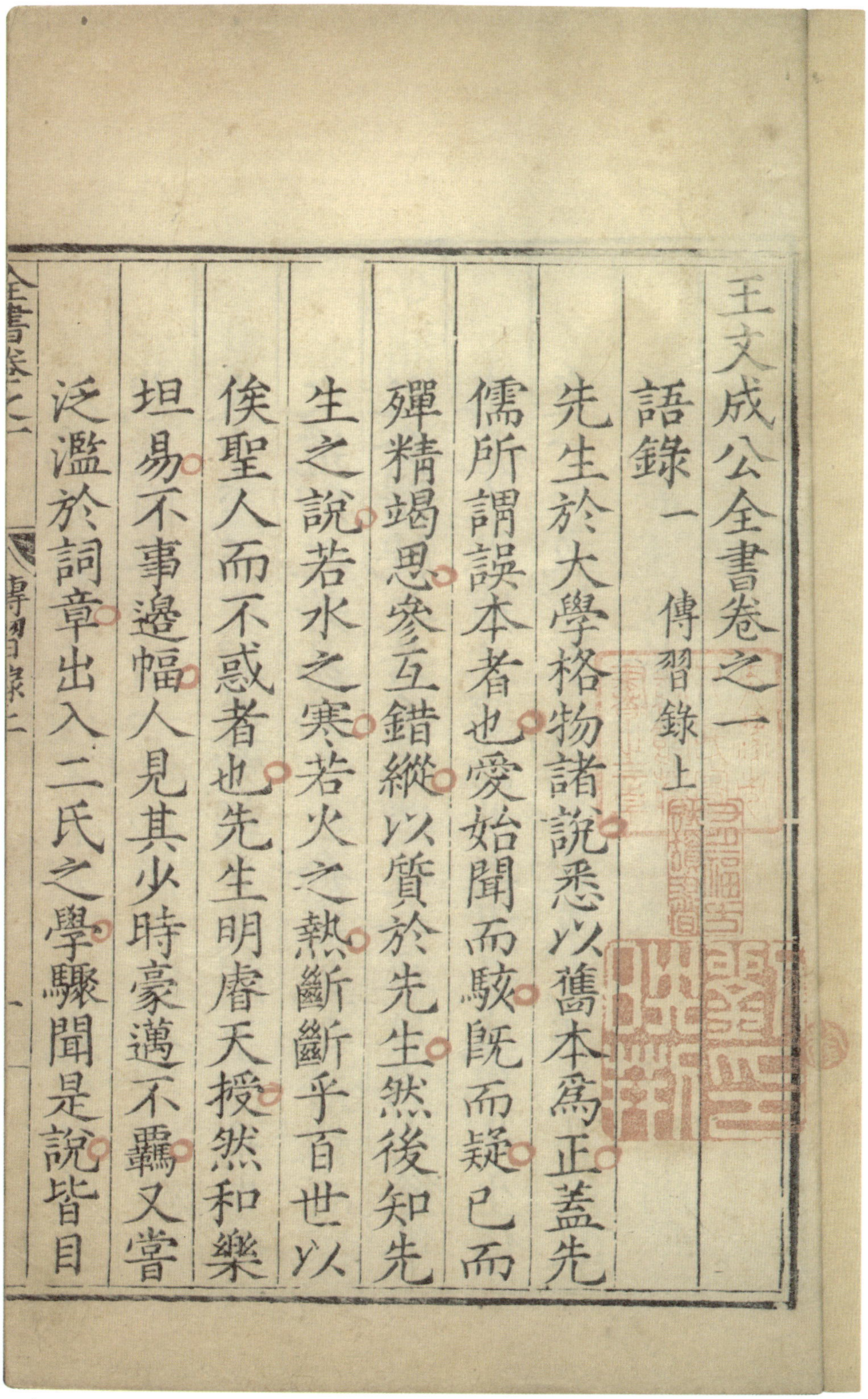
王文成公全書卷之一
語錄一　傳習錄上
先生於大學格物諸說悉以舊本爲正蓋先
儒所謂誤本者也愛始聞而駭既而疑已而
殫精竭思參互錯縱以質於先生然後知先
生之說若水之寒若火之熱斷斷乎百世以
俟聖人而不惑者也先生明睿天授然和樂
坦易不事邊幅人見其少時豪邁不羈又嘗
泛濫於詞章出入二氏之學驟聞是說皆目

全書卷之一　傳習錄上　一

陽明先生文粹十一卷　明嘉靖三十六年大樑書院刻本

陽明先生文粹卷一

雜著十三篇

大學古本序

大學之要誠意而已矣誠意之功格物而已矣誠意之極止至善而已矣止至善之則致知而已矣正心復其體也脩身著其用也以言乎已謂之明德以言乎人謂之親民以言乎天地之間則備矣是故至善也者心之本體也動而後有不善而本體之知未嘗不知也意者其動也物者其事也致其本體之知而動無不善然非即其事而格之則亦

元册

淩谿先生集十八卷　明嘉靖刻遞修本

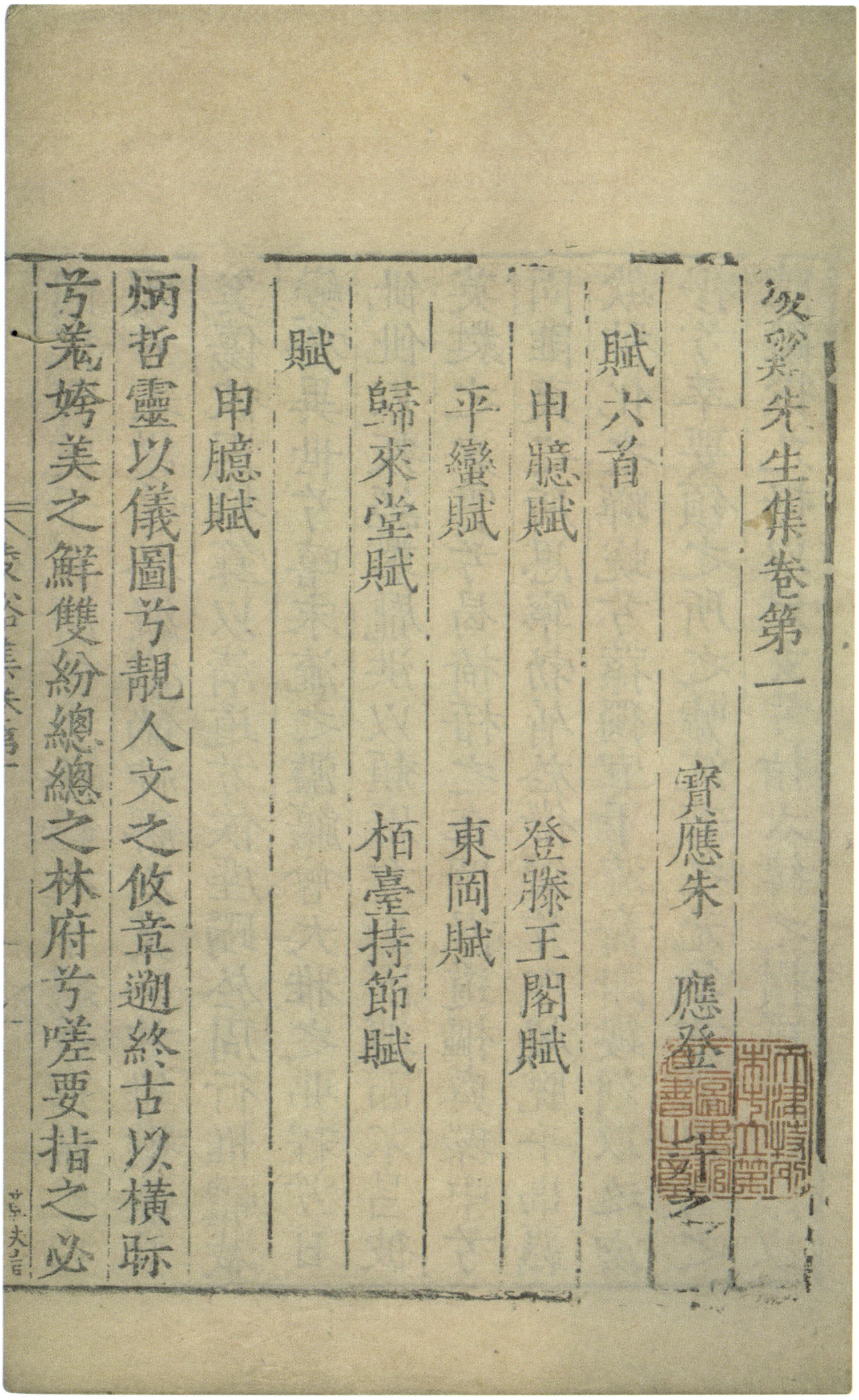

淩谿先生集卷第一

實應朱　應登

賦六首

申臆賦　登滕王閣賦

平巒賦　東岡賦

歸來堂賦　栢臺持節賦

賦

申臆賦

炳哲靈以儀圖兮靚人文之攸章迴終古以横睎兮羲娥美之鮮雙紛總總之林府兮嗟要指之必

內臺集七卷　明嘉靖十五年刻本

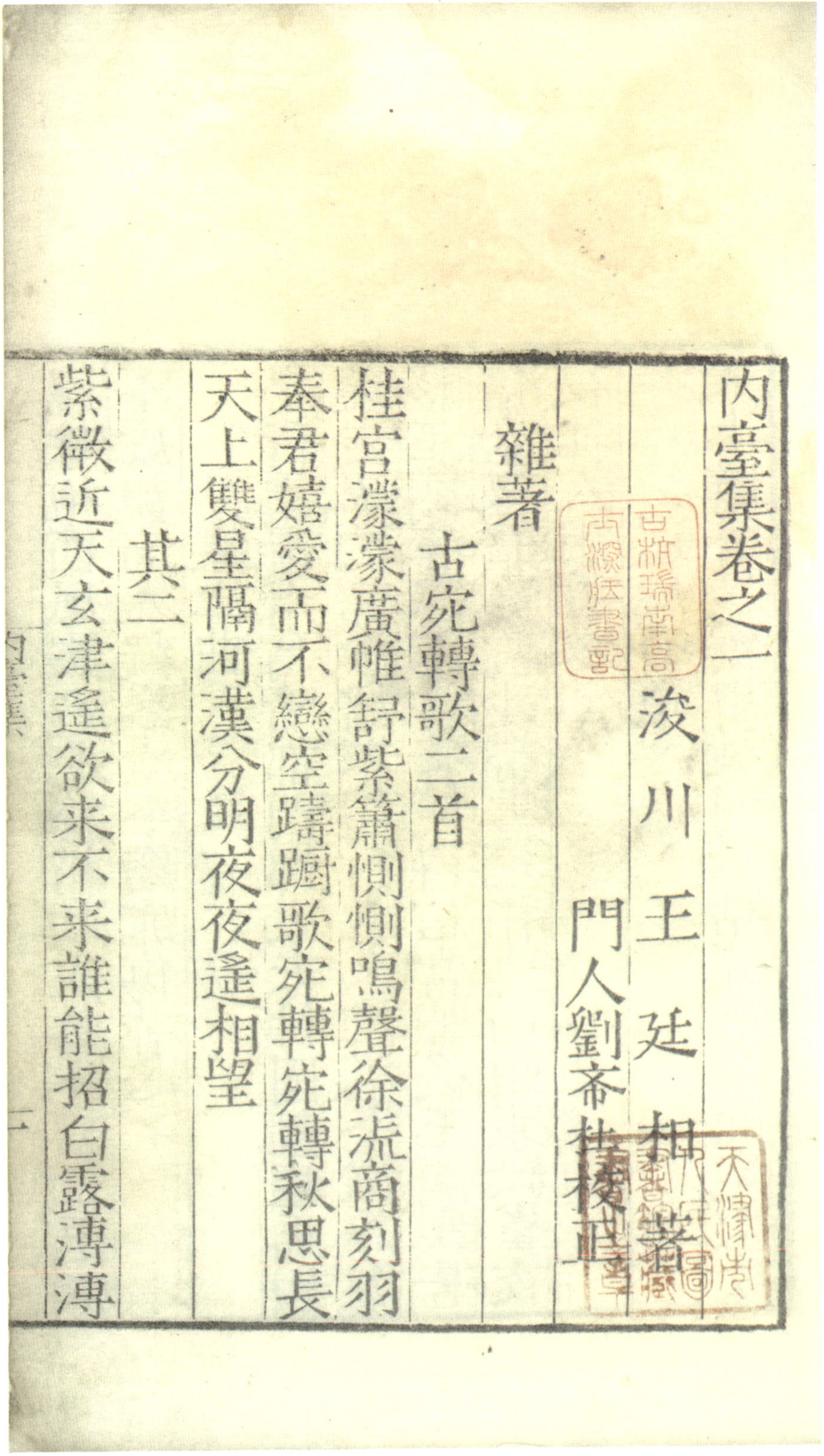
內臺集卷之一
浚川王廷相著
門人劉希杜校正
雜著
古宛轉歌二首
桂宫濛濛廣帷舒紫簫惻惻鳴聲徐㳅商刻羽
奉君嬉愛而不戀空躊躕歌宛轉宛轉秋思長
天上雙星隔河漢分明夜夜遥相望
其二
紫微近天玄津遥欲来不来誰能招白露漙漙

內臺集　一

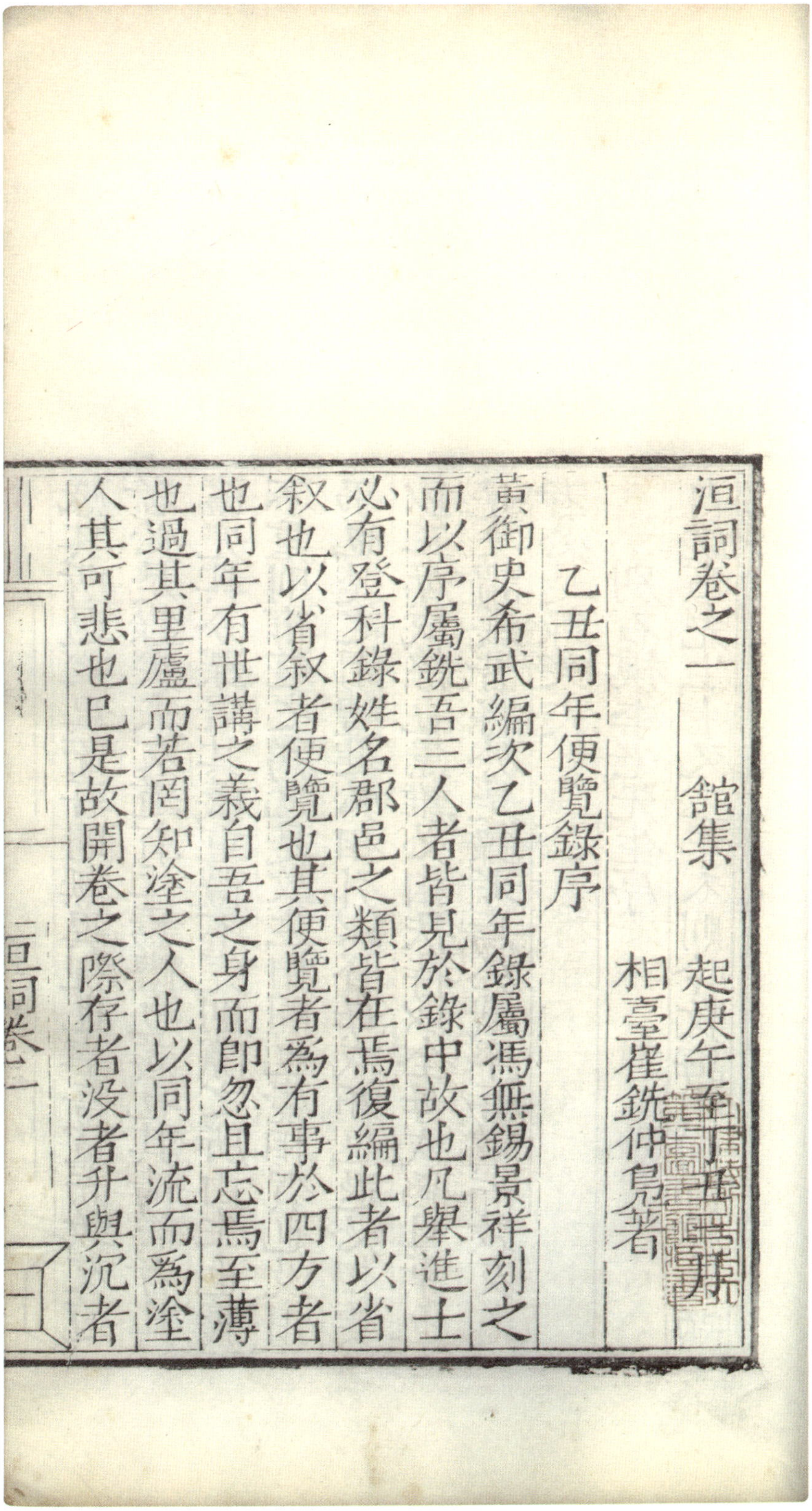

洹詞卷之一　館集　起庚午至丁丑

相臺崔銑仲鳧著

乙丑同年便覽錄序

黃御史希武編次乙丑同年録屬馮無錫景祥刻之而以序屬銑吾三人者皆見於錄中故也凡舉進士必有登科錄姓名郡邑之類皆在焉復編此者以省叙也以省叙者便覽也其便覽者爲有事於四方者也同年有世講之義自吾之身而即忽且忘焉至薄也過其里廬而若罔知塗之人也以同年流而爲塗人其可悲也已是故開卷之際存者没者升與沉者

洹詞卷之一

洹詞十二卷　明趙府味經堂刻清乾隆三十六年黃邦寧補刻本

太白山人詩五卷　明嘉靖刻本

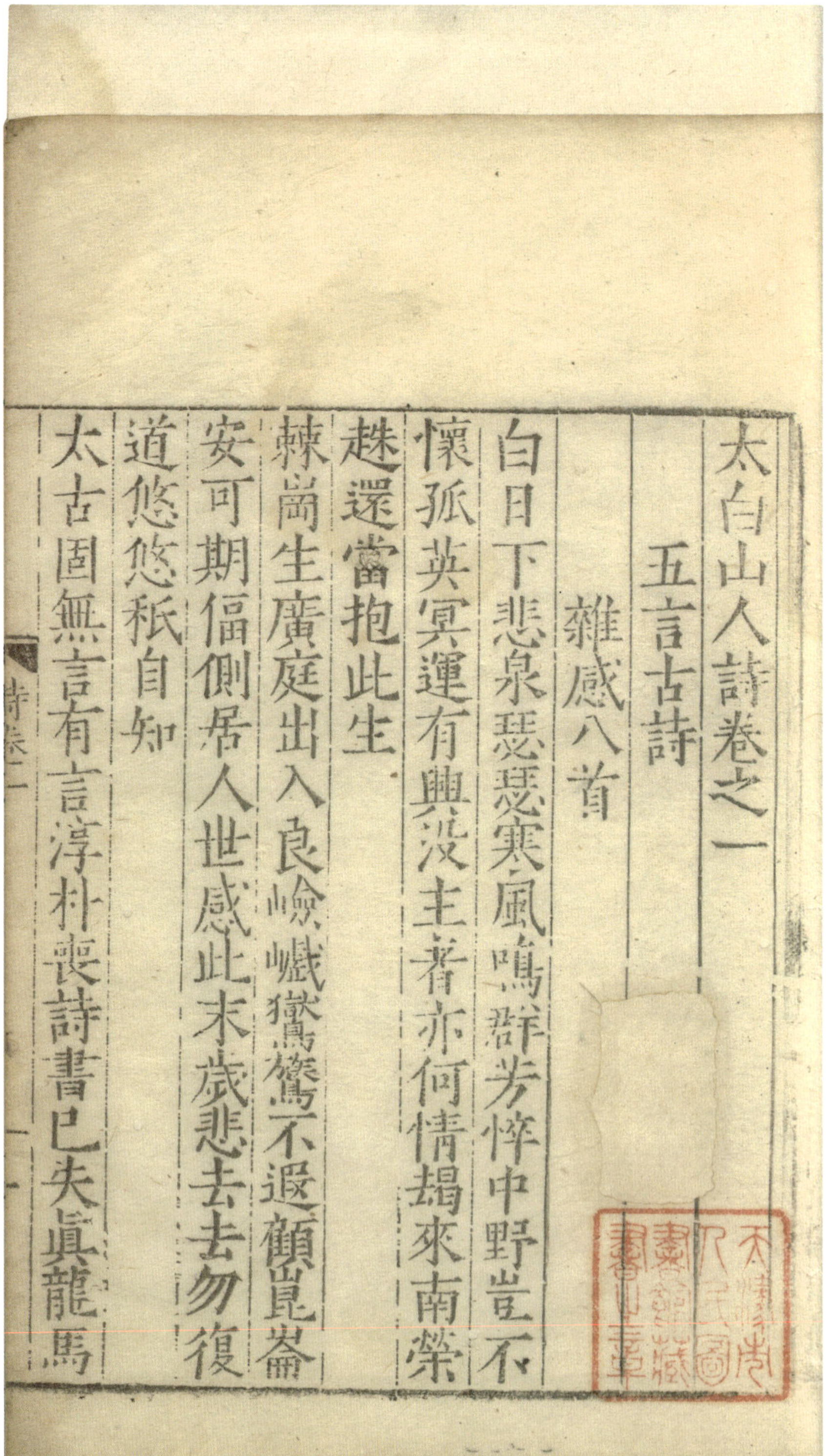
太白山人詩卷之一

五言古詩

雜感八首

白日下悲泉瑟瑟寒風鳴群芳悴中野豈不
懷孤英冥運有興沒主者亦何情朅來南榮
趖還當抱此生
棘崗生廣庭出入良嶮巇鸞鷟不遐顧昆崙
安可期偪側居人世感此末歲悲去去勿復
道悠悠秖自知
太古固無言有言淳朴喪詩書已失眞龍馬

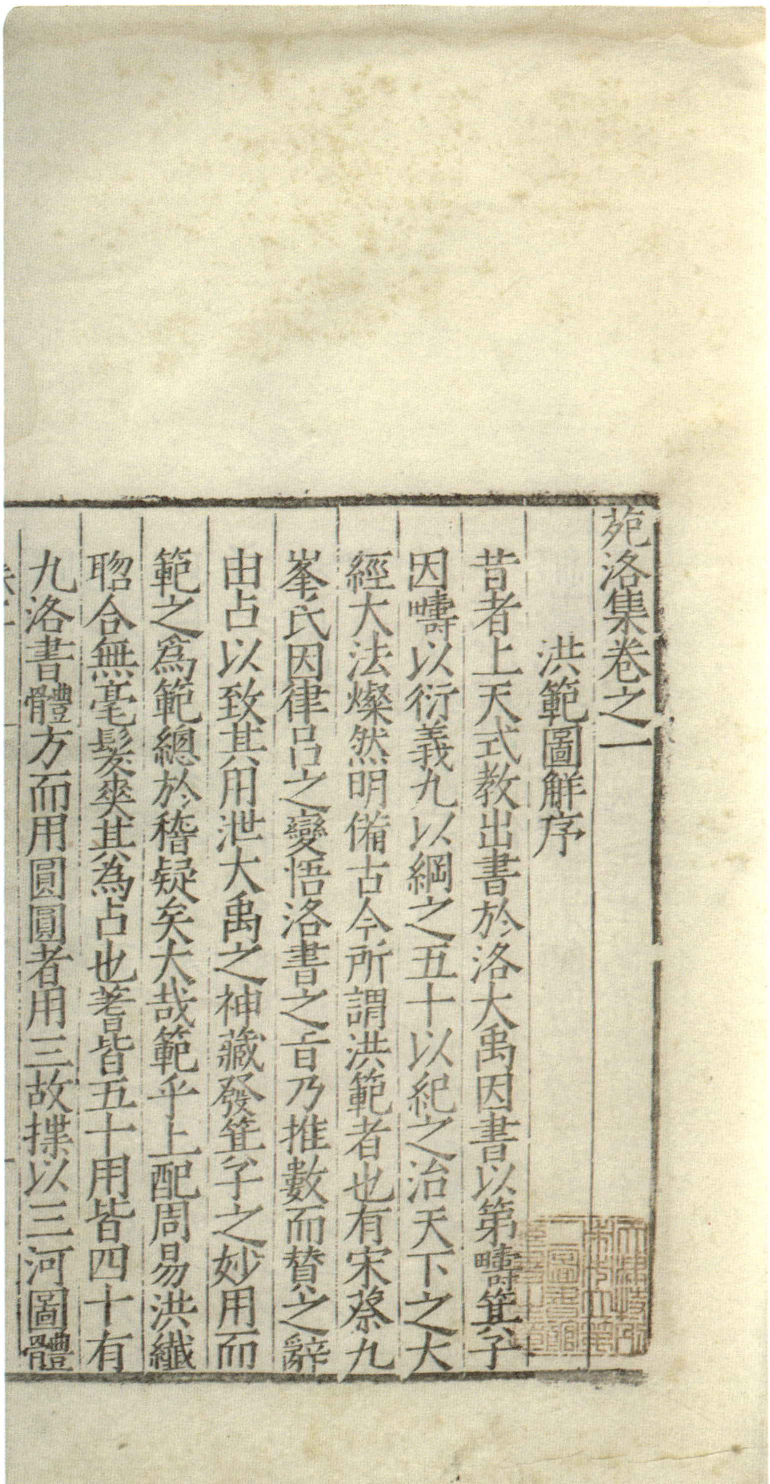
苑洛集卷之一

洪範圖解序

昔者上天式敎出書於洛大禹因書以第疇箕子
因疇以衍義九以綱之五十以紀之洽天下之大
經大法燦然明備古今所謂洪範者也有宋蔡九
峯氏因律呂之變悟洛書之音乃推數而賛之辭
由占以致其用泄大禹之神藏發箕子之妙用而
範之爲範總於稽疑矣大哉範乎上配周易洪纖
聡合無毫髮爽其為占也蓍皆五十用皆四十有
九洛書體方而用圓圓者用三故揲以三河圖體

苑洛集二十二卷　明嘉靖三十一年刻本

端溪先生集八卷 明嘉靖三十一年張蘊刻本

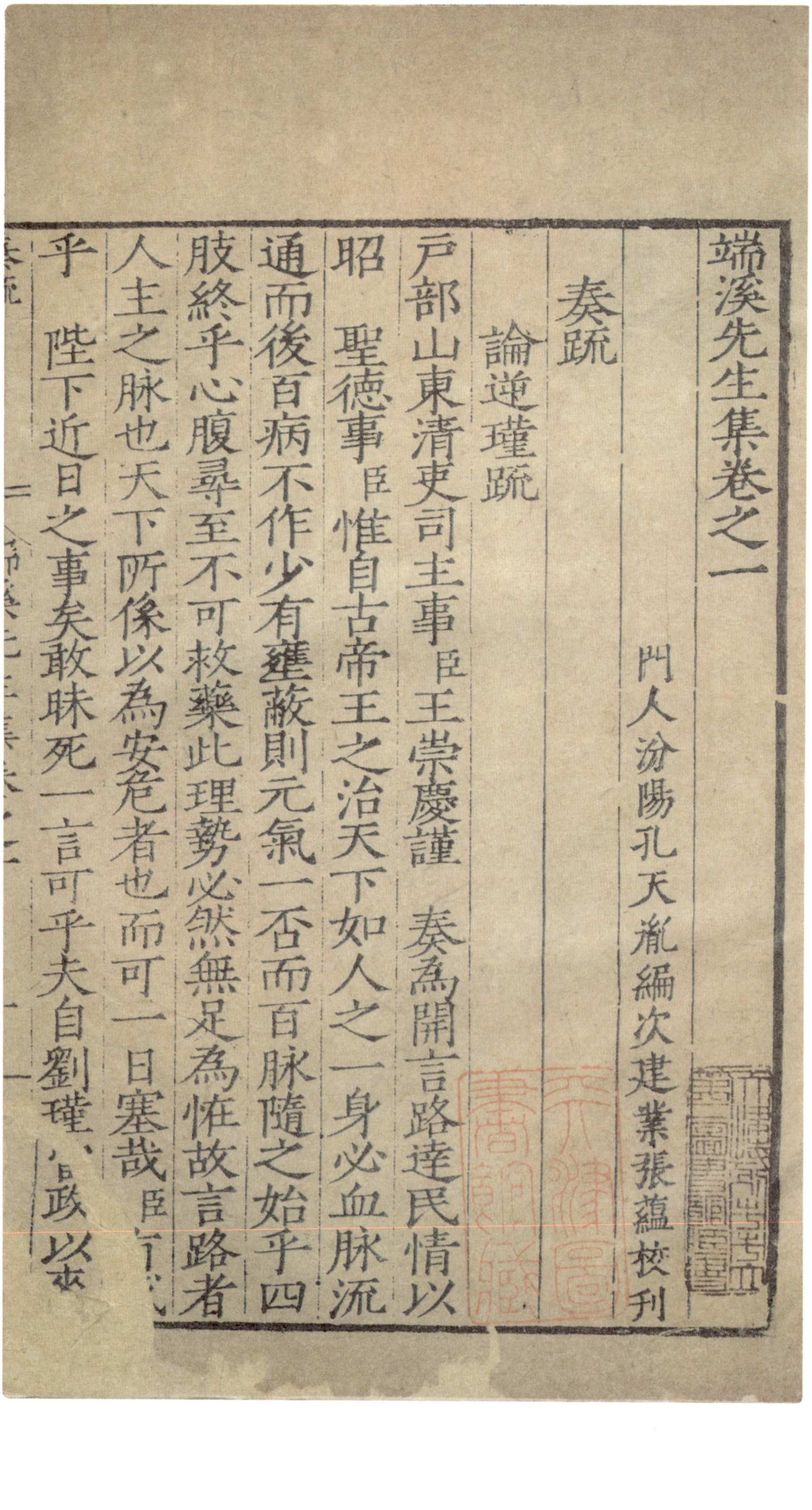

端溪先生集卷之一
門人汾陽孔天胤編次建業張蘊校刊
奏疏
論逆瑾疏
戶部山東清吏司主事臣王崇慶謹奏為開言路達民情以
昭聖德事臣惟自古帝王之治天下如人之一身必血脉流
通而後百病不作少有壅蔽則元氣一否而百脉隨之始乎四
肢終乎心腹尋至不可救藥此理勢必然無足為恠故言路者
人主之脉也天下所係以為安危者也而可一日塞哉臣□
乎陛下近日之事矣敢昧死一言可乎夫自劉瑾□政以來

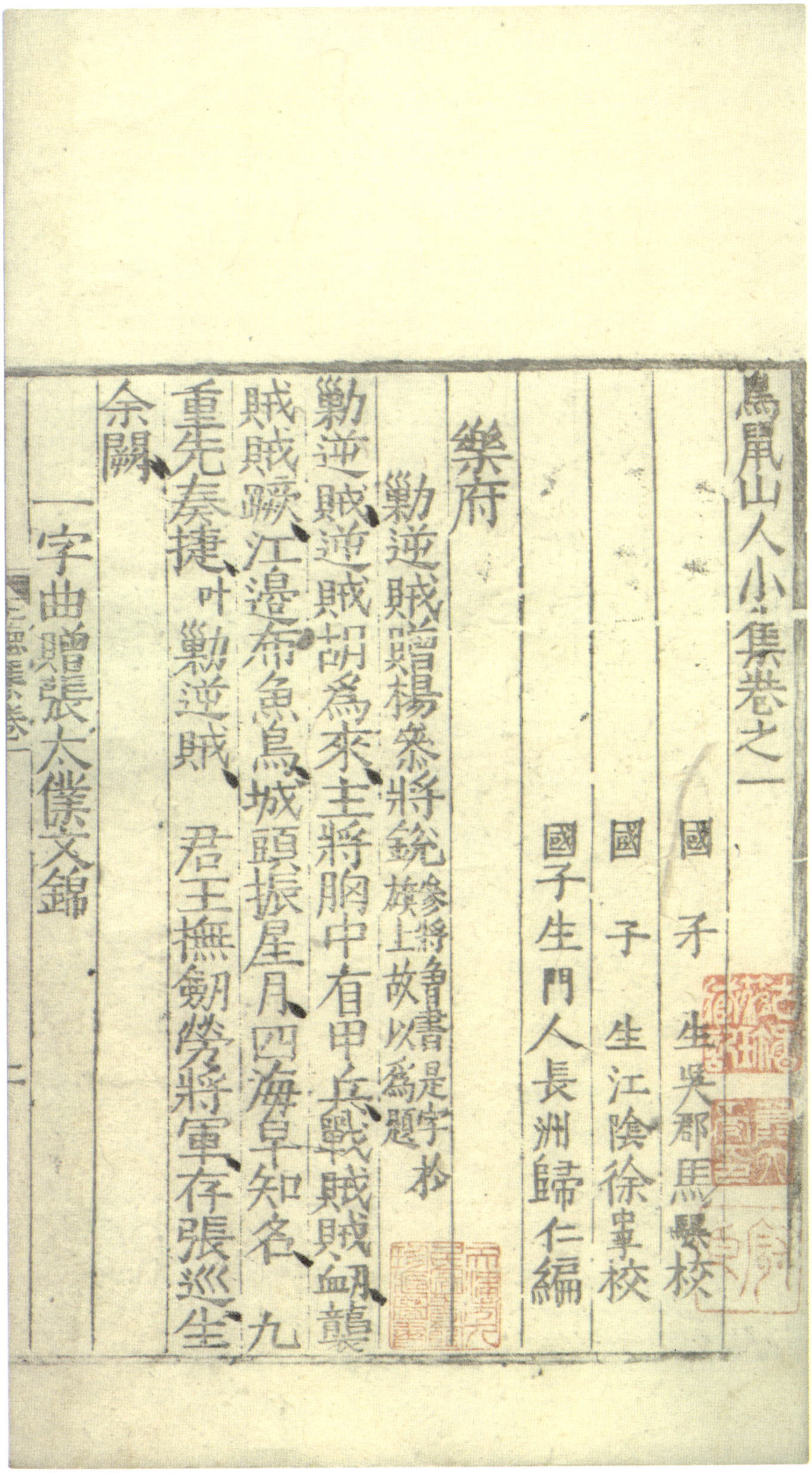
烏鼠山人小集卷之一
國子生吴郡馬㬎校
國子生江陰徐崋校
國子生門人長洲歸仁編
樂府
勦逆賊贈楊叅將銳 參將會書是字於旗上故以爲題
勦逆賊逆賊胡爲來主將胸中有甲兵戰賊賊血龔
賊賊蹶江邉布魚鳥城頭振星月四海早知名九
重先奏捷叶勦逆賊 君王撫劒勞將軍存張巡生
余闕
一字曲贈張太僕文錦

烏鼠山人小集十六卷　明嘉靖刻清順治十三年周盛時補刻本

歐陽恭簡公遺集二十二卷　明嘉靖刻本

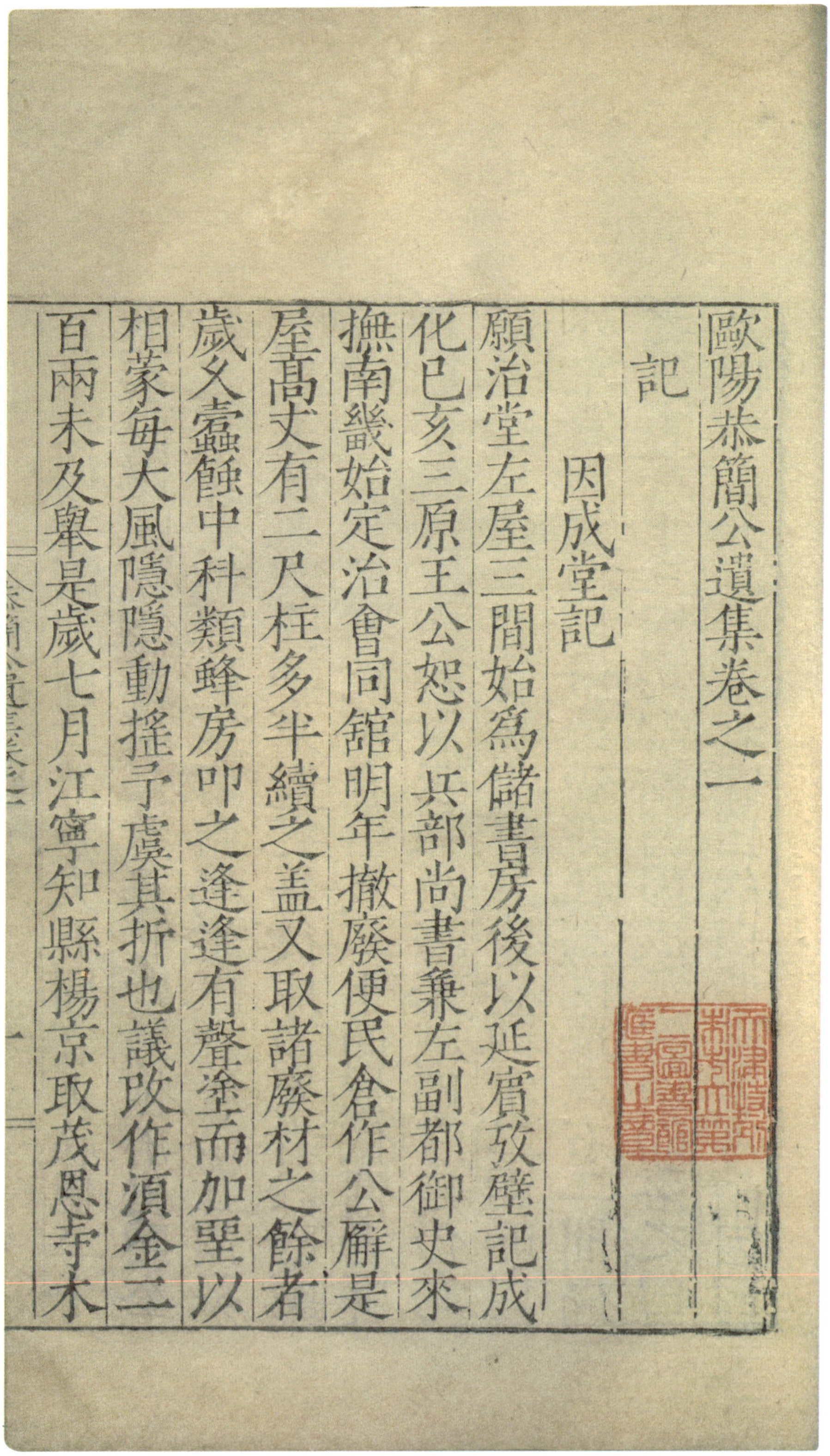
歐陽恭簡公遺集卷之一

記

因成堂記

願治堂左屋三間始爲儲書房後以延賓致壁記成化己亥三原王公恕以兵部尚書兼左副都御史來撫南畿始定治會同館明年撤廢便民倉作公廨是屋高丈有二尺柱多半續之蓋又取諸廢材之餘者歲久蠧蝕中科類蜂房叩之逢逢有聲塗而加堊以相蒙每大風隱隱動搖予虞其折也議改作須金二百兩未及舉是歲七月江寧知縣楊京取茂恩寺木

歐陽恭簡公遺集卷之一　一

定級

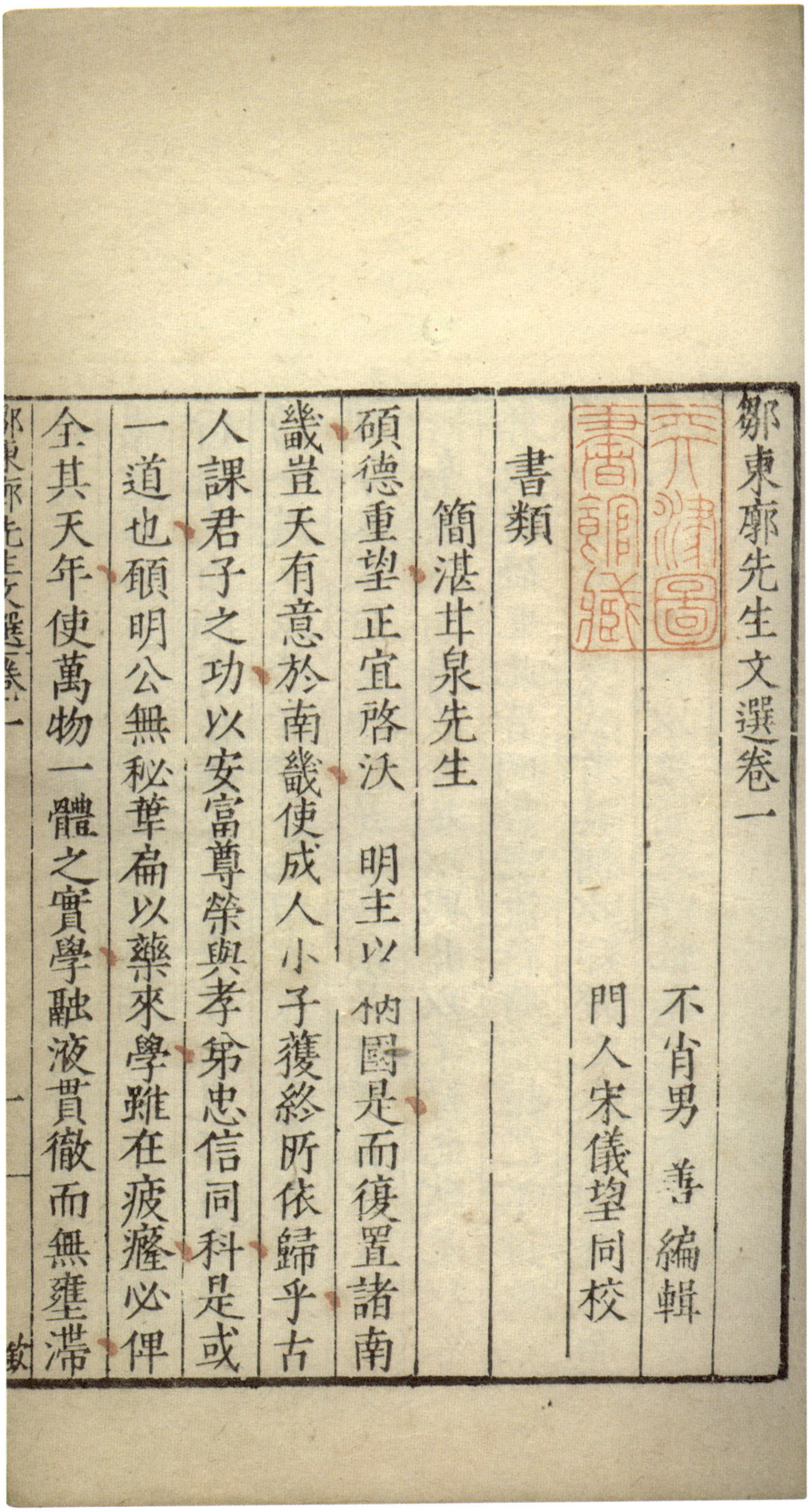
鄒東廓先生文選卷一

不肖男 善 編輯
門人宋儀望同校
書類
簡湛甘泉先生
碩德重望正宜啓沃 明主以 納國是而復置諸南
畿豈天有意於南畿使成人小子獲終所依歸乎古
人課君子之功以安富尊榮與孝弟忠信同科是或
一道也願明公無秘華扁以藥來學雖在疲癃必俾
全其天年使萬物一體之實學融液貫徹而無壅滯
鄒東廓先生文選卷一 一 欽

鄒東廓先生文選四卷 明隆慶六年宋儀望刻本

古菴毛先生文集十卷

明嘉靖刻清康熙二十四年補刻本

古菴毛先生文集卷之一

後學葉金編校

書

與王郡公 諱教號半溪

某退伏荒鄉久違清誨方自愧歉遽辱盛儀下頒益增感怍竊聞車節欲往太倉會議水利某秋初嘗辱李中丞遺書詢及此事因病久疎筆劄且未親涉水道弟克奉答近李公過常又托陝子引請相見某以廢棄丘田不敢與聞

朝廷事故不果行逮今自思深悔不一面陳古人有

定一級

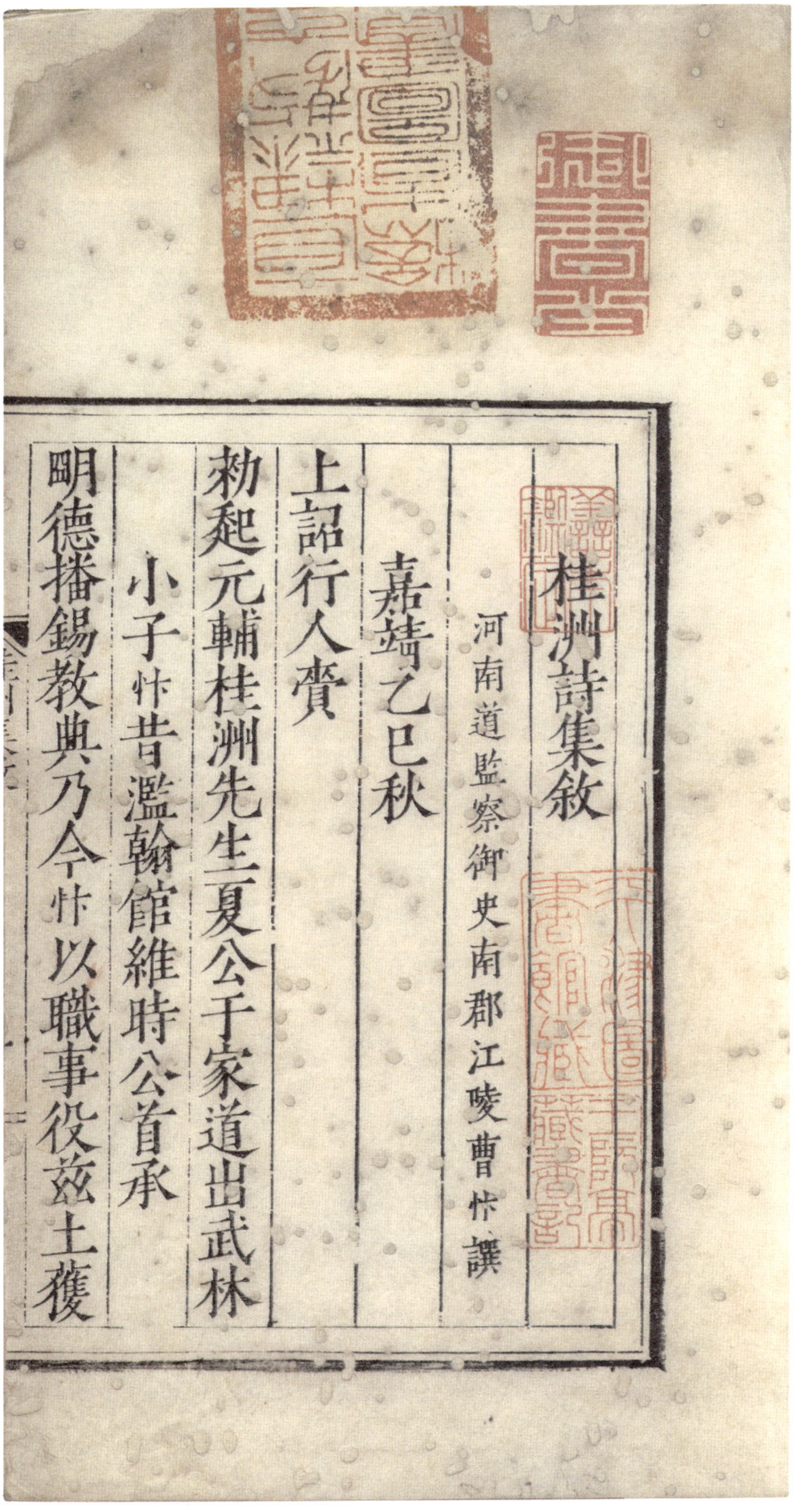
桂洲詩集敘

河南道監察御史南郡江陵曹忭譔

嘉靖乙巳秋

上詔行人賚

勅起元輔桂洲先生夏公于家道出武林

小子忭昔濫翰館維時公首承

明德播錫教典乃今忭以職事役兹土獲

桂洲詩集二十四卷　明嘉靖二十五年曹忭　楊九澤刻本

張水南文集十一卷 明隆慶元年范惟一刻本

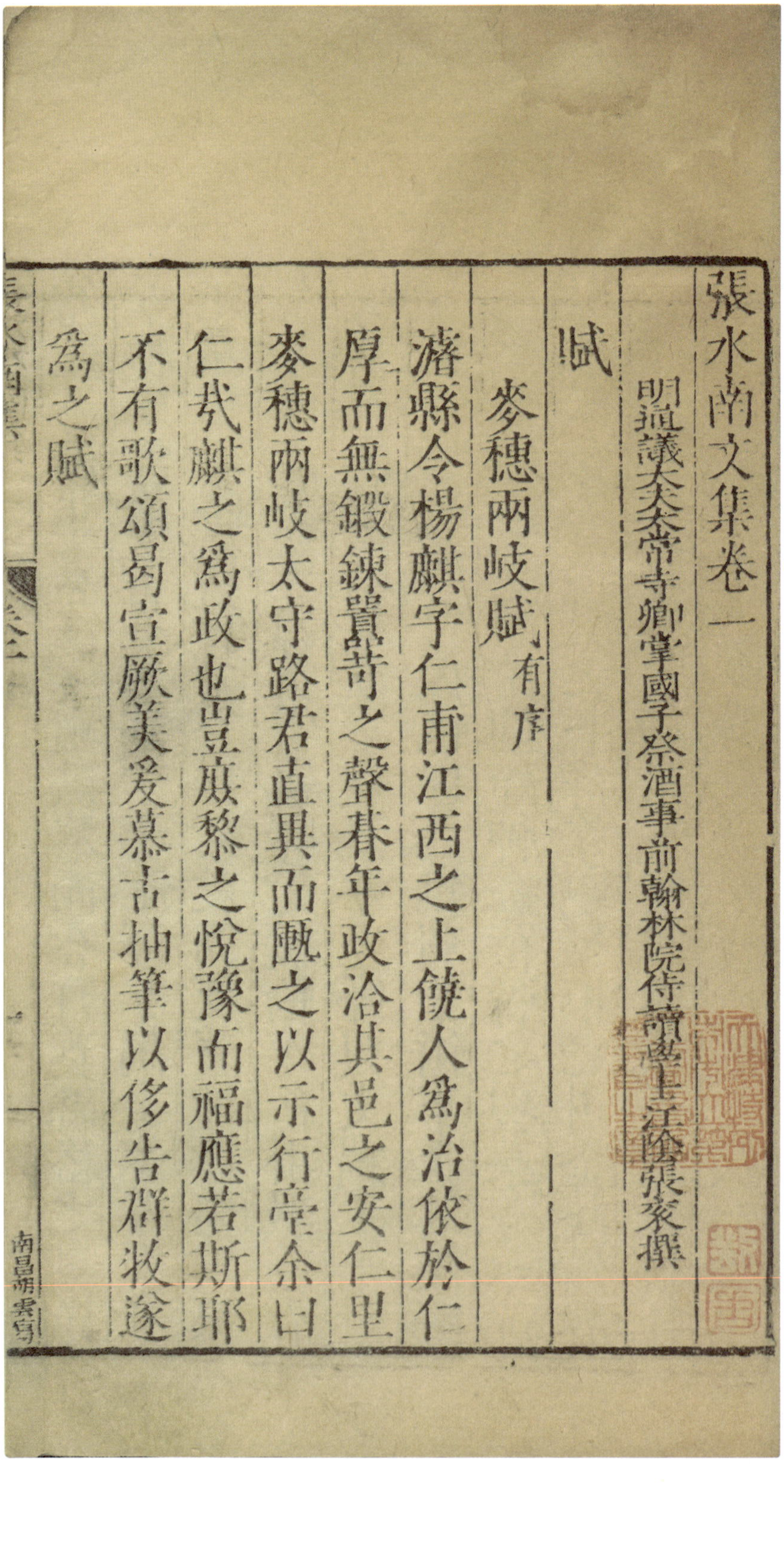
張水南文集卷一
明通議大夫太常寺卿掌國子祭酒事前翰林院侍讀學士江陰張袞撰
賦
麥穗兩岐賦 有序
潛縣令楊麒字仁甫江西之上饒人爲治依於仁厚而無鍛錬買苛之聲朞年政洽其邑之安仁里麥穗兩岐太守路君直異而颺之以示行章余曰仁哉麒之爲政也豈庶黎之悅豫而福應若斯耶不有歌頌曷宣厥美爰慕古抽筆以侈告群牧遂爲之賦
南昌胡雲寫

定一級

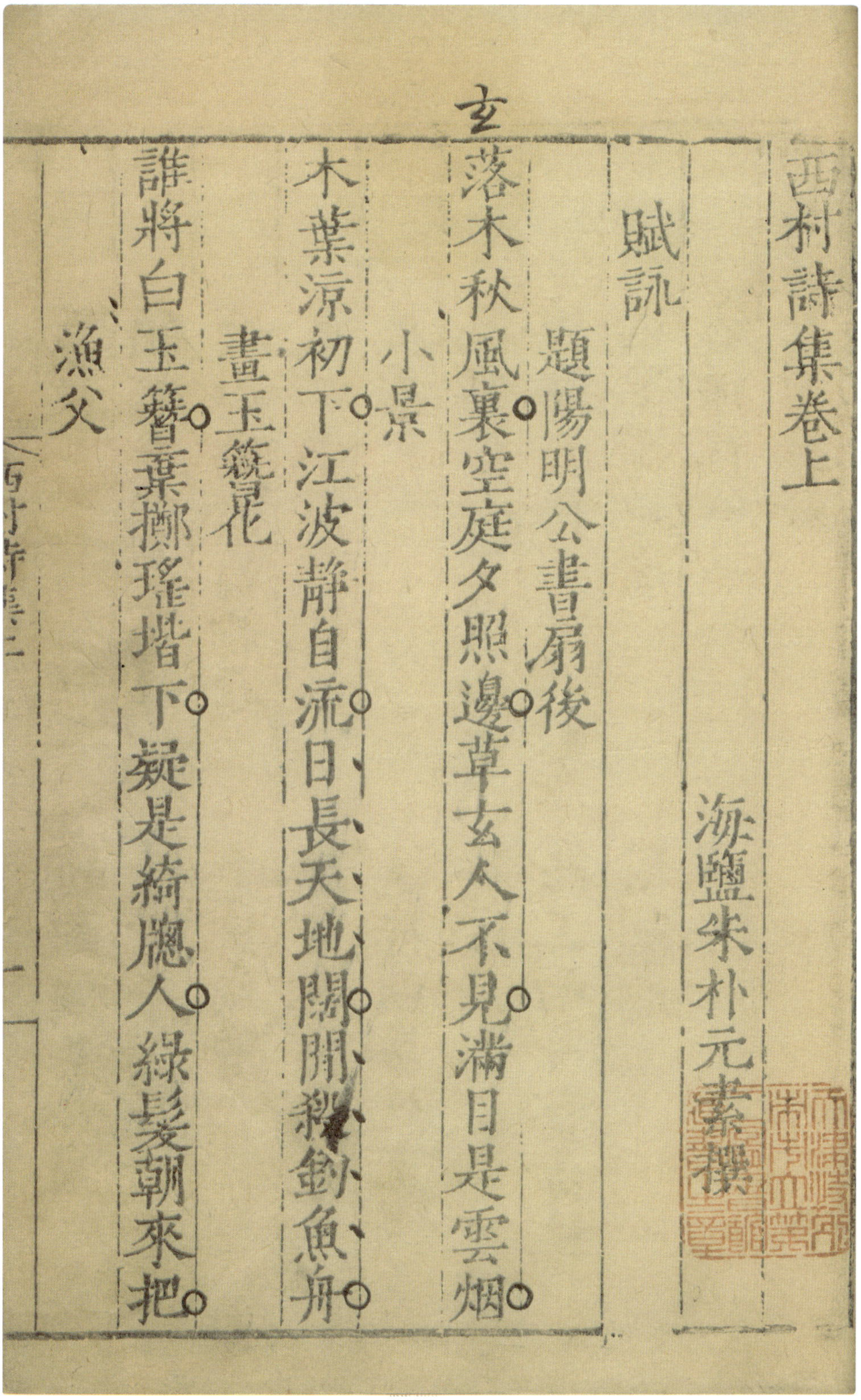
西村詩集卷上
海鹽朱朴元素撰
賦詠
題陽明公書扇後
落木秋風裏。空庭夕照邊。草玄人不見。滿目是雲烟。
小景
木葉涼初下。江波靜自流。日長天地闊。閒殺釣魚舟。
畫玉簪花
誰將白玉簪。棄擲瑤堦下。疑是綺牕人。緑髮朝來把。
漁父
西村詩集上　一

西村詩集二卷　明嘉靖刻萬曆朱綵續刻清乾隆三年補刻本

東園遺稿二卷　明嘉靖刻本

東園遺稿卷上

於潛縣學訓導從弟黄珣校正

五言絶句　二十七首

和久雨初晴韻

天意弄新晴遊觀適性情窻前少休憇滿耳讀書聲

題扇上松下人獨坐

行樂傍孤松盤桓挹晩風看雲來復往清趣傲王公

東園遺稿上　一

雅宜山人集十卷　明嘉靖十六年董宜陽　朱浚明刻本

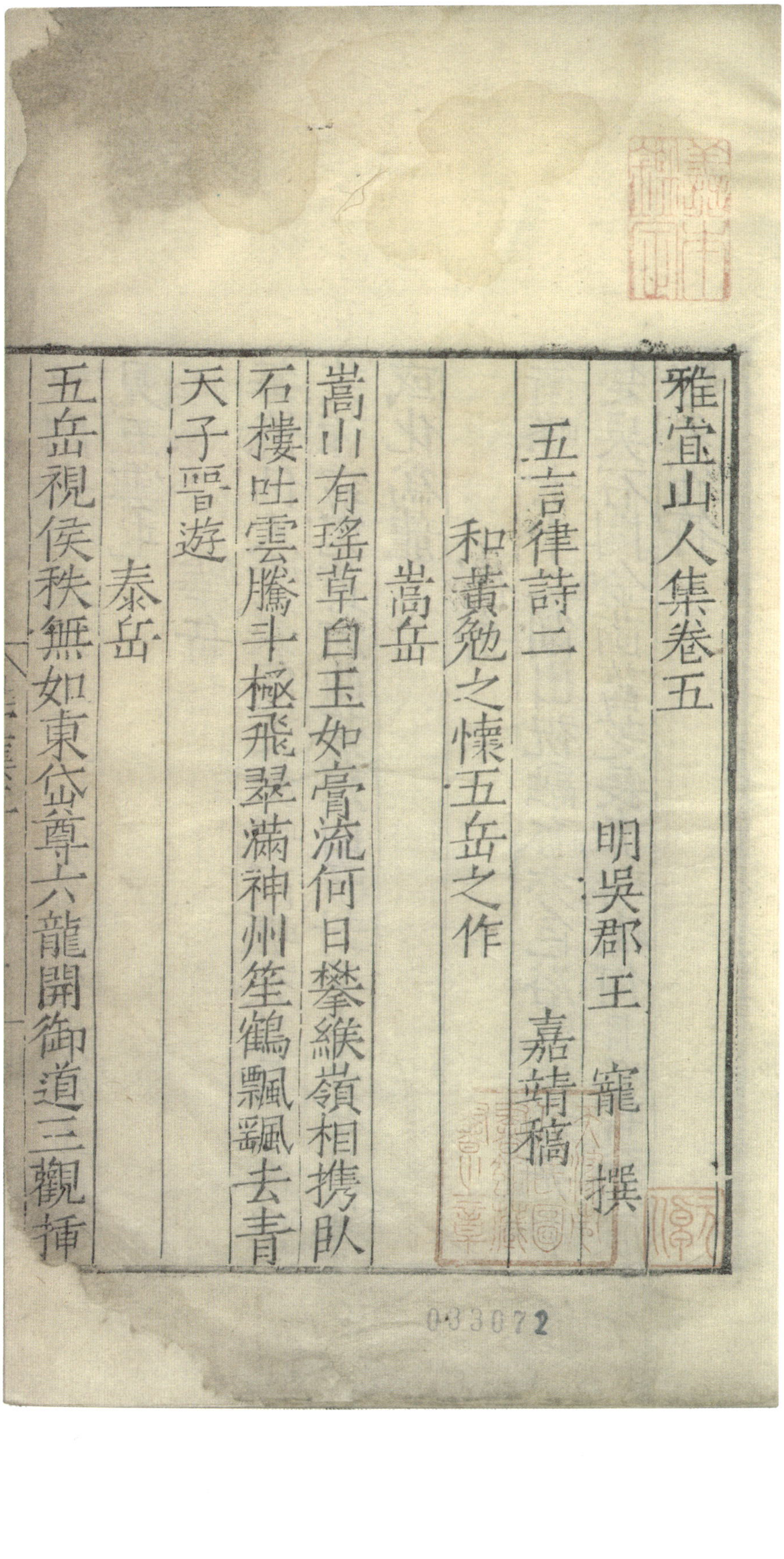
雅宜山人集卷五

明吳郡王寵撰

嘉靖稿

五言律詩二

和黃勉之懐五岳之作

嵩岳

嵩山有瑶草白玉如膏流何日攀緱嶺相携臥石樓吐雲騰斗極飛翠滿神州笙鶴飄飄去青天子晉遊

泰岳

五岳視侯秩無如東岱尊六龍開御道三覲捶

少湖先生文集七卷　明嘉靖三十六年宿應麟刻本

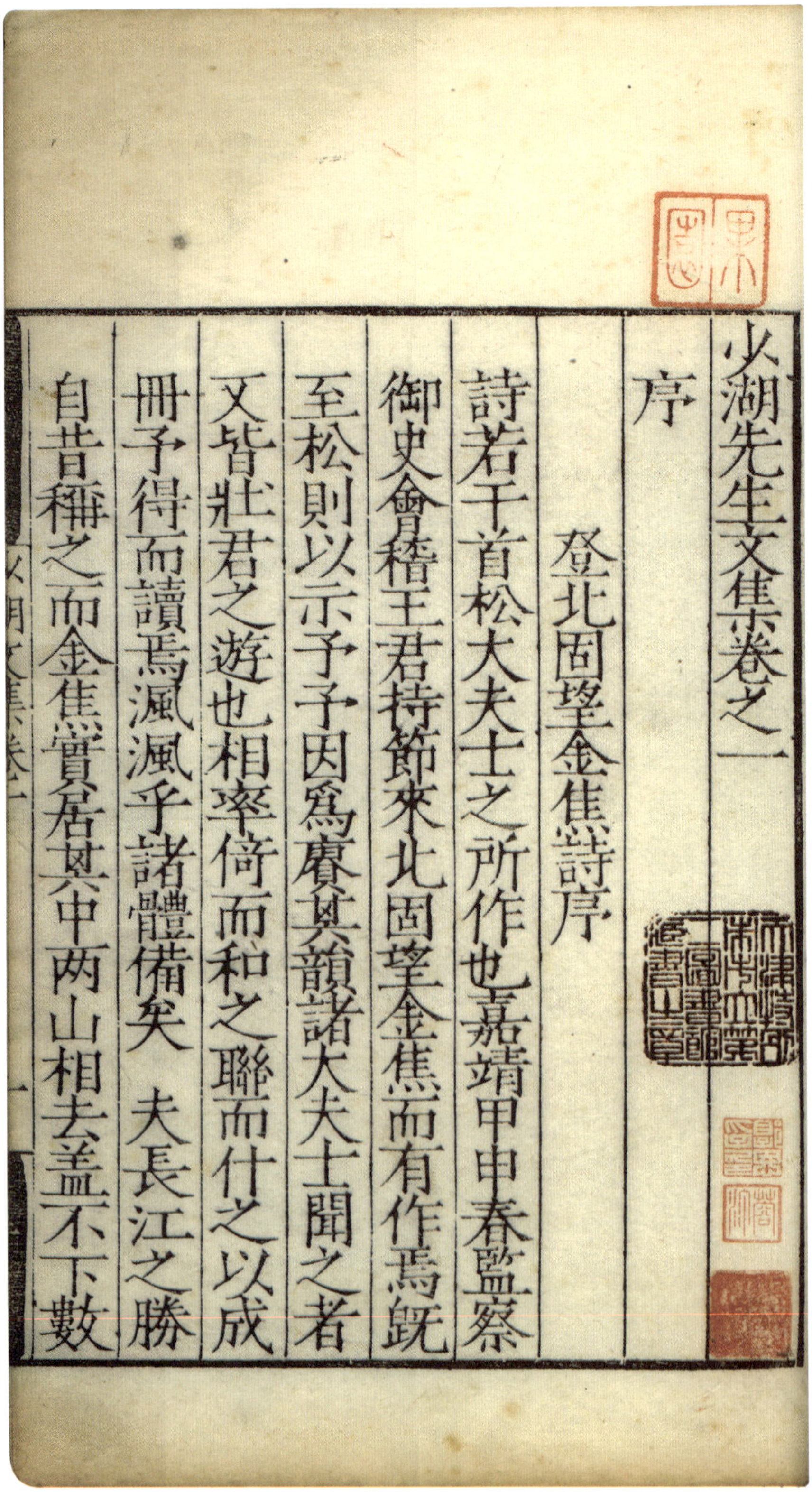

少湖先生文集卷之一

序

登北固望金焦詩序

詩若干首松大夫士之所作也嘉靖甲申春監察
御史會稽王君持節來北固望金焦而有作焉既
至松則以示予予因爲賡其韻諸大夫士聞之者
又皆壯君之遊也相率倚而和之聯而什之以成
冊予得而讀焉渢渢乎諸體備矣　夫長江之勝
自昔稱之而金焦實居其中兩山相去蓋不下數

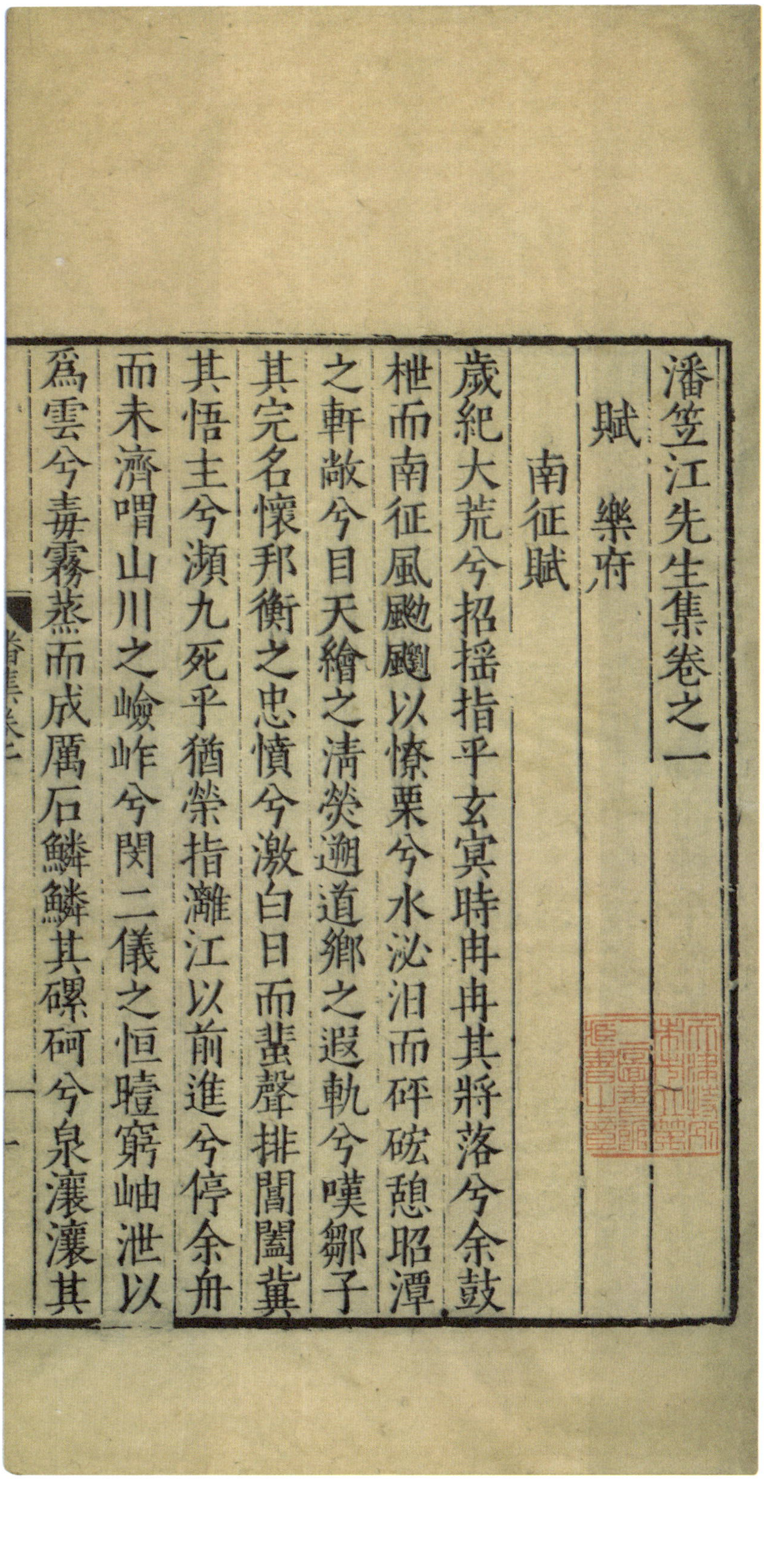
潘笠江先生集卷之一

賦 樂府

南征賦

歲紀大荒兮招搖指乎玄冥時冉冉其將落兮余鼓枻而南征風颸颾以憭慄兮水泌汩而砰硡憩昭潭之軒敞兮目天繪之清熒迴道鄉之遐軌兮嘆鄒子其完名懷邦衡之忠憤兮激白日而蜚聲排閶闔冀其悟主兮瀕九死乎猶榮指灘江以前進兮停余舟而未濟喟山川之嶮岝兮閔二儀之恒曀窮岫泄以爲雲兮毒霧蒸而成厲石鱗鱗其磦砢兮泉瀼瀼其

潘笠江先生集十二卷 明嘉靖三十四年聶叔頤刻本

天馬山房遺稿八卷　明隆慶三年張秉鐸刻遞修本

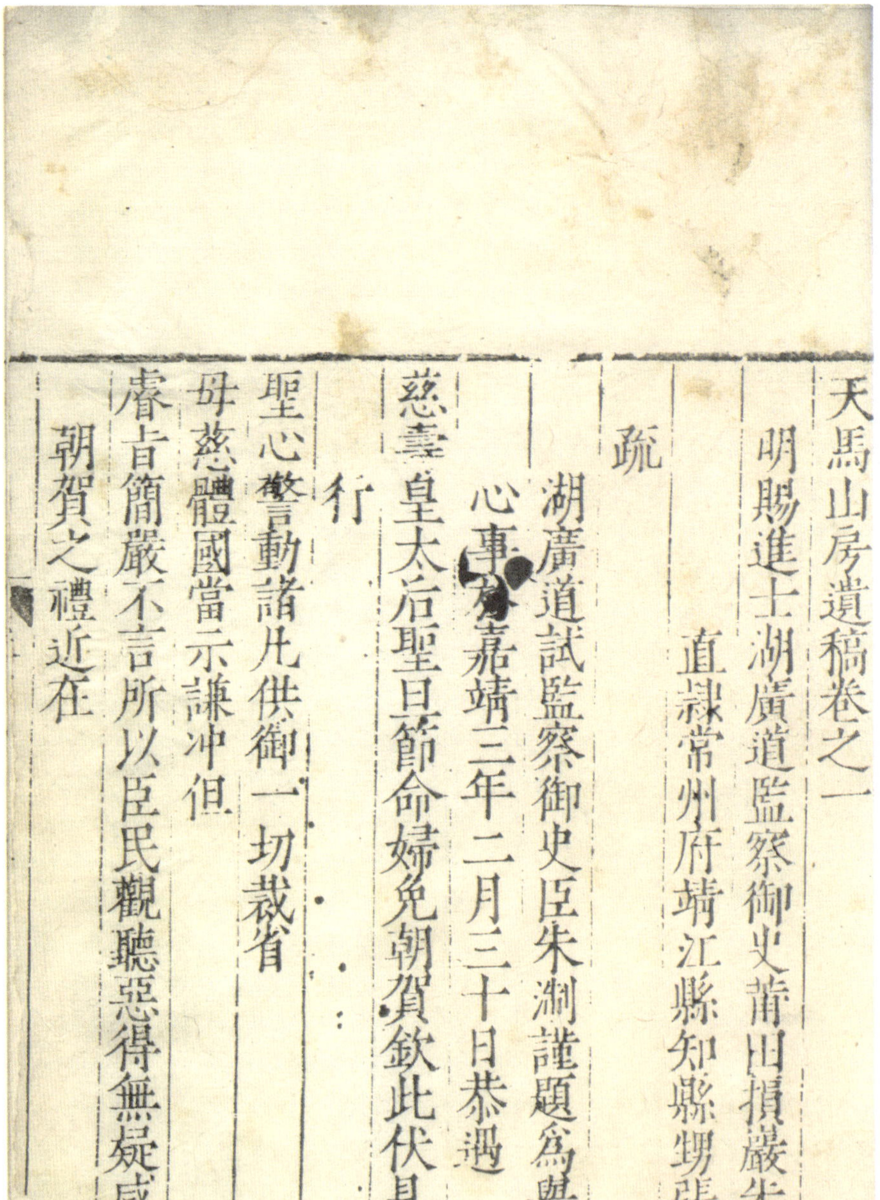
天馬山房遺稿卷之一
明賜進士湖廣道監察御史莆田損巖朱
直隷常州府靖江縣知縣甥張秉鐸編梓
疏
湖廣道試監察御史臣朱淛謹題爲舉大禮以安人
心事[illegible]嘉靖三年二月三十日恭遇
慈壽皇太后聖旦節命婦免朝賀欽此伏見近來天災流
行
聖心警動諸凡供御一切裁省
母慈體國當示謙冲但
睿旨簡嚴不言所以臣民觀聽惡得無疑咸謂
朝賀之禮近在

芝園定集四十八卷 明嘉靖刻本

芝園定集卷之一

賦

拙客窩賦

橫山陳子以拙客名窩其言曰拙言性也客言寄也吾闇鈍椎朴生四十而無稱然私心安之以為是天地之逆旅云耳張子聞而躍之遂摛詞賦焉

惟達人之玄覽兮握貞德以為符慨品庶之憑生兮炳造化之靈樞或便儇以倖值兮或濩落而次且或華衣而結駟兮或氈塵而腹虛或比翼於霄漢兮或駢首於泥塗胡后皇之降生兮紛巧拙其萬殊就六籍以折衷兮師睿士之所謨曰木訥其近仁兮嗟恌巧其悖圖孰敦龐而非實

芝園定集卷之一　一

衡藩重刻胥臺先生集二十卷　明萬曆十二年衡藩刻本

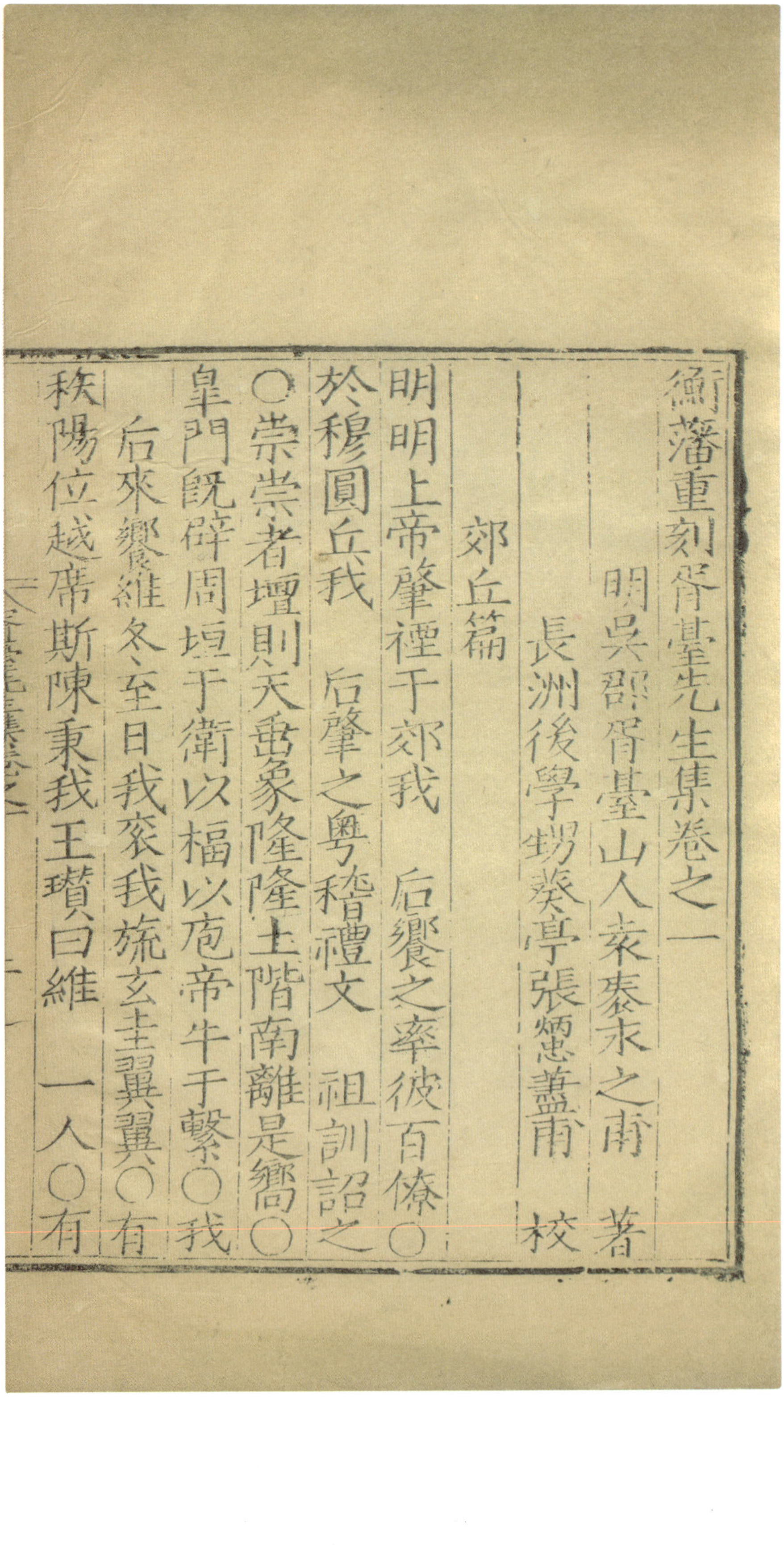
衡藩重刻胥臺先生集卷之一
明吳郡胥臺山人袁袠永之甫　著
長洲後學蜩燮亭張[illegible]藎甫　校
郊丘篇
明明上帝肇禋于郊我　后饗之率彼百僚○
於穆圜丘我　后肇之粤稽禮文　祖訓詔之○
○崇崇者壇則天𧊒象隆隆土階南離是嚮○
皐門既辟周垣于衛以福以庇帝牛于繫○我
后來饗維冬至日我衮我旒玄圭翼翼○有
秩陽位越席斯陳秉我王瓚曰維一人○有

定一級

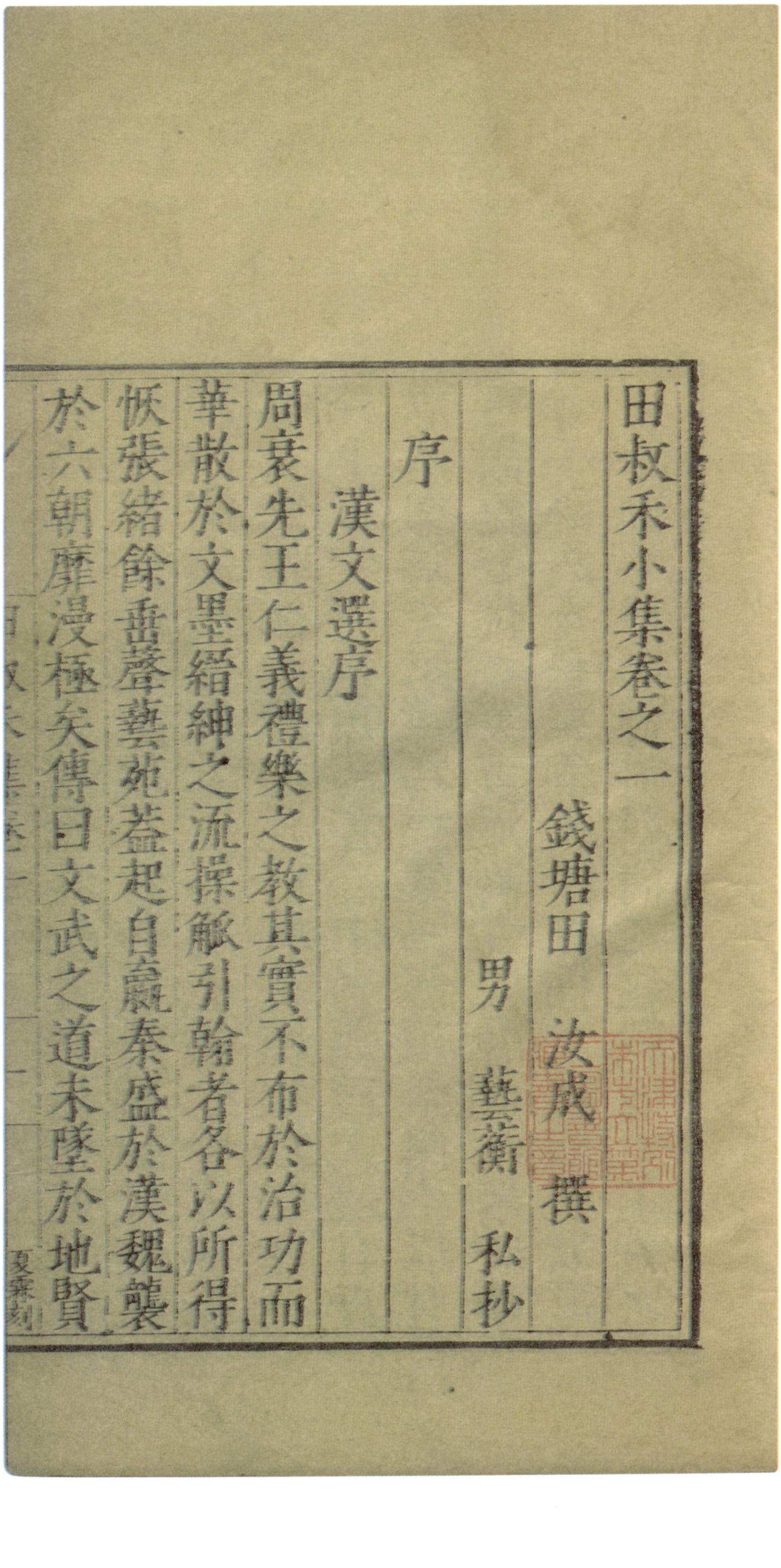
田叔禾小集卷之一

錢塘田　汝成　撰

男　藝蘅　私抄

序

漢文選序

周衰先王仁義禮樂之教其實不布於治功而華散於文墨縉紳之流操觚引翰者各以所得恢張緒餘蜚聲藝苑蓋起自嬴秦盛於漢魏襲於六朝靡漫極矣傳曰文武之道未墜於地賢

田叔禾小集十二卷　明嘉靖四十二年田藝蘅刻本

玩芳堂摘稿四卷　明嘉靖二十九年蔡克廉刻本

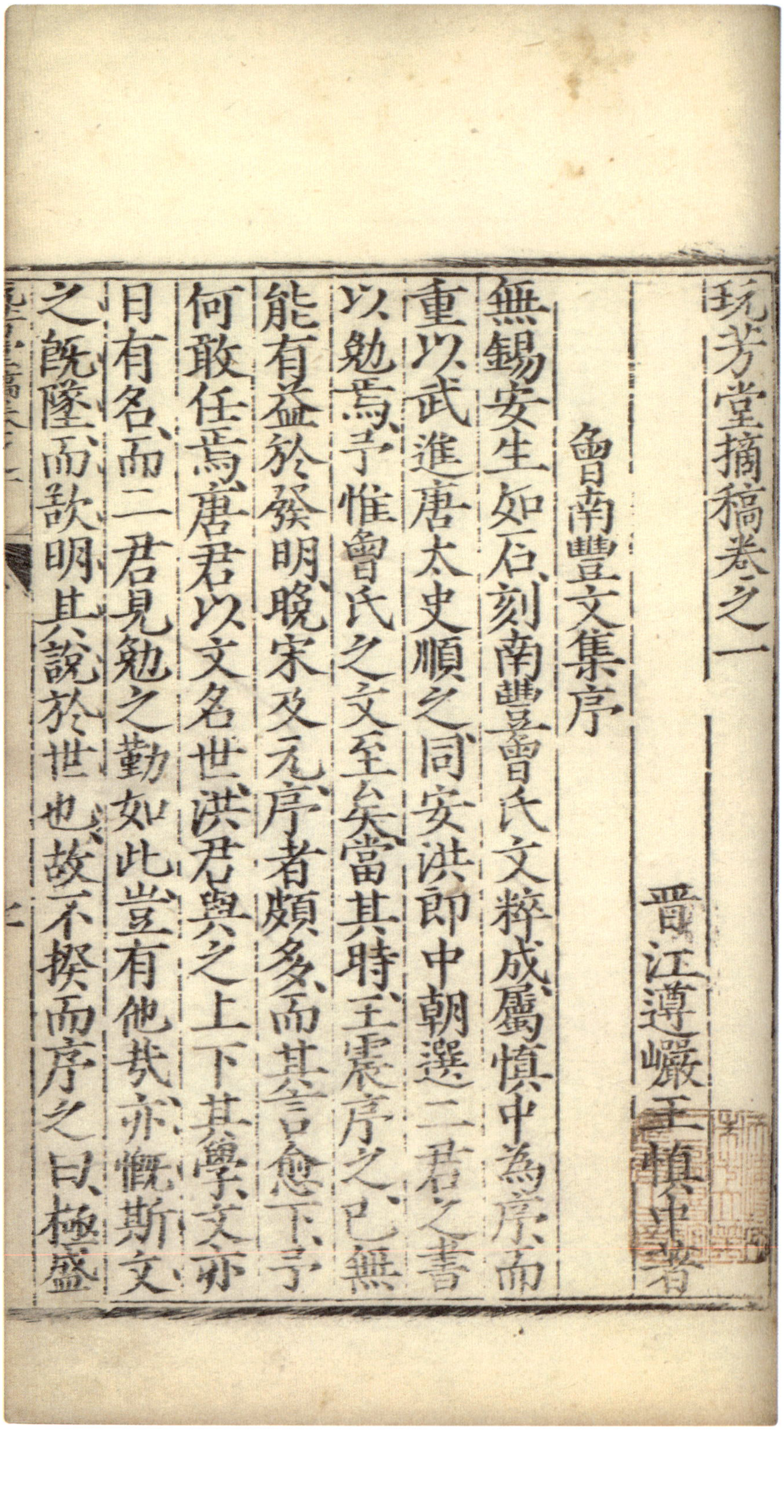

玩芳堂摘稿卷之一
晉江遵巖王慎中著
曾南豐文集序
無錫安生如石刻南豐曾氏文粹成屬慎中為序而
重以武進唐太史順之同安洪郎中朝選二君之書
以勉焉予惟曾氏之文至矣當其時王震序之已無
能有益於發明晚宋及元序者頗多而其言愈下予
何敢任焉唐君以文名世洪君與之上下其學文亦
日有名而二君見勉之勤如此豈有他哉亦慨斯文
之既墜而欲明其說於世也故不揆而序之曰極盛

念菴羅先生集十三卷　明嘉靖四十三年甄津刻本

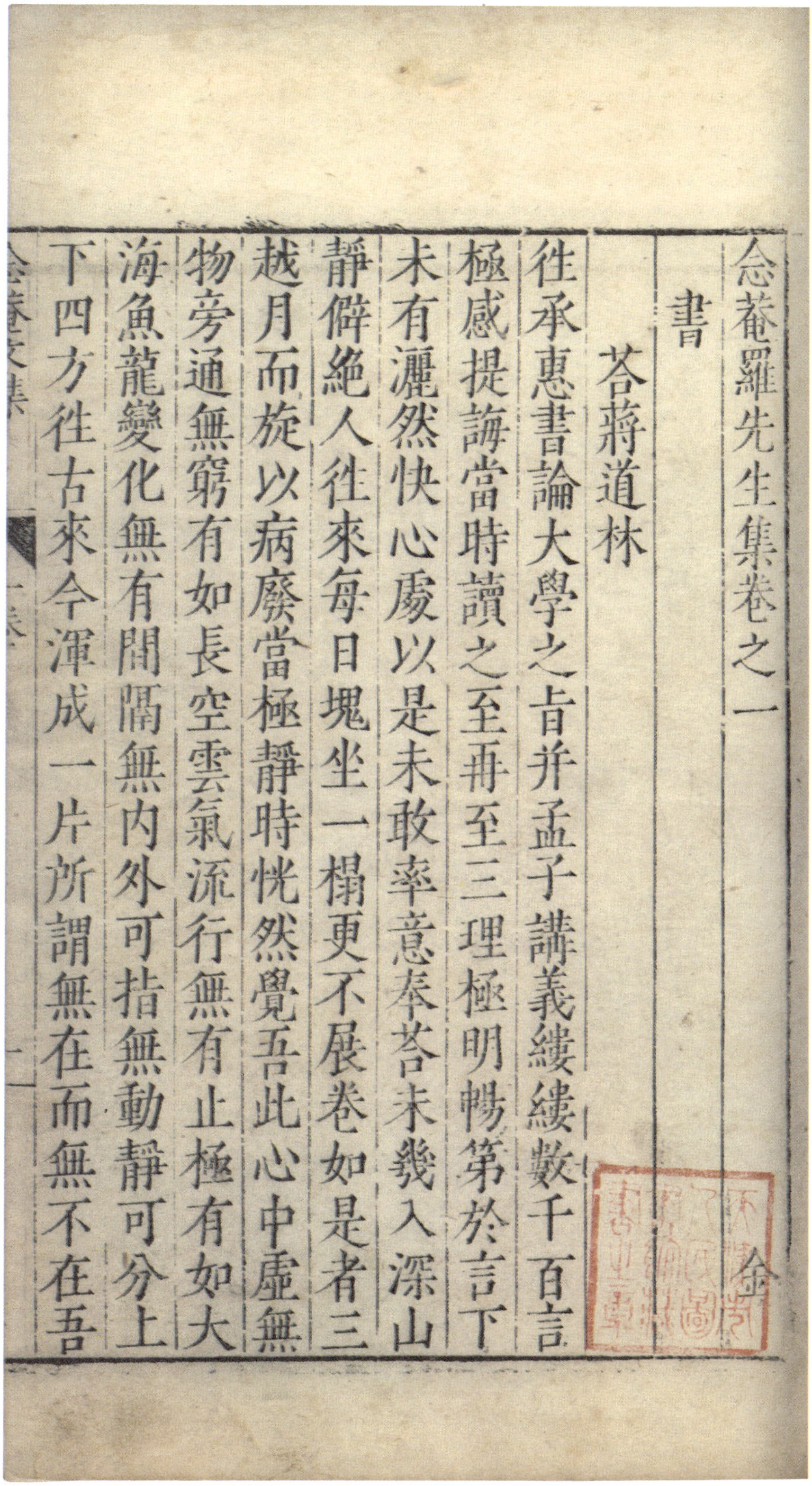
念菴羅先生集卷之一

書

荅蔣道林

往承惠書論大學之旨并孟子講義縷縷數千百言極感提誨當時讀之至再至三理極明暢第於言下未有灑然快心處以是未敢率意奉荅未幾入深山靜僻絶人往來每日塊坐一榻更不展卷如是者三越月而旋以病廢當極靜時恍然覺吾此心中虛無物旁通無窮有如長空雲氣流行無有止極有如大海魚龍變化無有間隔無内外可指無動靜可分上下四方往古來今渾成一片所謂無在而無不在吾

念菴文集　卷一　一

陂門山人集八卷　明嘉靖三十五年馮惟訥刻本

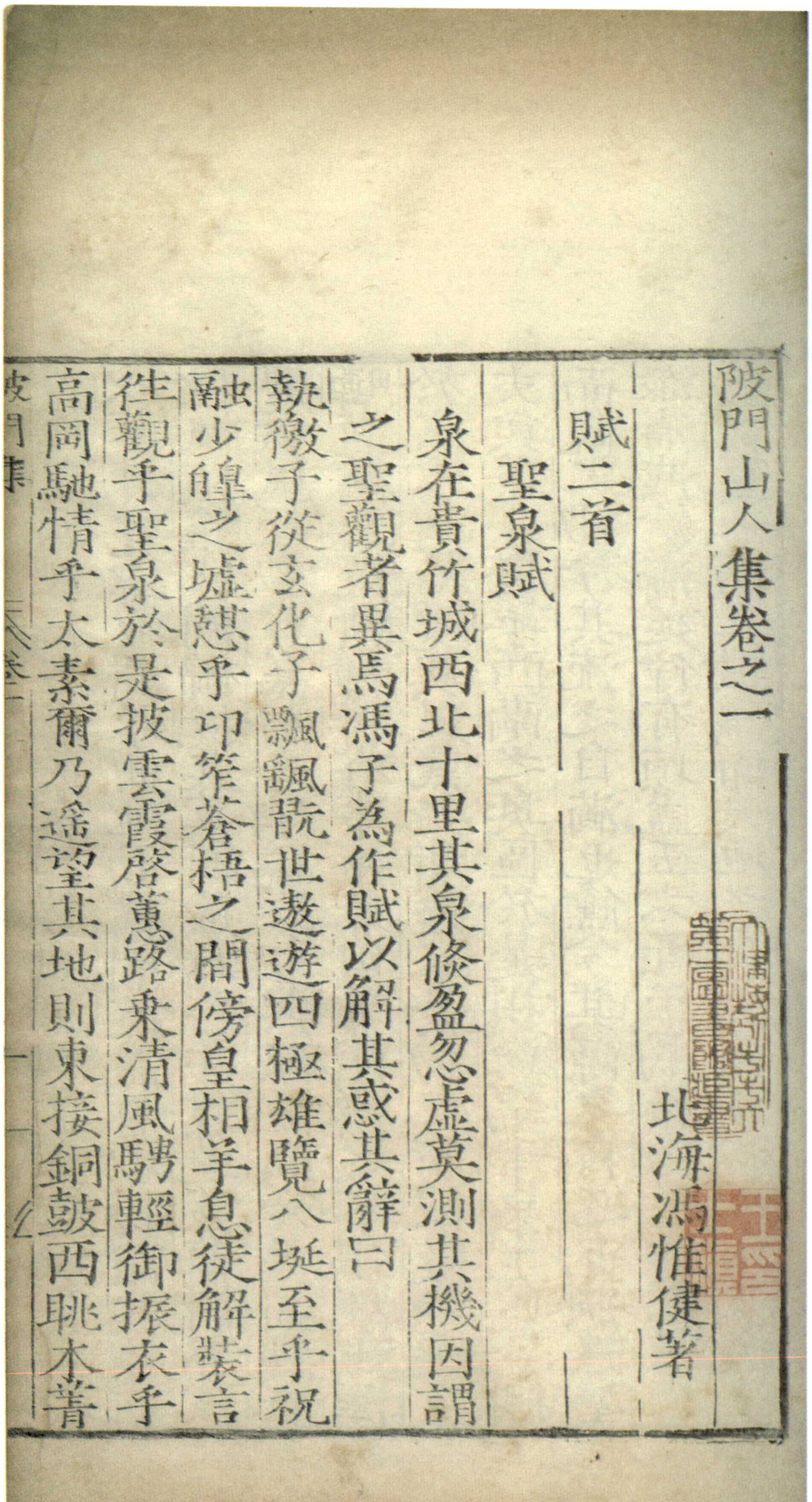
陂門山人集卷之一
北海馮惟健著
賦二首
聖泉賦
泉在貴竹城西北十里其泉倐盈忽虛莫測其機因謂
之聖觀者異焉馮子為作賦以解其惑其辭曰
執徽子從玄化子飄颻骯世遨遊四極雄覽八埏至乎祝
融少皥之墟憩乎邛笮蒼梧之間傍皇相羊息徒解裝言
往觀乎聖泉於是披雲霞啓蕙路秉清風騁輕御振衣乎
高岡馳情乎太素爾乃遥望其地則東接銅鼓西眺本菁
陂門集　卷一　一

倚堂摘藁六卷　明嘉靖刻本

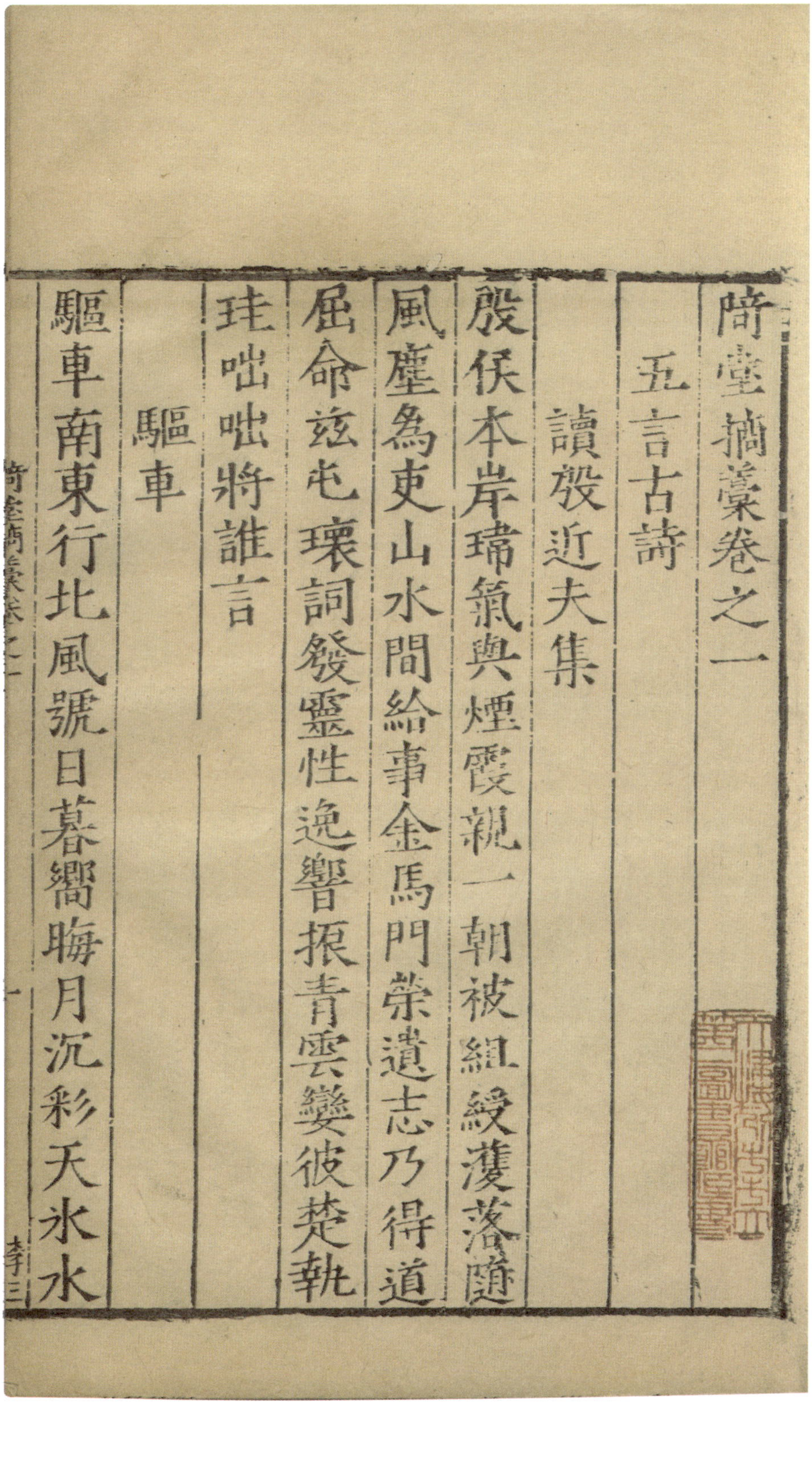
倚堂摘藁卷之一

五言古詩

讀殷近夫集

殷侯本岸瑺氣與煙霞親一朝被組綬濩落隨風塵為吏山水間給事金馬門榮遺志乃得道屈命茲乇瓌詞發靈性逸響振青雲變彼楚執珪咄咄將誰言

驅車

驅車南東行北風號日暮嚮晦月沉彩天氷水

方山薛先生全集六十八卷　明嘉靖刻本

方山薛先生全集卷一

策

廷試

皇帝制曰朕思首自三代以來迄於宋終中間雖歷世有久近而其君之歷年亦有長短𠕁攷之皆自其爲君者何如耳但傳云惟周之世最多國祚恒久然周之所以享祚久本於文武之所積累亦後之繼承者能保持之耳上至夏商吾及唐宋亦若是焉皆基之於先工德澤洽於民心亦繼之以嗣王能盡持盈愼滿之道者也洪惟朕皇祖高皇帝代天復世

王氏存笥稿二十卷　明嘉靖三十六年鄭本立刻本

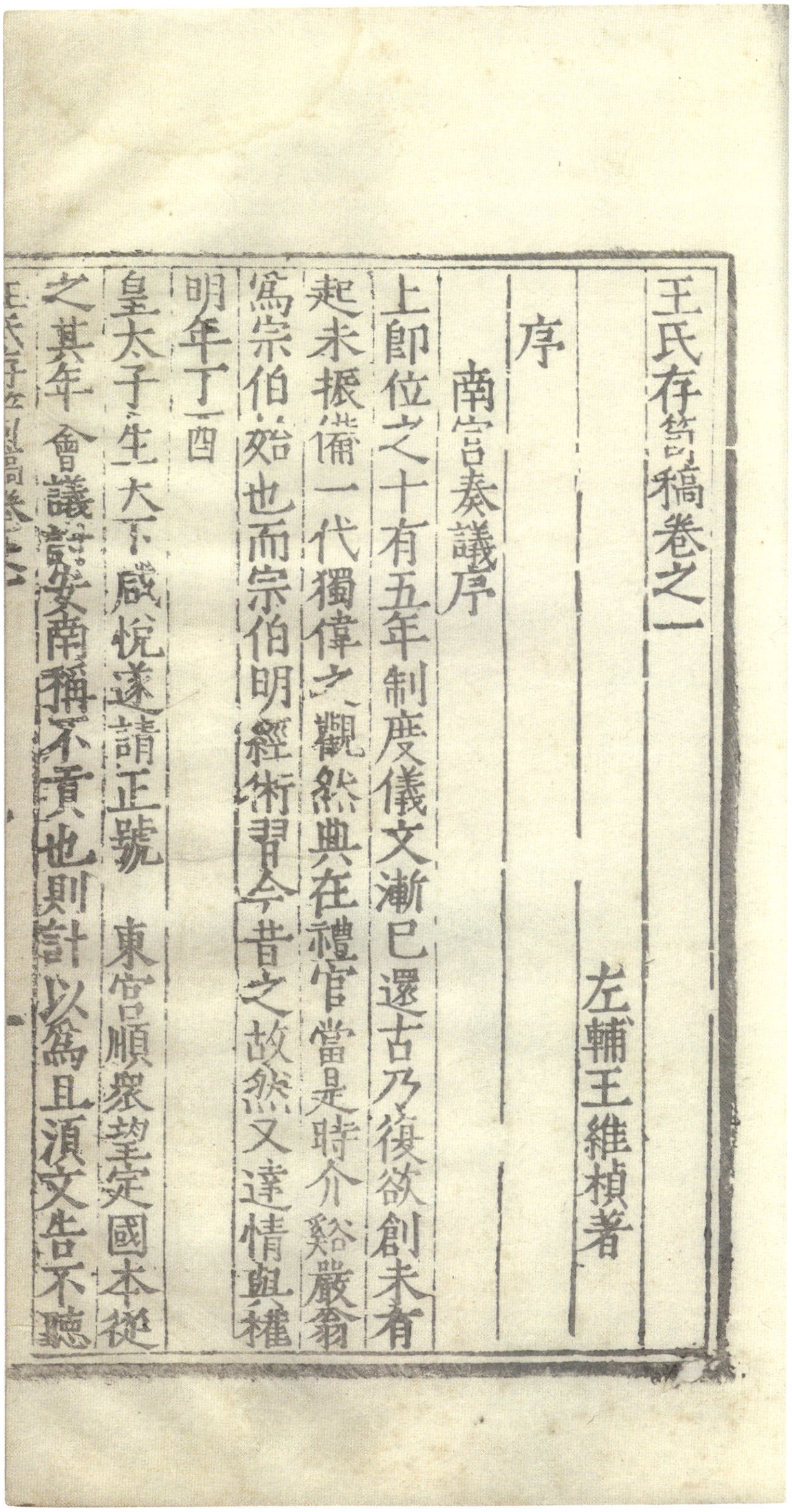

王氏存笥稿卷之一

左輔王維楨著

序

南宫奏議序

上卽位之十有五年制度儀文漸已還古乃復欲創未有起未振備一代獨偉之觀然典在禮官當是時介谿嚴翁爲宗伯始也而宗伯明經術習今昔之故然又達情與權明年丁酉

皇太子生天下咸悅遂請正號　東宫順衆望定國本從之其年　會議討安南稱不貢也則討以爲且須文告不聽

二谷山人詩文集不分卷　明嘉靖三十七年刻本

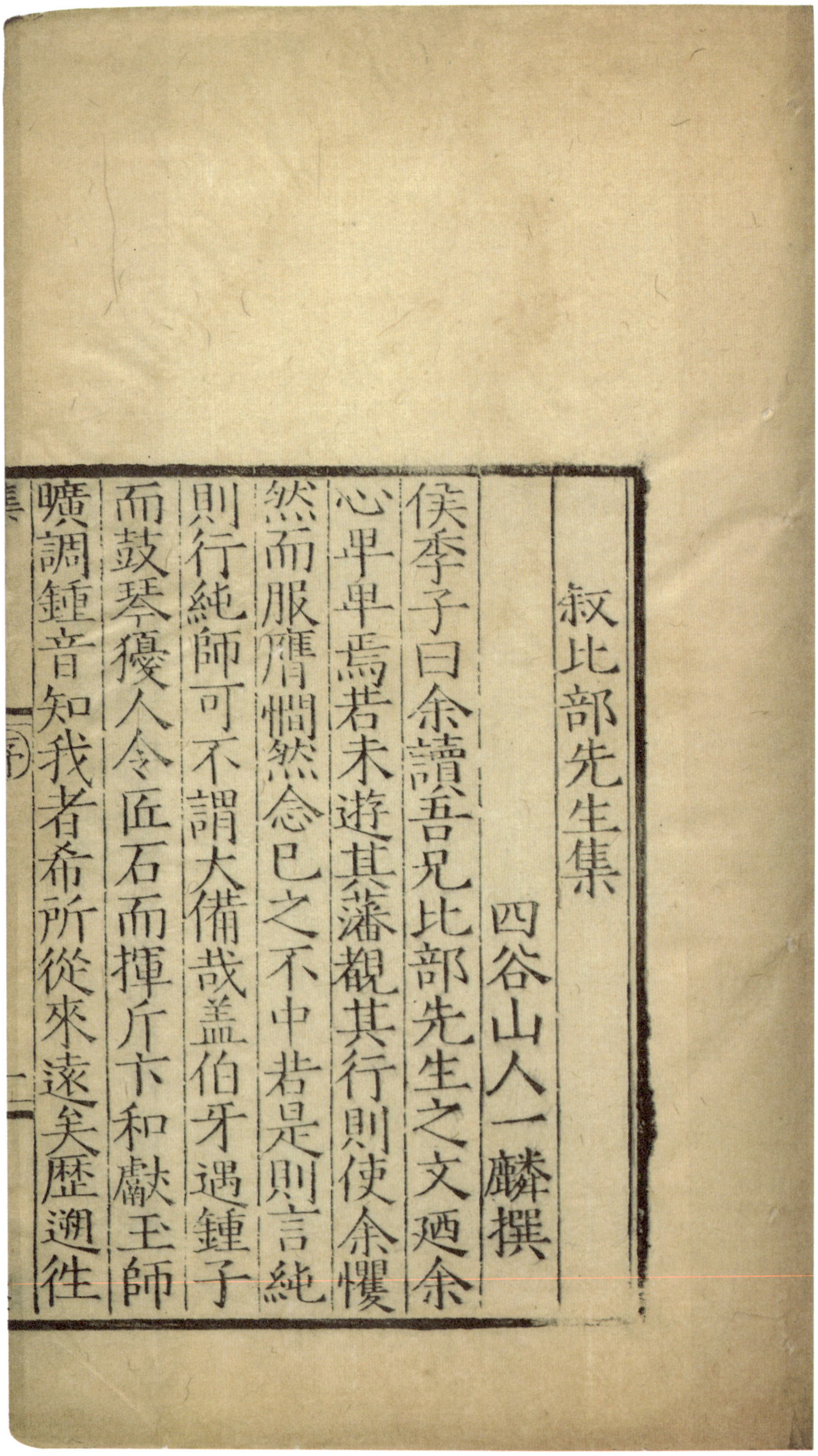
叙比部先生集
四谷山人一麟撰
侯李子曰余讀吾兄比部先生之文廼余
心卑卑焉若未遊其藩覩其行則使余懼
然而服膺惕然念已之不中若是則言純
則行純師可不謂大備哉蓋伯牙遇鍾子
而鼓琴夔人令匠石而揮斤卞和獻王師
曠調鍾音知我者希所從來遠矣歷遡往

定一級

二谷山人集十卷　明嘉靖四十三年刻本

二谷山人集之甲　江右稿

教惠蜚聲冊敘

外史氏曰夫世詎可一日而弛名教哉今天下同患西北則有虜東南則有倭連歲爲寇民不得息以爲是治亂安危之所懸也迺余私憂過計患有大於此者節槩不立名賤廉耻衰則人務得而重死故吏不廉平日事以朘民民集詬不巳則偷而爲賊務得也武將健卒見賊則走婦女執不自引決或隨而去或贖而歸重死也馴斯以往亂何由弭是乃元氣之病心腹之虞

白華樓藏稿十一卷　明嘉靖　萬曆間遞刻本

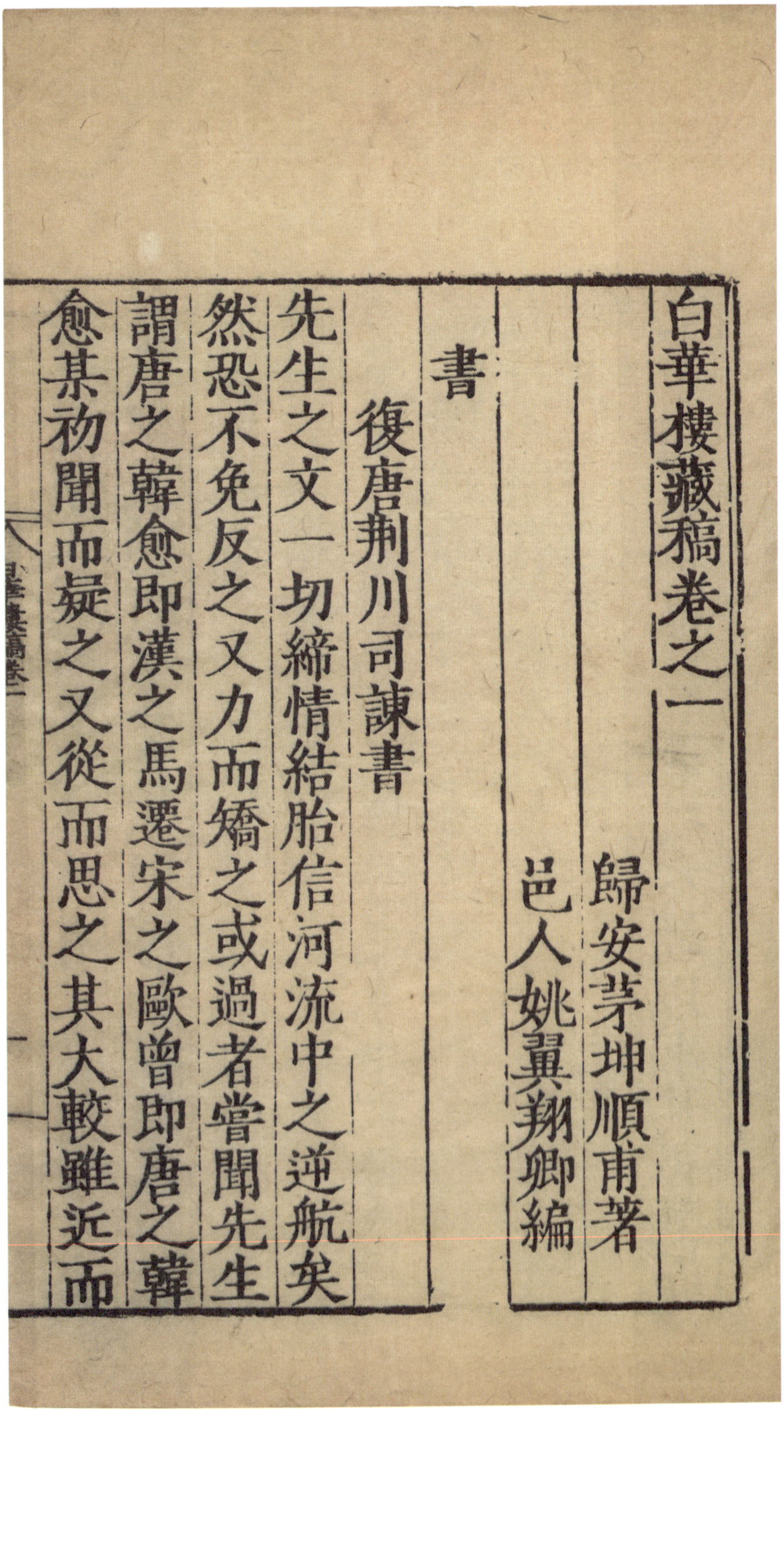
白華樓藏稿卷之一
歸安茅坤順甫著
邑人姚翼翔卿編
書
復唐荆川司諫書
先生之文一切締情結胎信河流中之逆航矣
然恐不免反之又力而矯之或過者嘗聞先生
謂唐之韓愈即漢之馬遷宋之歐曾即唐之韓
愈其初聞而疑之又從而思之其大較雖近而

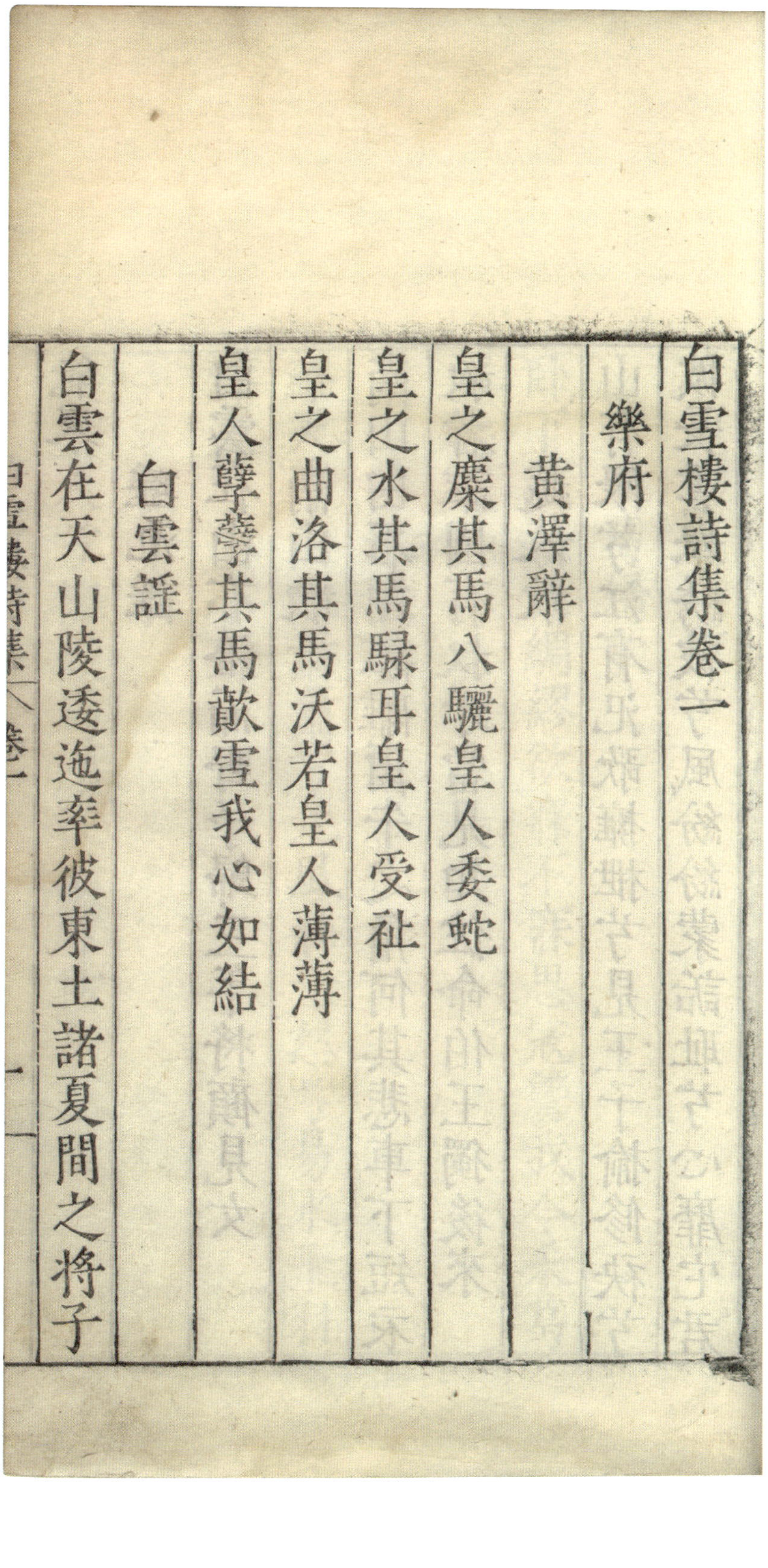
白雪樓詩集卷一

樂府

黃澤辭

皇之麋其馬八驪皇人委蛇

皇之水其馬騄耳皇人受祉

皇之曲洛其馬沃若皇人薄薄

皇人孽孽其馬歕雪我心如結

白雲謡

白雲在天山陵逶迤率彼東土諸夏間之將子

白雪樓詩集　卷一　一

白雪樓詩集十二卷　明隆慶四年汪時元刻本

定級

滄溟先生集三十卷　明隆慶六年刻本

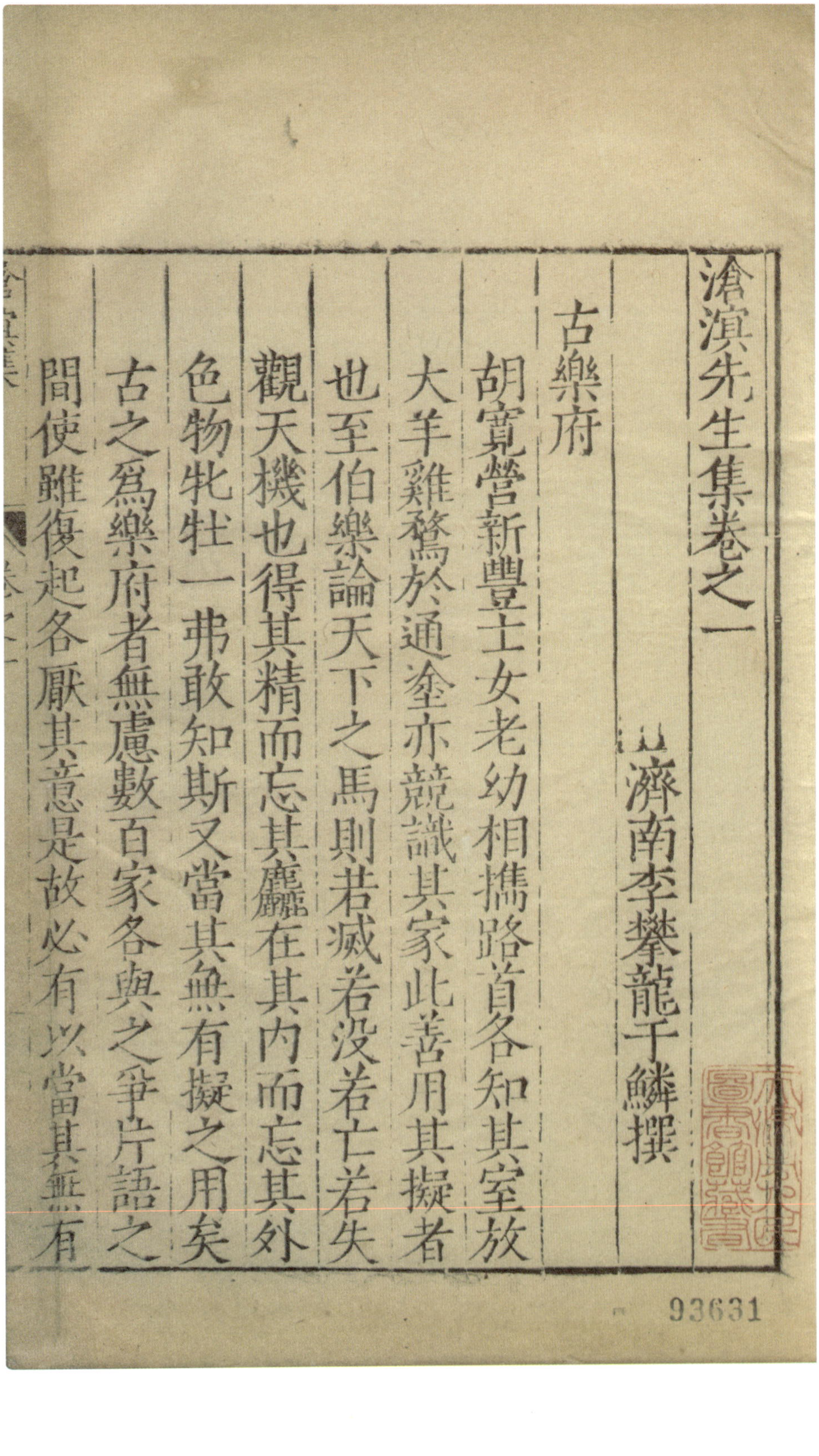

滄溟先生集卷之一

古樂府

濟南李攀龍于鱗撰

胡寬營新豐士女老幼相攜路首各知其室放大羊雞鶩於通塗亦競識其家此善用其擬者也至伯樂論天下之馬則若滅若沒若亡若失觀天機也得其精而忘其麤在其內而忘其外色物牝牡一弗敢知斯又當其無有擬之用矣古之爲樂府者無慮數百家各與之爭片語之間使雖復起各厭其意是故必有以當其無有

李氏山房集四卷　明隆慶刻本

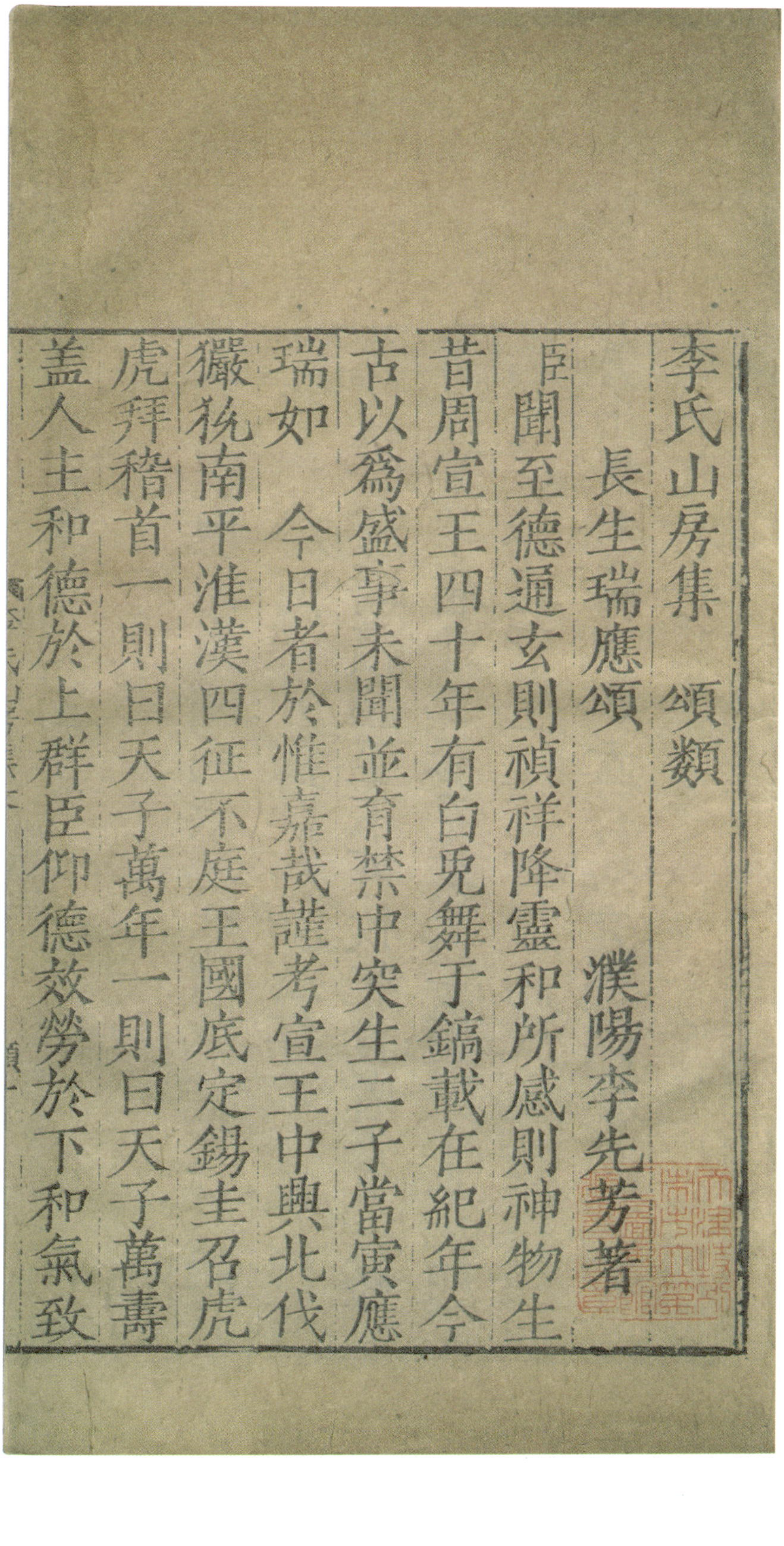
李氏山房集　頌類

長生瑞應頌　濮陽李先芳著

臣聞至德通玄則禎祥降靈和所感則神物生昔周宣王四十年有白兕舞于鎬載在紀年今古以爲盛事未聞並育禁中寔生二子當寅應瑞如　今日者於惟嘉哉謹考宣王中興北伐玁狁南平淮漢四征不庭王國底定錫圭召虎虎拜稽首一則曰天子萬年一則曰天子萬壽蓋人主和德於上群臣仰德效勞於下和氣致

宗子相集八卷

明嘉靖三十九年林朝聘等刻本

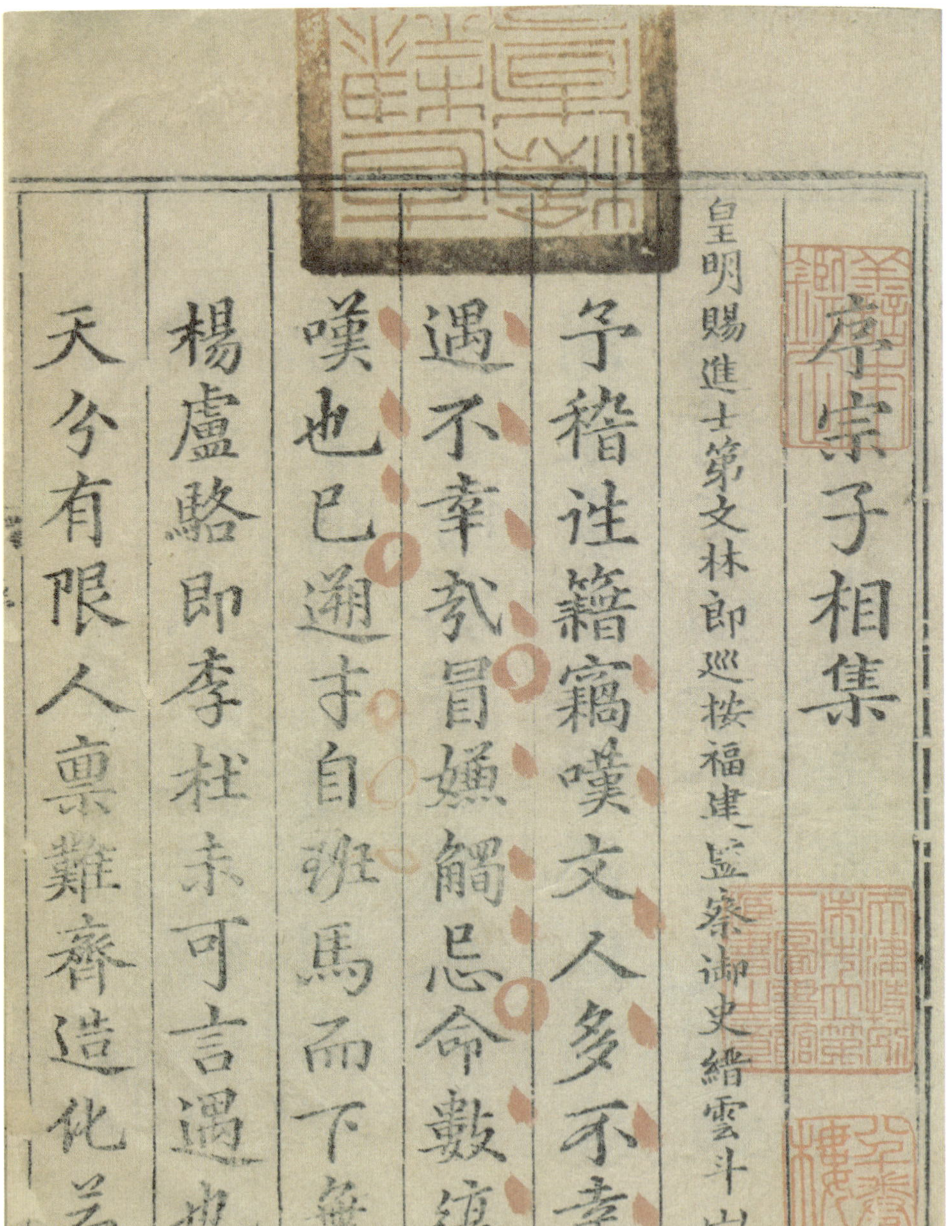

序宗子相集

皇明賜進士第文林郎巡按福建監察御史縉雲斗山樊獻科譔

予稽往籍竊嘆文人多不幸豈獨遇不幸哉冒嫉觸忌命數簸奇可嘆也已遡于自班馬而下無論王楊盧駱即李杜未可言遇也嗟乎天兮有限人稟難齊造化若厚薄

明嘉靖三十九年林朝聘等刻本

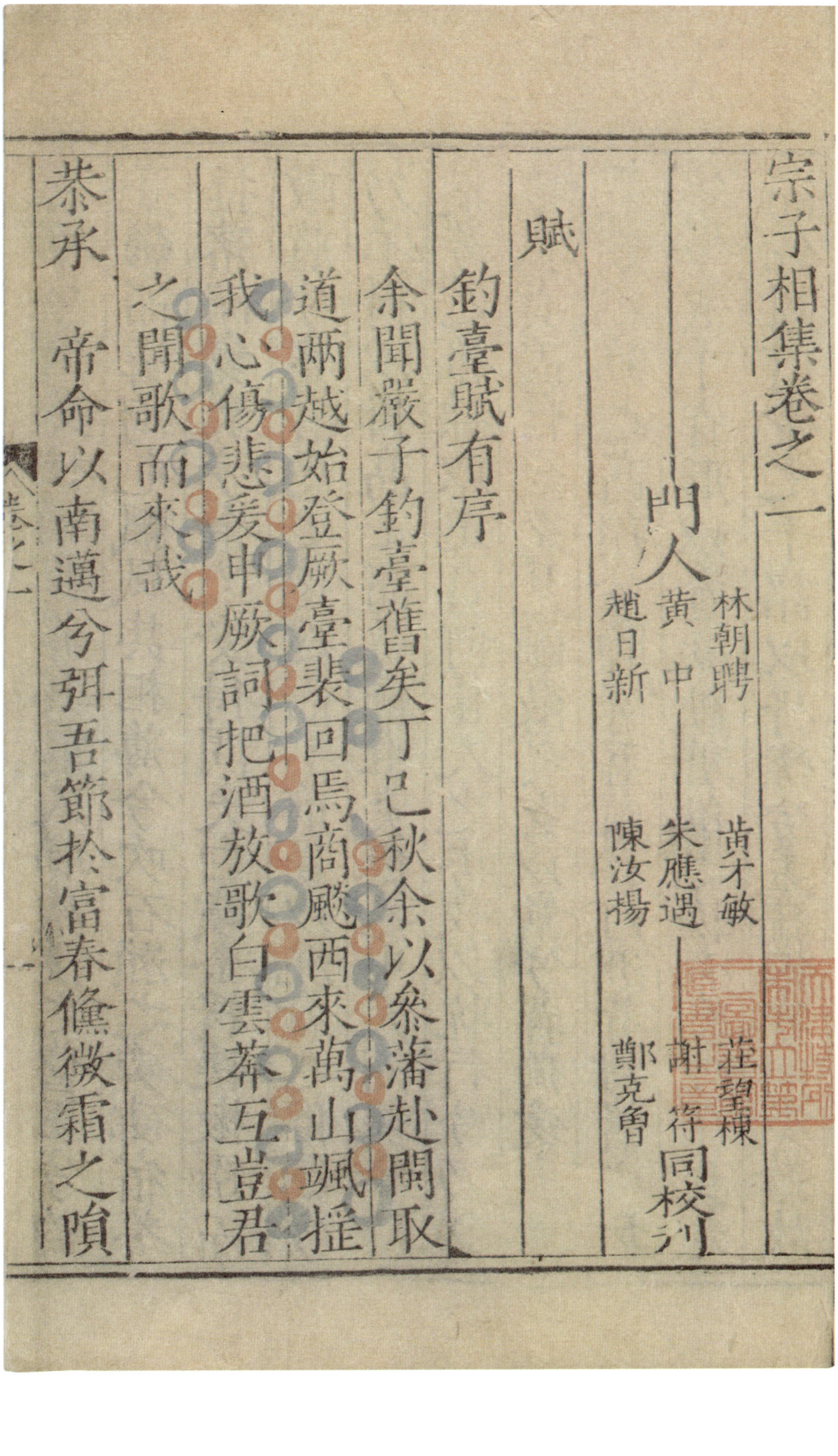

宗子相集卷之一

門人 林朝聘 黃才敏 莊望棟
黃中 朱應遇 謝符
趙日新 陳汝揚 鄭克魯 同校刊

賦

釣臺賦有序

余聞嚴子釣臺舊矣丁巳秋余以叅藩赴閩取道兩越始登厥臺裴回馬商颷西來萬山颯搖我心傷悲爰申厥詞把酒放歌白雲萃互豈君之聞歌而來哉

恭承 帝命以南邁兮弭吾節於富春儵微霜之隕

北游漫稿文三卷　明隆慶三年汪良迪刻本

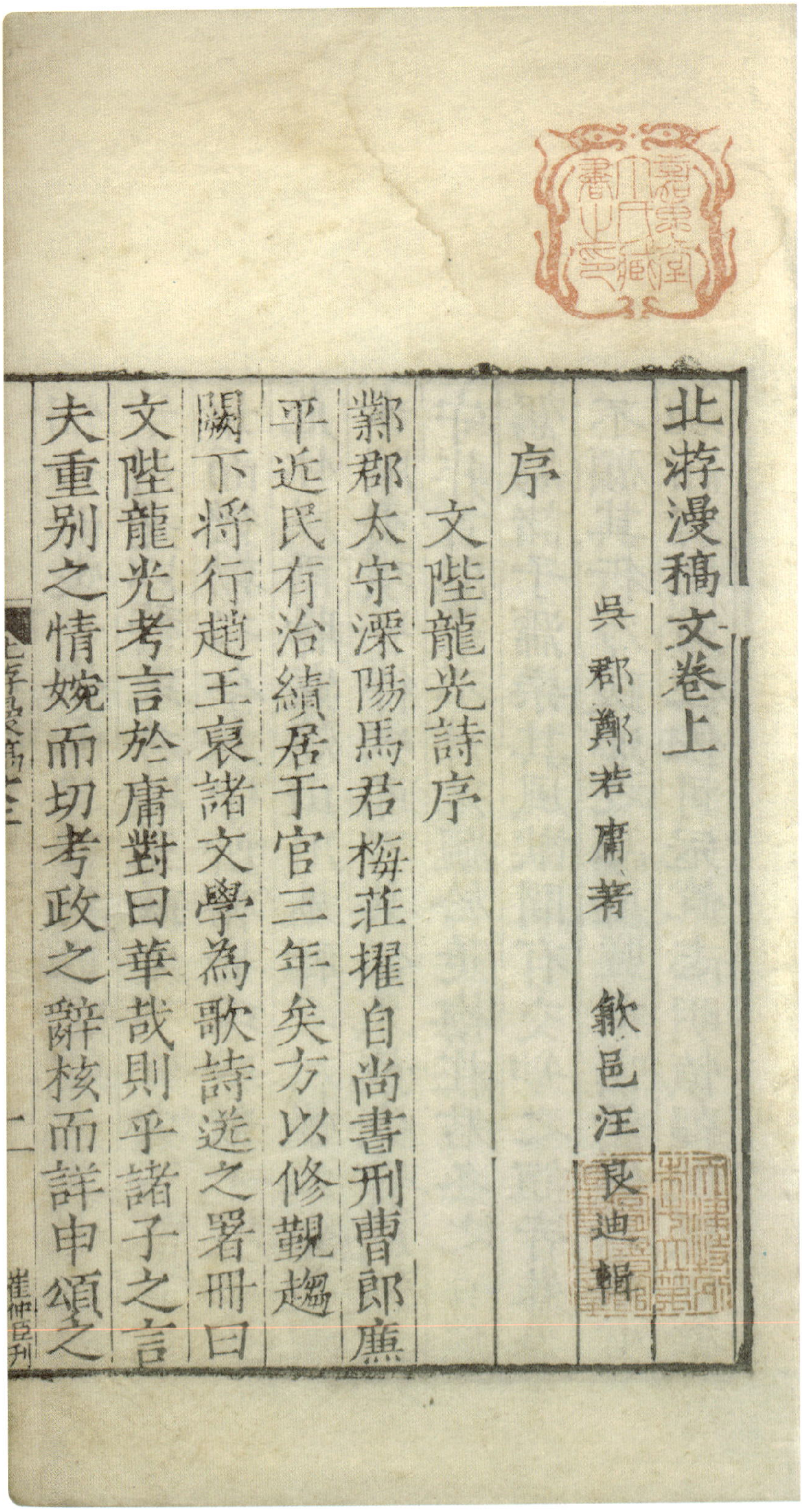
北游漫稿文卷上
吳郡鄭若庸著　歙邑汪良迪輯
序
文陛龍光詩序
鄴郡太守溧陽馬君梅莊擢自尚書刑曹郎廌
平近民有治績居于官三年矣方以修覲趨
闕下將行趙王裒諸文學為歌詩送之署冊曰
文陛龍光考言於庸庸對曰華哉則乎諸子之言
夫重別之情婉而切考政之辭核而詳申頌之

燕市集二卷　明隆慶四年靖江縣朱宅快閣刻本

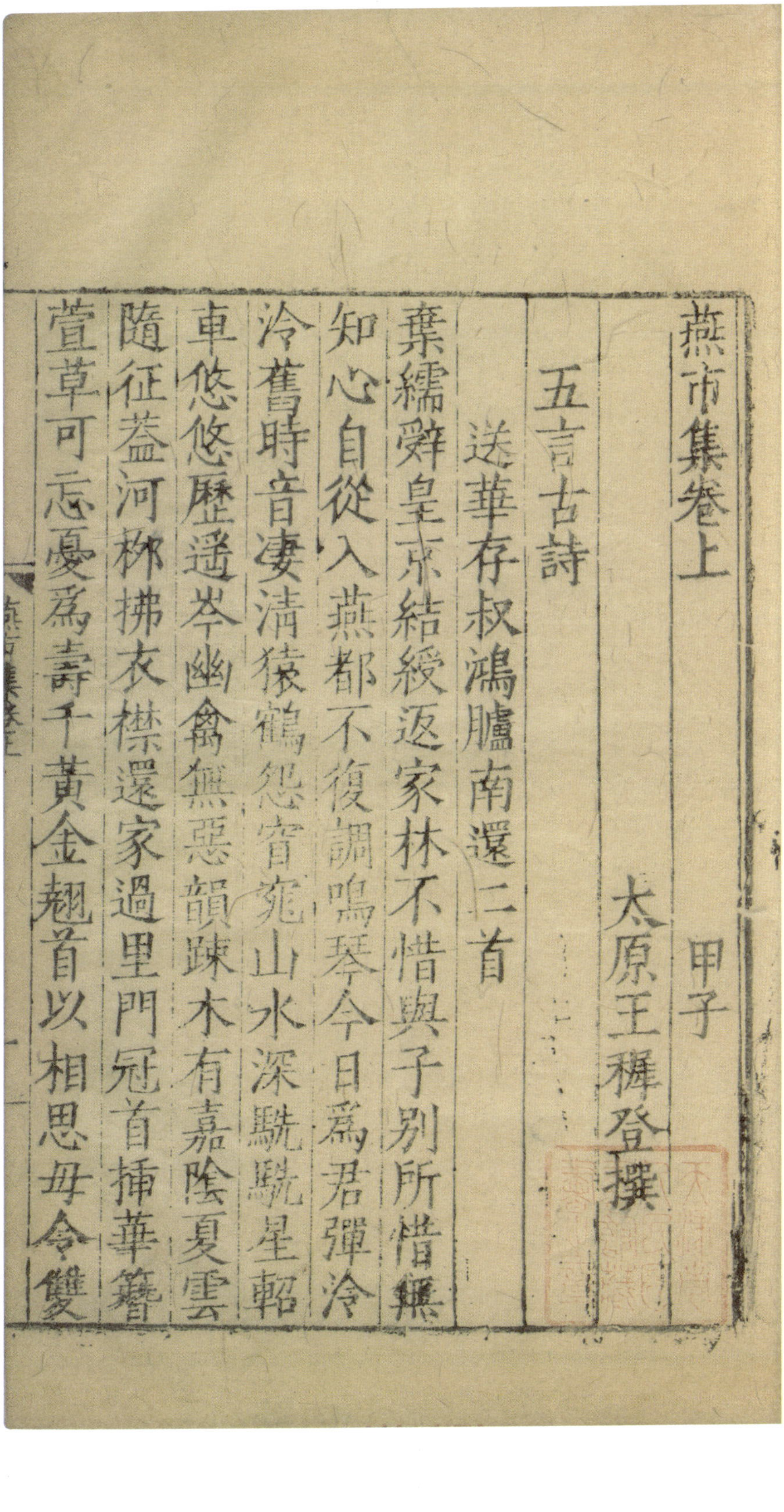

燕市集卷上　甲子

太原王穉登撰

五言古詩

送華存叔鴻臚南還二首

棄繻辭皇京結綬返家林不惜與子別所惜無
知心自從入燕都不復調鳴琴今日爲君彈泠
泠舊時音淒清猿鶴怨窅窕山水深駪駪星軺
車悠悠歷遥岑幽禽無惡韻踈木有嘉陰夏雲
隨征蓋河柳拂衣襟還家過里門冠首插華簪
萱草可忘憂爲壽千黃金翹首以相思毋令雙

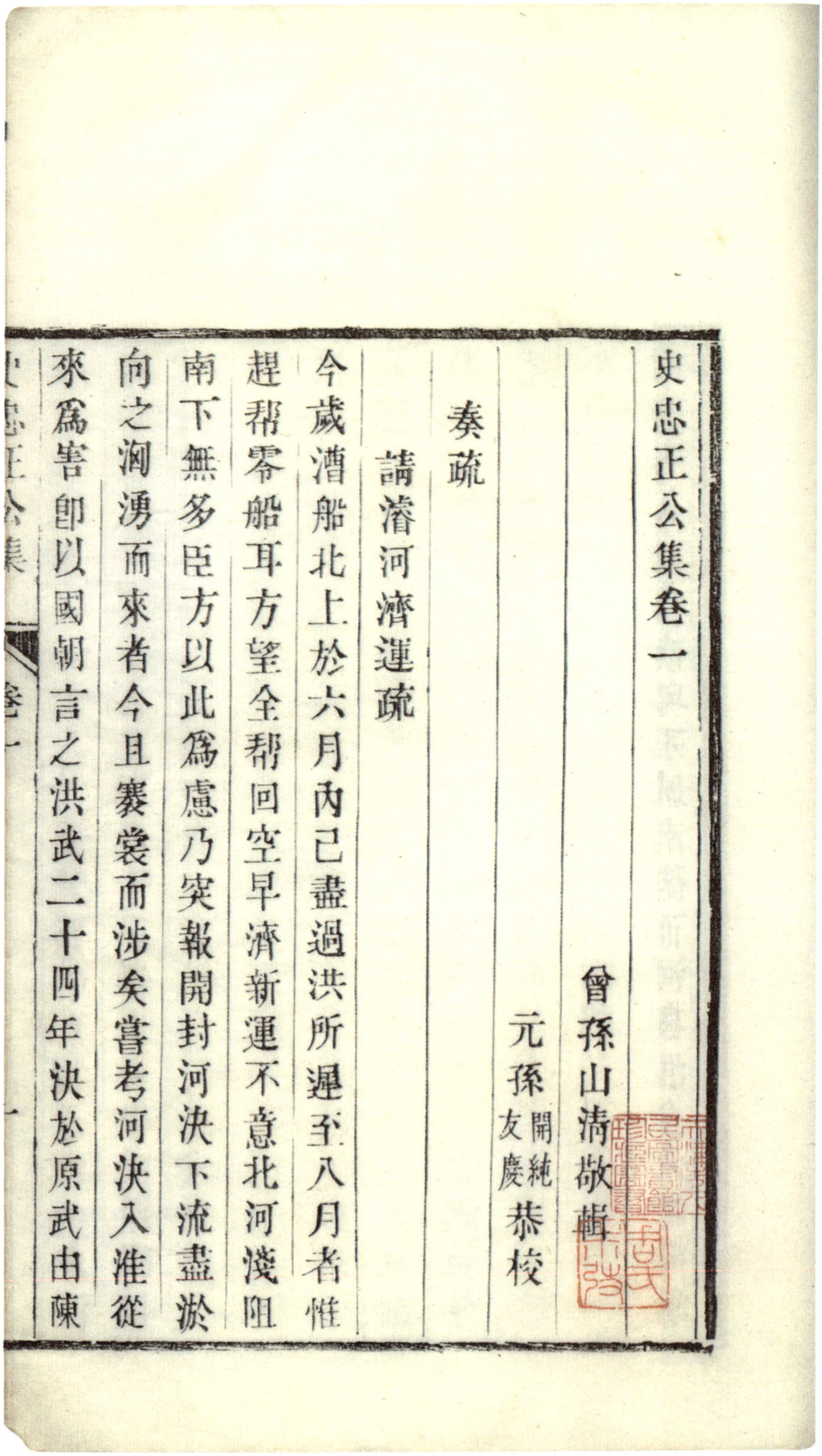

史忠正公集卷一

曾孫山清敬輯

元孫開純 友慶 恭校

奏疏

請濬河濟運疏

今歲漕船北上於六月内已盡過洪所遲至八月者惟趕帮零船耳方望全帮回空早濟新運不意北河淺阻南下無多臣方以此爲慮乃突報開封河決下流盡淤向之洶湧而來者今且褰裳而涉矣嘗考河決入淮從來爲害卽以國朝言之洪武二十四年決於原武由陳

史忠正公集　卷一　一

史忠正公集四卷

清乾隆教忠堂活字印本

堯峯文鈔四十卷 清康熙三十二年林佶刻本

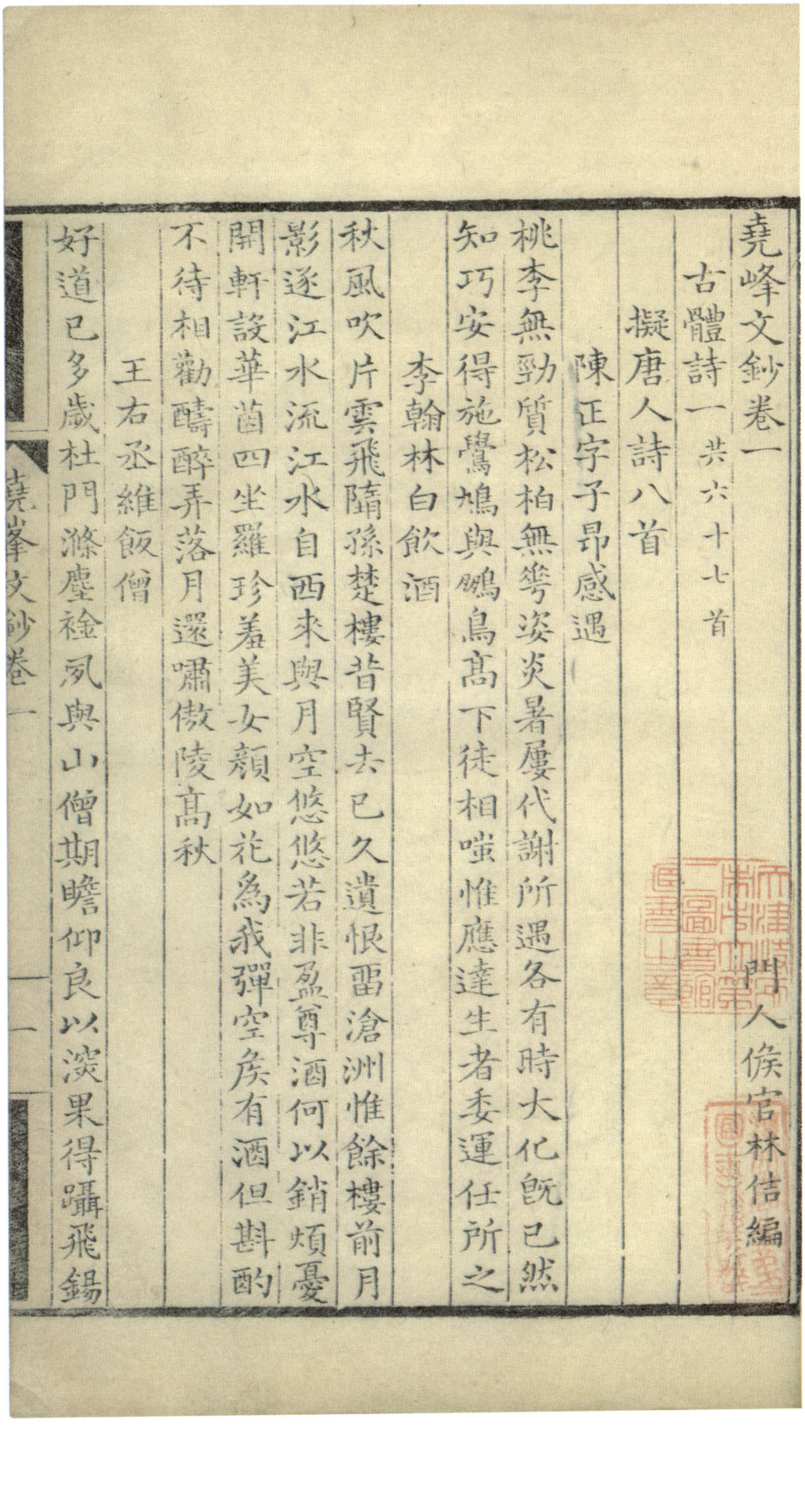

堯峰文鈔卷一　　　門人侯官林佶編

古體詩一　共六十七首

擬唐人詩八首

陳正字子昂感遇

桃李無勁質松柏無孿姿炎暑屢代謝所遇各有時大化既已然知巧安得施鸞鳩與鵬鳥高下徒相嗤惟應達生者委運任所之

李翰林白飲酒

秋風吹片雲飛隨孫楚樓昔賢去已久遺恨留滄洲惟餘樓前月影逐江水流江水自西来與月空悠悠若非盈尊酒何以銷煩憂開軒設華茵四坐羅珍羞美女顏如花為我彈空侯有酒但斟酌不待相勸酬醉弄落月還嘯傲陵高秋

王右丞維飯僧

好道已多歲杜門滌塵襟夙與山僧期瞻仰良以深果得躡飛錫

堯峯文鈔卷一　一

漁洋山人精華錄十卷

清康熙三十九年林佶刻本

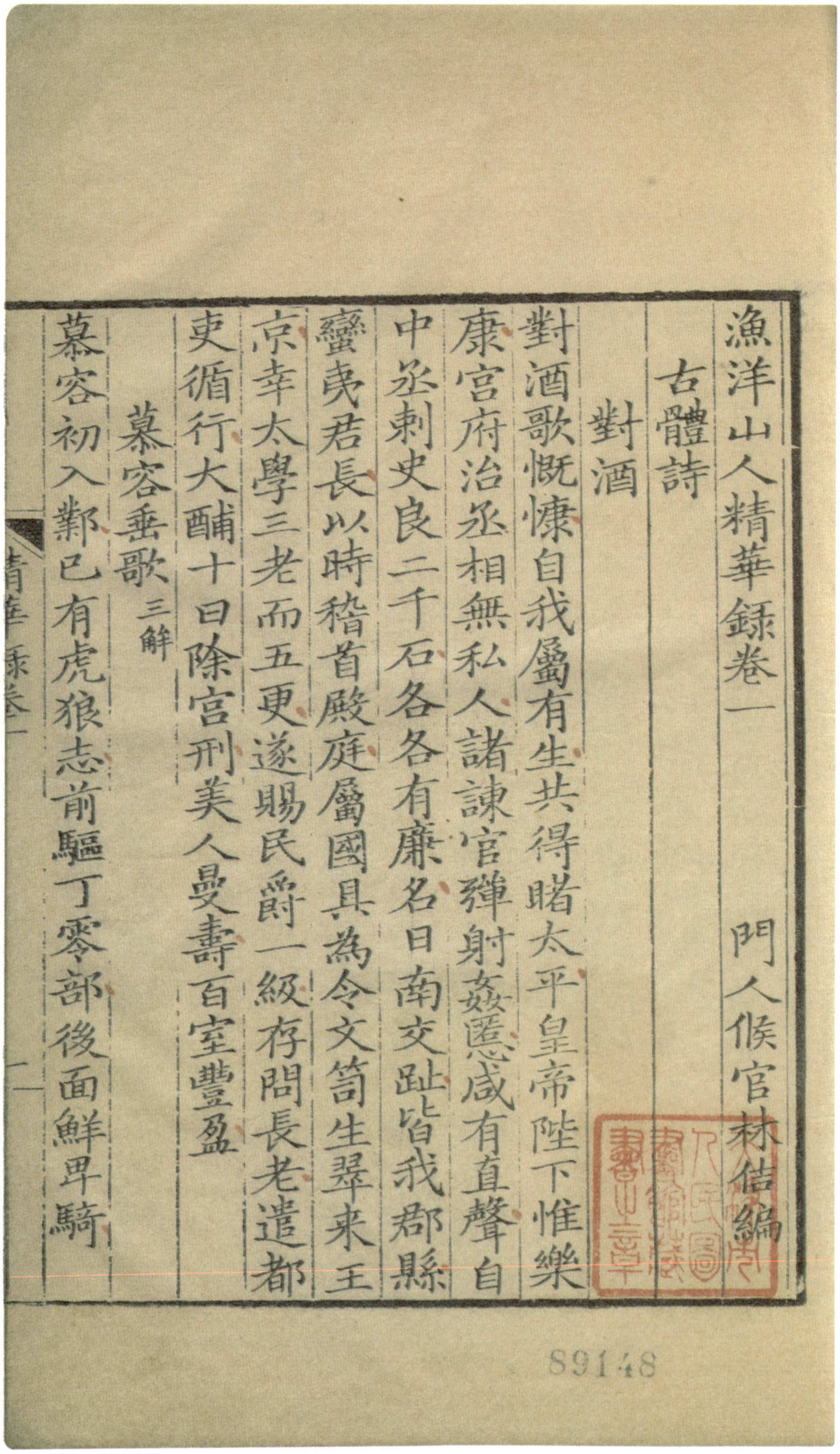

漁洋山人精華録卷一　門人侯官林佶編

古體詩

對酒

對酒歌慨慷自我屬有生共得睹太平皇帝陛下惟樂康宮府治丞相無私人諸諫官彈射姦慝咸有直聲自中丞刺史良二千石各各有廉名日南交趾皆我郡縣蠻夷君長以時稽首殿庭屬國具為令文筍生翠來王京幸太學三老而五更遂賜民爵一級存問長老遣都吏循行大酺十日除宮刑美人曼壽百室豐盈

慕容垂歌 三解

慕容初入鄴已有虎狼志前驅丁零部後面鮮卑騎

清華録卷一　一

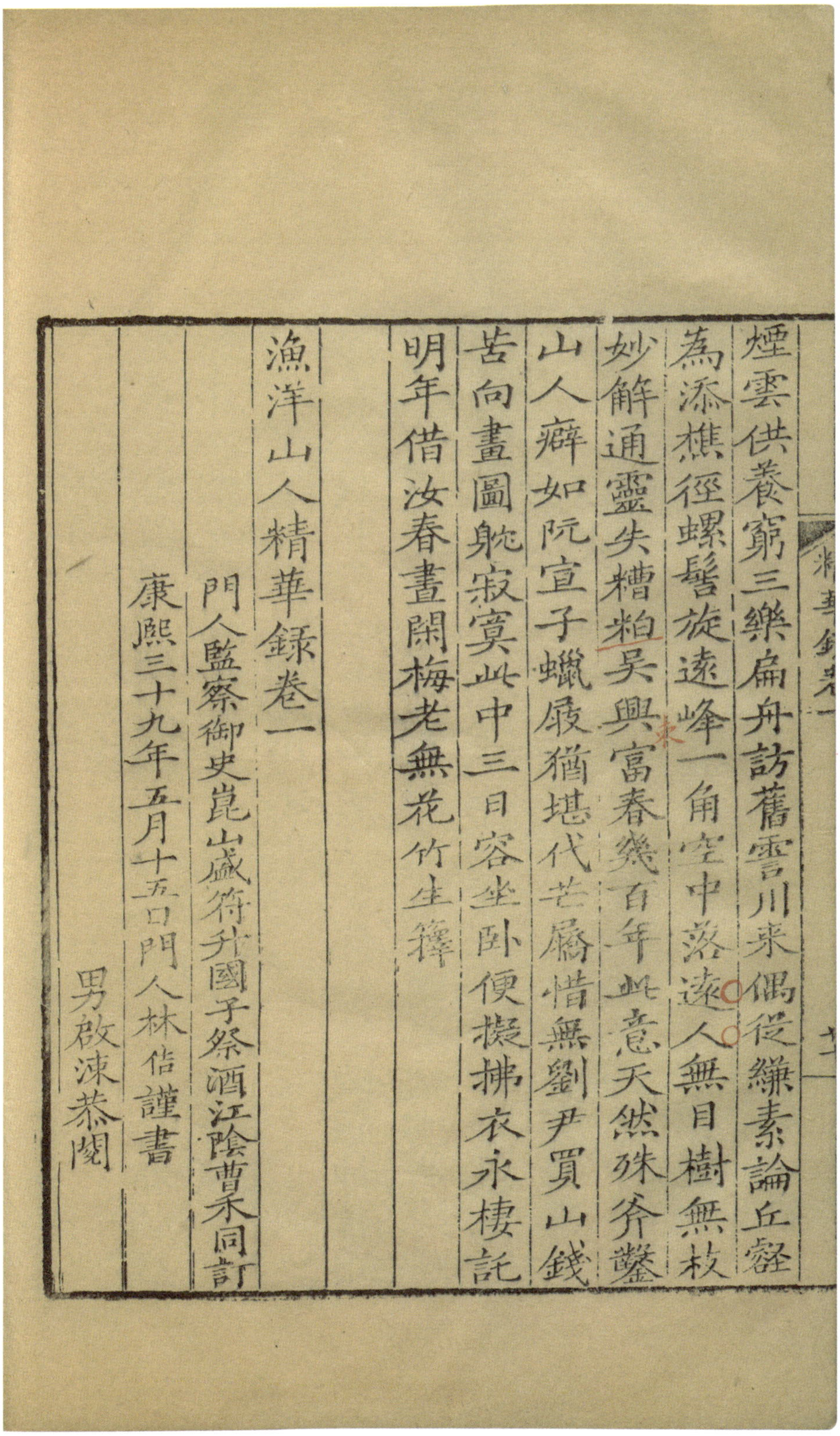
煙雲供養窮三樂扁舟訪舊雪川來偶從縑素論丘壑
爲添樵徑螺髻旋遠峰一角空中落遠人無目樹無枝
妙解通靈失糟粕吳興富春幾百年此意天然殊斧鑿
山人癖如阮宣子蠟屐猶堪代芒屩惜無劉尹買山錢
苦向畫圖能寂寞此中三日容坐卧便擬拂衣永棲託
明年借汝春晝閑梅老無花竹生籜

漁洋山人精華録卷一

門人監察御史崑山盛符升國子祭酒江陰曹禾同訂

康熙三十九年五月十五日門人林佶謹書

男啓涑恭閲

漁洋山人精華録十卷

清康熙三十九年林佶刻本

漁洋山人精華錄訓纂十卷 清惠氏紅豆齋刻本

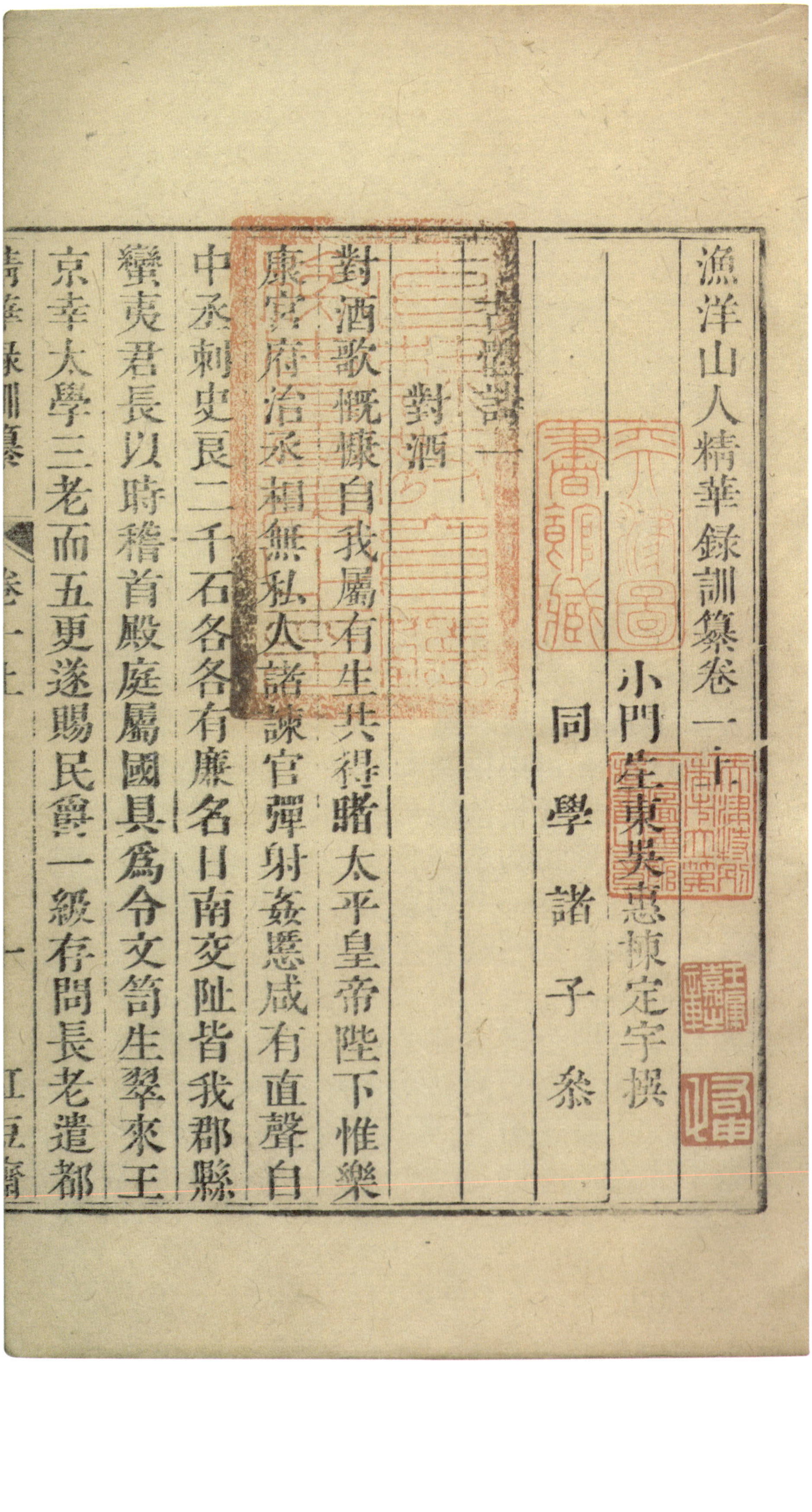
漁洋山人精華録訓纂卷一上
小門生東莞惠棟定宇撰
同學諸子參
古體詩一
對酒
對酒歌慨慷自我屬有生共得睹太平皇帝陛下惟樂
康寧府治丞相無私大諸諫官彈射姦慝咸有直聲自
中丞刺史良二千石各各有廉名日南交阯皆我郡縣
蠻夷君長以時稽首殿庭屬國具爲令文罰生翠來王
京幸太學三老而五更遂賜民爵一級存問長老遺都
精華録訓纂 卷一上 一 紅豆齋

午亭文編五十卷　清康熙四十七年林佶刻本

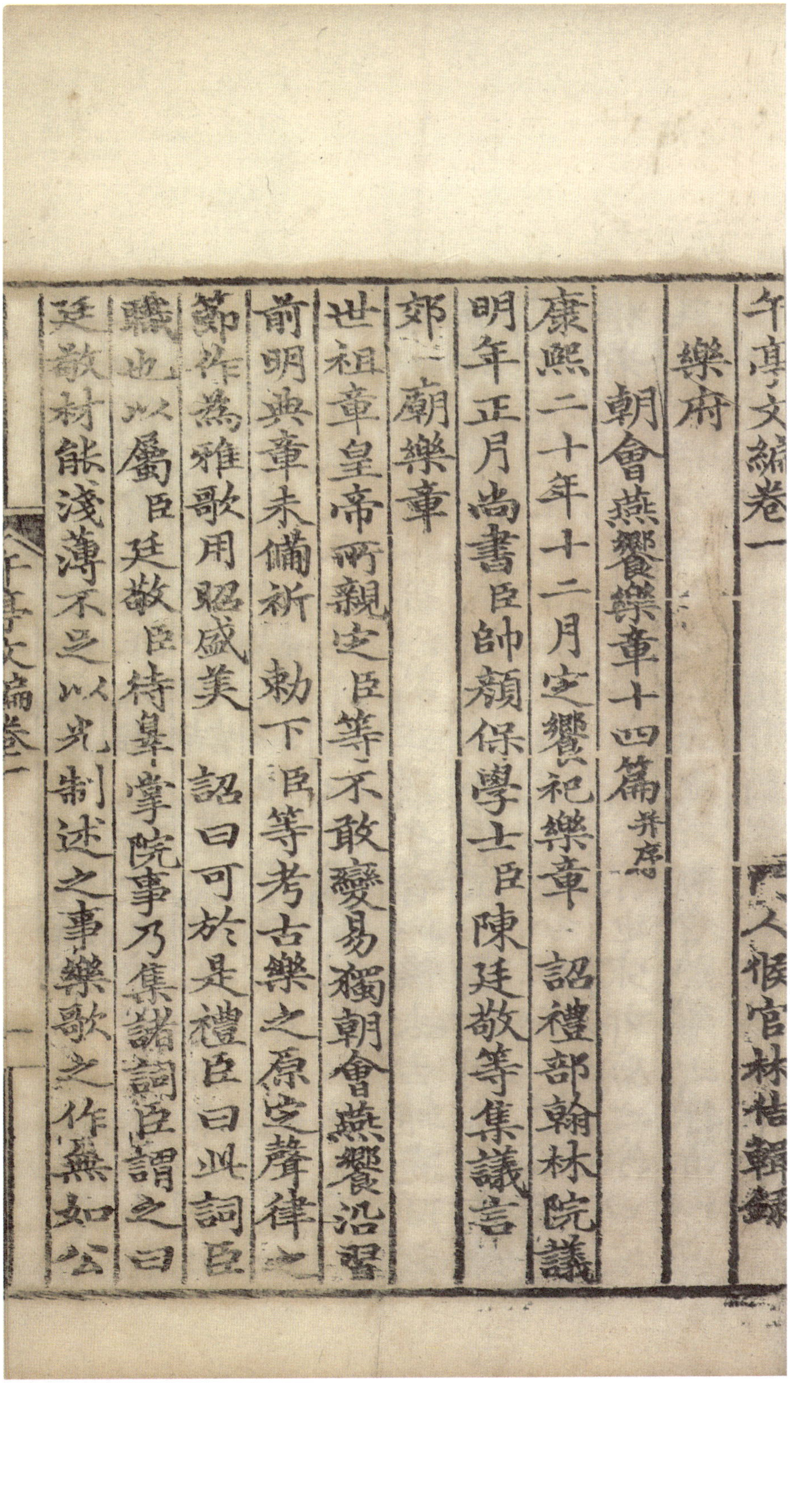
午亭文編卷一　　門人侯官林佶輯錄

樂府

朝會燕饗樂章十四篇并序

康熙二十年十二月定饗祀樂章　詔禮部翰林院議明年正月尚書臣帥顏保學士臣陳廷敬等集議言郊廟樂章

世祖章皇帝所親定臣等不敢變易獨朝會燕饗沿習前明典章未備祈　勅下臣等考古樂之原定聲律之節作爲雅歌用昭盛美　詔曰可於是禮臣曰此詞臣職也以屬臣廷敬臣侍皐掌院事乃集諸詞臣謂之曰廷敬材能淺薄不足以光制述之事樂歌之作無如公

午亭文編卷一　一

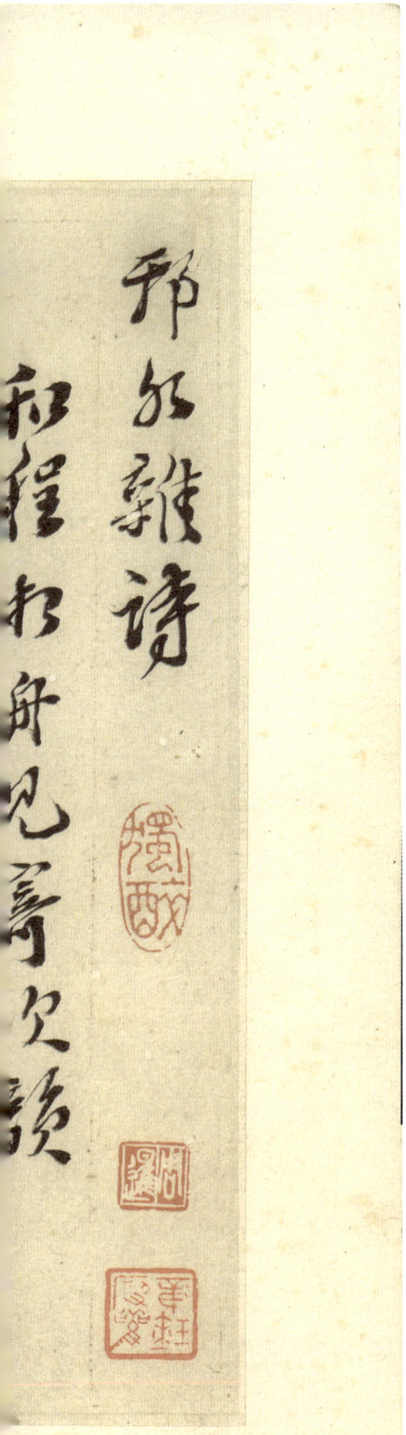
郘亭雜詩

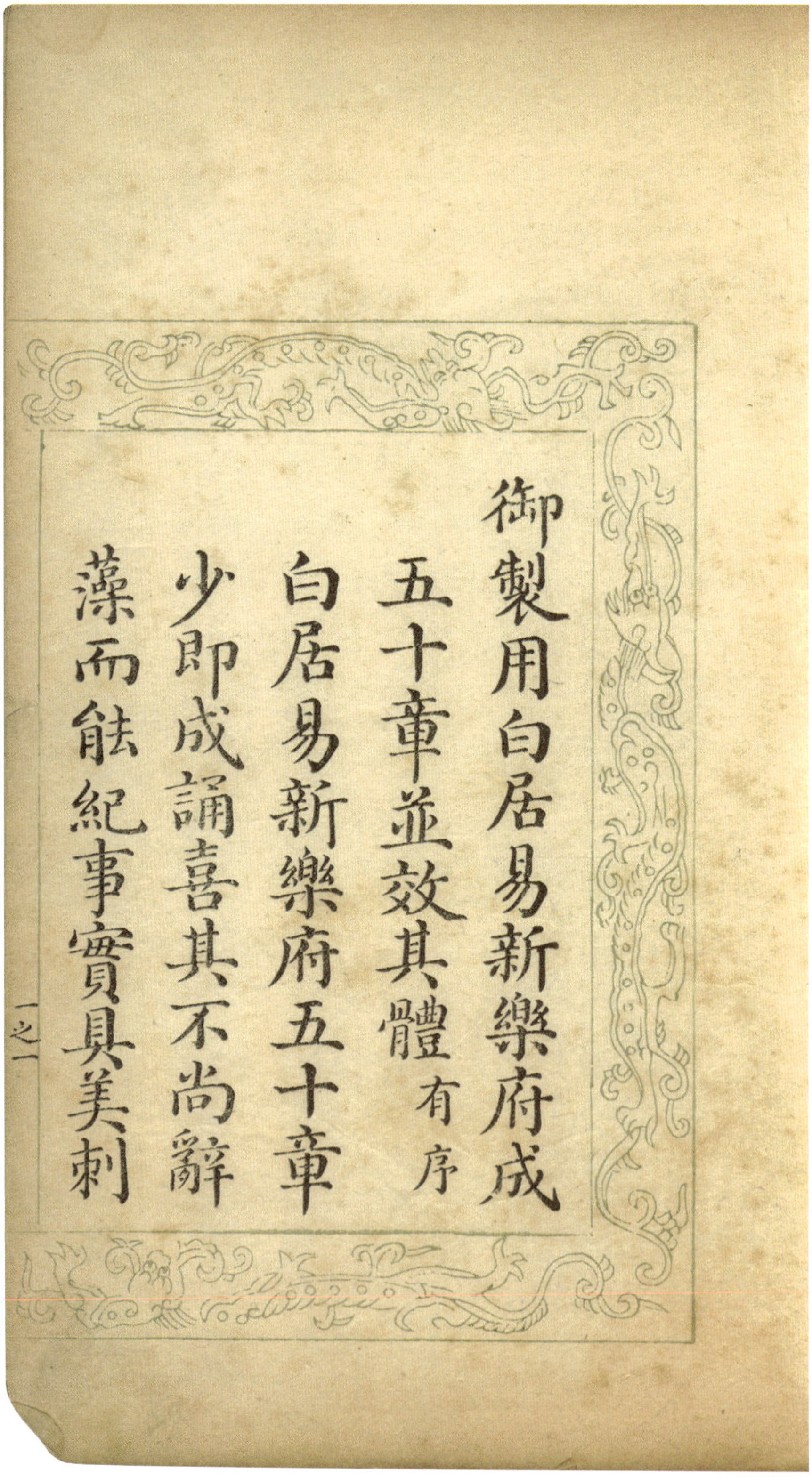
御製用白居易新樂府成
五十章並效其體有序
白居易新樂府五十章
少即成誦喜其不尚辭
藻而能紀事實具美刺
一之一

御製擬白居易新樂府不分卷 清乾隆間刻本

邗水雜詩一卷　清道光元年稿本

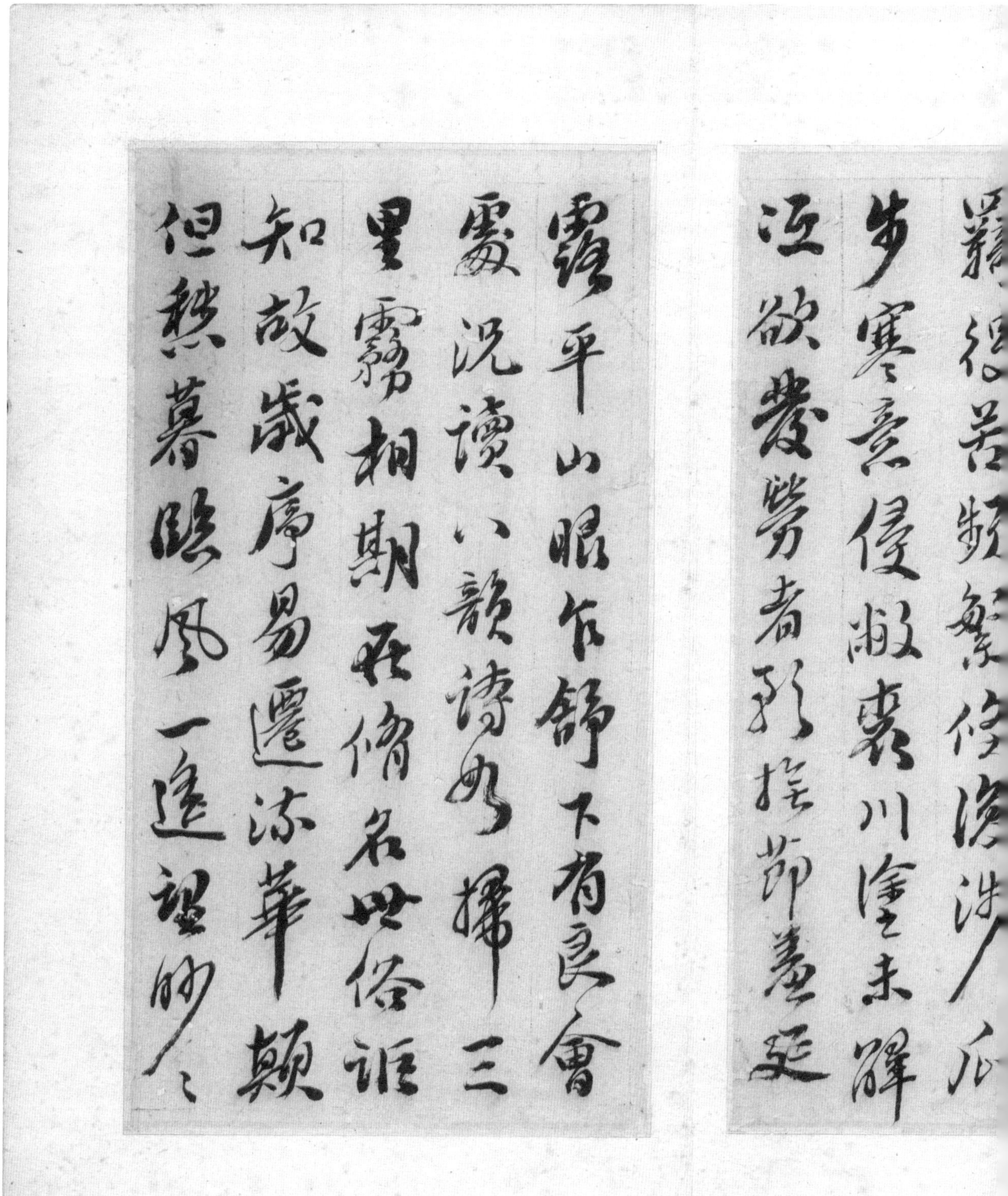

邗水雜詩一卷　清道光元年稿本

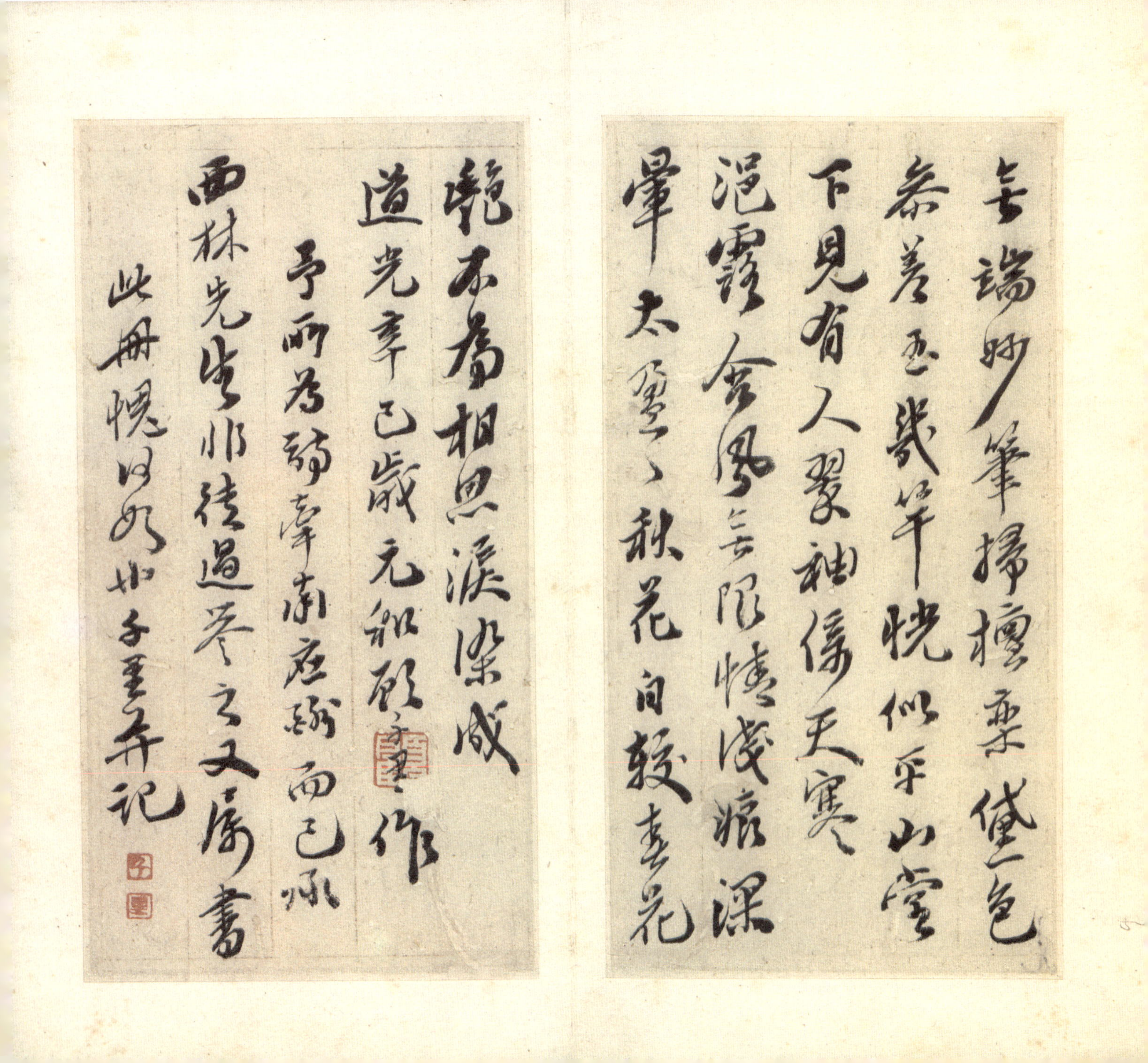

僊屏書屋初集詩錄十六卷　清道光二十六年翟金生泥活字印本

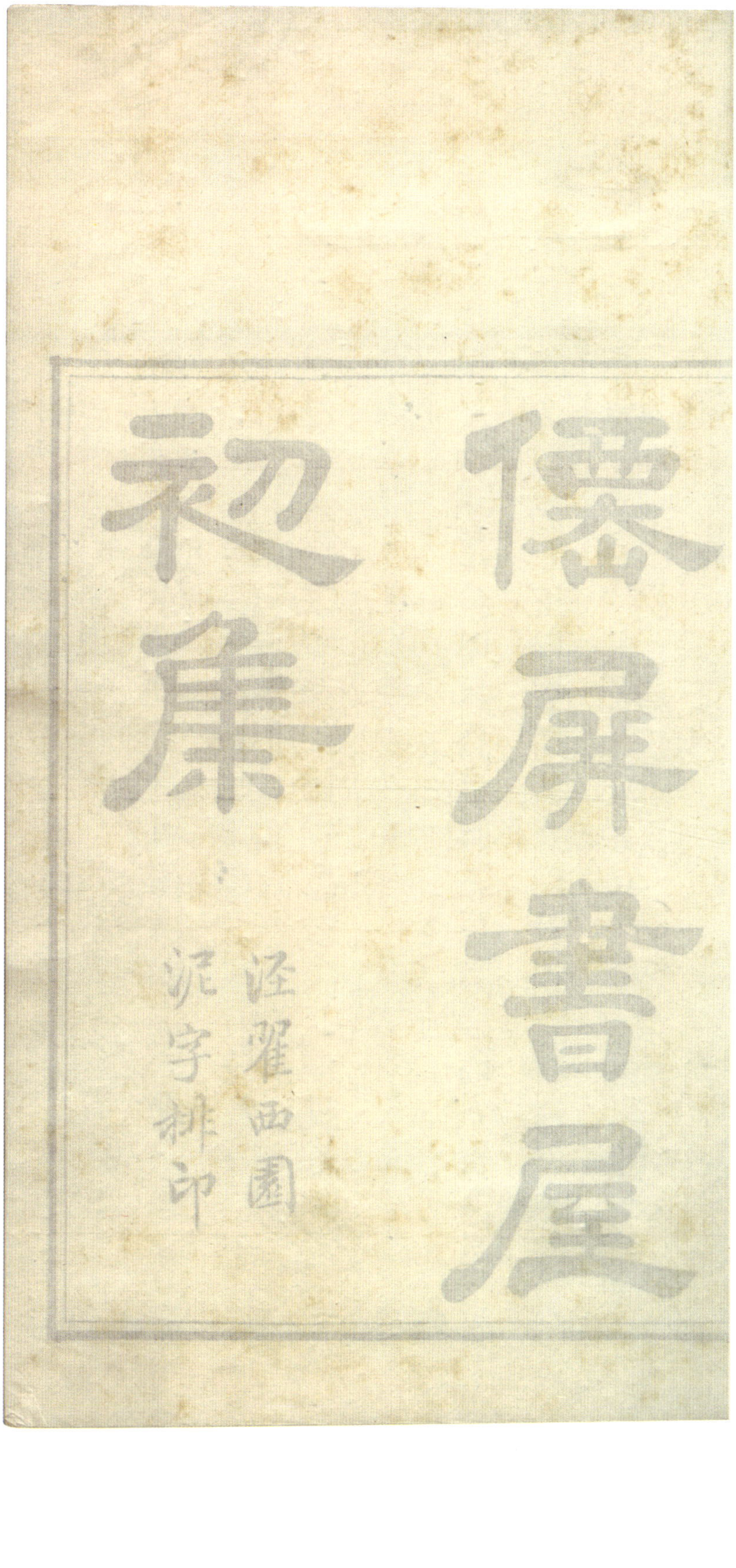

僊屏書屋初集詩錄十六卷　清道光二十六年翟金生泥活字印本

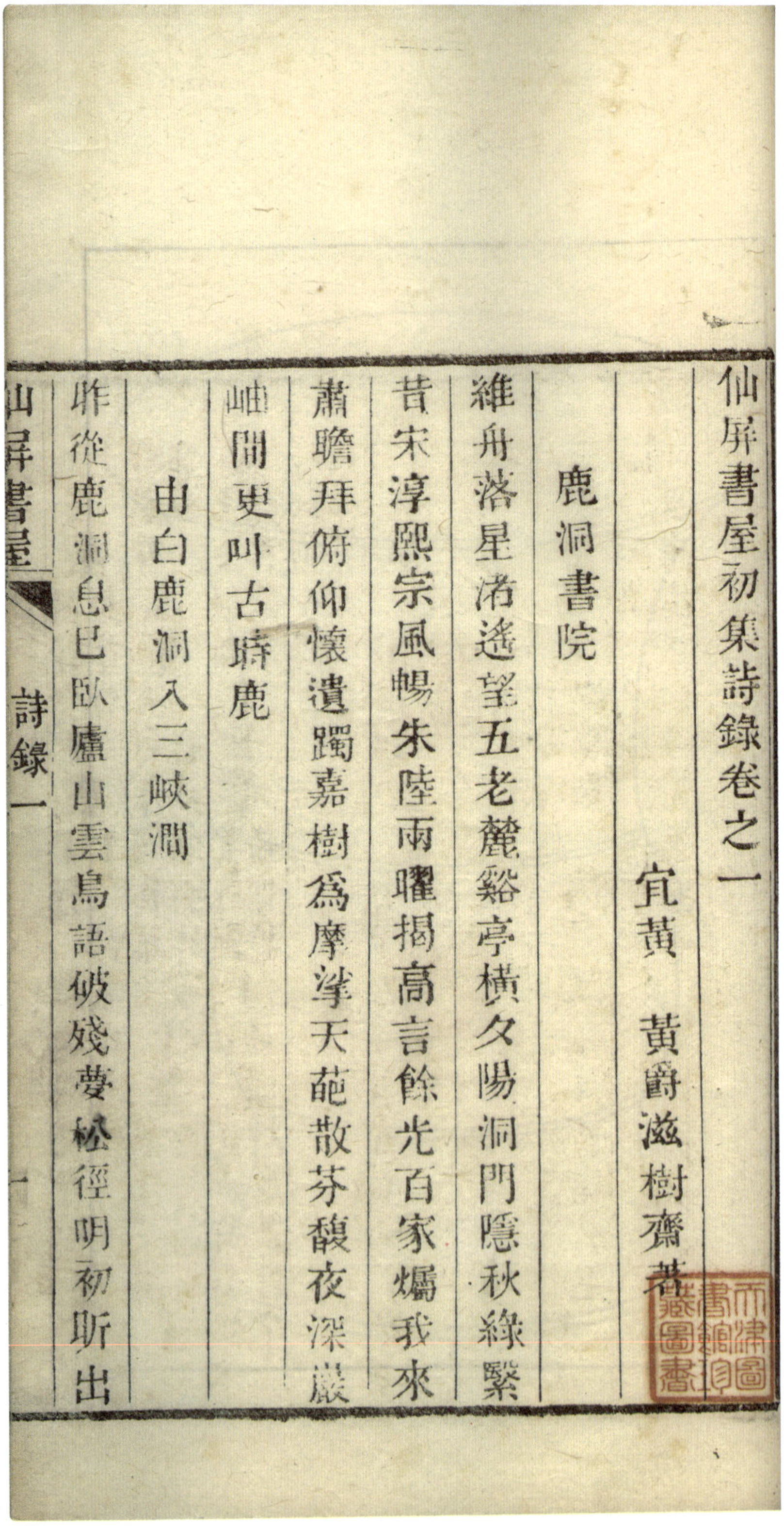

仙屏書屋初集詩錄卷之一

宜黃　黃爵滋樹齋著

鹿洞書院

維舟落星渚遙望五老麓谿亭横夕陽洞門隱秋綠緊昔宋淳熙宗風暢朱陸兩曜揭高言餘光百家爓我來肅瞻拜俯仰懷遺躅嘉樹爲摩挲天葩散芬馥夜深巖岫閒更叫古蹄鹿

由白鹿洞入三峽澗

昨從鹿洞息已臥廬山雲鳥語破殘夢松徑明初昕出

仙屏書屋　詩錄一　一

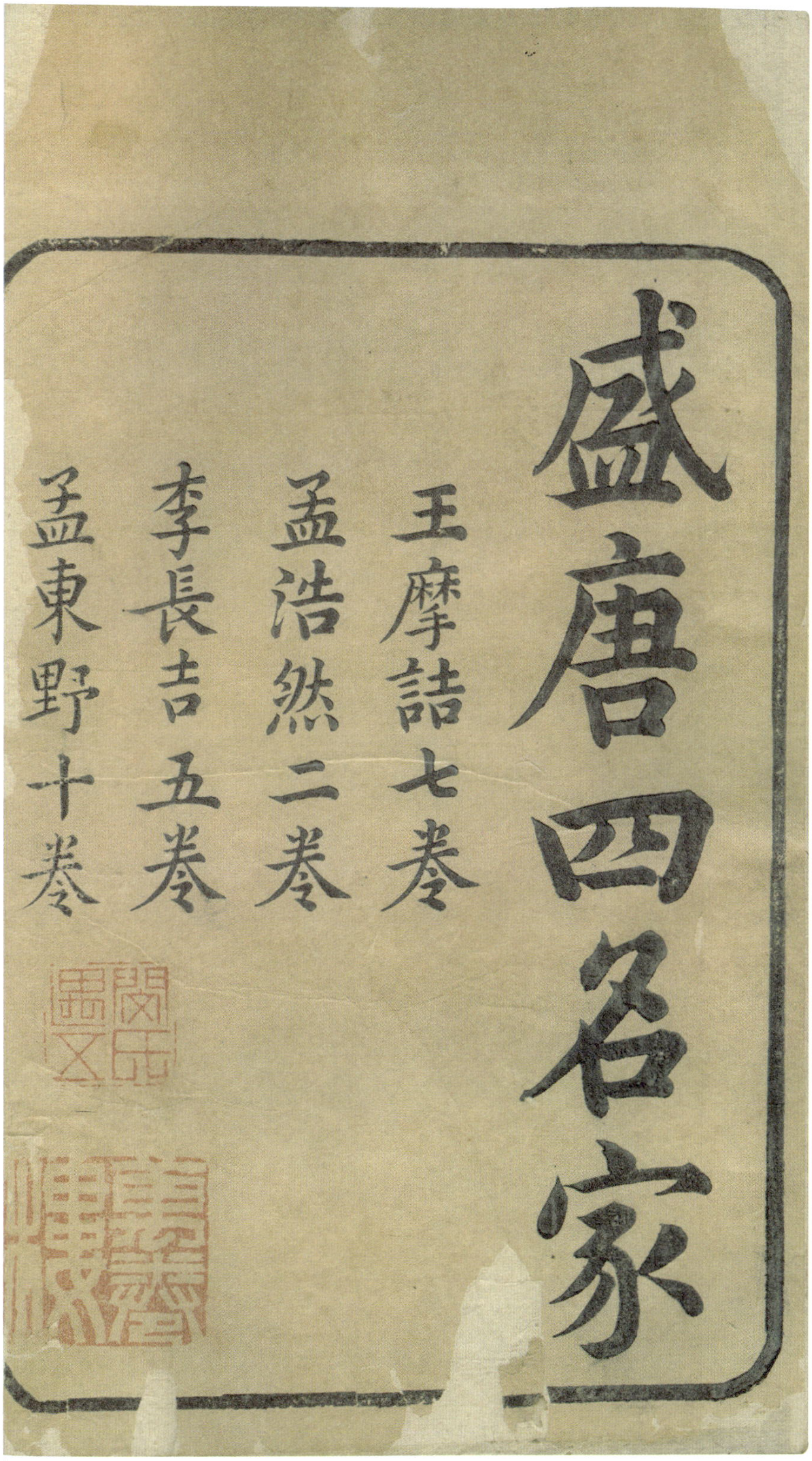

盛唐四名家集二十四卷　明淩濛初刻套印本

盛唐四名家集二十四卷　明淩濛初刻套印本

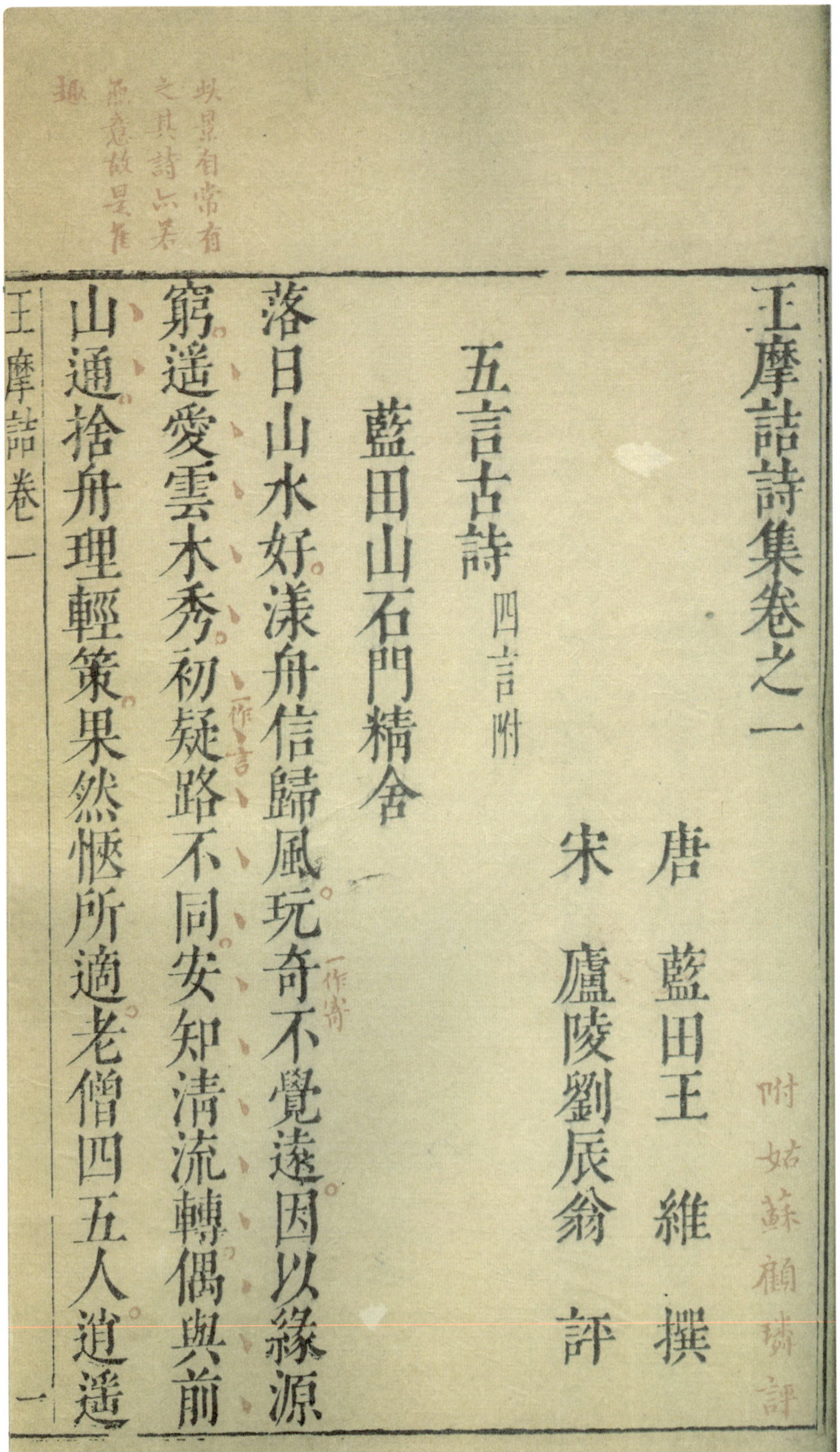
此景自常有之其詩亦若無意故是雅趣

王摩詰詩集卷之一

附姑蘇顧璘評

唐　藍田王維撰

宋　廬陵劉辰翁評

五言古詩四言附

藍田山石門精舍

落日山水好漾舟信（一作言）歸風玩奇（一作寄）不覺遠因以緣源窮遥愛雲木秀初疑路不同安知清流轉偶與前山通捨舟理輕策果然愜所適老僧四五人逍遥

王摩詰卷一　一

六家詩選十二卷　明隆慶三年楊綵刻本

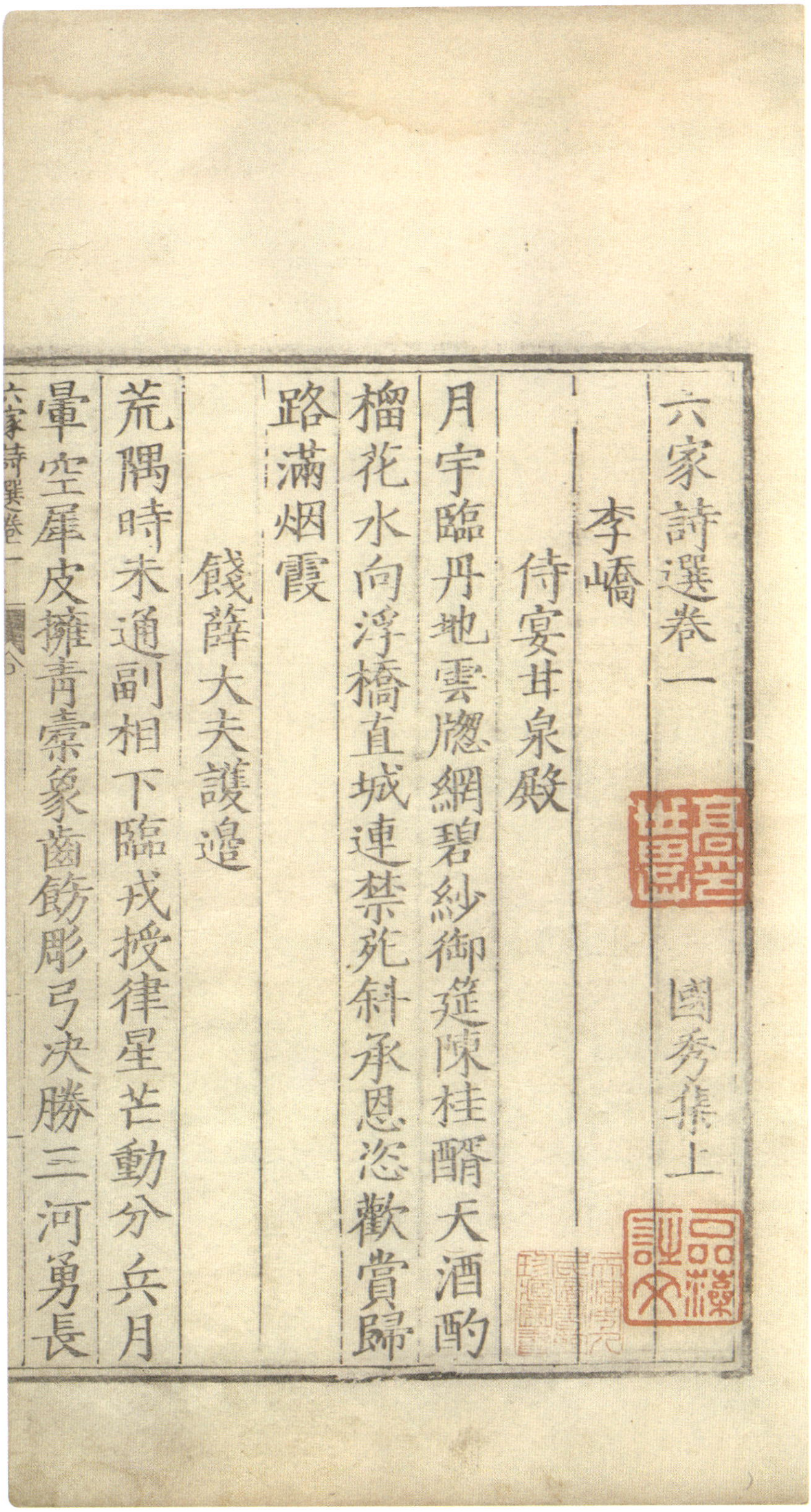

六家詩選卷一　　國秀集上

李嶠

侍宴甘泉殿

月宇臨丹地雲牕網碧紗御筵陳桂醑天酒酌榴花水向浮橋直城連禁苑斜承恩恣歡賞歸路滿烟霞

餞薛大夫護邉

荒隅時未通副相下臨戎授律星芒動分兵月暈空犀皮擁青橐象齒飾彫弓決勝三河勇長

唐十二家詩二十四卷　明嘉靖三十一年江都黃埻刻本

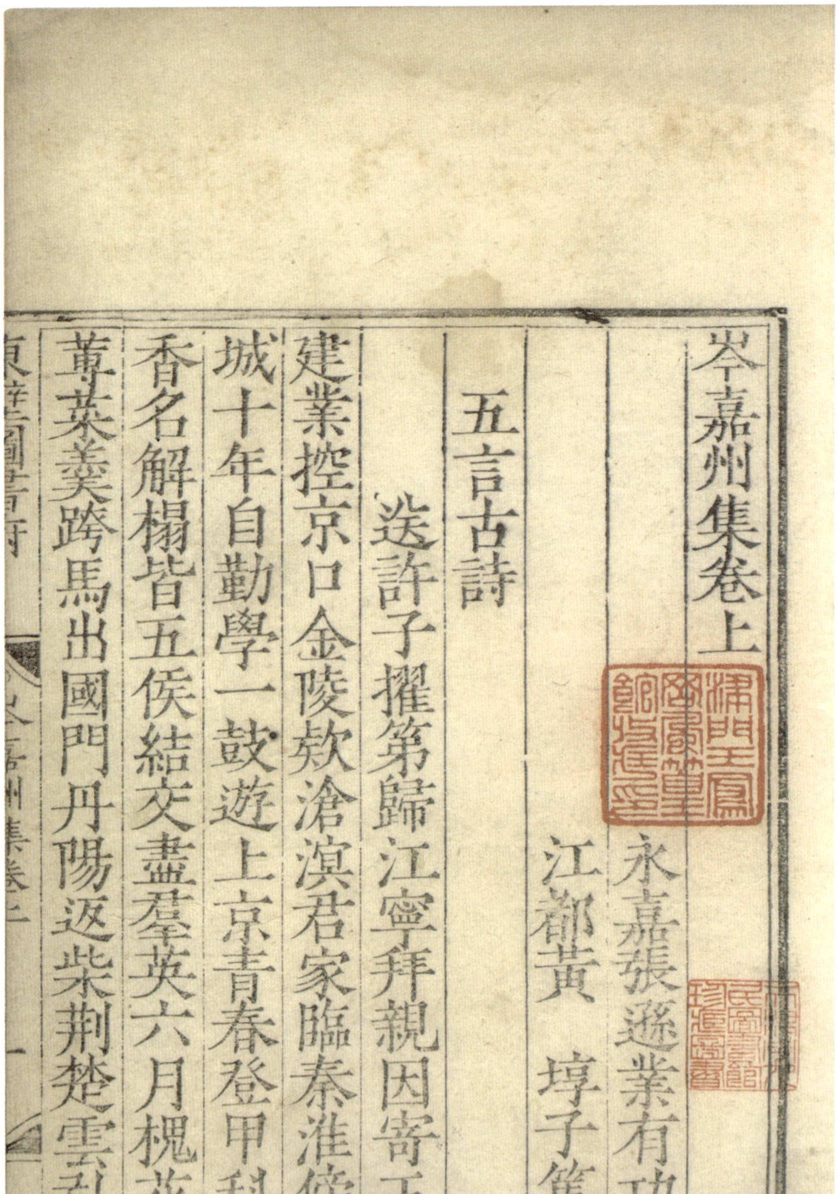

岑嘉州集卷上

永嘉張遜業有功校正

江都黃　埻子篤梓行

五言古詩

送許子擢第歸江寧拜親因寄王大昌齡

建業控京口金陵㰚滄溟君家臨秦淮傍對石頭城十年自勤學一鼓遊上京青春登甲科動地聞香名解褐皆五侯結交盡羣英六月槐花飛忽思蓴菜羹跨馬出國門丹陽返柴荆楚雲引歸帆淮

唐十二家詩　岑嘉州集卷上　一

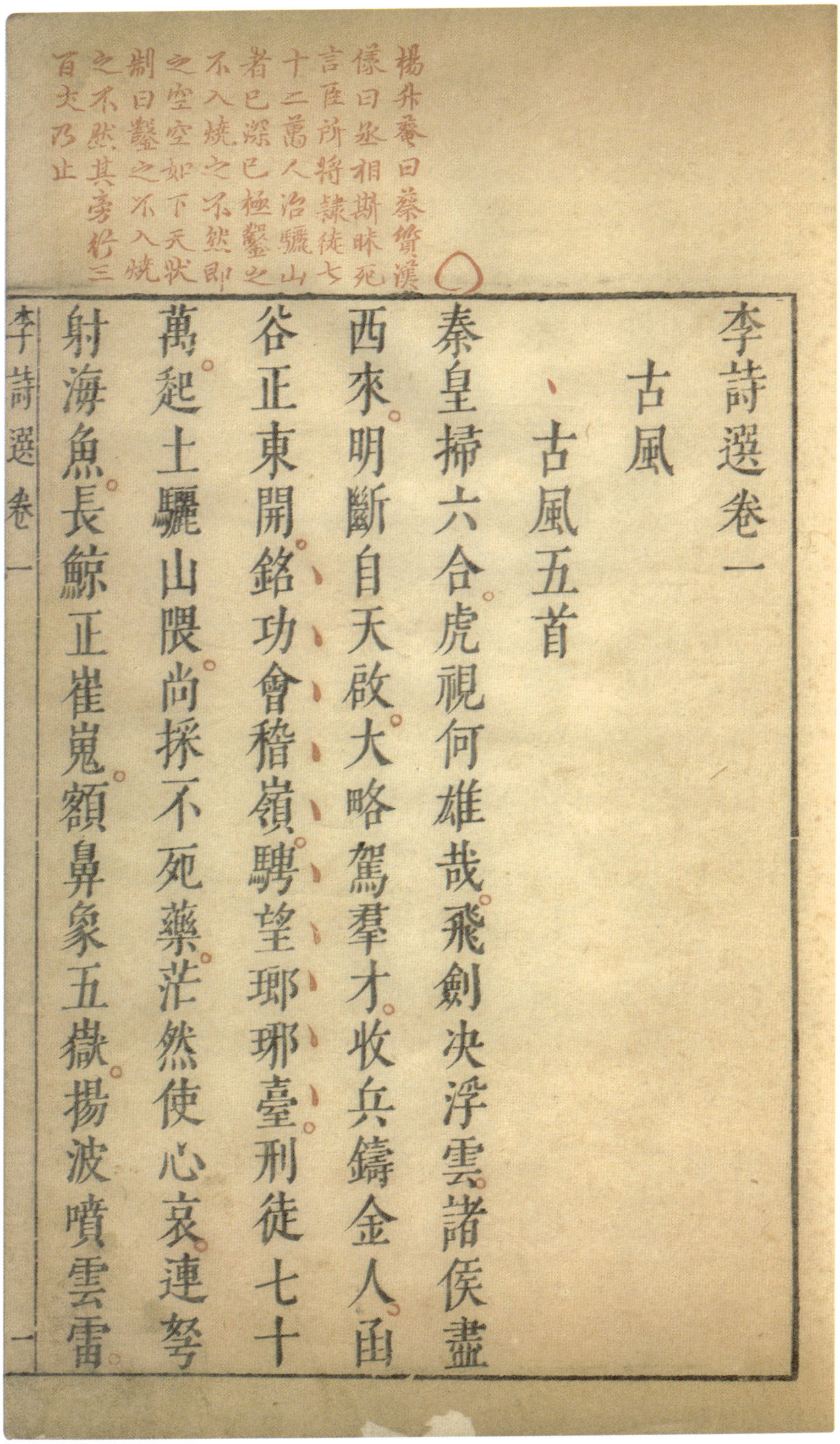

楊升菴曰蔡質漢儀曰丞相斯昧死言臣所將隸徒七十二萬人治驪山者已深已極鑿之不入燒之不然即之空空如下天狀制曰鑿之不入燒之不然其旁行三百丈乃止
李詩選卷一
古風
古風五首
秦皇掃六合虎視何雄哉飛劍决浮雲諸侯盡西來明斷自天啟大略駕羣才收兵鑄金人函谷正東開銘功會稽嶺騁望瑯琊臺刑徒七十萬起土驪山隈尚採不死藥茫然使心哀連弩射海魚長鯨正崔嵬額鼻象五嶽揚波噴雲雷
李詩選卷一 一

李杜詩選十一卷　明刻套印本

李杜詩選十一卷　明刻套印本

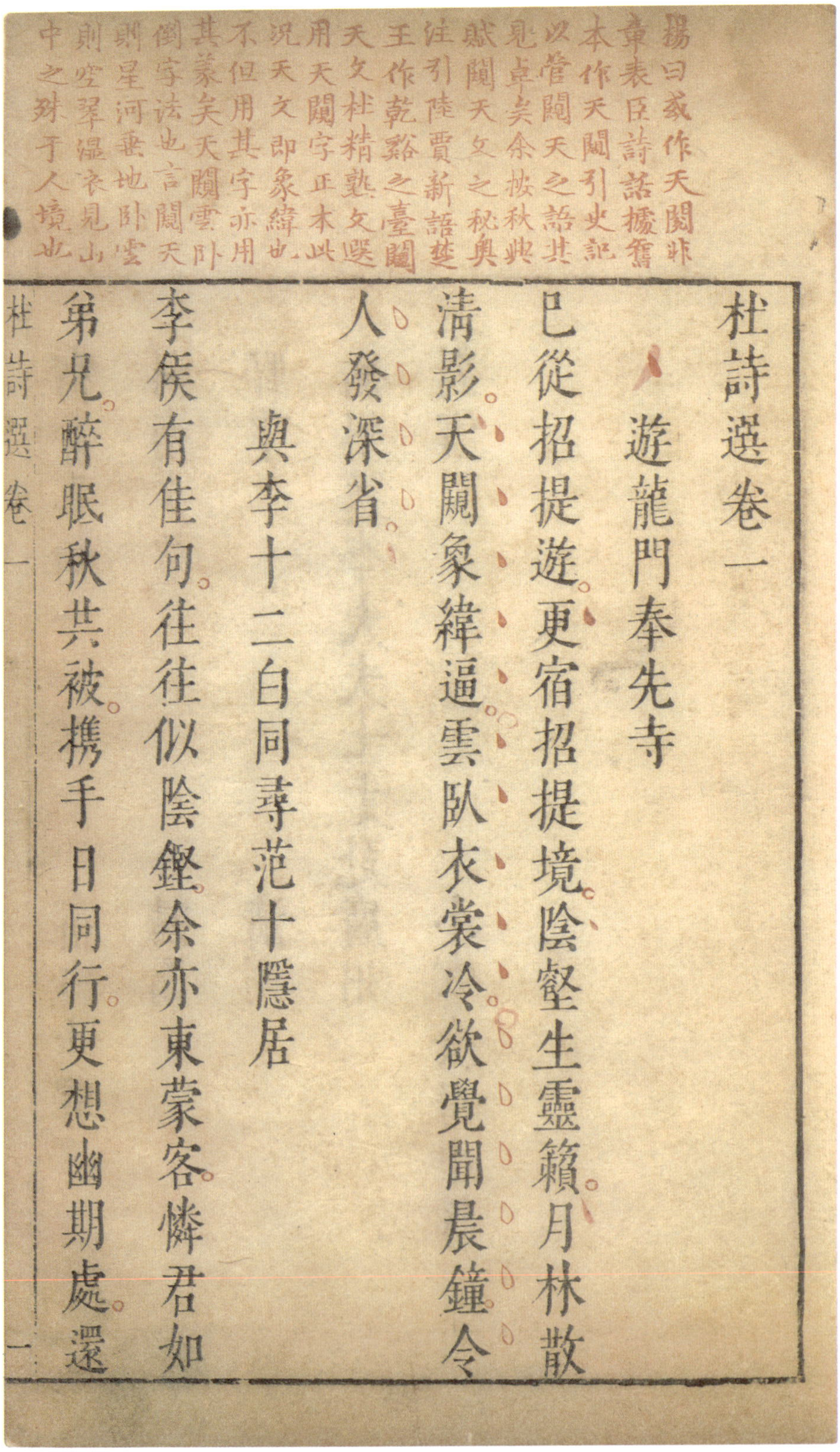

揚曰或作天闕非章表臣詩話據舊本作天闕引史記以營闕天之語其見卓矣余按秋興賦闚天文之秘與注引陸賈新語楚王作乾谿之臺闕天文杜精熟文選用天闚字正本此況天文即象緯也不但用其字亦用其義矣天闚雲卧倒字法也言闚天則星河垂地卧雲則空翠濕衣見山中之別于人境也

杜詩選卷一

遊龍門奉先寺

已從招提遊更宿招提境陰壑生靈籟月林散清影天闚象緯逼雲卧衣裳冷欲覺聞晨鐘令人發深省

與李十二白同尋范十隱居

李侯有佳句往往似陰鏗余亦東蒙客憐君如弟兄醉眠秋共被携手日同行更想幽期處還

杜詩選卷一　一

文選六十卷　明嘉靖四年晉藩養德書院刻本

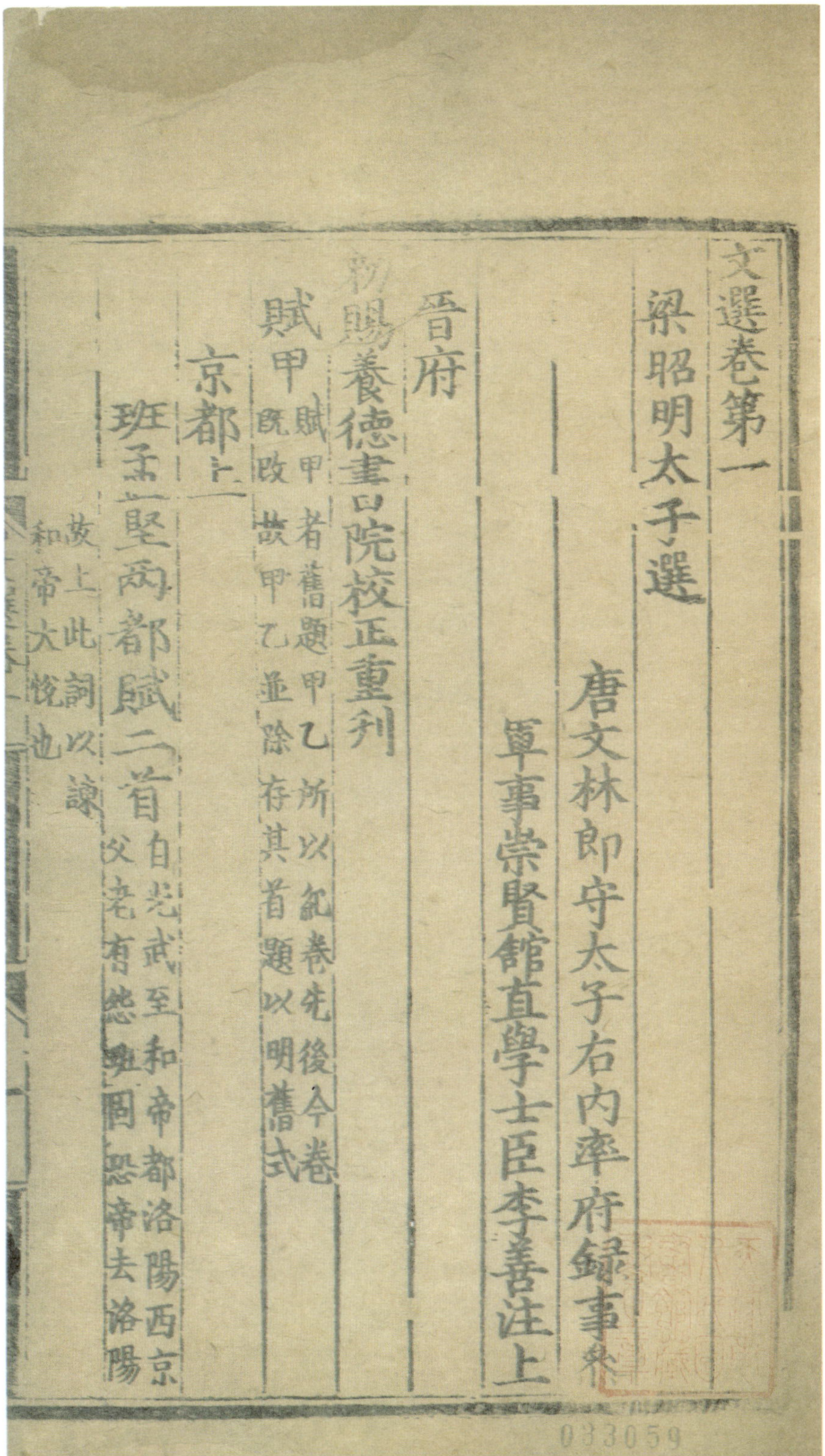
文選卷第一
梁昭明太子選
唐文林郎守太子右内率府録事參軍事崇賢館直學士臣李善注上
晉府
敕賜養德書院校正重刊
賦甲 賦甲者舊題甲乙所以紀卷先後今卷既改故甲乙並除存其首題以明舊式
京都上
班孟堅兩都賦二首 自光武至和帝都洛陽西京父老有怨班固恐帝去洛陽故上此詞以諫和帝大悅也
033059

文選六十卷　清乾隆三十七年長洲葉樹藩海録軒刻套印本

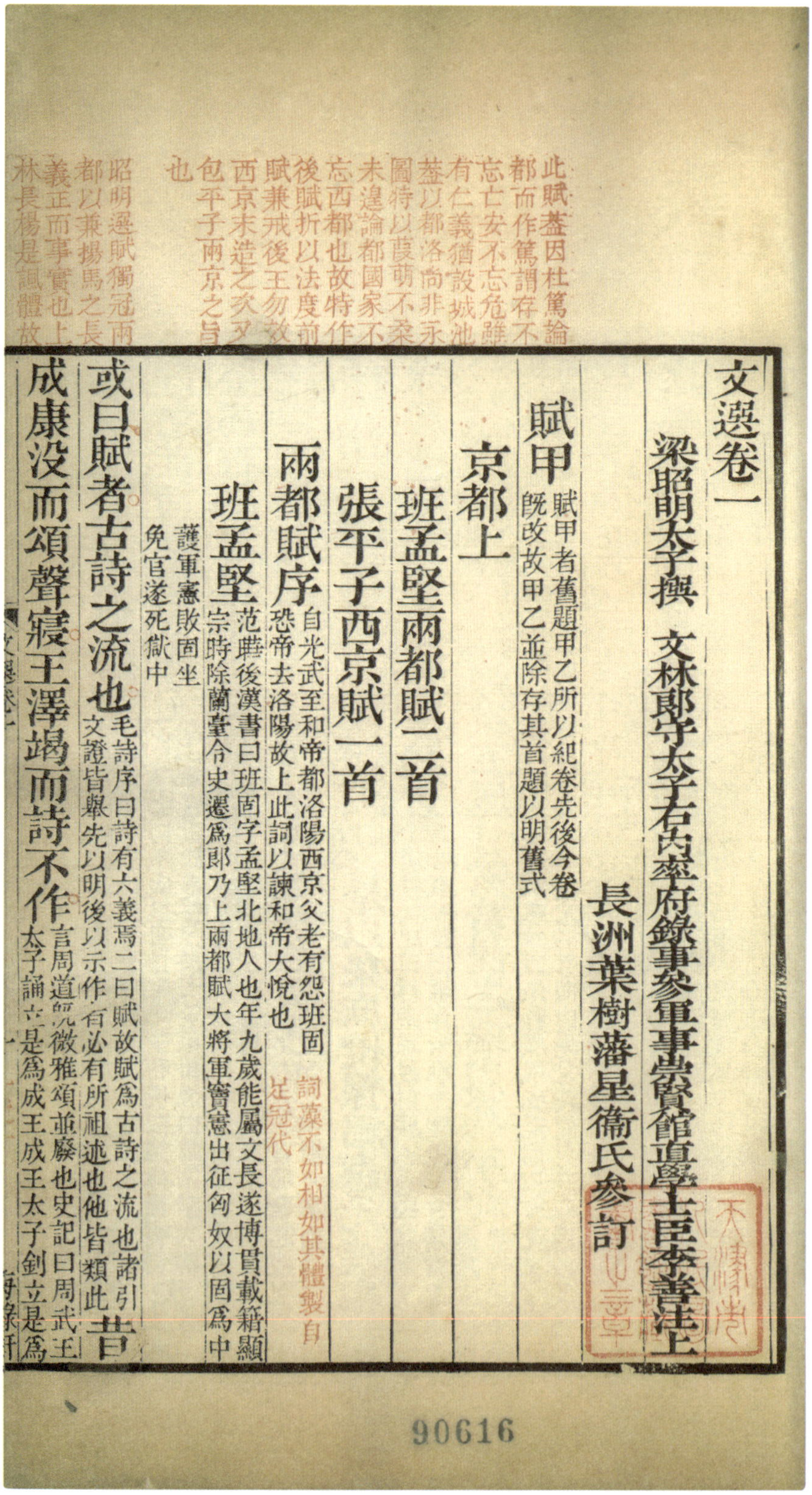

此賦蓋因杜篤論都而作篤謂存不忘亡安不忘危雖有仁義猶設城池蓋以都洛尚非永圖特以葭萌不柔未遑論都國家不忘西都也故特作後賦折以法度前賦兼戒後王勿效西京末造之灾又包平子兩京之旨也

昭明選賦獨冠兩都以兼揚馬之長義正而事實也上林長楊是諷體故

文選卷一

梁昭明太子撰　文林郎守太子右內率府錄事參軍事崇賢館直學士臣李善注上

長洲葉樹藩星衞氏參訂

賦甲　賦甲者舊題甲乙所以紀卷先後今卷既改故甲乙並除存其首題以明舊式

京都上

班孟堅兩都賦二首

張平子西京賦一首

兩都賦序　自光武至和帝都洛陽西京父老有怨班固恐帝去洛陽故上此詞以諫和帝大悅也

詞藻不如相如其體製自足冠代

班孟堅　范曄後漢書曰班固字孟堅北地人也年九歲能屬文長遂博貫載籍顯宗時除蘭臺令史遷爲郎乃上兩都賦大將軍竇憲出征匈奴以固爲中護軍憲敗固坐免官遂死獄中

或曰賦者古詩之流也　毛詩序曰詩有六義焉二曰賦故賦爲古詩之流也諸引文證皆舉先以明後以示作者必有所祖述也他皆類此　昔

成康沒而頌聲寢王澤竭而詩不作　言周道既微雅頌並廢也史記曰周武王太子誦立是爲成王成王太子釗立是爲

文選卷一　海録軒

90616

定一級

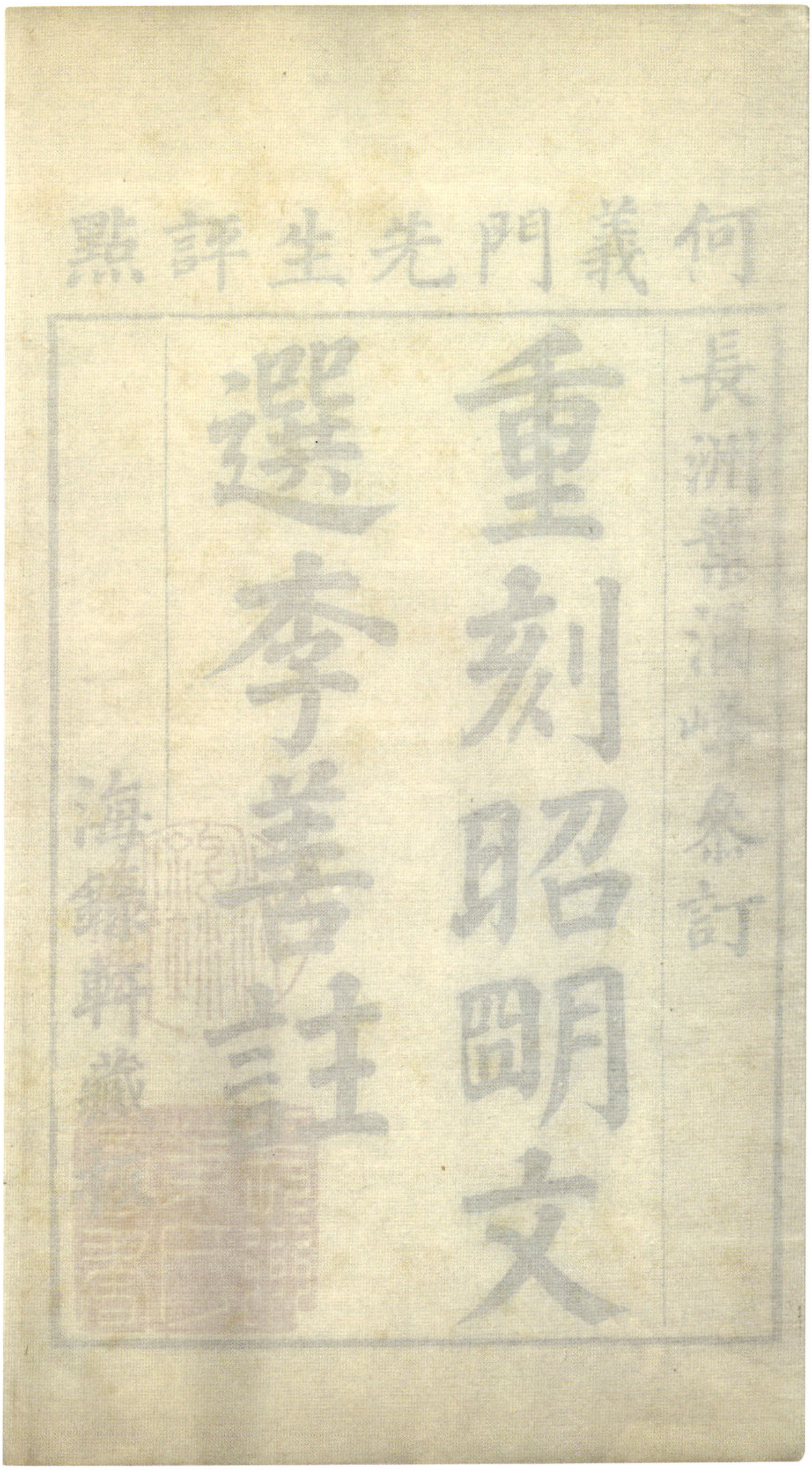
何義門先生評點
長洲葉涵峰叅訂
重刻昭明文選李善註
海錄軒藏

文選六十卷 清乾隆三十七年長洲葉樹藩海錄軒刻套印本

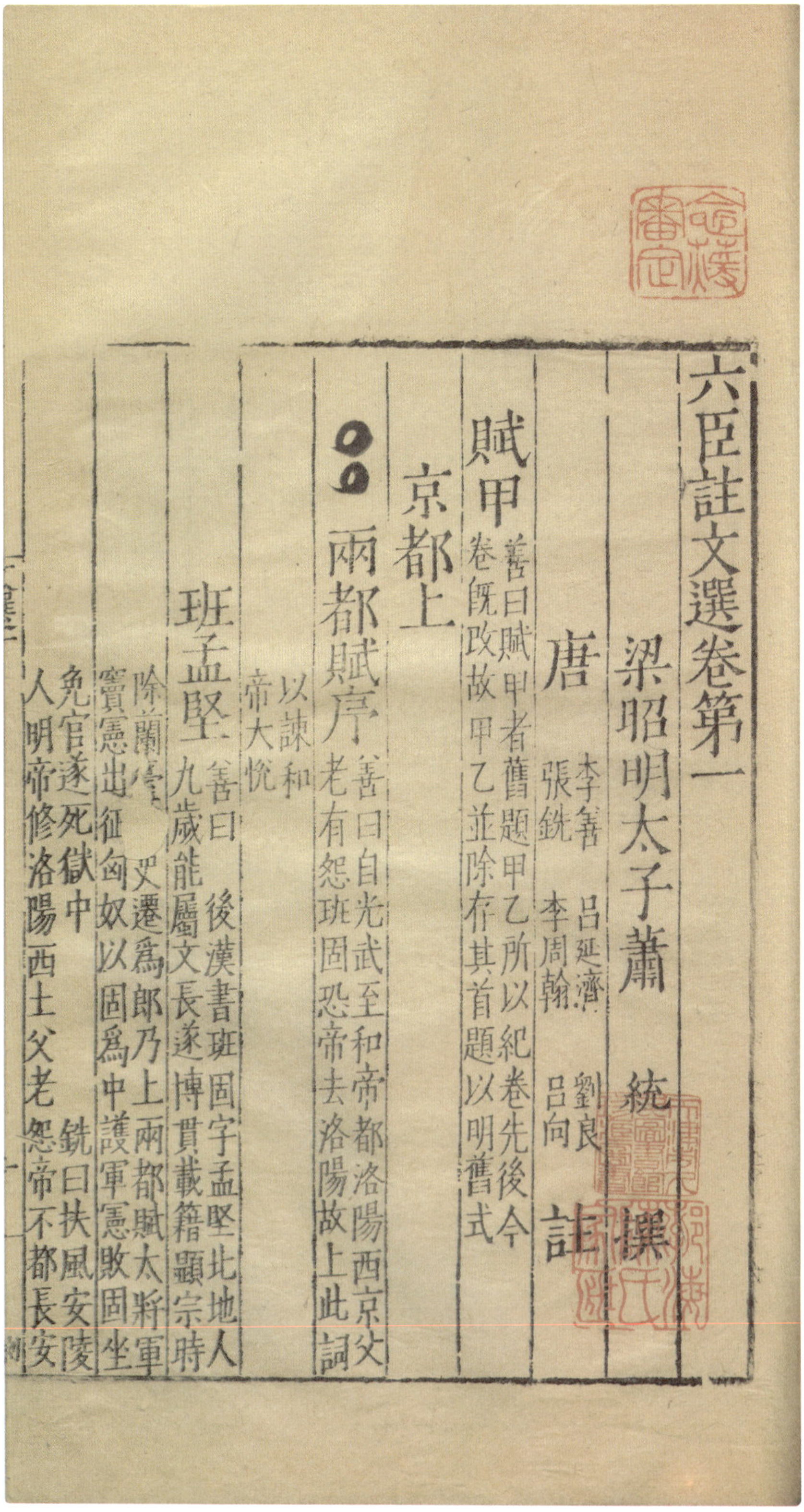

六臣註文選卷第一

梁昭明太子蕭　統　撰

唐　李善　呂延濟　劉良　張銑　李周翰　呂向　註

賦甲　善曰賦甲者舊題甲乙所以紀卷先後今卷既改故甲乙並除存其首題以明舊式

京都上

◎兩都賦序　善曰自光武至和帝都洛陽西京父老有怨班固恐帝去洛陽故上此詞以諫和帝大悅

班孟堅　善曰後漢書班固字孟堅北地人九歲能屬文長遂博貫載籍顯宗時除蘭臺令史遷爲郎乃上兩都賦太將軍竇憲出征匈奴以固爲中護軍憲敗固坐免官遂死獄中　銑曰扶風安陵人明帝修洛陽西土父老怨帝不都長安

六臣註文選六十卷　明嘉靖二十八年洪楩刻萬卷堂重修本

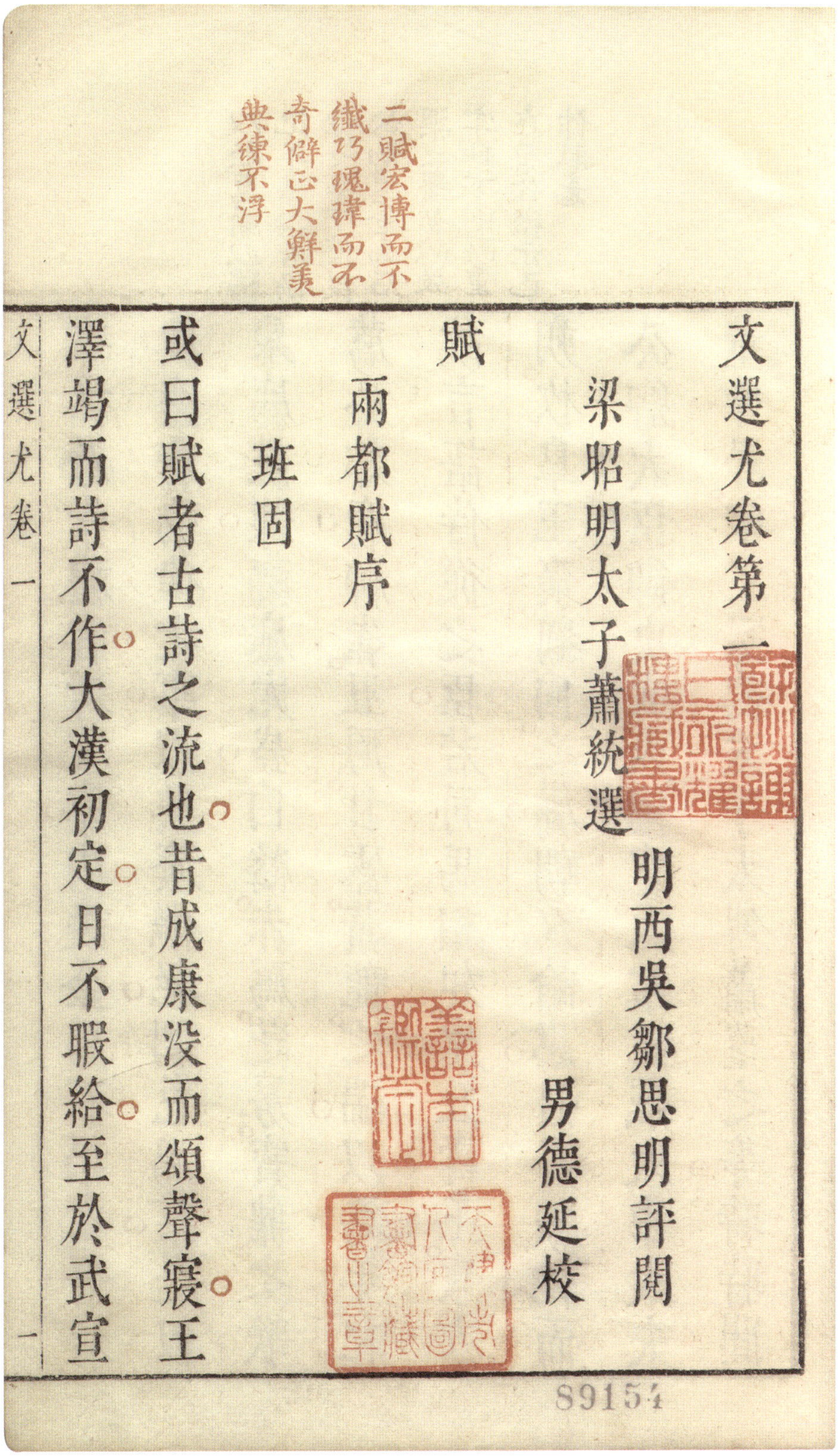
二賦宏博而不纖巧瓌瑋而不奇僻正大鮮美典練不浮

文選尤卷第一

梁昭明太子蕭統選

明西吳鄒思明評閱

男德延校

賦

兩都賦序

班固

或曰賦者古詩之流也昔成康没而頌聲寢王

澤竭而詩不作大漢初定日不暇給至於武宣

文選尤卷一　一

文選尤十四卷　明天啟二年閔氏刻三色套印本

選詩補註八卷　明嘉靖三十一年顧存仁養吾堂刻本

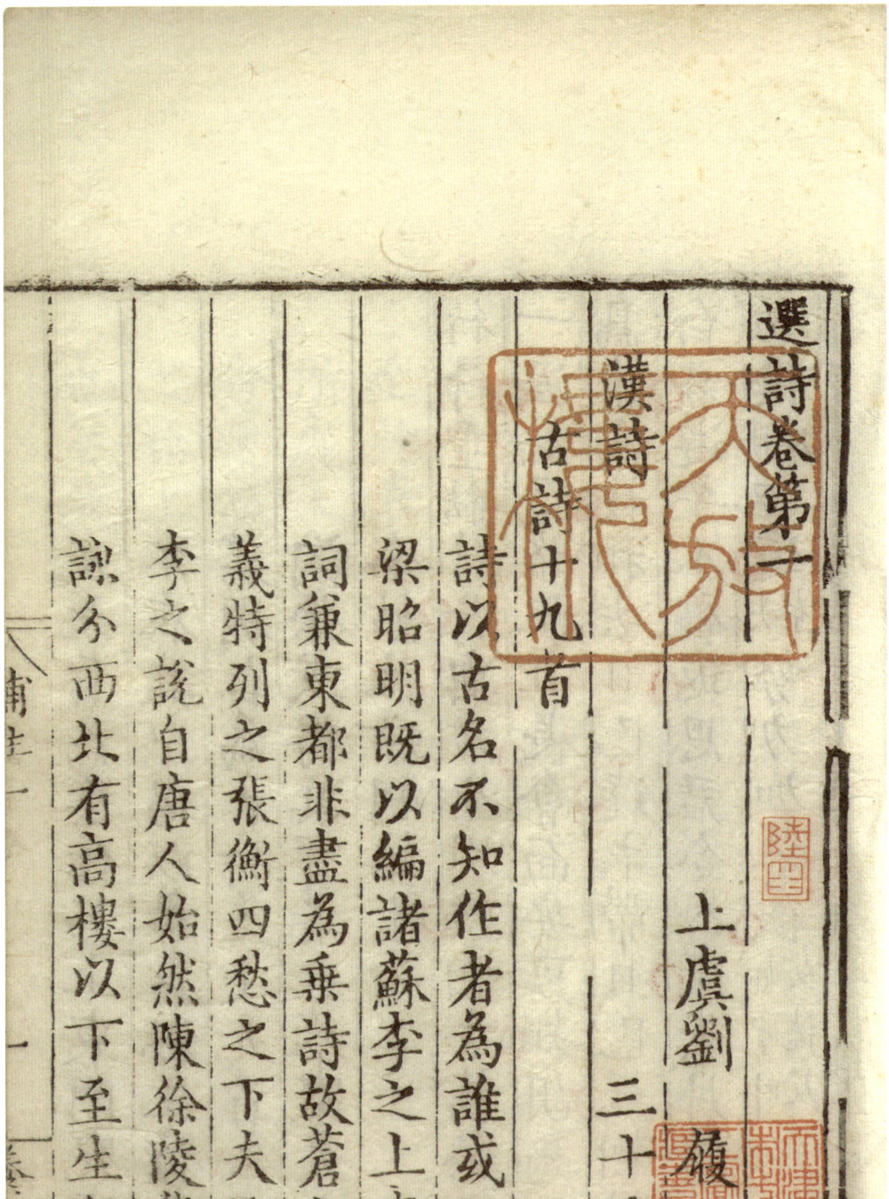
選詩卷第一
上虞劉　履補註
漢詩　三十五首
古詩十九首
詩以古名不知作者為誰或云枚乘而
梁昭明既以編諸蘇李之上李善謂其
詞兼東都非盡為乘詩故蒼山曾原演
義特列之張衡四愁之下夫五言起蘇
李之説自唐人始然陳徐陵集玉臺新
詠分西北有高樓以下至生年不滿百

文苑英華律賦選四卷　清康熙二十五年吹藜閣銅活字印本

文苑英華律賦選卷第一

虞山錢陸燦選　　門人劉士弘訂

天象

天賦

彼蒼者天成形物先初鴻蒙以質判漸輕清而體圓生五材以亭毒運六氣以陶甄故使晦明相繼寒暑遍遷遠眺其原兮亦極之無極近詳其理兮固玄之又玄諒神功之罕測實靈造之自然徒觀其潛化不言惟德是輔列九野而爲號峙八山而爲柱其爲道也或比之以張弓其

文苑英華律賦選四卷　清康熙二十五年吹藜閣銅活字印本

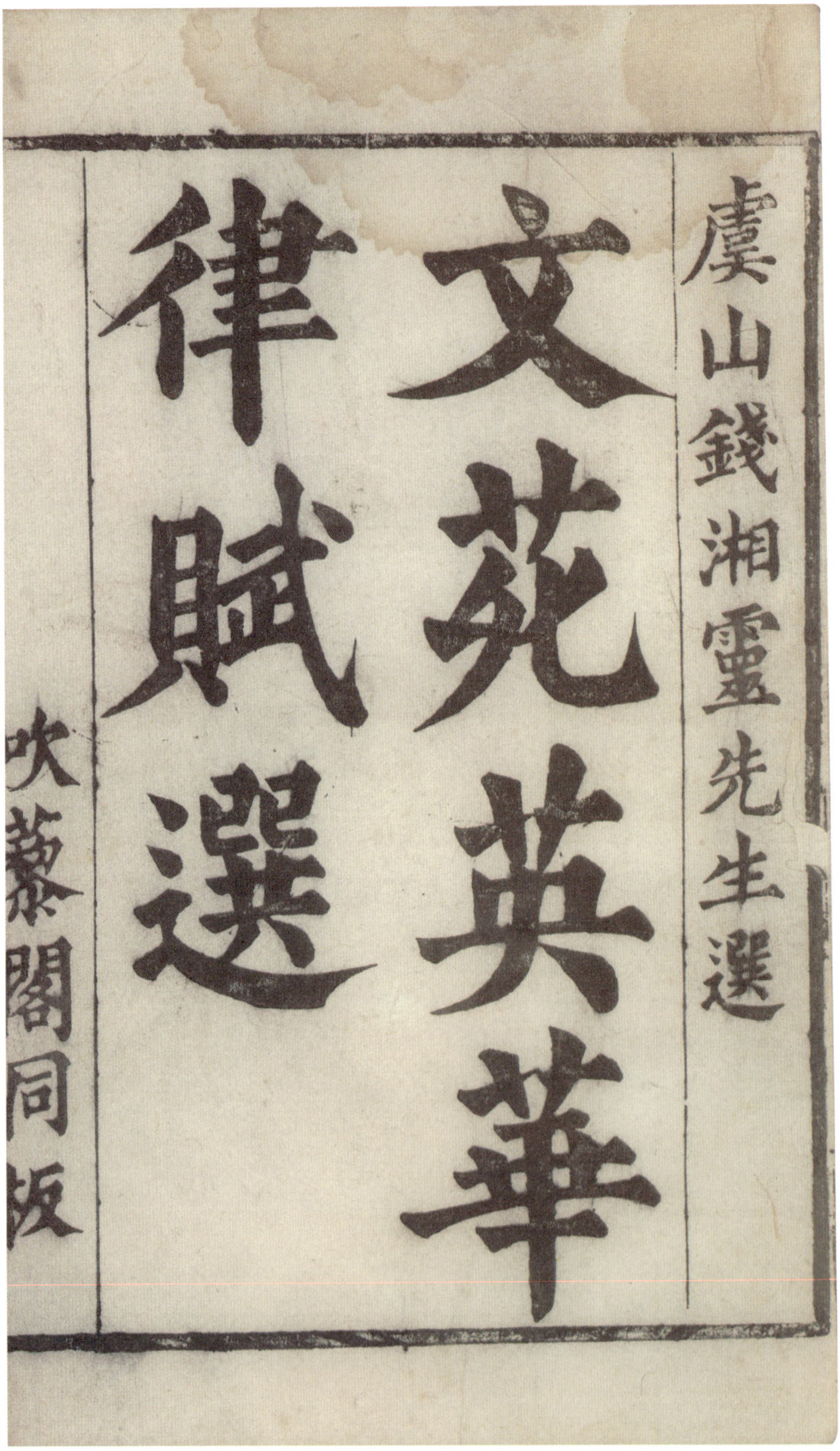
虞山錢湘靈先生選
文苑英華
律賦選
吹藜閣同版

文苑英華律賦選四卷 清康熙二十五年吹藜閣銅活字印本

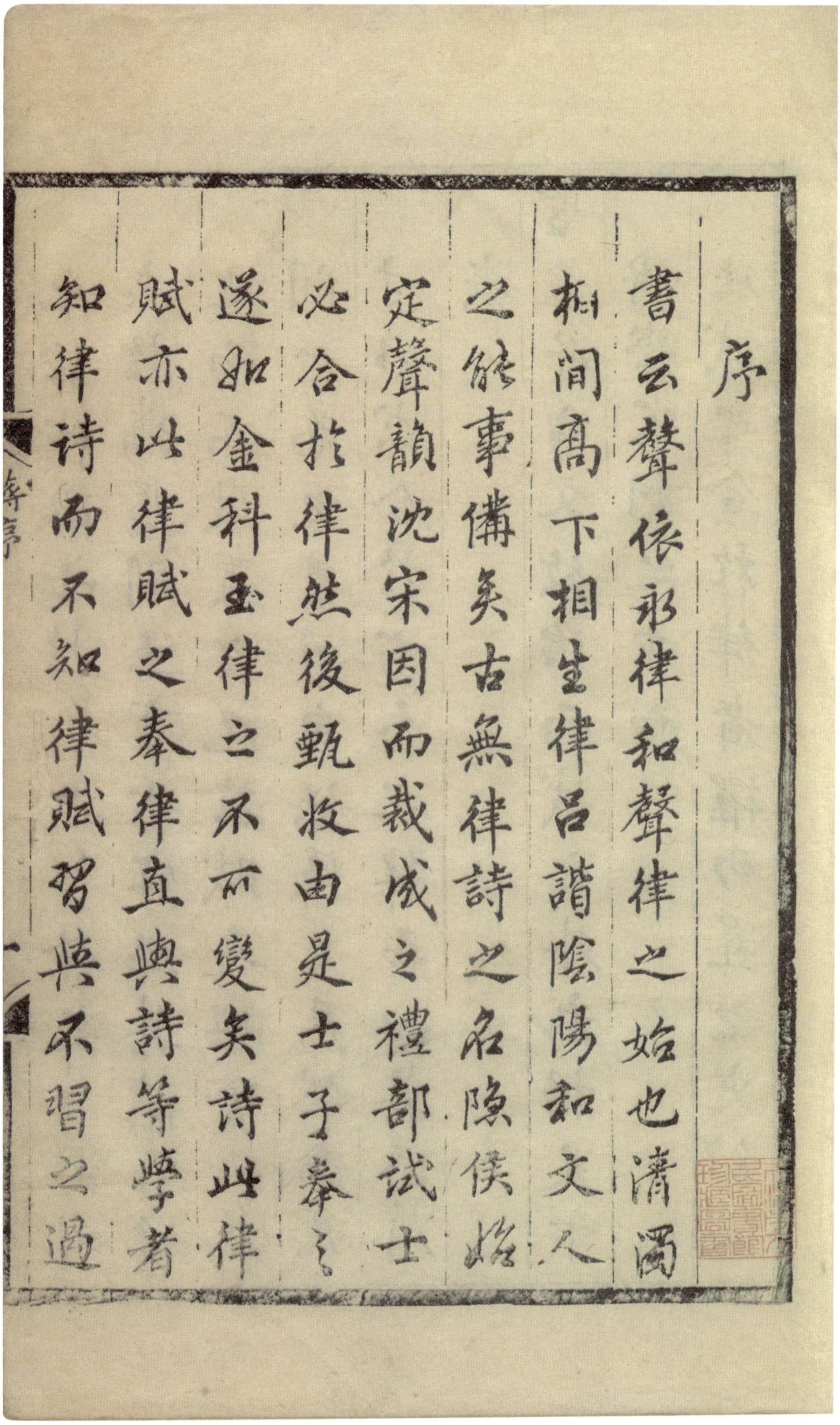
序
書云聲依永律和聲律之始也清濁
相間高下相生律呂諧陰陽和文人
之能事備矣古無律詩之名隱侯始
定聲韻沈宋因而裁成之禮部試士
必合於律然後甄收由是士子奉之
遂如金科玉律之不可變矣詩此律
賦亦此律賦之奉律直與詩等學者
知律詩而不知律賦習與不習之過

文苑英華律賦選四卷 清康熙二十五年吹藜閣銅活字印本

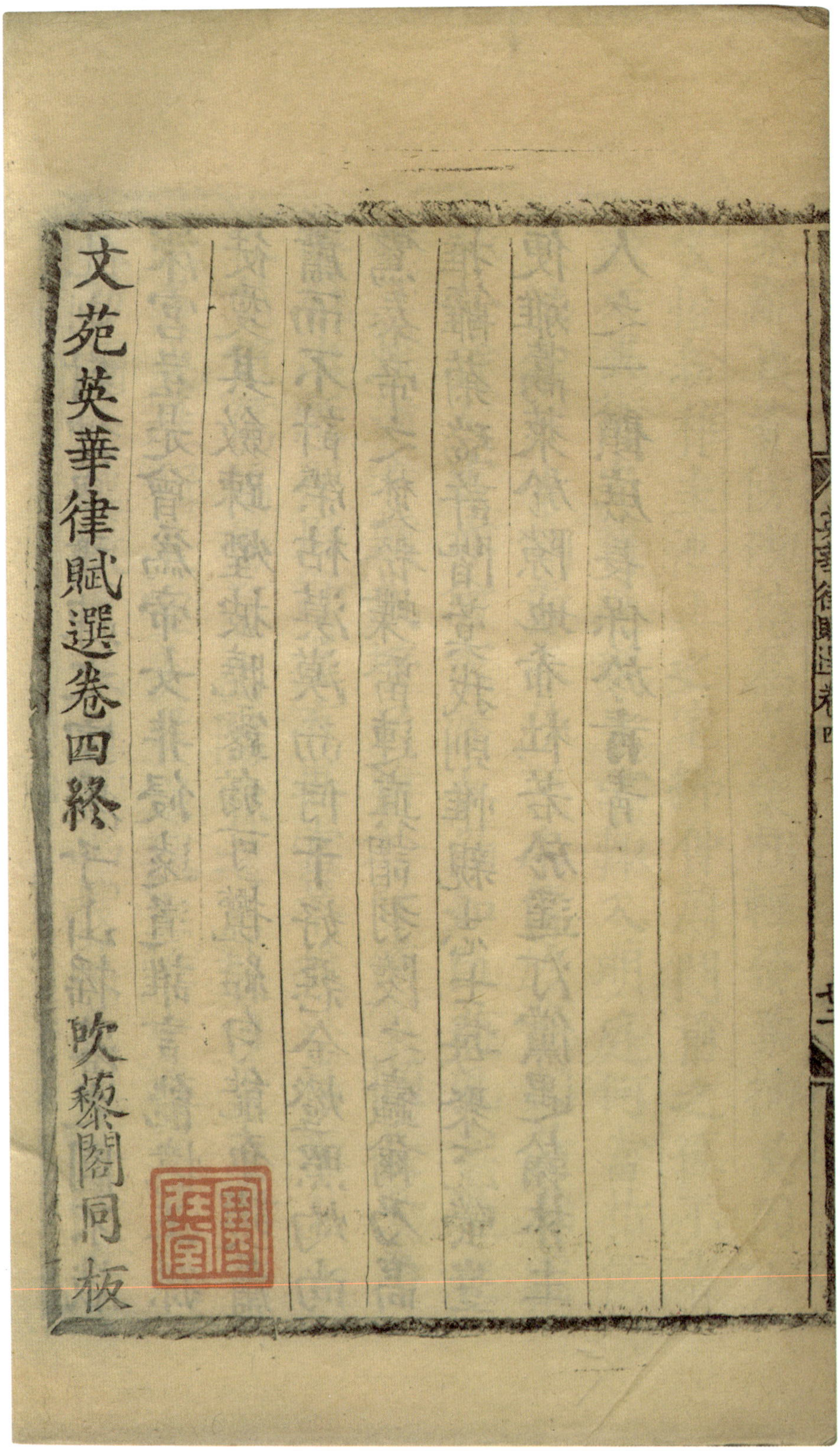

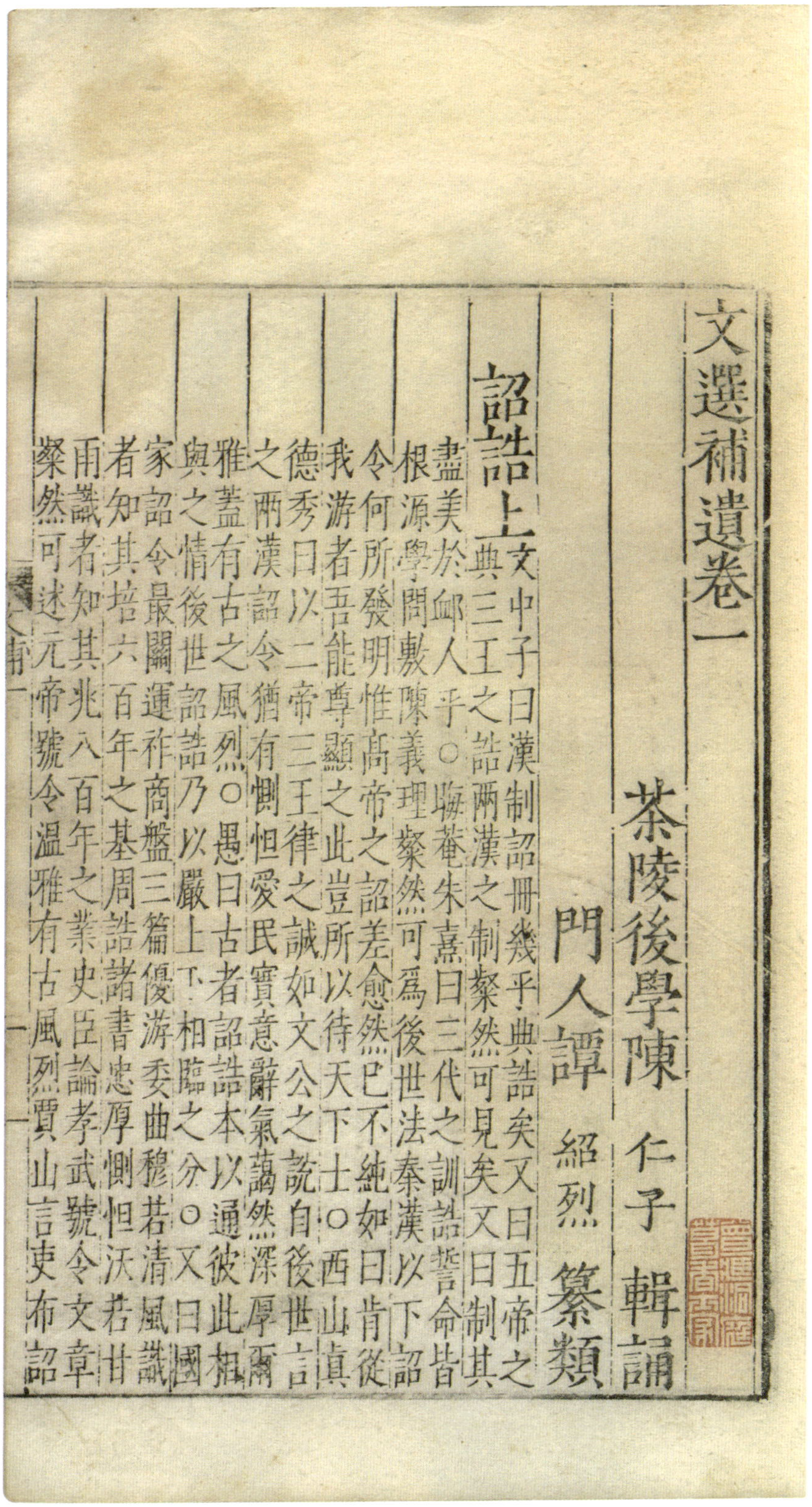

文選補遺卷一

茶陵後學陳　仁子　輯誦

門人譚　紹烈　纂類

詔誥上

文中子曰漢制詔冊幾乎典誥矣又曰五帝之典三王之誥兩漢之制粲然可見矣又曰制其盡美於卿人乎○晦菴朱熹曰三代之訓誥誓命皆根源學問敷陳義理粲然可爲後世法秦漢以下詔令何所發明惟高帝之詔差愈然已不純如曰肯從我游者吾能尊顯之此豈所以待天下士○西山真德秀曰以二帝三王律之誠如文公之說自後世言之兩漢詔令猶有惻怛愛民實意辭氣藹然深厚爾雅蓋有古之風烈○愚曰古者詔誥本以通彼此相與之情後世詔誥乃以嚴上下相臨之分○又曰國家詔令最關運祚商盤三篇優游委曲穆若清風識者知其培六百年之基周誥諸書忠厚惻怛沃若甘雨識者知其兆八百年之業史臣論孝武號令文章粲然可述元帝號令溫雅有古風烈賈山言吏布詔

文選補遺四十卷　明嘉靖茶陵東山書院刻本

廣文選六十卷　明嘉靖十六年陳蕙刻本

廣文選卷第一

明都察院右副都御史大庾劉節廣

巡按直隸監察御史晋江陳蕙校

賦

天地　廣

天地賦　晋成公綏子安

惟自然之初載兮道虚無而玄清太素紛以溷淆兮始有物而混成何一元之芒昧兮廓開闢而著形爾乃清濁剖分玄黄判離太極既殊是生兩儀星辰煥列日月重規天動以尊地静以卑昏明迭炤或盈或虧陰陽協氣而代謝寒暑隨時而推移三才殊性五行異位千變

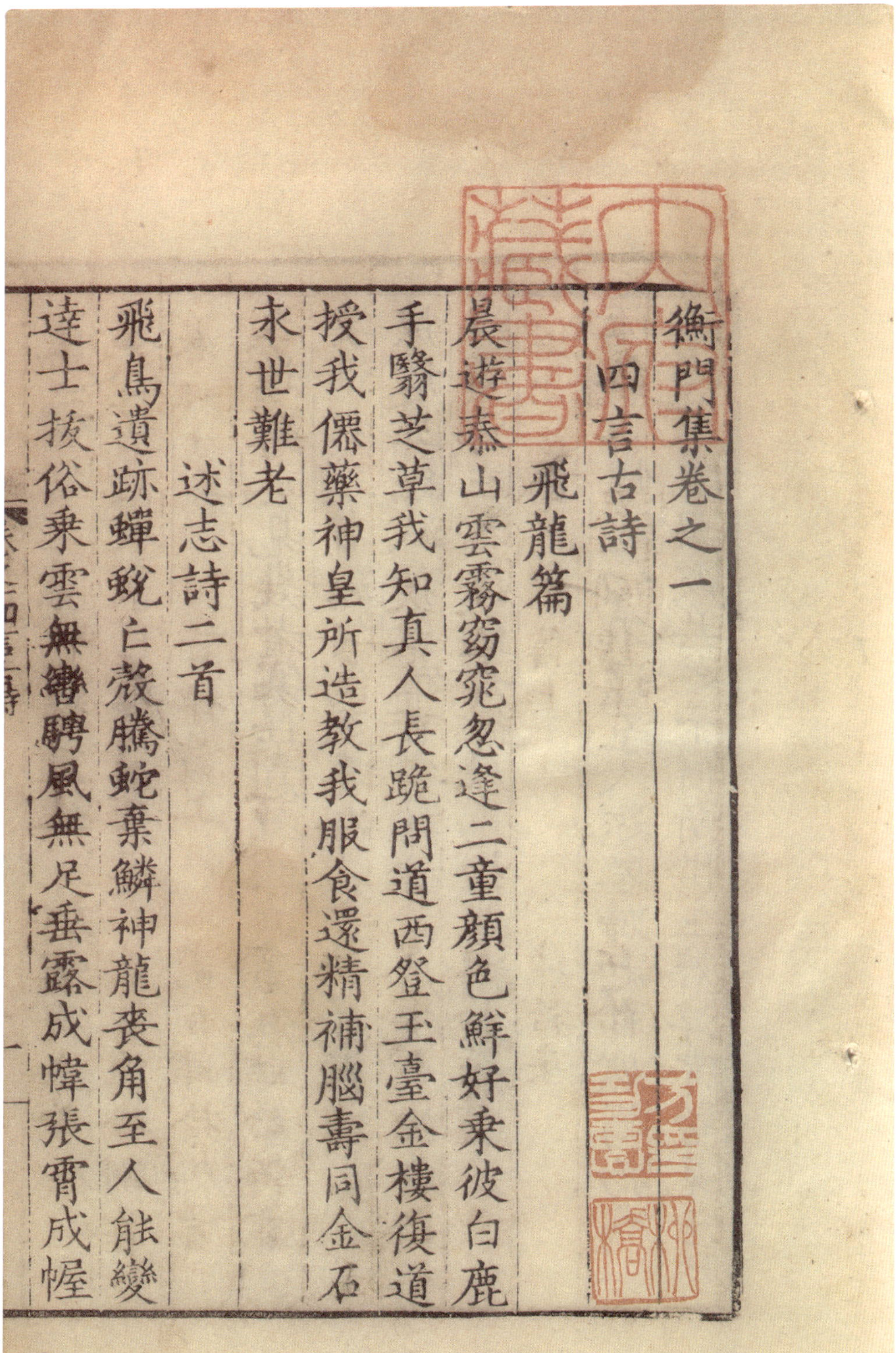
衡門集卷之一
四言古詩
飛龍篇
晨遊泰山雲霧窈窕忽逢二童顏色鮮好秉彼白鹿
手翳芝草我知真人長跪問道西登玉臺金樓復道
授我僊藥神皇所造教我服食還精補腦壽同金石
永世難老
述志詩二首
飛鳥遺跡蟬蛻亡殼騰蛇棄鱗神龍喪角至人能變
達士拔俗乘雲無轡騁風無足垂露成幃張霄成幄

衡門集十五卷　明隆慶三年至萬曆十三年刻本

衡門集十五卷　明隆慶三年至萬曆十三年刻本

衡門集叙

鄭履淳

嘗讀逸民高士等傳。輒廢書嘆曰。嗟乎。甚哉時中之難。時之難得也。夫用舍隨時。行藏無我。惟舜與孔子能之。而顔子其庶乎。莘野渭濵。疑於任。箕山頴水。過於清矣。時不易值。於是聖揺潛形。夫果曠世絶倫哉。自昔栖栖君子。俁俁碩人。經文緯武之才。命世扶天之畧。羲軒既遠。瓊珮空遺。玄豹

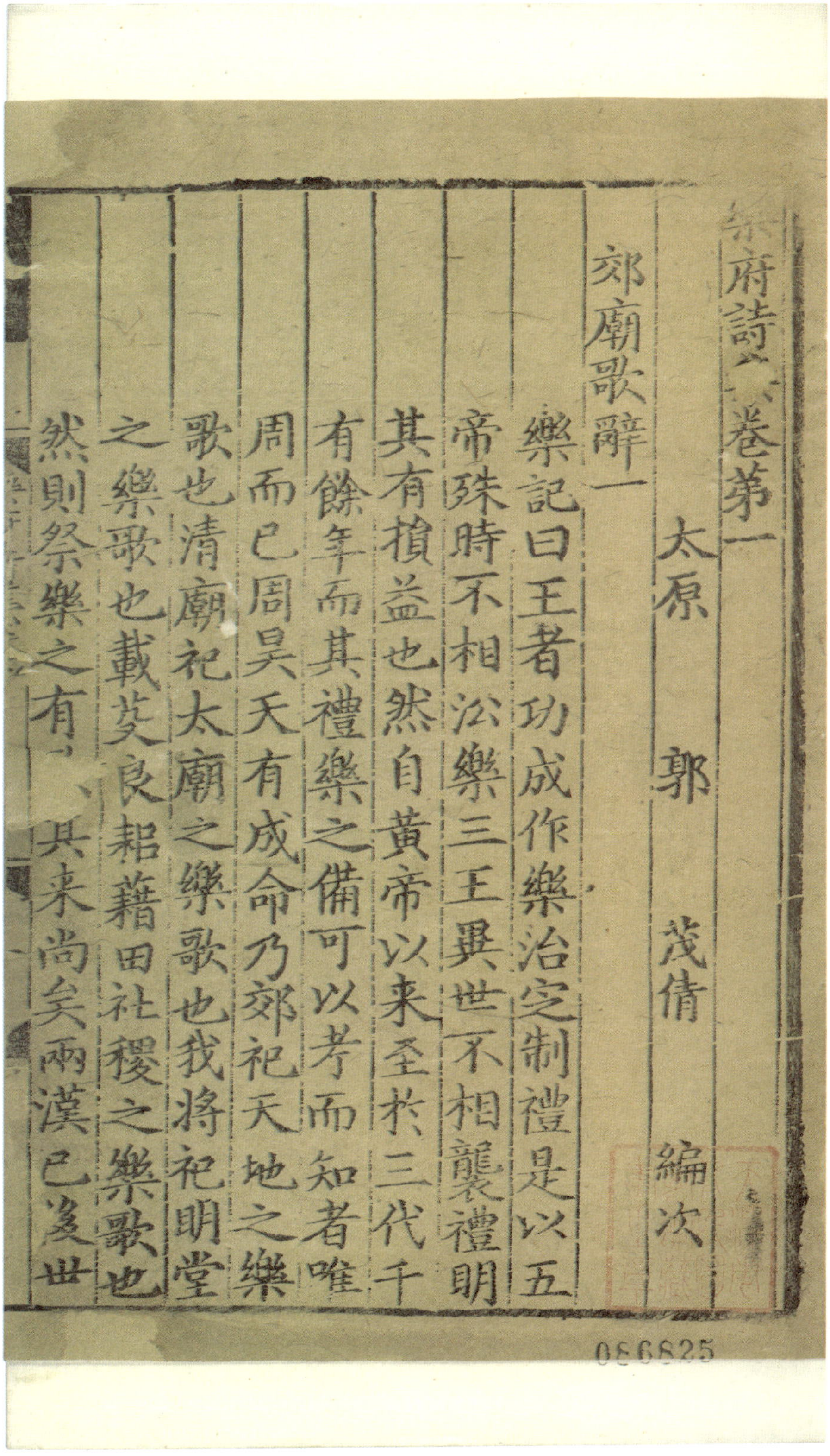
樂府詩集卷第一

太原　郭　茂倩　編次

郊廟歌辭一

樂記曰王者功成作樂治定制禮是以五帝殊時不相沿樂三王異世不相襲禮明其有損益也然自黃帝以來至於三代千有餘年而其禮樂之備可以考而知者唯周而已周昊天有成命乃郊祀天地之樂歌也清廟祀太廟之樂歌也我將祀明堂之樂歌也載芟良耜藉田社稷之樂歌也然則祭樂之有□□其來尚矣兩漢已後世

樂府詩集一百卷　元至正元年集慶路儒學刻明修本

九代樂章二十三卷　明嘉靖二十九年刻本

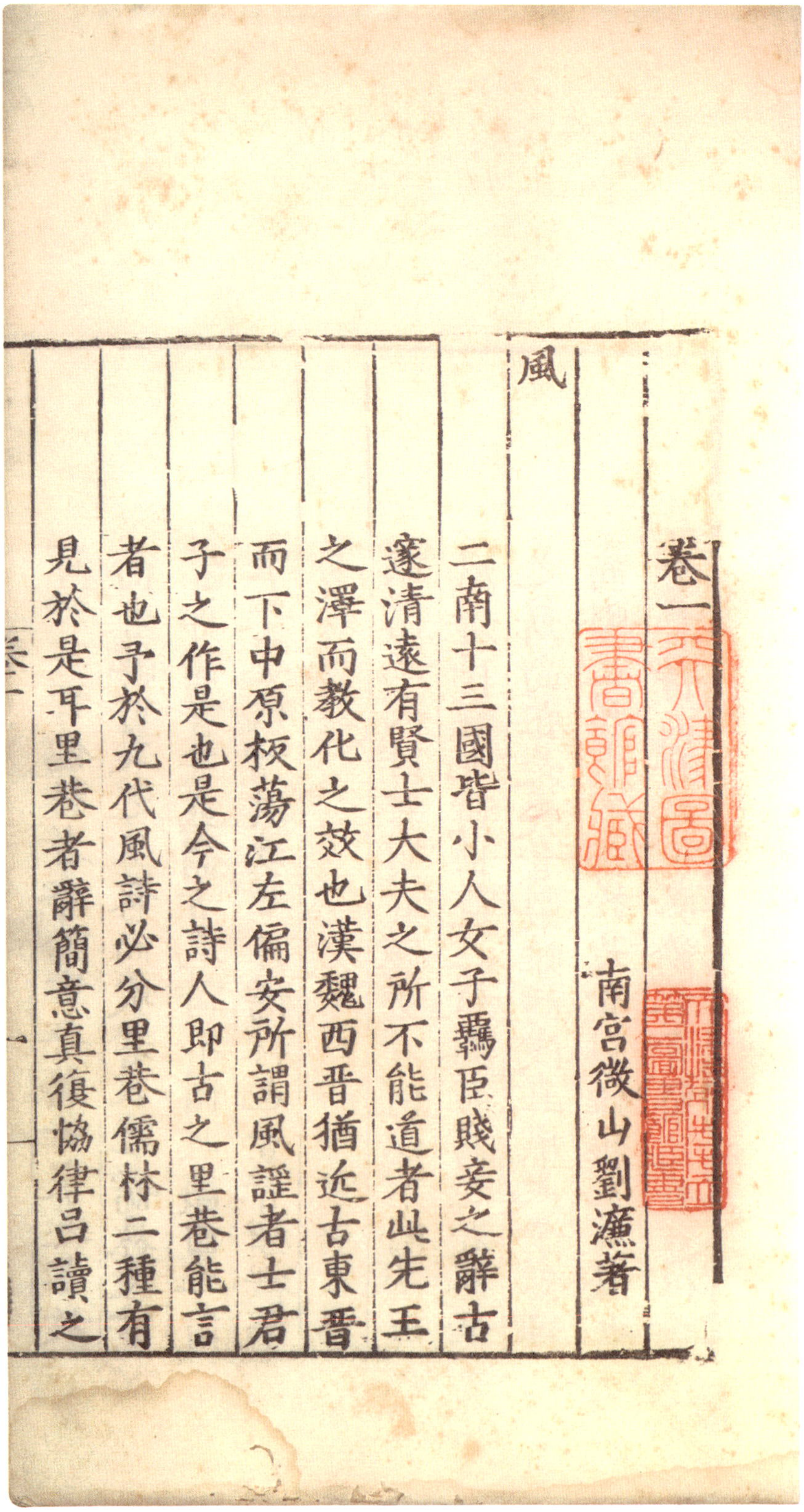
卷一

南宫微山劉濂著

風

二南十三國皆小人女子羇臣賤妾之辭古邃清遠有賢士大夫之所不能道者此先王之澤而教化之效也漢魏西晋猶近古東晋而下中原板蕩江左偏安所謂風謡者士君子之作是也是今之詩人即古之里巷能言者也予於九代風詩必分里巷儒林二種有見於是耳里巷者辭簡意真復協律呂讀之

九代樂章二十三卷　明嘉靖二十九年刻本

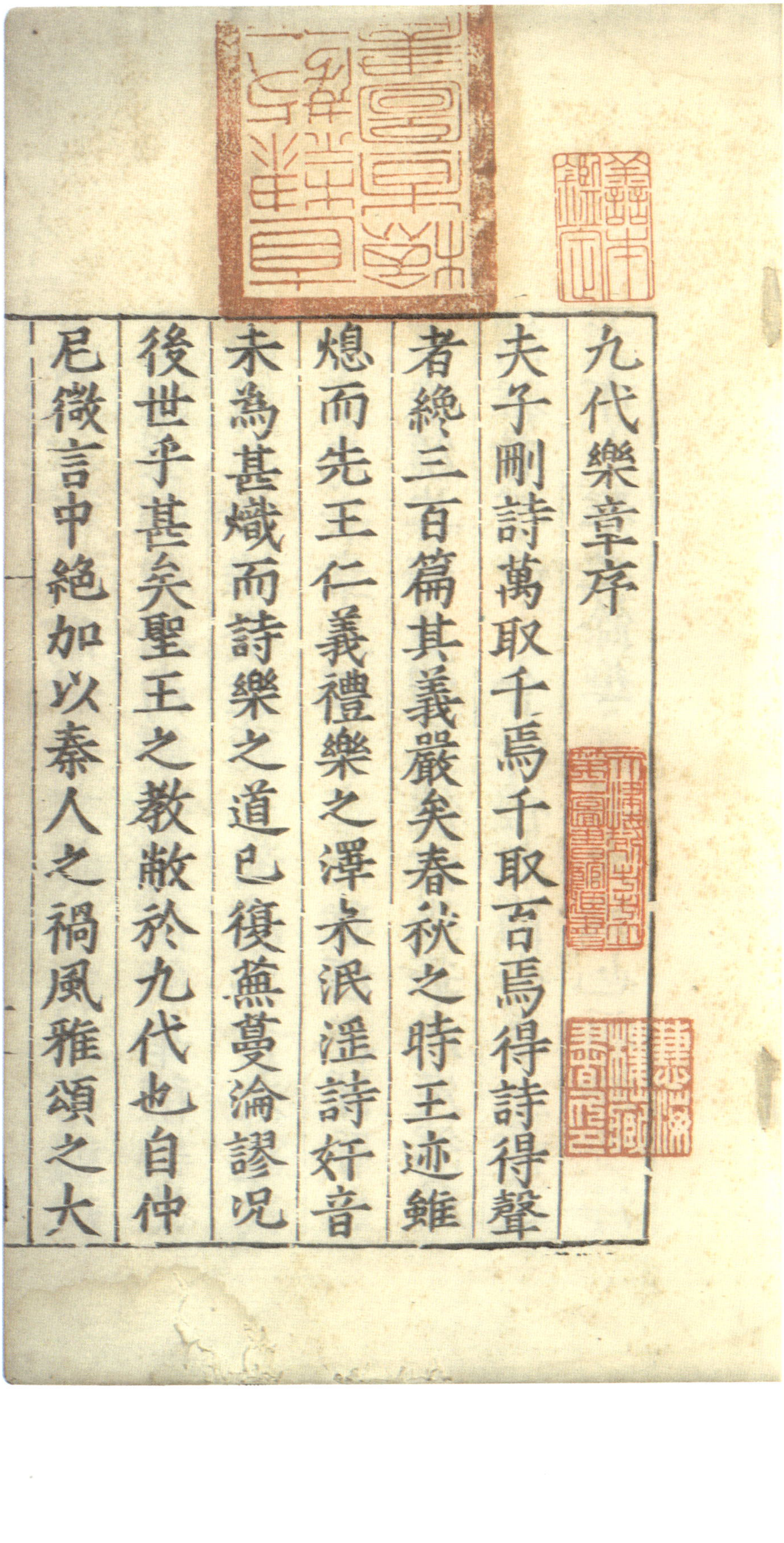
九代樂章序

夫子刪詩萬取千焉千取百焉得詩得聲者絶三百篇其義嚴矣春秋之時王迹雖熄而先王仁義禮樂之澤未泯淫詩奸音未為甚熾而詩樂之道已復蕪蔓淪謬況後世乎甚矣聖王之教敝於九代也自仲尼微言中絶加以秦人之禍風雅頌之大

苑詩類選三十卷　明嘉靖二十五年何城刻本

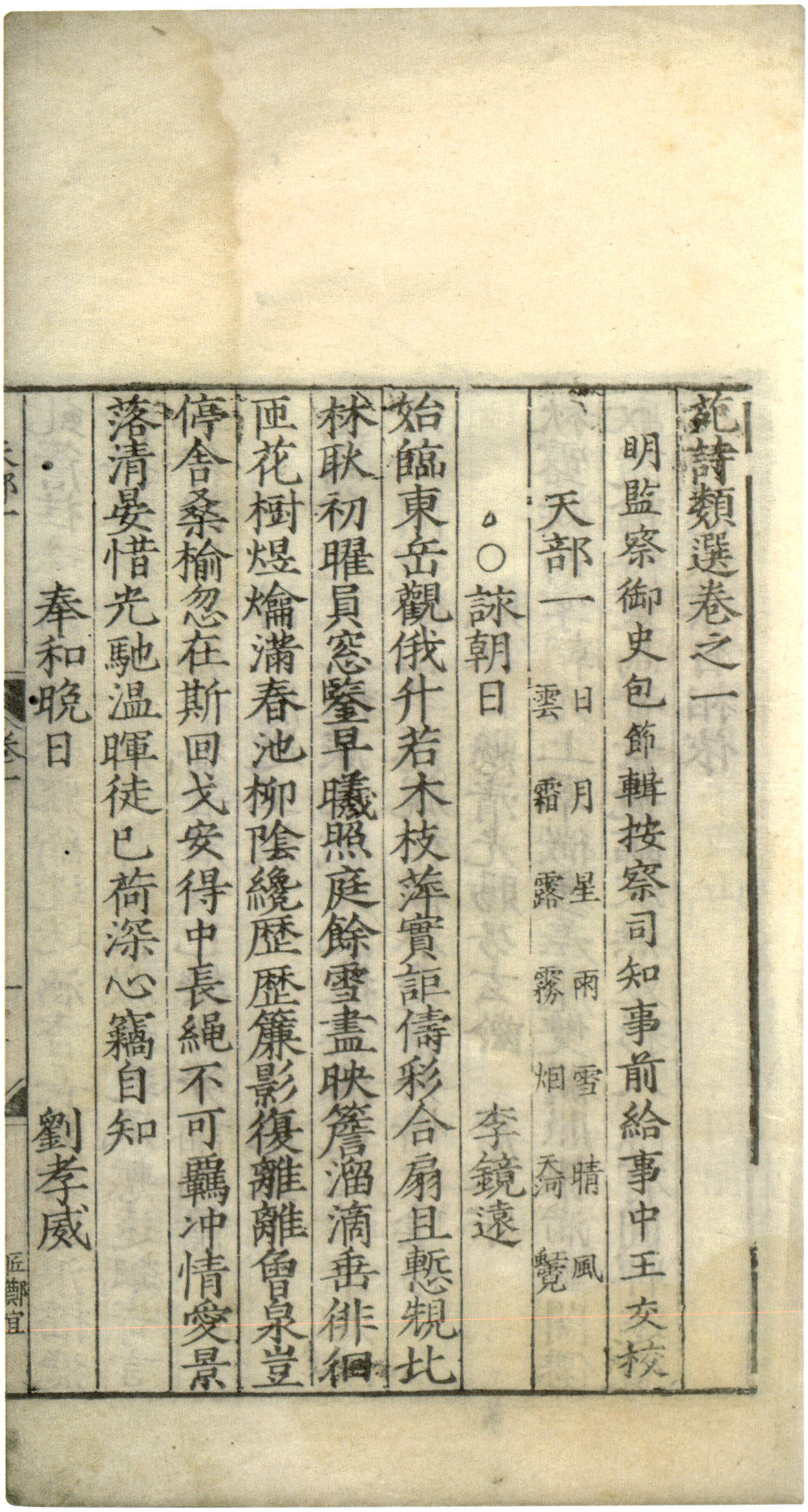
苑詩類選卷之一
明監察御史包節輯按察司知事前給事中王交校
天部一　日　月　星　雨　雪　晴　風　雲　霜　露　霧　烟　天河　霓
○詠朝日　李鏡遠
始臨東岳觀俄升若木枝萍實詎儔彩合扇且慙規比
林耿初曜員窓鑒早曦照庭餘雪盡映簷溜滴垂徘徊
匝花樹煜爚滿春池柳陰纔歷歷簾影復離離魯泉豈
停舍桑榆忽在斯回戈安得中長繩不可羈冲情愛景
落清晏惜光馳溫暉徒已荷深心竊自知
奉和晚日　劉孝威

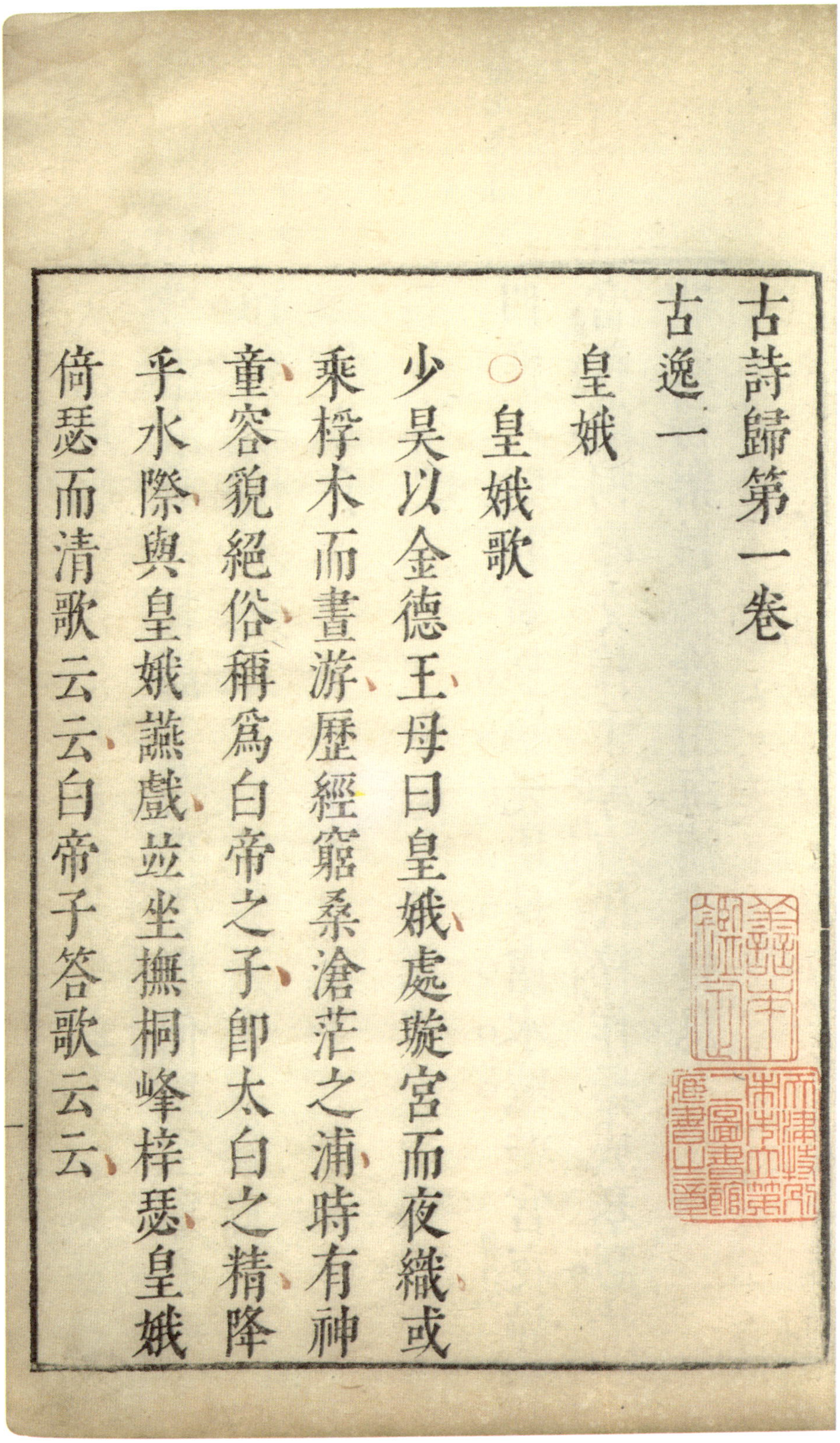
古詩歸第一卷
古逸一
皇娥
○皇娥歌
少昊以金德王母曰皇娥處璇宮而夜織或
乘桴木而晝游歷經窮桑滄茫之浦時有神
童容貌絕俗稱爲白帝之子即太白之精降
乎水際與皇娥讌戲並坐撫桐峰梓瑟皇娥
倚瑟而清歌云云白帝子答歌云云

古詩歸五十一卷　明閔振業　閔振聲刻三色套印本

古賦辨體十卷　明嘉靖十六年刻本

古賦辨體卷之一

楚辭體

宋景文公曰離騷爲詞賦祖後人爲之如至方不能加矩至圓不能過規則賦家可不祖楚騷乎然騷者詩之變也詩無楚風楚乃有騷何邪愚按屈原爲騷時江漢皆楚地蓋自文王之化行乎南國漢廣江有汜諸詩已列於二南十五國風之先其民被先王之澤也深風雅既變而楚狂鳳兮之歌滄浪孺子清兮濁兮之歌莫不發乎情止乎禮義而猶有

古賦卷之一

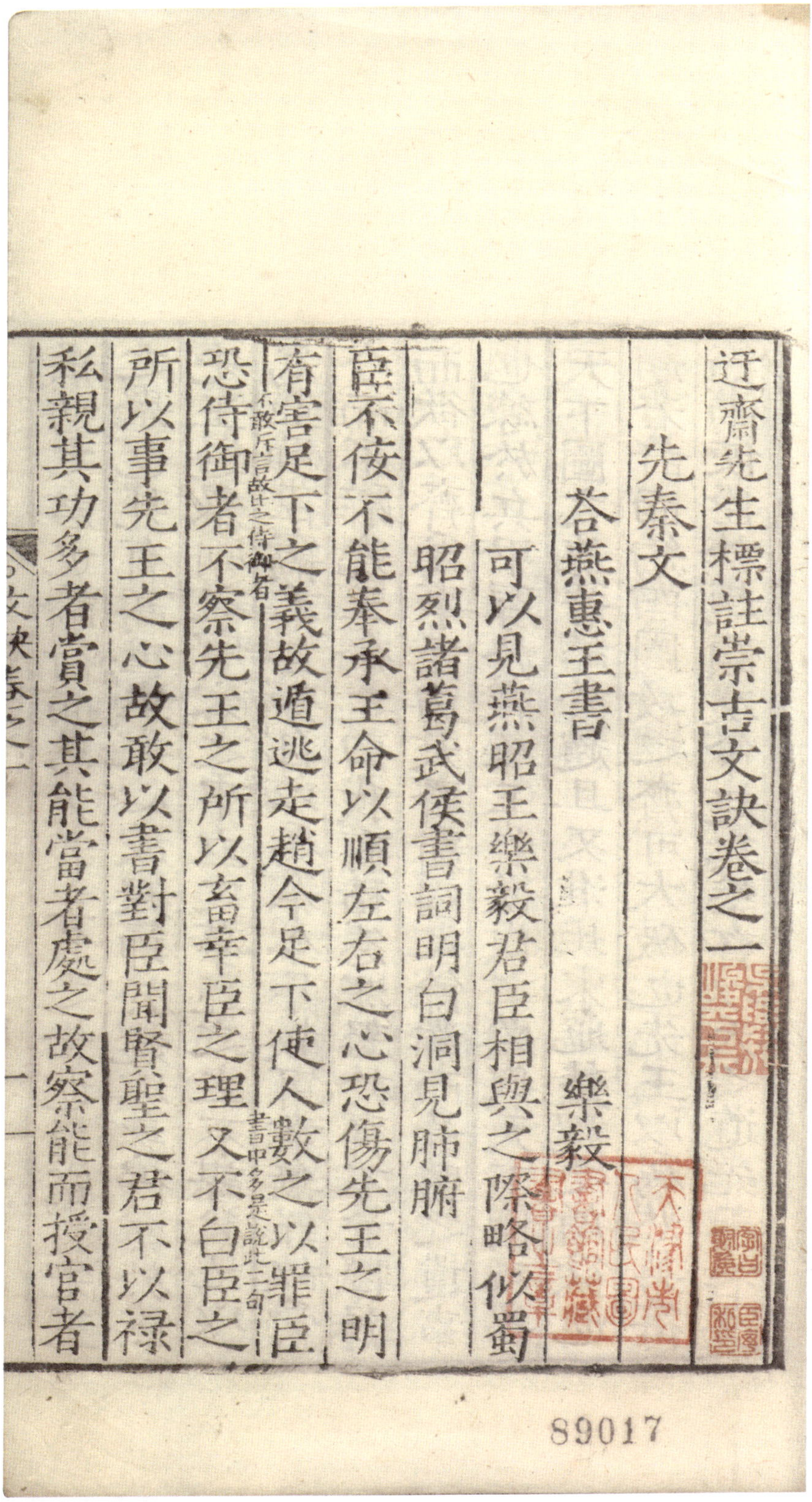
迂齋先生標註崇古文訣卷之一

先秦文

答燕惠王書　樂毅

可以見燕昭王樂毅君臣相與之際略似蜀昭烈諸葛武侯書詞明白洞見肺腑

臣不佞不能奉承王命以順左右之心恐傷先王之明有害足下之義故遁逃走趙今足下使人數之以罪臣（書中多是說此二句）恐侍御者（不敢斥言故曰之侍御者）不察先王之所以畜幸臣之理又不白臣之所以事先王之心故敢以書對臣聞賢聖之君不以禄私親其功多者賞之其能當者處之故察能而授官者

迂齋先生標註崇古文訣三十五卷　明嘉靖十二年王鴻漸刻本

西山先生真文忠公文章正宗二十四卷 明正德十五年馬卿刻明修補本

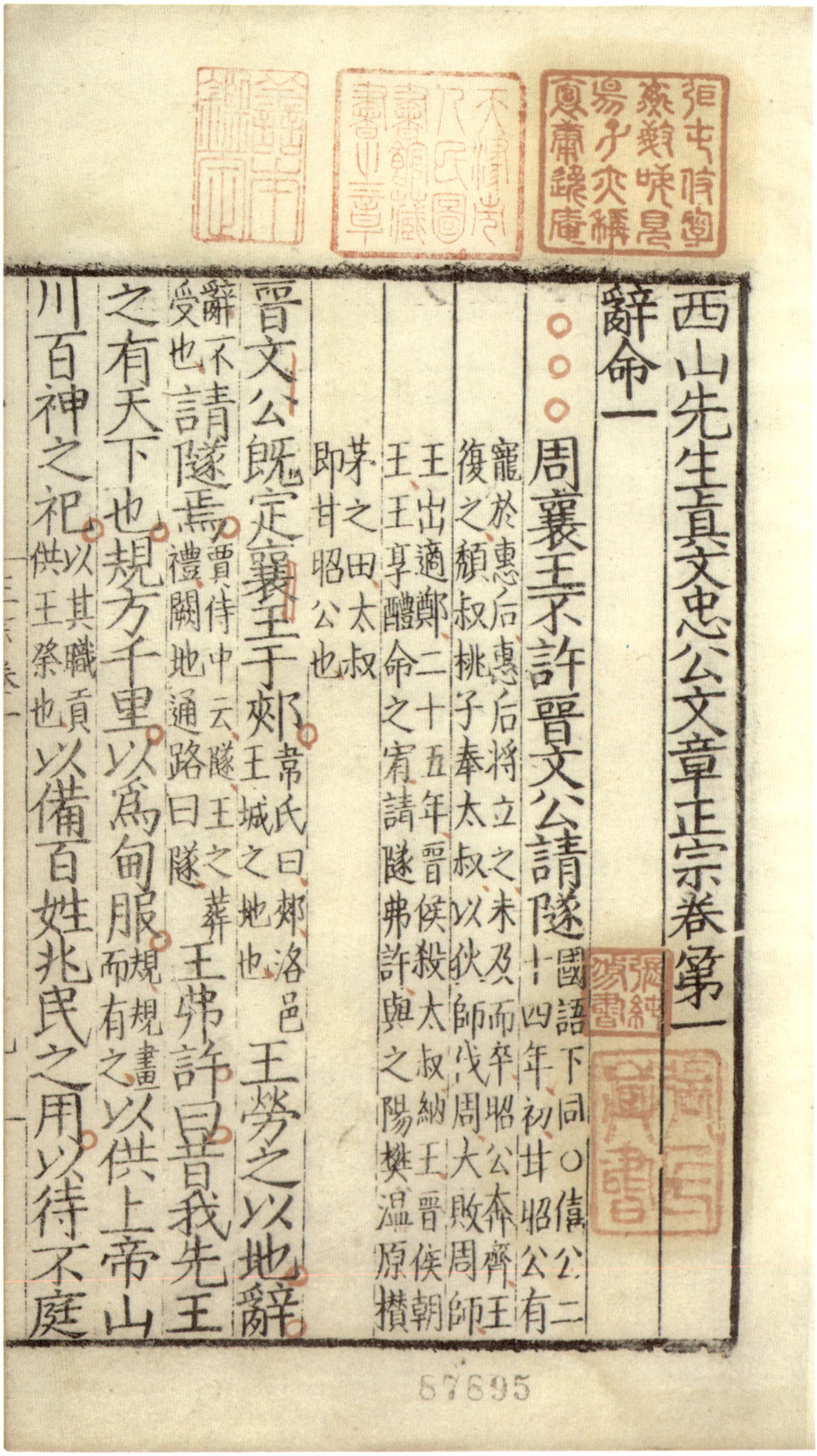

西山先生真文忠公文章正宗卷第一

辭命一

周襄王不許晉文公請隧 國語下同○僖公二十四年初甘昭公有寵於惠后惠后將立之未及而卒昭公奔齊王復之頽叔桃子奉太叔以狄師伐周大敗周師王出適鄭二十五年晉侯殺太叔納王晉侯朝王王享醴命之宥請隧弗許與之陽樊温原攢茅之田太叔即甘昭公也

晉文公既定襄王于郟 韋氏曰郟洛邑郟王城之地也 王勞之以地辭 辭不受也 請隧焉 賈侍中云隧王之葬禮闕地通路曰隧 王弗許曰昔我先王之有天下也規方千里以爲甸服 規規畫而有之 以供上帝山川百神之祀 以其職貢供王祭也 以備百姓兆民之用以待不庭

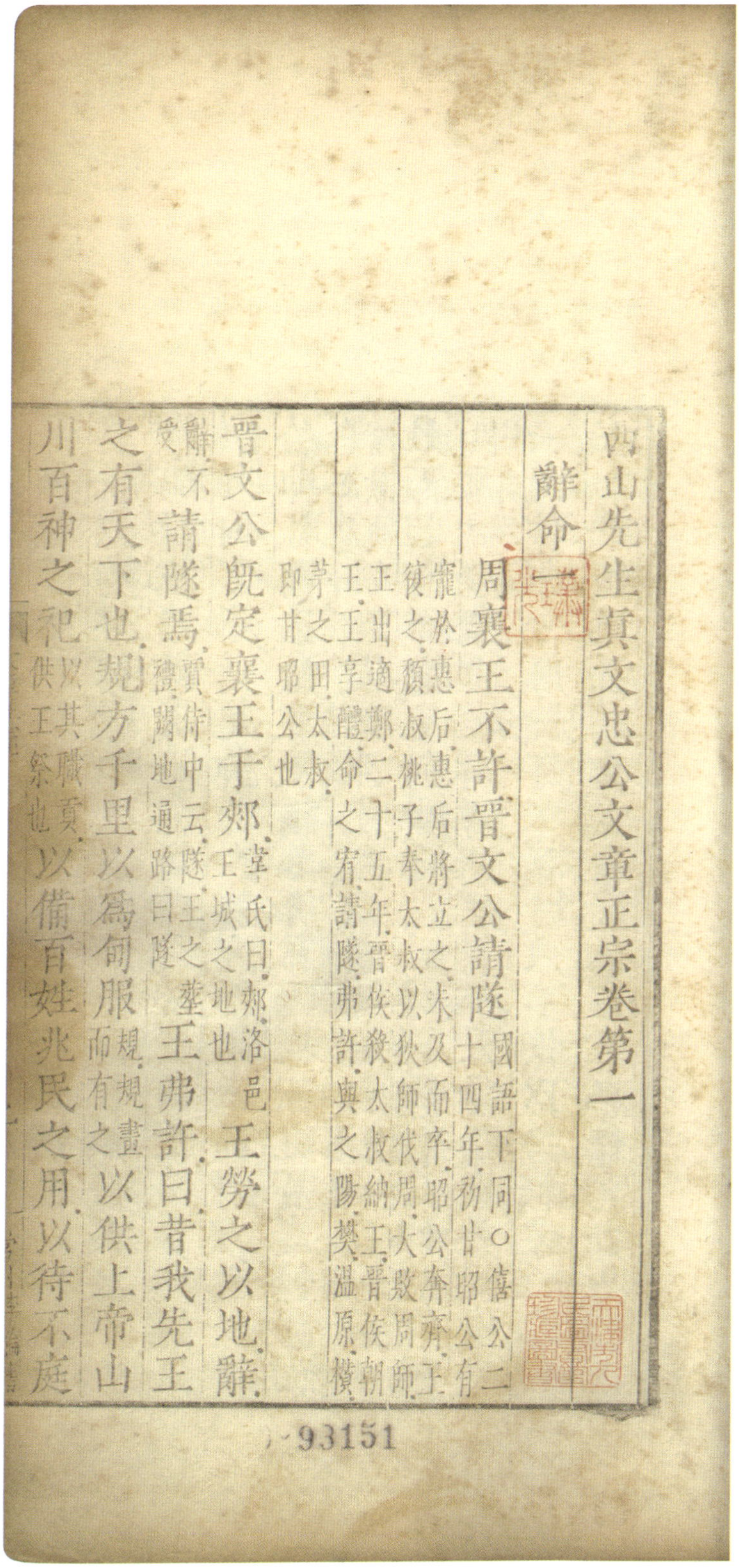

西山先生真文忠公文章正宗卷第一

辭命一

周襄王不許晉文公請隧 國語下同○僖公二十四年初甘昭公有寵於惠后惠后將立之未及而卒昭公奔齊王復之又通於隗氏王替隗氏頹叔桃子奉太叔以狄師伐周大敗周師王出適鄭二十五年晉侯殺太叔納王晉侯朝王王享醴命之宥請隧弗許與之陽樊溫原欑茅之田太叔即甘昭公也

晉文公既定襄王于郟 韋氏曰郟洛邑王城之地也 王勞之以地辭 辭不受 請隧焉 賈侍中云隧王之葬禮闕地通路曰隧 王弗許曰昔我先王之有天下也規方千里以爲甸服 規規畫而有之 以供上帝山川百神之祀 以其職貢供王祭也 以備百姓兆民之用以待不庭

西山先生真文忠公文章正宗二十四卷　明嘉靖四十三年杜陵蔣氏家塾刻本

文章辨體五十卷　明嘉靖三十四年徐洛刻本

文章辨體卷之一

海虞後學吳訥編集

古歌謠辭

康衢謠

列子堯治天下五十年不知天下治歟不治歟億兆戴己歟不願戴己歟乃微服遊康衢聞兒童謡云

立我烝民莫匪爾極不識不知順帝之則

擊壤歌

逸士傳堯時有八九十老人擊壤而歌壤以木爲之長三四寸先側一壤于地遥以手中壤擊中者爲上

日出而作日入而息鑿井而飲耕田而食帝力於我何有哉

南風詩

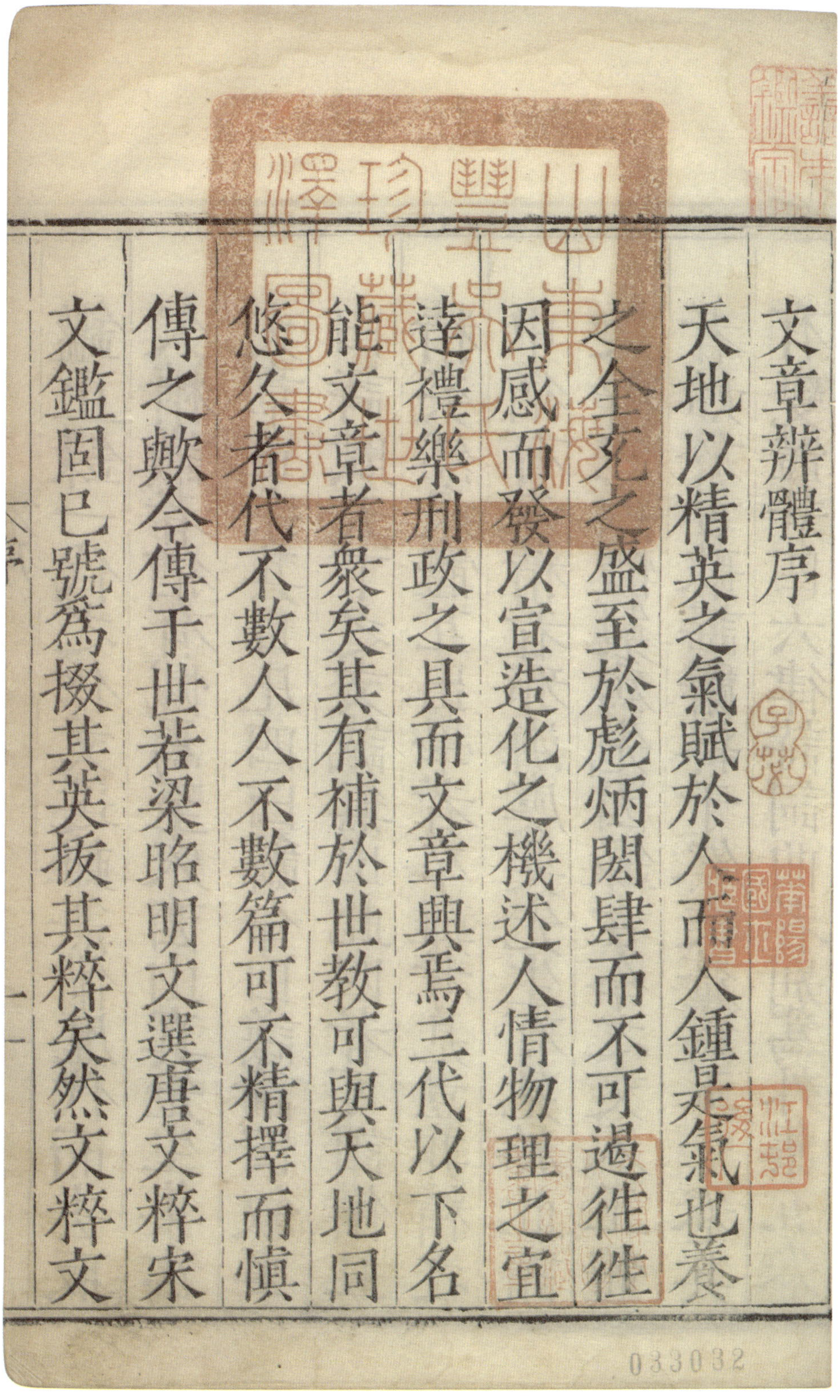
文章辨體序
天地以精英之氣賦於人而人鍾是氣也養
之全充之盛至於彪炳閎肆而不可遏往往
因感而發以宣造化之機述人情物理之宜
達禮樂刑政之具而文章興焉三代以下名
能文章者衆矣其有補於世教可與天地同
悠久者代不數人人不數篇可不精擇而慎
傳之歟今傳于世若梁昭明文選唐文粹宋
文鑑固已號爲掇其英拔其粹矣然文粹文

文章辨體五十卷
明嘉靖三十四年徐洛刻本

文翰類選大成一百六十三卷　明成化八年淮府刻　弘治十四年　嘉靖二十五年遞修本

文翰類選大成卷第一

左長史上海李伯璵編輯

伴讀慈谿馮　厚校正

賦類

周

風賦　宋玉郢人楚大夫屈原弟子也

楚襄王遊於蘭臺之宮。宋玉景差侍。有風颯然而至。王乃披襟而當之曰。快哉此風。寡人所與庶人共者邪。宋玉對曰。此獨大王之風耳。庶人安得而共之。王曰。夫風者天地之氣。溥暢而至。不擇貴賤高下而加焉。今子獨以爲寡人之風。豈有說乎。宋玉對曰。臣聞於師。枳句來巢。空穴來風。其所託者然。則風氣殊焉。王曰。夫風始安生哉。宋玉對曰。夫風生於

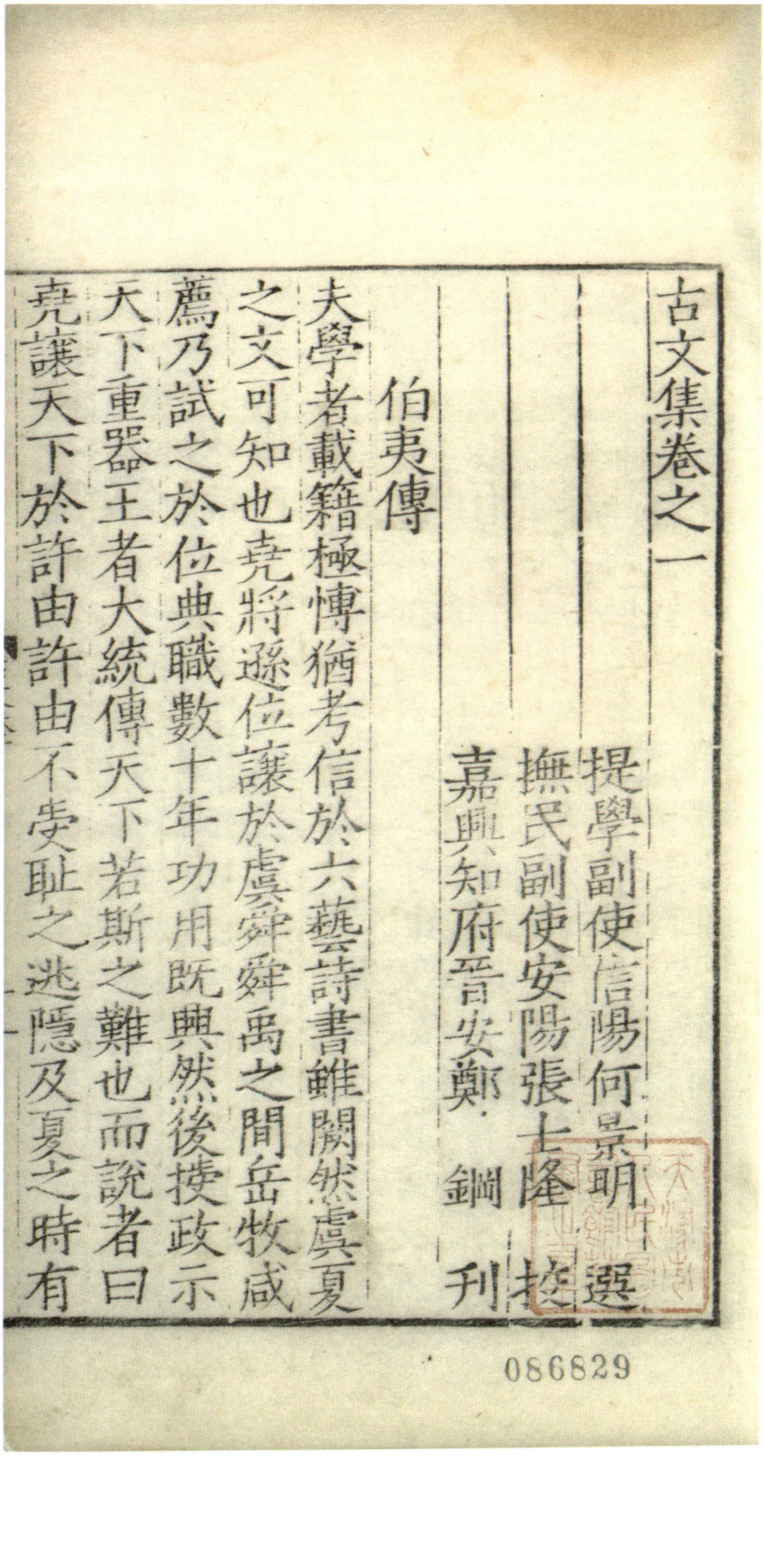
古文集卷之一

提學副使信陽何景明選
撫民副使安陽張士隆校
嘉興知府晉安鄭　鋼　刊

伯夷傳

夫學者載籍極博猶考信於六藝詩書雖闕然虞夏之文可知也堯將遜位讓於虞舜舜禹之間岳牧咸薦乃試之於位典職數十年功用既興然後授政示天下重器王者大統傳天下若斯之難也而說者曰堯讓天下於許由許由不受恥之逃隱及夏之時有

古文集四卷　明嘉靖十五年鄭鋼刻本

文苑春秋四卷　明嘉靖十七年刻本

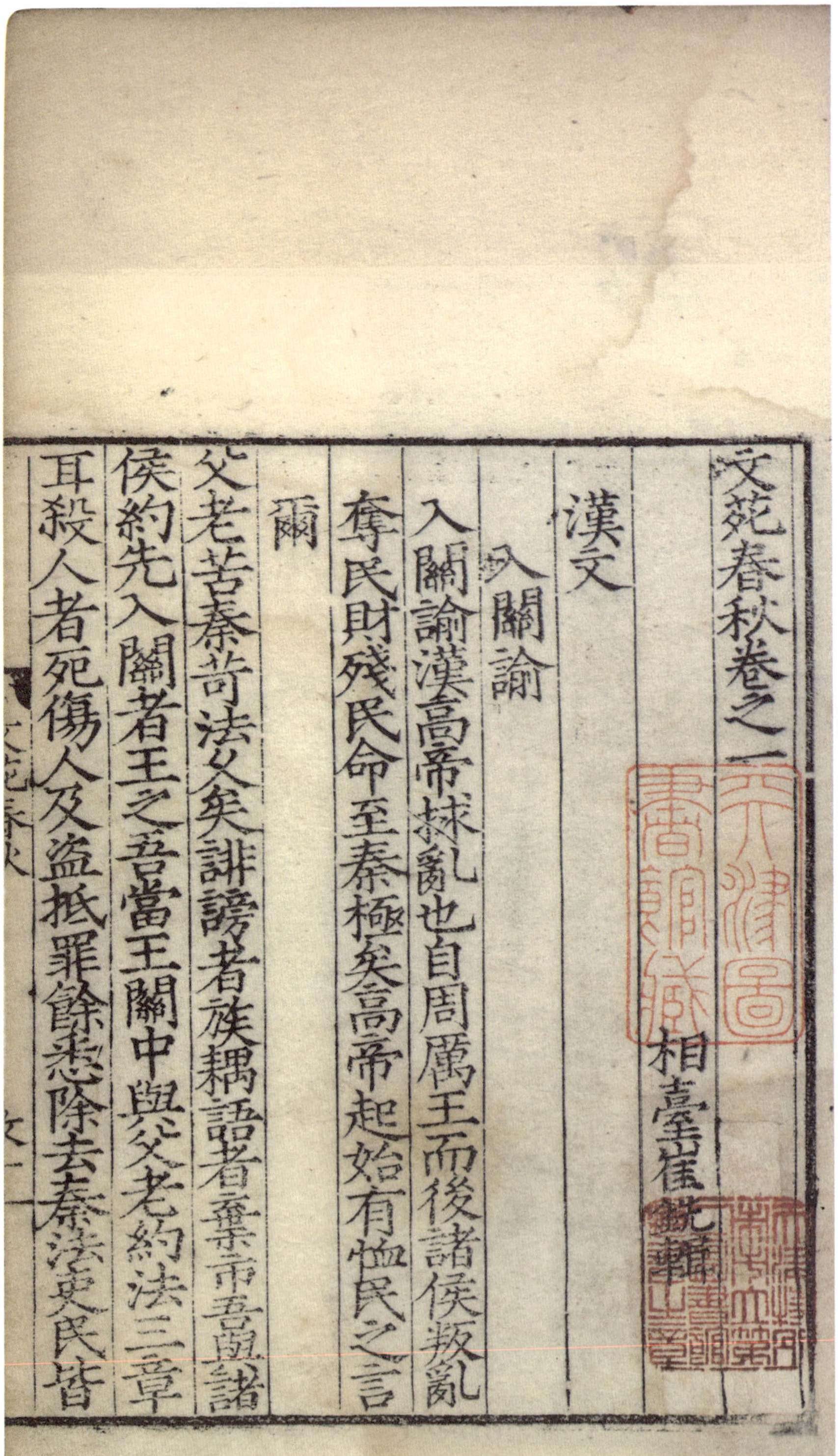
文苑春秋卷之一

相臺崔銑輯

漢文

入關諭

入關諭漢高帝撥亂也自周厲王而後諸侯叛亂奪民財殘民命至秦極矣高帝起始有恤民之言爾

父老苦秦苛法久矣誹謗者族耦語者棄市吾與諸侯約先入關者王之吾當王關中與父老約法三章耳殺人者死傷人及盜抵罪餘悉除去秦法吏民皆

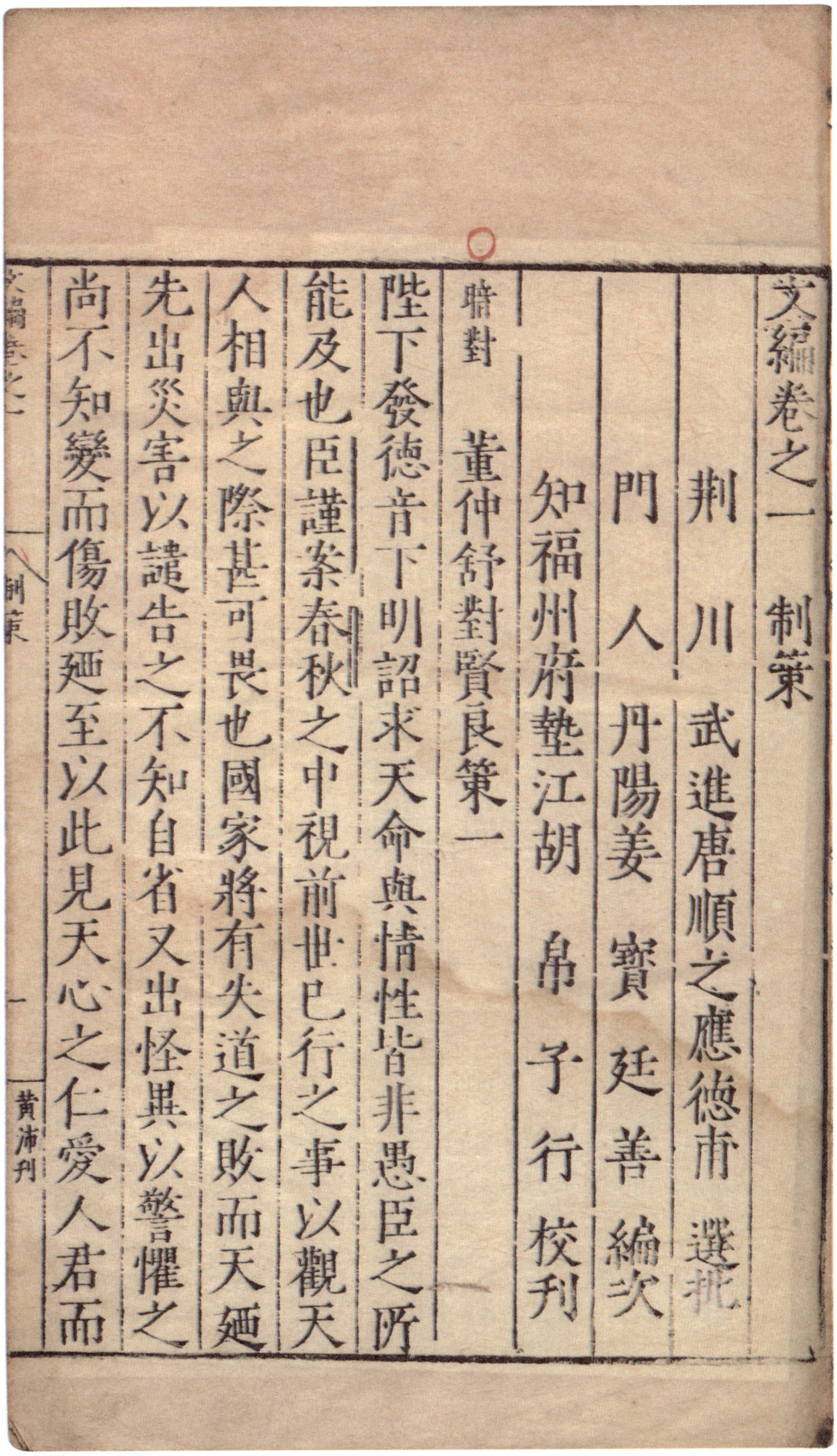
文編卷之一　制策

荆川　武進唐順之應德甫　選批

門人　丹陽姜寶廷善　編次

知福州府墊江胡帛子行　校刊

暗對　董仲舒對賢良策一

陛下發德音下明詔求天命與情性皆非愚臣之所能及也臣謹案春秋之中視前世已行之事以觀天人相與之際甚可畏也國家將有失道之敗而天廼先出災害以譴告之不知自省又出怪異以警懼之尚不知變而傷敗廼至以此見天心之仁愛人君而

文編卷之一　制策　一　黄沛刊

文編六十四卷　明嘉靖胡帛刻本

唐會元精選批點唐宋名賢策論文粹八卷　明嘉靖二十八年書林桐源胡氏刻本

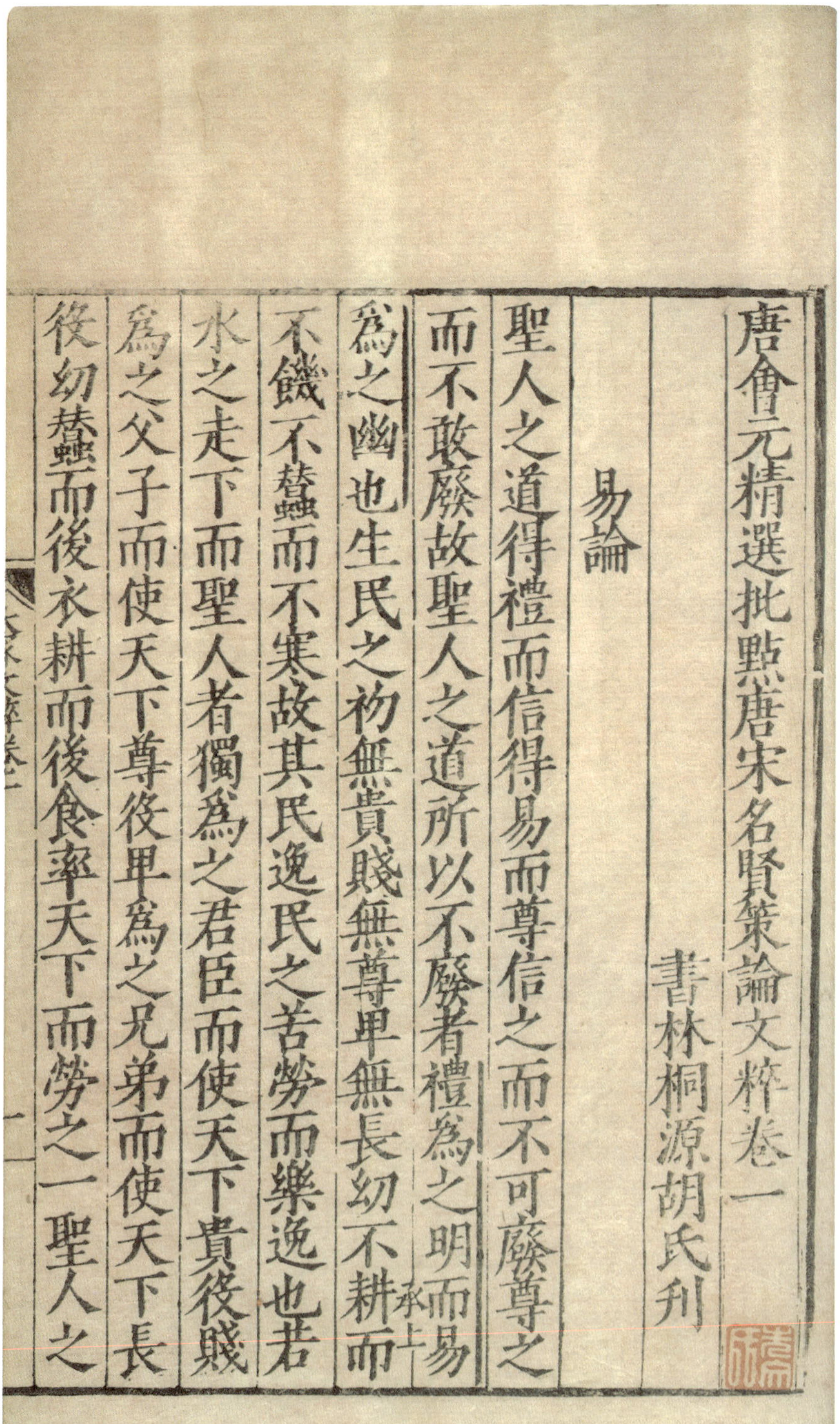

唐會元精選批點唐宋名賢策論文粹卷一

書林桐源胡氏刋

易論

聖人之道得禮而信得易而尊信之而不可廢尊之而不敢廢故聖人之道所以不廢者禮爲之明而易爲之幽也生民之初無貴賤無尊卑無長幼不耕而不饑不蠶而不寒故其民逸民之苦勞而樂逸也若水之走下而聖人者獨爲之君臣而使天下貴役賤爲之父子而使天下尊役卑爲之兄弟而使天下長役幼蠶而後衣耕而後食率天下而勞之一聖人之

承上

文粹卷之一　一

三史文類五卷　明嘉靖十六年刻本

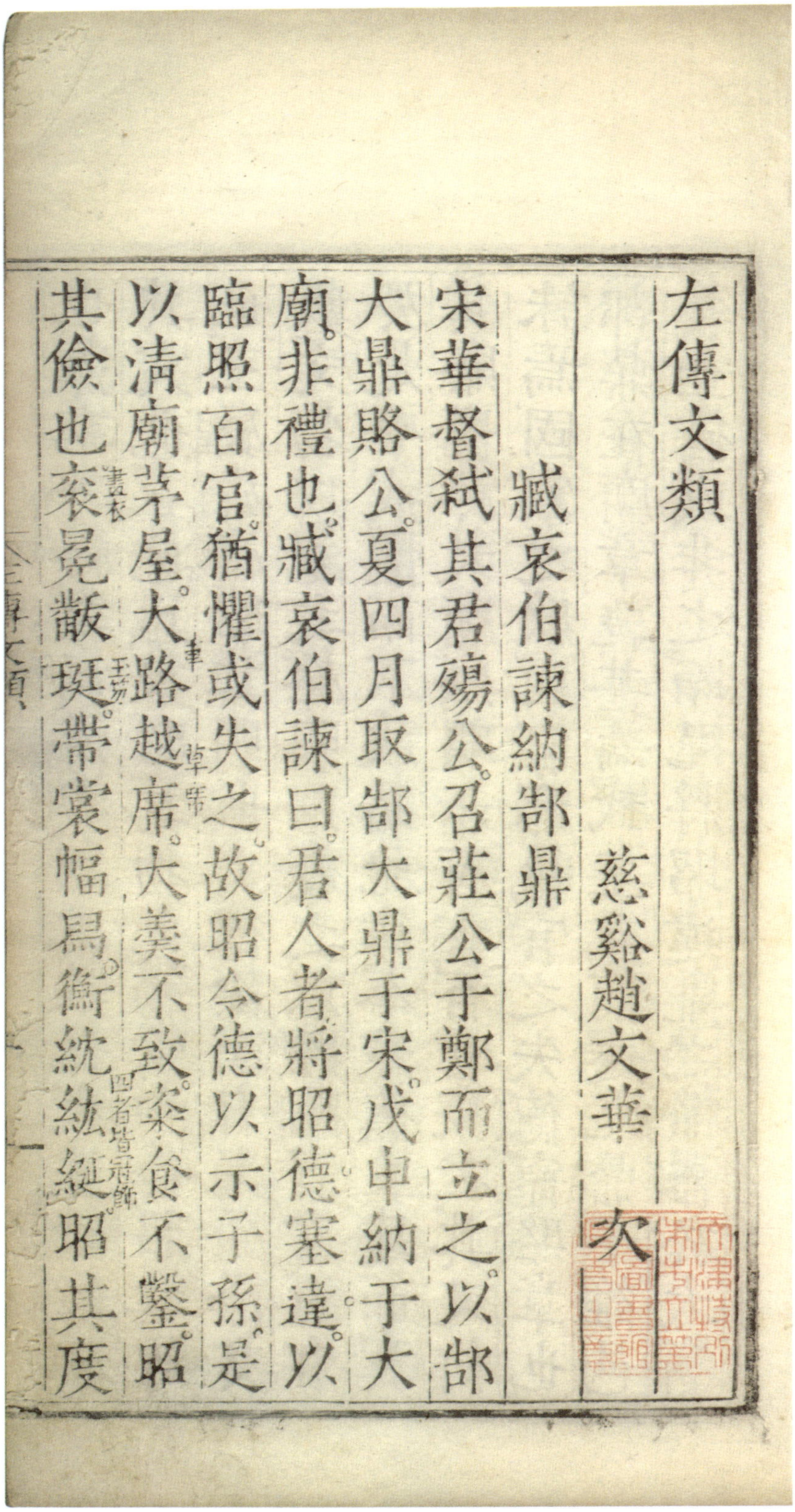
左傳文類
慈谿趙文華　次
臧哀伯諫納郜鼎
宋華督弒其君殤公召莊公于鄭而立之以郜
大鼎賂公夏四月取郜大鼎于宋戊申納于大
廟非禮也臧哀伯諫曰君人者將昭德塞違以
臨照百官猶懼或失之故昭令德以示子孫是
以清廟茅屋大路越席大羹不致粢食不鑿昭
其儉也袞冕黻珽帶裳幅舄衡紞紘綖昭其度

三史文類五卷　明嘉靖十六年刻本

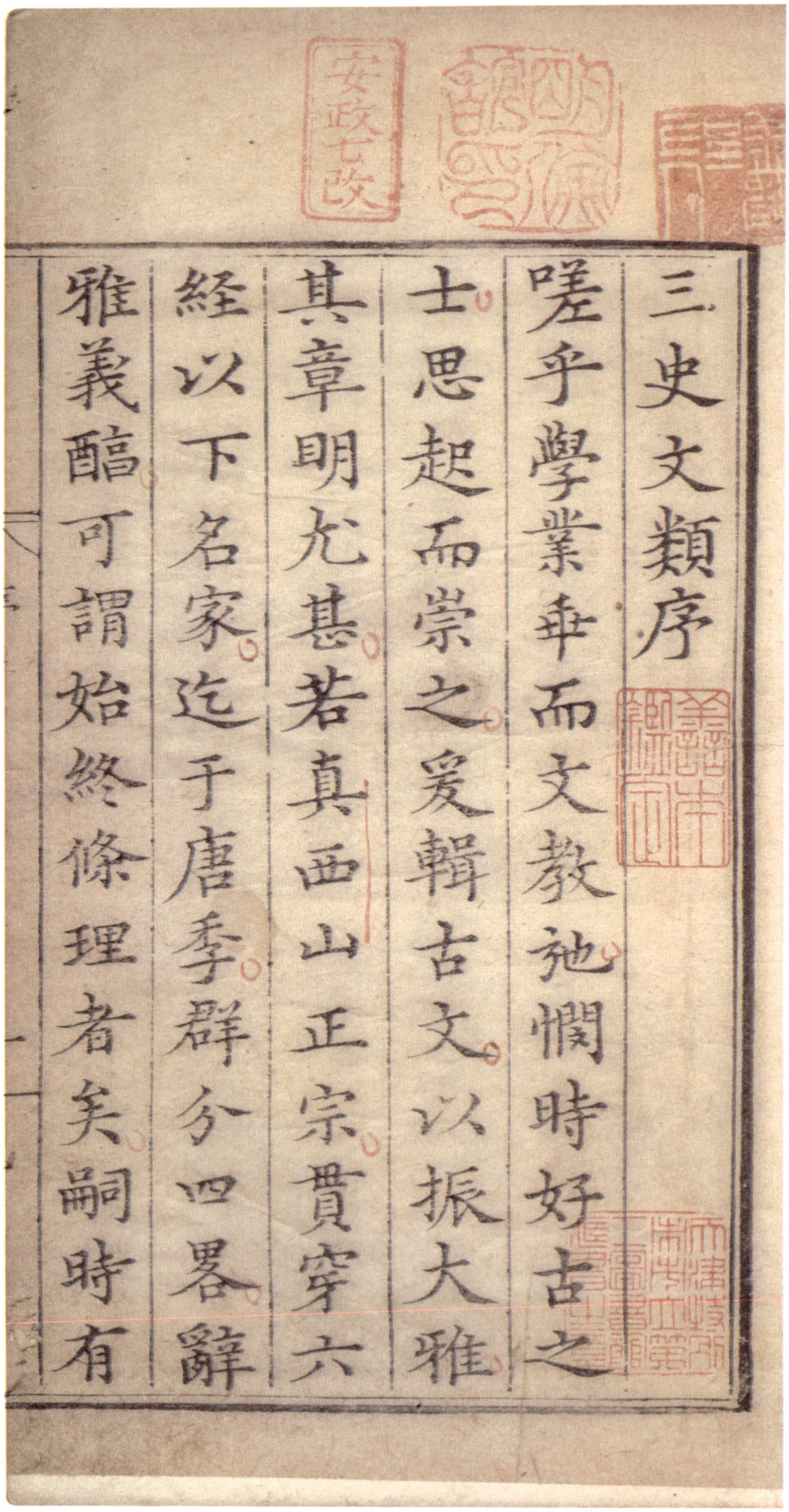
三史文類序
嗟乎學業乖而文教弛憫時好古之
士思起而崇之爰輯古文以振大雅
其章明尤甚若真西山正宗貫穿六
経以下名家迄于唐季群分四畧辭
雅義醖可謂始終條理者矣嗣時有

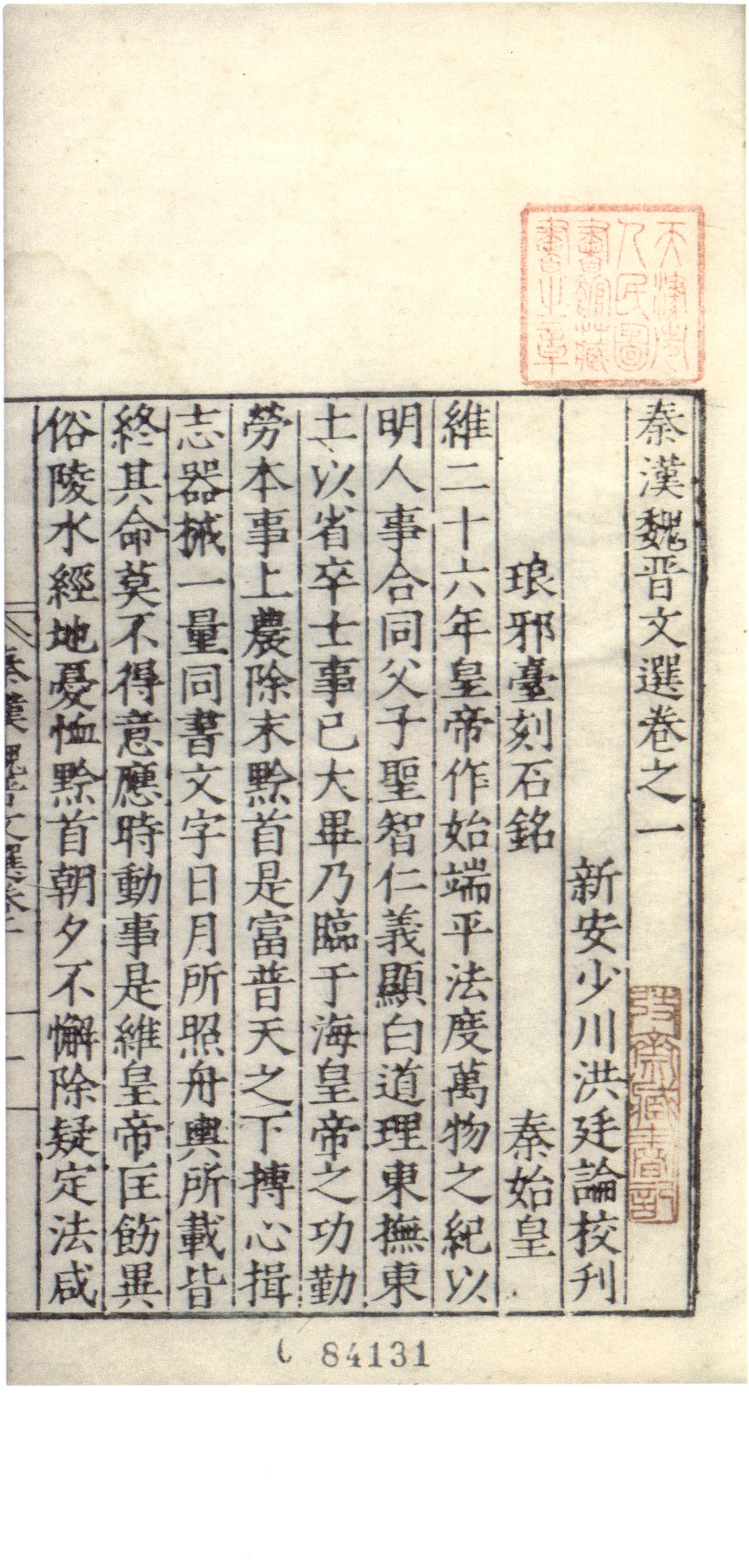

秦漢魏晋文選卷之一

新安少川洪廷論校刊

琅邪臺刻石銘　秦始皇

維二十六年皇帝作始端平法度萬物之紀以明人事合同父子聖智仁義顯白道理東撫東土以省卒士事已大畢乃臨于海皇帝之功勤勞本事上農除末黔首是富普天之下摶心揖志器械一量同書文字日月所照舟輿所載皆終其命莫不得意應時動事是維皇帝匡飭異俗陵水經地憂恤黔首朝夕不懈除疑定法咸

秦漢魏晋文選十卷　明嘉靖二十四年新安洪廷論刻本

古文品外録十二卷　明天啟五年朱蔚然刻本

古文品外録卷之一

華亭陳繼儒仲醇選評

仁和朱蔚然茂叔參閱

天問　屈原

遂古之初。誰傳道之。上下未形。何由考之。冥昭瞢闇。誰能極之。馮翼惟象。何以識之。明明闇闇。惟時何爲。陰陽三合。何本何化。圜則九重。孰營度之。惟茲何功。孰初作之。斡維焉繫。天極焉加。八柱何當。東南何虧。九天之際。安放安屬。隅隈多有。誰知其數。天何所沓

古文品外録　卷之一　一

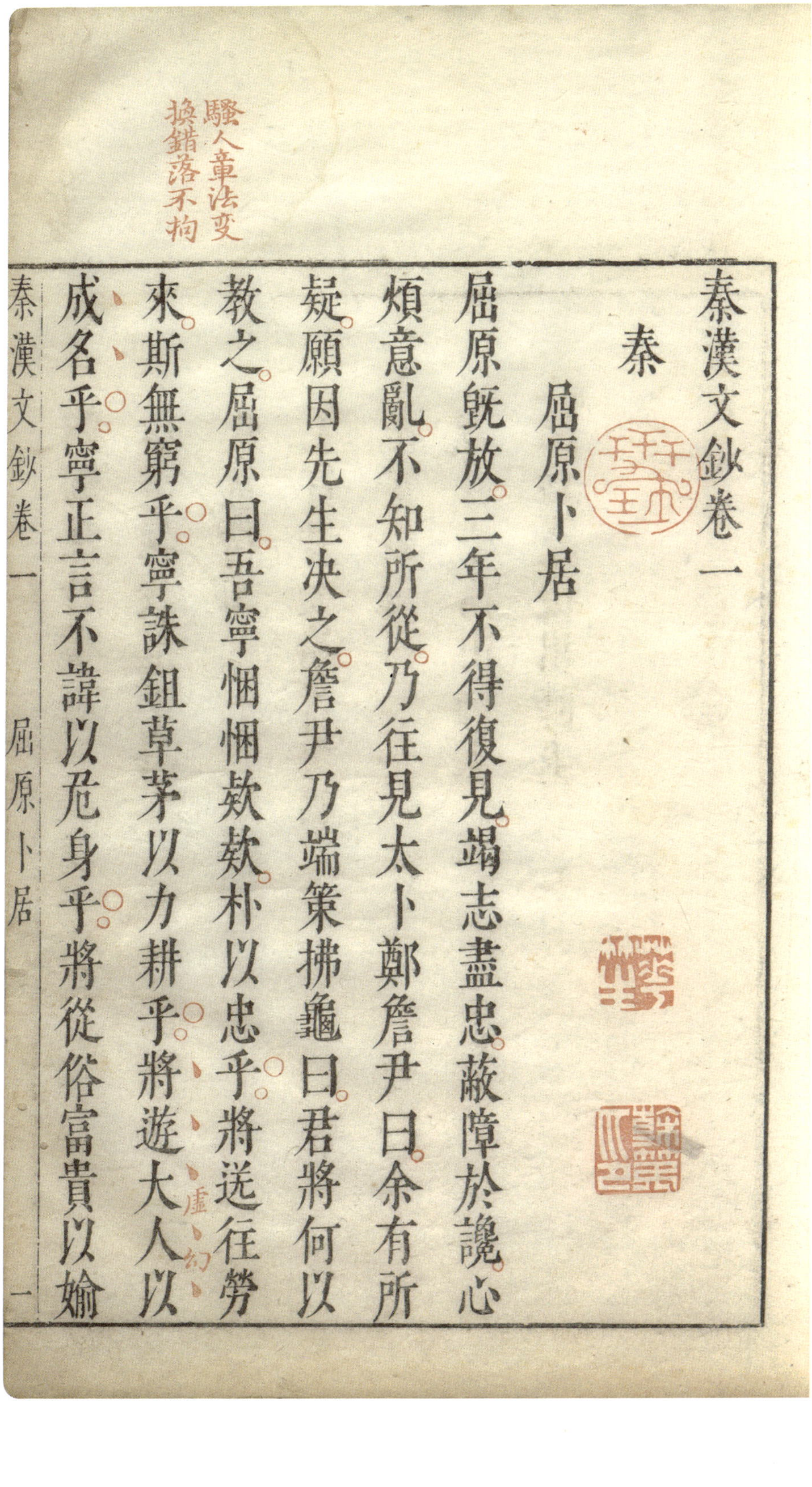

騷人章法變換錯落不拘

秦漢文鈔卷一

秦

屈原卜居

屈原既放三年不得復見竭志盡忠蔽障於讒心煩意亂不知所從乃往見太卜鄭詹尹曰余有所疑願因先生決之詹尹乃端策拂龜曰君將何以教之屈原曰吾寧悃悃款款朴以忠乎將送往勞來斯無窮乎寧誅鋤草茅以力耕乎將遊大人以成名乎寧正言不諱以危身乎將從俗富貴以媮

虛幻

秦漢文鈔卷一　屈原卜居　一

秦漢文鈔六卷

明萬曆刻套印本

文致不分卷　明天啟元年閔元衢刻套印本

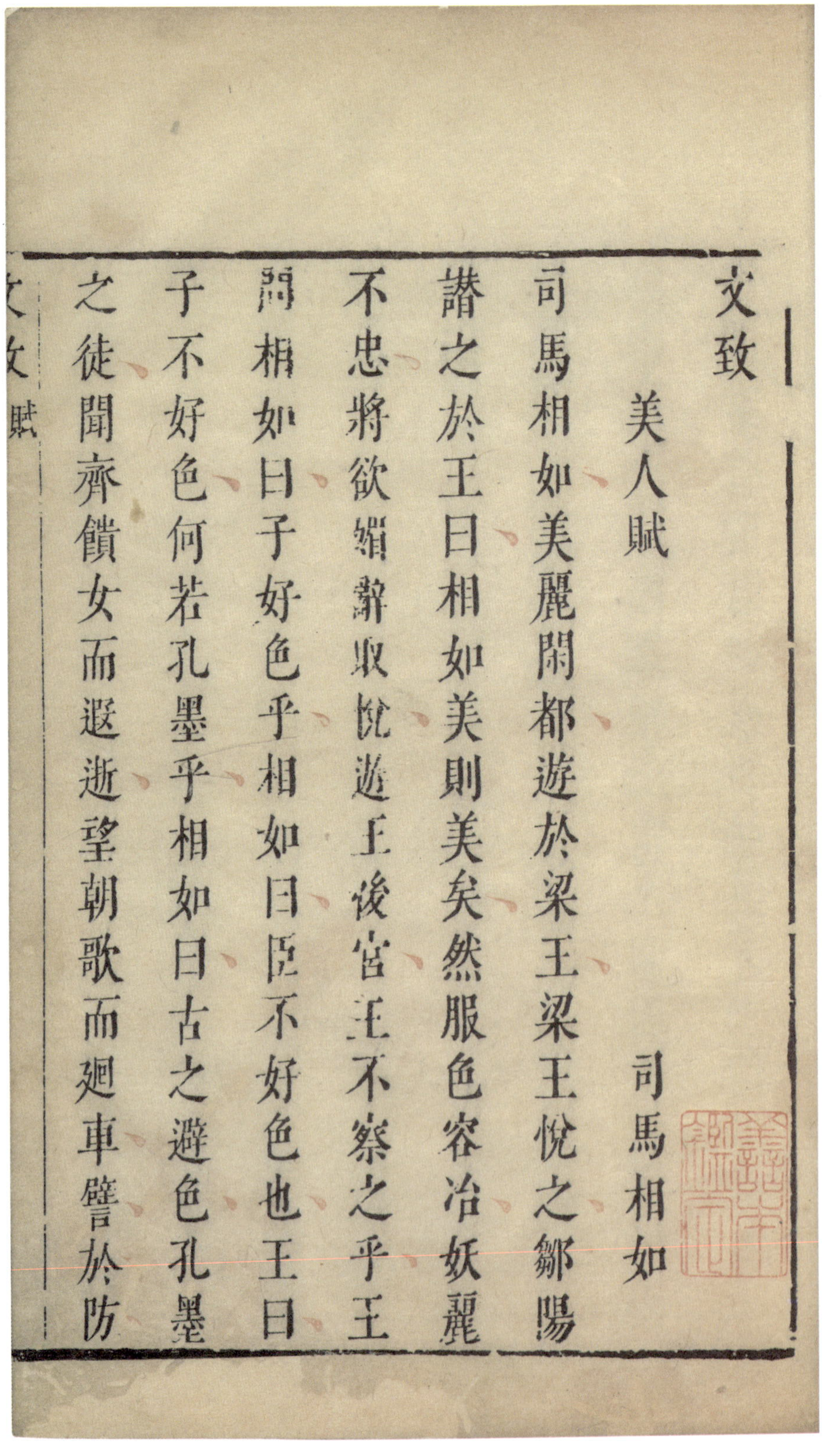

文致

美人賦　司馬相如

司馬相如美麗閑都遊於梁王梁王悅之鄒陽譖之於王曰相如美則美矣然服色容冶妖麗不忠將欲媚辭取悅遊王後宮王不察之乎王問相如曰子好色乎相如曰臣不好色也王曰子不好色何若孔墨乎相如曰古之避色孔墨之徒聞齊饋女而遐逝望朝歌而迴車譬於防

文致　賦

定一級

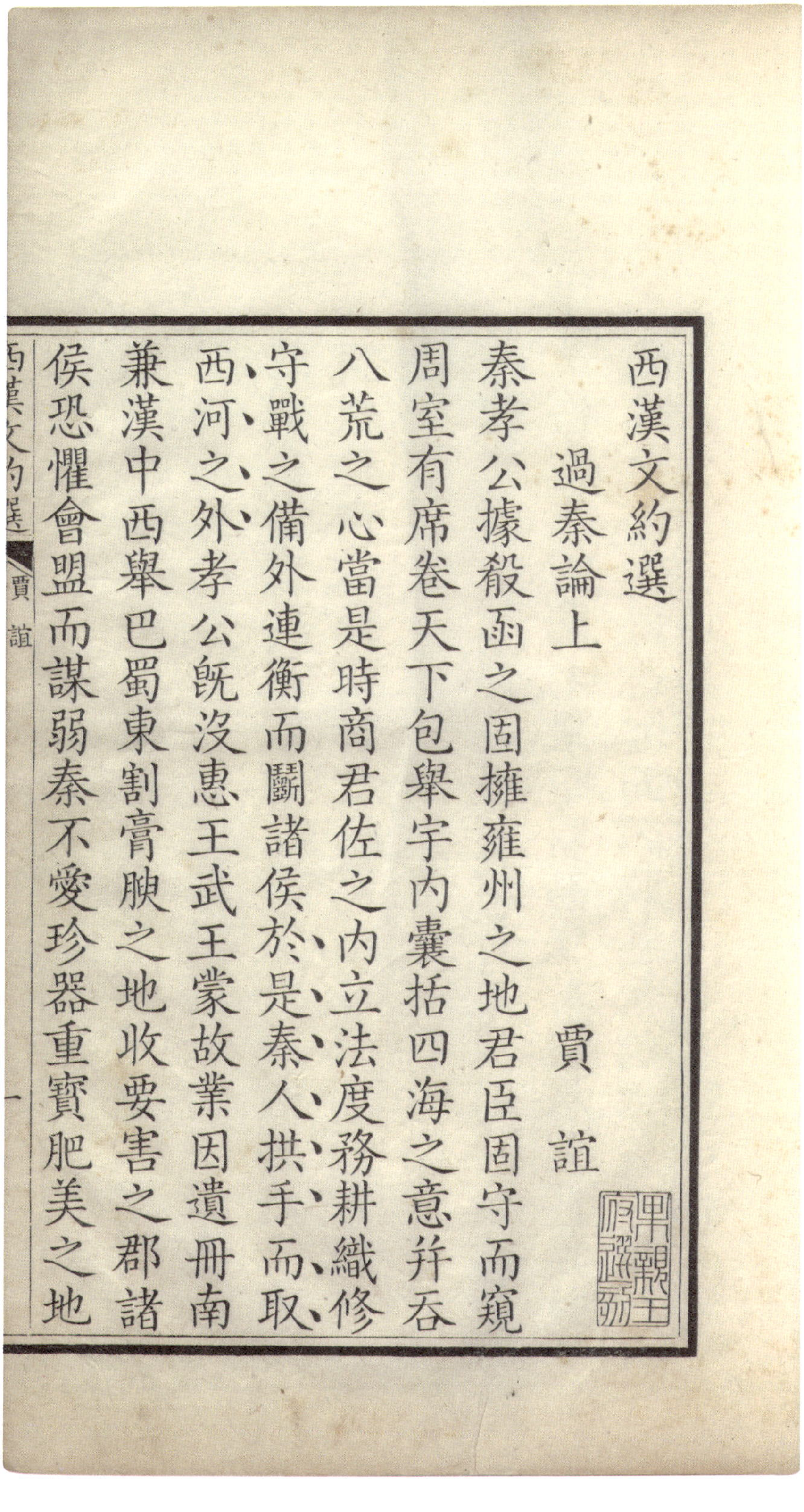

西漢文約選

過秦論上　賈誼

秦孝公據殽函之固擁雍州之地君臣固守而窺周室有席卷天下包舉宇内囊括四海之意幷吞八荒之心當是時商君佐之内立法度務耕織修守戰之備外連衡而鬬諸侯於是秦人拱手而取西河之外孝公既沒惠王武王蒙故業因遺冊南兼漢中西舉巴蜀東割膏腴之地收要害之郡諸侯恐懼會盟而謀弱秦不愛珍器重寶肥美之地

西漢文約選　賈誼　一

古文約選不分卷　清雍正十一年果親王府刻本

尺牘雋言十二卷　明閔邁德刻套印本

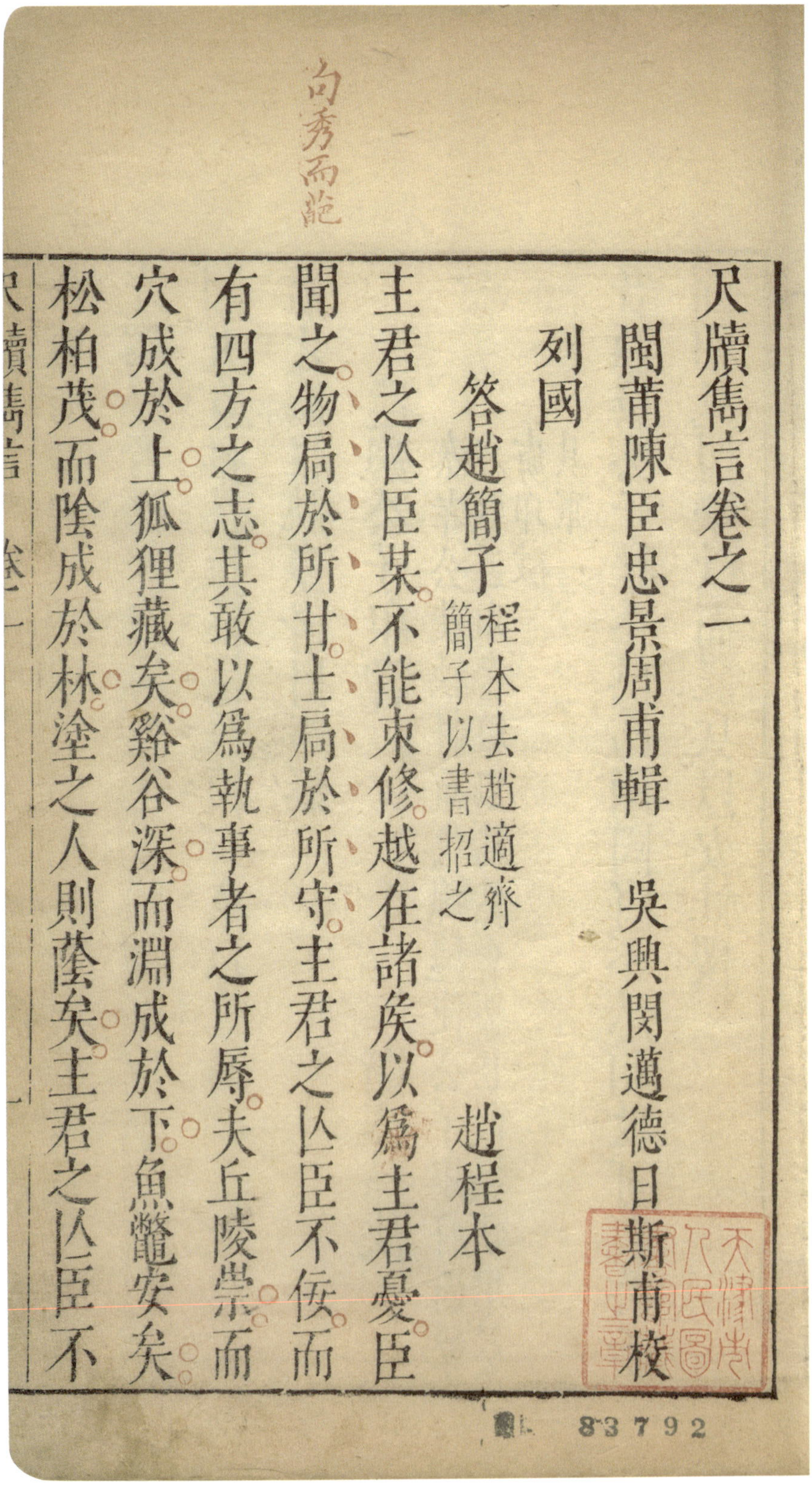
句秀而範

尺牘雋言卷之一

閩莆陳臣忠景周甫輯　吳興閔邁德日斯甫校

列國

答趙簡子 程本去趙適秦簡子以書招之　趙程本

主君之亾臣某不能束修越在諸侯以爲主君憂臣聞之物扃於所甘士扃於所守主君之亾臣不佞而有四方之志其敢以爲執事者之所辱夫丘陵崇而穴成於上狐狸藏矣谿谷深而淵成於下魚鼈安矣松柏茂而陰成於林塗之人則蔭矣主君之亾臣不

尺牘雋言　卷一

唐文粹一百卷　明嘉靖八年晉府養德書院刻本

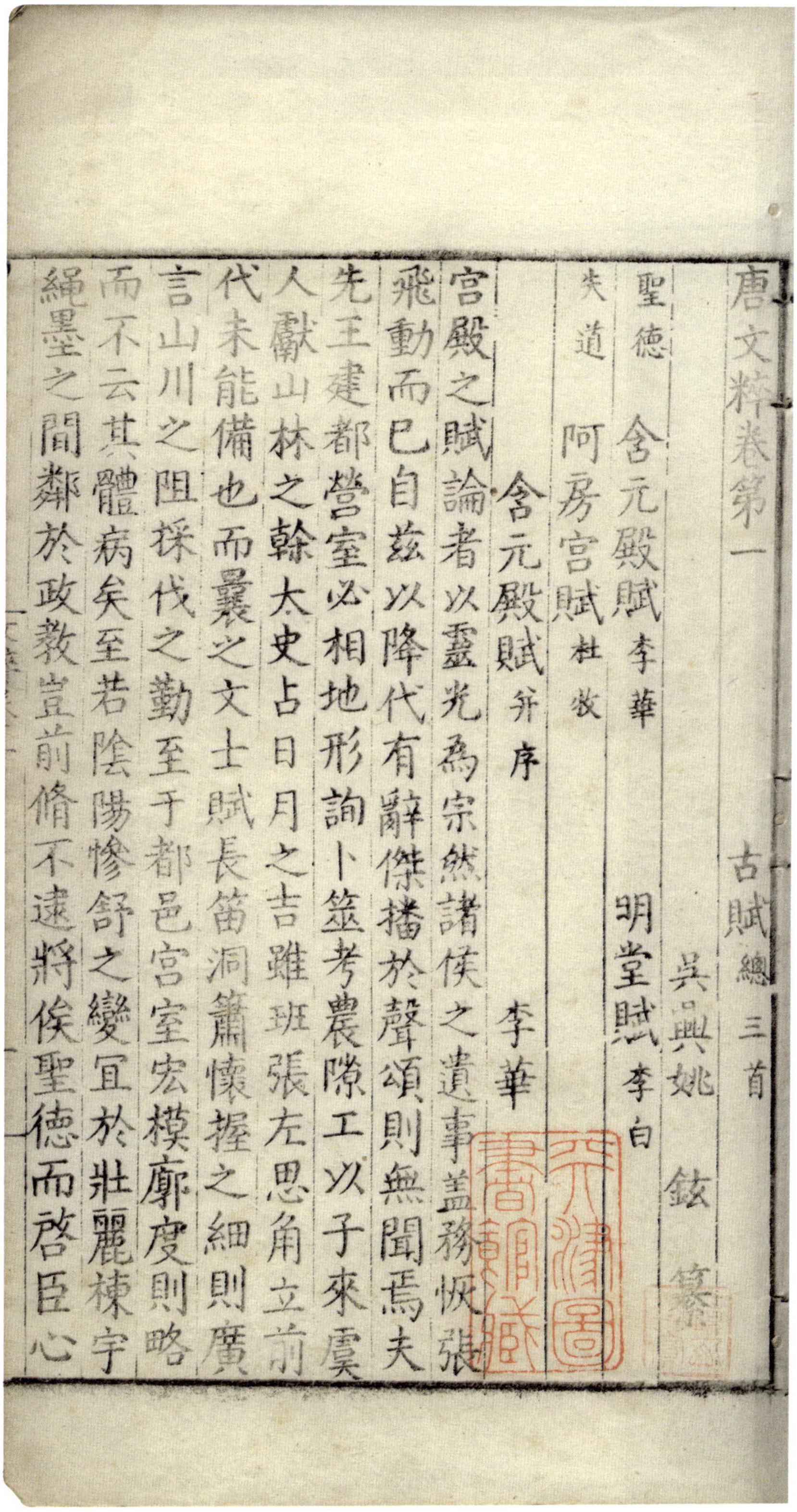

唐文粹卷第一　　古賦總三首

吳興姚鉉纂

聖德　含元殿賦李華　　明堂賦李白

失道　阿房宫賦杜牧

含元殿賦并序　　李華

宫殿之賦論者以靈光為宗然諸侯之遺事蓋務恢張飛動而已自茲以降代有辭傑播於聲頌則無聞焉夫先王建都營室必相地形詢卜筮考農隙工以子來虞人獻山林之幹太史占日月之吉雖班張左思角立前代未能備也而曩之文士賦長笛洞簫懷握之細則廣言山川之阻採伐之勤至于都邑宫室宏模廓度則略而不云其體病矣至若陰陽慘舒之變宜於壯麗棟宇繩墨之間鄰於政教豈前脩不逮將俟聖德而啓臣心

高氏三宴詩集三卷　清丁氏當歸草堂鈔本

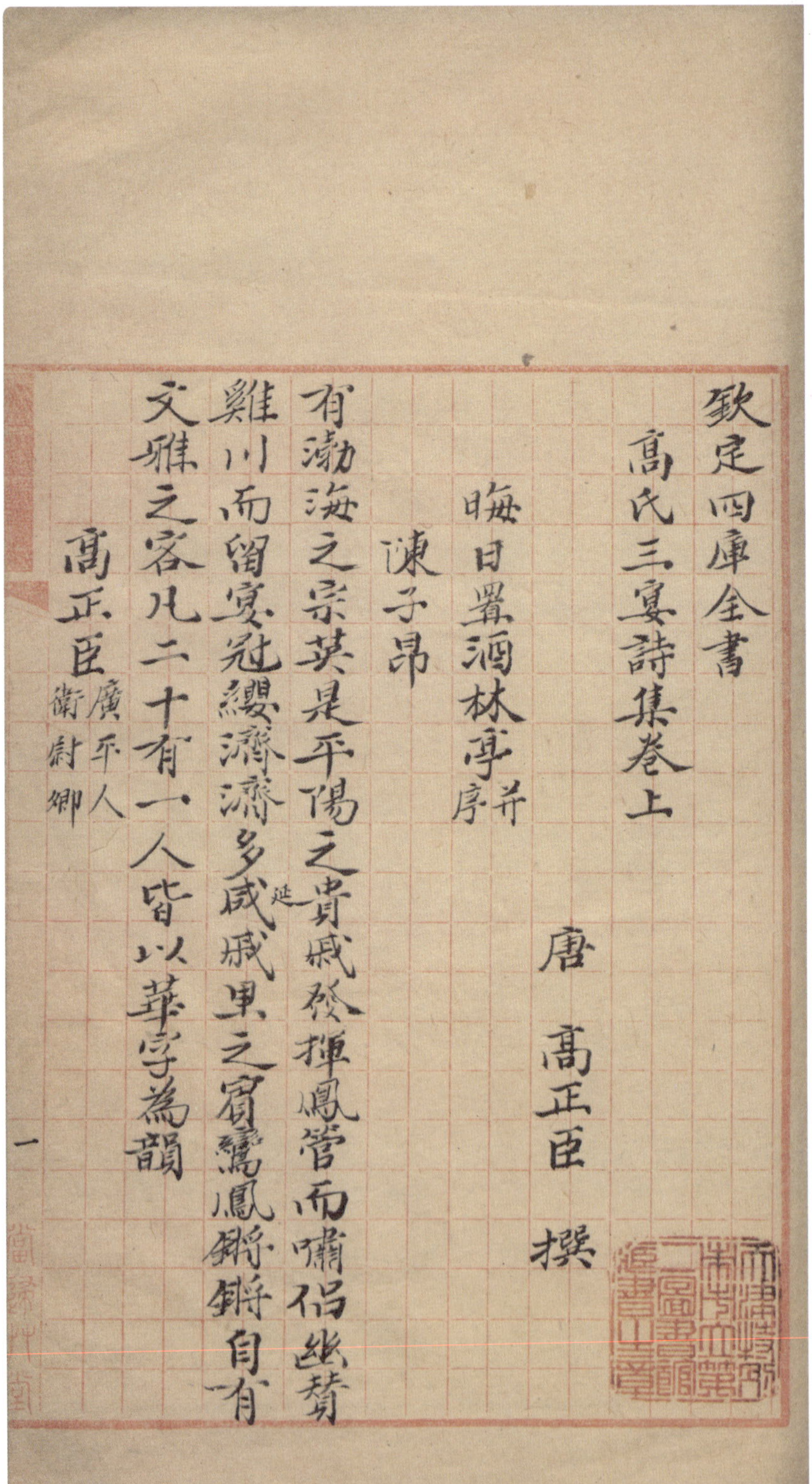
欽定四庫全書

高氏三宴詩集卷上

唐　高正臣　撰

晦日置酒林亭序并

陳子昂

有渤海之宗英是平陽之貴戚發揮鳳管而嘯侶幽贊雞川而留賓冠纓濟濟多延戚里之賓鸞鳳鏘鏘自有文雅之客凡二十有一人皆以華字為韻

高正臣廣平人衛尉卿

一

萬首唐人絶句一百一卷　明嘉靖十九年陳敬學德星堂刻本

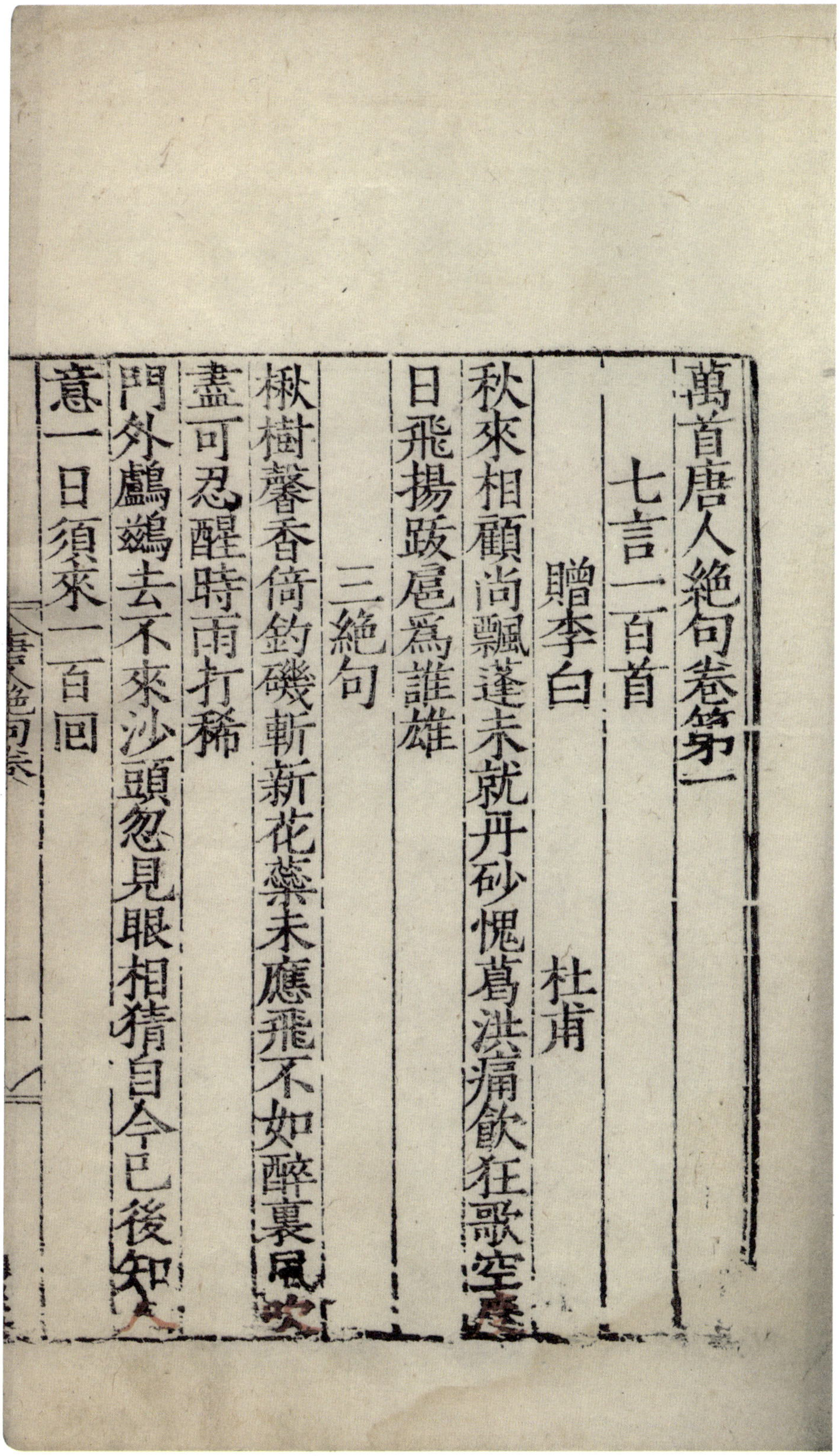
萬首唐人絶句卷第一

七言一百首

贈李白　杜甫

秋來相顧尚飄蓬未就丹砂愧葛洪痛飲狂歌空度
日飛揚跋扈爲誰雄

三絶句

楸樹馨香倚釣磯斬新花蘂未應飛不如醉裏風吹
盡可忍醒時雨打稀
門外鸕鶿去不來沙頭忽見眼相猜自今已後知人
意一日須來一百回

新刊三訂便蒙唐詩鼓吹大全十卷 明嘉靖十七年廣勤書堂刻兩節本

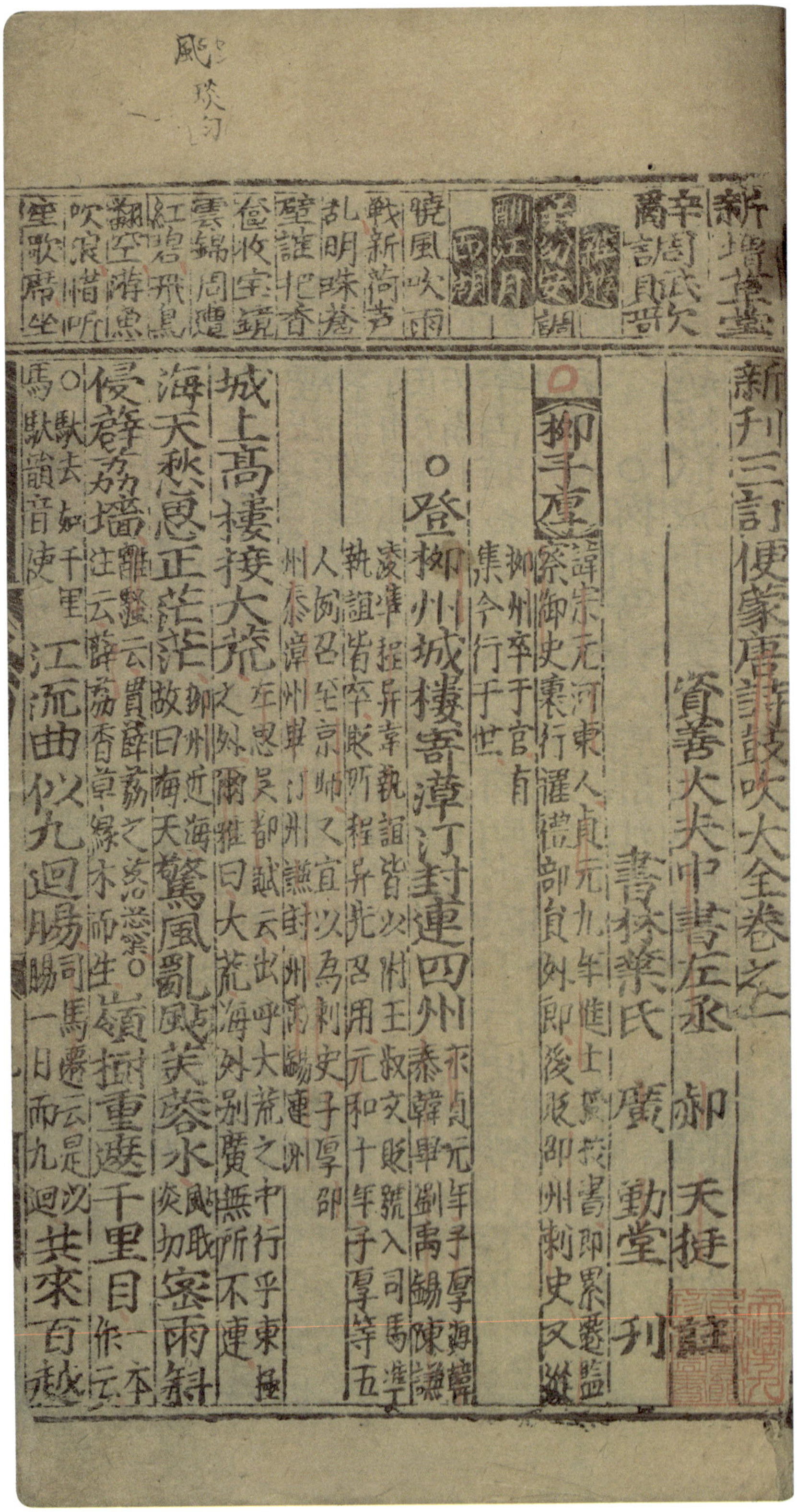

新刊三訂便蒙唐詩鼓吹大全卷之一
資善大夫中書左丞郝天挺註
書林葉氏廣勤堂刊
柳子厚
諱宗元河東人貞元九年進士第累遷監察御史裏行禮部員外郎後貶邵州刺史又貶永州司馬移柳州刺史卒于官有集今行于世
登柳州城樓寄漳汀封連四州
永貞元年子厚與韓泰韓曄劉禹錫陳諫凌準程异韋執誼皆以附王叔文貶號八司馬準執誼皆卒貶所程异先召用元和十年子厚等五人例召至京師又以爲刺史子厚柳州泰漳州曄汀州諫封州禹錫連州
城上高樓接大荒左思吴都賦云出乎大荒之中行乎東極之外爾雅曰大荒海外別廣無所不連
海天愁思正茫茫柳州近海故曰海天
驚風亂颭芙蓉水颭風吹物動也
密雨斜侵薜荔墻離騷云貫薜荔之落蘂○注云薜荔香草緣木而生
嶺樹重遮千里目一本作云
江流曲似九迴腸司馬遷云是以腸一日而九迴
共來百越
○馬默音使

定一級

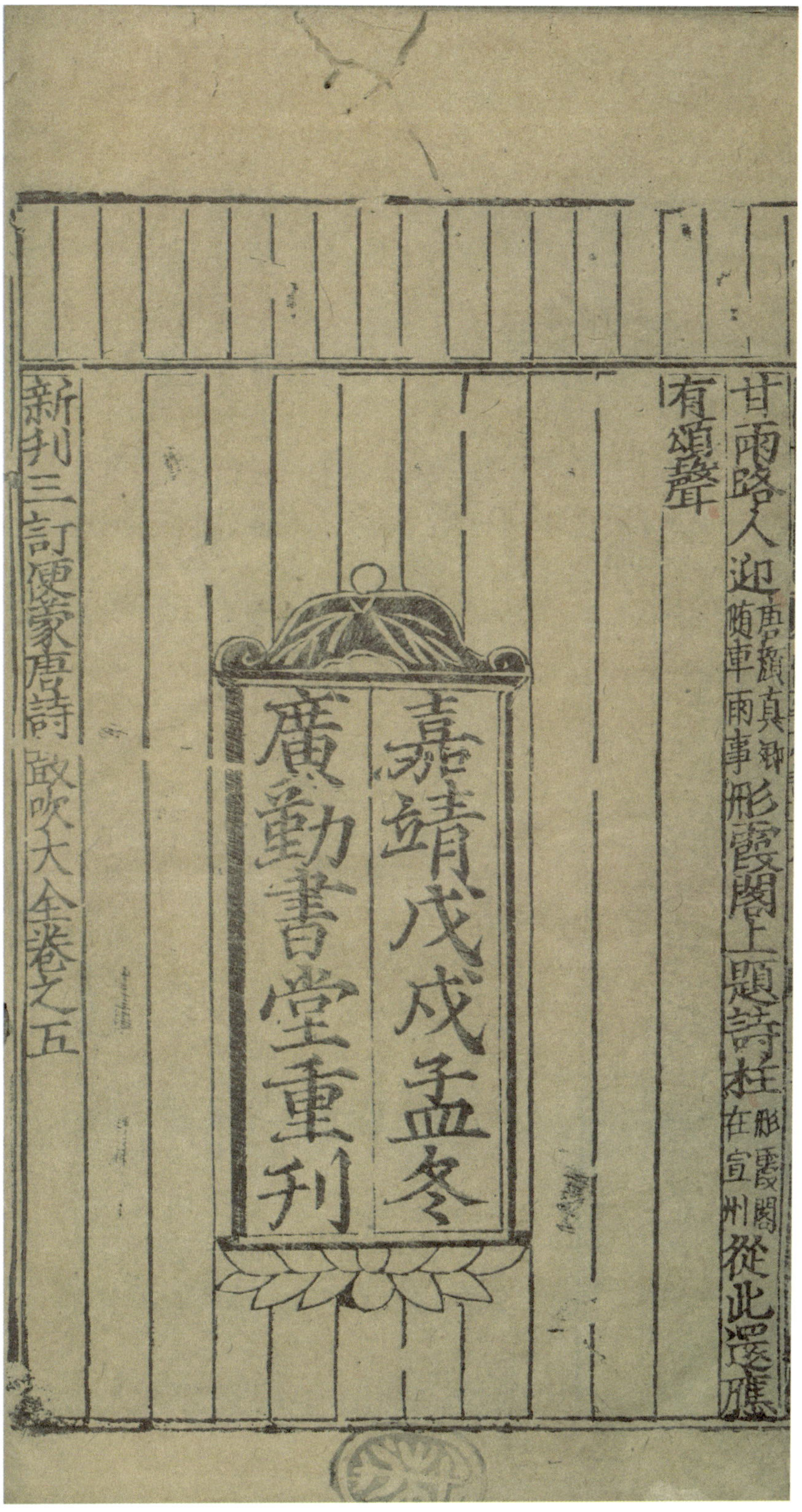

新刊三訂便蒙唐詩鼓吹大全十卷　明嘉靖十七年廣勤書堂刻兩節本

定一級

批點唐詩正聲二十二卷　明嘉靖萬世德刻本

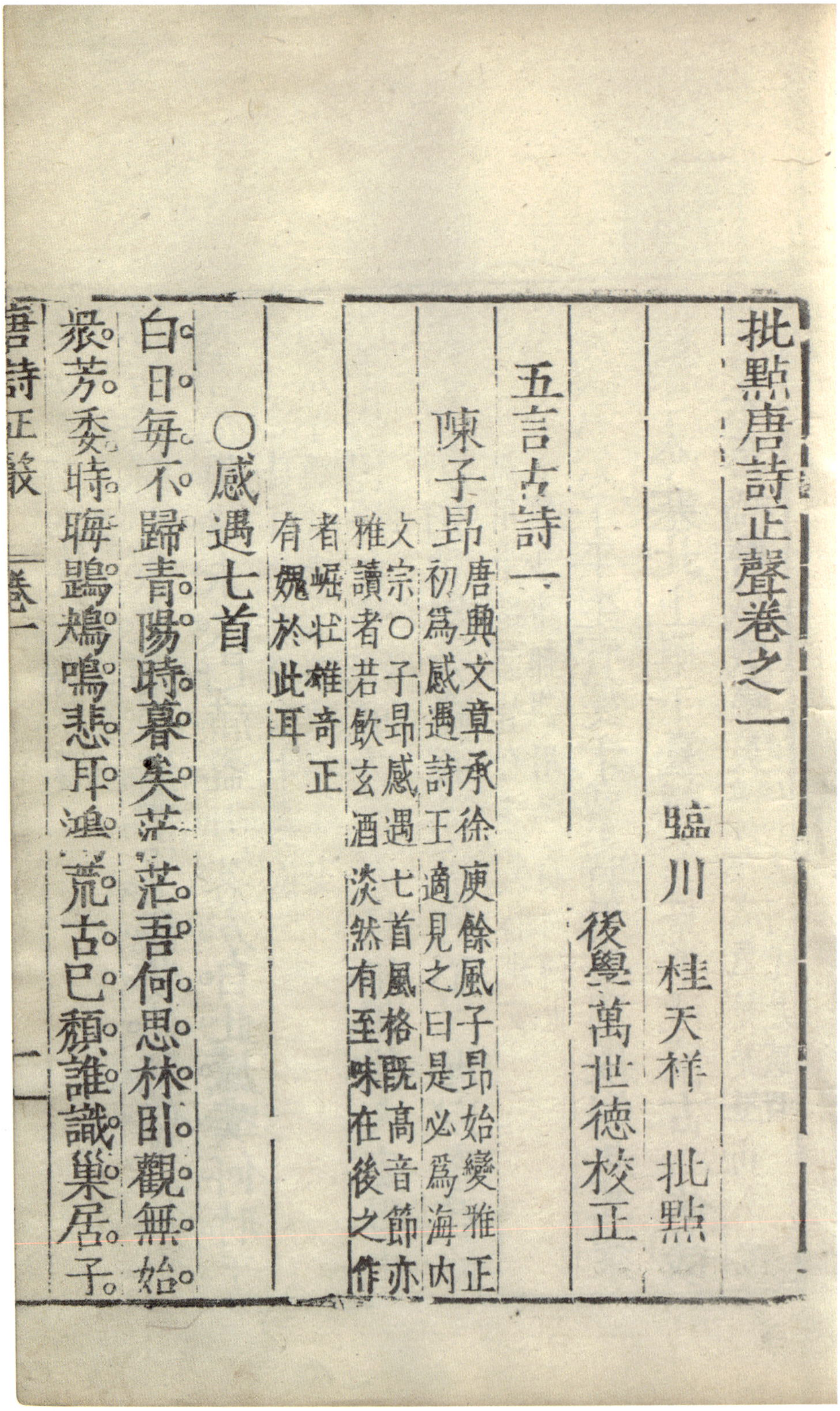

批點唐詩正聲卷之一

臨川　桂天祥　批點

後學　萬世德　校正

五言古詩一

陳子昂　唐興文章承徐庾餘風子昂始變雅正初爲感遇詩王適見之曰是必爲海内文宗○子昂感遇七首風格既高音節亦雅讀者若飲玄酒淡然有至味在後之作者崛壯雄奇正有媿於此耳

○感遇七首

白日每不歸青陽時暮矣茫茫吾何思林卧觀無始衆芳委時晦鶗鴂鳴悲耳鴻荒古已頹誰識巢居子

唐詩正聲　卷一　一

定一級

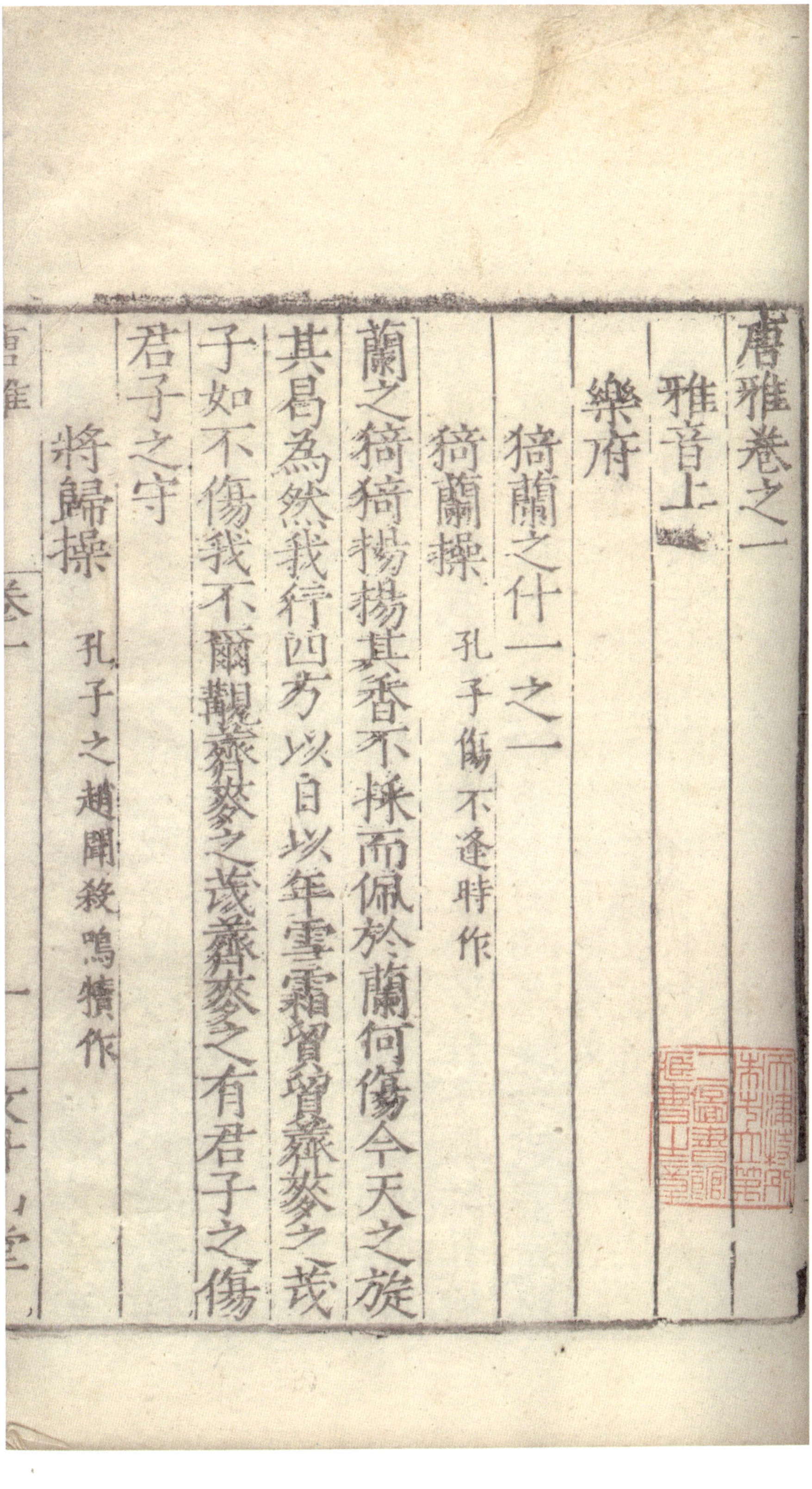
唐雅卷之一

雅音上

樂府

猗蘭之什一之一

猗蘭操　孔子傷不逢時作

蘭之猗猗揚揚其香不採而佩於蘭何傷今天之旋其曷為然我行四方以日以年雪霜貿貿薺麥之茂子如不傷我不爾覯薺麥之茂薺麥之有君子之傷君子之守

將歸操　孔子之趙聞殺鳴犢作

唐雅　卷一　一

唐雅八卷　明嘉靖二十八年文門山堂刻清順治十三年周盛時補刻烏鼠山人集本

定一級

全唐詩九百卷

清康熙四十四至四十六年揚州詩局刻本

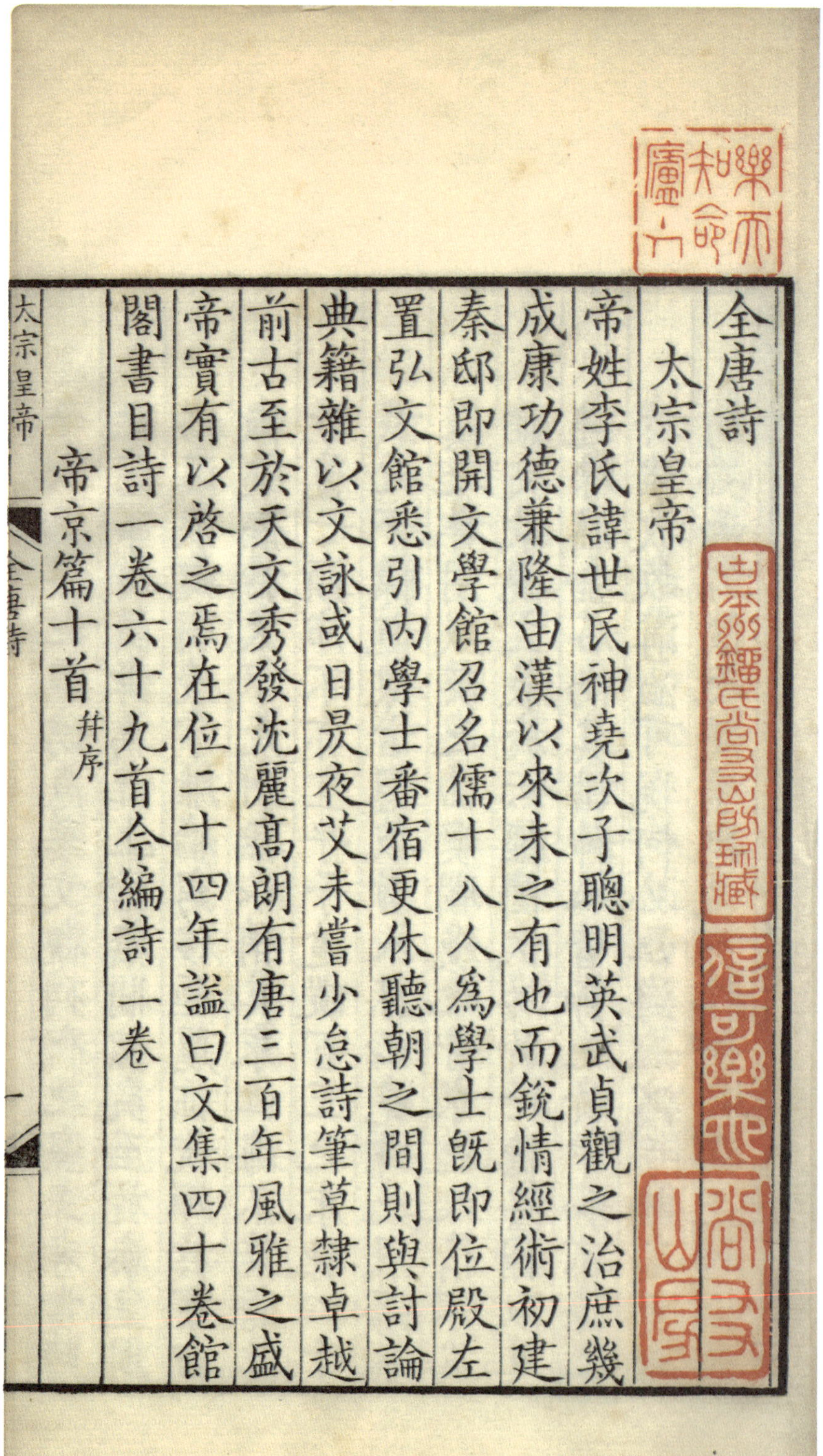

全唐詩

太宗皇帝

帝姓李氏諱世民神堯次子聰明英武貞觀之治庶幾成康功德兼隆由漢以來未之有也而銳情經術初建秦邸即開文學館召名儒十八人爲學士既即位殿左置弘文館悉引内學士番宿更休聽朝之間則與討論典籍雜以文詠或日昃夜艾未嘗少怠詩筆草隸卓越前古至於天文秀發沈麗高朗有唐三百年風雅之盛帝實有以啓之焉在位二十四年謚曰文集四十卷館閣書目詩一卷六十九首今編詩一卷

帝京篇十首 并序

太宗皇帝 全唐詩 一

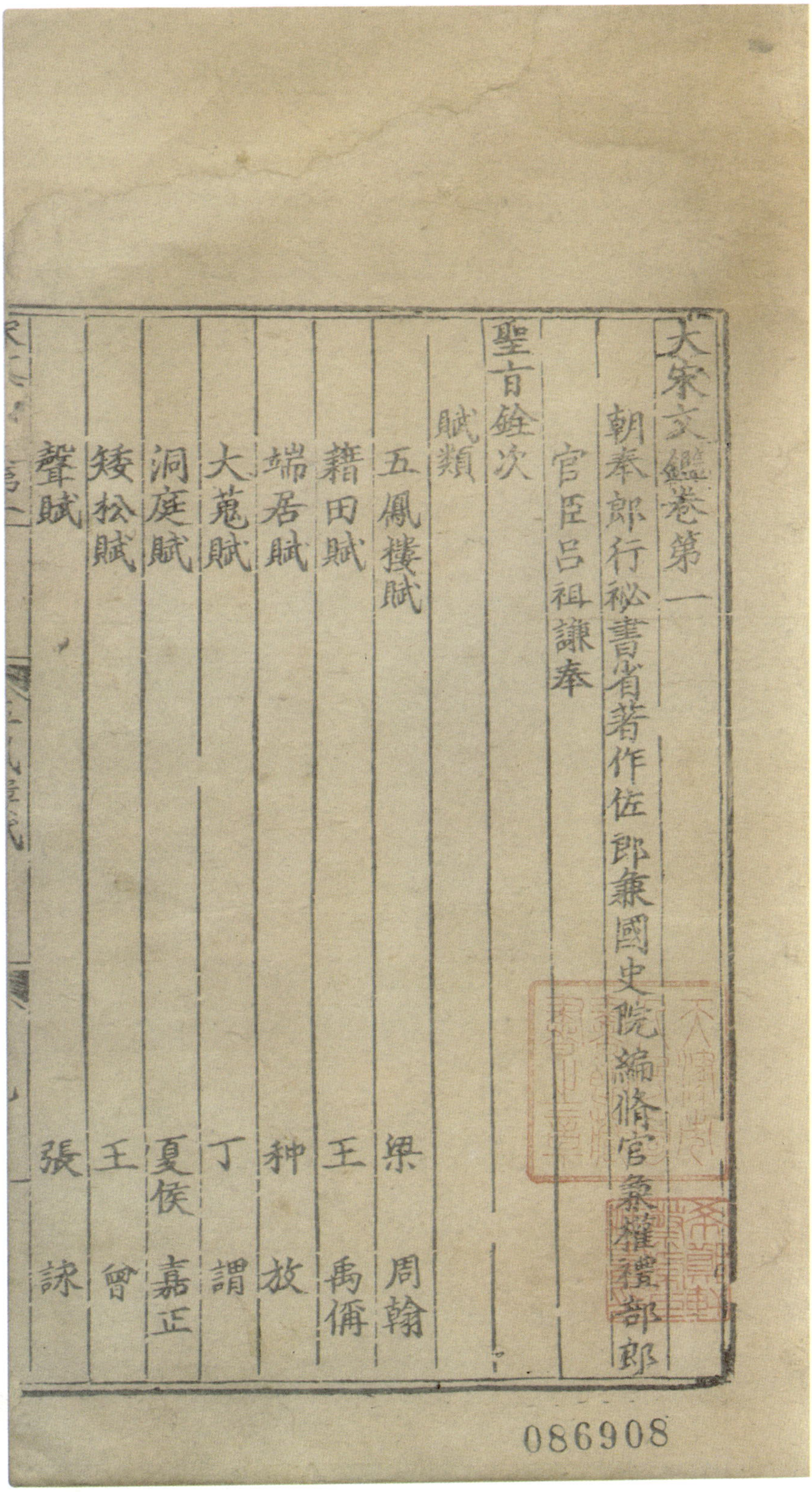
大宋文鑑卷第一
朝奉郎行秘書省著作佐郎兼國史院編脩官兼權禮部郎
官臣呂祖謙奉
聖旨銓次
賦類
五鳳樓賦　梁周翰
籍田賦　王禹偁
端居賦　种放
大蒐賦　丁謂
洞庭賦　夏侯嘉正
矮松賦　王曾
聲賦　張詠

大宋文鑑一百五十卷　明正德十三年慎獨齋刻本

國朝文類七十卷　元刻本

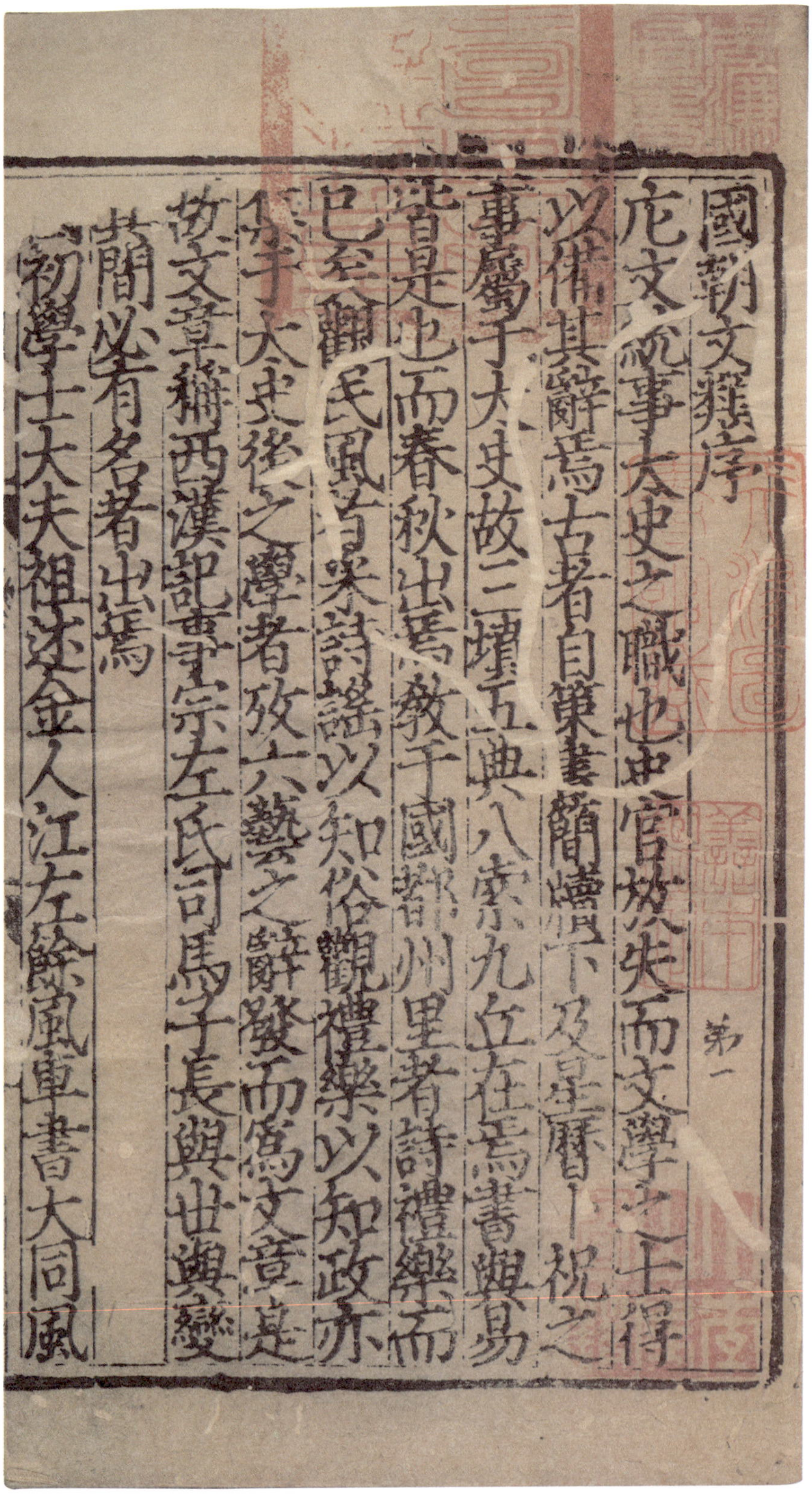
國朝文類序　第一

庀文統事太史之職也中官始失而文學之士得以備其辭焉古者自策書簡牘以下及星曆卜祝之事屬于太史故三墳五典八索九丘在焉書與易皆是也而春秋出焉教于國都州里者詩禮樂而已至於輶氏風旨采詩謠以知俗觀禮樂以知政亦係于太史後之學者攷六藝之辭發而為文章是故文章稱西漢記事宗左氏司馬子長與世與變者間必有名者出焉

國初學士大夫祖述金人江左餘風車書大同風

國朝文類卷第一

賦

瑟賦

熊朋來

庖犧氏之創物兮始弦桐以爲瑟象離三之虛中兮戴九梁而洞越弦大衍之五十兮不勝悲而半析浩朱襄之飄兮肇五弦於士達瞽三之爲十有五兮重華作而增八灑有番弦兮或二十而羸七必五五而殖定兮與天數以爲一紛弦樂之殊名兮皆放此而後出夫是以稱樂器之宗兮莫敢擬大而度長歷炎黃而陶唐兮爲咸池之大章韶以詠而永言兮聲依永乎賡歌之明良及周爲雲和兮友之以龍門空桑想夫制作之妙侔倫[illegible]石夔拊手晏龍度左公輸斷右其長爲黃鍾者九兮倍其九以爲宫也其商爲頌瑟兮其宫以爲雅奏也夫惟瑟聲有歌所主弦二十有五兮五[illegible]地七[illegible]

國朝文類七十卷　元刻本

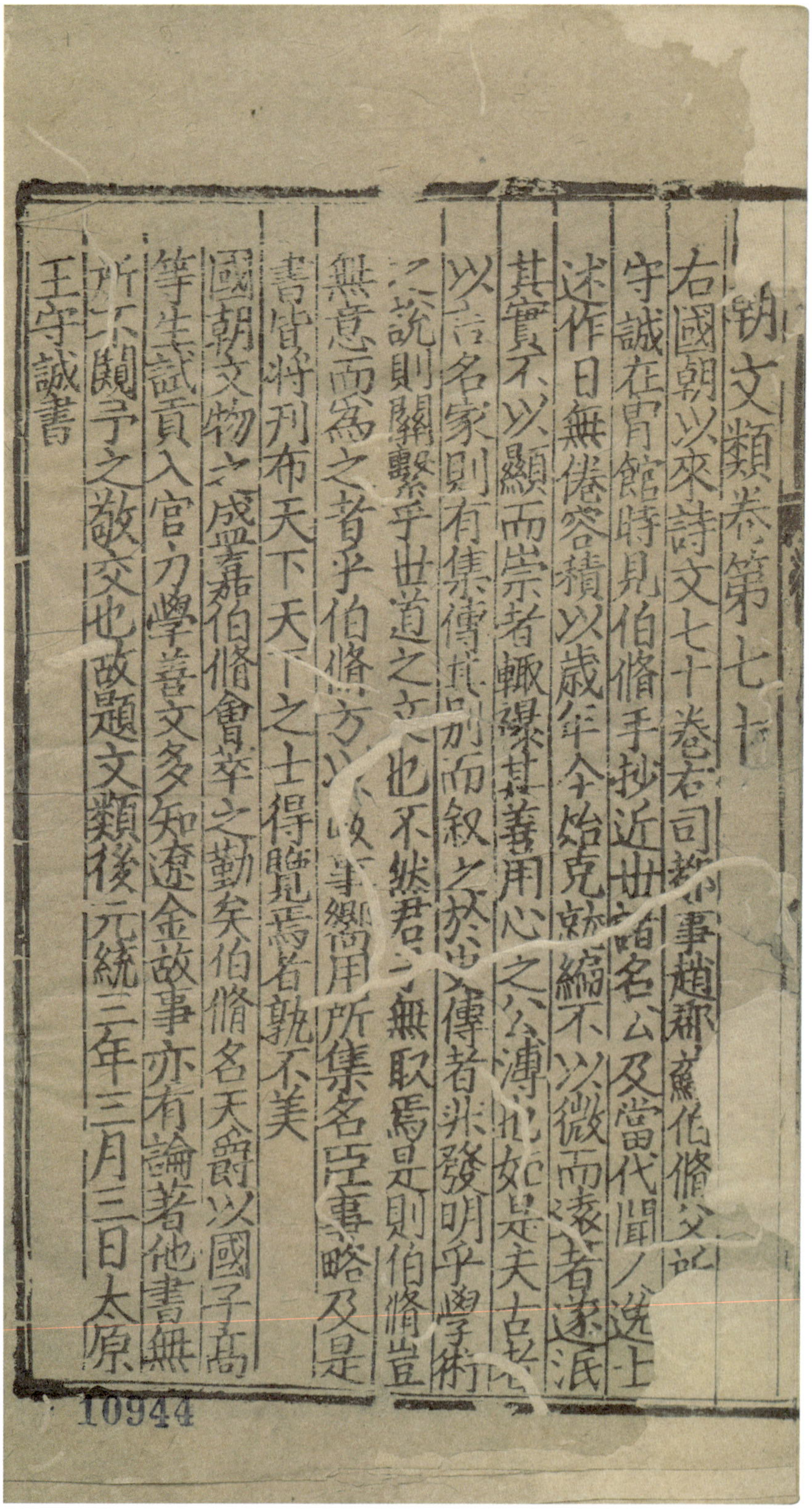

國朝文類卷第七十

右國朝以來詩文七十卷右司都事趙郡蘇伯脩父所
守誠在胄館時見伯脩手抄近世諸名公及當代聞人逸士
述作日無倦容積以歲年今始克就編不以微而遠者遂泯
其實不以顯而崇者輙録其善用心之公溥也如是夫古者
以言名家則有集傳其別而叙之於史傳者非發明乎學術
之說則關繫乎世道之文也不然君子無取焉是則伯脩豈
無意而爲之者乎伯脩方以政事繁用所集名臣事略及是
書皆將刊布天下天下之士得覽焉者孰不美
國朝文物之盛嘉伯脩會萃之勤矣伯脩名天爵以國子高
等生試貢入官力學善文多知遼金故事亦有論著他書無
所不闚予之敬交也故題文類後元統三年三月三日太原
王守誠書

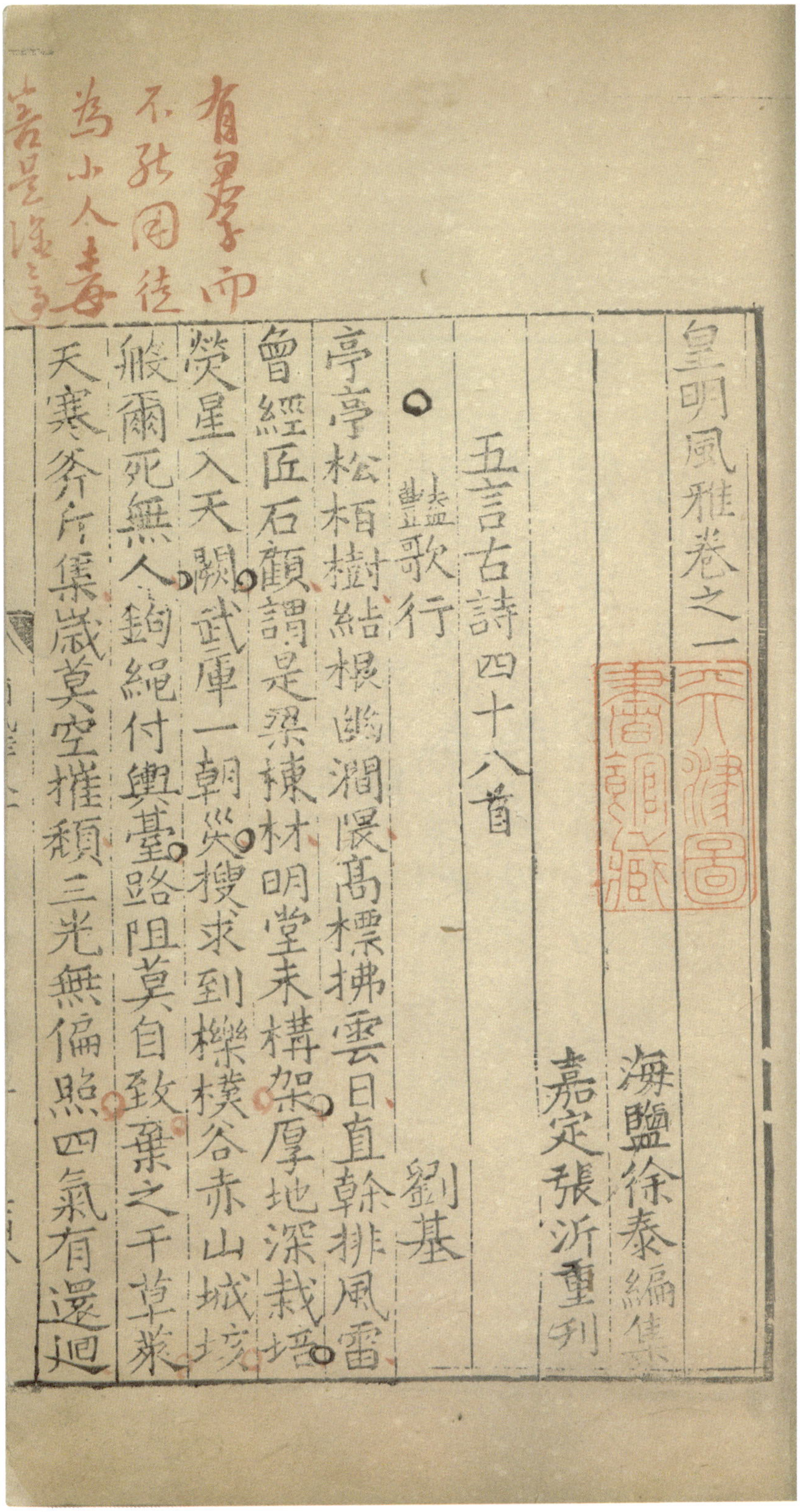

有學而不能用徒為小人毒
天津圖書館藏
皇明風雅卷之一
海鹽徐泰編集
嘉定張沂重刊
五言古詩四十八首
○艷歌行　劉基
亭亭松柏樹結根幽澗隈高標拂雲日直榦排風雷
曾經匠石顧謂是梁棟材明堂未構架厚地深栽培
熒星入天闕武庫一朝災搜求到櫟樸谷赤山城垓
般爾死無人鉤繩付輿臺路阻莫自致棄之于草萊
天寒斧斤集歲莫空摧頹三光無偏照四氣有還迴

皇明風雅四十卷　明嘉靖十二年張沂刻本

皇明文選二十卷　明嘉靖三十三年刻本

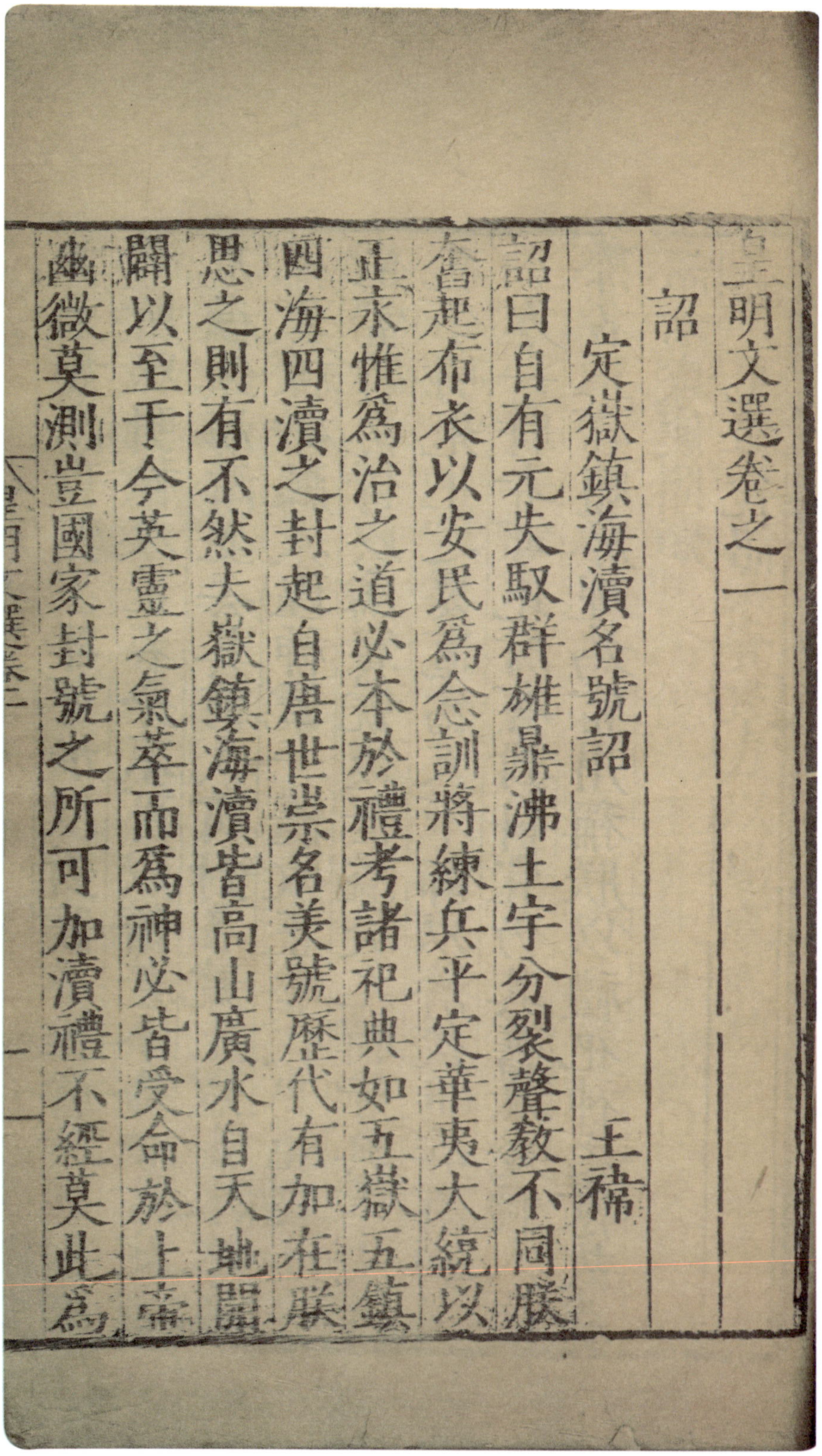
皇明文選卷之一

詔

定嶽鎮海瀆名號詔　王禕

詔曰自有元失馭群雄鼎沸土宇分裂聲敎不同朕
奮起布衣以安民爲念訓將練兵平定華夷大統以
正永惟爲治之道必本於禮考諸祀典如五嶽五鎮
四海四瀆之封起自唐世崇名美號歷代有加在朕
思之則有不然夫嶽鎮海瀆皆高山廣水自天地開
闢以至于今英靈之氣萃而爲神必皆受命於上帝
幽微莫測豈國家封號之所可加瀆禮不經莫此爲

皇明文選卷之一　一

吳都文粹十卷　清活字印本

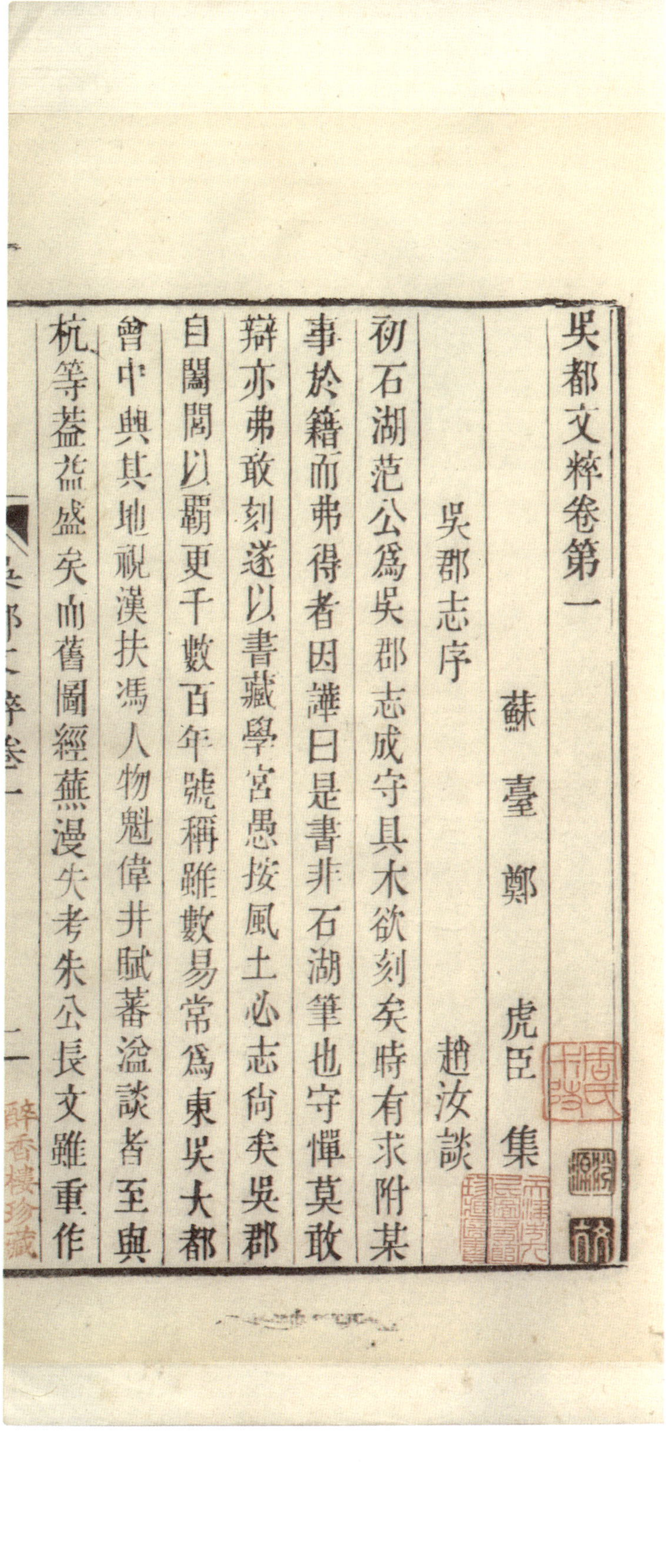
吳都文粹卷第一

蘇臺鄭　虎臣　集

吳郡志序　　　趙汝談

初石湖范公爲吳郡志成守具木欲刻矣時有求附某事於籍而弗得者因譁曰是書非石湖筆也守憚莫敢辯亦弗敢刻遂以書藏學宮愚按風土必志尙矣吳郡自闔閭以覇更千數百年號稱雖數易常爲東吳大都會中興其地視漢扶馮人物魁偉井賦蕃溢談者至與杭等蓋𥁞盛矣而舊圖經蕪漫失考朱公長文雖重作

吳都文粹卷一　一

雍音四卷　明嘉靖二十七年清渭草堂刻本

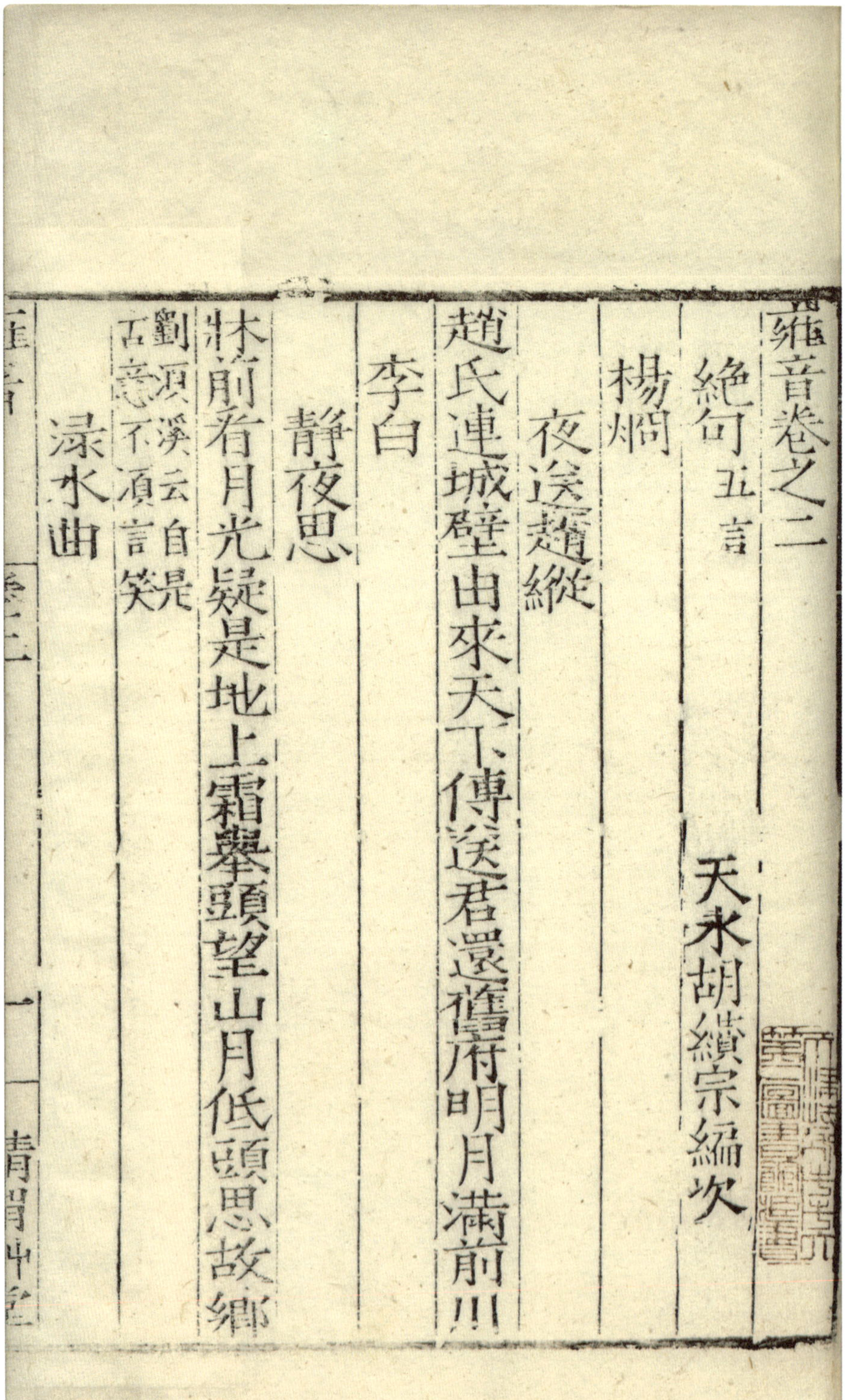
雍音卷之二

絶句五言

楊烱　天水胡纘宗編次

夜送趙縱

趙氏連城璧由來天下傳送君還舊府明月滿前川

李白

靜夜思

牀前看月光疑是地上霜舉頭望山月低頭思故鄉

劉須溪云自是古意不須言笑

淥水曲

雍音　卷二　一　清渭草堂

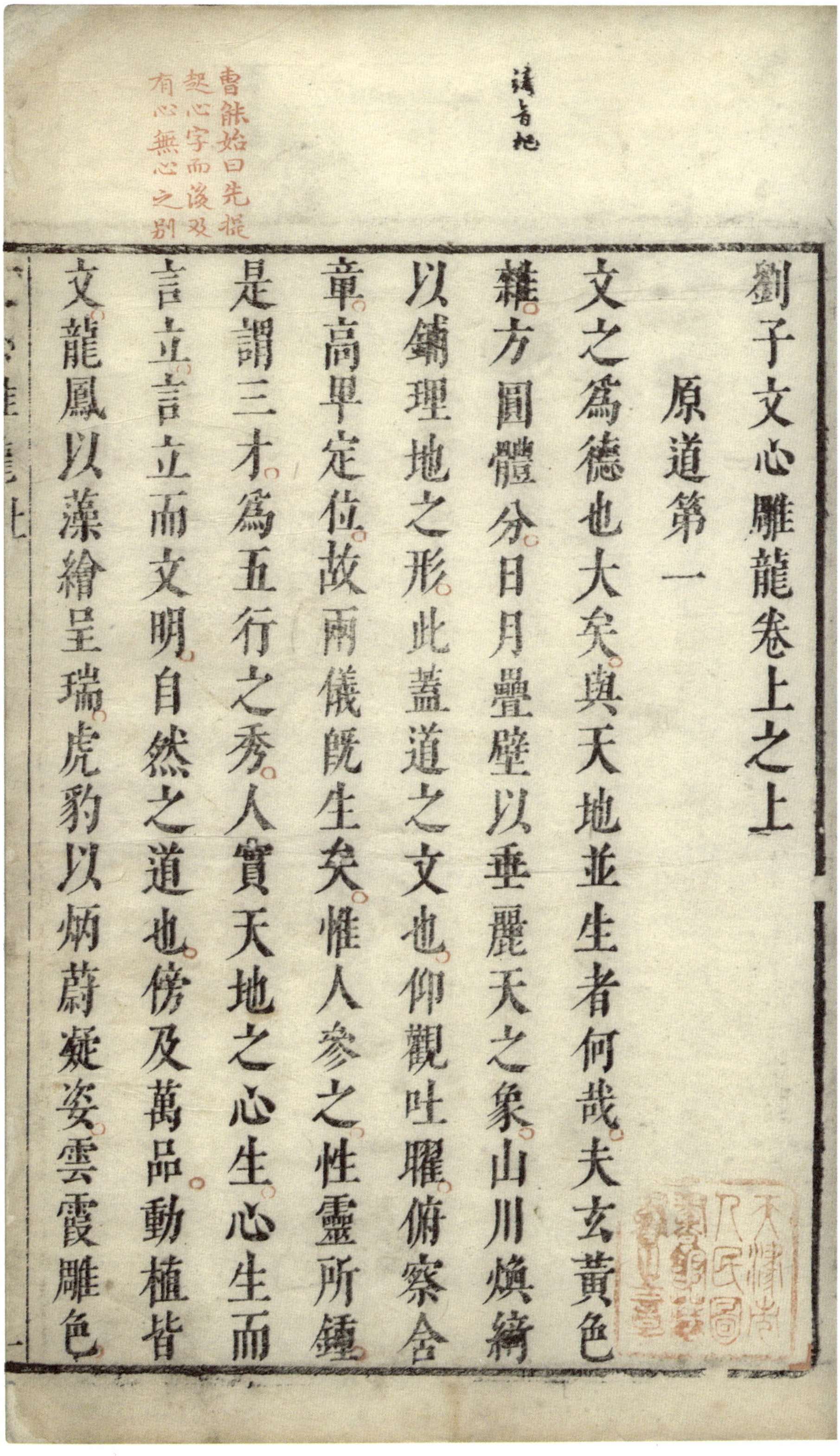
曹能始曰先提起心字而後及有心無心之别

劉子文心雕龍卷上之上

原道第一

文之爲德也大矣與天地並生者何哉夫玄黃色雜方圓體分日月疊壁以垂麗天之象山川煥綺以鋪理地之形此蓋道之文也仰觀吐曜俯察含章高卑定位故兩儀既生矣惟人參之性靈所鍾是謂三才爲五行之秀人實天地之心生心生而言立言立而文明自然之道也傍及萬品動植皆文龍鳳以藻繪呈瑞虎豹以炳蔚凝姿雲霞雕色

劉子文心雕龍二卷　明閔繩初刻五色套印本

增修詩話總龜四十八卷　明嘉靖二十四年宗室月窻道人刻本

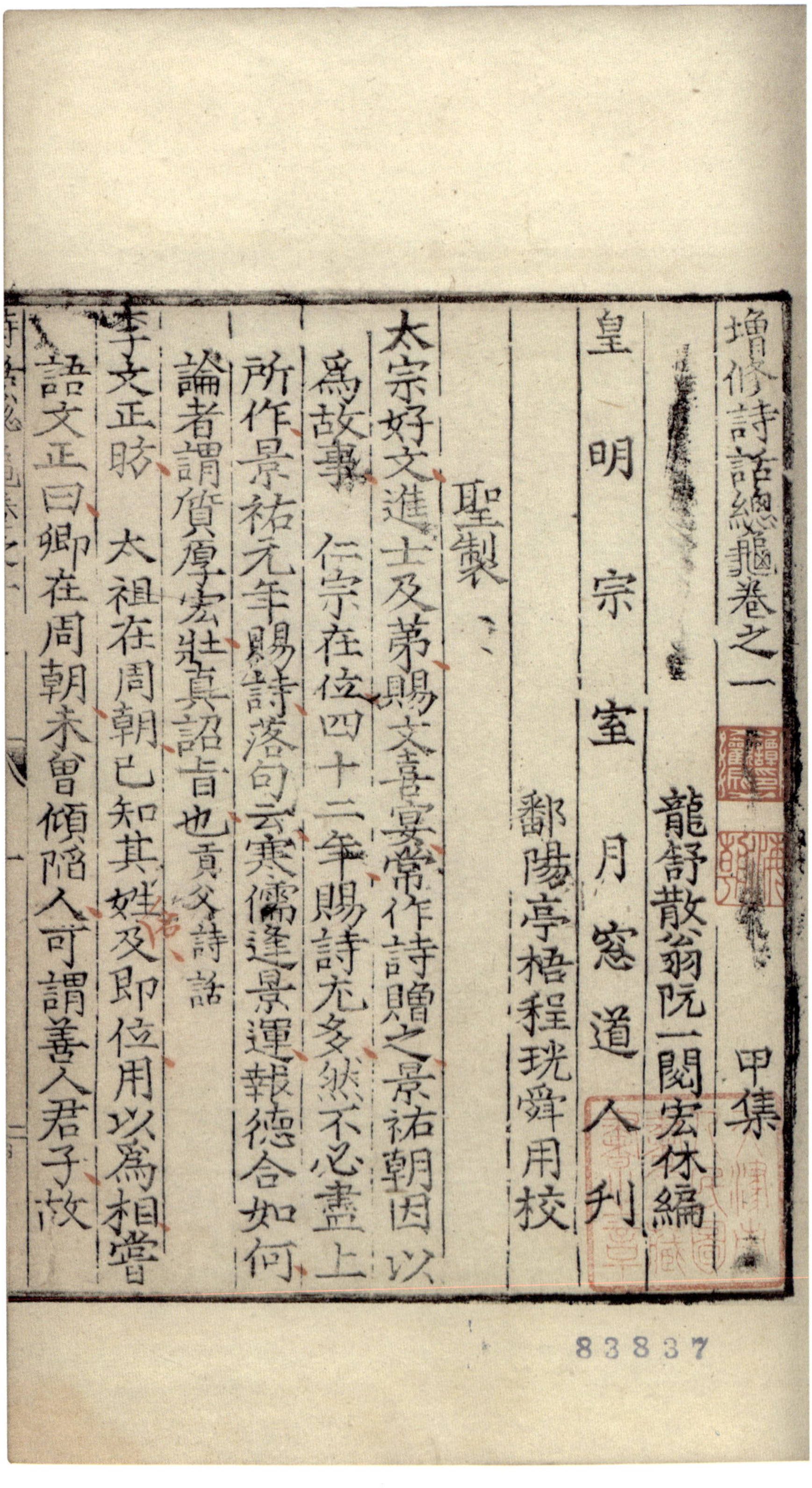
增修詩話總龜卷之一　甲集

龍舒散翁阮一閲宏休編

皇明宗室月窻道人刋

鄱陽亭梧程珖舜用校

聖製

太宗好文進士及第賜文喜宴常作詩贈之景祐朝因以爲故事　仁宗在位四十二年賜詩尤多然不必盡上所作景祐元年賜詩落句云寒儒逢景運報德合如何論者謂質厚宏壯真詔旨也貢父詩話

李文正昉　太祖在周朝已知其姓及即位用以爲相嘗語文正曰卿在周朝未曾傾陷人可謂善人君子故

定一級

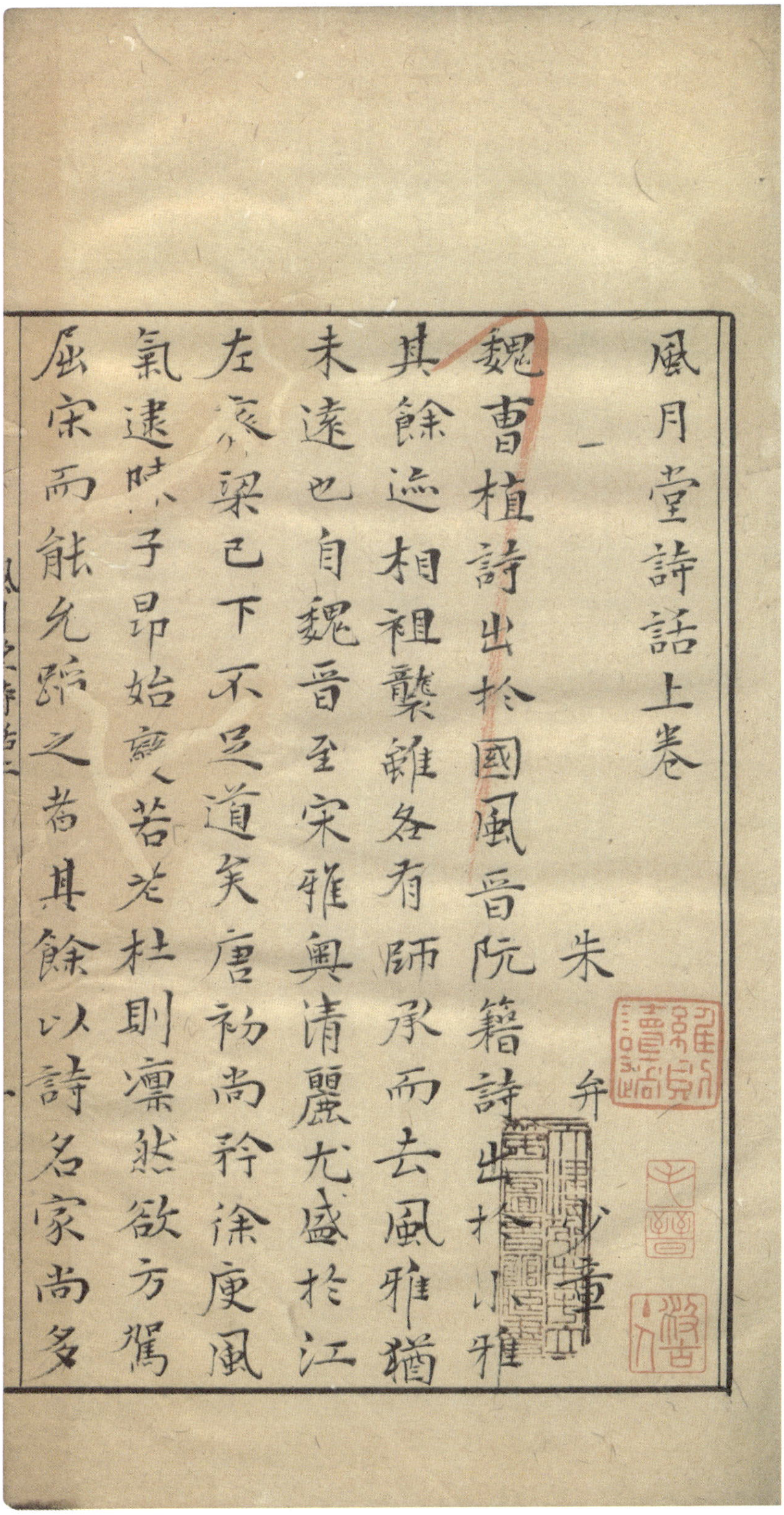
風月堂詩話上卷
一　　　　朱　弁　少章
魏曹植詩出於國風晉阮籍詩出於小雅
其餘遞相祖襲雖各有師承而去風雅猶
未遠也自魏晉至宋雅與清麗尤盛於江
左齊梁已下不足道矣唐初尚矜徐庾風
氣逮時子昂始變若老杜則凜然欲方駕
屈宋而能兼之者其餘以詩名家尚多

風月堂詩話三卷　清鈔本

四六談麈一卷　清醉經樓鈔本

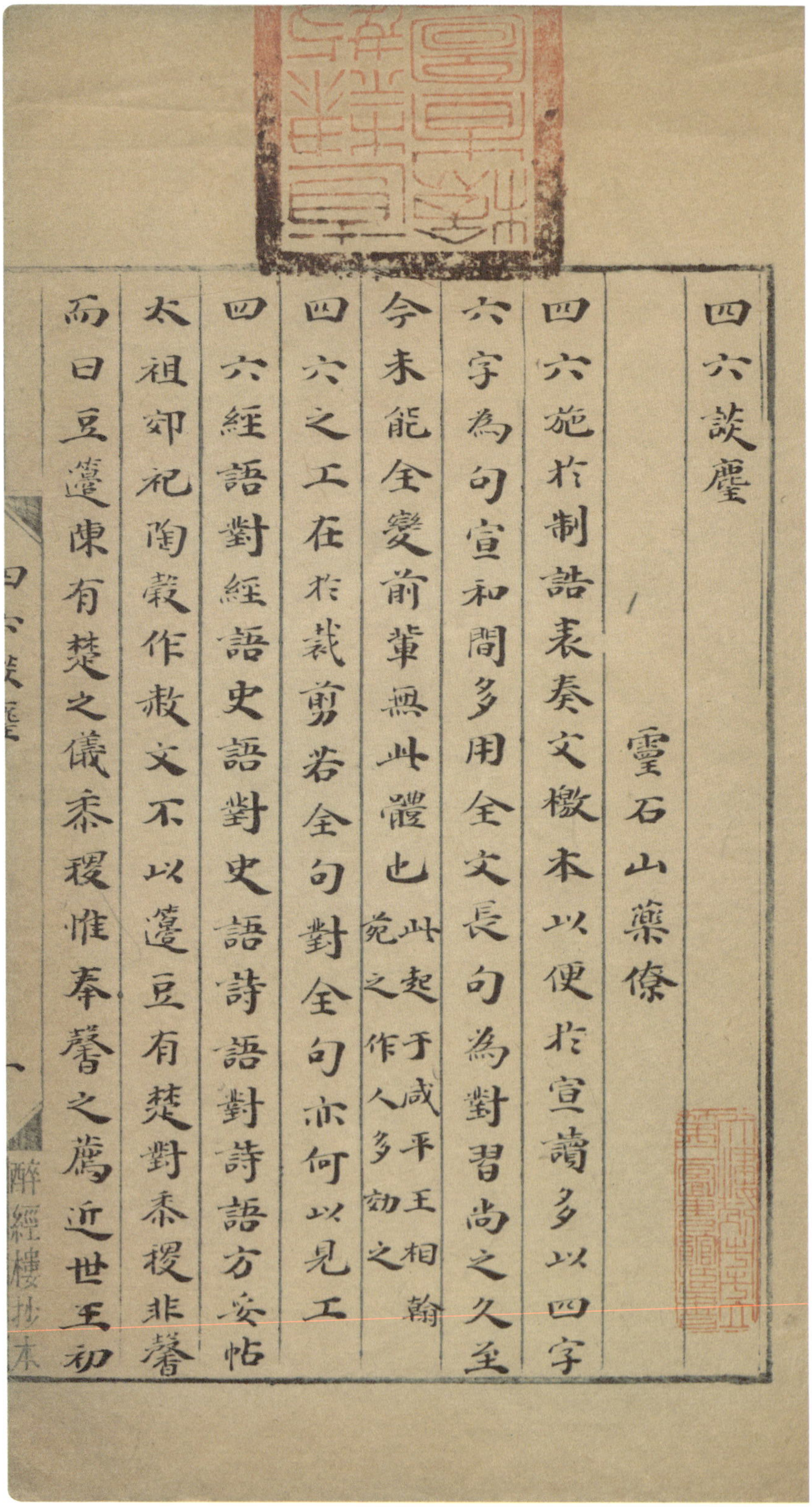

四六談麈

霅石山藥條

四六施於制誥表奏文檄本以便於宣讀多以四字六字為句宣和間多用全文長句為對習尚之久至今未能全變前輩無此體也此起于咸平王相翰苑之作人多効之四六之工在於裁剪若全句對全句亦何以見工四六經語對經語史語對史語詩語對詩語方妥帖太祖郊祀陶穀作赦文不以籩豆有楚對黍稷非馨而曰豆籩陳有楚之儀黍稷惟奉馨之薦近世王初

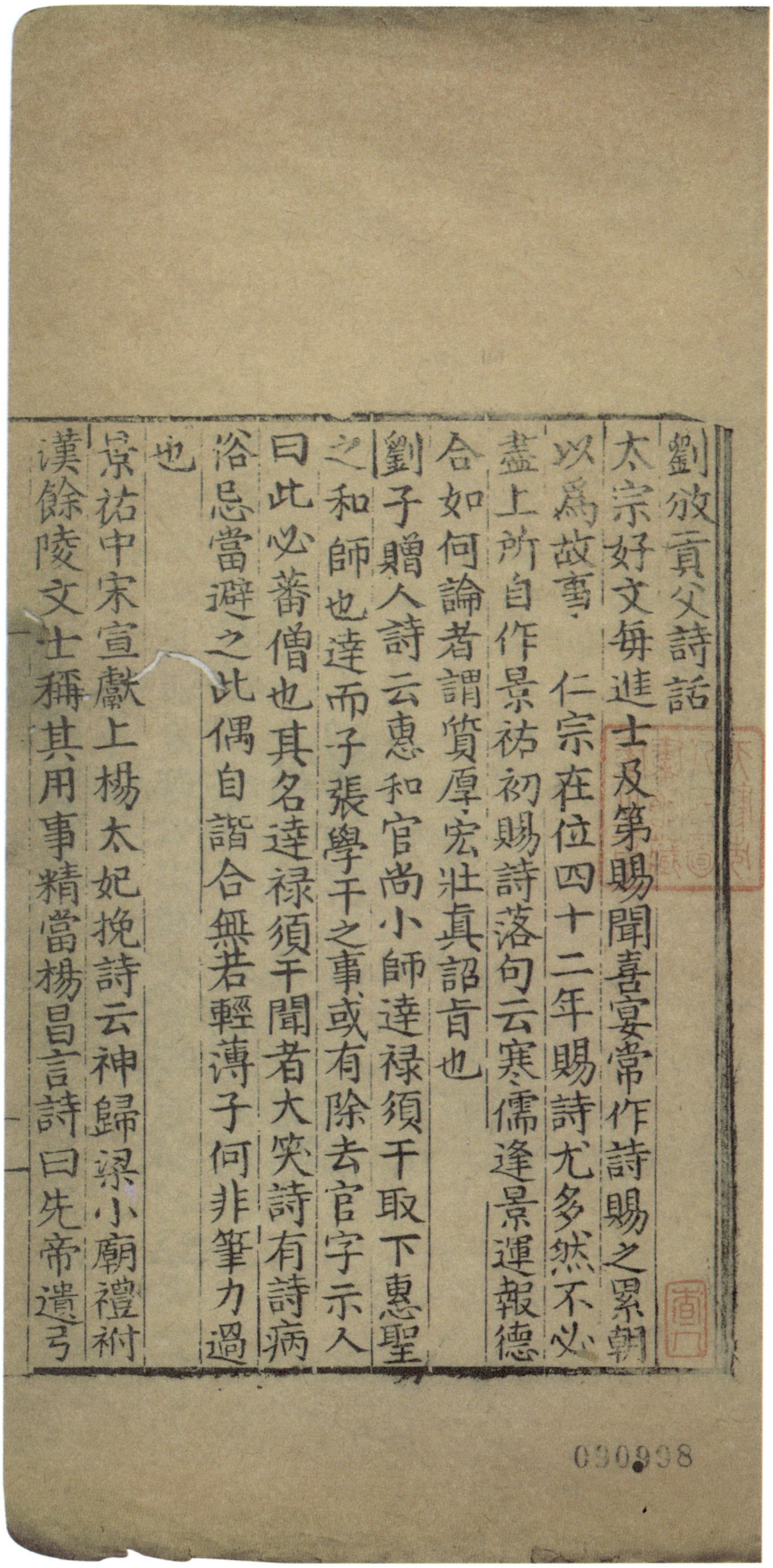
劉攽貢父詩話
太宗好文每進士及第賜聞喜宴常作詩賜之累朝以爲故事　仁宗在位四十二年賜詩尤多然不必盡上所自作景祐初賜詩落句云寒儒逢景運報德合如何論者謂質厚宏壯真詔旨也
劉子贈人詩云惠和官尚小師達祿須干取下惠聖之和師也達而子張學干之事或有除去官字示人曰此必蕃僧也其名達祿須干聞者大笑詩有詩病浴忌當避之此偶自諧合無若輕薄子何非筆力過也
景祐中宋宣獻上楊太妃挽詩云神歸梁小廟禮祔漢餘陵文士稱其用事精當楊昌言詩曰先帝遺弓

劉攽貢父詩話一卷　明弘治刻百川學海本

東萊呂紫微詩話一卷　明弘治刻百川學海本

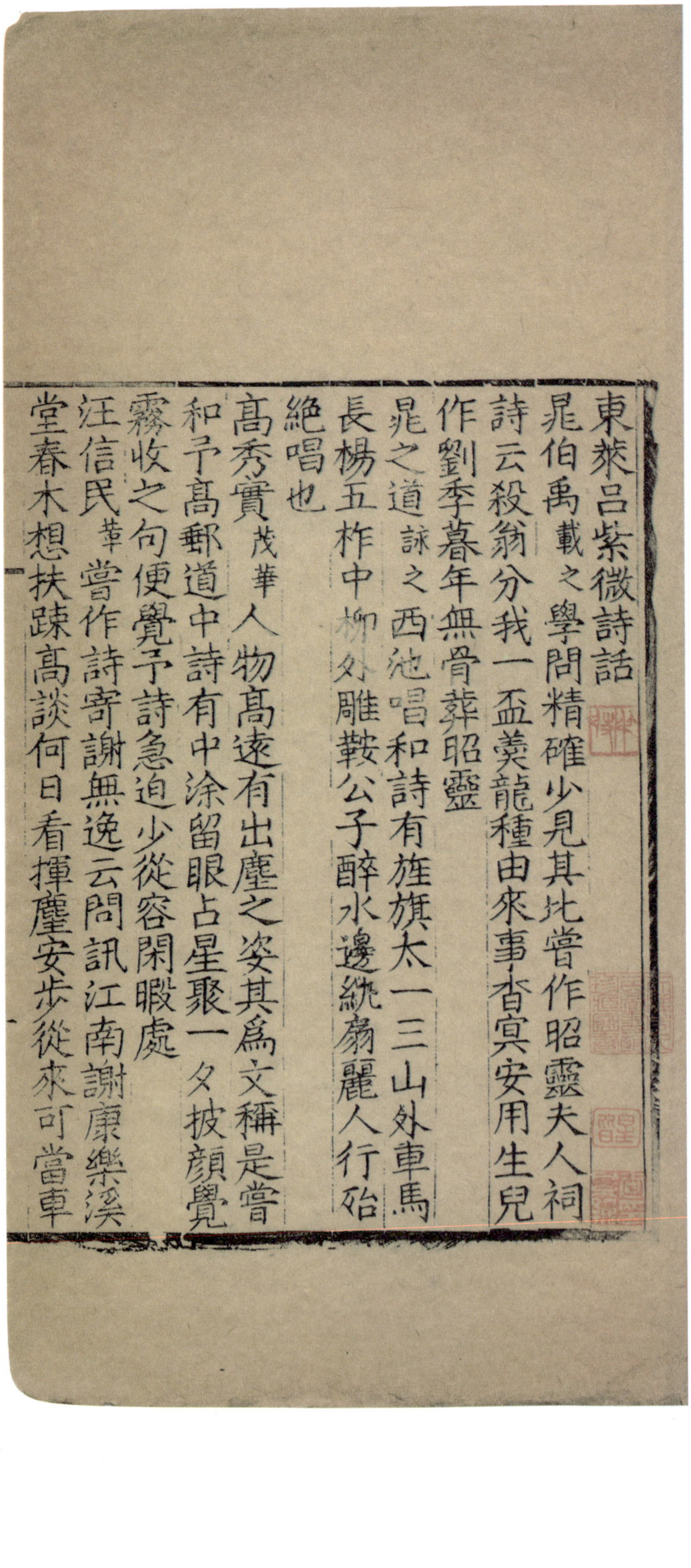
東萊呂紫微詩話
晁伯禹載之學問精確少見其比嘗作昭靈夫人祠
詩云殺翁分我一盃羮龍種由來事杳冥安用生兒
作劉季暮年無骨葬昭靈
晁之道詠之西池唱和詩有旌旗太一三山外車馬
長楊五柞中柳外雕鞍公子醉水邊紈扇麗人行殆
絶唱也
高秀實茂華人物高遠有出塵之姿其爲文稱是嘗
和予高郵道中詩有中涂留眼占星聚一夕披顔覺
霧收之句便覺予詩急迫少從容閑暇處
汪信民革嘗作詩寄謝無逸云問訊江南謝康樂溪
堂春木想扶踈高談何日看揮麈安步從來可當車

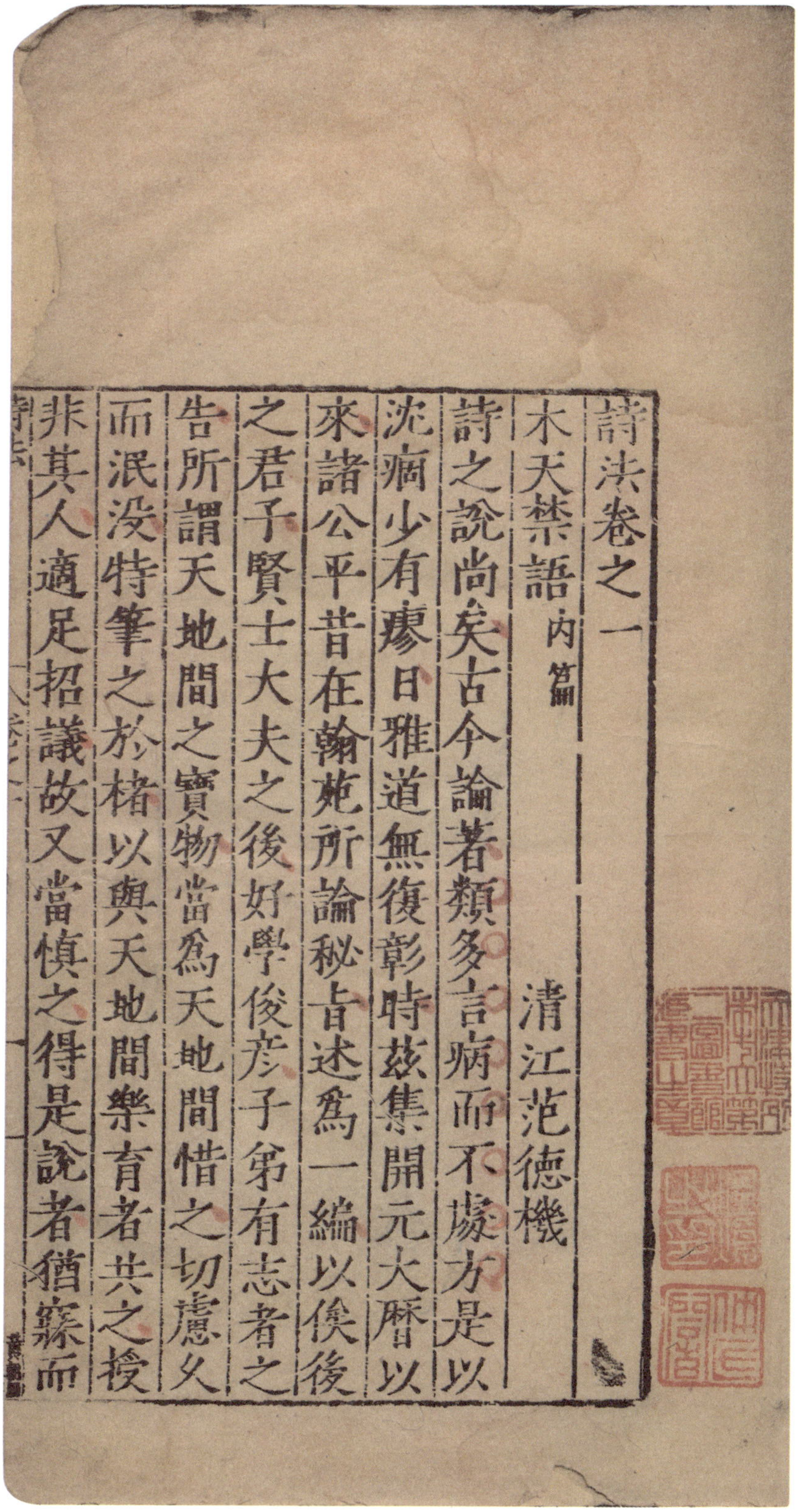

詩法卷之一

木天禁語　内篇

清江范德機

詩之說尚矣古今論著類多言病而不處方是以沈痼少有瘳日雅道無復彰時茲集開元大曆以來諸公平昔在翰苑所論秘旨述爲一編以俟後之君子賢士大夫之後好學俊彥子弟有志者之告所謂天地之實物當爲天地間惜之切慮久而泯沒特筆之於楮以與天地間樂育者共之授非其人適足招議故又當慎之得是說者猶寐而

詩法五卷　明嘉靖二年刻本

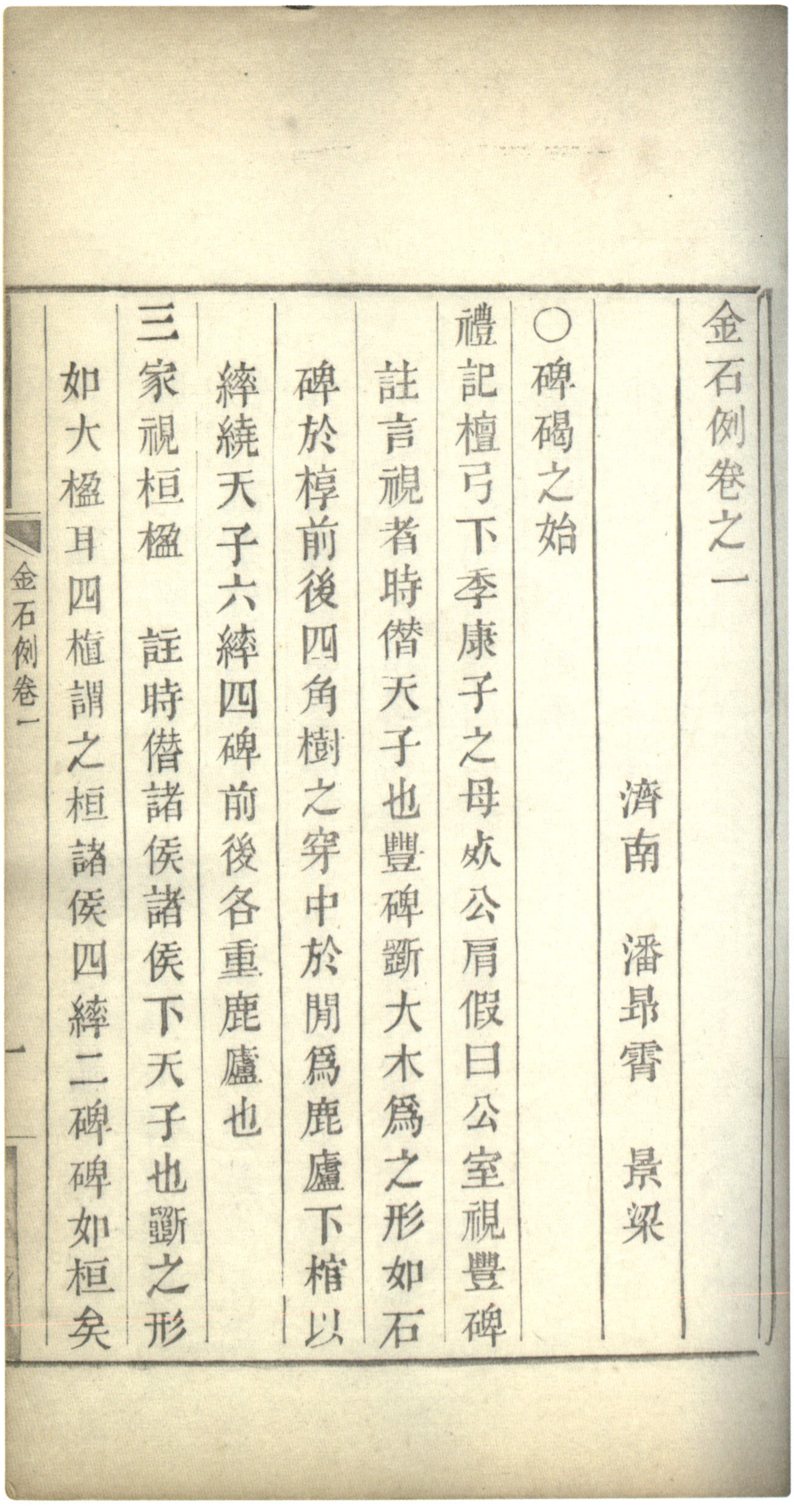
金石例卷之一

濟南 潘昂霄 景梁

○碑碣之始

禮記檀弓下季康子之母死公肩假曰公室視豐碑

註言視者時僭天子也豐碑斲大木爲之形如石

碑於椁前後四角樹之穿中於閒爲鹿盧下棺以

繂繞天子六繂四碑前後各重鹿盧也

三家視桓楹 註時僭諸侯諸侯下天子也斲之形

如大楹耳四植謂之桓諸侯四繂二碑碑如桓矣

金石例卷一 一

金石例四種十七卷

清道光十二年李瑤泥活字印本

金石例四種十七卷

清道光十二年李瑤泥活字印本

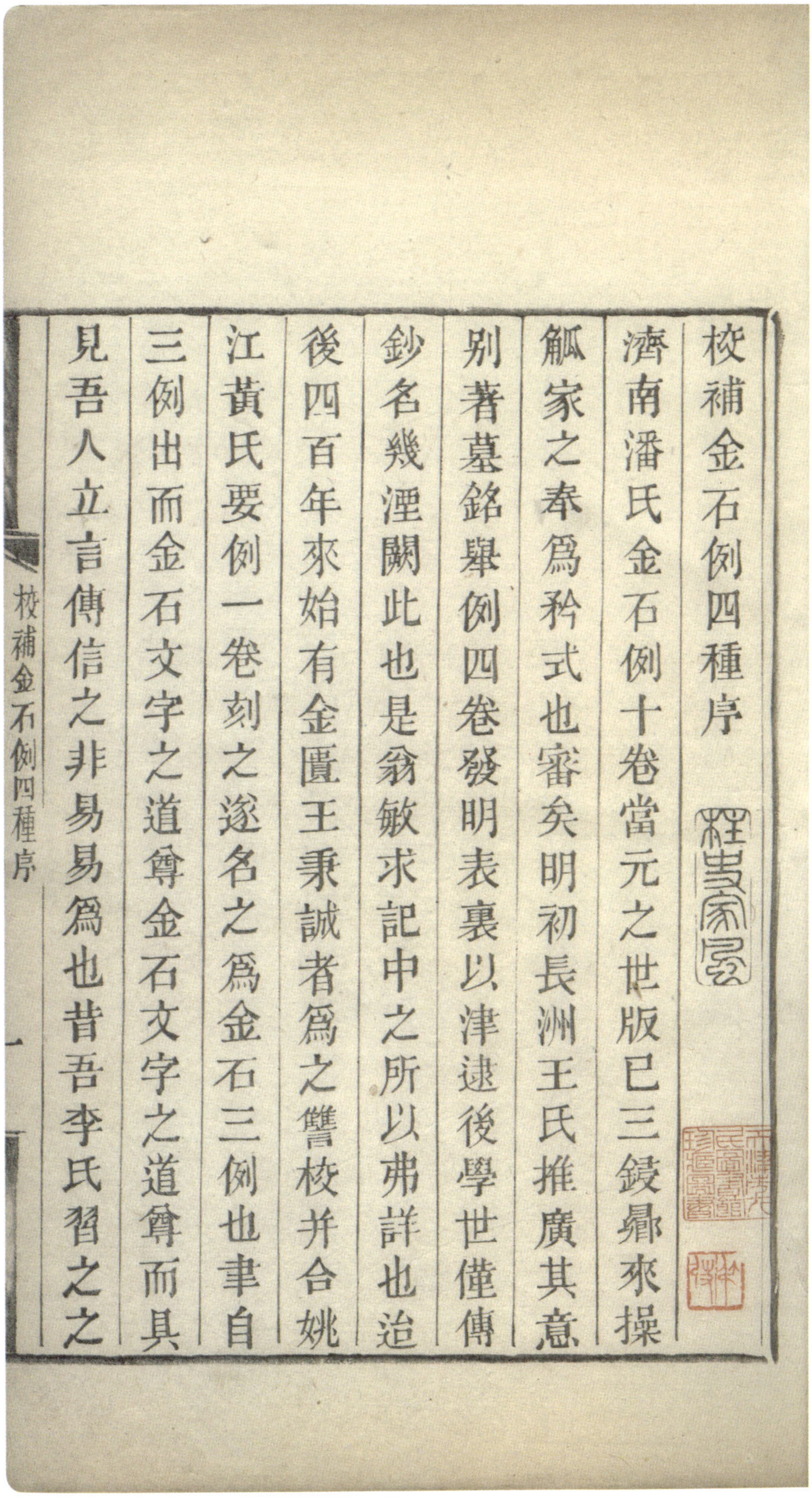
校補金石例四種序

濟南潘氏金石例十卷當元之世版巳三鋟鼎來操觚家之奉爲矜式也審矣明初長洲王氏推廣其意別著墓銘舉例四卷發明表裏以津逮後學世僅傳鈔名幾湮闕此也是翁敏求記中之所以弗詳也迨後四百年來始有金匱王秉誠者爲之讐校并合姚江黃氏要例一卷刻之遂名之爲金石三例也聿自三例出而金石文字之道尊金石文字之道尊而具見吾人立言傳信之非易易爲也昔吾李氏習之之

校補金石例四種序　一

金石例四種十七卷

清道光十二年李瑤泥活字印本

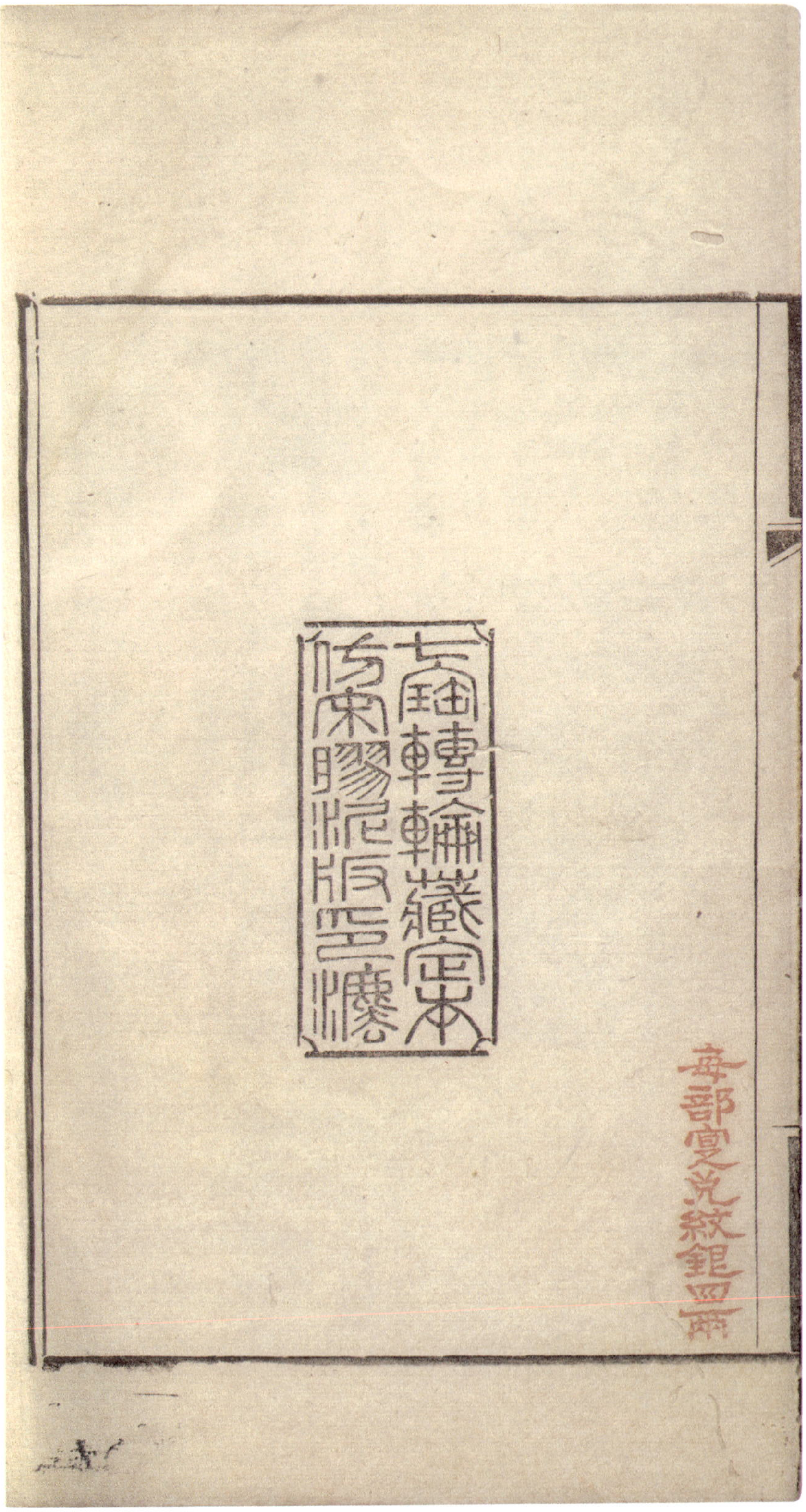

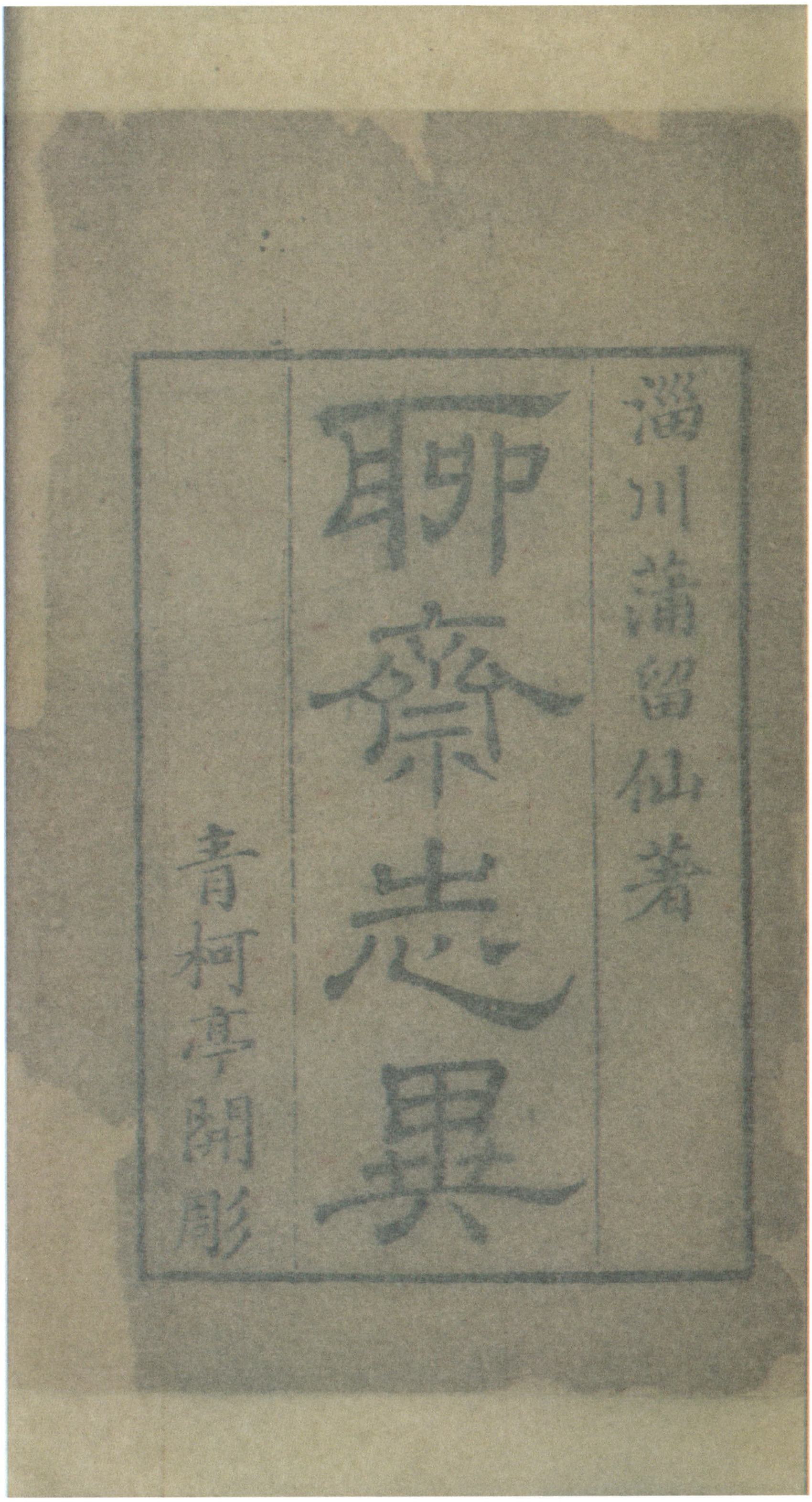

聊齋志異十六卷　清乾隆三十一年趙起杲青柯亭刻本

聊齋志異十六卷　清乾隆三十一年趙起杲青柯亭刻本

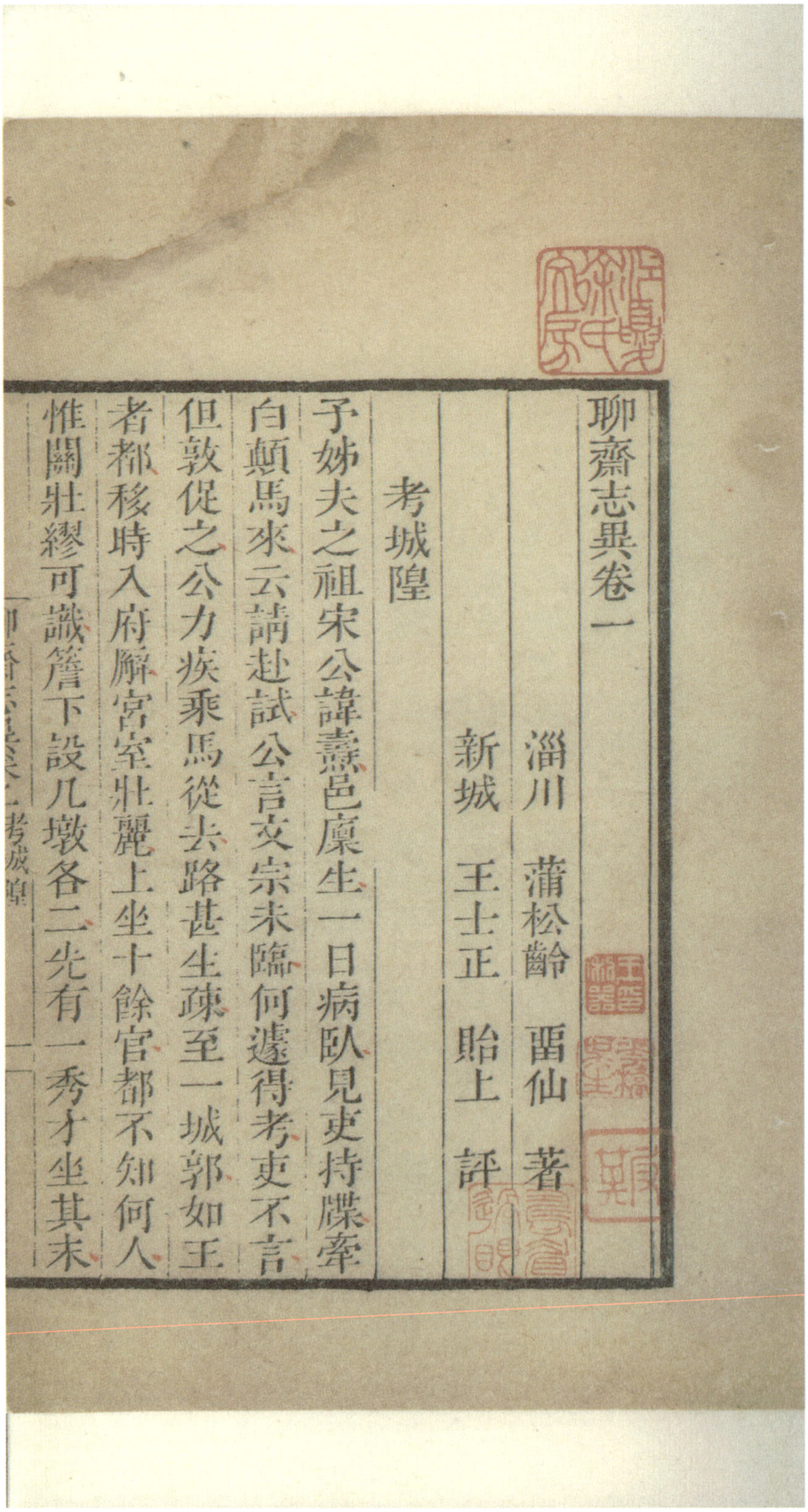

聊齋志異卷一

淄川　蒲松齡　留仙　著

新城　王士正　貽上　評

考城隍

予姊夫之祖宋公諱燾邑廩生一日病臥見吏持牒牽白顛馬來云請赴試公言文宗未臨何遽得考吏不言但敦促之公力疾乘馬從去路甚生疎至一城郭如王者都移時入府廨宮室壯麗上坐十餘官都不知何人惟關壯繆可識簷下設几墩各二先有一秀才坐其末

聊齋志異卷一　考城隍

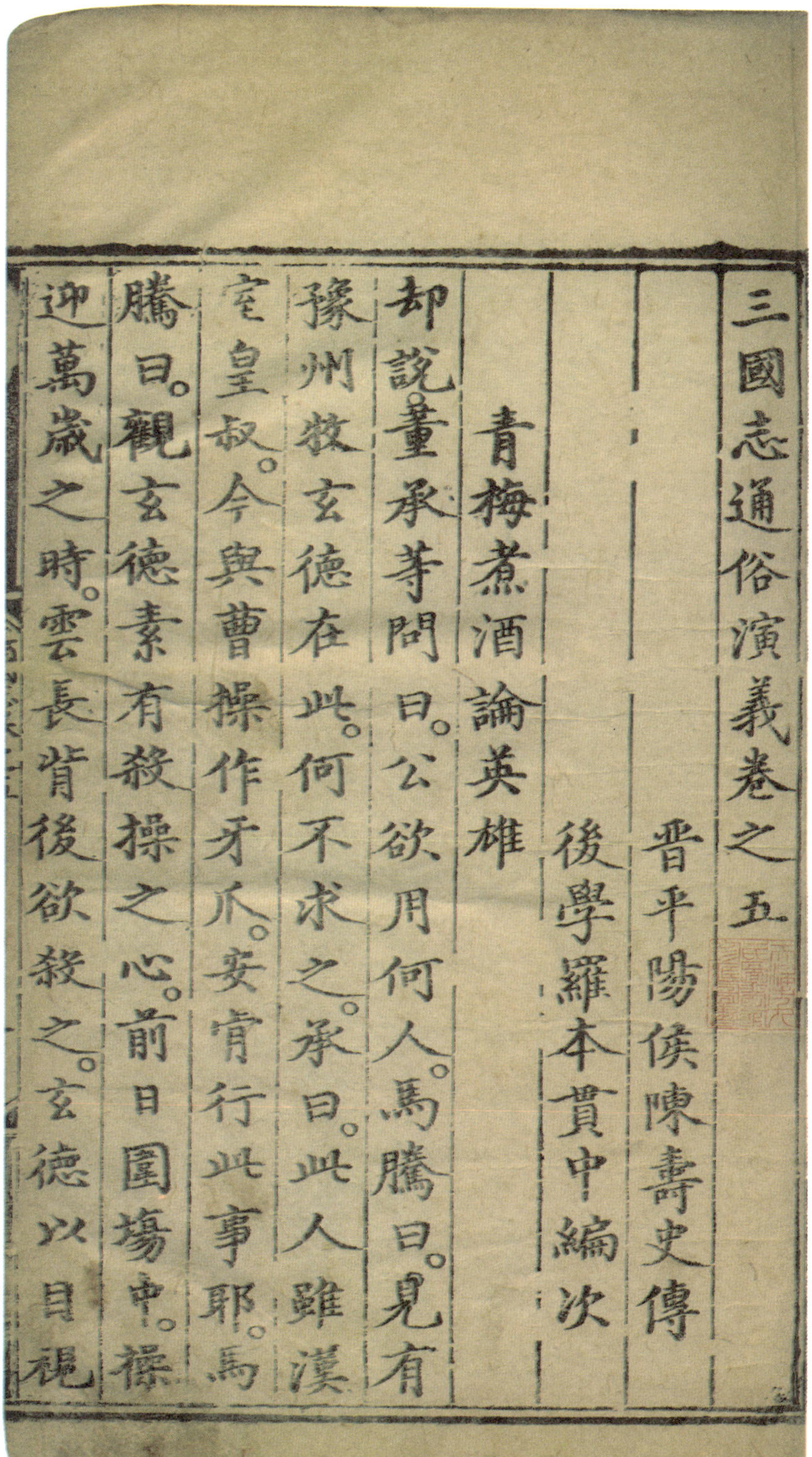

三國志通俗演義卷之五

晋平陽侯陳壽史傳

後學羅本貫中編次

青梅煮酒論英雄

却說董承等問曰。公欲用何人。馬騰曰。見有豫州牧玄德在此。何不求之。承曰。此人雖漢室皇叔。今與曹操作牙爪。安肯行此事耶。馬騰曰。觀玄德素有殺操之心。前日圍場中。操迎萬歲之時。雲長背後欲殺之。玄德以目視

三國志通俗演義二十四卷　明嘉靖元年刻本

唐宋名賢百家詞一百三十二卷 明鈔本

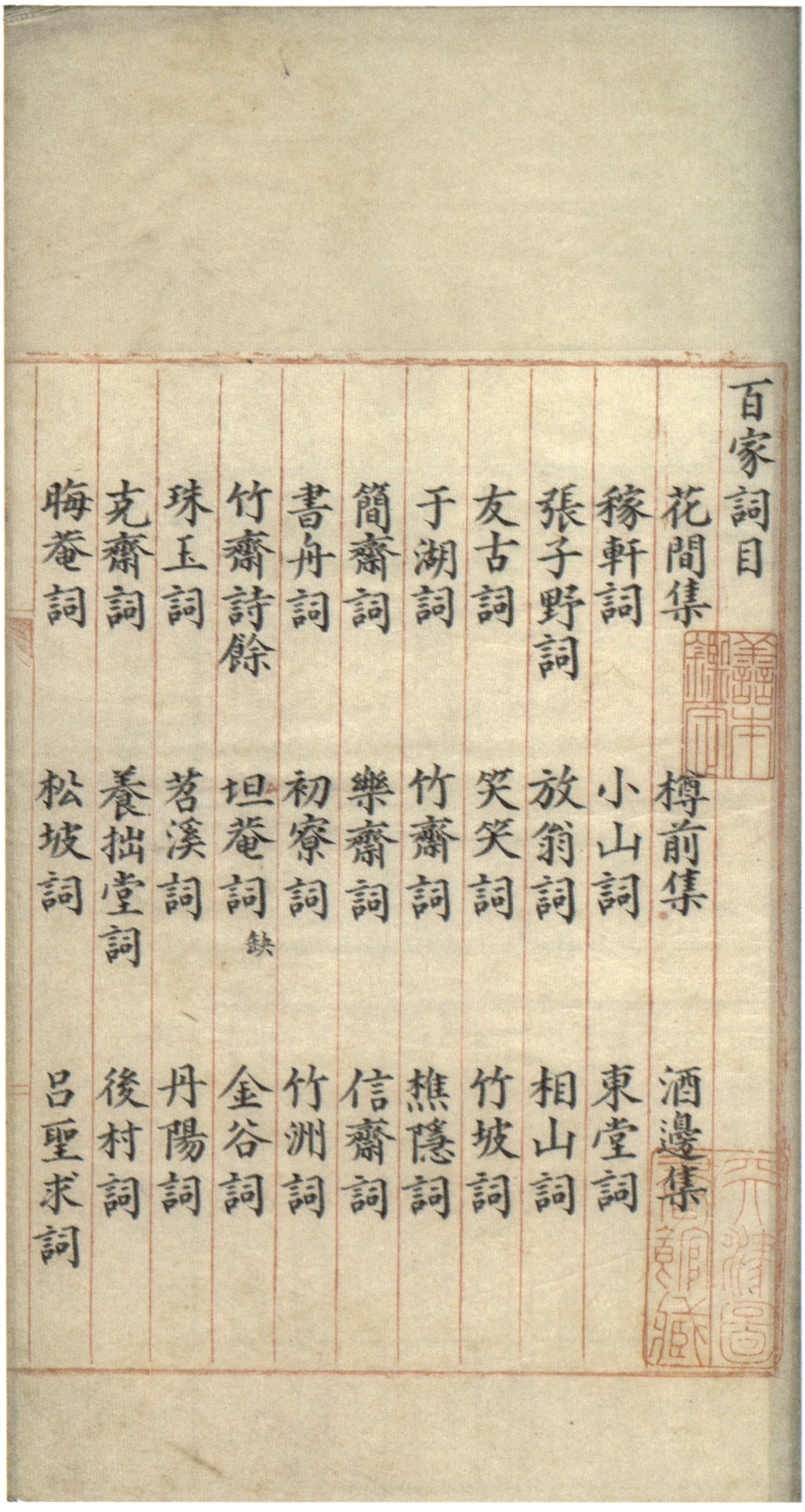

百家詞目

花間集 樽前集 酒邊集

稼軒詞 小山詞 東堂詞

張子野詞 放翁詞 相山詞

友古詞 笑笑詞 竹坡詞

于湖詞 竹齋詞 樵隱詞

簡齋詞 樂齋詞 信齋詞

書舟詞 初寮詞 竹洲詞

竹齋詩餘 坦菴詞缺 金谷詞

珠玉詞 茗溪詞 丹陽詞

克齋詞 養拙堂詞 後村詞

晦菴詞 松坡詞 呂聖求詞

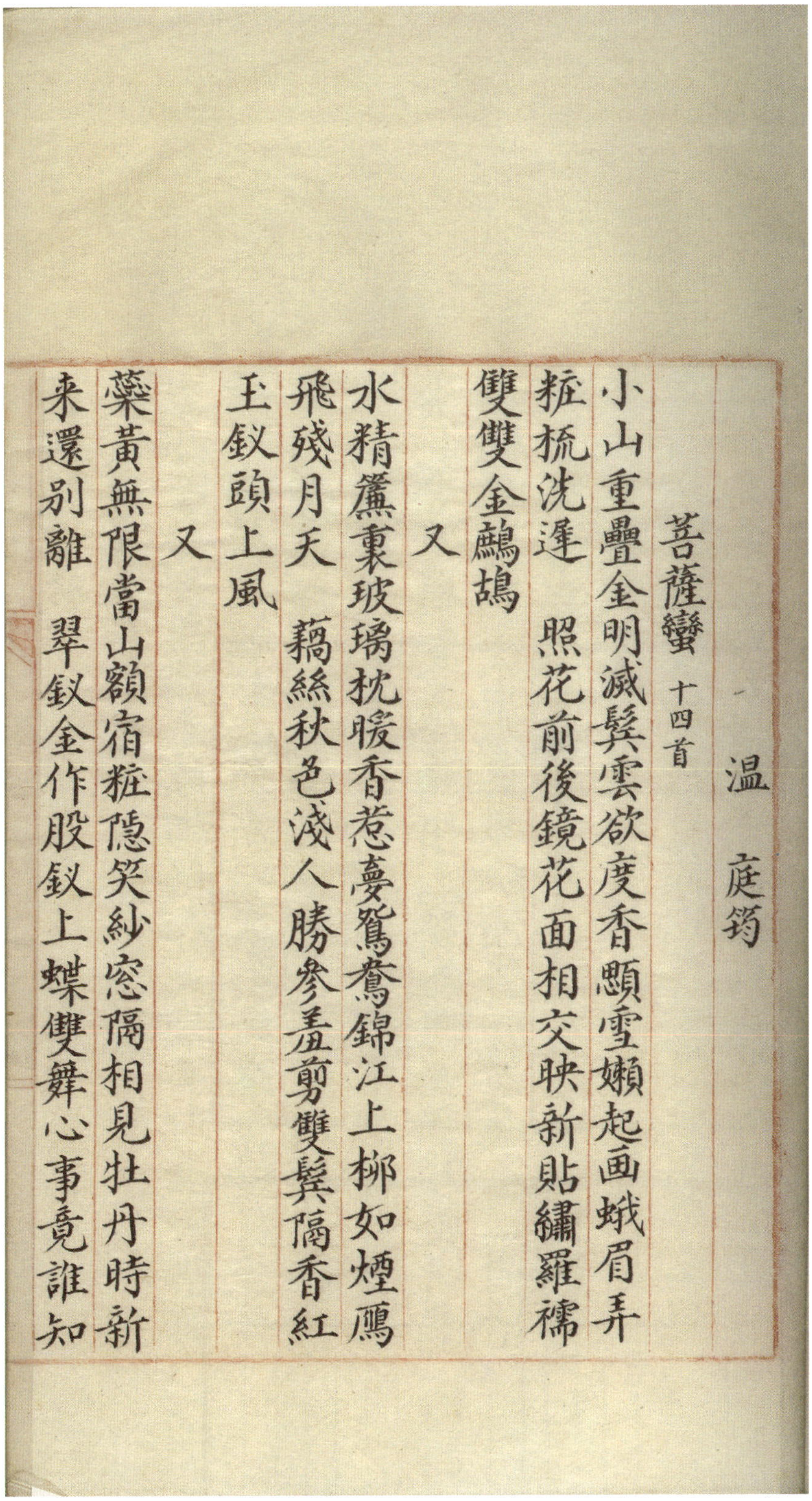

温　庭筠

菩薩蠻 十四首

小山重疊金明滅鬢雲欲度香顋雪嬾起画蛾眉弄粧梳洗遲　照花前後鏡花面相交映新貼繡羅襦雙雙金鷓鴣

又

水精簾裏玻璃枕暖香惹夢鴛鴦錦江上柳如煙鴈飛残月天　藕絲秋色淺人勝参差剪雙鬢隔香紅玉釵頭上風

又

蘂黃無限當山額宿粧隱笑紗窓隔相見牡丹時新来還别離　翠釵金作股釵上蝶雙舞心事竟誰知

唐宋名賢百家詞一百三十二卷　明鈔本

唐宋名賢百家詞一百三十二卷　明鈔本

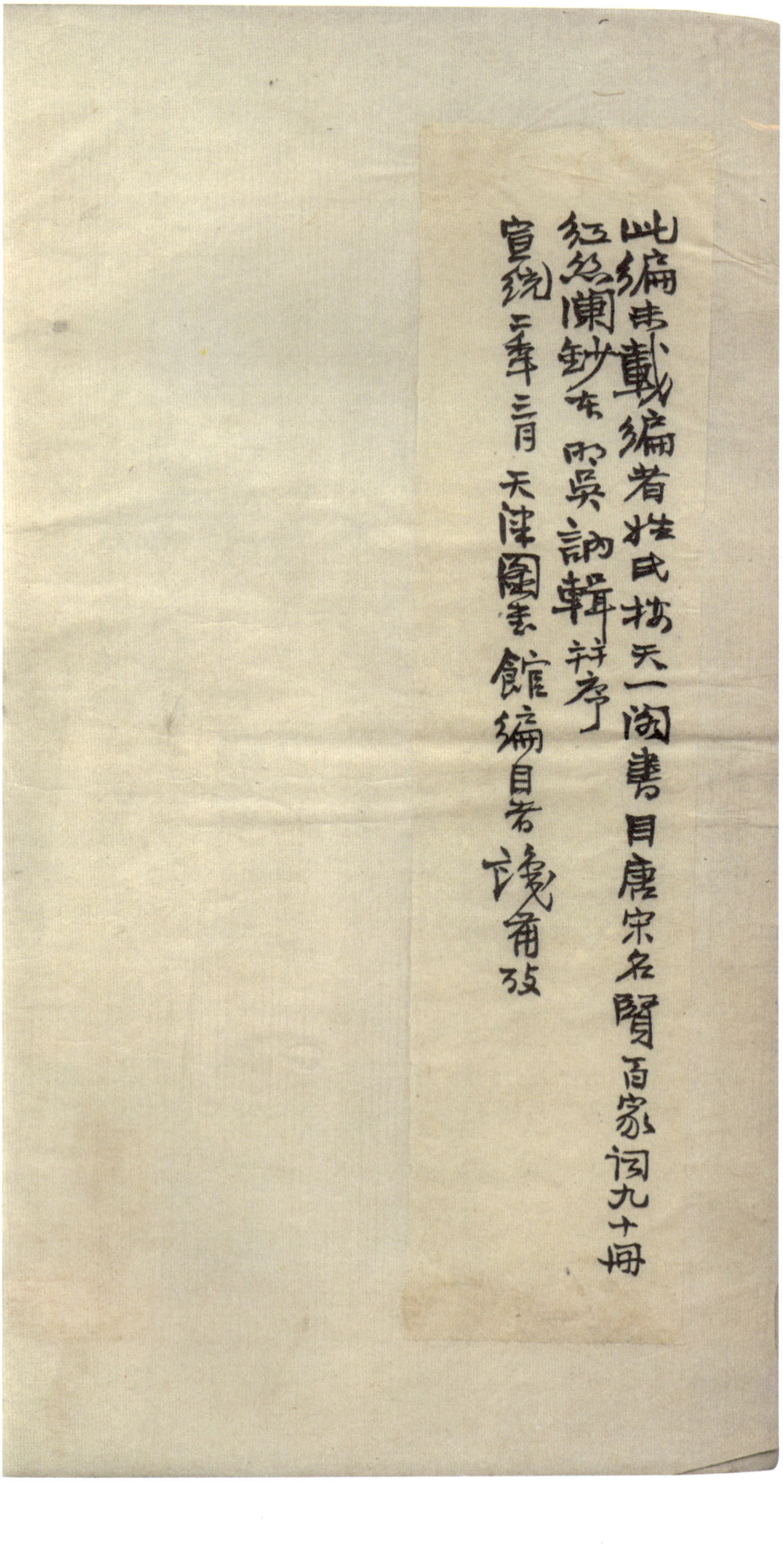

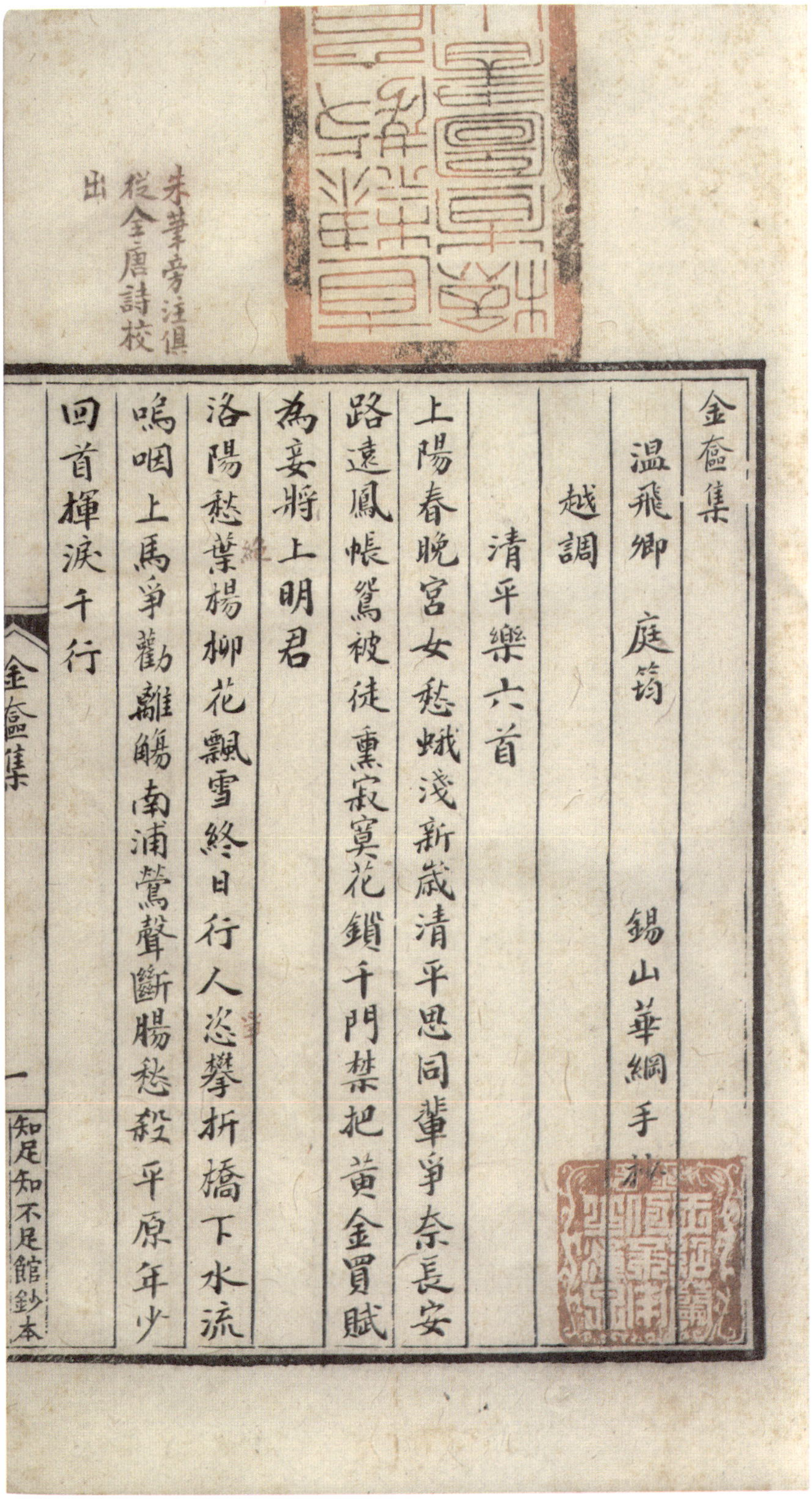

朱筆旁注俱從全唐詩校出

金奩集

溫飛卿 庭筠　　錫山華綗手抄

越調

清平樂六首

上陽春晚宮女愁蛾淺新歲清平思同輦爭奈長安
路遠鳳帳鴛被徒熏寂寞花鎖千門禁把黃金買賦
為妾將上明君
洛陽愁葉楊柳花飄雪終日行人恣攀折橋下水流
嗚咽上馬爭勸離觴南浦鶯聲斷腸愁殺平原年少
回首揮淚千行

金奩集　一　知足知不足館鈔本

唐宋八家詞八種十卷　清知足知不足館鈔本

宋名家詞六十一種九十卷 明毛氏汲古閣刻本

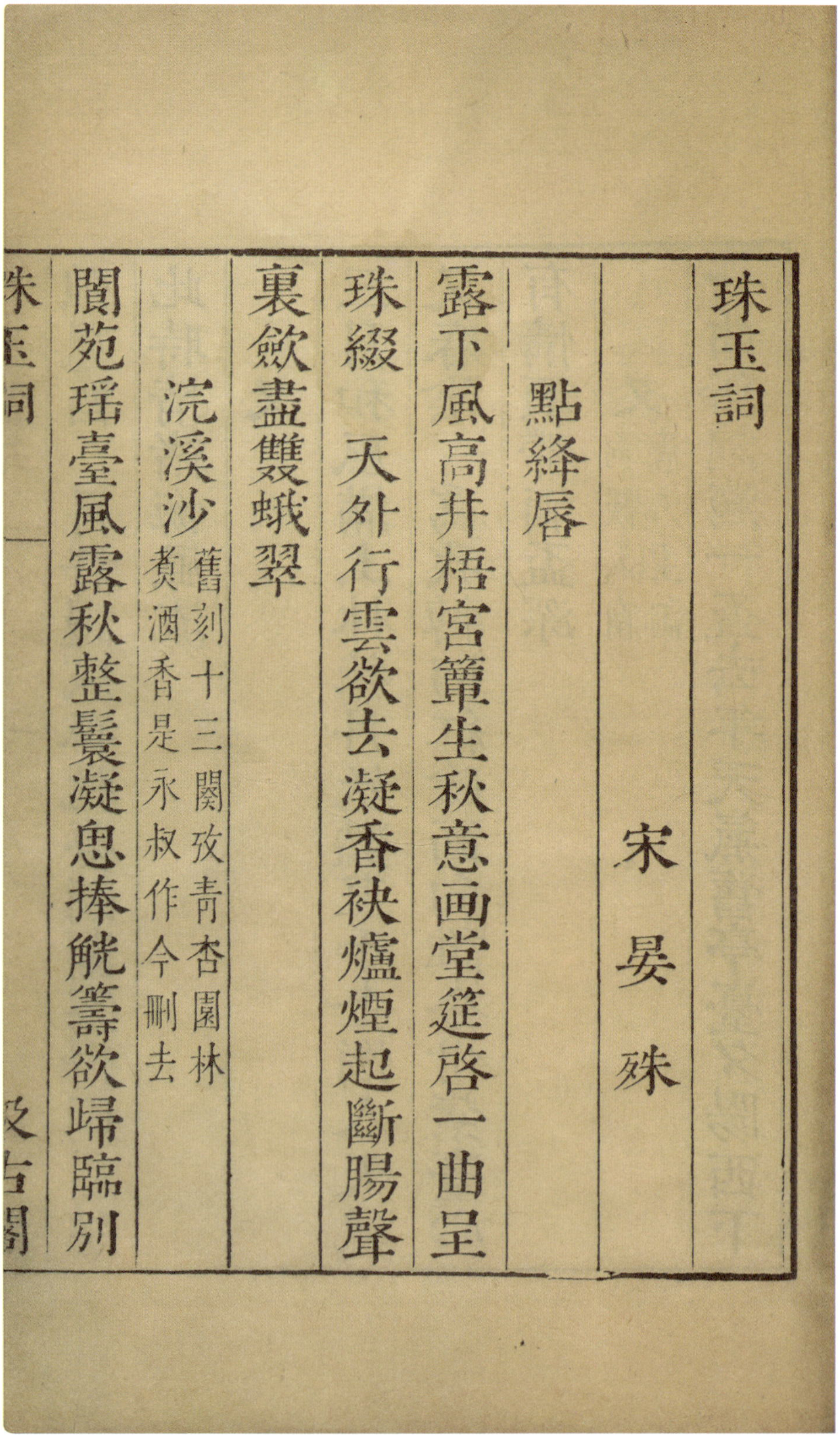
珠玉詞

宋 晏殊

點絳唇

露下風高井梧宮簟生秋意画堂筵啓一曲呈珠綴 天外行雲欲去凝香袂爐煙起斷腸聲裏斂盡雙蛾翠

浣溪沙 舊刻十三闋攷青杏園林煮酒香是永叔作今删去

閬苑瑶臺風露秋整鬟凝思捧觥籌欲帰臨別

珠玉詞 汲古閣

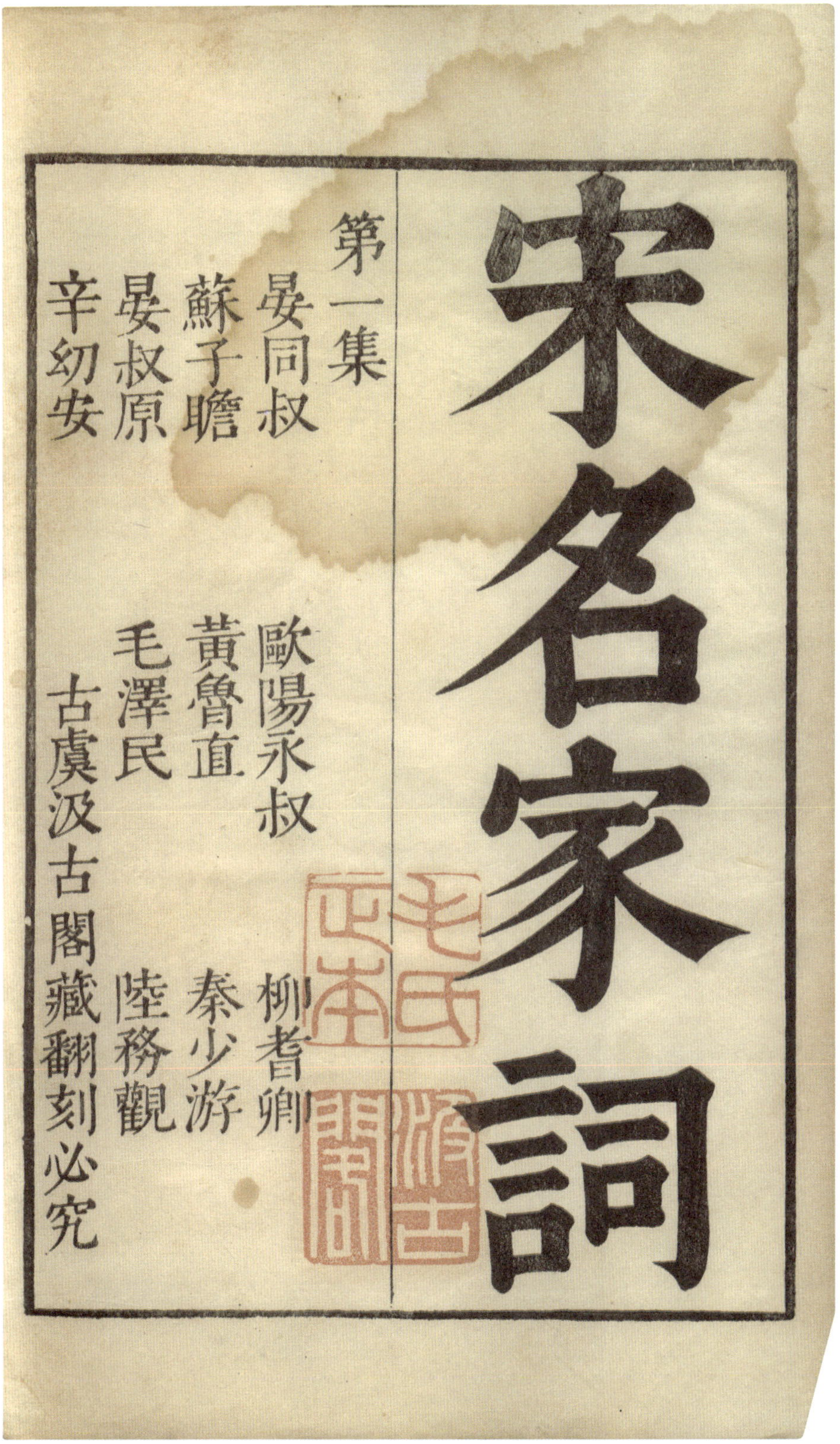
宋名家詞
第一集
晏同叔　歐陽永叔　柳耆卿
蘇子瞻　黃魯直　秦少游
晏叔原　毛澤民　陸務觀
辛幼安　古虞汲古閣藏翻刻必究

宋名家詞六十一種九十卷

明毛氏汲古閣刻本

宋名家詞六十一種九十卷 明毛氏汲古閣刻本

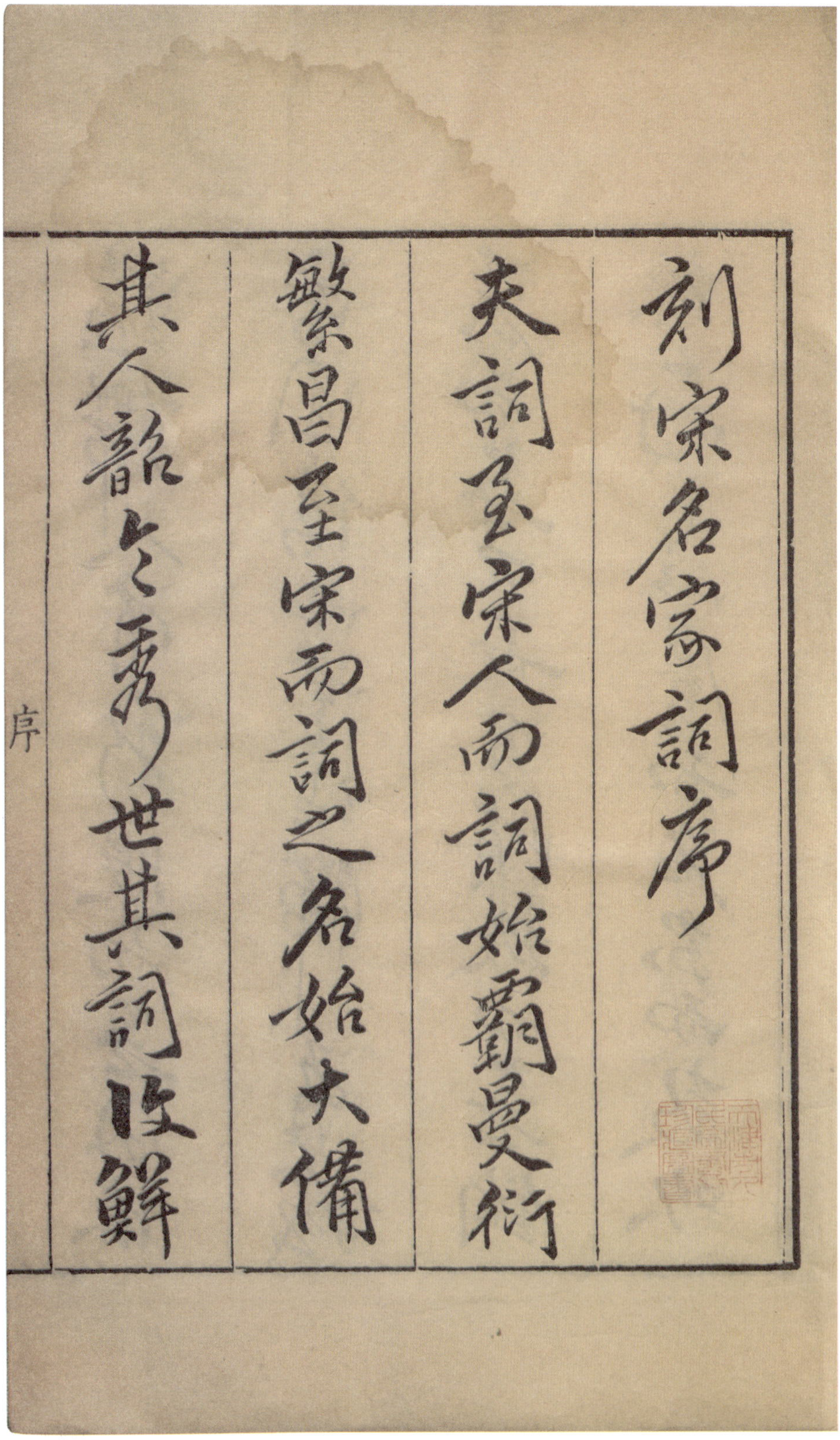
刻宋名家詞序
夫詞至宋人而詞始霸曼衍
繁昌至宋而詞之名始大備
其人韻之秀世其詞既鮮
序

東山寓聲樂府二卷　清鈔本

東山寓聲樂府卷上

宋衛州賀鑄方回著　後學吳縣朱和羲子鶴校録

憶仙姿

蓮葉初生南浦兩岸綠楊飛絮向晚鯉魚風斷送綵帆何處
凝佇凝佇樓外一江烟雨

又

綵舫解維官柳樓上誰家紅袖團扇弄微風如爲行人招手
回首回首雲斷武陵溪口

太平時

蜀錦塵香生襪羅小婆娑箇儂無賴動人多見橫波　樓（一作）
（按誤）角雲開風捲幕月侵（一作浸）河纖纖持酒豔聲歌奈情何

又

石湖詞一卷　清味菜廬活字印本

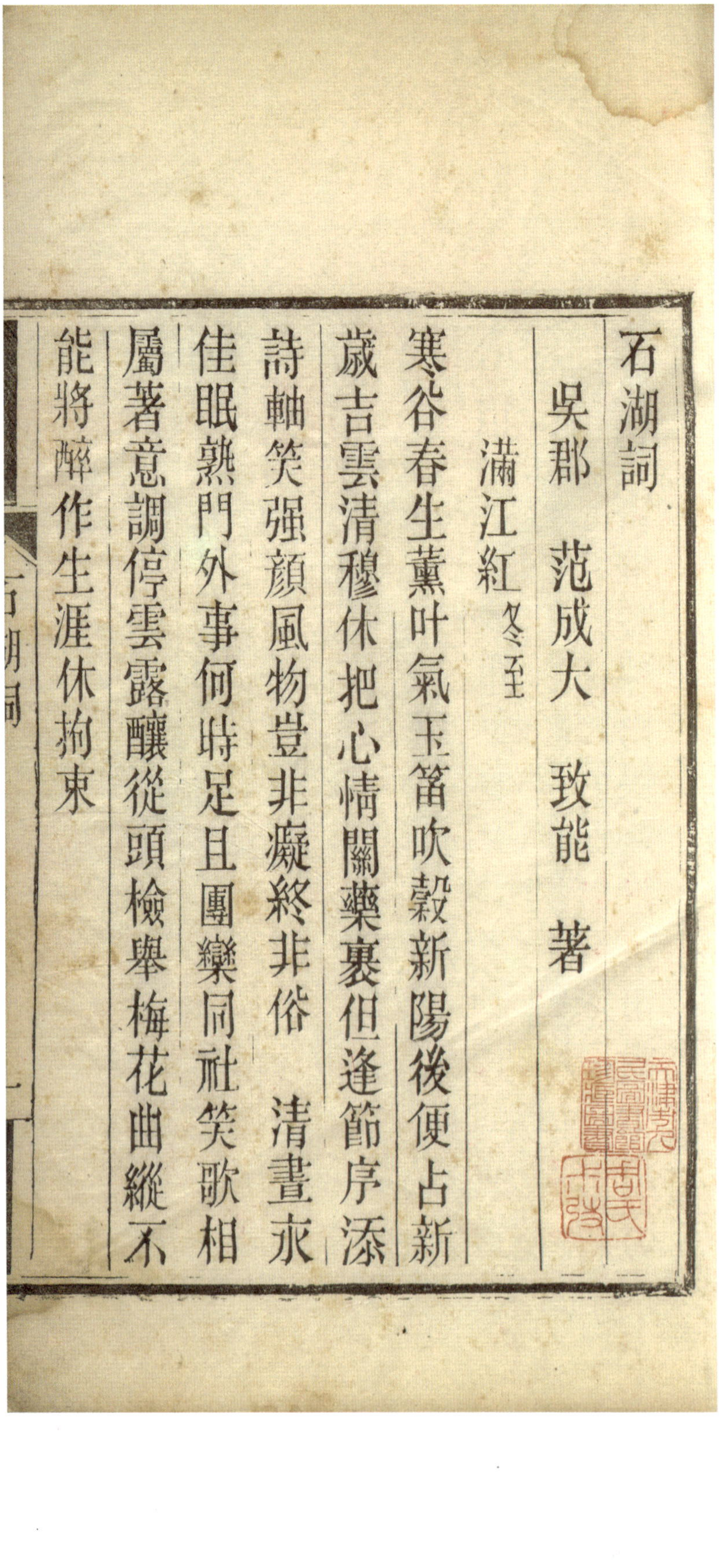
石湖詞

吳郡　范成大　致能　著

滿江紅　冬至

寒谷春生薰叶氣玉筩吹穀新陽後便占新
歲吉雲清穆休把心情關藥裹但逢節序添
詩軸笑强顏風物豈非癡終非俗　清晝永
佳眠熟門外事何時足且團欒同社笑歌相
屬著意調停雲露釀從頭檢舉梅花曲縱不
能將醉作生涯休拘束

竹齋詩餘一卷　清鈔本

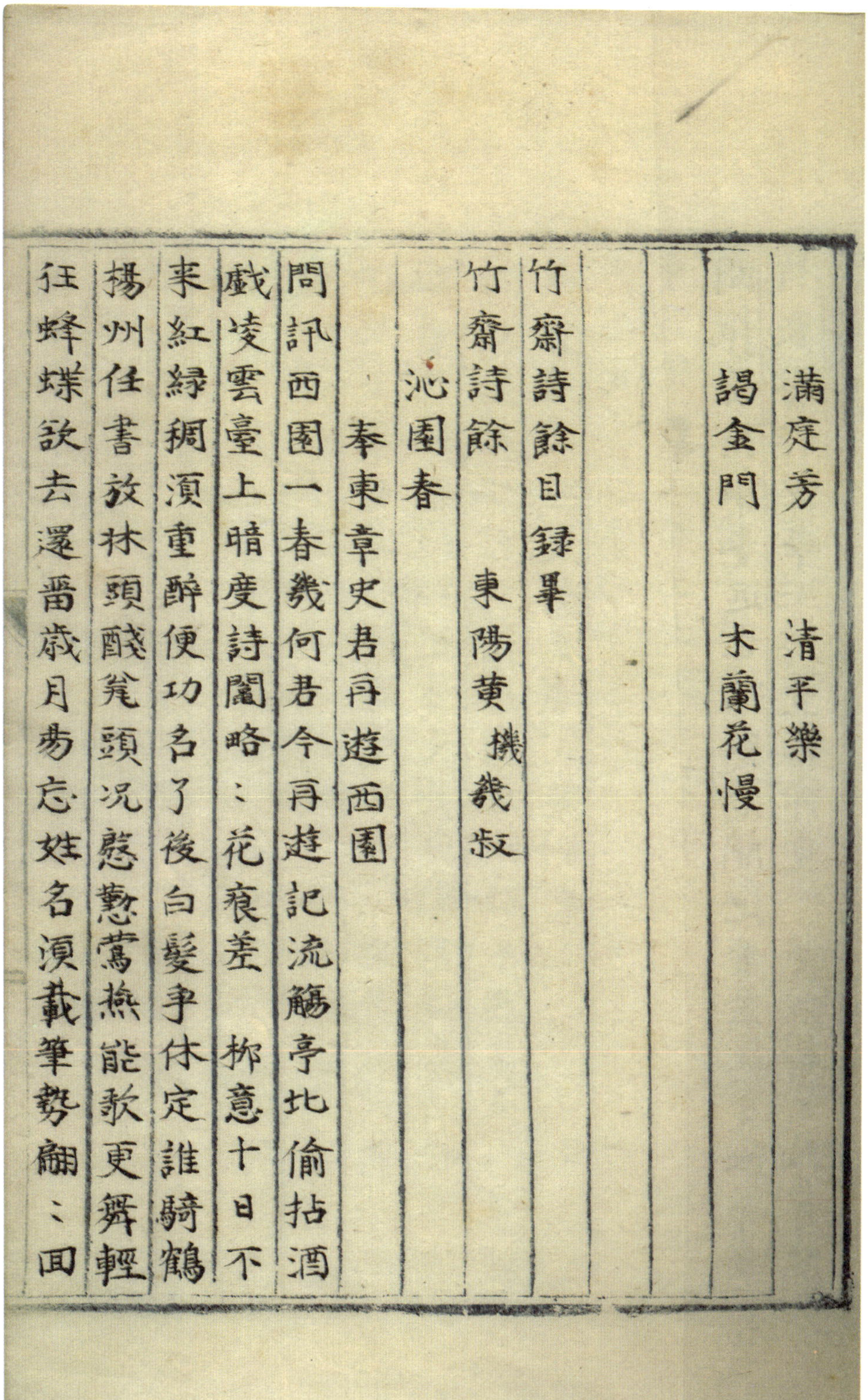
滿庭芳　清平樂
謁金門　木蘭花慢

竹齋詩餘目録畢

竹齋詩餘　東陽黄機幾叔

沁園春

奉東章史君再遊西園

問訊西園一春幾何君今再遊記流觴亭北偷拈酒
戲凌雲臺上暗度詩鬮略略花痕差　柳意十日不
来紅緑稠須重醉便功名了後白髮爭休定誰騎鶴
揚州任書放牀頭醆甕頭況慈懃鶯燕能歌更舞輕
狂蜂蝶欲去還留歲月易忘姓名須載筆勢翩翩回

山中白雲詞八卷

清康熙六十一年曹炳曾城書室刻本

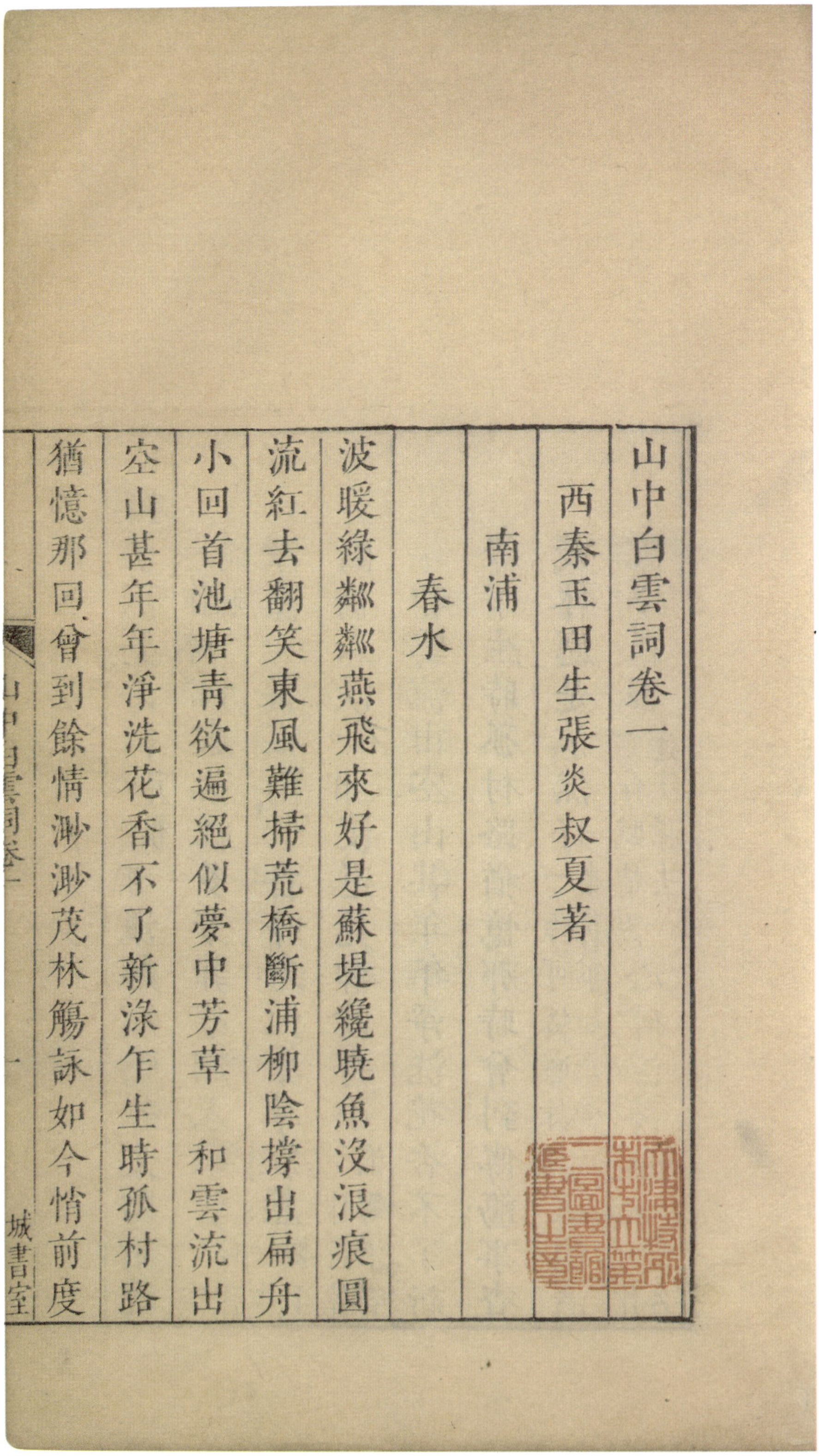

山中白雲詞卷一

西秦玉田生張炎叔夏著

南浦

春水

波暖綠粼粼燕飛來好是蘇堤纔曉魚沒浪痕圓

流紅去翻笑東風難掃荒橋斷浦柳陰撐出扁舟

小回首池塘青欲遍絕似夢中芳草　和雲流出

空山甚年年淨洗花香不了新淥乍生時孤村路

猶憶那回曾到餘情渺渺茂林觴詠如今悄前度

山中白雲詞卷一　一　城書室

定級

山中白雲詞八卷

清康熙六十一年曹炳曾城書室刻本

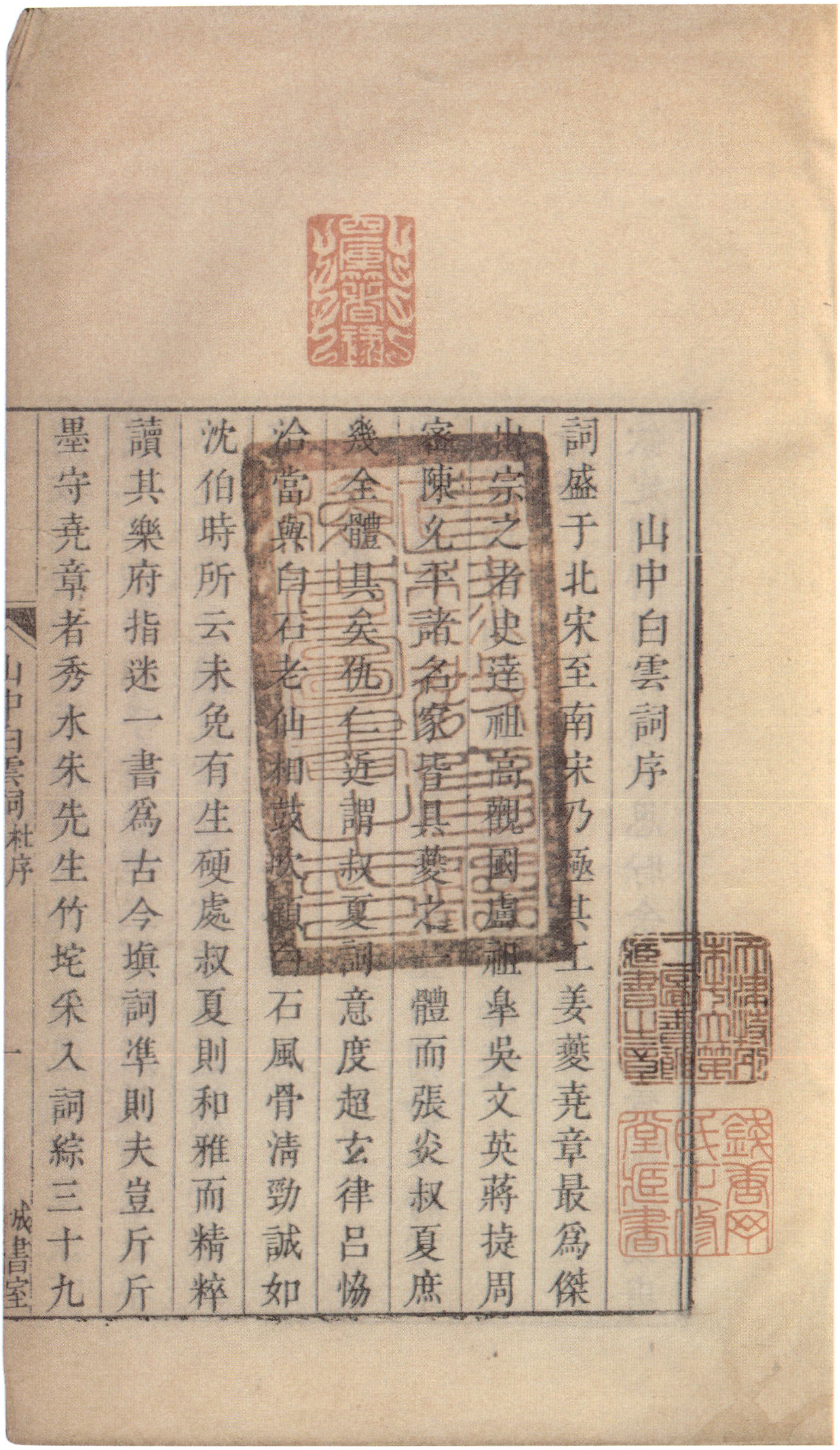
山中白雲詞序
詞盛于北宋至南宋乃極其工姜夔堯章最爲傑
出宗之者史達祖高觀國盧祖皋吳文英蔣捷周
密陳允平諸名家皆具夔之一體而張炎叔夏庶
幾全體具矣仇仁近謂叔夏詞意度超玄律呂恊
洽當與白石老仙相鼓吹[illegible][illegible]石風骨清勁誠如
沈伯時所云未免有生硬處叔夏則和雅而精粹
讀其樂府指迷一書爲古今塡詞準則夫豈斤斤
墨守堯章者秀水朱先生竹垞采入詞綜三十九
山中白雲詞杜序　一　城書室

遺山先生新樂府五卷　清鈔本

遺山先生新樂府卷第一

水調歌頭十首少室玉華谷月夕與布顏欽叔飲醉中賦此玉華詩老宋洛陽耆英劉几伯壽也劉有二侍妾名萱草芳草吹笛石城瓊壁少室三十六峯之名也

山家釀初熟取醉不論錢清溪留飲三日魚鳥亦欣然見說玉華詩老袖有志憂萱草牛背穩於船鐵笛久埋沒雅曲竟誰傳　坐蒼苔歌亂石取無眠長松夜半悲嘯笙鶴下遙天天上金堂玉室地下石城瓊壁別有一山川把酒問明月今夕是何年

卷一

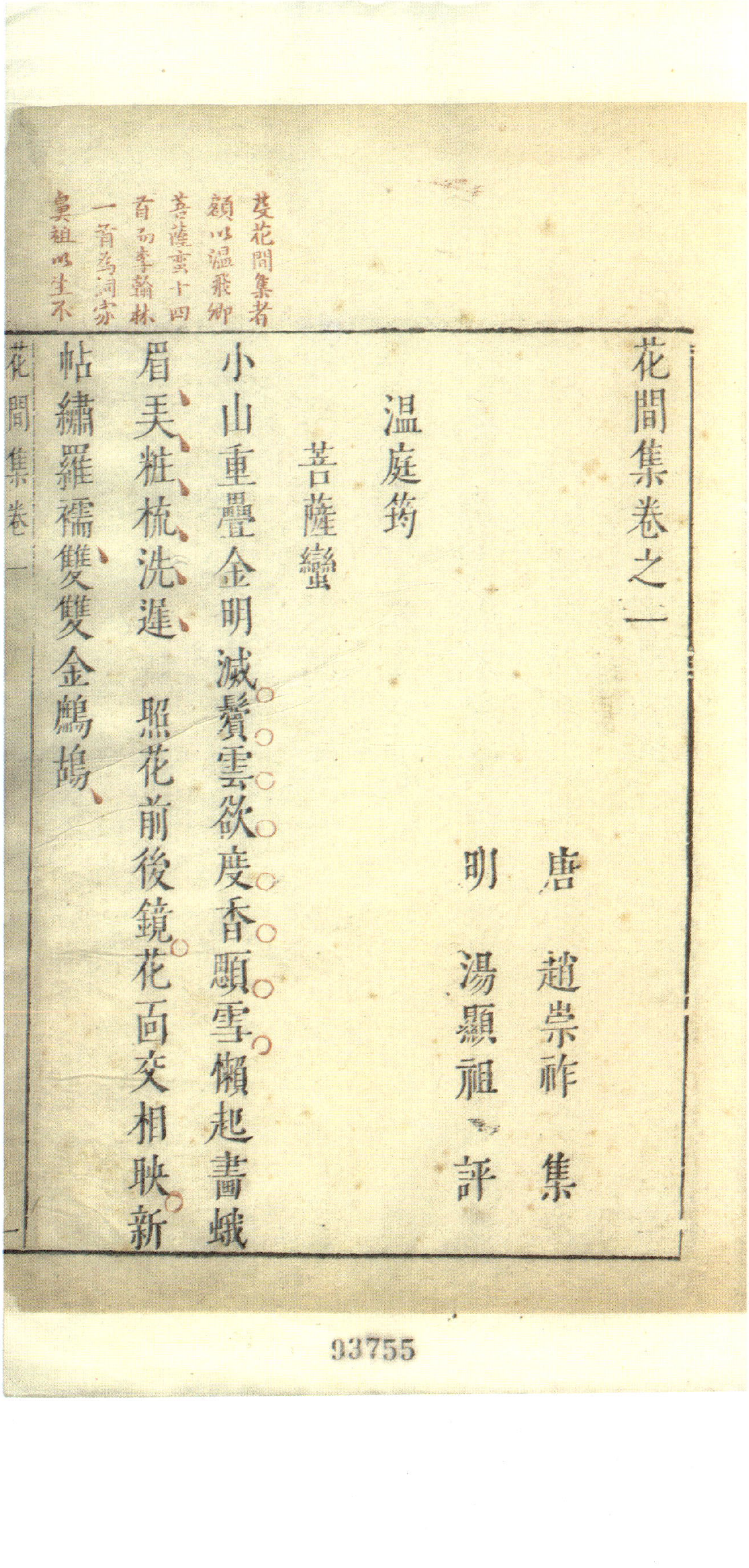
芟花間集者額以温飛卿菩薩蠻十四首而李翰林一首為詞家鼻祖以生不

花間集卷之一

唐　趙崇祚　集

明　湯顯祖　評

温庭筠

菩薩蠻

小山重疊金明滅鬢雲欲度香顋雪懶起畫蛾眉弄粧梳洗遲　照花前後鏡花面交相映新帖繡羅襦雙雙金鷓鴣

花間集卷一　一

花間集四卷　明萬曆刻套印本

類編草堂詩餘四卷 明嘉靖二十九年顧從敬刻本

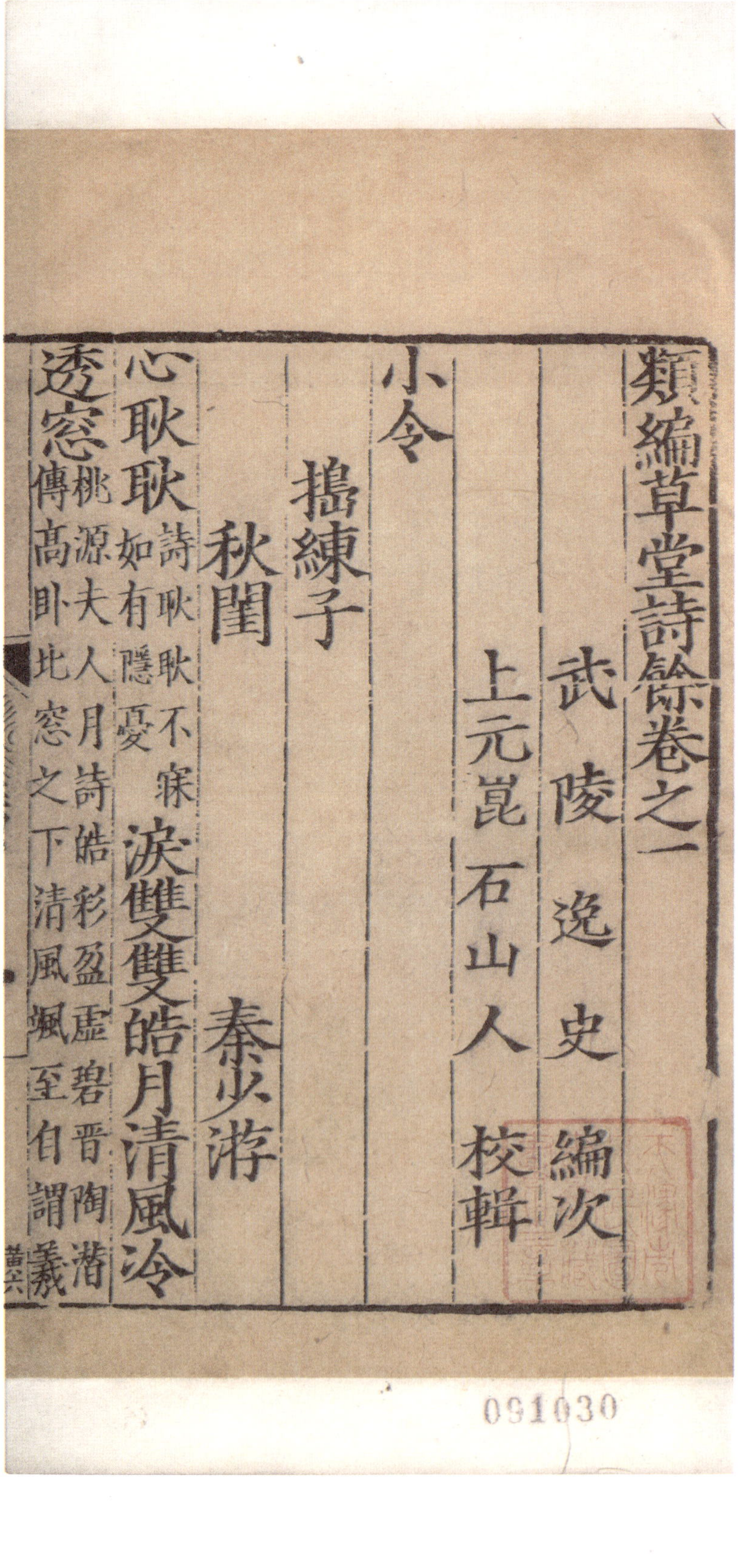
類編草堂詩餘卷之一
武陵逸史編次
上元崑石山人校輯
小令
擣練子
秋閨 秦少游
心耿耿詩耿耿不寐如有隱憂淚雙雙皓月清風冷
透窗桃源夫人月詩皓彩盈虛碧晉陶潛傳高卧北窗之下清風颯至自謂羲

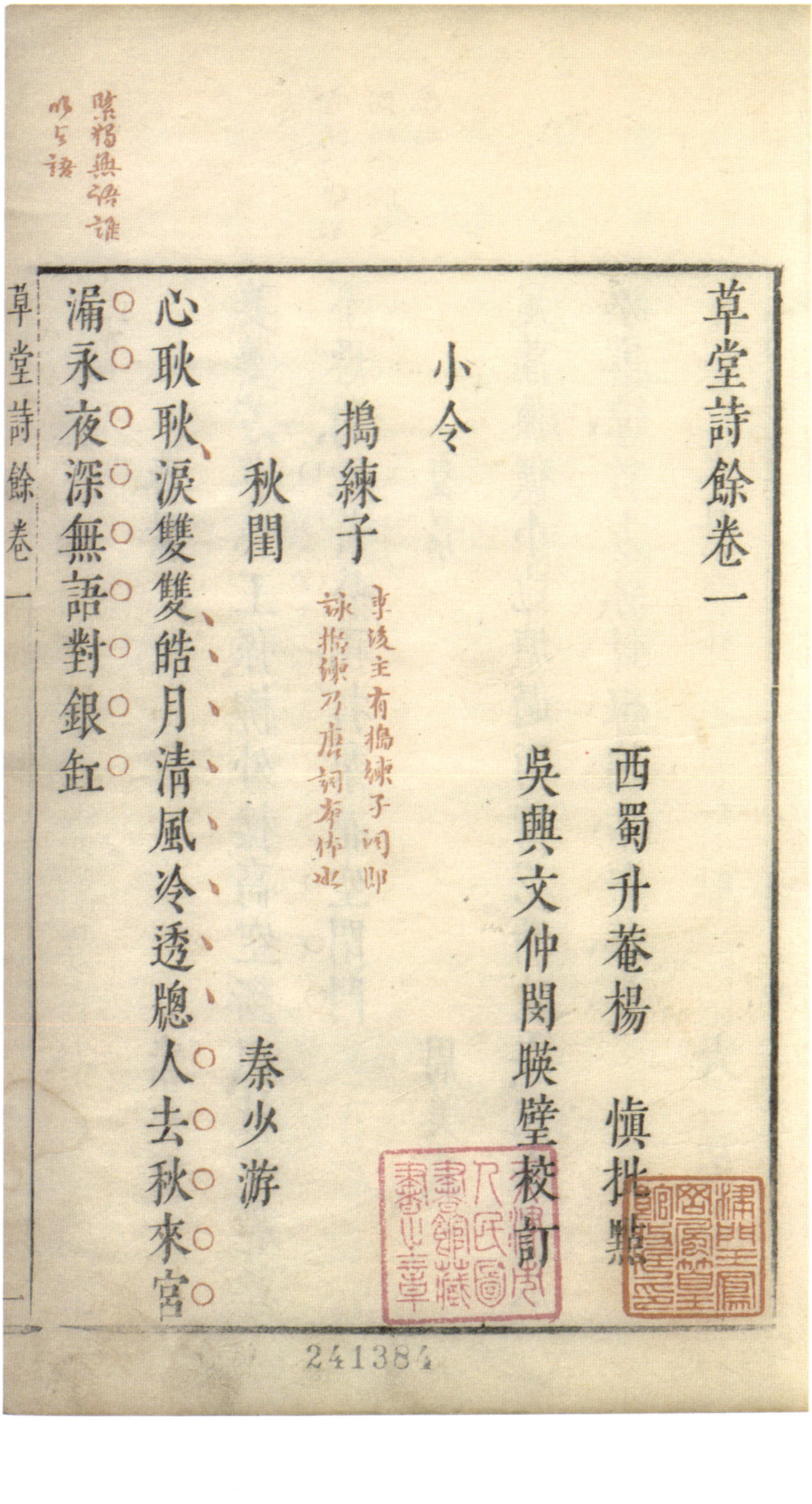

草堂詩餘卷一

西蜀 升菴楊 慎批點

吳興文仲閔暎璧校訂

小令

搗練子

李後主有搗練子詞即詠搗練乃唐詞本體也

秋閨 秦少游

心耿耿淚雙雙皓月清風冷透窻人去秋來宮漏永夜深無語對銀釭

草堂詩餘卷一 一

草堂詩餘五卷 明閔映璧刻套印本

朱錫鬯
汪晉賢　同輯

詞綜

明詞嗣出

裘杼樓藏版

詞綜三十卷

清康熙十七年休陽汪氏裘抒樓刻本

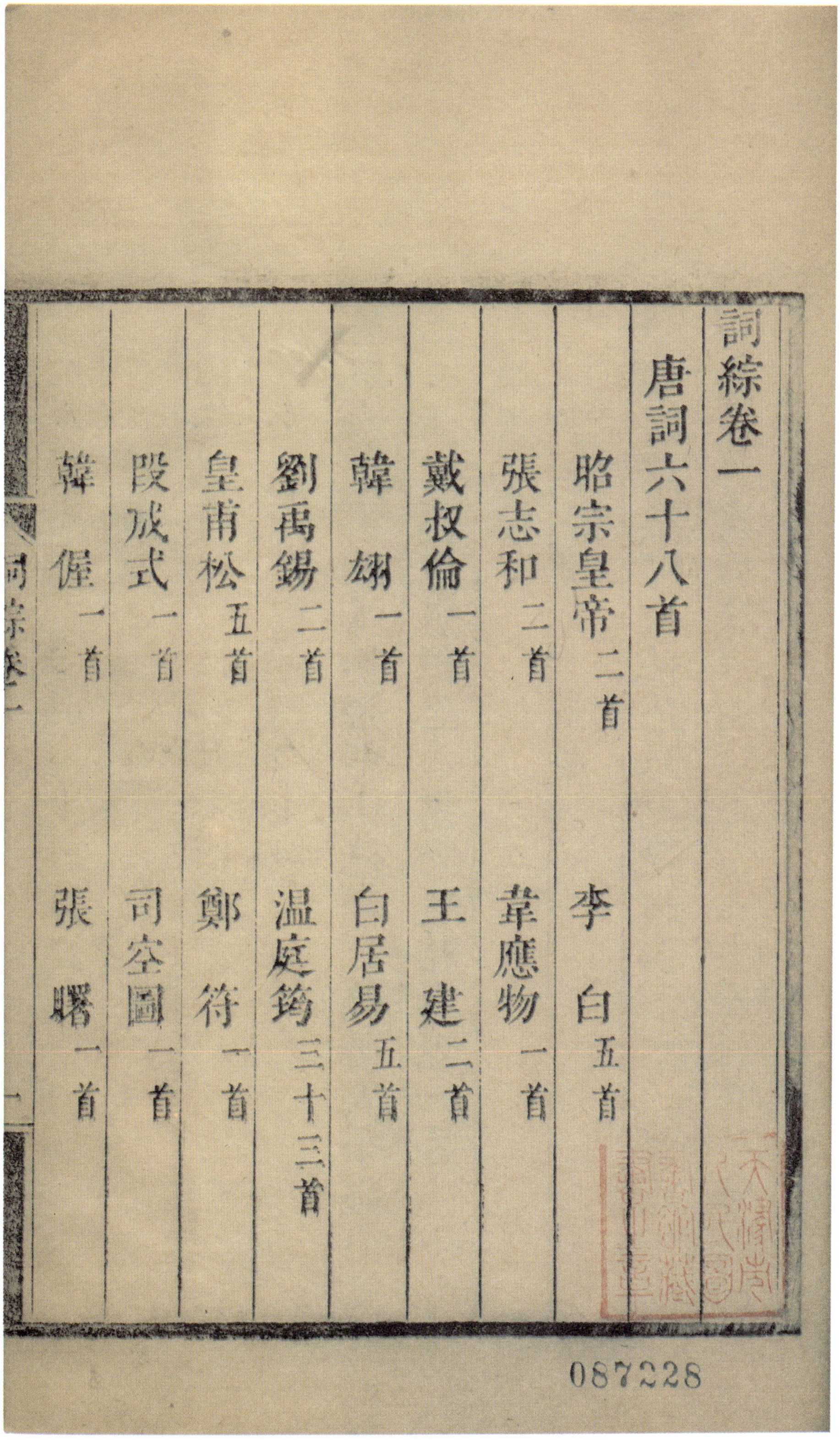

詞綜卷一

唐詞六十八首

昭宗皇帝 二首　李白 五首

張志和 二首　韋應物 一首

戴叔倫 一首　王建 二首

韓翃 一首　白居易 五首

劉禹錫 二首　温庭筠 三十三首

皇甫松 五首　鄭符 一首

段成式 一首　司空圖 一首

韓偓 一首　張曙 一首

詞綜卷一　一

087228

詞綜三十卷

清康熙十七年休陽汪氏裘抒樓刻本

元曲選十集一百種一百卷 明萬曆四十四年刻本

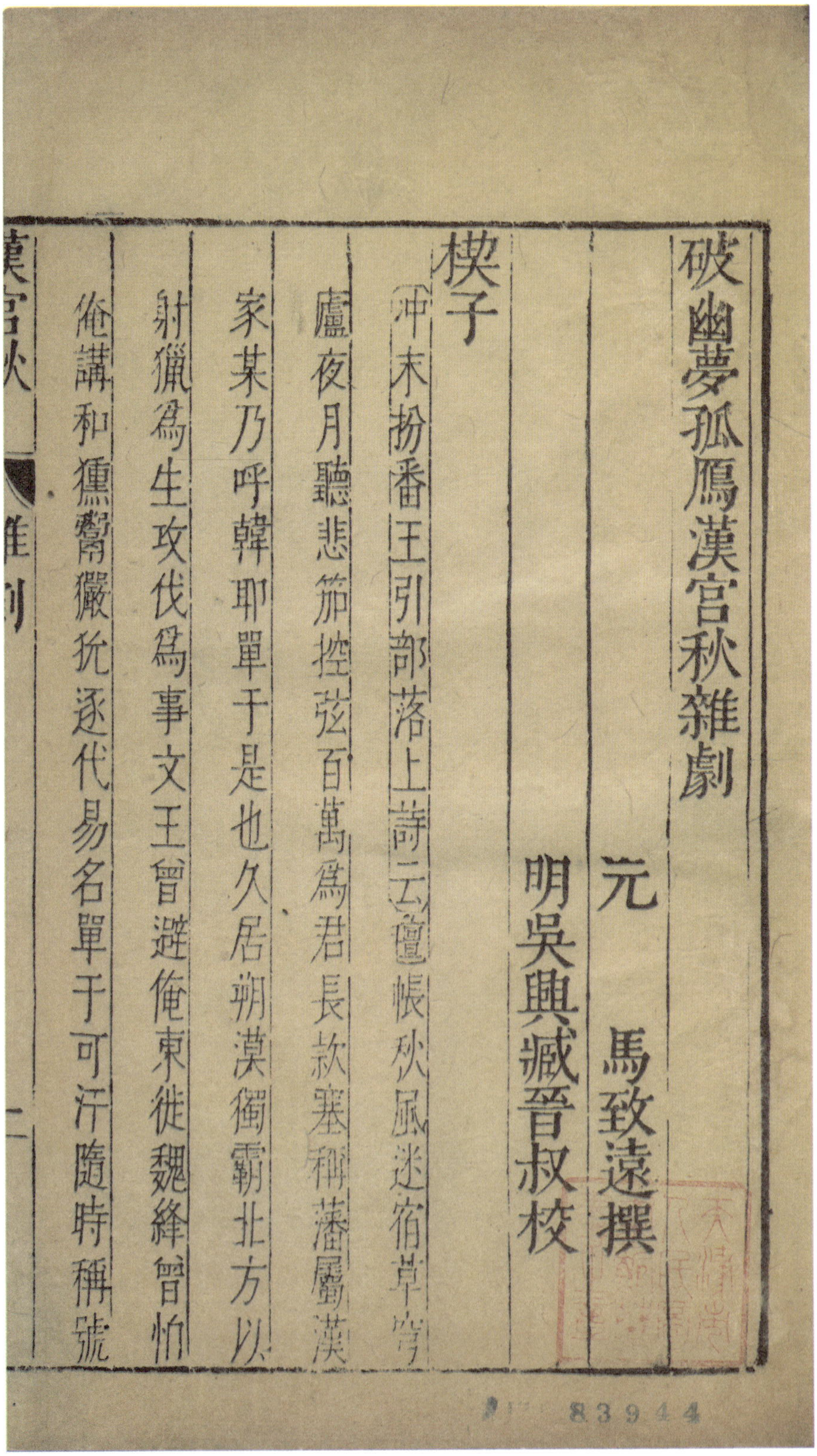
破幽夢孤鴈漢宮秋雜劇

元　馬致遠撰

明吳興臧晉叔校

楔子

（冲末扮番王引部落上詩云）氊帳秋風迷宿草穹廬夜月聽悲笳控弦百萬爲君長款塞稱藩屬漢家某乃呼韓耶單于是也久居朔漢獨霸北方以射獵爲生攻伐爲事文王曾避俺東徙魏絳曾怕俺講和獯鬻玁狁遞代易名單于可汗隨時稱號

漢宮秋　雜劇　二

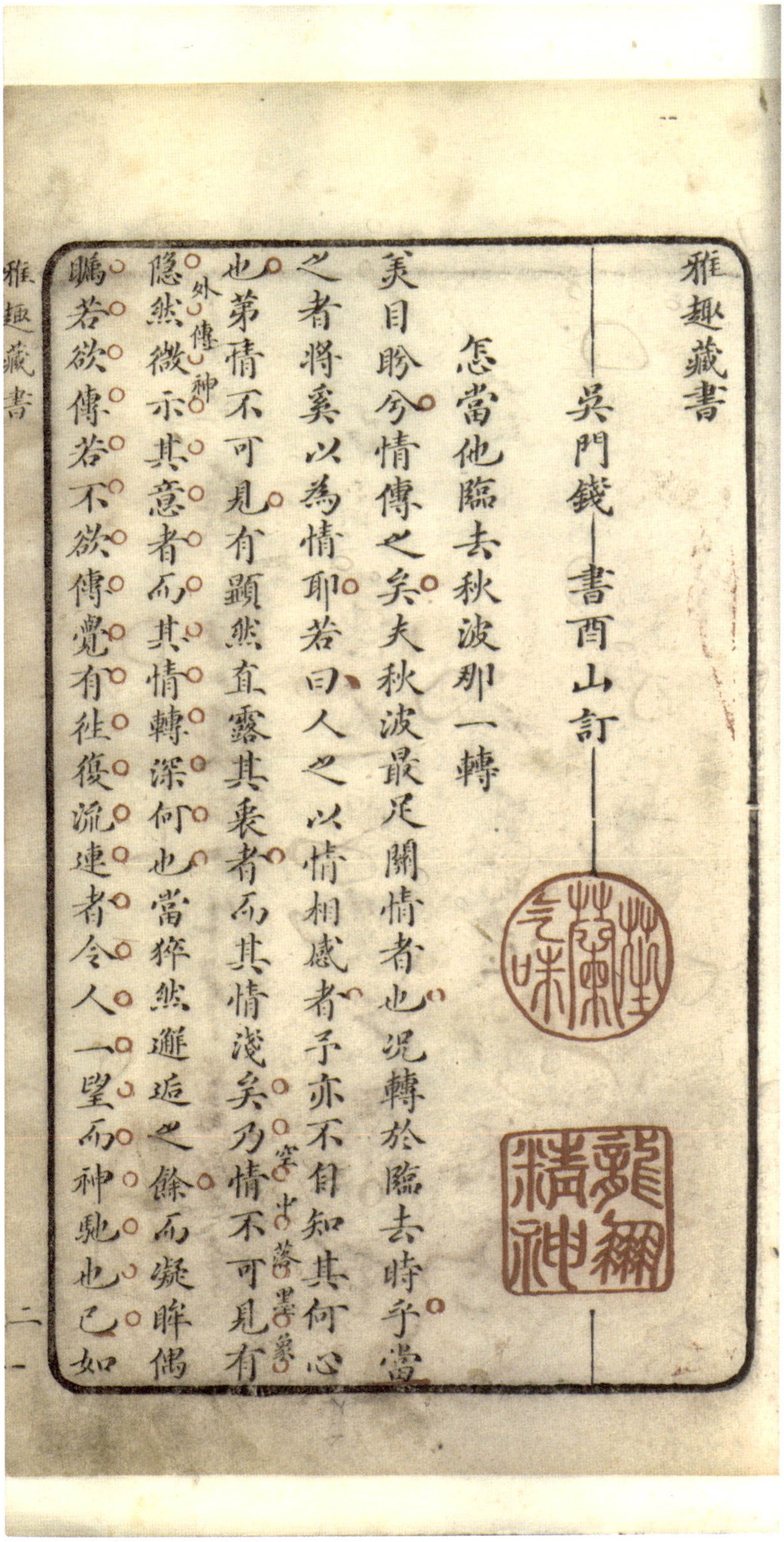
雅趣藏書
吳門錢書酉山訂
怎當他臨去秋波那一轉
美目盼兮情傳之矣夫秋波最足關情者也况轉於臨去時予嘗
之者將奚以為情耶若曰人之以情相感者予亦不自知其何心
也第情不可見有顯然直露其表者而其情淺矣乃情不可見有
空中落墨
外傳神
隱然微示其意者而其情轉深何也當猝然邂逅之餘而凝眸偶
矚若欲傳若不欲傳覺有往復流連者令人一望而神馳也已如
雅趣藏書　二

雅趣藏書一卷
清康熙刻套印本

六十種曲十二集一百二十卷 明毛氏汲古閣刻本

雙珠記卷上

第一齣 末上

蝶戀花鍾送黄昏鷄報曉昏昏曉曉相催世事何時了萬古千愁人自老春來依舊生芳草 忙處人多閒處少閒處光陰幾個人知道獨上小樓雲杳杳天涯一點青山小 問答照常

法曲獻僊音足學王生守貞郭氏偕補鄖陽軍伍忿激奸謀釀成寃獄哀誠感通真武賴術士祈天府寛刑調邊土 慧姬苦入宫闈纊衣詩惹君垂

雙珠記上 一

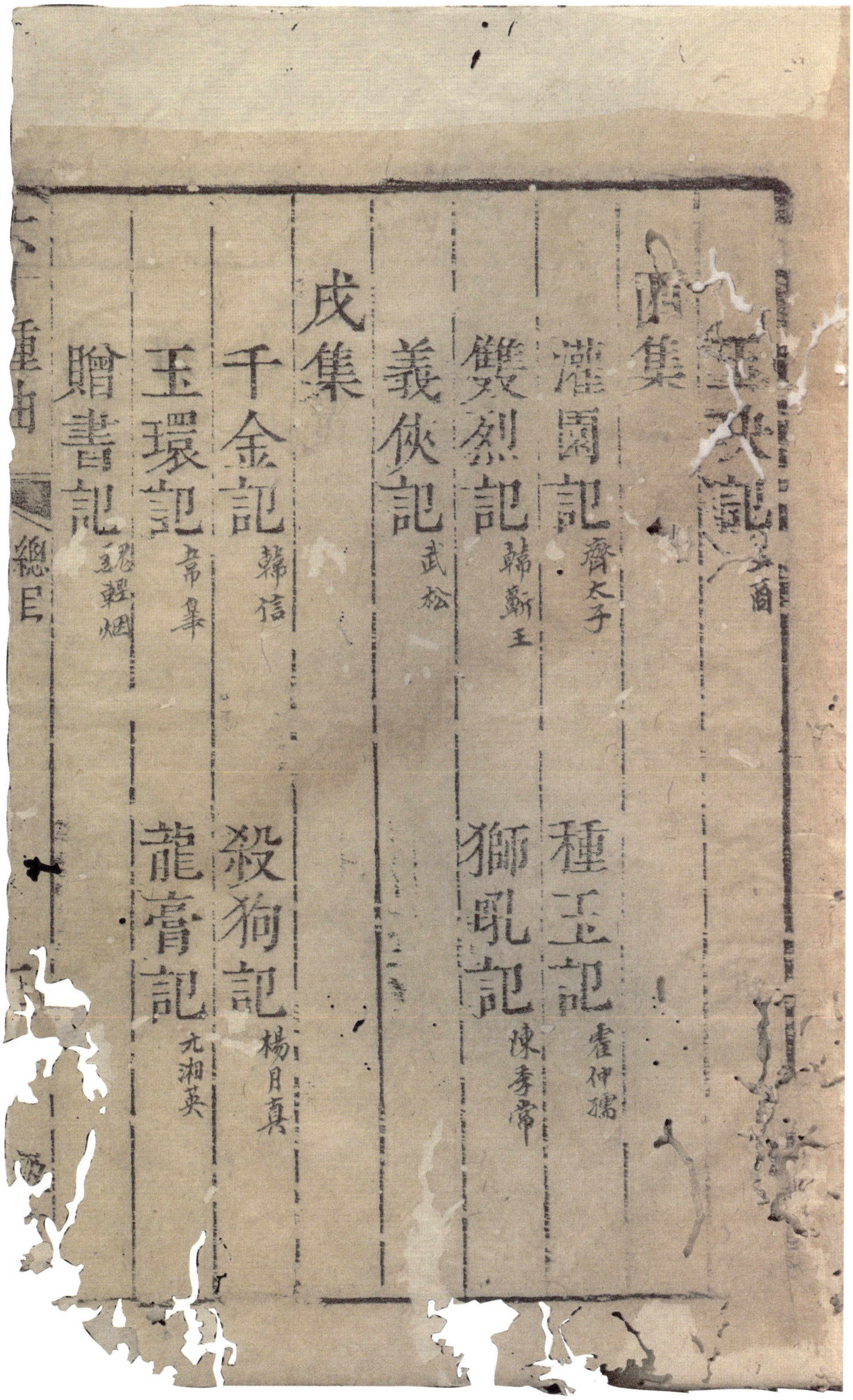

酉集
灌園記 齊太子　種玉記 霍仲孺
雙烈記 韓蘄王　獅吼記 陳季常
義俠記 武松
戊集
千金記 韓信　殺狗記 楊月真
玉環記 韋皋　龍膏記 元湘英
贈書記 魏輕烟
六十種曲　總目

六十種曲十二集一百二十卷

明毛氏汲古閣刻本

芥子園繪像第七才子書六卷

清雍正十三年芥子園刻巾箱本

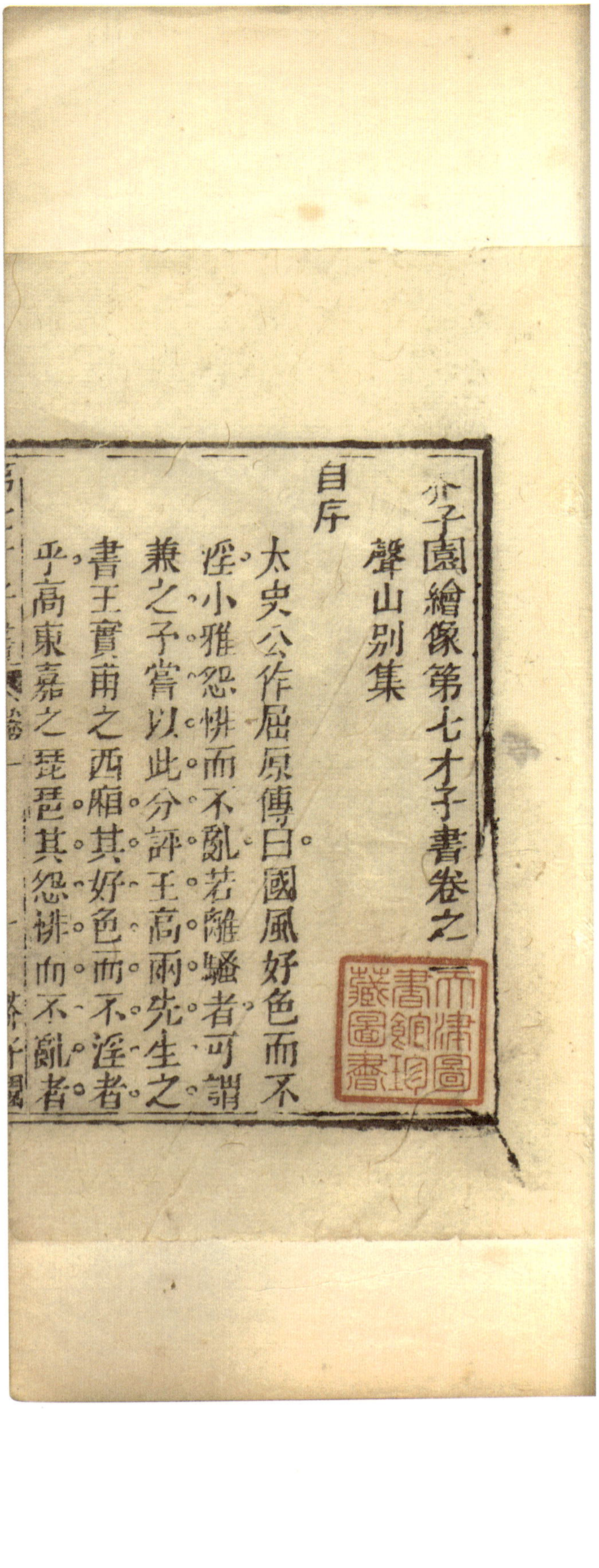

芥子園繪像第七才子書卷之一

聲山別集

自序

太史公作屈原傳曰國風好色而不淫小雅怨悱而不亂若離騷者可謂兼之予嘗以此分許王高兩先生之書王實甫之西廂其好色而不淫者乎高東嘉之琵琶其怨悱而不亂者

定級

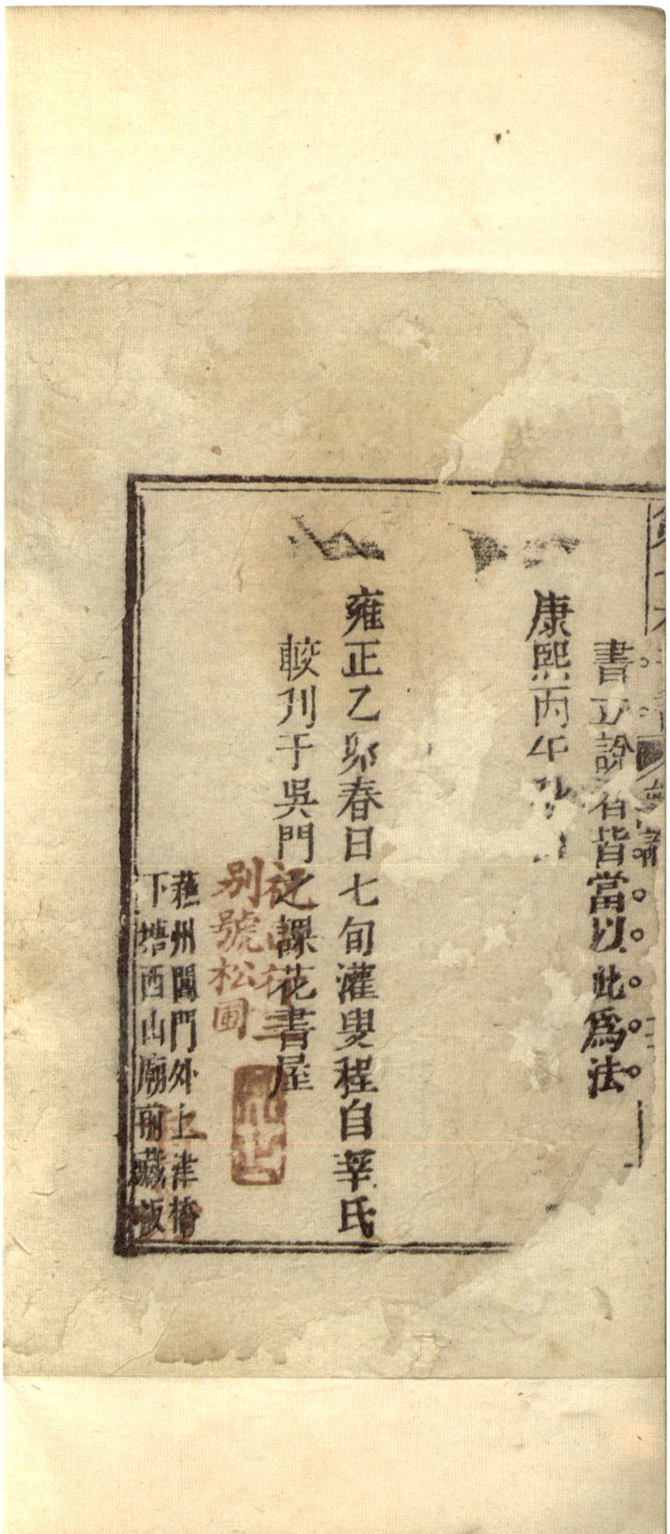
書立評者皆當以此爲法
康熙丙午秋
雍正乙卯春日七旬灌叟程自莘氏
較刊于吳門課花書屋
別號松圃
蘇州閶門外上津橋
下塘西山廟前藏版

芥子園繪像第七才子書六卷

清雍正十三年芥子園刻巾箱本

百川學海一百種一百七十九卷　明弘治十四年無錫華氏刻本

李後主硯

李後主留意筆扎所用澄心堂紙李廷珪墨龍尾石硯三者爲天下之冠

右軍風字硯

會稽有老叟云右軍之後持一風字硯大尺餘色正赤用之不減端石云右軍所用者右揚休以錢二萬得之

紅絲石

青州紅絲石外有皮表磨礱即其理紅黃相參理黃者其絲紅理紅者其絲黃須飲以水使足乃可用不然渴燥唐彥猷甚奇此硯以爲發墨不減端石蔡君

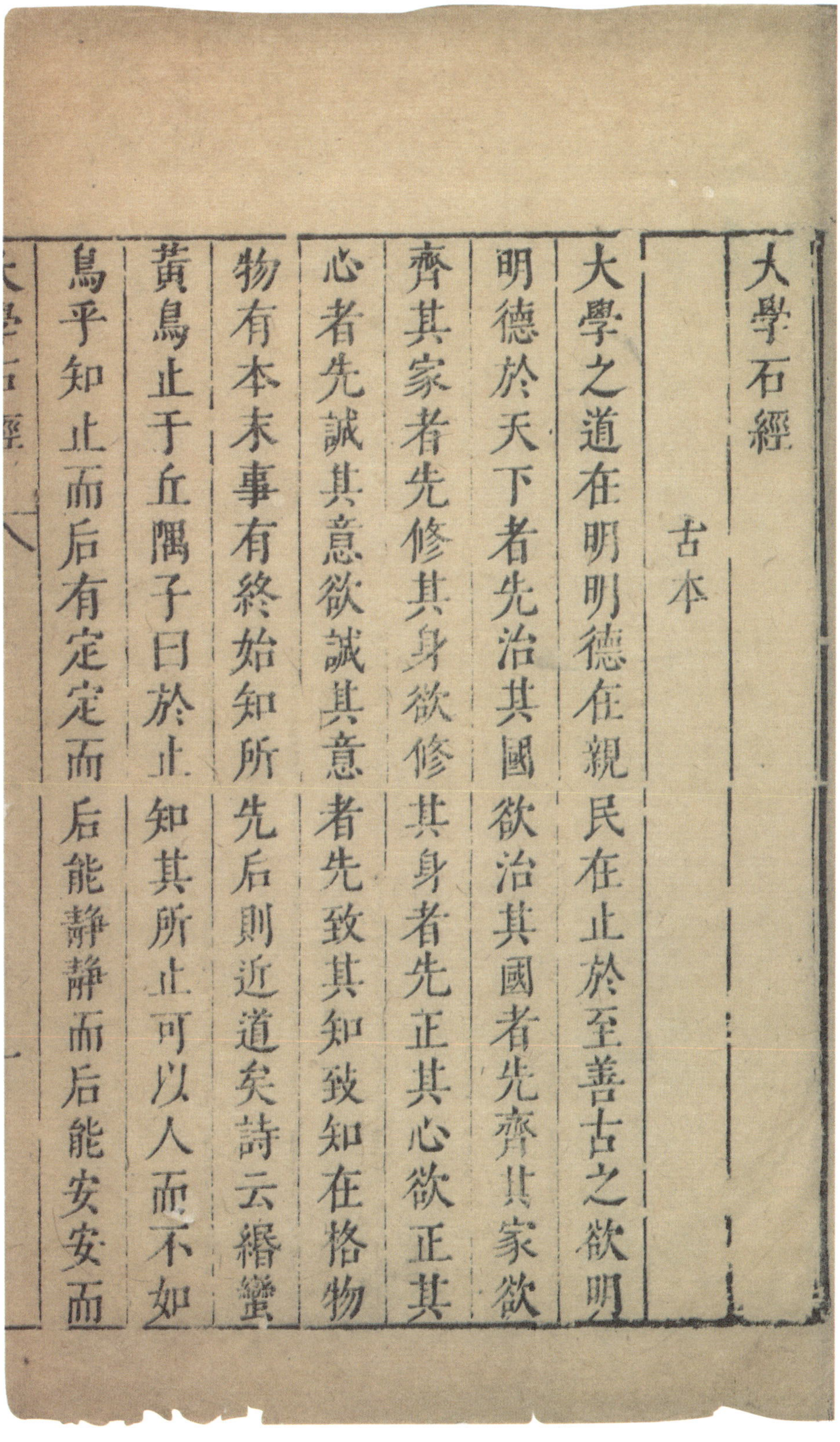
大學石經

古本

大學之道在明明德在親民在止於至善古之欲明
明德於天下者先治其國欲治其國者先齊其家欲
齊其家者先修其身欲修其身者先正其心欲正其
心者先誠其意欲誠其意者先致其知致知在格物
物有本末事有終始知所先后則近道矣詩云緡蠻
黃鳥止于丘隅子曰於止知其所止可以人而不如
鳥乎知止而后有定定而后能靜靜而后能安安而

大學石經　一

說郛一百二十卷　清順治三年李際期宛委山堂刻本

小十三經□□種十六卷

明嘉靖四十一年幽石清漣山院刻本

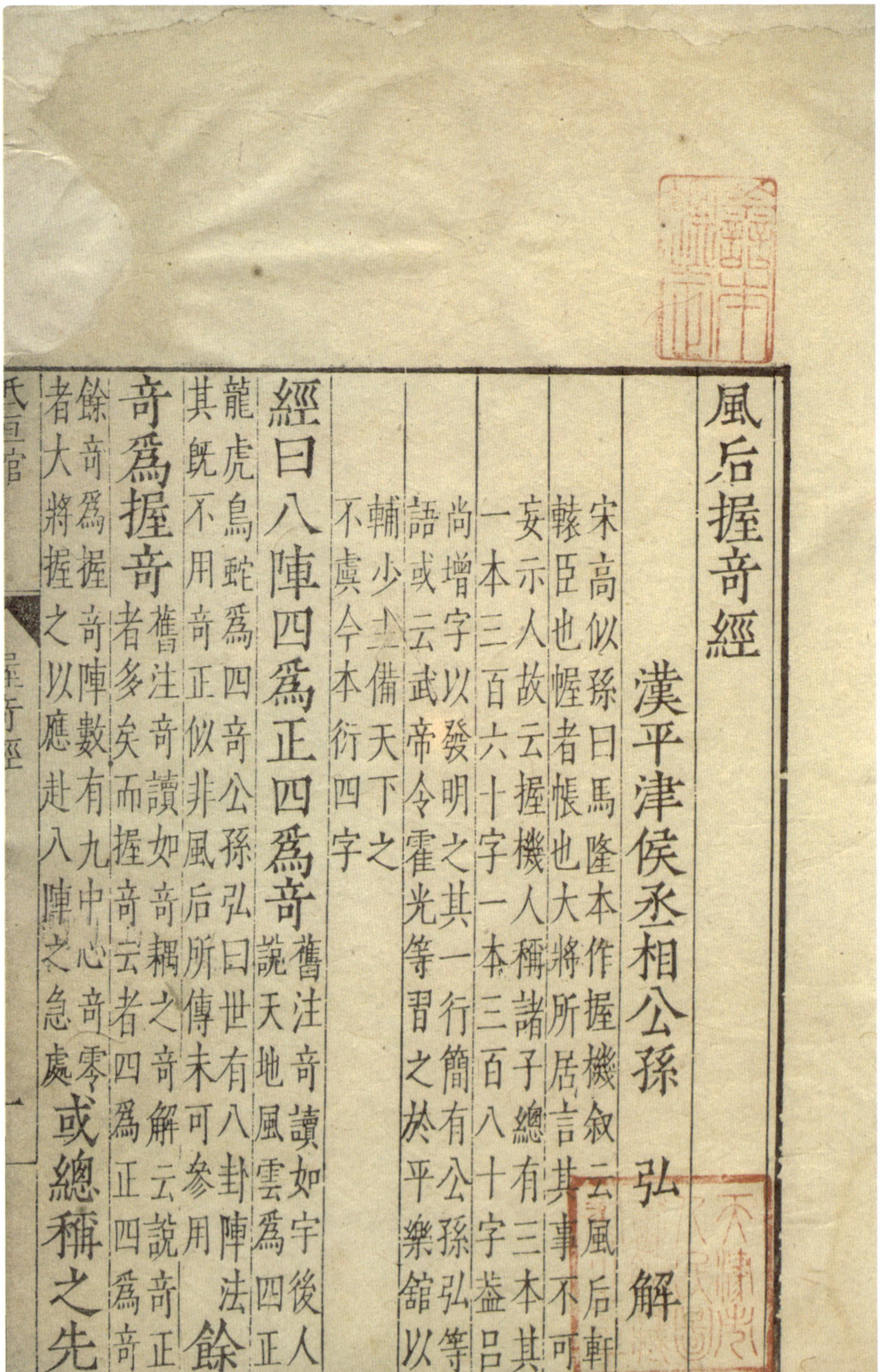
風后握奇經

漢平津侯丞相公孫弘解

宋高似孫曰馬隆本作握機叙云風后軒轅臣也幄者帳也大將所居言其事不可妄示人故云握機人稱諸子總有三本其一本三百六十字一本三百八十字益呂尚增字以發明之其一行簡有公孫弘等語或云武帝令霍光等習之於平樂館以輔少主備天下之不虞今本衍四字

經曰八陣四爲正四爲奇 舊注奇讀如字後人誤說天地風雲爲四正龍虎鳥蛇爲四奇公孫弘曰世有八卦陣法其旣不用奇正似非風后所傳未可參用

餘奇爲握奇 舊注奇讀如奇耦之奇解云説奇正者多矣而握奇云者四爲正四爲奇餘奇爲握奇陣數有九中心奇零者大將握之以應赴八陣之急處

或總稱之先

握奇經 一

087399

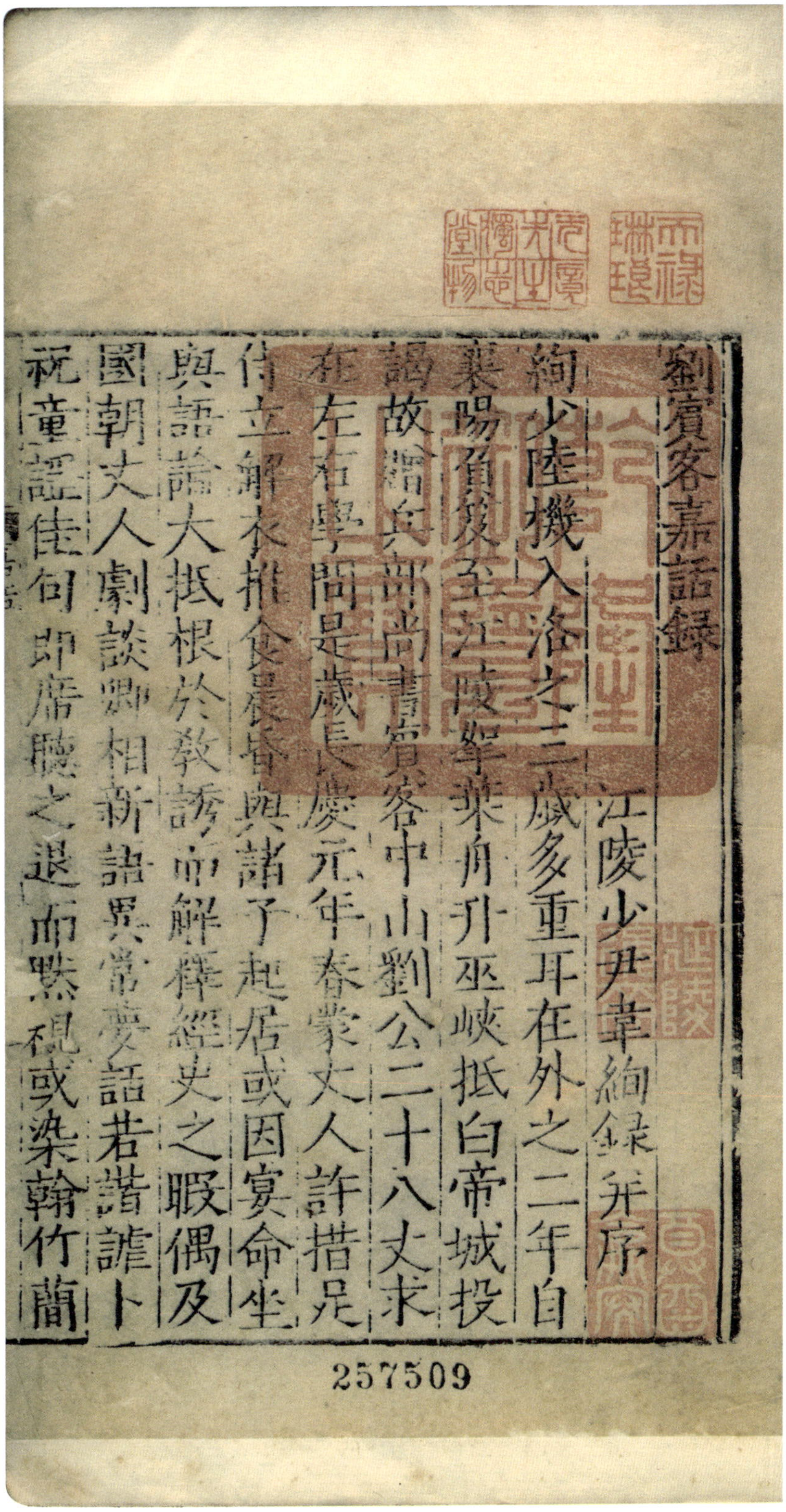
劉賓客嘉話録　江陵少尹韋絢録 并序
絢少陸機入洛之三歲多重耳在外之二年自
襄陽負笈至江陵舉葉舟升巫峽抵白帝城投
謁故贈兵部尚書賓客中山劉公二十八丈求
在左右學問是歲長慶元年春蒙丈人許措足
侍立解衣推食晨昏與諸子起居或因宴命坐
與語論大抵根於教誘而解釋經史之暇偶及
國朝文人劇談卿相新語異常夢語若諧謔卜
祝童謡佳句即席聽之退而默記或染翰竹簡
257509

陽山顧氏文房小說四十種五十八卷　明正德　嘉靖間顧氏夷白齋刻本

金聲玉振集四十六種五十六卷

明嘉靖吳郡袁氏嘉趣堂刻本

南荒振玉後卷（金聲玉振集）（邊防）

喜文峰翁勘事

昔年奉别長沙水今歲相逢捨可村麗永湖
分土苴憲臺風節振轅門蒼蒼樹抱天邊柱冉
冉雲廻江上尊會有雙封朝北斗便看兩省靖
西崑　崧臺辛東山
川雲自古相連地萬疊雲山萬種村彊里雖云
殊尺籍供輸總是屬公門紛爭可恨腥羶類笑
處作傾滇海尊指日貿成秦晉約好將歲月勤
高崑　文峰俞夔

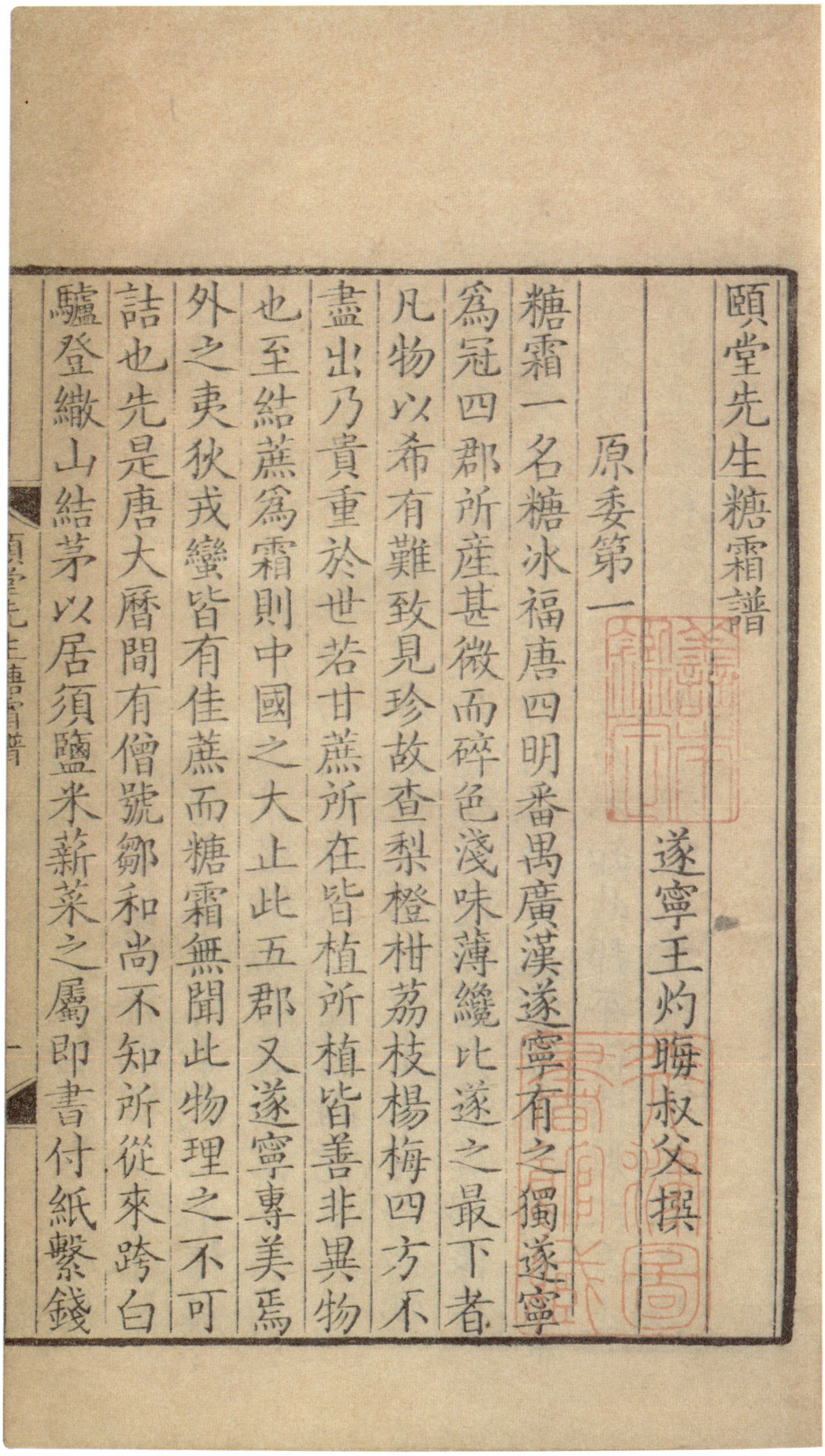
頤堂先生糖霜譜

遂寧王灼晦叔父撰

原委第一

糖霜一名糖冰福唐四明番禺廣漢遂寧有之獨遂寧爲冠四郡所産甚微而碎色淺味薄纔比遂之最下者凡物以希有難致見珍故査梨橙柑荔枝楊梅四方不盡出乃貴重於世若甘蔗所在皆植所植皆善非異物也至結蔗爲霜則中國之大止此五郡又遂寧專美焉外之夷狄戎蠻皆有佳蔗而糖霜無聞此物理之不可詰也先是唐大曆間有僧號鄒和尚不知所從來跨白驢登繖山結茅以居須鹽米薪菜之屬即書付紙繫錢

楝亭藏書十二種六十九卷

清康熙四十五年揚州詩局刻本

楝亭藏書十二種六十九卷　清康熙四十五年揚州詩局刻本

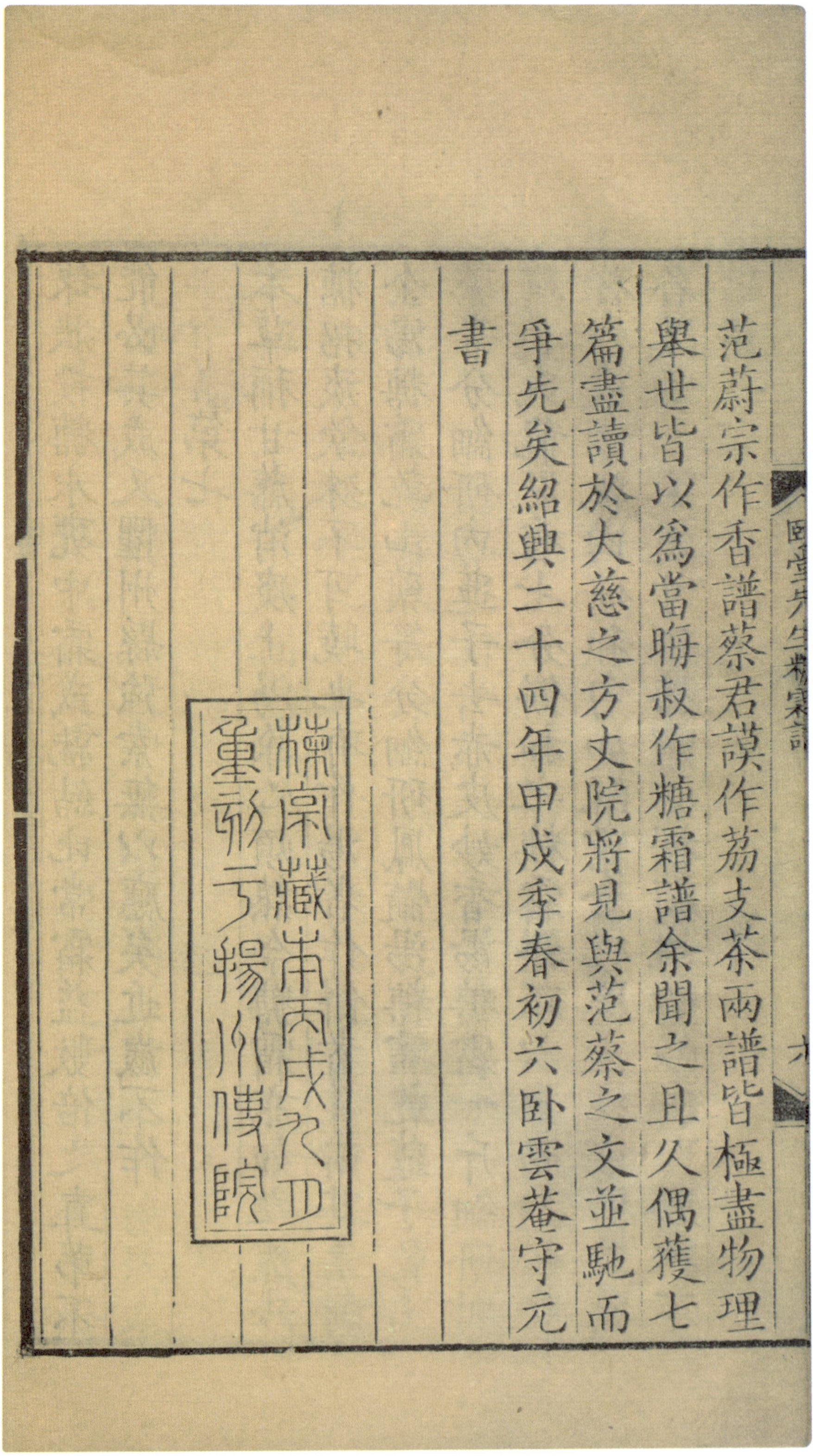
范蔚宗作香譜蔡君謨作茘支茶兩譜皆極盡物理
舉世皆以爲當晦叔作糖霜譜余聞之且久偶獲七
篇盡讀於大慈之方丈院將見與范蔡之文並馳而
爭先矣紹興二十四年甲戌季春初六卧雲菴守元
書

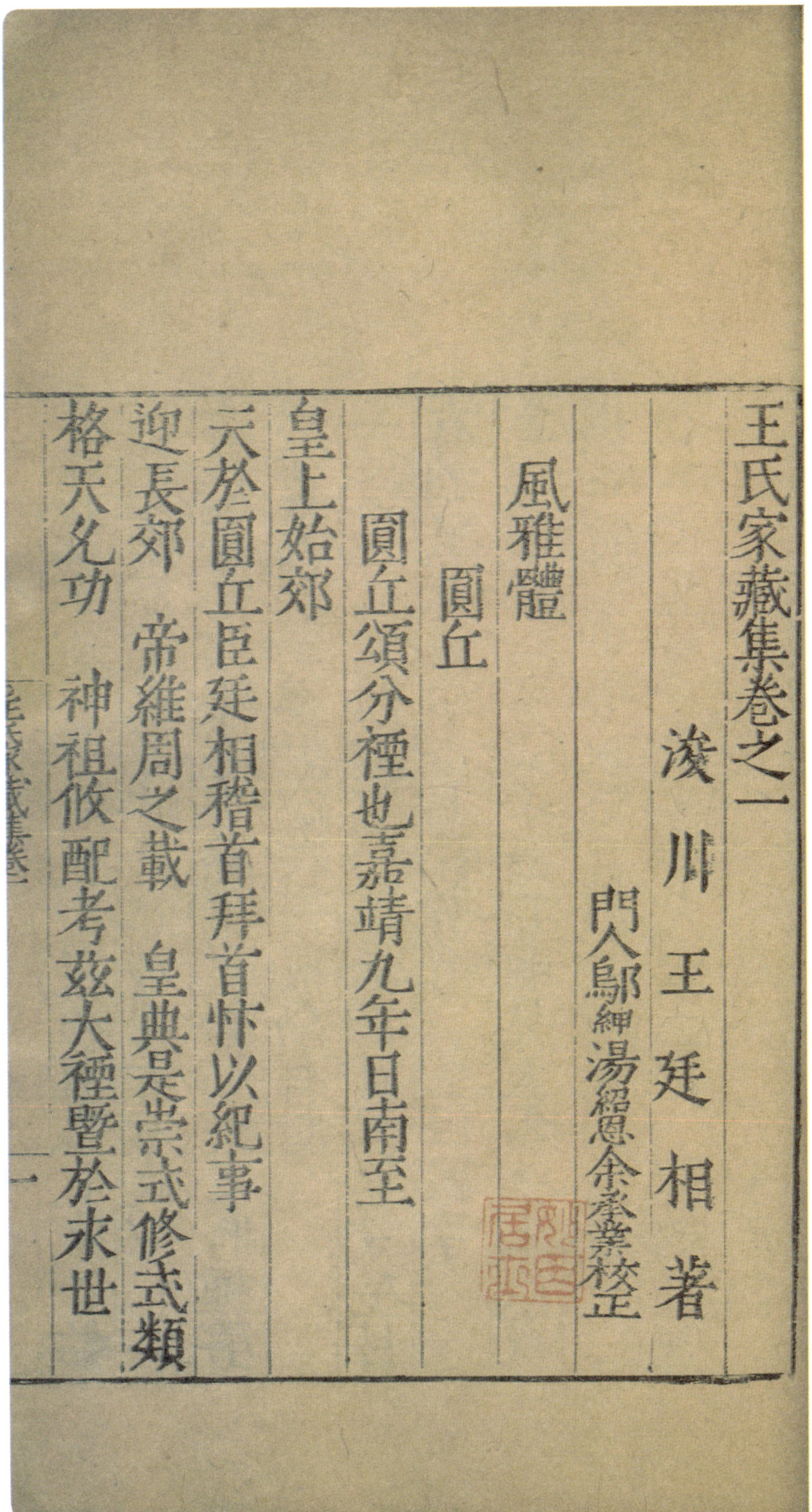
王氏家藏集卷之一
浚川王廷相著
門人鄔紳湯紹恩余承業校正
風雅體
圓丘
圓丘頌分禋也嘉靖九年日南至
皇上始郊
天於圓丘臣廷相稽首拜首忭以紀事
迎長郊 帝維周之載 皇典是崇式修式類
格天久功 神祖攸配考茲大禋暨於永世

王氏家藏集五種六十五卷

明嘉靖刻清順治十二年楊時薦補刻本

王氏家藏集五種六十五卷

明嘉靖刻清順治十二年楊時薦補刻本

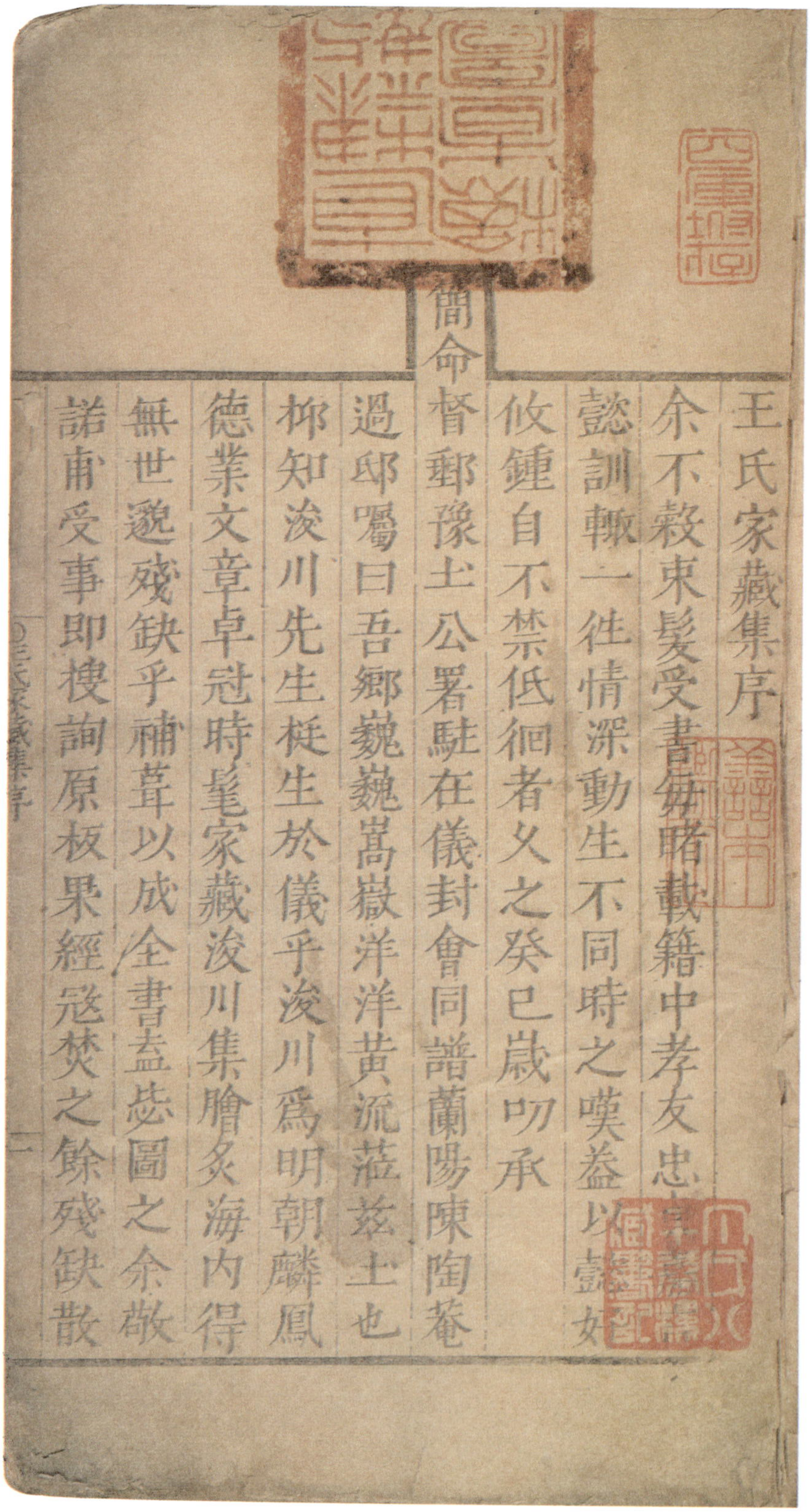
王氏家藏集序
余不穀束髮受書毎睹載籍中孝友忠
懿訓輒一往情深動生不同時之嘆盍以懿
攸鍾自不禁低徊者久之癸巳歲叨承
簡命督鄖豫土公署駐在儀封會同譜蘭陽陳陶菴
過邸囑曰吾鄉巍巍嵩嶽洋洋黃流菑茲土也
桺知浚川先生梃生於儀乎浚川爲明朝麟鳳
德業文章卓冠時髦家藏浚川集膾炙海內得
無世邈殘缺乎補葺以成全書盍悉圖之余敬
諾甫受事即搜詢原板果經兵燹之餘殘缺散
王氏家藏集序
一

儼山外集二十三種四十卷　明嘉靖二十四年刻本

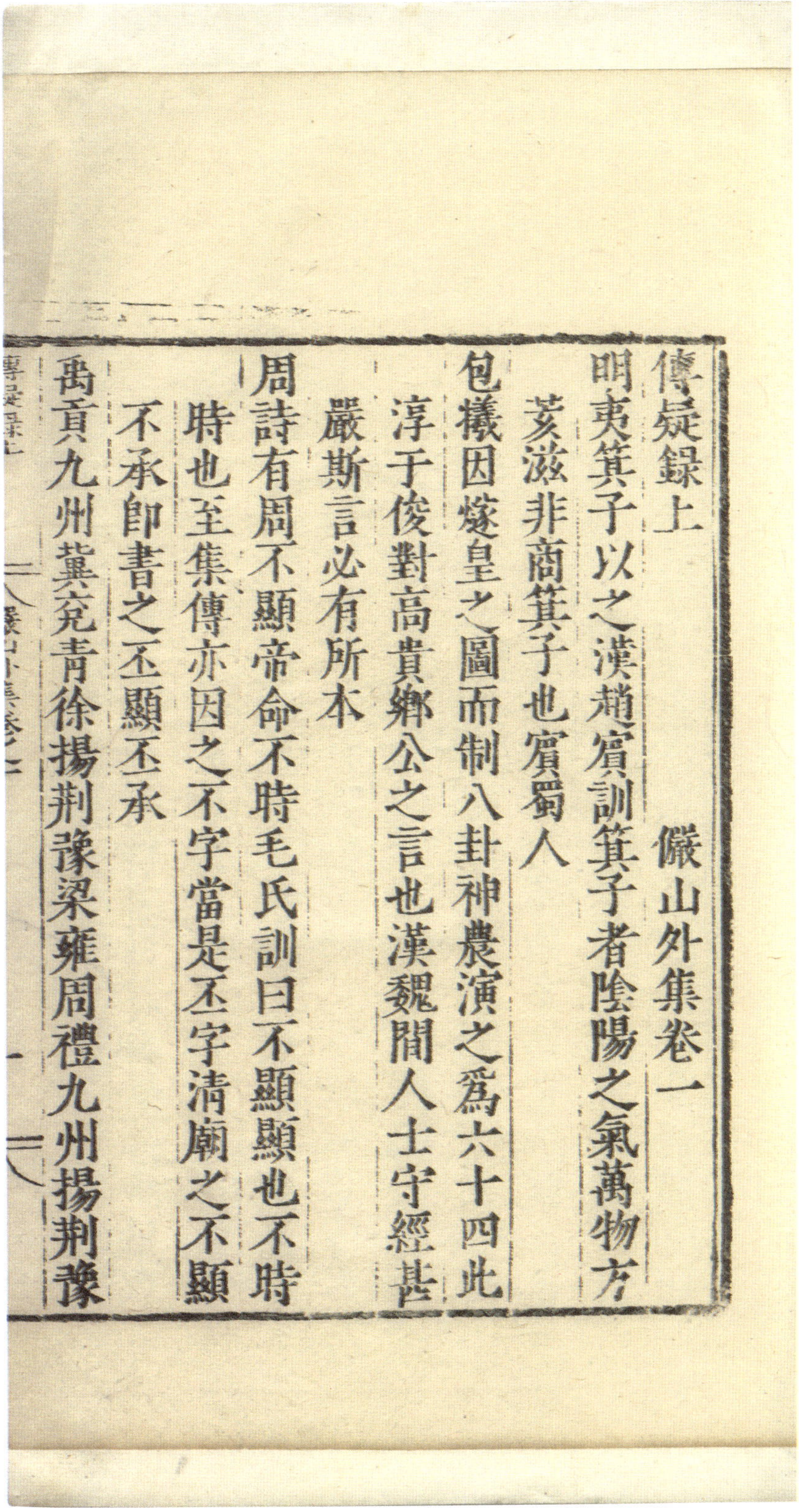

傳疑録上　　　儼山外集卷一

明夷箕子以之漢趙賔訓箕子者陰陽之氣萬物方荄滋非商箕子也賔蜀人

包犧因燧皇之圖而制八卦神農演之爲六十四此淳于俊對高貴鄉公之言也漢魏閒人士守經甚嚴斯言必有所本

周詩有周不顯帝命不時毛氏訓曰不顯顯也不時時也至集傳亦因之不字當是丕字清廟之不顯不承卽書之丕顯丕承

禹貢九州冀兖青徐揚荆豫梁雍周禮九州揚荆豫

吾學編十四種六十九卷　明嘉靖刻鄭端簡公全集本

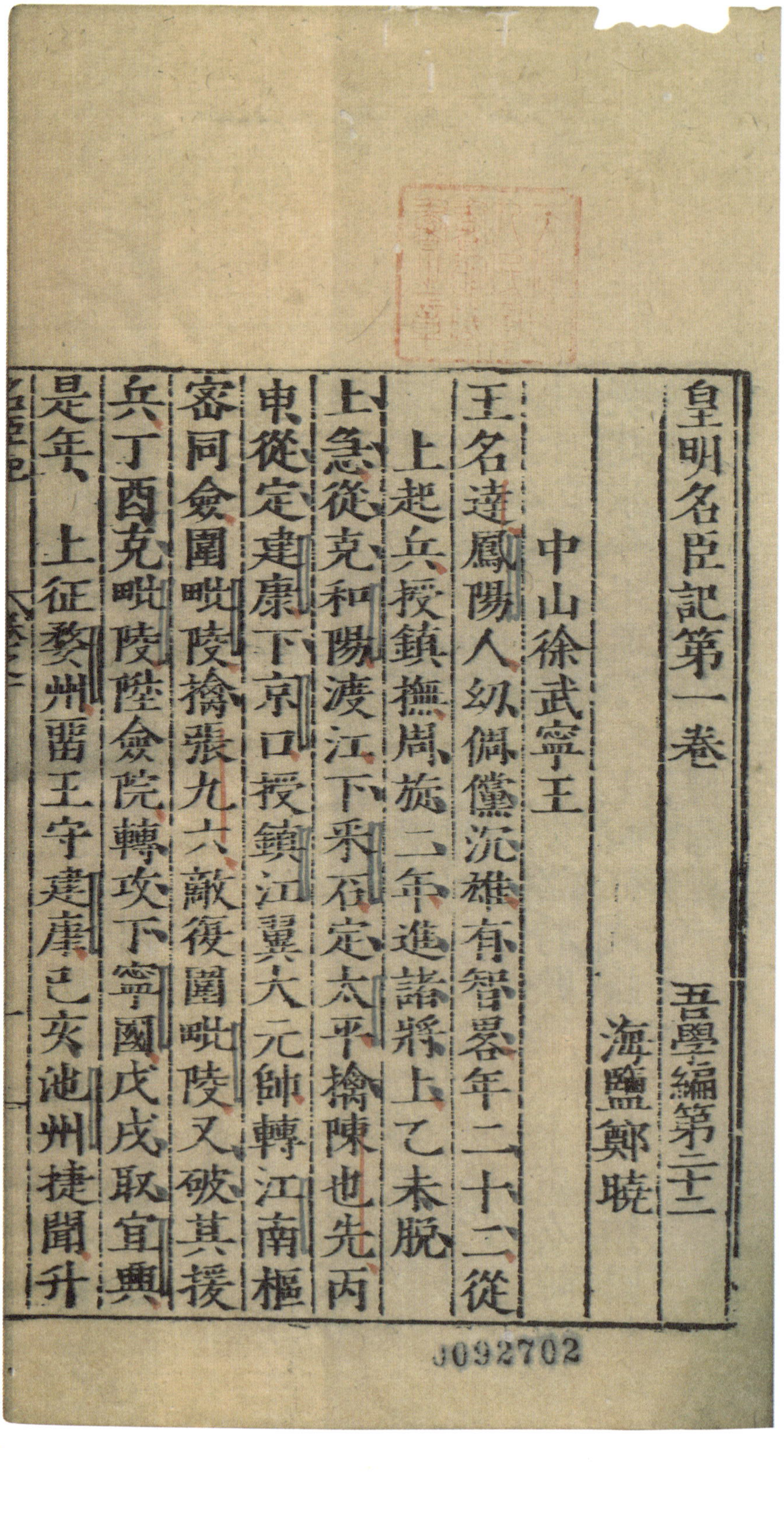
皇明名臣記第一卷　吾學編第二十三

海鹽鄭曉

中山徐武寧王

王名達鳳陽人幼倜儻沉雄有智畧年二十二從
上起兵授鎮撫周旋二年進諸將上乙未脫
上急從克和陽渡江下采石定太平擒陳也先丙
申從定建康下京口授鎮江翼大元帥轉江南樞
密同僉圍毗陵擒張九六敵復圍毗陵又破其援
兵丁酉克毗陵陞僉院轉攻下寧國戊戌取宜興
是年上征婺州留王守建康己亥池州捷聞升